# CURSO de DIREITO PENAL

ARTIGOS 121 A 212
DO CÓDIGO PENAL  **2**

O GEN | Grupo Editorial Nacional – maior plataforma editorial brasileira no segmento científico, técnico e profissional – publica conteúdos nas áreas de concursos, ciências jurídicas, humanas, exatas, da saúde e sociais aplicadas, além de prover serviços direcionados à educação continuada.

As editoras que integram o GEN, das mais respeitadas no mercado editorial, construíram catálogos inigualáveis, com obras decisivas para a formação acadêmica e o aperfeiçoamento de várias gerações de profissionais e estudantes, tendo se tornado sinônimo de qualidade e seriedade.

A missão do GEN e dos núcleos de conteúdo que o compõem é prover a melhor informação científica e distribuí-la de maneira flexível e conveniente, a preços justos, gerando benefícios e servindo a autores, docentes, livreiros, funcionários, colaboradores e acionistas.

Nosso comportamento ético incondicional e nossa responsabilidade social e ambiental são reforçados pela natureza educacional de nossa atividade e dão sustentabilidade ao crescimento contínuo e à rentabilidade do grupo.

# ROGÉRIO GRECO

# CURSO de DIREITO PENAL

ARTIGOS 121 A 212 DO CÓDIGO PENAL

**2**

22.ª edição revista e atualizada

- O autor deste livro e a editora empenharam seus melhores esforços para assegurar que as informações e os procedimentos apresentados no texto estejam em acordo com os padrões aceitos à época da publicação, e todos os dados foram atualizados pelo autor até a data de fechamento do livro. Entretanto, tendo em conta a evolução das ciências, as atualizações legislativas, as mudanças regulamentares governamentais e o constante fluxo de novas informações sobre os temas que constam do livro, recomendamos enfaticamente que os leitores consultem sempre outras fontes fidedignas, de modo a se certificarem de que as informações contidas no texto estão corretas e de que não houve alterações nas recomendações ou na legislação regulamentadora.

- Fechamento desta edição: *10.12.2024*

- O autor e a editora se empenharam para citar adequadamente e dar o devido crédito a todos os detentores de direitos autorais de qualquer material utilizado neste livro, dispondo-se a possíveis acertos posteriores caso, inadvertida e involuntariamente, a identificação de algum deles tenha sido omitida.

- A partir da 18ª edição esta obra passou a ser publicada pela Editora Atlas.

- **Atendimento ao cliente:** (11) 5080-0751 | faleconosco@grupogen.com.br

- Direitos exclusivos para a língua portuguesa
  Copyright © 2025 *by*
  **Editora Atlas Ltda.**
  Uma editora integrante do GEN | Grupo Editorial Nacional
  Travessa do Ouvidor, 11 – Térreo e 6º andar
  Rio de Janeiro – RJ – 20040-040
  www.grupogen.com.br

- Reservados todos os direitos. É proibida a duplicação ou reprodução deste volume, no todo ou em parte, em quaisquer formas ou por quaisquer meios (eletrônico, mecânico, gravação, fotocópia, distribuição pela Internet ou outros), sem permissão, por escrito, da Editora Atlas Ltda.

- Esta obra possui material suplementar via *QR Code*. Esse conteúdo será disponibilizado somente durante a vigência da respectiva edição. Não obstante, a editora poderá franquear o acesso por mais uma edição.

- Capa: Fabricio Vale

- **CIP-BRASIL. CATALOGAÇÃO NA PUBLICAÇÃO**
  **SINDICATO NACIONAL DOS EDITORES DE LIVROS, RJ**

G829c
22. ed.
v. 2

    Greco, Rogério
        Curso de direito penal : artigos 121 a 212 do código penal / Rogério Greco. - 22. ed., rev., atual. e reform. - Barueri [SP] : Atlas, 2025.
        920 p. ; 25 cm.      (Curso de direito penal ; 2)

    Sequência de: Curso de direito penal : artigos 1º a 120 do código penal
    Continua com: Curso de direito penal : artigos 213 a 361 do código penal
    Inclui bibliografia
    Inclui índice remissivo
    ISBN 978-65-5977-691-7

    1. Brasil. [Código penal (1940)]. 2. Direito penal - Brasil. I. Título. II. Série.

24-94926                CDU: 343.2(81)

Meri Gleice Rodrigues de Souza - Bibliotecária - CRB-7/6439

*Pondera a vereda de teus pés, e todos os teus
caminhos sejam bem ordenados!
Não declines nem para direita nem para esquerda;
retira o teu pé do mal.*

Provérbios 4:26-27

*Aos meus pais, Jorge e Elena,*
*que, com simplicidade e amor,*
*moldaram meu caráter.*

# O Autor

Rogério Greco, ocupando, atualmente, o cargo de Secretário de Estado de Justiça e Segurança Pública de Minas Gerais, integrou o Ministério Público de Minas Gerais entre os anos de 1989 e 2019. Foi vice-presidente da Associação Mineira do Ministério Público (biênio 1997-1998) e membro do conselho consultivo daquela entidade de classe (biênio 2000-2001). É membro fundador do Instituto de Ciências Penais (ICP) e da Associação Brasileira dos Professores de Ciências Penais, e membro eleito para o Conselho Superior do Ministério Público durante os anos de 2003, 2006 e 2008. Professor do Curso de Pós-Graduação de Direito Penal da Fundação Escola Superior do Ministério Público de Minas Gerais; Pós-doutor pela Universitá Degli Studi di Messina (Itália); Doutor pela Universidade de Burgos (Espanha); Mestre em Ciências Penais pela Faculdade de Direito da Universidade Federal de Minas Gerais (UFMG); formado pela National Defense University (William J. Perry Center for Hemispheric Defense Studies) (Estados Unidos); especialista em Direito Penal (Teoria do Delito) pela Universidade de Salamanca (Espanha); Membro Titular da Banca Examinadora de Direito Penal do XLVIII Concurso para Ingresso no Ministério Público de Minas Gerais; palestrante em congressos e universidades em todo o País. É autor das seguintes obras: *Direito penal* (Belo Horizonte: Cultura); *Estrutura jurídica do crime* (Belo Horizonte: Mandamentos); *Concurso de pessoas* (Belo Horizonte: Mandamentos); *Direito penal – lições* (Rio de Janeiro: Impetus); *Curso de direito penal – parte geral e parte especial* (Rio de Janeiro: Atlas); *Código Penal comentado – doutrina e jurisprudência* (Rio de Janeiro: Forense); *Atividade policial – aspectos penais, processuais penais, administrativos e constitucionais* (Rio de Janeiro: Impetus); *Vade mecum penal e processual penal* (coordenador) (Rio de Janeiro: Impetus); *A retomada do Complexo do Alemão* (Rio de Janeiro: Impetus); *Virado do avesso – um romance históricoteológico sobre a vida do apóstolo Paulo* (Rio de Janeiro: Nah-Gash); *Sistema prisional – colapso atual e soluções alternativas* (Rio de Janeiro: Impetus); *Crimes hediondos e tortura* (Rio de Janeiro: Impetus); *Terrorismo* (Rio de Janeiro: Impetus); *Organização criminosa* (Rio de Janeiro: Impetus); *Abuso de autoridade* (Salvador: JusPodivm); *Derechos humanos, crisis de la prisión y modelo de justicia penal* (Espanha: Publicia Editorial); *Direito penal estruturado* (Rio de Janeiro: Método); *Medicina legal* (Rio de Janeiro: Impetus); *Crimes hediondos e equiparados* (Rio de Janeiro: Atlas). É embaixador de Cristo.

Fale direto com o autor pelo *e-mail*:
**rogerio.greco@terra.com.br**

pelo Instagram:
**@rogerio.greco**

e pelo site:
**www.rogeriogreco.com.br**

# Nota do Autor

Era um final de tarde. Jesus já havia feito muitos milagres, quando pediu aos Seus discípulos que O levassem para a outra margem do mar da Galileia. Durante a travessia, sobreveio uma grande tempestade, e as ondas, enormes, varriam o barco, jogando-o de um lado para o outro. Todos ficaram apavorados com aquela situação, pois temiam pela vida, uma vez que lhes parecia que o barco não resistiria à tempestade. Enquanto todos se preocupavam com a própria segurança, Jesus dormia tranquilamente. Nesse momento, os discípulos vieram acordá-Lo, clamando: "Senhor, salva-nos!". Jesus respondeu-lhes: "Por que sois tímidos, homens de pequena fé?". E, levantando-se, repreendeu os ventos e o mar; e fez-se grande bonança. E maravilharam-se os homens, dizendo: "Quem é este que até os ventos e o mar lhe obedecem?".

Quando medito nessa passagem bíblica, fico pensando: Será que os discípulos não sabiam com quem eles estavam? Será que, mesmo depois de tantos milagres feitos por Jesus, ainda não conseguiam acreditar ser Ele o Filho de Deus? O Autor da vida estava com eles naquele barco, e, ainda assim, sentiam-se amedrontados.

Quantas tempestades passam pela nossa vida e nos esquecemos d'Aquele que tem poder para transformá-las em bonança. Frequentemente, nos deparamos com as tempestades da doença, da intolerância, da rejeição, das fraquezas, dos concursos em que não conseguimos ser aprovados e tantas outras, e não nos lembramos de que basta, simplesmente, olhar para o barco e saber que a Solução de todos os nossos problemas está bem ao nosso lado, somente aguardando que peçamos a intervenção d'Ele, a fim de que os ventos e o mar sejam acalmados.

Não há dúvida alguma de que o Direito Penal lida com tempestades.

A infração penal praticada pelo agente traz uma tempestade para a vítima, bem como, muitas vezes, para seus familiares. Veja-se a hipótese do crime de homicídio. Podemos imaginar os sentimentos que tomam conta da família da vítima, que passa a odiar o homicida, a desprezar o Estado pela sua impotência em evitar os crimes etc. Da mesma forma, podemos também visualizar a tempestade que toma conta da vida do agente que, após praticar o delito, vê-se despojado de sua liberdade, sofrendo todas as agruras do cárcere e o repúdio da sociedade, que o estigmatizará até o fim de sua vida.

Na verdade, de um modo ou de outro, a tempestade virá, e, com certeza, não será o Direito Penal que trará a bonança aos nossos corações. A calmaria, a sensação de paz, enfim, os ventos e o mar somente se dobrarão ao Senhor dos céus e da terra, Jesus Cristo, o filho do Deus vivo que se fez carne entre nós.

A partir de agora, não se esqueça de que a solução para as tempestades está dentro de você, pois Jesus nos legou o Espírito Santo, Consolador, a fim de que, por intermédio de Seu poder e autoridade, pudéssemos repreendê-las. O barco é você, e Jesus está dentro dele.

Mais uma vez, não poderia perder a oportunidade de alertá-lo, leitor, sobre a total incapacidade deste pequeno manual de resolver as mazelas, mesmo criminais, que envolvem a sociedade. Desde o primeiro homicídio, cometido por Caim contra seu irmão Abel, a sociedade não cessa de praticar toda sorte de infrações penais, criando, ela mesma, as próprias tempestades.

No entanto, se por algum momento você se encontrar bem no centro da tormenta, não se esqueça desta mensagem: Jesus Cristo está com você e Ele tem poder para acalmar qualquer tempestade, não importa a força dela.

Se você ainda não conhece Jesus, o Filho de Deus, e se quiser ter um encontro pessoal com Ele, faça a oração a seguir. Se concordar com o que vier a ler, diga Amém e experimente o poder que vem dos céus.

*Senhor Jesus, eu não Te vejo, mas creio que Tu és o Filho de Deus, que morreu por mim naquele madeiro para a remissão dos meus pecados. Reconheço que Tu és o único e suficiente salvador da minha alma. Escreva meu nome no livro da vida e me dê a salvação eterna. Amém.*

Espero que você goste deste segundo volume sobre a Parte Especial do Código Penal. O estudo inicial, denominado "Introdução à Teoria Geral da Parte Especial", fornece as ferramentas necessárias para a análise das figuras típicas. Logo em seguida, são analisados todos os tipos penais contidos no Título correspondente aos "Crimes contra a Pessoa".

Que Deus abençoe você. Maranata!

**Rogério Greco**

# Sumário

## PARTE I

### DOS CRIMES CONTRA A PESSOA

**Capítulo I – Dos Crimes contra a Vida** ................................................. 3

1. Introdução aos crimes contra a pessoa ............................................. 3
2. Homicídio .................................................................................... 6
   - 2.1 O primeiro homicídio ............................................................ 7
   - 2.2 Homicídio simples, privilegiado e qualificado ........................... 8
     - 2.2.1 Classificação doutrinária ............................................... 9
     - 2.2.2 Sujeito ativo e sujeito passivo ....................................... 9
     - 2.2.3 Objeto material e bem juridicamente protegido ................ 11
     - 2.2.4 Exame de corpo de delito ........................................... 12
       - 2.2.4.1 Cadeia de custódia ........................................ 13
     - 2.2.5 Elemento subjetivo ................................................... 14
     - 2.2.6 Modalidades comissiva e omissiva ............................... 14
     - 2.2.7 Meios de execução .................................................... 14
     - 2.2.8 Consumação e tentativa ............................................ 14
     - 2.2.9 Homicídio privilegiado ............................................... 15
       - 2.2.9.1 Motivo de relevante valor social ou moral ......... 16
       - 2.2.9.2 Sob o domínio de violenta emoção, logo em seguida à injusta provocação da vítima ............................ 17
   - 2.3 Homicídio qualificado ........................................................... 20
     - 2.3.1 Mediante paga ou promessa de recompensa, ou por outro motivo torpe; motivo fútil ................................................. 21
     - 2.3.2 Com emprego de veneno, fogo, explosivo, asfixia, tortura ou outro meio insidioso ou cruel, ou de que possa resultar perigo comum ............ 24
     - 2.3.3 À traição, de emboscada, ou mediante dissimulação ou outro recurso que dificulte ou torne impossível a defesa do ofendido ............... 26
     - 2.3.4 Para assegurar a execução, a ocultação, a impunidade ou a vantagem de outro crime ........................................................ 27
     - 2.3.5 Contra autoridade ou agente descrito nos arts. 142 e 144 da Constituição Federal, integrantes do sistema prisional e da Força Nacional de Segurança Pública, no exercício da função ou em decorrência dela, ou contra seu

cônjuge, companheiro ou parente consanguíneo até terceiro grau, em razão dessa condição ........................................................................................ 29

2.3.6 Com emprego de arma de fogo de uso restrito ou proibido ................ 33

2.3.7 Contra menor de 14 (quatorze) anos ..................................................... 33

2.4 Competência para julgamento do homicídio doloso ....................................... 34

2.5 Homicídio culposo ............................................................................................... 35

2.6 Hipóteses de aumento de pena do § 4º do art. 121 do Código Penal ............ 38

2.7 Perdão judicial ...................................................................................................... 40

2.7.1 Perdão judicial no Código de Trânsito Brasileiro ................................. 42

2.8 Homicídio praticado por milícia privada, sob o pretexto de prestação de serviço de segurança, ou por grupo de extermínio ......................................................... 43

2.9 Pena, ação penal e suspensão condicional do processo ................................ 47

2.10 Destaques ............................................................................................................ 49

2.10.1 Homicídio simples considerado como crime hediondo ..................... 49

2.10.2 É sustentável a hipótese de homicídio qualificado-privilegiado? ...... 51

2.10.2.1 Homicídio qualificado-privilegiado ou privilegiado-qualificado? ........ 52

2.10.3 O homicídio qualificado-privilegiado como crime hediondo ........... 52

2.10.4 A presença de mais de uma qualificadora .......................................... 53

2.10.5 Homicídio praticado por policial militar – competência para julgamento ...... 54

2.10.6 Diferença entre eutanásia, distanásia e ortotanásia ........................... 54

2.10.7 Transmissão dolosa do vírus HIV ......................................................... 56

2.10.8 Julgamento pelo júri sem a presença do réu ...................................... 57

2.10.9 Homicídio decorrente de intervenção policial .................................... 57

2.10.10 Misoginia e rede mundial de computadores ...................................... 59

2.10.11 Prioridade de tramitação do processo do homicídio quando praticado em atividade típica de grupo de extermínio, ainda que cometido por um só agente, e homicídio qualificado (art. 121, § 2º, incisos I, II, III, IV, V, VI, VII, VIII e IX) ............................................................................................. 60

2.10.12 Destituição do poder familiar .............................................................. 60

2.10.13 Jurisprudência em teses do Superior Tribunal de Justiça. Edição nº 75: Tribunal do Júri – I ................................................................................. 60

2.10.14 Jurisprudência em teses do Superior Tribunal de Justiça. Edição nº 78: Tribunal do Júri – II ................................................................................ 61

2.11 Quadro-resumo ................................................................................................... 62

3. Feminicídio ...................................................................................................................... 63

3.1 Introdução ............................................................................................................ 63

3.2 Classificação doutrinária ..................................................................................... 68

3.3 Sujeito ativo e sujeito passivo ............................................................................ 68

3.4 Objeto material e bem juridicamente protegido .............................................. 68

3.4.1 Exame de corpo de delito ...................................................................... 69

3.5 Cadeia de custódia .............................................................................................. 69

3.6 Elemento subjetivo .............................................................................................. 69

3.6.1 Modalidades comissiva e omissiva ........................................................ 70

3.6.2 Meios de execução .................................................................................. 70

| | | |
|---|---|---|
| 3.7 | Consumação e tentativa | 70 |
| 3.8 | Causas de aumento de pena | 70 |
| 3.9 | Concurso de pessoas (Da coautoria) | 73 |
| 3.10 | Pena e ação penal | 74 |
| 3.11 | Destaques | 75 |
| | 3.11.1 Prioridade de tramitação do processo de feminicídio | 75 |
| | 3.11.2 Destituição do poder familiar | 75 |
| | 3.11.3 Femicídio e feminicídio | 75 |
| | 3.11.4 Lesbicídio | 75 |
| 3.12 | Competência para julgamento do feminicídio | 75 |
| 3.13 | Quadro-resumo | 76 |
| 4. Induzimento, instigação ou auxílio a suicídio ou a automutilação | | 77 |
| 4.1 | Introdução | 77 |
| 4.2 | Classificação doutrinária | 79 |
| 4.3 | Sujeito ativo e sujeito passivo | 80 |
| 4.4 | Participação moral e participação material | 80 |
| 4.5 | Objeto material e bem juridicamente protegido | 81 |
| 4.6 | Elemento subjetivo | 81 |
| 4.7 | Modalidades qualificadas | 81 |
| 4.8 | Modalidades comissiva e omissiva | 82 |
| 4.9 | Consumação e tentativa | 82 |
| 4.10 | Causas de aumento de pena | 82 |
| 4.11 | Vítimas vulneráveis | 84 |
| 4.12 | Pena, ação penal, competência para julgamento e suspensão condicional do processo | 85 |
| 4.13 | Destaques | 86 |
| | 4.13.1 Suicídio conjunto (pacto de morte) | 86 |
| | 4.13.2 Greve de fome | 87 |
| | 4.13.3 Testemunhas de Jeová | 88 |
| | 4.13.4 Julgamento pelo júri sem a presença do réu | 90 |
| | 4.13.5 Jogo da baleia azul | 90 |
| 4.14 | Quadro-resumo | 91 |
| 5. Infanticídio | | 92 |
| 5.1 | Introdução | 92 |
| 5.2 | Classificação doutrinária | 92 |
| 5.3 | Sob a influência do estado puerperal | 92 |
| 5.4 | Sujeito ativo e sujeito passivo | 94 |
| 5.5 | Limite temporal | 95 |
| 5.6 | Elemento subjetivo | 97 |
| 5.7 | Consumação e tentativa | 97 |
| 5.8 | Modalidades comissiva e omissiva | 97 |
| 5.9 | Objeto material e bem juridicamente protegido | 98 |

| | | |
|---|---|---|
| 5.10 | Prova da vida | 98 |
| 5.11 | Pena e ação penal | 100 |
| 5.12 | Destaques | 101 |
| | 5.12.1 Infanticídio com vida intrauterina | 101 |
| | 5.12.2 Aplicação do art. 20, § 3º (erro sobre a pessoa), ao delito de infanticídio | 101 |
| | 5.12.3 Concurso de pessoas no delito de infanticídio | 102 |
| | 5.12.4 Julgamento pelo Júri sem a presença da ré | 104 |
| | 5.12.5 Aplicação das circunstâncias agravantes do art. 61, II, *e*, segunda figura, e *h*, primeira figura, do Código Penal | 104 |
| 5.13 | Quadro-resumo | 105 |
| 6. | Aborto | 105 |
| 6.1 | Introdução | 106 |
| 6.2 | Classificação doutrinária | 107 |
| 6.3 | Início e término da proteção pelo tipo penal do aborto | 108 |
| 6.4 | Espécies de aborto | 110 |
| 6.5 | Sujeito ativo e sujeito passivo | 110 |
| 6.6 | Bem juridicamente protegido e objeto material | 111 |
| 6.7 | Elemento subjetivo | 111 |
| 6.8 | Consumação e tentativa | 112 |
| 6.9 | Modalidades comissiva e omissiva | 113 |
| 6.10 | Causas de aumento de pena | 114 |
| 6.11 | Prova da vida | 115 |
| 6.12 | Meios de realização do aborto | 115 |
| 6.13 | Julgamento pelo Júri, sem a presença da ré | 115 |
| 6.14 | Pena, ação penal e suspensão condicional do processo | 116 |
| 6.15 | Aborto legal | 116 |
| 6.16 | Destaques | 121 |
| | 6.16.1 Gestante que perde o filho em acidente de trânsito | 121 |
| | 6.16.2 Morte de fetos gêmeos | 122 |
| | 6.16.3 Agressão à mulher sabidamente grávida | 122 |
| | 6.16.4 Gestante que tenta o suicídio | 123 |
| | 6.16.5 Desistência voluntária e arrependimento eficaz | 123 |
| | 6.16.6 Crime impossível | 124 |
| | 6.16.7 Aborto econômico | 124 |
| | 6.16.8 Ordem judicial | 125 |
| | 6.16.9 Concurso de pessoas no delito de aborto | 126 |
| | 6.16.10 Gestante que morre ao realizar o aborto, sendo que o feto sobrevive | 127 |
| | 6.16.11 Majorante nos crimes contra a dignidade sexual | 127 |
| | 6.16.12 Aborto de feto anencéfalo | 127 |
| 6.17 | Quadro-resumo | 129 |

## Capítulo II – Das Lesões Corporais ............................................ 131

| | | |
|---|---|---|
| 1. | Lesões corporais | 131 |
| 1.1 | Introdução | 132 |

| | | |
|---|---|---|
| 1.2 | Classificação doutrinária | 134 |
| 1.3 | Sujeito ativo e sujeito passivo | 134 |
| 1.4 | Objeto material e bem juridicamente protegido | 135 |
| 1.5 | Exame de corpo de delito | 135 |
| 1.6 | Elemento subjetivo | 135 |
| 1.7 | Modalidades qualificadas consideradas graves ou gravíssimas | 135 |
| | 1.7.1 Lesões corporais graves | 136 |
| | 1.7.2 Lesões corporais gravíssimas | 140 |
| 1.8 | Lesão corporal seguida de morte | 144 |
| 1.9 | Lesão corporal culposa | 145 |
| 1.10 | Violência doméstica | 145 |
| | 1.10.1 Jurisprudência em teses | 150 |
| 1.11 | Lesão qualificada praticada contra mulher por razões de condições do sexo feminino | 150 |
| 1.12 | Diminuição de pena | 150 |
| 1.13 | Substituição da pena | 151 |
| 1.14 | Aumento de pena | 152 |
| 1.15 | Perdão judicial | 153 |
| 1.16 | Modalidades comissiva e omissiva | 153 |
| 1.17 | Consumação e tentativa | 153 |
| 1.18 | Pena, ação penal, transação penal, competência para julgamento e suspensão condicional do processo | 154 |
| 1.19 | Destaques | 156 |
| | 1.19.1 Princípio da insignificância, lesões corporais e vias de fato | 156 |
| | 1.19.2 Consentimento do ofendido como causa supralegal de exclusão da ilicitude | 158 |
| | 1.19.3 Prioridade de tramitação do processo lesão corporal dolosa de natura gravíssima e de lesão corporal seguida de morte, nas hipóteses do art. 129, § 12, do CP | 160 |
| | 1.19.4 Destituição do poder familiar | 160 |
| 1.20 | Quadro-resumo | 160 |

**Capítulo III – Da Periclitação da Vida e da Saúde** ........ 162

| | | |
|---|---|---|
| 1. | Da periclitação da vida e da saúde | 162 |
| 1.1 | Conceito e espécies de perigo – concreto e abstrato | 162 |
| 1.2 | Momento de avaliação do perigo: *ex ante* ou *ex post* | 165 |
| 1.3 | Consumação do crime de perigo | 165 |
| 1.4 | Perigo individual e perigo coletivo (ou transindividual) | 166 |
| 1.5 | Natureza subsidiária dos crimes de perigo | 166 |
| 1.6 | Quadro-resumo | 167 |
| 2. | Perigo de contágio venéreo | 168 |
| 2.1 | Introdução | 168 |
| 2.2 | Classificação doutrinária | 169 |

| | | | |
|---|---|---|---|
| 2.3 | Sujeito ativo e sujeito passivo | | 169 |
| 2.4 | Objeto material e bem juridicamente protegido | | 169 |
| 2.5 | Elemento subjetivo | | 170 |
| 2.6 | Consumação e tentativa | | 171 |
| 2.7 | Modalidade qualificada | | 171 |
| 2.8 | Pena, ação penal, competência para julgamento e suspensão condicional do processo | | 172 |
| 2.9 | Prova pericial | | 173 |
| 2.10 | Destaques | | 174 |
| | 2.10.1 | Consentimento do ofendido | 174 |
| | 2.10.2 | Necessidade de contato pessoal | 174 |
| | 2.10.3 | Efetiva contaminação da vítima | 175 |
| | 2.10.4 | Crime impossível – vítima já contaminada pela mesma doença, ou, ainda, a hipótese do agente já curado | 176 |
| | 2.10.5 | I.S.T. (Infecções Sexualmente Transmissíveis) e transmissão do vírus HIV | 177 |
| | 2.10.6 | Morte da vítima quando era intenção do agente transmitir-lhe a doença | 177 |
| 2.11 | Quadro-resumo | | 177 |
| 3. | Perigo de contágio de moléstia grave | | 178 |
| 3.1 | Introdução | | 178 |
| 3.2 | Classificação doutrinária | | 179 |
| 3.3 | Objeto material e bem juridicamente protegido | | 179 |
| 3.4 | Sujeito ativo e sujeito passivo | | 179 |
| 3.5 | Elemento subjetivo | | 179 |
| 3.6 | Consumação e tentativa | | 180 |
| 3.7 | Modalidades comissiva e omissiva | | 180 |
| 3.8 | Exame de corpo de delito | | 180 |
| 3.9 | Pena, ação penal, suspensão condicional do processo | | 180 |
| 3.10 | Destaques | | 181 |
| | 3.10.1 | Utilização de objeto contaminado que não diga respeito ao agente | 181 |
| | 3.10.2 | Crime impossível | 181 |
| | 3.10.3 | Vítima que morre em virtude da doença grave | 181 |
| | 3.10.4 | Transmissão do vírus HIV | 181 |
| 3.11 | Quadro-resumo | | 182 |
| 4. | Perigo para a vida ou saúde de outrem | | 182 |
| 4.1 | Introdução | | 183 |
| 4.2 | Classificação doutrinária | | 185 |
| 4.3 | Objeto material e bem juridicamente protegido | | 185 |
| 4.4 | Sujeito ativo e sujeito passivo | | 185 |
| 4.5 | Modalidades comissiva e omissiva | | 185 |
| 4.6 | Consumação e tentativa | | 185 |
| 4.7 | Elemento subjetivo | | 186 |
| 4.8 | Causa especial de aumento de pena | | 186 |

| | | | |
|---|---|---|---|
| 4.9 | Pena, ação penal, competência para julgamento e suspensão condicional do processo | | 186 |
| 4.10 | Destaques | | 186 |
| | 4.10.1 | Quando o agente produz perigo a um número determinado de pessoas | 186 |
| | 4.10.2 | Consentimento do ofendido | 187 |
| | 4.10.3 | Resultado morte ou lesões corporais | 187 |
| | 4.10.4 | Possibilidade de desclassificação para o delito de lesão corporal seguida de morte | 187 |
| | 4.10.5 | Disparo de arma de fogo em via pública | 188 |
| 4.11 | Quadro-resumo | | 189 |

5. **Abandono de incapaz** .... 189

- 5.1 Introdução .... 189
- 5.2 Classificação doutrinária .... 191
- 5.3 Objeto material e bem juridicamente protegido .... 191
- 5.4 Sujeito ativo e sujeito passivo .... 191
- 5.5 Consumação e tentativa .... 191
- 5.6 Elemento subjetivo .... 192
- 5.7 Modalidades comissiva e omissiva .... 192
- 5.8 Modalidades qualificadas .... 193
- 5.9 Causas de aumento de pena .... 193
- 5.10 Pena, ação penal e suspensão condicional do processo .... 194
- 5.11 Destaques .... 194
  - 5.11.1 Quando do abandono sobrevém lesão corporal de natureza leve .... 194
  - 5.11.2 Aplicação da majorante em razão da união estável .... 195
- 5.12 Quadro-resumo .... 196

6. **Exposição ou abandono de recém-nascido** .... 197

- 6.1 Introdução .... 197
- 6.2 Classificação doutrinária .... 198
- 6.3 Objeto material e bem juridicamente protegido .... 198
- 6.4 Sujeito ativo e sujeito passivo .... 198
- 6.5 Consumação e tentativa .... 199
- 6.6 Elemento subjetivo .... 199
- 6.7 Modalidades comissiva e omissiva .... 199
- 6.8 Modalidades qualificadas .... 199
- 6.9 Pena, ação penal, competência para julgamento e suspensão condicional do processo .... 200
- 6.10 Quadro-resumo .... 200

7. **Omissão de socorro** .... 201

- 7.1 Introdução .... 201
- 7.2 Classificação doutrinária .... 206
- 7.3 Objeto material e bem juridicamente protegido .... 206
- 7.4 Sujeito ativo e sujeito passivo .... 206
- 7.5 Consumação e tentativa .... 207

| | | |
|---|---|---|
| 7.6 | Elemento subjetivo | 209 |
| 7.7 | Causas de aumento de pena | 211 |
| 7.8 | Pena, ação penal, competência para julgamento e suspensão condicional do processo | 212 |
| 7.9 | Destaques | 212 |
| | 7.9.1 Agente que não socorre vítima atropelada temendo agravar a situação | 212 |
| | 7.9.2 Concurso de pessoas nos delitos omissivos | 213 |
| | 7.9.3 Agente que imagina que corre risco, quando na verdade este não existe | 214 |
| | 7.9.4 Obrigação solidária e necessidade de ser evitado o resultado | 214 |
| | 7.9.5 Omissão de socorro no Estatuto da Pessoa Idosa | 215 |
| | 7.9.6 Omissão de socorro no Código de Trânsito Brasileiro | 215 |
| | 7.9.7 Omissão de socorro e Código Penal Militar | 216 |
| | 7.9.8 Recusa da vítima em deixar-se socorrer | 217 |
| 7.10 | Quadro-resumo | 217 |
| 8. | Condicionamento de atendimento médico-hospitalar emergencial | 218 |
| 8.1 | Introdução | 218 |
| 8.2 | Classificação doutrinária | 221 |
| 8.3 | Objeto material e bem juridicamente protegido | 221 |
| 8.4 | Sujeito ativo e sujeito passivo | 221 |
| 8.5 | Consumação e tentativa | 221 |
| 8.6 | Elemento subjetivo | 222 |
| 8.7 | Modalidades comissiva e omissiva | 222 |
| 8.8 | Causa especial de aumento de pena | 222 |
| 8.9 | Pena, ação penal, competência para julgamento e suspensão condicional do processo | 222 |
| 8.10 | Destaques | 223 |
| | 8.10.1 Estatuto da Pessoa Idosa e recusa de outorga de procuração à entidade de atendimento | 223 |
| | 8.10.2 Obrigação da afixação de cartaz | 223 |
| 8.11 | Quadro-resumo | 223 |
| 9. | Maus-tratos | 224 |
| 9.1 | Introdução | 224 |
| 9.2 | Classificação doutrinária | 228 |
| 9.3 | Objeto material e bem juridicamente protegido | 228 |
| 9.4 | Sujeito ativo e sujeito passivo | 228 |
| 9.5 | Consumação e tentativa | 228 |
| 9.6 | Elemento subjetivo | 229 |
| 9.7 | Modalidades comissiva e omissiva | 229 |
| 9.8 | Modalidades qualificadas | 230 |
| 9.9 | Causa de aumento de pena | 230 |
| 9.10 | Pena, ação penal, competência para julgamento e suspensão condicional do processo | 231 |
| 9.11 | Destaques | 231 |

| | | |
|---|---|---|
| | 9.11.1 | Maus-tratos contra pessoa idosa – art. 99 da Lei nº 10.741/2003 ............ 231 |
| | 9.11.2 | Maus-tratos e crime de tortura ................................................................. 232 |
| | 9.11.3 | Maus-tratos à criança e ao adolescente .................................................. 232 |
| | 9.11.4 | Maus-tratos e Código Penal Militar .......................................................... 233 |
| 9.12 | Quadro-resumo | ...................................................................................................... 233 |

## Capítulo IV – Da Rixa ............................................................................................................ 234

1. Rixa ............................................................................................................................... 234

| 1.1 | Introdução ................................................................................................................ 234 |
|---|---|
| 1.2 | Classificação doutrinária ......................................................................................... 236 |
| 1.3 | Objeto material e bem juridicamente protegido ...................................................... 236 |
| 1.4 | Sujeito ativo e sujeito passivo ................................................................................. 237 |
| 1.5 | Consumação e tentativa ........................................................................................... 237 |
| 1.6 | Elemento subjetivo ................................................................................................... 239 |
| 1.7 | Modalidades comissiva e omissiva .......................................................................... 239 |
| 1.8 | Modalidade qualificada ............................................................................................ 239 |
| 1.9 | Pena, ação penal, competência para julgamento e suspensão condicional do processo ................................................................................................................... 240 |
| 1.10 | Destaques ................................................................................................................. 240 |

| | | |
|---|---|---|
| | 1.10.1 | Inimputáveis e desconhecidos integrantes da rixa ................................. 240 |
| | 1.10.2 | Meios de cometimento do delito de rixa .................................................. 241 |
| | 1.10.3 | Vias de fato e lesão corporal de natureza leve ....................................... 241 |
| | 1.10.4 | Lesão corporal de natureza grave e morte resultantes da rixa ............... 242 |
| | 1.10.5 | Concurso de crimes entre a rixa (simples ou qualificada) e as lesões corporais leves ou graves, e o homicídio ............................................................... 242 |
| | 1.10.6 | Grupos opostos ....................................................................................... 244 |
| | 1.10.7 | Rixa simulada .......................................................................................... 245 |
| | 1.10.8 | Participação na rixa e participação no crime de rixa .............................. 245 |
| | 1.10.9 | Possibilidade de legítima defesa no delito de rixa .................................. 245 |
| | 1.10.10 | Rixa e Código Penal Militar .................................................................. 246 |
| | 1.10.11 | Lei Geral do Esporte ............................................................................ 246 |
| 1.11 | Quadro-resumo | ...................................................................................................... 247 |

## Capítulo V – Dos Crimes contra a Honra ........................................................................... 248

1. Dos crimes contra a honra ........................................................................................... 248

| 1.1 | Introdução ................................................................................................................ 249 |
|---|---|
| 1.2 | Meios de execução nos crimes contra a honra ........................................................ 251 |
| 1.3 | Imunidades dos Senadores, Deputados e Vereadores ............................................. 251 |
| 1.4 | Do processo e do julgamento dos crimes de calúnia e injúria, de competência do juiz singular .............................................................................................................. 253 |
| 1.5 | Concurso de crimes ................................................................................................. 253 |

2. Calúnia .......................................................................................................................... 254

| 2.1 | Introdução ................................................................................................................ 254 |
|---|---|
| 2.2 | Classificação doutrinária ......................................................................................... 255 |

| | | | |
|---|---|---|---|
| 2.3 | Objeto material e bem juridicamente protegido | | 256 |
| 2.4 | Sujeito ativo e sujeito passivo | | 256 |
| 2.5 | Consumação e tentativa | | 258 |
| 2.6 | Elemento subjetivo | | 259 |
| 2.7 | Agente que propala ou divulga a calúnia | | 260 |
| 2.8 | Calúnia contra os mortos | | 260 |
| 2.9 | Exceção da verdade | | 260 |
| 2.10 | Pena, ação penal, competência para julgamento e suspensão condicional do processo | | 264 |
| 2.11 | Destaques | | 265 |
| | 2.11.1 | Pessoas desonradas e crime impossível | 265 |
| | 2.11.2 | Calúnia implícita ou equívoca e reflexa | 266 |
| | 2.11.3 | Exceção de notoriedade | 266 |
| | 2.11.4 | Calúnia proferida no calor de uma discussão | 266 |
| | 2.11.5 | Presença do ofendido | 266 |
| | 2.11.6 | Diferença entre calúnia e denunciação caluniosa | 267 |
| | 2.11.7 | Consentimento do ofendido | 267 |
| | 2.11.8 | Calúnia contra o Presidente da República, o Presidente do Senado Federal, o Presidente da Câmara dos Deputados e o Presidente do STF | 268 |
| | 2.11.9 | Diferença entre calúnia e difamação | 268 |
| | 2.11.10 | Diferença entre calúnia e injúria | 268 |
| | 2.11.11 | Foro por prerrogativa de função na exceção da verdade | 268 |
| | 2.11.12 | Calúnia e Código Penal Militar | 269 |
| | 2.11.13 | Calúnia e Código Eleitoral | 269 |
| 2.12 | Quadro-resumo | | 269 |
| 3. | Difamação | | 270 |
| 3.1 | Introdução | | 270 |
| 3.2 | Classificação doutrinária | | 271 |
| 3.3 | Objeto material e bem juridicamente protegido | | 271 |
| 3.4 | Sujeito ativo e sujeito passivo | | 271 |
| 3.5 | Consumação e tentativa | | 272 |
| 3.6 | Elemento subjetivo | | 273 |
| 3.7 | Exceção da verdade | | 273 |
| 3.8 | Pena, ação penal, competência para julgamento e suspensão condicional do processo | | 274 |
| 3.9 | Destaques | | 275 |
| | 3.9.1 | Consentimento do ofendido | 275 |
| | 3.9.2 | Presença do ofendido | 275 |
| | 3.9.3 | Difamador sem credibilidade | 275 |
| | 3.9.4 | Divulgação ou propalação da difamação | 275 |
| | 3.9.5 | Difamação dirigida à vítima | 276 |
| | 3.9.6 | Vítima que conta os fatos a terceira pessoa | 276 |
| | 3.9.7 | Agente que escreve fatos ofensivos à honra da vítima em seu diário | 277 |

|  |  | 3.9.8 | Exceção de notoriedade | 277 |

3.9.8 Exceção de notoriedade ........................ 277

3.9.9 Difamação contra o Presidente da República, o Presidente do Senado Federal, o Presidente da Câmara dos Deputados e o Presidente do STF ........ 278

3.9.10 Difamação e Código Penal Militar ........................ 278

3.9.11 Difamação e Código Eleitoral ........................ 278

3.10 Quadro-resumo ........................ 278

4. Injúria ........................ 279

4.1 Introdução ........................ 279

4.2 Classificação doutrinária ........................ 280

4.3 Objeto material e bem juridicamente protegido ........................ 280

4.4 Sujeito ativo e sujeito passivo ........................ 280

4.5 Consumação e tentativa ........................ 281

4.6 Elemento subjetivo ........................ 281

4.7 Meios de execução e formas de expressão da injúria ........................ 282

4.8 Perdão judicial ........................ 283

4.9 Modalidades qualificadas ........................ 284

4.9.1 Injúria real ........................ 284

4.9.2 Injúria preconceituosa ........................ 286

4.10 Pena, ação penal, competência para julgamento e suspensão condicional do processo ........................ 286

4.11 Destaques ........................ 287

4.11.1 Injúria contra pessoa morta ........................ 287

4.11.2 Contexto da injúria ........................ 288

4.11.3 Discussão acalorada ........................ 288

4.11.4 Caracterização da injúria mesmo diante da veracidade das imputações ...... 289

4.11.5 Injúria coletiva ........................ 289

4.11.6 Injúria e Código Penal Militar ........................ 289

4.11.7 Injúria e Código Eleitoral ........................ 289

4.11.8 Divulgação de imagens depreciativas ou injuriosas à pessoa idosa ........................ 290

4.11.9 Crimes resultantes de preconceito de raça ou de cor (Lei nº 7.716/89) .......... 290

4.12 Quadro-resumo ........................ 290

5. Disposições comuns aos crimes contra a honra ........................ 291

5.1 Causas de aumento de pena ........................ 291

5.1.1 Calúnia, difamação e injúria praticadas contra o Presidente da República, ou contra chefe de governo estrangeiro, contra funcionário público, em razão de suas funções, ou contra os Presidentes do Senado Federal, da Câmara dos Deputados ou do Supremo Tribunal Federal ........................ 291

5.1.2 Se qualquer um dos crimes contra a honra é cometido na presença de várias pessoas, ou por meio que facilite a divulgação da calúnia, da difamação ou da injúria ........................ 293

5.1.3 Calúnia, difamação e injúria contra criança, adolescente, pessoa maior de 60 (sessenta) anos ou pessoa com deficiência, exceto na hipótese prevista no § 3º do art. 140 do Código Penal ........................ 293

| | | | |
|---|---|---|---|
| 5.2 | | Exclusão do crime e da punibilidade | 295 |
| | 5.2.1 | Ofensa irrogada em juízo, na discussão da causa, pela parte ou por seu procurador | 296 |
| | 5.2.2 | Ofensa irrogada contra o juiz da causa | 298 |
| | 5.2.3 | Ofensa irrogada contra o Ministério Público | 299 |
| | 5.2.4 | Ofensa irrogada pelo juiz da causa | 299 |
| | 5.2.5 | Ofensa irrogada pelo Ministério Público, que atua na qualidade de *custos legis* | 300 |
| | 5.2.6 | A opinião desfavorável da crítica literária, artística ou científica, salvo quando inequívoca a intenção de injuriar ou difamar | 300 |
| | 5.2.7 | O conceito desfavorável emitido por funcionário público, em apreciação ou informação que preste no cumprimento de dever do ofício | 301 |
| 5.3 | | Agente que dá publicidade à difamação ou à injúria, nos casos dos incisos I e III do art. 142 do Código Penal | 302 |
| 5.4 | | Retratação | 302 |
| 5.5 | | Pedido de explicações | 303 |
| 5.6 | | Lei de imprensa não foi recepcionada pela nova ordem constitucional | 305 |

## Capítulo VI – Dos Crimes contra a Liberdade Individual ... 306

| | | | |
|---|---|---|---|
| 1. | | Constrangimento ilegal | 306 |
| 1.1 | | Introdução | 306 |
| 1.2 | | Classificação doutrinária | 308 |
| 1.3 | | Objeto material e bem juridicamente protegido | 308 |
| 1.4 | | Sujeito ativo e sujeito passivo | 308 |
| 1.5 | | Consumação e tentativa | 308 |
| 1.6 | | Elemento subjetivo | 309 |
| 1.7 | | Modalidades comissiva e omissiva | 309 |
| 1.8 | | Causas de aumento de pena | 309 |
| 1.9 | | Concurso de crimes | 310 |
| 1.10 | | Causas que conduzem à atipicidade do fato | 311 |
| 1.11 | | Pena, ação penal, competência para julgamento e suspensão condicional do processo | 312 |
| 1.12 | | Destaques | 312 |
| | 1.12.1 | Vítima que é constrangida a praticar uma infração penal | 312 |
| | 1.12.2 | Vítima submetida a tortura a fim de praticar um fato definido como crime | 313 |
| | 1.12.3 | Suicídio como comportamento ilícito, porém atípico | 314 |
| | 1.12.4 | Consentimento do ofendido | 315 |
| | 1.12.5 | Vias de fato em concurso com o constrangimento ilegal | 315 |
| | 1.12.6 | Constrangimento exercido para impedir a prática de um crime | 315 |
| | 1.12.7 | Constrangimento exercido para satisfazer uma pretensão legítima | 316 |
| | 1.12.8 | Revista pessoal em empregados e constrangimento ilegal | 316 |
| | 1.12.9 | Constrangimento ilegal e Código Penal Militar | 316 |
| | 1.12.10 | Constrangimento ilegal e Código de Defesa do Consumidor | 317 |
| | 1.12.11 | Constrangimento ilegal e Estatuto da Pessoa Idosa | 317 |
| | 1.12.12 | Constrangimento ilegal e abuso de autoridade | 317 |

| | | | |
|---|---|---|---|
| | 1.13 | Quadro-resumo | 318 |
| 2. | Intimidação sistemática (*bullying*) | | 318 |
| | 2.1 | Introdução | 319 |
| | 2.2 | Classificação doutrinária | 320 |
| | 2.3 | Objeto material e bem juridicamente protegido | 320 |
| | 2.4 | Sujeito ativo e sujeito passivo | 320 |
| | 2.5 | Consumação e tentativa | 320 |
| | 2.6 | Elemento subjetivo | 320 |
| | 2.7 | Modalidades comissiva e omissiva | 321 |
| | 2.8 | Modalidade qualificada | 321 |
| | 2.9 | Pena e ação penal | 321 |
| | 2.10 | Quadro-resumo | 321 |
| 3. | Ameaça | | 322 |
| | 3.1 | Introdução | 322 |
| | 3.2 | Classificação doutrinária | 323 |
| | 3.3 | Objeto material e bem juridicamente protegido | 323 |
| | 3.4 | Sujeito ativo e sujeito passivo | 325 |
| | 3.5 | Consumação e tentativa | 325 |
| | 3.6 | Elemento subjetivo | 326 |
| | 3.7 | Causa especial de aumento de pena | 327 |
| | 3.8 | Pena, ação penal, competência para julgamento e suspensão condicional do processo | 327 |
| | 3.9 | Destaques | 327 |
| | | 3.9.1 O mal deve ser futuro? | 327 |
| | | 3.9.2 Legítima defesa e o crime de ameaça | 329 |
| | | 3.9.3 Verossimilhança do mal prometido | 330 |
| | | 3.9.4 Ameaça supersticiosa | 330 |
| | | 3.9.5 Pluralidade de vítimas | 331 |
| | | 3.9.6 Ameaça proferida em estado de ira ou cólera | 331 |
| | | 3.9.7 Ameaça proferida em estado de embriaguez | 332 |
| | | 3.9.8 Possibilidade de ação penal por tentativa de ameaça | 332 |
| | | 3.9.9 Ameaça reflexa | 333 |
| | | 3.9.10 Ameaça e Código Penal Militar | 333 |
| | | 3.9.11 Ameaça e Código de Defesa do Consumidor | 333 |
| | 3.10 | Quadro-resumo | 333 |
| 4. | Perseguição | | 334 |
| | 4.1 | Introdução | 334 |
| | 4.2 | Classificação doutrinária | 336 |
| | 4.3 | Objeto material e bem juridicamente protegido | 336 |
| | 4.4 | Sujeito ativo e sujeito passivo | 337 |
| | 4.5 | Consumação e tentativa | 337 |
| | 4.6 | Elemento subjetivo | 337 |

| | | | |
|---|---|---|---|
| 4.7 | | Modalidades comissiva e omissiva | 337 |
| 4.8 | | Causas de aumento de pena | 337 |
| 4.9 | | Concurso de crimes | 338 |
| 4.10 | | Pena, ação penal, competência para julgamento e suspensão condicional do processo | 338 |
| 4.11 | | Destaques | 339 |
| 4.12 | | Quadro-resumo | 340 |
| 5. | Violência psicológica contra a mulher | | 340 |
| 5.1 | | Introdução | 340 |
| 5.2 | | Classificação doutrinária | 342 |
| 5.3 | | Objeto material e bem juridicamente protegido | 342 |
| 5.4 | | Sujeito ativo e sujeito passivo | 342 |
| 5.5 | | Consumação e tentativa | 342 |
| 5.6 | | Elemento subjetivo | 343 |
| 5.7 | | Modalidades comissiva e omissiva | 343 |
| 5.8 | | Pena e ação penal | 343 |
| 6. | Sequestro e cárcere privado | | 343 |
| 6.1 | | Introdução | 344 |
| 6.2 | | Classificação doutrinária | 344 |
| 6.3 | | Objeto material e bem juridicamente protegido | 345 |
| 6.4 | | Sujeito ativo e sujeito passivo | 345 |
| 6.5 | | Consumação e tentativa | 345 |
| 6.6 | | Elemento subjetivo | 346 |
| 6.7 | | Modalidades comissiva e omissiva | 347 |
| 6.8 | | Modalidades qualificadas | 347 |
| | 6.8.1 | Vítima ascendente, descendente, cônjuge ou companheiro do agente ou maior de 60 (sessenta) anos | 348 |
| | 6.8.2 | Se o crime é praticado mediante internação da vítima em casa de saúde ou hospital | 349 |
| | 6.8.3 | Se a privação da liberdade dura mais de quinze dias | 349 |
| | 6.8.4 | Se o crime é praticado contra menor de 18 (dezoito) anos | 350 |
| | 6.8.5 | Se o crime é praticado com fins libidinosos | 350 |
| | 6.8.6 | Se resulta à vítima, em razão de maus-tratos ou da natureza da detenção, grave sofrimento físico ou moral | 350 |
| 6.9 | | Pena, ação penal e suspensão condicional do processo | 351 |
| 6.10 | | Destaques | 351 |
| | 6.10.1 | Consentimento do ofendido | 351 |
| | 6.10.2 | Subtração de roupas da vítima | 351 |
| | 6.10.3 | Participação ou coautoria sucessiva | 352 |
| | 6.10.4 | Sequestro e roubo com pena especialmente agravada pela restrição da liberdade da vítima | 352 |
| | 6.10.5 | Sequestro e cárcere privado no Estatuto da Criança e do Adolescente | 353 |
| | 6.10.6 | Sequestro e cárcere privado e a *novatio legis in pejus* | 354 |

|     | 6.10.7 | Sequestro e cárcere privado e Código Penal Militar | 354 |
|     | 6.10.8 | Vítima mantida como refém | 354 |
| 6.11 | Quadro-resumo | | 355 |
| 7. | Redução a condição análoga à de escravo | | 355 |
| 7.1 | Introdução | | 356 |
| 7.2 | Classificação doutrinária | | 358 |
| 7.3 | Objeto material e bem juridicamente protegido | | 358 |
| 7.4 | Sujeito ativo e sujeito passivo | | 359 |
| 7.5 | Consumação e tentativa | | 359 |
| 7.6 | Elemento subjetivo | | 359 |
| 7.7 | Causa de aumento de pena | | 359 |
| 7.8 | Pena, ação penal e competência para julgamento | | 360 |
| 7.9 | Quadro-resumo | | 360 |
| 8. | Tráfico de pessoas | | 361 |
| 8.1 | Introdução | | 361 |
| 8.2 | Classificação doutrinária | | 371 |
| 8.3 | Objeto material e bem juridicamente protegido | | 371 |
| 8.4 | Sujeito ativo e sujeito passivo | | 372 |
| 8.5 | Consumação e tentativa | | 372 |
| 8.6 | Elemento subjetivo | | 372 |
| 8.7 | Modalidades comissiva e omissiva | | 373 |
| 8.8 | Causas especiais de aumento de pena | | 373 |
| 8.9 | Causa especial de diminuição de pena | | 376 |
| 8.10 | Pena, ação penal, competência para julgamento | | 376 |
| 8.11 | Destaques | | 377 |
|     | 8.11.1 | Livramento condicional | 377 |
|     | 8.11.2 | Concurso de crimes | 377 |
|     | 8.11.3 | Diferença entre tráfico de pessoas e contrabando de migrantes | 378 |
|     | 8.11.4 | Tráfico internacional e interno de pessoas e continuidade normativo típica | 378 |
|     | 8.11.5 | Política de Enfrentamento do Tráfico de Pessoas | 378 |
| 8.12 | Quadro-resumo | | 379 |

**Capítulo VII – Dos Crimes contra a Inviolabilidade do Domicílio** ........................ 381

| 1. | Violação de domicílio | | 381 |
| 1.1 | Introdução | | 381 |
| 1.2 | Classificação doutrinária | | 384 |
| 1.3 | Objeto material e bem juridicamente protegido | | 384 |
| 1.4 | Sujeito ativo e sujeito passivo | | 384 |
| 1.5 | Consumação e tentativa | | 385 |
| 1.6 | Elemento subjetivo | | 386 |
| 1.7 | Modalidades comissiva e omissiva | | 386 |
| 1.8 | Modalidade qualificada | | 387 |
| 1.9 | Exclusão do crime | | 388 |

| | | |
|---|---|---|
| 1.10 | Conceito legal de casa | 389 |
| 1.11 | Pena, ação penal, competência para julgamento e suspensão condicional do processo | 390 |
| 1.12 | Destaques | 390 |
| | 1.12.1 Concurso de crimes | 390 |
| | 1.12.2 Casa vazia ou desabitada e casa habitada, com ausência momentânea do morador | 391 |
| | 1.12.3 Abuso de autoridade, na modalidade de violação de imóvel alheio ou suas dependências | 392 |
| | 1.12.4 A tecnologia como violadora da intimidade | 392 |
| | 1.12.5 Violação de domicílio e Código Penal Militar | 392 |
| 1.13 | Quadro-resumo | 393 |

## Capítulo VIII – Dos Crimes contra a Inviolabilidade de Correspondência ... 394

| | | |
|---|---|---|
| 1. | Violação de correspondência | 394 |
| 1.1 | Notas explicativas | 394 |
| 1.2 | Introdução | 397 |
| 1.3 | Classificação doutrinária | 398 |
| 1.4 | Objeto material e bem juridicamente protegido | 398 |
| 1.5 | Sujeito ativo e sujeito passivo | 398 |
| 1.6 | Sonegação ou destruição de correspondência e violação de comunicação telegráfica, radioelétrica ou telefônica | 399 |
| 1.7 | Consumação e tentativa | 400 |
| 1.8 | Modalidade qualificada | 401 |
| 1.9 | Causa de aumento de pena | 401 |
| 1.10 | Elemento subjetivo | 402 |
| 1.11 | Pena e ação penal | 402 |
| 1.12 | Destaques | 402 |
| | 1.12.1 Interceptação de correspondência de presos | 402 |
| | 1.12.2 Violação de correspondência entre marido e mulher | 404 |
| | 1.12.3 Crime impossível | 405 |
| | 1.12.4 Violação de correspondência e Código Penal Militar | 405 |
| 1.13 | Quadro-resumo | 406 |
| 2. | Correspondência comercial | 407 |
| 2.1 | Introdução | 407 |
| 2.2 | Classificação doutrinária | 408 |
| 2.3 | Objeto material e bem juridicamente protegido | 408 |
| 2.4 | Sujeito ativo e sujeito passivo | 408 |
| 2.5 | Consumação e tentativa | 409 |
| 2.6 | Elemento subjetivo | 409 |
| 2.7 | Modalidades comissiva e omissiva | 409 |
| 2.8 | Pena, ação penal, competência para julgamento e suspensão condicional do processo | 409 |

| | | |
|---|---|---|
| 2.9 | Quadro-resumo | 410 |

## Capítulo IX – Dos Crimes contra a Inviolabilidade dos Segredos ... 411

1. Divulgação de segredo ... 411
   - 1.1 Introdução ... 411
   - 1.2 Classificação doutrinária ... 413
   - 1.3 Objeto material e bem juridicamente protegido ... 413
   - 1.4 Sujeito ativo e sujeito passivo ... 413
   - 1.5 Consumação e tentativa ... 414
   - 1.6 Elemento subjetivo ... 414
   - 1.7 Modalidades comissiva e omissiva ... 414
   - 1.8 Modalidade qualificada ... 414
   - 1.9 Pena, ação penal, competência para julgamento e suspensão condicional do processo ... 416
   - 1.10 Destaques ... 416
     - 1.10.1 Divulgação a uma única pessoa ... 416
     - 1.10.2 Divulgação de segredo e Código Penal Militar ... 417
   - 1.11 Quadro-resumo ... 417
2. Violação de segredo profissional ... 417
   - 2.1 Introdução ... 418
   - 2.2 Classificação doutrinária ... 420
   - 2.3 Objeto material e bem juridicamente protegido ... 420
   - 2.4 Sujeito ativo e sujeito passivo ... 420
   - 2.5 Consumação e tentativa ... 421
   - 2.6 Elemento subjetivo ... 421
   - 2.7 Modalidades comissiva e omissiva ... 421
   - 2.8 Pena, ação penal, competência para julgamento e suspensão condicional do processo ... 422
   - 2.9 Destaques ... 422
     - 2.9.1 Violação de segredo profissional e Código Penal Militar ... 422
   - 2.10 Quadro-resumo ... 422
3. Invasão de dispositivo informático ... 423
   - 3.1 Introdução ... 423
   - 3.2 Classificação doutrinária ... 429
   - 3.3 Objeto material e bens juridicamente protegidos ... 429
   - 3.4 Sujeito ativo e sujeito passivo ... 430
   - 3.5 Consumação e tentativa ... 430
   - 3.6 Elemento subjetivo ... 431
   - 3.7 Modalidades comissiva e omissiva ... 431
   - 3.8 Modalidade qualificada ... 431
   - 3.9 Modalidade equiparada ... 432
   - 3.10 Causas especiais de aumento de pena ... 432
   - 3.11 Pena, suspensão condicional do processo, ação penal ... 433

3.12 Destaques ....................................................................................................... 434

    3.12.1 Concurso de causas de aumento de pena ................................... 434

    3.12.2 Marco Civil da Internet ............................................................... 434

    3.12.3 Lei de Proteção de Dados Pessoais ............................................ 434

    3.12.4 Invasão de dispositivo informático e violação de correspondência eletrônica ................................................................................... 435

    3.12.5 Invasão de dispositivo informático e quebra de sigilo bancário ......... 435

    3.12.6 Infiltração de agentes de polícia na internet ............................... 435

    3.12.7 Convenção sobre o crime cibernético ........................................ 436

3.13 Quadro-resumo ............................................................................................. 436

## PARTE II

## DOS CRIMES CONTRA O PATRIMÔNIO

**Capítulo I – Do Furto** ............................................................................................ 441

1. Introdução .......................................................................................................... 441

    1.1 Jurisprudência em teses do Superior Tribunal de Justiça, edição nº 87: crimes contra o patrimônio – IV .................................................................. 443

2. Furto ................................................................................................................... 444

    2.1 Introdução ................................................................................................ 445

    2.2 Classificação doutrinária ........................................................................... 448

    2.3 Objeto material e bem juridicamente protegido ....................................... 448

    2.4 Sujeito ativo e sujeito passivo .................................................................. 449

    2.5 Consumação e tentativa ........................................................................... 450

    2.6 Elemento subjetivo ................................................................................... 453

    2.7 Modalidades comissiva e omissiva ........................................................... 453

    2.8 Causa de aumento de pena relativa ao repouso noturno .......................... 453

    2.9 Primariedade e pequeno valor da coisa furtada ....................................... 455

    2.10 Furto de energia ....................................................................................... 458

    2.11 Modalidades qualificadas .......................................................................... 459

        2.11.1 Destruição ou rompimento de obstáculo à subtração da coisa .......... 459

            2.11.1.1 Jurisprudência em teses do Superior Tribunal de Justiça. Edição nº 105: Provas no processo penal – I ........................... 461

        2.11.2 Abuso de confiança, ou mediante fraude, escalada ou destreza ......... 461

        2.11.3 Emprego de chave falsa ............................................................. 464

        2.11.4 Mediante o concurso de duas ou mais pessoas .......................... 466

        2.11.5 Emprego de explosivo ou de artefato análogo que cause perigo comum ....... 467

        2.11.6 Se o furto mediante fraude é cometido por meio de dispositivo eletrônico ou informático, conectado ou não à rede de computadores, com ou sem a violação de mecanismo de segurança ou a utilização de programa malicioso, ou por qualquer outro meio fraudulento análogo ............ 470

        2.11.7 Causas de aumento de pena específicas para a qualificadora prevista no § 4º-B do art. 155 do Código Penal ............................................ 471

| | | | |
|---|---|---|---|
| | 2.11.8 | Subtração de veículo automotor que venha a ser transportado para outro Estado ou para o exterior | 472 |
| | 2.11.9 | Subtração de semovente domesticável de produção, ainda que abatido ou dividido em partes no local da subtração | 473 |
| | 2.11.10 | Se a subtração for de substâncias explosivas ou de acessórios que, conjunta ou isoladamente, possibilitem sua fabricação, montagem ou emprego | 474 |

2.12 Causas de aumento de pena específicas para a qualificadora prevista no § 4º-B do art. 155 do Código Penal ........................................................................................ 476

| | | |
|---|---|---|
| 2.12.1 | Pena, ação penal e suspensão condicional do processo | 477 |
| 2.12.2 | Destaques | 478 |

| | | |
|---|---|---|
| 2.12.2.1 | Erro de tipo com relação à elementar coisa alheia, quando o agente a supõe *res derelicta* ou *res nullius* | 478 |
| 2.12.2.2 | Crime impossível | 478 |
| 2.12.2.3 | Furto de uso | 479 |
| 2.12.2.4 | Furto famélico | 480 |
| 2.12.2.5 | Furto de pequeno valor e subtração insignificante | 480 |
| 2.12.2.6 | Furto de sinal de TV em canal fechado | 481 |
| 2.12.2.7 | Vítima desconhecida | 482 |
| 2.12.2.8 | Diferença entre furto com fraude e estelionato | 482 |
| 2.12.2.9 | Subtração por arrebatamento (crime do trombadinha) | 483 |
| 2.12.2.10 | Comunicação das qualificadoras aos coparticipantes | 484 |
| 2.12.2.11 | Necessidade de laudo pericial | 484 |
| 2.12.2.12 | Concurso entre as qualificadoras dos §§ 4º e 5º do art. 155 do Código Penal | 485 |
| 2.12.2.13 | Antefato e pós-fato impuníveis no furto | 485 |
| 2.12.2.14 | Furto de automóveis e a qualificadora do rompimento de obstáculo | 486 |
| 2.12.2.15 | Subtração de cadáver | 486 |
| 2.12.2.16 | Perícia e destruição ou rompimento de obstáculo à subtração da coisa, ou por meio de escalada | 487 |
| 2.12.2.17 | Furto com fraude e saque em terminal eletrônico | 487 |
| 2.12.2.18 | Furto e Código Penal Militar | 487 |
| 2.12.2.19 | Subtração privilegiada de semovente domesticável de produção | 487 |
| 2.12.2.20 | Subtração de semovente domesticável de produção e princípio da insignificância | 488 |
| 2.12.2.21 | Jurisprudência em teses do Superior Tribunal de Justiça, edição nº 47: crimes contra o patrimônio – furto | 488 |

| | | |
|---|---|---|
| 2.13 | Quadro-resumo | 489 |

3. Furto de coisa comum ........................................................................................................ 490

| | | |
|---|---|---|
| 3.1 | Introdução | 491 |
| 3.2 | Classificação doutrinária | 491 |
| 3.3 | Objeto material e bem juridicamente protegido | 491 |
| 3.4 | Sujeito ativo e sujeito passivo | 492 |

| | | |
|---|---|---|
| 3.5 | Consumação e tentativa | 492 |
| 3.6 | Elemento subjetivo | 492 |
| 3.7 | Modalidades comissiva e omissiva | 492 |
| 3.8 | Pena, ação penal, competência para julgamento e suspensão condicional do processo | 492 |
| 3.9 | Destaques | 493 |
| | 3.9.1 Sócio que furta da pessoa jurídica | 493 |
| | 3.9.2 União estável | 494 |
| | 3.9.3 Subtração violenta | 494 |
| | 3.9.4 Coisa comum de que o agente tinha a posse | 495 |
| 3.10 | Quadro-resumo | 495 |

## Capítulo II – Do Roubo e da Extorsão ........ 496

| | | |
|---|---|---|
| 1. | Roubo | 496 |
| 1.1 | Introdução | 496 |
| 1.2 | Classificação doutrinária | 499 |
| 1.3 | Objeto material e bem juridicamente protegido | 499 |
| 1.4 | Sujeito ativo e sujeito passivo | 500 |
| 1.5 | Roubo próprio e roubo impróprio | 500 |
| 1.6 | Consumação e tentativa | 503 |
| 1.7 | Elemento subjetivo | 505 |
| 1.8 | Modalidades comissiva e omissiva | 506 |
| 1.9 | Causas especiais de aumento de pena | 506 |
| | 1.9.1 Concurso de duas ou mais pessoas | 507 |
| | 1.9.2 Se a vítima está em serviço de transporte de valores e o agente conhece tal circunstância | 508 |
| | 1.9.3 Se a subtração for de veículo automotor que venha a ser transportado para outro Estado ou para o exterior | 508 |
| | 1.9.4 Se o agente mantém a vítima em seu poder, restringindo sua liberdade | 509 |
| | 1.9.5 Se a subtração for de substâncias explosivas ou de acessórios que, conjunta ou isoladamente, possibilitem sua fabricação, montagem ou emprego | 511 |
| | 1.9.6 Se a violência ou grave ameaça é exercida com o emprego de arma branca | 511 |
| | 1.9.7 Se a violência ou ameaça é exercida com emprego de arma de fogo | 511 |
| | 1.9.7.1 Jurisprudência em teses do Superior Tribunal de Justiça. Edição nº 111: Provas no processo penal – II | 512 |
| | 1.9.8 Se há destruição ou rompimento de obstáculo mediante o emprego de explosivo ou de artefato análogo que cause perigo comum | 512 |
| | 1.9.9 Se a violência ou grave ameaça é exercida com emprego de arma de fogo de uso restrito ou proibido, aplica-se em dobro a pena prevista no *caput* deste artigo | 513 |
| 1.10 | Causa de aumento de pena quando o roubo é cometido contra as instituições financeiras e os prestadores de serviço de segurança privada | 513 |
| 1.11 | Roubo qualificado pela lesão corporal grave e pela morte (latrocínio) | 514 |

| | | | |
|---|---|---|---|
| | 1.11.1 | Consumação e tentativa no delito de latrocínio | 517 |
| | 1.11.2 | Aplicação do art. 9º da Lei nº 8.072/90 ao delito de latrocínio | 519 |
| 1.12 | Pena e ação penal | | 519 |
| 1.13 | Destaques | | 520 |

1.13.1 Vítima que se coloca em condições que a impossibilitam de oferecer resistência ... 520

1.13.2 Violência ou grave ameaça para escapar, sem a intenção de levar a coisa consigo ... 520

1.13.3 Crime impossível no roubo – Impropriedade do objeto (vítima que nada possuía ou violência que é empregada contra morto) ... 520

1.13.4 Roubo de uso ... 521

1.13.5 Presença de mais de uma causa de aumento de pena ... 522

1.13.6 Concurso de pessoas e crime de associação criminosa ... 523

1.13.7 Diferença entre a tentativa de latrocínio e o roubo qualificado pelas lesões graves ... 523

1.13.8 Arma de fogo sem munição ou impossibilitada de disparar e exame de potencialidade ofensiva ... 524

1.13.9 Possibilidade de arrependimento posterior no roubo ... 526

1.13.10 Roubo e princípio da insignificância ... 526

1.13.11 Roubo e Código Penal Militar ... 527

1.13.12 Prioridade de tramitação do processo de latrocínio (art. 157, § 3º, II, do CP) ... 527

1.13.13 Concorrência das causas de aumento de pena previstas nos §§ 2º, 2º-A e 2º-B do art. 157 do Código Penal ... 527

1.13.14 Roubo com emprego de arma de fogo e extorsão com o emprego de arma ... 528

1.13.15 Sequestro-relâmpago e vítima mantida como refém ... 528

1.13.16 Jurisprudência em teses do Superior Tribunal de Justiça, edição nº 51: crimes contra o patrimônio – II ... 528

| 1.14 | Quadro-resumo | 529 |
|---|---|---|
| 2. | Extorsão | 531 |
| 2.1 | Introdução | 531 |
| 2.2 | Classificação doutrinária | 532 |
| 2.3 | Objeto material e bem juridicamente protegido | 533 |
| 2.4 | Sujeito ativo e sujeito passivo | 533 |
| 2.5 | Consumação e tentativa | 533 |
| 2.6 | Elemento subjetivo | 534 |
| 2.7 | Modalidades comissiva e omissiva | 534 |
| 2.8 | Causas de aumento de pena | 534 |

2.8.1 Concurso de duas ou mais pessoas no cometimento do crime ... 534

2.8.2 Se o crime é cometido com o emprego de arma ... 535

| 2.9 | Modalidades qualificadas | 535 |
|---|---|---|
| 2.10 | Sequestro-relâmpago | 536 |
| 2.11 | Pena e ação penal | 539 |

| | | | |
|---|---|---|---|
| 2.12 | Destaques | | 540 |
| | 2.12.1 | Diferença entre roubo e extorsão | 540 |
| | 2.12.2 | Diferença entre concussão e extorsão | 542 |
| | 2.12.3 | Diferença entre exercício arbitrário das próprias razões e extorsão | 543 |
| | 2.12.4 | Prisão em flagrante quando do recebimento da vantagem | 543 |
| | 2.12.5 | Concurso de pessoas no delito de extorsão | 544 |
| | 2.12.6 | Extorsão e Código Penal Militar | 545 |
| | 2.12.7 | Prioridade de tramitação do processo de extorsão qualificada pela restrição da liberdade da vítima, ocorrência de lesão corporal ou morte | 545 |
| 2.13 | Quadro-resumo | | 545 |

3. Extorsão mediante sequestro ............ 546

| | | | |
|---|---|---|---|
| 3.1 | Introdução | | 547 |
| 3.2 | Classificação doutrinária | | 550 |
| 3.3 | Objeto material e bem juridicamente protegido | | 550 |
| 3.4 | Sujeito ativo e sujeito passivo | | 550 |
| 3.5 | Consumação e tentativa | | 551 |
| 3.6 | Elemento subjetivo | | 551 |
| 3.7 | Modalidades comissiva e omissiva | | 552 |
| 3.8 | Modalidades qualificadas | | 552 |
| | 3.8.1 | Se o sequestro dura mais de 24 (vinte e quatro) horas | 552 |
| | 3.8.2 | Se o sequestrado é menor de 18 (dezoito) ou maior de 60 (sessenta) anos | 553 |
| | 3.8.3 | Se o crime é cometido por bando ou quadrilha (leia-se, associação criminosa) | 553 |
| | 3.8.4 | Se do fato resulta lesão corporal de natureza grave | 554 |
| | 3.8.5 | Se resulta morte | 555 |
| 3.9 | Delação premiada – causa especial de diminuição de pena | | 555 |
| 3.10 | Pena e ação penal | | 557 |
| 3.11 | Destaques | | 557 |
| | 3.11.1 | Concorrência de mais de uma qualificadora | 557 |
| | 3.11.2 | Concurso entre a qualificadora do § 1º do art. 159 do Código Penal com o crime de associação criminosa | 557 |
| | 3.11.3 | Prisão em flagrante | 558 |
| | 3.11.4 | Aplicação do art. 9º da Lei nº 8.072/90 ao delito de extorsão mediante sequestro | 558 |
| | 3.11.5 | Extorsão mediante sequestro e Código Penal Militar | 559 |
| | 3.11.6 | Prioridade de tramitação do processo de extorsão mediante sequestro simples e qualificada (art. 159, *caput*, e §§ 1º, 2º e 3º) | 559 |
| | 3.11.7 | Vítima mantida como refém | 559 |
| 3.12 | Quadro-resumo | | 560 |

4. Extorsão indireta ............ 560

| | | | |
|---|---|---|---|
| 4.1 | Introdução | | 560 |
| 4.2 | Classificação doutrinária | | 562 |
| 4.3 | Objeto material e bem juridicamente protegido | | 562 |

| | | | |
|---|---|---|---|
| 4.4 | Sujeito ativo e sujeito passivo | | 562 |
| 4.5 | Consumação e tentativa | | 562 |
| 4.6 | Elemento subjetivo | | 563 |
| 4.7 | Modalidades comissiva e omissiva | | 563 |
| 4.8 | Pena, ação penal e suspensão condicional do processo | | 563 |
| 4.9 | Destaques | | 563 |
| | 4.9.1 | Cheque sem fundos e a Súmula nº 246 do STF | 563 |
| | 4.9.2 | Extorsão indireta e Código Penal Militar | 564 |
| 4.10 | Quadro-resumo | | 564 |

**Capítulo III – Da Usurpação** ..... 566

1. Alteração de limites, usurpação de águas e esbulho possessório ..... 566

| | | | |
|---|---|---|---|
| 1.1 | Introdução | | 566 |
| 1.2 | Alteração de limites | | 567 |
| | 1.2.1 | Classificação doutrinária | 568 |
| | 1.2.2 | Objeto material e bem juridicamente protegido | 568 |
| | 1.2.3 | Sujeito ativo e sujeito passivo | 569 |
| | 1.2.4 | Consumação e tentativa | 569 |
| | 1.2.5 | Elemento subjetivo | 569 |
| | 1.2.6 | Modalidades comissiva e omissiva | 570 |
| | 1.2.7 | Quadro-resumo | 570 |
| 1.3 | Usurpação de águas | | 571 |
| | 1.3.1 | Classificação doutrinária | 572 |
| | 1.3.2 | Objeto material e bem juridicamente protegido | 572 |
| | 1.3.3 | Sujeito ativo e sujeito passivo | 572 |
| | 1.3.4 | Consumação e tentativa | 572 |
| | 1.3.5 | Elemento subjetivo | 573 |
| | 1.3.6 | Modalidades comissiva e omissiva | 573 |
| | 1.3.7 | Quadro-resumo | 573 |
| 1.4 | Esbulho possessório | | 574 |
| | 1.4.1 | Classificação doutrinária | 575 |
| | 1.4.2 | Objeto material e bem juridicamente protegido | 575 |
| | 1.4.3 | Sujeito ativo e sujeito passivo | 576 |
| | 1.4.4 | Consumação e tentativa | 576 |
| | 1.4.5 | Elemento subjetivo | 576 |
| | 1.4.6 | Modalidades comissiva e omissiva | 576 |
| | 1.4.7 | Quadro-resumo | 577 |
| 1.5 | Emprego de violência na usurpação | | 577 |
| 1.6 | Pena, ação penal, competência para julgamento e suspensão condicional do processo | | 578 |
| 1.7 | Destaques | | 578 |
| | 1.7.1 | O movimento dos Sem-Terra e o estado de necessidade | 578 |

|       |       | 1.7.2 | Proprietário como sujeito ativo dos crimes de alteração de limites e esbulho possessório | 579 |

1.7.2 Proprietário como sujeito ativo dos crimes de alteração de limites e esbulho possessório ........................................................................... 579

1.7.3 Violência contra pessoa praticada após o sucesso da invasão ............. 580

1.7.4 Esbulho de imóvel do Sistema Financeiro da Habitação (SFH) – Lei nº 5.741/71, art. 9º, e Invasão de Terra da União, Estados ou Municípios – Lei nº 4.947/66, art. 20 ........................................................................... 580

1.7.5 Alteração de limites, usurpação de águas e invasão de propriedade (esbulho possessório) e o Código Penal Militar ........................................... 581

2. Supressão ou alteração de marca em animais ............................................... 581

2.1 Introdução ....................................................................................................... 581

2.2 Classificação doutrinária ................................................................................ 583

2.3 Objeto material e bem juridicamente protegido ....................................... 583

2.4 Sujeito ativo e sujeito passivo ...................................................................... 583

2.5 Consumação e tentativa ................................................................................ 583

2.6 Elemento subjetivo ........................................................................................ 584

2.7 Modalidades comissiva e omissiva .............................................................. 584

2.8 Pena, ação penal e suspensão condicional do processo .......................... 584

2.9 Destaques ........................................................................................................ 584

2.9.1 Supressão ou alteração de marca ou sinal indicativo de propriedade em um único animal ........................................................................................... 584

2.9.2 Animal sem qualquer marcação ..................................................... 585

2.9.3 Aposição, supressão ou alteração de marca e Código Penal Militar ........ 586

2.10 Quadro-resumo .............................................................................................. 586

**Capítulo IV – Do Dano** ........................................................................................... 587

1. Dano ....................................................................................................................... 587

1.1 Introdução ....................................................................................................... 587

1.2 Classificação doutrinária ................................................................................ 588

1.3 Objeto material e bem juridicamente protegido ....................................... 588

1.4 Sujeito ativo e sujeito passivo ...................................................................... 589

1.5 Consumação e tentativa ................................................................................ 589

1.6 Elemento subjetivo ........................................................................................ 590

1.7 Modalidades qualificadas .............................................................................. 590

1.7.1 Violência à pessoa ou grave ameaça ............................................. 590

1.7.2 Com emprego de substância inflamável ou explosiva, se o fato não constitui crime mais grave ........................................................................................... 591

1.7.3 Contra o patrimônio da União, de Estado, do Distrito Federal, de Município ou de autarquia, fundação pública, empresa pública, sociedade de economia mista ou empresa concessionária de serviços públicos ............ 592

1.7.4 Por motivo egoístico ou com prejuízo considerável para a vítima ........ 593

1.8 Modalidades comissiva e omissiva .............................................................. 593

1.9 Pena, ação penal, competência para julgamento e suspensão condicional do processo .............................................................................................................. 594

1.10 Destaques ........................................................................................................ 594

| | | |
|---|---|---|
| 1.10.1 | Prescindibilidade de *animus nocendi* à caracterização do dano | 594 |
| 1.10.2 | Preso ou condenado que danifica cela para fugir da cadeia ou penitenciária | 595 |
| 1.10.3 | Pichação | 596 |
| 1.10.4 | Dano culposo | 597 |
| 1.10.5 | Presença de mais de uma qualificadora | 597 |
| 1.10.6 | Exame pericial | 598 |
| 1.10.7 | Dano e Código Penal Militar | 598 |
| 1.10.8 | Dano qualificado e princípio da insignificância | 598 |
| 1.10.9 | Dano praticado contra instituições financeiras e os prestadores de serviço de segurança privada | 599 |

1.11 Quadro-resumo ........ 599

2. Introdução ou abandono de animais em propriedade alheia ........ 600

2.1 Introdução ........ 600

2.2 Classificação doutrinária ........ 601

2.3 Objeto material e bem juridicamente protegido ........ 601

2.4 Sujeito ativo e sujeito passivo ........ 601

2.5 Consumação e tentativa ........ 602

2.6 Elemento subjetivo ........ 603

2.7 Modalidades comissiva e omissiva ........ 603

2.8 Pena, ação penal, competência para julgamento e suspensão condicional do processo ........ 604

2.9 Destaques ........ 604

| | | |
|---|---|---|
| 2.9.1 | Introdução de somente um animal | 604 |
| 2.9.2 | Natureza jurídica do *prejuízo* – Elementar típica ou condição objetiva de punibilidade | 604 |

2.10 Quadro-resumo ........ 605

3. Dano em coisa de valor artístico, arqueológico ou histórico ........ 605

3.1 Introdução ........ 606

3.2 Classificação doutrinária ........ 607

3.3 Objeto material e bem juridicamente protegido ........ 607

3.4 Sujeito ativo e sujeito passivo ........ 607

3.5 Consumação e tentativa ........ 608

3.6 Elemento subjetivo ........ 608

3.7 Modalidades comissiva e omissiva ........ 608

3.8 Pena, ação penal, competência para julgamento, transação penal e suspensão condicional do processo ........ 608

3.9 Destaque ........ 609

| | | |
|---|---|---|
| 3.9.1 | Conhecimento de que o bem foi protegido legal, administrativa ou judicialmente | 609 |

3.10 Quadro-resumo ........ 609

4. Alteração de local especialmente protegido ........ 609

4.1 Introdução ........ 610

| | | |
|---|---|---|
| 4.2 | Classificação doutrinária | 610 |
| 4.3 | Objeto material e bem juridicamente protegido | 610 |
| 4.4 | Sujeito ativo e sujeito passivo | 611 |
| 4.5 | Consumação e tentativa | 611 |
| 4.6 | Elemento subjetivo | 611 |
| 4.7 | Modalidades comissiva e omissiva | 611 |
| 4.8 | Pena, ação penal e suspensão condicional do processo | 611 |
| 4.9 | Quadro-resumo | 612 |

**Capítulo V – Da Apropriação Indébita** ............................................................................. 613

1. Apropriação indébita ...................................................................................................... 613

| | | |
|---|---|---|
| 1.1 | Introdução | 613 |
| 1.2 | Classificação doutrinária | 614 |
| 1.3 | Objeto material e bem juridicamente protegido | 615 |
| 1.4 | Sujeito ativo e sujeito passivo | 615 |
| 1.5 | Consumação e tentativa | 615 |
| 1.6 | Elemento subjetivo | 616 |
| 1.7 | Modalidades comissiva e omissiva | 616 |
| 1.8 | Causas de aumento de pena | 616 |
| | 1.8.1 Depósito necessário | 617 |
| | 1.8.2 Na qualidade de tutor, curador, síndico, liquidatário, inventariante, testamenteiro ou depositário judicial | 617 |
| | 1.8.3 Em razão de ofício, emprego ou profissão | 618 |
| 1.9 | Primariedade do agente e pequeno valor da coisa apropriada | 619 |
| 1.10 | Pena, ação penal e suspensão condicional do processo | 619 |
| 1.11 | Destaques | 619 |
| | 1.11.1 Liberdade desvigiada. Diferença entre apropriação indébita e furto | 619 |
| | 1.11.2 Momento de surgimento do dolo – Diferença entre apropriação indébita e estelionato | 620 |
| | 1.11.3 Apropriação indébita de uso | 621 |
| | 1.11.4 Arrependimento posterior | 621 |
| | 1.11.5 Apropriação indébita por procurador legalmente constituído | 622 |
| | 1.11.6 Prescindibilidade da prestação de contas à configuração do delito | 622 |
| | 1.11.7 Apropriação indébita e Código Penal Militar | 623 |
| | 1.11.8 Apropriação indébita e Estatuto da Pessoa Idosa | 623 |
| | 1.11.9 Apropriação indébita e Sistema Financeiro Nacional | 623 |
| | 1.11.10 Apropriação indébita eleitoral | 623 |
| 1.12 | Quadro-resumo | 623 |

2. Apropriação indébita previdenciária ............................................................................. 624

| | | |
|---|---|---|
| 2.1 | Introdução | 625 |
| 2.2 | Classificação doutrinária | 626 |
| 2.3 | Modalidades assemelhadas de apropriação indébita previdenciária | 626 |
| 2.4 | Objeto material e bem juridicamente protegido | 626 |

| | | |
|---|---|---|
| 2.5 | Sujeito ativo e sujeito passivo | 626 |
| 2.6 | Consumação e tentativa | 627 |
| 2.7 | Elemento subjetivo | 627 |
| 2.8 | Modalidades comissiva e omissiva | 628 |
| 2.9 | Extinção da punibilidade | 628 |
| 2.10 | Perdão judicial e pena de multa | 630 |
| 2.11 | Pena, ação penal e competência para o julgamento | 630 |
| 2.12 | Destaques | 630 |
| | 2.12.1 Existência de processo administrativo | 630 |
| | 2.12.2 Apropriação indébita previdenciária e princípio da insignificância | 631 |
| 2.13 | Quadro-resumo | 631 |

3. Apropriação de coisa havida por erro, caso fortuito ou força da natureza; apropriação de tesouro e apropriação de coisa achada ... 632

| | | |
|---|---|---|
| 3.1 | Introdução | 632 |
| 3.2 | Apropriação de coisa havida por erro, caso fortuito ou força da natureza | 633 |
| | 3.2.1 Objeto material e bem juridicamente protegido | 634 |
| | 3.2.2 Sujeito ativo e sujeito passivo | 634 |
| | 3.2.3 Consumação e tentativa | 634 |
| | 3.2.4 Elemento subjetivo | 634 |
| | 3.2.5 Modalidades comissiva e omissiva | 635 |
| | 3.2.6 Quadro-resumo | 635 |
| 3.3 | Apropriação de tesouro | 635 |
| | 3.3.1 Objeto material e bem juridicamente protegido | 637 |
| | 3.3.2 Sujeito ativo e sujeito passivo | 637 |
| | 3.3.3 Consumação e tentativa | 637 |
| | 3.3.4 Elemento subjetivo | 637 |
| | 3.3.5 Modalidades comissiva e omissiva | 637 |
| | 3.3.6 Quadro-resumo | 638 |
| 3.4 | Apropriação de coisa achada | 638 |
| | 3.4.1 Objeto material e bem juridicamente protegido | 640 |
| | 3.4.2 Sujeito ativo e sujeito passivo | 640 |
| | 3.4.3 Consumação e tentativa | 640 |
| | 3.4.4 Elemento subjetivo | 640 |
| | 3.4.5 Modalidades comissiva e omissiva | 640 |
| 3.5 | Classificação doutrinária | 641 |
| 3.6 | Primariedade do agente e pequeno valor da coisa apropriada havida por erro, caso fortuito ou força da natureza, do tesouro e da coisa achada | 641 |
| 3.7 | Pena, ação penal, competência para julgamento e suspensão condicional do processo | 641 |
| 3.8 | Destaque | 641 |
| | 3.8.1 Apropriação de coisa havida acidentalmente, apropriação de coisa achada e Código Penal Militar | 641 |
| 3.9 | Quadro-resumo | 642 |

# Capítulo VI – Do Estelionato e Outras Fraudes ..... 643

1. Estelionato ..... 643
   1.1 Introdução ..... 644
   1.2 Classificação doutrinária ..... 647
   1.3 Objeto material e bem juridicamente protegido ..... 647
   1.4 Sujeito ativo e sujeito passivo ..... 647
   1.5 Consumação e tentativa ..... 648
   1.6 Elemento subjetivo ..... 648
   1.7 Modalidades comissiva e omissiva ..... 649
   1.8 Primariedade do agente e pequeno valor do prejuízo ..... 649
   1.9 Modalidades especiais de estelionato ..... 650
      1.9.1 Disposição de coisa alheia como própria ..... 650
      1.9.2 Alienação ou oneração fraudulenta de coisa própria ..... 651
      1.9.3 Defraudação de penhor ..... 652
      1.9.4 Fraude na entrega de coisa ..... 653
      1.9.5 Fraude para recebimento de indenização ou valor de seguro ..... 653
      1.9.6 Fraude no pagamento por meio de cheque ..... 654
      1.9.7 Fraude eletrônica. Modalidade qualificada de estelionato e causa de aumento de pena a ele relativa ..... 656
   1.10 Causas especiais de aumento de pena ..... 658
   1.11 Pena, ação penal e suspensão condicional do processo ..... 659
   1.12 Destaques ..... 660
      1.12.1 Torpeza bilateral (fraude nos negócios ilícitos ou imorais) ..... 660
      1.12.2 Estelionato e falsidade documental ..... 663
      1.12.3 Estelionato e apropriação indébita ..... 664
      1.12.4 Estelionato e jogo de azar ..... 664
      1.12.5 Estelionato e furto de energia elétrica ..... 665
      1.12.6 Estelionato e curandeirismo ..... 665
      1.12.7 Estelionato e inimputabilidade da vítima ..... 666
      1.12.8 Crime impossível ..... 666
      1.12.9 Endosso em cheque sem suficiente provisão de fundos ..... 667
      1.12.10 A Súmula nº 554 do STF ..... 667
      1.12.11 Cola eletrônica e estelionato ..... 668
      1.12.12 Estelionato e Código Penal Militar ..... 668
      1.12.13 Estelionato e Lei Geral do Esporte ..... 668
      1.12.14 Estelionato e Sistema Financeiro Nacional ..... 669
      1.12.15 Estelionato e falência ..... 669
      1.12.16 Competência para processo e julgamento e Súmulas dos Tribunais Superiores ..... 669
      1.12.17 Competência do estelionato praticado mediante depósito, mediante emissão de cheques sem suficiente provisão de fundos em poder do sacado ou com o pagamento frustrado ou mediante transferência de valores ..... 669

1.12.17.1 Jurisprudência em teses do Superior Tribunal de Justiça, edição nº 84: Crimes contra o Patrimônio III – Estelionato ........................................... 669

1.13 Quadro-resumo ............................................................................................................ 670

2. Fraude com a utilização de ativos virtuais, valores mobiliários ou ativos financeiros .......... 671

2.1 Introdução ........................................................................................................................ 671

2.2 Classificação doutrinária ............................................................................................. 673

2.3 Objeto material e bem juridicamente protegido .............................................. 673

2.4 Sujeito ativo e sujeito passivo .................................................................................. 673

2.5 Consumação e tentativa .............................................................................................. 673

2.6 Elemento subjetivo ........................................................................................................ 674

2.7 Modalidades comissiva e omissiva ......................................................................... 674

2.8 Pena e ação penal .......................................................................................................... 674

2.9 Quadro-resumo ............................................................................................................... 674

3. Duplicata simulada ..................................................................................................................... 675

3.1 Introdução ........................................................................................................................ 675

3.2 Classificação doutrinária ............................................................................................. 676

3.3 Objeto material e bem juridicamente protegido .............................................. 676

3.4 Sujeito ativo e sujeito passivo .................................................................................. 676

3.5 Consumação e tentativa .............................................................................................. 677

3.6 Elemento subjetivo ........................................................................................................ 677

3.7 Modalidades comissiva e omissiva ......................................................................... 677

3.8 Falsificação ou adulteração na escrituração do Livro de Registro de Duplicatas ....... 678

3.9 Pena e ação penal .......................................................................................................... 678

3.10 Quadro-resumo ............................................................................................................... 678

4. Abuso de incapazes ..................................................................................................................... 679

4.1 Introdução ........................................................................................................................ 679

4.2 Classificação doutrinária ............................................................................................. 681

4.3 Objeto material e bem juridicamente protegido .............................................. 681

4.4 Sujeito ativo e sujeito passivo .................................................................................. 681

4.5 Consumação e tentativa .............................................................................................. 682

4.6 Elemento subjetivo ........................................................................................................ 682

4.7 Modalidades comissiva e omissiva ......................................................................... 682

4.8 Pena e ação penal .......................................................................................................... 683

4.9 Destaques .......................................................................................................................... 683

4.9.1 Abuso de pessoa e Código Penal Militar ............................................ 683

4.9.2 Estatuto da Pessoa Idosa ........................................................................... 683

4.10 Quadro-resumo ............................................................................................................... 683

5. Induzimento à especulação ...................................................................................................... 684

5.1 Introdução ........................................................................................................................ 684

5.2 Classificação doutrinária ............................................................................................. 685

5.3 Objeto material e bem juridicamente protegido .............................................. 685

5.4 Sujeito ativo e sujeito passivo .................................................................................. 685

| | | | |
|---|---|---|---|
| 5.5 | Consumação e tentativa | | 686 |
| 5.6 | Elemento subjetivo | | 686 |
| 5.7 | Modalidades comissiva e omissiva | | 686 |
| 5.8 | Pena, ação penal e suspensão condicional do processo | | 686 |
| 5.9 | Quadro-resumo | | 687 |

6. Fraude no comércio ... 687

6.1 Introdução ... 688

6.2 Classificação doutrinária ... 689

6.3 Objeto material e bem juridicamente protegido ... 689

6.4 Sujeito ativo e sujeito passivo ... 689

6.5 Consumação e tentativa ... 690

6.6 Elemento subjetivo ... 690

6.7 Modalidade qualificada ... 691

6.8 Modalidades comissiva e omissiva ... 691

6.9 Criminoso primário e pequeno valor da mercadoria ... 691

6.10 Pena, ação penal, competência para julgamento e suspensão condicional do processo ... 692

6.11 Destaques ... 692

    6.11.1 Vítima que recebe uma pedra em vez da mercadoria comprada ... 692

    6.11.2 Compra de produtos falsos em bancas de camelô ... 693

6.12 Quadro-resumo ... 693

7. Outras fraudes ... 694

7.1 Introdução ... 694

7.2 Classificação doutrinária ... 696

7.3 Objeto material e bem juridicamente protegido ... 696

7.4 Sujeito ativo e sujeito passivo ... 696

7.5 Consumação e tentativa ... 696

7.6 Elemento subjetivo ... 696

7.7 Modalidades comissiva e omissiva ... 697

7.8 Pena, ação penal, competência para julgamento, suspensão condicional do processo e perdão judicial ... 697

7.9 Destaques ... 697

    7.9.1 Princípio da insignificância ... 697

    7.9.2 Dia do pendura ... 698

7.10 Quadro-resumo ... 699

8. Fraudes e abusos na fundação ou administração de sociedade por ações ... 699

8.1 Introdução ... 700

8.2 Promover a fundação de sociedade por ações fazendo, em prospecto ou em comunicação ao público ou à assembleia, afirmação falsa sobre a constituição da sociedade, ou ocultando fraudulentamente fato a ela relativo ... 700

    8.2.1 Classificação doutrinária ... 701

    8.2.2 Objeto material e bem juridicamente protegido ... 701

    8.2.3 Sujeito ativo e sujeito passivo ... 701

| | | |
|---|---|---|
| 8.2.4 | Consumação e tentativa | 701 |
| 8.2.5 | Elemento subjetivo | 702 |
| 8.2.6 | Modalidades comissiva e omissiva | 702 |
| 8.2.7 | Quadro-resumo | 702 |

8.3 O diretor, o gerente ou o fiscal de sociedade por ações que, em prospecto, relatório, parecer, balanço ou comunicação ao público ou à assembleia, faz afirmação falsa sobre as condições econômicas da sociedade, ou oculta fraudulentamente, no todo ou em parte, fato a elas relativo .......... 703

| | | |
|---|---|---|
| 8.3.1 | Classificação doutrinária | 703 |
| 8.3.2 | Objeto material e bem juridicamente protegido | 703 |
| 8.3.3 | Sujeito ativo e sujeito passivo | 704 |
| 8.3.4 | Consumação e tentativa | 704 |
| 8.3.5 | Elemento subjetivo | 704 |
| 8.3.6 | Modalidades comissiva e omissiva | 704 |
| 8.3.7 | Quadro-resumo | 704 |

8.4 O diretor, o gerente ou o fiscal que promove, por qualquer artifício, falsa cotação das ações ou de outros títulos da sociedade .......... 705

| | | |
|---|---|---|
| 8.4.1 | Classificação doutrinária | 705 |
| 8.4.2 | Objeto material e bem juridicamente protegido | 705 |
| 8.4.3 | Sujeito ativo e sujeito passivo | 705 |
| 8.4.4 | Consumação e tentativa | 706 |
| 8.4.5 | Elemento subjetivo | 706 |
| 8.4.6 | Modalidade comissiva | 706 |
| 8.4.7 | Quadro-resumo | 706 |

8.5 O diretor ou o gerente que toma empréstimo à sociedade ou usa, em proveito próprio ou de terceiro, dos bens ou haveres sociais, sem prévia autorização da assembleia geral .......... 707

| | | |
|---|---|---|
| 8.5.1 | Classificação doutrinária | 707 |
| 8.5.2 | Objeto material e bem juridicamente protegido | 707 |
| 8.5.3 | Sujeito ativo e sujeito passivo | 707 |
| 8.5.4 | Consumação e tentativa | 707 |
| 8.5.5 | Elemento subjetivo | 708 |
| 8.5.6 | Modalidades comissiva e omissiva | 708 |
| 8.5.7 | Quadro-resumo | 708 |

8.6 O diretor ou o gerente que compra ou vende, por conta da sociedade, ações por ela emitidas, salvo quando a lei o permite .......... 709

| | | |
|---|---|---|
| 8.6.1 | Classificação doutrinária | 709 |
| 8.6.2 | Objeto material e bem juridicamente protegido | 710 |
| 8.6.3 | Sujeito ativo e sujeito passivo | 710 |
| 8.6.4 | Consumação e tentativa | 710 |
| 8.6.5 | Elemento subjetivo | 710 |
| 8.6.6 | Modalidades comissiva e omissiva | 710 |
| 8.6.7 | Quadro-resumo | 710 |

| | | |
|---|---|---|
| 8.7 | O diretor ou o gerente que, como garantia de crédito social, aceita em penhor ou em caução ações da própria sociedade | 711 |
| | 8.7.1 Classificação doutrinária | 711 |
| | 8.7.2 Objeto material e bem juridicamente protegido | 711 |
| | 8.7.3 Sujeito ativo e sujeito passivo | 711 |
| | 8.7.4 Consumação e tentativa | 712 |
| | 8.7.5 Elemento subjetivo | 712 |
| | 8.7.6 Modalidades comissiva e omissiva | 712 |
| | 8.7.7 Quadro-resumo | 712 |
| 8.8 | O diretor ou o gerente que, na falta de balanço, em desacordo com este, ou mediante balanço falso, distribui lucros ou dividendos fictícios | 713 |
| | 8.8.1 Classificação doutrinária | 713 |
| | 8.8.2 Objeto material e bem juridicamente protegido | 713 |
| | 8.8.3 Sujeito ativo e sujeito passivo | 713 |
| | 8.8.4 Consumação e tentativa | 713 |
| | 8.8.5 Elemento subjetivo | 714 |
| | 8.8.6 Modalidades comissiva e omissiva | 714 |
| | 8.8.7 Quadro-resumo | 714 |
| 8.9 | O diretor, o gerente ou o fiscal que, por interposta pessoa, ou conluiado com acionista, consegue a aprovação de conta ou parecer | 714 |
| | 8.9.1 Classificação doutrinária | 715 |
| | 8.9.2 Objeto material e bem juridicamente protegido | 715 |
| | 8.9.3 Sujeito ativo e sujeito passivo | 715 |
| | 8.9.4 Consumação e tentativa | 715 |
| | 8.9.5 Elemento subjetivo | 715 |
| | 8.9.6 Modalidade comissiva | 715 |
| | 8.9.7 Quadro-resumo | 716 |
| 8.10 | O liquidante, nos casos dos nᵒˢ I, II, III, IV, V e VII | 716 |
| | 8.10.1 Classificação doutrinária | 716 |
| | 8.10.2 Objeto material e bem juridicamente protegido | 717 |
| | 8.10.3 Sujeito ativo e sujeito passivo | 717 |
| | 8.10.4 Consumação e tentativa | 717 |
| | 8.10.5 Elemento subjetivo | 717 |
| | 8.10.6 Modalidades comissiva e omissiva | 717 |
| 8.11 | O representante da sociedade anônima estrangeira, autorizada a funcionar no País, que pratica os atos mencionados nos nᵒˢ I e II, ou dá falsa informação ao Governo | 717 |
| | 8.11.1 Classificação doutrinária | 717 |
| | 8.11.2 Objeto material e bem juridicamente protegido | 718 |
| | 8.11.3 Sujeito ativo e sujeito passivo | 718 |
| | 8.11.4 Consumação e tentativa | 718 |
| | 8.11.5 Elemento subjetivo | 718 |
| | 8.11.6 Modalidades comissiva e omissiva | 718 |

| | | |
|---|---|---|
| 8.12 | Pena, ação penal, extinção da punibilidade e suspensão condicional do processo | 718 |
| 8.13 | Negociação de voto | 719 |

9. Emissão irregular de conhecimento de depósito ou *warrant* ............ 719

| | | |
|---|---|---|
| 9.1 | Introdução | 719 |
| 9.2 | Classificação doutrinária | 720 |
| 9.3 | Objeto material e bem juridicamente protegido | 721 |
| 9.4 | Sujeito ativo e sujeito passivo | 721 |
| 9.5 | Consumação e tentativa | 721 |
| 9.6 | Elemento subjetivo | 721 |
| 9.7 | Modalidades comissiva e omissiva | 721 |
| 9.8 | Pena, ação penal e suspensão condicional do processo | 721 |
| 9.9 | Quadro-resumo | 722 |

10. Fraude à execução ............ 722

| | | |
|---|---|---|
| 10.1 | Introdução | 722 |
| 10.2 | Classificação doutrinária | 724 |
| 10.3 | Objeto material e bem juridicamente protegido | 725 |
| 10.4 | Sujeito ativo e sujeito passivo | 725 |
| 10.5 | Consumação e tentativa | 725 |
| 10.6 | Elemento subjetivo | 725 |
| 10.7 | Modalidades comissiva e omissiva | 725 |
| 10.8 | Pena, ação penal, competência para julgamento e suspensão condicional do processo | 725 |
| 10.9 | Quadro-resumo | 726 |

**Capítulo VII – Da Receptação** ............ 727

1. Receptação ............ 727

| | | |
|---|---|---|
| 1.1 | Classificação doutrinária – Art. 180, *caput* | 731 |
| 1.2 | Sujeito ativo e sujeito passivo | 731 |
| 1.3 | Consumação e tentativa | 732 |
| 1.4 | Receptação qualificada | 732 |
| | 1.4.1 Modalidade equiparada | 734 |
| | 1.4.2 Classificação doutrinária – Art. 180, § 1º | 734 |
| | 1.4.3 Sujeito ativo e sujeito passivo | 735 |
| | 1.4.4 Consumação e tentativa | 735 |
| 1.5 | Elemento subjetivo | 735 |
| 1.6 | Objeto material e bem juridicamente protegido | 737 |
| 1.7 | Receptação culposa | 738 |
| 1.8 | Perdão judicial | 739 |
| 1.9 | Criminoso primário e pequeno valor da coisa receptada | 740 |
| 1.10 | Bens do patrimônio da União, de Estado, do Distrito Federal, de Município ou de autarquia, fundação pública, empresa pública, sociedade de economia mista ou empresa concessionária de serviços públicos | 740 |
| 1.11 | Autonomia da receptação | 741 |

| 1.12 | Pena, ação penal, competência para julgamento e suspensão condicional do processo | 741 |
| | 1.13 | Destaques | 742 |
| | 1.13.1 | Prova do crime anterior | 742 |
| | 1.13.2 | Receptação e concurso de pessoas no delito anterior | 742 |
| | 1.13.3 | Receptação em cadeia (receptação de receptação) | 743 |
| | 1.13.4 | Imputação alternativa | 743 |
| | 1.13.5 | Receptação e Código Penal Militar | 744 |
| | 1.14 | Quadro-resumo | 744 |
| 2. | Receptação de animal | 745 |
| | 2.1 | Introdução | 745 |
| | 2.2 | Classificação doutrinária | 746 |
| | 2.3 | Objeto material e bem juridicamente protegido | 746 |
| | 2.4 | Sujeito ativo e sujeito passivo | 746 |
| | 2.5 | Consumação e tentativa | 747 |
| | 2.6 | Elemento subjetivo | 747 |
| | 2.7 | Modalidades comissiva e omissiva | 747 |
| | 2.8 | Pena, ação penal, competência para julgamento | 748 |
| | 2.9 | Destaque | 748 |
| | 2.9.1 | *Novatio legis in melius* | 748 |
| | 2.10 | Quadro-resumo | 748 |

**Capítulo VIII – Disposições Gerais** .......... 750

1. Disposições gerais relativas aos crimes contra o patrimônio .......... 750
   1.1 Introdução .......... 750
   1.2 Imunidades penais absolutas ou escusas absolutórias .......... 751
   1.3 Imunidades penais relativas .......... 754
   1.4 Ressalvas às imunidades penais absolutas e relativas .......... 755
   1.5 Causa de aumento de pena aplicável aos crimes contra o patrimônio, quando cometidos contra as instituições financeiras e os prestadores de serviço de segurança privada, de que trata o Estatuto da Segurança Privada e da Segurança das Instituições Financeiras .......... 756

### PARTE III

## DOS CRIMES CONTRA A PROPRIEDADE IMATERIAL

**Capítulo I – Dos Crimes contra a Propriedade Intelectual** .......... 759

1. Introdução .......... 759
2. Violação de direito autoral .......... 760
   2.1 Introdução .......... 760
   2.2 Classificação doutrinária .......... 762
   2.3 Objeto material e bem juridicamente protegido .......... 762
   2.4 Sujeito ativo e sujeito passivo .......... 762

| | | |
|---|---|---|
| 2.5 | Consumação e tentativa | 762 |
| 2.6 | Elemento subjetivo | 763 |
| 2.7 | Modalidades comissiva e omissiva | 763 |
| 2.8 | Modalidades qualificadas | 763 |
| 2.9 | Pena, ação penal, competência para julgamento e suspensão condicional do processo | 765 |
| 2.10 | Destaques | 766 |
| 2.10.1 | Exclusão da tipicidade | 766 |
| 2.10.2 | Programas de computador | 766 |
| 2.10.3 | Efeitos da sentença condenatória | 766 |
| 2.10.4 | Comprovação do delito de violação de direito autoral, bem como sua materialidade | 767 |
| 2.11 | Quadro-resumo | 767 |

## PARTE IV

### DOS CRIMES CONTRA A ORGANIZAÇÃO DO TRABALHO

**Capítulo I – Dos Crimes contra a Organização do Trabalho** ... 771

| | | |
|---|---|---|
| 1. | Introdução | 771 |
| 2. | Atentado contra a liberdade de trabalho | 772 |
| 2.1 | Introdução | 773 |
| 2.2 | Classificação doutrinária | 774 |
| 2.3 | Objeto material e bem juridicamente protegido | 774 |
| 2.4 | Sujeito ativo e sujeito passivo | 774 |
| 2.5 | Consumação e tentativa | 775 |
| 2.6 | Elemento subjetivo | 775 |
| 2.7 | Modalidades comissiva e omissiva | 775 |
| 2.8 | Pena, ação penal, competência para julgamento e suspensão condicional do processo | 775 |
| 2.9 | Quadro-resumo | 776 |
| 3. | Atentado contra a liberdade de contrato de trabalho e boicotagem violenta | 776 |
| 3.1 | Introdução | 776 |
| 3.2 | Classificação doutrinária | 778 |
| 3.3 | Objeto material e bem juridicamente protegido | 778 |
| 3.4 | Sujeito ativo e sujeito passivo | 778 |
| 3.5 | Consumação e tentativa | 778 |
| 3.6 | Elemento subjetivo | 778 |
| 3.7 | Modalidades comissiva e omissiva | 778 |
| 3.8 | Pena, ação penal, competência para julgamento e suspensão condicional do processo | 778 |
| 3.9 | Quadro-resumo | 779 |
| 4. | Atentado contra a liberdade de associação | 780 |
| 4.1 | Introdução | 780 |

| | | |
|---|---|---|
| 4.2 | Classificação doutrinária | 780 |
| 4.3 | Objeto material e bem juridicamente protegido | 781 |
| 4.4 | Sujeito ativo e sujeito passivo | 781 |
| 4.5 | Consumação e tentativa | 781 |
| 4.6 | Elemento subjetivo | 781 |
| 4.7 | Modalidades comissiva e omissiva | 781 |
| 4.8 | Pena, ação penal, competência para julgamento e suspensão condicional do processo | 781 |
| 4.9 | Quadro-resumo | 782 |
| 5. | Paralisação de trabalho, seguida de violência ou perturbação da ordem | 782 |
| 5.1 | Introdução | 782 |
| 5.2 | Classificação doutrinária | 783 |
| 5.3 | Objeto material e bem juridicamente protegido | 783 |
| 5.4 | Sujeito ativo e sujeito passivo | 784 |
| 5.5 | Consumação e tentativa | 784 |
| 5.6 | Elemento subjetivo | 784 |
| 5.7 | Modalidades comissiva e omissiva | 784 |
| 5.8 | Pena, ação penal, competência para julgamento e suspensão condicional do processo | 784 |
| 5.9 | Quadro-resumo | 785 |
| 6. | Paralisação de trabalho de interesse coletivo | 785 |
| 6.1 | Introdução | 786 |
| 6.2 | Classificação doutrinária | 787 |
| 6.3 | Objeto material e bem juridicamente protegido | 787 |
| 6.4 | Sujeito ativo e sujeito passivo | 787 |
| 6.5 | Consumação e tentativa | 787 |
| 6.6 | Elemento subjetivo | 787 |
| 6.7 | Modalidades comissiva e omissiva | 787 |
| 6.8 | Pena, ação penal, competência para julgamento e suspensão condicional do processo | 787 |
| 6.9 | Quadro-resumo | 788 |
| 7. | Invasão de estabelecimento industrial, comercial ou agrícola. Sabotagem | 788 |
| 7.1 | Introdução | 788 |
| 7.2 | Classificação doutrinária | 789 |
| 7.3 | Objeto material e bem juridicamente protegido | 789 |
| 7.4 | Sujeito ativo e sujeito passivo | 789 |
| 7.5 | Consumação e tentativa | 790 |
| 7.6 | Elemento subjetivo | 790 |
| 7.7 | Modalidades comissiva e omissiva | 790 |
| 7.8 | Pena, ação penal e suspensão condicional do processo | 790 |
| 7.9 | Quadro-resumo | 790 |
| 8. | Frustração de direito assegurado por lei trabalhista | 791 |

| | | |
|---|---|---|
| 8.1 | Introdução | 791 |
| 8.2 | Classificação doutrinária | 792 |
| 8.3 | Objeto material e bem juridicamente protegido | 792 |
| 8.4 | Sujeito ativo e sujeito passivo | 792 |
| 8.5 | Consumação e tentativa | 793 |
| 8.6 | Elemento subjetivo | 793 |
| 8.7 | Modalidades comissiva e omissiva | 793 |
| 8.8 | Modalidades assemelhadas | 793 |
| | 8.8.1 Obriga ou coage alguém a usar mercadorias de determinado estabelecimento, para impossibilitar o desligamento do serviço em virtude de dívida | 793 |
| | 8.8.2 Impede alguém de se desligar de serviços de qualquer natureza, mediante coação ou por meio da retenção de seus documentos pessoais ou contratuais | 794 |
| 8.9 | Causas especiais de aumento de pena | 794 |
| 8.10 | Pena, ação penal, competência para julgamento e suspensão condicional do processo | 796 |
| 8.11 | Quadro-resumo | 796 |
| 9. | Frustração de lei sobre a nacionalização do trabalho | 797 |
| 9.1 | Introdução | 797 |
| 9.2 | Classificação doutrinária | 797 |
| 9.3 | Objeto material e bem juridicamente protegido | 797 |
| 9.4 | Sujeito ativo e sujeito passivo | 798 |
| 9.5 | Consumação e tentativa | 798 |
| 9.6 | Elemento subjetivo | 798 |
| 9.7 | Modalidades comissiva e omissiva | 798 |
| 9.8 | Pena, ação penal, competência para julgamento e suspensão condicional do processo | 798 |
| 9.9 | Quadro-resumo | 798 |
| 10. | Exercício de atividade com infração de decisão administrativa | 799 |
| 10.1 | Introdução | 799 |
| 10.2 | Classificação doutrinária | 799 |
| 10.3 | Objeto material e bem juridicamente protegido | 800 |
| 10.4 | Sujeito ativo e sujeito passivo | 800 |
| 10.5 | Consumação e tentativa | 800 |
| 10.6 | Elemento subjetivo | 800 |
| 10.7 | Modalidade comissiva | 800 |
| 10.8 | Pena, ação penal, competência para julgamento e suspensão condicional do processo | 800 |
| 10.9 | Quadro-resumo | 800 |
| 11. | Aliciamento para o fim de emigração | 801 |
| 11.1 | Introdução | 801 |
| 11.2 | Classificação doutrinária | 802 |

CURSO DE DIREITO PENAL • VOL. 2 – ROGÉRIO GRECO

| | | |
|---|---|---|
| 11.3 | Objeto material e bem juridicamente protegido | 802 |
| 11.4 | Sujeito ativo e sujeito passivo | 802 |
| 11.5 | Consumação e tentativa | 803 |
| 11.6 | Elemento subjetivo | 803 |
| 11.7 | Modalidades comissiva e omissiva | 803 |
| 11.8 | Pena, ação penal e suspensão condicional do processo | 803 |
| 11.9 | Quadro-resumo | 803 |
| 12. | Aliciamento de trabalhadores de um local para outro do território nacional | 804 |
| 12.1 | Introdução | 804 |
| 12.2 | Classificação doutrinária | 805 |
| 12.3 | Objeto material e bem juridicamente protegido | 805 |
| 12.4 | Sujeito ativo e sujeito passivo | 805 |
| 12.5 | Consumação e tentativa | 805 |
| 12.6 | Elemento subjetivo | 805 |
| 12.7 | Modalidades comissiva e omissiva | 805 |
| 12.8 | Modalidade assemelhada | 805 |
| 12.9 | Causa especial de aumento de pena | 806 |
| 12.10 | Pena, ação penal e suspensão condicional do processo | 806 |
| 12.11 | Quadro-resumo | 806 |

## PARTE V

### DOS CRIMES CONTRA O SENTIMENTO RELIGIOSO E CONTRA O RESPEITO AOS MORTOS

| | | |
|---|---|---|
| **Capítulo I – Dos Crimes contra o Sentimento Religioso** | | 811 |
| 1. | Dos crimes contra o sentimento religioso e contra o respeito aos mortos | 811 |
| 2. | Ultraje a culto e impedimento ou perturbação de ato a ele relativo | 812 |
| 2.1 | Introdução | 812 |
| 2.2 | Classificação doutrinária | 813 |
| 2.3 | Objeto material e bem juridicamente protegido | 813 |
| 2.4 | Sujeito ativo e sujeito passivo | 813 |
| 2.5 | Consumação e tentativa | 813 |
| 2.6 | Elemento subjetivo | 814 |
| 2.7 | Modalidades comissiva e omissiva | 814 |
| 2.8 | Causa de aumento de pena | 814 |
| 2.9 | Pena, ação penal, competência para julgamento, suspensão condicional do processo | 815 |
| 2.10 | Destaque | 816 |
| 2.10.1 | Estatuto do Índio | 816 |
| 2.11 | Quadro-resumo | 816 |
| 3. | Impedimento ou perturbação de cerimônia funerária | 817 |
| 3.1 | Introdução | 817 |

| | | |
|---|---|---|
| 3.2 | Classificação doutrinária | 818 |
| 3.3 | Objeto material e bem juridicamente protegido | 818 |
| 3.4 | Sujeito ativo e sujeito passivo | 818 |
| 3.5 | Consumação e tentativa | 818 |
| 3.6 | Elemento subjetivo | 818 |
| 3.7 | Modalidades comissiva e omissiva | 819 |
| 3.8 | Causa de aumento de pena | 819 |
| 3.9 | Pena, ação penal, competência para julgamento, suspensão condicional do processo | 819 |
| 3.10 | Quadro-resumo | 819 |
| 4. | Violação de sepultura | 820 |
| 4.1 | Introdução | 820 |
| 4.2 | Classificação doutrinária | 821 |
| 4.3 | Objeto material e bem juridicamente protegido | 821 |
| 4.4 | Sujeito ativo e sujeito passivo | 821 |
| 4.5 | Consumação e tentativa | 821 |
| 4.6 | Elemento subjetivo | 821 |
| 4.7 | Modalidades comissiva e omissiva | 821 |
| 4.8 | Pena, ação penal e suspensão condicional do processo | 821 |
| 4.9 | Destaques | 822 |
| 4.9.1 | Agente que viola sepultura com o fim de subtrair pertences enterrados com o morto | 822 |
| 4.9.2 | Sepultura ou urna funerária sem cadáver ou restos mortais | 822 |
| 4.9.3 | Inumação ou exumação de cadáver | 822 |
| 4.10 | Quadro-resumo | 823 |
| 5. | Destruição, subtração ou ocultação de cadáver | 823 |
| 5.1 | Introdução | 823 |
| 5.2 | Classificação doutrinária | 824 |
| 5.3 | Objeto material e bem juridicamente protegido | 825 |
| 5.4 | Sujeito ativo e sujeito passivo | 825 |
| 5.5 | Consumação e tentativa | 825 |
| 5.6 | Elemento subjetivo | 825 |
| 5.7 | Modalidades comissiva e omissiva | 825 |
| 5.8 | Pena, ação penal e suspensão condicional do processo | 825 |
| 5.9 | Destaques | 826 |
| 5.9.1 | Feto natimorto | 826 |
| 5.9.2 | Lei nº 9.434/97 (Transplante de órgãos) | 826 |
| 5.9.3 | Furto de cadáver | 827 |
| 5.10 | Quadro-resumo | 827 |
| 6. | Vilipêndio a cadáver | 828 |
| 6.1 | Introdução | 828 |
| 6.2 | Classificação doutrinária | 828 |

| | | |
|---|---|---|
| 6.3 | Objeto material e bem juridicamente protegido | 828 |
| 6.4 | Sujeito ativo e sujeito passivo | 828 |
| 6.5 | Consumação e tentativa | 829 |
| 6.6 | Elemento subjetivo | 829 |
| 6.7 | Modalidades comissiva e omissiva | 829 |
| 6.8 | Pena, ação penal e suspensão condicional do processo | 829 |
| 6.9 | Quadro-resumo | 829 |

**Referências** ............................................................................................................................. 831

**Índice Remissivo** .................................................................................................................... 847

## PARTE I
# DOS CRIMES CONTRA A PESSOA

# Capítulo I
# Dos Crimes contra a Vida

## 1. INTRODUÇÃO AOS CRIMES CONTRA A PESSOA

Ao iniciarmos o estudo da Parte Especial do Código Penal, podemos perceber a preocupação do legislador no que diz respeito à proteção de diversos bens jurídicos. São 11 os títulos existentes que traduzem os bens que foram objeto de tutela pela lei penal, títulos esses que, por sua vez, foram subdivididos em capítulos, individualizando, ainda mais, os bens juridicamente protegidos pelos tipos penais incriminadores.

No Título I, cuidou o Código Penal dos crimes contra a pessoa; no Título II, dos crimes contra o patrimônio; no Título III, dos crimes contra a propriedade imaterial; no Título IV, dos crimes contra a organização do trabalho; no Título V, dos crimes contra o sentimento religioso e contra o respeito aos mortos; no Título VI, dos crimes contra a dignidade sexual;[1] no Título VII, dos crimes contra a família; no Título VIII, dos crimes contra a incolumidade pública; no Título IX, dos crimes contra a paz pública; no Título X, dos crimes contra a fé pública; e, finalmente, no Título XI, dos crimes contra a Administração Pública.

A finalidade com este trabalho é tentar, ao máximo possível, trazer ao conhecimento do público as questões mais discutidas e controvertidas concernentes a cada tipo penal. A meta é dissecar cada infração penal, apontando todos seus elementos.

Merece ser destacado, por oportuno, que a Parte Especial do Código Penal (Decreto-Lei nº 2.848, de 7 de dezembro de 1940) foi publicada no *Diário Oficial da União* em 31 de dezembro de 1940, já tendo se passado, portanto, mais de sete décadas desde então, motivo suficiente para que seja estudada com olhos críticos, visto que a sociedade, decorridos aproximadamente setenta anos, mudou radicalmente. Bens que, no passado, eram tidos como de extrema importância, hoje já perderam o seu valor, razão pela qual ressaltamos a importância da análise dos princípios penais fundamentais, que terão por finalidade apontar as debilidades daquelas infrações penais que já não se fazem mais necessárias.

Sabemos também que, embora sendo datada de 1940, a Parte Especial do Código Penal foi sendo, ao longo dos anos, modificada por meio de reformas pontuais. Novos artigos foram criados, outros modificados, enfim, embora antiga, a parte especial do Código Penal sofreu profundas modificações que tiveram o condão de, em algumas situações, fornecer-lhe uma

---

[1] A Lei nº 12.015, de 7 de agosto de 2009, alterou o Título VI da Parte Especial do Código Penal, que antes previa os *crimes contra os costumes*, passando a dispor sobre os *crimes contra a dignidade sexual*.

aparência jovial, cuidando de temas que não mereceram a atenção do legislador original, a exemplo da inserção do capítulo correspondente aos crimes contra as finanças públicas, inserido no Título XI, relativo aos crimes contra a Administração Pública, feita pela Lei nº 10.028, de 19 de outubro de 2000; ou, ainda, a modificação do art. 149, por intermédio da Lei nº 10.803, de 11 de dezembro de 2003, que prevê o delito de redução à condição análoga à de escravo; sem falar na Lei nº 10.886, de 17 de junho de 2004, que criou o delito de *violência doméstica*, inserindo dois parágrafos (9º e 10) ao art. 129 do Código Penal; além das modificações feitas pela Lei nº 11.340, de 7 de agosto de 2006, que criou mecanismos para coibir a violência doméstica e familiar contra a mulher; pela Lei nº 11.464, de 28 de março de 2007, que deu nova redação ao inciso II e os §§ 1º e 3º do art. 2º da Lei nº 8.072/90; pela Lei nº 11.466, de 28 de março de 2007, que alterou a Lei de Execução Penal, bem como inseriu o art. 319-A no Código Penal e pela Lei nº 12.015, de 7 de agosto de 2009, que modificou o Título VI do Código Penal, fazendo menção, agora, aos chamados crimes contra a dignidade sexual; a Lei nº 12.653, de 28 de maio de 2012, que tipificou o crime de condicionar atendimento médico-hospitalar emergencial a qualquer garantia; a Lei nº 12.720, de 27 de setembro de 2012, que dispôs sobre o extermínio de seres humanos, inseriu o § 6º no art. 121 e alterou o § 7º do art. 129, criando, ainda, o delito de constituição de milícia privada; a Lei nº 13.008, de 26 de junho de 2014, que deu nova redação ao art. 334 e acrescentou o art. 334-A, dividindo os delitos de contrabando e descaminho; a Lei nº 13.104, de 9 de março de 2015, que criou o chamado feminicídio, inserindo o inciso VI ao § 2º do art. 121, como também a Lei nº 13.142, de 6 de julho de 2015, que alterou os arts. 121 e 129, acrescendo uma qualificadora ao primeiro (inciso VII) e uma causa especial de aumento de pena ao segundo (§ 12), em virtude de os crimes serem praticados contra autoridade ou agente descrito nos arts. 142 e 144 das Constituição Federal, integrantes do sistema prisional e da Força Nacional de Segurança Pública, da Lei nº 13.330, de 2 de agosto e 2016, que tipificou, de forma mais gravosa, os crimes de furto e receptação de semovente domesticável de produção; da Lei nº 13.445, de 25 de maio de 2017 (Lei de Migração), que tipificou a promoção de migração ilegal, inserida no art. 232-A, da Lei nº 13654, de 23 de abril de 2018, que dispôs sobre os crimes de furto qualificado e de roubo quando envolvam explosivos e do crime de roubo praticado com emprego de arma de fogo ou do qual resulte lesão corporal grave; da Lei nº 13.869, de 5 de setembro de 2019, que dispôs sobre os crimes de abuso de autoridade e revogou o § 2º do art. 155 e o art. 350, ambos do Código Penal, a Lei nº 13.964, de 24 de dezembro de 2019, fruto do chamado Pacote "anticrime", que buscou aperfeiçoar a legislação penal e processual penal, bem como a Lei nº 13.968, de 26 de dezembro de 2019, que modificou o crime de incitação ao suicídio, tipificado no art. 122 do Código Penal, e incluiu as condutas de induzir ou instigar a automutilação, bem como a de prestar auxílio a quem a pratique; da Lei nº 14.110, de 18 de dezembro de 2020, que alterou o art. 339 do Código Penal, dando nova redação ao crime de denunciação caluniosa; da Lei nº 14.132, de 31 de março de 2021, que acrescentou o art. 147-A ao Código Penal, criando o delito de perseguição; da Lei nº 14.133, de 1º de abril de 2021, que dispôs sobre a Lei de Licitações e Contratos Administrativos; da Lei nº 14.197, de 1º de setembro de 2021, que revogou a Lei de Segurança Nacional e dispôs sobre os crimes contra o Estado Democrático de Direito; da Lei nº 14.344, de 24 de maio de 2022, que introduziu uma nova qualificadora ao crime de homicídio (quando a vítima for menor de 14 (quatorze) anos, entre outras; da Lei nº 14.562, de 26 de abril de 2023, que alterou o art. 311 do Código Penal, para criminalizar a conduta de quem adultera sinal identificador de veículo não categorizado como automotor; da Lei nº 14.811, de 12 de janeiro de 2024, que tipificou os delitos de intimidação sistemática (*bullying*) no art. 146-A e de intimidação sistemática virtual (*cyberbullying*) no seu parágrafo único, ambos do Código Penal; além da Lei nº 14.994, de 9 de outubro de 2024 (que tornou o feminicídio crime autônomo, agravou a sua pena e a de outros crimes praticados contra a mulher por razões da condição do sexo feminino, bem como estabeleceu outras medidas destinadas a prevenir e coibir a violência praticada contra a mulher).

O projeto original que culminou com o Código Penal de 1940 foi elaborado, inicialmente, pelo Dr. Alcântara Machado, professor da Faculdade de Direito de São Paulo, tendo sido entregue ao Governo Federal em 1938. O Ministro da Justiça, Dr. Francisco Campos, ao receber o aludido pacote, entendeu por bem submetê-lo à revisão, assim se manifestando em sua Exposição de Motivos, item 1:

> **1.** A matéria impunha, entretanto, pela sua delicadeza e por suas notórias dificuldades, um exame demorado e minucioso. Sem desmerecer o valor do trabalho de que se desincumbira o Professor Alcântara Machado, julguei de bom aviso submeter o projeto a uma demorada revisão, convocando para isso técnicos, que se houvessem distinguido não somente na teoria do delito, como também na prática da aplicação da lei penal.
>
> Assim, constituí a Comissão revisora com os ilustres magistrados Vieira Braga, Nélson Hungria e Narcélio de Queiroz e com um ilustre representante do Ministério Público, o Dr. Roberto Lira.
>
> Durante mais de um ano a Comissão dedicou-se quotidianamente ao trabalho de revisão, cujos primeiros resultados comuniquei ao eminente Dr. Alcântara Machado, que, diante deles, remodelou seu projeto, dando-lhe uma nova edição. Não se achava, porém, ainda, acabado o trabalho de revisão. Prosseguiram com a minha assistência e colaboração até que me parecesse o projeto em condições de ser submetido à apreciação de Vossa Excelência.
>
> Dos trabalhos da Comissão revisora resultou este projeto. Embora da revisão houvessem advindo modificações à estrutura e ao plano sistemático, não há dúvida que o projeto Alcântara Machado representou, em relação aos anteriores, um grande passo no sentido da reforma da nossa legislação penal. Cumpre-me deixar aqui consignado o nosso louvor à obra do eminente patrício, cujo valioso subsídio ao atual projeto, nem eu, nem os ilustres membros da Comissão revisora deixamos de reconhecer.

O importante, neste momento, é buscar reinterpretar os tipos penais da Parte Especial do Código Penal que foram recepcionados pelo texto de nossa Lei Maior, permitindo, com isso, uma visão garantista, protetora dos direitos de liberdade de todos os cidadãos, merecendo sempre ser lembrada a máxima de von Liszt quando dizia ser o Código Penal a "Carta Magna do delinquente."

Interpretar os tipos penais incriminadores requer, portanto, uma visão libertária, entendendo-se o tipo penal como garantia, e não como carrasco do cidadão.

Merece ser destacado o fato de que, ao longo de todos esses anos de vigência da Parte Especial do Código Penal, várias modificações foram sendo realizadas, como dissemos, por meio de *reformas pontuais*. Percebeu-se, a exemplo daquilo que aconteceu com o Código Civil, hoje em vigor, e com o projeto de Código de Processo Penal, que ainda se encontra "guardado" no Congresso Nacional por algum parlamentar, que introduzir no ordenamento jurídico um novo Código seria missão quase impossível, uma vez que, dada a sua particularidade, ou seja, ao fato de possuir centenas de artigos, caso um congressista não viesse a concordar com a redação de tão somente um deles, pediria vista para sua análise e, consequentemente, comprometeria a discussão de todo o projeto.

O recurso às reformas pontuais, portanto, foi visto como uma alternativa que teria o condão de atualizar a legislação em vigor, inserindo novos tipos penais, ou mesmo retirando aqueles que fugissem à nossa realidade.

A Parte Especial do Código Penal está dividida em títulos, capítulos e seções, ordenados sistematicamente, levando em consideração o bem juridicamente protegido. Sérgio de Oliveira Médici, dissertando sobre o tema, preleciona:

> "Quando se adota como critério de classificação o bem jurídico, deve-se entender no sentido de que mesmo que as características de concreção próprias da parte especial afetam em primeiro lugar a antijuridicidade tipificada, esta é que há de servir de base para a formação dos grupos e subgrupos. O bem jurídico adquire importância como critério regente enquanto

constitui a essência da antijuridicidade, porém não é um módulo exclusivo. O objeto sobre o qual recai a conduta, o meio empregado para cometer o delito e todas as demais modalidades do tipo que transcendem a antijuridicidade da conduta aqui também influem. Na realidade, nenhuma classificação das que partem do bem jurídico deixa de levar em conta as aludidas modalidades. Por si só, o bem jurídico é insuficiente para uma classificação exaustiva, pois existem numerosos delitos que apresentam o mesmo objeto de ataque, por exemplo furto e roubo (a propriedade representada pelas coisas móveis), o homicídio, o infanticídio (vida humana).

A parte especial de um Código Penal não pode, portanto, apresentar uma sequência desordenada de normas incriminadoras. Os tipos devem ser nela dispostos de acordo com um critério lógico e que propicie a melhor adequação legislativa aos interesses da sociedade."[2]

Foi somente a partir do Código Penal de 1940 que a Parte Especial teve início com os chamados Crimes contra a Pessoa, ressaltando-se, dessa forma, sua importância. Os Códigos que o antecederam, vale dizer, o Código Criminal do Império do Brasil (1830) e o primeiro Código Penal publicado durante o período republicano, denominado Código Penal dos Estados Unidos do Brasil (1890), iniciavam sua Parte Especial com os crimes contra a existência política do Império e os crimes contra a existência política da República, demonstrando, com isso, a preponderância do Estado sobre o cidadão.

O Código Penal de 1940 rompeu com essa regra, iniciando sua Parte Especial com o Título I, relativo aos Crimes contra a Pessoa, que é composto pelos seguintes capítulos e seções: Capítulo I – Dos Crimes contra a Vida; Capítulo II – Das Lesões Corporais; Capítulo III – Da Periclitação da Vida e da Saúde; Capítulo IV – Da Rixa; Capítulo V – Dos Crimes contra a Honra; Capítulo VI – Dos Crimes contra a Liberdade Individual: *Seção I* – Dos Crimes contra a Liberdade Pessoal; *Seção II* – Dos Crimes contra a Inviolabilidade do Domicílio; *Seção III* – Dos Crimes contra a Inviolabilidade de Correspondência; *Seção IV* – Dos Crimes contra a Inviolabilidade dos Segredos.

Nos próximos capítulos, faremos a análise pormenorizada dos crimes contra a pessoa.

## 2. HOMICÍDIO

**Homicídio simples**

**Art. 121.** Matar alguém:
Pena – reclusão, de 6 (seis) a 20 (vinte) anos.

**Caso de diminuição de pena**

§ 1º Se o agente comete o crime impelido por motivo de relevante valor social ou moral, ou sob o domínio de violenta emoção, logo em seguida a injusta provocação da vítima, o juiz pode reduzir a pena de um sexto a um terço.

**Homicídio qualificado**

§ 2º Se o homicídio é cometido:
I – mediante paga ou promessa de recompensa, ou por outro motivo torpe;
II – por motivo fútil;
III – com emprego de veneno, fogo, explosivo, asfixia, tortura ou outro meio insidioso ou cruel, ou de que possa resultar perigo comum;
IV – à traição, de emboscada ou mediante dissimulação ou outro recurso que dificulte ou torne impossível a defesa do ofendido;
V – para assegurar a execução, a ocultação, a impunidade ou vantagem de outro crime;
VI – revogado pela Lei nº 14.994, de 9 de outubro de 2024;

---

[2] MÉDICI, Sérgio de Oliveira. *Teoria dos tipos penais*, p. 152-153.

VII – contra autoridade ou agente descrito nos arts. 142 e 144 da Constituição Federal, integrantes do sistema prisional e da Força Nacional de Segurança Pública, no exercício da função ou em decorrência dela, ou contra seu cônjuge, companheiro ou parente consanguíneo até terceiro grau, em razão dessa condição;

VIII – com emprego de arma de fogo de uso restrito ou proibido;

**Homicídio contra menor de 14 (quatorze) anos**

IX – contra menor de 14 (quatorze) anos:

Pena – reclusão, de 12 (doze) a 30 (trinta) anos.

§ 2º Revogado pela Lei nº 14.994, de 9 de outubro de 2024.

§ 2º-B. A pena do homicídio contra menor de 14 (quatorze) anos é aumentada de:

I – 1/3 (um terço) até a metade se a vítima é pessoa com deficiência ou com doença que implique o aumento de sua vulnerabilidade;

II – 2/3 (dois terços) se o autor é ascendente, padrasto ou madrasta, tio, irmão, cônjuge, companheiro, tutor, curador, preceptor ou empregador da vítima ou por qualquer outro título tiver autoridade sobre ela;

III – 2/3 (dois terços) se o crime for praticado em instituição de educação básica pública ou privada.

**Homicídio culposo**

§ 3º Se o homicídio é culposo:

Pena – detenção, de 1 (um) a 3 (três) anos.

**Aumento de pena**

§ 4º No homicídio culposo, a pena é aumentada de 1/3 (um terço), se o crime resulta de inobservância de regra técnica de profissão, arte ou ofício, ou se o agente deixa de prestar imediato socorro à vítima, não procura diminuir as consequências do seu ato, ou foge para evitar a prisão em flagrante. Sendo doloso o homicídio, a pena é aumentada de 1/3 (um terço) se o crime é praticado contra pessoa menor de 14 (quatorze) ou maior de 60 (sessenta) anos.

§ 5º Na hipótese de homicídio culposo, o juiz poderá deixar de aplicar a pena, se as consequências da infração atingirem o próprio agente de forma tão grave que a sanção penal se torne desnecessária.

§ 6º A pena é aumentada de 1/3 (um terço) até a metade se o crime for praticado por milícia privada, sob o pretexto de prestação de serviço de segurança, ou por grupo de extermínio.

§ 7º Revogado pela Lei nº 14.994/2024.

## 2.1 O primeiro homicídio

De todas as infrações penais, o homicídio é aquela que, efetivamente, desperta mais interesse. O homicídio reúne uma mistura de sentimentos – ódio, rancor, inveja, paixão etc. – que o torna um crime especial, diferente dos demais. Normalmente, quando não estamos diante de criminosos profissionais, o homicida é autor de um único crime do qual, normalmente, se arrepende.

A Bíblia nos relata a história do primeiro homicídio, cometido por Caim, contra seu irmão Abel, em Gênesis, Capítulo 4, versículo 8. Caim agiu impelido por um sentimento de inveja, pois Deus havia se agradado da oferta trazida pelo seu irmão Abel e rejeitado a dele. Dessa forma, Caim chamou Abel para com ele ir ao campo e, lá, o matou.

Pelo fato de ter causado a morte de seu irmão, Deus puniu Caim, amaldiçoando-o, fazendo com que passasse a ser um fugitivo e errante pela Terra. Caim, prevendo que também seria morto como vingança pelo crime por ele praticado, disse a Deus, em Gênesis 4, versículos 13 a 16:

"É tamanho o meu castigo, que já não posso suportá-lo. Eis que hoje me lanças da face da Terra, e da tua presença hei de esconder-me; serei fugitivo e errante pela Terra; quem comigo se encontrar me matará. O SENHOR, porém, lhe disse: Assim qualquer que matar Caim será vingado sete vezes. E pôs o SENHOR um sinal em Caim para que o não ferisse de morte quem quer que o encontrasse. Retirou-se Caim da presença do SENHOR e habitou na terra de Node, ao oriente do Éden."

Como regra, no instante imediatamente seguinte ao do crime praticado, o homicida percebe as consequências de seu ato. É tomado, então, por um sentimento de medo, incerteza, insegurança, fragilidade... A partir daquele instante, ele se tornará um fugitivo de si mesmo.

A Bíblia ainda faz a distinção entre o homicídio doloso e aquele praticado culposamente. Para este último, foram criadas as cidades de refúgio, destinadas a acolher o agente que, de maneira culposa, causou a morte de alguém, a fim de não ser morto, também, pelo vingador de sangue. Aquele que passasse a viver nessas cidades de refúgio estaria a salvo da vingança privada. Se, entretanto, o homicídio fosse doloso, não importando o lugar onde estivesse o agente, ele seria entregue nas mãos do mencionado vingador para que morresse.[3]

Há, também, criminosos frios, que sentem prazer ao ver o sofrimento da vítima, que praticam atrocidades inomináveis, como temos presenciado nos meios de comunicação. Valores são deixados de lado, para darem lugar a sentimentos desprezíveis. Filhos causando a morte de seus pais, com a finalidade de herdar-lhes os bens, maridos matando suas esposas para ficarem com suas amantes, enfim, o delito de homicídio, dentre todas as infrações penais, é aquele que requer estudo mais detalhado, dada a sua complexidade.

## 2.2 Homicídio simples, privilegiado e qualificado

Acesse e assista à aula explicativa sobre este assunto.
> http://uqr.to/1wmcr

O homicídio simples, previsto no *caput* do art. 121 do Código Penal, cuja pena de reclusão varia de 6 (seis) a 20 (vinte) anos, possui a redação mais compacta de todos os tipos penais incriminadores, que diz: *matar alguém*. É composto, portanto, pelo núcleo *matar* e pelo elemento objetivo *alguém*. Matar tem o significado de tirar a vida; alguém, a seu turno, diz respeito ao ser vivo, nascido de mulher. Somente o ser humano vivo pode ser vítima do delito de homicídio. Assim, o ato de matar alguém tem o sentido de ocisão da vida de uma pessoa por outra pessoa.

Dessa forma, podemos identificar, com clareza, nesse tipo penal, o seu núcleo, o sujeito ativo, o sujeito passivo, o objeto material, bem como o bem juridicamente protegido.

O § 1º do art. 121 do Código Penal prevê o chamado homicídio privilegiado. Na verdade, a expressão *homicídio privilegiado*, embora largamente utilizada pela doutrina e pela jurisprudência, nada mais é do que uma *causa especial de redução de pena*, tendo influência no terceiro momento da sua aplicação. Para que pudesse, efetivamente, usufruir o *status* de *privilegiado*, as penas mínima e máxima previstas no mencionado parágrafo deveriam ser menores do que as do *caput*. Como isso não acontece, existe ali, tão somente, uma minorante, ou seja, uma causa de redução de pena, tal como informa a sua rubrica, cujos elementos serão vistos em tópico próprio.

Localizado após as causas de diminuição de pena encontra-se o homicídio qualificado, cominando uma pena de reclusão, de 12 (doze) a 30 (trinta) anos, para aquele que causar a morte de alguém: I – mediante paga ou promessa de recompensa, ou por outro motivo torpe;

---
[3] BÍBLIA SAGRADA. A. T. *Deuteronômio* 19:1-13.

II – por motivo fútil; III – com emprego de veneno, fogo, explosivo, asfixia, tortura ou outro meio insidioso ou cruel, ou de que possa resultar perigo comum; IV – à traição, de emboscada, ou mediante dissimulação ou outro recurso que dificulte ou torne impossível a defesa do ofendido; V – para assegurar a execução, a ocultação, a impunidade ou vantagem de outro crime; VI – Revogado pela Lei nº 14.994, de 9 de outubro de 2024; VII – contra autoridade ou agente descrito nos arts. 142 e 144 da Constituição Federal, integrantes do sistema prisional e da Força Nacional de Segurança Pública, no exercício da função ou em decorrência dela, ou contra seu cônjuge, companheiro ou parente consanguíneo até terceiro grau, em razão dessa condição (inserido pela Lei nº 13.142, de 6 de julho de 2015); VIII – com emprego de arma de fogo de uso restrito ou proibido (inserido pela Lei nº 13.964, de 24 de dezembro de 2019); e IX – contra menor de 14 (quatorze) anos (inserido pela Lei nº 14.344, de 24 de maio de 2022). Sendo qualificado o homicídio, deverá o julgador, após concluir que o fato praticado pelo agente era típico, ilícito e culpável, levando em consideração o critério trifásico do art. 68 do Código Penal, fixar a pena-base nos limites nele previstos. Cada uma das qualificadoras também merecerá análise individualizada mais adiante.

### 2.2.1 Classificação doutrinária

Crime comum, tanto no que diz respeito ao sujeito ativo, quanto ao sujeito passivo; simples; de forma livre (como regra, pois existem modalidades qualificadas que indicam os meios e modos para a prática do delito, como ocorre nas hipóteses dos incisos III e IV), podendo ser cometido dolosa ou culposamente, comissiva ou omissivamente (nos casos de omissão imprópria, quando o agente possuir *status* de garantidor); de dano; material; instantâneo de efeitos permanentes; não transeunte; monossubjetivo; plurissubsistente; podendo figurar, também, a hipótese de *crime de ímpeto* (como no caso da violenta emoção, logo em seguida à injusta provocação da vítima).

### 2.2.2 Sujeito ativo e sujeito passivo

*Sujeito ativo* do delito de homicídio pode ser qualquer pessoa, haja vista tratar-se de um delito comum, uma vez que o tipo penal não delimita sua prática por determinado grupo de pessoas que possua alguma qualidade especial. *Sujeito passivo*, da mesma forma, também pode ser qualquer pessoa, em face da ausência de qualquer especificidade constante do tipo penal. É, portanto, o ser vivo, nascido de mulher.

O importante é que o matar alguém seja entendido como a morte de uma pessoa, produzida por outra pessoa afastando-se, portanto, por absurdo e atípico, o folclore que se escuta no meio forense de casos em que já houve denúncia por homicídio em face de alguém que provocou a morte de uma vaca, um cachorro etc.

Também somente haverá homicídio se, ao tempo da ação ou da omissão, a vítima se encontrava com vida, pois, caso contrário, estaremos diante da hipótese de *crime impossível*, em razão da absoluta impropriedade do objeto.

Situação que merece análise mais aprofundada, mesmo que incomum, é a do homicídio praticado por *xifópagos*, ou *irmãos siameses*. Se ambos, de comum acordo, resolverem matar alguém, serão condenados pelo delito de homicídio, se não houver qualquer causa que exclua a ilicitude ou afaste a culpabilidade, devendo, portanto, se for o caso, cumprir as penas a eles aplicadas.

A partir do momento do início do cumprimento da pena, ou no caso em que não agiam unidos pelo vínculo psicológico, na hipótese em que um deles não queria causar a morte da vítima, o raciocínio se torna mais interessante, mesmo que tão somente acadêmico, pois, até o momento, nunca ouvimos falar de "xifópagos homicidas."

Contudo, as soluções seriam as seguintes: como os irmãos siameses possuem, cada qual, sua personalidade distinta da do outro, no momento de fixação da pena, levando em consideração, principalmente, o art. 59 do Código Penal, podem receber, ao final do cálculo relativo ao critério trifásico previsto pelo art. 68 do Código Penal, penas diferentes, sendo um deles, por exemplo, punido mais severamente do que o outro. O que fazer na hipótese, quase que inimaginável, de um dos irmãos siameses já ter conquistado o tempo para que possa ser colocado em liberdade, enquanto o outro, não? Nesse caso, sendo impossível a separação cirúrgica, *ambos devem ser colocados em liberdade*, sob pena de se tornar ilegal a prisão daquele que havia alcançado esse direito.

Como segunda hipótese, colocamos o caso de homicídio praticado por um dos xifópagos, sem que tenha havido o acordo de vontade do outro, ou seja, sem que se possa falar em concurso de pessoas. Nesse caso, como professa Bento de Faria, "a decisão deve ser proferida em favor da liberdade,"[4] razão pela qual o irmão siamês que não desejava o resultado morte não poderá ser punido, reflexamente, em virtude do comportamento do outro irmão, sendo que a solução será a impunidade do fato.

Podem os siameses, contudo, ser vítimas, também, do delito de homicídio. Se o agente queria a morte de ambos, a questão é relativamente simples, devendo responder por dois crimes de homicídio, em concurso formal impróprio, uma vez que, por exemplo, ao atirar contra os xifópagos, agia com desígnios autônomos, almejando a morte de ambos, devendo, outrossim, de acordo com a parte final do art. 70 do Código Penal, ser aplicadas cumulativamente as penas.

O que fazer, entretanto, na hipótese em que o agente era, por exemplo, amigo de *A* e inimigo de *B*, e queria tão somente causar a morte deste último, mesmo sabendo que eram siameses inseparáveis cirurgicamente? Hungria, com o auxílio de Manzini, responde a essa indagação dizendo:

> "No caso dos *indivíduos* duplos ou xifópagos, ter-se-á sempre um duplo homicídio doloso, ainda que a ação imediata do criminoso tenha atingido um só dos seres unidos. É o que observa Manzini: 'se o criminoso queria matar ambos os *irmãos siameses*, é claro que responde por dois homicídios dolosos, em concurso material; se sua ação era determinada pelo propósito de matar um só, implicava, por necessidade lógica e biológica, a vontade de matar ambos, de vez que a morte de um determina, normalmente, também a morte do outro, e, assim, quanto a esta, subsiste o dolo eventual'. No caso excepcionalíssimo, em que uma pronta e eficaz intervenção cirúrgica logre salvar a vida de um deles, o réu responderá por homicídio consumado e tentativa de homicídio."[5]

Ousamos discordar, *permissa* vênia, somente da conclusão relativa ao elemento subjetivo do agente que dirige sua conduta contra um dos irmãos siameses. Se o resultado com relação a ambos seria certo, mesmo que o agente quisesse a morte somente de um deles, atuaria com dolo direto de primeiro grau com relação à vítima cuja morte queria causar, e dolo direto de segundo grau com relação ao siamês, cujo resultado não pretendia inicialmente, mas que, em razão da situação, seria certo de acontecer, visto que são inseparáveis. Se, por um milagre, o irmão siamês sobreviver, agora sim, inevitavelmente, deverá responder pelo homicídio consumado, em concurso com a tentativa de homicídio, uma vez que, tratando-se de dolo eventual, não admitimos tal possibilidade.

---

[4]  FARIA, Bento de. *Código penal brasileiro comentado*, p. 8.
[5]  HUNGRIA, Nélson. *Comentários ao código penal*, v. V, p. 37.

Dessa forma, será tão somente admitida a tentativa nas hipóteses de dolo direto, sendo ele de primeiro ou segundo grau, não se admitindo tal possibilidade quando o dolo for eventual, conforme já discorremos no estudo correspondente à parte geral do Código Penal, para onde remetemos o leitor.

A Lei nº 13.142, de 6 de julho de 2015, inserindo o inciso VII no § 2º do art. 121 do Código Penal, também o especializou, quando o qualificou tendo em vista a especial condição do sujeito passivo, vale dizer, quando o homicídio tiver como sujeito passivo autoridade ou agente descrito nos arts. 142 e 144 da Constituição Federal, integrantes do sistema prisional e da Força Nacional de Segurança Pública, no exercício da função ou em decorrência dela, ou contra seu cônjuge, companheiro ou parente consanguíneo até terceiro grau, em razão dessa condição. Em 24 de maio de 2022, a Lei nº 14.344 trouxe mais uma especialização quanto ao sujeito passivo, dizendo qualificar o homicídio quando a vítima for menor de 14 (quatorze) anos.

### 2.2.3 Objeto material e bem juridicamente protegido

*Objeto material* do delito é a *pessoa* contra a qual recai a conduta praticada pelo agente.

*Bem juridicamente protegido* é a vida e, num sentido mais amplo, a pessoa, haja vista que o delito de homicídio encontra-se inserido no capítulo correspondente aos crimes contra a vida, no Título I do Código Penal, que prevê os crimes contra a pessoa.

O *caput* do art. 5º de nossa Constituição Federal assevera que *todos são iguais perante a lei, sem distinção de qualquer natureza, garantindo-se aos brasileiros e aos estrangeiros residentes no País a inviolabilidade do direito à vida* [...]. Embora a Lei Maior nos tenha assegurado esse direito, a vida pode ser considerada como um direito absoluto do cidadão? A resposta a essa indagação só pode ser negativa. Isso porque, mesmo sendo o mais importante de todos, o direito à vida não é absoluto, pois a Constituição da República, mesmo que excepcionalmente, permitiu a *pena de morte*, nos casos de guerra declarada, nos termos do seu art. 84, XIX.

Se não bastasse, ainda existem em favor do agente que elimina a vida de seu semelhante as causas de justificação, a exemplo do estado de necessidade e da legítima defesa, como ainda algumas dirimentes, como acontece nas hipóteses em que era inexigível um outro comportamento do agente.

Independentemente das exceções que têm por finalidade justificar a regra, a proteção da vida, por intermédio do art. 121 do Código Penal, começa a partir do *início do parto*, encerrando-se com a *morte* da vítima. Isso quer dizer que, uma vez iniciado o trabalho de parto, com a dilatação do colo do útero ou com o rompimento da membrana amniótica, sendo o parto normal, ou a partir das incisões das camadas abdominais, no parto cesariana, até a morte do ser humano, que ocorre com a *morte encefálica*, nos termos do art. 3º da Lei nº 9.434/97, mesmo que haja vida intrauterina, poderá ocorrer o delito em estudo.

A *prova da vida*, portanto, é indispensável à caracterização do homicídio. Hungria afirma:

> "Somente pode ser sujeito passivo do homicídio o ser humano *com vida*. Mas o que é vida? Ou, mais precisamente: como ou quando começa a vida? Dizia Gasper: 'viver é respirar; não ter respirado é não ter vivido'. Formulado assim irrestritamente, não é exato o conceito, ainda mesmo que se considerasse vida somente a que se apresenta de modo autônomo, *per se stante*, já inteiramente destacado o feto do útero materno. A respiração é uma *prova*, ou melhor, a infalível prova da vida; mas não é a imprescindível condição desta, nem a sua única prova. O neonato apneico ou asfíxico não deixa de estar vivo pelo fato de não respirar. Mesmo sem

respiração, a vida pode manifestar-se por outros sinais, como sejam o *movimento circulatório*, as pulsações do coração *etc.* É de notar-se, além disso, que a própria destruição da *vida biológica* do feto, no início do parto (com o rompimento do saco amniótico), já constitui *homicídio*, embora eventualmente assuma o título de *infanticídio*."[6]

Como se pode perceber pelas lições de Hungria, iniciado o parto (normal ou cesárea), comprovada a vitalidade do nascente, ou seja, aquele que está nascendo, ou do neonato, isto é, o que acabou de nascer, já podemos pensar, em termos de crimes contra a vida, no delito de homicídio, ou, caso tenha sido praticado pela gestante, sob a influência do estado puerperal, no crime de infanticídio.

No que diz respeito à possibilidade de ocorrência do delito de homicídio, ainda havendo vida intrauterina, mesmo depois de já ter sido iniciado o parto, há divergência em nossa doutrina.

Cezar Roberto Bitencourt, com precisão, esclarece:

"A *vida* começa com o início do parto, com o rompimento do *saco amniótico*; é suficiente a vida, sendo indiferente a capacidade de viver. Antes do início do parto, o crime será de *aborto*. Assim, a simples destruição da vida biológica do feto, no início do parto, já constitui o crime de homicídio."[7]

Em sentido contrário, Ney Moura Teles afirma que "*homicídio* é a destruição da vida humana extrauterina, praticada por outro ser humano."[8]

Acreditamos não haver necessidade de vida extrauterina para que se possa falar em homicídio. O início do parto encerra, na verdade, a possibilidade de prática do delito de aborto e dá início ao raciocínio dos crimes de homicídio e infanticídio.

Deve ser destacado, por oportuno, que a inviabilidade de o feto permanecer vivo depois do rompimento do cordão umbilical não afasta a ocorrência do delito de homicídio. Assim, suponhamos a hipótese de feto anencéfalo, cuja sobrevida será quase que nenhuma após o rompimento do cordão umbilical. Se alguém vier a causar a sua morte, mesmo que essa fosse ocorrer poucos minutos após a conduta do agente, sendo, portanto, um fato inevitável, ainda assim deverá responder pelo crime de homicídio.[9]

Com a morte encerra-se a proteção pelo art. 121 do Código Penal. A Lei nº 9.434/97, que dispõe sobre a remoção de órgãos, tecidos e partes do corpo humano para fins de transplante e tratamento, especificando o momento em que se considera extinta a vida, diz em seu art. 3º:

> **Art. 3º** A retirada *post mortem* de tecidos, órgãos ou partes do corpo humano destinados a transplante ou tratamento deverá ser precedida de diagnóstico de morte encefálica, constatada e registrada por dois médicos não participantes das equipes de remoção e transplante, mediante a utilização de critérios clínicos e tecnológicos definidos por resolução do Conselho Federal de Medicina.

### 2.2.4 *Exame de corpo de delito*

Tratando-se de crime material, infração penal que deixa vestígios, o homicídio, para que possa ser atribuído a alguém, exige a confecção do indispensável exame conforme determinam os arts. 158 e 167 do Código de Processo Penal, *verbis*:

---

[6]    HUNGRIA, Nélson. *Comentários ao código penal*, v. V, p. 37-38.

[7]    BITENCOURT, Cezar Roberto. *Tratado de direito penal*, v. 2, p. 31.

[8]    TELES, Ney Moura. *Direito penal*, v. II, p. 50.

[9]    Para aqueles que adotam a teoria da imputação objetiva, talvez fosse possível o raciocínio pertinente à vertente relativa ao *incremento do risco*, fazendo com que o agente não respondesse pela morte do nascente ou neonato a título de homicídio, uma vez que o resultado, com ou sem o seu comportamento, certamente ocorreria. Para mais detalhes, cf. nosso *Curso de direito penal* – Parte geral.

> **Art. 158.** Quando a infração deixar vestígios, será indispensável o exame de corpo de delito, direto ou indireto, não podendo supri-lo a confissão do acusado.
>
> **Parágrafo único.** Dar-se-á prioridade à realização do exame de corpo de delito quando se tratar de crime que envolva:
>
> I – violência doméstica e familiar contra mulher;
>
> II – violência contra criança, adolescente, idoso ou pessoa com deficiência.
>
> **Art. 167.** Não sendo possível o exame de corpo de delito, por haverem desaparecido os vestígios, a prova testemunhal poderá suprir-lhe a falta.

Conforme esclarece Eugênio Pacelli de Oliveira:

"Deixando vestígios a infração, a materialidade do delito e/ou a extensão de suas consequências deverão ser objeto de prova pericial, a ser realizada *diretamente* sobre o objeto material do crime, o corpo de delito, ou, não mais podendo sê-lo, pelo desaparecimento inevitável do vestígio, de modo *indireto*.

O exame indireto será feito também por meio de peritos, só que a partir de informações prestadas por testemunhas ou pelo exame de documentos relativos aos fatos cuja existência se quiser provar, quando então se exercerá e se obterá apenas um conhecimento técnico por *dedução*."[10]

Somente na ausência completa de possibilidade de realização do exame de corpo de delito, seja ele direto, seja indireto, é que a prova testemunhal poderá suprir-lhe a falta, nos termos preconizados pelo art. 167 do Código de Processo Penal.

Deverão os *expertus*, portanto, confeccionar o necessário laudo pericial com base no exame direto no corpo da vítima, ou, ainda, por meio de informações (documentos, materiais, testemunhos etc.) que os faça concluir pela sua morte, narrando, precisamente, os motivos pelos quais são levados a acreditar na sua efetiva ocorrência.

Somente não havendo possibilidade de confeccionar o laudo pericial é que a prova testemunhal poderá ser considerada, em substituição a ele.[11]

Estamos com Cezar Roberto Bitencourt quando preleciona:

"Uma coisa é afirmarem as testemunhas que viram tais ou quais aspectos ou vestígios, e outra é os peritos concluírem através da análise realizada pela existência da materialidade do crime. Todos recordam a fatídica perda do saudoso Ulysses Guimarães, em 1992, com a queda do helicóptero no mar. Aquela situação poderia dar lugar ao exame indireto do corpo de delito ou, dependendo das circunstâncias, ser este suprido pela prova testemunhal. Se tivessem sido encontrados no fundo do mar vestígios da queda do helicóptero, com pertences da vítima, destroços com peças de seu vestuário ou até partes de seu organismo, caberia o exame indireto de corpo de delito, a ser realizado pelos peritos. Contudo, se nada disso fosse encontrado, o exame indireto seria impossível, mas poderia ser suprido pela prova testemunhal, inquirindo-se alguém que tivesse presenciado o embarque na aeronave, o sobrevoo do mar com dificuldades de sustentação e a própria queda no mar; estar-se-ia diante da hipótese do art. 167 do CPP."[12]

### 2.2.4.1 Cadeia de custódia

O art. 158-A, inserido no Código de Processo Penal pela Lei nº 13.964, de 24 de dezembro de 2019, criou a chamada cadeia de custódia, dizendo, *verbis*:

---

[10] OLIVEIRA, Eugênio Pacelli. *Curso de processo penal*, p. 421.

[11] Quanto ao procedimento de registro civil sem que haja a localização do corpo, a Lei nº 6.015/73 prevê, em seu art. 88, a possibilidade de justificação de óbito.

[12] BITENCOURT, Cezar Roberto. *Tratado de direito penal*, v. 2, p. 40.

> **Art. 158-A.** Considera-se cadeia de custódia o conjunto de todos os procedimentos utilizados para manter e documentar a história cronológica do vestígio coletado em locais ou em vítimas de crimes, para rastrear sua posse e manuseio a partir de seu reconhecimento até o descarte.
> § 1º O início da cadeia de custódia dá-se com a preservação do local de crime ou com procedimentos policiais ou periciais nos quais seja detectada a existência de vestígio.
> § 2º O agente público que reconhecer um elemento como de potencial interesse para a produção da prova pericial fica responsável por sua preservação.
> § 3º Vestígio é todo objeto ou material bruto, visível ou latente, constatado ou recolhido, que se relaciona à infração penal.

Os arts. 158-B a 158-F, também inseridos no mesmo diploma processual pela Lei nº 13.964, de 24 de dezembro de 2019, cuidam e especificam todos os procedimentos necessários à manutenção e documentação histórica cronológica do vestígio coletado.

### 2.2.5 Elemento subjetivo

O elemento subjetivo constante do *caput* do art. 121 do Código Penal é o dolo, ou seja, a vontade livre e consciente de matar alguém. O agente atua com o chamado *animus necandi* ou *animus occidendi*. A conduta do agente, portanto, é dirigida finalisticamente a causar a morte de uma pessoa.

Admite-se que o delito seja cometido a título de dolo direto quando o agente quer, efetivamente, a produção do resultado morte, ou quando assume o risco de produzi-lo, atuando, outrossim, com dolo eventual.

Pode ocorrer, portanto, o homicídio, tanto a título de dolo direto, seja ele de primeiro ou de segundo grau, quanto eventual.

### 2.2.6 Modalidades comissiva e omissiva

Pode o delito ser praticado comissivamente quando o agente dirige sua conduta com o fim de causar a morte da vítima, ou omissivamente, quando deixa de fazer aquilo a que estava obrigado em virtude da sua qualidade de garantidor (crime omissivo impróprio), conforme preconizado pelo art. 13, § 2º, alíneas *a, b,* e *c,* do Código Penal, agindo dolosamente em ambas as situações.

Isso significa que o agente pode causar a morte de seu desafeto atirando contra ele, ou, como no caso da mãe que, na qualidade de garantidora de seu filho recém-nascido, almejando a sua morte, não lhe fornece a alimentação necessária à sua sobrevivência.

A redação contida no art. 121 do Código Penal, portanto, prevê um comportamento comissivo, que poderá, entretanto, ser praticado via omissão, em virtude da posição de garante ocupada pelo agente.

### 2.2.7 Meios de execução

Delito de forma livre, o homicídio pode ser praticado mediante diversos meios, que podem ser subdivididos em: *a)* diretos; *b)* indiretos; *c)* materiais; *d)* morais.

Podemos citar como exemplos de meios *diretos* na prática do homicídio o disparo de arma de fogo, a esganadura etc.; *indiretos,* o ataque de animais açulados pelo dono, loucos estimulados; os meios *materiais* podem ser mecânicos, químicos, patológicos; os meios *morais* são, por exemplo, o susto, o medo, a emoção violenta.

### 2.2.8 Consumação e tentativa

A consumação do delito de homicídio ocorre com o resultado morte, já mencionado, sendo, *in casu,* perfeitamente admissível a tentativa, tendo em vista tratar-se de crime material e plurissubsistente, sendo possível a hipótese de fracionamento do *iter criminis.*

O agente, portanto, deverá agir com *animus necandi*, dirigindo finalisticamente sua conduta no sentido de causar a morte da vítima.

Apesar da possibilidade de o resultado morte ocorrer até mesmo dias, ou meses após a prática da conduta levada a efeito pelo agente, para fins de aplicação da lei penal, considera-se praticado o crime, nos termos do art. 4º do Código Penal, no momento da ação ou da omissão, ainda que outro seja o momento do resultado.

Entretanto, com o objetivo de apontar o termo inicial da prescrição, conforme determinam os incisos I e II do art. 111 do Código Penal, levaremos em consideração: I – o dia em que o crime se consumou, vale dizer, no caso do delito de homicídio, quando ocorrer, efetivamente, a morte da vítima; II – no caso de tentativa, do dia em que cessou a atividade criminosa.

Após o advento da Lei nº 9.434/97, que dispôs sobre a remoção de órgãos, tecidos e partes do corpo humano para fins de transplante e tratamento, adotou-se a *morte encefálica* como o momento de cessação da vida, devendo, pois, nos termos do art. 3º do mencionado diploma legal, para efeitos das finalidades por ela previstas, ser constatada e registrada por dois médicos não participantes das equipes de remoção e transplante, mediante a utilização de critérios clínicos e tecnológicos definidos por resolução do Conselho Federal de Medicina.

### 2.2.9 Homicídio privilegiado

O § 1º do art. 121 do Código Penal cuida do chamado homicídio privilegiado. Na verdade, como já dissemos, trata-se de uma *causa especial de diminuição de pena*,[13] aplicada às hipóteses nele previstas.

O mencionado parágrafo cuida de duas situações distintas. Na sua primeira parte, a minorante será aplicada quando o agente comete o crime impelido por *motivo de relevante valor social* ou *moral*. Na segunda parte, já não se tem que perquirir a relevância social ou moral que motivou o agente a atuar, causando a morte da vítima. Agora, numa situação distinta da anterior, age *sob o domínio de violenta emoção, logo em seguida a injusta provocação da vítima.*

Como se percebe, para que se possa erigir em favor do agente a diminuição de pena relativa ao motivo de relevante valor social ou moral, não há necessidade de que tenha sido injustamente provocado pela vítima. São, portanto, situações distintas que importam em redução da pena.

Na qualidade de minorante ou causa de diminuição de pena, deverá ser aplicada a redução de um sexto a um terço no terceiro momento previsto pelo art. 68 do Código Penal.

Embora a lei diga que o juiz *pode* reduzir a pena, não se trata de faculdade do julgador, senão *direito subjetivo* do agente em ver diminuída sua pena, quando seu comportamento se amoldar a qualquer uma das duas situações elencadas pelo parágrafo.

---

[13] Interessante a colocação de George Fletcher quando diz: "A percepção refinada de como os homicidas interagem com suas vítimas distingue o homicídio de outros crimes. Em outras áreas da lei penal, onde as vítimas contribuem para o seu próprio prejuízo, resistimos em diminuir a severidade do crime transferindo para ela parte da culpa. Não há mitigação no furto de veículo se o proprietário descuidadamente deixar as chaves no carro, como tampouco atenua um ataque a um turista que estivesse andando à noite pelo parque, e tampouco há mitigação legal do estupro se a vítima desenvolve uma conduta sexualmente provocativa. Ao contrário, cabe uma atenuação do homicídio sobre a base das ações da vítima junto ao homicida" (*Las víctimas ante el jurado*, p. 42-43). No Brasil, no entanto, o comportamento da vítima será levado em consideração no momento da fixação da pena-base, conforme determina o art. 59 do Código Penal, ou, ainda, como circunstância atenuante, a exemplo do que ocorre com o art. 65, III, *c*, do mesmo estatuto repressivo.

Luiz Regis Prado, analisando o dispositivo em questão, esclarece:

"A redução de pena expressamente consignada no citado dispositivo seria obrigatória ou meramente facultativa? Trata-se de questão assaz conflitiva, cuja solução não é unitária. Parte da doutrina divisa que a diminuição da sanção penal imposta é facultativa, já que a própria Exposição de Motivos (Decreto-lei nº 2.848/40) se pronunciava nesse sentido. De outro lado, defende-se a obrigatoriedade da atenuação da pena, com lastro na soberania do júri, constitucionalmente reconhecida (art. 5º, XXXVIII, CF). Com efeito, sendo o homicídio delito de competência do Tribunal do Júri, ter-se-ia manifesta violação da soberania dos veredictos na hipótese de não realização pelo juiz da atenuação prevista, se reconhecido o privilégio ínsito no § 1º do art. 121.

O entendimento mais acertado é o de que a *redução é imperativa*."[14]

Assim, presentes todos os elementos constantes do § 1º do art. 121 do Código Penal, reconhecida a causa de diminuição pelo Tribunal do Júri, importa ao julgador tão somente a fixação do *quantum* da redução, não podendo levar a efeito qualquer juízo sobre a possibilidade ou não de sua aplicação.

### 2.2.9.1 Motivo de relevante valor social ou moral

Os elementos que integram a primeira parte do § 1º do art. 121 do Código Penal são os seguintes: *motivo de relevante valor social* e *motivo de relevante valor moral*.

Como se depreende da leitura da primeira parte do aludido parágrafo, inicialmente, o motivo que impeliu o agente a praticar o homicídio deve ser *relevante*. O primeiro raciocínio a ser feito, portanto, diz respeito à comprovação da relevância. Caso não seja relevante, isto é, não goze de certa importância, coletiva ou individual, mesmo que tenha valor social ou moral, não poderá servir como causa de diminuição de pena.

*Relevante valor social* é aquele motivo que atende aos interesses da coletividade. Não interessa tão somente ao agente, mas, sim, ao corpo social. A morte de um traidor da pátria, no exemplo clássico da doutrina, atenderia à coletividade, encaixando-se no conceito de valor social. Podemos traçar um paralelo com a morte de um *político corrupto* por um agente revoltado com a situação de impunidade no país, em que o Direito Penal, de acordo com sua característica de seletividade, escolhe somente a classe mais baixa, miserável, a fim de fazer valer a sua força.

*Relevante valor moral* é aquele que, embora importante, é considerado levando-se em conta os interesses do agente. Seria, por assim dizer, um *motivo egoisticamente considerado*, a exemplo do pai que mata o estuprador de sua filha.

As hipóteses de *eutanásia* também se amoldam à primeira parte do § 1º do art. 121 do Código Penal. Nas precisas lições de Fernando Capez, eutanásia:

"Significa boa morte. É o antônimo de distanásia. Consiste em pôr fim à vida de alguém, cuja recuperação é de dificílimo prognóstico, mediante o seu consentimento expresso ou presumido, com a finalidade de abreviar-lhe o sofrimento. Troca-se, a pedido do ofendido, um doloroso prolongamento de sua existência por uma cessação imediata da vida, encurtando sua aflição física. Pode ser praticada mediante um comportamento comissivo (eutanásia ativa) ou omissivo (forma passiva)."[15]

---

[14] PRADO, Luiz Regis. *Curso de direito penal brasileiro* – Parte especial, v.2, p. 50-51.

[15] CAPEZ, Fernando. *Curso de direito penal*, v. 2, p. 34.

Quando o agente causa a morte do paciente já em estado terminal, que não suporta mais as dores impostas pela doença da qual está acometido, impelido por esse sentimento de compaixão, deve ser considerado um motivo de relevante valor moral, impondo-se a redução obrigatória da pena.

Merece ressaltar que, em ambas as hipóteses, a diminuição deve ser aplicada, em decorrência do *menor juízo de censura* que recai sobre a conduta do agente que atua amparado por uma dessas motivações.

### 2.2.9.2 Sob o domínio de violenta emoção, logo em seguida à injusta provocação da vítima

A segunda parte do § 1º do art. 121 do Código Penal também determina a redução da pena quando o agente atua *sob o domínio de violenta emoção, logo em seguida à injusta provocação da vítima.*

São vários, portanto, os elementos que devem se fazer presentes para que o agente possa ter o direito subjetivo de ver diminuída sua pena, a saber: *a)* sob o domínio; *b)* violenta emoção; *c)* logo em seguida; *d)* injusta provocação da vítima.

*a)* Quando a lei penal usa a expressão *sob o domínio*, isso significa que o agente deve estar *completamente dominado* pela situação. Caso contrário, se somente agiu influenciado, a hipótese não será de redução de pena em virtude da aplicação da minorante, mas tão somente de atenuação, em face da existência da circunstância prevista na alínea *c* do inciso III do art. 65 do Código Penal (*sob a influência de violenta emoção, provocada por ato injusto da vítima*). Isso significa que a injusta provocação levada a efeito pela vítima fez com que o agente perdesse a sua capacidade de autocontrole, levando-o a praticar o ato extremo.

*b)* *Emoção*, na lição de Hungria:

> "É um estado de ânimo ou de consciência caracterizado por uma viva excitação do sentimento. É uma forte e transitória perturbação da efetividade, a que estão ligadas certas variações somáticas ou modificações particulares das funções da vida orgânica (pulsar precípite do coração, alterações térmicas, aumento da irrigação cerebral, aceleração do ritmo respiratório, alterações vasimotoras, intensa palidez ou intenso rubor, tremores, fenômenos musculares, alteração das secreções, suor, lágrimas etc.)."[16]

A punição daquele que atua sob o domínio de *violenta emoção* se compatibiliza com a regra contida no inciso I do art. 28 do Código Penal, que diz não excluir a imputabilidade penal a emoção ou a paixão. A mensagem que se depreende do mencionado inciso é a de que a legislação penal não adota a emoção ou a paixão, mesmo que violentas, como causas que conduzem à exclusão da culpabilidade do agente.

Nos julgamentos realizados pelo Júri, embora não devam ser admitidos os chamados *crimes passionais*, como os jurados, em geral, se colocam no lugar daquele que praticou a infração penal, absolvem, muitas vezes, o agente de fatos que, de acordo com a lei penal, ensejariam condenações. Daí por que exclamava Roberto Lyra, alertando: "A absolvição dos homicidas passionais, quando são condenados os passionais que apenas ferem ou injuriam, é conselho para o crime máximo."[17]

---

[16]  HUNGRIA, Nélson. *Comentários ao código penal*, v. V, p. 131.

[17]  LYRA, Roberto. *Como julgar, como defender, como acusar*, p. 99.

*c)* A expressão *logo em seguida* denota relação de imediatidade, de proximidade com a provocação injusta a que foi submetido o agente. Isso não significa, contudo, que *logo em seguida* não permita qualquer espaço de tempo. O que a lei busca evitar, com a utilização dessa expressão, é que o agente que, provocado injustamente, possa ficar "ruminando" a sua vingança, sendo, ainda assim, beneficiado com a diminuição da pena. Não elimina, contudo, a hipótese daquele que, injustamente provocado, vai até a sua casa em busca do instrumento do crime, para com ele produzir o homicídio. Devemos entender a expressão *logo em seguida* utilizando um critério de razoabilidade. Guilherme de Souza Nucci, analisando a expressão em estudo, preleciona:

"O aspecto temporal – *logo em seguida* – deve ser analisado com critério e objetividade, constituindo algo *imediato, instantâneo*. Embora se admita o decurso de alguns minutos, não se pode estender o conceito para horas, quiçá dias. Um maior espaço de tempo entre a injusta provocação e a reação do agente deve ser encaixado na hipótese da atenuante, mas jamais do privilégio."[18]

*d)* Finalmente, merece destaque, também, a locução *injusta provocação. Prima facie*, devemos distinguir o que vem a ser injusta provocação, que permite a redução de pena, da chamada injusta agressão, que conduzirá ao completo afastamento da infração penal, em virtude da existência de uma causa de justificação, vale dizer, a legítima defesa.

Já tivemos oportunidade de salientar, quando do estudo da legítima defesa, que é importantíssima a distinção entre agressão injusta e provocação. Isso porque se considerarmos o fato como injusta agressão caberá a arguição da legítima defesa, não se podendo cogitar da prática de qualquer infração penal por aquele que se defende nessa condição; caso contrário, se entendermos como uma simples provocação, contra ela não poderá ser alegada a excludente em benefício do agente, e ele terá que responder penalmente pela sua conduta.

No escólio de Assis Toledo, é preciso:

"Não confundir, como se tem feito por vezes, 'provocação' não intencional com 'agressão'. Embora a agressão possa ser uma provocação (um tapa, um empurrão) nem toda provocação constitui verdadeira agressão (pilhérias, desafios, insultos). Nesta última hipótese é que não se deve supervalorizar a provocação para permitir-se, a despeito dela, a legítima defesa quando o revide do provocado ultrapassar o mesmo nível e grau da primeira. Em outras palavras: uma provocação verbal pode ser razoavelmente repelida com expressões verbais, não com um tiro, uma facada ou coisa parecida. Se o provocado chega a estes extremos, não há como negar ao provocador a possibilidade de defesa, com as ressalvas inicialmente feitas."[19]

Na verdade, o ilustre Ministro, quando faz a distinção entre agressão e provocação, utiliza os critérios da necessidade dos meios e da proporcionalidade da repulsa, os quais são pertinentes quando estamos diante de uma agressão injusta, na qual levamos em conta, para se concluir pela necessidade dos meios utilizados, a proporção entre a repulsa e a ofensa ao bem protegido. Tais critérios, contudo, segundo entendemos, não resolvem o problema da distinção entre agressão e provocação.

O que para alguns poderá ser considerado mera provocação, para outros terá o cunho de agressão. A distinção é extremamente subjetiva em algumas situações.

---

[18] NUCCI, Guilherme de Souza. *Código penal comentado*, p. 387.
[19] TOLEDO, Francisco de Assis. *Ilicitude penal e causas de sua exclusão*, p. 77-78.

Imaginemos que determinado agente, sensível a qualquer tipo de brincadeira que atinja os seus brios, esteja caminhando em direção à sua residência quando, de repente, percebe que um de seus vizinhos, sabendo dos seus limites, começa a enviar-lhe beijos jocosos. O agente, não suportando aquela situação e entendendo que sua honra estava sendo agredida, vai ao encontro daquele que, segundo o seu entendimento, o atingia moralmente e o agride, querendo, com isso, fazer cessar a suposta agressão contra a sua honra. Do exemplo fornecido podem surgir duas consequências: *a)* o ato de enviar beijos pode ser considerado mera provocação e, como tanto, não permite ao agente atuar em legítima defesa, servindo, tão somente, como circunstância atenuante (art. 65, III, *c*), em caso de ser ele condenado por ter praticado o delito tipificado no art. 129 do Código Penal, pois o fato pode ser considerado típico, antijurídico e culpável; *b)* se considerarmos que os beijos enviados ao agente consistiam numa agressão à sua honra subjetiva, terá ele atuado em legítima defesa e, assim, a sua conduta, embora típica, não poderá ser considerada ilícita, devendo ser absolvido por não ter cometido infração penal alguma.

Como consequência desse raciocínio, devemos concluir que aquele que provoca alguém sem o intuito de agredi-lo pode agir na defesa da sua pessoa, caso o provocado parta para o ataque, não sendo permitida essa possibilidade àquele que comete injusta agressão.

O próprio Código Penal faz menção, mesmo que implicitamente, à provocação, distinguindo-a da agressão, a exemplo dos arts. 59 (comportamento da vítima), 65, III, *c* (sob a influência de violenta emoção, provocada por ato injusto da vítima), e 121, § 1º (logo em seguida à injusta provocação da vítima). Tomemos o exemplo contido no § 1º do art. 121 do Código Penal, que prevê o crime de homicídio privilegiado. A segunda parte do § 1º diz que se o agente comete o crime *sob o domínio de violenta emoção, logo em seguida à injusta provocação da vítima, o juiz pode reduzir a pena de um sexto a um terço*. Ora, se o que ocorre é mera causa de redução de pena, é sinal de que se o agente reage a uma provocação e causa a morte do provocador, pratica uma conduta típica, antijurídica e culpável. Numa de suas brilhantes passagens, dissertando sobre o homicídio privilegiado, mais especificamente sobre a injustiça da provocação, assim se posiciona Nélson Hungria:

> "A injustiça da provocação deve ser apreciada objetivamente, isto é, não segundo a opinião de quem reage, mas segundo a opinião geral, sem se perder de vista, entretanto, a qualidade ou condição das pessoas dos contendores, seu nível de educação, seus legítimos melindres. Uma palavra que pode ofender a um homem de bem já não terá o mesmo efeito quando dirigida a um desclassificado. Por outro lado, não justifica o estado de ira a hiperestesia sentimental dos alfenins e mimosos. Faltará a objetividade da provocação, se esta não é suscetível de provocar a indignação de uma pessoa normal e de boa-fé.
>
> É bem de ver que a provocação injusta deve ser tal que contra ela não haja necessidade de defesa, pois, de outro modo, se teria de identificar na reação a legítima defesa, que é causa excludente de crime."[20]

Concluindo, somente a agressão injusta abre a possibilidade ao agredido de se defender legitimamente nos limites legais, o mesmo não acontecendo com aquele que reage a uma provocação, pois responderá pelo seu dolo, não havendo exclusão da ilicitude de sua conduta.[21]

Assim, uma vez comprovado que o agente atuou sob o domínio de violenta emoção, logo em seguida à injusta provocação da vítima, deverá o julgador reduzir a sua pena de um sexto a um terço, percentual que variará de acordo com a maior ou menor intensidade da situação

---

[20] HUNGRIA, Nélson. *Comentários ao código penal*, v. I, t. II, p. 289.

[21] GRECO, Rogério. *Curso de direito penal* – Parte geral.

em que estava envolvido, sendo, portanto, *direito subjetivo* do autor da infração penal ver aplicada a minorante, e não mera faculdade do juiz, como poderia dar a entender a redação do § 1º do art. 121 do Código Penal, mesmo porque, como já frisamos, reconhecida a causa de diminuição de pena pelo Tribunal do Júri, não poderia o julgador, na qualidade de aplicador da pena, deixar de apreciá-la no terceiro momento do critério trifásico previsto pelo art. 68 do Código Penal.

## 2.3 Homicídio qualificado

O § 2º do art. 121 do Código Penal cuidou do chamado homicídio qualificado. As qualificadoras estão divididas em quatro grupos, em razão dos quais a pena relativa ao crime de homicídio passa a ser a de reclusão, de 12 (doze) a 30 (trinta) anos, a saber:

*a)*  motivos;

*b)*  meios;

*c)*  modos;

*d)*  fins.

As qualificadoras que correspondem aos *motivos* estão elencadas nos incisos I (paga ou promessa de recompensa, ou por motivo torpe); II (motivo fútil); VI (Revogado pela Lei nº 14.994, de 9 de outubro de 2024); VII (contra autoridade ou agente descrito nos arts. 142 e 144 da Constituição Federal, integrantes do sistema prisional e da Força Nacional de Segurança Pública, no exercício da função ou em decorrência dela, ou contra seu cônjuge, companheiro ou parente consanguíneo até terceiro grau, em razão dessa condição) e IX (contra menor de 14 [quatorze] anos).

No inciso III, diz a lei penal que qualifica o homicídio o emprego de veneno, fogo, explosivo, asfixia, tortura ou outro meio insidioso ou cruel, ou de que possa resultar perigo comum, apontando, assim, os *meios* utilizados na prática da infração penal. Da mesma forma, o inciso VIII prevê uma outra qualificadora em virtude dos meios utilizados, ou seja, qualifica quando o agente se vale do emprego de arma de fogo de uso restrito ou proibido.

No inciso IV, o Código Penal arrolou, a título de qualificadoras, os *modos* como a infração penal é cometida, vale dizer, à traição, de emboscada ou mediante dissimulação ou outro recurso que dificulte ou torne impossível a defesa do ofendido.

No inciso V, o homicídio é qualificado pelos *fins* quando for levado a efeito para assegurar a execução, a ocultação, a impunidade ou a vantagem de outro crime.

É importante frisar, nesta oportunidade, que o § 2º do art. 121 do Código Penal prevê uma modalidade de *tipo derivado qualificado*. Isso significa que todas as qualificadoras devem ser consideradas como *circunstâncias*, e não como elementares do tipo. Tal raciocínio se faz mister pelo fato de que o art. 30 do Código Penal determina:

> **Art. 30.** Não se comunicam as circunstâncias e as condições de caráter pessoal, salvo quando elementares do crime.

Dessa forma, embora duas pessoas possam, agindo em concurso, ter causado a morte de alguém, uma delas poderá ter praticado o delito impelida por um motivo fútil, não comunicável ao coparticipante, enquanto o outro poderá, por exemplo, responder pela infração penal com a redução de pena relativa ao § 1º do mencionado artigo, visto ter agido impelido por um motivo de relevante valor moral.

São precisas as lições de Damásio de Jesus quando aduz:

"Circunstâncias são elementos acessórios (acidentais) que, agregados ao crime, têm função de aumentar ou diminuir a pena. Não interferem na qualidade do crime, mas sim afetam a sua gravidade (*quantitas delicti*).

Podem ser:

*a)* objetivas (materiais ou reais);

*b)* subjetivas (ou pessoais).

Circunstâncias objetivas são as que se relacionam com os meios e modos de realização do crime, tempo, ocasião, lugar, objeto material e qualidades da vítima.

Circunstâncias subjetivas (de caráter pessoal) são as que só dizem respeito à pessoa do participante, sem qualquer relação com a materialidade do delito, como os motivos determinantes, suas condições ou qualidades pessoais e relações com a vítima ou com outros concorrentes.

Observando-se que a participação de cada concorrente adere à conduta e não à pessoa dos outros participantes, devemos estabelecer as seguintes regras quanto às circunstâncias do homicídio, aplicáveis à coautoria:

1ª) não se comunicam as circunstâncias de caráter pessoal (de natureza subjetiva);

2ª) a circunstância objetiva não pode ser considerada no fato do partícipe se não entrou na esfera de seu conhecimento."[22]

Entendemos que toda vez que os tipos penais estiverem ligados entre si pelos seus parágrafos estaremos diante dos chamados *tipos derivados*, e não de delitos autônomos.

Analisaremos, a partir de agora, cada uma das qualificadoras elencadas pelos sete incisos do § 2º do art. 121 do Código Penal.

### 2.3.1  Mediante paga ou promessa de recompensa, ou por outro motivo torpe; motivo fútil

O inciso I do § 2º do art. 121 do Código Penal prevê a modalidade qualificada do homicídio cometido *mediante paga ou promessa de recompensa, ou por outro motivo torpe.*

*Ab initio,* deve ser ressaltado que a lei penal, usando o recurso da *interpretação analógica,* aponta que tanto a paga quanto a promessa de recompensa são consideradas *motivos torpes.*

*Torpe* é o motivo abjeto que causa repugnância, nojo, sensação de repulsa pelo fato praticado pelo agente. Aníbal Bruno, com precisão, afirma:

> "Torpe é o motivo que contrasta violentamente com o senso ético comum e faz do agente um ser à parte no mundo social-jurídico em que vivemos. Entram nessa categoria, por exemplo, a cobiça, o egoísmo inconsiderado, a depravação dos instintos. Assim, a ambição de lucro de quem pratica homicídio para receber um prêmio de seguro ou apressar a posse de uma herança, ou eliminar um coerdeiro, ou fazer desaparecer um credor inoportuno; o propósito de dar morte ao marido para abrir caminho aos amores com a esposa; o prazer de matar, a *libido de sanguine,* dos velhos práticos, essa rara e absurda satisfação que o agente encontra na destruição da vida de outrem e que vem muitas vezes associada a fatos de natureza sexual ou constitui expansão do sentimento monstruoso de ódio aos outros homens; o impulso mórbido de lascívia que conduz o agente a atos de necrofilia."[23]

Dentre esses motivos abjetos, o Código Penal apontou, expressamente, a *paga* e a *promessa de recompensa.*

A paga é o valor ou qualquer outra vantagem, tenha ou não natureza patrimonial, *recebida antecipadamente,* para que o agente leve a efeito a empreitada criminosa. Já na *promessa de recompensa,* como a própria expressão está a demonstrar, o agente não recebe antecipadamente, mas, sim, existe uma promessa de pagamento futuro.

---

[22]  JESUS, Damásio E. de. *Direito penal,* v. 2, p. 59-60.

[23]  BRUNO, Aníbal. *Crimes contra a pessoa,* p. 77.

Alguns detalhes merecem ser destacados com relação a essa qualificadora. Inicialmente, afirmamos que a paga e a promessa de recompensa não necessitam possuir natureza patrimonial. Podem até, na verdade, e o que é mais comum, consubstanciar-se em vantagens patrimoniais, a exemplo do pagamento em dinheiro. Contudo, isso não é indispensável ao reconhecimento da qualificadora, embora parte da doutrina se posicione contrariamente a esse entendimento, como veremos adiante.

Tal ilação faz-se necessária considerando-se uma interpretação sistêmica do Código Penal. Os tipos penais devem ser analisados de acordo com os seus capítulos e títulos, buscando-se, outrossim, chegar a uma interpretação mais coerente com o sistema no qual está inserido. Assim, as qualificadoras da paga e da promessa de recompensa pertencem ao delito de homicídio, que, por sua vez, encontra-se inserido no capítulo correspondente aos *crimes contra a vida*, também contido no Título relativo aos *crimes contra a pessoa*.

Não há, portanto, nenhuma limitação interpretativa a ele correspondente, como acontece com aquela que devemos levar a efeito quando do estudo do art. 159 do Código Penal, assim redigido:

> **Art. 159.** Sequestrar pessoa com o fim de obter, para si ou para outrem, qualquer vantagem, como condição ou preço do resgate:

Que vantagem seria essa mencionada pelo art. 159 do Código Penal? Poderia ter qualquer natureza, ou somente aquela de natureza patrimonial? Interpretando sistemicamente o mencionado artigo, verificamos que ele está inserido no capítulo correspondente aos crimes de roubo e extorsão, que, por sua vez, encontram-se no Título II, concernente aos *crimes contra o patrimônio*. Aqui, portanto, de acordo com essa interpretação, a vantagem exigida pelo art. 159 do Código Penal só pode ser aquela de natureza patrimonial, ao contrário do art. 121, que não limita ao patrimônio o seu bem juridicamente protegido.

Em sentido contrário, trazemos à colação as lições de Luiz Regis Prado:

"Questiona-se se a recompensa visada limita-se à retribuição de ordem econômica ou se o legislador também albergou, no presente dispositivo, a contraprestação sem valor patrimonial. Sustenta-se, por um lado, que a qualificadora em análise engloba inclusive a recompensa destituída de valor econômico, isto é, considera-se que a expressão 'promessa de recompensa' comporta motivos outros que, embora não econômicos, possam ser equiparados a estes (v.g., promessa de casamento, promessa de obtenção de cargo político etc.). Todavia, predomina o entendimento segundo o qual a recompensa deve ter, para a configuração da qualificadora, conteúdo econômico. Embora não se negue que motivos não econômicos possam perfeitamente figurar como móvel do delito, não foram estes incluídos no âmbito da qualificadora. O fundamento de maior reprovabilidade reside na desvaloração do motivo, de forma que a admissão de motivos não econômicos implicaria a necessidade de determinação, em cada caso, da especial reprovabilidade dos mesmos, o que criaria grande insegurança jurídica. Deveria ser analisado, concretamente, se a promessa de um cargo público, de matrimônio ou de um favor sexual, por exemplo, configuraria ou não motivos torpes e, por isso, particularmente reprováveis. Por essa razão, acertada a posição dominante que considera que a paga ou a promessa de recompensa devam ter conteúdo econômico. Pode o juiz, porém, avaliar o motivo não econômico quando da fixação da pena-base (art. 59. CP)."[24]

Apesar da força do raciocínio anterior, entendemos que tanto a paga quanto a promessa de recompensa não devem possuir, necessariamente, natureza patrimonial, diferenciando-se

---

[24] PRADO, Luiz Regis. *Curso de direito penal brasileiro*, p. 51-52.

apenas no que diz respeito ao momento em que são realizadas. A paga deve ser entendida como a entrega antecipada da vantagem para a prática do homicídio; a promessa de recompensa deve ser futura, após a prática do delito extremo. Não estamos, como já afirmamos, no Título correspondente aos crimes contra o patrimônio, mas, sim, naquele que diz respeito aos crimes contra a pessoa. Não podemos, *in casu*, limitar a interpretação, sob pena de fugirmos ao sistema do Código Penal.

Ainda com relação à promessa de recompensa, merece destaque o fato de que o agente responderá por esse delito mesmo que não a receba após o cometimento do crime e ainda que o mandante não tivesse a intenção, desde o início, de cumpri-la. Isso porque o que qualifica o homicídio, nesse inciso I, é o *motivo* pelo qual o agente atuou. Se o que determinou sua motivação foi o recebimento de vantagem prometida, pouco importa se, após o delito, a recebeu ou não. *A raiz do homicídio está na motivação*, razão pela qual, ainda assim, o delito será qualificado.

Outro raciocínio que devemos trazer à tona neste momento é: se existiu a paga ou a promessa de recompensa, é sinal de que alguém pagou ou prometeu a vantagem para que outra pessoa praticasse o homicídio. Existem, portanto, sempre dois personagens pelo menos: mandante e executor.

A indagação que se faz, agora, é a seguinte: deverá o mandante responder, também, pelo homicídio qualificado pelo simples fato de ter prometido vantagem para que alguém o praticasse? Entendemos que não. Isso porque, como já esclarecemos acima, *todas as qualificadoras devem ser consideradas como circunstâncias*. Aquele que recebe a paga ou aceita a promessa de recebimento da vantagem para que pratique o homicídio o faz por um motivo torpe. Pode ser, inclusive, que o mandante possuísse um motivo de relevante valor moral, que não se confundirá com aquele que motivou o executor a cometer o homicídio.

Imagine a hipótese na qual um pai de família, trabalhador, honesto, cumpridor de seus deveres, em virtude de sua situação econômica ruim, tenha de residir em um local no qual impera o tráfico de drogas. Sua filha, de apenas 15 anos de idade, foi estuprada pelo traficante que dominava aquela região. Quando soube da notícia, não tendo coragem de, por si mesmo, causar a morte do traficante, contratou um justiceiro, que "executou o serviço." O mandante, isto é, o pai da menina estuprada, deverá responder pelo delito de homicídio simples, ainda com a diminuição de pena relativa ao motivo de relevante valor moral. Já o justiceiro, autor do homicídio mercenário, responderá pela modalidade qualificada.

O inciso II do § 2º do art. 121 do Código Penal prevê, também, a qualificadora do *motivo fútil*. Fútil é o motivo insignificante, que faz com que o comportamento do agente seja desproporcional. Segundo Heleno Fragoso, "é aquele que se apresenta, como antecedente psicológico, desproporcionado com a gravidade da reação homicida, tendo-se em vista a sensibilidade moral média."[25]

São exemplos clássicos de motivação fútil, apontados pela doutrina, o cliente que mata o garçom por entregar-lhe o troco errado, ou aquele que mata seu devedor que não havia quitado, no tempo prometido, sua dívida de R$ 1,00 (um real).

Enfim, motivo fútil é aquele no qual há um abismo entre a motivação e o comportamento extremo levado a efeito pelo agente.

A doutrina aponta, ainda, para o fato de *crime sem motivo* não configurar motivo fútil. Nesse sentido, afirma Damásio de Jesus:

> "O motivo fútil não se confunde com a ausência de motivo. Assim, se o sujeito pratica o fato sem razão alguma, não incide a qualificadora, nada impedindo que responda por outra, como é o caso do motivo torpe."[26]

---

[25] FRAGOSO, Heleno Cláudio. *Lições de direito penal* – Parte especial (arts. 121 a 160), p. 53.

[26] JESUS, Damásio E. de. *Direito penal*, v. 2, p. 67.

Com a devida vênia das posições em contrário, não podemos compreender a coerência desse raciocínio. Assim, a título de ilustração, se o agente pratica o homicídio valendo-se de um motivo insignificante, qualifica-se o crime; se não tem qualquer motivo, ou seja, menos ainda que o motivo insignificante, o homicídio é simples. Não conseguimos, portanto, entender o tratamento diferenciado. Tal fato não passou despercebido por Fernando Capez, quando afirmou que "matar alguém sem nenhum motivo é ainda pior que matar por mesquinharia, estando, portanto, incluído no conceito de fútil."[27]

O que não podemos confundir é o fato de não sabermos o motivo e, sem mais, qualificar o homicídio, com o crime de morte sabidamente *sem motivo*, ou seja, matar por matar, que dificilmente ocorre. Pelo fato de não sabermos o motivo do homicídio não podemos reputá-lo como qualificado; ao contrário, aquele que mata alguém sem qualquer motivo, um *minus*, ainda, com relação ao homicídio fútil, deve merecer a qualificadora.

Tratando-se de homicídio com duas ou mais qualificadoras, como veremos mais à frente, poderá qualquer uma delas servir para qualificar a infração penal, sendo que as demais serão utilizadas como circunstâncias agravantes, no segundo momento de aplicação da pena, determinado pelo art. 68 do Código Penal.

As circunstâncias agravantes relativas aos motivos fútil e torpe estão previstas pela alínea *a* do inciso II do art. 61 do diploma repressivo.

### 2.3.2 Com emprego de veneno, fogo, explosivo, asfixia, tortura ou outro meio insidioso ou cruel, ou de que possa resultar perigo comum

O inciso III do § 2º do art. 121 do Código Penal prevê o homicídio qualificado pelos meios utilizados pelo agente na prática do delito. Por mais uma vez, utilizou a lei penal o recurso da interpretação analógica, vale dizer, a uma fórmula casuística – veneno, fogo, explosivo, asfixia, tortura –, o legislador fez seguir uma fórmula genérica – ou outro meio insidioso ou cruel, ou de que possa resultar perigo comum.

Tal recurso visa a preservar, na verdade, o princípio da isonomia, no qual situações idênticas merecerão o mesmo tratamento pela lei penal. Ou seja, tudo aquilo que for considerado meio insidioso, cruel ou de que possa resultar perigo comum qualificará o homicídio, a exemplo das hipóteses mencionadas expressamente pelo inciso III (veneno, fogo, explosivo, asfixia e tortura).

O item 38 da Exposição de Motivos do Código Penal traduz o que vem a ser meio insidioso ou cruel, dizendo ser aquele o *meio dissimulado na sua eficiência maléfica*, e este, ou seja, o cruel, o que *aumenta inutilmente o sofrimento da vítima, ou revela uma brutalidade fora do comum ou em contraste com o mais elementar sentimento de piedade*. A expressão *perigo comum* significa que o meio utilizado pelo agente, além de causar dano à vítima, traz perigo a outras pessoas.

*Veneno*, segundo os conceitos, respectivamente, de Almeida Júnior, Taylor e Fonzes Diacon, é:

"*a*) toda substância que, atuando química ou bioquimicamente sobre o organismo, lesa a integridade corporal ou a saúde do indivíduo ou lhe produz a morte; *b*) toda substância, que, introduzida, por absorção, no sangue, é capaz de afetar seriamente a saúde ou destruir a vida; *c*) uma substância química definida que, introduzida no organismo, age, até a dose tóxica, proporcionalmente à massa e ocasiona desordens, podendo acarretar a morte."[28]

---

[27] CAPEZ, Fernando. *Curso de direito penal*, v. 2, p. 48.

[28] *Apud* DOUGLAS, William; CALHAU, Lélio Braga; KRYMCHANTOWSKY, Abouch V.; DUQUE, Flávio Granado. *Medicina legal*, p. 125.

A primeira observação a ser feita diz respeito à qualificadora do *veneno*. Imagine-se a hipótese em que o agente, querendo causar a morte da vítima, fazendo-a saber que trazia consigo certa quantidade de veneno, por ser fisicamente mais forte, a subjuga, abrindo-lhe a boca, para, logo em seguida, deitar-lhe o veneno "goela abaixo." A vítima, no caso em exame, sabia que faria a ingestão do veneno letal. Pergunta-se: deverá o autor do homicídio responder pelo delito com a qualificadora do emprego de veneno?

De acordo com a interpretação que se faz do mencionado inciso III, devemos responder negativamente. Isso porque, na segunda parte do aludido inciso, quando a lei faz menção à sua fórmula genérica, usa, inicialmente, a expressão *meio insidioso*, dando a entender que o veneno, para que qualifique o delito mediante esse meio, deverá ser ministrado insidiosamente, sem que a vítima perceba que faz a sua ingestão. Caso contrário, ou seja, caso a vítima venha a saber que morrerá pelo veneno, que é forçada a ingerir, o agente deverá responder pelo homicídio, agora qualificado pela fórmula genérica do *meio cruel*.

Aníbal Bruno, com precisão, afirma:

"O uso do veneno é um dos meios de dar morte com dissimulação, entregue a vítima indefesa à atuação do criminoso, porque inconsciente da manobra que vai tirar-lhe a vida. É pela insídia característica dessa maneira de matar, que dela se faz uma causa de qualificação do homicídio. Se a vítima sabe que se trata de substância venenosa e a ingere sob coação, a insídia é substituída pela crueldade e a qualificação persiste."[29]

*Insidioso*, portanto, é o meio utilizado pelo agente sem que a vítima dele tome conhecimento; *cruel*, a seu turno, é aquele que causa um sofrimento excessivo, desnecessário à vítima enquanto viva, obviamente, pois a crueldade praticada após a sua morte não qualifica o delito. Esquartejar uma pessoa ainda viva se configura em meio cruel à execução do homicídio; esquartejá-la após a sua morte já não induz a ocorrência da qualificadora.

A utilização de *fogo* também qualifica o homicídio, uma vez que se trata de meio extremamente cruel à sua execução. Infelizmente, a mídia tem noticiado, com certa frequência, a utilização de fogo em mortes de mendigos, índios, enfim, de pessoas excluídas pela sociedade, que vivem embaixo de viadutos, em praças públicas etc. Também é comum a veiculação de informações de traficantes que se valem desse meio cruel a fim de causar a morte de suas vítimas, normalmente prendendo-as entre pneus de caminhão para, logo em seguida, embebidas em combustível, atear-lhes fogo ao corpo, fazendo, assim, uma fogueira humana.

*Explosivo* é o meio utilizado pelo agente que traz perigo, também, a um número indeterminado de pessoas. Matar a vítima arremessando contra ela uma granada qualifica o homicídio pelo uso de explosivo. Segundo Hungria:

"Na sua decomposição brusca, o explosivo opera a violenta deslocação e destruição de matérias circunjacentes. Não há que distinguir entre *substâncias e aparelhos ou engenhos* explosivos. Entre os explosivos mais conhecidos, podem ser citados os derivados da nitroglicerina (*dinamite*), da nitrobenzina (*belite*), do nitrocresol (*cresolite*), da nitronaftalina (*schneiderite, chedite*), do nitrotolueno (*trotil ou tolite*), do trinitofenol ou ácido pícrico (*melinite, lidite*), o algodão-pólvora (explosivo mediante choque), os fulminatos, os explosivos com base de *ar líquido* etc."[30]

*Asfixia* é a supressão da respiração. Conforme lições de Hungria:

"O texto legal não distingue entre *asfixia mecânica* e *asfixia tóxica* (produzida por gases deletérios, como o óxido de carbono, o gás de iluminação, o cloro, o bromo etc.). A asfixia

---

29  BRUNO, Aníbal. *Crimes contra a pessoa*, p. 79-80.
30  HUNGRIA, Nélson. *Comentários ao código penal*, v. V, p. 163-164.

mecânica pode ocorrer: a) por oclusão dos orifícios respiratórios (nariz e boca) ou sufocação direta; b) por oclusão das vias aéreas (glote, laringe, traqueia, brônquios); c) por compressão da caixa torácica (sufocação indireta); d) por supressão funcional do campo respiratório.

Os processos de provocação da asfixia mecânica são o *enforcamento*, o *imprensamento*, o *estrangulamento*, o *afogamento*, a *submersão*, a *esganadura*."[31]

A *tortura*, também, encontra-se no rol dos meios considerados cruéis que têm por finalidade qualificar o homicídio. Importa ressaltar que a tortura, qualificadora do homicídio, não se confunde com aquela prevista pela Lei nº 9.455, de 7 de abril de 1997.[32] O art. 1º da mencionada lei define o crime de tortura, sendo que o seu § 3º comina uma pena de reclusão, que varia de 8 (oito) e 16 (dezesseis) anos, se da prática da tortura sobrevier a morte da vítima.[33]

Qual é a diferença, portanto, entre a tortura prevista como qualificadora do delito de homicídio e a tortura com resultado morte prevista pela Lei nº 9.455/97? A diferença reside no fato de que a tortura, no art. 121, é tão somente um *meio* para o cometimento do homicídio. É um meio cruel de que se utiliza o agente, com o fim de causar a morte da vítima. Já na Lei nº9.455/97, *a tortura é um fim em si mesmo*. Se vier a ocorrer o resultado morte, este somente poderá qualificar a tortura a título de culpa. Isso significa que a tortura qualificada pelo resultado morte é um delito eminentemente *preterdoloso*. O agente não pode, dessa forma, para que se aplique a Lei de Tortura, pretender a morte do agente, pois, caso contrário, responderá pelo crime de homicídio tipificado pelo Código Penal.

Concluindo o raciocínio, no art. 121, a tortura é um meio cruel, utilizado pelo agente na prática do homicídio; na Lei nº 9.455/97, ela é um *fim em si mesmo* e, caso ocorra a morte da vítima, terá o condão de qualificar o delito, que possui o *status* de crime preterdoloso.

### 2.3.3 À traição, de emboscada, ou mediante dissimulação ou outro recurso que dificulte ou torne impossível a defesa do ofendido

O inciso IV do § 2º do art. 121 do Código Penal, também se valendo do recurso da interpretação analógica, assevera que a traição, a emboscada, a dissimulação ou qualquer outro recurso que dificulte ou torne impossível a defesa do ofendido também qualificará o homicídio.

---

[31] HUNGRIA, Nelson. *Comentários ao código penal*, v. V, p. 164.

[32] **Art. 1º** *Constitui crime de tortura: I – constranger alguém com emprego de violência ou grave ameaça, causando-lhe sofrimento físico ou mental: a) com o fim de obter informação, declaração ou confissão da vítima ou de terceira pessoa; b) para provocar ação ou omissão de natureza criminosa; c) em razão de discriminação racial ou religiosa; II – submeter alguém, sob sua guarda, poder ou autoridade, com emprego de violência ou grave ameaça, a intenso sofrimento físico ou mental, como forma de aplicar castigo pessoal ou medida de caráter preventivo. Pena – reclusão, de 2 (dois) a 8 (oito) anos. § 1º Na mesma pena incorre quem submete pessoa presa ou sujeita a medida de segurança a sofrimento físico ou mental, por intermédio da prática de ato não previsto em lei ou não resultante de medida legal. § 2º Aquele que se omite em face dessas condutas, quando tinha o dever de evitá-las ou apurá-las, incorre na pena de detenção de 1 (um) a 4 (quarto) anos. § 3º Se resulta lesão corporal de natureza grave ou gravíssima, a pena é de reclusão de quatro a dez anos; se resulta morte, a reclusão é de oito a dezesseis anos. § 4º Aumenta-se a pena de um sexto até um terço: I – se o crime é cometido por agente público; II – se o crime é cometido contra criança, gestante, portador de deficiência, adolescente ou maior de 60 (sessenta) anos; III – se o crime é cometido mediante sequestro. § 5º A condenação acarretará a perda do cargo, função ou emprego público e a interdição para seu exercício pelo dobro do prazo da pena aplicada.§ 6º O crime de tortura é inafiançável e insuscetível de graça ou anistia. § 7º O condenado por crime previsto nesta Lei, salvo a hipótese do § 2º, iniciará o cumprimento da pena em regime fechado.*

[33] *Vide* Lei nº 12.847, de 2 de agosto de 2013, que instituiu o Sistema Nacional de Prevenção e Combate à Tortura; criou o Comitê Nacional de Prevenção e Combate à Tortura e o Mecanismo Nacional de Prevenção e Combate à Tortura, além de adotar outras providências.

Os *modos* pelos quais são praticados o homicídio, portanto, também têm o condão de qualificá-lo.

A primeira qualificadora diz respeito à *traição*. Segundo as lições de Guilherme de Souza Nucci:

"Trair significa enganar, ser infiel, de modo que, no contexto do homicídio, é a ação do agente que colhe a vítima por trás, desprevenida, sem ter esta qualquer visualização do ataque. O ataque súbito, pela frente, pode constituir *surpresa*, mas não traição."[34]

Há diferença, para fins de identificação da traição, entre o golpe efetuado *nas costas* da vítima e aquele praticado *pelas costas*. *Pelas costas* configura-se à traição, quando o agente ataca a vítima por trás, sem que ela possa percebê-lo. Golpe *nas costas* identifica a região do corpo onde o golpe foi produzido. Muitas vezes, o golpe é aplicado nas costas, mas não se configura traição. Suponhamos que a vítima estivesse sendo subjugada pelo agente, fisicamente mais forte do que ela, e, com um punhal, lhe aplicasse o golpe nas costas. Não houve traição. Não conseguimos visualizar, aqui, o golpe pelas costas, mas tão somente nas costas da vítima, não qualificando, assim, o homicídio.

A *emboscada* pode ser entendida como uma espécie de traição. Nela, contudo, o agente se coloca escondido, de tocaia, aguardando a vítima passar, para que o ataque tenha sucesso.

*Dissimular* tem o significado de ocultar a intenção homicida, fazendo-se passar por amigo, conselheiro, enfim, dando falsas mostras de amizade, a fim de facilitar o cometimento do delito.

A fórmula genérica contida na parte final do inciso IV em estudo faz menção à utilização de recurso que *dificulte* ou *torne impossível* a defesa do ofendido. *Dificultar*, como se percebe, é um *minus* em relação ao *tornar impossível* a defesa do ofendido. Naquele, a vítima tem alguma possibilidade de defesa, mesmo que dificultada por causa da ação do agente. O *tornar impossível* é eliminar, completamente, qualquer possibilidade de defesa por parte da vítima, a exemplo da hipótese em que esta é morta enquanto dormia.

Deve ser ressaltado que, quando do oferecimento da denúncia, o Promotor de Justiça deverá determinar, com precisão, se a conduta do agente dificultou ou tornou impossível a defesa do ofendido, não podendo consignar a parte final do aludido inciso IV como se fosse uma fórmula de aplicação geral. Se somente dificultou, deverá narrar os fatos que fizeram com que concluísse seu raciocínio nesse sentido; se tornou impossível, da mesma forma, deverá apontar o comportamento do agente que fez com que a vítima não tivesse qualquer possibilidade de defesa. O que não se pode tolerar é o uso indiscriminado da fórmula genérica, como se fossem expressões sinônimas as duas hipóteses.

O juiz, da mesma forma, ao pronunciar o réu, deverá esclarecer se sua conduta tão somente dificultou ou inviabilizou completamente a defesa do ofendido, haja vista que o acusado se defende de fatos, e são fatos diferentes o dificultar e o tornar impossível a defesa.

### 2.3.4 Para assegurar a execução, a ocultação, a impunidade ou a vantagem de outro crime

O inciso V do § 2º do art. 121 do diploma repressivo diz respeito ao homicídio praticado para fins de assegurar a execução, a ocultação, a impunidade ou vantagem de outro crime.

Isso significa que, toda vez que for aplicada a qualificadora em estudo, o homicídio deverá ter relação com outro crime, havendo, outrossim, a chamada *conexão*.

---

[34]  NUCCI, Guilherme de Souza. *Código penal comentado*, p. 392.

Júlio Fabbrini Mirabete, com precisão, assevera:

"Essas circunstâncias, que configurariam a rigor motivo torpe, originam casos de conexão teleológica ou consequencial. A conexão *teleológica* ocorre quando o homicídio é perpetrado como meio para executar outro crime (homicídio para poder provocar um incêndio). A conexão consequencial ocorre quando é praticado ou para *ocultar* a prática de outro delito (homicídio contra o perito que vai apurar apropriação indébita do agente), ou para assegurar a *impunidade* dele (homicídio da testemunha que pode identificar o agente como autor de um roubo), ou para fugir à prisão em flagrante (*RT* 434/358), ou para garantir a *vantagem* do produto, preço ou proveito de crime (homicídio contra o coautor de roubo ou furto para apossar-se da *res furtiva*)."[35]

Diz-se *teleológica* a conexão quando se leva em consideração o fim em virtude do qual é praticado o homicídio. No caso da qualificadora do inciso V, será considerada teleológica a conexão quando o homicídio é cometido com o fim de assegurar a execução de outro crime. Por exemplo, matar o vigilante da agência bancária no dia anterior à prática do crime de roubo. Ressalte-se que, neste caso, o homicídio é cometido para assegurar a execução de um crime futuro.

*Consequencial* é a conexão em que o homicídio é cometido com a finalidade de assegurar a ocultação ou a vantagem de outro crime. Ao contrário da situação anterior, aqui o delito de homicídio é praticado com vistas a ocultar, assegurar a impunidade ou a vantagem de um crime já cometido.

Quando se busca assegurar a *ocultação,* o que se pretende, na verdade, é manter desconhecida a infração penal praticada, a exemplo do marido que mata a única testemunha que o viu enterrar o corpo de sua mulher, também morta por ele. Já quando o agente visa a assegurar a *impunidade*, a infração penal é conhecida, mas sua autoria ainda se encontra ignorada, a exemplo da hipótese do agente que mata também a única testemunha que presenciou o homicídio cujo corpo fora deixado em um local público. Quanto à *vantagem de outro crime*, conforme esclarece Hungria, "o propósito do agente é garantir a fruição de qualquer vantagem, patrimonial ou não, direta ou indireta, resultante de outro crime",[36] como no caso daquele que mata o seu companheiro de roubo, para que fique, sozinho, com o produto do crime.

Com relação às qualificadoras contidas no inciso V em exame, devem ser ressaltadas as seguintes indagações:

1)  Se o agente comete o homicídio com o fim de assegurar a execução de outro crime que, por um motivo qualquer, não vem a ser praticado, ainda deve subsistir a qualificadora? Sim, haja vista a maior censurabilidade do comportamento daquele que atua motivado por essa finalidade.

2)  Se o agente comete o homicídio a fim de assegurar a ocultação ou a impunidade de um delito já prescrito, também subsiste a qualificadora? Sim, pelas mesmas razões apontadas acima.

3)  Se o agente pratica o homicídio para assegurar, em tese, a impunidade de um crime impossível, na hipótese, por exemplo, em que mata a testemunha que o viu apunhalar a suposta vítima, que já estava morta? Segundo Damásio, "a qualificadora subsiste, uma vez que o Código pune a maior culpabilidade do sujeito, revelada em sua conduta subjetiva."[37]

4)  E se o homicídio é cometido com o fim de assegurar a execução, a ocultação, a impunidade ou a vantagem de uma *contravenção penal*? Em virtude da proibição

---

[35]  MIRABETE, Júlio Fabbrini. *Manual de direito penal,* p. 74.

[36]  HUNGRIA, Nélson. *Comentários ao código penal,* v. V, p. 169.

[37]  JESUS, Damásio E. de. *Direito penal,* v. 2, p. 71.

da analogia *in malam partem*, não se pode ampliar a qualificadora a fim de nela abranger, também, as contravenções penais, sob pena de ser violado o princípio da legalidade em sua vertente do *nullum crimen nulla poena sine lege stricta*, podendo o agente, entretanto, dependendo da hipótese, responder pelo homicídio qualificado pelo motivo torpe ou fútil.

### 2.3.5 Contra autoridade ou agente descrito nos arts. 142 e 144 da Constituição Federal, integrantes do sistema prisional e da Força Nacional de Segurança Pública, no exercício da função ou em decorrência dela, ou contra seu cônjuge, companheiro ou parente consanguíneo até terceiro grau, em razão dessa condição

A Lei nº 13.142, de 6 de julho de 2015, inseriu o inciso VII no § 2º do art. 121 do Código Penal, criando mais uma modalidade qualificada, na hipótese em que o agente praticar o crime de homicídio contra autoridade ou agente descrito nos arts. 142 e 144 da Constituição Federal, integrantes do sistema prisional e da Força Nacional de Segurança Pública, no exercício da função ou em decorrência dela, ou contra seu cônjuge, companheiro ou parente consanguíneo até terceiro grau, em razão dessa condição.

Conforme as lúcidas lições de Jeferson Botelho Pereira:

"É verdade que na maioria das vezes, a morte de policiais de serviço ou fora dele já qualifica o crime de homicídio pela torpeza ou futilidade, ou ainda por meio que dificultou a defesa da vítima, mas a inserção do inciso VII do § 2º do artigo 121 do CP, como homicídio qualificado pode evitar possível incidência de homicídio qualificado privilegiado nos casos de compatibilidade legal até antes da vigência da lei em apreço.

É certo que o delinquente não tem medo de uma mera folha de papel transformada em leis no momento de acionar o gatilho. Não querem saber se terão restringidos os benefícios processuais se seus atos são considerados hediondos, e também é verdade que os matadores de policiais se exibem, se intitulam assassinos de policiais, tatuando a imagem de um palhaço em seu corpo.

Verdadeira é afirmação de que não há necessidade de leis positivas dizendo que trata-se de homicídio qualificado, e, portanto, hediondo, a morte de policiais fardados ou em serviço, pois quando isso ocorre quem morre é o próprio Estado, ocorrendo aquilo que denominamos de genocídio social, numa espécie de sociecídio, em face de um estado fraco, inoperante e omisso, que deveria também aproveitar-se da oportunidade e tipificar como crime hediondo o corrupcídio, pelo qual o Brasil vive inundado, mas de toda forma é momento de reconhecer que a iniciativa é plausível, muito embora com o invólucro do engodo, e homiziado sob o capuz da hipocrisia, pois visa ilusoriamente prevenir crimes contra policiais e seus familiares mediante simples canetada da incompetência."[38]

De acordo com a redação constante do inciso VII do § 2º do art. 121 do Código Penal, são considerados sujeitos passivos os integrantes:

I – das Forças Armadas – Exército, Marinha ou Aeronáutica (art. 142 da CF);
II – da Polícia Federal (art. 144, I, da CF);
III – da Polícia Rodoviária Federal (art. 144, II, da CF);
IV – da Polícia Ferroviária Federal (art. 144, III, da CF);
V – das Polícias Civis (art. 144, IV, da CF);

---

[38] PEREIRA, Jeferson Botelho. *Morte de Policiais – Uma lei que tenta inibir a ação contra o Estado*. Disponível em: <http://jus.com.br/artigos/40770/morte-de-policiais-uma-lei-que-tenta-inibir-a-acao-contra-o-estado>. Acesso em: 5 ago. 2015.

> VI – das Polícias Militares e corpos de Bombeiros Militares (art. 144, V, da CF);
> VII – das Guardas Municipais (art. 144, § 8º, da CF);
> VIII – do Sistema Prisional;
> IX – da Força Nacional de Segurança Pública (Lei nº 11.473/2007).

Da mesma forma, serão considerados sujeitos passivos o cônjuge, companheiro ou parente consanguíneo até o terceiro grau, em razão dessa condição, ou seja, considerando seu vínculo familiar com qualquer uma das autoridades ou agentes previstos pelos arts. 142 e 144 da Constituição Federal, conforme elenco acima indicado.

A primeira indagação que poderia surgir com relação à interpretação da qualificadora em estudo diz respeito a abrangência da palavra *autoridade*. Assim, indagamos, o atentado contra a vida de qualquer autoridade, a exemplo dos membros da Magistratura ou do Ministério Público, em razão da função por eles exercida, também qualificaria o homicídio? Respondendo afirmativamente a essa indagação, Francisco Dirceu Barros assevera que:

> "Usando a interpretação analógica e atendendo ao princípio da legalidade, entendemos que a *ratio legis* não foi alcançar todas as espécies de autoridades do Brasil e sim aquelas que exercem funções semelhantes às definidas no próprio inciso, quais sejam, as autoridades do sistema de segurança pública assim definidas como os membros do Poder Judiciário e do Ministério Público.
>
> Perceba que o legislador, logo após o uso da terminologia 'autoridade', usa a frase 'OU' agente descrito nos artigos 142 (*Forças Armadas*) e 144 (*Policiais*) da Constituição Federal, integrantes do sistema prisional e da Força Nacional de Segurança Pública, ou seja, todos são 'autoridades', 'agentes' e 'integrantes' do sistema de segurança pública.
>
> Portanto, podem ser agentes passivos do homicídio funcional, os ministros do STF, membros dos Tribunais Superiores, desembargadores dos Tribunais de Justiça, magistrados federais e estaduais, membros do Ministério Público da União e membros dos Ministérios Públicos dos Estados quando formem vítimas no exercício da função ou em decorrência dela, e seus respectivos cônjuges, companheiros ou parentes consanguíneos até terceiro grau, em razão da motivação funcional do crime."[39]

Com toda vênia, ousamos discordar. Isso porque, segundo nosso posicionamento, quando a lei faz menção à autoridade e, em seguida, utilizando a conjunção alternativa *ou*, cita também o agente, quer dizer que, nem sempre, aquele elencado pelos arts. 142 e 144 da Constituição Federal poderá ser considerado como uma autoridade, já que utilizamos essa denominação especificamente para aqueles que, normalmente, exercem o comando, possuem hierarquia superior, a exemplo do que ocorre com os delegados de polícia, seja na esfera estadual seja na federal.

Por outro lado, os arts. 142 e 144 da Constituição Federal não fazem menção ou mesmo não nos permitem ampliar seu espectro de abrangência, a fim de entendermos que outras autoridades (juízes, promotores de justiça etc.), estejam por eles englobadas. Isso porque estão inseridos em capítulos específicos da Constituição Federal, vale dizer, Capítulo II (das Forças Armadas) e Capítulo III (Da Segurança Pública), referentes ao Título V (Da Defesa do Estado e Das Instituições Democráticas).

---

[39] BARROS, Francisco Dirceu. *Os agentes passivos do homicídio funcional*: Lei nº 13.142/2015. A controvérsia da terminologia autoridade e o filho adotivo como agente passivo do homicídio funcional. Disponível em: <http://jus.com.br/artigos/41302/os-agentes-passivos-do-homicidio-funcional-lei--n-13-142-2015>. Acesso em: 5 ago. 2015.

Dessa forma, só estão abrangidos pelo inciso VII do § 2º do art. 121 do Código Penal aqueles que exerçam uma função policial *lato sensu*, e não as demais autoridades, mesmo que ligadas de alguma forma à Justiça Penal.

Merece destaque, ainda, a menção à autoridade ou agente integrante do sistema prisional. Interpretando corretamente a amplitude, Rogério Sanches Cunha adverte que:

"Estão abrangidos, nessa categoria, não apenas os agentes presentes no dia a dia da execução penal (diretor da penitenciária, agentes penitenciários, guardas, etc.), mas também aqueles que atuam em certas etapas da execução (comissão técnica de classificação, comissão de exame criminológico, conselho penitenciário etc.). E não poderia ser diferente. Imaginemos um egresso, revoltado com os vários exames criminológicos que o impediram de conquistar prematura liberdade, buscando vingar-se daqueles que subscreveram o exame, contra eles pratica homicídio. Parece evidente que o crime de homicídio, além de outras qualificadoras (como a do inciso II), será também qualificado pelo inciso VII."[40]

Hoje, os até então chamados de agentes penitenciários, após a promulgação da Emenda Constitucional nº 104, de 4 de dezembro de 2019, que alterou o inciso XIV do *caput* do art. 21, o § 4º do art. 32 e o art. 144 da Constituição Federal, passaram, corretamente, a gozar do *status* de Polícia Penal (federal, estaduais e distrital), fazendo parte integrante do rol existente no último artigo, conforme se verifica pela leitura do seu inciso VI.

Para que incida a qualificada *sub examen* é preciso que o homicídio tenha sido praticado enquanto algumas das autoridades ou agentes acima mencionados estavam no exercício da função ou em decorrência dela.

Infelizmente, temos tido notícias frequentes de policiais mortos durante o exercício de suas funções. Em muitos casos, criminosos passam em frente a postos policiais, ou mesmo diante de viaturas, e efetuam disparos, querendo simplesmente causar-lhes a morte. Isso ocorre, inclusive, em locais supostamente pacificados, a exemplo das comunidades cariocas, onde já foram instaladas Unidades de Polícia Pacificadora. Da mesma forma, quando criminosos identificam, ou descobrem locais de residências de policiais, vão à sua captura, a fim de matá-los. Quando os homicídios são praticados nessas circunstâncias, ou seja, durante o exercício da função ou em decorrência dela, é que se poderá aplicar a qualificadora em questão.

O que estamos querendo afirmar, com isso, é que não é pelo fato de ser vítima de homicídio uma autoridade ou agente descrito nos arts. 142 e 144 da Constituição Federal que, automaticamente, entenderemos pelo homicídio qualificado. Isso porque a morte de uma dessas pessoas poderá ser ocasionada por diversos outros motivos, que afastarão a qualificadora em estudo. Assim, por exemplo, se durante uma discussão sobre futebol, o agente acaba causando a morte de um policial militar, que com ele se encontrava no interior de um bar, o fato poderá se amoldar a outro tipo qualificado, que não o previsto no inciso VII do § 2º do art. 121 do Código Penal.

Será possível, ainda, o reconhecimento da qualificadora, mesmo na hipótese em que a autoridade ou o agente descrito nos arts. 142 e 144 da Constituição Federal já esteja aposentado, desde que, como temos frisado, o homicídio se dê em razão da função que exercia anteriormente. Assim, não é incomum que, por exemplo, alguém venha a matar um policial que acabara de se aposentar, pelo simples fato de haver exercido suas funções na polícia militar, na polícia civil etc.

---

[40] CUNHA, Rogério Sanches. *Nova Lei 13.142/15*: Breves Comentários. Disponível em: <http://www.portalcarreirajuridica.com.br/noticias/nova-lei-13-142-15-breves-comentarios-por-rogerio-sanches--cunha>. Acesso em: 5 ago. 2015.

Se o homicídio for praticado contra cônjuge, companheiro ou parente consanguíneo até terceiro grau, de alguma das autoridades ou agentes descritos nos arts. 142 e 144 da Constituição Federal, em razão dessa condição, o fato também será qualificado. No que diz respeito ao cônjuge ou companheiro, não há dúvida na interpretação. O problema surge quando a lei faz menção a parente consanguíneo até o terceiro grau. *Parentes consanguíneos* seriam pai, mãe e filhos (em primeiro grau), irmãos, avós e netos (em segundo grau), e tios, sobrinhos, bisavós e bisnetos (em terceiro grau). *Parentes por afinidade*, que não estão abrangidos pela qualificadora em estudo, são sogro, sogra, genro, nora, padrasto, madrasta, enteados e cunhados.

Como a lei utilizou a palavra *consanguíneo*, como ficaria a situação do filho adotivo, mesmo que a Constituição Federal, em seu art. 227, § 6º, tenha proibido quaisquer designações discriminatórias? O art. 1.593 do Código Civil diz que o parentesco é natural ou civil, conforme resulte de consanguinidade ou outra origem. Assim, temos que concluir, forçosamente, que não existe consanguinidade quando o filho for adotivo, mesmo que não possamos mais utilizar essa expressão discriminatória. Não há consanguinidade, ou seja, relação de sangue, que permita o reconhecimento de um tronco comum com relação ao filho adotivo. Dessa forma, infelizmente, se o homicídio for praticado contra o filho adotivo de um policial, em razão dessa condição, não poderemos aplicar a qualificadora do inciso VII do § 2º do art. 121 do Código Penal, tendo em vista que, caso assim fizéssemos, estaríamos utilizando a chamada analogia *in malam partem*.

Nesse sentido, preleciona Eduardo Luiz Santos Cabette, acertadamente, que:

"Se um sujeito mata o filho consanguíneo de um policial (parentesco biológico ou natural), é atingido pela norma sob comento. Mas, se mata o filho adotivo do mesmo policial (parentesco civil), não é alcançado. Não é possível consertar o equívoco legislativo mediante o recurso da analogia porque isso constituiria analogia 'in mallam partem', vedada no âmbito criminal. Efetivamente houve um grande equívoco do legislador nesse ponto específico. A única consolação em meio a essa barbeiragem legislativa é o fato de que a morte de um filho adotivo de um policial, por exemplo, em represália ou vingança pela atividade deste último, configurará tranquilamente o 'motivo torpe' e fará do homicídio um crime qualificado da mesma maneira, tendo em vista o mero simbolismo da norma que veio a lume com a Lei nº 13.142/2015."[41]

Em sentido contrário, entendendo pela possibilidade da aplicação da qualificadora do filho adotivo, aduz Francisco Dirceu Barros:

"A Constituição Federal equipara os filhos adotivos aos filhos consanguíneos, *vide* o § 6º do artigo 227, *in verbis*:
'Os filhos, havidos ou não da relação do casamento, ou por adoção, terão os mesmos direitos e qualificações, proibidas quaisquer designações discriminatórias relativas à filiação.
Portanto, se o mandamento constitucional preconiza que os filhos adotivos são equiparados aos consanguíneos, a ilação lógica é a de que quem mata, por motivos funcionais, filho adotivo de uma das pessoas elencadas no art. 121, § 2º, VII, do Código Penal, comete homicídio funcional.
Não estamos fazendo uso da analogia *in malam partem*, pois não existe lacuna a ser preenchida e a norma constitucional não permite fazer nenhuma discriminação."[42]

---

[41] CABETTE, Eduardo Luiz Santos. *Homicídio e lesões corporais de agentes de segurança pública e forças armadas*: alterações da Lei nº 13.142/2015. Disponível em: <http://jus.com.br/artigos/40830/homicidio-e-lesoes-corporais-de-agentes-de-seguranca-publica-e-forcas-armadas-alteracoes-da--lei-13-142-15>. Acesso em: 5 ago. 2015.

[42] BARROS, Francisco Dirceu. *Os agentes passivos do homicídio funcional*: Lei nº 13.142/2015. A controvérsia da terminologia autoridade e o filho adotivo como agente passivo do homicídio funcional.

Como se trata de uma qualificadora de natureza subjetiva, será impossível a aplicação da causa especial de diminuição de pena prevista no § 1º do art. 121 do diploma repressivo, não se admitindo, outrossim o chamado homicídio qualificado-privilegiado.

### 2.3.6 Com emprego de arma de fogo de uso restrito ou proibido

O inciso VIII do § 2º do art. 121 do Código penal havia vetado pelo Presidente da República, e fazia parte do chamado "Pacote Anticrime". Contudo, na sessão de 19 de abril de 2021, o referido veto foi rejeitado pelo Congresso Nacional, que o fez inseri-lo no Código Penal.

Assim, nos termos do mencionado inciso VIII, o emprego de arma de fogo de uso restrito ou proibido importará no reconhecimento do homicídio qualificado.

Em 30 de setembro de 2019, foi publicado o Decreto nº 10.030, cujos inciso II e III do art. 3º do seu anexo I, com a redação que lhes foi conferida pelo Decreto nº 10.627, de 12 de fevereiro de 2021, definindo os conceitos de arma de fogo de uso restrito e de uso proibido, dizem:

> **Art. 3º** As definições dos termos empregados neste Regulamento são aquelas constantes deste artigo e do Anexo III.
>
> **Parágrafo único.** Para fins do disposto neste Regulamento, considera-se: (...)
>
> II – arma de fogo de uso restrito – as armas de fogo automáticas, de qualquer tipo ou calibre, semiautomáticas ou de repetição que sejam:
>
> a) não portáteis:
>
> b) de porte, cujo calibre nominal, com a utilização de munição comum, atinja, na saída do cano de prova, energia cinética superior a mil e duzentas libras-pé ou mil seiscentos e vinte joules; ou
>
> c) portáteis de alma raiada, cujo calibre nominal, com a utilização de munição comum, atinja, na saída do cano de prova, energia cinética superior a mil e duzentas libras-pé ou mil seiscentos e vinte joules;
>
> III – arma de fogo de uso proibido:
>
> a) as armas de fogo classificadas como de uso proibido em acordos ou tratados internacionais dos quais a República Federativa do Brasil seja signatária; e
>
> b) as armas de fogo dissimuladas, com aparência de objetos inofensivos;

### 2.3.7 Contra menor de 14 (quatorze) anos

Em 24 de maio de 2022 foi publicada a Lei nº 14.344, criando mecanismos para a prevenção e o enfrentamento da violência doméstica e familiar contra a criança e o adolescente, que ficou conhecida como "Lei Henry Borel", uma criança com apenas 4 anos de idade que foi brutalmente espancada e morta em um apartamento localizado na Barra da Tijuca, no Rio de Janeiro, cujo homicídio foi atribuído ao seu padrasto, com a conivência de sua própria mãe.[43]

A nova lei criou mais uma qualificadora no § 2º do art. 121 do Código Penal, inserindo o inciso IX, prevendo, agora, o delito de homicídio contra menor de 14 (quatorze) anos.

Para que a qualificadora em estudo possa ser aplicada, será de fundamental importância que o autor do homicídio tenha conhecimento da idade da vítima, pois, caso contrário, poderá ser alegado o chamado erro de tipo, conforme o disposto no art. 20 do diploma repressivo. Obviamente que, em alguns casos, tal alegação será inútil, a exemplo daquele que comete um homicídio contra uma vítima que contava, tão somente, com 3 anos de idade. Contudo, em outras situações, há vítimas que, embora contem, por exemplo, com 13 anos de idade, aparentem muito mais. Nesses casos a alegação, se levada a efeito, poderá ser razoável e conduzir ao afastamento da qualificadora.

---

Disponível em: <http://jus.com.br/artigos/41302/os-agentes-passivos-do-homicidio-funcional-lei--n-13-142-2015>. Acesso em: 5 ago. 2015.

[43] Até o momento do fechamento dessa edição, ainda não havia julgamento definitivo dos fatos apontados como de autoria do padrasto, razão pela qual vale a ressalva.

Conforme preconiza o inciso IX do § 2º do art. 121 do Código Penal, a vítima deverá ser menor de 14 (quatorze) anos, ou seja, deverá ter menos de 14 anos de idade. Tal qualificadora poderá ser aplicada até que a vítima complete essa idade. No exato dia do seu aniversário já não mais poderá ser considerada menor de 14 (quatorze) anos, tal como ocorre com o estupro de vulnerável, tipificado no *caput* do art. 217-A do diploma penal.

A idade da vítima deverá, ainda, ser demonstrada nos autos, por meio de documento hábil, nos termos do parágrafo único do art. 155 do Código de Processo Penal, que diz, *verbis*:

> **Art. 155** [...]
> **Parágrafo único.** Somente quanto ao estado das pessoas serão observadas as restrições estabelecidas na lei civil.

Assim, seu documento de identidade ou mesmo sua certidão de nascimento são suficientes para a demonstração de que a vítima era, ao momento da ação ou da omissão do agente, menor de 14 (quatorze) anos.

O § 2º-B do art. 121 do Código Penal prevê as seguintes causas de aumento de pena do homicídio, quando praticado contra menor de 14 (quatorze) anos, dizendo, *verbis*:

> § 2º-B. A pena do homicídio contra menor de 14 (quatorze) anos é aumentada de:
> I – 1/3 (um terço) até a metade se a vítima é pessoa com deficiência ou com doença que implique o aumento de sua vulnerabilidade;
> II – 2/3 (dois terços) se o autor é ascendente, padrasto ou madrasta, tio, irmão, cônjuge, companheiro, tutor, curador, preceptor ou empregador da vítima ou por qualquer outro título tiver autoridade sobre ela;
> III – 2/3 (dois terços) se o crime for praticado em instituição de educação básica pública ou privada.

## 2.4 Competência para julgamento do homicídio doloso

O inciso XXXVIII do art. 5º da Constituição Federal diz:

> XXXVIII – reconhecida a instituição do júri, com a organização que lhe der a lei, assegurados:
> a) a plenitude de defesa;
> b) o sigilo das votações;
> c) a soberania dos veredictos;
> d) a competência para o julgamento dos crimes dolosos contra a vida.

Pelo que se verifica por meio da alínea *d* do mencionado inciso, o Tribunal do Júri é o competente para julgar os crimes dolosos contra a vida, destacando-se dentre eles o homicídio, em todas as suas modalidades – simples, privilegiada e qualificada.

Questão importante a ser observada é a que diz respeito ao fato de não ser o latrocínio julgado pelo Júri, mesmo que a morte da vítima seja dolosa. Imaginemos a seguinte situação: *A*, percebendo que a vítima trazia consigo um valioso relógio, objetivando sua subtração, nela desfere um tiro na cabeça, causando-lhe a morte. O agente, portanto, atirou para matar, a fim de subtrair da vítima o mencionado relógio. A morte foi dolosa, sendo, contudo, levada a efeito para fins de subtração. Numa outra hipótese, *A* percebe que seu maior inimigo está caminhando descontraidamente, sem se dar conta da sua presença. Querendo causar-lhe a morte, vai ao encontro dele e, sem que a vítima perceba, aponta-lhe uma arma e puxa o gatilho, acertando-a mortalmente na cabeça. Quando a vítima, já morta, estava caída, o agente percebe que ela trazia consigo um valioso relógio e o subtrai.

Na primeira hipótese, teremos a prática de um crime de latrocínio, pois o agente, dolosamente, matou a vítima para roubar-lhe. A finalidade era a subtração. No segundo caso, teremos um crime de homicídio doloso, seguido de furto. Pergunta-se: Considerando-se que em ambas as hipóteses o agente causou, dolosamente, a morte da vítima, os dois casos serão submetidos a julgamento pelo Tribunal do Júri? A resposta, aqui, só pode ser negativa, uma vez que, interpretando-se sistemicamente o inciso II, do § 3º do art. 157 do Código Penal, verificamos que o latrocínio encontra-se no Título correspondente aos crimes contra o patrimônio, sendo que o Tribunal do Júri, de acordo com a competência que lhe é atribuída pela Constituição Federal, julga os *crimes dolosos contra a vida*.

O STF, por meio da Súmula nº 603, firmou seu entendimento dizendo:

> **Súmula nº 603.** *A competência para o processo e julgamento de latrocínio é do juiz singular e não do Tribunal do Júri.*

Merece observar que a Constituição Federal não impediu que outras infrações penais fossem submetidas a julgamento pelo Tribunal do Júri, mas tão somente garantiu que os crimes dolosos contra a vida fizessem, sempre, parte desse rol, podendo o legislador infraconstitucional agregar-lhe outros delitos, ampliando-se, portanto, sua competência. Como bem observado por Elder Lisboa Ferreira da Costa:

> "A nossa atual carta constitucional atribui ao tribunal do júri competência para o julgamento dos crimes dolosos contra a vida. Trata-se, a bem da verdade, de uma *competência mínima*. Nada impede que o legislador ordinário remeta à apreciação do júri matérias de natureza diversa."[44]

## 2.5 Homicídio culposo

Em sede de crimes culposos, vige o princípio da excepcionalidade, ou seja, a regra é que todo crime seja doloso, somente sendo punido a título de culpa se houver previsão expressa nesse sentido, como é o caso do § 3º do art. 121 do Código Penal, que diz: *Se o homicídio é culposo*.

O parágrafo único do art. 18 do diploma repressivo, confirmando a regra da excepcionalidade do crime culposo, determina:

> **Parágrafo único.** Salvo os casos expressos em lei, ninguém pode ser punido por fato previsto como crime, senão quando o pratica dolosamente.

Percebe-se que, no crime culposo, estamos diante da hipótese, como regra, do chamado tipo aberto. Nas precisas lições de Assis Toledo:

> "Na criação dos tipos penais, pode o legislador adotar dois critérios. O primeiro consiste na descrição completa do modelo de conduta proibida, sem deixar ao intérprete, para verificação da ilicitude, outra tarefa além da constatação da correspondência entre a conduta concreta e a descrição típica, bem como a inexistência de causas de justificação. Tal critério conduz à construção dos denominados 'tipos fechados', do qual seria exemplo o homicídio do art. 121 do Código Penal. A descrição 'matar alguém', por ser completa, não exigiria do intérprete qualquer trabalho de complementação do tipo. A imensa variedade da ação de matar um ser humano cairia facilmente sob o domínio desse tipo; a ilicitude resultaria da simples incidência de ignorar normas permissivas. O segundo critério consiste na descrição incompleta do modelo de conduta proibida, transferindo-se para o intérprete o encargo de completar o tipo, dentro dos limites e das indicações nele próprio contidas. São os denominados 'tipos abertos', como se dá em geral nos delitos culposos que precisam ser completados pela norma geral que impõe a observância do dever de cuidado."[45]

Além do trabalho de adequação a ser realizado pelo julgador, que deverá aferir se, no caso concreto, o agente deixou de observar o dever objetivo de cuidado que lhe competia, para

---

[44] COSTA, Elder Lisboa Ferreira da. *Compêndio teórico e prático do tribunal do júri*, p. 89-90.

[45] TOLEDO, Francisco de Assis. *Princípios básicos de direito penal*, p. 136.

que se possa configurar o delito culposo há necessidade inafastável de verificar se a conduta do agente produziu algum resultado. Por mais que o agente tenha deixado de observar seu dever de cuidado, se dessa inobservância não advier qualquer resultado lesivo, o fato não se amoldará à figura do delito culposo.

Assim, imagine-se a hipótese em que o agente, pai de uma criança de três anos de idade, morador do 14º andar de um prédio de apartamentos, deixe de colocar o necessário dispositivo de segurança em suas janelas e varanda (rede de proteção). Seu filho, que por um instante não estava sendo observado, debruça-se no parapeito da janela e cai, morrendo com a queda.

No caso em exame, o pai deixou de observar o seu dever objetivo de cuidado, não tendo a preocupação necessária de colocar as redes de proteção, devendo responder, portanto, pela morte de seu filho, a título de culpa, independentemente do raciocínio que se possa realizar a respeito da possibilidade de aplicação do perdão judicial, que veremos mais adiante.

Entretanto, imaginemos hipótese diferente em que esse mesmo pai, antes que a criança caísse do apartamento, viesse retirá-la do parapeito da janela, quando nele já estava debruçada. O fato de não colocar as redes de segurança nas janelas e na varanda do apartamento, bem como o de não a ter vigiado cuidadosamente, configura-se numa inobservância ao dever objetivo de cuidado. Contudo, será que nesse caso o pai deveria responder por algum delito culposo? Obviamente que não, pois, sem a ocorrência do resultado, descarta-se a infração penal de natureza culposa.

Outra característica fundamental para a configuração do delito culposo é a aferição da previsibilidade do agente. Se o fato escapar totalmente à sua previsibilidade, o resultado não lhe pode ser atribuído, mas, sim, ao caso fortuito ou à força maior.

Respondendo à sua própria indagação do que seria previsibilidade como conceito jurídico-penal, Hungria diz:

> "Existe previsibilidade quando o agente, nas circunstâncias em que se encontrou, podia, segundo a experiência geral, ter-se representado, como possíveis, as consequências do seu ato. Previsível é o fato cuja possível superveniência não escapa à perspicácia comum. Por outras palavras: é previsível o fato, sob o prisma penal, quando a previsão do seu advento, no caso concreto, podia ser exigida do homem normal, do *homo medius*, do tipo comum de sensibilidade ético-social."[46]

A previsibilidade condiciona o dever de cuidado: "Quem não pode prever não tem a seu cargo o dever de cuidado e não pode violá-lo."[47]

Faz a doutrina distinção, ainda, entre a *previsibilidade objetiva* e a *previsibilidade subjetiva*. Previsibilidade objetiva seria aquela, conceituada por Hungria, em que o agente, no caso concreto, deve ser substituído pelo chamado "homem médio, de prudência normal." Se, uma vez levada a efeito essa substituição hipotética, o resultado ainda assim persistir, é sinal de que o fato havia escapado ao seu âmbito de previsibilidade, porque dele não se exigia nada além da capacidade normal dos homens. Não é imposta ao agente uma previsibilidade extremamente larga que, de acordo com a imaginação do aplicador da lei, poderá ser imposta em todos os casos.

Exemplificando: suponhamos que determinado agente, dirigindo em velocidade excessiva seu veículo próximo a uma escola, no horário de saída dos alunos, atropele um dos estudantes, causando-lhe a morte. Verifica-se, pelo exemplo fornecido, que, voluntariamente, o agente (um ser humano), dirigindo o seu automóvel em velocidade excessiva (infração ao seu dever de cuidado objetivo), atropelou e causou a morte (resultado naturalístico e

---

[46] HUNGRIA, Nélson. *Comentários ao código penal*, v. I, t. II, p. 188.

[47] ZAFFARONI, Eugenio Raúl. *Manual de derecho penal* – Parte general, p. 435.

nexo de causalidade) de um estudante que, naquele local e horário, acabava de sair da escola (previsibilidade no que diz respeito ao fato de que, naquele local e naquela hora, muitas pessoas poderiam estar tentando efetuar a travessia da rua). Se substituirmos o agente (o motorista que atropelou o estudante) por um homem médio, de prudência normal, este último teria tido uma conduta diferente daquela que fora realizada pelo agente, deixando de imprimir velocidade excessiva ao seu automóvel próximo a uma escola. Se o homem médio estivesse no lugar do agente, teria atuado de maneira diferente e, portanto, o resultado, em tese, teria sido evitado. Essa substituição em busca da modificação do resultado é que dá origem à chamada *previsibilidade objetiva*.

Além da previsibilidade objetiva, existe a *previsibilidade subjetiva*. Vimos que para haver a previsibilidade objetiva deve-se fazer a substituição do agente por um homem médio. Se o homem médio, naquelas circunstâncias em que atuou o agente, tivesse agido de forma diferente a fim de evitar o resultado, é sinal de que este era previsível. Se mesmo com a substituição do agente pelo homem médio o resultado ainda assim persistir, devemos concluir que o fato escapou ao âmbito normal de previsibilidade e, portanto, não lhe pode ser atribuído.

Na previsibilidade subjetiva não existe essa substituição hipotética; não há a troca do agente pelo homem médio para saber se o fato escapava ou não à sua previsibilidade. Aqui, na previsibilidade subjetiva, o que é levado em consideração são as condições pessoais do agente, quer dizer, considera-se, na previsibilidade subjetiva, as limitações e as experiências daquela pessoa cuja previsibilidade está se aferindo em um caso concreto.

Na precisa lição de Damásio:

"Nos termos do critério subjetivo, deve ser aferida tendo em vista as condições pessoais do sujeito, i.e., a questão de o resultado ser ou não previsível é resolvida com base nas circunstâncias antecedentes à sua produção. Não se pergunta o que o homem prudente deveria fazer naquele momento, mas sim o que era exigível do sujeito nas circunstâncias em que se viu envolvido."[48]

Repelindo o critério subjetivo de aferição da previsibilidade, assim se manifesta Hungria:

"É de rejeitar-se, porém, a opinião segundo a qual a previsibilidade deve ser referida à individualidade subjetiva do agente, e não ao tipo psicológico médio. O que decide não é a atenção habitual do agente ou a diligência que ele costuma empregar *in rebus suis*, mas a atenção e diligência próprias do comum dos homens; não é a previsibilidade individual, mas a medida objetiva média de precaução imposta ou reclamada pela vida social."[49]

Discordando da posição de Hungria, preleciona Zaffaroni:

"a previsibilidade deve estabelecer-se conforme a capacidade de previsão de cada indivíduo, sem que para isso possa socorrer-se a nenhum 'homem médio' ou critério de normalidade. Um técnico em eletricidade pode prever com maior precisão do que um leigo o risco que implica um cabo solto, e quem tem um dispositivo em seu automóvel que lhe permite prever acidentes que sem esse dispositivo seriam imprevisíveis, tem um maior dever de cuidado do que quem não possui este dispositivo, ainda que somente um em 999 mil o possua."[50]

---

[48] JESUS, Damásio E. de. *Comentários ao código penal*, v. I, p. 256.
[49] HUNGRIA, Nélson. *Comentários ao código penal*, v. I, t. II, p. 188.
[50] ZAFFARONI, Eugenio Raúl. *Manual de derecho penal* – Parte general, p. 435.

Assim, para aqueles que entendem possível a aferição da previsibilidade subjetiva, em que são consideradas as condições pessoais do agente, tais fatos poderão ser objeto de análise por ocasião do estudo da culpabilidade, quando se perquirirá se era exigível do agente, nas circunstâncias em que se encontrava, agir de outro modo. Após a verificação das circunstâncias que envolvem o agente, bem como das suas condições pessoais, chega-se à conclusão de que não lhe era exigível outra conduta. Embora o fato seja típico, não será culpável e, portanto, não será objeto de reprovação pela lei penal.

## 2.6 Hipóteses de aumento de pena do § 4º do art. 121 do Código Penal

O § 4º do art. 121 do Código Penal prevê o aumento de 1/3 (um terço) da pena nas seguintes hipóteses:

1) homicídio culposo:

> *a)* se o crime resulta de inobservância de regra técnica de profissão, arte ou ofício;
> *b)* se o agente deixa de prestar imediato socorro à vítima, não procura diminuir as consequências do seu ato, ou foge para evitar a prisão em flagrante.

2) homicídio doloso:

> *a)* se o crime é cometido contra pessoa menor de 14 (quatorze) ou maior de 60 (sessenta) anos.

No homicídio culposo, a inobservância de regra técnica faz com que a pena aplicada ao agente seja majorada em um terço. Esse substancial aumento se deve ao fato de que o agente, mesmo tendo os conhecimentos das técnicas exigidas ao exercício de sua profissão, arte ou ofício, não os utiliza por leviandade, sendo maior, portanto, o juízo de reprovação que deve recair sobre o seu comportamento.

Conforme alerta Fragoso:

"Tal dispositivo só se aplica quando se trata de um *profissional*, pois somente em tal caso se acresce à medida do dever de cuidado a reprovabilidade da falta de atenção, diligência ou cautela exigíveis. Se não se trata de um profissional, o componente da culpabilidade não excede o que regularmente se requer para a configuração do crime culposo em sua hipótese típica básica, de modo que o reconhecimento da agravante significaria uma dupla valoração inadmissível.

Se alguém constrói um muro divisório de seu terreno e se tal muro vem a ruir causando morte, por ter sido edificado com inobservância de regras técnicas, parece evidente que uma culpa agravada só poderia ter um técnico na construção de muros. Quem, não sendo técnico, se lançasse à construção de um muro, seria apenas culpado da imprudência elementar ao crime culposo."[51]

O alerta feito por Fragoso nos faz refletir sobre dois pontos importantes. O primeiro deles é o fato de que a majorante somente poderá incidir nos casos que disserem respeito às condutas praticadas mediante imperícia. O segundo é que, embora possa o agente ter atuado com imperícia, não necessariamente deverá incidir a majorante, pois poderá, no caso concreto, ter observado as regras técnicas necessárias ao ato que estava praticando, não tendo, contudo, agido com a habilidade necessária.

---

[51] FRAGOSO, Heleno Cláudio. *Lições de direito penal* – Parte especial (arts. 121 a 160), p. 64.

Imagine-se a hipótese em que um médico, durante a realização de uma videolaparoscopia, venha perfurar algum órgão da vítima, mesmo utilizando técnicas exigidas no caso concreto. Embora possa, em tese, ser considerado imperito, não necessariamente deverá incidir a causa especial de aumento.

A pena ainda é aumentada em um terço no homicídio culposo quando o agente deixa de prestar o imediato socorro à vítima, não procura diminuir as consequências do seu ato ou foge para evitar a prisão em flagrante.

Na primeira hipótese, o agente demonstra sua insensibilidade para com o sofrimento alheio, cuja autoria lhe é atribuída. Aquele que, culposamente, ofende, inicialmente, a integridade corporal ou a saúde de alguém deve fazer o possível para evitar a produção do resultado mais gravoso, vale dizer, a morte da vítima. A negação do socorro demonstra a maior reprovabilidade do comportamento, que merecerá, consequentemente, maior juízo de reprovação, com a aplicação do percentual de aumento de pena.

A omissão de socorro, quando não punida de forma autônoma, como acontece na hipótese do art. 135 do Código Penal, funciona, geralmente, como causa de aumento de pena, a exemplo das infrações penais previstas nos arts. 302 e 303 do Código de Trânsito Brasileiro, que preveem, respectivamente, os delitos de homicídio e lesões corporais culposas na direção de veículo automotor.

Aqui merece destaque o fato de que, se outras pessoas já tiverem efetuado o socorro da vítima, não poderá ser aplicado o aumento de pena ao agente, visto que o que se pretende com a majorante é fazer com que a vítima não fique ao desamparo. Se outras pessoas prestavam o socorro, seria inimaginável que o agente tivesse de com elas brigar para que, ele próprio, pudesse socorrer a vítima. Se não houve recusa de sua parte em levar a efeito o socorro que fora realizado por terceiros, nenhuma justificativa existe para o aumento de pena.

Da mesma forma, não se fala em omissão de socorro quando a vítima tiver, por exemplo, morte instantânea. O parágrafo não exige que se socorra um cadáver. Há casos, como é cediço, que percebemos, a toda prova, a morte da vítima. Nessas hipóteses também não há falar em omissão de socorro, como aquela absurda situação criada pelo já citado Código de Trânsito Brasileiro que, no parágrafo único do seu art. 304, exige a prestação do socorro ainda que se trate de vítima com morte instantânea, *verbis*:

> **Art. 304.** Deixar o condutor do veículo, na ocasião do sinistro, de prestar imediato socorro à vítima, ou, não podendo fazê-lo diretamente, por justa causa, deixar de solicitar auxílio da autoridade pública:
> Penas – detenção, de 6 (seis) meses a 1 (um) ano, ou multa, se o fato não constituir elemento de crime mais grave.
> **Parágrafo único.** Incide nas penas previstas neste artigo o condutor do veículo, ainda que a sua omissão seja suprida por terceiros ou que se trate de vítima com morte instantânea ou com ferimentos leves.

Da mesma forma, aumenta-se a pena aplicada quando o agente *não procura diminuir as consequências de seu ato*, quer dizer, segundo Hungria, que não tenta, "na medida do possível, atenuar o dano ocasionado por sua culpa, como quando, por exemplo, deixa de transportar a malferida vítima ao primeiro posto hospitalar ou a uma farmácia, ou omite qualquer providência indicada pela necessidade do seu urgente tratamento",[52] a exemplo daquele que sabendo que a vítima não possui condições financeiras para arcar com o custo do tratamento e medicamentos não a auxilia materialmente nesse sentido, deixando-a à própria sorte, ou também naquele caso em que o agente, ameaçado de ser linchado pela população revoltada com o seu comportamento, não busca socorro nas autoridades.

---

[52] HUNGRIA, Nélson. *Comentários ao código penal*, v. V, p. 188.

A última das majorantes aplicável ao homicídio culposo diz respeito ao fato do agente que foge para evitar sua prisão em flagrante. *Ab initio* deve ser destacado o fato de que se a vida do agente correr perigo, como acontece quando o seu linchamento é iminente, tendo em vista a manifestação de populares que se encontravam no local do acidente, não se lhe pode exigir que permaneça no local dos fatos, afastando-se, outrossim, a majorante.

Independentemente da situação anterior, tem-se questionado a validade dessa causa de aumento de pena em virtude do fato de ter o art. 301 do Código de Trânsito Brasileiro determinado que *ao condutor de veículo, nos casos de acidentes de trânsito de que resulta vítima, não se imporá a prisão em flagrante, nem se exigirá fiança, se prestar pronto e integral socorro àquela*, estimulando, assim, a presença do motorista atropelador no local do acidente, uma vez que, se ali permanecer, não poderá ser conduzido preso.

Dessa forma, aplicando-se, por analogia, o mencionado dispositivo, devemos afastar, também, a prisão em flagrante delito nas hipóteses de homicídio culposo do Código Penal, uma vez que são idênticas as razões de política criminal.

Até o advento da Lei nº 8.069, de 13 de julho de 1990 (Estatuto da Criança e do Adolescente), todas as majorantes do § 4º do art. 121 do Código Penal eram destinadas ao delito de homicídio culposo. Após a sua edição, foi inserida a majorante dirigida exclusivamente ao homicídio doloso, quando praticado contra pessoa menor de 14 (quatorze) anos.

O referido parágrafo foi alterado, posteriormente, pela Lei nº 10.741, de 1º de outubro de 2003 (Estatuto da Pessoa Idosa), que também determinou o aumento de um terço quando o delito fosse praticado contra pessoa maior de 60 (sessenta) anos.

Com o advento da Lei nº 14.344, de 24 de maio de 2022, que inseriu o inciso IX ao § 2º do art. 121 do Código Penal, prevendo mais uma qualificadora ao delito de homicídio, quando praticado contra menor de 14 (quatorze) anos, a causa especial de aumento de pena relativa ao fato de ser a vítima menor de 14 (catorze) anos já não mais poderá ser aplicada, sob pena de incorrermos no chamado *bis in idem*.

Assim, o homicídio praticado contra vítima menor de 14 (quatorze) anos deixou de ser uma majorante para ser reconhecido, a partir da vigência da Lei nº 14.344, de 24 de maio de 2022, como um crime de homicídio qualificado.

Embora não possa mais ser utilizado como majorante no homicídio, a referência ao fato de ser a vítima menor de 14 (quatorze) anos ainda servirá para efeitos de aplicação do § 7º do art. 129 do Código Penal, que prevê a causa de aumento de 1/3 quando houver a prática do delito de lesão corporal de natureza dolosa contra vítima menor de 14 (quatorze) ou maior de 60 (sessenta) anos.

O aumento de 1/3 correspondente ao fato de ser a vítima maior de 60 (sessenta) anos poderá ser aplicado a todas as modalidades de homicídio doloso – simples, privilegiado e qualificado –, devendo, contudo, ser demonstrada a idade da vítima por meio de documento hábil, conforme preconiza o parágrafo único do art. 155 do Código de Processo Penal, de acordo com a nova redação que lhe foi dada pela Lei nº 11.690, de 9 de junho de 2008, que diz que somente quanto ao estado das pessoas serão observadas as restrições estabelecidas na lei civil.

Poderá, se for o caso, ser alegado o chamado erro de tipo, na hipótese em que o agente desconheça a idade a vítima, nos termos do art. 20 do Código Penal, supondo-a com idade inferior a 60 (sessenta) anos.

## 2.7 Perdão judicial

Inicialmente, é preciso destacar que o perdão judicial não se dirige a toda e qualquer infração penal, mas, sim, àquelas previamente determinadas pela lei. Assim, não cabe ao julgador aplicar o perdão judicial nas hipóteses em que bem entender, mas tão somente nos casos predeterminados pela lei penal.

Com esse raciocínio, pelo menos *ab initio*, torna-se impossível a aplicação da analogia *in bonam partem* quando se tratar de ampliação das hipóteses de perdão judicial. Isso porque a lei penal afirmou categoricamente que o perdão judicial somente seria concedido nos casos por ela previstos, afastando-se, portanto, qualquer outra interpretação.

Muito se discutiu sobre a natureza jurídica da sentença que concede o perdão judicial, sendo que as opiniões se dividiam no sentido de que seria absolutória, condenatória ou meramente declaratória de extinção da punibilidade. O STJ, por intermédio da Súmula nº 18, posicionou-se nesse último sentido, afirmando que *a sentença concessiva do perdão judicial é declaratória da extinção da punibilidade, não subsistindo qualquer efeito condenatório*, devendo ser realizada uma releitura do art. 120 do Código Penal.

A forma como o perdão judicial normalmente vem previsto, a fim de ser aplicado a determinada infração penal, deixa dúvida se ele é uma *faculdade do juiz* ou um *direito subjetivo do agente*. O § 5º do art. 121 do Código Penal diz que, *na hipótese de homicídio culposo, o juiz poderá deixar de aplicar a pena, se as consequências da infração atingirem o próprio agente de forma tão grave que a sanção penal se torne desnecessária.*

Suponhamos que um pai, que possua porte legal de arma, chegue em casa apressado e, negligentemente, retire a arma da cintura e a coloque sobre a mesa da sala, indo, logo em seguida, ao banheiro. Seu filho menor, ao avistar a arma, começa a brincar com ela. A arma dispara, atingindo-o mortalmente. O pai ainda se encontrava no banheiro quando escutou o estampido. Desesperado, lembrou-se de que havia deixado a arma ao alcance do seu filho, mas, ao sair do banheiro, já o encontrou morto. Pergunta-se: será que esse pai, que, em razão de ter deixado de observar o seu dever objetivo de cuidado, culposamente causou a morte de seu próprio filho, necessita de mais alguma sanção? Acreditamos que não, devendo, pois, ser-lhe concedido o perdão judicial. Em casos como esse, indaga-se: o perdão judicial continua a ser uma faculdade do juiz ou é um direito subjetivo do agente?

Respondendo à indagação formulada, Damásio de Jesus afirma tratar-se de:

> "Um direito penal público subjetivo de liberdade. Não é um favor concedido pelo juiz. É um direito do réu. Se presentes as circunstâncias exigidas pelo tipo, o juiz não pode, segundo puro arbítrio, deixar de aplicá-lo. A expressão 'pode' empregada pelo CP nos dispositivos que disciplinam o perdão judicial, de acordo com a moderna doutrina penal, perdeu a natureza de simples faculdade judicial, no sentido de o juiz poder, sem fundamentação, aplicar ou não o privilégio. Satisfeitos os pressupostos exigidos pela norma, está o juiz obrigado a deixar de aplicar a pena."[53]

Entendemos, *permissa* vênia, que o perdão judicial pode ser entendido sob os dois aspectos, ou seja, como um direito subjetivo do acusado ou como uma faculdade do julgador. Isso dependerá da hipótese e das pessoas envolvidas. Assim, sendo o caso de crime cometido por ascendente, descendente, cônjuge, companheiro ou irmão, o perdão judicial deverá ser encarado como um direito subjetivo do agente, pois, nesses casos, presume-se que a infração penal atinge o agente de forma tão grave que a sanção penal se torna desnecessária.

Por outro lado, há situações em que o julgador deverá, caso a caso, verificar a viabilidade ou não da aplicação do perdão judicial. Imagine-se a hipótese daquele que, querendo mostrar sua arma ao seu melhor amigo, acidentalmente, faz com que ela dispare, causando-lhe a morte. Seria aplicável, aqui, o perdão judicial, uma vez que o agente que causou a morte de seu melhor amigo ficou tremendamente abalado psicologicamente, pensando, inclusive, em dar cabo da própria vida, em razão da sua imprudência? A resposta virá, como dissemos, no

---

[53] JESUS, Damásio E. de. *Direito penal* – Parte geral, v. 1, p. 597.

caso concreto, não se podendo generalizar, como nas hipóteses em que houver uma relação de parentesco próximo entre o agente e a vítima, conforme destacamos.

### 2.7.1 Perdão judicial no Código de Trânsito Brasileiro

Dissemos que o perdão judicial somente pode ser concedido nas hipóteses determinadas expressamente em lei, sendo, inicialmente, uma escolha do legislador para, posteriormente, ficar a critério do juiz a sua aplicação ao caso concreto, se presentes os seus requisitos. Assim, quando não houver previsão expressa em lei, o julgador estará impossibilitado de conceder perdão judicial, sendo vedada, nesse caso, a analogia *in bonam partem*.

Anteriormente ao advento da Lei nº 9.503/97, a sociedade mobilizou-se no sentido de que houvesse maior recrudescimento das penas correspondentes aos delitos de homicídio e lesões corporais culposas praticados no trânsito, fato que culminou com a edição do Código de Trânsito Brasileiro.

Antes do novo Código de Trânsito, quando os motoristas, na direção de seus veículos, causavam mortes ou lesões culposas, respondiam, respectivamente, pelas sanções previstas nos arts. 121, § 3º, e 129, § 6º, ambos do Código Penal. Para essas infrações penais havia, também, a previsão do perdão judicial (art. 121, § 5º, e art. 129, § 8º, do CP).

O Código de Trânsito Brasileiro especializou os delitos de homicídio e lesões corporais de natureza culposa, criando os tipos dos arts. 302 e 303 que dizem:

> **Art. 302.** Praticar homicídio culposo na direção de veículo automotor:
> Penas – detenção, de dois a quatro anos, e suspensão ou proibição de se obter a permissão ou a habilitação para dirigir veículo automotor.
> **Art. 303.** Praticar lesão corporal culposa na direção de veículo automotor:
> Penas – detenção, de seis meses a dois anos e suspensão ou proibição de se obter a permissão ou a habilitação para dirigir veículo automotor.

Embora o projeto de lei que disciplinou o Código de Trânsito Brasileiro tivesse feito previsão do perdão judicial, em seu art. 300, nas hipóteses de homicídio culposo e lesão corporal culposa, o Presidente da República entendeu por bem vetá-lo, sob o seguinte fundamento:

> "O artigo trata do perdão judicial, já consagrado pelo Direito Penal. Deve ser vetado, porém, porque as hipóteses previstas pelo § 5º do art. 121 e § 8º do art. 129 do Código Penal disciplinam o instituto de forma mais abrangente."

Apesar dos argumentos expendidos no veto presidencial, podemos nos fazer a seguinte indagação: sendo o perdão judicial somente aplicável nas hipóteses previamente determinadas em lei, pelo fato de não haver, em virtude do veto presidencial, previsão expressa do perdão judicial no Código de Trânsito Brasileiro, podemos continuar a aplicá-lo nas hipóteses de homicídio culposo, bem como de lesão corporal culposa praticados na direção de veículo automotor?

Respondendo afirmativamente à indagação, Ariosvaldo de Campos Pires e Sheila Selim, com maestria, aduzem:

> "Embora justificáveis as razões do veto, parece-nos, com efeito, que de melhor técnica seria prever expressamente tais hipóteses no Código de Trânsito, ampliando-as como necessário. O legislador não o fez. Ainda assim, as hipóteses de perdão judicial previstas para o homicídio culposo e a lesão corporal culposa, no Código Penal, devem ser aplicadas aos arts. 302 e 303 do Código de Trânsito, seja porque o art. 291 envia o intérprete à aplicação das normas gerais do Código Penal, seja por força das razões do veto, antes expostas, que se referem expressamente àquelas hipóteses."[54]

---

[54] PIRES, Ariosvaldo de Campos; SALES, Sheila Jorge Selim de. *Crimes de trânsito*, p. 186.

Luiz Flávio Gomes[55] e Damásio de Jesus[56] também se posicionam favoravelmente à aplicação do perdão judicial aos arts. 302 e 303 do Código de Trânsito Brasileiro.

Em sentido contrário, Rui Stoco, sob o argumento de que:

"O § 5º do art. 121 do Código Penal contém disposição assemelhada, com o mesmo objetivo, cabendo, então, indagar se essa hipótese de perdão judicial aplica-se ao homicídio culposo ou lesão corporal culposa decorrente de acidente de trânsito. Lamentavelmente, a resposta é negativa. É certo que o art. 291 desse Estatuto mandou aplicar aos crimes cometidos na direção de veículos automotores o Código Penal, o Código de Processo Penal e a Lei nº 9.099/95. Contudo, restringiu essa aplicação às normas gerais do Código Penal, de modo que apenas a parte geral deste Código é que se aplica subsidiariamente. E então estamos diante de absurda injustiça ou desajuste legal, na medida em que o ordenamento jurídico passa a estabelecer critérios diversos para situações idênticas. Aquele que vitima um parente e comete homicídio culposo na direção de uma aeronave, de uma composição férrea, no metrô, na intervenção cirúrgica etc., terá possibilidade de obter o perdão judicial, enquanto a ocorrência do mesmo fato, nas mesmas circunstâncias, mas na condução de um veículo automotor, não poderá ensejar a obtenção do benefício. Não havendo como buscar razão lógico-jurídica onde ela não existe, só cabe lamentar a impropriedade e falta de sensibilidade da autoridade, que insiste em negar vigência à Constituição Federal e escarnecer o princípio da isonomia."[57]

Embora não concordemos com o veto presidencial, pois entendemos que as hipóteses que possibilitam a aplicação deverão estar expressas, ou seja, deverá haver previsão legal em cada tipo penal em que seja permitido, pela lei, o perdão judicial, acreditamos, com a corrente majoritária, ser possível, por questões de política criminal, a aplicação do perdão judicial aos arts. 302 e 303 do Código de Trânsito Brasileiro. Isso porque não seria razoável entender que, embora as razões que fizeram inserir o perdão judicial para os crimes de homicídio culposo e lesão corporal culposa tenham sido, sem dúvida, o elevado número de acidentes de trânsito, agora que foram criadas infrações penais específicas para esse tipo de acidente, o perdão judicial não possa ser aplicado.

Assim, mesmo correndo o risco de se abrir uma porta para outras infrações penais, excepcionando-se a regra contida no inciso IX do art. 107 do Código Penal, somos pela possibilidade de aplicação do perdão judicial aos delitos tipificados nos arts. 302 e 303 do Código de Trânsito Brasileiro.

## 2.8 Homicídio praticado por milícia privada, sob o pretexto de prestação de serviço de segurança, ou por grupo de extermínio

A Lei nº 12.720, de 27 de setembro de 2012, acrescentou o § 6º ao art. 121 do Código Penal, prevendo mais uma causa especial de aumento de pena, dizendo, *verbis*:

§ 6º A pena é aumentada de 1/3 (um terço) até a metade se o crime for praticado por milícia privada, sob o pretexto de prestação de serviço de segurança, ou por grupo de extermínio.

Definir, com precisão, o conceito de milícia, não é tarefa fácil. Historicamente, voltando à época do Império, os portugueses entendiam como "milícia" as chamadas tropas de segunda

---

[55] GOMES, Luiz Flávio. *Estudos de direito penal e processo penal*, p. 30.

[56] JESUS, Damásio E. de. *Crimes de trânsito*, p. 50.

[57] STOCO, Rui. Código de trânsito Brasileiro: disposições penais e suas incongruências. *Boletim do IBC-Crim*, nº 61, p. 9.

linha, que exerciam uma reserva auxiliar ao Exército, considerado de primeira linha. Como a polícia militar, durante muito tempo, foi considerada uma reserva do Exército, passou, em virtude disso, a ser considerada milícia.

No meio forense, não era incomum atribuir-se a denominação "milícia" quando se queria fazer referência à Polícia Militar. Assim, por exemplo, quando, na peça inicial de acusação ou da lavratura do auto de prisão em flagrante, ou mesmo em qualquer manifestação escrita nos autos, era comum referir-se aos policiais militares, que efetuavam a prisão, como "milicianos."

Infelizmente, nos dias de hoje, já não se pode mais utilizar essa denominação sem que, com ela, venha uma forte carga pejorativa. Existe, na verdade, uma dificuldade na tradução do termo "milícia." Essa dificuldade foi externada, inclusive, no Relatório Final da Comissão Parlamentar de Inquérito (Resolução nº 433/2008), da Assembleia Legislativa do Estado do Rio de Janeiro, presidida pelo Deputado Marcelo Freixo, destinada a investigar a ação dessas novas "milícias", no âmbito daquele Estado.

Tal dificuldade de conceituação pode ser vislumbrada já no início do referido Relatório (página 34), quando diz que:

> "Desde que grupos de agentes do Estado, utilizando-se de métodos violentos passaram a dominar comunidades inteiras nas regiões mais carentes do município do Rio, exercendo à margem da Lei o papel de polícia e juiz, o conceito de milícia consagrado nos dicionários foi superado. A expressão milícias se incorporou ao vocabulário da segurança pública no Estado do Rio e começou a ser usada frequentemente por órgãos de imprensa quando as mesmas tiveram vertiginoso aumento, a partir de 2004. Ficou ainda mais consolidado após os atentados ocorridos no final de dezembro de 2006, tidos como uma ação de represália de facções de narcotraficantes à propagação de milícias na cidade."

Embora de difícil tradução, mas para efeitos de aplicação da causa especial de aumento de pena prevista no § 6º do art. 121 do Código Penal, podemos, inicialmente, subdividir as milícias em públicas, isto é, pertencentes, oficialmente, ao Poder Público, e *privadas*, vale dizer, criadas às margens do aludido Poder.

Dessa forma, as milícias podem ser consideradas, ainda, militares ou paramilitares. *Militares* são as forças policiais pertencentes à Administração Pública, que envolvem não somente as Forças Armadas (Exército, Marinha e Aeronáutica), mas também as forças policiais (polícia militar), que tenham uma função específica, determinada legalmente pelas autoridades competentes. *Paramilitares* são associações não oficiais, cujos membros atuam ilegalmente, com o emprego de armas, com estrutura semelhante à militar. Essas forças paramilitares utilizam as técnicas e táticas policiais oficiais por elas conhecidas, a fim de executarem seus objetivos anteriormente planejados. Não é raro ocorrer e, na verdade, acontece com frequência, que pessoas pertencentes a grupos paramilitares também façam parte das forças militares oficiais do Estado, a exemplo de policiais militares, bombeiros, policiais civis e federais.

As milícias consideradas criminosas, ou seja, que se encontram à margem da lei, eram, inicialmente, formadas por policiais, ex-policiais e também por civis (entendidos aqui aqueles que nunca fizeram parte de qualquer força policial).

Suas atividades, no começo, cingiam-se à proteção de comerciantes e moradores de determinada região da cidade. Para tanto, cobravam pequenos valores individuais, que serviam como remuneração aos serviços de segurança por elas prestados. Como as milícias eram armadas, havia, normalmente, o confronto com traficantes, que eram expulsos dos locais ocupados, como também os pequenos criminosos (normalmente pessoas que costumavam praticar crimes contra o patrimônio).

A diferença fundamental, naquela oportunidade, entre a milícia e as forças policiais do Estado era que os milicianos não somente expulsavam os traficantes de drogas, por exemplo, mas também se mantinham no local, ocupando os espaços por eles anteriormente dominados, ao contrário do que ocorria com as forças policiais que, após algum confronto com criminosos da região, saíam daquela comunidade, permitindo que a situação voltasse ao *status quo*, ou seja, retornava ao domínio do grupo criminoso que ali imperava.

Essa situação original da milícia a identificava como um grupo organizado, não formalizado, ou seja, sem a regular constituição de empresa, voltado para a prestação de serviço de segurança em determinada região. Quando havia empresa constituída, esta era puramente de fachada, ou seja, utilizada para dar uma aparência de legalidade aos serviços de segurança prestados, que, na verdade, eram impostos, mediante violência e ameaça à população.

Nesses locais é que costumava ocorrer o chamado "bico" por parte dos integrantes das forças policiais. O "bico" diz respeito à atividade remunerada do policial, quando deixa seu turno de serviço, que é proibido em grande parte dos Estados da Federação, e tolerado em outros, permitindo que o policial consiga auferir um ganho além do seu soldo ou vencimentos, auxiliando nas suas despesas pessoais.

Normalmente, as milícias exercem uma vigilância da comunidade, por meio de pessoas armadas que se revezam em turnos, impedindo, assim, a ação de outros grupos criminosos.

Com o passar do tempo, os membros integrantes das milícias despertaram para o fato de que, além do serviço de segurança, podiam também auferir lucros com outros serviços, por eles monopolizados, como aconteceu com os transportes realizados pelas "vans" e motocicletas, com o fornecimento de gás, TV a cabo (vulgarmente conhecido como "gatonet"), internet (ou "gato velox", como é conhecida).

Passaram, outrossim, a exigir que os moradores de determinada região somente adquirissem seus produtos e serviços mediante a imposição do regime de terror. A violência, inicialmente voltada contra os traficantes e outros criminosos, passou a ser dirigida, também, contra a população em geral, que se via compelida a aceitar o comando da milícia e suas determinações. Para ele não havia concorrência, ou seja, ninguém, além dos integrantes da milícia, podia explorar os serviços ou mesmo o comércio de bens por eles monopolizados. Em caso de desobediência, eram julgados e imediatamente executados, sofrendo em seus corpos a punição determinada pela milícia (normalmente lesões corporais ou mesmo a morte).

O § 6º do art. 121 do Código Penal diz que a pena é aumentada de 1/3 (um terço) até a metade se o crime for praticado por milícia privada, sob o pretexto de prestação de serviço de segurança, ou por grupo de extermínio. Ao se referir à *milícia privada*, está dizendo respeito àquela de natureza paramilitar, isto é, a uma organização não estatal, que atua ilegalmente, mediante o emprego da força, com a utilização de armas, impondo seu regime de terror em determinada localidade.

Podemos tomar como parâmetro, para efeitos de definição de milícia privada, as lições do sociólogo Ignácio Cano, citado no Relatório Final da Comissão Parlamentar de Inquérito da Assembleia Legislativa do Estado do Rio de Janeiro (p. 36), quando aponta as seguintes características que lhe são peculiares:

1. controle de um território e da população que nele habita por parte de um grupo armado irregular;
2. o caráter coativo desse controle;
3. o ânimo de lucro individual como motivação central;
4. um discurso de legitimação referido à proteção dos moradores e à instauração de uma ordem;
5. a participação ativa e reconhecida dos agentes do Estado.

Se o homicídio, portanto, for praticado por algum membro integrante de milícia privada, sob o pretexto de prestação de serviço de segurança, a pena deverá ser especialmente aumentada de 1/3 (um terço) até a metade. Assim, por exemplo, imagine-se a hipótese em que um integrante da milícia, agindo de acordo com a ordem emanada do grupo, mate alguém porque se atribuía à vítima a prática frequente de crimes contra o patrimônio naquela região, ou mesmo que a milícia determine a morte de um traficante que, anteriormente, ocupava o local no qual levava a efeito o tráfico ilícito de drogas. As mortes, portanto, são produzidas sob o falso argumento de se estar levando a efeito a segurança do local, com a eliminação de criminosos.

Nesses casos, todos aqueles que compõem a milícia devem responder pelo delito de homicídio, com a pena especialmente agravada, uma vez que seus integrantes atuam em concurso de pessoas, e a execução do crime praticada por um deles é considerada uma simples divisão de tarefas, de acordo com a teoria do domínio funcional sobre o fato.

A Lei nº 12.720, de 27 de setembro de 2012, criou, ainda, o delito de *constituição de milícia privada*, inserindo o art. 288-A no Código Penal, dizendo, textualmente:

> **Art. 288-A.** Constituir, organizar, integrar, manter ou custear organização paramilitar, milícia particular, grupo ou esquadrão com a finalidade de praticar qualquer dos crimes previstos neste Código:
> Pena – reclusão, de 4 (quatro) a 8 (oito) anos.

Embora não faça parte de uma milícia, com as características acima apontadas, poderá ocorrer que o homicídio tenha sido praticado por alguém pertencente a um grupo de extermínio, ou seja, um grupo, geralmente, de "justiceiros", que procura eliminar aqueles que, segundo seus conceitos, por algum motivo, merecem morrer. Podem ser contratados para a empreitada de morte, ou podem cometer, gratuitamente, os crimes de homicídio de acordo com a "filosofia" do grupo criminoso, que escolhe suas vítimas para que seja realizada uma "limpeza social."

Conforme esclarecimentos do Deputado Federal Nilmário Miranda, Presidente da Comissão de Direitos Humanos da Câmara Federal:

> "A ação dos grupos de extermínio consiste numa das principais fontes de violação dos direitos humanos e de ameaça ao Estado de direito no país. Essas quadrilhas agem normalmente nas periferias dos grandes centros urbanos e têm seus correspondentes nos jagunços do interior. Usam estratégia de ocultar os corpos de suas vítimas para se furtar à ação da justiça, sendo que os mais ousados chegam a exibir publicamente sua crueldade. Surgem como decorrência da perda de credibilidade nas instituições da justiça e de segurança pública e da certeza da impunidade, resultante da incapacidade de organismos competentes em resolver o problema. Os embriões dos grupos de extermínio nascem quando comerciantes e outros empresários recrutam matadores de aluguel, frequentemente policiais militares e civis, para o que chamam 'limpar' o 'seu bairro' ou 'sua cidade'".[58]

Gerson Santana Arrais, discordando da possibilidade de se considerar grupo de extermínio as mortes ocorridas "gratuitamente", e amparado na definição apontada pelo ilustre Deputado mineiro, assevera:

> "As principais características dos grupos de extermínio são a matança de pessoas, após aqueles serem recrutados ou contratados por pessoas do comércio e outras empresas. Claramente, por

---

[58] MIRANDA, Nilmário. *A ação dos grupos de extermínio no Brasil.* DHnet. Disponível em: <http://www.dhnet.org.br/direitos/militantes/nilmario/nilmario_dossieexterminio.html>, *apud* ARRAIS, Gerson Santana. *Homicídio simples praticado a partir de atividade de extermínio considerado como hediondo.* Disponível em: <http://jus.com.br/revista/texto/14711/homicidio-simples-praticado-a-partir-de-atividade-de-exterminio-considerado-como-hediondo#ixzz27t0tXHHg>. Acesso em: 29 set. 2012.

óbvio, que esses exterminadores não fazem esse 'serviço sujo' sem ônus, não o fazem 'de graça'. Certamente são pagos pelos contratantes – os maiores interessados. Assim, são profissionais do crime que não possuem, em primeiro plano, uma relação de desafeto com as vítimas do extermínio.

De tudo isso, não podemos nos furtar em concluir com clareza e inquestionável lógica, que esses exterminadores, ao silenciar as suas vítimas, não estão animados por nenhum motivo de ordem pessoal em relação a elas (frieza e torpeza); são profissionais (recebem pelo que fazem, então alguém os paga); por serem frios e receberem por esse vil mister, agem com futilidade em relação à causa de agir; pelo profissionalismo e destreza que animam os seus perfis (bons atiradores, frios, experientes, treinados, profissionais, normalmente em bando), estão em grande condição de superioridade em relação à vítima ou às vítimas, as quais, na maioria das vezes, não têm possibilidade ou oportunidade de defesa".[59]

O conceito, no entanto, ainda não se encontra completamente esclarecido, como dissemos no tópico correspondente aos destaques do crime de homicídio, para onde remetemos o leitor.

## 2.9    Pena, ação penal e suspensão condicional do processo

Para o homicídio simples, a pena é de reclusão, de 6 (seis) a 20 (vinte) anos; nas formas qualificadas, a pena é de reclusão, de 12 (doze) a 30 (trinta) anos; no homicídio culposo, a pena é de detenção, de 1 (um) a 3 (três) anos.

A ação penal no delito de homicídio, seja ele doloso ou culposo, é de iniciativa pública incondicionada.

O instituto da suspensão condicional do processo foi introduzido em nosso ordenamento jurídico por intermédio da Lei nº 9.099, de 26 de setembro de 1995, que, em seu art. 89, determinou:

> **Art. 89.** Nos crimes em que a pena mínima cominada for igual ou inferior a um ano, abrangidos ou não por esta Lei, o Ministério Público, ao oferecer a denúncia, poderá propor a suspensão do processo, por dois a quatro anos, desde que o acusado não esteja sendo processado ou não tenha sido condenado por outro crime, presentes os demais requisitos que autorizariam a suspensão condicional da pena (art. 77 do Código Penal).

Medida de natureza despenalizadora, a suspensão condicional do processo tem por finalidade evitar, presentes determinados requisitos, em infrações penais cuja pena mínima for igual ou inferior a 1 (um) ano, a chamada *persecutio criminis in judicio*, com todas as características que lhe são inerentes, consistindo, segundo as lições de Geraldo Prado e Luis Gustavo Grandinetti C. de Carvalho:

> "Em o Ministério Público formular proposta ao réu, visando obter dele determinados comportamentos positivos e negativos ao longo de um tempo preciso, de modo a ver declarada extinta a punibilidade do acusado pelo crime que funda a causa de pedir da ação penal. Para que a extinção da punibilidade se concretize, é necessário que o acusado, orientado por seu defensor, aceite a proposta e o juiz a homologue. Provas não serão produzidas e o acordo somente será válido se aperfeiçoado depois de recebida a denúncia, com a constatação da existência de justa causa para a ação penal. Finalmente, a medida só é cabível para determinado grupo

---

[59] ARRAIS, Gerson Santana. *Homicídio simples praticado a partir de atividade de extermínio considerado como hediondo.* Disponível em: <http://jus.com.br/revista/texto/14711/homicidio-simples-praticado-a-partir--de-atividade-de-exterminio-considerado-como-hediondo#ixzz27t0tXHHg>. Acesso em: 29 set. 2012.

de infrações penais, originando-se a extinção da punibilidade na hipótese de consumação do período de prova sem revogação."[60]

Pouco tempo depois, mais precisamente em 12 de julho de 2001, surgiu a Lei nº 10.259, regulando os Juizados Especiais Cíveis e Criminais no âmbito da Justiça Federal. O mencionado estatuto, ao contrário da Lei nº 9.099/95, que dispunha sobre o conceito de infração penal de menor potencial ofensivo, elegendo, para esse fim, as contravenções penais e os crimes a que a lei cominava pena máxima não superior a 1(um) ano, aumentou para 2 (dois) anos o tempo de pena máxima cominada abstratamente aos crimes, revogando parcialmente o art. 61 da referida Lei nº 9.099/95.

Com essa modificação surgiu a discussão no sentido de que também teria ocorrido modificação quanto ao tempo mínimo de pena cominada nos tipos penais para efeito de raciocínio sobre a suspensão condicional do processo, passando-se, agora, também para 2 (dois) anos.

Embora houvesse sido levantada inicialmente a dúvida e com ela as discussões pertinentes, entende-se, atualmente, de forma majoritária, que não houve modificação no que diz respeito ao tempo de pena mínima cominada para efeito de possibilitar a proposta de transação processual, devendo esta, portanto, ser igual ou inferior a 1 (um) ano.

Corroborando o raciocínio acima, afirmam Tourinho Neto e Joel Dias Figueira Júnior:

"Para fixar a competência do Juizado Especial, leva-se em consideração a pena máxima de dois anos. Cuidando-se de suspensão processual, deve-se atentar para a pena mínima de um ano. Portanto, se ao crime for cominada pena *máxima* não superior a dois anos, a competência será do Juizado Especial, e se a pena *mínima* cominada for igual ou inferior a um ano, poder-se-á, satisfeitos os demais requisitos, conceder ao acusado a suspensão do processo; se superior, não."[61]

Merecem, ainda, registro as lições precisas de Geraldo Prado e Luis Gustavo Grandinetti C. de Carvalho que, com segurança, afirmam:

"Convém lembrar que o Superior Tribunal de Justiça chegou a definir a pena mínima de dois anos de prisão como patamar para o cabimento da suspensão condicional do processo. Partia-se de suposta simetria, inexistente é verdade, com a pena máxima de dois anos que a Lei nº 10.259/2001 fixou para definir infrações de menor potencial ofensivo. Com a devida vênia dos que entendem de modo diferente, não há qualquer correspondência entre dois anos de pena *máxima* para definir infrações de menor potencial ofensivo e dois anos de pena *mínima* para cabimento da suspensão condicional do processo.

Como frisado, a suspensão condicional do processo é categoria, geral, que deveria vir regulada no Código de Processo Penal, mas que terminou sendo disciplinada na Lei dos Juizados Especiais para se aproveitar uma situação excepcional de política legislativa, apenas por esse motivo. Prevista para incidir em caso de crime com pena mínima de até dois anos de prisão, por opção do Congresso Nacional foi limitada a crimes com pena mínima de um ano. Trata-se de liberdade de conformação do legislador, e exclusivamente dele, nos termos do art. 5º, inciso XXXIX, da Constituição da República, de modo que somente outra lei pode alterar o referido patamar. A circunstância de estar prevista na Lei nº 9.099/95 não muda isso."[62]

---

[60] PRADO, Geraldo; CARVALHO, Luis Gustavo Grandinetti Castanho de. *Lei dos juizados especiais criminais*, p. 259.

[61] TOURINHO NETO, Fernando da Costa; FIGUEIRA JÚNIOR, Joel Dias. *Juizados especiais federais cíveis e criminais*, p. 723.

[62] PRADO, Geraldo; CARVALHO, Luis Gustavo Grandinetti Castanho de. *Lei dos juizados especiais criminais*, p. 276.

O art. 61 da Lei nº 9.099/95 teve sua redação modificada pela Lei nº 11.313, de 28 de julho de 2006, que passou a considerar como infração penal de menor potencial ofensivo as contravenções penais e os crimes a que a lei comine pena máxima não superior a 2 (dois) anos, cumulada ou não com multa. A referida lei não fez qualquer menção à suspensão condicional do processo, quando, se fosse intenção do legislador aumentar o seu limite para 2 (dois) anos, poderia tê-lo feito expressamente, afastando, dessa forma, qualquer dúvida. Assim, entendemos que prevalece a regra constante do art. 89 da Lei nº 9.099/95.

Analisando a pena mínima cominada ao delito de homicídio culposo, percebemos que ela não é superior a 1 (um) ano, razão pela qual será possível a confecção de proposta de suspensão condicional do processo pelo Ministério Público, com todas as implicações que lhe são inerentes.

Merece ser frisado, contudo, que o concurso de crimes, em quaisquer das suas modalidades (concurso material, concurso formal ou continuidade delitiva), de acordo com a Súmula nº 243 do Superior Tribunal de Justiça, afasta a possibilidade de aplicação da suspensão condicional do processo, tendo o Supremo Tribunal Federal também editado a Súmula nº 723 não admitindo a transação processual nas hipóteses de crime continuado, *verbis*:

> **Súmula nº 243.** *O benefício da suspensão do processo não é aplicável em relação às infrações penais cometidas em concurso material, concurso formal ou continuidade delitiva, quando a pena mínima cominada, seja pelo somatório, seja pela incidência da majorante, ultrapassar o limite de um (01) ano.*
>
> **Súmula nº 723.** *Não se admite a suspensão condicional do processo por crime continuado, se a soma da pena mínima da infração mais grave com o aumento mínimo de um sexto for superior a um ano.*

Pode ocorrer, por exemplo, que alguém, descuidadamente, fazendo a limpeza de sua arma, efetue um disparo, atingindo fatalmente duas pessoas. Teremos, aqui, dois homicídios culposos, praticados em concurso formal. Assim, em que pese a pena mínima para essa infração penal permitir o raciocínio, pelo menos inicialmente, sobre a possibilidade de aplicação da suspensão condicional do processo, esta será inviabilizada em decorrência do concurso de crimes.

Vale ressaltar, ainda, a Súmula nº 667 do STJ, que diz: "Eventual aceitação de proposta de suspensão condicional do processo não prejudica a análise do pedido de trancamento de ação penal".

## 2.10 Destaques

### 2.10.1 Homicídio simples considerado como crime hediondo

Relembra Alberto Silva Franco:

> "As chacinas da Candelária e de Vigário Geral, no Rio de Janeiro, aliadas ao assassinato da artista de televisão, Daniela Perez, deram o pano de fundo necessário para que os meios de comunicação social iniciassem uma ampla e intensa campanha com o objetivo de incluir o delito de homicídio no rol dos crimes hediondos."[63]

A mídia, mobilizando as massas populares, fez com que fosse ampliado o elenco das infrações consideradas hediondas para nele inserir o delito de homicídio, o que foi efetivamente concretizado por intermédio da Lei nº 8.930, de 6 de setembro de 1994, que deu nova redação ao inciso I do art. 1º da Lei nº 8.072/90.

---

[63] FRANCO, Alberto Silva. *Crimes hediondos*, p. 101.

Dizem os incisos I e I-B do art. 1º da Lei nº 8.072/1990, com a alteração promovida pela Lei nº 14.994, de 9 de outubro de 2024.

> **Art. 1º** São considerados hediondos os seguintes crimes, todos tipificados no Decreto-Lei nº 2.848, de 7 de dezembro de 1940 – Código Penal, consumados ou tentados:
>
> I – homicídio (art. 121), quando praticado em atividade típica de grupo de extermínio, ainda que cometido por 1 (um) só agente, e homicídio qualificado (art. 121, § 2º, incisos I, II, III, IV, V, VII, VIII e IX);
>
> I-B – feminicídio (art. 121-A).

Interpretando a redação do inciso I do mencionado artigo, podemos concluir que o homicídio simples também passou a gozar do *status* de crime hediondo – se praticado em atividade típica de grupo de extermínio –, mesmo que cometido por uma só pessoa.

Desde a inovação trazida para o bojo da Lei nº 8.072/90, a doutrina vem se perguntando, incessantemente, o que vem a ser *atividade típica de grupo de extermínio*.

Antônio Lopes Monteiro, buscando resolver essa *vexata quaestio*, destaca:

"Quererá, talvez, o legislador referir-se ao famigerado 'esquadrão da morte', quiçá aos atuais 'justiceiros' ou a pessoas pagas para 'apagar' pequenos delinquentes? Temos nossas dúvidas, até porque, se a um ou a outro se quisesse reportar a lei, inútil destacar esta figura como hedionda, já que homicídios assim praticados qualificam-se pelo motivo torpe (art. 121, § 2º, I) ou por emboscada, ou outro recurso que dificulte ou torne impossível a defesa do ofendido (inciso IV), ou até, na pior das hipóteses, por motivo fútil (inciso II). É por isso que não entendemos a finalidade desta inclusão."[64]

Ainda poderíamos adicionar, já que não há consenso sobre o que seja *atividade típica de grupo de extermínio*, aqueles comportamentos dirigidos a destruir os grupos apontados pela Lei nº 2.889/56, que define e pune o crime de genocídio, a saber, grupo nacional, étnico, racial ou religioso.

Enfim, apesar da previsão contida na Lei nº 8.072/90, inserindo no rol das infrações hediondas o homicídio simples, conforme destacado, se a conduta do agente, mesmo não agindo em concurso, se caracterizar como *atividade típica de grupo de extermínio*, dificilmente não encontraremos uma qualificadora para essa motivação.

Eduardo Luiz Santos Cabette, de forma mais incisiva, adverte:

"Atualmente não é mais, nem mesmo teoricamente, correta a afirmação de que pode haver um homicídio simples hediondo, desde que cometido em ação de grupo de extermínio. Isso porque ou o homicídio será qualificado ou será majorado pelo § 6º, jamais simples. No caso das milícias privadas, como já dito, normalmente será qualificado. Levantando-se a hipótese meramente teórica de que seja, em um caso concreto, simples embora perpetrado por milícia, não haverá crime hediondo, já que a Lei nº 8.072/90 não o prevê em seu rol taxativo, mas apenas os grupos de extermínio."[65]

Podemos, assim, concluir com Guilherme de Souza Nucci que "a atividade típica de grupo de extermínio sempre foi considerada pela nossa jurisprudência amplamente majoritária

---

[64] MONTEIRO, Antônio Lopes. *Crimes hediondos*, p. 24.

[65] CABETTE, Eduardo Luiz Santos. Considerações iniciais sobre a Lei no 12.720/12: novas majorantes nos crimes de homicídio e lesões corporais e o novo crime de constituição de milícia privada. Disponível em: <http://www.ambitojuridico.com.br/site/?n_link=revista_artigos_leitura&artigo_id=12427>. Acesso em: 13 mai. 2017.

um crime cometido por motivo torpe",[66] razão pela qual se torna impossível a ocorrência de homicídio simples, praticado por conta dessa motivação.

## 2.10.2 É sustentável a hipótese de homicídio qualificado-privilegiado?

Interpretando sistemicamente os §§ 1º e 2º do art. 121 do Código Penal, chegaríamos à conclusão de que não seria possível a existência de um homicídio qualificado-privilegiado. Se fosse a intenção da lei aplicar a causa de redução de pena constante do § 1º do art. 121 às suas modalidades qualificadas, o mencionado parágrafo deveria estar localizado posteriormente ao elenco das qualificadoras, haja vista ser princípio de hermenêutica aplicar o parágrafo somente às hipóteses que lhe são antecedentes.

Assim, como a causa de diminuição de pena está localizada, no art. 121 do Código Penal, anteriormente às modalidades qualificadas do delito de homicídio, a conclusão de tal raciocínio seria pela impossibilidade da existência de um homicídio qualificado-privilegiado.

Nesse sentido, ensina Magalhães Noronha:

"Veja-se primeiramente a disposição técnica do Código. Depois de definir o homicídio simples, no artigo, passa no § 1º – a que ele denomina *Caso de diminuição de pena* – a tratar de mitigação penal. Qual será, entretanto, a pena? Evidentemente a cominada *antes*, ou seja, a do artigo, ou do *homicídio simples*. Elementar conhecimento de técnica legislativa levaria o legislador, se quisesse estender o privilégio ao homicídio qualificado, a definir este em primeiro lugar, isto é, antes da *causa de diminuição* que, então, vindo depois dele e do homicídio simples, indicaria que a pena era tanto a de um como a de outro."[67]

Contudo, majoritariamente, a doutrina, por questões de política criminal, posiciona-se favoravelmente à aplicação das minorantes ao homicídio qualificado, desde que as qualificadoras sejam de natureza objetiva, a fim de que ocorra compatibilidade entre elas.

Dessa forma, poderia haver, por exemplo, um homicídio praticado mediante emboscada (qualificadora de natureza objetiva), tendo o agente atuado impelido por um motivo de relevante valor moral (minorante de natureza subjetiva).

O que se torna inviável, no caso concreto, é a concomitância de uma qualificadora de natureza subjetiva, com o chamado, equivocadamente, privilégio, visto serem incompatíveis, a exemplo daquele que mata o seu desafeto por um motivo fútil e ao mesmo tempo de relevante valor moral. São situações excludentes entre si.[68]

Nesse sentido, preleciona Cezar Roberto Bitencourt, em comentários às causas de redução de pena previstas pelo § 1º do art. 121 do Código Penal:

"Essas privilegiadoras não podem concorrer com as qualificadoras subjetivas, por absoluta incompatibilidade. Respondendo-se positivamente aos quesitos das privilegiadoras, ficam

---

[66] NUCCI, Guilherme de Souza. *Código penal comentado*, p. 381.

[67] NORONHA, Edgard Magalhães. *Direito penal*, v. 2, p. 26.

[68] No que diz respeito à possibilidade de coexistência entre a circunstância atenuante relativa à violenta emoção (art. 65, III, *c, in fine*) e à qualificadora do motivo fútil no homicídio, já decidiu o STJ, por intermédio da sua 5ª Turma, no RE 1992/0009657-3, tendo como relator o Min. Assis Toledo: "A qualificadora do *motivo fútil* pode *coexistir* com a atenuante da influência de *violenta emoção*. Não vai contra a experiência cotidiana o deparar-se com indivíduos portadores de uma sensibilidade à flor da pele que, por razões insignificantes, são impelidos à prática de crimes, quando provocados. Não se deve confundir a circunstância atenuante em foco ('sob influência de *violenta emoção*') com a causa de diminuição de pena do art. 121, § 1º ('sob o domínio de *violenta emoção*'). Só esta última apresenta real incompatibilidade com a qualificadora do modo fútil."

prejudicados os quesitos referentes às qualificadoras subjetivas. No entanto, nada impede que as privilegiadoras concorram com as qualificadoras objetivas."[69]

### 2.10.2.1 Homicídio qualificado-privilegiado ou privilegiado-qualificado?

É importante consignar que, embora a doutrina use as duas expressões – qualificado--privilegiado e privilegiado-qualificado –, não podemos considerá-las, ambas, como corretas, mas tão somente uma delas, vale dizer, a que intitula o homicídio de *qualificado-privilegiado*.

Isso porque devemos atender não à ordem constante dos parágrafos do art. 121 do Código Penal, que nos conduziria, fatalmente, à expressão privilegiado-qualificado, haja vista que as causas de diminuição de pena estão consignadas anteriormente às qualificadoras.

O raciocínio, na verdade, deve ser outro. Estamos diante, como se verifica com clareza, de um homicídio qualificado que não perdeu essa natureza pelo fato de existirem algumas causas que têm por finalidade diminuir a pena aplicada nos momentos anteriores, determinados pelo art. 68 do Código Penal.

Dessa forma, o homicídio, por ser qualificado, deverá assim ser reconhecido, para, em momento posterior, ser adjetivado de *privilegiado*, razão pela qual, tecnicamente, estaremos, sempre, diante de um homicídio *qualificado-privilegiado*, e não *privilegiado--qualificado*.

### 2.10.3 O homicídio qualificado-privilegiado como crime hediondo

A segunda parte do inciso I do art. 1º da Lei nº 8.072/90, com a nova redação que lhe foi conferida pela Lei nº 14.344, de 24 de maio de 2022, aponta o homicídio qualificado, em todas as suas modalidades (art. 121, § 2º, I, II, III, IV, V, VI, VII, VIII e IX), como infração de natureza hedionda.

Admitindo-se, como o faz majoritariamente nossa doutrina, a possibilidade de coexistência de um homicídio qualificado-privilegiado, o privilégio teria o condão de afastar a natureza hedionda das qualificadoras?

Tecnicamente, a resposta teria de ser negativa, pois a Lei nº 8.072/90 não faz qualquer tipo de ressalva que nos permita tal ilação. Na verdade, diz textualmente que o homicídio qualificado goza do *status* de infração penal de natureza hedionda. O chamado privilégio não é, nada mais, do que uma simples causa de redução de pena, a ser analisada no terceiro momento do critério trifásico, previsto pelo art. 68 do Código Penal.

Assim, sendo reconhecido o homicídio qualificado, deverá o julgador fixar a pena-base levando em conta as balizas mínima (12 anos) e máxima (30 anos) previstas no § 2º do art. 121 do estatuto repressivo. Somente no terceiro momento, quando da aplicação das causas de diminuição de pena, é que fará incidir o percentual de redução de um sexto a um terço.

Como se percebe, a infração penal não deixa de ser qualificada em razão da existência de uma minorante (privilégio).

Contudo, majoritariamente, a doutrina repele a natureza hedionda do homicídio qualificado-privilegiado, haja vista que – é o argumento – não se compatibiliza a essência do delito objetivamente qualificado, tido como hediondo, com o privilégio de natureza subjetiva.[70]

---

[69] BITENCOURT, Cezar Roberto. *Tratado de direito penal*, v. 2, p. 64.

[70] O STJ já decidiu reiteradas vezes pelo não reconhecimento da natureza hedionda do homicídio qualificado-privilegiado, conforme se verifica nas transcrições parciais das ementas que se seguem: "Por incompatibilidade axiológica e por falta de previsão legal, o homicídio qualificado-privilegiado não integra o rol dos denominados crimes hediondos" (*HC* 153.728/SP, *Habeas Corpus* 2009/0223917-8, Rel.

Nesse sentido, assevera Fernando Capez:

"Reconhecida a figura híbrida do homicídio privilegiado-qualificado, fica afastada a qualificação de hediondo do homicídio qualificado, pois, no concurso entre as circunstâncias objetivas (qualificadoras que convivem com o privilégio) e as subjetivas (privilegiadoras), estas últimas serão preponderantes, nos termos do art. 67 do CP, pois dizem respeito aos motivos determinantes do crime."[71]

Guilherme de Souza Nucci complementa o raciocínio anterior dizendo:

"Não deixa de ser estranha a qualificação de hediondo (repugnante, vil, reles) a um delito cometido, por exemplo, por motivo de relevante valor moral ou social. Ainda que possa ser praticado com crueldade (qualificadora objetiva, que diz respeito ao modo de execução), a motivação nobre permite que se considere delito comum e não hediondo, afinal, acima de tudo, devem-se considerar os motivos (finalidade) do agente para a consecução do crime e não simplesmente seus atos."[72]

### 2.10.4 A presença de mais de uma qualificadora

Não raro, acontecem fatos em que se atribui ao agente a prática de um delito de homicídio dupla ou mesmo triplamente qualificado. O que fazer diante dessa situação, para fins de aplicação da pena, quando estiver presente mais de uma qualificadora?

A doutrina também se divide nessa questão.

Uma corrente entende que todas as qualificadoras devem ser analisadas no momento da fixação da pena-base. Se a pena cominada à modalidade qualificada do homicídio varia de 12 (doze) a 30 (trinta) anos de reclusão, o julgador, uma vez reconhecidas duas ou três qualificadoras, poderia, sob esse fundamento, considerando-se as circunstâncias judiciais elencadas no art. 59 do Código Penal, fixar uma pena-base, em tese, maior do que aplicaria em face da existência de uma única qualificadora.

Em sentido contrário, tendo em vista que muitas das qualificadoras do homicídio fazem parte do elenco constante do art. 61 do Código Penal, tem-se entendido, de forma majoritária, que o julgador deverá, quando da fixação da pena-base, levar em consideração tão somente uma qualificadora, servindo as demais para fins de agravação da pena, no segundo momento do critério trifásico. Assim, seria afastada a possibilidade de o julgador fixar a pena-base em patamar muito superior ao mínimo legal, pois não mais poderia fundamentar sua decisão na multiplicidade de qualificadoras. Por outro lado, somente poderia, de acordo com o melhor posicionamento doutrinário, agravar em até um sexto a pena-base dada a existência de circunstâncias agravantes, o que, político-criminalmente, atenderia melhor aos interesses do acusado, que não receberia uma pena excessivamente longa.

O STJ vem decidindo reiteradamente no seguinte sentido:

"Não há *bis in idem* quando, havendo mais de uma qualificadora, uma delas for utilizada para qualificar o delito e as demais forem consideradas como circunstâncias desfavoráveis, seja para agravar a pena na segunda etapa da dosimetria, seja para elevar a reprimenda básica na primeira fase. Precedentes" (STJ, AgRg no HC 512.372/PE, Rel. Min. Jorge Mussi, 5ª T., *DJe* 22/08/2019).

---

Min. Felix Fischer, 5ª T., julg. 13/4/2010); "O homicídio qualificado-privilegiado é estranho ao elenco dos crimes hediondos" (*HC* 2002/0082726-5, Rel. Min. Hamilton Carvalhido, 6ª T., julg. 3/2/2004).

[71] CAPEZ, Fernando. *Curso de direito penal*, v. 2, p. 42.

[72] NUCCI, Guilherme de Souza. *Código penal comentado*, p. 389.

"O acórdão recorrido encontra-se em harmonia com a jurisprudência desta Corte Superior, no sentido de ser admissível, quando reconhecida a incidência de duas qualificadoras, que uma delas seja utilizada para tipificar a conduta qualificada e a outra para fins de exasperação da pena-base. Precedentes" (STJ, AgRg no REsp 1.553.373/SP, Rel. Min. Jorge Mussi, 5ª T., *DJe* 04/06/2019).

### 2.10.5 Homicídio praticado por policial militar – competência para julgamento

A Lei nº 9.299, de 7 de agosto de 1996, deu nova redação ao *caput* do art. 82 do Código de Processo Penal Militar, bem como incluiu o § 2º, que possuem a seguinte redação:

> **Art. 82.** O foro militar é especial, e, exceto nos crimes dolosos contra a vida praticados contra civil, a ele estão sujeitos, em tempo de paz:
> § 1º [...].
> § 2º Nos crimes dolosos contra a vida, praticados contra civil, a Justiça Militar encaminhará os autos do inquérito policial militar à Justiça comum.

Dessa forma, a partir das modificações trazidas pela Lei nº 9.299/96, se um militar vier a causar a morte de um civil, a competência para o processo e julgamento será do Tribunal do Júri.

A Emenda nº 45, de 8 de dezembro de 2004, dando nova redação ao § 4º do art. 125 da Constituição Federal, ratificando o posicionamento anterior, asseverou:

> § 4º Compete à Justiça Militar estadual processar e julgar os militares dos Estados, nos crimes militares definidos em lei e as ações judiciais contra atos disciplinares, ressalvada a competência do Júri quando a vítima for civil, cabendo ao tribunal competente decidir sobre a perda do posto e da patente dos oficiais e da graduação das praças.

Da mesma forma, a Lei nº 13.491, de 13 de outubro de 2017, que alterou parte do art. 9º do Código Penal Militar, deu nova redação ao § 1º, que diz, *verbis*:

> § 1º Os crimes de que trata este artigo, quando dolosos contra a vida e cometidos por militares contra civil, serão da competência do Tribunal do Júri.

"Conforme precedente do Supremo Tribunal Federal, 'para a definição da competência da Justiça Militar, a Carta Política de 1988 (art. 124) adota a tipificação do delito como critério objetivo da atribuição da mesma competência' [...]. Ou seja, tem-se competência da Justiça especializada Militar sempre que a lei considerar determinado crime como sendo militar. A previsão constitucional em relação à competência da Justiça Militar estadual também adota o critério objetivo da natureza jurídica do crime, militar ou não, para definir a competência desta. Há, porém, duas importantes distinções. Primeira, na Justiça Militar estadual cumulam-se as competências criminal e administrativo-disciplinar. Segunda diferença, no âmbito estadual, a Justiça castrense jamais julgará civil (Súmula 53/STJ. 'Compete à Justiça Comum Estadual processar e julgar civil acusado de prática de crime contra instituições militares estaduais')" (Informações Complementares à Ementa – HC 550.998/MG, Rel. Min. Ribeiro Dantas, 5ª T., j. 23/06/2020, *DJe* 26/06/2020).

### 2.10.6 Diferença entre eutanásia, distanásia e ortotanásia

A *eutanásia* diz respeito à prática do chamado *homicídio piedoso*, no qual o agente antecipa a morte da vítima, acometida de uma doença incurável, com a finalidade, quase sempre, de abreviar-lhe algum tipo de sofrimento. Em geral, a eutanásia é praticada a pedido ou com o consentimento da própria vítima. A *eutanásia* também tem sido traduzida como "morte serena, boa morte, morte sem sofrimento."

A *distanásia* importa em uma morte lenta, prolongada, com muito sofrimento, a exemplo daqueles pacientes que são mantidos vivos por meio de aparelhos, sem qualquer chance de sobrevida caso esses aparelhos venham a ser desligados. Como bem observado por Léo Pessini, "trata-se da atitude médica que, visando salvar a vida do paciente terminal, submete-o a grande sofrimento. Nesta conduta não se prolonga a vida propriamente dita, mas o processo de morrer."[73]

*Ortotanásia*,[74] de acordo com as lições de Genival Veloso de França, diz respeito à "suspensão de meios medicamentosos ou artificiais de vida de um paciente em coma irreversível

---

[73] PESSINI, Léo. *Distanásia*: até quando investir sem agredir. Disponível em: <http://www.cfm.org.br/revista/411996/dist.htm>.

[74] *RESOLUÇÃO CFM Nº 1.805/2006 (DOU, 28 nov. 2006, Seção I, p. 169)*

*"Na fase terminal de enfermidades graves e incuráveis é permitido ao médico limitar ou suspender procedimentos e tratamentos que prolonguem a vida do doente, garantindo-lhe os cuidados necessários para aliviar os sintomas que levam ao sofrimento, na perspectiva de uma assistência integral, respeitada a vontade do paciente ou de seu representante legal.*

*O Conselho Federal de Medicina, no uso das atribuições conferidas pela Lei nº 3.268, de 30 de setembro de 1957, alterada pela Lei nº 11.000, de 15 de dezembro de 2004, regulamentada pelo Decreto nº 44.045, de 19 de julho de 1958, e*

*CONSIDERANDO que os Conselhos de Medicina são ao mesmo tempo julgadores e disciplinadores da classe médica, cabendo-lhes zelar e trabalhar, por todos os meios ao seu alcance, pelo perfeito desempenho ético da Medicina e pelo prestígio e bom conceito da profissão e dos que a exerçam legalmente;*

*CONSIDERANDO o art. 1º, inciso III, da Constituição Federal, que elegeu o princípio da dignidade da pessoa humana como um dos fundamentos da República Federativa do Brasil;*

*CONSIDERANDO o art. 5º, inciso III, da Constituição Federal, que estabelece que 'ninguém será submetido a tortura nem a tratamento desumano ou degradante';*

*CONSIDERANDO que cabe ao médico zelar pelo bem-estar dos pacientes;*

*CONSIDERANDO que o art. 1º da Resolução CFM no 1.493, de 20/5/98, determina ao diretor clínico adotar as providências cabíveis para que todo paciente hospitalizado tenha o seu médico assistente responsável, desde a internação até a alta;*

*CONSIDERANDO que incumbe ao médico diagnosticar o doente como portador de enfermidade em fase terminal;*

*CONSIDERANDO, finalmente, o decidido em reunião plenária de 9/11/2006,*

*RESOLVE:*

*Art. 1º É permitido ao médico limitar ou suspender procedimentos e tratamentos que prolonguem a vida do doente em fase terminal, de enfermidade grave e incurável, respeitada a vontade da pessoa ou de seu representante legal.*

*§ 1º O médico tem a obrigação de esclarecer ao doente ou a seu representante legal as modalidades terapêuticas adequadas para cada situação.*

*§ 2º A decisão referida no caput deve ser fundamentada e registrada no prontuário.*

*§ 3º É assegurado ao doente ou a seu representante legal o direito de solicitar uma segunda opinião médica.*

*Art. 2º O doente continuará a receber todos os cuidados necessários para aliviar os sintomas que levam ao sofrimento, assegurada a assistência integral, o conforto físico, psíquico, social e espiritual, inclusive assegurando-lhe o direito da alta hospitalar.*

*Art. 3º Esta resolução entra em vigor na data de sua publicação, revogando-se as disposições em contrário.*
Brasília, 9 de novembro de 2006
Edson de Oliveira Andrade
Presidente do Conselho
Lívia Barros Garção
Secretária-Geral".

e considerado em 'morte encefálica', quando há grave comprometimento da coordenação da vida vegetativa e da vida de relação."[75]

### 2.10.7 Transmissão dolosa do vírus HIV[76]

Pode ocorrer a hipótese em que o agente, sabendo-se portador do vírus da Aids, o HIV, queira, dolosamente, transmiti-lo a outra pessoa, mediante, por exemplo, a prática de relações sexuais, ou, como ocorre em algumas penitenciárias, retira o próprio sangue, colocando-o em uma seringa, para ser aplicado na vítima. Nesse caso, se, efetivamente, vier a ocorrer a transmissão, ou, pelo menos, a tentativa de transmissão, qual seria a infração penal praticada?

Nossos Tribunais Superiores têm concluído, acertadamente, nessas hipóteses, pela prática do delito tipificado no art. 131 do Código Penal, conforme se verifica pelos seguintes julgados:

> "O Supremo Tribunal Federal, no julgamento do *HC* 98.712/RJ, Rel. Min. Marco Aurélio (1ª Turma, DJe 17/12/2010), firmou a compreensão de que a conduta de praticar ato sexual com a finalidade de transmitir AIDS não configura crime doloso contra a vida. Assim não há constrangimento ilegal a ser reparado de ofício, em razão de não ter sido o caso julgado pelo Tribunal do Júri. O ato de propagar síndrome da imunodeficiência adquirida não é tratado no Capítulo III, Título I, da Parte Especial, do Código Penal (art. 130 e seguintes), onde não há menção a enfermidades sem cura. Inclusive, nos debates havidos no julgamento do *HC* 98.712/RJ, o eminente Ministro Ricardo Lewandowski, ao excluir a possibilidade de a Suprema Corte, naquele caso, conferir ao delito a classificação de 'Perigo de contágio de moléstia grave' (art. 131 do Código Penal), esclareceu que, 'no atual estágio da ciência, a enfermidade é incurável, quer dizer, ela não é só grave, nos termos do art. 131'. Na hipótese de transmissão dolosa de doença incurável, a conduta deverá será apenada com mais rigor do que o ato de contaminar outra pessoa com moléstia grave, conforme previsão clara do art. 129, § 2º, inciso II, do Código Penal. A alegação de que a vítima não manifestou sintomas não serve para afastar a configuração do delito previsto no art. 129, § 2º, inciso II, do Código Penal. É de notória sabença que o contaminado pelo vírus do HIV necessita de constante acompanhamento médico e de administração de remédios específicos, o que aumenta as probabilidades de que a enfermidade permaneça assintomática. Porém, o tra-

---

[75] FRANÇA, Genival Veloso de. *Fundamentos de medicina legal*, p. 200.

[76] Conforme *Informativo* nº 584, do STF, "a Turma iniciou julgamento de *habeas corpus* em que se discute se o portador do vírus HIV que, tendo ciência da doença e deliberadamente a ocultando de seus parceiros, pratica tentativa de homicídio ao manter relações sexuais sem preservativo. Trata-se de *writ* impetrado contra o indeferimento, pelo STJ, de liminar em idêntica medida na qual se reitera o pleito de revogação do decreto de prisão preventiva e de desclassificação do delito para o de perigo de contágio de moléstia grave (CP: 'Art. 131 Praticar, com o fim de transmitir a outrem moléstia grave de que está contaminado, ato capaz de produzir o contágio: [...]'). Preliminarmente, o Min. Marco Aurélio, relator, sa.lientando a existência de sentença de pronúncia e aduzindo que, em prol de uma boa política judiciária, a situação em tela estaria a ensejar a manifestação do STF, conheceu do *writ*. No mérito, concedeu, em parte, a ordem para imprimir a desclassificação do crime e determinar o envio do processo para distribuição a uma das varas criminais comuns do Estado-membro. Em interpretação sistemática, reputou descabido cogitar-se de tentativa de homicídio, porquanto haveria crime específico, considerada a imputação. Registrou, relativamente ao tipo subjetivo, que se teria no art. 131 do CP a presença do dolo de dano, enquanto que no art. 121 do CP verificar-se-ia a vontade consciente de matar ou a assunção do risco de provocar a morte. Afirmou não ser possível potencializar este último tipo a ponto de afastar, tendo em conta certas doenças, o que disposto no aludido art. 131 do CP. Após os votos dos Ministros Dias Toffoli e Cármen Lúcia acompanhando o relator, pediu vista o Min. Ayres Britto" (*HC* 98.712/SP, Rel. Min. Marco Aurélio, julg. 27/4/2010).

tamento não enseja a cura da moléstia" (STJ, *HC* 160.982/DF, Rel.ª Min.ª Laurita Vaz, 5ª T., DJe 28/05/2012, RT, v. 925, p. 663).

"Moléstia grave. Transmissão. HIV. Crime doloso contra a vida *versus* o de transmitir doença grave. Descabe, ante previsão expressa quanto ao tipo penal, partir-se para o enquadramento de ato relativo à transmissão de doença grave como a configurar crime doloso contra a vida. Considerações" (STF, *HC* 98.712/SP, Rel. Min. Marco Aurélio, 1ª T., DJe 16/12/2010, RT, v. 100, n. 906, 2011, p. 453-468).

### 2.10.8 Julgamento pelo júri sem a presença do réu

Dadas as alterações levadas a efeito no Código de Processo Penal, não mais se exige a presença do réu em plenário do Júri para que possa ser realizado o seu julgamento. O art. 457 e parágrafos, com a redação determinada pela Lei nº 11.689, de 9 de junho de 2008, dizem, *verbis*:

> **Art. 457.** O julgamento não será adiado pelo não comparecimento do acusado solto, do assistente ou do advogado do querelante, que tiver sido regularmente intimado.
>
> § 1º Os pedidos de adiamento e as justificações de não comparecimento deverão ser, salvo comprovado motivo de força maior, previamente submetidos à apreciação do juiz presidente do Tribunal do Júri.
>
> § 2º Se o acusado preso não for conduzido, o julgamento será adiado para o primeiro dia desimpedido da mesma reunião, salvo se houver pedido de dispensa de comparecimento subscrito por ele e seu defensor.

Andrey Borges de Mendonça esclarece, com precisão:

"Embora seja facultado ao acusado, em princípio, ausentar-se da sessão de julgamento, tal disposição não deve ser considerada absoluta. Em determinadas situações, será necessária a presença do réu em plenário, mesmo contra a sua vontade. Caso o juiz entenda, por exemplo, que há necessidade de reconhecimento pessoal do acusado, especialmente nas situações em que há dúvida sobre a autoria delitiva, poderá determinar a condução coercitiva do acusado, se não comparecer à sessão. Do contrário, os jurados seriam impossibilitados de conhecer a verdade dos fatos, especialmente no tocante à autoria delitiva.

No caso de réu preso, a regra é a do comparecimento, devendo a autoridade providenciar a sua apresentação. Se não tiver sido conduzido, por qualquer motivo, deve haver adiamento para o primeiro dia desimpedido. No entanto, é possível a dispensa da presença do acusado preso em plenário, se houver pedido de dispensa de comparecimento subscrito pelo acusado e por se defensor (não basta, portanto, a assinatura de um deles)."[77]

### 2.10.9 Homicídio decorrente de intervenção policial

Não é incomum que, durante confrontos policiais, o suposto autor de determinada infração penal, ou mesmo alguém contra quem tenha sido expedido mandado de prisão, possa vir a morrer. A polícia, nesses casos, ao narrar o aludido confronto, normalmente fazia menção à resistência oferecida pelo agente, que colocava em risco a vida ou mesmo a integridade física dos policiais que participavam daquela diligência. Assim, convencionou-se formalizar essa narrativa em um documento chamado *auto de resistência*, em que se informava que o agente havia sido morto dada a resistência ativa por ele empregada. Nesses casos, os policiais relatavam uma situação de agressão injusta, que lhes permitia agir em legítima defesa.

---

[77] MENDONÇA, Andrey Borges de. *Nova reforma do código de processo penal*, p. 76.

Como o número de autos de resistência aumentou sensivelmente ao longo dos anos, a Secretaria Especial de Direitos Humanos da Presidência da República entendeu por bem em regulamentar essas hipóteses fazendo editar a Resolução nº 8, de 20 de dezembro de 2012, que, após algumas considerações, assevera:

**Art. 1º** As autoridades policiais devem deixar de usar em registros policiais, boletins de ocorrência, inquéritos policiais e notícias de crimes designações genéricas como "autos de resistência", "resistência seguida de morte", promovendo o registro, com o nome técnico de "lesão corporal decorrente de intervenção policial" ou "homicídio decorrente de intervenção policial", conforme o caso.

**Art. 2º** Os órgãos e instituições estatais que, no exercício de suas atribuições, se confrontarem com fatos classificados como "lesão corporal decorrente de intervenção policial" ou "homicídio decorrente de intervenção policial" devem observar, em sua atuação, o seguinte:

I – os fatos serão noticiados imediatamente a Delegacia de Crimes contra a Pessoa ou a repartição de polícia judiciária, federal ou civil, com atribuição assemelhada, nos termos do art. 144 da Constituição, que deverá:

a) instaurar, inquérito policial para investigação de homicídio ou de lesão corporal;

b) comunicar nos termos da lei, o ocorrido ao Ministério Público.

II – a perícia técnica especializada será realizada de imediato em todos os armamentos, veículos e maquinários, envolvidos em ação policial com resultado morte ou lesão corporal, assim como no local em que a ação tenha ocorrido, com preservação da cena do crime, das cápsulas e projeteis até que a perícia compareça ao local, conforme o disposto no art. 6º, incisos I e II; art. 159; art. 160; art. 164 e art. 181, do Código de Processo Penal;

III – é vedada a remoção do corpo do local da morte ou de onde tenha sido encontrado sem que antes se proceda ao devido exame pericial da cena, a teor do previsto no art. 6º, incisos I e II, do Código de Processo Penal;

IV – cumpre garantir que nenhum inquérito policial seja sobrestado ou arquivado sem que tenha sido juntado o respectivo laudo necroscópico ou cadavérico subscrito por peritos criminais independentes e imparciais, não subordinados às autoridades investigadas;

V – todas as testemunhas presenciais serão identificadas e sua inquirição será realizada com devida proteção, para que possam relatar o ocorrido em segurança e sem temor;

VI – cumpre garantir, nas investigações e nos processos penais relativos a homicídios ocorridos em confrontos policiais, que seja observado o disposto na Resolução 1989/65 do Conselho Econômico e Social das Nações Unidas (Ecosoc);

VII – o Ministério Público requisitará diligências complementares caso algum dos requisitos constantes dos incisos I a V não tenha sido preenchido;

VIII – no âmbito do Ministério Público, o inquérito policial será distribuído a membro com atribuição de atuar junto ao Tribunal do Júri, salvo quando for hipótese de "lesão corporal decorrente de intervenção policial";

IX – as Corregedorias de Polícia determinarão a imediata instauração de processos administrativos para apurar a regularidade da ação policial de que tenha resultado morte, adotando prioridade em sua tramitação;

X – sem prejuízo da investigação criminal e do processo administrativo disciplinar, cumpre à Ouvidoria de Polícia, quando houver, monitorar, registrar, informar, de forma independente e imparcial, possíveis abusos cometidos por agentes de segurança pública em ações de que resultem lesão corporal ou morte;

XI – os Comandantes das Polícias Militares nos Estados envidarão esforços no sentido de coibir a realização de investigações pelo Serviço Reservado (P-2) em hipóteses não relacionadas com a prática de infrações penais militares;

XII – até que se esclareçam as circunstâncias do fato e as responsabilidades, os policiais envolvidos em ação policial com resultado de morte:

a) serão afastados de imediato dos serviços de policiamento ostensivo ou de missões externas, ordinárias ou especiais; e

b) não participarão de processo de promoção por merecimento ou por bravura.

XIII – cumpre às Secretarias de Segurança Pública ou pastas estaduais assemelhadas abolir, quando existentes, políticas de promoção funcional que tenham por fundamento o encorajamento de confrontos entre policiais e pessoas supostamente envolvidas em práticas criminosas, bem como absterem-se de promoções fundamentadas em ações de bravura decorrentes da morte dessas pessoas;

XIV – será divulgado, trimestralmente, no Diário Oficial da unidade federada, relatório de estatísticas criminais que registre o número de casos de morte ou lesões corporais decorrentes de atos praticados por policiais civis e militares, bem como dados referentes a vítimas, classificadas por gênero, faixa etária, raça e cor;

XV – será assegurada a inclusão de conteúdos de Direitos Humanos nos concursos para provimento de cargos e nos cursos de formação de agentes de segurança pública, membros do Poder Judiciário, do Ministério Público e da Defensoria Pública, com enfoque historicamente fundamentado sobre a necessidade de ações e processos assecuratórios de política de segurança baseada na cidadania e nos direitos humanos;

XVI – serão instaladas câmeras de vídeo e equipamentos de geolocalização (GPS) em todas as viaturas policiais;

XVII – é vedado o uso, em fardamentos e veículos oficiais das polícias, de símbolos e expressões com conteúdo intimidatório ou ameaçador, assim como de frases e jargões em músicas ou jingles de treinamento que façam apologia ao crime e à violência;

XVIII – o acompanhamento psicológico constante será assegurado a policiais envolvidos em conflitos com resultado morte e facultado a familiares de vítimas de agentes do Estado;

XIX – cumpre garantir a devida reparação às vítimas e a familiares das pessoas mortas em decorrência de intervenções policiais;

XX – será assegurada reparação a familiares dos policiais mortos em decorrência de sua atuação profissional legítima;

XXI – cumpre condicionar o repasse de verbas federais ao cumprimento de metas públicas de redução de:

a) mortes decorrentes de intervenção policial em situações de alegado confronto;

b) homicídios com suspeitas de ação de grupo de extermínio com a participação de agentes públicos; e

c) desaparecimentos forçados registrados com suspeita de participação de agentes públicos.

XXII – cumpre criar unidades de apoio especializadas no âmbito dos Ministérios Públicos para, em casos de homicídios decorrentes de intervenção policial, prestarem devida colaboração ao promotor natural previsto em lei, com conhecimentos e recursos humanos e financeiros necessários para a investigação adequada e o processo penal eficaz.

**Art. 3º** Cumpre ao Ministério Público assegurar, por meio de sua atuação no controle externo da atividade policial, a investigação isenta e imparcial de homicídios decorrentes de ação policial, sem prejuízo de sua própria iniciativa investigatória, quando necessária para instruir a eventual propositura de ação penal, bem como zelar, em conformidade com suas competências, pela tramitação prioritária dos respectivos processos administrativos disciplinares instaurados no âmbito das Corregedorias de Polícia.

**Art. 4º** O Conselho de Defesa dos Direitos da Pessoa Humana oficiará os órgãos federais e estaduais com atribuições afetas às recomendações constantes desta Resolução dando-lhes ciência de seu inteiro teor.

**Art. 5º** Esta Resolução entra em vigor na data de sua publicação.

Merece ser ressaltado, por oportuno, que quando houver a prática de uma infração penal com a existência de reféns, será aplicado o parágrafo único do art. 25 do Código Penal, conforme já exposto anteriormente, que diz:

**Parágrafo único.** Observados os requisitos previstos no *caput* deste artigo, considera-se também em legítima defesa o agente de segurança pública que repele agressão ou risco de agressão a vítima mantida refém durante a prática de crimes.

## 2.10.10 Misoginia e rede mundial de computadores

O inciso VII foi acrescentado ao art. 1º da Lei nº 10.446, de 8 de maio de 2002, pela Lei nº 13.642, de 3 de abril de 2018, dizendo, *verbis*:

**Art. 1º** Na forma do inciso I do § 1º do art. 144 da Constituição, quando houver repercussão interestadual ou internacional que exija repressão uniforme, poderá o Departamento de Polícia Federal do

Ministério da Justiça, sem prejuízo da responsabilidade dos órgãos de segurança pública arrolados no art. 144 da Constituição Federal, em especial das Polícias Militares e Civis dos Estados, proceder à investigação, dentre outras, das seguintes infrações penais:

[...]

VII – quaisquer crimes praticados por meio da rede mundial de computadores que difundam conteúdo misógino, definidos como aqueles que propagam o ódio ou a aversão às mulheres.

## 2.10.11 Prioridade de tramitação do processo do homicídio quando praticado em atividade típica de grupo de extermínio, ainda que cometido por um só agente, e homicídio qualificado (art. 121, § 2º, incisos I, II, III, IV, V, VI, VII, VIII e IX)

A Lei nº 13.285, de 10 de maio de 2016, acrescentou o art. 394-A ao Código de Processo Penal, tendo sido modificado pela Lei nº 14.994, de 9 de outubro de 2024, determinando, *verbis*:

**Art. 394-A.** Os processos que apurem a prática de crime hediondo ou violência contra a mulher terão prioridade de tramitação em todas as instâncias.

§ 1º Os processos que apurem violência contra a mulher independerão do pagamento de custas, taxas ou despesas processuais, salvo em caso de má-fé. (Incluído pela Lei nº 14.994, de 2024)

§ 2º As isenções de que trata o § 1º deste artigo aplicam-se apenas à vítima e, em caso de morte, ao cônjuge, ascendente, descendente ou irmão, quando a estes couber o direito de representação ou de oferecer queixa ou prosseguir com a ação. (Incluído pela Lei nº 14.994, de 2024)

## 2.10.12 Destituição do poder familiar

O parágrafo único do art. 1.638 do Código Civil, com a redação que lhe foi conferida pela Lei nº 13.715, de 24 de setembro de 2018, assevera que, *verbis*:

**Art. 1.638.** Perderá por ato judicial o poder familiar o pai ou a mãe que:

[...]

**Parágrafo único.** Perderá também por ato judicial o poder familiar aquele que:

I – praticar contra outrem igualmente titular do mesmo poder familiar:

a) homicídio, feminicídio ou lesão corporal de natureza grave ou seguida de morte, quando se tratar de crime doloso envolvendo violência doméstica e familiar ou menosprezo ou discriminação à condição de mulher;

b) [...]

II – praticar contra filho, filha ou outro descendente:

a) homicídio, feminicídio ou lesão corporal de natureza grave ou seguida de morte, quando se tratar de crime doloso envolvendo violência doméstica e familiar ou menosprezo ou discriminação à condição de mulher;

b) [...].

## 2.10.13 Jurisprudência em teses do Superior Tribunal de Justiça. Edição nº 75: Tribunal do Júri – I

1) *O ciúme, sem outras circunstâncias, não caracteriza motivo torpe.*

2) *Cabe ao Tribunal do Júri decidir se o homicídio foi motivado por ciúmes, assim como analisar se referido sentimento, no caso concreto, qualifica o crime.*

3) *Na fase de pronúncia, cabe ao Tribunal do Júri a resolução de dúvidas quanto à aplicabilidade de excludente de ilicitude.*

4) *A exclusão de qualificadora constante na pronúncia só pode ocorrer quando manifestamente improcedente e descabida, sob pena de usurpação da competência do Tribunal do Júri.*

5) A complementação do número regulamentar mínimo de 15 (quinze) jurados por suplentes de outro plenário do mesmo Tribunal do Júri, por si só, não enseja nulidade do julgamento.

6) Viola o princípio da soberania dos veredictos a anulação parcial de decisão proferida pelo Conselho de Sentença acerca da qualificadora sem a submissão do réu a novo Júri.

7) A ausência do oferecimento das alegações finais em processos de competência do Tribunal do Júri não acarreta nulidade, uma vez que a decisão de pronúncia encerra juízo provisório acerca da culpa.

8) A simples leitura da pronúncia no Plenário do Júri não leva à nulidade do julgamento, que somente ocorre se a referência for utilizada como argumento de autoridade que beneficie ou prejudique o acusado.

9) Na intimação pessoal do réu acerca de sentença de pronúncia ou condenatória do Júri, a ausência de apresentação do termo de recurso ou a não indagação sobre sua intenção de recorrer não gera nulidade do ato.

10) A sentença de pronúncia deve limitar-se à indicação da materialidade do delito e aos indícios de autoria para evitar nulidade por excesso de linguagem e para não influenciar o ânimo do Conselho de Sentença.

11) É possível rasurar trecho ínfimo da sentença de pronúncia para afastar eventual nulidade decorrente de excesso de linguagem.

12) Reconhecida a nulidade da pronúncia por excesso de linguagem, outra decisão deve ser proferida, visto que o simples envelopamento e desentranhamento da peça viciada não é suficiente.

13) A competência para o processo e julgamento do latrocínio é do juiz singular e não do Tribunal do Júri. (Súmula nº 603/STF)

14) Compete ao Tribunal do Júri decretar, motivadamente, como efeito da condenação, a perda do cargo ou função pública, inclusive de militar quando o fato não tiver relação com o exercício da atividade na caserna.

15) A pronúncia é causa interruptiva da prescrição, ainda que o Tribunal do Júri venha a desclassificar o crime. (Súmula nº 191/STJ)

## 2.10.14 Jurisprudência em teses do Superior Tribunal de Justiça. Edição nº 78: Tribunal do Júri – II

1) O emprego de algemas deve ser medida excepcional e a utilização delas em plenário de júri depende de motivada decisão judicial, sob pena de configurar constrangimento ilegal e de anular a sessão de julgamento. (Vide Súmula Vinculante nº 11)

2) Compete às instâncias ordinárias, com base no cotejo fático carreado aos autos, absolver, pronunciar, desclassificar ou impronunciar o réu, sendo vedado em sede de recurso especial o revolvimento do acervo fático-probatório. (Súmula nº 7/STJ)

3) As nulidades existentes na decisão de pronúncia devem ser arguidas no momento oportuno e por meio do recurso próprio, sob pena de preclusão.

4) A leitura em plenário do júri dos antecedentes criminais do réu não se enquadra nos casos apresentados pelo art. 478, incisos I e II, do Código de Processo Penal, inexistindo óbice à sua menção por quaisquer das partes.

5) O exame de controvérsia acerca do elemento subjetivo do delito é reservado ao Tribunal do Júri, juiz natural da causa.

6) É nula a decisão que determina o desaforamento de processo da competência do Júri sem audiência da defesa. (Súmula nº 712/STF)

7) Eventuais nulidades ocorridas em Plenário do Júri, decorrentes de impedimento ou suspeição de jurados, devem ser arguidas no momento oportuno, sob pena de preclusão.

8) É absoluta a nulidade do julgamento, pelo Júri, por falta de quesito obrigatório. (Súmula nº 156/STF)

9) Após as modificações no rito do Tribunal do Júri introduzidas pela Lei nº 11.689/2008, o quesito genérico de absolvição (art. 483, III, do CPP) não pode ser tido como contraditório em relação ao reconhecimento da autoria e da materialidade do crime.

10) Possíveis irregularidades na quesitação devem ser arguidas após a leitura dos quesitos e a explicação dos critérios pelo Juiz presidente, sob pena de preclusão (art. 571, inciso VIII, do CPP).

11) É nulo o julgamento quando os quesitos forem apresentados com má redação ou quando forem formulados de modo complexo, a ponto de causarem perplexidade ou de dificultarem o entendimento dos jurados.

12) O efeito devolutivo da apelação contra decisões do Júri é adstrito aos fundamentos da sua interposição. (Súmula nº 713/STF)

13) Não viola o princípio da soberania dos veredictos a cassação da decisão do Tribunal do Júri manifestamente contrária à prova dos autos.

14) A soberania do veredicto do Tribunal do Júri não impede a desconstituição da decisão por meio de revisão criminal.

## 2.11 Quadro-resumo

**Sujeitos**
» Ativo: qualquer pessoa.
» Passivo: qualquer pessoa.

**Objeto material**
É a pessoa contra a qual recai a conduta praticada pelo agente.

**Bem(ns) juridicamente protegido(s)**
A vida e, num sentido mais amplo, a pessoa.

**Exame de corpo de delito**
Tratando-se de crime material, infração penal que deixa vestígios, há necessidade de realização do exame de corpo de delito, direto ou indireto, nos termos dos arts. 158 e 167 do CPP.

**Elemento subjetivo**
» É o dolo (*animus necandi, animus occidendi*).
» Existe previsão para a modalidade culposa – Art. 121, § 3º, do CP.

### Modalidades comissiva e omissiva

Pode o delito ser praticado comissivamente quando o agente dirige sua conduta com o fim de causar a morte da vítima, ou omissivamente, quando deixa de fazer aquilo a que estava obrigado em virtude da sua qualidade de garantidor (art. 13, § 2º, do CP).

### Meios de execução

Delito de forma livre, o homicídio pode ser praticado mediante diversos meios, que podem ser subdivididos em: a) diretos; b) indiretos; c) materiais; d) morais. Podemos citar como exemplos de meios diretos na prática do homicídio o disparo de arma de fogo, a esganadura etc.; indiretos, o ataque de animais açulados pelo dono; os meios materiais podem ser mecânicos, químicos, patológicos; os meios morais são, por exemplo, o susto, o medo, a emoção violenta.

### Consumação e tentativa

» A consumação do delito de homicídio ocorre com o resultado morte.
» É admissível a tentativa, tendo em vista tratar-se de crime material e plurissubsistente, em que se pode fracionar o *iter criminis*.

## 3. FEMINICÍDIO

**Art. 121-A.** Matar mulher por razões da condição do sexo feminino:
Pena – reclusão, de 20 (vinte) a 40 (quarenta) anos.
§ 1º Considera-se que há razões da condição do sexo feminino quando o crime envolve:
I – violência doméstica e familiar;
II – menosprezo ou discriminação à condição de mulher.
§ 2º A pena do feminicídio é aumentada de 1/3 (um terço) até a metade se o crime é praticado:
I – durante a gestação, nos 3 (três) meses posteriores ao parto ou se a vítima é a mãe ou a responsável por criança, adolescente ou pessoa com deficiência de qualquer idade;
II – contra pessoa menor de 14 (catorze) anos, maior de 60 (sessenta) anos, com deficiência ou portadora de doenças degenerativas que acarretem condição limitante ou de vulnerabilidade física ou mental;
III – na presença física ou virtual de descendente ou de ascendente da vítima;
IV – em descumprimento das medidas protetivas de urgência previstas nos incisos I, II e III do *caput* do art. 22 da Lei nº 11.340, de 7 de agosto de 2006 (Lei Maria da Penha);
V – nas circunstâncias previstas nos incisos III, IV e VIII do § 2º do art. 121 deste Código.

**Coautoria**
§ 3º Comunicam-se ao coautor ou partícipe as circunstâncias pessoais elementares do crime previstas no § 1º deste artigo.

### 3.1 Introdução

Infelizmente, inúmeras infrações penais são praticadas no interior dos lares, no seio das famílias. Desde agressões verbais, ofensivas às honras subjetiva e objetiva das pessoas, passando por ameaças, lesões corporais, crimes contra o patrimônio, violências sexuais, homicídios e tantos outros. Esses fatos passaram a merecer uma atenção especial dos criminólogos, que identificaram os chamados *broken homes* (lares desfeitos ou quebrados) como fonte geradora de delitos dentro e também fora deles.

Gerardo Landrove Díaz, analisando especificamente as situações de infrações penais praticadas no interior dos lares, esclarece que:

"Dentro das tipologias que levam em conta a relação prévia entre vítima e autor do delito (vítima conhecida ou desconhecida) temos que ressaltar a especial condição das vítimas pertencentes ao mesmo grupo familiar do infrator; trata-se de hipóteses de vulnerabilidade convivencial ou doméstica. Os maus-tratos e as agressões sexuais produzidos nesse âmbito têm, fundamentalmente, como vítimas seus membros mais débeis: as mulheres e as crianças. A impossibilidade de defesa dessas vítimas – que chegam a sofrer, ademais, graves danos psicológicos – aparece ressaltada pela existência a respeito de uma elevada *cifra negra*."[78]

Contudo, isso não quer dizer que esse grupo de pessoas apontado como vulnerável, ou seja, mulheres e crianças, seja vítima somente no interior dos lares. As mulheres, principalmente, pela sua simples condição de pertencerem ao sexo feminino, têm sido vítimas dentro e fora deles, o que levou o legislador a despertar para uma maior proteção.

Sob a ótica de uma necessária e diferenciada proteção à mulher, o Brasil editou o Decreto nº 1.973, em 1º de agosto de 1996, promulgando a Convenção Interamericana para Prevenir, Punir e Erradicar a Violência contra a Mulher, concluída em Belém do Pará, em 9 de junho de 1994.

Os arts. 1º, 3º e 4º, alínea *a*, da referida Convenção dizem, respectivamente:

> **Artigo 1**
>
> Para os efeitos desta Convenção, entender-se-á por violência contra a mulher qualquer ato ou conduta baseada no gênero, que cause morte, dano ou sofrimento físico, sexual ou psicológico à mulher, tanto na esfera pública como na esfera privada.
>
> **Artigo 3**
>
> Toda mulher tem direito a uma vida livre de violência, tanto na esfera pública como na esfera privada.
>
> **Artigo 4**
>
> Toda mulher tem direito ao reconhecimento, desfrute, exercício e proteção de todos os direitos humanos e liberdades consagrados em todos os instrumentos regionais e internacionais relativos aos direitos humanos. Estes direitos abrangem, entre outros:
>
> a) direito a que se respeite sua vida;

Seguindo as determinações contidas na aludida Convenção, em 7 de agosto de 2006 foi publicada a Lei nº 11.340, criando mecanismos para coibir a violência doméstica e familiar contra a mulher, nos termos do § 8º do art. 226 da Constituição Federal, que ficou popularmente conhecida como "Lei Maria da Penha", a qual, além de dispor sobre a criação dos Juizados de Violência Doméstica e Familiar contra a Mulher, estabeleceu medidas de assistência e proteção às mulheres em situação de violência doméstica e familiar, nos termos dispostos no art. 1º da mencionada lei.

Em 9 de março de 2015, indo mais além, fruto do Projeto de Lei do Senado nº 8.305/2014, foi publicada a Lei nº 13.104, que criou, como modalidade de homicídio qualificado, o chamado *feminicídio*, que ocorre quando uma mulher vem a ser vítima de homicídio simplesmente por razões de sua condição de sexo feminino. Atualmente, o feminicídio, após a edição da Lei nº 14.994, de 9 de outubro de 2024, deixou de ser uma qualificadora do delito de homicídio, passando a ser considerado uma infração penal autônoma, tipificada no art. 121-A do Código Penal.

Existem várias modalidades de feminicídio, entre as quais podemos citar, como exemplos:

a) Feminicídio íntimo: ocorre quando o sujeito ativo, seja ele um homem ou mesmo uma mulher, tinha com a vítima (mulher) uma relação íntima, afetiva ou mesmo familiar;

b) Feminicídio não íntimo: ocorre quando o sujeito ativo, seja ele um homem ou uma mulher, não tinha com a vítima (mulher), uma relação íntima, afetiva ou familiar;

---

[78] DÍAZ, Gerardo Landrove. *La moderna victimología*, p. 45.

c)  Feminicídio racial: quando uma mulher é morta apenas por pertencer a uma etnia ou grupo racial específico, o que ocorre, com frequência, em países em estado de guerra;

d)  Feminicídio cultural: ocorre quando uma mulher é morta em virtude de determinadas culturas, tal como acontece em países que matam a mulher que engravidou fora do casamento, ou mesmo que queria divorciar-se do marido. Da mesma forma, podemos encaixar no modelo de feminicídio cultural a morte de uma mulher pela razão de ser lésbica, ou seja, de sua opção sexual dirigir-se a outras mulheres;

e)  Feminicídio sexual: ocorre quando a mulher, vítima de um crime sexual, é morta em virtude da simples objetificação do seu corpo. Aqui, seria uma espécie de punição daquele para com a vítima, a quem tem repulsa pelo fato de ser mulher.

Devemos observar, entretanto, que não é pelo fato de uma mulher figurar como sujeito passivo do delito tipificado no art. 121-A do Código Penal que já estará caracterizado o delito de feminicídio. Para que reste configurada a infração penal em estudo, nos termos do mencionado artigo, o crime deverá ser praticado por *razões de condição de sexo feminino*, o que efetivamente ocorrerá quando envolver, conforme o disposto em seu § 1º:

> I – violência doméstica[79] e familiar;
> II – menosprezo ou discriminação à condição de mulher.

Assim, por exemplo, imagine-se a hipótese em que alguém, que havia sido dispensado de seu trabalho por sua empregadora, uma empresária, resolve matá-la por não se conformar com a sua dispensa, sem justa causa. Neste caso, como se percebe, a morte não foi levada a efeito simplesmente pela condição de mulher da empregadora, razão pela qual não ocorrerá o crime de feminicídio, mas sim o delito de homicídio, tipificado no art. 121 do Código Penal.

Agora, raciocinemos com a hipótese em que o marido mata sua esposa, dentro de um contexto de violência doméstica e familiar. Para fins de reconhecimento das hipóteses de

---

[79]  A Lei nº 13.505, de 8 de novembro de 2017, acrescentou dispositivos à Lei nº 11.340, de 7 de agosto de 2006 (Lei Maria da Penha), dispondo sobre o direito da mulher em situação de violência doméstica e familiar de ter atendimento policial e pericial especializado, ininterrupto e prestado, preferencialmente, por servidores do sexo feminino, dizendo, em seus arts. 10-A e 12-A: "Art. 10-A. É direito da mulher em situação de violência doméstica e familiar o atendimento policial e pericial especializado, ininterrupto e prestado por servidores – preferencialmente do sexo feminino – previamente capacitados. § 1º A inquirição de mulher em situação de violência doméstica e familiar ou de testemunha de violência doméstica, quando se tratar de crime contra a mulher, obedecerá às seguintes diretrizes: I – salvaguarda da integridade física, psíquica e emocional da depoente, considerada a sua condição peculiar de pessoa em situação de violência doméstica e familiar; II – garantia de que, em nenhuma hipótese, a mulher em situação de violência doméstica e familiar, familiares e testemunhas terão contato direto com investigados ou suspeitos e pessoas a eles relacionadas; III – não revitimização da depoente, evitando sucessivas inquirições sobre o mesmo fato nos âmbitos criminal, cível e administrativo, bem como questionamentos sobre a vida privada. § 2º Na inquirição de mulher em situação de violência doméstica e familiar ou de testemunha de delitos de que trata esta Lei, adotar-se-á, preferencialmente, o seguinte procedimento: I – a inquirição será feita em recinto especialmente projetado para esse fim, o qual conterá os equipamentos próprios e adequados à idade da mulher em situação de violência doméstica e familiar ou testemunha e ao tipo e à gravidade da violência sofrida; II – quando for o caso, a inquirição será intermediada por profissional especializado em violência doméstica e familiar designado pela autoridade judiciária ou policial; III – o depoimento será registrado em meio eletrônico ou magnético, devendo a degravação e a mídia integrar o inquérito. Art. 12-A. Os Estados e o Distrito Federal, na formulação de suas políticas e planos de atendimento à mulher em situação de violência doméstica e familiar, darão prioridade, no âmbito da Polícia Civil, à criação de Delegacias Especializadas de Atendimento à Mulher (Deams), de Núcleos Investigativos de Feminicídio e de equipes especializadas para o atendimento e a investigação das violências graves contra a mulher".

violência doméstica e familiar deverá ser utilizado como referência o art. 5º da Lei nº 11.340, de 7 de agosto de 2006, que diz, *verbis*:

> **Art. 5º** Para os efeitos desta Lei, configura violência doméstica e familiar contra a mulher qualquer ação ou omissão baseada no gênero que lhe cause morte, lesão, sofrimento físico, sexual ou psicológico e dano moral ou patrimonial:
>
> I – no âmbito da unidade doméstica, compreendida como o espaço de convívio permanente de pessoas, com ou sem vínculo familiar, inclusive as esporadicamente agregadas;
>
> II – no âmbito da família, compreendida como a comunidade formada por indivíduos que são ou se consideram aparentados, unidos por laços naturais, por afinidade ou por vontade expressa;
>
> III – em qualquer relação íntima de afeto, na qual o agressor conviva ou tenha convivido com a ofendida, independentemente de coabitação.
>
> **Parágrafo único.** As relações pessoais enunciadas neste artigo independem de orientação sexual.

Em ocorrendo uma das hipóteses previstas nos incisos acima transcritos, já será possível o reconhecimento do feminicídio.

O inciso II do § 1º do art. 121-A do Código Penal assegura ser também considerado feminicídio quando a morte de uma mulher se der por *menosprezo ou discriminação a essa sua condição. Menosprezo*, aqui, pode ser entendido no sentido de desprezo, sentimento de aversão, repulsa, repugnância a uma pessoa do sexo feminino; *discriminação* tem o sentido de tratar de forma diferente, distinguir pelo fato da condição de mulher da vítima.

Merece ser frisado, por oportuno, que o feminicídio pode ser praticado por qualquer pessoa, do sexo masculino ou mesmo do sexo feminino. Assim, não existe óbice ao reconhecimento do crime se, numa relação homoafetiva feminina, uma das parceiras, vivendo em um contexto de unidade doméstica, vier a causar a morte de sua companheira.

Para que possa ocorrer o feminicídio é preciso, como vimos anteriormente, que o sujeito passivo seja uma mulher, e que o crime tenha sido cometido por razões da sua condição de sexo feminino. Assim, vale a pergunta, quem pode ser considerada mulher, para efeitos de reconhecimento do feminicídio?

Inicialmente, podemos apontar um critério de *natureza psicológica*, ou seja, embora alguém seja do sexo masculino, psicologicamente, acredita pertencer ao sexo feminino, ou vice-versa, vale dizer, mesmo tendo nascido mulher, acredita, psicologicamente, ser do sexo masculino, a exemplo do que ocorre com os chamados transexuais.

O segundo critério, apontado e defendido por Francisco Dirceu Barros, diz respeito àquele de natureza biológica. Segundo o renomado autor, por meio dele:

"Identifica-se a mulher em sua concepção genética ou cromossômica. Neste caso, como a neocolpovulvoplastia altera a estética, mas não a concepção genética, não será possível a aplicação da qualificadora do feminicídio[80].

O critério *biológico* identifica homem ou mulher pelo sexo morfológico, sexo genético e sexo endócrino:

a) *sexo morfológico* ou somático resulta da soma das características genitais (órgão genitais externos, pênis e vagina, e órgãos genitais internos, testículos e ovários) e extragenitais somáticas (caracteres secundários – desenvolvimento de mamas, dos pelos pubianos, timbre de voz etc.);

b) *sexo genético* ou cromossômico é responsável pela determinação do sexo do indivíduo através dos genes ou pares de cromossomos sexuais (XY – masculino e XX – feminino) e;

---

[80] Obs.: Hoje, o feminicídio é uma infração penal autônoma, tipificada no art. 121-A do Código Penal, e não uma qualificadora do crime de homicídio, mas o raciocínio ainda permanece o mesmo para efeito de reconhecimento da sua configuração, razão pela qual mantivemos as lições do renomado autor.

c) *sexo endócrino* é identificado nas glândulas sexuais, testículos e ovários, que produzem hormônios sexuais (testosterona e progesterona) responsáveis em conceder à pessoa atributos masculino ou feminino."[81]

Com todo respeito às posições em contrário, entendemos que o único critério que nos traduz, com a segurança necessária exigida pelo Direito, e em especial o Direito Penal, é o critério que podemos denominar de *jurídico*. Assim, somente aquele que for portador de um registro oficial (certidão de nascimento, documento de identidade etc.) em que figure, expressamente, o seu sexo feminino, é que poderá ser considerado sujeito passivo do feminicídio.

Aqui, pode ocorrer que a vítima tenha nascido com o sexo masculino, havendo tal fato constado expressamente de seu registro de nascimento. No entanto, posteriormente, ingressando com uma ação judicial, vê sua pretensão de mudança de sexo atendida, razão pela qual, por conta de uma determinação do Poder Judiciário, seu registro original vem a ser modificado, passando a constar, agora, como pessoa do sexo feminino. Somente a partir desse momento é que poderá, segundo nossa posição, ser considerada como sujeito passivo do feminicídio.

Assim, concluindo, das três posições possíveis, isto é, entre os critérios psicológico, biológico e jurídico, somente este último nos traz a segurança necessária para efeitos de reconhecimento do conceito de mulher.

Além disso, não podemos estender tal conceito a outros critérios que não o jurídico, uma vez que, *in casu*, estamos diante de uma norma penal incriminadora, que deve ser interpretada o mais restritamente possível, evitando-se uma indevida ampliação do seu conteúdo que ofenderia, frontalmente, o princípio da legalidade, em sua vertente *nullum crimen nulla poena sine lege stricta*.

Nessa linha de raciocínio, assim já decidiu o TJDFT, conforme se verifica pelos fundamentos do julgado abaixo colacionado:

> *"Admite-se como sujeito passivo de feminicídio a mulher transgênero, quando demonstrado que o crime foi motivado pelo menosprezo ou discriminação à condição de gênero da vítima.* O réu, pronunciado pela tentativa de feminicídio e corrupção de menor (artigos 121, § 2º, VI, § 2º-A, II, do CP c/c artigo 244-B da Lei 8.069/1990), interpôs recurso em sentido estrito a fim de excluir referida qualificadora, sob a alegação de a vítima ser mulher transgênero e, biologicamente, portanto, não pertencer ao sexo feminino, condição objetiva do tipo penal. Ao analisar o recurso, os Desembargadores esclareceram que, na fase de pronúncia, a circunstância qualificadora somente pode ser afastada se completamente dissociada do conjunto probatório ou comprovada sua inexistência. Na hipótese, os Julgadores entenderam que há indícios suficientes de que o crime foi motivado "por ódio à condição de transexual" da ofendida, o que caracteriza menosprezo e discriminação ao gênero feminino por ela adotado, inclusive com a alteração do registro civil. Ressaltaram que o conceito histórico-social do gênero é mais abrangente que o do sexo biológico, uma vez que aquele abarca as características psicológicas e comportamentais desenvolvidas pela pessoa conforme seu fenótipo – masculino ou feminino. Destacaram a dupla vulnerabilidade dos transgêneros femininos, os quais estão sujeitos tanto à discriminação relativa à condição de mulher quanto ao preconceito enfrentado para se obter o reconhecimento da identidade de gênero assumida. Ressaltaram a complexidade da questão e o ineditismo da matéria. Por fim, concluíram que o sujeito passivo do delito de*

---

[81] BARROS, Francisco Dirceu. *Feminicídio e neocolpovulvoplastia*: as implicações legais do conceito de mulher para os fins penais. Disponível em: <http://franciscodirceubarros.jusbrasil.com.br/artigos/173139537/feminicidio-e-neocolpovulvoplastia-as-implicacoes-legais-do-conceito-de-mulher-para-os-fins-penais>. Acesso em: 14 mar. 2015.

feminicídio também deve alcançar vítimas transgêneros femininas e julgaram improcedente o recurso" (Acórdão nº 1184804, 20180710019530RSE, Rel. Des. Waldir Leôncio Lopes Júnior, 3ª T. Crim., julg. 04/07/2019, *DJe* 12/07/2019).

A Sexta Turma do STJ, a seu turno, conforme consta em seu *website*, cujo processo encontra-se em segredo de justiça, decidiu:

"[...] estabeleceu que a Lei Maria da Penha também deve ser aplicada aos casos de violência doméstica ou familiar contra mulheres transgênero. O relator do recurso, ministro Rogerio Schietti Cruz, considerou que, por se tratar de vítima mulher, independentemente do seu sexo biológico, e tendo ocorrido a violência em ambiente familiar – no caso dos autos, o pai agrediu a própria filha *trans* –, deveria ser aplicada a legislação especial.

Com base na doutrina jurídica, Schietti afirmou que o elemento diferenciador da abrangência da Lei Maria da Penha é o gênero feminino, o qual nem sempre coincide com o sexo biológico. O objetivo da lei, segundo ele, é prevenir, punir e erradicar a violência doméstica e familiar que se pratica contra a mulher por causa do gênero, e não em virtude do sexo"[82].

O Superior Tribunal de Justiça publicou no *DJe* de 18 de setembro de 2017 a Súmula nº 588, dizendo:

> **Súmula nº 588.** *A prática de crime ou contravenção penal contra a mulher com violência ou grave ameaça no ambiente doméstico impossibilita a substituição da pena privativa de liberdade por restritiva de direitos.*

## 3.2 Classificação doutrinária

Crime comum, no que diz respeito ao sujeito ativo, e próprio quanto ao sujeito passivo, uma vez que somente a mulher poderá ser vítima do crime de feminicídio; simples; de forma livre, doloso, podendo ser praticado comissiva ou omissivamente (nos casos de o imprópria, quando o agente possuir *status* de de dano; material; instantâneo de efeitos permanentes; não transeunte; monossubjetivo; plurissubsistente; podendo figurar, também, a hipótese de *crime de ímpeto.*

## 3.3 Sujeito ativo e sujeito passivo

Qualquer pessoa poderá ser considerada como sujeito ativo do delito de feminicídio, não importando o gênero, isto é, tanto pode ser cometido por um homem quanto por uma outra mulher.

Sujeito passivo somente poderá ser a *mulher*, tendo em vista a indicação constante do tipo penal em estudo.

## 3.4 Objeto material e bem juridicamente protegido

*Objeto material* do delito é a *mulher,* contra a qual recai a conduta praticada pelo agente.

*Bem juridicamente protegido* é a vida e, num sentido mais amplo, a pessoa, haja vista que o delito de feminicídio encontra-se inserido no capítulo correspondente aos crimes contra a vida, no Título I do Código Penal, que prevê os crimes contra a pessoa.

---

[82] Disponível em: <https://www.stj.jus.br/sites/portalp/Paginas/Comunicacao/Noticias/2023/29012023-Sexta-Turma-estendeu-protecao-da-Lei-Maria-da-Penha-para-mulheres-trans.aspx>. Acesso em: 19 nov. 2023.

### 3.4.1 Exame de corpo de delito

Tratando-se de material, infração penal que deixa vestígios, o feminicídio, para que possa ser atribuído a alguém, exige a confecção do indispensável exame conforme determinam os arts. 158 e 167 do Código de Processo Penal, *verbis*:

> **Art. 158.** Quando a infração deixar vestígios, será indispensável o exame de corpo de delito, direto ou indireto, não podendo supri-lo a confissão do acusado.
>
> **Parágrafo único.** Dar-se-á prioridade à realização do exame de corpo de delito quando se tratar de crime que envolva:
>
> I – violência doméstica e familiar contra mulher;
>
> II – violência contra criança, adolescente, idoso ou pessoa com deficiência.
>
> **Art. 167.** Não sendo possível o exame de corpo de delito, por haverem desaparecido os vestígios, a prova testemunhal poderá suprir-lhe a falta.

Somente na ausência completa de possibilidade de realização do exame de corpo de delito, seja ele direto, seja indireto, é que a prova testemunhal poderá suprir-lhe a falta, nos termos preconizados pelo art. 167 do Código de Processo Penal.

Deverão os *peritos*, portanto, confeccionar o necessário laudo pericial com base no exame direto no corpo da vítima, ou, ainda, por meio de informações (documentos, materiais, testemunhos etc.) que os faça concluir pela sua morte, narrando, precisamente, os motivos pelos quais são levados a acreditar na sua efetiva ocorrência.

Somente não havendo possibilidade de confeccionar o laudo pericial é que a prova testemunhal poderá ser considerada, em substituição a ele[83].

## 3.5    Cadeia de custódia

O art. 158-A, inserido no Código de Processo Penal pela Lei nº 13.964, de 24 de dezembro de 2019, criou a chamada cadeia de custódia, dizendo, *verbis*:

> **Art. 158-A.** Considera-se cadeia de custódia o conjunto de todos os procedimentos utilizados para manter e documentar a história cronológica do vestígio coletado em locais ou em vítimas de crimes, para rastrear sua posse e manuseio a partir de seu reconhecimento até o descarte.
>
> § 1º O início da cadeia de custódia dá-se com a preservação do local de crime ou com procedimentos policiais ou periciais nos quais seja detectada a existência de vestígio.
>
> § 2º O agente público que reconhecer um elemento como de potencial interesse para a produção da prova pericial fica responsável por sua preservação.
>
> § 3º Vestígio é todo objeto ou material bruto, visível ou latente, constatado ou recolhido, que se relaciona à infração penal.

Os arts. 158-B a 158-F, também inseridos no mesmo diploma processual pela Lei nº 13.964, de 24 de dezembro de 2019, cuidam e especificam todos os procedimentos necessários à manutenção e à documentação histórica cronológica do vestígio coletado.

## 3.6    Elemento subjetivo

O dolo é o elemento subjetivo previsto pelo tipo penal do art. 121-A do Código Penal, que prevê o delito de feminicídio, não havendo, outrossim, previsão para a modalidade de natureza culposa.

---

[83] Quanto ao procedimento de registro civil sem que haja a localização do corpo, a Lei nº 6.015/73 prevê, em seu art. 88, a possibilidade de justificação de óbito.

### 3.6.1 Modalidades comissiva e omissiva

Pode o delito ser praticado comissivamente quando o agente dirige sua conduta com o fim de causar a morte da vítima, ou omissivamente, quando deixa de fazer aquilo a que estava obrigado em virtude da sua qualidade de garantidor (crime omissivo impróprio), conforme preconizado pelo art. 13, § 2º, alíneas *a, b,* e *c,* do Código Penal, agindo dolosamente em ambas as situações.

Isso significa que o agente pode causar a morte de uma mulher, por razões da condição do sexo feminino, atirando contra ela, ou, na qualidade de garantidora de sua manutenção, por exemplo, almejando a sua morte, não lhe fornecendo a alimentação necessária à sua sobrevivência, o que pode ocorrer com uma criança que ainda necessite dos cuidados de seus pais, e estes, querendo a sua morte, pelo fato de ser uma menina, a deixam morrer de inanição.

A redação contida no art. 121-A do Código Penal, portanto, prevê um comportamento comissivo, que poderá, entretanto, ser praticado via omissão, em virtude da posição de garante ocupada pelo agente.

### 3.6.2 Meios de execução

Tal como ocorre no homicídio, o feminicídio é considerado um delito de forma livre, podendo ser praticado mediante diversos meios, que podem ser subdivididos em: *a)* diretos (como ocorre quando a mulher é morta a pauladas, com facadas, pedradas, tiros etc.); *b)* indiretos (a exemplo do que acontece com o ataque estimulado pelo agente a uma pessoa com enfermidade mental, ou mesmo um animal); *c)* materiais (podem ser mecânicos, químicos, patológicos); ou *d)* morais (tal como ocorre com o susto, o medo, a emoção violenta etc.).

## 3.7 Consumação e tentativa

O delito de feminicídio se consuma quando ocorre o resultado morte da mulher.

Em se tratando de um crime plurissubsistente, em que se pode fracionar o *iter criminis*, torna-se possível o raciocínio correspondente à tentativa.

## 3.8 Causas de aumento de pena

> **Art. 121-A (...)**
> § 2º A pena do feminicídio é aumentada de 1/3 (um terço) até a metade se o crime é praticado:
> I – durante a gestação, nos 3 (três) meses posteriores ao parto ou se a vítima é a mãe ou a responsável por criança, adolescente ou pessoa com deficiência de qualquer idade;
> II – contra pessoa menor de 14 (catorze) anos, maior de 60 (sessenta) anos, com deficiência ou portadora de doenças degenerativas que acarretem condição limitante ou de vulnerabilidade física ou mental;
> III – na presença física ou virtual de descendente ou de ascendente da vítima;
> IV – em descumprimento das medidas protetivas de urgência previstas nos incisos I, II e III do *caput* do art. 22 da Lei nº 11.340, de 7 de agosto de 2006 (Lei Maria da Penha);
> V – nas circunstâncias previstas nos incisos III, IV e VIII do § 2º do art. 121 deste Código.

Faremos a análise individualizada de cada uma das majorantes a seguir.

> **I – durante a gestação, nos 3 (três) meses posteriores ao parto ou se a vítima é a mãe ou a responsável por criança, adolescente ou pessoa com deficiência de qualquer idade**

*Ab initio,* para que as causas de aumento de pena previstas pelo inciso I do § 2º do art. 121-A do Código Penal possam ser aplicadas é preciso que, anteriormente, tenham ingressado na esfera de conhecimento do agente, ou seja, para que o autor do feminicídio possa ter sua pena majorada, quando de sua conduta tinha que saber, obrigatoriamente, que a vítima se encontrava grávida, que tinha realizado seu parto há três meses, ou que a vítima era a mãe ou a responsável por criança, adolescente ou pessoa com deficiência de qualquer idade. Caso contrário, ou seja, se tais fatos não forem do conhecimento do agente, será impossível a aplicação das referidas majorantes, sob pena de adotarmos a tão repudiada responsabilidade penal objetiva, também conhecida como responsabilidade penal sem culpa ou pelo resultado.

Na primeira parte do inciso I *sub examen*, podemos extrair as seguintes hipóteses, partindo do pressuposto de que o agente conhecia a gravidez da vítima, e que agia com a finalidade de praticar um feminicídio:

- *a mulher e o feto sobrevivem* – nesse caso, o agente deverá responder pela tentativa de feminicídio e pela tentativa de aborto;
- *a mulher e o feto morrem* – aqui, deverá responder pelo feminicídio consumado e pelo aborto consumado;
- *a mulher morre e o feto sobrevive* – nesta hipótese, teremos um feminicídio consumado, em concurso com uma tentativa de aborto;
- *a mulher sobrevive e o feto morre* – *in casu*, será responsabilizado pelo feminicídio tentado, em concurso com o aborto consumado.

Entendemos que, em virtude da necessidade de aplicação do concurso de crimes, ou seja, feminicídio (consumado ou tentado) e aborto (consumado ou tentado), a majorante em estudo jamais poderá ser aplicada, pois, caso contrário, adotaríamos o chamado *bis in idem*, ou seja, a gestação estaria sendo considerada tanto para a majoração da pena do feminicídio quanto para a caracterização do delito de aborto. Assim, podemos afirmar que a inovação legislativa é natimorta, ou seja, já surgiu sem vida, impossibilitada de ser aplicada em quaisquer dessas hipóteses.

A segunda situação prevista no inciso I do § 1º do art. 121-A do Código Penal assevera que se o agente causa a morte da mulher por razões da condição de sexo feminino, nos 3 (três) meses posteriores ao parto, também terá sua pena majorada. Aqui, conta-se o primeiro dia do prazo de 3 (três) meses na data em que praticou a conduta, e não no momento do resultado morte. Assim, por exemplo, se o agente deu início aos atos de execução do crime de feminicídio, agredindo a vítima a facadas, e esta vem a falecer somente uma semana após as agressões, para efeito de contagem do prazo de 3 (três) meses será levado em consideração o dia em que o agente desferiu os golpes, conforme determina o art. 4º do Código Penal, que diz que se considera praticado o crime no momento da ação ou da omissão, ainda que outro seja o momento do resultado.

A última hipótese constante no inciso I do § 1º do art. 121-A do diploma repressivo diz respeito ao fato de o agente ter causado a morte de uma mulher que é a mãe ou a responsável por criança, adolescente ou pessoa com deficiência de qualquer idade. O juízo de censura, de culpabilidade torna-se maior nesse caso, uma vez que o autor do feminicídio colocará também em risco a criação daqueles que estavam sendo cuidados pela vítima (entendidos, aqui, como pessoas vulneráveis), morta por razões da sua condição do sexo feminino.

> **II – contra pessoa menor de 14 (catorze) anos, maior de 60 (sessenta) anos, com deficiência ou portadora de doenças degenerativas que acarretem condição limitante ou de vulnerabilidade física ou mental**

Tal como ocorre com o inciso I, analisado anteriormente, para que as majorantes constantes do inciso II sejam aplicadas ao agente é preciso que todas elas tenham ingressado na esfera de conhecimento do agente, pois, caso contrário, poderá ser alegado o erro de tipo, afastando-se, consequentemente, o aumento de pena.

Deverá, ainda, ser demonstrado nos autos, por meio de documento hábil, que a vítima era menor de 14 (catorze) anos ou maior de 60 (sessenta) anos. Tal prova deve ser feita por certidão de nascimento, expedida pelo registro civil ou documento que o substitua, a exemplo da carteira de identidade, conforme determina o parágrafo único do art. 155 do Código de Processo Penal, de acordo com a redação que lhe foi conferida pela Lei nº 11.690, de 9 de junho de 2008, que diz que *somente quanto ao estado das pessoas serão observadas as restrições estabelecidas na lei civil.*

A deficiência da vítima que, nos termos do art. 4º do Decreto nº 3.298, de 20 de dezembro de 1999, que regulamentou a Lei nº 7.853, de 24 de outubro de 1989, pode ser física, auditiva, visual, mental e múltipla, poderá ser comprovada por *laudo pericial,* ou por outros meios capazes de afastar a dúvida. Assim, por exemplo, imagine-se a hipótese em que o agente cause a morte de sua mulher, paraplégica, fato que era do conhecimento de todos. Aqui, *v.g.,* a paraplegia da vítima poderá ser demonstrada, inclusive, por meio da prova testemunhal, não havendo necessidade de laudo médico. O que se quer, na verdade, é que o julgador tenha certeza dos fatos que conduzirão a um aumento de pena considerável, quando da aplicação do art. 68 do Código Penal.

Doenças degenerativas são aquelas que recebem essa denominação porque provocam, efetivamente, a degeneração de todo o organismo, e envolvem os vasos sanguíneos, tecidos, ossos, visão, órgãos internos e cérebro. Essas doenças levam à alteração do funcionamento de uma célula, um tecido ou um órgão. Podemos citar como exemplos de doenças degenerativas o *Mal de Alzheimer,* a esclerose múltipla, a arteriosclerose, as doenças cardíacas e da coluna vertebral, o diabetes etc. Para que possa ser aplicada a causa especial de aumento de pena em estudo, é preciso, ainda, que, além de portador de uma doença reconhecidamente degenerativa, essa doença imponha uma condição limitante ou mesmo de vulnerabilidade física ou mental. Assim, por exemplo, pode a vítima ser portadora de diabetes, sem que isso a limite de alguma maneira. Nesse caso, não poderia ser aplicada a majorante.

Em ocorrendo a hipótese de feminicídio contra uma mulher maior de 60 (sessenta) anos, não será aplicada a circunstância agravante prevista na alínea *h* do art. 61 do Código Penal, pois, caso contrário, estaríamos levando a efeito o chamado *bis in idem,* em que um mesmo fato estaria incidindo duas vezes em prejuízo do agente. Nesses casos, terá aplicação o inciso II do § 1º do art. 121-A do Código Penal, também devido à sua especialidade.

### III – na presença física ou virtual de descendente ou de ascendente da vítima

Para que possa ser aplicada a majorante do inciso III do § 1º do art. 121-A do Código Penal é preciso que o feminicídio tenha sido praticado *na presen*ça de algum descendente ou de ascendente da vítima, ou seja, qualquer um dos parentes mencionados deve presenciar, quer dizer, testemunhar a prática do crime.

Isso pode acontecer tanto com uma presença *física,* isto é, o descendente ou o ascendente da vítima podem estar no mesmo local onde o delito de morte é cometido, como também podem presenciá-lo *virtualmente,* por meio, por exemplo, de um computador ou mesmo de um smartphone que captava as imagens da cena do crime. Assim, imagine-se a hipótese em que a vítima mantinha com sua mãe, que morava em outra cidade, uma conversa com áudio e vídeo, por meio de um programa de computador quando, de repente, seu marido, agindo com vontade de matá-la, mesmo sabendo que sua sogra a tudo assistia, efetua os disparos com uma arma de fogo ou golpes de faca. Nesse caso, podemos dizer que, mesmo à distância, o fato foi praticado na presença da ascendente da vítima.

O ato de matar a vítima na presença de seu descendente ou ascendente sofre um maior juízo de reprovação, uma vez que o agente produzirá, nessas pessoas, um trauma quase irremediável. Assim, raciocinemos com outra hipótese em que o marido mata a sua esposa na presença de seu filho, que contava na época dos fatos com apenas 7 anos de idade. O trauma dessa cena violenta o acompanhará a vida toda. Infelizmente, tal fato tem sido comum e faz com que aquele que presenciou, por exemplo, a morte brutal de sua mãe cresça, ou mesmo conviva até a sua morte, com problemas psicológicos seríssimos, repercutindo na sua vida em sociedade.

O que importa, portanto, é que tanto o descendente quanto o ascendente presenciem o feminicídio, devendo o autor do crime sofrer um maior juízo de reprovação.

Além de o agente que pratica o feminicídio ter que saber que as pessoas que se encontravam presentes quando da sua ação criminosa eram descendentes ou ascendentes da vítima, para que a referida causa de aumento de pena possa ser aplicada é preciso, também, que haja prova do parentesco nos autos, produzida por meio dos documentos necessários (certidão de nascimento, documento de identidade etc.), conforme preconiza o parágrafo único do art. 155 do Código de Processo Penal referido anteriormente.

> **IV – em descumprimento das medidas protetivas de urgência previstas nos incisos I, II e III do** *caput* **do art. 22 da Lei nº 11.340, de 7 de agosto de 2006 (Lei Maria da Penha)**

A pena também será aumentada de 1/3 (um terço) até a metade se o crime for praticado em descumprimento das medidas protetivas de urgência previstas nos incisos I, II e III do *caput* do art. 22 da chamada Lei Maria da Penha, que dizem, *verbis:*

> **Art. 22.** Constatada a prática de violência doméstica e familiar contra a mulher, nos termos desta Lei, o juiz poderá aplicar, de imediato, ao agressor, em conjunto ou separadamente, as seguintes medidas protetivas de urgência, entre outras:
> I – suspensão da posse ou restrição do porte de armas, com comunicação ao órgão competente, nos termos da Lei nº 10.826, de 22 de dezembro de 2003;
> II – afastamento do lar, domicílio ou local de convivência com a ofendida;
> III – proibição de determinadas condutas, entre as quais:
> a) aproximação da ofendida, de seus familiares e das testemunhas, fixando o limite mínimo de distância entre estes e o agressor;
> b) contato com a ofendida, seus familiares e testemunhas por qualquer meio de comunicação;
> c) frequentação de determinados lugares a fim de preservar a integridade física e psicológica da ofendida.

> **V – nas circunstâncias previstas nos incisos III, IV e VIII do § 2º do art. 121 deste Código**

Também haverá a aplicação da causa especial de aumento de pena de 1/3 (um terço) até a metade se o crime é praticado nas circunstâncias previstas nos incisos III, IV e VIII do § 2º do art. 121 do Código Penal, vale dizer:

a) com emprego de veneno, fogo, explosivo, asfixia, tortura ou outro meio insidioso ou cruel, ou de que possa resultar perigo comum (inciso III do art. 121 do CP);

b) à traição, de emboscada, ou mediante dissimulação ou outro recurso que dificulte ou torne impossível a defesa do ofendido (inciso IV do art. 121 do CP);

c) com emprego de arma de fogo de uso restrito ou proibido (inciso VIII do art. 121 do CP).

Para que não sejamos repetitivos, remetemos o leitor aos referidos incisos, já devidamente analisados quando do estudo das qualificadoras constante do crime de homicídio.

## 3.9 Concurso de pessoas (Da coautoria)

Diz o § 3º do art. 121-A do Código Penal:

> § 3º Comunicam-se ao coautor ou partícipe as circunstâncias pessoais elementares do crime previstas no § 1º deste artigo.

Realmente, parece que o legislador desconhece a legislação que ele próprio cria e/ou modifica. Na rubrica que antecede o § 3º do art. 121-A do diploma penal, dando o *nomen juris* ao instituto que seria estudado no parágrafo, ele se refere à *coautoria*, e não ao *concurso de pessoas*, conforme disposto no Título VI da Parte Geral do Código Penal.

Parece que se esqueceu que a coautoria é uma espécie do gênero *concurso de pessoas*, que abrange, também, a chamada participação. Assim, o concurso de pessoas pode ocorrer na modalidade de coautoria (que exercem um papel principal na prática da infração penal) e também de partícipes (cuja função é secundária e dependente da principal, ou seja, do autor ou coautores).

Embora a rubrica constante do § 2º do art. 121-A do Código Penal se refira à coautoria, seu texto nos conduz a presumir que não somente os coautores poderão ser responsabilizados pelo feminicídio, como também os partícipes, uma vez que, por sua determinação expressa, as circunstâncias pessoais elementares do crime de feminicídio, ou seja, a morte de uma mulher por razões da condição do sexo feminino quando o crime envolve violência doméstica e familiar, menosprezo ou discriminação à condição de mulher, serão à eles estendidas, tal como expressamente previsto no art. 30 do Código Penal, que diz:

> **Art. 30.** Não se comunicam as circunstâncias e as condições de caráter pessoal, salvo quando elementares do crime.

Assim, por exemplo, se o agente, motivado a matar uma mulher simplesmente porque a discriminava em virtude dessa condição pessoal, solicita a um amigo o empréstimo de uma arma de fogo, narrando-lhe a finalidade, se a utiliza na prática do feminicídio, aquele que a emprestou responderá, também, na qualidade de partícipe, pelo crime de feminicídio.

Da mesma forma alguém que auxilia o autor a matar uma mulher, por razões da condição do sexo feminino, praticando atos de execução, sendo que ele sequer a conhecia ou mesmo não se amoldava às situações elencadas pelos incisos I e II do § 1º do art. 121-A do Código Penal, ainda assim responderá pelo feminicídio, com uma pena que variará entre um mínimo de 20 (vinte) e um máximo de 40 (quarenta) anos de reclusão, haja vista a comunicação dessas elementares constante do tipo penal em estudo.

## 3.10 Pena e ação penal

A pena cominada para o delito de feminicídio, prevista no preceito secundário do art. 121-A do Código Penal, é de reclusão, de 20 (vinte) a 40 (quarenta) anos.

Nos termos do § 2º do art. 121-A do Código Penal, a pena do feminicídio é aumentada de 1/3 (um terço) até a metade se o crime é praticado: I – durante a gestação, nos 3 (três) meses posteriores ao parto ou se a vítima é a mãe ou a responsável por criança, adolescente ou pessoa com deficiência de qualquer idade; II – contra pessoa menor de 14 (catorze) anos, maior de 60 (sessenta) anos, com deficiência ou portadora de doenças degenerativas que acarretem condição limitante ou de vulnerabilidade física ou mental; III – na presença física ou virtual de descendente ou de ascendente da vítima; IV – em descumprimento das medidas protetivas de urgência previstas nos incisos I, II e III do *caput* do art. 22 da Lei nº 11.340, de 7 de agosto de 2006 (Lei Maria da Penha); V – nas circunstâncias previstas nos incisos III, IV e VIII do § 2º do art. 121 já citado.

A ação penal é de iniciativa pública incondicionada.

## 3.11 Destaques

### 3.11.1 Prioridade de tramitação do processo de feminicídio

Determina o art. 394-A, com a redação determinada pela Lei nº 14.994, de 9 de outubro de 2024:

> **Art. 394-A.** Os processos que apurem a prática de crime hediondo ou violência contra a mulher terão prioridade de tramitação em todas as instâncias.
>
> § 1º Os processos que apurem violência contra a mulher independerão do pagamento de custas, taxas ou despesas processuais, salvo em caso de má-fé.
>
> § 2º As isenções de que trata o § 1º deste artigo aplicam-se apenas à vítima e, em caso de morte, ao cônjuge, ascendente, descendente ou irmão, quando a estes couber o direito de representação ou de oferecer queixa ou prosseguir com a ação.

### 3.11.2 Destituição do poder familiar

O parágrafo único do art. 1.638 do Código Civil, com a redação que lhe foi conferida pela Lei nº 13.715, de 24 de setembro de 2018, assevera que, *verbis*:

> **Art. 1.638.** Perderá por ato judicial o poder familiar o pai ou a mãe que:
>
> [...]
>
> **Parágrafo único.** Perderá também por ato judicial o poder familiar aquele que:
>
> I – praticar contra outrem igualmente titular do mesmo poder familiar:
>
> a) homicídio, feminicídio ou lesão corporal de natureza grave ou seguida de morte, quando se tratar de crime doloso envolvendo violência doméstica e familiar ou menosprezo ou discriminação à condição de mulher;
>
> b) [...]
>
> II – praticar contra filho, filha ou outro descendente:
>
> a) homicídio, feminicídio ou lesão corporal de natureza grave ou seguida de morte, quando se tratar de crime doloso envolvendo violência doméstica e familiar ou menosprezo ou discriminação à condição de mulher;
>
> b) [...].

### 3.11.3 Femicídio e feminicídio

A palavra femicídio é traduzida como a morte de uma mulher, o que não será, necessariamente, um feminicídio, que é também a morte de uma mulher, mas por razões da condição do sexo feminino, que são aquelas elencadas nos incisos I e II do § 1º do art. 121-A do Código Penal.

Assim, não necessariamente toda morte de uma mulher será caracterizada como um feminicídio, mas não deixa de ser um femicídio, podendo-se afirmar que o femicídio é um gênero, do qual o feminicídio é sua espécie. Em ocorrendo um femicídio, o agente responderá pelo art. 121 do Código Penal; por outro lado, em havendo um feminicídio, deverá ser responsabilizado pelo tipo penal constante do art. 121-A do mesmo diploma repressivo.

### 3.11.4 Lesbicídio

Fala-se em lesbicídio nas hipóteses em que uma mulher é morta em razão da sua orientação sexual, e pode ser praticado tanto por um homem como por outra mulher. O lesbicídio se amolda ao feminicídio cultural, conforme apontamos em nossa introdução ao tema, quando discorremos a respeito de algumas espécies de feminicídio.

## 3.12 Competência para julgamento do feminicídio

Em se tratando de um crime doloso contra a vida, competirá ao Tribunal do Júri o julgamento do crime feminicídio, nos termos da alínea *d* do inciso XXXVIII do art. 5º da CF, que diz:

XXXVIII – reconhecida a instituição do júri, com a organização que lhe der a lei, assegurados:
a) a plenitude de defesa;
b) o sigilo das votações;
c) a soberania dos veredictos;
d) a competência para o julgamento dos crimes dolosos contra a vida.

## 3.13 Quadro-resumo

### Sujeitos
» Ativo: qualquer pessoa.
» Passivo: a mulher.

### Objeto material
É a *mulher* contra a qual recai a conduta praticada pelo agente.

### Bem(ns) juridicamente protegido(s)
A vida e, num sentido mais amplo, a pessoa.

### Exame de corpo de delito
Tratando-se de crime material, infração penal que deixa vestígios, há necessidade de realização do exame de corpo de delito, direto ou indireto, nos termos dos arts. 158 e 167 do CPP.

### Elemento subjetivo
» É o dolo.

### Modalidades comissiva e omissiva
Pode o delito ser praticado comissivamente quando o agente dirige sua conduta com o fim de causar a morte da vítima, ou omissivamente, quando deixa de fazer aquilo a que estava obrigado em virtude da sua qualidade de garantidor (art. 13, § 2º, do CP).

### Meios de execução
Delito de forma livre, pode ser praticado mediante diversos meios, que podem ser subdivididos em: *a)* diretos (como ocorre quando a mulher é morta a pauladas, com facadas, pedradas, tiros etc.); *b)* indiretos (a exemplo do que acontece com o ataque estimulado pelo agente a uma pessoa com enfermidade mental, ou mesmo um animal); *c)* materiais (podem ser mecânicos, químicos, patológicos); ou *d)* morais (tal como ocorre com o susto, o medo, a emoção violenta etc.).

### Consumação e tentativa
» A consumação do delito de feminicídio ocorre com o resultado morte da mulher.
» É admissível a tentativa, tendo em vista tratar-se de crime material e plurissubsistente, em que se pode fracionar o *iter criminis*.

## 4. INDUZIMENTO, INSTIGAÇÃO OU AUXÍLIO A SUICÍDIO OU A AUTOMUTILAÇÃO

 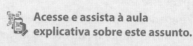
Acesse e assista à aula explicativa sobre este assunto.
> http://uqr.to/1wmcs

**Induzimento, instigação ou auxílio a suicídio ou a automutilação**
**Art. 122.** Induzir ou instigar alguém a suicidar-se ou a praticar automutilação ou prestar-lhe auxílio material para que o faça:
Pena – reclusão, de 6 (seis) meses a 2 (dois) anos.
§ 1º Se da automutilação ou da tentativa de suicídio resulta lesão corporal de natureza grave ou gravíssima, nos termos dos §§ 1º e 2º do art. 129 deste Código:
Pena – reclusão, de 1 (um) a 3 (três) anos.
§ 2º Se o suicídio se consuma ou se da automutilação resulta morte:
Pena – reclusão, de 2 (dois) a 6 (seis) anos.
§ 3º A pena é duplicada:
I – se o crime é praticado por motivo egoístico, torpe ou fútil;
II – se a vítima é menor ou tem diminuída, por qualquer causa, a capacidade de resistência.
§ 4º A pena é aumentada até o dobro se a conduta é realizada por meio da rede de computadores, de rede social ou transmitida em tempo real.
§ 5º Aplica-se a pena em dobro se o autor é líder, coordenador ou administrador de grupo, de comunidade ou de rede virtual, ou por estes é responsável.
§ 6º Se o crime de que trata o § 1º deste artigo resulta em lesão corporal de natureza gravíssima e é cometido contra menor de 14 (quatorze) anos ou contra quem, por enfermidade ou deficiência mental, não tem o necessário discernimento para a prática do ato, ou que, por qualquer outra causa, não pode oferecer resistência, responde o agente pelo crime descrito no § 2º do art. 129 deste Código.
§ 7º Se o crime de que trata o § 2º deste artigo é cometido contra menor de 14 (quatorze) anos ou contra quem não tem o necessário discernimento para a prática do ato, ou que, por qualquer outra causa, não pode oferecer resistência, responde o agente pelo crime de homicídio, nos termos do art. 121 deste Código.

### 4.1 Introdução

A Lei nº 13.968, de 26 de dezembro de 2019, modificou, significativamente, o delito tipificado no art. 122 do Código Penal. Antes da referida alteração legislativa tínhamos, tão somente, o delito de induzimento, instigação e auxílio a suicídio. Agora, o tipo penal foi ampliado como induz o nome da rubrica atual, vale dizer: induzimento, instigação e auxílio a suicídio ou a automutilação.

Como se percebe, a conduta do agente pode ter duas finalidades distintas. A primeira delas é dirigida finalisticamente a fazer com que a vítima pratique o ato extremo, vindo a retirar a própria vida; a segunda, o agente induz ou instiga a vítima a se automutilar, ou seja, faz com que esta produza lesões em seu corpo.

Que motivos levariam alguém a eliminar a própria vida? Ato de covardia ou de extrema coragem? O suicídio, também denominado pela medicina de *autocídio* ou *autoquiria*, é um dos enigmas que envolvem a humanidade. A falta de esperança, a ausência completa de qualquer resposta aos seus problemas e o desconhecimento da pessoa de Deus podem levar alguém a eliminar a própria vida. O suicida, em virtude do desespero de que é acometido, pratica o ato extremo de matar-se, entendendo-o como única e última resposta a tudo que enfrenta.[84]

---

[84] De acordo com a lições de Emiliano Borja Jiménez, "o suicídio, que pode ser definido como a morte voluntária, querida e desejada, de uma pessoa com capacidade de agir, é uma conduta propriamen-

Como se percebe pela leitura do art. 122 do Código Penal, não se pune aquele que tentou contra a própria vida e escapou da morte, mas tão somente aquele que o induziu, instigou ou auxiliou materialmente para esse fim.

Vários raciocínios impedem a punição daquele que queria se matar e não conseguiu. Dentre eles, podemos citar um argumento, de ordem lógica, no sentido de que se a vítima – e é assim que devemos chamá-la – tentou contra a própria vida por não suportar alguns momentos tormentosos pelos quais passava ainda quando estava em liberdade, que dirá se for colocada no cárcere. Lá, então, com todo o tratamento indigno que receberá, se sentirá infinitamente mais estimulada a tentar novamente o suicídio. Merece ser frisado, ainda, também como argumento contrário à punição do sobrevivente à tentativa de suicídio, que se punir tal comportamento ofenderia o princípio da lesividade.

Da mesma forma, o que leva uma pessoa a causar lesões em si mesma? A dor por ela própria infligida seria uma válvula de escape, a exteriorização de uma revolta interna, obter alívio de um estado de sentimento ou de cognição negativos, resolução de uma dificuldade interpessoal, um pedido de socorro para que as pessoas tomem conhecimento do seu sofrimento?

A automutilação pode ser definida, de acordo com o programa ambulatorial integrado dos transtornos do impulso (PRO-AMITI), como qualquer comportamento intencional envolvendo agressão direta ao próprio corpo sem intenção consciente de suicídio. Normalmente, as formas mais comuns de automutilação são: cortar a própria pele, bater em si mesmo e produzir queimaduras. Os ferimentos, também como regra, são produzidos nos braços, pernas, abdômen e áreas expostas.

Para que o legislador possa criar os tipos penais incriminadores, numa visão garantista-constitucional do Direito Penal, deverá observar todos os princípios que lhe servirão de norte, a exemplo da intervenção mínima, lesividade, adequação social, proporcionalidade etc.

De acordo com o enfoque do princípio da lesividade, podemos trabalhar, segundo Nilo Batista,[85] com quatro vertentes que lhe são fundamentais, a saber:

*a)* proibição de incriminações que digam respeito a uma atitude interna do agente;

*b)* proibição de incriminações de comportamentos que não excedam ao âmbito do próprio autor;

*c)* proibição de incriminações de simples estados ou condições existenciais;

*d)* proibição de incriminações de condutas desviadas que não afetem qualquer bem jurídico.

Na verdade, podemos resumir todas as vertentes anunciadas por Nilo Batista em um único raciocínio: o Direito Penal só pode, de acordo com o princípio da lesividade, proibir comportamentos que extrapolem o âmbito do próprio agente, que venham a atingir bens de terceiros, atendendo-se, pois, ao brocardo *nulla lex poenalis sine injuria.*

Assim, por mais que a vida seja um bem que mereça a proteção do Estado, dada sua evidente importância, tal proteção não poderá ser realizada por intermédio do Direito Penal

---

te humana, e praticamente desconhecida pelo resto dos seres vivos. Quando uma pessoa chega à convicção de que sua existência já não tem sentido, de que o sofrimento apaga todos seus projetos, desejos e prazeres, e decide quitar a própria vida, o Direito não pode intervir proibindo esse comportamento, e menos ainda sancioná-lo. Pois se o suicida conseguiu seu objetivo, nada nem ninguém pode atuar juridicamente contra ele. E se não logrou seu propósito, o único que poderia conseguir a imposição de uma sanção era justamente um efeito contrário ao que se persegue: que o sujeito volte a tentar acabar com sua vida por conta do sofrimento adicional que derivaria de seus novos problemas com a administração da justiça" (*Curso de política criminal*, p. 126).

[85] BATISTA, Nilo. *Introdução crítica ao direito penal*, p. 92-94.

na hipótese daquele que procura eliminar a própria vida. Isso porque tal comportamento não atinge bens de terceiros, senão os do próprio agente, da mesma forma que não pode o Estado punir, também por intermédio do Direito Penal, as automutilações. O raciocínio é idêntico. A integridade corporal é um bem de relevo que merece a proteção estatal. Contudo, o fato de se automutilar deve ficar afastado do Direito Penal, uma vez que tal comportamento não ultrapassa a esfera do próprio agente.

Para nós, portanto, resumindo, os fundamentos principais da proibição de incriminação da tentativa de suicídio e da automutilação são: a falta de logicidade de tal punição, haja vista que aquele que procurar tirar a própria vida enquanto estava em liberdade não hesitará em fazê-lo quando estiver no cárcere. O mesmo ocorre com aquele que se automutila. Puni-lo criminalmente somente aumentará seu desejo de ferir-se. Além disso, esses comportamentos não atendem às exigências do princípio da lesividade, como apontamos anteriormente.

Entretanto, embora seja atípica a conduta daquele que sobreviveu ao ato extremo, tem-se entendido pela ilicitude de tal comportamento, uma vez que o Código Penal afirma não se configurar o delito de constrangimento ilegal *na coação exercida para impedir suicídio*, ao contrário de outros atos considerados meramente imorais, a exemplo da prostituição.

Nesse sentido, afirma Hungria:

> "Que o suicídio não é um fato juridicamente lícito, de modo a tornar ilegítima a incriminação da participação nele, está a demonstrá-lo, indiretamente, o art. 146, § 3º, nº II, do nosso atual Código, que declara não constituir crime de *constrangimento ilegal* 'a coação exercida para impedir suicídio."[86]

Assim, se alguém, mediante violência ou grave ameaça, mesmo que no intuito de ajudar a vítima, a impede de prostituir-se, estaria praticando a infração penal tipificada no art. 146 do estatuto repressivo, vale dizer, o delito de constrangimento ilegal. Ao contrário, se o agente, por exemplo, mediante o emprego de violência, impede que a vítima extermine a própria vida, não pratica qualquer delito, pois, nesse caso, a própria lei penal entendeu por bem afastar a tipicidade desse comportamento, deixando antever, portanto, como afirmado por Hungria, a ilicitude da conduta levada a efeito por aquele que tentou contra sua vida.

Contudo, embora tal previsão legal não se estenda à automutilação, tal como ocorre com o citado caso da prostituição, seria razoável a alegação da inexigibilidade de conduta diversa na hipótese em que alguém, por exemplo, viesse a impedir a vítima de se automutilar. Aqui, segundo nosso posicionamento, restaria afastado também o delito de constrangimento ilegal, por ausência de culpabilidade do agente que atuou no sentido de impedir que a vítima iniciasse ou mesmo continuasse a se mutilar.

## 4.2 Classificação doutrinária

Crime comum; simples; de forma livre; doloso (pois o tipo penal não fez previsão expressa da modalidade culposa); comissivo (podendo, entretanto, ser praticado omissivamente nos casos de omissão imprópria, quando o agente gozar do *status* de garantidor); de dano; material; instantâneo de efeitos permanentes (em caso de morte da vítima); não transeunte; monossubjetivo; plurissubsistente; de conteúdo variado (crimes de ação múltipla, podendo o agente levar a efeito os vários comportamentos previstos no tipo – induzir, instigar ou auxiliar –, devendo responder, tão somente, por uma única infração penal).

---

[86] HUNGRIA, Nélson. *Comentários ao código penal*, v. V, p. 222.

## 4.3 Sujeito ativo e sujeito passivo

Em se tratando de um delito comum, tanto com relação ao sujeito ativo quanto ao sujeito passivo, o delito de induzimento, instigação e auxílio a suicídio ou a automutilação pode ser praticado por qualquer pessoa.

Sujeito passivo, da mesma forma, poderá ser qualquer pessoa.

## 4.4 Participação moral e participação material

A redação contida no *caput* do art. 122 do Código Penal nos permite concluir pelas modalidades de participação *moral* e *material* no mencionado delito.

Embora utilizemos as expressões *participação moral* e *participação material*, as hipóteses não são as de participação em sentido estrito, como ocorre no concurso de pessoas. O termo empregado denota, na verdade, formas diferentes de realização do tipo. São, outrossim, meios de execução da infração penal.

Esclarecido esse ponto, que poderia nos levar a conclusões equivocadas sobre a natureza do comportamento praticado por aquele que induz, instiga ou auxilia materialmente a vítima a dar cabo da própria vida, ou a se automutilar, sendo este, portanto, considerado verdadeiramente autor, e não partícipe, tem-se entendido subdividir o comportamento do agente, intitulando-o de *participação moral* e *participação material*.

Ocorre a *participação moral* nas hipóteses de induzimento ou instigação ao suicídio ou a automutilação. *Induzir* significa fazer nascer, criar a ideia suicida ou automutiladora na vítima. *Instigar*, a seu turno, demonstra que a ideia de eliminar a própria vida ou de automutilar-se já existia, sendo que o agente, dessa forma, reforça, estimula a ideia já preconcebida.

Na *participação material*, o agente auxilia materialmente a vítima a conseguir o seu intento, fornecendo, por exemplo, o instrumento que será utilizado na execução do autocídio ou na automutilação (revólver, faca, navalha, lâmina, corda para se enforcar, cigarro para se queimar etc.) ou mesmo simplesmente esclarecendo como usá-los. Merece ser registrado que em toda participação material encontra-se implícita uma dose de instigação. Aquele que fornece, por exemplo, uma pistola para que a vítima atire contra a própria cabeça, ao entregar-lhe a arma, está, com isso, aprovando e estimulando a prática do ato de autoextermínio.

Com base no raciocínio anterior, devemos analisar a hipótese em que a vítima, auxiliada materialmente pelo agente, deixa de lado o instrumento que lhe fora fornecido. Imagine-se o fato em que o agente empresta uma pistola à vítima para que com ela seja levado a efeito o suicídio. Se a vítima, deixando de lado a arma de fogo que lhe fora entregue pelo agente, vier a suicidar-se de outro modo, por exemplo, fazendo a ingestão de veneno, o agente deverá responder pelo delito em estudo? Acreditamos que o agente somente responderá pelo delito se o fato de emprestar-lhe a arma contribuiu, decisivamente, para a prática do suicídio, considerando-o também como uma instigação.

Pode acontecer, por exemplo, que a vítima peça a arma emprestada ao agente, confessando sua intenção suicida, sendo que este, mesmo anuindo ao pedido, diz-lhe para "pensar bem no que vai fazer." Embora tenha aqui, a toda evidência, um auxílio material, uma vez que o agente sabia da vontade da vítima de eliminar a própria vida com a arma por ele cedida, podemos, neste caso, descartar a infração penal caso o suicídio tenha sido cometido por outros meios, como o caso já citado do veneno.

Assim, como regra geral, mantendo a linha do raciocínio anterior, podemos visualizar uma instigação na prestação de auxílios materiais, ressalvando a possibilidade de ser excepcionada, como no exemplo citado anteriormente.

A conduta levada a efeito pelo agente deve, ainda, limitar-se a induzir, instigar ou a auxiliar materialmente aquele que procura eliminar a própria vida. Com isso estamos querendo afirmar que se o agente vier a praticar qualquer *ato de execução* deverá responder pelo delito de homicídio, conforme analisaremos mais adiante ao estudarmos algumas situações específicas, como na hipótese do suicídio conjunto. Da mesma forma, o agente não poderá causar qualquer tipo de lesão na vítima que pretende se automutilar, a exemplo daquele que a ensina como se cortar com uma navalha, evitando que o corte seja demasiadamente profundo etc.

Sendo considerado um crime de conteúdo múltiplo, aquele que, após fazer nascer a ideia suicida ou automutiladora na vítima, a instiga e também a auxilia materialmente, responderá por um único delito.

## 4.5 Objeto material e bem juridicamente protegido

A vida e a integridade física são os bens juridicamente protegidos pelo tipo do art. 122 do Código Penal, com a nova redação que lhe foi conferida pela Lei nº 13.968, de 26 de dezembro de 2019, sendo que a pessoa contra a qual é dirigida a conduta do agente é o objeto material do crime de induzimento, instigação e auxílio a suicídio ou a automutilação.

## 4.6 Elemento subjetivo

O delito de induzimento, instigação e auxílio a suicídio ou a automutilação somente pode ser praticado dolosamente, seja o dolo direto ou eventual, ficando afastada sua punição mediante a modalidade culposa.

Assim, o agente deve dirigir finalisticamente sua conduta no sentido de criar a ideia suicida ou automutiladora na vítima, ou mesmo estimulá-la ou auxiliá-la materialmente a esse fim.

Cezar Roberto Bitencourt afirma:

"Nada impede que o dolo orientador da conduta do agente configure-se em sua forma eventual. A doutrina procura citar alguns exemplos que, para ilustrar, invocaremos: o pai que expulsa de casa a filha 'desonrada', havendo fortes razões para acreditar que ela se suicidará, o marido que sevicia a esposa, conhecendo a intenção desta de vir a suicidar-se, reitera as agressões."[87]

A conduta do agente deve, de alguma forma, exercer influência na vontade da vítima em suicidar-se ou automutilar-se, bem como deverá ser idônea a este fim, não se configurando o delito quando o agente atua com *animus jocandi*, simplesmente com o intuito de com ela brincar.

Não existe previsão legal para a responsabilidade penal do agente que, culposamente, contribui para o suicídio ou automutilação praticado pela vítima. Assim, imagine-se a hipótese daquele que, sabendo das intenções suicidas da vítima, negligentemente, esquece-se de guardar sua arma em local seguro, permitindo que esta a utilize na prática do autoextermínio. Nesse caso, o fato praticado pelo agente seria atípico, tendo em vista a ausência de previsão legal para a modalidade culposa do delito em exame.

## 4.7 Modalidades qualificadas

Os §§ 1º e 2º do art. 122 do Código Penal, com a redação que lhes foi conferida pela Lei nº 13.968, de 26 de dezembro de 2019, preveem as modalidades qualificadas do delito de induzimento, instigação e auxílio a suicídio ou a automutilação, dizendo, *verbis*:

---

[87] BITENCOURT, Cezar Roberto. *Tratado de direito penal*, v. 2, p. 124-125.

> § 1º Se da automutilação ou da tentativa de suicídio resulta lesão corporal de natureza grave ou gravíssima, nos termos dos §§ 1º e 2º do art. 129 deste Código:
> Pena – reclusão, de 1 (um) a 3 (três) anos.
> § 2º Se o suicídio se consuma ou se da automutilação resulta morte:
> Pena – reclusão, de 2 (dois) a 6 (seis) anos.

### 4.8 Modalidades comissiva e omissiva

As condutas previstas no tipo penal em estudo somente podem ser praticadas comissivamente.

Contudo, será possível o raciocínio correspondente à omissão imprópria se o agente, na condição de garantidor, nos termos do art. 13, § 2º, do Código Penal, podendo, dolosamente nada fizer para impedir que a vítima se suicide ou se automutile.

### 4.9 Consumação e tentativa

O *caput* do art. 122 do Código Penal, com a redação dada pela Lei nº 13.968, de 26 de dezembro de 2019, prevê pena de reclusão, de 6 (seis) meses a 2 (dois) anos para aquele que induzir ou instigar alguém a suicidar-se ou a praticar automutilação ou prestar auxílio material para que o faça.

A nova redação constante do preceito secundário do mencionado *caput* difere substancialmente da que fora revogada. Antes, no que dizia respeito ao induzimento, instigação e auxílio ao suicídio, já que não havia previsão para a automutilação, o delito somente se consumava quando ocorria a morte ou, pelo menos, lesões corporais de natureza grave na vítima. Hoje, tal postura foi modificada, como veremos a seguir.

Assim, no que diz respeito ao comportamento tipificado no *caput* do art. 122 do Código Penal, o delito se consuma quando a vítima, após ter sido induzida, instigada ou auxiliada materialmente pelo agente, dá início a atos tendentes a eliminar a própria vida ou a se automutilar. Em se tratando de um delito material, quando a vítima tenta contra a própria vida, produzindo ou não, em si mesma, lesões corporais de natureza leve, ou quando, efetivamente, se automutila, ofendendo sua integridade corporal, nesse exato instante entendemos como consumado o delito de induzimento, instigação e auxílio a suicídio ou a automutilação.

Da mesma forma, somente restará consumada a modalidade qualificada prevista no § 1º do art. 122 do Código Penal quando a vítima, induzida, instigada ou auxiliada materialmente, leva a efeito o comportamento tendente a eliminar a própria vida ou a se automutilar, advindo, daí, lesão corporal de natureza grave ou gravíssima, isto é, aquelas previstas nos §§ 1º e 2º do art. 129 do diploma repressivo.

Se o suicídio se consuma, ocorrendo a morte da vítima, ou se o automutilador também vem a falecer, mesmo não sendo essa sua intenção inicial, restará consumado o delito na modalidade prevista no § 2º do mencionado art. 122.

Em se tratando de um delito plurissubsistente, será perfeitamente admissível a tentativa.

### 4.10 Causas de aumento de pena

Dizem os §§ 3º, 4º e 5º do art. 122 do Código Penal, com a redação dada pela Lei nº 13.968, de 26 de dezembro de 2019:

> § 3º A pena é duplicada:
> I – se o crime é praticado por motivo egoístico, torpe ou fútil;
> II – se a vítima é menor ou tem diminuída, por qualquer causa, a capacidade de resistência.

§ 4º A pena é aumentada até o dobro se a conduta é realizada por meio da rede de computadores, de rede social ou transmitida em tempo real.

§ 5º Aplica-se a pena em dobro se o autor é líder, coordenador ou administrador de grupo, de comunidade ou de rede virtual, ou por estes é responsável.

Preconizam os incisos I e II do § 3º do art. 122 do Código Penal que a pena será duplicada: I – se o crime é praticado por motivo egoístico, torpe ou fútil; II – se a vítima é menor ou tem diminuída, por qualquer causa, a capacidade de resistência.

Inicialmente, devemos salientar que os §§ 3º, 4º e 5º do mencionado art. 122 contêm causas especiais de aumento de pena (ou majorantes), e não qualificadoras, como afirmam alguns autores, a exemplo de Frederico Marques.[88]

Assim, somente no terceiro momento do critério trifásico de aplicação da pena é que será considerada a majorante, duplicando-se a pena que tiver sido encontrada até aquela fase.

Imagine-se a hipótese em que o julgador, após condenar o agente pela prática do delito em tela, comece o raciocínio correspondente à aplicação da pena. Suponhamos que todas as circunstâncias judiciais lhe sejam favoráveis, razão pela qual, tendo em vista que a vítima, efetivamente, viera a falecer, fixa a pena-base no mínimo legal, vale dizer, em 2 (dois) anos. No momento seguinte, ou seja, quando da análise das circunstâncias atenuantes ou agravantes, o juiz percebe a existência de uma certidão de nascimento nos autos comprovando que o agente era menor de 21 anos à época, devendo, portanto, nos termos do art. 65, I, do Código Penal, atenuar a pena-base que lhe fora aplicada. Suponhamos que a redução tenha sido de 2 (dois) meses, ficando, agora, a pena em 1 (um) ano e 10 (dez) meses de reclusão. No terceiro momento, o juiz verifica, mediante a análise do conjunto probatório, que o réu praticou o delito impelido por um motivo egoístico, e duplica a pena até então encontrada, que passa a perfazer o total de 3 (três) anos e 8 (oito) meses.

Entendidas como causas especiais de aumento de pena, vamos à análise de cada uma delas, individualmente:

a) *Motivo egoístico*. Por motivo egoístico entende-se o motivo mesquinho, torpe, que cause certa repugnância, a exemplo da hipótese em que o agente induz seu irmão a cometer o suicídio a fim de herdar, sozinho, o patrimônio deixado pelos seus pais. Guilherme de Souza Nucci ainda o define dizendo tratar-se "do excessivo apego a si mesmo, o que evidencia o desprezo pela vida alheia, desde que algum benefício concreto advenha ao agente. Logicamente merece maior punição."[89]

b) *Motivo torpe ou fútil*. Torpe é o motivo abjeto, que causa repugnância, nojo, sensação de repulsa pelo fato praticado pelo agente, a exemplo daquele que induz a vítima ao suicídio com a finalidade de herdar-lhe a herança; fútil é o motivo insignificante, havendo uma desproporcionalidade no comportamento praticado pelo agente.

c) *Vítima menor*. Quando a lei fala em vítima menor, está se referindo àquela menor de 18 anos, data em que se inicia a maturidade penal, e maior de 14 anos.

d) Vítima que tem diminuída, por qualquer causa, a capacidade de resistência. A lei fala em *diminuição da capacidade de resistência*, e não em eliminação dessa capacidade. Se a vítima não pode oferecer resistência, o delito será o de homicídio, nos termos preconizados pelo § 7º do art. 122 do Código Penal. Podem ser citados como exemplos de diminuição de capacidade o fato de estar a vítima embriagada, sob o efeito de drogas, deprimida, angustiada, com algum tipo de enfermidade grave etc.

---

[88] MARQUES, José Frederico. *Tratado de direito penal*, v. IV, p. 167.

[89] NUCCI, Guilherme de Souza. *Código penal comentado*, p. 401.

Diz o § 4º do art. 122 do Código Penal que a pena é aumentada até o dobro se a conduta é realizada por meio da rede de computadores, de rede social ou transmitida em tempo real.

A Lei nº 14.811/2024, inserindo o inciso X no art. 1º da Lei nº 8.072/90, passou a reconhecer como hediondo o crime de induzimento, instigação ou auxílio a suicídio ou a automutilação, desde que realizados por meio da rede de computadores, de rede social ou transmitidos em tempo real. Embora querendo entender como hedionda somente a infração penal em estudo quando praticada por meio da rede de computadores, de rede social ou transmitidos em tempo real, o legislador, de forma equivocada e sem a menor técnica, fez inserir, entre parênteses, a referência ao art. 122, *caput* e § 4º, dando a entender que a modalidade simples de induzimento, instigação ou auxílio a suicídio ou a automutilação também seria considerada como hedionda, ao contrário do que consta, expressamente, na menção do *nomen juris* da infração penal por ele mesmo eleita. Enfim, atecnias à parte, somente será considerado hediondo o delito de induzimento, instigação ou auxílio a suicídio ou a automutilação quando realizados por meio da rede de computadores, de rede social ou transmitidos em tempo real, ficando afastada as demais hipóteses.

Por *rede de computadores* podemos entender um conjunto de equipamentos interligados, que possibilitam a troca de dados, de informações entre si. Existem vários tipos de rede, a exemplo da Internet, das redes de área local (LAN), das redes de área pessoal (PAN), das redes de campus, das redes globais (GAN), das Internetworks, das metropolitan área network (MAN) etc.

A rede social é uma plataforma cuja finalidade principal é conectar pessoas e compartilhar informações entre elas, e pode possuir tanto um caráter pessoal quanto de natureza comercial ou profissional. Podem se configurar através de diversas formas, a exemplo de sites ou mesmo aplicativos. Hoje em dia, existem diversas redes sociais, a exemplo do Facebook, Instagram, Linkedin, Twitter, YouTube, TikTok, Snapchat etc.

Por transmissão em tempo real, podemos entender qualquer meio que possibilite a comunicação entre o agente e a vítima.

A pena poderá ser aumentada até o dobro. Assim, nos perguntamos: qual seria o aumento mínimo a ser aplicado pelo julgador, em ocorrendo qualquer das hipóteses previstas pelo § 4º do art. 122 do Código Penal? Entendemos que o aumento mínimo deverá ser de 1/6 (um sexto), para que seja mantida a coerência com as demais causas de aumento de pena, previstas no Código Penal, que adota esse padrão mínimo. Assim, quanto maior a gravidade da conduta e a facilidade obtida para a prática do crime através da utilização da rede de computadores, ou da rede social, ou mesmo quando transmitida em tempo real, maior será o aumento da pena.

Determina, ainda, o § 5º do art. 122 do Código Penal, com a redação determinada pela Lei nº 14.811/2024, que aplica-se a pena em dobro se o autor é líder, coordenador ou administrador de grupo, de comunidade ou de rede virtual, ou por estes é responsável.

Aqui, impõe-se um maior juízo de reprovação para aqueles que, efetivamente, ocupam posição de liderança, coordenação ou administração de grupo, de comunidade ou de rede virtual, ou mesmo por estes é responsável.

### 4.11 Vítimas vulneráveis

Os §§ 6º e 7º do art. 122 do Código Penal trouxeram hipóteses em que as vítimas se encontram em situação de vulnerabilidade, que as impede de raciocinar com relação aos atos que praticam. Em alguns casos, há uma presunção absoluta dessa incapacidade, a exemplo do que ocorre com os menores de 14 anos. Em outros, essa situação deverá ser demonstrada no caso concreto, como no caso da comprovação do discernimento do portador de enfermidade ou deficiência mental.

Assim, diz o § 6º do referido art. 122, *verbis*:

> § 6º Se o crime de que trata o § 1º deste artigo resulta em lesão corporal de natureza gravíssima e é cometido contra menor de 14 (quatorze) anos ou contra quem, por enfermidade ou deficiência mental, não tem o necessário discernimento para a prática do ato, ou que, por qualquer outra causa, não pode oferecer resistência, responde o agente pelo crime descrito no § 2º do art. 129 deste Código.

Inicialmente, o § 6º nos remete ao § 1º, ambos do art. 122 do Código Penal, asseverando que o agente será responsabilizado pelo delito tipificado no § 2º do art. 129 do Código Penal se do induzimento, instigação ou auxílio material vier a ocorrer lesão corporal gravíssima na vítima, independentemente de a finalidade dessa última ser a prática do suicídio ou a automutilação.

Embora o § 1º do art. 122 faça menção tanto a lesão corporal de natureza grave como também às gravíssimas, somente haverá a aplicação do § 2º do mesmo artigo se houver lesão corporal gravíssima. Assim, por exemplo, se a vítima for menor de 14 anos e, em razão da automutilação, sofrer lesão corporal de natureza grave, o fato continuará a ser punido tão somente pelo § 1º do art. 122 do estatuto repressivo.

São consideradas vulneráveis, para efeitos de aplicação do § 2º do art. 122 do Código Penal, as vítimas:

a) menores de 14 anos;
b) portadoras de enfermidade ou deficiência mental, que não tenham o necessário discernimento para a prática do ato;
c) que por qualquer outra causa não puderem oferecer resistência.

Já o § 7º do art. 122 do Código Penal aduz que:

> § 7º Se o crime de que trata o § 2º deste artigo é cometido contra menor de 14 (quatorze) anos ou contra quem não tem o necessário discernimento para a prática do ato, ou que, por qualquer outra causa, não pode oferecer resistência, responde o agente pelo crime de homicídio, nos termos do art. 121 deste Código.

A falta de técnica do legislador fica evidente nesse parágrafo. Por que razão mencionaria no § 6º o portador de enfermidade ou deficiência mental, e não exigiria essa condição no § 7º do mesmo artigo? Na verdade, o que muda nos dois parágrafos é tão somente a gravidade do resultado. No § 6º exige-se que tenha ocorrido uma lesão corporal gravíssima, isto é, qualquer uma daquelas existentes no rol do § 2º do art. 129 do Código Penal. No § 7º exige-se que tenha ocorrido o resultado morte.

Enfim, para efeitos de aplicação do § 7º do art. 122 do Código Penal, são essas as pessoas consideradas vulneráveis:

a) menores de 14 anos;
b) as que não tenham o necessário discernimento para a prática do ato;
c) as que por qualquer outra causa, não puderem oferecer resistência.

### 4.12 Pena, ação penal, competência para julgamento e suspensão condicional do processo

A pena prevista pelo *caput* do art. 122 do Código Penal é de reclusão, de 6 (seis) meses a 2 (dois) anos.

A pena será de reclusão, de 1 (um) a 3 (três) anos, de acordo com o § 1º do art. 122 do diploma repressivo se da automutilação ou da tentativa de suicídio resultar lesão corporal de natureza grave ou gravíssima, nos termos dos §§ 1º e 2º do art. 129 do Código Penal.

Se o suicídio se consuma ou se da automutilação resultar morte, a pena será de reclusão, de 2 (dois) a 6 (seis) anos, conforme preconiza o § 2º do art. 122 do Código Penal.

De acordo com o § 6º do art. 122, se o crime de que trata o § 1º deste artigo resulta em lesão corporal de natureza gravíssima e é cometido contra menor de 14 (quatorze) anos ou contra quem, por enfermidade ou deficiência mental, não tem o necessário discernimento para a prática do ato, ou que, por qualquer outra causa, não pode oferecer resistência, responderá o agente pelo crime descrito no § 2º do art. 129 do Código Penal.

Se o crime de que trata o § 2º do art. 122 do Código Penal é cometido contra menor de 14 (quatorze) anos ou contra quem não tem o necessário discernimento para a prática do ato, ou que, por qualquer outra causa, não pode oferecer resistência, responderá o agente pelo crime de homicídio (art. 121 do CP), conforme determina o § 7º do art. 122 do Código Penal.

A ação penal é de iniciativa pública incondicionada.

Com relação à infração penal tipificada no *caput* do art. 122 do Código Penal, teremos que avaliar duas situações distintas. A primeira delas diz respeito ao fato de o agente agir com a finalidade de induzir, instigar ou auxiliar materialmente a vítima ao suicídio. Aqui, sem dúvida, teríamos a prática de um crime doloso contra a vida, independentemente do fato de a pena máxima cominada em abstrato ser de, tão somente, dois anos, o que nos induziria, equivocadamente, a entender pela competência do Juizado Especial Criminal. *In casu*, em se tratando de induzimento, instigação ou auxílio material ao suicídio a competência para o processo e o julgamento será do Tribunal do Júri, nos termos da alínea *d* do inciso XXXVIII do art. 5º da Constituição Federal, que diz, *verbis*:

> XXXVIII – é reconhecida a instituição do júri, com a organização que lhe der a lei, assegurados:
> (...)
> d) a competência para o julgamento dos crimes dolosos contra a vida;

No que diz respeito ao induzimento, instigação e auxílio à automutilação, não sendo um crime doloso contra a vida, mas sim contra a integridade física, por mais que esteja, equivocadamente, inserido no Capítulo I (Dos crimes contra a vida) do Título I (Dos crimes contra a pessoa) do Código Penal, será o dolo do agente que definirá a natureza da infração penal. Assim, portanto, no que diz respeito ao induzimento, instigação e auxílio material à automutilação, por não se tratar de um crime doloso contra a vida, mas sim de um delito doloso contra a integridade física da vítima, tendo em vista a pena máxima cominada em abstrato no *caput* do art. 122 do Código Penal, a competência, para este delito será do Juizado Especial Criminal, nos termos dos arts. 60 e 61 da Lei nº 9.099/95, que dizem:

> **Art. 60.** O Juizado Especial Criminal, provido por juízes togados ou togados e leigos, tem competência para a conciliação, o julgamento e a execução das infrações penais de menor potencial ofensivo, respeitadas as regras de conexão e continência.
> **Art. 61.** Consideram-se infrações penais de menor potencial ofensivo, para os efeitos desta Lei, as contravenções penais e os crimes a que a lei comine pena máxima não superior a 2 (dois) anos, cumulada ou não com multa.

*Ab initio*, será possível proposta de suspensão condicional do processo nas infrações penais tipificadas no *caput* e no § 1º do art. 122 do Código Penal.

## 4.13 Destaques

### 4.13.1 *Suicídio conjunto (pacto de morte)*

Impossível discorrer sobre o crime de induzimento, instigação e auxílio a suicídio ou a automutilação sem fazer menção ao chamado suicídio conjunto ou pacto de morte. Assim, no exemplo em que dois namorados, contrariados porque ambas as famílias não permitem o romance, resolvem suicidar-se, devemos sempre ter em foco o comportamento de cada um deles, no sentido de conseguirem sucesso no plano de morte.

Isso porque, conforme afirmamos, para que responda pelo delito do art. 122 do Código Penal, o agente não pode ter praticado qualquer ato de execução característico do delito de homicídio, pois, caso contrário, deverá ser responsabilizado por esse delito.

Imagine-se a hipótese daquele casal de namorados que, após decidirem que eliminariam a vida, resolvam fazê-lo com o emprego de um revólver. Como a menina não tinha força suficiente para apertar o gatilho, seu namorado, "gentilmente", aponta-lhe a arma em direção à cabeça e puxa o gatilho, causando-lhe a morte. Ele, logo em seguida, faz o mesmo, atirando contra a própria cabeça. Contudo, embora ferido gravemente, consegue sobreviver.

Teria o namorado sobrevivente cometido o delito do art. 122 do Código Penal? A resposta, aqui, só pode ser negativa, uma vez que, tendo executado comportamento característico do crime de homicídio, deverá por este responder.

Se cada um dos namorados, cada qual com sua própria arma, tivesse atirado contra a cabeça, o sobrevivente responderia pelo delito de induzimento, instigação e auxílio a suicídio ou a automutilação.

Podemos citar, ainda, o exemplo trazido à colação por Hungria, quando os namorados pactuados em morrer juntos optam por fazê-lo por asfixia de gás carbônico, "e enquanto um abria o bico de gás, o outro calafetava as frinchas do compartimento. Se qualquer deles sobrevive, responderá por *homicídio*, pois concorreu materialmente no *ato executivo* da morte do outro. Se ambos sobrevivem, responderão por tentativa de homicídio. No caso em que somente um deles tivesse calafetado as frestas e aberto o bico de gás, responderá este, na hipótese de sobrevivência de ambos, por tentativa de homicídio, enquanto o outro responderá por instigação a suicídio".[90]

### 4.13.2 Greve de fome

Inicialmente, devemos salientar que aqueles que, reivindicando ser atendidos em um pedido qualquer, com o objetivo de sensibilizar os responsáveis, dão início à chamada "greve de fome", não atuam no sentido de querer causar a própria morte.

A regra, na verdade, é que nutrem a esperança de serem atendidos o mais rápido possível, a fim de que possam sair daquela situação desconfortável.

Em cada caso, devemos procurar saber quais são os agentes que, em razão de sua particular condição, a exemplo do médico, polícia penal etc., gozam do *status* de garantidor, com a finalidade de poder-lhes atribuir eventual resultado (morte ou lesões).

Contudo, podem existir situações em que os grevistas se encontrem realmente dispostos a morrer pela causa que defendem. A greve se transforma, muitas vezes, em um protesto, que pode ter consequências funestas. Não é incomum, nos dias de hoje, os canais de televisão mostrarem cenas estarrecedoras de pessoas que lançam fogo contra o próprio corpo, transformando-se em tochas humanas, para que as demais pessoas, vendo-as morrer, também se sensibilizem com a causa em razão da qual entregaram a vida.

Dessa forma, a exemplo daquilo que discorremos no item anterior, se a greve de fome se transforma em um protesto mortal, o caso será resolvido como sendo o de pacto de morte, e voltaremos ao que dissemos acima. Se dois manifestantes, de comum acordo, resolvem incendiar o próprio corpo, um agindo estimulado pelo outro, teremos aqui, mais uma vez, o pacto de morte, com os raciocínios que lhe são inerentes.

---

[90] HUNGRIA, Nélson. *Comentários ao código penal*, v. V, p. 232.

Nesse caso, se um dos manifestantes risca o fósforo e o arremessa ao corpo do outro, já totalmente embebido de combustível, responderá pelo homicídio, tentado ou consumado, se sobreviver. Agora, se ambos os manifestantes praticam todos os atos destinados a produzir-lhes a morte, ou seja, cada um deles joga em si mesmo o combustível e risca o fósforo, o sobrevivente responderá pelo delito de induzimento, instigação e auxílio a suicídio ou a automutilação.

### 4.13.3 Testemunhas de Jeová

A seita Testemunhas de Jeová foi fundada, em 1872, por Charles Taze Russel e tem como um de seus dogmas não aceitar a transfusão de sangue, sob o argumento, *permissa vênia*, equivocado, de que introduzir sangue no corpo pela boca ou pelas veias viola as leis de Deus.

O que fazer diante de uma situação em que um adepto da seita das Testemunhas de Jeová, depois de ferir-se gravemente em um acidente de trânsito, necessitando realizar uma transfusão de sangue, recusa-se a fazê-lo sob o argumento de que prefere morrer a ser contaminado com o sangue de outra pessoa, que passará a correr em suas veias?

Imagine-se a situação em que, sem a transfusão de sangue, a morte da vítima seja certa. Dessa forma, temos de observar os seguintes detalhes:

*a)*   o próprio agente, maior e capaz, recusa-se terminantemente a receber o sangue;

*b)*   seus pais, dada a falta de consciência do paciente, não permitem a transfusão;

*c)*   a responsabilidade do médico diante dessa hipótese.

Entendemos que, no caso de ser imprescindível a transfusão de sangue, mesmo sendo a vítima maior e capaz, tal comportamento deverá ser encarado como uma tentativa de suicídio, podendo o médico intervir, inclusive sem o seu consentimento, uma vez que atuaria amparado pelo inciso I do § 3º do art. 146 do Código Penal, que diz não se configurar constrangimento ilegal a "intervenção médica ou cirúrgica, sem o consentimento do paciente ou de seu representante legal, se justificada por iminente perigo de vida."

Os pais daquele que não possui capacidade para consentir são, conforme determina o § 2º do art. 13 do Código Penal, considerados garantidores, tendo de levar a efeito tudo o que esteja ao alcance deles, a fim de evitar a produção do resultado lesivo. Se o paciente, por exemplo, necessitava de transfusão de sangue, sob risco iminente de morte, também poderá o médico, deixando de lado a orientação dos pais que seguem a seita das Testemunhas de Jeová, realizar a transfusão de sangue, com fundamento no mencionado parágrafo do art. 146 do Código Penal.

Agora, o que fazer com os pais que não autorizam a necessária transfusão de sangue, retirando até mesmo seu filho do hospital, o qual, em razão disso, vem a falecer? Embora a Constituição Federal, no inciso VI do seu art. 5º, diga ser *inviolável a liberdade de consciência e de crença, sendo assegurado o livre exercício dos cultos religiosos e garantida, na forma da lei, a proteção aos locais de culto e as suas liturgias*, entendemos que, nesse caso, deverão os pais responder pelo delito de homicídio, uma vez que gozam do *status* de garantidores, não podendo erigir em seu benefício a dirimente relativa à inexigibilidade de conduta diversa.

Se permitíssemos esse raciocínio, outras seitas que apregoam o sacrifício de seres humanos, até mesmo mediante sua vontade expressa nesse sentido, também agiriam acobertadas por essa excludente da culpabilidade.

No que diz respeito à posição ocupada pelo médico, também acreditamos que, enquanto o paciente estiver sob os seus cuidados, deverá levar a efeito todos os procedimentos que estejam ao seu alcance, aí incluída a transfusão de sangue, no sentido de salvá-lo, pois que também é considerado garantidor.

Em artigo específico sobre o tema, em que analisa a coexistência de princípios constitucionais do direito à vida e à liberdade de crença religiosa, Élber Bezerra de Andrade aponta a existência de tratamentos alternativos à transfusão de sangue, o que permitiria respeitar a crença do paciente sem colocar em risco a sua vida, aduzindo que:

"No decorrer dos anos a Medicina desenvolveu alternativas às transfusões de sangue, comumente denominadas de 'gerenciamento e conservação de sangue'. As justificativas para o desenvolvimento dessas alternativas são: a) atender pacientes que recusam as transfusões de sangue por motivos religiosos ou pessoais; b) evitar complicações médicas associadas às transfusões de sangue; c) proteger os pacientes da exposição de doenças causadas por vírus e bactérias resultantes de sangue contaminado. As alternativas à transfusão se fundamentam em quatro princípios: a) reduzir a perda de sangue; b) preservar glóbulos vermelhos; c) estimular a produção de sangue; d) recuperar o sangue perdido durante a cirurgia.

Como meio de prevenir a perda de sangue, o cirurgião pode utilizar instrumentos cirúrgicos como o eletrocautério, que, à medida que corta os tecidos, cauteriza os vasos sanguíneos, prevenindo hemorragias. Caso ocorra uma hemorragia no local que está sendo operado, é possível utilizar o feixe de gás argônio como coagulador. Há também a cola de fibrina, que estimula a coagulação por contato.

Para a preservação dos glóbulos vermelhos, que são essenciais para o transporte de gases, a equipe médica pode empregar o uso da hemodiluição, uma técnica que, por meio de um circuito fechado em contato com o corpo do paciente, desvia o sangue para bolsas, e em seguida são injetados fluidos que aumentam o volume, resultando em sangue diluído. Em caso de sangramento, a perda de glóbulos vermelhos será reduzida. Seria como misturar 2 litros de leite com 5 litros de água, obtendo 7 litros em volume. Mesmo que se retire 1 litro desse volume, a perda de leite não é tão drástica. Na hemodiluição, encerrado o procedimento cirúrgico, os fluidos são descartados e o sangue retido em bolsas retorna ao sistema circulatório do paciente.

Conforme citado anteriormente, a produção de sangue pode ser estimulada por meio de drogas como a *eritoproetina, interleucina* e o *aranesp*. Para recuperação do sangue perdido durante a cirurgia, podem ser utilizados equipamentos como o *Cell Saver*."

E continua seu raciocínio citando uma reportagem da revista *Time* de outubro de 1997:

"Explicando sobre os avanços da medicina sem sangue, Langone (1997) considerou o caso de Henry Jackson, um homem de 32 anos. Ele havia sofrido uma forte hemorragia interna, perdendo 90% de sangue. Seu nível de hemoglobina (que são vitais para o transporte de oxigênio) havia caído de 13g/dl para 1,7. Seu quadro clínico era considerado extremamente crítico, já que em um nível de 6g/dl de hemoglobina a transfusão de sangue já é recomendada. O hospital de New Jersey havia recebido Henry Jackson e a equipe médica que o atendia estava determinada a transfundir sangue, mas a esposa do paciente, que era Testemunha de Jeová, estava dividida entre a vida do seu marido e sua crença religiosa. Devido ao posicionamento da equipe médica do primeiro hospital, o paciente foi transferido para o Hospital Englewood, sob os cuidados da equipe do Dr. Aryeh Shander. A primeira medida da equipe foi aplicar medicamentos no paciente para reduzir o consumo de oxigênio pelos músculos, cérebro e pulmões. Em seguida foram ministradas doses de suplementos de alto teor de ferro e de vitaminas. Por fim, o paciente recebeu doses elevadas de *eritoproetina* e fluidos intravenosos para manter a circulação sanguínea. Depois de quatro dias o nível de hemoglobina do paciente estava estabilizado. Curiosamente, o primeiro hospital havia ligado para saber se Henry Jackson havia morrido. Sem disfarçar a satisfação o Dr. Shander respondeu: 'Ele não só está vivo, mas está bem e pronto para receber alta, e em pouco tempo voltará às suas atividades normais' (LANGONE, 1997, p. 2, tradução nossa).

O emprego das alternativas às transfusões de sangue permite ao médico tratar pacientes que rejeitam o uso de sangue como terapia, seja por convicções pessoais ou religiosas. O corpo do paciente não é um mero objeto nas mãos de um médico. Todo paciente tem o direito de escolher o tratamento médico que considera necessário. A relação entre médico e paciente deve ser pautada pela cooperação, não pela imposição."

Dessa forma, sendo possível o tratamento alternativo, já não mais poderemos imputar a prática de qualquer infração penal aos responsáveis pelo paciente que, supostamente, necessitava da transfusão de sangue, ficando, agora, os médicos obrigados a optar pela alternativa que não agrida suas crenças religiosas.

### 4.13.4 Julgamento pelo júri sem a presença do réu

Dadas as alterações levadas a efeito no Código de Processo Penal, não mais se exige a presença do réu em plenário do Júri para que possa ser realizado o seu julgamento. O art. 457 e parágrafos, com a redação determinada pela Lei nº 11.689, de 9 de junho de 2008, dizem, *verbis*:

> **Art. 457.** O julgamento não será adiado pelo não comparecimento do acusado solto, do assistente ou do advogado do querelante, que tiver sido regularmente intimado.
>
> § 1º Os pedidos de adiamento e as justificações de não comparecimento deverão ser, salvo comprovado motivo de força maior, previamente submetidos à apreciação do juiz presidente do Tribunal do Júri.
>
> § 2º Se o acusado preso não for conduzido, o julgamento será adiado para o primeiro dia desimpedido da mesma reunião, salvo se houver pedido de dispensa de comparecimento subscrito por ele e seu defensor.

### 4.13.5 Jogo da baleia azul

A baleia azul é um jogo que, provavelmente, teria surgido na Rússia, se alastrando por todas as redes sociais. Essa expressão "baleia azul" diz respeito ao fenômeno de baleias encalhadas, taxadas, equivocadamente, de suicidas. Seus líderes usam perfis falsos, dificultando, assim, seu reconhecimento e, consequentemente, sua prisão.

A finalidade do jogo é fazer com que seus participantes, normalmente crianças e adolescentes, cumpram tarefas diárias, perfazendo um total de 50. Essas tarefas, em sua maioria, envolvem automutilações, que devem ser devidamente registradas via fotografia, ou mesmo filmadas, e enviadas ao chamado "curador/líder" do grupo, cuja finalidade é coordenar o jogo e fazer o passo a passo com as vítimas, induzindo-as e incitando-as às automutilações.

A última de todas as tarefas é o suicídio.

O jogo também é feito com intimidações, pois aqueles que desejam dele sair são ameaçados por esses covardes "curadores/líderes/administradores".

Infelizmente, o jogo já se espalhou por todo o território nacional, deixando um rastro de vítimas inocentes.

Agora, após a edição da Lei nº 13.968, de 26 de dezembro de 2019, com a inclusão da automutilação no art. 122 do Código Penal, a conduta desses criminosos se amoldará, com precisão, ao tipo penal em exame, em que, como regra, será aplicada a causa especial de aumento de pena prevista no § 1º do art. 122 do Código Penal, aumentando-se a pena até o dobro, uma vez que a conduta do agente é praticada por meio da rede de computadores ou pelas redes sociais, podendo, ainda, ser aplicada a majorante do § 5º do mesmo artigo, na hipótese de ser descoberto o chamado curador, que na verdade se encontra numa posição de liderança, fazendo jus, assim, a um aumento de metade da pena que lhe for imposta.

## 4.14 Quadro-resumo

### Sujeitos
» Ativo: qualquer pessoa.
» Passivo: qualquer pessoa, desde que a vítima tenha capacidade de discernimento, de autodeterminação, pois, caso contrário, estaremos diante do delito de homicídio.

### Objeto material
É a pessoa contra a qual é dirigida a conduta do agente.

### Bem(ns) juridicamente protegido(s)
A vida e a integridade física são os bens juridicamente protegidos pelo tipo do art. 122 do Código Penal, com a nova redação que lhe foi conferida pela Lei 13.968, de 26 de dezembro de 2019.

### Elemento subjetivo
» É o dolo, seja direto, seja eventual.
» Não há previsão legal para a modalidade culposa.
» Assim, o agente deve dirigir finalisticamente sua conduta no sentido de criar a ideia suicida ou automutiladora na vítima, ou mesmo estimulá-la ou auxiliá-la materialmente a esse fim.

### Modalidades comissiva e omissiva
Os núcleos constantes do art. 122 do CP pressupõem um comportamento comissivo por parte do agente, podendo ser praticado, também, via omissão imprópria.

### Participações
» Moral: ocorre nas hipóteses de induzimento ou instigação ao suicídio.
» Material: o agente auxilia materialmente a vítima a conseguir o seu intento, fornecendo, por exemplo, o instrumento que será utilizado na execução do autocídio (revólver, faca, corda para a forca etc.), ou mesmo simplesmente esclarecendo como usá-lo

### Consumação e tentativa
» No que diz respeito ao comportamento tipificado no caput do art. 122 do Código Penal, o delito se consuma quando a vítima, após ter sido induzida, instigada ou auxiliada materialmente pelo agente, dá início a atos tendentes a eliminar a própria vida ou se automutilar.
» Em se tratando de um delito material, quando a vítima atenta contra a própria vida, produzindo ou não, em si mesma lesões corporais de natureza leve, ou quando, efetivamente se automutila, ofendendo sua integridade corporal, nesse exato instante entendemos como consumado o delito de induzimento, instigação e auxílio a suicídio ou a automutilação.
» A modalidade qualificada prevista no § 1º do art. 122 do CP quando a vítima, induzida, instigada ou auxiliada materialmente, leva a efeito o comportamento tendente a eliminar a própria vida ou a se automutilar, advindo, daí, lesão corporal de natureza grave ou gravíssima, isto é, aquelas previstas nos §§ 1º e 2º do art. 129 do diploma repressivo.
» Se o suicídio se consuma, ocorrendo a morte da vítima, ou se o automutilado também vem a falecer, mesmo não sendo essa sua intenção inicial, restará consumado o delito na modalidade prevista no § 2º do mencionado art. 122.
» Em se tratando de um delito plurissubsistente, será perfeitamente admissível a tentativa.

## 5. INFANTICÍDIO

> Acesse e assista à aula explicativa sobre este assunto.
> http://uqr.to/1wmct

**Infanticídio**
**Art. 123.** Matar, sob a influência do estado puerperal, o próprio filho, durante o parto ou logo após:
Pena – detenção, de dois a seis anos.

### 5.1 Introdução

Relembra Noronha:

"O infanticídio teve, através das épocas, considerações diversas. Em Roma, como se vê das Institutas de Justiniano (Liv. IV, Tít. XVIII, § 6º), foi punido com pena atroz, pois o condenado era cosido em um saco com um cão, um galo, uma víbora e uma macaca, e lançado ao mar ou ao rio. No direito medieval, a Carolina (Ordenação de Carlos V), art. 131, impunha o sepultamento em vida, o afogamento, o empalamento ou a dilaceração com tenazes ardentes. Foi no século XVIII, sobretudo, que o delito passou a ser considerado mais brandamente, e hoje, não obstante vozes em contrário, é orientação comum das legislações e também a seguida pelos Códigos pátrios."[91]

Analisando a figura típica do infanticídio, percebe-se que se trata, na verdade, de uma modalidade especial de homicídio, que é cometido levando-se em consideração determinadas condições particulares do sujeito ativo, que atua influenciado pelo estado puerperal, em meio a certo espaço de tempo, pois o delito deve ser praticado durante o parto ou logo após.

O ideal seria, como veremos mais adiante, que o delito de infanticídio fosse tratado como uma espécie de homicídio privilegiado, ficando, dessa forma, umbilicalmente ligado ao *caput* do art. 121 do Código Penal por meio de um parágrafo, coisa que não acontece atualmente, fazendo com que seja entendido como uma infração penal autônoma.

Seus traços marcantes e inafastáveis são, portanto, os seguintes:

a) que o delito seja cometido *sob a influência do estado puerperal*;
b) que tenha como objeto o *próprio filho* da parturiente;
c) que seja cometido *durante o parto* ou, pelo menos, *logo após*.

### 5.2 Classificação doutrinária

Crime próprio (pois somente pode ser cometido pela mãe, que atua influenciada pelo estado puerperal); simples; de forma livre; doloso, comissivo e omissivo impróprio (uma vez que o sujeito ativo goza do *status* de garantidor); de dano; material; plurissubsistente; monossubjetivo; não transeunte; instantâneo de efeitos permanentes.

### 5.3 Sob a influência do estado puerperal

*Ab initio*, deve ser determinado um conceito de estado puerperal, a fim de que se possa iniciar o raciocínio do delito de infanticídio.

---
[91] NORONHA, Edgard Magalhães. *Direito penal*, v. 2, p. 40.

Jorge de Rezende, traduzindo um conceito médico de puerpério, esclarece:

"*Puerpério, sobreparto ou pós-parto*, é o período cronologicamente variável, de âmbito impreciso, durante o qual se desenrolam todas as manifestações involutivas e de recuperação da genitália materna havidas após o parto. Há, contemporaneamente, importantes modificações gerais, que perduram até o retorno do organismo às condições vigentes antes da prenhez. A relevância e a extensão desses processos são proporcionais ao vulto das transformações gestativas experimentadas, isto é, diretamente subordinadas à duração da gravidez."[92]

Apesar da definição médica trazida à colação, tem-se entendido que o chamado estado puerperal não é tão somente aquele que se desenvolve após o parto, incluindo-se nesse raciocínio o período do parto e também o sobreparto.[93] Durante esse período, a parturiente sofre abalos de natureza psicológica que a influenciam para que decida causar a morte do próprio filho. Paulo José da Costa Júnior, analisando o estado puerperal, diz:

"A mulher, abalada pela dor obstétrica, fatigada, sacudida pela emoção, sofre um colapso do senso moral, uma liberação de instintos perversos, vindo a matar o próprio filho."[94]

A lei penal exige, portanto, para reconhecimento do infanticídio, que a parturiente atue *sob a influência do estado puerperal*. Dessa forma, imagine-se a hipótese em que uma mulher, logo após o parto, *em estado puerperal*, vá até ao berçário e cause a morte do seu próprio filho. Indaga-se: qual infração penal teria cometido a parturiente?

À primeira vista, somos quase que impulsionados a responder pelo delito de infanticídio. Contudo, a resposta correta para a questão apresentada, da forma como foi elaborada, seria, na verdade, o delito de homicídio.

Isso porque, conforme inserimos no exemplo formulado, a mãe, realmente, havia causado a morte do próprio filho, logo após o parto, encontrando-se, ainda, *em estado puerperal*. Entretanto, para que se caracterize o infanticídio, exige a lei penal mais do que a existência do estado puerperal, comum em quase todas as parturientes, algumas em menor e outras em maior grau. O que o Código Penal requer, de forma clara, é que a parturiente atue *influenciada* por esse *estado puerperal*.

Assim, o critério adotado não foi o puramente biológico, físico, mas, sim, uma fusão desse critério com outro, de natureza psicológica, surgindo daí o critério chamado *fisiopsíquico* ou *biopsíquico*.

Podemos, a título de ilustração, identificar três níveis de estado puerperal, a saber: mínimo, médio, máximo.

Se a parturiente, embora em estado puerperal, considerado de grau mínimo, não atuar, por essa razão, influenciada por ele, e vier a causar a morte de seu filho, durante ou logo após o parto, deverá responder pelo delito de homicídio.

Em sentido diametralmente oposto, se a parturiente, completamente perturbada psicologicamente, dada a intensidade do seu estado puerperal, considerado aqui como de nível máximo, provocar a morte de seu filho durante o parto ou logo após, deverá ser tratada como inimputável, afastando-se, outrossim, a sua culpabilidade e, consequentemente, a própria infração penal.

Nesse sentido, concluindo pelo afastamento da culpabilidade em decorrência ao estado puerperal da parturiente, posiciona-se Frederico Marques:

---

[92] REZENDE, Jorge de. O puerpério. In: REZENDE, Jorge de *et al*. (Coord.). *Obstetrícia*, p. 373.

[93] Conforme Hungria (*Comentários ao código penal*, v. V, p. 239).

[94] COSTA JÚNIOR, Paulo José da. *Curso de direito penal*, v. 2, p. 18.

"Quando a parturiente é uma doente mental e comete o crime sob a influência do estado puerperal, sem qualquer poder de autodeterminação, impunível é o seu ato homicida, por tratar-se de pessoa inimputável. E o mesmo se dá quando ocorrem psicoses ou doenças mentais causadas pelo puerpério, com completa anulação do poder de autodeterminação, cabendo, então, aplicar-se o que dispõe o art. 26 do Código Penal."[95]

Numa situação intermediária encontra-se a gestante que atua influenciada pelo estado puerperal e, assim, vem a dar causa à morte de seu filho durante o parto ou logo após, sendo o seu estado puerperal considerado de grau médio. Este, para nós, é o que havia sido adotado pelo Código Penal e que caracteriza, efetivamente, o delito de infanticídio.

A própria Exposição de Motivos da parte especial do Código Penal, em seu item 40, esclarece:

> 40. O *infanticídio* é considerado um *delictum exceptum* quando praticado pela parturiente *sob a influência do estado puerperal*. Esta cláusula, como é óbvio, não quer significar que o puerpério acarrete sempre uma perturbação psíquica: é preciso que fique averiguado ter esta realmente sobrevindo em consequência daquele, de modo a diminuir a capacidade de entendimento ou de autoinibição da parturiente. Fora daí, não há por que distinguir entre infanticídio e homicídio. Ainda quando ocorra *honoris causa* [...], a pena aplicável é a de homicídio.

Ainda temos de resolver uma última indagação. Afirmamos, com base nas lições de Frederico Marques, que se a parturiente estiver abalada de tal maneira que seja inteiramente incapaz de entender a ilicitude do fato por ela praticado, ou de determinar-se de acordo com esse entendimento, será tratada como inimputável, afastando-se, consequentemente, sua culpabilidade, bem como a própria infração penal, uma vez que a característica da culpabilidade é um dos elementos que integram o conceito analítico de crime.

Contudo, pode ser que a gestante, em decorrência de suas perturbações psicológicas originárias de seu estado puerperal, não seja totalmente incapaz de entender o caráter ilícito do fato ou de determinar-se de acordo com esse entendimento. Nesse caso, poderíamos aplicar-lhe a diminuição de pena contida no parágrafo único do art. 26 do Código Penal?

Embora não seja pacífico o tema, a maioria de nossos doutrinadores admite tal possibilidade, a exemplo de Hungria, que diz que "não há incompatibilidade alguma entre o reconhecimento da *influência do estado puerperal* e, a seguir, o da *irresponsabilidade* ou da *responsabilidade diminuída*, segundo a regra geral;"[96] ou, ainda, Luiz Regis Prado afirmando ser possível "o reconhecimento da influência do estado puerperal e também da inimputabilidade (art. 26, *caput*) ou da semi-imputabilidade da parturiente (art. 26, parágrafo único), conforme o caso."[97]

## 5.4 Sujeito ativo e sujeito passivo

O infanticídio é um delito próprio, uma vez que o tipo penal do art. 123 do Código Penal indicou tanto o seu sujeito ativo quanto o sujeito passivo.

Assim, pela redação da figura típica, somente a mãe pode ser sujeito ativo da mencionada infração penal, tendo como sujeito passivo o próprio filho.

Tratando-se de crime próprio, como veremos a seguir, o infanticídio admite as duas espécies de concurso de pessoas, vale dizer, a coautoria e a participação.

---

[95] MARQUES, José Frederico. *Tratado de direito penal*, v. IV, p. 180.

[96] HUNGRIA, Nélson. *Comentários ao código penal*, v. V, p. 246.

[97] PRADO, Luiz Regis. *Curso de direito penal brasileiro*, v. 2, p. 85.

No que diz respeito ao sujeito passivo, a lei penal aponta como infanticídio o fato de causar a morte, sob a influência do estado puerperal, do *próprio filho*, *durante o parto* ou *logo após*, podendo-se visualizar, por meio dessas duas últimas expressões, que o delito pode ser cometido tanto contra o *nascente*, isto é, aquele que está nascendo, que ainda se encontra no processo de expulsão, quanto contra o *neonato*, ou seja, aquele que acabou de nascer, já se encontrando desprendido da mãe.

## 5.5 Limite temporal

O Código Penal determina um limite temporal para que se possa caracterizar o delito de infanticídio. Além de exigir que o fato seja cometido pela mãe, que atua influenciada pelo estado puerperal, causando a morte do próprio filho, determina que esse comportamento seja levado a efeito *durante o parto* ou *logo após*.

A expressão *durante o parto* indica o momento a partir do qual o fato deixa de ser considerado como aborto e passa a ser entendido como infanticídio. Dessa forma, o marco inicial para o raciocínio correspondente à figura típica do infanticídio é, efetivamente, o *início do parto*.

A medicina visualiza formas diferentes de *início do parto*, dependendo da natureza que este assuma. Temos de trabalhar, portanto, com duas espécies diferentes de parto, que possuem, consequentemente, dois momentos distintos de início.

Existe, inicialmente, o parto considerado *normal* ou *natural*. Conforme esclarece Jorge de Rezende:

"Clinicamente, o estudo do parto compreende três fases principais (dilatação, expulsão, secundamento), precedidas de estágio preliminar, o período premunitório.
[...].
É o período premunitório caracterizado, precipuamente, pela descida do fundo uterino."[98]

E continua o professor emérito da Faculdade de Medicina da Universidade Federal do Rio de Janeiro dizendo que as fases do parto podem ser classificadas em:

"*a) Dilatação*, ou 1º período;
*b) Expulsão*, ou 2º período;
*c) Secundamento*, ou 3º período.
Inicia-se a fase de *dilatação*, ou primeiro período, no prevalente conceito dos tratadistas, e, ostensivamente, com as primeiras contrações uterinas dolorosas, que começam de modificar a cérvice, e termina quando a sua dilatação está completa."[99]

Assim, com a dilatação do colo do útero ou com as contrações uterinas já podemos concluir pelo início do parto normal.

Por outro lado, também ocorre, e com muita frequência, principalmente no Brasil, o parto denominado cesariana, cesárea ou tomotocia, que se entende, de acordo com os ensinamentos de Jorge de Rezende, como o "ato cirúrgico consistente em incisar o abdome e a parede do útero para libertar o concepto aí desenvolvido."[100] Dessa forma, uma vez levadas a efeito as incisões nas camadas abdominais, podemos entender como já iniciado o parto por meio dessa modalidade.

---

[98] REZENDE, Jorge de. O parto. In: REZENDE, Jorge de *et al*. (Coord.). *Obstetrícia*, p. 326.

[99] REZENDE, Jorge de. O parto. In: REZENDE, Jorge de *et al*. (Coord.). *Obstetrícia*, p. 326.

[100] REZENDE, Jorge de. Operação cesariana. In: REZENDE, Jorge de *et al*. (Coord.). *Obstetrícia*, p. 1.173.

A doutrina tem afirmado, portanto, que o início do parto pode ocorrer, considerando-se os dados acima, em três momentos, a saber: *a*) com a dilatação do colo do útero,[101] *b*) com o rompimento da membrana amniótica,[102] *c*) com a incisão das camadas abdominais, no parto cesariana.

Uma vez iniciado o parto, não mais se poderá raciocinar em termos de delito de aborto, passando a infração penal a se configurar em homicídio ou em infanticídio, presentes todos os seus elementos.

Por outro lado, o que devemos entender pela expressão *logo após* o parto?

Magalhães Noronha posiciona-se no sentido de que esse período acha-se:

"Delimitado pela influência do estado puerperal, isto é, aquele estado de angústia, perturbações etc., que justificam o *delictum exceptum*. A lei não fixou prazo, como outrora alguns códigos faziam, porém não se lhe pode dar uma interpretação mesquinha, mas ampla, de modo que abranja o variável período do choque puerperal. É essencial que a parturiente não haja entrado ainda na fase da bonança, em que predomina o instinto materno. Trata-se de circunstância de fato a ser averiguada pelos peritos médicos e mediante prova indireta."[103]

Luiz Regis Prado, na mesma linha de raciocínio de Noronha, afirma que a expressão *logo após* "implica a realização imediata e sem intervalo da conduta delituosa. O importante, porém, é que a parturiente não tenha ingressado na fase de quietação, isto é, no período em que se afirma o instinto maternal."[104]

Apesar da autoridade dos autores citados, entendemos que a expressão *logo após* o parto deve ser entendida à luz do *princípio da razoabilidade*. A medicina aponta o período de seis a oito semanas como o tempo de duração normal do puerpério.[105] Como seria possível, então, entender como infanticídio a morte do filho produzida pela própria mãe, ainda influenciada pelo estado puerperal, dois meses e meio após o parto?

Não nos parece razoável tal entendimento, uma vez que a lei penal usa, expressamente, a expressão *logo após o parto*, e não somente *após o parto*. Fosse intenção da lei reconhecer o delito de infanticídio a partir do início do parto, agindo a gestante influenciada pelo estado puerperal, teria afirmado expressamente isso. Não foi o que aconteceu.

Assim, a parturiente somente será beneficiada com o reconhecimento do infanticídio se, entre o início do parto e a morte do seu próprio filho houver uma relação de proximidade, a ser analisada sob o enfoque do princípio da razoabilidade.

Não estamos, aqui, almejando determinar o tempo máximo para a ocorrência do infanticídio, mas tão somente afastar situações que, por aberrantes, fugiriam por completo à ilação da expressão *logo após*, contida no art. 123 do Código Penal.

A medicina nos informa que o estado puerperal pode durar, como regra, de seis a oito semanas. Se a parturiente, contudo, vier a causar a morte de seu próprio filho, dado o estado prolongado do puerpério, cinco meses após o parto, por mais que queiramos entender como infanticídio, a expressão *logo após*, adotada razoavelmente, nos conduziria ao reconhecimento do homicídio.

Merece ser frisado, ainda, que para o infanticídio ser reconhecido haverá necessidade, também, de prova pericial, a fim de que fique evidenciado que, ao tempo da ação ou da omissão, a parturiente encontrava-se sob a influência do estado puerperal, pois, caso contrário, o crime por ela praticado se amoldará à figura do art. 121 do Código Penal.

---

[101] NORONHA, Edgard Magalhães. *Direito penal*, v. 2, p. 43.

[102] NUCCI, Guilherme de Souza. *Código penal comentado*, p. 403.

[103] NORONHA, Edgard Magalhães. *Direito penal*, v. 2, p. 44.

[104] PRADO, Luiz Regis. *Curso de direito penal brasileiro*, v. 2, p. 84.

[105] REZENDE, Jorge de. O puerpério. In: REZENDE, Jorge de *et al*. (Coord.). *Obstetrícia*, p. 373.

## 5.6 Elemento subjetivo

Não tendo sido prevista a modalidade culposa no art. 123 do Código Penal, o crime de infanticídio somente pode ser cometido dolosamente, seja o dolo direto seja, mesmo, eventual.

Assim, a parturiente, durante o parto ou logo após, influenciada pelo estado puerperal, deverá agir finalisticamente no sentido de produzir a morte do próprio filho, agindo com vontade livre e consciente a esse fim.

A parturiente, portanto, deve querer a morte do filho agindo, outrossim, com dolo direto ou, pelo menos, não se importando com a ocorrência desse resultado, que lhe é indiferente, atuando, agora, com dolo eventual.

Se a morte do nascente ou neonato decorrer da inobservância do dever objetivo de cuidado que era devido à parturiente, deverá ser responsabilizada pelo delito de homicídio culposo, não se justificando, *permissa* vênia, a posição de Damásio de Jesus, que advoga a tese da atipicidade do fato dizendo:

> "Não há infanticídio culposo, uma vez que no art. 123 do CP o legislador não se refere à modalidade culposa (CP, art. 18, parágrafo único). Se a mulher vem a matar o próprio filho, sob a influência do estado puerperal, de forma culposa, não responde por delito algum (nem homicídio, nem infanticídio). A mulher, porém, pode vir a matar a criança, não se encontrando sob a influência do estado puerperal, agindo culposamente. Haverá, neste caso, homicídio culposo, descrito no art. 121, § 3º, do CP."[106]

Pelo que se verifica da exposição feita pelo renomado tratadista, tenta-se afastar a responsabilidade pelo delito culposo erigindo-se a existência do estado puerperal, o que, segundo entendemos, não se justifica. Pode a parturiente, ainda que influenciada pelo estado puerperal, cuja ocorrência é comum, mesmo não querendo a morte de seu filho, deixar de tomar os cuidados necessários à manutenção de sua vida, agindo, pois, culposamente, caso a inobservância ao seu dever objetivo de cuidado venha a produzir a morte de seu próprio filho.

Em suma, a influência do estado puerperal não tem o condão de afastar a tipicidade do comportamento praticado pela parturiente que se amolda, em tese, ao delito de homicídio culposo, embora tal fato deva influenciar o julgador no momento da fixação da pena-base, quando da análise das circunstâncias judiciais.

## 5.7 Consumação e tentativa

Crime material, o delito de infanticídio se consuma com a morte do nascente ou do neonato, daí a necessidade de ser produzida prova no sentido de verificar se, durante os atos de execução, estava vivo o nascente ou neonato, pois, caso contrário, estaremos diante da hipótese de crime impossível, em razão da absoluta impropriedade do objeto.

Tratando-se de crime material que permite o fracionamento do *iter criminis*, a parturiente, durante o parto ou logo após, influenciada pelo estado puerperal, pode ter dirigido finalisticamente sua conduta no sentido de causar a morte do nascente ou neonato, somente não produzindo o resultado por circunstâncias alheias à sua vontade, podendo-se concluir, portanto, pela possibilidade da tentativa.

## 5.8 Modalidades comissiva e omissiva

O delito de infanticídio pode ser praticado comissiva ou omissivamente.

---

[106] JESUS, Damásio E. de. *Direito penal*, v. 2, p. 109.

CURSO DE DIREITO PENAL • VOL. 2 – ROGÉRIO GRECO

O núcleo contido no tipo do art. 123 do Código Penal é o verbo matar, que pressupõe uma conduta comissiva, dirigida à produção do resultado morte.

A parturiente, influenciada pelo estado puerperal, durante o parto ou logo após, pode realizar um comportamento positivo, dirigido a produzir a morte do próprio filho, por exemplo, afogando-o em uma banheira.

No entanto, embora não prevista expressamente a modalidade omissiva, a parturiente, na qualidade de *garante*, pode também, influenciada pelo estado puerperal, causar a morte do próprio filho, deixando de fazer o que é necessário à sobrevivência dele, por exemplo, não lhe oferecendo o alimento indispensável (leite materno ou de outra natureza).

Chegamos a essa conclusão em decorrência da natureza jurídica do § 2º do art. 13 do Código Penal, considerado norma de extensão cuja função é alargar o tipo penal, fazendo-se nele enxergar hipóteses que não foram previstas expressamente pelo legislador, assegurando--se, assim, o princípio da legalidade.

Como o *verbo* matar pressupõe um comportamento comissivo, a parturiente, com a sua inação, somente poderá responder pelo delito em questão em virtude da sua qualidade especial de garantidora, que lhe foi atribuída pela alínea *a* do § 2º do art. 13 do Código Penal, que diz que a omissão é penalmente relevante quando o omitente devia e podia agir para evitar o resultado, atribuindo esse dever de agir a quem tenha por lei obrigação de cuidado, proteção ou vigilância, como é o caso da mãe com relação ao seu filho.

Concluindo, o ato de a mãe matar o próprio filho, durante o parto ou logo após, influenciada pelo estado puerperal pode ser entendido tanto comissiva quanto omissivamente.

## 5.9 Objeto material e bem juridicamente protegido

O infanticídio encontra-se no rol daqueles delitos que têm por finalidade proteger a *vida humana*. O bem juridicamente protegido, portanto, é a vida do nascente ou do neonato.

Se a vida é o bem juridicamente protegido pelo delito de infanticídio, o nascente e o neonato são os objetos do delito em estudo, pois a conduta da parturiente é dirigida finalisticamente contra eles.

Flamínio Fávero, discorrendo sobre o objeto material do delito de infanticídio, aponta a distinção entre os termos *nascente* e *neonato*:

> "Não importa que a vítima seja viável ou não. A monstruosidade também pode ser objeto de infanticídio. Exclui-se, apenas, a mola, que é um ovo degenerado, à qual não assiste possibilidade de ter vida fora do ventre materno e, menos ainda, de se desenvolver como ente humano.
>
> Vítima do infanticídio, pode ser não só o verdadeiro recém-nascido, isto é, o feto já nascido, já fora do álveo materno, malgrado continue preso pelo cordão umbilical, mas também o feto nascendo ou nascente, em plena expulsão embora ainda não tenha respirado. Neste caso, haveria rigorosamente a figura do feticídio que o Código louvavelmente equipara ao infanticídio."[107]

## 5.10 Prova da vida

Para que a parturiente responda pelo delito de infanticídio é fundamental a comprovação de que o nascente ou o neonato encontrava-se vivo, pois, caso contrário, como já dissemos, estaríamos diante do chamado crime impossível, em razão da absoluta impropriedade do objeto.

---

[107] FÁVERO, Flamínio. *Medicina legal*, v. 2, p. 759-760.

A prova da vida do nascente ou do neonato é, portanto, crucial. Existem exames que são produzidos para comprovar se houve vida no nascente, ou seja, aquele que ainda se encontrava no processo de expulsão do útero materno, bem como do neonato, isto é, aquele que acabara de nascer.

Odon Ramos Maranhão, com precisão, aponta duas provas de vida que dizem respeito ao nascente, a saber: *a) tumor de parto* e *b) reação vital*. Assim, explica o renomado professor:

"a) *Tumor de parto* – as compressões sofridas pela porção do organismo fetal que primeiro alcança as aberturas genitais da parturiente provocam edema local, que constitui *tumor de parto*. Geralmente se situa na cabeça, que chega a assumir aspecto assimétrico. Essa saliência se deve ao fato de haver circulação no organismo fetal.

No feto morto antes do nascimento não há *tumor de parto*.

b) *Reação vital* – se a morte do feto nascente foi provocada, é claro que no início da parturição este estava vivo. Logo, as lesões encontradas no feto terão sido produzidas *intra vitam*. O perito, ao examinar o cadáver do feto, deverá colher material para fazer uma *reação vital*, pelas técnicas usuais (Verderaux, F. Fávero, Orsós etc.)."[108]

Quanto ao neonato ou recém-nascido, normalmente são utilizadas as provas que procuram demonstrar ter havido *respiração*, sendo essas provas chamadas de *docimasias respiratórias*.

As *docimasias respiratórias*, segundo ainda as lições de Odon Ramos Maranhão, podem ser divididas em *diretas* e *indiretas*.

As provas diretas podem acontecer por meio de cinco modalidades: *a) radiográfica; b) diafragmática; c) visual; d) hidrostática;* e *e) epimicroscopia*. As provas indiretas são duas: *gastrointestinal* e *auricular*.

São essas as definições do conceituado autor:

**Diretas:**

"*Radiográfica* (Bordas). Radiografa-se o pulmão depois de extraído do organismo (durante a necroscopia). Pode-se também radiografar antes de se abrir o tórax (Ottolenghi). Serve para documentar. Estuda-se a transparência do parênquima pulmonar, que se estabelece no que respirou e está ausente na hipótese contrária.

*Diafragmática* (Casper). Estuda-se a relação entre a curva diafragmática e a arcada costal. Se houver respiração, o diafragma se movimentou e a inspiração o fez subir ao 5º espaço intercostal; isto não ocorrendo, inexistiu respiração.

*Visual* (Bouchut). Basta se estudar o pulmão a olho nu ou com auxílio de aumento ótico. O pulmão que respirou se mostra rosado, expandido, vesiculado, o que não ocorre caso não tenha havido vida extrauterina.

*Hidrostática* (Galeno). Possivelmente é a mais conhecida e praticada. O pulmão fetal não se expandiu, mostra-se compacto e tem uma densidade de 1,09, enquanto o que recebeu ar e se inflou mostra-se com cavidades pneumáticas e consequente densidade mais baixa (0,9). Por isso se colocarmos um fragmento ou mesmo o pulmão todo em vasilha com água (densidade = 1,0) poderemos observar que o primeiro vai ao fundo e o segundo flutua.

*Epimicroscopia* (Veiga de Carvalho). São duas provas: epimicroscopia pneumo-arquitetônica histológica. São exatamente feitos por visualização estereoscópica para verificar se os alvéolos pulmonares se distenderam ou não."[109]

---

[108] MARANHÃO, Odon Ramos. *Curso básico de medicina legal*, p. 197-198.

[109] MARANHÃO, Odon Ramos. *Curso básico de medicina legal*, p. 198-199.

**Indiretas:**

"*Gastrointestinal* (Breslav). Consiste em verificar presença de ar no aparelho digestivo. Quando se dá a inspiração inicial, passa ar para o aparelho digestivo, o que serve de base para essa prova. O método de realização é semelhante ao galênico. É prova indireta.

*Auricular* (Wreden-Wendt). Após o início da respiração passa ar no ouvido médio. Por isso, se for feita trepanação na membrana do tímpano dentro de recipiente com água, o aparecimento de bolha gasosa indicará presença de ar e consequente respiração. É prova delicada e difícil. Tem interesse quando se dispõe somente da cabeça do recém-nascido para exame."[110]

Além das *docimasias respiratórias*, também são utilizadas as *docimasias não respiratórias*, que, segundo a lição de Hungria, podem ser assim divididas:

"A *alimentar* (pesquisa microscópica, macroscópica, ou química de traços de alimentos ou outras substâncias absorvidas pelo neonato), a *siálica* (pesquisa de saliva no estômago do feto), a *renal* (averiguação de infartos úricos nos rins do feto), a *bacteriológica* (constatação do *bacterium coli* no tubo gastroentérico), a *vascular* (pesquisa de mudanças anatômicas no coração e sistema artério-venoso do neonato), a do *nervo óptico* (fundada na mielinização das fibras nervosas do nervo óptico), a *bulbar* (exame histológico do desenvolvimento e caracteres dos centros respiratórios bulbares), a *umbilical* (exames das alterações que sofre o coto do cordão umbilical até o momento de sua queda)."[111]

Mesmo com todo esse arsenal de exames à disposição, pode acontecer a hipótese em que nenhum deles tenha sido efetivamente realizado. Poderá a parturiente, ainda assim, responder pelo delito de infanticídio, sem que se tenha à disposição um exame pericial comprovando a vida do nascente ou do neonato?

A resposta só pode ser afirmativa. Embora exista a necessária segurança nas provas periciais, sua ausência não implicará, necessariamente, a descaracterização do delito em estudo. É preciso, sim, comprovar que houve vida, para que se possa imputar à parturiente, que agira influenciada pelo estado puerperal, a morte do seu filho, durante o parto ou logo após.

Nesses casos, podemos nos socorrer subsidiariamente da prova testemunhal, uma vez que o art. 167 do Código de Processo Penal aduz que, *não sendo possível o exame de corpo de delito, por haverem desaparecido os vestígios, a prova testemunhal poderá suprir-lhe a falta.*

## 5.11 Pena e ação penal

A pena cominada ao delito de infanticídio é a de detenção de 2 (dois) a 6 (seis) anos, sendo incabível, de acordo com a posição majoritária de nossa doutrina, proposta de suspensão condicional do processo, uma vez que a alteração trazida pela Lei nº 10.259, de 12 de julho de 2001, que regulamentou os Juizados Especiais Cíveis e Criminais no âmbito da Justiça Federal, embora tenha ampliado o conceito de infração penal de menor potencial ofensivo, aumentando para 2 (dois) anos o tempo de pena máxima cominada abstratamente aos crimes, revogando parcialmente o art. 61 da Lei nº 9.099/95, não alargou também para 2 (dois) anos o tempo de pena mínima cominada para fins de confecção de proposta de suspensão condicional do processo, posição confirmada através da Lei nº 11.313, de 28 de junho de 2006, que, modificando a redação do art. 61 da Lei nº 9.099/95, ampliou para 2 (dois) anos a pena máxima cominada para efeito de reconhecimento da infração penal de menor potencial ofensivo, não sendo modificado o art. 89 da referida lei, quando podia tê-lo feito expressamente, se fosse

---

[110] MARANHÃO, Odon Ramos. *Curso básico de medicina legal*, p.199.
[111] HUNGRIA, Nélson. *Comentários ao código penal*, v. V, p. 256.

intenção do legislador ampliar o limite para efeito de concessão de suspensão condicional do processo.

A ação penal relativa ao crime de infanticídio é de iniciativa pública incondicionada.

## 5.12 Destaques

### 5.12.1 Infanticídio com vida intrauterina

Dissemos que o início do parto ocorre com a dilatação do colo do útero, com o rompimento da membrana amniótica ou com a incisão das camadas abdominais.

Pode ser que, uma vez iniciado o parto, por exemplo, com o rompimento da membrana amniótica, a parturiente, influenciada pelo estado puerperal, pratique manobra no sentido de causar a morte de seu próprio filho, ainda em seu útero. Pergunta-se: nesse caso, estaríamos diante do delito de infanticídio ou do crime de aborto?

Para que possamos manter a coerência do raciocínio, não importa se a vida seja intra ou extrauterina. Para nós, o divisor de águas entre o crime de aborto e o de infanticídio é, efetivamente, o início do parto, e não se a vida era intra ou extrauterina, embora exista controvérsia doutrinária e jurisprudencial nesse sentido.

Merece destaque a extraordinária lição de Hungria, quando assevera:

"O Código atual ampliou o conceito do infanticídio: o sujeito passivo deste já não é apenas o *recém-nascido*, mas também o feto *nascente*. Ficou, assim, dirimida a dúvida que se apresentava no regime do Código anterior, quando o crime se realizava *in ipso partu*, isto é, na parte de transição da vida uterina para a vida extrauterina. Já não há mais identificar-se, em tal hipótese, o simples *aborto* – solução que, em face do Código de 90, era aconselhada pelo princípio do *in dubio pro reo*: o crime é infanticídio. Deixou de ser condição necessária do infanticídio a *vida autônoma* do fruto da concepção. O feto vindo à luz já representa, do ponto de vista biológico, antes mesmo de totalmente desligado do corpo materno, uma *vida humana*. Sob o prisma jurídico penal, é, assim, antecipado o início da *personalidade*. Remonta esta ao início do parto, isto é, à apresentação do feto no orifício do útero. Já então o feto passa a ser uma *unidade social*. Não se pode negar que o feto nascente seja um ser *vivo*, embora não possua todas as atividades vitais."[112]

### 5.12.2 Aplicação do art. 20, § 3º (erro sobre a pessoa), ao delito de infanticídio

Imagine-se a hipótese em que a parturiente, influenciada pelo estado puerperal, vá até o berçário, logo após o parto, e, querendo causar a morte do próprio filho, por erro, acabe estrangulando o filho de sua colega de enfermaria, causando-lhe a morte.

A parturiente, portanto, matou o filho de terceira pessoa, supondo-o seu. Pergunta-se: no caso em questão, deverá a parturiente responder pelo delito de homicídio ou pelo infanticídio?

Preconiza o § 3º do art. 20 do Código Penal:

> § 3º O erro quanto à pessoa contra a qual o crime é praticado não isenta de pena. Não se consideram, neste caso, as condições ou qualidades da vítima, senão as da pessoa contra quem o agente queria praticar o crime.

Considerando-se que a parturiente almejava causar a morte do próprio filho e, por erro, acabou matando o filho de sua colega de quarto, aplica-se a regra correspondente ao erro sobre a pessoa, devendo ser responsabilizada pelo infanticídio.

---

[112] HUNGRIA, Nélson. *Comentários ao código penal*, v. V, p. 250-251.

### 5.12.3 Concurso de pessoas no delito de infanticídio

Dissemos que o delito de infanticídio é, na verdade, um homicídio especializado por vários elementos, sendo um deles a influência do estado puerperal. Dessa forma, comparativamente, o infanticídio é menos severamente punido do que o homicídio, mesmo que em sua modalidade fundamental.

Por essa razão, ou seja, em virtude dos vários elementos que tornam o infanticídio especial em relação ao homicídio, pergunta-se: Será possível o concurso de pessoas no crime de infanticídio?

O fato deverá ser desdobrado em várias situações para que melhor se possa compreendê-lo. Entretanto, em nosso raciocínio, partiremos do pressuposto de que o terceiro que, em companhia da parturiente, de alguma forma, concorre para a morte do recém-nascido ou do nascente, *é conhecedor de que aquela atua influenciada pelo estado puerperal*, pois, caso contrário, perderia sentido a discussão, haja vista que se tal fato não fosse do conhecimento do terceiro, que de alguma forma concorreu para o resultado morte, teria ele que responder, sempre, pelo homicídio.

Assim, vejamos as hipóteses possíveis:

*a)* a parturiente e o terceiro executam a conduta núcleo do tipo do art. 123 Código Penal, ou seja, ambos praticam comportamentos no sentido de causar a morte do recém-nascido;

*b)* somente a parturiente executa a conduta de matar o próprio filho, com a participação do terceiro;

*c)* somente o terceiro executa a conduta de matar o filho da parturiente, contando com o auxílio desta.

Para que as hipóteses sejam resolvidas corretamente, mister se faz alertar para as determinações contidas nos arts. 29 e 30 do Código Penal, que dizem, respectivamente:

> **Art. 29.** Quem, de qualquer modo, concorre para o crime incide nas penas a este cominadas, na medida de sua culpabilidade.
>
> **Art. 30.** Não se comunicam as circunstâncias e as condições de caráter pessoal, salvo quando elementares do crime.

O primeiro raciocínio que deveríamos fazer seria no sentido de que a condição de parturiente e a influência do estado puerperal sobre o *animus* são condições de caráter pessoal. A regra geral determina, assim, que não se comuniquem ao coparticipante, salvo nos casos em que figurarem como elementos do tipo.

Por elementos ou elementares devemos considerar todos aqueles dados indispensáveis à definição típica, sem os quais o fato se torna atípico ou há, no mínimo, desclassificação. Se, por exemplo, a parturiente mata o próprio filho, logo após o parto, sem que tenha agido influenciada pelo estado puerperal, a ausência dessa elementar (sob a influência do estado puerperal) fará com que seja responsabilizada pelo resultado morte a título de homicídio. Haverá, portanto, uma desclassificação do delito de infanticídio para o crime de homicídio.

Percebe-se, pois, a importância de se concluir pela existência de uma elementar.

As circunstâncias, ao contrário, são dados periféricos à definição típica. Não interferem na figura típica em si, somente tendo a finalidade de fazer com que a pena seja aumentada ou diminuída. Nada mais.

No caso em exame, como já deixamos antever, a *influência do estado puerperal* não pode ser considerada mera circunstância, mas, sim, elementar do tipo do art. 123, que tem vida autônoma comparativamente ao delito do art. 121 ambos do Código Penal.

Em razão disso, nos termos do art. 30 do Código Penal, se for do conhecimento do terceiro que, de alguma forma, concorre para o crime, deverá a ele se comunicar.

Partindo desses pressupostos, vamos trabalhar com as hipóteses apresentadas.

Inicialmente, parturiente e terceiro praticam a conduta núcleo do art. 123 do diploma repressivo, que é o verbo matar. Ambos, portanto, praticam atos de execução no sentido de causar a morte, por exemplo, do recém-nascido.

A gestante, não temos dúvida, que atua influenciada pelo estado puerperal, causando a morte do próprio filho logo após o parto, deverá ser responsabilizada pelo infanticídio. O terceiro, que também executa a ação de matar, da mesma forma, deverá responder pelo mesmo delito, conforme determina o art. 30 do Código Penal.

Fragoso diz ser inadmissível o concurso de pessoas no crime de infanticídio, argumentando que "o privilégio se funda numa diminuição da imputabilidade, que não é possível estender aos partícipes. Na hipótese de coautoria (realização de atos de execução por parte do terceiro), parece-nos evidente que o crime deste será o de homicídio."[113]

Em defesa de nosso posicionamento, trazemos à colação os ensinamentos de Noronha que, com particular lucidez, afirma:

"Não há dúvida alguma de que o *estado puerperal* é *circunstância* (isto é, estado, condição, particularidade etc.) *pessoal* e que, sendo *elementar* do delito, comunica-se, *ex vi* do art. 30, aos copartícipes. Só mediante texto expresso tal regra poderia ser derrogada."[114]

E conclui o renomado autor:

"A não comunicação ao corréu só seria compreensível se o infanticídio fosse mero caso de *atenuação do homicídio* e não um *tipo* inteiramente à parte, completamente autônomo em nossa lei."[115]

As observações feitas por Noronha são precisas. O infanticídio, ao contrário do que afirma a doutrina, *permissa* vênia, não é modalidade de homicídio privilegiado. Seria se figurasse como um parágrafo do art. 121 do Código Penal. Cuida-se, portanto, de verdadeiro delito autônomo, razão pela qual tudo aquilo que estiver contido em seu tipo será considerado elementar, e não circunstância, devendo, pois, nos termos da determinação contida no art. 30 do Código Penal, ser comunicado ao coparticipante, desde que todos os elementos sejam de seu conhecimento.

Fosse o delito de infanticídio previsto simplesmente como um parágrafo do art. 121 do Código Penal, deveria ser reconhecido como modalidade de homicídio privilegiado e, consequentemente, seus dados seriam considerados circunstâncias, deixando, a partir de então, de acordo com a mesma regra já apontada no art. 30 do diploma repressivo, de se comunicar aos coparticipantes.

Não tendo sido essa a opção da lei penal, todos aqueles que, juntamente com a parturiente, praticarem atos de execução tendentes a produzir a morte do recém-nascido ou do nascente, se conhecerem o fato de que aquela atua influenciada pelo estado puerperal, deverão ser, infelizmente, beneficiados com o reconhecimento do infanticídio.

Quando é a própria parturiente que, sozinha, causa a morte do recém-nascido, mas com a participação de terceiro que, por exemplo, a auxilia materialmente, fornecendo-lhe o instrumento do crime, ou orientando-a sobre como utilizá-lo, ambos, da mesma forma, responderão pelo infanticídio, já que a parturiente atuava influenciada pelo estado puerperal e o terceiro que a auxiliou conhecia essa particular condição, concorrendo, portanto, para o sucesso do infanticídio.

---

[113] FRAGOSO, Heleno Cláudio. *Lições de direito penal* – Parte especial (arts. 121 a 160), p. 80.

[114] NORONHA, Edgard Magalhães. *Direito penal*, v. 2, p. 47.

[115] NORONHA, Edgard Magalhães. *Direito penal*, v. 2, p. 48.

A última hipótese seria aquela em que somente o terceiro praticasse os atos de execução, com o auxílio e a mando da parturiente, que atua influenciada pelo estado puerperal. Damásio, com precisão, alerta:

"Se o terceiro mata a criança, a mando da mãe, qual o fato principal determinado pelo induzimento? Homicídio ou infanticídio? Não pode ser homicídio, uma vez que, se assim fosse, haveria outra incongruência: se a mãe matasse a criança, responderia por delito menos grave (infanticídio); se induzisse ou instigasse o terceiro a executar a morte do sujeito passivo, responderia por delito mais grave (coautoria no homicídio).

Segundo entendemos, o terceiro deveria responder por delito de homicídio. Entretanto, diante da formulação típica desse crime em nossa legislação, não há fugir à regra do art. 30: como a influência do estado puerperal e a relação de parentesco são elementos do tipo, comunicam-se entre os fatos dos participantes. Diante disso, o terceiro responde por delito de infanticídio. Não deveria ser assim. O crime de terceiro deveria ser homicídio. Para nós, a solução do problema está em transformar o delito de infanticídio em tipo privilegiado de homicídio."[116]

Em suma, se o terceiro acede à vontade da parturiente que, influenciada pelo estado puerperal, dirige finalisticamente sua conduta no sentido de causar, durante o parto ou logo após, a morte do recém-nascido ou nascente, em qualquer das modalidades de concurso de pessoas, de acordo com a regra contida no art. 30 do Código Penal, deverá ser responsabilizado pelo delito de infanticídio.

### 5.12.4 Julgamento pelo Júri sem a presença da ré

O art. 457 e parágrafos do Código de Processo Penal, com a nova redação que lhe foi conferida pela Lei nº 11.689, de 9 de junho de 2008, cuidou do comparecimento do(a) acusado(a) à sessão de julgamento pelo Tribunal do Júri dizendo:

> **Art. 457.** O julgamento não será adiado pelo não comparecimento do acusado solto, do assistente ou do advogado do querelante, que tiver sido regularmente intimado.
>
> § 1º Os pedidos de adiamento e as justificações de não comparecimento deverão ser, salvo comprovado motivo de força maior, previamente submetidos à apreciação do juiz presidente do Tribunal do Júri.
>
> § 2º Se o acusado preso não for conduzido, o julgamento será adiado para o primeiro dia desimpedido da mesma reunião, salvo se houver pedido de dispensa de comparecimento subscrito por ele e seu defensor.

### 5.12.5 Aplicação das circunstâncias agravantes do art. 61, II, e, segunda figura, e h, primeira figura, do Código Penal

Tratando-se de crime de infanticídio, como o fato narrado no tipo penal diz respeito à conduta da mãe que, influenciada pelo estado puerperal, causa a morte do *próprio filho*, durante o parto ou logo após, caberia a aplicação da circunstância agravante prevista no art. 61, II, *e*, segunda figura (ter cometido o crime contra descendente)?

Não, pois, caso contrário, estaríamos fazendo uso do chamado *bis in idem*, uma vez que a própria redação contida no *caput* do art. 61 do Código Penal diz serem "circunstâncias que sempre agravam a pena, quando não *constituem* ou qualificam o crime."

Na infração penal em estudo, a condição de *filho* é elementar constitutiva do delito de infanticídio, razão pela qual a pena não poderá ser agravada no segundo momento do critério trifásico previsto pelo art. 68 do Código Penal.

---

[116] JESUS, Damásio E. de. *Direito penal*, v. 2, p.113.

Da mesma forma, não terá aplicação a circunstância agravante prevista na primeira figura, da alínea *h* do inciso II do art. 61 do mesmo diploma legal, vale dizer, ter cometido o crime contra criança, haja vista ser essa condição elementar do tipo penal que prevê o infanticídio.

## 5.13 Quadro-resumo

**Sujeitos**
» Ativo: somente a mãe.
» Passivo: o próprio filho.

**Objeto material**
O nascente ou o neonato.

**Bem(ns) juridicamente protegido(s)**
Vida do nascente ou do neonato.

**Prova pericial**
Conforme esclarece Francisco Dirceu Barros (2007, p. 125), "o entendimento da jurisprudência majoritária é no sentido da dispensa da perícia médica para a constatação do estado puerperal".

**Elemento subjetivo**
» Somente o dolo, direto ou eventual.
» Não há previsão de modalidade culposa.

**Modalidades comissiva e omissiva**
» O delito de infanticídio pode ser praticado comissiva ou omissivamente (conforme art. 13, § 2º, do CP).
» O crime pode ser omissivo impróprio (uma vez que o sujeito ativo goza do status de garantidor).

**Consumação e tentativa**
» Crime material, consuma-se com a morte do nascente ou do neonato, daí a necessidade de ser produzida prova no sentido de se verificar se, durante os atos de execução, estava vivo o nascente ou neonato, pois, caso contrário, estaremos diante da hipótese de crime impossível, em razão da absoluta impropriedade do objeto.
» É admissível a tentativa.

## 6. ABORTO

**Acesse e assista à aula explicativa sobre este assunto.**
> http://uqr.to/1wmcu

> **Aborto provocado pela gestante ou com seu consentimento**
>
> **Art. 124.** Provocar aborto em si mesma ou consentir que outrem lho provoque:
> Pena – detenção, de um a três anos.
>
> **Aborto provocado por terceiro**
>
> **Art. 125.** Provocar aborto, sem o consentimento da gestante:
> Pena – reclusão, de três a dez anos.
> **Art. 126.** Provocar aborto com o consentimento da gestante:
> Pena – reclusão, de um a quatro anos.
> **Parágrafo único.** Aplica-se a pena do artigo anterior, se a gestante não é maior de quatorze anos, ou é alienada ou débil mental, ou se o consentimento é obtido mediante fraude, grave ameaça ou violência.
>
> **Forma qualificada**
>
> **Art. 127.** As penas cominadas nos dois artigos anteriores são aumentadas de um terço, se, em consequência do aborto ou dos meios empregados para provocá-lo, a gestante sofre lesão corporal de natureza grave; e são duplicadas, se, por qualquer dessas causas, lhe sobrevém a morte.
> **Art. 128.** Não se pune o aborto praticado por médico:
>
> **Aborto necessário**
>
> I – se não há outro meio de salvar a vida da gestante;
>
> **Aborto no caso de gravidez resultante de estupro**
>
> II – se a gravidez resulta de estupro e o aborto é precedido de consentimento da gestante ou, quando incapaz, de seu representante legal.

## 6.1 Introdução

Talvez o aborto seja uma das infrações penais mais controvertidas atualmente.

Nosso Código Penal não define claramente o aborto, usando tão somente a expressão *provocar aborto*, ficando a cargo da doutrina e da jurisprudência o esclarecimento dessa expressão. Aníbal Bruno preleciona:

> "Segundo se admite geralmente, provocar aborto é interromper o processo fisiológico da gestação, com a consequente morte do feto.
> Tem-se admitido muitas vezes o aborto ou como a expulsão prematura do feto, ou como a interrupção do processo de gestação. Mas nem um nem outro desses fatos bastará isoladamente para caracterizá-lo."[117]

Ou, ainda, na definição proposta por Frederico Marques:

> "Para o Direito Penal e do ponto de vista médico-legal, o aborto é a interrupção voluntária da gravidez, com a morte do produto da concepção."[118]

A todo instante são travadas discussões que ora giram em torno da sua revogação, ora da sua manutenção no nosso Código Penal.

Um dos argumentos principais daqueles que pretendem suprimir a incriminação do aborto é justamente o fato de que, embora proibido pela lei penal, sua realização é frequente e constante e, o que é pior, em clínicas clandestinas que colocam em risco também a vida da gestante.

---

[117] BRUNO, Aníbal. *Crimes contra a pessoa*, p. 160.
[118] MARQUES, José Frederico. *Tratado de direito penal*, v. IV, p. 183.

Por outro lado, há os defensores da vida, principalmente a do ser que está em formação. Quando a gestante engravida, uma nova vida começa a crescer em seu útero.

No livro de Jeremias, constante do Antigo Testamento, percebemos, pela Palavra de Deus, que Ele já nos conhecia antes mesmo de haver a fecundação do óvulo materno, pelo espermatozoide do homem. Quando o Senhor constituiu Jeremias como profeta, Ele o tinha feito antes mesmo do seu nascimento. Na verdade, antes mesmo que se tivesse formado no ventre materno. Vejamos, literalmente, o que diz esta passagem no livro de Jeremias, Capítulo 1, versículos 5 e 6:

"Antes que eu te formasse no ventre materno, eu te conheci, e, antes que saísses da madre, te consagrei, e te constitui profeta às nações."[119]

Isso significa que, embora não saibamos, Deus tem um propósito na vida de cada um de nós, razão pela qual, a não ser por situações excepcionais, não podemos tirar a vida de um semelhante, não importando o seu tamanho.

Ainda no livro de Salmos, no Capítulo 139, o salmista Davi, no versículo 16, diz:

"Os teus olhos me viram a substância ainda informe, e no teu livro foram escritos todos os meus dias, cada um deles escrito e determinado quando nem um deles havia ainda."[120]

O problema no delito de aborto é que não percebemos a dor sofrida pelo óvulo, pelo embrião ou mesmo pelo feto. Como não presenciamos, não enxergamos, não ouvimos o seu sofrimento, aceitamos a morte dele com tranquilidade.

A vida, independentemente do seu tempo, deve ser protegida. Qual a diferença entre causar a morte de um ser que possui apenas 10 dias de vida, mesmo que no útero materno, e matar outro que já conta com 10 anos de idade? Nenhuma, pois vida é vida, não importando sua quantidade de tempo.

O Código Penal, quebrando a regra trazida pela teoria monista, que será analisada mais adiante, pune, de forma diversa, dois personagens que estão envolvidos diretamente no aborto, vale dizer, a gestante e o terceiro que nela realiza as manobras abortivas.

Caso a própria gestante execute as manobras tendentes à expulsão do feto, praticará o crime de autoaborto. Se for um terceiro que o realiza, devemos observar se o seu comportamento se deu com ou sem o consentimento da gestante, pois as penas são diferentes para cada uma dessas situações.

Houve, também, previsão para as hipóteses em que a gestante sofre lesão corporal de natureza grave, ou ocorre sua morte, havendo, outrossim, uma causa especial de aumento de pena para cada um desses resultados agravadores.

Também a lei penal fez previsão expressa da possibilidade de realização do aborto nos casos em que a vida da gestante correr risco com a manutenção da gravidez, ou quando esta for resultante de estupro, desde que o aborto seja precedido de seu consentimento ou, quando incapaz, de seu representante legal.

## 6.2 Classificação doutrinária

Crime de mão própria, quando realizado pela própria gestante (autoaborto), sendo comum nas demais hipóteses quanto ao sujeito ativo; considera-se próprio quanto ao sujeito passivo, pois somente o feto e a mulher grávida podem figurar nessa condição; pode ser co-

---

[119] BÍBLIA DE ESTUDOS GENEBRA, p. 861.
[120] BÍBLIA DE ESTUDOS GENEBRA, p. 716.

missivo ou omissivo (desde que a omissão seja imprópria); doloso; de dano; material; instantâneo de efeitos permanentes (caso ocorra a morte do feto, consumando o aborto); não transeunte; monossubjetivo; plurissubsistente; de forma livre.

## 6.3 Início e término da proteção pelo tipo penal do aborto

Se por intermédio da incriminação do aborto procura-se proteger a vida, temos de saber, com precisão, a partir de quando se tem início tal proteção. Na verdade, em alguns casos, como no delito de aborto provocado sem o consentimento da gestante, se precipuamente se protege a vida do feto, também se quer tutelar a vida e a integridade física da gestante, como analisaremos em tópico próprio.

Assim, nosso ponto de partida será detectar quando surge a vida para fins de proteção por meio da lei penal.

A vida tem início a partir da concepção ou fecundação, isto é, desde o momento em que o óvulo feminino é fecundado pelo espermatozoide masculino. Contudo, para fins de proteção por intermédio da lei penal, a vida só terá relevância após a *nidação*, que diz respeito à *implantação do óvulo já fecundado no útero materno*, o que ocorre 14 (catorze) dias após a fecundação.

Assim, enquanto não houver a nidação não haverá possibilidade de proteção a ser realizada por meio da lei penal. Dessa forma, afastamos de nosso raciocínio inúmeras discussões relativas ao uso de dispositivos ou substâncias que seriam consideradas abortivas, mas que não têm o condão de repercutir juridicamente, pelo fato de não permitirem, justamente, a implantação do óvulo já fecundado no útero materno.

Fragoso, com precisão, ressalta a controvérsia antes referida:

"O aborto consiste na interrupção da gravidez com a morte do feto. Pressupõe, portanto, a *gravidez*, isto é o estado de gestação, que, para efeitos legais, inicia-se com a implantação do ovo na cavidade uterina. Do ponto de vista médico, a gestação se inicia com a fecundação, ou seja, quando o ovo se forma na trompa, pela união dos gametas masculino e feminino. Inicia-se então a marcha do óvulo fecundado para o útero, com a duração média de três a seis dias, dando-se a implantação no endométrio. Daí por diante é possível o aborto.

A matéria tem sido objeto de debate em face dos efeitos dos anovulatórios orais ou 'pílulas anticoncepcionais', bem como do dispositivo intrauterino (DIU). Certas pílulas impedem a ovulação ou o acesso do espermatozoide ao óvulo, pelas transformações que causam no muco cervical. Em tal caso, impede-se a concepção. Outras pílulas, no entanto, atuam após a concepção, impedindo a implantação do ovo no endométrio. O mesmo ocorre com os dispositivos intrauterinos, cuja ação, para muitos, ainda não está perfeitamente explicada: é certo, no entanto, que não impedem a concepção, mas sim a implantação do ovo ou o seu desenvolvimento, provocando a sua expulsão precoce. É fácil compreender que as pílulas da segunda espécie e os DIU, que não impedem a concepção, seriam *abortivos* (e não anticoncepcionais), se por aborto se entende a interrupção da gravidez e esta se inicia com a concepção.

Todavia, a lei não especifica o que se deva entender por *aborto*, que deve ser definido com critérios normativos, tendo-se presente a valoração social que recai sobre o fato e que conduz a restringir o crime ao período da gravidez que se segue à nidação. Aborto é, pois, a interrupção do processo fisiológico da gravidez desde a implantação do ovo no útero materno até o início do parto."[121]

---

[121] FRAGOSO, Heleno Cláudio. *Lições de direito penal*, p. 115-116.

Dessa forma, temos a *nidação* como termo inicial para a proteção da vida, por intermédio do tipo penal do aborto. Portanto, uma vez implantado o ovo no útero materno, qualquer comportamento dirigido finalisticamente no sentido de interromper a gravidez, pelo menos à primeira vista, será considerado aborto (consumado ou tentado).

Isso nos leva também a elaborar outro raciocínio. Suponhamos que o óvulo já fecundado não consiga chegar ao útero, mas se desenvolva fora dele. Temos aqui o que a medicina denomina *gravidez ectópica* que, segundo a definição contida no *Manual Merck de Medicina*, seria a "gestação na qual a implantação ocorre em outro local que não o endométrio ou a cavidade endometrial; isto é, na cérvix, no tubo uterino, no ovário, nas cavidades abdominais ou pélvica."[122] Ou, ainda, na definição de Jorge de Rezende, "é a prenhez *ectópica* (PE) quando o ovo se aninha fora do útero. Assim conceituada é sinônimo de prenhez *extrauterina* [...]."[123]

Não é incomum ouvirmos falar na chamada *gravidez tubária*, em que o ovo se desenvolve nas trompas de Falópio. Nesse caso, realizando-se a retirada do óvulo já fecundado, estaríamos diante do delito de aborto? Não, uma vez que, juridicamente, somente nas hipóteses de gravidez intrauterina é que se pode configurar o delito em estudo.

Nesse sentido, trazemos à colação as lições de Ney Moura Teles, quando afirma:

"A interrupção de gravidez desenvolvida fora do útero, ovárica ou tubárica, quando o óvulo se instala na parede das trompas, onde passa a desenvolver-se, e a da gravidez molar, com a formação degenerativa do óvulo fecundado, não constitui aborto. A falta de espaço impede que o feto cresça normalmente e a gravidez é interrompida. Quando o óvulo se aloja em outros órgãos, como nas trompas de Falópio, ovários e até no abdome, a gravidez é caracterizada como ectópica."[124]

Por outro lado, até quando é possível o raciocínio correspondente ao delito de aborto?

Se a vida, para fins de proteção pelo tipo penal que prevê o delito de aborto, tem início a partir da nidação, o termo *ad quem* para essa específica proteção se encerra com o *início do parto*.

Portanto, o início do parto faz com que seja encerrada a possibilidade de realização do aborto, passando a morte do nascente a ser considerada *homicídio* ou *infanticídio*, dependendo do caso concreto.

O parto, como já dissemos, tem início com: *a*) dilatação do colo do útero; *b*) com o rompimento da membrana amniótica; ou, *c*) tratando-se de parto cesariana, com a incisão das camadas abdominais.

Merece destaque, por oportuno, que a Lei nº 11.105, de 24 de março de 2005, revogando expressamente a Lei nº 8.974, de 5 de janeiro de 1995, estabeleceu normas de segurança e mecanismos de fiscalização de atividades que envolvam organismos geneticamente modificados (OGM) e seus derivados, punindo, com pena de detenção de 1 (um) a 3 (três) anos, e multa, a utilização de embrião em desacordo com o disposto no seu art. 5º, bem como a prática de engenharia genética em célula germinal humana, zigoto humano ou embrião humano e a liberação e o descarte de organismos geneticamente modificados no meio ambiente, em desacordo com as normas estabelecidas pela CTNBio e pelos órgãos e entidades de registro e fiscalização. Nessas duas últimas hipóteses, o agente será punido com pena de reclusão, de 1 (um) a 4 (quatro) anos, e multa, conforme se verifica, respectivamente, pela leitura dos arts. 25 e 26 do mencionado diploma legal.

---

[122] *Manual Merck de medicina*, p. 1.850.

[123] REZENDE, Jorge de. Prenhez ectópica. In: REZENDE, Jorge de *et al.* (Coord.). *Obstetrícia*, p. 717.

[124] TELES, Ney Moura. *Direito penal*, v. 2, p. 174.

Dessa forma, se houver manipulação do ovo já fecundado antes de sua nidação, deverá ser aplicado o mencionado diploma legal.

Assim, concluindo com Hungria:

"O Código, ao incriminar o aborto, não distingue entre óvulo fecundado, embrião ou feto: interrompida a gravidez antes do seu termo normal, há crime de aborto. Qualquer que seja a fase da gravidez (desde a concepção[125] até o início do parto, isto é, o rompimento da membrana amniótica), provocar sua interrupção é cometer o crime de aborto. A ocisão do feto (alheio à sua imaturidade ou ao emprego dos meios abortivos), depois de iniciado o processo do parto, é infanticídio, e não aborto criminoso."[126]

## 6.4 Espécies de aborto

Podem ocorrer duas espécies de aborto, a saber:

*a)* natural ou espontâneo;

*b)* provocado (dolosa ou culposamente).

Ocorre o chamado *aborto natural* ou *espontâneo* quando o próprio organismo materno se encarrega de expulsar o produto da concepção.

Odon Ramos Maranhão salienta que os abortos "espontâneos são atribuídos a causas mórbidas de várias categorias, que provocam a morte fetal e expulsão do produto da concepção."[127]

Jorge de Rezende, Carlos Antônio Barbosa Montenegro e José Maria Barcellos advertem, ainda:

"Até pouco tempo, ao abortamento eram imputadas, principalmente, causas decorrentes do ambiente, *e.g.* do sistema genital feminino (meio intrauterino). Nos últimos anos, com o surgimento de técnicas mais apuradas de análise cromossomial (*bandeamento*), observou-se que parte expressiva das mortes embrionárias é consequente a anomalias cromossomiais (trissomias, tripoidias, 45 XO, tetraploidias, translocações, mosaico etc.)."[128]

Para fins de aplicação da lei penal, não nos interessa o chamado aborto natural ou espontâneo, haja vista que o próprio organismo, de acordo com um critério natural, se encarrega de levar a efeito a seleção dos óvulos fecundados que terão chances de vingar.

Por outro lado, temos o *aborto provocado*, sendo esta provocação subdividida em: dolosa e culposa, também reconhecida como acidental.

As espécies dolosas são aquelas previstas nos arts. 124 (autoaborto ou aborto provocado com o consentimento da gestante), 125 (aborto provocado por terceiro sem o consentimento da gestante) e 126 (aborto provocado por terceiro com o consentimento da gestante).

Não houve previsão legal para a modalidade de provocação culposa do aborto, razão pela qual, como veremos adiante, se uma gestante, com seu comportamento culposo, vier a dar causa à expulsão do feto, o fato será considerado um *indiferente penal*.

## 6.5 Sujeito ativo e sujeito passivo

Para que se possa identificar, com precisão, o sujeito ativo e o sujeito passivo do aborto, faz-se mister uma análise individualizada de cada figura típica constante dos arts. 124, 125 e 126 do Código Penal.

---

[125] Para nós, desde a nidação até o início do parto.

[126] HUNGRIA, Nélson. *Comentários ao código penal*, v. V, p. 281.

[127] MARANHÃO, Odon Ramos. *Curso básico de medicina legal*, p. 187.

[128] REZENDE, Jorge de; MONTENEGRO, Carlos Antônio Barbosa; BARCELLOS, José Maria. Abortamento. In: REZENDE, Jorge de *et al.* (Coord.) *Obstetrícia*, p. 691.

O art. 124 fez a previsão do *aborto provocado pela gestante (autoaborto) ou o aborto provocado com seu consentimento*. No autoaborto, por ser um crime de mão própria, temos somente a gestante como sujeito ativo do crime, sendo o óvulo fecundado, embrião ou feto, ou seja, o produto da concepção, protegido em suas várias etapas de desenvolvimento.

Já no art. 125, que prevê o delito de aborto provocado por terceiro, sem o consentimento da gestante, tem-se entendido que qualquer pessoa pode ser sujeito ativo dessa modalidade de aborto, uma vez que o tipo penal não exige nenhuma qualidade especial, sendo o sujeito passivo, de forma precípua, o produto da concepção e, de maneira secundária, a própria gestante. Conforme preconiza Cezar Roberto Bitencourt, "nessa espécie de aborto, há *dupla subjetividade passiva*: o feto e a gestante."[129]

A última modalidade diz respeito ao aborto provocado por terceiro, com o consentimento da gestante. Aqui também qualquer pessoa poderá ser sujeito ativo do crime. Quanto ao sujeito passivo, entendemos que somente o fruto da concepção (óvulo fecundado, embrião ou feto) é que poderá gozar desse *status*, pois que, se a gestante permitir que com ela sejam praticadas as manobras abortivas, as lesões de natureza leve porventura sofridas não a conduzirão a também assumir o *status* de sujeito passivo, dado o seu consentimento. Contudo, sendo graves as lesões ou ocorrendo a morte da gestante, esta também figurará como sujeito passivo, mesmo que secundariamente, haja vista a invalidade de seu consentimento, em decorrência da gravidade dos resultados.

## 6.6 Bem juridicamente protegido e objeto material

O delito de aborto encontra-se no Capítulo I do Título I do Código Penal, correspondente aos crimes contra a vida, razão pela qual, de acordo com a sua própria situação topográfica, o bem juridicamente protegido, de forma precípua, por meio dos três tipos penais incriminadores, é a *vida humana em desenvolvimento*.

Luiz Regis Prado alerta que, de modo geral:

"No aborto provocado por terceiro (com ou sem o consentimento da gestante) tutelam-se também – ao lado da vida humana dependente (do embrião ou do feto) – a vida e a incolumidade física e psíquica da mulher grávida. Todavia, apenas é possível vislumbrar a liberdade ou a integridade pessoal como bens jurídicos secundariamente protegidos em se tratando de aborto não consentido (art. 125, CP) ou qualificado pelo resultado (art. 127, CP)."[130]

O objeto material do delito de aborto pode ser o óvulo fecundado, o embrião ou o feto, razão pela qual o aborto poderá ser considerado *ovular* (se cometido até os dois primeiros meses da gravidez), *embrionário* (praticado no terceiro ou quarto mês de gravidez) e, por último, *fetal* (quando o produto da concepção já atingiu os cinco meses de vida intrauterina e daí em diante).

## 6.7 Elemento subjetivo

Os crimes de autoaborto, aborto provocado por terceiro sem o consentimento da gestante e aborto provocado por terceiro com o consentimento da gestante somente podem ser praticados a título de dolo, seja ele direto ou eventual, isto é, ou o agente dirige finalisticamente sua conduta no sentido de causar a morte do óvulo, embrião ou feto, ou, embora não realizando um comportamento diretamente a este fim, atua não se importando com a ocorrência do resultado.

---

[129] BITENCOURT, Cezar Roberto. *Tratado de direito penal*, p. 159.
[130] PRADO, Luiz Regis. *Curso de direito penal brasileiro*, v. 2, p. 94.

Assim, por exemplo, no caso daquele que agride uma mulher sabidamente grávida, provocando o aborto e a consequente morte do feto, tem-se que verificar o seu elemento subjetivo, a fim de que se possa imputar-lhe corretamente o resultado por ele produzido. No caso em estudo, se agia com dolo de causar lesão na gestante, por exemplo, agredindo-a no rosto, se esta vier a abortar em virtude do comportamento levado a efeito pelo agente, este terá de ser responsabilizado pelo delito de lesão corporal qualificada pelo resultado aborto (art. 129, § 2º, V, do CP), pois, sabendo da gravidez, era-lhe previsível que, agredindo uma mulher naquele estado, ela poderia abortar. Sua conduta, portanto, era dirigida a tão somente causar lesão na gestante, sendo-lhe previsível o resultado aborto, que efetivamente ocorreu e que terá o condão de qualificar o seu comportamento inicial. Deve ser ressaltado, por oportuno, que há dolo quanto às lesões corporais, e culpa no que diz respeito ao resultado agravador (aborto), caracterizando-se um delito nitidamente preterdoloso.

Pode acontecer, contudo, que a conduta do agente seja dirigida, especificamente, a produzir o aborto na gestante, sem o consentimento desta, razão pela qual responderá pelo delito de aborto, tipificado no art. 125 do Código Penal, agindo, outrossim, com *dolo direto*.

Também poderá o agente atuar com *dolo eventual*, uma vez que, ao agredir uma mulher sabidamente grávida, não se importou que esta viesse a abortar, o que realmente aconteceu. Nessa hipótese, deverá responder pelas lesões corporais produzidas na gestante em concurso formal impróprio com o delito de aborto, pois agia com desígnios autônomos, aplicando-se-lhe, no caso em exame, a regra do cúmulo material de penas.

Não houve previsão da modalidade culposa para o delito de aborto. Assim, se a gestante, que conhecia a sua gravidez, resolve praticar um esporte radical, por exemplo, descendo um rio turbulento dentro de um caiaque, se em virtude da sua conduta imprudente vier a abortar, não poderá ser responsabilizada criminalmente, haja vista somente ter havido previsão para as modalidades dolosas de aborto. Da mesma forma, se o agente que se encontrava em uma fila de banco, ao ser chamado pelo painel eletrônico, dirige-se abruptamente ao caixa, esbarrando na barriga da gestante que se encontrava imediatamente atrás dele e, que, em razão do impacto recebido, vem a abortar, somente responderá pelas lesões corporais culposas produzidas com a expulsão do feto.

### 6.8 Consumação e tentativa

Crime material, o delito de aborto se consuma com a efetiva morte do produto da concepção. Não há necessidade de que o óvulo fecundado, embrião ou o feto seja expulso, podendo, inclusive, ocorrer sua petrificação no útero materno.

Na brilhante explicação de Noronha:

"Consuma-se o crime com a *morte do feto*, resultante da interrupção da gravidez. Pode ocorrer dentro do útero materno como ser subsequente à expulsão prematura.

Carece de razão Logoz quando escreve que 'o delito está consumado pela expulsão do *foetus*'. Não é esse o momento consumativo. Pode haver expulsão sem existir aborto, quando, no *parto acelerado*, o feto continua a viver, embora com vida precária ou deficiente; pode ser expulso, já tendo, entretanto, sido morto no ventre materno; pode ser morto aí, e não se dar a expulsão, e pode ser morto juntamente com a mãe, sem ser expulso. Em todas essas hipóteses, é a *morte do feto* que caracteriza o momento consumativo."[131]

Fundamental é a prova de que o feto estava vivo no momento da ação ou da omissão do agente, dirigida no sentido de causar-lhe a morte, pois, caso contrário, já estando morto o feto no momento da prática da conduta pelo agente, o caso será o de crime impossível, em virtude da absoluta impropriedade do objeto.

---

[131] NORONHA, Edgard Magalhães. *Direito penal*, p. 52.

Não exige a doutrina, para fins de caracterização do aborto, que o feto seja viável, ou seja, que possua capacidade de desenvolvimento que o conduza à maturação. Hungria posiciona-se nesse sentido, afirmando:

> "Para a existência do aborto, não é necessária a prova da vitalidade do feto. Conforme adverte Hafter, pouco importa se o feto era ou não vital, desde que o objeto da proteção penal é, aqui, antes de tudo, a vida do feto, a vida humana em germe [...]. Averiguado o estado *fisiológico* da gestação em curso, isto é, provado que o feto estava vivo, e não era um produto *patológico* (como no caso de gravidez extrauterina), não há indagar da sua vitalidade biológica ou capacidade de atingir a maturação. Do mesmo modo, é indiferente o grau de maturidade do feto: em qualquer fase da vida intrauterina, a eliminação desta é aborto."[132]

No que diz respeito ao feto inviável que, com absoluta certeza, não terá uma sobrevida após o parto, para aqueles que adotam e trabalham com a teoria da imputação objetiva, nesse caso poderia ser arguida a falta do incremento do risco, evitando-se, assim, a responsabilização do agente pelo delito de aborto. A título de raciocínio, dizem os defensores dessa teoria, que se o bem juridicamente protegido pelo delito de aborto é, primordialmente, a vida do ser em formação, e se, após o parto, já não haverá vida, pois que inviável o feto, por que se punir o agente que causou o aborto, já que seu comportamento não incrementou o risco de morte? Nessa hipótese, o fato praticado pelo agente seria considerado atípico, afastando-se, consequentemente, o delito de aborto.

Em relação especificamente ao feto anencéfalo, o Supremo Tribunal Federal, na ADPF 54, decidiu a questão por maioria, nos termos do voto do Relator, Ministro Marco Aurélio, a fim de declarar a inconstitucionalidade da interpretação segundo a qual a interrupção da gravidez de feto anencéfalo é conduta tipificada nos arts. 124, 126, 128, I e II, todos do diploma repressivo.

Na qualidade de crime material, podendo-se fracionar o *iter criminis*, é perfeitamente admissível a tentativa de aborto. Se o agente já tiver dado início aos atos de execução e, por circunstâncias alheias à sua vontade, a exemplo de ter sido surpreendido por policiais dentro da sala cirúrgica, não conseguir consumar a infração penal, deverá ser responsabilizado pelo aborto tentado, como também na hipótese daquele que, executando todas as manobras necessárias à expulsão do feto, este, mesmo tendo sido efetivamente expulso, consegue sobreviver.

Deverá, no caso concreto, ser apontado o *início da execução*, distinguindo-o dos atos meramente preparatórios, que são impuníveis de acordo com a regra prevista no inciso II do art. 14 do Código Penal. Imagine-se a situação em que a gestante é surpreendida na sala de espera de uma clínica que, sabidamente, apenas tinha por finalidade praticar abortos. Aquele local já estava sendo objeto de investigação há algum tempo, sendo que os policiais concluíram que ali não se fazia outro procedimento a não ser realizar abortos. Pergunta-se: a gestante que fora surpreendida na sala de espera poderia responder pela tentativa de aborto? A pergunta requer uma resposta mais elaborada, pois diversas teorias procuram levar a efeito a distinção entre um ato preparatório impunível de um ato de execução punível. Para nós, o fato seria atípico, pois estar aguardando para ser atendida, mesmo que para realização de um aborto, não se configura início de execução, mas ato de mera preparação.

## 6.9 Modalidades comissiva e omissiva

As normas existentes nos tipos penais dos arts. 124, 125 e 126 do Código Penal são de natureza proibitiva, isto é, proíbe-se o comportamento previsto naquelas figuras típicas, que é o de provocar aborto. As condutas previstas expressamente são, portanto, comissivas.

---

[132] HUNGRIA, Nélson. *Comentários ao código penal*, v. V, p. 293.

Entretanto, seria possível a prática do crime de aborto por omissão? Sim, desde que o agente goze o *status* de garantidor. Imagine-se a hipótese em que a gestante perceba um sangramento vaginal. Almejando o aborto, não se dirige ao posto de saúde próximo à sua casa, a fim de verificar o porquê do sangramento, que acaba culminando com a expulsão do feto, o que teria sido evitado se a gestante tivesse sido orientada e medicada corretamente. Embora não tenha praticado qualquer manobra abortiva, deverá a gestante responder pelo crime de aborto, dada sua particular condição de *garante*.

Suponhamos, agora, que um médico, percebendo que uma gestante sofria intensas dores, demore a prestar-lhe o socorro, sendo, portanto, negligente no atendimento, e, em virtude dessa demora, a gestante venha a abortar. Pergunta-se: o médico goza do *status* de garantidor? Nas condições em que se encontrava, isto é, dentro de um hospital, tendo a obrigação de atender os pacientes que foram ao seu encontro, sim. Sendo garantidor, deverá responder pelo aborto doloso? Acreditamos que não, pois, no exemplo fornecido, o médico não desejava que a gestante abortasse. Contudo, foi negligente no atendimento, agindo com culpa. Como não existe a modalidade culposa de aborto, deverá o médico responder pelas lesões corporais de natureza culposa sofridas pela gestante decorrentes da expulsão do feto.

## 6.10 Causas de aumento de pena

Por uma impropriedade técnica, a rubrica constante do art. 127 do Código Penal anuncia: *forma qualificada*. Na verdade, percebe-se que no mencionado artigo não existem qualificadoras, mas, sim, causas especiais de aumento de pena, ou majorantes, conforme se verifica na sua redação, que diz:

> **Art. 127.** As penas cominadas nos dois artigos anteriores são aumentadas de um terço, se, em consequência do aborto ou dos meios empregados para provocá-lo, a gestante sofre lesão corporal de natureza grave; e são duplicadas, se, por qualquer dessas causas lhe sobrevém a morte.

Dessa forma, somente no terceiro momento do critério trifásico de aplicação da pena é que o julgador, verificadas as lesões corporais graves ou a morte da gestante, fará incidir o aumento de um terço, ou mesmo duplicar a pena até então encontrada.

Ainda merece destaque, na redação contida no art. 127 do Código Penal, o fato de que somente terá aplicação a majorante nas hipóteses de aborto provocado por terceiro, com ou sem o consentimento da gestante. Como a autolesão não é punível, à gestante que, realizando o autoaborto, vier a causar em si mesma lesão corporal de natureza grave, não se aplicará a causa de aumento de pena.

Os resultados apontados no art. 127 do Código Penal – *lesão corporal grave* e *morte* – somente podem ter sido produzidos culposamente tratando-se, na espécie, de crime preterdoloso, ou seja, o dolo do agente era o de produzir tão somente o aborto e, além da morte do feto, produz lesão corporal grave na gestante ou lhe causa a morte. Assim, as lesões corporais graves e a morte somente podem ser imputadas ao agente a título de culpa. Se ele queria, com o seu comportamento inicial, dirigido à realização do aborto, produzir na gestante lesão corporal grave ou mesmo a sua morte, responderá pelos dois delitos (aborto + lesão corporal grave ou aborto + homicídio) em concurso formal impróprio, posto que atua com desígnios autônomos, aplicando-se a regra do cúmulo material de penas.

Frederico Marques ressalta:

> "Só se opera a majoração da pena se o evento qualificador tiver ocorrido por culpa do agente. Desde que o resultado, que agrava a pena, se originar de caso fortuito, não se tem crime qualificado pelo resultado; e se o evento foi querido, haverá concurso de crimes: aborto e homicídio, ou aborto em concurso com lesão corporal grave.

Como no aborto está sempre inserta a prática de lesão da pessoa da gestante [...], será lesão corporal grave, qualificadora, a que apresente caráter de excepcionalidade, ou a que não representa uma consequência normal do processo abortivo ou dos meios empregados, como os distúrbios próprios do puerpério, a perfuração do saco amniótico etc. Noutras palavras – *deverá tratar-se de lesão que represente um* quid *extraordinário, decorrente dos meios abortivos usados ou do próprio fato do aborto.*"[133]

## 6.11 Prova da vida

O aborto é um crime que deixa vestígios. Nesse caso, nos termos do *caput* do art. 158 do Código de Processo Penal, *quando a infração deixar vestígios, será indispensável o exame de corpo de delito, direto ou indireto, não podendo supri-lo a confissão do acusado.*

Contudo, também de acordo com o art. 167 do diploma processual penal, *não sendo possível o exame de corpo de delito, por haverem desaparecido os vestígios, a prova testemunhal poderá suprir-lhe a falta.*

## 6.12 Meios de realização do aborto

O aborto pode ser realizado com a utilização de diversos meios. Mirabete os sintetiza, dizendo:

"Os processos utilizados podem ser químicos, orgânicos, físicos ou psíquicos. São substâncias que provocam a intoxicação do organismo da gestante e o consequente aborto: o fósforo, o chumbo, o mercúrio, o arsênico (*químicos*), e a quinina, a estricnina, o ópio, a beladona etc. (*orgânicos*). Os meios *físicos* são os *mecânicos* (traumatismo do ovo com punção, dilatação do colo do útero, curetagem do útero, microcesária), *térmicos* (bolsas de água quente, escalda-pés etc.) ou *elétricos* (choque elétrico por máquina estática). Os meios *psíquicos* ou *morais* são os que agem sobre o psiquismo da mulher (sugestão, susto, terror, choque moral etc.)."[134]

Assim, tanto pode produzir a morte do feto, por exemplo, aquele que introduz instrumento cortante no útero da gestante, quanto aquele que, conhecedor de que a gestante sofre da chamada "síndrome do pânico", cria-lhe situação de terror insuportável.

## 6.13 Julgamento pelo Júri, sem a presença da ré

O crime de aborto, nas suas três modalidades – autoaborto, aborto provocado por terceiro, sem o consentimento da gestante e aborto provocado por terceiro, com o consentimento da gestante –, deve ser submetido a julgamento pelo Tribunal do Júri, uma vez que a *vida* é o bem jurídico por ele protegido.

O art. 457 e parágrafos do Código de Processo Penal, com a nova redação que lhes foi conferida pela Lei nº 11.689, de 9 de junho de 2008, cuidou do comparecimento do(a) acusado(a) à sessão de julgamento pelo Tribunal do Júri, dizendo:

> **Art. 457.** O julgamento não será adiado pelo não comparecimento do acusado solto, do assistente ou do advogado do querelante, que tiver sido regularmente intimado.
>
> § 1º Os pedidos de adiamento e as justificações de não comparecimento deverão ser, salvo comprovado motivo de força maior, previamente submetidos à apreciação do juiz presidente do Tribunal do Júri.

---

[133] MARQUES, José Frederico. *Tratado de direito penal*, v. IV, p. 210-211.

[134] MIRABETE, Júlio Fabbrini. *Manual de direito penal*, p. 95.

§ 2º Se o acusado preso não for conduzido, o julgamento será adiado para o primeiro dia desimpedido da mesma reunião, salvo se houver pedido de dispensa de comparecimento subscrito por ele e seu defensor.

## 6.14 Pena, ação penal e suspensão condicional do processo

Ao crime de autoaborto, ou mesmo na hipótese de a gestante consentir que nela seja realizado o aborto (art. 124 do CP), foi cominada uma pena de detenção, de 1 (um) a 3 (três) anos. Nos casos de aborto provocado por terceiro, para aqueles que o realizam *sem o consentimento da gestante* a pena será de reclusão, de 3 (três) a 10 (dez) anos; se o delito é cometido *com o consentimento da gestante,* a pena será de reclusão, de 1 (um) a 4 (quatro) anos.

Tanto no delito de autoaborto (ou mesmo quando a gestante consente que nela seja realizado o aborto por terceiro) como no de aborto provocado por terceiro, com o consentimento da gestante, em virtude da pena mínima cominada a essas duas infrações penais, tipificadas nos arts. 124 e 126 do diploma repressivo, será permitida a proposta de suspensão condicional do processo, presentes seus requisitos legais. Entretanto, no delito de aborto provocado por terceiro, com o consentimento da gestante, tal proposta restará inviabilizada se houver a produção de lesões corporais de natureza grave ou a morte da gestante, pois serão aplicadas as majorantes previstas no art. 127 do Código Penal, ultrapassando, assim, o limite de 1 (um) ano previsto para a pena mínima cominada à infração penal, determinado pelo art. 89 da Lei nº 9.099/95.

A ação penal, em todas as modalidades de aborto, é de iniciativa pública incondicionada.

## 6.15 Aborto legal

O art. 128 do Código Penal prevê duas modalidades de aborto legal, ou seja, o aborto que pode ser realizado em virtude de autorização da lei penal: *a)* aborto terapêutico (curativo) ou profilático (preventivo); e *b)* aborto sentimental, humanitário ou ético.

A primeira indagação que devemos nos fazer é a seguinte: qual a natureza jurídica dessas duas modalidades de autorização legal para fins de realização do aborto?

Essa indagação requer uma resposta mais detalhada.

*Ab initio*, diz a lei penal o seguinte:

**Art. 128.** Não se pune o aborto praticado por médico:

**Aborto necessário**

I – se não há outro meio de salvar a vida da gestante;

**Aborto no caso de gravidez resultante de estupro**

II – se a gravidez resulta de estupro e o aborto é precedido de consentimento da gestante ou, quando incapaz, de seu representante legal.

No caso de aborto necessário, também conhecido por aborto terapêutico ou profilático, não temos dúvida em afirmar que se trata de uma causa de justificação correspondente ao estado de necessidade.

Fragoso, analisando o inciso em questão, diz: "A primeira hipótese é a do chamado *aborto necessário ou terapêutico*, que, segundo a opinião dominante, constitui caso especial de estado de necessidade."[135]

---

[135] FRAGOSO, Heleno Cláudio. *Lições de direito penal* – Parte especial (arts. 121 a 160, CP), p. 124.

Frederico Marques, no mesmo sentido, afirma: "Ao aborto terapêutico, dá o Código Penal, na epígrafe do art. 128, nº I, o *nomen juris* de *aborto necessário*, talvez para ressaltar a *ratio essendi* da impunidade, que outra não é que o *estado de necessidade*."[136]

De maneira ainda mais enfática, Paulo José da Costa Júnior aduz: "Despicienda a referência à presente causa de exclusão da antijuridicidade, diante do preceito genérico do art. 24 (estado de necessidade)."[137]

Não há como deixar de lado o raciocínio relativo ao estado de necessidade no chamado aborto necessário. Isso porque, segundo se dessume da redação do inciso I do art. 128 do Código Penal, entre a vida da gestante e a vida do feto, a lei optou por aquela. No caso, ambos os bens (vida da gestante e vida do feto) são juridicamente protegidos. Um deve perecer para que o outro subsista. A lei penal, portanto, escolheu a vida da gestante ao invés da vida do feto. Quando estamos diante do confronto de bens protegidos pela lei penal, estamos também, como regra, diante da situação de estado de necessidade, desde que presentes todos os seus requisitos, elencados no art. 24 do Código Penal.

A discussão, na verdade, diz respeito à natureza jurídica da segunda modalidade de aborto legal, vale dizer, o chamado *aborto sentimental ou humanitário*, quando a gravidez é resultante de estupro.

Afirma Aníbal Bruno:

"Em verdade, a questão aí está muito aquém do caso em que se trata de preservar a vida da mulher. Dificilmente se poderia reduzir a hipótese a um estado de necessidade. Mas razões de ordem ética ou emocional que o legislador considerou extremamente ponderáveis têm introduzido essa descriminante em algumas legislações, atitude incentivada por episódios graves que realmente reclamavam medidas de exceção."[138]

E continua o grande penalista:

"No curso das duas grandes guerras, os inúmeros atos de violência sexual praticados por soldados inimigos nos países invadidos, com a consequência de numerosas concepções ilegítimas, deram ao problema uma dimensão particular, fazendo-o sair do domínio do interesse privado para o do interesse público, político, suscitando, sobretudo depois da primeira guerra, ardorosos debates. Foi então legitimada a intervenção abortiva nos casos de concepção resultante de violência."[139]

A maioria de nossos doutrinadores entende que, na hipótese de gravidez resultante de estupro, o aborto realizado pela gestante não será considerado antijurídico.

Frederico Marques diz que, "nos termos em que o situou o Código Penal, no art. 128, nº II, trata-se de fato típico penalmente lícito. Afasta a lei a antijuridicidade da ação de *provocar aborto*, por entender que a gravidez, no caso, produz dano altamente afrontoso para a pessoa da mulher, o que significa que é o estado de necessidade a *ratio essendi* da impunidade do fato típico."[140] Essa é também a posição de Fragoso.[141] Hungria, cuidando do aborto sentimental, assevera que "nada justifica que se obrigue a mulher estuprada a aceitar uma maternidade

---

[136] MARQUES, José Frederico. *Tratado de direito penal*, v. 2, p. 213.

[137] COSTA JÚNIOR, Paulo José da. *Curso de direito penal*, v. 2, p. 23.

[138] BRUNO, Aníbal. *Crimes contra a pessoa*, p. 173.

[139] BRUNO, Aníbal. *Crimes contra a pessoa*, p. 173.

[140] MARQUES, José Frederico. *Tratado de direito penal*, v. 2, p. 218.

[141] FRAGOSO, Heleno Cláudio. *Lições de direito penal* – Parte especial (arts. 121 a 160, CP), p. 124.

odiosa, que dê vida a um ser que lhe recordará perpetuamente o horrível episódio da violência sofrida. Segundo Binding, seria profundamente iníqua a terrível exigência do direito de que a mulher suporte o fruto de sua involuntária desonra."[142]

Embora seja esse o pensamento de Hungria, em seu texto não fica evidenciada sua posição quanto à natureza jurídica do inciso II do art. 128 do Código Penal, ao contrário da sua conclusão quanto à natureza jurídica do inciso I do mencionado artigo, que cuida do chamado aborto terapêutico ou profilático. Ali, diz um dos maiores penalistas que o Brasil já conheceu, "trata-se de um caso especialmente destacado de *estado de necessidade*."[143]

Para que pudéssemos concordar com a maioria de nossos autores, seria preciso amoldar, com precisão, a hipótese prevista no inciso II do art. 128 do Código Penal a uma das causas legais de exclusão da ilicitude elencadas no art. 23 do Código Penal, vale dizer: estado de necessidade, legítima defesa, estrito cumprimento de dever legal e exercício regular de direito.

Já tivemos oportunidade de salientar, quando do estudo da Parte Geral do Código Penal, que, para que se possa falar em estado de necessidade, é preciso que haja um confronto de bens igualmente protegidos pelo ordenamento jurídico. Duas são as teorias que disputam o tratamento do estado de necessidade: teoria unitária e teoria diferenciadora. Para a teoria unitária, adotada pelo nosso Código Penal, todo estado de necessidade é justificante, isto é, afasta a ilicitude da conduta típica levada a efeito pelo agente. A teoria diferenciadora, a seu turno, traça uma distinção entre o estado de necessidade justificante (que exclui a ilicitude do fato) e o estado de necessidade exculpante (que afeta a culpabilidade). Para essa teoria, se o bem que se quer preservar for de valor superior àquele contra o qual se dirige a conduta do agente, estaremos diante de um estado de necessidade justificante; se o bem que se quer preservar for de valor inferior ao agredido, o estado de necessidade será exculpante; se os bens forem de valor idêntico existe controvérsia doutrinária e jurisprudencial, sendo que uma corrente opta pelo estado de necessidade justificante e outra, pelo exculpante.

Enfim, no inciso II do art. 128 do Código Penal há dois bens em confronto: de um lado, a vida do feto, tutelada pelo nosso ordenamento jurídico desde a concepção; do outro, como sugere Frederico Marques, a honra da mulher vítima de estupro, ou a dor pela recordação dos momentos terríveis pelos quais passou nas mãos do estuprador. Adotando-se a teoria unitária ou a diferenciadora, a solução para este caso seria a mesma. Pela redação do art. 24 do Código Penal, somente se pode alegar o estado de necessidade quando o sacrifício, nas circunstâncias, não era razoável exigir-se. Ora, há uma vida em crescimento no útero materno. Não entendemos razoável no confronto entre a vida do ser humano e a honra da gestante estuprada optar por esse último bem, razão pela qual, mesmo adotando-se a teoria unitária, não poderíamos falar em estado de necessidade. Com relação à teoria diferenciadora, o tema fica mais evidente. Se o bem vida é de valor superior ao bem honra, para ela o problema se resolve não em sede de ilicitude, mas, sim, no terreno da culpabilidade, afastando-se a reprovabilidade da conduta da gestante que pratica o aborto.

Da mesma forma não conseguimos visualizar a aplicação das demais causas excludentes da ilicitude ao inciso II do art. 128 do Código Penal. Não se trata de legítima defesa, pois o feto não está agredindo injustamente a gestante; não é o caso de estrito cumprimento de dever legal, haja vista a inexistência do dever legal de matar, a não ser nos casos excepcionais, previstos no art. 84, XIX, da Constituição Federal, cuja sinistra função caberá àquele que exercer o papel de carrasco; e muito menos se pode argumentar com o exercício regular de direito, uma vez que o ordenamento jurídico quer, na verdade, é a preservação da vida, e não a sua destruição.

---

[142] HUNGRIA, Nélson. *Comentários ao código penal*, v. V, p. 304.
[143] HUNGRIA, Nélson. *Comentários ao código penal*, v. V, p. 304.

Entendemos, com a devida vênia das posições em contrário, que, no inciso II do art. 128 do Código Penal, o legislador cuidou de uma hipótese de inexigibilidade de conduta diversa, não se podendo exigir da gestante que sofreu a violência sexual a manutenção da sua gravidez, razão pela qual, optando-se pelo aborto, o fato será típico e ilícito, mas deixará de ser culpável.[144]

Outros aspectos merecem ainda ser analisados no que diz respeito às hipóteses de aborto legal, a saber:

a) possibilidade de analogia *in bonam partem* quando o aborto não for realizado por médico;

b) representante legal da incapaz que consente na realização do aborto, contrariamente à vontade da gestante.

A) O *caput* do art. 128 do Código Penal determina que não é punível o aborto praticado por *médico* nas hipóteses dos seus incisos I e II. No primeiro caso, se a gestante correr risco de morrer com a manutenção da gravidez, poderia outra pessoa, que não gozasse da qualidade de médico, a exemplo do que ocorre com as parteiras, nela realizar o aborto com o fim de salvar-lhe a vida? Entendemos que a resposta, levando em consideração a natureza jurídica do inciso I do art. 128 do Código Penal, só pode ser positiva.

Estaria o agente, que atua no lugar do médico, agindo em estado de necessidade de terceiro.

Contudo, questão mais tormentosa se encontra no inciso II do mencionado artigo. Isso porque sua natureza é diversa daquela consignada no inciso I do art. 128 do diploma repressivo, cuidando-se de uma causa legal de exclusão da culpabilidade pela inexigibilidade de conduta diversa.

Frederico Marques posiciona-se radicalmente contra a possibilidade de realização do aborto por outra pessoa que não o médico:

"Aceita que foi, porém, a impunidade dessa forma de aborto, deve-se aplicar a lei, no que diz respeito às exigências nela contidas, com o mais absoluto rigor, só admitindo a licitude da ação, quando preenchidos, irrestritamente, os pressupostos exarados na norma permissiva.

Em primeiro lugar, nem a gestante, e muito menos parteiras ou pessoas sem habilitação profissional, podem provocar o aborto para interromper gestação oriunda de estupro. Em segundo lugar, indeclinável é o consentimento da gestante ou de seu representante legal, como antecedente ou *prius* da operação abortiva. Por fim, indispensável é que o médico tenha elementos seguros sobre a existência do estupro.

Faltando um desses requisitos, que seja, o aborto será criminoso."[145]

Luiz Regis Prado, por seu turno, fundamenta a impossibilidade do recurso da *analogia in bonam partem*, assim se manifestando:

"A regra do art. 128, II, do Código Penal é norma penal não incriminadora excepcional ou singular em relação à norma não incriminadora geral (art. 23, CP). De conseguinte,

---

[144] GRECO, Rogério. *Curso de direito penal* – Parte geral.

[145] MARQUES, José Frederico. *Tratado de direito penal*, v. IV, p. 219.

como se trata de *jus singulare*, em princípio, não é de ser aplicado o procedimento analógico, ainda que *in bonam partem*."[146]

Apesar da força dos argumentos expendidos, não entendemos ser essa a melhor conclusão. Inicialmente, somente devemos afastar o recurso da chamada analogia *in bonam partem* quando tivermos a convicção de que foi intenção da lei deixar de lado determinada hipótese. Do contrário, quando houver necessidade de preservar o tratamento isonômico, o recurso a ela se fará necessário.

Imagine-se a seguinte hipótese: uma mulher que reside em uma aldeia de difícil acesso, no interior da floresta amazônica, por exemplo, é vítima de um delito de estupro. Não tendo condições de sair de sua aldeia, tampouco existindo possibilidade de receber, em sua residência, a visita de um médico, solicita à parteira da região que realize o aborto, depois de narrar-lhe os fatos que a motivaram ao ato extremo. Pergunta-se: não estaria também a parteira acobertada pelo inciso II do art. 128 do Código Penal, ou, em decorrência do fato de não haver médicos disponíveis na região, a gestante, por esse motivo, deveria levar sua gravidez a termo, contrariamente à sua vontade?

Entendemos, aqui, perfeitamente admissível a analogia *in bonam partem*, isentando a parteira de qualquer responsabilidade penal.

B)  Para que seja realizado o aborto há necessidade imperiosa de que a gestante consinta a sua realização.

Pode ocorrer, e não raro acontece, que a gestante, mesmo tendo sido violentada, leve a termo a sua gravidez e dê à luz ao seu filho. Normalmente, após o nascimento da criança, a mãe apaga da sua mente a violência por ela sofrida, pois o amor pelo filho sobreleva todas as coisas.

Entretanto, também não é incomum que a gestante, por outro lado, queira se submeter ao aborto, nos casos de gravidez que tenha sido fruto de violência sexual. Para tanto, deverá emitir seu consentimento de maneira inequívoca, sem o qual se torna impossível a realização do aborto.

O que fazer, então, diante da divergência de opiniões entre a gestante incapaz e seu representante legal. Suponha-se que o representante legal da gestante, que contava com apenas 14 anos de idade, queira que ela se submeta ao aborto, ao passo que ela própria, mesmo tendo sido violentada, deseje dar à luz o seu filho?

Entendemos que, havendo divergência de posições, deve prevalecer o raciocínio pela vida do feto, não importando a incapacidade da gestante.

O suprimento de seu consentimento pelo de seu representante legal só deve ser entendido no sentido de corroborar a sua decisão na eliminação do produto da concepção. Caso contrário, se deseja levar a gravidez a termo, sua vontade deverá ser atendida.

Em 1º de agosto de 2013, foi editada a Lei nº 12.845, que dispôs sobre o atendimento obrigatório e integral de pessoas em situação de violência sexual, considerando como tal aquelas, para efeitos da mencionada lei, que tenham sido vítimas de atividade sexual não consentida, como é o caso do delito de estupro, que tenha resultado em gravidez.[147]

---

[146]  PRADO, Luiz Regis. *Curso de direito penal brasileiro*, v. 2, p. 108.
[147]  **LEI Nº 12.845, DE 1º DE AGOSTO DE 2013**
     *A Presidenta da República*
     *Faço saber que o Congresso Nacional decreta e eu sanciono a seguinte Lei:*

PARTE I – CAPÍTULO I – DOS CRIMES CONTRA A VIDA

Antecedendo o referido diploma legal, em 13 de março de 2013, foi publicado o Decreto nº 7.958, que estabeleceu diretrizes para o atendimento humanizado às vítimas de violência sexual pelos profissionais de segurança pública e da rede de atendimento do Sistema Único de Saúde.

## 6.16 Destaques

### 6.16.1 Gestante que perde o filho em acidente de trânsito

Pode acontecer que a própria gestante, estando na direção de seu veículo automotor, venha, por exemplo, culposamente, a colidir com um poste, causando, em virtude do impacto sofrido, o aborto.

Nesse caso, não deverá ser responsabilizada criminalmente, haja vista a inexistência de previsão legal para a modalidade culposa de aborto.

De outro lado, pode ser que a gestante tenha sido vítima de acidente de trânsito, tendo sido seu veículo atingido por terceiro que, agindo de forma imprudente, dirigindo em velocidade excessiva, com ela colidiu, causando-lhe, também, em virtude do impacto, o aborto.

Aqui, ao contrário do raciocínio anterior, o agente causador do aborto, embora não possa ser responsabilizado penalmente por esse resultado, poderá responder pelas lesões corporais de natureza culposa produzidas na gestante em virtude da expulsão prematura do produto da concepção.

Como o acidente ocorreu na direção de veículo automotor, sua conduta, em tese, se amoldará ao art. 303 da Lei nº 9.503/97 (Código de Trânsito Brasileiro), que diz:

---

Art. 1º Os hospitais devem oferecer às vítimas de violência sexual atendimento emergencial, integral e multidisciplinar, visando ao controle e ao tratamento dos agravos físicos e psíquicos decorrentes de violência sexual, e encaminhamento, se for o caso, aos serviços de assistência social.

Art. 2º Considera-se violência sexual, para os efeitos desta Lei, qualquer forma de atividade sexual não consentida.

Art. 3º O atendimento imediato, obrigatório em todos os hospitais integrantes da rede do SUS, compreende os seguintes serviços:

I – diagnóstico e tratamento das lesões físicas no aparelho genital e nas demais áreas afetadas;

II – amparo médico, psicológico e social imediatos;

III – facilitação do registro da ocorrência e encaminhamento ao órgão de medicina legal e às delegacias especializadas com informações que possam ser úteis à identificação do agressor e à comprovação da violência sexual;

IV – profilaxia da gravidez;

V – profilaxia das Doenças Sexualmente Transmissíveis – DST;

VI – coleta de material para realização do exame de HIV para posterior acompanhamento e terapia;

VII – fornecimento de informações às vítimas sobre os direitos legais e sobre todos os serviços sanitários disponíveis.

§ 1º Os serviços de que trata esta Lei são prestados de forma gratuita aos que deles necessitarem.

§ 2º No tratamento das lesões, caberá ao médico preservar materiais que possam ser coletados no exame médico legal.

§ 3º Cabe ao órgão de medicina legal o exame de DNA para identificação do agressor.

Art. 4º Esta Lei entra em vigor após decorridos 90 (noventa) dias de sua publicação oficial.

Brasília, 1º de agosto de 2013; 192º da Independência e 125º da República.

Dilma Rousseff

José Eduardo Cardozo

Alexandre Rocha Santos Padilha

Eleonora Menicucci de Oliveira

Maria do Rosário Nunes

> **Art. 303.** Praticar lesão corporal culposa na direção de veículo automotor:
> Penas – detenção, de 6 (seis) meses a 2 (dois) anos e suspensão ou proibição de se obter a permissão ou a habilitação para dirigir veículo automotor.

### 6.16.2 Morte de fetos gêmeos

Suponha-se que o agente coloque substância química abortiva na refeição da gestante, almejando a interrupção da gravidez que, de antemão, era sabidamente gemelar.

O agente, portanto, além de conhecer o estado gravídico da gestante, sabia que a gestação era de fetos gêmeos.

Ocorrendo a morte dos produtos da concepção, quais seriam os crimes por ele praticados?

No caso em exame, aplica-se a regra do concurso formal impróprio de crimes, contida na segunda parte do art. 70, *caput*, do Código Penal, haja vista que com a sua conduta única o agente produziu dois resultados que faziam parte do seu dolo, agindo, portanto, com desígnios autônomos com relação a eles.

Nesse primeiro exemplo não existe qualquer dificuldade de raciocínio. Imagine-se, agora, entretanto, que o agente queria produzir o resultado aborto na gestante, acreditando que a sua gravidez era simples, quando, na verdade, havia concebido fetos gêmeos, causando a morte de ambos.

Pergunta-se: deverá o agente responder pelo aborto em concurso formal, da mesma forma que no exemplo anterior?

Aqui, entendemos que não. Embora tenha atuado no sentido de praticar o aborto, ministrando à gestante substância química abortiva, somente poderá responder subjetivamente pelos resultados produzidos. Se não conhecia a gravidez gemelar, segundo entendemos, não lhe poderá ser aplicada a regra do concurso formal impróprio, devendo responder por um único aborto.

Podemos raciocinar, ainda, com uma terceira hipótese. Suponha-se agora que a gestante, almejando praticar o aborto, vá até uma clínica que realize esse tipo de serviço. No início de sua curetagem, o "médico" percebe que sua gravidez era gemelar, o que não era de seu conhecimento. O médico, sem comunicar tal fato à gestante, interrompe a gravidez com a retirada de ambos os fetos, que morrem.

Pergunta-se: quais os delitos praticados pelo médico que realizou o aborto com o consentimento da gestante, e pela gestante que a ele se submeteu volitivamente?

Entendemos que o médico deverá ser responsabilizado pelos dois abortos, aplicando-se a regra do concurso formal impróprio, vale dizer, embora conduta única, produtora de dois resultados, pelo fato de ter agido com desígnios autônomos, ser-lhe-á aplicado o cúmulo material, devendo ser somadas as penas dos dois abortos.

Já a gestante, como desconhecia a gravidez gemelar, somente poderá responder por um único delito de aborto, afastando o concurso de crimes.

### 6.16.3 Agressão à mulher sabidamente grávida

Vamos trabalhar com o seguinte exemplo: assim que o agente chega em casa, tem início uma discussão com sua mulher, que se encontra grávida. Durante a discussão, o marido se descontrola e a agride, fazendo com que a gestante aborte. Pergunta-se: qual o crime que ele cometeu? Lesão corporal qualificada pelo resultado aborto ou o delito de aborto?

Essa resposta, como sabemos, vai depender do elemento subjetivo com que atuava o agente. Se sua conduta foi dirigida finalisticamente a causar lesão corporal em sua esposa e desse comportamento adveio o resultado aborto, que lhe era previsível, ela se amoldará ao tipo penal previsto pelo art. 129, § 2º, V, do diploma repressivo, ou seja, lesão corporal qualificada pelo resultado aborto.

Agora, se ao agredir a sua esposa pretendia a interrupção da gravidez, terá cometido o delito de aborto.

Se o réu se calar, valendo-se do seu direito ao silêncio constitucionalmente assegurado (art. 5º, LXIII, da CF), como saber a que se dirigia finalisticamente seu comportamento? Na verdade, os fatos falarão por si. Se agrediu sua esposa, por exemplo, desferindo-lhe um violento soco no rosto, o seu dolo, ao que parece, não era o de produzir o aborto. Contudo, se das agressões praticadas contra sua esposa, que sabidamente se encontrava grávida, sobrevém o resultado aborto, será responsabilizado pelas lesões corporais gravíssimas, isto é, qualificada pelo resultado aborto, uma vez que este último lhe era previsível. Agora, se agride sua esposa desferindo-lhe um pontapé na barriga, obviamente que o seu dolo era o de abortar o produto da concepção.

Na dúvida, entretanto, esta deverá pender em seu benefício, uma vez que *in dubio pro reo*, devendo o agente ser responsabilizado pela infração penal menos grave, no caso a lesão corporal qualificada pelo resultado aborto.

Se, agindo com dolo de lesão, agredir uma mulher grávida que, contudo, não vier a abortar, ao agente será aplicada a circunstância agravante prevista no art. 61, II, *h*, última figura, do Código Penal, ou seja, agrava-se a pena por ter cometido o crime contra *mulher grávida*.

Ocorrendo o aborto como resultado qualificador das lesões corporais por ele praticadas, ou mesmo na hipótese em que o dolo do agente era o de interromper a gravidez, isto é, o dolo de aborto, não será possível a aplicação da circunstância agravante acima mencionada, pois tais circunstâncias, conforme determina o *caput* do art. 61 do Código Penal, somente podem agravar a pena quando não constituem ou qualificam o crime.

### 6.16.4 Gestante que tenta o suicídio

A tentativa de suicídio, por si mesma, como vimos, não é punível, mas, sim, o comportamento daquele que induz, instiga ou auxilia materialmente alguém a cometer o ato extremo.

Contudo, pode ocorrer que a gestante queira eliminar a própria vida e realize um comportamento dirigido a esse fim, por exemplo, fazendo a ingestão de veneno ou atirando contra si mesma.

Ela sabe que, assim agindo, causará não somente a morte dela, mas também a do feto que carrega em seu útero. Pergunta-se: caso a gestante sobreviva ao atentado contra a própria vida, não ocorrendo, também, a interrupção da gravidez, será responsabilizada por alguma infração penal? Acreditamos que sim. Deverá ser imputado à gestante o delito de tentativa de aborto, uma vez que, almejando eliminar a própria vida, consequentemente, produziria a morte do feto, razão pela qual, se sobreviver, não ocorrendo a morte do feto, deverá ser responsabilizada pelo *conatus*.

Caso haja a morte do feto, terá cometido o delito de aborto consumado.

### 6.16.5 Desistência voluntária e arrependimento eficaz

Os institutos da desistência voluntária e do arrependimento eficaz são perfeitamente aplicáveis ao delito de aborto, em todas as suas modalidades.

No crime de autoaborto, se a gestante dá início às manobras abortivas, mas as interrompe durante sua execução, teremos aqui a aplicação da desistência voluntária, sendo atípicos os atos por ela eventualmente realizados que, de alguma forma, vieram a produzir-lhe lesões corporais, uma vez que não se pune a autolesão. Também pode ocorrer que, após esgotado tudo aquilo que tinha ao seu alcance no sentido de realizar o aborto, por exemplo, fazendo uso de substâncias abortivas, a gestante, arrependida de seu ato, procure neutralizar, com algum antídoto, a substância ingerida anteriormente.

Se nas hipóteses criadas não sobrevém o aborto, ou seja, tanto na desistência quanto no arrependimento foi eficaz a intervenção da gestante no sentido de evitar a produção do resultado aborto, não será responsabilizada criminalmente por qualquer delito.

No caso do terceiro que inicia os atos de execução tendentes à produção do aborto, com o consentimento da gestante, se desiste de prosseguir com esses atos – desistindo voluntariamente –, ou impede que o resultado se produza – dado o seu arrependimento eficaz –, não deverá ser responsabilizado também por qualquer infração penal se os atos já praticados se configurarem em lesões corporais de natureza leve, passíveis de serem afastadas mediante o consentimento do ofendido.

Havendo lesões corporais graves, como o consentimento do ofendido não tem o condão de afastar a ilicitude do comportamento praticado pelo agente, este deverá por elas responder.

No caso de aborto provocado por terceiro sem o consentimento da gestante, o agente sempre, nas hipóteses de desistência e arrependimento eficaz, responderá pelos atos já praticados. Se produziu lesões corporais leves, responderá pela infração penal prevista no *caput* do art. 129 do Código Penal; se graves ou gravíssimas, deverá ser responsabilizado levando-se em consideração, respectivamente, os §§ 1º e 2º do art. 129 do diploma repressivo.

Em qualquer situação, se o aborto vier a ocorrer, mesmo tendo os agentes se esforçado ao máximo para que isso não acontecesse, deverão por ele responder, cada qual na sua situação (autoaborto, aborto provocado por terceiro sem o consentimento da gestante e aborto provocado por terceiro com o consentimento da gestante).

### 6.16.6 Crime impossível

Diz o art. 17 do Código Penal:

> **Art. 17.** Não se pune a tentativa quando, por ineficácia absoluta do meio ou por absoluta impropriedade do objeto, é impossível consumar-se o crime.

O crime impossível poderá ocorrer, portanto, ou pela *absoluta ineficácia do meio* ou pela *absoluta impropriedade do objeto*.

No caso do aborto, a gestante poderá fazer a ingestão de substância completamente inócua, inofensiva a seu organismo, acreditando que, com isso, conseguirá produzir a interrupção da gravidez, sendo o meio, portanto, considerado absolutamente ineficaz, não podendo ser responsabilizada penalmente pelo seu comportamento.

Também poderá ocorrer a hipótese em que o meio seja eficaz, mas não exista objeto a ser atacado por ele, como é o caso da agente que faz a ingestão de substância abortiva acreditando encontrar-se grávida, quando na verdade, não está, somente tendo ocorrido um atraso em sua menstruação. Nesse caso, também, não se lhe poderá imputar qualquer infração penal.

### 6.16.7 Aborto econômico

Muito comum no Brasil, principalmente na modalidade do autoaborto, é o chamado aborto econômico.

A gestante que se encontra grávida por mais uma vez, dada sua falta de conhecimento na utilização de meios contraceptivos, ou mesmo diante de sua impossibilidade de adquiri-los, não podendo arcar com a manutenção de mais um filho em decorrência de sua condição de miserabilidade, resolve interromper a gravidez, eliminando o produto da concepção, causando a sua morte.

Não encontramos, nesses casos, qualquer causa de justificação ou mesmo de exculpação que tenha por finalidade afastar a ilicitude ou a culpabilidade daquela que atuou impelida por essa motivação econômica.

Aníbal Bruno, com peculiar brilhantismo, diz:

"A justificação da morte do feto pela consideração das vicissitudes financeiras da mulher contém em si muito individualismo e egoísmo, sinal da progressiva materialização das forças que orientam a cultura moderna, corresponde ainda a um pensamento de desvalorização da vida do feto em face do Direito Penal e da proteção que este lhe concede, desvalorização que contrasta com a ideia de que a vida humana é o bem jurídico fundamental, origem e suporte dos demais bens individuais e sociais."[148]

Caso a agente, que vive numa situação completa de exclusão social, abandonada pelo Estado, que não lhe fornece meios suficientes para que possa trabalhar e cuidar de seus filhos, engravide, mesmo com todas as dificuldades que lhe sejam impostas, deverá, ainda assim, levar adiante a gravidez. Sua opção não está em causar a morte do feto, ou seja, de uma vida em desenvolvimento, em razão de não poder mantê-lo após o seu nascimento. Sua opção, nesse caso, infelizmente, será entregá-lo para fins de adoção, que é um *minus* em relação à conduta extrema de causar a morte de um ser, mesmo que ainda em formação.

### 6.16.8 Ordem judicial

A lei penal e a lei processual penal não preveem nenhum tipo de formalização judicial no sentido de obter uma ordem para que seja levada a efeito qualquer uma das modalidades do chamado aborto legal, seja aquele de natureza terapêutica ou profilática, previsto no inciso I do art. 128 do Código Penal, ou mesmo o de natureza sentimental ou humanitário, cuja previsão expressa encontra-se no inciso II do mencionado artigo.

O "senhor da decisão", nessas hipóteses, será o médico.

Verificando que a vida da gestante corre risco, poderá praticar o aborto, documentando sua decisão em papeletas e prontuários, os quais terão o condão de demonstrar, inclusive pela realização de exames, que a vida da gestante corria risco em caso de manutenção da gravidez.

Na segunda hipótese, ou seja, nos casos de gravidez resultante de estupro, para que o aborto seja realizado pelo médico, além de não ser exigida autorização judicial, não há necessidade sequer que o inquérito policial tenha sido instaurado, ou mesmo que o Ministério Público tenha oferecido denúncia, uma vez que, agora, com a nova redação que foi conferida ao art. 225 do Código Penal, pela Lei nº 13.718, de 24 de setembro de 2018, a ação penal será sempre de iniciativa pública incondicionada.

É preciso, contudo, que tenha, de alguma forma, trazido ao conhecimento oficial do Estado o fato de ter sido vítima de um crime de estupro. Sua palavra, segundo entendemos, destituída de qualquer formalização, não pode ser levada em consideração.

Esse documento, válido para fins de trazer ao médico a segurança de que precisa para a realização do aborto, poderia ser um simples boletim de ocorrência policial, lavrado pela polícia militar ou pela polícia civil, um exame de corpo de delito feito por órgão oficial do Estado, como o Instituto Médico Legal, ou até mesmo a cópia da inicial da ação penal.

---

[148] BRUNO, Aníbal. *Crimes contra a pessoa*, p. 177.

O que estamos querendo afirmar é que não há necessidade de uma decisão formal do Estado, por exemplo, na eventual ação penal, condenando o agente pela prática do delito de estupro. Se assim exigíssemos, o tempo que levaria para se alcançar o trânsito em julgado impediria a realização do aborto. Sem exagero, teríamos de causar a morte da criança que cursaria o terceiro ou o quarto ano escolar.

Caso se comprove que a gestante falseou a verdade, o que também não é incomum nas hipóteses em que engravida de algum parceiro ou namorado, querendo se justificar com seus pais, temerosa, muitas vezes, atribui a gravidez à violência sexual, quando, na verdade, nada disso ocorreu. Enfim, se comprovada a falsidade das declarações, a gestante terá que responder pelo crime de aborto, sendo que ao médico será aplicada a causa de exclusão da culpabilidade correspondente ao erro de proibição indireto, pois atuou acreditando estar amparado por uma causa de justificação, relativa ao exercício regular de um direito.

### 6.16.9 Concurso de pessoas no delito de aborto

Adotando uma teoria reconhecida como monista temperada, moderada ou matizada, diz o art. 29 do Código Penal:

> **Art. 29.** Quem, de qualquer modo, concorre para o crime incide nas penas a este cominadas, na medida de sua culpabilidade.

A regra, que sofre algumas exceções, é a de que todos que concorrem para o crime respondam pela mesma infração penal. Ou seja, existe uma única infração penal distribuída entre coautores e partícipes.

Contudo, há exceção a essa regra no próprio art. 29, conforme se verifica da leitura de seu § 2º, que diz que *se algum dos concorrentes quis participar de crime menos grave, ser-lhe-á aplicada a pena deste; essa pena será aumentada até metade, na hipótese de ter sido previsível o resultado mais grave.*

No crime de aborto também existe exceção à regra adotada pela teoria monista. Mediante o confronto dos arts. 124 e 126 do Código Penal, percebemos que se a gestante procura alguém para que nela possa realizar o aborto, o médico que levou a efeito as manobras abortivas responderá por uma infração penal (art. 126 do CP), e a gestante por outra (art. 124 do CP), quando, de acordo com a teoria monista, deveríamos ter uma única infração penal distribuída entre a gestante e o médico, razão pela qual não podemos considerar *pura* a teoria monista adotada pelo Código Penal, mas sim moderada, temperada ou matizada, dadas as exceções existentes.

Merece destaque, também, em sede de concurso de pessoas, a discussão relativa à participação no crime de aborto. Não há qualquer dúvida quanto ao seu cabimento, em qualquer das três modalidades constantes dos arts. 124, 125 e 126 do Código Penal.

Assim, para fins de raciocínio, se a gestante é induzida por seu namorado a praticar o aborto e se, efetivamente, vier a realizá-lo, este deverá ser responsabilizado penalmente pela sua participação no crime do art. 124 do Código Penal.

Se um médico, por exemplo, é convencido por um amigo de profissão a realizar um aborto em uma gestante que foi procurá-lo especificamente com essa finalidade, aquele que o induziu deverá ser considerado partícipe do delito tipificado no art. 126.

Da mesma forma, se alguém é induzido a praticar um aborto na gestante sem o consentimento dela, aquele que fez nascer a ideia criminosa na mente do agente deverá ser responsabilizado pelo delito previsto pelo art. 125 do diploma repressivo, se este vier a ser executado pelo autor.

A questão ganha relevo quando deparamos com as causas de aumento de pena previstas no art. 127 do Código Penal, que diz:

> **Art. 127.** As penas cominadas nos dois artigos anteriores são aumentadas de um terço, se, em consequência do aborto ou dos meios empregados para provocá-lo, a gestante sofre lesão corporal de natureza grave; e são duplicadas, se, por qualquer dessas causas, lhe sobrevém a morte.

Se, no caso concreto, entendermos, por exemplo, que a participação se deu no comportamento previsto no art. 124 do Código Penal e se, porventura, vier a gestante, no autoaborto, a sofrer lesões corporais de natureza grave, ou mesmo a falecer, o agente que a induziu não responderá pela participação com sua pena especialmente agravada, pois a lei afirma, claramente, que a majorante somente incidirá nos dois artigos anteriores ao art. 127, vale dizer, naqueles artigos que preveem o aborto provocado por terceiro, sem o consentimento da gestante, e também o aborto provocado por terceiro, com o consentimento da gestante.

Ao contrário, se a participação disser respeito a qualquer desses dois artigos (arts. 125 e 126 do CP) e se, em consequência do aborto ou dos meios empregados para provocá-lo, a gestante sofrer lesões corporais de natureza grave ou se vier a morrer, terão aplicação os aumentos previstos no art. 127 do Código Penal.

### 6.16.10 Gestante que morre ao realizar o aborto, sendo que o feto sobrevive

Podemos, também, trabalhar com a hipótese de que tenha havido a morte da gestante ao se submeter a um aborto, sendo que o feto, mesmo retirado antecipadamente do útero materno, sobrevive.

No caso em questão, estaríamos diante de uma tentativa de aborto, uma vez que este se consuma somente com a morte do produto da concepção, cuja pena será especialmente agravada em decorrência da morte da gestante.

Como observado por Fragoso:

> "Para que haja a qualificação do crime, não é indispensável que o aborto se consume. Basta que a morte ou as lesões graves tenham resultado dos meios empregados para provocá-lo, qualquer que seja o tempo decorrido, desde que seja certo o nexo de causalidade. Lesão corporal grave ou morte, como resultados não dolosos, sem a morte do feto, constituirão tentativa da forma qualificada."[149]

### 6.16.11 Majorante nos crimes contra a dignidade sexual

O inciso III do art. 234-A, com a nova redação que lhe foi dada pela Lei nº 13.718, de 24 de setembro de 2018, determina que a pena para os crimes contra a dignidade sexual, previstos no Título VI, seja aumentada de metade a 2/3 (dois terços), se do crime resulta gravidez.

A aludida causa especial de aumento de pena procura evitar, por exemplo, a prática de abortos legais, na hipótese em que a vítima tenha sido estuprada, resultando o fato em gravidez.

### 6.16.12 Aborto de feto anencéfalo

Durante muitos anos, discutiu-se a possibilidade de interrupção da gravidez na hipótese de feto anencéfalo. As decisões dos tribunais eram conflitantes e faziam com que reinasse a insegurança jurídica.

Em 17 de junho de 2004, a Confederação Nacional dos Trabalhadores na Saúde (CNTS) propôs a Ação de Arguição de Descumprimento de Preceito Fundamental (ADPF nº 54),

---

[149] FRAGOSO, Heleno Cláudio. *Lições de direito penal* – Parte especial (arts. 121 a 160, CP), p. 123-124. Como dissemos anteriormente (item 6.10), a lesão corporal grave e a morte da gestante devem ser consideradas causas especiais de aumento da pena, e não qualificadoras.

CURSO DE DIREITO PENAL • VOL. 2 – ROGÉRIO GRECO

questionando a aplicação dos arts. 124, 126, e 128, I e II, do Código Penal, no que diz respeito ao feto anencéfalo.

Após oito anos, aproximadamente, vale dizer, em 12 de abril de 2012, o Supremo Tribunal Federal decidiu a questão por maioria e nos termos do voto do Relator, Ministro Marco Aurélio, a fim de declarar a inconstitucionalidade da interpretação segundo a qual a interrupção da gravidez de feto anencéfalo é conduta tipificada nos arts. 124, 126, 128, I e II, todos do diploma repressivo.

Assim, uma vez diagnosticada a anencefalia, poderá a gestante, se for de sua vontade, submeter-se ao aborto, sem que tal comportamento seja entendido como criminoso.

Vale ressaltar que o Conselho Federal de Medicina, a fim de regulamentar a hipótese, editou a Resolução nº 1.989, de 10 de maio de 2012.[150]

---

[150] *RESOLUÇÃO CFM Nº 1.989/2012 (Publicada no DOU de 14 de maio de 2012, Seção I, p. 308-309)*

*Art. 1º Na ocorrência do diagnóstico inequívoco de anencefalia o médico pode, a pedido da gestante, independente de autorização do Estado, interromper a gravidez.*

*Art. 2º O diagnóstico de anencefalia é feito por exame ultrassonográfico realizado a partir da 12ª (décima segunda) semana de gestação e deve conter:*

*I – duas fotografias, identificadas e datadas: uma com a face do feto em posição sagital; a outra, com a visualização do polo cefálico no corte transversal, demonstrando a ausência da calota craniana e de parênquima cerebral identificável;*

*II – laudo assinado por dois médicos, capacitados para tal diagnóstico.*

*Art. 3º Concluído o diagnóstico de anencefalia, o médico deve prestar à gestante todos os esclarecimentos que lhe forem solicitados, garantindo a ela o direito de decidir livremente sobre a conduta a ser adotada, sem impor sua autoridade para induzi-la a tomar qualquer decisão ou para limitá-la naquilo que decidir:*

*§ 1º É direito da gestante solicitar a realização de junta médica ou buscar outra opinião sobre o diagnóstico.*

*§ 2º Ante o diagnóstico de anencefalia, a gestante tem o direito de:*

*I – manter a gravidez;*

*II – interromper imediatamente a gravidez, independente do tempo de gestação, ou adiar essa decisão para outro momento.*

*§ 3º Qualquer que seja a decisão da gestante, o médico deve informá-la das consequências, incluindo os riscos decorrentes ou associados de cada uma.*

*§ 4º Se a gestante optar pela manutenção da gravidez, ser-lhe-á assegurada assistência médica pré-natal compatível com o diagnóstico.*

*§ 5º Tanto a gestante que optar pela manutenção da gravidez quanto a que optar por sua interrupção receberão, se assim o desejarem, assistência de equipe multiprofissional nos locais onde houver disponibilidade.*

*§ 6º A antecipação terapêutica do parto pode ser realizada apenas em hospital que disponha de estrutura adequada ao tratamento de complicações eventuais, inerentes aos respectivos procedimentos.*

*Art. 4º Será lavrada ata da antecipação terapêutica do parto, na qual deve constar o consentimento da gestante e/ou, se for o caso, de seu representante legal.*

*Parágrafo único. A ata, as fotografias e o laudo do exame referido no artigo 2º desta resolução integrarão o prontuário da paciente.*

*Art. 5º Realizada a antecipação terapêutica do parto, o médico deve informar à paciente os riscos de recorrência da anencefalia e referenciá-la para programas de planejamento familiar com assistência à contracepção, enquanto essa for necessária, e à preconcepção, quando for livremente desejada, garantindo-se, sempre, o direito de opção da mulher.*

*Parágrafo único. A paciente deve ser informada expressamente que a assistência preconcepcional tem por objetivo reduzir a recorrência da anencefalia.*

## 6.17 Quadro-resumo

### Sujeitos

» Ativo:
  » Art. 124: a gestante.
  » Art. 125: qualquer pessoa.
  » Art. 126: qualquer pessoa.
» Passivos:
  » Art. 124: o produto da concepção (óvulo fecundado, embrião ou feto).
  » Art. 125: o produto da concepção e, de maneira secundária, a própria gestante.
  » Art. 126: o fruto da concepção (óvulo fecundado, embrião ou feto). Contudo, sendo graves as lesões ou ocorrendo a morte da gestante em razão do aborto, esta também figurará como sujeito passivo, mesmo que secundariamente.

### Objeto material

O óvulo fecundado, o embrião ou o feto, razão pela qual o aborto poderá ser considerado ovular (se cometido até os dois primeiros meses da gravidez), embrionário (praticado no terceiro ou quarto mês de gravidez) ou, fetal (quando o produto da concepção já atingiu os cinco meses de vida intrauterina e daí em diante).

### Bem(ns) juridicamente protegido(s)

A vida humana em desenvolvimento. "No aborto provocado por terceiro (com ou sem o consentimento da gestante) tutelam-se também a vida e a incolumidade física e psíquica da mulher grávida. Todavia, apenas é possível vislumbrar a liberdade ou a integridade pessoal como bens jurídicos secundariamente protegidos em se tratando de aborto não consentido (art. 125 do CP) ou qualificado pelo resultado (art. 127 do CP)" (BITENCOURT, 2003, p. 159).

### Exame de corpo de delito

Prova de vida: Será indispensável o exame de corpo de delito, direto ou indireto, não podendo supri-lo a confissão do acusado. Contudo, não sendo possível o exame de corpo de delito, por haverem desaparecido os vestígios, a prova testemunhal poderá suprir-lhe a falta.

### Elemento subjetivo

» Os crimes em análise somente podem ser praticados a título de dolo, seja ele direto ou eventual.
» Não houve previsão da modalidade culposa para o delito de aborto.

### Modalidades comissiva e omissiva

As condutas previstas são comissivas. Entretanto, será possível a prática do crime de aborto por omissão, desde que o agente goze o status de garantidor.

---

*Art. 6º Esta resolução entra em vigor na data de sua publicação.*
*Brasília-DF, 10 de maio de 2012.*
*CARLOS VITAL TAVARES CORRÊA LIMA – Presidente em exercício*
*HENRIQUE BATISTA E SILVA – Secretário-geral*

### Meios de execução

O aborto pode ser realizado com a utilização de diversos meios. "Os processos utilizados podem ser químicos, orgânicos, físicos ou psíquicos." (MIRABETE, 2010, p. 95).

### Consumação e tentativa

» O delito se consuma com a efetiva morte do produto da concepção. Não há necessidade que o óvulo fecundado, embrião ou feto, seja expulso, podendo, até mesmo ocorrer sua petrificação no útero materno.

» É admissível a tentativa.

# Capítulo II
# Das Lesões Corporais

## 1. LESÕES CORPORAIS

**Lesão corporal**

**Art. 129.** Ofender a integridade corporal ou a saúde de outrem:
Pena – detenção, de três meses a um ano.

**Lesão corporal de natureza grave**

§ 1º Se resulta:
I – incapacidade para as ocupações habituais, por mais de trinta dias;
II – perigo de vida;
III – debilidade permanente de membro, sentido ou função;
IV – aceleração de parto:
Pena – reclusão, de um a cinco anos.
§ 2º Se resulta:
I – incapacidade permanente para o trabalho;
II – enfermidade incurável;
III – perda ou inutilização de membro, sentido ou função;
IV – deformidade permanente;
V – aborto:
Pena – reclusão, de dois a oito anos.

**Lesão corporal seguida de morte**

§ 3º Se resulta morte e as circunstâncias evidenciam que o agente não quis o resultado, nem assumiu o risco de produzi-lo:
Pena – reclusão, de quatro a doze anos.

**Diminuição de pena**

§ 4º Se o agente comete o crime impelido por motivo de relevante valor social ou moral ou sob o domínio de violenta emoção, logo em seguida a injusta provocação da vítima, o juiz pode reduzir a pena de um sexto a um terço.

**Substituição da pena**

§ 5º O juiz, não sendo graves as lesões, pode ainda substituir a pena de detenção pela de multa:
I – se ocorre qualquer das hipóteses do parágrafo anterior;
II – se as lesões são recíprocas.

**Lesão corporal culposa**

§ 6º Se a lesão é culposa:
Pena – detenção, de dois meses a um ano.

> **Aumento de pena**
>
> § 7º Aumenta-se a pena de 1/3 (um terço) se ocorrer qualquer das hipóteses dos §§ 4º e 6º do art. 121 deste Código *(nova redação dada pela Lei nº 12.720, de 27 de setembro de 2012)*.
>
> § 8º Aplica-se à lesão culposa o disposto no § 5º do art. 121.
>
> **Violência doméstica**
>
> § 9º Se a lesão for praticada contra ascendente, descendente, irmão, cônjuge ou companheiro, ou com quem conviva ou tenha convivido, ou, ainda, prevalecendo-se o agente das relações domésticas, de coabitação ou de hospitalidade:
>
> Pena – reclusão, de 2 (dois) a 5 (cinco) anos.
>
> § 10. Nos casos previstos nos §§ 1º a 3º deste artigo, se as circunstâncias são as indicadas no § 9º deste artigo, aumenta-se a pena em 1/3 (um terço).
>
> § 11. Na hipótese do § 9º deste artigo, a pena será aumentada de um terço se o crime for cometido contra pessoa portadora de deficiência.
>
> § 12. Se a lesão for praticada contra autoridade ou agente descrito nos arts. 142 e 144 da Constituição Federal, integrantes do sistema prisional e da Força Nacional de Segurança Pública, no exercício da função ou em decorrência dela, ou contra seu cônjuge, companheiro ou parente consanguíneo até terceiro grau, em razão dessa condição, a pena é aumentada de um a dois terços.
>
> § 13. Se a lesão é praticada contra a mulher, por razões da condição do sexo feminino, nos termos do § 1º do art. 121-A deste Código:
>
> Pena – reclusão, de 2 (dois) a 5 (cinco) anos.

## 1.1 Introdução

Analisando o *caput* do art. 129 e seus parágrafos, percebemos que o crime de lesão corporal pode ocorrer por meio de oito modalidades diferentes, a saber:

*a)*   lesão corporal leve – art. 129, *caput,* do CP;

*b)*   lesão corporal grave – art. 129, § 1º, do CP;

*c)*   lesão corporal gravíssima – art. 129, § 2º, do CP;

*d)*   lesão corporal seguida de morte – art. 129, § 3º, do CP;

*e)*   lesão corporal culposa – art. 129, § 6º, do CP.

*f)*   violência doméstica – art. 129, § 9º, do CP;

*g)*   lesão qualificada praticada contra mulher, por razões de condições do sexo feminino (art. 129, § 13, do CP).

O *caput* do art. 129 do Código Penal, definindo o tipo penal de lesões corporais, usa o verbo ofender, procedente da palavra latina *offendere*, no sentido de fazer mal a alguém, lesar, ferir, atacar etc.

Prossegue a redação legal apontando que essa ofensa é dirigida contra a *integridade corporal* ou a *saúde* de outrem.

Conforme apontado precisamente por Hungria:

"O crime de lesão corporal consiste em qualquer dano ocasionado por alguém, sem *animus necandi*, à integridade física ou a saúde (fisiológica ou mental) de outrem. Não se trata, como o *nomen juris* poderia sugerir *prima facie*, apenas do mal infligido à inteireza anatômica da pessoa. *Lesão corporal* compreende toda e qualquer ofensa ocasionada à normalidade funcional do corpo ou organismo humano, seja do ponto de vista anatômico, seja do ponto de vista fisiológico ou psíquico. Mesmo a desintegração da saúde mental é lesão corporal, pois a inteligência, a vontade ou a memória dizem com a atividade funcional do cérebro, que é um dos mais importantes órgãos do corpo. Não se concebe uma perturbação mental sem um dano à saúde, e é inconcebível um dano à saúde sem um mal corpóreo ou uma alteração do corpo. Quer como alteração da integridade física, quer como perturbação do equilíbrio funcional do organismo (saúde), a lesão corporal resulta sempre de uma *violência* exercida sobre a pessoa."[1]

Da mesma forma, entende-se como delito de lesão corporal não somente aquelas situações de ofensa à integridade corporal ou à saúde da vítima criadas originalmente pelo agente, mas também a agravação de uma situação já existente.

Como a lei penal define o delito de lesão corporal dizendo ser a ofensa à integridade corporal ou à saúde de *outrem*, quem devemos entender por esse *outrem*?

Por *outrem* devemos entender, como raciocínio inicial, tão somente o ser humano vivo. Assim, não há possibilidade de se cogitar de lesões corporais em pessoas jurídicas, animais ou, ainda, coisas inanimadas. *Outrem*, portanto, é o *ser humano vivo*. Dessa forma, com essa definição, também são excluídos os cadáveres. Assim, aquele que agride um cadáver, destruindo-lhe parcialmente o corpo morto, pode, dependendo do elemento subjetivo e da situação específica em estudo, cometer o crime de destruição de cadáver (art. 211 do CP), vilipêndio a cadáver (art. 212 do CP) ou, mesmo, o delito de dano (art. 163 do CP). Tudo isso vai depender, como deixamos antever, do elemento subjetivo do agente, bem como da situação efetiva em que se encontra o cadáver (dentro do túmulo, utilizado em pesquisas anatômicas universitárias etc.).

Entretanto, devemos esclarecer a partir de quando esse *ser vivo* já se encontrará sob a proteção do art. 129 do diploma repressivo. Será que o ser ainda em formação já pode ter sua integridade física e sua saúde protegidas pelo tipo penal em estudo? Ou seja, é possível a proteção por intermédio do art. 129 do Código Penal do *ser* humano com vida intrauterina, em seus três estágios de evolução, sendo, ainda, um óvulo, um embrião ou mesmo um feto?

Existe controvérsia doutrinária nesse sentido.

Luiz Regis Prado, quando identifica o *objeto material* do crime de lesão corporal, afirma ser "o ser humano vivo, a partir do momento do início do parto até sua morte",[2] descartando, ao que parece, a possibilidade de o crime de lesões corporais ser cometido, por exemplo, contra o feto ainda em formação no útero materno.

Em sentido contrário posiciona-se Ney Moura Teles, argumentando:

"Evidente, pois, que também o ser em formação possui uma integridade corporal que sustenta sua vida. Se esta é protegida, aquela também o é. E assim deve ser porque importa, para a sociedade, a proteção dos seres humanos em formação não somente contra ações que o destruam, mas também aquelas que o lesionam em sua integridade corporal ou que danificam sua saúde. Seria contrassenso imaginar que a lesão ao feto ou ao embrião, a amputação de um de seus membros ou a ofensa a sua saúde, a um de seus órgãos componentes, fosse um indiferente penal. Também absurdo é considerar o ser humano em formação apenas uma parte do corpo da gestante e incriminar a conduta apenas por ter ela atingido também a gestante. Ainda porque é perfeitamente possível uma lesão atingir tão somente o feto, deixando íntegro o corpo ou a saúde da gestante."[3]

Entendemos assistir razão a essa última posição. O elemento subjetivo do agente é que direciona o seu comportamento, apontando para a infração penal por ele pretendida. Se o

---

[1]  HUNGRIA, Nélson. *Comentários ao código penal*, v. V, p. 313.

[2]  PRADO, Luiz Regis. *Curso de direito penal brasileiro*, v. 2, p. 121.

[3]  TELES, Ney Moura. *Direito penal*, v. II, p. 198-199.

agente queria, como sugeriu o professor Ney Moura Teles, ofender a integridade corporal ou a saúde do feto, deverá responder pelo delito de lesões corporais, devendo-se, unicamente, comprovar que, ao tempo da sua ação, o feto encontrava-se vivo, condição indispensável à configuração do delito.

Dessa forma, a proteção mediante o art. 129 do Código Penal tem início a partir do momento em que surge uma nova vida carregada dentro do útero materno, o que ocorre com a nidação, já estudada anteriormente quando analisamos o delito de aborto.

Merece ser destacado, ainda, o fato de que a *ausência de dor* ou *efusão de sangue* não descaracterizam as lesões corporais, devendo ser procedida, como veremos em continuidade ao nosso estudo, a diferença entre o delito de lesões corporais e a contravenção penal de vias de fato, sob a luz do princípio da insignificância.

Em consonância com o princípio da lesividade, principalmente na vertente por ele proposta, que proíbe a incriminação de uma conduta que não exceda ao âmbito do próprio autor, conforme destaca Nilo Batista, é que se "veda a punibilidade da autolesão,"[4] não podendo o legislador brasileiro criar figuras típicas, por exemplo, proibindo automutilações.

## 1.2 Classificação doutrinária

Crime comum quanto ao sujeito ativo, bem como, em regra, quanto ao sujeito passivo, à exceção, neste último caso, das hipóteses previstas no inciso IV do § 1º, no inciso V do § 2º, bem como nos §§ 9º e 13 todos do art. 129 do Código Penal; crime material; de forma livre; comissivo; omissivo impróprio; instantâneo (em algumas situações, a exemplo da perda de membro, quando pode ser considerado como instantâneo de efeitos permanentes); de dano; monossubjetivo; plurissubsistente; não transeunte.

## 1.3 Sujeito ativo e sujeito passivo

A lei penal não individualiza determinado sujeito ativo para o crime de lesões corporais, razão pela qual qualquer pessoa pode gozar desse *status*, não se exigindo nenhuma qualidade especial.

No que diz respeito ao sujeito passivo, à exceção do inciso IV do § 1º e do inciso V do § 2º do art. 129 do Código Penal, que preveem, respectivamente, como resultado qualificador das lesões corporais a *aceleração de parto* e o *aborto,* bem como dos §§ 9º e 13, que preveem também a modalidade qualificada relativa à violência doméstica e a lesão praticada contra mulher, por razões de condições do sexo feminino, qualquer pessoa pode assumir essa posição.

Nas exceções apontadas – *aceleração de parto* e *aborto* –, somente a gestante pode ser considerada sujeito passivo, bem como aquele que seja ascendente, descendente, irmão, cônjuge ou companheiro, ou com quem conviva ou tenha convivido, ou, ainda, quando se prevalece o agente das relações domésticas, de coabitação ou de hospitalidade, ou quando a lesão for praticada contra mulher, por razões de condições do sexo feminino, sendo os crimes, nesses casos, entendidos como próprios com relação ao sujeito passivo, pois os tipos penais os identificam.

Ney Moura Teles ainda alerta para o fato de que:

"Quando a ofensa recair sobre o ser humano em formação, sujeito passivo é a coletividade, a sociedade, o Estado, o interesse estatal na preservação da integridade corporal ou da saúde do ser humano em formação."[5]

---

[4]  BATISTA, Nilo. *Introdução crítica ao direito penal*, p. 92.

[5]  TELES, Ney Moura. *Direito penal,* v. II, p. 194.

## 1.4 Objeto material e bem juridicamente protegido

Bens juridicamente protegidos, segundo o art. 129 do Código Penal, são a integridade corporal e a saúde do ser humano.

Objeto material é a pessoa humana, mesmo que com vida intrauterina, sobre a qual recai a conduta do agente no sentido de ofender-lhe a integridade corporal ou a saúde.

## 1.5 Exame de corpo de delito

Sendo um crime que deixa vestígios, há necessidade de ser produzida prova pericial, comprovando-se a natureza das lesões, isto é, se leve, grave ou gravíssima.

O art. 168 do Código de Processo Penal determina expressamente:

> **Art. 168.** Em caso de lesões corporais, se o primeiro exame pericial tiver sido incompleto, proceder-se-á a exame complementar por determinação da autoridade policial ou judiciária, de ofício, ou a requerimento do Ministério Público, do ofendido ou do acusado, ou de seu defensor.
> § 1º No exame complementar, os peritos terão presente o auto de corpo de delito, a fim de suprir-lhe a deficiência ou retificá-lo.
> § 2º Se o exame tiver por fim precisar a classificação do delito no art. 129, § 1º, I, do Código Penal, deverá ser feito logo que decorra o prazo de 30 (trinta) dias, contado da data do crime.
> § 3º A falta de exame complementar poderá ser suprida pela prova testemunhal.

Os peritos, ao avaliarem a vítima, devem confeccionar um *diagnóstico* correspondente ao estado em que ela se encontra no momento em que é submetida ao exame de corpo de delito. Isso significa que devem retratar a realidade daquilo que efetivamente verificaram como lesões corporais sofridas pela vítima, não se podendo, contudo, produzir *prognósticos*, que significa, de acordo com Aurélio Buarque de Holanda, "juízo médico, baseado no diagnóstico e nas possibilidades terapêuticas, acerca da duração, evolução ou termo de uma doença."[6]

A ausência do exame de corpo de delito, nos crimes que deixam vestígios, configura-se caso de nulidade, conforme determina a alínea *b* do inciso III do art. 564 do Código de Processo Penal, que ressalva o fato de que, não sendo possível a sua realização, por haverem desaparecido os vestígios, a prova testemunhal poderá suprir-lhe a falta, conforme preconiza o art. 167 do mesmo diploma processual.

## 1.6 Elemento subjetivo

Como o crime de lesão corporal pode ser praticado mediante oito modalidades diferentes, conforme apontamos em nossa introdução, deixaremos a análise do elemento subjetivo de cada uma delas para quando do estudo pormenorizado dos parágrafos do art. 129 do Código Penal, somente ressaltando, nesta oportunidade, que a modalidade simples da figura típica, prevista no *caput* do mencionado artigo, que prevê o delito de lesão corporal de natureza leve, somente pode ser praticada a título de dolo, seja ele direto ou eventual.

O dolo de causar lesão é reconhecido por intermédio das expressões latinas *animus laedendi* ou *animus vulnerandi*.

## 1.7 Modalidades qualificadas consideradas graves ou gravíssimas

Embora o Código Penal não utilize essa terminologia no art. 129, as lesões corporais qualificadas pelos seus §§ 1º e 2º podem ser consideradas, respectivamente, graves ou gravís-

---

6    HOLANDA, Aurélio Buarque de. *Novo dicionário da língua portuguesa*, p. 1.399.

simas. São, efetivamente, tipos derivados qualificados, uma vez que o legislador, de antemão, cominou as penas mínima e máxima, para essas lesões, em patamares superiores àquelas cominadas no *caput*.

Considera-se *grave* a lesão corporal se resulta na vítima: I – incapacidade para as ocupações habituais por mais de 30 (trinta) dias; II – perigo de vida; III – debilidade permanente de membro, sentido ou função; IV – aceleração de parto. *Gravíssima*, a que resulta em: I – incapacidade permanente para o trabalho; II – enfermidade incurável; III – perda ou inutilização de membro, sentido ou função; IV – deformidade permanente; V – aborto.

Por intermédio da Lei nº 10.886, de 17 de junho de 2004, foi criada mais uma modalidade qualificada de lesão corporal, com a inserção do § 9º ao art. 129, na hipótese de ter sido a lesão praticada contra ascendente, descendente, irmão, cônjuge ou companheiro, ou com quem conviva ou tenha convivido, ou, ainda, prevalecendo-se o agente das relações domésticas, de coabitação ou de hospitalidade.

A Lei nº 13.142, de 6 de julho de 2015, inseriu o inciso I-A no art. 1º da Lei nº 8.072/90, passando a considerar como hedionda a lesão corporal dolosa de natureza gravíssima (art. 129, § 2º, do CP), e também a lesão corporal seguida de morte (art. 129, § 3º, do CP), quando praticadas contra autoridade ou agente descrito nos arts. 142 e 144 da Constituição Federal, integrantes do sistema prisional e da Força Nacional de Segurança Pública, no exercício da função ou em decorrência dela, ou contra seu cônjuge, companheiro ou parente consanguíneo até terceiro grau, em razão dessa condição.

Vejamos cada uma delas, isoladamente.

### 1.7.1 Lesões corporais graves

### I – Incapacidade para as ocupações habituais, por mais de trinta dias

*Ab initio*, merece ser destacado que o resultado que conduz à qualificação das lesões corporais pretendidas inicialmente pelo agente pode ter sido produzido a título de dolo, ou mesmo culposamente. Essa modalidade de crime qualificado pelo resultado permite as duas formas de raciocínio.

Assim, se era a finalidade do agente fazer com que a vítima ficasse impossibilitada de exercer suas ocupações habituais por mais de 30 (trinta) dias, ou se esse resultado adveio culposamente, isso não interfere na definição da mencionada figura típica.

Quando a lei penal utiliza a expressão *incapacidade para as ocupações habituais*, que tipo de ocupação está abrangida pelo mencionado inciso? Estaria a lei penal se referindo às ocupações ligadas diretamente ao trabalho da vítima, ou aqui também se incluiriam quaisquer atividades, mesmo as de lazer?

Na verdade, o Código Penal não faz distinção. Qualquer ocupação de natureza habitual está abrangida pelo inciso I. Assim, aquele que fica impedido de trabalhar por um período superior a 30 (trinta) dias se amolda à modalidade qualificada de lesão corporal, da mesma forma que aquele que deixa de praticar suas atividades esportivas.

Contudo, a doutrina faz distinção entre as atividades ilícitas, que, por essa razão, não estariam abrangidas pelo artigo, e as atividades consideradas imorais. Imagine-se a hipótese daquele que, em virtude das agressões sofridas, não pode praticar o crime de estelionato por mais de 30 (trinta) dias, haja vista que, durante esse período, perdeu, momentaneamente, a habilidade em suas mãos, o que o impedia de enganar as pessoas com as quais jogava na rua. Por outro lado, suponha-se que, em razão também das agressões sofridas, uma mulher tenha ficado impedida de se prostituir por mais de 30 (trinta) dias. Neste último caso, embora considerada moralmente reprovável pela sociedade, a atividade praticada não é ilícita, podendo, outrossim, incidir a qualificadora.

Nesse sentido, trazemos à colação as lições de Álvaro Mayrink da Costa:

"A lei brasileira fala em *ocupações habituais*, o que significa que não se limita ao *trabalho* da vítima, mas a toda atividade laborativa, não entendida só a atividade de natureza lucrativa, pois o conceito é funcional e não econômico. Entenda-se como *atividade corporal*, física ou intelectual, razão pela qual pode ser sujeito passivo tanto o *ancião*, como a criança ou o adolescente incapacitado de continuar sua preparação profissional. Outrossim, é necessário que a atividade não seja juridicamente *ilícita*, podendo ser eticamente desvalorada (a *prostituta* que teve seu braço fraturado pode ser sujeito passivo do tipo agravado)."[7]

Para que se possa configurar a qualificadora, há necessidade de realização do exame de corpo de delito. Quando a vítima se submete a exame pericial, devem os *expertus* concluir por um determinado diagnóstico, não podendo, conforme dissertamos em tópico próprio, realizar um prognóstico antevendo aquilo que com ela acontecerá no futuro. Assim, para que os peritos possam atestar que as lesões corporais sofridas pela vítima a incapacitaram para suas ocupações habituais por mais de 30 (trinta) dias, deverão determinar o seu retorno, para fins de submissão a um novo exame pericial, decorrido o período de 30 (trinta) dias, a fim de que seja levado a efeito o chamado *exame complementar*, sem o qual se torna inviável a aplicação da mencionada qualificadora ao delito de lesão corporal.

O próprio § 2º do art. 168 do Código de Processo Penal, cuidando do *exame complementar*, é claro no sentido de que:

> § 2º Se o exame tiver por fim precisar a classificação do delito no art. 129, § 1º, I, do Código Penal, deverá ser feito logo que decorra o prazo de 30 (trinta) dias, contado da data do crime.

Somente não sendo possível a realização do exame complementar é que este poderá ser substituído pela prova testemunhal, embora o § 3º do art. 168 do referido diploma processual diga tão somente que *a falta de exame complementar poderá ser suprida pela prova testemunhal*. Em virtude da gravidade da qualificadora, se a vítima, nas condições em que se encontrava, podia ser submetida a exame complementar, não se justifica substituí-lo pela prova testemunhal. Dessa forma, somente em casos justificáveis (ausência de perito que possa realizar o exame, impossibilidade da vítima de se locomover para que possa ser submetida à perícia complementar etc.), é que se permite que a falta do exame complementar seja suprida pela prova testemunhal. Caso contrário, não deverá ser aplicada a qualificadora.

Por último, vale ressaltar que o prazo em estudo, que qualifica as lesões corporais, é de natureza penal, ou seja, é contado nos moldes preconizados pelo art. 10 do Código Penal, que diz que *o dia do começo inclui-se no cômputo do prazo*. Tal ilação se coaduna com aquilo que determina a parte final do § 2º do art. 168 do Código de Processo Penal, que determina que o exame complementar seja feito *logo que decorra o prazo de 30 (trinta) dias, contado da data do crime*.

## II – Perigo de vida

Ao contrário da qualificadora anteriormente analisada, para que o *perigo de vida* qualifique o crime de lesões corporais, esse resultado não pode ter sido querido pelo agente, isto é, não pode ter agido com dolo de causar perigo à vítima contra a qual eram praticadas as lesões corporais.

Trata-se, portanto, de qualificadora de natureza culposa, sendo as lesões corporais qualificadas pelo perigo de vida um crime eminentemente *preterdoloso*, ou seja, havendo dolo no que diz respeito ao cometimento das lesões corporais e culpa quanto ao resultado agravador.

---

[7] COSTA, Álvaro Mayrink da. *Direito penal* – Parte especial, p. 227.

Se o agente, quando agredia a vítima, atuava com dolo no sentido de causar-lhe perigo de vida, na verdade agia com o dolo do delito de homicídio, razão pela qual, sobrevivendo a vítima, deverá responder por tentativa de homicídio, e não por lesão corporal qualificada pelo perigo de vida.

Merecem destaque as lições do renomado professor de Medicina Legal, Flamínio Fávero, quando esclarece:

"O perigo de vida, pois, se mede pela *natureza* e sede da lesão. É inútil observar, porque se impõe, que o perito precisa ser rigorosamente criterioso na resposta afirmativa a esse quesito, porquanto depende dela a classificação exata do ferimento. Auxilia a solução do problema pericial o seguinte conceito de Biamonte (*apud* Altavilla, '*Delitti Contro la Persona*'): tem-se o perigo de vida ou a probabilidade de morte sempre que no decorrer de processo patológico, gerado pela lesão, há um momento, mais ou menos longe, no qual as condições orgânicas do paciente e o conjunto dos particulares do caso fazem presumir, ao homem de ciência, provável êxito letal. Deve, pois, à anterior experiência genérica do profissional, juntar-se o subsídio da real existência do perigo, por circunstâncias ocasionais, pessoais etc. É o caso de um dano físico, em si, de pouca monta, mas que, incidindo em indivíduo de resistência precária, pode determinar perigo de vida."[8]

E, ainda, como bem observado por Noronha:

"Não basta a *idoneidade* da lesão para criar a situação de perigo: é mister que esta se tenha *realmente* manifestado. Assim, por exemplo, um ferimento no pulmão é geralmente perigoso; todavia pode, no caso concreto, a constituição excepcional do ofendido, a natureza do instrumento ou qualquer outra circunstância impedir que se verifique esse risco. A lesão grave só existe, portanto, se, em um dado momento, a vida do sujeito passivo esteve *efetivamente* em perigo. Compete ao perito médico-legal essa verificação."[9]

Não podemos deixar de lembrar que, uma vez adotado o princípio da culpabilidade, que proíbe a chamada responsabilidade penal objetiva, o agente somente poderá ser responsabilizado pela qualificadora do *perigo de vida* se, embora não querendo esse resultado, lhe fosse previsível que seu comportamento pudesse causá-lo, uma vez que o art. 19, textualmente, afirma: *Pelo resultado que agrava especialmente a pena, só responde o agente que o houver causado ao menos culposamente.*

Dessa forma, ausente a previsibilidade, característica inafastável para que se possa atribuir culposamente um resultado a alguém, embora o comportamento do agente, objetivamente, tenha trazido perigo à vida da vítima, não poderá incidir a qualificadora em estudo.

Aqui, também, vale o alerta levado a efeito na qualificadora anterior de que os peritos não podem realizar prognósticos, mas, sim, diagnósticos. Devem afirmar que, no momento em que avaliaram a vítima, em virtude da natureza e sede das lesões, por exemplo, estas lhe trouxeram perigo de vida.

### III – Debilidade permanente de membro, sentido ou função

A qualificadora da debilidade permanente de membro, sentido ou função permite que tal resultado possa ser atribuído ao agente a título de dolo, direto ou eventual, ou mesmo

---

[8]  FÁVERO, Flamínio. *Medicina legal,* v. 1, p. 212.

[9]  NORONHA, Edgard Magalhães. *Direito penal,* v. 2, p. 69.

culposamente, desde que tal resultado tenha sido previsível, em atenção ao art. 19 do diploma repressivo.

Dessa forma, pode o agente dirigir finalisticamente sua conduta no sentido de arrancar um dos olhos da vítima ou, mesmo sem ter essa intenção, pode ter produzido o resultado depois de agredi-la violentamente no rosto.

A *debilidade*, no sentido empregado pela lei penal, significa *enfraquecimento* ou *redução* da capacidade funcional.

Quando se exige *debilidade permanente*, para fins de configuração da qualificadora em estudo, não se deve entender a *permanência* no sentido de eterno, melhor ainda, sem possibilidade de retorno à capacidade original. A melhor ilação do inciso em estudo é aquela que entende a permanência no sentido de *duradouro*, mesmo que reversível após longo tempo.

Nesse sentido, Luiz Regis Prado afirma:

"Exige-se que a debilidade seja *permanente*, o que não implica perpetuidade. A debilidade permanente é, portanto, a redução duradoura da plena capacidade de um membro, sentido ou função."[10]

Assim, imagine-se o caso daquele que teve seu braço lesionado e, por conta das lesões sofridas, enfraquecido que foi o membro superior, não podia mais, por exemplo, carregar qualquer tipo de peso. Submetida a incontáveis sessões de fisioterapia, anos mais tarde, a vítima consegue fazer regredir a debilidade, retornando ao *statu quo*, isto é, voltando a ter a força e a mobilidade anteriores às lesões sofridas.

Embora tenha retornado à sua situação original, deve ser aplicada a qualificadora, uma vez que o seu retorno à situação anterior, graças às sessões fisioterápicas, não tem o condão de afastar o raciocínio correspondente à permanência, pois esta, conforme conclui Aníbal Bruno, é aquela que "não se pode determinar, previamente, mesmo por aproximação, se e quando terá fim."[11]

Essa debilidade permanente deve estar ligada aos membros, sentidos ou funções.

Os *membros* são subdivididos em superiores e inferiores. Por *membros superiores* devem ser entendidos o braço, o antebraço e a mão. *Inferiores*, a seu turno, são a coxa, a perna e o pé. Os dedos, como salienta Guilherme de Souza Nucci, "são apenas partes dos membros, de modo que a perda de um dos dedos constitui-se em debilidade permanente da mão ou do pé."[12]

O ser humano possui cinco *sentidos*: visão, olfato, audição, tato e paladar. Se em razão das lesões sofridas houver debilidade em qualquer um deles, qualifica-se o crime. Assim, por exemplo, a vítima que, agredida violentamente, perdeu um dos olhos, ou mesmo ficou surda de um de seus ouvidos, o caso é tratado como debilidade, isto é, diminuição, redução da capacidade de enxergar ou ouvir. Se tivesse ficado completamente cega ou surda, como veremos adiante, o caso não seria tratado como debilidade, mas, sim, como perda ou inutilização do sentido, transformando a lesão corporal de grave em gravíssima, nos termos do inciso III do § 2º do art. 129 do Código Penal.

*Função*, segundo a definição de Hungria, "é a atuação específica exercida por qualquer órgão. As principais funções são em número de sete: *digestiva, respiratória, circulatória, secretora, reprodutora, sensitiva* e *locomotora*."[13] Tratando-se de órgãos duplos, a exemplo dos rins, a perda de um deles se configura como *debilidade permanente* da função renal, e não perda dessa referida função. Obviamente que, no caso sugerido, se a vítima somente contava com

---

[10] PRADO, Luiz Regis. *Curso de direito penal brasileiro*, v. 2, p. 132.

[11] BRUNO, Aníbal. *Crimes contra a pessoa*, p. 207.

[12] NUCCI, Guilherme de Souza. *Código penal comentado*, p. 416.

[13] HUNGRIA, Nélson. *Comentários ao código penal*, v. V, p. 323.

um dos rins, uma vez que já havia se submetido a uma cirurgia para extração do outro órgão, a perda do segundo rim, obrigando-a a realizar, em regime de urgência, um transplante, importará na aplicação da qualificadora correspondente à lesão gravíssima, prevista no inciso III do § 2º do art. 129 do Código Penal.

## IV – Aceleração de parto

Embora a lei penal se valha da expressão *aceleração de parto* para qualificar a lesão corporal, teria sido melhor a utilização da expressão *antecipação de parto*, uma vez que somente se pode acelerar aquilo que já teve início.

*Prima facie*, a qualificadora da aceleração de parto somente pode ser atribuída ao agente a título de culpa, sendo a infração penal, ou seja, a lesão corporal qualificada pela aceleração de parto, de natureza preterdolosa.

Se o agente atuava no sentido de interromper a gravidez com a consequente expulsão do feto, o seu dolo era o de aborto, e não o de lesão corporal qualificada pela aceleração de parto.

Se o feto sobrevive, mesmo após o comportamento do agente dirigido finalisticamente à interrupção da gravidez, com a sua consequente expulsão, deverá ser responsabilizado pela tentativa de aborto.

Dessa forma, somente se pode classificar o comportamento praticado pelo agente como lesão corporal qualificada mediante aceleração de parto se o seu dolo era tão somente o de produzir lesão em uma mulher que sabidamente se encontrava grávida e que, dada sua particular condição de gestante, veio dar à luz prematuramente ao feto, antecipando o parto.

Merece destaque tal raciocínio porque o dolo do agente era o de ofender a integridade corporal da gestante, sendo que daí adveio um resultado agravador, que lhe era perfeitamente previsível. Imagine-se a hipótese daquele que, ao chegar em casa, discuta com sua esposa, que se encontrava grávida, sendo tal situação do conhecimento do agente, e este, covardemente, a agrida com um soco no rosto. Em virtude da agressão, a gestante cai, começa a sentir contrações e é encaminhada ao hospital mais próximo, sendo que, pouco tempo depois, ocorre a expulsão prematura do feto, que sobrevive.

Em tal hipótese, o agente deverá responder pelo delito de lesão corporal qualificada pelo resultado aceleração de parto.

Mais uma vez, não custa alertar que o resultado agravador deve ter sido previsível para o agente. Se ele, por exemplo, não tinha conhecimento da gravidez de sua esposa, terá de responder tão somente pelas lesões nela produzidas, afastando-se a qualificadora da aceleração de parto, nos termos do art. 19 do Código Penal.

Tal situação não é de todo inviável. Imagine-se que uma gestante, portadora de obesidade mórbida, grávida, não conte esse fato a seu marido, que, dado o excesso de gordura da sua mulher, não percebe a gravidez. Após agredi-la, ela é conduzida ao hospital, havendo a expulsão prematura do feto, que sobrevive. O marido agressor deverá responder tão somente pelos resultados advindos de seu comportamento, excluindo-se a qualificadora da aceleração de parto, uma vez que tal resultado não lhe era previsível, por desconhecer a gravidez.

### 1.7.2 Lesões corporais gravíssimas

## I – Incapacidade permanente para o trabalho

A qualificadora em estudo diz respeito à perda ou à inaptidão permanente para o trabalho.

Esse resultado qualificador pode ter sido produzido dolosa ou culposamente. Admite-se tanto o dolo direto quanto o eventual; na modalidade culposa, como já temos alertado nos estudos anteriores, faz-se mister seja o resultado previsível para o agente.

A *incapacidade* diz respeito à impossibilidade, de caráter duradouro, para o trabalho. É conhecida a discutível posição de Hungria quando afirma que a lei penal não se referia:

"À *ocupação habitual* do ofendido, mas ao trabalho *in genere*. O ofendido deve ficar privado da possibilidade, física ou psíquica, de aplicar-se a qualquer atividade lucrativa. O vocábulo *trabalho* é empregado em sentido restrito, isto é, como livre movimento ou emprego do corpo para um fim econômico."[14]

Damásio de Jesus, corroborando as lições de Hungria, afirma:

"Devemos considerar o trabalho genérico. Suponha-se que um violinista, em consequência de lesão corporal, fique incapacitado permanentemente para o trabalho. Responde o autor da lesão corporal pela qualificadora da incapacidade permanente para o trabalho? Cremos que não, uma vez que, embora não possa exercer a profissão de violinista, pode exercer outro trabalho. Assim, só funciona a qualificadora quando o ofendido, em face de ter sofrido lesão corporal, ficar permanentemente incapacitado para qualquer espécie de trabalho."[15]

Apesar da força do raciocínio dos renomados tratadistas, *permissa* vênia, ousamos discordar da conclusão por eles assumida. Isso porque, quando a lei penal menciona a incapacidade para o trabalho, se fizermos uma interpretação muito elástica do inciso em questão, basicamente ninguém responderá por essa modalidade de lesão corporal qualificada.

Como regra, sempre podemos visualizar uma situação em que a vítima poderia trabalhar. Existem, como sabemos, casos de pessoas que ficaram tetraplégicas e que conseguem fazer pinturas prendendo o pincel entre os dentes. Não podemos chegar a raciocínios que se distanciam, em muito, da *mens legis*.

Se a vítima exercia uma atividade intelectual e, em razão das lesões sofridas, não mais poderá trabalhar em atividades dessa natureza, entendemos ser cabível a qualificadora. Mesmo que só pudesse, agora, depois das lesões sofridas, exercer atividades braçais, ainda assim deveríamos entender pelas lesões qualificadas.

Nesse sentido, são precisas as lições de Álvaro Mayrink da Costa, quando, analisando a natureza do trabalho para o qual está incapacitada a vítima, assevera:

"A doutrina advoga que significa *qualquer modalidade de trabalho* e não especificamente o trabalho a que a vítima se dedicava. Contudo, há necessidade de serem estabelecidas certas restrições, visto que não se pode exigir de um intelectual ou de um artista que se inicie na atividade de pedreiro. Fixa-se o campo do factualmente possível e não no teoricamente imaginável."[16]

A incapacidade deve ser permanente, isto é, duradoura, mas não necessariamente perpétua. É possível que a vítima, algum tempo depois de sofrida a lesão, volte a se capacitar normalmente para o trabalho. O que importa, aqui, como afirmamos, é que essa incapacidade tenha caráter duradouro, sem tempo certo para se restabelecer.

## II – Enfermidade incurável

Cezar Roberto Bitencourt esclarece que enfermidade:

---

[14] HUNGRIA, Nélson. *Comentários ao código penal*, v. V, p. 325-326.

[15] JESUS, Damásio E. de. *Direito penal*, v. 2, p. 138.

[16] COSTA, Álvaro Mayrink da. *Direito penal* – Parte especial, p. 235.

"É um processo patológico em curso. *Enfermidade incurável* é a doença cuja *curabilidade* não é conseguida no atual estágio da Medicina, pressupondo um processo patológico que afeta a saúde em geral. A *incurabilidade* deve ser conformada com dados da ciência atual, com um *juízo de probabilidade.*"[17]

A medicina aponta algumas doenças que são entendidas atualmente como incuráveis, a exemplo da lepra, da tuberculose, da sífilis, da epilepsia etc.

Admite-se que a qualificadora da *enfermidade incurável* possa resultar do comportamento doloso ou mesmo culposo do agente.

"O ato de propagar síndrome da imunodeficiência adquirida não é tratado no Capítulo III, Título I, da Parte Especial, do Código Penal (art. 130 e seguintes), onde não há menção a enfermidades sem cura. Inclusive, nos debates havidos no julgamento do HC 98.712/RJ, o eminente Ministro Ricardo Lewandowski, ao excluir a possibilidade de a Suprema Corte, naquele caso, conferir ao delito a classificação de 'Perigo de contágio de moléstia grave' (art. 131 do Código Penal), esclareceu que, 'no atual estágio da ciência, a enfermidade é incurável, quer dizer, ela não é só grave, nos termos do art. 131'. Na hipótese de transmissão dolosa de doença incurável, a conduta deverá será apenada com mais rigor do que o ato de contaminar outra pessoa com moléstia grave, conforme previsão clara do art. 129, § 2º, inciso II, do Código Penal. A alegação de que a Vítima não manifestou sintomas não serve para afastar a configuração do delito previsto no art. 129, § 2º, inciso II, do Código Penal. É de notória sabença que o contaminado pelo vírus do HIV necessita de constante acompanhamento médico e de administração de remédios específicos, o que aumenta as probabilidades de que a enfermidade permaneça assintomática. Porém, o tratamento não enseja a cura da moléstia" (STJ, HC 160.982/DF, Rel.ª Min.ª Laurita Vaz, 5ª T., RT, v. 925, p. 663).

## III – Perda ou inutilização de membro, sentido ou função

Tal como ocorre com a hipótese prevista no inciso II do § 2º do art. 129 do Código Penal, a qualificadora correspondente à perda ou à inutilização de membro, sentido ou função pode ser atribuída ao agente a título de dolo, direto ou eventual, ou mesmo culposamente. O que não se admite, como frisamos, é a responsabilização puramente objetiva, sem que, ao menos, tenha o agente incorrido em culpa, conforme determinação contida no art. 19 do diploma penal.

*Perda*, como destaca Guilherme de Souza Nucci:

"Implica em destruição ou privação de algum membro (ex.: corte de um braço), sentido (ex.: aniquilamento dos olhos) ou função (ex.: ablação da bolsa escrotal, impedindo a função reprodutora); inutilização quer dizer falta de utilidade, ainda que fisicamente esteja presente o membro ou o órgão humano. Assim, inutilizar um membro seria a perda de movimento da mão ou a impotência para o coito, embora sem remoção do órgão sexual."[18]

Comparativamente à lesão grave que importe em debilidade, mais do que o simples enfraquecimento, a qualificadora em exame exige a perda, isto é, a ablação de qualquer membro, superior ou inferior, ou mesmo sua completa inutilização. Isso significa que, mesmo existindo o membro, não possui ele qualquer capacidade física de ser utilizado. Quando a vítima, por

---

[17] BITENCOURT, Cezar Roberto. *Tratado de direito penal – Parte especial*, p. 192-193.
[18] NUCCI, Guilherme de Souza, *Código penal comentado*, p. 417-418.

exemplo, sofre lesões no braço, tornando-o débil, fraco, mas ainda pode ser utilizado, embora não mais com a força e a capacidade anteriores, a hipótese será considerada como *debilidade*; ao contrário, se as lesões sofridas pela vítima fazem com que seu braço, embora fisicamente ainda preso ao seu corpo, não possa mais ser utilizado para qualquer movimento rotineiro, o caso será o de *inutilização*.

No mesmo sentido é o raciocínio quanto à perda ou inutilização de sentido ou função. Se, por exemplo, com a lesão sofrida, a vítima passa a ter dificuldades em sua audição, o caso será resolvido como de debilidade de sentido. Agora, se com as lesões sofridas fica completamente surda, o comportamento se amoldará à qualificadora constante do inciso III do § 2º do art. 129.

## IV – Deformidade permanente

Deformar significa, aqui, modificar esteticamente a forma anteriormente existente. Grande parte de nossos doutrinadores entende que, para que se possa aplicar a qualificadora em estudo, há necessidade de que a deformidade seja aparente, causando constrangimento à vítima perante a sociedade.

Dissertando sobre a deformidade permanente, diz Noronha:

"Acerca do conceito desta, variam as opiniões: uns exigem que o dano estético seja de vulto, impressionando logo o observador; outros contentam-se com o prejuízo mínimo; e ainda outros colocam-se entre esses dois grupos; a lesão à estética deve ser de certa monta, preocupando, causando mesmo vexame ao portador e desgosto ou desagrado a quem o vê, sem ser necessário atingir os limites de coisa horripilante ou aleijão. É a opinião que nos parece mais certa."[19]

Além do mais, a lei penal não exige que o dano seja visível, isto é, que esteja ao alcance de todos. Pode, em muitas situações, ser visto tão somente por um número limitado de pessoas, a exemplo dos danos ocorridos em partes do corpo da vítima que somente serão percebidos pelo seu marido.

O que se exige para que se configure a qualificadora é que a deformidade tenha certo significado, quer dizer, não seja um dano insignificante, quase que desprezível, como a marca deixada no corpo da vítima que lhe proporciona um aspecto de "arranhão."

Nesse sentido, já decidiu o Superior Tribunal de Justiça, no HC 689921/SP, de 14/03/2022, tendo como relatora a Ministra Laurita Vaz que:

"conforme entendimento firmado por ambas as turmas que compõem a Terceira Seção desta Corte Superior de Justiça, a qualificadora prevista no art. 129, § 2º, inciso IV, do Código Penal (deformidade permanente), deve representar lesão estética de certa monta, capaz de causar desconforto a quem a vê ou ao seu portador, abrangendo, portanto, somente as condutas que resultam em lesão física".

A deformidade, de acordo com o raciocínio antes expendido, deverá modificar de forma visível e grave o corpo da vítima, mesmo que essa visibilidade somente seja limitada a algumas pessoas.

Não se deve entender a *permanência* no sentido de perpetuidade, ou seja, sem possibilidade de retorno à capacidade original. A melhor ilação do inciso em estudo é aquela que entende a permanência num sentido *duradouro*, mesmo que reversível, por exemplo, com o recurso à cirurgia plástica, pois, conforme corretamente afirmam Calderón Cerezo e Choclán

---

[19] NORONHA, Edgard Magalhães. *Direito penal*, v. 2, p. 72.

Montalvo, a "enfermidade é apreciável penalmente ainda que sua correção posterior seja possível mediante tratamento cirúrgico."[20]

Poderá a qualificadora ser atribuída a título de dolo, direto ou eventual, ou culpa.

### V – Aborto

Tal como a hipótese de aceleração de parto, para que o aborto qualifique as lesões corporais sofridas pela vítima, tal resultado não poderá ter sido querido, direta ou eventualmente, pelo agente, sendo, portanto, um resultado qualificador que somente poderá ser atribuído a título de culpa.

Trata-se, outrossim, de crime preterdoloso. A conduta deve ter sido dirigida finalisticamente a produzir lesões corporais na vítima, cuja gravidez era conhecida pelo agente. Contudo, o resultado aborto não estava abrangido pelo seu dolo, direto ou eventual, sendo-lhe, entretanto, previsível.

O raciocínio é o mesmo levado a efeito quando do estudo da qualificadora relativa à aceleração de parto, devendo ser observadas as disposições contidas no art. 19 do Código Penal.

Caso o agente tenha atuado com dolo de produzir a expulsão do feto, seja esse dolo direto ou eventual, o fato será classificado como delito de aborto (art. 125 do CP).

### 1.8 Lesão corporal seguida de morte

A lesão corporal seguida de morte veio prevista no § 3º do art. 129 do Código Penal, assim redigido:

> § 3º Se resulta morte e as circunstâncias evidenciam que o agente não quis o resultado, nem assumiu o risco de produzi-lo:
> Pena – reclusão, de 4 (quatro) a 12 (doze) anos.

Cuida-se, no caso, de crime eminentemente preterdoloso. A conduta do agente deve ter sido finalisticamente dirigida à produção das lesões corporais, tendo o resultado morte sido produzido a título de culpa.

A redação da lei penal é clara no sentido de que o agente, para que seja responsabilizado pelo delito de lesão corporal seguida de morte, não pode ter querido o resultado, agindo, portanto, com dolo direto ou mesmo assumindo o risco de produzi-lo, atuando com dolo eventual.

Ressalte-se, por mais uma vez, que a morte, obrigatoriamente, deve ter sido previsível para o agente, pois, caso contrário, somente poderá ser responsabilizado pelas lesões corporais praticadas, sem a incidência da qualificadora.

Imagine-se a hipótese em que *A* se encontre com seu desafeto *B* numa praia. Assim que o vê, agindo com dolo de lesão, desfere-lhe uma "rasteira", fazendo com que ele caia e bata com a cabeça na areia. Para infelicidade da vítima, no local onde caiu, havia oculta, por debaixo da areia, uma pedra de grandes proporções, sendo que a vítima nela bate a cabeça e sofre traumatismo craniano, vindo a morrer. Pergunta-se: era previsível que por debaixo daquela areia estivesse

---

[20] CEREZO, Ángel Calderón; MONTALVO, José Antonio Choclán. *Derecho penal*, t. II, p. 70.

oculta uma pedra na qual a vítima, caindo, nela pudesse bater a cabeça? A resposta só pode ser negativa, razão pela qual o crime a ser imputado ao agente seria o de lesão corporal (simples, grave ou gravíssima), dependendo do resultado que nela fora produzido antes da sua morte, afastando-se, contudo, o § 3º do art. 129 do Código Penal, em face da ausência de previsibilidade.

A título de raciocínio, se mudássemos o local da agressão, por exemplo, para o interior de um restaurante, modificaríamos, também, a conclusão do nosso problema? Sim, visto que seria previsível que a vítima, caindo, pudesse bater com a cabeça no chão, vindo a sofrer, devido ao impacto, traumatismo craniano, razão pela qual o delito a ser imputado ao agente seria o de lesão corporal seguida de morte.

A Lei nº 13.142, de 6 de julho de 2015, inseriu o inciso I-A no art. 1º da Lei nº 8.072/90, passando a considerar como hedionda a lesão corporal seguida de morte (art. 129, § 3º, do CP), bem como a lesão corporal dolosa de natureza gravíssima (art. 129, § 2º, do CP), quando praticadas contra autoridade ou agente descrito nos arts. 142 e 144 da Constituição Federal, integrantes do sistema prisional e da Força Nacional de Segurança Pública, no exercício da função ou em decorrência dela, ou contra seu cônjuge, companheiro ou parente consanguíneo até terceiro grau, em razão dessa condição.

## 1.9 Lesão corporal culposa

Entendeu por bem o legislador, seguindo a tradição de nossa legislação penal, punir a lesão corporal de natureza culposa. Conforme explicitado no item 42 da Exposição de Motivos à parte especial do Código Penal:

> 42. Não se distingue, aqui, entre a maior ou menor importância do dano material: leve ou grave a lesão, a pena é a mesma, isto é, detenção de 2 (dois) meses a 1 (um) ano.

Isso significa que se a vítima, em virtude das lesões corporais sofridas, ficou paralítica, uma vez concluído que o fato se subsume ao delito de lesão corporal culposa, tal resultado terá repercussão quando da aplicação da pena, não modificando, contudo, a natureza do delito.

O que se exige, na verdade, para a caracterização do § 6º do art. 129 do Código Penal é que estejam presentes todos os requisitos necessários à configuração do delito culposo, devendo o julgador realizar um trabalho de adequação à figura típica, haja vista tratar-se de tipo penal aberto.

Caso as lesões corporais de natureza culposa tenham sido produzidas pelo agente que se encontrava na direção de seu veículo automotor, em virtude do princípio da especialidade, terá aplicação o art. 303 do Código de Trânsito Brasileiro, que diz:

> **Art. 303.** Praticar lesão corporal culposa na direção de veículo automotor:
> Penas – detenção, de 6 (seis) meses a 2 (dois) anos e suspensão ou proibição de se obter a permissão ou a habilitação para dirigir veículo automotor.

## 1.10 Violência doméstica

A Lei nº 10.886, de 17 de junho de 2004, acrescentou os §§ 9º e 10 ao art. 129 do Código Penal, criando, por intermédio do primeiro, o delito de *violência doméstica*, com a seguinte redação:

> § 9º Se a lesão for praticada contra ascendente, descendente, irmão, cônjuge ou companheiro, ou com quem conviva ou tenha convivido, ou, ainda, prevalecendo-se o agente das relações domésticas, de coabitação ou de hospitalidade:
> Pena – reclusão, de 2 (dois) a 5 (cinco) anos.

Inicialmente, vale ressaltar que quase todas as situações previstas no mencionado parágrafo já figuravam em nosso Código Penal como circunstâncias agravantes, previstas nas alíneas *e* e *f* do inciso II do seu art. 61. Agora, especificamente no crime de lesão corporal, terão o condão de qualificá-lo, uma vez que a Lei nº 11.340, de 7 de agosto de 2006, que criou mecanismos para coibir a violência doméstica e familiar contra a mulher, embora mantendo a redação original do § 9º do art. 129 do Código Penal, modificou a pena anteriormente cominada. A Lei nº 14.994/2024 passou a prever uma pena de reclusão, de 2 (dois) a 5 (cinco) anos.

Discorrendo sobre a nova criação típica, Damásio de Jesus esclarece:

"Em primeiro lugar, o tipo menciona as figuras do ascendente, descendente, irmão, cônjuge ou companheiro. Cremos que não é imprescindível a coabitação entre o autor e a vítima, i.e., basta existir relação doméstica, familiar, para incidir o tipo. Exemplo: por ocasião de uma visita, um irmão agride outro, ferindo-o, apesar de morarem em cidades diferentes. É também sujeito passivo a pessoa 'com quem' o agente 'conviva ou tenha convivido'. Não se pode restringir sua aplicação ao regime de união estável. De ver-se que o tipo fala expressamente em 'companheiro'. Por isso, a convivência, desde que seja doméstica, faz incidir o tipo. Exemplo: moradores de um aposento de república de estudantes. Se a convivência é passada (*tenham convivido*), acreditamos que a melhor interpretação exige que a lesão corporal tenha sido provocada em razão da vivência anterior ocorrida entre o autor e vítima."[21]

Na verdade, a violência doméstica, ou seja, aquela que ocorre, especificamente, nos lares, não é um produto de nossa sociedade moderna, pois sempre aconteceu. No entanto, em um passado não muito distante, argumentávamos, a fim de não proteger suas vítimas, que aquilo dizia respeito a um problema de família e que terceiros, estranhos àquela relação, "não tinham que se meter." É muito conhecido o dito popular que diz: "Em briga de marido e mulher, ninguém mete a colher." Esses anos todos de passividade estatal fizeram com que a violência nos lares aumentasse cada dia mais. Assim, é muito comum a violência praticada por pais contra filhos, filhos contra pais, avós e, principalmente, por maridos contra suas esposas. Proporcionalmente, é infinitamente superior o número de casos de agressão contra mulher. Hassemer e Muñoz Conde, dissertando sobre o tema, esclarecem:

"Entre os grupos de vítimas que mais estão representadas nas atuais pesquisas de vitimização e que são objeto de estudos especiais e investigações se encontram as mulheres maltratadas no âmbito familiar por seu companheiro ou cônjuge. Provavelmente nenhuma relação de convivência humana é tão conflitiva e produtora de violência como a família, e dentro dela a conjugal ou de companheirismo."[22]

José Sanmartín, com precisão, descreve o perfil do agressor nas hipóteses de violência doméstica dizendo:

"Cuida-se, por um lado, de uma pessoa cuja imagem amistosa e correta não corresponde com seu comportamento privado, o que se traduz frequentemente na percepção social da vítima como uma pessoa histérica ou exagerada. Por outra parte, o agressor costuma reduzir a importância de seus ataques ou simplesmente os nega, quando não se dedica a culpar os outros e, em particular, a vítima de provocar suas agressões, valendo-se de todos os recursos

---

[21]  JESUS, Damásio E. de. *Violência doméstica*. Disponível em: <http://www.damasio.com.br/novo/html/frame_artigos.htm>.

[22]  HASSEMER, Winfried; MUÑOZ CONDE, Francisco. *Introducción a la criminología*, p. 190.

que tiver ao seu alcance para isolá-la socialmente e atingi-la psicologicamente. Por último, o agressor costuma abusar do álcool e outras substâncias tóxicas."[23]

Embora devamos proteger, cada dia mais, as vítimas de violência doméstica, tais situações não devem ficar a cargo, exclusivamente, do Direito Penal. Programas devem ser implementados pelo Estado, fazendo com que os agressores se submetam a tratamentos psicológicos, terapêuticos etc. Imagine-se a hipótese em que uma mulher, agredida por seu marido, denuncie o fato às autoridades, oferecendo sua necessária representação, permitindo, assim, o início da persecução penal. A regra será que, assim agindo, também estará pondo fim ao seu casamento, pois a convivência com o agressor, a partir de sua submissão à Justiça Penal, será muito complicada. No entanto, muitas mulheres agredidas amam seus maridos e entendem que eles necessitam mais de um socorro psicológico do Estado do que efetivamente da prisão.

Por causa disso, foi editada a Lei nº 11.340, de 7 de agosto de 2006, criando mecanismos para coibir a violência doméstica e familiar contra a mulher, regulamentando, assim, o § 8º do art. 226 da Constituição Federal, bem como se amoldando à *Convenção sobre a eliminação de todas as formas de discriminação contra as mulheres* (ONU, 18 de dezembro de 1979) e à *Convenção interamericana para prevenir, punir e erradicar a violência contra a mulher* (Convenção de Belém do Pará, adotada pela Assembleia Geral da Organização dos Estados Americanos em 6 de junho de 1994 e ratificada pelo Brasil em 27 de novembro de 1995).

Dispondo sobre as modalidades de configuração de violência doméstica e familiar contra a mulher, o art. 5º da Lei nº 11.340, de 7 de agosto de 2006, assevera:

> **Art. 5º** Para os efeitos desta Lei, configura violência doméstica e familiar contra a mulher qualquer ação ou omissão baseada no gênero que lhe cause morte, lesão, sofrimento físico, sexual ou psicológico e dano moral ou patrimonial:
>
> I – no âmbito da unidade doméstica, compreendida como o espaço de convívio permanente de pessoas, com ou sem vínculo familiar, inclusive as esporadicamente agregadas;
>
> II – no âmbito da família, compreendida como a comunidade formada por indivíduos que são ou se consideram aparentados, unidos por laços naturais, por afinidade ou por vontade expressa;
>
> III – em qualquer relação íntima de afeto, na qual o agressor conviva ou tenha convivido com a ofendida.
>
> **Parágrafo único.** As relações pessoais enunciadas neste artigo independem de orientação sexual.

Merece ser esclarecido, nesta oportunidade, que o § 9º do art. 129 do Código Penal deverá ser aplicado não somente aos casos em que a *mulher* for vítima de violência doméstica ou familiar, mas a todas as pessoas, sejam do sexo masculino ou feminino, que se amoldarem às situações narradas pelo tipo.

No entanto, quando a mulher for vítima de violência doméstica ou familiar, figurando como sujeito passivo do delito de lesões corporais, tal fato importará em tratamento mais severo ao autor da infração penal, haja vista que o art. 41 da Lei nº 11.340, de 7 de agosto de 2006, proíbe a aplicação da Lei nº 9.099/95.

Além disso, deve ser lembrado que a hipótese de violência doméstica, prevista no § 9º do art. 129 do Código Penal, ainda se configura como lesão corporal leve, embora qualificada. Por isso, de acordo com a posição majoritária da doutrina, seria possível a aplicação das penas substitutivas previstas no art. 44 do Código Penal.

No entanto, se o sujeito passivo for *mulher*, tal substituição não poderá importar na aplicação de cesta básica ou outras de prestação pecuniária, bem como no pagamento isolado de multa, nos termos preconizados pelo art. 17 da Lei nº 11.340, de 7 de agosto de 2006.

---

[23] SANMARTÍN, Jose. *La violencia y sus claves*, p. 55.

Em 18 de setembro de 2017, o Superior Tribunal de Justiça publicou as Súmulas nᵒˢ 588 e 589, dizendo:

> **Súmula nº 588.** *A prática de crime ou contravenção penal contra a mulher com violência ou grave ameaça no ambiente doméstico impossibilita a substituição da pena privativa de liberdade por restritiva de direitos.*
> **Súmula nº 589.** *É inaplicável o princípio da insignificância nos crimes ou contravenções penais praticados contra a mulher no âmbito das relações domésticas.*

No dia 22 de novembro de 2017, a 3ª Seção do Superior Tribunal de Justiça aprovou a Súmula nº 600, dizendo:

> **Súmula nº 600.** *Para a configuração da violência doméstica e familiar prevista no art. 5º da Lei nº 11.340/2006 (Lei Maria da Penha) não se exige a coabitação entre autor e vítima.*

As Leis nᵒˢ 13.505/2017, 13.827, 13.880, 13.882 e 13.894, essas últimas todas publicadas em 2019, Lei nº 14.188, de 28 de julho de 2021, e Lei nº 14.310, de 8 de março de 2022, Lei nº 14.550, de 19 de abril de 2023, Lei nº 14.674, de 14 de setembro de 2023, e Lei nº 14.887, de 12 de junho de 2024, acrescentaram e/ou modificaram importantes dispositivos à Lei nº 11.340, de 7 de agosto de 2006 (Lei Maria da Penha), prevendo o seguinte:

> **Art. 9º** A assistência à mulher em situação de violência doméstica e familiar será prestada em caráter prioritário no Sistema Único de Saúde (SUS) e no Sistema Único de Segurança Pública (Susp), de forma articulada e conforme os princípios e as diretrizes previstos na Lei nº 8.742, de 7 de dezembro de 1993 (Lei Orgânica da Assistência Social), e em outras normas e políticas públicas de proteção, e emergencialmente, quando for o caso.
> [...]
> § 7º A mulher em situação de violência doméstica e familiar tem prioridade para matricular seus dependentes em instituição de educação básica mais próxima de seu domicílio, ou transferi-los para essa instituição, mediante a apresentação dos documentos comprobatórios do registro da ocorrência policial ou do processo de violência doméstica e familiar em curso. (Incluído pela Lei nº 13.882, de 2019.)
> § 8º Serão sigilosos os dados da ofendida e de seus dependentes matriculados ou transferidos conforme o disposto no § 7º deste artigo, e o acesso às informações será reservado ao juiz, ao Ministério Público e aos órgãos competentes do poder público. (Incluído pela Lei nº 13.882, de 2019.)
> **Art. 10-A.** É direito da mulher em situação de violência doméstica e familiar o atendimento policial e pericial especializado, ininterrupto e prestado por servidores – preferencialmente do sexo feminino – previamente capacitados.
> § 1º A inquirição de mulher em situação de violência doméstica e familiar ou de testemunha de violência doméstica, quando se tratar de crime contra a mulher, obedecerá às seguintes diretrizes:
> I – salvaguarda da integridade física, psíquica e emocional da depoente, considerada a sua condição peculiar de pessoa em situação de violência doméstica e familiar;
> II – garantia de que, em nenhuma hipótese, a mulher em situação de violência doméstica e familiar, familiares e testemunhas terão contato direto com investigados ou suspeitos e pessoas a eles relacionadas;
> III – não revitimização da depoente, evitando sucessivas inquirições sobre o mesmo fato nos âmbitos criminal, cível e administrativo, bem como questionamentos sobre a vida privada.
> § 2º Na inquirição de mulher em situação de violência doméstica e familiar ou de testemunha de delitos de que trata esta Lei, adotar-se-á, preferencialmente, o seguinte procedimento:
> I – a inquirição será feita em recinto especialmente projetado para esse fim, o qual conterá os equipamentos próprios e adequados à idade da mulher em situação de violência doméstica e familiar ou testemunha e ao tipo e à gravidade da violência sofrida;
> II – quando for o caso, a inquirição será intermediada por profissional especializado em violência doméstica e familiar designado pela autoridade judiciária ou policial;
> III – o depoimento será registrado em meio eletrônico ou magnético, devendo a degravação e a mídia integrar o inquérito.
> [...]

**Art. 12-A.** Os Estados e o Distrito Federal, na formulação de suas políticas e planos de atendimento à mulher em situação de violência doméstica e familiar, darão prioridade, no âmbito da Polícia Civil, à criação de Delegacias Especializadas de Atendimento à Mulher (Deams), de Núcleos Investigativos de Feminicídio e de equipes especializadas para o atendimento e a investigação das violências graves contra a mulher.

[...]

**Art. 12-C.** Verificada a existência de risco atual ou iminente à vida ou à integridade física ou psicológica da mulher em situação de violência doméstica e familiar, ou de seus dependentes, o agressor será imediatamente afastado do lar, domicílio ou local de convivência com a ofendida: (modificado pela Lei nº 14.188, de 28 de julho de 2021.)

I – pela autoridade judicial; (Incluído pela Lei nº 13.827, de 2019.)

II – pelo delegado de polícia, quando o Município não for sede de comarca; ou (Incluído pela Lei nº 13.827, de 2019.)

III – pelo policial, quando o Município não for sede de comarca e não houver delegado disponível no momento da denúncia. (Incluído pela Lei nº 13.827, de 2019.)

§ 1º Nas hipóteses dos incisos II e III do caput deste artigo, o juiz será comunicado no prazo máximo de 24 (vinte e quatro) horas e decidirá, em igual prazo, sobre a manutenção ou a revogação da medida aplicada, devendo dar ciência ao Ministério Público concomitantemente. (Incluído pela Lei nº 13.827, de 2019.)

§ 2º Nos casos de risco à integridade física da ofendida ou à efetividade da medida protetiva de urgência, não será concedida liberdade provisória ao preso. (Incluído pela Lei nº 13.827, de 2019.)

**Art. 18.** Recebido o expediente com o pedido da ofendida, caberá ao juiz, no prazo de 48 (quarenta e oito) horas:

(...)

II – determinar o encaminhamento da ofendida ao órgão de assistência judiciária, quando for o caso, inclusive para o ajuizamento da ação de separação judicial, de divórcio, de anulação de casamento ou de dissolução de união estável perante o juízo competente; (Redação dada pela Lei nº 13.894, de 2019.)

(...)

IV – determinar a apreensão imediata de arma de fogo sob a posse do agressor. (Incluído pela Lei nº 13.880, de 2019.)

**Art. 23.** Poderá o juiz, quando necessário, sem prejuízo de outras medidas:

(...)

V – determinar a matrícula dos dependentes da ofendida em instituição de educação básica mais próxima do seu domicílio, ou a transferência deles para essa instituição, independentemente da existência de vaga. (Incluído pela Lei nº 13.882, de 2019.)

**Art. 38-A.** O juiz competente providenciará o registro da medida protetiva de urgência. (Incluído pela Lei nº 13.827, de 2019.)

**Parágrafo único.** As medidas protetivas de urgência serão, após sua concessão, imediatamente registradas em banco de dados mantido e regulamentado pelo Conselho Nacional de Justiça, garantido o acesso instantâneo do Ministério Público, da Defensoria Pública e dos órgãos de segurança pública e de assistência social, com vistas à fiscalização e à efetividade das medidas protetivas. (Modificado pela Lei nº 14.310, de 8 de março de 2022.)

No que diz respeito à revogação das medidas protetivas previstas na Lei Maria da Penha, o STJ já se posicionou no seguinte sentido:

"Nos termos do Parecer Jurídico emanado pelo Consórcio Lei Maria da Penha, *a revogação de medidas protetivas de urgência exige a prévia oitiva da vítima para avaliação da cessação efetiva da situação de risco à sua integridade física, moral, psicológica, sexual e patrimonial. Tanto mais que assinala o Protocolo para o Julgamento com Perspectiva de Gênero, "as peculiares características das dinâmicas violentas, que, em regra, ocorrem no seio do lar ou na clandestinidade, determinam a concessão de especial valor à palavra da vítima" (CNJ, 2021, p. 85). [...], enquanto existir risco ao direito da mulher de viver sem violência, as restrições à liberdade de locomoção do apontado agente são justificadas e legítimas. O direito de alguém de não sofrer violência não é menos valioso do que o direito de alguém de ter liberdade de contato ou aproximação. Na ponderação dos valores não pode ser aniquilado o direito à segurança e à proteção da vítima* (fls. 337/338). Antes do encerramento da cautelar protetiva, a defesa deve ser ouvida, notadamente para que a situação fática seja devidamente apresentada ao Juízo competente, que diante da relevância da palavra da vítima, verifique a necessidade de prorrogação/concessão das medidas, independente da extinção de punibilidade do autor" (STJ, RE 1775341, Rel. Min. Sebastião Reis Júnior, 3ª Seção, por unanimidade, j. 12/04/2023).

### 1.10.1  Jurisprudência em teses

**Jurisprudência em teses do Superior Tribunal de Justiça. Edição nº 111: Provas no processo penal – II**

Nos delitos praticados em ambiente doméstico e familiar, geralmente praticados à clandestinidade, sem a presença de testemunhas, a palavra da vítima possui especial relevância, notadamente quando corroborada por outros elementos probatórios acostados aos autos.

É necessária a realização do exame de corpo de delito para comprovação da materialidade do crime quando a conduta deixar vestígios, entretanto, o laudo pericial será substituído por outros elementos de prova na hipótese em que as evidências tenham desaparecido ou que o lugar se tenha tornado impróprio ou, ainda, quando as circunstâncias do crime não permitirem a análise técnica.

## 1.11  Lesão qualificada praticada contra mulher por razões de condições do sexo feminino

O § 13 foi inserido ao art. 129 do Código Penal através da Lei nº 14.188, de 28 de julho de 2021, qualificando a lesão corporal quando for praticada contra a mulher, por razões da condição do sexo feminino, tendo sido modificado pela Lei nº 14.994, de 9 de outubro de 2024, que diz, *verbis*:

> § 13. Se a lesão é praticada contra a mulher, por razões da condição do sexo feminino, nos termos do § 1º do art. 121-A deste Código:
> Pena – reclusão, de 2 (dois) a 5 (cinco) anos.

Inicialmente, vale frisar que a mencionada qualificadora será aplicada desde que a lesão sofrida pela mulher não seja considerada gravíssima, uma vez que, neste caso, pelo fato de a pena máxima cominada, prevista no § 2º do art. 129, vale dizer, 8 (oito) anos, ser superior àquela constante do § 13 em estudo, isto é, 5 (cinco) anos, será sobre ela que serão realizados os cálculos relativos ao critério trifásico de aplicação da pena constante do art. 68 do Código Penal.

Por razões da condição do sexo feminino, nos termos do § 2º-A do art. 121 do Código Penal, podemos entender o crime que envolva:

> I – violência doméstica e familiar;
> II – menosprezo ou discriminação à condição de mulher.

Para que não sejamos repetitivos, remetemos o leitor ao art. 121-A do Código Penal, que prevê o delito de feminicídio, em que discorremos sobre as hipóteses mencionadas nos incisos I (violência doméstica e familiar) e II (menosprezo ou discriminação à condição de mulher).

## 1.12  Diminuição de pena

Diz o § 4º do art. 129:

> § 4º Se o agente comete o crime impelido por motivo de relevante valor social ou moral, ou sob o domínio de violenta emoção, logo em seguida a injusta provocação da vítima, o juiz pode reduzir a pena de um sexto a um terço.

A redação contida no mencionado parágrafo é idêntica àquela utilizada para fins de diminuição de pena na hipótese do delito de homicídio, considerado, por isso, privilegiado, razão pela qual, doutrinariamente, mesmo que não concordemos com esse termo, as lesões corporais são reconhecidas como privilegiadas.

Para que não sejamos repetitivos, remetemos o leitor ao capítulo correspondente ao crime de homicídio, em que as discussões mais importantes foram trazidas à tona no tópico correspondente ao homicídio privilegiado, devendo-se, outrossim, somente ser procedido um trabalho de adaptação interpretativa.

Contudo, merece ser frisado, nesta oportunidade, que a redução de pena, obrigatória, em nossa opinião, se presentes os requisitos que a autorizam, é aplicável a todas as modalidades de lesão: leve, grave, gravíssima e seguida de morte. Apesar da situação topográfica do § 9º do art. 129 do Código Penal, que prevê o delito de violência doméstica, entendemos, por questões de política criminal, deva também ser estendida a essa infração penal a diminuição de pena constante do § 4º do mesmo artigo. Isso porque ocorrem, com muita frequência, agressões consideradas domésticas que foram praticadas pelo agente em decorrência de provocações da própria vítima, possibilitando, nesse caso, a redução da pena.

### 1.13 Substituição da pena

Assevera o § 5º do art. 129 do Código Penal:

> § 5º O juiz, não sendo graves as lesões, pode ainda substituir a pena de detenção pela de multa:
> I – se ocorre qualquer das hipóteses do parágrafo anterior;
> II – se as lesões são recíprocas.

O inciso I do parágrafo em exame aduz que o juiz poderá substituir a pena de detenção pela de multa quando o agente, praticando uma lesão corporal de natureza leve, cometer o crime impelido por motivo de relevante valor social ou moral, ou sob o domínio de violenta emoção, logo em seguida à injusta provocação da vítima.

Por lesões corporais de natureza leve devemos entender aquelas previstas no *caput* do art. 129, bem como em seu § 9º, que criou o delito de *violência doméstica*.

Na verdade, ocorrendo lesões corporais leves e tendo o agente cometido o crime por motivo de relevante valor social ou moral, ou sob domínio de violenta emoção, logo em seguida à injusta provocação da vítima, o julgador deverá aplicar um dos parágrafos que se destinam a beneficiar o agente. Se entender que, no caso concreto, a redução da pena é o que melhor atende às determinações contidas na parte final do *caput* do art. 59 do Código Penal, que diz que a pena a ser aplicada deve ser aquela necessária e suficiente para a reprovação e prevenção do crime, deverá levar a efeito a redução prevista no § 4º do art. 129. Se, ao contrário, entender que a pena de multa atende aos interesses de política criminal, deverá desprezar o aludido § 4º e aplicar o § 5º do art. 129.

Na hipótese de violência doméstica ou familiar contra a mulher, ficará impossibilitada a substituição da pena privativa de liberdade pela pena de multa, aplicada isoladamente, tendo em vista a determinação expressa do art. 17 da Lei nº 11.340, de 7 de agosto de 2006.

O importante é ressaltar que, embora o julgador tenha essa discricionariedade no caso concreto, uma das soluções deve ser aplicada, ou seja, ou reduz a pena privativa de liberdade prevista no *caput* do art. 129 ou a substitui pela pena pecuniária. Ele não poderá deixar de lado uma das soluções legais apresentadas, uma vez que se cuida, na espécie, de direito subjetivo do sentenciado, e não de mera faculdade do julgador.

Quando ocorrer reciprocidade nas lesões corporais, também de natureza leve, poderá ser substituída a pena. O Código Penal, ao punir as lesões recíprocas, parte do pressuposto de que ambas as agressões sejam injustas, isto é, no caso concreto, nenhum dos contendores atua em legítima defesa, o que resultaria, por certo, na condenação de um e na absolvição do outro.

CURSO DE DIREITO PENAL • VOL. 2 – ROGÉRIO GRECO

Assim, podemos imaginar o exemplo daqueles que almejando resolver uma "diferença" do passado o fazem com os próprios punhos, em dia e hora marcados. Caso os contendores sofram lesões corporais leves, a pena poderá ser substituída pela pena de multa. Se um deles sofrer lesão corporal grave ou gravíssima, não mais terá aplicação o parágrafo em estudo.

## 1.14 Aumento de pena

Determina o § 7º do art. 129 do Código Penal, com a nova redação que lhe foi conferida pela Lei nº 12.720, de 27 de setembro de 2012, *verbis*:

> § 7º Aumenta-se a pena de 1/3 (um terço) se ocorrer qualquer das hipóteses dos §§ 4º e 6º do art. 121 deste Código.

Como as discussões mais importantes foram travadas quando da análise do art. 121 do Código Penal, cujas hipóteses, em virtude da redação contida no § 7º do art. 129 do mesmo diploma repressivo, são as mesmas, para lá remetemos o leitor, evitando-se repetições.

Com o advento da Lei nº 10.886, de 17 de junho de 2004, foi acrescentado o § 10 ao art. 129 do Código Penal, assim redigido:

> § 10. Nos casos previstos nos §§ 1º a 3º deste artigo, se as circunstâncias são as indicadas no § 9º deste artigo, aumenta-se a pena em 1/3 (um terço).

Assim, se a lesão for praticada contra ascendente, descendente, irmão, cônjuge ou companheiro, ou com quem conviva ou tenha convivido, ou, ainda, prevalecendo-se o agente das relações domésticas, de coabitação ou de hospitalidade, teremos de verificar a sua natureza para fins de aplicação dos §§ 9º e 10. Sendo leves as lesões, desde que praticadas contra as pessoas indicadas acima, ou nas circunstâncias apontadas, terá aplicação o § 9º do art. 129 do Código Penal, que prevê mais uma modalidade qualificada.

No caso de terem sido consideradas graves ou gravíssimas, ou ainda na hipótese de lesão corporal seguida de morte, se forem praticadas nas circunstâncias do § 9º do art. 129 do Código Penal, ainda deverá ser aplicada ao agente o aumento de um terço previsto pelo § 10 do mesmo artigo.

A Lei nº 11.340, de 7 de agosto de 2006, que criou mecanismos para coibir a violência doméstica e familiar contra a mulher, fez inserir o § 11 ao art. 129 do Código Penal, acrescentando mais uma causa especial de aumento de pena, dizendo:

> § 11. Na hipótese do § 9º deste artigo, a pena será aumentada de um terço se o crime for cometido contra pessoa portadora de deficiência.

Por pessoa com deficiência deve ser entendida aquela especificada no art. 2º da Lei nº 13.146, de 6 de julho de 2015 (Estatuto da Pessoa com Deficiência), que diz:

> **Art. 2º** Considera-se pessoa com deficiência aquela que tem impedimento de longo prazo de natureza física, mental, intelectual ou sensorial, o qual, em interação com uma ou mais barreiras, pode obstruir sua participação plena e efetiva na sociedade em igualdade de condições com as demais pessoas.

Como o § 11 do art. 129 do Código Penal não fez qualquer distinção, entendemos que poderá ser aplicado a todas essas hipóteses de deficiência.

A Lei nº 13.142, de 6 de julho de 2015, por sua vez, acrescentou o § 12 ao art. 129 do Código Penal, com a seguinte redação:

> § 12. Se a lesão for praticada contra autoridade ou agente descrito nos arts. 142 e 144 da Constituição Federal, integrantes do sistema prisional e da Força Nacional de Segurança Pública, no exercício da função ou em decorrência dela, ou contra seu cônjuge, companheiro ou parente consanguíneo até terceiro grau, em razão dessa condição, a pena é aumentada de um a dois terços.

Ao contrário do que ocorreu com o delito de homicídio, em que o mencionado diploma legal criou uma qualificadora, aqui, em sede de lesões corporais, determinou um aumento de pena, variando entre um a dois terços, aplicando-se a todas as modalidades de lesões corporais dolosas, vale dizer, leve, grave e gravíssima, não sendo compatível a majorante na hipótese de lesão corporal de natureza culposa.

Aplica-se, *in casu*, tudo o que foi dito em relação ao delito de homicídio, razão pela qual remetemos o leitor às discussões realizadas quando do estudo daquela infração penal, a fim de não sermos repetitivos.

## 1.15  Perdão judicial

De maneira idêntica ao delito de homicídio, o perdão judicial veio previsto no § 8º do art. 129 do Código Penal, que diz: *Aplica-se à lesão culposa o disposto no § 5º do art. 121.*

Assim, solicitamos a leitura dos comentários levados a efeito quando da análise do perdão judicial no delito de homicídio culposo.

## 1.16  Modalidades comissiva e omissiva

O crime de lesões corporais pode ser praticado comissiva ou omissivamente, sendo que neste último caso o agente deverá gozar do *status* de garantidor, amoldando-se a qualquer uma das alíneas previstas no § 2º do art. 13 do Código Penal.

Vale o registro das precisas lições de Muñoz Conde que, dissertando sobre o dever, inerente ao garantidor, de evitar a produção do resultado, afirma:

"Diferentemente do que sucede no delito de ação, no delito de comissão por omissão, para imputar um resultado ao sujeito da omissão não basta a simples constatação da causalidade hipotética da omissão a respeito do resultado produzido e da evitabilidade do mesmo. É preciso, ademais, que o sujeito tenha a obrigação de tratar de impedir a produção do resultado em virtude de determinados deveres cujo cumprimento haja assumido ou lhe incumbem por razão do cargo ou profissão."[24]

No Brasil, como já dissemos, somente goza da condição de garantidor quem tem o dever de agir a fim de evitar o resultado, podendo, ainda, fazê-lo fisicamente, sendo que esse dever de agir surge, de acordo com as alíneas *a*, *b* e *c* do § 2º do art. 13 do Código Penal, quando o agente: *a) tenha por lei obrigação de cuidado, proteção ou vigilância; b) de outra forma, assumiu a responsabilidade de impedir o resultado; c) com o seu comportamento anterior, criou o risco da ocorrência do resultado.*

Dessa forma, o delito de lesão corporal, em qualquer de suas modalidades – dolosa ou culposa –, pode ser cometido comissiva ou omissivamente, desde que o agente, neste último caso, seja considerado garante.

## 1.17  Consumação e tentativa

Consuma-se o delito com a efetiva produção da ofensa à integridade corporal ou à saúde da vítima, incluindo-se, também, os resultados qualificadores previstos pelos §§ 1º, 2º, e 3º, que preveem, respectivamente, as lesões graves, gravíssimas e seguidas de morte.

---

[24]  CONDE, Francisco Muñoz. *Teoría general del delito*, p. 54.

No que diz respeito à tentativa, ela será perfeitamente admissível na hipótese de lesão corporal de natureza leve.

Sendo graves ou gravíssimas as lesões, somente se admitirá a tentativa nos casos em que o delito não for classificado como *preterdoloso*. Assim, portanto, não há falar em tentativa nas hipóteses de lesão corporal qualificada pelo: 1) perigo de vida; 2) aceleração de parto; 3) aborto.

Da mesma forma, não se admitirá a tentativa no delito de lesão corporal seguida de morte, em face da sua natureza preterdolosa.

## 1.18 Pena, ação penal, transação penal, competência para julgamento e suspensão condicional do processo

Ao delito de lesão corporal leve ou simples foi cominada uma pena de detenção de 3 (três) meses a 1 (um) ano; à lesão corporal de natureza culposa foi reservada uma pena de detenção, de 2 (dois) meses a 1 (um) ano, sendo que para a modalidade qualificada, prevista pelo § 9º do art. 129 do Código Penal, foi prevista uma pena de detenção de 3 (três) meses a 3 (três) anos, nos termos da modificação procedida pela Lei nº 11.340/2006.

O § 13 diz que se a lesão é praticada contra a mulher, por razões da condição do sexo feminino, nos termos do § 1º do art. 121-A do Código Penal, a pena será de reclusão, de 2 (dois) a 5 (cinco) anos.

Tanto a ação penal quanto as investigações policiais somente poderão ter início, nesses casos, com a necessária representação do ofendido, conforme determina o art. 88 da Lei nº 9.099/95, que diz:

> **Art. 88.** Além das hipóteses do Código Penal e da legislação especial, dependerá de representação a ação penal relativa aos crimes de lesões corporais leves e culposas.

Por maioria de votos, o Plenário do Supremo Tribunal Federal, julgou, equivocadamente, procedente a Ação Direta de Inconstitucionalidade (ADI nº 4.424) para, segundo aquela Corte Superior, dar interpretação conforme aos arts. 12, inciso I, e 16, ambos da Lei nº 11.340/2006, a fim de assentar a natureza incondicionada da ação penal em caso de crime de lesão corporal, pouco importando a extensão desta.

O art. 16 da chamada Lei "Maria da Penha" dispõe que as ações penais públicas "são condicionadas à representação da ofendida", mas, para a maioria dos ministros do STF, essa circunstância acaba por esvaziar a proteção constitucional assegurada às mulheres.

> "O Plenário, por maioria, julgou procedente ação direta, proposta pelo Procurador-Geral da República, para atribuir interpretação conforme à Constituição aos arts. 12, I; 16 e 41, todos da Lei nº 11.340/2006, e assentar a natureza incondicionada da ação penal em caso de crime de lesão corporal praticado mediante violência doméstica e familiar contra a mulher" (STF, ADI 4.424/DF, Rel. Min. Marco Aurélio, 9/2/2012, *Informativo* nº 654).

O Superior Tribunal de Justiça, a seu turno, consolidando seu posicionamento no mesmo sentido de nossa Corte Suprema, editou a Súmula nº 542, publicada no *DJe* de 31 de agosto de 2015, dizendo:

> **Súmula nº 542.** *A ação penal relativa ao crime de lesão corporal resultante de violência doméstica contra a mulher é pública incondicionada.*

Tendo em vista a pena máxima cominada em abstrato, regra geral é que os delitos de lesão corporal de natureza leve (à exceção da violência doméstica e familiar contra a mulher) e culposa sejam de competência dos Juizados Especiais Criminais, havendo possibilidade até mesmo de composição dos danos ou transação penal, nos termos dos arts. 72 e 76 da Lei nº 9.099/95:

> **Art. 72.** Na audiência preliminar, presente o representante do Ministério Público, o autor do fato e a vítima e, se possível, o responsável civil, acompanhados por seus advogados, o juiz esclarecerá sobre a possibilidade da composição dos danos e da aceitação da proposta de aplicação imediata de pena não privativa de liberdade.
> **Art. 76.** Havendo representação ou tratando-se de crime de ação penal pública incondicionada, não sendo caso de arquivamento, o Ministério Público poderá propor a aplicação imediata de pena restritiva de direitos ou multa, a ser especificada na proposta.

Não sendo realizada a composição dos danos, o que impediria, se homologada pelo juiz, o início da ação penal dada a renúncia que acarreta ao direito de queixa ou representação, bem como se não aceita a transação penal, para os delitos de lesões corporais leves ou culposas ainda existe a possibilidade de ser procedida a proposta de *suspensão condicional do processo*, conforme o art. 89 da Lei nº 9.099/95, *verbis*:

> **Art. 89.** Nos crimes em que a pena mínima cominada for igual ou inferior a 1 (um) ano, abrangidas ou não por esta Lei, o Ministério Público, ao oferecer a denúncia, poderá propor a suspensão do processo, por 2 (dois) a 4 (quatro) anos, desde que o acusado não esteja sendo processado ou não tenha sido condenado por outro crime, presentes os demais requisitos que autorizariam a suspensão condicional da pena (art. 77 do CP).

Para o delito de lesão corporal grave, previsto no § 1º do art. 129 do Código Penal, foi cominada pena de reclusão de 1 (um) a 5 (cinco) anos.

A ação penal é de iniciativa pública incondicionada, já que não há qualquer ressalva no artigo, conforme orientação contida no *caput* do art. 100 e seu § 1º do Código Penal.

Tendo em vista a pena mínima cominada, há possibilidade de ser confeccionada proposta de suspensão condicional do processo, ainda que a mulher figure como sujeito passivo, nas hipóteses previstas pela Lei nº 11.340/2006, pois, conforme adverte Luis Gustavo Grandinetti,[25] "se o objetivo do art. 41 do referido diploma legal foi impossibilitar também a suspensão condicional do processo, tal proibição seria inconstitucional, em gritante ofensa ao princípio da isonomia. Não será possível a transação penal."

A pena é de reclusão de 2 (dois) a 8 (oito) anos na hipótese de lesão corporal gravíssima, prevista no § 2º do art. 129 do Código Penal.

A ação penal é de iniciativa pública incondicionada.

Para a lesão corporal seguida de morte, prevista no § 3º do art. 129 do Código Penal, foi cominada uma pena de reclusão, de 4 (quatro) a 12 (doze) anos, sendo, também, incondicionado o início da ação penal.

No que diz respeito à lesão corporal culposa praticada na direção de veículo automotor, a Lei nº 11.705, de 19 de junho de 2008, alterando o art. 291 do Código de Trânsito Brasileiro, passou a determinar o seguinte:

> **Art. 291. [...]**
> § 1º Aplica-se aos crimes de trânsito de lesão corporal culposa o disposto nos arts. 74, 76 e 88 da Lei nº 9.099, de 26 de setembro de 1995, exceto se o agente estiver:
> I – sob a influência de álcool ou qualquer outra substância psicoativa que determine dependência;

---

[25] GRANDINETTI, Luiz Gustavo; BATISTA, Nilo; MELLO, Adriana Ramos de; PINHO, Humberto Dalla Bernardina de; PRADO, Geraldo. *Violência doméstica e familiar contra a mulher*, p. 172.

> II – participando, em via pública, de corrida, disputa ou competição automobilística, de exibição ou demonstração de perícia em manobra de veículo automotor, não autorizada pela autoridade competente;
>
> III – transitando em velocidade superior à máxima permitida para a via em 50 km/h (cinquenta quilômetros por hora).

## 1.19 Destaques

### 1.19.1 Princípio da insignificância, lesões corporais e vias de fato

Já tivemos oportunidade de esclarecer, em nosso trabalho intitulado *Direito penal do equilíbrio – uma visão minimalista do direito penal*,[26] que existe divergência quanto às origens do princípio da insignificância, sendo que o seu estágio atual muito se deve ao professor alemão Claus Roxin.

Francisco de Assis Toledo, discorrendo sobre o tema, preleciona:

"Welzel considera que o princípio da adequação social bastaria para excluir certas lesões insignificantes. É discutível que assim seja. Por isso, Claus Roxin propôs a introdução, no sistema penal, de outro princípio geral para a determinação do injusto, o qual atuaria igualmente como regra auxiliar de interpretação. Trata-se do princípio da insignificância, que permite na maioria dos tipos, excluir danos de pouca importância."[27]

De acordo com as lições proferidas, percebe-se que o princípio da insignificância:

a) é entendido como um princípio auxiliar de interpretação;

b) pode ser aplicado em grande parte dos tipos;

c) tem por finalidade afastar do tipo penal os danos de pouca ou nenhuma importância.

Realmente, como já deixamos antever, o princípio da insignificância serve como instrumento de interpretação, a fim de que o exegeta leve a efeito uma correta ilação do tipo penal, dele retirando, de acordo com uma visão minimalista, bens que, analisados no plano concreto, são considerados de menor importância em relação àquela exigida pelo tipo penal quando da sua proteção em abstrato.

Contudo, embora de utilização obrigatória em muitos casos, nem todos os tipos penais permitem o raciocínio da insignificância. Assim, por exemplo, não se discute que em sede de homicídio não se aplica o princípio. Por mais que, segundo a argumentação do autor do fato, a vítima não "valesse nada", tal conclusão não permite a aplicação do princípio. Em outros fatos que aparentemente se amoldariam à lei penal, o princípio é de aplicação obrigatória, a exemplo do que ocorre com os delitos de furto, dano, peculato, lesões corporais, uso de drogas etc.

Assim, interpretando-se restritivamente o tipo penal, o princípio da insignificância evidencia a sua natureza de princípio que conduz à atipicidade do fato. Tal situação, contudo, merece análise mais aprofundada, tendo como pano de fundo nossa estrutura jurídica do crime.

Em uma concepção analítica tripartida, o crime é entendido como ação típica, ilícita e culpável. O fato típico, primeira característica a ser analisada na estrutura jurídica do crime, é composto pelos seguintes elementos:

a) conduta dolosa ou culposa, comissiva ou omissiva;

---

[26] GRECO, Rogério. *Direito penal do equilíbrio* – uma visão minimalista do direito penal.

[27] TOLEDO, Francisco de Assis. *Princípios básicos de direito penal*, p. 133.

*b)* resultado;

*c)* nexo de causalidade;

*d)* tipicidade penal.

Por tipicidade penal entende-se, modernamente, a conjugação da tipicidade formal com a tipicidade conglobante. A tipicidade chamada conglobante ou conglobada exige, para a sua configuração, que no caso concreto o intérprete conclua pela *tipicidade material*, na qual será realizada a análise e aplicação do princípio da insignificância, bem como a antinormatividade do comportamento levado a efeito pelo agente.

Zaffaroni, com o brilhantismo que lhe é peculiar, afirma:

"O *tipo penal* se compõe do *tipo legal* (adequação da conduta à individualização predominantemente descritiva feita no preceito legal, com seu aspecto objetivo e subjetivo), e do *tipo conglobante* (que requer a lesão ou colocação em perigo do bem jurídico tutelado mediante a comprovação da antinormatividade pela contradição da conduta com a norma, conglobada com as restantes do ordenamento que integra).

Será função deste segundo passo da tipicidade penal, operar como corretivo da tipicidade legal, reduzindo à verdadeira dimensão do que a norma proíbe, deixando fora da tipicidade penal aquelas condutas que somente são alcançadas pela tipicidade legal, mas que o ordenamento normativo não proíbe, precisamente porque as ordena ou as fomenta ou não as pode alcançar, por exceder o poder repressivo do Estado ou por ser insignificante sua lesividade."[28]

Interessa-nos, nesta oportunidade, o estudo tão somente da tipicidade conglobante, em sua característica correspondente à tipicidade material. Por tipicidade material devemos entender o critério por meio do qual o Direito Penal avalia a importância do bem no caso concreto ou, melhor dizendo, a importância da lesão ou do perigo de lesão sofrido pelo bem em determinada situação fática. Na verdade, o estudo da teoria da tipicidade penal tem início com a aferição da chamada tipicidade formal ou legal. Isso quer dizer que, se o fato for formalmente típico, ou seja, se houver uma adequação do comportamento praticado pelo agente ao modelo abstrato previsto na lei penal, que é o nosso tipo, devemos ingressar no estudo da característica seguinte, ainda dentro da tipicidade penal.

Concluindo-se, pelo menos em tese, pela tipicidade formal do fato, o estudo da tipicidade conglobante funcionará, como afirmou Zaffaroni, como um corretivo à tipicidade, ajustando-a, efetivamente, com os raciocínios minimalistas, como ocorre com relação à tipicidade material.

Já deixamos antever ser possível a aplicação do princípio da insignificância ao delito de lesão corporal, seja ela dolosa ou culposa, visto que, embora abstratamente considerada, a integridade corporal e a saúde sejam bens que mereçam, efetivamente, a proteção do Estado por intermédio do Direito Penal, muitas vezes no caso concreto tal proteção se faz desnecessária, dada a pouca ou nenhuma importância da lesão sofrida pela vítima.

Imagine-se a hipótese em que alguém, no interior de um cinema, irritado porque a pessoa que estava assentada no banco à sua frente não parava de se mexer, impedindo-o de assistir ao filme que estava sendo exibido, valendo-se de um alfinete, espete-a nas nádegas, produzindo uma lesão imperceptível. Será que, nesse caso, deveria o autor responder pelo delito de lesões corporais? Entendemos que não, em face da insignificância da lesão à integridade corporal da vítima.

---

[28] ZAFFARONI, Eugenio Raúl. *Tratado de derecho penal* – Parte general, v. III, p. 236.

O problema está, na verdade, em tentarmos conciliar a aplicação do princípio da insignificância, trabalhando não somente com o delito de lesão corporal, mas também com a contravenção penal de vias de fato, prevista no art. 21 do Decreto-Lei nº 3.688/41, que diz:

> **Art. 21.** Praticar vias de fato contra alguém:
> Pena – prisão simples, de 15 (quinze) dias a 3 (três) meses, ou multa, se o fato não constitui crime.

O que distingue o delito de lesão corporal da contravenção penal de vias de fato é o dolo do agente, o seu elemento subjetivo. No primeiro caso, a finalidade do agente é praticar um comportamento que venha, efetivamente, a ofender a integridade corporal ou a saúde da vítima; no segundo, embora a conduta também se dirija contra a vítima, não tem a magnitude da primeira. Assim, por exemplo, aquele que desfere um soco no rosto da vítima atua com dolo do art. 129 do Código Penal; aquele que a empurra, tão somente, pratica a contravenção penal de vias de fato.

O problema é que tentamos fazer malabarismos para explicar a diferença entre as duas situações, que, no caso concreto, podem se parecer. Espetar alguém com um alfinete, conforme o exemplo por nós fornecido, seria um delito de lesões corporais ou uma contravenção penal de vias de fato? Com certeza, encontraríamos adeptos para as duas posições.

Dessa forma, para que não incorramos nessas dificuldades, devemos nos socorrer da proposta de Ferrajoli,[29] quando preconiza que todas a contravenções penais devem ser revogadas, se quisermos, realmente, manter o equilíbrio do sistema penal, com a adoção das teses minimalistas, com seus correspondentes princípios, destacando-se dentre eles o da intervenção mínima e o da insignificância.

Concluindo, portanto, entendemos ser possível a aplicação do princípio da insignificância ao delito de lesões corporais, devendo-se, por oportuno, ser negada a validade da contravenção penal de vias de fato, que contraria a lógica do raciocínio minimalista, principalmente na vertente que impõe ao Direito Penal tão somente a proteção dos bens mais importantes e necessários ao convívio em sociedade. Caso o bem em estudo seja de pouca ou mesmo de nenhuma importância, dele deverá ser retirada a proteção do Direito Penal, sendo realizada, contudo, por intermédio de outros ramos do ordenamento jurídico, a exemplo do civil, do administrativo etc.

No que diz respeito aos crimes ou contravenções penais praticados contra mulher no âmbito das relações domésticas, o Superior Tribunal de Justiça publicou no *DJe* de 18 de setembro de 2017 a Súmula nº 589, dizendo:

> **Súmula nº 589.** *É inaplicável o princípio da insignificância nos crimes ou contravenções penais praticados contra a mulher no âmbito das relações domésticas.*

### 1.19.2 Consentimento do ofendido como causa supralegal de exclusão da ilicitude

Tivemos oportunidade de analisar, quando do estudo da Parte Geral do Código Penal, que o consentimento do ofendido pode ter duas finalidades importantes consideradas em nossa teoria do delito.

A primeira seria a de aplicá-lo como causa que conduziria à atipicidade do fato toda vez que o dissenso fizesse parte da figura típica. Assim, imagine-se a hipótese do crime de violação de domicílio, previsto no art. 150 do Código Penal, com a seguinte redação:

---

[29] FERRAJOLI, Luigi. *Direito e razão*, p. 575.

> **Art. 150.** Entrar ou permanecer, clandestina ou astuciosamente, ou contra a vontade expressa ou tácita de quem de direito, em casa alheia ou em suas dependências:
> Pena – detenção, de 1 (um) a 3 (três) meses, ou multa.

Como se percebe pela redação acima, somente ocorrerá a violação de domicílio se a vítima não consentir no ingresso do agente. Caso contrário, o fato será considerado um indiferente penal.

Uma segunda colocação relativa ao estudo do consentimento do ofendido nos levaria à exclusão da ilicitude do fato típico cometido, como é a hipótese que começaremos a estudar, que diz respeito ao delito de lesão corporal.

Entretanto, antes de analisarmos a efetiva possibilidade de ser alegado o consentimento do ofendido em sede de lesão corporal, é preciso que, inicialmente, apontemos os requisitos indispensáveis à sua caracterização, a saber:

a)  que o bem seja disponível;

b)  que a vítima tenha capacidade para consentir, sendo hoje corrente preponderante no sentido de que essa capacidade é adquirida aos 18 anos, ou seja, quando a vítima adquire sua capacidade penal e civil;

c)  que o consentimento tenha sido prévio ou, no mínimo, concomitante ao comportamento do agente.

Nesta oportunidade, interessa-nos mais de perto a análise do primeiro requisito necessário ao reconhecimento do consentimento do ofendido, vale dizer, a *disponibilidade do bem*.

Para que possamos saber se o consentimento do ofendido terá o condão de afastar, em tese, o delito de lesão corporal, a pergunta, mesmo que inicial, que devemos nos fazer é a seguinte: a integridade corporal e a saúde são bens disponíveis ou indisponíveis? A resposta correta aqui, é, *depende*. Depende, na verdade, da intensidade da lesão corporal sofrida.

Se a lesão corporal, outrossim, for de natureza *leve*, entendemos como perfeitamente disponível a integridade física. Caso contrário, se for grave ou gravíssima, já não terá repercussão o consentimento.

Vejamos as situações, a fim de esclarecer nosso ponto de vista.

É muito comum dispormos de nossa integridade corporal. São hipóteses que acabam passando despercebidas em nosso dia a dia, mesmo porque a teoria do consentimento do ofendido, em muitas situações, se confunde, ou mesmo se mistura, com respostas fornecidas pela causa legal de exclusão da ilicitude relativa ao exercício regular de um direito. Como não existe definição legal para este último, como acontece com as hipóteses de legítima defesa e de estado de necessidade, alguns exemplos servem para justificar uma ou outra situação.

Imagine-se, portanto, aquele que vai a um tatuador e solicita que lhe seja feita uma tatuagem nas costas. À primeira vista, quando o tatuador, com seu aparelho contendo várias agulhas, começa a contornar e a pintar a figura escolhida pela vítima, vai, aos poucos, produzindo-lhe lesões corporais, que, todavia, não são de natureza grave. Nem se poderia aqui, por exemplo, cogitar de deformidade permanente porque, na verdade, em vez de um dano estético, vexatório, o que a vítima pretende é se exibir com o novo desenho estampado no corpo. Não lhe causa vergonha a marca que lhe foi perpetuamente impregnada, mas sim orgulho.

Da mesma forma se raciocina com cortes de cabelo, depilações etc.

Contudo, se a lesão corporal for de natureza grave ou gravíssima, o consentimento, segundo entendemos, já não será válido. Poderá a própria vítima mutilar-se, mas não solicitar a terceiro que pratique esse comportamento. Se alguém, v.g., pede a terceira pessoa que pratique a amputação de seu antebraço, esse terceiro, que agiu atendendo ao pedido da própria vítima, deverá ser responsabilizado pelas lesões corporais.

Assim, concluindo, o consentimento do ofendido poderá afastar a ilicitude, sendo considerado uma causa supralegal, desde que a lesão corporal praticada seja de natureza leve.

### 1.19.3 Prioridade de tramitação do processo lesão corporal dolosa de natura gravíssima e de lesão corporal seguida de morte, nas hipóteses do art. 129, § 12, do CP

A Lei nº 13.285, de 10 de maio de 2016, acrescentou o art. 394-A ao Código de Processo Penal, tendo sido modificado pela Lei nº 14.994, de 9 de outubro de 2024, determinando, *verbis*:

> **Art. 394-A.** Os processos que apurem a prática de crime hediondo ou violência contra a mulher terão prioridade de tramitação em todas as instâncias.
> § 1º Os processos que apurem violência contra a mulher independerão do pagamento de custas, taxas ou despesas processuais, salvo em caso de máfé.
> § 2º As isenções de que trata o § 1º deste artigo aplicam-se apenas à vítima e, em caso de morte, ao cônjuge, ascendente, descendente ou irmão, quando a estes couber o direito de representação ou de oferecer queixa ou prosseguir com a ação.

### 1.19.4 Destituição do poder familiar

O parágrafo único do art. 1.638 do Código Civil, com a redação que lhe foi conferida pela Lei nº 13.715, de 24 de setembro de 2018, assevera que, *verbis*:

> **Art. 1.638.** Perderá por ato judicial o poder familiar o pai ou a mãe que:
> [...]
> **Parágrafo único.** Perderá também por ato judicial o poder familiar aquele que:
> I – praticar contra outrem igualmente titular do mesmo poder familiar:
> a) homicídio, feminicídio ou lesão corporal de natureza grave ou seguida de morte, quando se tratar de crime doloso envolvendo violência doméstica e familiar ou menosprezo ou discriminação à condição de mulher;
> b) [...]
> II – praticar contra filho, filha ou outro descendente:
> a) homicídio, feminicídio ou lesão corporal de natureza grave ou seguida de morte, quando se tratar de crime doloso envolvendo violência doméstica e familiar ou menosprezo ou discriminação à condição de mulher;
> b) [...]

## 1.20 Quadro-resumo

**Sujeitos**

» Ativo: qualquer pessoa.
» Passivo: qualquer pessoa, à exceção do inc. IV do §1º e do inc. V do §2º do art. 129 (em ambos, o sujeito passivo é a gestante) do CP, bem como do §9º do mesmo artigo (aquele que seja ascendente, descendente, irmão, cônjuge ou companheiro, ou com quem conviva ou tenha convivido, ou, ainda, quando se possui relações domésticas, de coabitação ou de hospitalidade, com o agente, que se prevaleceu de tal condição). "Quando a ofensa recair sobre o ser humano em formação, sujeito passivo é a coletividade, a sociedade, o Estado, o interesse estatal na preservação da integridade corporal ou da saúde do ser humano em formação" (TELES, 2004, p. 194).

**Objeto material**

É a pessoa humana, mesmo que com vida intrauterina.

### Bem(ns) juridicamente protegido(s)

É a integridade corporal e a saúde do ser humano.

### Exame de corpo de delito

Há necessidade de ser produzida prova pericial, comprovando-se a natureza das lesões, isto é, se leve, grave ou gravíssima (vide arts. 167, 168 e 564, III, alínea "b", do CPP).

### Elemento subjetivo

Na modalidade simples, prevista no caput do artigo, somente pode ser praticada a título de dolo, seja ele direto ou eventual. O dolo de causar lesão é reconhecido por intermédio das expressões latinas *animus laedendi* ou *animus vulnerandi*.

### Modalidades comissiva e omissiva

O crime de lesões corporais pode ser praticado comissiva ou omissivamente, sendo que, neste último caso, o agente deverá gozar do status de garantidor, amoldando-se a qualquer uma das alíneas previstas no § 2º do art. 13 do CP.

### Consumação e tentativa

» Consuma-se o delito com a efetiva produção da ofensa à integridade corporal ou à saúde da vítima, incluindo-se, também, os resultados qualificadores previstos pelos §§ 1º, 2º e 3º do art. 129 do CP.
» A tentativa é admissível na hipótese de lesão corporal de natureza leve. Sendo graves ou gravíssimas as lesões, somente se admitirá a tentativa nos casos em que o delito não for classificado como preterdoloso. Assim, portanto, não há falar em tentativa nas hipóteses de lesão corporal qualificada pelo: 1) perigo de vida; 2) aceleração de parto; 3) aborto. Da mesma forma, não se admitirá a tentativa no delito de lesão corporal seguida de morte, em face da sua natureza preterdolosa.

### Crimes hediondos

A Lei 13.142, de 2015, incluiu o inc. I-A ao art. 1º da Lei 8.072/1990, passando a considerar como crime hediondo a lesão corporal dolosa de natureza gravíssima (art. 129, § 2º) e lesão corporal seguida de morte (art. 129, § 3º), quando praticadas contra autoridade ou agente descrito nos arts. 142 e 144 da Constituição Federal, integrantes do sistema prisional e da Força Nacional de Segurança Pública, no exercício da função ou em decorrência dela, ou contra seu cônjuge, companheiro ou parente consanguíneo até terceiro grau, em razão dessa condição.

# Capítulo III
# Da Periclitação da Vida e da Saúde

## 1. DA PERICLITAÇÃO DA VIDA E DA SAÚDE

### 1.1 Conceito e espécies de perigo – concreto e abstrato

No Capítulo III do Título I do Código Penal foram consignados pelo legislador os denominados crimes de perigo, por meio da expressão *periclitação da vida e da saúde*.

Para interpretar as várias figuras típicas constantes deste capítulo, faz-se necessário proceder à distinção entre dois tipos de delito que fazem parte de uma das divisões mais conhecidas pelo Direito Penal.

Assim, de um lado, como regra, temos os chamados *delitos de dano* ou *de lesão*; do outro, os reconhecidos como *delitos de perigo*. Os delitos de perigo, a seu turno, podem ser subdivididos em *crimes de perigo abstrato* e *crimes de perigo concreto*.

Os chamados delitos de dano são aqueles em que se exige, para sua configuração, a efetiva lesão ou dano ao bem juridicamente protegido pelo tipo penal. Ao contrário, os delitos reconhecidos como de perigo não exigem a produção efetiva de dano, mas, sim, a prática de um comportamento típico que produza um *perigo de lesão ao bem juridicamente protegido*, vale dizer, uma *probabilidade de dano*. O perigo seria, assim, entendido como *probabilidade de lesão a um bem jurídico-penal*.

Dessa forma, quando o legislador cria uma figura típica de perigo, o que procura, na verdade, é proibir ou impor comportamentos que tenham probabilidade de causar danos aos bens jurídico-penais.

Uma primeira questão surge quando tentamos classificar determinado comportamento como perigoso. Devemos, a fim de iniciar nosso raciocínio, responder à seguinte indagação: quando se entende que uma situação é perigosa sob a perspectiva penal?

Respondendo a essa mesma indagação, Mirentxu Corcoy Bidasolo explica:

"O juízo sobre se o perigo se deve considerar evitável ou não pelo autor não afeta a existência da situação perigosa senão a atribuição penal da situação perigosa ao autor. Em consequência, a qualificação de uma conduta como perigosa deverá ser colocada como um problema de probabilidade de lesão no caso concreto, atendendo aos bens jurídico-penais potencialmente postos em perigo e ao âmbito de atividade donde se desenvolve essa situação, independentemente se o autor pode evitar a lesão, seja através de meios normais ou extraordinários."[1]

---

[1] BIDASOLO, Mirentxu Corcoy. *Delitos de peligro y protección de bienes jurídicos-penales supraindividuales*, p. 47.

De acordo com esse raciocínio, o crime de perigo seria um degrau antecedente ao crime de dano. Consequentemente, pune-se o comportamento perigoso a fim de que se possa, no futuro, evitar o dano.

Ignácio Verdugo, Arroyo Zapatero, García Rivas, Ferre Olivé e Serrano Piedecasas, com maestria, traçam a distinção entre as duas espécies de perigo estudadas pela doutrina, vale dizer, os crimes de perigo abstrato e concreto, asseverando:

> "É importante distinguir os delitos de perigo concreto dos de perigo abstrato. Estes constituem um grau prévio a respeito dos delitos de perigo concreto. O legislador castiga aqui a perigo-sidade da conduta em si mesma. Por exemplo, é um delito de perigo abstrato conduzir um veículo a motor sob a influência de bebidas alcoólicas, drogas tóxicas ou estupefacientes (art. 379, CP).[2] A consumação de um delito de perigo concreto requer a comprovação, por parte do juiz, da proximidade do perigo ao bem jurídico e da capacidade lesiva do risco. Por esta razão, estes delitos são sempre de resultado. Os delitos de perigo abstrato são, ao contrário, delitos de mera atividade; se consumam com a realização da conduta supostamente perigosa, por isso, o juiz não tem que valorar se o estado de embriaguez do condutor trouxe ou não concreto perigo à vida de tal ou qual transeunte para entender consumado o tipo."[3]

Hoje em dia, de acordo com os postulados garantistas, atentos aos princípios informadores do Direito Penal, temos de procurar rechaçar os tipos penais que contenham, à primeira vista, previsão de crimes de perigo abstrato, pois, por meio dessa modalidade de perigo, a lei penal presume a colocação em perigo do bem juridicamente protegido pelo tipo.

Isso significa que, uma vez determinado pela lei penal que o comportamento previsto no tipo penal é perigoso, independentemente do risco que venha a sofrer o bem juridicamente protegido por ele, tem-se como configurada a infração penal.

Basta, outrossim, nos crimes de perigo abstrato, a comprovação da prática da conduta – comissiva ou omissiva – prevista pelo tipo penal, para que a infração penal se consubstancie, independentemente de se averiguar, no caso concreto, se aquele comportamento praticado tinha ou não alguma possibilidade de causar dano ao bem jurídico que se queria proteger.

A punição dos crimes de perigo abstrato, como regra, contraria o princípio da lesividade. Conforme destaca Ferrajoli:

> "Nas situações em que, de fato, nenhum perigo subsista, o que se castiga é a mera desobediência ou a violação formal da lei por parte de uma ação inócua em si mesma. Também estes tipos deveriam ser reestruturados, sobre a base do princípio da lesividade, como delitos de lesão, ou, pelo menos, de perigo concreto, segundo mereça o bem em questão uma tutela limitada ao prejuízo ou antecipada à mera colocação em perigo."[4]

Dessa forma, temos que procurar reinterpretar todas as figuras típicas, de modo que possamos visualizar, no comportamento perigoso do agente, uma probabilidade concreta de dano ao bem jurídico.

---

[2] No Brasil, após a edição da Lei nº 11.705, de 19 de junho de 2008, com as posteriores modificações levadas a efeito pela Lei nº 12.760, de 20 de dezembro de 2012, no art. 306 do Código de Trânsito Brasileiro, também foi criado um delito de perigo abstrato para aquele que *conduzir veículo automotor com capacidade psicomotora alterada em razão da influência de álcool ou de outra substância psicoativa que determine dependência*. Nesse caso, após as mencionadas modificações legislativas, não é mais necessária a efetiva comprovação da situação de perigo, que, dessa forma, se considera presumida. O art. 306 do CTB também foi alterado pelas Leis 12.971/2014 e 13.840/2019..

[3] TORRE, Ignácio Verdugo Gómez de la et al. *Lecciones de derecho penal* – Parte general, p. 156.

[4] FERRAJOLI, Luigi. *Direito e razão*, p. 383.

Ultimamente, o legislador penal, preocupado com a arbitrariedade antigarantista dos tipos penais que preveem delitos de perigo abstrato, tem começado a se sensibilizar e a exigir a efetiva constatação, no caso concreto, de que o comportamento entendido pelo tipo penal como perigoso trouxe, efetivamente, perigo de produção de dano a algum bem juridicamente protegido.

Tome-se como exemplo o art. 309 do Código de Trânsito Brasileiro, que diz:

> **Art. 309.** Dirigir veículo automotor, em via pública, sem a devida Permissão para Dirigir ou Habilitação ou, ainda, se cassado o direito de dirigir, gerando perigo de dano:
> Pena – detenção, de 6 (seis) meses a 1 (um) ano, ou multa.

Veja-se que, nesse caso, o legislador determinou expressamente que o fato de dirigir sem habilitação somente se configuraria em infração penal se trouxesse, efetivamente, perigo de dano para os bens jurídicos.

Assim, imagine-se a hipótese daquele que, sem a devida habilitação, seja surpreendido em uma *blitz* policial. No caso em estudo, o agente dirigia em velocidade compatível com o local, atendendo a todas as regras básicas do trânsito, quando foi solicitado a parar em um posto policial. Pergunta-se: embora não tendo a necessária carteira de habilitação, que permitiria a condução de veículos automotores, a conduta do agente, por si só, poderia ser taxada como perigosa, simplesmente pelo fato de não possuir a mencionada habilitação? Entendemos que não, pois a lei penal exigiu que o comportamento do agente importasse, realmente, numa criação de perigo concreto para os bens que procuram ser por ele salvaguardados, a exemplo da integridade corporal e da vida das pessoas que circulem próximas a ele.

Nossa proposta de estudo, de acordo com um ponto de vista garantista, será a de reinterpretar os tipos penais de perigo contidos na parte especial do Código Penal, partindo do pressuposto de que deverão ser tratados, na medida do possível, como infrações de perigo concreto, e não de perigo abstrato.

Como a posição assumida contraria grande parte da doutrina, para que o leitor não seja induzido por nossos pensamentos, teremos o cuidado de, a cada tipo penal estudado, colocar as posições prevalentes, deixando que o leitor assuma aquela que melhor lhe agrade, nunca se esquecendo de que, em um Estado Constitucional e Democrático de Direito, para usarmos a expressão de Ferrajoli, os princípios penais fundamentais são ferramentas indispensáveis a uma perfeita ilação das leis penais.

Assim, os crimes de perigo abstrato não resistem a uma depuração principiológica, a exemplo do que ocorre quando utilizamos o princípio da lesividade.

Conforme preleciona Diego-Manuel Luzón Peña, princípio da lesividade é aquele:

"Segundo o qual o Direito penal somente deve intervir se houver ameaça de lesão ou perigo para concretos bens jurídicos e ao legislador não está facultado em absoluto castigar somente por sua imoralidade ou seu desvio ou marginalidade condutas que não afetem a bens jurídicos."

E continua o renomado Catedrático de Direito Penal da Universidade de Alcalá:

"O princípio pode fundamentar-se desde a perspectiva do moderno Estado social e democrático considerando que os bens jurídicos são condições básicas para o funcionamento social e para o desenvolvimento e a participação dos cidadãos na vida social. Mas também este limite ao *ius puniendi* se depreende do fundamento funcional do princípio geral de necessidade da pena para a proteção da sociedade; pois recorrer a algo tão grave como a sanção penal frente a condutas que não ataquem bens jurídicos seria desnecessário."[5]

---

5   LUZON PEÑA, Diego-Manuel. Princípio da levisidade. In: ENCICLOPÉDIA Penal Básica, p. 860.

Como se percebe com clareza, com relação aos chamados crimes de perigo abstrato, a simples *presunção de perigo,* em face do comportamento comissivo ou omissivo do agente, não pode conduzi-lo a uma condenação de natureza penal. Será preciso, a fim de se comprovar a efetiva colocação em perigo de algum bem juridicamente protegido, que se leve a efeito essa prova no caso concreto, razão pela qual, segundo nosso posicionamento, os crimes de perigo abstrato devem ser reinterpretados no sentido de se exigir a efetiva comprovação do perigo.

## 1.2 Momento de avaliação do perigo: *ex ante* ou *ex post*

Para que cheguemos à conclusão de que o tipo penal a ser analisado traduz comportamentos que se amoldam à definição de crimes de perigo abstrato ou concreto, devemos fazer sua ilação de acordo com o momento em que satisfaça ao legislador o reconhecimento da colocação em perigo – abstrata ou concreta.

A regra é de que, nos crimes de perigo abstrato, o observador deverá concluir pela situação de perigo *ex ante,* ou seja, pela simples verificação do comportamento que está sendo proibido ou imposto pelo tipo penal já caracteriza a situação de perigo por ele prevista.

Basta, portanto, que se comprove a prática da conduta – comissiva ou omissiva – prevista no tipo penal, no momento de sua realização, independentemente da necessidade de se comprovar se com aquele comportamento foi criada ou não uma efetiva situação de perigo a um bem juridicamente protegido.

Ao contrário, nos crimes de perigo concreto, de acordo com o princípio da lesividade, a análise deverá ser realizada *ex post,* isto é, uma vez levado a efeito o comportamento comissivo ou omissivo, deverá o observador concluir se com aquela ação ou omissão a vítima correu, efetivamente, risco de ter lesionado o seu bem jurídico.

Suponhamos, para fins de esclarecimentos, que, no Brasil, o agente tenha sido surpreendido por dirigir em velocidade excessiva. Imagine-se que o agente havia acabado de comprar um automóvel e, a fim de testá-lo, durante a madrugada, colocou-o na estrada e passou a dirigir, sem qualquer pessoa a seu lado, a 180km/h. Nessa autoestrada, que possuía as condições ideais para uma velocidade acima da permitida para o local, não havia qualquer movimento de circulação de outros veículos e também de pessoas. Imagine-se que, apanhado por um moderno radar, o agente seja interceptado por policiais rodoviários a dois quilômetros do local onde imprimiu a velocidade excessiva, que fora detectada pelo aparelho delator.

Pergunta-se: numa perspectiva *ex ante,* a conduta do agente, ou seja, dirigir em velocidade acima da permitida, poderia configurar-se como situação de perigo? Se olharmos por essa perspectiva, a resposta só poderá ser afirmativa, razão pela qual estaríamos afirmando a natureza abstrata do perigo consignada na norma que proíbe a velocidade excessiva.

Por outro lado, se analisarmos numa perspectiva *ex post,* ou seja, vislumbrados todos os detalhes que envolviam o agente no caso concreto, poderemos dizer que algum bem, além da própria vida do agente, foi, efetivamente, colocado numa situação de perigo? Aqui, em razão dos dados que fornecemos, a resposta só pode ser negativa.

Dessa forma, se não houver, no caso concreto, perigo para qualquer bem juridicamente protegido, o Direito Penal não poderá ser aplicado, sob pena de infringir seus princípios informadores, a exemplo do princípio da lesividade.

## 1.3 Consumação do crime de perigo

Partindo dos raciocínios levados a efeito anteriormente, teremos que nos indagar: a partir de quando podemos considerar como consumada uma infração penal de perigo?

A resposta, na verdade, deverá ser fragmentada. Isso porque o crime de perigo pode ser, como vimos, abstrato ou concreto. Assim, nos crimes de perigo abstrato, sua consumação ocorre no momento em que o agente pratica, ou se abstém de praticar, a conduta proibida ou imposta no tipo penal, presumidamente perigosa. Ao contrário, nos crimes de perigo concreto, além da necessária comprovação da conduta por parte do agente, deverá ser afirmado que, no caso concreto, aquele comportamento – positivo ou negativo – trouxe, efetivamente, perigo de dano a um bem juridicamente protegido.

## 1.4 Perigo individual e perigo coletivo (ou transindividual)

Considera-se individual o perigo quando a conduta do agente atinge uma pessoa ou, pelo menos, um grupo determinado de pessoas. Coletivo é o perigo provocado pelo agente que atinge a coletividade, ou seja, um número indeterminado de pessoas.

Conforme esclarece James Tubenchlack:

"Na legislação penal básica (CP), os delitos de perigo *individual*, que atingem uma só pessoa ou um número reduzido ou determinado de pessoas, encontram-se, v.g., nos arts. 130 (perigo de contágio venéreo), 132 (perigo para a vida ou a saúde), 133 (abandono de incapaz), 134 (exposição ou abandono de recém-nascido), 136 (maus-tratos) e 137 (rixa). Quanto aos crimes de perigo *coletivo* ou *comum*, avistam-se nos arts. 250 e segs. (incêndio, explosão, uso de gás tóxico ou asfixiante, inundação etc.)."[6]

## 1.5 Natureza subsidiária dos crimes de perigo

Como afirmamos, a lei penal cria a infração penal de perigo a fim de evitar, com a punição do agente pela sua prática, o mal maior, que é o dano.

A infração penal de perigo, portanto, possui natureza subsidiária ao crime de dano. A regra determina, outrossim, seja afastada a punição pela infração penal de perigo sempre que o dano vier a ocorrer.

Dessa forma, o crime de dano absorve o delito de perigo.

Damásio de Jesus, com precisão, esclarece:

"Os crimes de periclitação da vida e da saúde, descritos nos arts. 130 a 136 do CP, constituem infrações subsidiárias em face dos delitos de dano. Existe relação de primariedade e subsidiariedade entre delitos quando dois ou mais tipos descrevem graus de violação da mesma objetividade jurídica. A subsidiariedade pode ser expressa ou tácita. No primeiro caso, a norma penal incriminadora, que descreve a infração penal de menor gravidade, expressamente afirma a sua não aplicação quando a conduta constitui delito de maior porte. Assim, o preceito secundário do crime de perigo para a vida ou a saúde de outrem impõe pena de detenção, de 3 meses a um ano, se o fato não constitui crime mais grave. Trata-se de subsidiariedade expressa, uma vez que explicitamente a norma de incriminação ressalva a sua não incidência na hipótese de o fato constituir crime mais grave, como, por exemplo, tentativa de homicídio. Existe subsidiariedade implícita quando um tipo penal se encontra descrito em outro. Neste caso, o delito de menor gravidade funciona como elementar ou circunstância de outra figura típica. Assim, o delito de perigo para a vida ou a saúde de outrem (CP, art. 132) funciona como infração subsidiária em relação aos delitos descritos nos arts. 130, *caput*, 131, 133, 134 e 136 do CP."[7]

Imagine-se a hipótese daquele que conduza veículo automotor, em via pública, estando *com capacidade psicomotora alterada em razão da influência de álcool ou de outra subs-*

---

[6] TUBENCHLACK, James. *Teoria do crime*, p. 153.

[7] JESUS, Damásio E. de. *Direito penal*, v. 2, p. 145.

*tância psicoativa que determine dependência.* Caso o agente não atropele ninguém, não vindo a causar qualquer lesão ou mesmo morte a qualquer pessoa, deverá ser responsabilizado pela infração penal tipificada no art. 306 do Código de Trânsito Brasileiro, com a redação que lhe foi conferida pela Lei nº 12.760, de 20 de dezembro de 2012. Contudo, suponha-se, agora, que o agente, após ter ingerido grande quantidade de bebida alcoólica, na direção de seu veículo automotor, atropele e mate um pedestre, dada sua falta de reflexo. Neste último caso, o crime de dano, vale dizer, o homicídio culposo praticado na direção de veículo automotor, absorverá a infração penal de perigo *(conduzir veículo automotor com capacidade psicomotora alterada em razão da influência de álcool ou de outra substância psicoativa que determine dependência).*

Verifica-se, portanto, ser a infração penal de perigo subsidiária, em geral, àquela de dano.

Essa regra, no entanto, sofre exceções, a exemplo do que ocorre nos §§ 1º e 2º do art. 308 do Código de Trânsito Brasileiro. Isso porque, no *caput* do mencionado art. 308, com a redação que lhe foi conferida pela Lei nº 13.546, de 19 de dezembro de 2017, temos a previsão da conduta de *participar, na direção de veículo automotor, em via pública, de corrida, disputa ou competição automobilística ou ainda de exibição ou demonstração de perícia em manobra de veículo automotor, não autorizada pela autoridade competente, gerando situação de risco à incolumidade pública ou privada.* Cuida-se, portanto, de um crime de perigo concreto. No entanto, seus §§ 1º e 2º previram, também de acordo com a redação que lhe foi dada pela Lei nº 12.971, de 9 de maio de 2014, respectivamente, que:

> Art. 308. [...]
> § 1º Se da prática do crime previsto no *caput* resultar lesão corporal de natureza grave, e as circunstâncias demonstrarem que o agente não quis o resultado nem assumiu o risco de produzi-lo, a pena privativa de liberdade é de reclusão, de 3 (três) a 6 (seis) anos, sem prejuízo das outras penas previstas neste artigo
> § 2º Se da prática do crime previsto no *caput* resultar morte, e as circunstâncias demonstrarem que o agente não quis o resultado nem assumiu o risco de produzi-lo, a pena privativa de liberdade é de reclusão de 5 (cinco) a 10 (dez) anos, sem prejuízo das outras penas previstas neste artigo.

Assim, embora tenha ocorrido um dano advindo do comportamento perigoso praticado pelo agente, tal fato não importará no reconhecimento de outra figura típica, mas, sim terá o condão de qualificar o crime de perigo, tendo em vista a disposição legal expressa nesse sentido. Caso não houvesse, a regra restaria mantida, ou seja, o crime de dano absorveria a infração penal de perigo.

## 1.6 Quadro-resumo

**Sujeitos**
» Ativo: pessoa contaminada por uma doença venérea.
» Passivo: qualquer pessoa.

**Objeto material**
É a pessoa com quem o sujeito ativo mantém relação sexual ou pratica qualquer ato libidinoso.

**Bem(ns) juridicamente protegido(s)**
A vida e a saúde.

**Prova pericial**

É fundamental que se comprove, mediante prova pericial, que o agente se encontrava, no momento da ação, contaminado por uma moléstia venérea.

**Elemento subjetivo**

» Dolo direto ou eventual.
» Não há previsão para a modalidade culposa.

**Consumação e tentativa**

» Crime de perigo concreto, consuma-se no momento em que, por meio de relação sexual ou qualquer ato libidinoso, a vítima tenha se encontrado numa situação de possível contaminação da doença venérea da qual o agente era portador.
» É admissível a tentativa.

## 2. PERIGO DE CONTÁGIO VENÉREO

**Perigo de contágio venéreo**
**Art. 130.** Expor alguém, por meio de relações sexuais ou qualquer ato libidinoso, a contágio de moléstia venérea, de que sabe ou deve saber que está contaminado:
Pena – detenção, de três meses a um ano, ou multa.
§ 1º Se é intenção do agente transmitir a moléstia:
Pena – reclusão, de um a quatro anos, e multa.
§ 2º Somente se procede mediante representação.

### 2.1 Introdução

Embora extensa, vale a transcrição parcial do item 44 da Exposição de Motivos da Parte Especial do Código Penal (Decreto-Lei nº 2.848/40), em que se verificam, com clareza, os motivos pelos quais o legislador, naquela oportunidade, fez inserir tal figura típica em nosso ordenamento jurídico-penal:

> **44.** Entre as novas entidades prefiguradas no capítulo em questão, depara-se em primeiro lugar, com o 'contágio venéreo'. Já há mais de meio século, o médico francês Desprès postulava que se incluísse tal fato entre as *species* do ilícito penal, como já fazia, aliás, desde 1866, a lei dinamarquesa. Tendo o assunto provocado amplo debate, ninguém mais duvida, atualmente, da legitimidade dessa incriminação. A doença venérea é uma lesão corporal e de consequências gravíssimas, notadamente quando se trata da sífilis. O mal da contaminação (evento lesivo) não fica circunscrito a uma pessoa determinada. O indivíduo que, sabendo-se portador de moléstia venérea, não se priva do ato sexual, cria conscientemente a possibilidade de um contágio extensivo. Justifica-se, portanto, plenamente, não só a incriminação do fato, como critério de declarar-se suficiente para a consumação do crime a produção do perigo de contaminação. Não há dizer-se que, em grande número de casos, será difícil, senão impossível, a prova da autoria. Quando esta não possa ser averiguada, não haverá ação penal (como acontece, aliás, em relação a qualquer crime); mas a dificuldade de prova não é razão para deixar-se de incriminar um fato gravemente atentatório de um relevante bem jurídico [...].

Na época em que proliferavam os bordéis no Brasil, justificava-se a preocupação do legislador, principalmente diante da escassez de medidas preventivas, para evitar a propagação das doenças venéreas.

O tipo penal do art. 130 do Código Penal traz em seu corpo um elemento normativo que precisa ser esclarecido pela Medicina, vale dizer, a chamada *moléstia venérea*. Conforme ressalta Cezar Roberto Bitencourt:

"O texto legal fala, genericamente, em *moléstia venérea*, sem qualquer outra definição ou limitação. Ante a omissão do texto legal, a definição de *moléstia venérea* compete à medicina. Assim, a exemplo do que ocorre com as *substâncias entorpecentes* (que causam dependência física ou psíquica), são admitidas como *moléstias venéreas*, para efeitos penais, somente aquelas que o Ministério da Saúde catalogar como tais, e esse rol deve variar ao longo do tempo, acompanhando não só a evolução dos costumes, mas, particularmente, os avanços da própria ciência médica".

O núcleo *expor*, contido no art. 130 do Código Penal, demonstra a natureza da infração penal em estudo, tratando-se, portanto, de crime de perigo, pois não exige o dano ao bem juridicamente tutelado, que ocorreria com a efetiva transmissão da moléstia venérea. Assim, basta que a vítima tenha sido exposta ao perigo de contágio, mediante a prática de relações sexuais ou qualquer ato de libidinagem, de moléstia venérea de que o agente sabia, ou pelo menos devia saber estar contaminado, para que se caracterize a infração penal em exame.

Rogério Sanches Cunha ressalta:

"Se o agente se relaciona com a intenção de transmitir a doença – *dolo de dano* –, mas vê frustrado seu intento, estaremos diante da forma qualificada prevista no § 1º (a ausência desta qualificadora faria a presente ação subsumir-se ao disposto no art. 129, tentado). Agora se, querendo, efetivamente consegue contaminar o ofendido, produzindo neste ferimentos graves à saúde, responderá o agente pelo crime do art. 129, §§ 1º e 2º, ou do art. 129, § 3º, este último em caso de morte."[8]

## 2.2 Classificação doutrinária

Crime próprio quanto ao sujeito ativo (uma vez que somente a pessoa contaminada é que poderá praticá-lo), sendo comum quanto ao sujeito passivo (pois qualquer pessoa pode figurar como vítima deste crime); de forma vinculada (pois a lei penal exige, para fins de reconhecimento de sua configuração, a prática de relações sexuais ou atos libidinosos); de perigo concreto (podendo ocorrer a hipótese de crime de dano, prevista no § 1º do art. 130 do CP); doloso (sendo o dolo direto ou mesmo eventual); comissivo; instantâneo; transeunte (quando a vítima não se contaminar); não transeunte (quando houver o efetivo contágio da vítima); unissubjetivo; plurissubsistente; condicionado à representação.

## 2.3 Sujeito ativo e sujeito passivo

O delito pode ser praticado por qualquer pessoa, sendo condição exigida pelo tipo, contudo, que essa pessoa esteja efetivamente contaminada por uma doença venérea, razão pela qual, dada essa limitação, é que o entendemos como um delito próprio.

Sujeito passivo pode ser qualquer pessoa, em face da inexistência de qualquer exigência típica, pois a lei penal utiliza a palavra *alguém*, eliminando, assim, qualquer restrição, podendo tanto ser sujeito passivo do crime de perigo de contágio venéreo o homem ou a mulher, a criança ou o adulto, enfim, qualquer pessoa, na conotação que lhe propõe também o art. 121 do Código Penal.

## 2.4 Objeto material e bem juridicamente protegido

Objeto material do crime de perigo de contágio venéreo é a pessoa com quem o sujeito ativo mantém relação sexual ou pratica qualquer ato libidinoso, podendo ser, como já o dissemos, o homem ou a mulher.

---

[8] CUNHA, Rogério Sanches. *Direito penal* – Parte especial, p. 58.

Bem juridicamente protegido pelo tipo é a vida e a saúde, conforme nos informa o Capítulo III do Título I do Código Penal, em que está inserido o art. 130.

## 2.5 Elemento subjetivo

O art. 130 do Código Penal exige, para a configuração do delito de perigo de contágio venéreo, que o agente, no momento do contato sexual, saiba – ou pelo menos deva saber – que está contaminado.

A expressão contida no mencionado artigo – *sabe ou deve saber que está contaminado* – é motivo de intensa controvérsia doutrinária e jurisprudencial. Discute-se se tal expressão é indicativa tão somente de dolo ou pode permitir, também, o raciocínio com a modalidade culposa.

A Exposição de Motivos da parte especial do Código Penal consigna expressamente que o delito em estudo admite a modalidade culposa, conforme se verifica da leitura do item 44:

> **44**. O crime é punido não só a título de dolo de perigo, como a título de culpa (isto é, não só quando o agente sabia achar-se infeccionado, como quando devia sabê-lo pelas circunstâncias).

Apesar da orientação do legislador, aflorada na exposição de motivos da Parte Especial do Código Penal, não podemos interpretar a expressão de *que sabe ou deve saber* estar contaminado como permissiva do raciocínio correspondente ao dolo e à culpa. Isso porque a regra constante do parágrafo único do art. 18 do Código Penal é clara no sentido de que, salvo os casos expressos em lei, ninguém pode ser punido por fato previsto como crime, senão quando o pratica dolosamente.

Assim, para que pudéssemos permitir a possibilidade de punição a título de culpa, o artigo deveria tê-la mencionado expressamente, como o fizeram, por exemplo, os arts. 121 e 129 do Código Penal, respectivamente, em seus §§ 3º e 6º.

Na verdade, com a devida vênia das posições em contrário, devemos entender com a expressão *de que sabe ou deve saber* que o agente poderá ter agido, no caso concreto, com dolo direto ou mesmo com dolo eventual, mas não com culpa.

Quando a lei menciona que o agente *sabia* ou *devia saber* estar contaminado com uma doença venérea está se referindo, especificamente, a esse fato, ou seja, ao conhecimento efetivo ou possível da contaminação, e não ao seu elemento subjetivo no momento do ato sexual, após ter certeza (sabe) ou presumir (dever saber) que estava contaminado.

Imaginemos as seguintes hipóteses: o agente, casado, depois de discutir com a sua esposa, vai a uma casa de prostituição e convida uma garota de programa para um ato sexual. Nesse momento, ela lhe explica que está contaminada por uma doença venérea e que, fatalmente, se mantiverem relações sexuais, ele será contaminado, convidando-o a voltar em outra oportunidade, quando estiver curada. O agente diz não se importar com esse fato e com ela insiste no ato sexual. A garota de programa, após a insistência do agente, com ele mantém relação sexual sem usar preservativo. Poucos dias depois, a doença demonstrou seus sinais no agente. Mesmo assim, depois de ter resolvido seu problema familiar que o havia feito sair de casa, o agente decide, sabendo da sua contaminação, ter relação sexual também com sua esposa, que, para a felicidade dela, não se contamina. Nesse primeiro caso, sabendo o agente da sua contaminação e, ainda assim, insistindo no ato sexual, conhecia as possibilidades efetivas de transmissão da doença, mas não ocorreu o contágio.

Em um segundo caso, imaginemos o seguinte: o agente, na mesma situação anterior, depois de discutir com sua esposa, vai a uma casa de prostituição. Assim que chega no prostíbulo, convida uma das garotas de programa para uma relação sexual. Quando está no quarto, começa a observar vários detalhes que lhe parecem suspeitos. Inicialmente, percebe, sobre a mesa de cabeceira, uma medicação, que ele também já havia usado algum tempo atrás, destinada a combater doenças venéreas. A garota de programa, ao se despir, retira uma espécie de absorvente genital que, ao ser jogado no lixo, parecia conter uma secreção. Envergonhado de perguntar-lhe se estava contaminada por alguma doença venérea, o agente, ainda assim, mantém com ela relação sexual sem o uso de preservativo. Resumindo, todos os detalhes levavam a crer, embora o agente não tivesse certeza, que a garota de programa estivesse contaminada. Um pouco antes de a doença manifestar seus sinais, o agente retorna ao convívio familiar e, mesmo sabendo da possibilidade de estar contaminado com uma doença venérea, mantém relação sexual com sua esposa, que, também, por sorte, não se contamina.

Devemos salientar, entretanto, que o dolo direto e o dolo eventual podem existir quando o agente sabia efetivamente da contaminação ou devia saber. O saber ou dever saber diz respeito exclusivamente à contaminação da doença, e não ao elemento subjetivo do agente. O elemento subjetivo deve ser analisado no momento do ato sexual praticado por aquele que sabia, ou pelo menos devia saber, estar contaminado.

O agente, portanto, pode ter relação sexual com alguém sabendo que tal fato importará em efetivo perigo de contaminação a outra pessoa, agindo, assim, com dolo direto, ou poderá com seu ato sexual saber que poderá ocorrer esse perigo e não se importar com essa situação, quando, então, agirá com dolo eventual.

Importante frisar que, independentemente da espécie de dolo – se direto ou eventual –, o agente, para que seja responsabilizado pelo *caput* do art. 130 do Código Penal, não poderá almejar a transmissão da doença venérea, agindo, pois, com dolo de dano, uma vez que a infração penal tipificada na sua modalidade fundamental prevê um delito de perigo.

Devemos, ainda, saber se o ato sexual praticado pelo agente trouxe, efetivamente, situação de perigo de contágio para a vítima, raciocinando com o chamado crime de perigo concreto, já explicado. Caso contrário, o fato será atípico, não se admitindo, dessa forma, a possibilidade de responsabilidade penal, levando-se em consideração a mera colocação abstrata em perigo.

Concluindo, o delito previsto no *caput* do art. 130 do Código Penal somente pode ser praticado, segundo nossa posição, a título de dolo, não se permitindo a responsabilidade penal a título de culpa, frisando-se, ainda, a sua natureza jurídica de crime de perigo concreto.

## 2.6 Consumação e tentativa

O crime de perigo concreto consuma-se no momento em que, por meio de relação sexual ou qualquer ato libidinoso, a vítima tenha se encontrado numa situação de possível contaminação da doença venérea da qual o agente era portador.

Entendemos perfeitamente admissível a tentativa, independentemente de se cuidar, na espécie, de crime de perigo. Imagine-se a hipótese, mesmo que de laboratório, em que alguém, sabendo-se portador de uma doença venérea, vá até um bordel com a finalidade de manter relação sexual com uma prostituta. Quando está no quarto, já despido, ao deitar-se na cama com a vítima, ainda não iniciado o ato, uma colega de profissão da prostituta ingressa no quarto e impede a prática do ato sexual, revelando que o agente está contaminado por uma moléstia venérea.

Podemos entender, dessa forma, como início da execução, aqueles instantes que antecederam, por exemplo, à conjunção carnal, quando o agente já havia retirado a roupa, bem como a roupa da vítima, pois o bem jurídico saúde, naquele instante, já estava sendo objetiva e imediatamente atacado.

## 2.7 Modalidade qualificada

O § 1º do art. 130 do Código Penal diz que se for intenção do agente transmitir a moléstia, a pena será de reclusão, de 1 (um) a 4 (quatro) anos, e multa.

Como se percebe pela redação do mencionado parágrafo, o agente atua com dolo de dano, ou seja, o dolo de, efetivamente, transmitir a moléstia de que é portador, produzindo, dessa forma, lesão à integridade corporal ou à saúde da vítima.

No item 45 da Exposição de Motivos da parte especial do Código Penal encontra-se a seguinte justificativa para a inserção no capítulo correspondente à *periclitação da vida e da saúde* de um comportamento que é dirigido, especificamente, à produção de um resultado lesivo:

> **45**. É especialmente prefigurado, para o efeito de majoração da pena, o caso em que o agente tenha procedido com intenção de transmitir a moléstia venérea. É possível que o rigor técnico exigisse a inclusão de tal hipótese no capítulo das lesões corporais, desde que seu elemento subjetivo é o dolo de dano, mas como se trata, ainda nessa modalidade, de um crime para cuja consumação basta o dano potencial, pareceu à Comissão revisora que não havia despropósito em classificar o fato entre os crimes de perigo contra a pessoa. No caso de dolo de dano, a incriminação é extensiva à criação do perigo de contágio de qualquer moléstia grave.

Merece ser ressaltado que, na hipótese em estudo, o que se exige à configuração da qualificadora é tão somente o dolo do agente em transmitir a doença, e não a efetiva transmissão. Assim, o agente deverá responder pelo delito em sua modalidade qualificada se tiver, por exemplo, mantido relação sexual com a vítima, com a intenção de transmitir-lhe a moléstia venérea, mesmo que essa não venha a se contaminar.

Ressalte-se, ainda, que a simples exposição a perigo de transmissão da doença venérea consuma o delito em questão, na sua modalidade qualificada. O que estamos querendo esclarecer é que, embora o agente atue com dolo de dano, não se exige a efetiva contaminação para que o delito qualificado reste consumado. Basta, de acordo com ilação que se faz da expressão *se é intenção do agente transmitir a moléstia*, que o agente atue com dolo de dano, tão somente. Contudo, mesmo que a vítima não se contamine, mas se era essa a intenção do agente, ou seja, fazer com que fosse contaminada, o simples contato sexual, capaz de transmitir a moléstia venérea, já será suficiente para fins de configuração da qualificadora.

Se a vítima se contamina, poderemos raciocinar com esse resultado de duas formas distintas: ou entendendo-o como mero exaurimento da figura típica qualificada do art. 130 do Código Penal, ou desclassificando-o para o delito de lesões corporais, conforme veremos quando da discussão das questões que se seguirão.

## 2.8 Pena, ação penal, competência para julgamento e suspensão condicional do processo

A pena cominada para a modalidade simples é a de detenção, de 3 (três) meses a 1 (um) ano, ou multa, e para a modalidade qualificada é de reclusão, de 1 (um) a 4 (quatro) anos, e multa.

Na modalidade simples, a multa pode ser aplicada como pena alternativa à privação da liberdade; na modalidade qualificada, a multa é aplicada com a pena de privação da liberdade.

Como regra, a modalidade fundamental de perigo de contágio venéreo se amolda ao conceito de infração penal de menor potencial ofensivo, sendo-lhe aplicados todos os institutos previstos pela Lei nº 9.099/95, a exemplo da suspensão condicional do processo.

Na modalidade qualificada, há possibilidade de concessão de suspensão condicional do processo em decorrência da pena mínima cominada ao § 1º, vale dizer, 1 (um) ano de reclusão.

A ação penal, em ambas as modalidades – simples e qualificada –, é de iniciativa pública condicionada à representação do ofendido, ou seja, daquele que foi efetivamente exposto à situação de perigo, conforme se dessume do § 2º do art. 130 do diploma repressivo.

## 2.9 Prova pericial

Para que se possa reconhecer o delito de perigo de contágio venéreo, tipificado no *caput* do art. 130 do Código Penal, é fundamental que se comprove, mediante prova pericial, que o agente se encontrava, no momento da ação, contaminado por uma moléstia venérea.

Dessa forma, será muito difícil a configuração do mencionado tipo penal, uma vez que, como se percebe sem muito esforço, o agente não poderá ser obrigado a se submeter a exame pericial, a fim de que, nele, seja apontada a doença venérea de que era portador, uma vez que ninguém é obrigado a fazer prova contra si mesmo.

Se não houver contaminação da vítima, tendo ocorrido, simplesmente, uma exposição a perigo concreto de contaminação, restará quase que impossível a condenação do agente.

Os próprios redatores do art. 130 do Código Penal, no item 44 da exposição de motivos da parte especial do Código Penal, após justificarem a sua criação, confessam:

> **44.** O indivíduo que, sabendo-se portador de moléstia venérea, não se priva do ato sexual, cria conscientemente a possibilidade de um contágio extensivo. Justifica-se, portanto, plenamente, não só a incriminação do fato, como o critério de declarar-se suficiente para a consumação do crime a produção do perigo de contaminação. Não há dizer-se que, em grande número de casos, será difícil, senão impossível, a prova da autoria. Quando esta não possa ser averiguada, não haverá ação penal (como acontece, aliás, em relação a qualquer crime); mas a dificuldade de prova não é razão para deixar-se de incriminar um fato gravemente atentatório de um relevante bem jurídico.

Vale ressalvar que, embora muito valioso, o exame de corpo de delito não é indispensável à caracterização da infração penal em estudo. Outras provas conforme determinam os arts. 158 (com a nova redação que lhe foi conferida pela Lei nº 13.721, de 2 de outubro de 2018) e 167 do Código de Processo Penal, *verbis*:

> **Art. 158.** Quando a infração deixar vestígios, será indispensável o exame de corpo de delito, direto ou indireto, não podendo supri-lo a confissão do acusado.
>
> **Parágrafo único.** Dar-se-á prioridade à realização do exame de corpo de delito quando se tratar de crime que envolva:
>
> I – violência doméstica e familiar contra mulher;
>
> II – violência contra criança, adolescente, idoso ou pessoa com deficiência.
>
> **Art. 167.** Não sendo possível o exame de corpo de delito, por haverem desaparecido os vestígios, a prova testemunhal poderá suprir-lhe a falta.

Percebe-se, com clareza, que a infração penal de que estamos cuidando, ou seja, a mera exposição a perigo de contágio de moléstia venérea, encontra-se no rol daquelas que não deixam vestígios. Se houver tão somente a exposição, e não a contaminação da vítima, não haverá vestígio a ser demonstrado no caso concreto. O que se exige, sim, sem qualquer sombra de dúvida, é a demonstração do *efetivo perigo de contágio* a que se expôs a vítima ao ter relações sexuais com o agente.

Poderá a parte acusadora, por exemplo, na hipótese quase absoluta de recusa por parte do agente em submeter-se ao exame pericial, a fim de comprovar sua moléstia venérea, valer-se de outros meios, quando, por exemplo, conseguir trazer a juízo outra vítima, que fora contaminada pelo agente, que com ela manteve relações sexuais no mesmo dia em que também praticou os atos de libidinagem com a vítima daqueles autos; ou, ainda, a prova testemunhal de alguém que aplicou no agente uma injeção contendo substância destinada especificamente à cura de moléstias venéreas etc. Enfim, o que estamos querendo afirmar é que não necessariamente a prova pericial, comprovando a moléstia venérea, é que permitirá a condenação do agente que, dela sendo portador, praticou ato sexual com alguém, expondo essa pessoa a perigo de contaminação.

CURSO DE DIREITO PENAL • VOL. 2 – ROGÉRIO GRECO

Se a vítima foi efetivamente contaminada, independentemente da discussão que se tenha no que diz respeito à nova definição típica, como veremos mais adiante, a comprovação dos fatos ficará facilitada, uma vez que a infração já entrará no catálogo daquelas que deixam vestígios, aplicando-se, portanto, o mencionado art. 158 do Código de Processo Penal.

## 2.10 Destaques

### 2.10.1 Consentimento do ofendido

Poderá a vítima, permitindo o ato sexual com alguém que, sabidamente, encontrava-se contaminado por uma doença venérea, com o seu consentimento, afastar a infração penal tipificada no art. 130 do Código Penal?

Já tivemos oportunidade de manifestar (ver comentários ao art. 129 do Código Penal) que, para que o consentimento do ofendido seja válido, inicialmente, o bem jurídico em questão deve encontrar-se no rol daqueles entendidos como disponíveis, a vítima deve ter capacidade para consentir e, finalmente, o consentimento deve ser prévio ou, no mínimo, concomitante à conduta do agente.

Para nós, a integridade corporal e a saúde são disponíveis, desde que a lesão sofrida seja de natureza leve. Caso contrário, como regra geral, o consentimento não terá o condão de afastar a ocorrência da infração penal.

Assim, no caso em exame, se a moléstia venérea de que o agente é portador se encontra no rol daquelas que causam perturbação orgânica de natureza leve, poderá a vítima, sabendo dessa situação, consentir no ato sexual, afastando, consequentemente, a ocorrência do delito. Em sentido contrário, se a doença venérea produz lesão corporal de natureza grave, ou mesmo pode conduzir à morte, o consentimento não será válido.

Manifestando-se contrariamente à possibilidade de o consentimento do ofendido afastar o delito em tela, Cezar Roberto Bitencourt, com apoio em Nélson Hungria, afirma:

> "Trata-se, com efeito, de *interesse público* e, portanto, *indisponível*. O eventual consentimento do ofendido não afasta o interesse público em impedir a progressão dessas moléstias, que, se não forem combatidas com eficácia, podem adquirir dimensões preocupantes ou, quem sabe, até atingir o nível de epidemia. Nesse sentido, pontificava Nélson Hungria: 'é irrelevante o *consentimento do ofendido*, isto é, o seu assentimento ao ato sexual, apesar de conhecer o risco do contágio.'"[9]

Com a devida vênia das posições dos renomados autores, não creditamos tanta importância ao salientado *interesse público*, pois, fosse esse fundamental à sua proteção, não teria a lei penal condicionado a ação penal à confecção de representação pelo ofendido. Mesmo tendo havido contaminação, se não for do interesse da vítima dar início à *persecutio criminis*, o Estado nada poderá fazer, pois condicionou a ação penal à sua manifestação de vontade.

### 2.10.2 Necessidade de contato pessoal

O art. 130 do Código Penal determina os meios em virtude dos quais poderá ser praticado o comportamento que se traduza em perigo de contágio de moléstia venérea, a saber: relações sexuais ou qualquer ato libidinoso.

Por relações sexuais podemos entender qualquer tipo de coito. Guilherme de Souza Nucci esclarece que relação sexual:

---

9   BITENCOURT, Cezar Roberto. *Tratado de direito penal*, v. 2, p. 206.

"É o coito, ou seja, a união estabelecida entre duas pessoas através da prática sexual. Trata-se de expressão mais abrangente do que conjunção carnal, que se limita a cópula *pênis-vagina*. Abrange, pois, o sexo anal ou oral."[10]

Qualquer outro ato que permita aflorar a libido do agente, mesmo não havendo coito, poderá se configurar como *atos de libidinagem*, a exemplo daquele que, embora não realizando a penetração, passa o pênis por entre as pernas da vítima. Nesse caso, imagine-se a hipótese em que tenha havido ejaculação, sendo o agente portador de moléstia venérea. Embora não tendo havido coito, anal ou vaginal, a vítima foi exposta a perigo de contaminação da doença de que era portador o agente.

A discussão, na verdade, reside na seguinte situação: exige a lei penal o contato pessoal entre a vítima e o agente, no sentido de permitir a sua responsabilidade penal pelo delito em questão?

Tem-se entendido majoritariamente pela necessidade do contato pessoal, não se configurando o delito, por exemplo, na hipótese daquele que envia esperma pelos correios, trazendo perigo de contaminação para a vítima que com ele mantém contato.

Da mesma forma, para que se caracterize o delito os atos devem ser eminentemente sexuais, ou seja, aqueles atos que têm por finalidade deixar aflorar a libido, o desejo sexual do agente. Assim, comportamentos como apertar a mão não se configuram no delito em estudo. Nesse sentido, esclarece Noronha:

"Atos libidinosos são a *fellatio in ore*, o *cunnilingus*, o *pennilingus*, o *annilingus*, o coito anal, *inter femora* etc. Não se exclui o beijo voluptuoso que pode levar até ao espasmo.
O âmbito do elemento material do art. 130 é menos amplo que o do art. 544 do Código Penal italiano, que fala genericamente em *atos*. Consequentemente, não se lhe aplicam entendimentos como o exposto por Pannain: o contágio pela amamentação ou pelo aperto de mãos. Todavia, é mister o contato corpóreo entre os sujeitos ativo e passivo. Deve o primeiro transmitir *diretamente* ao segundo a moléstia venérea; é necessário ser agente *imediato*. Se o amante transmite o mal à sua amante, que, por sua vez, contagia o marido, só é responsável pelo crime relativamente à adúltera. Somente esta é que, conforme a hipótese, praticará o delito em relação ao esposo."[11]

Concluindo, além de se exigir o contato pessoal, outros meios que não os tipicamente sexuais não caracterizam o delito.

### 2.10.3 *Efetiva contaminação da vítima*

Questão que se coloca por demais interessante diz respeito à efetiva contaminação da vítima. Sabemos que estamos diante de um crime de perigo que, como já afirmamos, configura-se como degrau antecedente ao crime de dano.

Em muitas situações, o legislador cria a infração penal de perigo para que o dano, que é, o mal maior, seja evitado. Caso a infração de perigo tenha sido ineficiente no sentido de evitar a produção do dano, ocorrendo este último, será afastada a punição pelo perigo, que restará por ele consumida. Simplificando: como regra, o crime de dano absorve o crime de perigo.

A título de raciocínio, imagine-se a hipótese daquele que, dirigindo em *velocidade excessiva*, querendo chegar em casa mais cedo para assistir à final da Copa do Mundo, ultra-

---

[10] NUCCI, Guilherme de Souza. *Código penal comentado*, p. 424.
[11] NORONHA, Edgard Magalhães. *Direito penal*, v. 2, p. 81.

passe vários sinais vermelhos, passando muito próximo aos pedestres que tentavam efetuar a travessia da avenida, chegando, contudo, são e salvo em casa, sem que tivesse atropelado qualquer pessoa. Nesse caso, qual seria a infração penal cometida pelo agente? Poderíamos concluir que o agente teria praticado o delito previsto no art. 311 do Código de Trânsito Brasileiro, que diz:

> **Art. 311.** Trafegar em velocidade incompatível com a segurança nas proximidades de escolas, hospitais, estações de embarque e desembarque de passageiros, logradouros estreitos, ou onde haja grande movimentação ou concentração de pessoas, gerando perigo de dano:
> Pena – detenção, de 6 (seis) meses a 1 (um) ano, ou multa.

Imagine-se, agora, que esse mesmo agente, imprimindo velocidade excessiva em seu veículo, não conseguisse desviar-se de um pedestre que fazia a travessia normal em um cruzamento, atropelando-o e, consequentemente, produzindo-lhe lesões corporais. Pergunta-se: neste caso específico, o agente deverá responder pelo crime de perigo previsto pelo art. 311 do Código de Trânsito Brasileiro, transcrito acima, bem como pelas lesões corporais por ele produzidas enquanto se encontrava na direção de veículo automotor, tipificadas pelo art. 303 do mencionado Código?

A resposta só pode ser negativa, uma vez que, ocorrendo o dano, o perigo será por ele absorvido, devendo o agente, pois, ser responsabilizado tão somente pelo delito de lesão corporal culposa praticada na direção de veículo automotor.

Esclarecido esse ponto, voltemos à análise do art. 130, bem como de seu § 1º.

Se, em decorrência do ato sexual praticado pelo agente, a vítima vier a se contaminar com uma moléstia venérea por ele transmitida, qual será a classificação jurídica da infração penal?

Respondendo a essa indagação, afirma Damásio:

> "Contágio venéreo constitui lesão corporal. Pareceu ao legislador melhor definir o fato no capítulo dos crimes da periclitação da vida e da saúde, e não no art. 129, que define o delito de lesão corporal. Assim, se há transmissão da moléstia, permanece a responsabilidade em termos de crime de perigo de contágio venéreo."[12]

Ney Moura Teles, a seu turno, complementa o raciocínio dizendo:

> "Se do contágio resultarem apenas lesões corporais leves, prevalece o crime do art. 130. Se resultarem lesões corporais graves ou gravíssimas, responderá o agente pelo crime do art. 129, § 1º ou § 2º. Se resultar morte, responderá por lesão corporal seguida de morte."[13]

### 2.10.4 Crime impossível – vítima já contaminada pela mesma doença, ou, ainda, a hipótese do agente já curado

Pode ocorrer a hipótese de crime impossível tanto em virtude da absoluta ineficácia do meio, quanto devido à absoluta impropriedade do objeto.

Raciocinemos com o exemplo daquele que, acreditando ser portador de moléstia venérea, tem relação sexual com a vítima com o intuito de transmiti-la, quando, na verdade, se encontra perfeitamente saudável, já estando completamente curado; ou ainda daquele que, sabendo-se portador de doença venérea, silencia com relação a isso para que a vítima não o rejeite, quando esta última também é portadora da mesma doença venérea de que está aco-

---

12   JESUS, Damásio E. de. *Direito penal*, v. 2, p. 150.

13   TELES, Ney Moura. *Direito penal*, v. 2, p. 226.

metido o agente, desde que, com o ato praticado pelo agente, não haja qualquer possibilidade de se agravar sua situação anterior.

Dessa forma, podemos raciocinar em ambas as hipóteses com o chamado crime impossível, seja pela ineficácia absoluta do meio, seja pela absoluta impropriedade do objeto.

### 2.10.5 I.S.T. (Infecções Sexualmente Transmissíveis) e transmissão do vírus HIV

De acordo com o Departamento de Condições Crônicas e Infecções Sexualmente Transmissíveis, são consideradas como infecções sexualmente transmissíveis: *a)* Aids; *b)* cancro mole; *c)* clamídia e gonorreia; *d)* condiloma acuminado (HPV); *e)* doença inflamatória pélvica (DIP); *f)* donovanose; *g)* hepatites virais; *h)* herpes; *i)* infecção pelo vírus T-linfotrópico humano (HTLV); *j)* linfogranuloma venéreo; *k)* sífilis; *l)* tricomoníase.

Como se percebe pela relação acima transcrita, a infeção por HIV pode ser considerada como uma doença sexualmente transmissível. No entanto, embora a infecção por HIV possa ser transmitida por meio de relação sexual, ela não pode ser considerada simplesmente uma moléstia venérea, razão pela qual, caso ocorra sua transmissão por esse meio, o fato não poderá se amoldar ao tipo penal do art. 130 do diploma repressivo.

### 2.10.6 Morte da vítima quando era intenção do agente transmitir-lhe a doença

Se houver a morte da vítima quando era intenção do agente apenas transmitir-lhe a doença, deverá este ser responsabilizado pelo crime de lesão corporal seguida de morte, uma vez que o seu dolo era de dano (transmissão da moléstia venérea de que era portador), sendo-lhe imputado o resultado morte a título de culpa (já que esse resultado não fazia parte do seu dolo, mas lhe era previsível), aplicando-se a regra do art. 19 do Código Penal.

## 2.11 Quadro-resumo

**Sujeitos**
» Ativo: pessoa contaminada por uma doença venérea.
» Passivo: qualquer pessoa.

**Objeto material**
É a pessoa com quem o sujeito ativo mantém relação sexual ou pratica qualquer ato libidinoso.

**Bem(ns) juridicamente protegido(s)**
A vida e a saúde.

**Prova pericial**
É fundamental que se comprove, mediante prova pericial, que o agente se encontrava, no momento da ação, contaminado por uma moléstia venérea.

**Elemento subjetivo**
» Dolo direto ou eventual.
» Não há previsão para a modalidade culposa.

**Consumação e tentativa**
» Crime de perigo concreto, consuma-se no momento em que, por meio de relação sexual ou qualquer ato libidinoso, a vítima tenha se encontrado numa situação de possível contaminação da doença venérea da qual o agente era portador.
» É admissível a tentativa.

## 3. PERIGO DE CONTÁGIO DE MOLÉSTIA GRAVE

**Perigo de contágio de moléstia grave**
**Art. 131.** Praticar, com o fim de transmitir a outrem moléstia grave de que está contaminado, ato capaz de produzir o contágio:
Pena – reclusão, de um a quatro anos, e multa.

### 3.1 Introdução

Apesar de sua localização no capítulo correspondente aos crimes de perigo (da periclitação da vida e da saúde), o art. 131 do Código Penal, da mesma forma que o § 1º do art. 130 do mesmo diploma repressivo, narra um *delito de dano*.

Na verdade, a conduta do agente é dirigida finalisticamente à produção de um dano, qual seja, a transmissão de moléstia grave de que está contaminado. Contudo, como veremos em tópico próprio, a lei penal se satisfaz simplesmente com a exteriorização do comportamento dirigido a esse fim, independentemente da efetiva produção desse resultado.

Levando-se a efeito uma análise do tipo, podemos concluir que o legislador se satisfaz com a prática do comportamento destinado à transmissão de moléstia grave, mesmo que esta não ocorra efetivamente, tratando-se, pois, de crime de natureza formal.

Ao contrário do que determina o art. 130 do Código Penal, que somente se configura se houver a prática de atos de natureza sexual, o delito do art. 131 pode ser considerado como de *forma livre*, podendo o agente praticar *atos de qualquer natureza* que possuam eficácia para a transmissão da moléstia de que está contaminado.

Dessa forma, pode o agente valer-se de meios *diretos* ou *indiretos* à consecução da transmissão da moléstia grave. Meios *diretos* dizem respeito àqueles em que houver um contato pessoal do agente, a exemplo do aperto de mão, beijo, abraço etc. *Indiretos* são aqueles que decorrem da utilização de quaisquer instrumentos capazes de transmitir a moléstia grave, a exemplo de seringas, bebidas etc.

Pode, inclusive, valer-se de atos sexuais para o fim de transmitir doença que não seja de natureza venérea.

O conceito de *moléstia grave* deve ser fornecido pela medicina. Segundo Hungria:

"A *gravidade* da moléstia, bem como a sua *contagiosidade* e a relação de causalidade entre a conduta do agente e o perigo concreto de contágio, tem de ser pericialmente averiguada. São moléstias transmissíveis, entre outras, as que o Regulamento de Saúde Pública declara de notificação compulsória, como sejam a febre amarela, a peste, o cólera e doenças coleriformes, o tifo exantemático, a varíola, o alastrim, a difteria, a infecção puerperal, a infecção do grupo tífico--paratífico, a lepra, a tuberculose aberta, o impaludismo, o sarampo e outros exantemas febris, as disenterias, a meningite cérebro-espinhal, a paralisia infantil ou moléstia de HEINE-MEDIN, o tracoma, a leishmaniose. As moléstias venéreas, sem dúvida alguma, estão incluídas entre as moléstias graves transmissíveis, configurando-se o crime de que ora se trata, e não o do art. 130, § 1º, se o *meio* ocasionante do perigo de contágio é extragenital ou extrassexual."[14]

---

[14] HUNGRIA, Nélson. *Comentários ao código penal*, v. V, p. 401.

Trata-se, portanto, de norma penal em branco, havendo necessidade de se buscar o elenco das moléstias consideradas graves no órgão competente (Ministério da Saúde).

## 3.2 Classificação doutrinária

Crime próprio quanto ao sujeito ativo (pois somente aquele que está contaminado por uma moléstia grave pode praticá-lo) e comum quanto ao sujeito passivo; doloso; formal (uma vez que o tipo penal não exige a efetiva contaminação, mas, sim, a conduta dirigida finalisticamente a transmitir a moléstia grave); comissivo, podendo também ser comissivo por omissão (nos casos em que o agente goze do *status* de garantidor); de forma livre; instantâneo; monossubjetivo; plurissubsistente; de dano (embora previsto no capítulo correspondente aos crimes de perigo).

## 3.3 Objeto material e bem juridicamente protegido

Objeto material no art. 131 do Código Penal seria a pessoa contra a qual é dirigida a conduta que tem por finalidade contagiá-la com a moléstia grave.

Bem juridicamente protegido pelo tipo penal é a integridade corporal ou a saúde da vítima, merecendo destaque o raciocínio de Cezar Roberto Bitencourt quando afirma:

> "Não nos parece que a 'vida' também integre o bem jurídico protegido pelo art. 131, como alguns autores chegam a sustentar. Tanto é verdade que, se sobrevier a morte da vítima, eventual punição por esse dano deslocará a tipificação da conduta para outro dispositivo que poderá ser o 121 ou 129, § 3º, numa clara demonstração de que a vida não está protegida por este artigo legal, pelo menos imediatamente."[15]

Significa, portanto, que se o agente atua no sentido de contagiar a vítima não somente com uma moléstia grave, mas, sim, mortal, a doença transmitida, na verdade, será considerada um meio para a prática do delito de homicídio, conforme já afirmamos anteriormente.

## 3.4 Sujeito ativo e sujeito passivo

Somente a pessoa contaminada por uma moléstia grave poderá ser sujeito ativo do delito tipificado no art. 131 do Código Penal, razão pela qual, dada essa especificação típica, consideramos como *próprio* o delito de *perigo de contágio de moléstia grave*.

Não existe, com relação ao sujeito passivo, nenhuma exigência constante no tipo penal do art. 131 do diploma repressivo, podendo, outrossim, o delito ser praticado contra qualquer pessoa, independentemente do sexo, idade etc., demonstrando, assim, a sua natureza de infração penal comum.

Dessa forma, deverá ser entendido como próprio com relação ao sujeito ativo e comum no que diz respeito ao sujeito passivo.

## 3.5 Elemento subjetivo

Trata-se de infração eminentemente dolosa, cujo tipo penal exige *um especial fim de agir*, vale dizer, a prática de ato *com o fim de transmitir a outrem moléstia grave de que está contaminado*.

Poderá ser praticado com dolo eventual? Entendemos que não, pois a existência do especial fim de agir demonstra que o tipo penal somente pode ser cometido com *dolo direto*.

---

[15] BITENCOURT, Cezar Roberto. *Tratado de direito penal*, v. 2, p. 226.

A conduta do agente, portanto, deve ser dirigida finalisticamente no sentido de transmitir a moléstia grave de que está contaminado. O agente, dessa forma, busca alcançar esse resultado – transmissão da moléstia grave – que, no entanto, não precisa ser produzido para efeito de configuração típica.

Não há possibilidade, ainda, de punição a título de culpa, podendo o agente ser responsabilizado, se houver o efetivo contágio da vítima, pelas lesões corporais de natureza culposa nela produzidas por meio da doença por ele transmitida, ou homicídio culposo se ela, em razão da doença pela qual fora contaminada, vier a morrer.

### 3.6 Consumação e tentativa

Consuma-se o delito com a prática dos atos destinados à transmissão da moléstia grave, independentemente do fato de ter sido a vítima contaminada ou não. Sendo um crime de natureza formal, o legislador se contenta com a prática da conduta núcleo do tipo, ou seja, a prática dos atos tendentes à transmissão da moléstia grave que, se efetivamente vier a ocorrer, será considerada mero exaurimento do crime, sendo de observância obrigatória no momento da aplicação da pena-base, quando da análise das circunstâncias judiciais, especificamente no que diz respeito às *consequências do crime*.

Admite-se a tentativa, uma vez que podemos fracionar o *iter criminis*, tratando-se, portanto, de um delito plurissubsistente.

### 3.7 Modalidades comissiva e omissiva

O núcleo *praticar*, constante do art. 131 do Código Penal, pressupõe um comportamento comissivo, vale dizer, um fazer algo dirigido à transmissão da moléstia grave.

Entretanto, pode o agente, que goze do *status* de garantidor, ser responsabilizado pelo tipo penal em estudo caso a sua omissão (imprópria) tenha sido levada a efeito no sentido de fazer com que o garantido viesse a contrair a moléstia grave de que está contaminado.

Assim, imagine-se a hipótese em que o agente, portador de tuberculose, percebendo que seu filho menor pegaria um objeto contaminado pela sua doença, nada faz para impedi-lo, almejando seu efetivo contágio. Seu dever, na qualidade de garantidor, era impedir que a vítima viesse a se contaminar. Entretanto, a vontade do agente, no exemplo fornecido, era a de, permitindo a utilização, pela vítima, do objeto contaminado, transmitir-lhe a moléstia grave de que era portador, razão pela qual sua omissão será considerada relevante, a ponto de fazer com que seja responsabilizado pelo delito em estudo.

### 3.8 Exame de corpo de delito

O raciocínio levado a efeito quando do estudo do art. 130 do Código Penal poderá ser transportado para o delito de perigo de contágio de moléstia grave, para onde remetemos o leitor, a fim de não sermos repetitivos, merecendo destaque as anotações correspondentes ao fato de ter havido ou não contaminação pela vítima para fins de aferição de necessidade de exame de corpo de delito.

### 3.9 Pena, ação penal, suspensão condicional do processo

A pena cominada no preceito secundário do art. 131 do Código Penal é de reclusão, de 1 (um) a 4 (quatro) anos, e multa.

Em virtude da pena mínima cominada, torna-se perfeitamente admissível a suspensão condicional do processo, presentes os requisitos exigidos pelo art. 89 da Lei nº 9.099/95.

A ação penal é de iniciativa pública incondicionada.

## 3.10 Destaques

### 3.10.1 Utilização de objeto contaminado que não diga respeito ao agente

O agente que, embora não sendo portador de qualquer doença, se vale de um instrumento contaminado por moléstia grave, a fim de transmiti-la à vítima, pratica o delito tipificado no art. 131 do Código Penal?

A resposta só pode ser negativa, uma vez que o tipo exige, como um dos elementos necessários à sua configuração, que o agente esteja contaminado por moléstia grave e que atue no sentido de transmiti-la a alguém.

Se o agente utilizar um instrumento contaminado por moléstia grave de terceiro, por exemplo, poderá ser responsabilizado a título de lesões corporais, consumadas ou tentadas, se o seu dolo era o de ofender a integridade corporal ou a saúde de outrem, podendo variar, inclusive, a natureza das lesões (leve, grave ou gravíssima), nos termos do art. 129 do Código Penal.

### 3.10.2 Crime impossível

Pode-se raciocinar também com a hipótese de crime impossível quando o agente supõe estar contaminado com moléstia grave, quando na verdade não é portador de qualquer doença, ou ainda quando o agente tenta transmitir à vítima moléstia pela qual ela também já estava contaminada, desde que com o ato praticado pelo agente não tenha qualquer possibilidade de agravar a sua situação anterior.

Portanto, podemos raciocinar com a hipótese de crime impossível tanto pela ineficácia absoluta do meio (agente que não é portador de qualquer doença), como pela absoluta impropriedade do objeto (vítima já contaminada com a doença grave que o agente pretende transmitir-lhe).

### 3.10.3 Vítima que morre em virtude da doença grave

Como o bem juridicamente protegido, *in casu*, é a integridade corporal ou a saúde da vítima, caso o agente atue no sentido de transmitir-lhe moléstia grave com o fim de causar-lhe a morte, deverá ser responsabilizado, caso esta sobrevenha, pelo delito de homicídio. Caso a vítima sobreviva, deverá o agente responder pela tentativa de homicídio, se a doença de natureza grave por ele transmitida tinha capacidade letal.

Se o dolo era de lesão, ou seja, o de ofender a integridade corporal ou a saúde da vítima, e se esta vem a morrer em decorrência de seu organismo não resistir à moléstia grave que lhe fora transmitida, o caso deverá ser resolvido como hipótese de lesão corporal seguida de morte, devendo, aqui, ser observada a regra contida no art. 19 do Código Penal.

### 3.10.4 Transmissão do vírus HIV

Pode ocorrer a hipótese, não incomum, de que o agente, revoltado com a sua doença, queira transmitir a outras pessoas o vírus HIV, de que é portador.

Assim, no caso de querer o agente transmitir o vírus HIV, entendemos que o seu dolo o do delito tipificado no art. 131 do Código Penal.

Nesse sentido, entendendo pela configuração do art. 131 do Código Penal, já decidiu o STF:

> "Moléstia Grave. Transmissão. HIV. Crime doloso contra a vida *versus* o de transmitir doença grave. Descabe, ante previsão expressa quanto ao tipo penal, partir-se para o enquadramento de ato relativo à transmissão de doença grave como a configurar crime doloso contra a vida" (*HC* 98.712/SP, Rel. Min. Marco Aurélio, 1ª T., julg. 05/10/2010).

## 3.11 Quadro-resumo

**Sujeitos**
» Ativo: pessoa contaminada por moléstia grave.
» Passivo: qualquer pessoa.

**Objeto material**
É pessoa contra a qual é dirigida a conduta que tem por finalidade contagiá-la com a moléstia grave.

**Bem(ns) juridicamente protegido(s)**
Integridade corporal ou a saúde da vítima.

**Prova pericial**
Vide art. 130 do CP.

**Elemento subjetivo**
» Dolo. O tipo penal exige um especial fim de agir.
» Não há possibilidade de punição a título de culpa.

**Meios de execução**
O delito do art. 131 do CP pode ser considerado como de forma livre, podendo o agente praticar atos de qualquer natureza, por meios diretos ou indiretos, que possuam eficácia para a transmissão da moléstia de que está contaminado.

**Consumação e tentativa**
» Consuma-se o delito com a prática dos atos destinados à transmissão da moléstia grave, independentemente de ter sido a vítima contaminada ou não.
» Admite-se a tentativa.

## 4. PERIGO PARA A VIDA OU SAÚDE DE OUTREM

**Perigo para a vida ou saúde de outrem**
**Art. 132.** Expor a vida ou a saúde de outrem a perigo direto e iminente:
Pena – detenção, de três meses a um ano, se o fato não constitui crime mais grave.
**Parágrafo único.** A pena é aumentada de um sexto a um terço se a exposição da vida ou da saúde de outrem a perigo decorre do transporte de pessoas para a prestação de serviços em estabelecimentos de qualquer natureza, em desacordo com as normas legais.

## 4.1 Introdução

Conforme explicações constantes do item 46 da Exposição de Motivos da Parte Especial do Código Penal:

> **46.** Trata-se de um crime de caráter eminentemente subsidiário. Não o informa o *animus necandi* ou o *animus laedendi*, mas apenas a consciência e vontade de expor a vítima a grave perigo. O perigo concreto, que constitui o seu elemento objetivo, é limitado a determinada pessoa, não se confundindo, portanto, o crime em questão com os de perigo comum ou contra a incolumidade pública. O exemplo frequente e típico dessa *species* criminal é o caso do empreiteiro que, para poupar-se ao dispêndio com medidas técnicas de prudência, na execução da obra, expõe o operário ao risco de grave acidente. Vem daí que Zürcher, ao defender, na espécie, quando da elaboração do Código Penal suíço um dispositivo incriminador, dizia que este seria um complemento da legislação trabalhista [...]. Este pensamento muito contribuiu para que se formulasse o art. 132; mas este não visa somente proteger a indenidade do operário, quando em trabalho, senão também a de qualquer outra pessoa. Assim, o crime de que ora se trata não pode deixar de ser reconhecido na ação, por exemplo, de quem dispara uma arma de fogo contra alguém, não sendo atingido o alvo, nem constituindo o fato tentativa de homicídio.

Cuida-se, portanto, de um *crime de perigo concreto*, no qual deve ser comprovado que o comportamento do agente trouxe, efetivamente, perigo para o bem jurídico por ele protegido.

O crime tipificado no art. 132 do Código Penal assume, verdadeiramente, as características próprias das infrações penais de perigo. *Ab initio*, jamais poderá haver dolo de dano, pois, caso contrário, ocorreria a desclassificação da infração penal. Conforme ressaltado no item 46 da citada Exposição de Motivos, no exemplo em que o agente atira contra a vítima, jamais poderá atuar com dolo de matar (*animus necandi*) ou mesmo com dolo de ferir (*animus laedendi*), uma vez que, nesses casos, se errar o alvo, ocorrerá aquilo que se denomina *tentativa branca*, devendo responder por tentativa de homicídio ou tentativa de lesão corporal.

Não poderá, dessa forma, pretender a produção de qualquer resultado lesivo, mas tão somente criar a situação de perigo. Veja-se o exemplo clássico do atirador de facas. Quando ele faz o arremesso das facas em direção a um painel onde se encontra a vítima, ao atirar, sabe que o seu comportamento traz perigo para a vida ou para a saúde da vítima. Contudo, não atua querendo acertá-la, pois, nesse caso, agiria com dolo de dano.

Também merece ser frisada a natureza subsidiária dos crimes de perigo. Na hipótese do art. 132 do Código Penal foi consignado no tipo penal aquilo que a doutrina denomina *subsidiariedade expressa*, haja vista que a própria lei se preocupou em alertar para o fato de que a infração penal de perigo somente será punida se não houver a produção de um resultado mais grave, ou seja, o dano.

Já tivemos oportunidade de esclarecer, quando do estudo da Parte Geral do Código Penal,[16] o significado do princípio da subsidiariedade, destinado a resolver o chamado conflito ou concurso aparente de normas.

Pelo *princípio da subsidiariedade*, a norma dita subsidiária é considerada, na expressão de Hungria, um "soldado de reserva", isto é, na ausência ou impossibilidade de aplicação da norma principal mais grave, aplica-se a norma subsidiária menos grave. É a aplicação do brocardo *lex primaria derrogat legi subsidiariae*.

A subsidiariedade pode ser *expressa ou tácita*.

Diz-se expressa a subsidiariedade quando a própria lei faz a sua ressalva, deixando transparecer seu caráter subsidiário. Assim, nos termos do preceito secundário do art. 132 do Código Penal, somente se aplica a pena prevista para o delito de perigo para a vida ou saúde de

---

16 GRECO, Rogério. *Curso de direito penal – Parte geral.*

outrem se o fato não constituir crime mais grave. Crime de perigo é aquele em que há probabilidade de dano. Se houver o dano, que não foi possível ser evitado com a punição do crime de perigo, não se fala em cometimento deste último. São também exemplos de subsidiariedade expressa os delitos tipificados nos arts. 238, 239, 249 e 307, todos do Código Penal.

Fala-se em subsidiariedade tácita ou implícita quando o artigo, embora não se referindo expressamente ao seu caráter subsidiário, somente terá aplicação nas hipóteses de não ocorrência de um delito mais grave, que, neste caso, afastará a aplicação da norma subsidiária. Como exemplo, podemos citar o art. 311 do Código de Trânsito Brasileiro, que proíbe a conduta de trafegar em velocidade incompatível com a segurança nas proximidades de escolas, hospitais, estações de embarque e desembarque de passageiros, logradouros estreitos, ou onde haja grande movimentação ou concentração de pessoas, gerando perigo de dano. Se o agente, deixando de observar o seu exigido dever de cuidado, imprimindo velocidade excessiva a seu veículo, próximo a um dos lugares acima referidos, vier a atropelar alguém causando-lhe a morte, não será responsabilizado pelo citado art. 311, mas, sim, pelo art. 302 do mesmo Código, que prevê o delito de homicídio culposo na direção de veículo automotor. O crime de dano afastará, como regra, o crime de perigo.

Na lição de Hungria:

"A diferença que existe entre especialidade e subsidiariedade é que, nesta, ao contrário do que ocorre naquela, os fatos previstos em uma e outra norma não estão em relação de espécie a gênero, e se a pena do *tipo principal* (sempre mais grave que a do *tipo subsidiário*) é excluída por qualquer causa, a pena do *tipo subsidiário* pode apresentar-se como 'soldado de reserva' e aplicar-se pelo *residuum*."[17]

Na verdade, não possui utilidade o princípio da subsidiariedade, haja vista que problemas dessa ordem podem perfeitamente ser resolvidos pelo princípio da especialidade. Se uma norma for especial em relação a outra, como vimos, ela terá aplicação ao caso concreto. Se a norma dita subsidiária foi aplicada, é sinal de que nenhuma outra mais gravosa poderia ter aplicação. Isso não deixa de ser especialidade.

Conforme também destacado na Exposição de Motivos, para que se caracterize o delito previsto no art. 132 do diploma penal, será preciso que ele seja cometido contra pessoa ou, pelo menos, pessoas individualizáveis, pois não se cuida na espécie de crime de perigo comum, ou seja, aquele que atinge um número indeterminado de pessoas, sendo, portanto, um crime de perigo individual ou, pelo menos, individualizável.

Se o delito for cometido contra um número indeterminado de pessoas, a hipótese será cuidada no Capítulo I (Dos Crimes de Perigo Comum), do Título VIII (Dos Crimes contra a Incolumidade Pública) do Código Penal.

Determina o tipo do art. 132 do Código Penal, ainda, que o perigo seja direto e iminente. Guilherme de Souza Nucci esclarece ser este:

"O risco palpável de dano voltado a pessoa determinada. A conduta do sujeito exige, para configurar este delito, a inserção de uma vítima certa numa situação de risco real – e não presumido –, experimentando uma circunstância muito próxima ao dano. Entendemos, respeitadas as doutas opiniões em contrário, que o legislador teria sido mais feliz ao usar o termo 'atual', em lugar de 'iminente'. Ora, o que se busca coibir, exigindo o *perigo concreto*, é a exposição da vida ou da saúde de alguém a um risco de dano determinado, palpável e iminente, ou seja, que está para acontecer. O dano é iminente, mas o perigo é atual, de modo que melhor teria sido dizer 'perigo direto e atual'. O perigo iminente é uma situação

---

[17] HUNGRIA, Nélson. *Comentários ao código penal*, v. I, t. I, p. 139.

quase impalpável e imperceptível (poderíamos dizer, penalmente irrelevante), pois falar em perigo já é cuidar de uma situação de risco, que é imaterial, fluida, sem estar claramente definida."[18]

## 4.2 Classificação doutrinária

Crime comum quanto ao sujeito ativo, bem como quanto ao sujeito passivo; de perigo concreto (pois há necessidade inafastável de ser demonstrado que o comportamento do agente criou, efetivamente, a situação de perigo para a vida ou saúde de outrem); doloso; comissivo ou omissivo impróprio; de forma livre; subsidiário (conforme determinado expressamente no art. 132 do Código Penal); instantâneo; transeunte (ou, em algumas situações em que seja possível a prova pericial, não transeunte); monossubjetivo; plurissubsistente.

## 4.3 Objeto material e bem juridicamente protegido

Objeto material do delito de perigo tipificado pelo art. 132 do Código Penal é a pessoa, ou as pessoas, contra a(as) qual(ais) recai a conduta praticada pelo sujeito ativo.

Bens juridicamente protegidos pelo tipo, como está a indicar não somente a rubrica ao tipo do art. 132 do diploma repressivo – *perigo para a vida ou saúde de outrem* –, mas também o próprio Capítulo III, são a vida e a integridade corporal ou saúde de outrem.

## 4.4 Sujeito ativo e sujeito passivo

O crime de perigo para a vida ou saúde de outrem pode ser praticado por qualquer pessoa, sendo, portanto, comum no que diz respeito ao sujeito ativo.

Da mesma forma, pode ser considerado comum também com relação ao sujeito passivo, uma vez que o tipo não delimita o cometimento da infração penal contra alguém que goze de qualidades especiais, valendo, contudo, mais uma vez, o alerta de que, embora não qualificando o sujeito passivo, o delito deve ser praticado contra pessoa determinada, ou mesmo um grupo determinado, individualizável, de pessoas.

## 4.5 Modalidades comissiva e omissiva

O núcleo *expor*, constante do art. 132 do Código Penal, pressupõe um comportamento *comissivo*, isto é, o agente *faz* alguma coisa que traz perigo direto e iminente à vida ou à saúde de outrem.

No entanto, pode a infração penal ser praticada omissivamente, desde que o agente se encontre na posição de garantidor. Assim, por exemplo, o guia turístico permite que alguém, que estava sob seus cuidados, leve a efeito, sem qualquer ajuda, a travessia de uma ponte de cordas, que estava prestes a se romper, querendo, com isso, trazer perigo para a vida daquela pessoa.

## 4.6 Consumação e tentativa

Consuma-se o delito com a prática do comportamento que, efetivamente, trouxe perigo para a vida ou para a saúde da vítima.

A tentativa é admissível, desde que, no caso concreto, se possa visualizar o fracionamento do *iter criminis*, chegando-se à conclusão, por exemplo, de que o agente já havia iniciado os atos de execução que, entretanto, foram interrompidos antes que os bens juridicamente

---

[18] NUCCI, Guilherme de Souza. *Código penal comentado*, p. 429.

protegidos pelo tipo (vida e saúde) tivessem sido expostos, efetivamente, a uma situação de perigo, pois, caso contrário, o delito já estaria consumado.

## 4.7 Elemento subjetivo

O delito de perigo para a vida ou saúde de outrem somente pode ser praticado dolosamente, seja o dolo direto ou eventual.

Assim, se o agente, culposamente, produz situação de perigo contra determinada vítima, se não houver, efetivamente, a produção de um resultado lesivo – morte ou lesões – originária de seu comportamento, o fato será considerado um indiferente penal.

Portanto, não tendo o tipo penal do art. 132 do diploma repressivo feito previsão expressa da modalidade culposa, conforme a regra insculpida no parágrafo único do art. 18 do Código Penal, somente se pune a conduta dolosa – direta ou eventual – destinada a produzir perigo para a vida ou saúde de outrem.

## 4.8 Causa especial de aumento de pena

Determina o parágrafo único do art. 132 do Código Penal que a *pena é aumentada de 1/6 (um sexto) a 1/3 (um terço) se a exposição da vida ou da saúde de outrem a perigo decorre do transporte de pessoas para a prestação de serviços em estabelecimentos de qualquer natureza, em desacordo com as normas legais.*

A mencionada majorante foi inserida no Código Penal por intermédio da Lei nº 9.777, de 29 de dezembro de 1998.

Entretanto, tal criação típica foi dirigida a coibir comportamentos muito comuns, principalmente nas zonas rurais, de transporte clandestino e perigoso de trabalhadores, a exemplo do que ocorre, inclusive, em propriedades privadas, com os chamados "boias-frias."

O aumento de 1/6 (um sexto) a 1/3 (um terço) deverá ser levado a efeito considerando-se a probabilidade de dano decorrente do transporte ilegal, ou seja, quanto mais perigoso for o transporte, quanto mais se aproximar da probabilidade de dano às pessoas transportadas, maior será o percentual de aumento.

## 4.9 Pena, ação penal, competência para julgamento e suspensão condicional do processo

A pena cominada ao crime previsto no art. 132 do Código Penal é de detenção, de 3 (três) meses a 1 (um) ano, sendo que o preceito secundário do mencionado artigo ressalta sua natureza subsidiária, determinando sua aplicação somente se o fato praticado pelo agente não constitui crime mais grave.

A ação penal é de iniciativa pública incondicionada.

Compete, pelo menos inicialmente, ao Juizado Especial Criminal o processo e julgamento do delito tipificado no art. 132 do Código Penal, tendo em vista que a pena máxima cominada em abstrato não ultrapassa o limite de 2 (dois) anos, determinado pelo art. 61 da Lei nº 9.099/95, com a nova redação que lhe foi dada pela Lei nº 11.313, de 28 de junho de 2006.

Será possível a confecção de proposta de suspensão condicional do processo, nos termos do art. 89 da Lei nº 9.099/95.

## 4.10 Destaques

*4.10.1 Quando o agente produz perigo a um número determinado de pessoas*

Pode ocorrer que, com o comportamento perigoso do agente, se produza uma situação de perigo, por exemplo, a um grupo determinado de pessoas. Cada uma delas, individualmente considerada, se encontrou numa situação de perigo em virtude da conduta levada a efeito pelo agente.

Nesses casos, ou seja, quando for evidenciada a colocação em perigo de grupos de pessoas ou de, pelo menos, mais de uma pessoa, a regra a ser considerada será a do concurso formal ou ideal de crimes, aplicando-se, portanto, o art. 70 do Código Penal.

### 4.10.2 Consentimento do ofendido

No que diz respeito ao consentimento do ofendido, como esclarecemos, se o bem jurídico que sofre perigo de lesão for a integridade corporal ou a saúde da vítima, entendemos que o seu consentimento terá o condão de afastar a ilicitude da conduta levada a efeito pelo agente. Contudo, como também afirmamos, se o comportamento perigoso trouxer em si a probabilidade de ocorrência de lesão corporal de natureza grave ou gravíssima, nesse caso entendemos que o consentimento não terá a força suficiente para afastar o delito de perigo.

Da mesma forma, se com a conduta perigosa do agente se concluir que houve perigo para a vida da vítima, consequentemente ao raciocínio anterior, também acreditamos que o consentimento não poderá eliminar a infração penal, não podendo ser considerado como causa supralegal de exclusão da ilicitude.

Isso porque a vida, a integridade corporal e a saúde da vítima, quando expostas a um perigo de dano de natureza grave, não são bens considerados disponíveis, ficando ausente, portanto, um dos requisitos necessários à validade do consentimento do ofendido.

### 4.10.3 Resultado morte ou lesões corporais

Se o comportamento do agente resultar em morte da vítima, devido ao princípio da subsidiariedade expressa, contido no preceito secundário do art. 132 do Código Penal, o agente deverá responder pelo delito de homicídio culposo.

Ocorrendo lesões corporais, em virtude também da determinação contida no mencionado preceito secundário, que diz que a pena cominada é a de detenção, de 3 (três) meses a 1 (um) ano, *se o fato não constitui crime mais grave*, como a pena da lesão corporal de natureza culposa, que seria a aplicável às lesões sofridas pela vítima, é menor do que a do crime de perigo em estudo, de acordo com a própria determinação contida no tipo, o crime de perigo deve ser imputado ao agente, mesmo tendo havido lesão, pois, caso contrário, havendo dano, ou seja, lesões corporais, estaríamos atribuindo uma pena menor do que se tivesse ocorrido tão somente o perigo.

Como é a pena que dita a gravidade da infração penal, ou seja, quanto maior a pena mais grave a infração penal, temos de concluir que, nesse caso, a colocação dolosa em perigo deve ser tratada mais severamente do que a produção culposa de um resultado lesivo. Nesse sentido, afirma Cezar Roberto Bitencourt:

> "Sobrevindo lesão corporal, o agente não responderá pela modalidade culposa, cuja sanção penal é inferior, desde que tenha sido demonstrada a existência do dolo de perigo. No entanto, se a exposição a perigo ocorrer na condução de veículo automotor, sobrevindo a lesão corporal, o agente responderá por lesão corporal culposa (sanção mais grave), ou se se tratar de lesão corporal majorada, nos termos do art. 129, § 7º, do CP."[19]

### 4.10.4 Possibilidade de desclassificação para o delito de lesão corporal seguida de morte

Inadmissível o raciocínio, quando vier a ocorrer a morte da vítima, correspondente à possibilidade de se atribuir ao agente o delito de lesão corporal seguida de morte.

---

[19] BITENCOURT, Cezar Roberto. *Tratado de direito penal,* v. 2, p. 247.

Isso pela simples razão de que, para a configuração do delito tipificado no § 3º do art. 129 do Código Penal, o agente deverá agir, inicialmente, com dolo de lesão, sendo-lhe previsível o ulterior resultado morte.

Como tivemos oportunidade de salientar, no crime tipificado no art. 132 do Código Penal, o agente não atua com dolo de dano, mas, sim, com dolo de perigo. Dessa forma, afastado o dolo inicial de dano, ou seja, afastado, aqui, o *animus laedendi* (dolo de lesão), torna-se impossível a classificação do fato como lesão corporal seguida de morte; caso a morte ocorra em consequência da conduta perigosa levada a efeito pelo agente, este deverá ser responsabilizado, como afirmamos, pelo delito de homicídio culposo.

### 4.10.5 Disparo de arma de fogo em via pública

Pode alguém ser responsabilizado pelo delito do art. 132 do Código Penal, efetuando um disparo com sua arma em direção à vítima?

Para que possamos responder a essa indagação, faz-se mister ressaltar que a Lei nº 10.826, de 22 de dezembro de 2003, criou o tipo penal de *disparo de arma de fogo*, dizendo, em seu art. 15, *verbis*:

> **Art. 15.** Disparar arma de fogo ou acionar munição em lugar habitado ou em suas adjacências, em via pública ou em direção a ela, desde que essa conduta não tenha como finalidade a prática de outro crime:
> Pena – reclusão, de 2 (dois) a 4 (quatro) anos, e multa.

De acordo com nossa proposta inicial, temos de procurar interpretar as infrações penais de perigo no sentido de apontar, efetivamente, a sua probabilidade de dano. Isso significa que, na medida do possível, temos de trabalhar com a proposta contida nos chamados *crimes de perigo concreto*.

Assim, segundo nosso entendimento, somente se configurará a infração penal prevista pelo art. 15 da Lei nº 10.826/2003 se, no caso concreto, for demonstrado que o disparo, por exemplo, sendo realizado em lugar habitado ou em suas adjacências, trouxe perigo para a vida ou saúde de terceiros. Caso contrário, entendemos que o fato será atípico. Imagine-se a hipótese daquele fazendeiro que, almejando testar sua arma recém-adquirida, espera a saída de todas as pessoas que se encontravam na sua fazenda para, sozinho, sem a presença de qualquer pessoa, efetuar um disparo com ela.

Não havendo, como se percebe, qualquer possibilidade de dano à vida ou à saúde das pessoas, temos de entender o fato como atípico.

Comparando os tipos penais em estudo, Guilherme de Souza Nucci, mesmo tecendo comentários sobre o art. 10, § 1º, III, da revogada Lei nº 9.437/98, cuja redação em muito se assemelhava ao atual art. 15 da Lei nº 10.826/2003, afirma:

> "Caso o disparo seja efetuado em lugar não habitado normalmente, mas que naquela ocasião possuía alguma pessoa, que correu perigo efetivo, o delito configurado é o do art. 132. Portanto, são raras as hipóteses de, existindo disparo de arma de fogo, incidir a regra do Código Penal em lugar da regra especial da Lei das Armas de Fogo."[20]

Assim, somente se configurará o delito do art. 132 do Código Penal mediante disparo de arma de fogo, quando: *a)* o disparo for efetuado em lugar não habitado; *b)* não for em via pública ou em direção a ela; *c)* quando o dolo não for de dano, vale dizer, quando o agente não teve a intenção de ferir ou causar a morte da vítima.

---

[20] NUCCI, Guilherme de Souza. *Código penal comentado*, p. 429-430.

## 4.11 Quadro-resumo

### Sujeitos
» Ativo: qualquer pessoa.
» Passivo: qualquer pessoa.

### Objeto material
É a *pessoa*, ou as *pessoas*, contra a(as) qual(ais) recai a conduta praticada pelo sujeito ativo.

### Bem(ns) juridicamente protegido(s)
A *vida* e a *integridade corporal* ou *saúde* de outrem.

### Elemento subjetivo
» Dolo direto ou eventual.
» Não há previsão para a modalidade culposa.

### Modalidades comissiva e omissiva
O núcleo "expor" pressupõe um comportamento comissivo. No entanto, pode a infração penal ser praticada omissivamente, quando o agente se encontrar na posição de garantidor.

### Consumação e tentativa
» Consuma-se o delito com a prática do comportamento que, efetivamente, trouxe perigo para a vida ou para a saúde da vítima.
» A tentativa é admissível, desde que se possa visualizar o fracionamento do *iter criminis*.

## 5. ABANDONO DE INCAPAZ

**Abandono de incapaz**
**Art. 133.** Abandonar pessoa que está sob seu cuidado, guarda, vigilância ou autoridade, e, por qualquer motivo, incapaz de defender-se dos riscos resultantes do abandono:
Pena – detenção, de seis meses a três anos.
§ 1º Se do abandono resulta lesão corporal de natureza grave:
Pena – reclusão, de um a cinco anos.
§ 2º Se resulta a morte:
Pena – reclusão, de quatro a doze anos.

**Aumento de pena**
§ 3º As penas cominadas neste artigo aumentam-se de um terço:
I – se o abandono ocorre em lugar ermo;
II – se o agente é ascendente ou descendente, cônjuge, irmão, tutor ou curador da vítima;
III – se a vítima é maior de 60 (sessenta) anos.

### 5.1 Introdução

O delito de abandono de incapaz encontra-se no rol das infrações penais de perigo, previstas no Capítulo III do Título I do Código Penal.

Considerando esse fato, a primeira conclusão a que devemos chegar, quando do estudo do mencionado delito, é de que o agente, com a conduta de abandonar, não poderá ter por finalidade causar a morte ou mesmo lesão corporal na vítima, pois seu dolo, necessariamente, deverá ser o *dolo de perigo*, e não o *dolo de dano*.

Assim, se o abandono, por exemplo, é dirigido finalisticamente a causar a morte da vítima, o agente, gozando do *status* de garantidor, deverá responder pelo homicídio, consumado ou tentado.

Em segundo lugar, temos de interpretar o art. 133 do Código Penal de modo que se possa visualizar o comportamento do agente como um produtor concreto da situação de perigo, ou seja, não se poderá presumir que o abandono, por si, já se configura na infração penal em estudo, mas, sim, que o ato de abandonar, nas condições em que foi levado a efeito, trouxe, efetivamente, perigo para a vida ou saúde da vítima. Assim, o abandono de incapaz deverá ser entendido como um *delito de perigo concreto*, a ser demonstrado caso a caso, sob pena de conduzir à atipicidade do fato.

O tipo do art. 133 do diploma repressivo aduz o comportamento de *abandonar pessoa que está sob seu cuidado, guarda, vigilância* ou *autoridade*, e, por *qualquer motivo, incapaz de defender-se dos riscos resultantes do abandono*.

Dessa forma, podemos destacar os seguintes elementos constantes da redação típica: *a*) o ato de abandonar; *b*) pessoa que está sob o cuidado, guarda, vigilância ou autoridade do agente; *c*) incapaz de defender-se dos riscos resultantes do abandono.

O núcleo *abandonar* pressupõe o comportamento de deixar à própria sorte, desamparar, deixar só, ou seja, o agente afasta-se da pessoa que estava sob sua guarda, proteção, vigilância ou autoridade, permitindo que ela venha a correr os riscos do abandono, face à sua incapacidade de defesa.

A lei penal especificou, ainda, aqueles que poderiam ser responsabilizados criminalmente pelo abandono, em razão de sua particular relação com a vítima do delito. Segundo Hungria, o texto legal:

> "Fala, minudentemente, em relação de *cuidado, guarda, vigilância* e *autoridade. Cuidado* significa a assistência a pessoas que, de regra, são capazes de valer a si mesmas, mas que, acidentalmente, venham a perder essa capacidade (ex.: o marido é obrigado a cuidar da esposa enferma, e *vice-versa*). *Guarda* é a assistência a pessoas que não prescindem dela, e compreende necessariamente a *vigilância*. Esta importa em zelo pela segurança pessoal, mas sem o rigor que caracteriza a *guarda*, a que pode ser alheia (ex.: o guia alpino *vigia* pela segurança de seus companheiros de ascensão, mas não os tem sob sua *guarda*). Finalmente, a assistência decorrente da relação de *autoridade* é a inerente ao vínculo de *poder* de uma pessoa sobre outra, quer a *potestas* seja de direito público, quer de direito privado. Se a violação do dever de assistência é praticada por *ascendente, descendente, cônjuge, irmão, tutor ou curador*, dá-se uma agravante especial (§ 3º, n. II, do art. 133)."[21]

A vítima, ainda, deve ser incapaz de defender-se dos riscos resultantes do abandono, incapacidade esta que pode ser *absoluta, relativa* (ou *acidental*), *durável* ou, ainda, *temporária*. Incapacidade *absoluta*, conforme esclarece Mirabete, é "inerente à condição da vítima (crianças de tenra idade, p. ex.) [...] *relativa* ou *acidental* (pelo modo, lugar ou tempo de abandono) [...] *durável* (menores e paralíticos) ou *temporária* (enfermidade aguda, ebriedade etc.)."[22] Além da incapacidade da vítima de se defender dos riscos resultantes do abandono, há necessidade de se comprovar a efetiva e concreta situação de perigo em que se viu envolvida.

---

[21] HUNGRIA, Nélson. *Comentários ao código penal*, v. V, p. 418-419.

[22] MIRABETE, Júlio Fabbrini. *Manual de direito penal*, v. 2, p. 131.

Vale, por mais uma vez, a ressalva de que estamos diante de um crime de perigo, de natureza concreta, e não de um crime de dano. Assim, não poderá o agente querer, com o seu abandono, causar a morte ou mesmo ofender a saúde da vítima, pois, caso contrário, responderá por esses resultados, conforme já afirmamos.

## 5.2 Classificação doutrinária

Crime próprio (pois o tipo penal aponta quem pode ser considerado como sujeito ativo, bem como aqueles que poderão figurar como sujeito passivo); de perigo concreto (não basta demonstrar o ato de abandono, mas sim que esse comportamento trouxe perigo para a vida ou saúde da vítima); doloso; de forma livre; comissivo ou omissivo impróprio; monossubjetivo; plurissubsistente; transeunte (como regra); instantâneo.

## 5.3 Objeto material e bem juridicamente protegido

O delito de abandono de incapaz tem por finalidade proteger a vida e a saúde daquela pessoa que se encontra sob os cuidados, guarda, vigilância ou autoridade de outrem. Nesse sentido, ainda acrescenta Noronha: "Objetividade jurídica, portanto, é o interesse relativo à segurança do indivíduo que, por si, não se pode defender ou proteger, preservando sua incolumidade física".[23]

Objeto material do delito é a pessoa que sofre com o abandono, isto é, aquela que se encontra sob os cuidados, guarda, vigilância ou autoridade do agente.

## 5.4 Sujeito ativo e sujeito passivo

O tipo do art. 133 do Código Penal aponta aqueles que, em virtude de uma particular relação com a vítima, podem ser autores do delito em questão. Assim, sujeito ativo do crime de abandono de incapaz somente pode ser aquele que, de acordo com uma obrigação legal ou contratual, está obrigado a cuidar da vítima, a guardá-la, vigiá-la ou tê-la sob sua autoridade.

Assim, imagine-se a hipótese em que a vítima se encontre sob os cuidados de determinada enfermeira que, irritada pela falta de pagamento dos seus serviços, durante a madrugada, a abandone, deixando-a à própria sorte, quando eram necessários os seus cuidados no sentido de trocar, por exemplo, o balão de oxigênio, bem como a ministração de medicamentos necessários à estabilização de sua saúde.

Como se percebe pelo exemplo fornecido, a lei penal, na verdade, apontou aquelas pessoas consideradas *garantidoras*, alertando-as, por intermédio do mencionado tipo penal, sobre a necessidade de serem diligentes no sentido de não poderem abandonar as funções que lhes competem, pois, assim agindo, trarão perigo para a vida ou a saúde daquelas pessoas que se encontram numa relação de dependência para com elas e que, por isso, são incapazes de se autodefenderem dos riscos desse abandono.

Sujeito passivo é aquela pessoa que se encontra sob os cuidados, guarda, vigilância ou autoridade do sujeito ativo.

## 5.5 Consumação e tentativa

Consuma-se o delito de abandono de incapaz no instante em que o abandono produz *efetiva situação de perigo concreto* para a vítima.

Isso significa que o perigo deve ser demonstrado caso a caso.

---

[23] NORONHA, Edgard Magalhães. *Direito penal*, v. 2, p. 87.

Por outro lado, a prática da conduta prevista no núcleo do tipo, ou seja, o ato de abandonar, quando não se configura na hipótese de consumação, poderá dar ensejo à responsabilização penal do agente a título de tentativa.

Aníbal Bruno, discorrendo sobre a possibilidade do raciocínio correspondente à tentativa de abandono de incapaz, diz:

> "A consumação realiza-se num só momento, embora a situação criada pelo abandono ou qualquer das suas consequências possa prolongar-se no tempo. Isso, porém, não impede que haja um curso no processo do crime, que pode parar em qualquer momento da execução e dar lugar à tentativa. Assim acontece, por exemplo, se o agente é surpreendido quando vai realizar a situação em que é provável que surja o dano, como é o caso da mulher que vai expor o filho ao desamparo, mas no seu caminho é apanhada e impedida de realizar o seu intento."[24]

Nosso raciocínio inicial, contudo, já pressupõe que tenha havido o efetivo ato de abandonar, sendo que esse comportamento, naquele momento, ainda não criava uma situação de perigo concreto para a vítima.

Assim, aproveitando o exemplo de Aníbal Bruno, imagine-se a hipótese em que a mãe já houvesse, efetivamente, abandonado seu filho, mas, poucos minutos depois, a criança é encontrada, sem que o tempo em que permaneceu sozinha, sem os cuidados da mãe, tenha sido suficiente para criar uma situação de perigo para a vida ou mesmo para a saúde dela.

Nesse caso, embora a mãe já tivesse esgotado o seu comportamento praticando a conduta de *abandonar*, a infração penal, ainda assim, permaneceria na fase da tentativa, em face da inexistência de perigo concreto.

## 5.6 Elemento subjetivo

O dolo é o elemento subjetivo exigido pelo tipo de abandono de incapaz. Assim, o agente deve dirigir finalisticamente sua conduta no sentido de abandonar aquele que se encontra sob seus cuidados, guarda, vigilância ou autoridade, fazendo com que se veja inserido numa situação que venha causar perigo concreto à sua vida ou saúde.

Não se exige, para fins de configuração do dolo referente à figura típica do art. 133 do Código Penal, que o abandono tenha caráter definitivo. Pode ser mesmo até temporário, mas desde que por tempo suficiente para fins de colocação em perigo da vida ou da saúde daquele que é incapaz de se defender dos riscos do abandono.

Não se admite a responsabilização criminal do agente a título de culpa. Dessa forma, aquele que, negligentemente, por exemplo, se esquece de que havia levado seu filho a determinado local, onde permanece por tempo suficiente para a configuração da situação de risco, somente responderá por algum delito se desse comportamento culposo advier algum resultado danoso para a vítima, vale dizer, morte ou lesões corporais.

## 5.7 Modalidades comissiva e omissiva

O núcleo abandonar, previsto pelo art. 133 do Código Penal, permite que o agente pratique o delito tanto comissiva quanto omissivamente.

É possível, por exemplo, que o agente transporte a vítima de um lugar para outro, com o intuito de abandoná-la, ou pode, ele mesmo, deixar a vítima no lugar em que esta já se encontrava, abandonando-a à própria sorte.

---

[24] BRUNO, Aníbal. *Crimes contra a pessoa*, p. 229.

Nesse sentido, esclarece Fragoso:

"A ação envolverá, todavia, em regra, um deslocamento no espaço, podendo o crime ser praticado por ação (levar a vítima a determinado lugar e dela afastar-se) ou por omissão (deixar a vítima no lugar onde se encontra)."[25]

## 5.8 Modalidades qualificadas

Os §§ 1º e 2º do art. 133 do Código Penal preveem as modalidades qualificadas do abandono de incapaz, *verbis*:

> § 1º Se do abandono resulta lesão corporal de natureza grave:
> Pena – reclusão, de um a cinco anos.
> § 2º Se resulta morte:
> Pena – reclusão, de quatro a doze anos.

Os parágrafos acima transcritos traduzem hipóteses de crimes eminentemente preterdolosos. Isso significa que o agente que criou a situação de perigo concreto para a vida ou saúde da vítima não pode, em qualquer situação, ter querido a produção do resultado morte ou lesão corporal.

Assim, o dolo diz respeito à efetiva colocação em perigo, ou seja, o agente não pretende, com seu comportamento, causar a morte ou mesmo lesão corporal na vítima. Entretanto, dada a situação de perigo a que foi exposta, era previsível que tais resultados pudessem acontecer.

Dessa forma, existe dolo no antecedente – quando o agente abandona a vítima, expondo-a a uma situação de perigo concreto – e culpa no consequente – quando do abandono à que foi submetida a vítima resulta lesão corporal de natureza grave ou morte.

Faz-se mister ressalvar que, para fins de aplicação dos mencionados parágrafos, que, como dissemos, preveem delitos de natureza preterdolosa, é fundamental que os resultados narrados tenham sido previstos ou, ao menos, sejam previsíveis para o agente, pois, caso contrário, por eles não poderá ser responsabilizado criminalmente, conforme a regra contida no art. 19 do Código Penal, que diz:

> **Art. 19.** Pelo resultado que agrava especialmente a pena, só responde o agente que o houver causado ao menos culposamente.

## 5.9 Causas de aumento de pena

Os incisos I, II e III do § 3º do art. 133 do Código Penal elencam as seguintes majorantes, que têm por finalidade aumentar em um terço as penas nele cominadas, a saber:

> I – se o abandono ocorre em lugar ermo;
> II – se o agente é ascendente ou descendente, cônjuge, irmão, tutor ou curador da vítima;
> III – se a vítima é maior de 60 (sessenta) anos.

Inicialmente, deve ser frisado que as causas de aumento de pena apontadas são aplicadas a todas as modalidades de abandono de incapaz, vale dizer, para os delitos tipificados no *caput* e §§ 1º e 2º do art. 133 do Código Penal.

---

[25] FRAGOSO, Heleno Cláudio. *Lições de direito penal* – Parte especial (arts. 121 a 160 CP), p. 159.

Isso porque as majorantes foram previstas no § 3º do art. 133 do Código Penal, razão pela qual se aplicam a tudo aquilo que as anteceder, isto é, às modalidades simples e qualificadas do abandono de incapaz.

A primeira das causas de aumento de pena diz respeito ao fato de o abandono ter sido levado a efeito em *lugar ermo*. Por lugar ermo tem-se entendido aquele por onde passam poucas pessoas, normalmente abandonado, deserto, tendo o abandono, realizado nessas condições, maior probabilidade de resultar em dano para a vida ou saúde da vítima. O lugar, no entanto, não pode ser considerado abandonado a ponto de que ninguém tenha acesso, ou pelo menos seja quase impossível que alguém vá até ele, pois, nesse caso, o dolo do agente não seria o de simplesmente abandonar a vítima em lugar ermo, mas, sim, o de causar-lhe a morte em virtude do local do abandono.

A segunda causa especial de aumento de pena diz respeito ao fato de o agente ser ascendente ou descendente, cônjuge, irmão, tutor ou curador da vítima. Essa especial relação entre eles faz com que o abandono seja mais reprovável, isto é, requeira maior juízo de censura. Há necessidade, para a aplicação da mencionada majorante, que seja demonstrada essa qualidade nos autos, por meio dos documentos que lhe são próprios, a exemplo da carteira de identidade, certidão de nascimento, sentença que impôs o *munus* de curador etc. No que diz respeito à relação entre ascendentes ou descendentes, não há limite de grau, sendo suficiente que a vítima se encontre sob os cuidados do agente e que seja, por qualquer motivo, incapaz de defender-se dos riscos resultantes do abandono.

A última causa especial de aumento de pena foi inserida no § 3º do art. 133 do Código Penal por meio da Lei nº 10.741, de 1º de outubro de 2003, que dispõe sobre o Estatuto da Pessoa Idosa. Vale ressaltar que, à primeira vista, não há qualquer incompatibilidade em serem conjugadas mais de uma causa de aumento de pena, como pode acontecer na hipótese em que a vítima seja ascendente do agente, além de contar com mais de 60 (sessenta) anos. De qualquer forma, o § 3º do art. 133 do Código Penal não permite qualquer margem ao julgador, determinando que o aumento será de um terço, não importando aqui a existência de mais de uma majorante, podendo, inclusive, estarem consignadas as três, como acontece na hipótese em que a vítima é ascendente do agente, possui mais de 60 (sessenta) anos e é abandonada em local ermo.

## 5.10 Pena, ação penal e suspensão condicional do processo

Em sua modalidade fundamental, o art. 133 do Código Penal prevê uma pena de detenção, de 6 (seis) meses a 3 (três) anos; se do abandono resultar lesão corporal de natureza grave, a pena será de reclusão, de 1 (um) a 5 (cinco) anos; e se resultar a morte, será de reclusão, de 4 (quatro) a 12 (doze) anos.

A ação penal, em todas as modalidades do delito de abandono de incapaz, vale dizer, simples ou qualificadas, é de iniciativa pública incondicionada.

Na sua modalidade fundamental, bem como na forma qualificada pela lesão corporal de natureza grave, será possível a proposta de suspensão condicional do processo, exceto, nessa última hipótese, se houver a aplicação da majorante prevista no § 3º do art. 133 do Código Penal.

## 5.11 Destaques

### 5.11.1 *Quando do abandono sobrevém lesão corporal de natureza leve*

Vimos que as lesões corporais de natureza grave e a morte da vítima qualificam o delito de abandono de incapaz. Afirmamos também que tais resultados somente poderiam ser atribuídos ao agente a título de culpa, tratando-se, portanto, de crimes eminentemente preterdolosos.

Quando o § 1º do art. 133 do Código Penal faz menção ao resultado *lesão corporal de natureza grave*, devemos entendê-lo de forma objetiva, ou seja, analisando as lesões corporais sofridas pela vítima, devemos concluir se elas se amoldam aos conceitos de lesão corporal grave ou gravíssima previstos nos §§ 1º e 2º do art. 129 do Código Penal. Entretanto, não podem ter sido queridos pelo agente, pois, caso contrário, como afirmamos, teria o agente que por eles responder a título de dolo.

Portanto, embora objetivamente as lesões corporais sejam graves, foram produzidas culposamente pelo agente, daí a natureza preterdolosa da qualificadora contida no § 1º do art. 133 do Código Penal.

Pode, entretanto, a vítima sofrer também lesões corporais de natureza leve. Nesse caso, tais lesões estariam abrangidas pelo delito de abandono de incapaz, ou teria o agente que responder por elas a título de culpa?

Entendemos que as lesões leves não fazem parte do delito em estudo, razão pela qual haveria concurso de crimes entre o abandono de incapaz e as lesões corporais advindas da situação do abandono.

Assim, deve-se fazer outra pergunta: havendo duas infrações penais, qual a regra do concurso de crimes a ser aplicada?

No caso do abandono de incapaz, conseguindo-se visualizar uma conduta única, produtora de dois resultados, pode-se aplicar a regra do concurso formal.

### 5.11.2 Aplicação da majorante em razão da união estável

O § 3º do art. 133 do Código Penal determina o aumento em um terço da pena se o agente é ascendente ou descendente, *cônjuge*, irmão, tutor ou curador da vítima.

O Código Penal não fez menção à *união estável* para fins de aplicação da majorante, sendo certo, também, que o Código Civil não denomina *cônjuges* aqueles que se encontram nessa situação, valendo-se do termo *companheiros*, conforme se verifica na redação dos arts. 1.723 e 1.724, *verbis*:

> **Art. 1.723.** É reconhecida como entidade familiar a união estável entre o homem e a mulher, configurada na convivência pública, contínua e duradoura e estabelecida com o objetivo de constituição de família.
>
> **Art. 1.724.** As relações pessoais entre os companheiros obedecerão aos deveres de lealdade, respeito e assistência, e de guarda, sustento e educação dos filhos.

Assim, pergunta-se: o companheiro que abandona sua companheira, que necessita de sua assistência, tendo em vista a sua particular condição que a torna incapaz de defender-se dos riscos resultantes do abandono, deverá responder pelo delito tipificado no art. 133 do Código Penal, com a aplicação da majorante prevista em seu § 3º?

Inicialmente, conforme se verifica na redação do art. 1.724 do Código Civil, conclui-se que há o *dever de assistência* entre os companheiros, razão pela qual seria possível a configuração do delito de abandono de incapaz. Entretanto, como há distinção entre os termos *cônjuge* e *companheiro* denotando situações diferentes, não podemos, via analogia *in malam partem*, entender que na redação do inciso II do § 3º do Código Penal também esteja prevista essa figura.

Dessa forma, para que seja preservado o princípio da legalidade, cuja vertente contida no brocardo *nullum crimen nulla poena sine lege stricta* proíbe o emprego da analogia *in malam partem*, temos de rechaçar a possibilidade de ser aplicada ao companheiro a mencionada causa especial de aumento de pena, devendo o legislador rever tal posicionamento a fim de incluí-lo, expressamente, no inciso agravador, sob pena de cuidar de forma diferente, de situações similares, em gritante ofensa ao princípio da isonomia.

Isso porque, se é essa relação familiar que faz com que o abandono pelo cônjuge seja mais censurável, qual a diferença de ser levado a efeito por aquele que, tendo uma relação reconhecida legalmente como *entidade familiar*, não goza do *status de cônjuge*?

Hoje, infelizmente, em decorrência do aludido princípio da legalidade, não podemos compreender o *companheiro* no termo *cônjuge*, utilizado pelo inciso II do § 3º do art. 133 do Código Penal.

Em 17 de junho de 2004, entretanto, surgiu a Lei nº 10.886, que acrescentou parágrafos ao art. 129 do Código Penal, criando o delito de violência doméstica, fazendo menção expressa ao fato de ser a lesão praticada contra companheiro. Isso foi um avanço em termos de previsão legal, o que impede, como afirmado, a quebra do princípio da isonomia.

*De lege ferenda*, seria de bom alvitre a revisão do Código Penal para inserir, expressamente, a palavra *companheiro* em todas as hipóteses em que haja previsão expressa de crime praticado pelo *cônjuge*, bem como nas situações em que este figure como vítima, eliminando, de uma vez por todas, o tratamento desigual entre ambos.

## 5.12 Quadro-resumo

### Sujeitos
- Ativo: somente pode ser aquele que, de acordo com uma obrigação legal ou contratual, está obrigado a cuidar da vítima, a guardá-la, vigiá-la ou tê-la sob sua autoridade.
- Passivo: é aquela pessoa que se encontra sob os cuidados, guarda, vigilância ou autoridade do sujeito ativo.

### Objeto material
É a *pessoa* que sofre com o abandono.

### Bem(ns) juridicamente protegido(s)
Esclarece Noronha que "é o interesse relativo à segurança do indivíduo que, por si, não se pode defender ou proteger, preservando sua incolumidade física" (NORONHA, 1980, p. 87).

### Elemento subjetivo
- É o dolo.
- Não se admite a responsabilização criminal do agente a título de culpa.

### Modalidades comissiva e omissiva
O núcleo abandonar permite que o agente pratique o delito tanto comissiva quanto omissivamente.

### Consumação e tentativa
- Consuma-se o delito no instante em que o abandono produz efetiva situação de perigo concreto para a vítima.
- Será possível a tentativa.

## 6. EXPOSIÇÃO OU ABANDONO DE RECÉM-NASCIDO

> **Exposição ou abandono de recém-nascido**
> **Art. 134.** Expor ou abandonar recém-nascido, para ocultar desonra própria:
> Pena – detenção, de seis meses a dois anos.
> § 1º Se do fato resulta lesão corporal de natureza grave:
> Pena – detenção de um a três anos.
> § 2º Se resulta a morte:
> Pena – detenção, de dois a seis anos.

### 6.1 Introdução

O art. 134 do Código Penal, ao definir o crime de exposição ou abandono de recém-nascido, cria, na verdade, uma modalidade especial de abandono de incapaz, uma vez que, não se pode negar, o recém-nascido goza do *status* de incapaz exigido pelo art. 133 do mesmo estatuto repressivo.

No entanto, preferiu a lei penal dar tratamento diferenciado a esse tipo de abandono, levando em consideração alguns dados que o tornam especial comparativamente ao abandono de incapaz.

Assim, o art. 134 do Código Penal pune aquele que expõe ou abandona recém-nascido para ocultar *desonra própria*.

Podemos destacar, por meio da redação típica, os seguintes elementos: *a)* a situação de exposição ou abandono; *b)* a condição de recém-nascido; *c)* o especial fim de agir com que atua a agente, que procura, com o seu comportamento, *ocultar desonra própria*.

Nélson Hungria, com a argúcia que lhe é peculiar, critica a redação típica no que diz respeito aos núcleos *expor* e *abandonar*, pois, segundo o renomado autor, não há diferença entre eles. Assim, esclarece:

> "No art. 134, o Código destaca, como *delictum exceptum*, a hipótese de ser o sujeito passivo um *recém-nascido* e proceder o agente para ocultar desonra própria. É de indagar-se, porém, qual a razão por que, no art. 133, só se fala em *abandonar*, enquanto, no art. 134, já se fala em *expor* ou *abandonar*. Será que a *exposição* difere do *abandono*? Se assim fosse, teria o Código incidido no absurdo de deixar impune a *exposição* de *recém-nascido* quando não praticada *honoris causa*, isto é, uma hipótese mais grave do que a prevista no art. 134. Tal, porém, não acontece.
>
> Os verbos 'expor' e 'abandonar' são empregados, sob ponto de vista jurídico-penal, com idêntico sentido. Atualmente, está desacreditada a ambígua distinção que se fazia entre *exposição* e *abandono*."[26]

Diferentemente do que ocorre com o incapaz, como mencionado pelo art. 133 do Código Penal, no art. 134 a lei exige a qualidade de recém-nascido, ou seja, aquele que acabou de nascer, vale dizer, o neonato, bem como aquele que possui poucas horas ou mesmo alguns dias de vida. Não se pode conceber como recém-nascido aquele que, com alguns meses de vida, é abandonado pela mãe, que tinha por finalidade ocultar desonra própria. Nesse caso, acreditamos, o delito será aquele previsto no art. 133 do Código Penal, isto é, abandono de incapaz, mesmo que a mãe atue com essa finalidade especial, uma vez que todos os elementos da figura típica devem estar presentes no momento da aferição da tipicidade do comportamento praticado pelo agente.

---

[26] HUNGRIA, Nélson. *Comentários ao código penal*, v. V, p. 416.

O último elemento exigido pelo tipo penal do art. 134 do Código Penal, traduzido pela expressão *para ocultar desonra própria*, revela o especial fim de agir com que atua a mãe. É o crime praticado *honoris causa*, ou seja, por uma questão de honra. A mãe deseja ocultar a gravidez para que sua honra não se veja maculada.

Várias são as hipóteses em que a mãe resolve esconder a gravidez e, consequentemente, o fruto da concepção, a exemplo da gravidez resultante de estupro, em que o marido da mulher que foi violentada é estéril (mesmo que nessa hipótese seja difícil esconder a gravidez do próprio marido, a não ser nos casos em que a pessoa é portadora, por exemplo, de obesidade mórbida, em que os quilos excedentes, provenientes da gestação, não farão diferença estética perceptível).

Hoje em dia, o estigma, por exemplo, sobre a mãe solteira tem se reduzido significativamente. No passado, a gravidez *extra matrimonium* era motivo, até mesmo, da segregação das mulheres em conventos e outros lugares do gênero.

Noronha ainda adverte que não podem invocar o delito *honoris causa*:

"A meretriz, a mulher seduzida que casou com o sedutor ou que o está processando (caso em que o fato já é do domínio público), a solteira, quando sua gravidez é notória ou patente, a mulher que sabidamente já tem prole ilegítima etc. A honra que aqui se tem em vista é a *sexual*. Pode invocá-la, v.g., a mulher má pagadora que tem um filho *extra matrimonium*. É, pois, a causa da honra a *razão da mitigação penal*, circunstância que, fora dos casos já apontados, há de ser apreciada no fato concreto."[27]

Cuida-se, no entanto, da mesma forma que o delito de abandono de incapaz, de infração penal em que se necessita demonstrar o perigo concreto trazido pela situação de exposição ou abandono.

## 6.2 Classificação doutrinária

Crime próprio no que diz respeito ao sujeito ativo e ao sujeito passivo; de perigo concreto; doloso; de forma livre; comissivo ou omissivo impróprio; instantâneo; monossubjetivo; plurissubsistente; transeunte (como regra, a não ser nas hipóteses qualificadas, em que se verifica a lesão corporal de natureza grave ou a morte do recém-nascido).

## 6.3 Objeto material e bem juridicamente protegido

Os bens juridicamente protegidos pelo art. 134 do Código Penal são a vida e a saúde do recém-nascido, haja vista que o mencionado delito se encontra previsto no capítulo correspondente à periclitação da vida e da saúde.

Busca-se, portanto, mediante proteção penal, resguardar a vida e a saúde do recém-nascido exposto ou abandonado.

Objeto material é o recém-nascido, sobre o qual recai o abandono.

## 6.4 Sujeito ativo e sujeito passivo

Somente a mãe pode ser considerada sujeito ativo do delito de abandono de recém-nascido, uma vez que, conforme adverte Hungria, "não gozará do *privilegium* nem mesmo o marido da mulher infiel que abandonar o neonato adulterino, pois a desonra, em tal caso, não é dele, mas da esposa."[28]

Sujeito passivo é o recém-nascido.

---

[27] NORONHA, Edgard Magalhães. *Direito penal*, v. 2, p. 91.

[28] HUNGRIA, Nélson. *Comentários ao código penal*, v. V, p. 426.

## 6.5 Consumação e tentativa

Consuma-se o delito no momento em que a exposição ou o abandono resultar em perigo concreto para a vida ou para a saúde do recém-nascido.

Cita-se como exemplo a hipótese da mãe que, querendo ocultar desonra própria, deixa seu filho embrulhado em um cobertor próximo a uma creche, oportunidade em que, instantes depois de sua saída do local, a criança é descoberta e acolhida pelas pessoas que trabalham naquela instituição. Nesse caso, podemos visualizar a possibilidade de ser a mãe responsabilizada pela tentativa do delito em estudo, uma vez que havia, segundo sua concepção, esgotado tudo aquilo que era necessário a fim de realizar o abandono, que não resultou em perigo concreto para a vida ou para a saúde do recém-nascido.

## 6.6 Elemento subjetivo

O dolo é o elemento subjetivo característico do delito de exposição ou abandono de recém-nascido, devendo-se, ainda, segundo a doutrina majoritária, apontar outro elemento subjetivo, caracterizado pelo chamado *especial fim de agir*, que, no caso da infração penal em exame seria a finalidade de ocultar desonra própria.

Conforme preleciona Luiz Regis Prado:

> "Faz parte do tipo de injusto uma finalidade transcendente, isto é, um especial fim de agir (*elemento subjetivo do injusto* ou *elemento subjetivo especial do tipo*). Trata-se, portanto, de um delito de tendência interna transcendente, no sentido de que o autor busca um resultado (ocultar a própria desonra) compreendido no tipo, mas que não precisa necessariamente alcançar (delito de resultado cortado). Assim, além do dolo, o tipo em estudo requer, para a sua realização, um especial fim de agir, pertencente ao campo psíquico-espiritual ou subjetivo do autor."[29]

Por ausência de previsão expressa no tipo, não se admite a modalidade culposa.

## 6.7 Modalidades comissiva e omissiva

O delito de exposição ou abandono de recém-nascido pode ser praticado comissiva ou omissivamente.

Assim, a mãe, ao parir o seu filho, pode deixá-lo no lugar onde ocorreu o parto oculto, bem como pode levá-lo a outro lugar, a fim de abandoná-lo para ocultar desonra própria.

## 6.8 Modalidades qualificadas

Os §§ 1º e 2º do art. 134 do Código Penal preveem as modalidades qualificadas do crime de exposição ou abandono de recém-nascido, *verbis*:

§ 1º Se do fato resulta lesão corporal de natureza grave:
Pena – detenção, de um a três anos.
§ 2º Se resulta a morte:
Pena – detenção, de dois a seis anos.

---

[29] PRADO, Luiz Regis. *Curso de direito penal brasileiro*, v. 2, p. 176-177.

Percebe-se, numa comparação com o delito de abandono de incapaz, que a lei penal tratou mais brandamente as formas qualificadas de exposição ou abandono de recém-nascido.

Esse fato se deve ao especial fim de agir com que atua a mãe, ou seja, sua especial motivação, que é a de ocultar desonra própria.

Tal como ocorre com os parágrafos do art. 133 do Código Penal, as modalidades qualificadas do delito de exposição ou abandono de recém-nascido somente podem ser imputadas ao agente a título de culpa, tratando-se, portanto, de crimes de natureza preterdolosa.

Caso a mãe, por exemplo, tenha querido abandonar o recém-nascido com a finalidade de causar-lhe a morte, tal fato será considerado meio de execução do crime de homicídio. O resultado morte, outrossim, somente poderá qualificar o delito de exposição ou abandono de recém-nascido se tiver ocorrido culposamente. Isso quer dizer que o dolo da agente diz respeito tão somente ao abandono do recém-nascido, com o fim de ocultar desonra própria, ou seja, dolo de perigo. Caso tenha agido com dolo de dano, responderá pelo resultado pretendido – lesão corporal de natureza grave ou morte (tentado ou consumado).

## 6.9 Pena, ação penal, competência para julgamento e suspensão condicional do processo

A pena prevista no *caput* do art. 134 do Código Penal é de detenção, de 6 (seis) meses a 2 (dois) anos; se do fato resultar lesão corporal de natureza grave, nos termos do § 1º do art. 134 do diploma repressivo, a pena será de detenção, de 1 (um) a 3 (três) anos; sendo que, se advier a morte do recém-nascido, conforme determina o § 2º do mesmo artigo, a pena será de detenção, de 2 (dois) a 6 (seis) anos.

Na modalidade fundamental, a competência para julgamento do delito em exame será do Juizado Especial Criminal, sendo possível a proposta de suspensão condicional do processo não somente nesse caso, mas também na forma qualificada prevista pelo § 1º do art. 134 do Código Penal.

Em todas as modalidades – simples ou qualificadas –, a ação penal será de *iniciativa pública incondicionada*.

## 6.10 Quadro-resumo

**Sujeitos**
» Ativo: mãe do recém-nascido.
» Passivo: o recém-nascido.

**Objeto material**
É o *recém-nascido*, sobre o qual recai o abandono.

**Bem(ns) juridicamente protegido(s)**
A *vida* e a *saúde* do recém-nascido.

**Elemento subjetivo**
» É o dolo, devendo-se, ainda, segundo a doutrina majoritária, apontar outro elemento subjetivo, caracterizado pelo chamado especial fim de agir, que seria a finalidade de ocultar desonra própria.
» Não se admite a modalidade culposa por ausência de previsão legal.

**Modalidades comissiva e omissiva**
O delito pode ser praticado comissiva ou omissivamente.

**Consumação e tentativa**
» Consuma-se o delito no momento em que a exposição ou o abandono resultar em perigo concreto para a vida ou para a saúde do recém-nascido.
» A tentativa é admissível.

## 7. OMISSÃO DE SOCORRO

 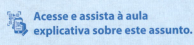

Acesse e assista à aula explicativa sobre este assunto.
> http://uqr.to/1wmcw

**Omissão de socorro**
**Art. 135.** Deixar de prestar assistência, quando possível fazê-lo sem risco pessoal, à criança abandonada ou extraviada, ou à pessoa inválida ou ferida, ao desamparo ou em grave e iminente perigo; ou não pedir, nesses casos, o socorro da autoridade pública:
Pena – detenção, de um a seis meses, ou multa.
**Parágrafo único.** A pena é aumentada de metade, se da omissão resulta lesão corporal de natureza grave, e triplicada, se resulta a morte.

### 7.1 Introdução

O fato de vivermos em sociedade implica uma série de direitos e deveres de uns para com os outros. É melhor que seja assim. Mesmo que pensemos egoisticamente somente em nossos direitos, o fato é que, em determinadas situações, seremos chamados a agir até mesmo contra nossa vontade. Existe um dever maior, necessário não somente ao convívio social, mas à manutenção da própria sociedade em si, que é o dever de *solidariedade*.

Como não podemos contar com a boa vontade de todos, faz-se necessário normatizar esse dever de solidariedade esclarecendo, em algumas situações, quando devemos agir sob pena de sermos responsabilizados criminalmente por nossa inação. O fato de virarmos as costas ao nosso semelhante, que vive um momento de perigo não criado por nós, será objeto de reprimenda penal.

Assim é o caso do delito de omissão de socorro.

A omissão de socorro encontra-se no rol dos crimes omissivos denominados próprios. Nessa oportunidade, faz-se mister ressaltar a diferença existente entre as omissões próprias e as omissões impróprias.

Os crimes omissivos próprios são aqueles cuja omissão vem narrada expressamente pelo tipo penal incriminador. O caso da omissão de socorro trata-se de *vala comum*, ou seja, um lugar onde se amoldarão os comportamentos, como regra, de todos aqueles que não gozarem do *status* de garantidores.

Ao contrário, os crimes omissivos impróprios não se encontram tipificados expressamente na lei penal. Na verdade, somente podemos visualizar o comportamento omissivo do agente no tipo penal em razão do fato de que a norma que transforma o agente em garantidor é considerada como *norma de extensão*, vale dizer, aquela que tem por finalidade ampliar a figura típica, a fim de que nela sejam abrangidos casos que ela não previu expressamente.

O legislador penal brasileiro entendeu por bem apontar expressamente aqueles que, em razão de determinadas situações, deveriam gozar desse *status* de garantidor, dizendo em seu art. 13, § 2º, alíneas *a, b,* e *c,* o seguinte:

> § 2º A omissão é penalmente relevante quando o omitente devia e podia agir para evitar o resultado. O dever de agir incumbe a quem:
> a) tenha por lei obrigação de cuidado, proteção ou vigilância;
> b) de outra forma, assumiu a responsabilidade de impedir o resultado;
> c) com seu comportamento anterior, criou o risco da ocorrência do resultado.

Já tivemos oportunidade de salientar, quando do estudo da Parte Geral do Código Penal,[30] que pela redação inicial do artigo podemos observar que a lei penal exige a conjugação de duas situações: o *dever de agir* (elencado nas alíneas *a, b* e *c*) com o *poder agir.*

O dever de agir, apontado nas alíneas do § 2º do art. 13 do código penal, é considerado, na definição de Sheila de Albuquerque Bierrenbach, um dever especial de proteção:

> "Dever específico, imposto apenas ao garante. Diverso daquele outro dever nascido, de forma imediata, da norma preceptiva, contida na parte especial do Código, que obriga a todos indistintamente. Deste modo, à luz do art. 135 do estatuto penal, que tipifica a 'omissão de socorro', cabe a todos cumprir o mandamento legal, agindo para evitar ou tentar evitar que o perigo que ronda o bem jurídico protegido pela norma efetive-se, transformando-se em dano. Trata-se, pois, de dever genérico de proteção."[31]

Merece ser frisado que a lei, quando elenca as situações nas quais surge o dever de agir, fazendo nascer daí a posição de garantidor, não exige que o garante evite, a qualquer custo, o resultado. O que a lei faz é despertar o agente para a sua obrigação, e se ele realiza tudo o que estava ao seu alcance, a fim de evitar o resultado lesivo que, mesmo com seu esforço, vem a se produzir, este não lhe poderá ser imputado. Assim, por exemplo, se um salva-vidas, percebendo que alguém está se afogando, prontamente lhe presta socorro, valendo-se de todos os recursos que tinha à sua disposição, mas, ainda assim, ocorre o resultado morte, não poderemos atribuí-lo ao agente garantidor, visto que, no caso concreto, ele tentou, nos seus limites, evitar sua produção. Concluindo, a lei exige que o garantidor atue a fim de tentar evitar o resultado. Se não conseguir, mesmo depois de ter realizado tudo o que estava ao seu alcance, não poderá ser responsabilizado.

Mas o dever de agir não é suficiente para que se possa imputar o resultado lesivo ao garante. É preciso ainda que, nas condições em que se encontra, possa atuar fisicamente, uma vez que o mencionado § 2º do art. 13 do Código Penal obriga a conjugação do dever de agir com o poder agir. Ainda na lição de Sheila de Albuquerque Bierrenbach:

> "O dever de agir, que deflui das posições de garantia elencadas nas alíneas do art. 13, § 2º, não prescinde da possibilidade real, física, de atuar do garante. Vale dizer, sua presença física, quando o perigo se instala ou está na iminência de instalar-se sobre o bem jurídico, bem como a possibilidade de salvá-lo, convenientemente."[32]

A impossibilidade física afasta a responsabilidade penal do garantidor por não ter atuado no caso concreto quando, em tese, tinha o dever de agir.

---

[30] GRECO, Rogério. *Curso de direito penal* – Parte geral.
[31] BIERRENBACH, Sheila de Albuquerque. *Crimes omissivos impróprios*, p. 91.
[32] BIERRENBACH, Sheila de Albuquerque. *Crimes omissivos impróprios*, p. 92-93.

Conforme assevera Juarez Tavares:

"Integra também o tipo dos delitos omissivos a real possibilidade de atuar, que é, por sua vez, condição da posição de garantidor. Não se pode obrigar ninguém a agir sem que tenha a possibilidade pessoal de fazê-lo. A norma não pode simplesmente obrigar a todos, incondicionalmente, traçando, por exemplo, a seguinte sentença: 'Jogue-se na água para salvar quem está se afogando'. Bem, se a pessoa não sabe nadar, como irá se atirar na água para salvar quem está se afogando? Essa exigência incondicional é totalmente absurda e deve ser considerada como inexistente ou incompatível com os fundamentos da ordem jurídica."[33]

Isso significa que somente podem praticar o delito de omissão de socorro aqueles que não gozem desse especial *status* de garantidor, pois este último terá que responder pelo resultado, quando devia e podia agir a fim de evitá-lo, e não o fez.

Podemos concluir a diferença entre as omissões próprias e impróprias seguindo as lições de Calderón Cerezo e Choclán Montalvo:

"Os delitos próprios de omissão se esgotam na não realização da ação requerida pela lei; ao contrário, nos delitos 'impróprios' ao garante se impõe o dever de evitar o resultado, pertencendo ao tipo a produção do mesmo."[34]

À medida que as discussões, que são muitas, forem acontecendo, teremos oportunidade de identificar quando estaremos diante de uma omissão própria ou de uma de natureza imprópria.

Com o objetivo de que todos os raciocínios que serão levados a efeito mais adiante sejam bem compreendidos, é preciso alertar, ainda, para o fato de que nas chamadas omissões impróprias a norma constante do tipo penal incriminador é de natureza *proibitiva*, a exemplo do que ocorre com o art. 121 do Código Penal, que proíbe a conduta de matar alguém.

Assim, para que não reste dúvida quando uma omissão poderá ser considerada própria ou imprópria, teremos de aferir o comportamento previsto no tipo penal. Se a conduta for comissiva, a exemplo do mencionado art. 121 do diploma repressivo, que prevê o comportamento de *matar* alguém, e isso pressupõe um fazer, uma conduta positiva, a infração penal poderá ser praticada via omissão, desde que o agente seja apontado como garantidor. Nesse caso, a norma de extensão prevista no § 2º do art. 13 do Código Penal, ampliará a conduta constante no tipo do mencionado art. 121, a fim de que nele seja previsto não só a comissão de matar, mas também entendendo que da omissão do agente, quando devia e podia agir, poderá ocasionar esse mesmo resultado.

Ao contrário, as normas existentes nas omissões próprias são sempre de natureza *mandamental*. Ou seja, o tipo penal prevê um comportamento omissivo, impondo ao agente um fazer algo a fim de evitar o resultado por ele previsto (dano ou perigo).

Sintetizando, as *normas proibitivas*, como o próprio nome indica, *proíbem* um determinado comportamento (no art. 121 do Código Penal, por exemplo, se proíbe a conduta de matar alguém), enquanto as *normas mandamentais* impõem a prática de certo comportamento (v.g., no art. 135 do Código Penal, quando a lei penal usa a expressão *deixar de prestar assistência* [...], o que o tipo penal está exigindo, na verdade, é que o agente faça alguma coisa, sob pena de ser responsabilizado pelo resultado por ele previsto).

---

[33] TAVARES, Juarez. *As controvérsias em torno dos crimes omissivos*, p. 75.

[34] CEREZO, Ángel Calderón; MONTALVO, José Antonio Choclán. *Derecho penal* – Parte especial, t. II, p. 134.

No caso específico do art. 135 em estudo, quando a lei penal fala em *deixar de prestar assistência, quando possível fazê-lo, sem risco pessoal* [...], o que ela está querendo, na verdade, é que o agente *faça alguma coisa* quando, não havendo risco para a sua pessoa, se deparar com aquelas situações previstas pelo tipo incriminador. A norma, neste caso, está *mandando* o agente fazer alguma coisa, ou seja, assumir uma postura positiva no sentido de evitar a probabilidade de dano existente para aquelas pessoas constantes da narração típica.

O núcleo *deixar* está colocado no texto no sentido de *não fazer algo*, ou seja, não prestar assistência, não assistir, não ajudar, quando possível fazê-lo, *sem risco pessoal*, à criança abandonada ou extraviada, ou à pessoa inválida ou ferida, ao desamparo ou em grave e iminente perigo; ou não pedir, nesses casos, o socorro da autoridade pública.

Por *criança abandonada ou extraviada* devemos entender aquela que, de acordo com o art. 2º do Estatuto da Criança e do Adolescente (Lei nº 8.069/90) não tenha, ainda, completado 12 anos de idade e que tenha, por algum motivo, sido abandonada à própria sorte por aqueles que eram seus responsáveis ou, no caso da criança extraviada, que tenha com eles perdido o contato ou a vigilância, não sabendo retornar ao seu encontro.

*Pessoa inválida*, segundo a concepção de Hungria, "é toda aquela que, entregue a si mesma, não pode prover a própria segurança, seja isto por suas próprias condições normais ou por acidente (velhos, enfermos, aleijados, paralíticos, cegos etc.)."[35]

*Pessoa ferida* é aquela que teve ofendida sua integridade corporal ou saúde, seja por ação de terceiros, caso fortuito ou até mesmo por vontade própria, como no caso daquele que tentou contra a própria vida e conseguiu sobreviver, sendo incapaz de, por si mesmo, buscar auxílio a fim de evitar a produção de um dano maior à sua pessoa.

Em ambas as hipóteses, ou seja, pessoa inválida ou ferida, a vítima deve encontrar-se ao desamparo, isto é, abandonada, sem os cuidados exigidos à manutenção da sua integridade corporal ou saúde, bem como da sua vida.

Hungria asseverava ser "grave e iminente o perigo que ameaça atualmente a vida da pessoa ou, de modo notável, a sua incolumidade física ou fisiológica."[36]

A segunda parte do *caput* do art. 135 do Código Penal traduz um comportamento alternativo, assim redigido: *ou não pedir, nesses casos, o socorro da autoridade pública*.

Isso significa que o agente tem uma escolha, vale dizer, ou presta, ele próprio, o socorro, quando possível fazê-lo sem risco pessoal, ou, mesmo não havendo o mencionado risco, pode optar por pedir o socorro da autoridade pública?

A resposta só pode ser negativa, segundo entendemos. O socorro deve ser prestado imediatamente por aquele que, nas condições em que se encontra, tenha plenas condições de fazê-lo. Quanto mais rápido o socorro, dependendo da hipótese, melhores serão as possibilidades de serem minimizados os riscos para a saúde ou para a vida da vítima.

Entretanto, não sendo possível para o agente prestar, ele próprio, o socorro, aí, sim, deverá pedir o auxílio das autoridades competentes. Nesse sentido, são as lições de Luiz Regis Prado, quando aduz:

> "Ao encontrar o sujeito passivo, fica o agente adstrito a uma assistência *direta* (deve prestar assistência pessoalmente) ou *indireta* (deve solicitar o socorro da autoridade pública). Não cabe, porém, ao sujeito ativo optar, ao seu talante, por uma ou outra alternativa. Em determinadas hipóteses, a situação de perigo em que se acha a vítima impede a demora na prestação do socorro, de forma que a simples comunicação daquela à autoridade pública resulta inoperante.

---

[35] HUNGRIA, Nélson. *Comentários ao código penal*, v. V, p. 431.

[36] HUNGRIA, Nélson. *Comentários ao código penal*, v. V, p. 431.

Diante de casos de urgência, a intervenção posterior da autoridade será fatalmente inútil, o que compele o agente a prestar assistência diretamente, desde que possa fazê-lo sem risco pessoal. O socorro, aqui, deve ser imediato, equivalendo a demora do agente ao descumprimento do comando de agir.

Logo, o recurso à autoridade pública (assistência mediata) é antes supletivo ou subsidiário, ou seja, é cabível apenas quando se revelar capaz de arrostar tempestivamente o perigo ou quando a assistência direta oferecer riscos à incolumidade do agente."[37]

Imagine-se a hipótese daquele que, numa lagoa, percebendo que a vítima estava se afogando porque não sabia nadar, deixe de prestar o socorro, pois, nesse caso, corria risco pessoal. Contudo, deverá socorrer-se da autoridade pública competente.

Como a própria lei penal esclarece, somente responderá pelo delito de omissão de socorro o agente que podia prestar a assistência sem *risco pessoal*. Havendo risco para o agente, o fato será atípico no que diz respeito à sua assistência direta, mas não o exime de responsabilidade se também, podendo, não procura o socorro da autoridade pública.

Não havendo possibilidade de assunção de qualquer dos comportamentos, vale dizer, prestar diretamente a assistência, ou buscar o socorro da autoridade pública competente, o fato será atípico.

Questão que deve ser esclarecida diz respeito a quem se amolda ao conceito de autoridade pública. Juízes, Promotores de Justiça, por exemplo, gozam do *status* de autoridade pública. Mas será essa a autoridade a que se refere a lei penal? Obviamente que não, mas, sim, aquelas que, por definição legal, tenham o dever de afastar o perigo, como acontece com os bombeiros e policiais.

Nesse sentido, Guilherme de Souza Nucci preleciona que autoridade pública:

"Não é qualquer 'autoridade pública', ou seja, funcionário do Estado que tem a obrigação de atender aos pedidos de socorro. Por outro lado é dever de quem aciona a autoridade buscar quem realmente pode prestar assistência. Muito fácil seria, para alguém se desvincular do dever de buscar ajuda concreta, ligar, por exemplo, para a casa de um Promotor de Justiça – que não tem essa função pública – dizendo que há um ferido no meio da rua, aguardando socorro. É curial que o indivíduo acione os órgãos competentes, como a polícia ou os bombeiros."[38]

Pode ser, contudo, que esse dever recaia sobre juízes e promotores quando estivermos diante de situações, por exemplo, envolvendo *crianças* abandonadas ou extraviadas. Tudo, na verdade, vai depender da situação.

Como bem ressalvado por Guilherme de Souza Nucci, não tem sentido socorrer-se a um Promotor de Justiça, por exemplo, para que ele faça um resgate de uma pessoa que está se afogando. Não é função do Ministério Público, e do Promotor de Justiça especificamente, esse tipo de atividade. A autoridade competente, aqui, seria, v.g. alguém pertencente ao Corpo de Bombeiros, salva-vidas etc.

Entretanto, pode ser encarada como autoridade competente a prestar auxílio o Promotor de Justiça que atua em uma Promotoria Especializada na Proteção de Crianças e Adolescentes, na hipótese acima mencionada, envolvendo crianças abandonadas.

Concluindo, devemos apontar, no caso concreto, a autoridade que seria a competente a fim de prestar, subsidiariamente, o socorro exigido.

---

[37] PRADO, Luiz Regis. *Curso de direito penal brasileiro*, v. 2, p. 188.

[38] NUCCI, Guilherme de Souza. *Código penal comentado*, p. 436.

## 7.2 Classificação doutrinária

Crime comum quanto ao sujeito ativo e próprio com relação ao sujeito passivo, nas hipóteses em que a lei exige dele uma qualidade especial; de perigo concreto (devendo ser demonstrado que a omissão do agente trouxe, efetivamente, uma situação de perigo para a vítima); doloso; de forma livre; omissivo próprio; instantâneo; monossubjetivo; podendo ser considerado, dependendo da situação, unissubsistente ou plurissubsistente; transeunte (como regra).

## 7.3 Objeto material e bem juridicamente protegido

O crime de omissão de socorro, como nos induz o Capítulo III do Título I da Parte Especial do Código Penal, tem como bens juridicamente protegidos a *vida* e a *saúde*. Dessa forma, somente se constituirá em omissão de socorro quando o agente deixar de prestar assistência, quando possível fazê-lo, sem risco pessoal, à criança abandonada ou extraviada, ou à pessoa inválida ou ferida, ao desamparo ou em grave e iminente perigo para a sua vida ou para a sua saúde.

Assim, não haverá omissão de socorro quando alguém, por exemplo, percebendo que uma senhora, dentro de um ônibus coletivo, está sendo vítima de um delito de furto nada faz para evitá-lo.

Sua inércia em evitar a subtração dos bens pertencentes à vítima não importará na sua responsabilização penal pelo delito de omissão de socorro, uma vez que o bem em questão não é a vida ou a saúde, mas, sim, o seu patrimônio.

Objeto material do delito de omissão de socorro é a criança abandonada ou extraviada, ou a pessoa inválida ou ferida, ao desamparo, que se encontra na situação de grave e iminente perigo.

## 7.4 Sujeito ativo e sujeito passivo

O delito de omissão de socorro é comum com relação ao sujeito ativo, podendo, portanto, ser praticado por qualquer pessoa que não goze do *status* de garantidora, uma vez que, nesse caso, o agente teria de responder pelo resultado que devia e podia ter evitado.

O art. 135 do Código Penal aponta como um de seus sujeitos passivos a criança abandonada ou extraviada. Nesse caso, o delito deve ser entendido como próprio, uma vez que o tipo delimita o sujeito passivo àqueles que se amoldem a essa definição de criança. Caso não seja uma criança que esteja, por exemplo, extraviada, perdida, o fato será atípico, pois o sujeito, em tese, não se amoldará na exigência contida no tipo penal.

Conforme afirmamos, entendemos como criança aquela que, nos termos do art. 2º do ECA, não completou, ainda, 12 anos de idade. Em sentido contrário, Cezar Roberto Bitencourt afirma:

"Por longo período discutiu-se sobre qual o limite de idade que, para efeitos penais, deve-se entender como criança, ante a omissão do Código Penal. O advento do Estatuto da Criança e do Adolescente – ECA – não resolveu essa desinteligência, ao considerar *criança* quem tiver menos de 12 anos (art. 2º). Sustentamos, porém, que a solução deverá continuar sendo casuística e que será criança, para efeitos penais, toda aquela que, concretamente, for incapaz de autodefesa."[39]

Apesar da afirmação do renomado professor gaúcho, entendemos, *permissa* vênia, como melhor a posição que adota o conceito de criança traduzido pelo Estatuto que lhe é próprio,

---

[39] BITENCOURT, Cezar Roberto. *Tratado de direito penal*, v. 2, p. 293.

por questões de segurança. Há situações em que, sem qualquer dúvida, o dado de natureza objetiva auxilia a aplicação da lei penal, como acontece, hoje, com o conceito de pessoa idosa, traduzido pela Lei nº 10.741/2003, que o definiu como aquela pessoa com idade igual ou superior a 60 anos.

Antes da edição do Estatuto da Pessoa Idosa, havia no Código Penal uma circunstância agravante, prevista na alínea *h* do inciso II do art. 61, que determinava um aumento na pena-base aplicada ao agente quando o crime tivesse sido cometido contra *velho*. Naquela época, o conceito de velho, além de pejorativo, não traduzia a segurança que o Direito Penal exigia. Não havia um tempo certo para se concluir se aquela pessoa já podia ser considerada *velha*, uma vez que se levava em conta, tão somente, suas condições pessoais, suas debilidades etc. Isso trazia, segundo entendemos, uma enorme insegurança jurídica. Hoje, como dissemos, o dado é de natureza objetiva, o que facilita enormemente a aplicação da lei penal.

Veja-se, por exemplo, a hipótese de aplicação do chamado erro de tipo. Com muito mais facilidade podemos concluir se o agente errou ou não sobre a idade da vítima, a fim de aplicar-lhe o art. 20 do Código Penal.

Imagine-se a hipótese em que o agente perceba que uma pessoa se encontra extraviada. Contudo, o agente supõe que, em decorrência de seu físico, a vítima tenha, segundo ele, aproximadamente 16 anos de idade. Tal raciocínio afastaria a sua responsabilidade penal pelo delito de omissão de socorro, pelo menos no que diz respeito à sua primeira parte, ou seja, quanto ao sujeito passivo ser uma *criança* abandonada ou extraviada.

Se para o agente, de acordo com a avaliação equivocada que cometeu, a vítima tinha mais de 12 anos de idade, não podia mais ser considerada *criança*, razão pela qual seu comportamento seria atípico.

Pode ser que o fato se adapte à segunda parte do art. 135, ou seja, que diga respeito à pessoa inválida ou ferida, mas não mais ao fato de ter deixado de socorrer uma *criança*, uma vez que ela não se amoldava, segundo a concepção do agente, a esse conceito.

Enfim, o que estamos querendo ressaltar é o fato de que, quando trabalhamos com dados de natureza objetiva, a aplicação e a interpretação da lei penal ficam, sobremaneira, facilitadas.

Também poderá ser sujeito passivo do delito de omissão de socorro qualquer pessoa que se encontre inválida ou ferida, não importando, aqui, a sua idade ou sexo.

Pode acontecer que uma criança ferida, que não esteja abandonada ou extraviada, necessite de socorro. Assim, qualquer pessoa poderá ser considerada sujeito passivo do delito em estudo, desde que se encontre numa situação de invalidez, ou mesmo ferida, fatos esses que a colocam em grave e iminente perigo.

### 7.5 Consumação e tentativa

Questão extremamente interessante e controvertida diz respeito ao momento em que se tem por consumado o delito de omissão de socorro.

Noronha afirma que o delito de omissão de socorro consuma-se "no momento e no lugar em que o sujeito ativo não cumpre o ato devido."[40] Hungria, numa definição em muito assemelhada à de Magalhães Noronha, diz que a omissão de socorro "consuma-se no momento e no lugar em que se verifica o inadimplemento do dever de assistência."[41] Aníbal Bruno, a seu turno, afirma: "Consuma-se o crime no momento em que o omitente toma conhecimento da necessidade de socorro e deixa de prestá-lo. A consumação é instantânea. Excepcionalmente, porém, poderá a situação de perigo prolongar-se e o omitente cônscio da sua duração, conti-

---

[40] NORONHA, Edgard Magalhães. *Direito penal*, v. 2, p. 96.
[41] HUNGRIA, Nélson. *Comentários ao código penal*, v. V, p. 430.

nuar a omitir-se, estendendo assim, o momento consumativo."[42] Segundo Luiz Regis Prado, "no crime de omissão de socorro, a consumação se verifica quando o sujeito ativo não presta o socorro, ainda que outro o tenha feito posteriormente e, de consequência, impedido a efetiva lesão da vida ou da saúde da vítima (delito instantâneo)."[43] Cezar Roberto Bitencourt prelecio-na: "Consuma-se a *omissão de socorro* no lugar e no momento em que a atividade devida tinha de ser realizada, isto é, onde e quando o *sujeito ativo* deveria agir e não o fez."[44]

Como se percebe pelos textos colacionados, não há muita diferença entre as conclusões a que chegaram renomados autores. Na verdade, devemos apontar o momento no qual a ina-ção, ou seja, a negação da prestação do socorro já pode ser entendida como o momento da consumação do delito em estudo.

Na introdução que fizemos ao iniciarmos o estudo dos crimes de perigo, dissemos que, em um enfoque de cunho garantista, não podíamos admitir os denominados *crimes de perigo abstrato*, nos quais o simples comportamento – positivo ou negativo – previsto no tipo penal já seria o suficiente à configuração do delito. Dissemos, naquela oportunidade, que nos crimes de perigo deveríamos visualizar o momento em que o comportamento do agente trouxe, efe-tivamente, perigo de dano para o bem juridicamente protegido.

A omissão de socorro, como crime de perigo que é, não poderá também fugir a esse raciocínio.

Assim, devemos apontar, para fins de reconhecimento da consumação do delito de omissão de socorro, quando a inação do agente trouxe efetivo perigo para a vida ou para a saúde da vítima. Caso isso não tenha ocorrido, ou seja, se a negação do agente em socorrer a vítima, por exemplo, não puder ser apontada como perigosa em sentido concreto, conclui-se que o delito não foi consumado.

Imagine-se a hipótese, obviamente que de laboratório, como é da característica do Direi-to Penal, em que o agente perceba que alguém esteja se afogando. Sendo um exímio nadador, não corre risco pessoal na prestação do salvamento, podendo, portanto, fazê-lo. Quando vai adentrar no mar, o agente percebe que a vítima é sua maior inimiga. Nesse instante, interrom-pe sua ação e diz a si mesmo: "Não vou socorrer. Se fosse outra pessoa, com certeza, tentaria o resgate. Mas essa aí, a pessoa que mais odeio na vida, não vou socorrer." Para fins de racio-cínio, suponha-se que, nesse mesmo instante em que o agente decida não prestar o socorro, para a felicidade da vítima, passe por ali um surfista que, percebendo que ela estava prestes a se afogar, efetue o resgate.

A pergunta que devemos nos fazer aqui é a seguinte: embora o agente tenha se recusado a prestar o socorro, podendo fazê-lo sem risco pessoal, pelo fato de ter sido a vítima resgatada basicamente no mesmo instante em que se deu a resolução de não prestar o socorro, deveria ele, ainda assim, ser responsabilizado pelo delito em exame? Resumindo a indagação: a omis-são do agente trouxe, efetivamente, perigo concreto para a vida ou a saúde da vítima?

Se respondermos negativamente, teremos de concluir, em sintonia com a natureza dos crimes de perigo concreto, que o comportamento do agente é atípico, não havendo que se falar em consumação, mesmo que tenha havido, em tese, omissão por parte do agente em prestar o socorro.

Dessa forma, não é a simples omissão em socorrer, ou seja, a negativa em prestar o so-corro, que consuma o delito em exame, mas, sim, a negação do socorro que importa, concre-tamente, em risco para a vida ou para a saúde da vítima.

---

[42]  BRUNO, Aníbal. *Crimes contra a pessoa*, p. 242.

[43]  PRADO, Luiz Regis. *Curso de direito penal brasileiro*, v. 2, p. 189.

[44]  BITENCOURT, Cezar Roberto. *Tratado de direito penal*, v. 2, p. 301.

Nesse sentido, adverte Fernando Galvão, com precisão, que:

"Tratando-se de crime omissivo próprio para o qual a conduta pode prolongar-se no tempo, deve-se entender que a consumação ocorre quando o omitente deixar passar a última oportunidade de realizar a ação de salvamento esperada antes que ocorra o aumento do perigo, a diminuição das chances de salvamento ou a ocorrência do dano."[45]

O segundo raciocínio diz respeito à possibilidade de tentativa no delito de omissão de socorro. A doutrina, majoritariamente, entende não ser possível o *conatus*, uma vez que, conforme assevera Juarez Tavares:

"Nos crimes omissivos próprios não se admite tentativa, porque, uma vez que a omissão esteja tipificada na lei como tal, se o sujeito se omite, o crime já se consuma; se o sujeito não se omite, realiza ele o que lhe foi mandado."[46]

No mesmo sentido, asseveram Paulo César Busato que "como se trata de crime omissivo próprio, sua estrutura é absolutamente incompatível com a tentativa"[47], e Yuri Carneiro Coêlho que "na medida em que se configura em crime omissivo próprio, não cabe a tentativa."[48]

No entanto, estamos com Fernando Galvão quando aduz que a tentativa será possível "quando a omissão puder prolongar-se no tempo sem que ocorra alteração na situação de perigo."

Em reforço a esse raciocínio, são precisas as lições de Zaffaroni e Pierangelli quando, sustentando a possibilidade de tentativa no delito de omissão de socorro, esclarecem sua posição dizendo que se o agente "encontra alguém que se acha dentro de um poço e não se lhe presta auxílio quando já se passara meia hora, estando o acidentado ileso e sendo o único perigo que possa morrer de sede se no poço ficar vários dias (o que pode suceder se é um lugar isolado), veremos que não se consuma, ainda, a omissão de socorro. O ato é de tentativa, pois já estarão presentes todos os requisitos típicos e o perigo para o bem jurídico (se o agente segue em frente, talvez outro não o veja senão depois de muitos dias). Acreditamos que o caso constitui uma *tentativa inacabada* de omissão de socorro."[49]

Assim, concluindo, embora majoritariamente a doutrina se posicione no sentido de não reconhecer a tentativa no delito de omissão de socorro, entendemos como perfeitamente possível a hipótese, conforme demonstrado acima.

## 7.6 Elemento subjetivo

O delito de omissão de socorro somente admite a modalidade dolosa, seja o dolo direto ou eventual, não se punindo, portanto, a omissão de socorro a título de culpa.

Imagine-se a hipótese em que o agente, surfista profissional, perceba que a vítima esteja se afogando. Não correndo qualquer risco pessoal, decide prestar o socorro. Contudo, antes de entrar no mar, resolve fazer uma rápida ligação para sua namorada, dizendo-lhe que se demoraria um pouco mais para encontrá-la, pois teria de voltar a entrar imediatamente no mar, a fim de prestar o socorro.

---

[45] GALVÃO, Fernando. *Direito penal* – crimes contra a pessoa, p. 212.

[46] TAVARES, Juarez. *As controvérsias em torno dos crimes omissivos*, p. 89.

[47] BUSATO, Paulo César. *Direito penal* – parte especial 1, p. 182.

[48] COÊLHO, Yuri Carneiro. *Curso de direito penal didático*, p. 530.

[49] ZAFFARONI, Eugenio Raúl; PIERANGELLI, José Henrique. *Da tentativa* – doutrina e jurisprudência, p. 123.

O tempo que o agente levou para concluir a ligação, ou seja, menos de 30 segundos, seria suficiente para que, quando alcançasse a vítima, esta se afogasse. Pergunta-se: Deverá o surfista ser responsabilizado pelo delito de omissão de socorro?

Não, uma vez que, em nenhum momento, houve qualquer recusa da sua parte em levar a efeito o socorro. Deveria, no caso concreto, ter ingressado no mar imediatamente, sem se preocupar em avisar sua namorada do seu inevitável atraso para o encontro marcado entre eles.

Podemos visualizar, talvez, uma negligência no socorro, que foi, enfim, prestado.

Se não houve recusa, característica do elemento subjetivo exigido pelo tipo, ou seja, o dolo, o fato não poderá ser atribuído ao agente a título de omissão de socorro, não se admitindo, pois, sua responsabilidade penal a título de culpa.

Não concordamos, ainda, *permissa* vênia, com o raciocínio de Cezar Roberto Bitencourt, quando diz:

> "É necessário que o dolo abranja somente a situação de perigo; o *dolo de dano* exclui o *dolo de perigo* e altera a natureza do crime. Assim, se o agente quiser a morte da vítima, responderá por homicídio. Elucidativo, nesse sentido, o exemplo de Damásio de Jesus, que reflexiona: 'Suponha-se que o agente, sem culpa, atropele a vítima. Verificando tratar-se de seu desafeto, foge do local, querendo a sua morte ou assumindo o risco de que ocorra em face da omissão de assistência. Responde pelo delito de homicídio.'"[50]

Inicialmente discordamos, porque o agente, mesmo querendo a morte da vítima que se encontrava numa situação de perigo grave e iminente, somente poderia responder pelo resultado morte a título de homicídio se gozasse o *status* de garantidor. Não se pode atribuir o delito de homicídio ao agente que nada fez no sentido de criar o risco da ocorrência desse resultado, ao contrário do garantidor que, em razão de seu dever originário das alíneas *a, b* e *c do* § 2º do art. 13 do Código Penal, responde pelo resultado que devia e podia evitar.

Assim, entendemos que não há qualquer diferença entre o agente não querer prestar o socorro, por exemplo, criando tão somente perigo para a vida ou para a saúde da vítima, daquele que não presta o socorro, não tendo criado a situação de perigo, almejando, com sua inação, um resultado de dano, como é o caso proposto pelo renomado autor gaúcho, em que o agente, com a sua omissão, pretendia a morte da vítima.

Da mesma forma, entendemos não ser pertinente o exemplo criado por Damásio, referido por Cezar Bitencourt, em que o agente atropela a vítima sem culpa e foge, sem prestar-lhe socorro, querendo sua morte, por tratar-se de seu desafeto.

Nesse caso, devemos aplicar o raciocínio do chamado dolo subsequente, que não tem qualquer repercussão na esfera penal.

Raciocinemos quadro a quadro, a fim de que os fatos sejam mais bem compreendidos.

Em um primeiro momento, o agente, sem culpa, atropela a vítima. Se fugisse do local do evento, deixando tão somente de prestar o socorro, o crime por ele cometido seria o previsto no art. 304 do Código de Trânsito Brasileiro, que diz:

> **Art. 304.** Deixar o condutor do veículo, na ocasião do sinistro, de prestar imediato socorro à vítima, ou, não podendo fazê-lo diretamente, por justa causa, deixar de solicitar auxílio da autoridade pública;

É entendimento pacificado na doutrina que tal omissão somente poderá ser atribuída ao motorista que atropelou o pedestre sem que tenha agido culposamente, pois, em caso de ter

---

[50] BITENCOURT, Cezar Roberto. *Tratado de direito penal*, v. 2, p. 299.

agido, por exemplo, de forma imprudente, causando lesões ou morte na vítima, sua omissão em prestar o socorro seria considerada como causa especial de aumento de pena, prevista nos parágrafos únicos dos arts. 302 e 303 do Código de Trânsito Brasileiro.

Voltando ao exemplo proposto por Damásio, se o agente, depois de atropelar sem culpa a vítima, perceber que se trata de um desafeto e, aproveitando-se da oportunidade, não lhe presta o socorro almejando a morte dela, também, nesse caso, deverá responder tão somente pelo delito de omissão de socorro, previsto no art. 304 acima transcrito.

Isso porque, para que o agente pudesse responder pelo resultado morte a título de homicídio doloso, deveria, como afirmamos, ser considerado como garante.

À primeira vista, poderíamos pensar que pelo fato de o agente ter atropelado a vítima, mesmo que sem culpa, passaria a gozar do *status* de garantidor. Contudo, quando a alínea *c* do § 2º do art. 13 usa a expressão *com seu comportamento anterior, criou o risco da ocorrência do resultado*, traduzindo uma situação em que a doutrina denomina *ingerência*, é preciso que o comportamento anterior tenha sido culposo, o que não ocorreu no exemplo fornecido.

Por amor à verdade, não podemos deixar de ressaltar que a questão é controvertida. Dissertando sobre o tema, Sheila Bierrenbach alerta:

> "Na verdade, a doutrina e a práxis não se entendem sequer acerca dos requisitos de que se deve revestir o atuar prévio para transformar o ingerente em garante. 'Imprudente', 'antijurídico', 'despido de culpa', 'objetivamente injusto', 'ainda que sem culpa', 'objetivamente contrário ao dever', 'culposo' ou mesmo não culposo e inconsciente são, apenas, alguns dos atributos que juristas de renome apontam no atuar precedente, que dá origem à posição de garante sob exame."[51]

Embora, conforme salientado por Sheila Bierrenbach, a doutrina não tenha ainda pacificado o entendimento no sentido de apontar a situação na qual o ingerente é transformado em garantidor, nossa posição, ancorada no princípio da culpabilidade, é no sentido de somente transformá-lo em garante quando for culposo o comportamento precedente, causador da situação de perigo, razão pela qual não podemos concordar com a solução proposta por Damásio, ratificada por Cezar Roberto Bitencourt.

### 7.7 Causas de aumento de pena

Determina o parágrafo único do art. 135:

> **Parágrafo único.** A pena é aumentada de metade, se da omissão resulta lesão corporal de natureza grave, e triplicada, se resulta a morte.

A doutrina, majoritariamente, aduz que as causas de aumento de pena previstas no transcrito parágrafo único somente poderão ser atribuídas ao agente a título de culpa, tratando-se, portanto, de um crime preterdoloso, ou seja, dolo com relação à omissão, e culpa no que diz respeito ao resultado: lesão corporal de natureza grave ou morte.

Nesse sentido, Ney Moura Teles preconiza:

> "No parágrafo único estão previstos dois crimes preterdolosos, o primeiro qualificado por lesões corporais de natureza grave, com pena aumentada de metade, e o outro pela morte da vítima, quando a pena será triplicada."[52]

---

[51] BIERRENBACH, Sheila de Albuquerque. *Crimes omissivos impróprios,* p. 81.

[52] TELES, Ney Moura. *Direito penal,* v. 2, p. 245.

CURSO DE DIREITO PENAL • VOL. 2 – ROGÉRIO GRECO

Também Guilherme de Souza Nucci afirma que:

"Somente se admite a presença de culpa no resultado mais gravoso; pois o dolo de perigo – existente na conduta original – é incompatível com o dolo de dano."[53]

Como dissemos, não vemos qualquer obstáculo no fato de querer o agente o resultado morte da vítima se a situação de perigo em que esta se encontra não foi provocada por ele, caso em que o transformaria em agente garantidor, fazendo com que seja responsabilizado pelo seu dolo.

No caso em exame, a conduta do agente diz respeito à omissão de um comportamento que, possivelmente, teria o condão de preservar a saúde ou a vida da vítima. Embora sendo cuidado como um crime de perigo, nada impede que o não fazer produza um resultado até mesmo querido pelo agente, que não foi o seu propulsionador inicial.

Ou seja, o agente atua finalisticamente no sentido de omitir um comportamento, criando uma situação de risco para a saúde ou para a vida da vítima, mesmo que fosse da sua vontade a produção de tais resultados.

## 7.8 Pena, ação penal, competência para julgamento e suspensão condicional do processo

O preceito secundário do art. 135 do Código Penal prevê uma pena de detenção, de 1 (um) a 6 (seis) meses, ou multa.

Para a hipótese do *caput* do art. 135 do Código Penal, em decorrência da quantidade máxima de pena prevista em abstrato, a competência para o julgamento do delito de omissão de socorro, pelo menos *ab initio*, será do Juizado Especial Criminal, sendo possível a aplicação de todos os institutos que lhe são inerentes.

Ocorrendo lesão corporal de natureza grave, aumentando-se a pena de metade, ou morte, caso em que a pena será triplicada, ainda assim persiste a competência do Juizado Especial Criminal, haja vista que, mesmo triplicando a pena máxima cominada em abstrato, seu limite não ultrapassa os dois anos.

Existe a possibilidade alternativa de aplicação da pena privativa de liberdade ou da pena de multa, devendo o juiz, no caso concreto, determinar aquela que seja, nos termos da parte final do art. 59 do Código Penal, necessária e suficiente para reprovação e prevenção do crime.

A ação penal é de iniciativa pública incondicionada.

## 7.9 Destaques

### 7.9.1 Agente que não socorre vítima atropelada temendo agravar a situação

Os programas jornalísticos, frequentemente, informam que, em situações que envolvam acidentes, é melhor que a vítima não seja removida do local, a não ser que essa remoção seja realizada por pessoal qualificado para tanto, uma vez que se corre o risco de agravar seu estado de saúde, principalmente no que diz respeito a problemas na coluna cervical.

Imagine-se a hipótese em que o agente, percebendo que a vítima esteja precisando de socorro, logo após uma colisão de veículos, não o efetue pessoalmente sob o argumento de não ser preparado para socorrer pessoas que se encontram no estado como o da vítima.

Teria ele de ser responsabilizado pelo delito de omissão de socorro?

Na verdade, a questão merece ser analisada sob dois enfoques diferentes. Inicialmente, o agente não se negou simplesmente a socorrer. Havia uma motivação justa que permite afastar

---

[53] NUCCI, Guilherme de Souza. *Código penal comentado*, p. 436.

a censurabilidade de seu comportamento, sob o argumento da inexigibilidade de conduta diversa.

Contudo, se segundo sua concepção, não pudesse prestar diretamente o socorro à vítima, obrigatoriamente deveria socorrer-se de autoridade competente, sob pena de ser responsabilizado pelo delito de omissão de socorro.

### 7.9.2 Concurso de pessoas nos delitos omissivos

Se várias pessoas, em comum acordo, deixam de prestar o necessário socorro à vítima, poderíamos falar em concurso de pessoas em crimes omissivos?

A questão não é pacífica, pelo contrário, sendo que a doutrina se divide nesse ponto.

Juarez Tavares, entendendo pela impossibilidade do concurso de pessoas em crimes omissivos, explica:

> "Embora a norma mandamental possa se destinar a todos, como na omissão de socorro, o preenchimento do dever é pessoal, de modo que não é qualquer pessoa que pode ser colocada na posição do omitente. Somente podem ser sujeitos ativos dos delitos omissivos, primeiramente, aqueles que se encontrem aptos a agir e se situem diante da chamada situação típica; depois, aqueles que, estando em condições reais de impedir a concretização do perigo, tenham uma vinculação especial para com a vítima ou para com a fonte produtora do perigo, de forma que se vejam submetidos a um dever especial de impedir o resultado.
>
> Consoante esse dado, podemos afirmar que nos crimes omissivos não há concurso de pessoas, isto é, não há coautoria nem participação. Cada qual responde pela omissão individualmente, com base no dever que lhe é imposto, diante da situação típica de perigo ou diante de sua posição de garantidor. Trata-se, na verdade, como expõe Armin Kaufmann, de uma forma especial de autoria colateral. São estas suas palavras: *Se 50 nadadores assistem impassíveis ao afogamento de uma criança, todos ter-se-ão omitido de prestar-lhe salvamento, mas não comunitariamente. Cada um será autor do fato omissivo, ou melhor, autor colateral de omissão.*"[54]

No mesmo sentido, Luiz Regis Prado afirma que "o crime de omissão de socorro não dá lugar ao concurso de pessoas (nem coautoria, nem participação)."[55]

Numa posição diametralmente oposta, Cezar Roberto Bitencourt assevera:

> "Os crimes omissivos próprios, na nossa concepção, admitem tanto a *coautoria* quanto a *participação em sentido estrito*. A distinção entre *coautoria* e *participação* deve ser encontrada na definição desses dois institutos e não na natureza do crime, omissivo ou comissivo. Se, por exemplo, duas ou mais pessoas presentes recusam-se a prestar socorro ao periclitante, respondem todas pelo mesmo crime, individualmente, segundo a regra geral. No entanto, se *deliberarem*, umas anuindo à vontade das outras, todas responderão pelo mesmo crime, mas em *coautoria*, em razão do *vínculo subjetivo*. Se alguém, porém, que não está no local, mas por telefone, sugere, ou instiga a quem está em condições de socorrer para que não o faça, responderá também pelo crime, mas na condição de *partícipe*."[56]

Entendemos, com Cezar Roberto Bitencourt, pela admissibilidade de concurso de pessoas em sede de crimes omissivos, sejam eles próprios, como é o caso do delito de omissão de socorro, ou mesmo impróprios.

---

54 TAVARES, Juarez. *As controvérsias em torno dos crimes omissivos*, p. 85-86.
55 PRADO, Luiz Regis. *Curso de direito penal brasileiro*, v. 2, p. 185.
56 BITENCOURT, Cezar Roberto. *Tratado de direito penal*, v. 2, p. 299.

Com a devida vênia, não podemos radicalizar nesse ponto, como o fazem Juarez Tavares e Luiz Regis Prado, pois, em inúmeras situações, não se poderá negar a existência do concurso. Imagine-se a hipótese do agente que, pelo fato de ser paraplégico, induz seu colega, surfista profissional, a não entrar no mar a fim de levar a efeito o salvamento de um banhista que se afogava. O sujeito portador de paraplegia não podia entrar no mar, pois correria risco pessoal, não tendo, outrossim, condições de prestar o salvamento. O surfista, ao contrário, tinha plenas condições, sem qualquer risco, de efetuar o resgate, oportunidade em que é convencido pelo agente portador de paraplegia a não fazê-lo. Como o surfista não goza do *status* de garantidor, o delito que lhe poderia ser atribuído seria o de omissão de socorro. E quanto ao agente paraplégico que corria risco pessoal caso tentasse efetuar o resgate do banhista que se afogava? Analisando isoladamente sua situação, esquecendo-se momentaneamente, de que induzira o surfista a não efetuar o resgate, o fato para ele seria atípico, se não tivesse, também, condições de pedir o socorro das autoridades competentes. Entretanto, podemos deixar de lado o fato de que, se não fosse por seu induzimento, o surfista teria socorrido o banhista que necessitava de seu auxílio? Claro que não. Aqui, como se percebe sem muito esforço, o agente paraplégico deverá, também, responder pelo delito de omissão de socorro na qualidade de partícipe.

Portanto, acreditamos ser perfeitamente possível a aplicação das regras do concurso de pessoas – coautoria ou participação – ao delito de omissão de socorro.

### 7.9.3  Agente que imagina que corre risco, quando na verdade este não existe

Pode ocorrer a hipótese em que o agente, acreditando correr risco pessoal, deixe de prestar o necessário socorro à vítima quando, na realidade, não havia qualquer risco.

Para fins de raciocínio, imagine-se o exemplo em que o agente, à beira de uma lagoa, perceba que uma criança está se afogando e, pelo fato de não saber nadar, não entra na água para retirá-la.

Contudo, algum tempo depois, um terceiro que passava pelo local, relativamente deserto, percebe o corpo da criança boiando na lagoa e, imediatamente, procura salvar-lhe a vida, entrando na água.

O agente, que a tudo assistia, verificou que quando esse terceiro entrou na lagoa a água não lhe ultrapassava a altura da cintura. Dessa forma, ele, mesmo não sabendo nadar, poderia ter feito o resgate da criança, que acabou morrendo.

Pergunta-se: poderá o agente ser responsabilizado pelo delito de omissão de socorro? A resposta só pode ser negativa, aplicando-se, *in casu*, as regras relativas ao erro de tipo, uma vez que, para o agente, segundo sua concepção, havia risco pessoal. Como o agente incorreu em erro sobre uma elementar existente no tipo do art. 135 do Código Penal – *sem risco pessoal* –, o fato não lhe poderá ser imputado a título de omissão de socorro.

De acordo com a regra do art. 20, *caput*, do Código Penal, se o erro for escusável, afasta-se o dolo e a culpa; sendo inescusável o erro, o dolo continua a ser afastado, mantendo-se, contudo, a responsabilidade penal a título de culpa, se houver previsão legal.

Como não há previsão expressa para a omissão de socorro culposa, e não sendo o agente garantidor, o fato deverá ser considerado atípico.

### 7.9.4  Obrigação solidária e necessidade de ser evitado o resultado

O delito de omissão de socorro traduz um dever solidário, dirigido a todos nós. Assim, se várias pessoas podem, em determinada situação, prestar o socorro, tal obrigação é atribuída a todas elas, indistintamente.

Na qualidade de obrigação solidária, se algum dos sujeitos se habilita a prestar o socorro, não se exige que os demais pratiquem o mesmo comportamento.

O que a lei penal exige, na verdade, é que façamos alguma coisa. Se alguém, dentre as pessoas que podiam prestar o socorro, se habilita, podendo fazê-lo por si mesmo, sem o auxílio dos demais, não há falar em omissão de socorro com relação àquelas pessoas que nada fizeram.

Contudo, se o agente que tentou levar a efeito o socorro não podia fazê-lo a contento sem a ajuda dos demais, os que permaneceram inertes serão responsabilizados pela omissão de socorro. Caso mais alguém se habilite, conforme raciocínio anterior, isentos estarão de responsabilidade aqueles outros que somente assistiram ao resgate.

Merece ser destacado, ainda, o fato de que a lei penal somente exige um comportamento positivo, ou seja, a realização de uma ação dirigida finalisticamente a evitar a produção de um resultado danoso na vítima, vale dizer, lesões corporais ou morte.

Caso tenha feito de tudo o que estava ao seu alcance a fim de evitar a produção desses resultados que, infelizmente, sobrevieram, o agente não poderá ser responsabilizado penalmente, pois, conforme esclarece Muñoz Conde, "a lei não lhe impõe nenhum dever de evitá-lo, senão meramente o dever de socorrer."[57]

### 7.9.5 Omissão de socorro no Estatuto da Pessoa Idosa

Diz o art. 97 da Lei nº 10.741, de 1º de outubro de 2003 (Estatuto da Pessoa Idosa, com a nova redação que lhe foi conferida pela Lei nº 14.423, de 22 de julho de 2022):

> **Art. 97.** Deixar de prestar assistência à pessoa idosa, quando possível fazê-lo sem risco pessoal, em situação de iminente perigo, ou recusar, retardar ou dificultar sua assistência à saúde, sem justa causa, ou não pedir, nesses casos, o socorro da autoridade pública:
> Pena – detenção de 6 (seis) meses a 1 (um) ano e multa.
> **Parágrafo único.** A pena é aumentada de metade, se da omissão resulta lesão corporal de natureza grave, e triplicada, se resulta morte.

Em virtude do princípio da especialidade, quando se tratar de pessoa com idade igual ou superior a 60 anos, aplica-se o tipo penal de omissão previsto no art. 97 do Estatuto da Pessoa Idosa.

Dessa forma, a segunda parte contida no art. 135 do Código Penal, que se refere à *pessoa inválida ou ferida, ao desamparo ou em grave e iminente perigo*, está abrangida pela redação mais ampla do art. 97, que aponta para qualquer *situação de iminente perigo* em que se encontre a pessoa idosa.

### 7.9.6 Omissão de socorro no Código de Trânsito Brasileiro

O art. 304 da Lei nº 9.503, de 23 de setembro de 1997 (Código de Trânsito Brasileiro), possui a seguinte redação:

> **Art. 304.** Deixar o condutor do veículo, na ocasião do sinistro, de prestar imediato socorro à vítima, ou, não podendo fazê-lo diretamente, por justa causa, deixar de solicitar auxílio da autoridade pública:
> Penas – detenção, de 6 (seis) meses a 1 (um) ano, ou multa, se o fato não constituir elemento de crime mais grave.
> **Parágrafo único.** Incide nas penas previstas neste artigo o condutor do veículo, ainda que a sua omissão seja suprida por terceiros ou que se trate de vítima com morte instantânea ou com ferimentos leves.

Também aqui houve especialização da omissão de socorro.

---

[57] MUÑOZ CONDE, Francisco. *Derecho penal* – Parte especial, p. 321.

O art. 304 do Código de Trânsito Brasileiro somente se aplica aos condutores de veículos que, de alguma forma, estiverem envolvidos em acidentes de trânsito, cujos resultados não lhes possam ser atribuídos culposamente.

Isso porque, havendo culpa do motorista envolvido no acidente que produziu lesão ou morte da vítima, sua omissão de socorro será considerada causa de aumento de pena, conforme determinam os parágrafos únicos dos arts. 302 e 303 da mencionada lei.

Assim, somente será possível a aplicação do aludido art. 304 aos *condutores de veículos* que não agiram com culpa no acidente em que foram envolvidos. Imagine-se a hipótese da vítima que, inadvertidamente, tente efetuar a travessia de uma autoestrada, começando a correr sem que alguém possa antever esse seu comportamento. Não havendo tempo para se desviar, o motorista de um veículo a atropela, causando-lhe lesões. Nessa hipótese, ou seja, de culpa exclusiva da vítima, o motorista deverá permanecer no local do acidente a fim de prestar-lhe o necessário socorro, pois, caso contrário, será responsabilizado pelo citado art. 304.

Nesse sentido, é a lição de Ariosvaldo de Campos Pires e Sheila Selim:

"Sujeito ativo do crime é o condutor do veículo envolvido em acidente de trânsito do qual resulte vítima (homicídio ou lesão corporal), sem que se lhe possa atribuir culpa pelo resultado. Tratando-se de acidente de trânsito no qual se envolva mais de um motorista, a todos incumbe o dever de agir.

Não importa tenha sido o acidente provocado pela vítima ou por terceiro, como também não importa se a terceira pessoa ocupava o veículo do omitente ou da vítima."[58]

Verdadeira aberração foi a previsão contida no parágrafo único do art. 304 do Código de Trânsito Brasileiro, caracterizando como omissão de socorro a hipótese de fuga do agente, mesmo tratando-se de vítima com morte instantânea.

Se os bens juridicamente protegidos pelo delito de omissão de socorro, seja no Código Penal, no Estatuto da Pessoa Idosa, ou mesmo no Código de Trânsito Brasileiro, são a saúde e a vida e se, no caso concreto, não existe sequer pessoa a ser protegida, como se pode responsabilizar criminalmente o agente pelo delito de omissão de socorro?

Ariosvaldo de Campos Pires e Sheila Selim, criticando o dispositivo em estudo, asseveram:

"Causa perplexidade a incriminação do fato de não prestação de socorro caso a vítima tenha morte instantânea. Sem embargo dos bons propósitos do dispositivo, não se poderá imputar omissão de socorro a quem não poderia prestá-lo, e.g., verificada a morte antes que possível qualquer medida de assistência, de tal sorte que, a haver socorro, seria ele prestado ao cadáver e não ao ferido. A hipótese é de crime impossível (art. 17, CP). A não ser que a norma penal tenha sido posta à tutela de impreciso *dever de solidariedade*, o que é inaceitável, tanto pelas dificuldades em delimitar tal conceito, como pelas questões de constitucionalidade que podem ser suscitadas."[59]

### 7.9.7  Omissão de socorro e Código Penal Militar

Diz o art. 201 do Código Penal Militar:

"Art. 201. Deixar o comandante de socorrer, sem justa causa, navio de guerra ou mercante, nacional ou estrangeiro, ou aeronave, em perigo, ou náufragos que hajam pedido socorro:
Pena – detenção, de 1 (um) a 2 (dois) anos".

---

[58]  PIRES, Ariosvaldo de Campos; SALES, Sheila Jorge Selim de. *Crimes de trânsito*, p. 203.
[59]  PIRES, Ariosvaldo de Campos; SALES, Sheila Jorge Selim de. *Crimes de trânsito*, p. 207.

## 7.9.8 Recusa da vítima em deixar-se socorrer

O fato de a própria vítima não querer ser socorrida afasta a obrigação que tem o agente em lhe prestar o socorro? Absolutamente não. Se o agente verificar, no caso concreto, que se trata de criança abandonada ou extraviada, ou pessoa inválida ou ferida, ao desamparo ou em grave e iminente perigo, deverá, mesmo contra a vontade expressa da vítima, prestar-lhe o necessário socorro, sob pena de ser responsabilizado pelo delito tipificado no art. 135 do Código Penal.

Isso porque os bens juridicamente protegidos pelo tipo penal, que define a omissão de socorro, são indisponíveis. Não estamos nos referindo, por exemplo, a qualquer lesão que a vítima pudesse sofrer se não fosse socorrida a tempo, mas, sim, como esclarece a própria lei penal, ao perigo grave e iminente para a sua saúde, para sua integridade física, único bem, *in casu*, que se poderia cogitar de disposição, já que a vida, em qualquer situação, é um bem de natureza indisponível.

Como a situação de perigo é grave, ou seja, causará um dano considerável à vítima, sua integridade física e sua saúde passam a ser consideradas indisponíveis, razão pela qual, mesmo contra sua vontade, deverá o agente prestar-lhe socorro.

Somente ficará isento de responsabilidade o agente que, dada a resistência da vítima em ser socorrida, se encontrar numa situação em que corra *risco pessoal*. Nessa hipótese, caso deixe, efetivamente, de prestar o socorro, seu comportamento será atípico.

## 7.10 Quadro-resumo

**Sujeitos**
» Ativo: qualquer pessoa.
» Passivo: é a criança abandonada ou extraviada, a pessoa inválida ou ferida, ou que se encontre ao desamparo ou em grave e iminente perigo.

**Objeto material**
A *criança abandonada* ou *extraviada*, ou a *pessoa inválida* ou *ferida*, ao *desamparo*, que se encontra na situação de *grave* e *iminente perigo*.

**Bem(ns) juridicamente protegido(s)**
A *vida* e a *saúde*.

**Elemento subjetivo**
» Dolo direto ou eventual.
» Não se pune a omissão de socorro a título de culpa.

**Consumação e tentativa**
» A negação do socorro que importa, concretamente, em risco para a vida ou para a saúde da vítima, consuma o delito.
» Não é admissível a tentativa (crime omissivo próprio).

## 8. CONDICIONAMENTO DE ATENDIMENTO MÉDICO-HOSPITALAR EMERGENCIAL

**Condicionamento de atendimento médico-hospitalar emergencial**

**Art. 135-A.** Exigir cheque-caução, nota promissória ou qualquer garantia, bem como o preenchimento prévio de formulários administrativos, como condição para o atendimento médico-hospitalar emergencial:
Pena – detenção, de 3 (três) meses a 1 (um) ano, e multa.
**Parágrafo único.** A pena é aumentada até o dobro se da negativa de atendimento resulta lesão corporal de natureza grave, e até o triplo se resulta a morte.

### 8.1 Introdução

Já faz muito tempo que se transformou em um comportamento-padrão, praticado por hospitais, clínicas médicas e outros estabelecimentos de saúde, a exigência de cheque-caução, nota promissória ou outra garantia para que alguém, em situação de emergência, possa receber o necessário socorro.

No afã de se resguardarem de uma eventual inadimplência do paciente, ou mesmo de seus familiares, em caso de morte daquele, as instituições de saúde adotaram esse procedimento, burocratizando, sobremaneira, o atendimento daquele que necessitava de imediato socorro, ocasionando, muitas vezes, uma piora do quadro de saúde ou mesmo a morte do paciente.

Nesse sentido, a Diretoria Colegiada da Agência Nacional de Saúde Suplementar – ANS fez editar a Resolução Normativa nº 496, de 30 de março de 2022, que dispôs *sobre a proibição da exigência de caução por parte dos Prestadores de serviços contratados, credenciados, cooperados ou referenciados das Operadoras de Planos de Assistência à Saúde*, cujo art. 1º diz, *verbis*:

**Art. 1º** Fica vedada, em qualquer situação, a exigência, por parte dos prestadores de serviços contratados, credenciados, cooperados ou referenciados das Operadoras de Planos de Assistência à Saúde e Seguradoras Especializadas em Saúde, de caução, depósito de qualquer natureza, nota promissória ou quaisquer outros títulos de crédito, no ato ou anteriormente à prestação do serviço.

O Código Civil e também o Código de Defesa do Consumidor, à sua maneira, ou seja, mesmo que não enfrentando casuisticamente a situação prevista pelo artigo em estudo, já vedavam essa prática.

Concluindo que as determinações contidas nos diplomas citados (Código Civil, Código de Defesa do Consumidor, Resolução Normativa) não eram fortes o suficiente a fim de inibir o comportamento por elas proibido, entendeu por bem o legislador fazer editar a Lei nº 12.653, de 28 de maio de 2012, criando uma nova figura típica e encerrando, com isso, também, uma discussão já existente, quando parte de nossos doutrinadores se posicionava pela possibilidade de configuração do delito de extorsão indireta, tipificado no art. 160 do Código Penal, ou ainda pelo delito de omissão de socorro, previsto no art. 135 do mesmo diploma repressivo.

A numeração recebida pelo tipo penal em estudo, vale dizer, 135-A, é significativa no sentido de apontar que o condicionamento de atendimento médico-hospitalar emergencial pode ser considerado uma espécie de omissão de socorro, já que o art. 135 do Código Penal cuida desta última figura típica, ambas inseridas no capítulo III do Título I do Código Penal, que diz respeito à periclitação da vida e da saúde.

Nesse sentido, assevera Paulo César Busato que o art. 135-A do Código Penal:

"Nada mais é do que uma especialização do crime de omissão de socorro, que só veio à tona como nova criação jurídica em virtude de ser uma situação concreta de comum ocorrência. Não obstante, todos os casos aqui abrangidos já se encontravam sob tutela jurídica do art. 135, anteriormente.

Daí que esta seja claramente uma forma de uso simbólico do Direito penal, que visa não mais do que à produção de um 'efeito placebo' na sociedade, anestesiando-a contra a falta de prestação de atendimento médico de qualidade."[60]

Para efeitos de reconhecimento da infração penal tipificada no art. 135-A do Código Penal, que recebeu o *nomen juris* de condicionamento de atendimento médico-hospitalar emergencial, são necessários os seguintes elementos, a saber: *a)* o núcleo exigir; *b)* a entrega de cheque-caução, nota promissória ou qualquer garantia, bem como o preenchimento prévio de formulários administrativos; *c)* como condição para o atendimento médico-hospitalar emergencial.

Exigir, no delito *sub examen*, tem o significado de tornar necessário, impor, ordenar, ou seja, a conduta do agente é dirigida finalisticamente no sentido de fazer com que alguém cumpra, como requisito para o seu socorro, uma das exigências impostas pelo estabelecimento de saúde, que supostamente garantirá o pagamento pelos serviços prestados ao paciente.

A referida exigência diz respeito à confecção e entrega, pelo próprio paciente, quando possível, ou por alguém por ele responsável (normalmente uma pessoa que tenha com ele relação de amizade ou parentesco), de cheque-caução (cheque dado como garantia de um pagamento futuro), nota promissória ou qualquer garantia, ou mesmo um cartão de crédito; vale dizer, qualquer documento que se traduza em um reconhecimento de dívida, que poderá importar, posteriormente, em uma ação de cobrança ou mesmo em uma ação de execução, a exemplo do que ocorre com os contratos.

Da mesma forma, configura-se na infração penal em estudo a exigência de preenchimento prévio de formulários administrativos. Aqui, devemos ressalvar que a instituição de saúde não está proibida de levar a efeito o preenchimento de tais formulários, que, na verdade, deverão ser produzidos para que os dados fundamentais dos pacientes sejam por ela conhecido. O que se proíbe, na verdade, é que se priorize esse ato burocrático em detrimento do socorro que deve ser imediatamente prestado. Uma vez atendido o paciente, ele próprio – ou as pessoas que lhe são próximas (amigos e familiares) – deve cumprir essa obrigação administrativa. Percebe-se, com clareza, que o que se procura evitar é o agravamento da situação do paciente, que não pode esperar o cumprimento de exigências burocráticas para que venha, efetivamente, a ser atendido.

Tais exigências devem servir como condição para que seja realizado o atendimento médico-hospitalar emergencial. Assim, deverão ocorrer anteriormente ao atendimento de que necessitava a vítima/paciente, que não pode ser socorrida em virtude daquelas exigências.

O tipo penal faz menção a atendimento médico-hospitalar emergencial. Existe diferença terminológica entre urgência e emergência médica.

A Resolução nº 1.451, de 10 de março de 1995, do Conselho Federal de Medicina, estabelece, nos §§ 1º e 2º do seu art. 1º, as definições para os conceitos de urgência e emergência:

> **Art. 1º** Os estabelecimentos de Prontos Socorros Públicos e Privados deverão ser estruturados para prestar atendimento a situações de urgência-emergência, devendo garantir todas as manobras de sustentação da vida e com condições de dar continuidade à assistência no local ou em outro nível de atendimento referenciado.
>
> § 1º Define-se por URGÊNCIA a ocorrência imprevista de agravo à saúde com ou sem risco potencial de vida, cujo portador necessita de assistência médica imediata.
>
> § 2º Define-se por EMERGÊNCIA a constatação médica de condições de agravo à saúde que impliquem em risco iminente de vida ou sofrimento intenso, exigindo, portanto, tratamento médico imediato.

---

[60] BUSATO, Paulo César. *Direito penal* – parte especial 1, p. 183/184.

Como se percebe, em ambas as hipóteses existe a necessidade de tratamento médico imediato, razão pela qual, embora o tipo penal do art. 135-A faça menção tão somente ao atendimento médico-hospitalar emergencial, devemos nele também compreender o atendimento médico de urgência.

Corroborando nosso raciocínio, mister ressaltar as orientações contidas no *Manual de Regulação Médica das Urgências*, que faz menção à necessidade de um conceito ampliado de urgência:

> "Segundo Le Coutour, o conceito de urgência difere em função de quem a percebe ou sente:
>
> Para os usuários e seus familiares, pode estar associada a uma ruptura de ordem do curso da vida. É do imprevisto que tende a vir a urgência: 'eu não posso esperar'.
>
> Para o médico, a noção de urgência repousa não sobre a ruptura, mas sobre o tempo, relacionado com o prognóstico vital em certo intervalo: 'ele não pode esperar'.
>
> Para as instituições, a urgência corresponde a uma perturbação de sua organização, é 'o que não pode ser previsto'[61].
>
> Emergência é relativo a emergir, ou seja, alguma coisa que não existia, ou que não era vista, e que passa a existir ou ser manifesta, representando, dessa forma, qualquer queixa ou novo sintoma que um paciente passe a apresentar. Assim, tanto um acidente quanto uma virose respiratória, uma dor de dente ou uma hemorragia digestiva podem ser consideradas emergências.
>
> Esse entendimento da emergência difere do conceito americano, que tem permanentemente influenciado nossas mentes e entende que uma situação de 'emergência' não pode esperar e tem de ser atendida com rapidez, como incorporado pelo próprio CFM.
>
> Inversamente, de acordo com a nossa língua, urgência significa aquilo que não pode esperar (tanto que o Aurélio apresenta a expressão jurídica 'urgência urgentíssima'[62]).
>
> Assim, dado o grande número de julgamentos e dúvidas que esta ambivalência de terminologia suscita no meio médico e no sistema de saúde, optamos por não mais fazer esse tipo de diferenciação. Passamos a utilizar apenas o termo 'urgência', para todos os casos que necessitem de cuidados agudos, tratando de definir o 'grau de urgência', a fim de classificá-las em níveis, tomando como marco ético de avaliação o 'imperativo da necessidade humana.'"[63]

Em sentido contrário, Rogério Sanches Cunha, erigindo a tese da legalidade estrita, aduz que:

> "Somente a *emergência* é elementar do novel tipo incriminador, ajustando-se a indevida exigência, no caso de *urgência*, ao delito de omissão de socorro previsto no art. 135 do CP."[64]

Merece ser ressaltado, por oportuno, que o estabelecimento de saúde, após o efetivo socorro prestado àquele que necessitava de atendimento médico-hospitalar emergencial pode confeccionar, por exemplo, um contrato de prestação de serviços, a fim de garantir a cobrança futura de seus serviços prestados, caso não ocorra o pagamento pelo paciente ou por aqueles que por ele são responsáveis.

---

[61] BRASIL. Ministério da Saúde. Secretaria de Atenção à Saúde. Departamento de Atenção Especializada. *Regulação médica das urgências*, Módulo II.

[62] Cf. URGÊNCIA. In: FERREIRA, Aurélio Buarque de Holanda. *Novo dicionário Aurélio da língua portuguesa*, p.2.023.

[63] BRASIL. Ministério da Saúde. Secretaria de Atenção à Saúde. Departamento de Atenção Especializada. *Regulação médica das urgências*, Módulo II, p. 47-48.

[64] CUNHA, Sanches Rogério. *Manual de direito penal* – parte especial, volume único, p. 173.

O tipo penal não tem a função de instituir o "calote" nas instituições médicas, mas, sim, preservar a vida e a saúde daqueles que necessitam de imediato atendimento, sem que sejam priorizadas as preocupações financeiras com o futuro pagamento do tratamento utilizado. Nada impede que, no futuro, em caso de inadimplemento, seja procedida a cobrança dos gastos efetuados. O que não se pode é sobrepor os interesses financeiros à vida ou à saúde daquele que necessitava de imediato atendimento.

Embora o tipo penal não faça menção expressa, é dirigido especificamente à rede privada, uma vez que não é possível qualquer tipo de cobrança na rede pública, sob pena de incorrerem os responsáveis pela cobrança indevida, por exemplo, nos delitos de corrupção passiva, concussão etc.

## 8.2 Classificação doutrinária

Crime próprio (tanto com relação ao sujeito ativo como ao sujeito passivo); de perigo concreto (devendo ser demonstrado que a conduta do agente trouxe, efetivamente, uma situação de perigo para a vítima); doloso; de forma vinculada (uma vez que o comportamento deve ser dirigido no sentido de exigir cheque-caução, nota promissória, ou qualquer garantia, bem como o preenchimento prévio de formulários administrativos, como condição para o atendimento médico-hospitalar emergencial); comissivo (podendo, no entanto, ser praticado via omissão imprópria, nos termos do art. 13, § 2º, do Código Penal); instantâneo; monossubjetivo; unissubsistente; transeunte (como regra).

## 8.3 Objeto material e bem juridicamente protegido

Objeto material é a pessoa de quem é exigida a confecção do cheque-caução, nota promissória ou qualquer garantia, bem como o preenchimento prévio de formulários administrativos, como condição para o atendimento médico-hospitalar emergencial, como também o próprio paciente/vítima, que necessita do imediato atendimento.

Bens juridicamente protegidos, de acordo com o Capítulo III do Título I do Código Penal são a vida e a saúde.

## 8.4 Sujeito ativo e sujeito passivo

Sujeito ativo é aquele que determina que o atendimento médico-hospitalar emergencial somente poderá ser realizado se houver a entrega do cheque-caução, da nota promissória ou qualquer garantia, bem como o preenchimento prévio de formulários administrativos como condição para o atendimento médico-hospitalar emergencial. Normalmente, quem estipula essas condições para efeitos de atendimento é o diretor do estabelecimento de saúde ou qualquer outro gestor que esteja à frente da administração.

O problema surge quando o empregado, que trabalha no setor de admissão de pacientes, cumpre as ordens emanadas da direção e não permite o atendimento daquele que se encontrava em situação de emergência. Nesse caso, entendemos que haverá o concurso de pessoas, devendo, ambos (diretor e empregado) responder pela infração penal em estudo.

Sujeito passivo será tanto a vítima/paciente, que necessita do imediato atendimento médico-hospitalar, quanto aquele de quem, em virtude de alguma impossibilidade da vítima/paciente, foi exigida a entrega do cheque-caução, nota promissória ou qualquer garantia, bem como o preenchimento prévio de formulários administrativos como condição para o atendimento médico-hospitalar emergencial.

## 8.5 Consumação e tentativa

O delito se consuma no instante em que a exigência de cheque-caução, nota promissória ou qualquer garantia, bem como o preenchimento prévio de formulários administrativos, é levada a efeito como condição para o atendimento médico-hospitalar emergencial, antes, portanto, do efetivo e necessário atendimento.

Tratando-se de um crime formal, a consumação ocorrerá mesmo que no momento em que é feita a exigência, a vítima não tenha sua situação agravada. Não há necessidade, assim, de qualquer produção naturalística de resultado (agravamento da situação da vítima/paciente ou mesmo a sua morte) para que o crime reste consumado. Basta, portanto, que o comportamento praticado tenha, efetivamente, criado uma situação de perigo para a vida ou a saúde daquele que necessitava do atendimento médico-hospitalar emergencial.

Entendemos, *in casu*, que não é admissível a tentativa, haja vista que não conseguimos visualizar, ao contrário do que ocorre com o delito de concussão, que contém o mesmo núcleo, ou seja, o verbo exigir, a possibilidade de fracionamento do *iter criminis*.

## 8.6 Elemento subjetivo

O dolo é o elemento subjetivo exigido pelo tipo penal que prevê o delito de condicionamento de atendimento médico-hospitalar emergencial, não havendo previsão legal para a modalidade de natureza culposa.

## 8.7 Modalidades comissiva e omissiva

O núcleo exigir pressupõe um comportamento comissivo por parte do agente. No entanto, o delito poderá ser praticado via omissão imprópria quando o agente, garantidor, dolosamente, podendo, nada fizer para impedir a prática do delito em estudo, por ele devendo responder nos termos preconizados pelo art. 13, § 2º, do Código Penal.

## 8.8 Causa especial de aumento de pena

Determina o parágrafo único do art. 135-A do Código Penal, *verbis*:

> **Parágrafo único.** A pena é aumentada até o dobro se da negativa de atendimento resulta lesão corporal de natureza grave, e até o triplo se resulta a morte.

As causas de aumento de pena previstas no parágrafo único acima transcrito somente poderão ser atribuídas ao agente a título de culpa, tratando-se, portanto, de um crime preterdoloso, ou seja, dolo com relação à exigência de cheque-caução, nota promissória ou qualquer garantia, bem como o preenchimento prévio de formulários administrativos, como condição para o atendimento médico-hospitalar emergencial, e culpa no que diz respeito ao resultado: lesão corporal de natureza grave ou morte.

## 8.9 Pena, ação penal, competência para julgamento e suspensão condicional do processo

A pena cominada no preceito secundário do art. 135-A do Código Penal é de detenção, de 3 (três) meses a 1 (um) ano, e multa.

A pena é aumentada até o dobro se da negativa de atendimento resulta lesão corporal de natureza grave e até o triplo se resulta a morte.

Tendo em vista a pena máxima cominada em abstrato, se não houver o resultado morte, a competência será, *ab initio*, do Juizado Especial Criminal.

Em qualquer situação, mesmo se houver o resultado morte, como a pena mínima não ultrapassará o limite previsto pelo art. 89 da Lei nº 9.099/95, será possível a realização de proposta de suspensão condicional do processo.

A ação penal é de iniciativa pública incondicionada.

## 8.10 Destaques

### 8.10.1 Estatuto da Pessoa Idosa e recusa de outorga de procuração à entidade de atendimento

Diz o art. 103 da Lei nº 10.741, de 1º de outubro de 2003, com a nova redação que lhe foi conferida pela Lei nº 14.423, de 22 de julho de 2022:

> **Art. 103.** Negar o acolhimento ou a permanência da pessoa idosa, como abrigada, por recusa desta em outorgar procuração à entidade de atendimento:
> Pena – detenção de 6 (seis) meses a 1 (um) ano e multa.

### 8.10.2 Obrigação da afixação de cartaz

Obrigação da afixação de cartaz ou equivalente em estabelecimentos de saúde que realizem atendimento médico-hospitalar emergencial

O art. 2º da Lei nº 12.653, de 28 de maio de 2012, determina a afixação de cartaz ou equivalente em estabelecimentos de saúde que realizem atendimento médico-hospitalar emergencial, com a informação do tipo penal em estudo, dizendo:

> **Art. 2º** O estabelecimento de saúde que realize atendimento médico-hospitalar emergencial fica obrigado a afixar, em local visível, cartaz ou equivalente, com a seguinte informação: "Constitui crime a exigência de cheque-caução, de nota promissória ou de qualquer garantia, bem como do preenchimento prévio de formulários administrativos, como condição para o atendimento médico-hospitalar emergencial, nos termos do art. 135-A do Decreto-Lei nº 2.848, de 7 de dezembro de 1940 – Código Penal."

## 8.11 Quadro-resumo

**Sujeitos**

» Ativo: é aquele que *determina* que o atendimento médico-hospitalar emergencial somente poderá ser realizado ser houver a entrega do cheque-caução, da nota promissória ou qualquer garantia, bem como o preenchimento prévio de formulários administrativos como condição para o atendimento médico-hospitalar emergencial. Normalmente, quem estipula essas condições para efeitos de atendimento é o diretor do estabelecimento de saúde, ou qualquer outro gestor que esteja à frente da administração. O problema surge quando o empregado, que trabalha no setor de admissão de pacientes, cumpre as ordens emanadas da direção e não permite o atendimento daquele que se encontra em situação de emergência. Nesse caso, entendemos que haverá o concurso de pessoas, devendo, ambos (diretor e empregado), responder pela infração penal em estudo.

» Passivo: será tanto a vítima/paciente, que necessita do imediato atendimento médico-hospitalar, quanto aquele de quem, em virtude de alguma impossibilidade da vítima/paciente, foi exigida a entrega do cheque-caução, nota promissória ou qualquer garantia, bem como o preenchimento prévio de formulários administrativos como condição para o atendimento médico-hospitalar emergencial.

**Objeto material**

Objeto material é a pessoa de quem é exigida a confecção do cheque-caução, nota promissória ou qualquer garantia, bem como o preenchimento prévio de formulários administrativos, como condição para o atendimento médico-hospitalar emergencial, como também o próprio paciente/vítima, que necessita do imediato atendimento.

### Bem(ns) juridicamente protegido(s)

Bens juridicamente protegidos, de acordo com o Capítulo III, do Título I do CP são a *vida* e a *saúde*.

### Elemento subjetivo

» É o dolo.
» Não há previsão legal para a modalidade de natureza culposa.

### Modalidades comissiva e omissiva

» O núcleo *exigir* pressupõe um comportamento comissivo por parte do agente.
» No entanto, o delito poderá ser praticado via omissão imprópria, nos termos preconizados pelo art. 13, § 2º, do CP

### Consumação e tentativa

» O delito se consuma no instante em que a *exigência* de cheque-caução, nota promissória ou qualquer garantia, bem como o preenchimento prévio de formulários administrativos são levados a efeito como *condição* para o atendimento médico-hospitalar emergencial, antes, portanto, do efetivo e necessário atendimento.
» A tentativa não é admissível.

## 9. MAUS-TRATOS

**Maus-tratos**
**Art. 136.** Expor a perigo a vida ou a saúde de pessoa sob sua autoridade, guarda ou vigilância, para fins de educação, ensino, tratamento ou custódia, quer privando-a de alimentação ou cuidados indispensáveis, quer sujeitando-a a trabalho excessivo ou inadequado, quer abusando de meios de correção ou disciplina:
Pena – detenção, de dois meses a um ano, ou multa.
§ 1º Se do fato resulta lesão corporal de natureza grave:
Pena – reclusão de um a quatro anos.
§ 2º Se resulta a morte:
Pena – reclusão, de quatro a doze anos.
§ 3º Aumenta-se a pena de um terço, se o crime é praticado contra pessoa menor de 14 (catorze) anos.

### 9.1 Introdução

Procurando evitar os excessos, o Código Penal fez previsão da figura típica do delito de maus-tratos.

Crime próprio, o delito de maus-tratos só pode ser cometido por quem tenha *autoridade*, *guarda*, ou exerça *vigilância* sobre a vítima. Hungria esclarece:

"*Guarda* é a assistência a pessoas que não prescindem dela, e compreende necessariamente a *vigilância*. Esta importa zelo pela segurança pessoal, mas sem o rigor que caracterizaria a *guarda*, a que pode ser alheia (ex.: o guia alpino *vigia* pela segurança de seus companheiros de ascensão, mas não os tem sob sua *guarda*). Finalmente, a assistência decorrente da relação de *autoridade* é a inerente ao vínculo de *poder* de uma pessoa sobre outra, quer a *potestas* seja de direito público, quer de direito privado."[65]

---
[65] HUNGRIA, Nélson. *Comentários ao código penal*, v. V, p. 419.

Contudo, além dessa particular condição que especializa o delito de maus-tratos, aquele que se encontra numa dessas situações deve agir para fim de *educação, ensino, tratamento ou custódia*. Ou seja, o delito de maus-tratos é caracterizado por esse especial fim de agir com que atua o agente. Caso contrário, ou seja, se não houver essa motivação especial, o fato poderá ser desclassificado para outra modalidade típica.

Assim, a finalidade especial com que atua o agente – *educação, ensino, tratamento ou custódia* – se traduz, na verdade, na sua motivação.

Frederico Marques afirma:

"Educação é conceito empregado, no tipo, com o sentido de atividade para infundir hábitos a fim de aperfeiçoar, sob o aspecto moral ou cultural, a personalidade humana. Ensino significa o estrito trabalho docente de ministrar conhecimentos. Tratamento compreende não só o cuidado clínico e assistência ao doente, como ainda ação de prover à subsistência de uma pessoa. Custódia é a detenção de alguém em virtude de motivos que a lei autoriza."[66]

Além de indicar essa finalidade especial que deve conter o comportamento do agente, o tipo penal que define o delito de maus-tratos ainda aponta os meios utilizados pelo agente à consecução desses fins. Crime de ação múltipla, os maus-tratos podem se dar por meio de:

*a)*   privação de alimentação;

*b)*   privação dos cuidados indispensáveis;

*c)*   sujeição a trabalhos excessivos;

*d)*   sujeição a trabalhos inadequados;

*e)*   abuso nos meios de correção ou disciplina.

Privar de alimentação significa suprimir os alimentos necessários e indispensáveis à manutenção da vida ou à preservação da saúde da vítima. Como frisamos, os crimes de perigo devem ser interpretados tendo o enfoque da efetiva criação de perigo para o bem juridicamente protegido, não se podendo, pois, presumi-los, mas sim demonstrá-los em cada caso concreto. Da mesma forma, devemos interpretar os tipos tendo em mira essa natureza concreta do perigo, deixando de lado interpretações literais, que fogem à real finalidade do dispositivo legal em estudo.

Tomemos o exemplo da privação de alimentação. Pode um pai, querendo corrigir seu filho, privá-lo, por exemplo, de jantar naquele dia? Será que já teria incorrido no delito em estudo? Obviamente que não. Aqui, buscando a finalidade da norma, somente poderíamos visualizar o delito em questão quando a privação da alimentação fosse por tempo suficiente que pudesse causar perigo para a vida ou para a saúde da vítima. Diferentemente é o caso daquele que, por exemplo, querendo educar seu filho, uma criança com apenas 4 anos de idade, o priva de alimentar-se durante uma semana seguida, para que ele entenda o valor dos alimentos, já que, como qualquer pessoa, tinha restrições a alguns deles (como acontece com as crianças em relação às verduras e legumes de forma geral). Como se percebe, o fato de uma criança permanecer sete dias em jejum pode causar sequelas graves em seu organismo, razão pela qual, nessa hipótese, se poderia cogitar do crime de maus-tratos, lembrando sempre que se faz necessária, no caso concreto, a prova de que o comportamento do agente trouxe, efetivamente, situação de perigo para a vida ou para a saúde da vítima.

A segunda modalidade de comissão do delito diz respeito à privação dos cuidados indispensáveis. O termo "cuidados", aqui, tem um sentido amplo, conforme adverte Ney Moura Teles:

---

[66]   MARQUES, José Frederico. *Tratado de direito penal*, v. IV, p. 365.

"Cuidados indispensáveis são aqueles mínimos relativos ao vestuário, acomodação, higiene, assistência médica e odontológica. Não se trata de obrigar o agente a fazer aquilo que fugir de suas possibilidades, mas, dentro dessas, não privar a vítima sem qualquer razão justificada."[67]

Sujeitar a vítima a trabalhos excessivos é fazer com que atue além das suas forças, além do padrão de normalidade atribuído às pessoas, a exemplo do pai que obriga o filho a varrer ininterruptamente a casa por mais de 10 horas consecutivas. Inadequado é o trabalho que não se conforma com as particulares condições da vítima, como no exemplo também daquele que, sob o argumento de educar o filho de apenas 10 anos de idade, determina que este o ajude na construção de sua casa, carregando sacos de cimento de 50kg. Apesar do exagero do exemplo, a diferença que podemos fazer entre trabalho excessivo e inadequado reside no fato de que o trabalho excessivo está para o tempo, assim como o trabalho inadequado está para a sua qualidade.

A última das modalidades de cometimento do delito de maus-tratos talvez seja a mais utilizada, vale dizer, o abuso de meios de correção ou disciplina. O agente atua com o chamado *animus corrigendi* ou *disciplinandi*. Contudo, abusa do seu direito de corrigir ou disciplinar.

Abusar tem o significado de ir além do permitido. Muito se discute, hoje em dia, se os pais devem ou não corrigir os filhos, aplicando-lhes, em algumas ocasiões, castigos corporais. Mesmo correndo o risco de ser criticado, acredito que algumas correções moderadas não traumatizam a criança. Quantas vezes deparamos com crianças em *shopping centers* que são verdadeiras dominadoras. Obrigam os pais a fazer exatamente aquilo que desejam. Caso contrário, aprontam escândalos insuportáveis.

Creio, firmemente, que a Bíblia é a Palavra de Deus, e ela nos mostra, em várias passagens, o que devemos fazer para educar nossos filhos e as consequências dessa educação. Vejamos no Livro de Provérbios:

- Capítulo 3, versículo 12: "Porque o Senhor repreende a quem ama, assim como o pai, ao filho a quem quer bem."
- Capítulo 13, versículo 24: "O que retém a vara aborrece a seu filho, mas o que o ama, cedo, o disciplina."
- Capítulo 19, versículo 19, primeira parte: "Castiga o teu filho, enquanto há esperança [...]"
- Capítulo 22, versículo 6: "Ensina a criança no caminho em que deve andar e, ainda quando for velho, não se desviará dele."
- Capítulo 29, versículo 15: "A vara e a disciplina dão sabedoria, mas a criança entregue a si mesma vem a envergonhar a sua mãe."
- Capítulo 29, versículo 17: "Corrige o teu filho, e te dará descanso, dará delícias à tua alma."

Não pretendo ser mal compreendido. O que estou afirmando é que a palavra utilizada pelo tipo penal do art. 136, vale dizer, *abuso*, diz respeito ao excesso nos meios de correção ou disciplina.

Em 26 de junho de 2014, no entanto, foi publicada a Lei nº 13.010, conhecida inicialmente como "lei da palmada", que alterou a Lei nº 8.069, de 13 de julho de 1990 (Estatuto da Criança e do Adolescente), para, segundo ela, no art. 18-A, *"estabelecer o direito da criança e do adolescente de serem educados e cuidados sem o uso de castigos físicos ou de tratamento cruel ou degradante."*

---

[67] TELES, Ney Moura. *Direito penal*, v. 2, p. 250.

O art. 18-A, inserido no Estatuto da Criança e do Adolescente pela mencionada Lei nº 13.010, de 26 de junho de 2014, diz, *verbis*:

> **Art. 18-A.** A criança e o adolescente têm o direito de ser educados e cuidados sem o uso de castigo físico ou de tratamento cruel ou degradante, como formas de correção, disciplina, educação ou qualquer outro pretexto, pelos pais, pelos integrantes da família ampliada, pelos responsáveis, pelos agentes públicos executores de medidas socioeducativas ou por qualquer pessoa encarregada de cuidar deles, tratá-los, educá-los ou protegê-los.
>
> **Parágrafo único.** Para os fins desta Lei, considera-se:
>
> I – castigo físico: ação de natureza disciplinar ou punitiva aplicada com o uso da força física sobre a criança ou o adolescente que resulte em:
>
> a) sofrimento físico; ou
>
> b) lesão;
>
> II – tratamento cruel ou degradante: conduta ou forma cruel de tratamento em relação à criança ou ao adolescente que:
>
> a) humilhe; ou
>
> b) ameace gravemente; ou
>
> c) ridicularize.

A pergunta que nos fazemos, após a modificação do Estatuto da Criança e do Adolescente, é a seguinte: se um pai, agindo *animus corrigendi*, ou seja, com a finalidade de corrigir seu filho, lhe der uma palmada, não abusando, assim, desse meio de correção ou disciplina, por causa da inovação legislativa, já terá incorrido no crime de maus-tratos? Obviamente que a resposta só pode ser negativa.

Na verdade, a inovação trazida pela Lei nº 13.010, de 26 de junho de 2014, não modificou o raciocínio levado a efeito quando da interpretação da última parte, constante do *caput* do art. 136 do Código Penal. Com isso queremos afirmar que somente incorrerá no delito de maus-tratos o agente que expuser a perigo a vida ou a saúde de pessoa sob sua autoridade, guarda ou vigilância, para fins de educação, ensino, tratamento ou custódia.

Por outro lado, a consequência de uma das práticas dos comportamentos previstos no art. 18-A do Estatuto da Criança e do Adolescente, de acordo com a inovação trazida pela Lei nº 13.010, de 26 de junho de 2014, será uma daquelas previstas no art. 18-B do citado diploma legal, com a alteração que lhe foi introduzida pela Lei nº 14.344, de 24 de maio de 2022, que diz textualmente:

> **Art. 18-B.** Os pais, os integrantes da família ampliada, os responsáveis, os agentes públicos executores de medidas socioeducativas ou qualquer pessoa encarregada de cuidar de crianças e de adolescentes, tratá-los, educá-los ou protegê-los que utilizarem castigo físico ou tratamento cruel ou degradante como formas de correção, disciplina, educação ou qualquer outro pretexto estarão sujeitos, sem prejuízo de outras sanções cabíveis, às seguintes medidas, que serão aplicadas de acordo com a gravidade do caso:
>
> I – encaminhamento a programa oficial ou comunitário de proteção à família;
>
> II – encaminhamento a tratamento psicológico ou psiquiátrico;
>
> III – encaminhamento a cursos ou programas de orientação;
>
> IV – obrigação de encaminhar a criança a tratamento especializado;
>
> V – advertência.
>
> VI – garantia de tratamento de saúde especializado à vítima.
>
> **Parágrafo único.** As medidas previstas neste artigo serão aplicadas pelo Conselho Tutelar, sem prejuízo de outras providências legais.

Concluindo, a correção ou a disciplina, mesmo que cause um sofrimento físico a uma criança ou adolescente, ainda não importará no cometimento do delito de maus-tratos. Para que reste configurada a figura típica em estudo, haverá necessidade de que seja identificada, além do abuso dos meios de correção, a efetiva exposição de perigo da vida ou da saúde da criança ou do adolescente que estava sob sua autoridade, guarda ou vigilância.

Não se aplicam ao crime de maus-tratos as circunstâncias agravantes previstas nas alíneas *e, f* e *h* do inciso II do art. 61 do Código Penal, haja vista serem elementares do delito tipificado no art. 136 do Código Penal.

## 9.2 Classificação doutrinária

Crime próprio (o delito de maus-tratos somente pode ser cometido por quem tenha autoridade, guarda ou vigilância sobre a vítima, que é o seu sujeito passivo); de perigo concreto; doloso; de forma vinculada (pois o tipo penal aponta os meios em virtude dos quais pode ser cometido, por exemplo, privando a vítima de alimentação ou cuidados indispensáveis); comissivo ou omissivo; instantâneo, podendo ocorrer, também, a hipótese de permanência (quando a vítima permanece privada de alimentação, por exemplo); monossubjetivo; plurissubsistente; não transeunte (pois, em geral, deixa vestígios passíveis de aferir mediante perícia); de ação múltipla ou conteúdo variado (podendo o agente praticar os vários comportamentos previstos pelo tipo, a exemplo de sujeitar a vítima a trabalho excessivo, bem como abusar dos meios de correção, somente sendo responsabilizado por uma única infração penal).

## 9.3 Objeto material e bem juridicamente protegido

Os bens juridicamente protegidos pelo tipo penal que prevê o delito de maus-tratos são a vida e a saúde, conforme determina a redação inicial contida no tipo do art. 136 do Código Penal, que diz: "Expor a perigo a vida ou a saúde de pessoa [...]."

Objeto material do delito em estudo é a pessoa contra quem é dirigida a conduta perigosa praticada pelo agente, ou seja, aquele que estiver sob sua autoridade, guarda ou vigilância.

## 9.4 Sujeito ativo e sujeito passivo

Crime próprio, o tipo incriminador do art. 136 do Código Penal aponta quem pode ser considerado sujeito ativo do delito de maus-tratos. Assim, nos termos da parte inicial do mencionado artigo, somente aquele que detém autoridade, guarda ou vigilância sobre a vítima.

Por outro lado, o delito também é considerado como próprio com relação ao sujeito passivo, pois somente aquele que está sob a autoridade, a guarda ou a vigilância do agente é que poderá figurar nessa condição.

Merece destaque o fato de que a esposa não pode ser sujeito passivo do delito de maus-tratos, haja vista não existir entre ela e o marido qualquer relação de sujeição, ou seja, não há o vínculo jurídico de subordinação exigido pelo tipo penal.

Da mesma forma, também não poderá figurar entre os sujeitos passivos do delito de maus-tratos os filhos que já tiverem atingido a maioridade civil, isto é, aqueles que já tiverem completado 18 anos, nos termos do art. 5º do Código Civil.

## 9.5 Consumação e tentativa

Consuma-se o delito com a efetiva criação de perigo para a vida ou para a saúde do sujeito passivo. A criação efetiva do perigo deve ficar demonstrada no caso concreto. Conforme adverte Cezar Roberto Bitencourt:

"Trata-se de crime de *perigo concreto*, cuja ocorrência deve ser comprovada, sendo inadmissível mera presunção. A conduta descrita no art. 136 do CP pretende punir quem coloca em risco a vida ou a saúde de alguém subordinado nas condições ali especificadas para uma daquelas finalidades."[68]

A tentativa é admissível desde que se possa visualizar o fracionamento do *iter criminis*. Assim, por exemplo, pode um pai ser impedido de espancar o filho com um instrumento que, com certeza, causaria danos de grande proporção, abusando, dessa forma, dos meios de correção. Imagine-se, no exemplo referido, que um pai, agindo com *animus corrigendi*, fosse agredir o filho valendo-se de uma barra de ferro. Obviamente que tal instrumento, por si mesmo, já demonstra o excesso nos meios de correção. No exato instante em que ia desferir o golpe, antes, contudo, de acertar a vítima, o agente foi interrompido por terceiros, que a tudo assistiam.

Nesse caso podemos concluir que o agente deu início aos atos de execução de um delito de maus-tratos, cuja consumação não sobreveio por circunstâncias alheias à sua vontade.

## 9.6 Elemento subjetivo

O tipo do art. 136 do Código Penal somente admite a modalidade dolosa, seja o dolo direto ou eventual. Embora localizado no Capítulo III do Título I do Código Penal, que prevê os chamados crimes de perigo (Da periclitação da vida e da saúde), a parte final do mencionado artigo nos permite também raciocinar em termos de dolo de dano.

Assim, quem abusa de meios de correção ou disciplina, por exemplo, agredindo violentamente aquele que está sob sua autoridade, guarda ou vigilância, atua com a finalidade de causar-lhe lesões corporais. Contudo, essas lesões corporais são especializadas pela motivação do agente, vale dizer, a conduta do agente que atua com excessivo *animus corrigendi* é praticada para fins de educação, ensino, tratamento ou custódia.

Podemos, portanto, visualizar no crime de maus-tratos tanto um dolo de perigo, quando o agente expõe a perigo a vida ou a saúde de pessoa sob sua autoridade, guarda ou vigilância, privando-a de alimentação ou cuidados indispensáveis, sujeitando-a a trabalho excessivo ou inadequado, quanto um dolo de dano (lesões corporais de natureza leve), quando atua abusando de meios de correção ou disciplina.

É importante frisar que, em decorrência das modalidades qualificadas previstas nos §§ 1º e 2º do art. 136 do Código Penal, conforme veremos mais adiante, quando o agente atua com dolo de dano, ou seja, de produzir lesões corporais na vítima, para fins de educação, ensino, tratamento ou custódia, abusando dos meios de correção ou disciplina, sua finalidade poderá ser, no máximo, de produzir lesões corporais de natureza leve, uma vez que as modalidades qualificadas – lesão corporal de natureza grave e morte – somente poderão ser a ele atribuídas a título de culpa, tratando-se, portanto, de crimes preterdolosos.

Tal situação será analisada mais detidamente em tópico próprio.

O delito de maus-tratos não admite a modalidade culposa, por ausência de determinação expressa nesse sentido.

## 9.7 Modalidades comissiva e omissiva

Conforme se verifica pela redação típica, por se tratar de crime de ação múltipla ou de conteúdo variado, o delito de maus-tratos admite tanto a modalidade comissiva quanto a omissiva.

Assim, por exemplo, pode alguém praticar o delito em estudo abusando de meios de correção ou disciplina, isto é, fazendo alguma coisa contra a vítima que está sob sua autoridade, guarda ou vigilância, como pode também cometê-lo deixando de fazer aquilo a que

---

[68] BITENCOURT, Cezar Roberto. *Tratado de direito penal*, v. 2, p. 312.

# CURSO DE DIREITO PENAL • VOL. 2 – ROGÉRIO GRECO

estava obrigado, como é a hipótese prevista na primeira parte do artigo, que prevê a privação de alimentação.

## 9.8 Modalidades qualificadas

Os §§ 1º e 2º do art. 136 preveem as modalidades qualificadas do delito de maus-tratos, *verbis*:

> § 1º Se do fato resulta lesão corporal de natureza grave:
> Pena – reclusão, de um a quatro anos.
> § 2º Se resulta a morte:
> Pena – reclusão, de quatro a doze anos.

Do fato, ou seja, da privação de alimentação ou dos cuidados indispensáveis, da sujeição a trabalho excessivo ou inadequado ou mesmo do abuso de meios de correção ou disciplina, pode resultar lesão corporal de natureza grave ou a morte da vítima.

Importante frisar, como já deixamos antever, que todas as modalidades qualificadas somente podem ser atribuídas ao agente a título de culpa. Cuida-se, portanto, de crimes eminentemente preterdolosos.

Caso o agente atue com dolo de produzir lesões corporais de natureza grave o delito, mesmo que motivado pelo fim de educação, ensino, tratamento ou custódia da vítima, será desclassificado para o crime de lesões corporais, graves ou gravíssimas, cujas penas cominadas são superiores àquelas previstas para o delito de maus-tratos.

Também não se poderá cogitar em dolo de matar, uma vez que, assim agindo o agente, não se poderia visualizar o especial fim de agir exigido pelo tipo. Como se poderia conciliar a morte da vítima com as finalidades previstas pelo preceito primário do delito de maus-tratos – educação, ensino, tratamento ou custódia?

Portanto, todas os resultados que qualificam o delito de maus-tratos somente podem ser atribuídos ao agente a título de culpa.

Deverá, ainda, ser observada a regra contida no art. 19 do Código Penal, somente podendo qualificar o delito em estudo o resultado que era previsível para o agente, não se podendo aceitar, portanto, qualquer raciocínio que importe em responsabilidade penal objetiva, pois o mencionado art. 19 determina que pelo resultado que agrava especialmente a pena – nesse caso, a lesão corporal de natureza grave e a morte – só responde o agente que o houver causado ao menos culposamente.

## 9.9 Causa de aumento de pena

O § 3º foi acrescentado ao art. 136 do Código Penal por intermédio da Lei nº 8.069/90 (Estatuto da Criança e do Adolescente), com a finalidade de punir mais severamente, de acordo com a sua regra geral, aqueles que viessem a praticar o delito em estudo contra vítimas menores de 14 anos, dizendo:

> § 3º Aumenta-se a pena de um terço, se o crime é praticado contra pessoa menor de 14 (catorze) anos.

Para que haja a incidência da mencionada causa especial de aumento de pena será preciso anexar aos autos cópia do documento de identidade da vítima, conforme determina o parágrafo único do art. 155 do Código de Processo Penal, de acordo com a nova redação que lhe foi dada pela Lei nº 11.690, de 9 de junho de 2008, que diz:

> **Parágrafo único.** Somente quanto ao estado das pessoas serão observadas as restrições estabelecidas na lei civil.

## 9.10 Pena, ação penal, competência para julgamento e suspensão condicional do processo

O crime de maus-tratos, em sua modalidade fundamental, é punido com uma pena de detenção, de 2 (dois) meses a 1 (um) ano, ou multa, sendo, pelo menos inicialmente, de competência do Juizado Especial Criminal, uma vez que, de acordo com a pena cominada ao *caput* do mencionado artigo, essa modalidade de infração penal se encontra no rol daquelas consideradas como sendo de menor potencial ofensivo, aplicando-se, consequentemente, os institutos que lhe são inerentes (transação penal e suspensão condicional do processo), mesmo que cometido contra vítima menor de 14 anos, uma vez que a pena máxima em abstrato não superará os dois anos, bem como a pena mínima não será superior a 1 (um) ano, fazendo com que, ainda assim, permaneça a competência do aludido Juizado e continue a permitir a proposta de suspensão condicional do processo.

Poderá o juiz, no entanto, optar entre a aplicação da pena privativa de liberdade e a multa, atendendo ao disposto na parte final do art. 59 do Código Penal, que diz que a pena deve ser necessária e suficiente para reprovação e prevenção do crime. No caso concreto, o juiz, fundamentadamente, deverá optar por uma delas, demonstrando que sua escolha é a que melhor se adapta ao agente.

Se do fato resultar lesão corporal de natureza grave, a pena será de reclusão, de 1 (um) a 4 (quatro) anos.

Se o crime não for cometido contra vítima menor de 14 anos, permite-se a confecção de proposta de suspensão condicional do processo, tendo em vista a pena mínima cominada.

Se resulta a morte, a pena será de reclusão, de 4 (quatro) a 12 (doze) anos.

A ação penal, em qualquer das modalidades do crime de maus-tratos – simples ou qualificado –, é de iniciativa pública incondicionada.

## 9.11 Destaques

### 9.11.1 Maus-tratos contra pessoa idosa – art. 99 da Lei nº 10.741/2003

A Lei nº 10.741, de 1º de outubro de 2003 (Estatuto da Pessoa Idosa), criou uma modalidade especial de maus-tratos praticados contra vítima com idade igual ou superior a 60 anos, dizendo, em seu art. 99, com a nova redação que lhe foi conferida pela Lei nº 14.423, de 22 de julho de 2022:

> **Art. 99.** Expor a perigo a integridade e a saúde, física ou psíquica, da pessoa idosa, submetendo-a a condições desumanas ou degradantes ou privando-a de alimentos e cuidados indispensáveis, quando obrigado a fazê-lo, ou sujeitando-a a trabalho excessivo ou inadequado:
> Pena – detenção, de 2 (dois) meses a 1 (um) ano e multa.
> § 1º *Se do fato resulta lesão corporal de natureza grave:*
> Pena – reclusão de 1 (um) a 4 (quatro) anos.
> § 2º Se resulta a morte:
> Pena – reclusão de 4 (quatro) a 12 (doze) anos.

Fazendo um estudo comparado com o art. 136 do Código Penal, percebemos, *ab initio*, serem idênticas as penas cominadas no mencionado artigo àquelas previstas pelo Estatuto da Pessoa Idosa.

Esse conflito aparente de normas, entretanto, deve ser resolvido por intermédio do princípio da especialidade.

A idade da vítima, ou seja, igual ou superior a 60 anos, é fator importante para determinar o tipo penal a ser aplicado.

Contudo, o art. 136, que não restringe a sua aplicação considerando a idade da vítima, pode ser aplicado em detrimento do art. 99 do Estatuto da Pessoa Idosa, desde que o agente, embora praticando o delito contra vítima com idade igual ou superior a 60 anos, o faça para fim de *educação, ensino, tratamento ou custódia.*

Portanto, podemos concluir que, se o agente expõe uma pessoa idosa a perigo para a sua integridade e saúde, sem qualquer das motivações previstas no art. 136 do Código Penal, aplica-se o tipo penal do art. 99 da Lei nº 10.741/2003. Contudo, se atua com aquele especial fim de agir – *educação, ensino, tratamento ou custódia* –, mesmo tratando-se de vítima com idade igual ou superior a 60 anos, aplica-se o art. 136 do Código Penal.

### 9.11.2 Maus-tratos e crime de tortura

O inciso II do art. 1º da Lei nº 9.455, de 7 de abril de 1997, diz:

> **Art. 1º** Constitui crime de tortura:
> I – [...];
> a) [...];
> b) [...];
> c) [...];
> II – submeter alguém, sob sua guarda, poder ou autoridade, com emprego de violência ou grave ameaça, a intenso sofrimento físico ou mental, como forma de aplicar castigo pessoal ou medida de caráter preventivo.
> Pena – reclusão, de dois a oito anos.

Como se percebe da redação do mencionado inciso, o agente que pratica o delito de tortura age, sempre, com dolo de dano, ou seja, sua finalidade, *ab initio*, é a de causar intenso sofrimento físico ou mental à vítima.

Não existe, ainda, coincidência de motivação entre o delito de tortura e o crime de maus-tratos. Neste, o agente atua para fins de educação, ensino, tratamento ou custódia; naquele, como forma de aplicar castigo pessoal ou medida de caráter preventivo.

### 9.11.3 Maus-tratos à criança e ao adolescente

A Lei nº 8.069/90 prevê medidas de proteção às crianças e adolescentes vítimas de maus-tratos, nos seguintes dispositivos:

> **Art. 13.** Os casos de suspeita ou confirmação de castigo físico, de tratamento cruel ou degradante e de maus-tratos contra criança ou adolescente serão, obrigatoriamente, comunicados ao Conselho Tutelar da respectiva localidade, sem prejuízo de outras providências legais.
> **Art. 56.** Os dirigentes de estabelecimentos de ensino fundamental comunicarão ao Conselho Tutelar os casos de:
> I – maus-tratos envolvendo seus alunos;
> [...].
> **Art. 87.** São linhas de ação da política de atendimento:
> [...]
> III – serviços especiais de prevenção e atendimento médico e psicossocial às vítimas de negligência, maus-tratos, exploração, abuso, crueldade e opressão;
> **Art. 101.** Verificada qualquer das hipóteses previstas no art. 98, a autoridade competente poderá determinar, dentre outras, as seguintes medidas:
> [...]
> § 2º Sem prejuízo da tomada de medidas emergenciais para proteção de vítimas de violência ou abuso sexual e das providências a que alude o art. 130 desta Lei, o afastamento da criança ou adolescente do convívio familiar é de competência exclusiva da autoridade judiciária e importará na deflagração, a pedido do Ministério Público ou de quem tenha legítimo interesse, de procedimento judicial contencioso, no qual se garanta aos pais ou ao responsável legal o exercício do contraditório e da ampla defesa.

**Art. 130.** Verificada a hipótese de maus-tratos, opressão ou abuso sexual impostos pelos pais ou responsável, a autoridade judiciária poderá determinar, como medida cautelar, o afastamento do agressor da moradia comum.

### 9.11.4 Maus-tratos e Código Penal Militar

O crime de maus-tratos foi previsto também pelo art. 213 do Código Penal Militar (Decreto-Lei nº 1.001, de 21 de outubro de 1969).

### 9.12 Quadro-resumo

**Sujeitos**
» Ativo: é aquele que detém autoridade, guarda ou vigilância sobre a vítima.
» Passivo: é aquele que está sob a autoridade, a guarda ou a vigilância do agente.

**Objeto material**
É a *pessoa* contra quem é dirigida a conduta perigosa praticada pelo agente, ou seja, aquele que estiver sob sua autoridade, guarda ou vigilância.

**Bem(ns) juridicamente protegido(s)**
A *vida* e a *saúde*.

**Elemento subjetivo**
» É o dolo, seja ele direto ou mesmo eventual.
» Não se admite a modalidade culposa.

**Modalidades comissiva e omissiva**
Admite tanto a modalidade comissiva quanto a omissiva.

**Meios de execução**
» Crime de ação múltipla, os maus-tratos podem se dar por meio da:
  a) privação de alimentação: significa suprimir os alimentos necessários e indispensáveis à manutenção da vida ou à preservação da saúde da vítima;
  b) privação dos cuidados indispensáveis: que "são aqueles mínimos relativos ao vestuário, acomodação, higiene, assistência médica e odontológica" (TELES, 2004, p. 250), dentro das possibilidades do agente;
  c) sujeição a trabalhos excessivos, nos quais a vítima atua além das suas forças;
  d) sujeição a trabalhos inadequados, ou seja, que não se conforma com as particulares condições da vítima.

**Consumação e tentativa**
» Consuma-se o delito com a efetiva criação de perigo para a vida ou para a saúde do sujeito passivo.
» A tentativa é admissível.

# Capítulo IV
# Da Rixa

## 1. RIXA

> http://uqr.to/1wmcx

**Rixa**
**Art. 137.** Participar de rixa, salvo para separar os contendores:
Pena – detenção, de quinze dias a dois meses, ou multa.
**Parágrafo único.** Se ocorre morte ou lesão corporal de natureza grave, aplica-se, pelo fato da participação na rixa, a pena de detenção, de seis meses a dois anos.

### 1.1 Introdução

O preceito primário do art. 137 do Código Penal, ao fazer a narração dos elementos que compõem o delito de rixa, diz somente: *Participar de rixa, salvo para separar os contendores*.

Como a redação típica é muito singela, primeiramente devemos traduzir o conceito de rixa, a fim de apontar-lhe os elementos caracterizadores.

Para Hungria, rixa é "uma briga entre mais de duas pessoas, acompanhada de vias de fato ou violências recíprocas, pouco importando que se forme *ex improviso* ou *ex propósito*."[1] Queiroz de Moraes define a rixa como:

> "O conflito que, surgindo de improviso entre três ou mais pessoas, cria para estas uma situação de perigo imediato à integridade corporal ou a saúde. Existe a situação de perigo mencionada, quando os rixantes lutam confusamente entre si, empregando vias de fato, ou outros meios quaisquer, como pedradas, tiros etc., que ponham em risco a integridade corporal ou a saúde tanto dos contendores como de outras pessoas que se encontrem no local ou longe, mas ao alcance dos instrumentos usados. Caracteriza-se a confusão pelo tumulto que se verifica e é demonstrada pela impossibilidade ou dificuldade de conhecer-se bem a ação de todos os partícipes. O emprego dos referidos meios põe em risco a pessoa visada e a confusão estende o perigo aos demais."[2]

---

[1] HUNGRIA, Nélson. *Comentários ao código penal*, v. VI, p. 14.
[2] MORAES, Flávio Queiroz de. *Delito de rixa*, p. 35-36.

Percebe-se, portanto, que para a configuração do delito de rixa exige-se a presença de, pelo menos, 3 (três) pessoas, que brigam indiscriminadamente entre si. O que caracteriza a rixa, na verdade, é a confusão existente no entrevero. Não é, assim, pelo fato de três pessoas estarem envolvidas numa briga que já devemos raciocinar em termos do delito de rixa. Isso porque pode acontecer, por exemplo, que duas pessoas, unidas entre si, lutem contra uma outra, e aí não teremos o delito de rixa, mas o de lesões corporais.

A finalidade da criação do delito de rixa foi evitar a impunidade que reinaria em muitas situações, onde não se pudesse apontar, com precisão, o autor inicial das agressões, bem como aqueles que agiram em legítima defesa. Por isso, pune-se a simples *participação na rixa*, de modo que todos aqueles que dela tomaram parte serão responsabilizados por esse delito.

Maggiore, com precisão, esclarece que não teria sentido a lei:

"Criar um delito a parte, como a rixa, para castigar uma luta entre somente duas pessoas, cujas respectivas responsabilidades podem ser individualizadas. Quando duas pessoas contendem, ou querem injuriar-se, ameaçar-se ou ferir-se, e por tanto podem responder eventualmente por suas injúrias, ameaças ou lesões (consumadas ou tentadas), com a situação precisa da parte culpável ou da parte lesionada, uma a respeito da outra, a lei não tem necessidade de criar um delito especial para castigá-las. Se se configura *ad hoc* o delito de participação na rixa, é porque na incerteza da responsabilidade de cada pessoa, indiscernível a causa da contenda, lhe parece conforme a justiça castigá-las somente pelo fato de haver tomado parte na rixa."[3]

Assim, o fato de existir o delito de rixa impede que, nas muitas oportunidades em que houver uma agressão tumultuária, na qual várias pessoas se agridam reciprocamente, ocorra a impunidade de todos os participantes.

Imagine-se a hipótese, diferentemente do delito de rixa, em que duas pessoas tenham se agredido no interior de um restaurante. Nesse caso, o que normalmente ocorre é que um dos agentes deu início às agressões, tendo o outro se defendido. Dessa forma, teríamos um agente agressor e outro que teria agido em legítima defesa própria.

A fim de apurar as graves agressões ocorridas no interior desse restaurante, um inquérito policial foi instaurado. Contudo, durante as investigações, como acontece com frequência, algumas testemunhas afirmaram que foi o agente *A* que havia começado as agressões; da mesma forma, outras testemunhas, também ouvidas no inquérito policial, disseram que o agente *B* iniciara o entrevero.

Como deve agir o delegado de polícia nessa situação? Segundo entendemos, deve a autoridade policial, existindo a dúvida, indiciar os dois contendores.

O Ministério Público, ao receber os autos de inquérito policial, também verificará que existe dúvida quanto ao autor inicial das agressões, razão pela qual, erigindo o princípio do *in dubio pro societate*, denunciará os dois, a fim de que, em juízo, tente elucidar a questão com os recursos do contraditório etc.

Suponha-se que, também durante a instrução do processo, o Ministério Público não tenha conseguido apontar, com precisão, o autor inicial das agressões. Ressalte-se, como já o fizemos, que um deles foi o agressor inicial, tendo o outro se defendido legitimamente, ou seja, um deles deve ser responsabilizado pelo delito de lesões corporais, enquanto o outro deve ser absolvido, por ausência de ilicitude em seu comportamento, em face da presença de uma causa de justificação, vale dizer, a legítima defesa.

Se ao final da instrução processual ainda restar a dúvida, deve o Ministério Público requerer a absolvição de ambos os acusados, pois, ao final da ação penal, o princípio que de-

---

3    MAGGIORE, Giuseppe. *Derecho penal,* v. IV, p. 368.

verá prevalecer será o do *in dubio pro reo*. Isso significa que, na dúvida, os agentes devem ser absolvidos, pois não se pode condenar aquele que não praticou qualquer infração penal. Como não se sabe qual, para que um deles não seja injustamente condenado, ambos devem ser absolvidos.

Se isso acontece, e com frequência, quando somente duas pessoas brigam entre si, imagine-se a hipótese na qual tenhamos, por exemplo, cinco, dez, vinte pessoas ou mais brigando. Sempre, nessas situações, haveria a sensação de impunidade. Seria uma "porta aberta" a esse tipo de comportamento.

Daí a necessidade de ser criado um delito em que a participação na rixa seja punida.

O item 48 da Exposição de Motivos da parte especial do Código Penal esclarece, ainda:

> **48.** A *ratio essendi* da incriminação é dupla: a rixa concretiza um perigo à incolumidade pessoal (e nisto se assemelha aos 'crimes de perigo contra a vida e a saúde') e é uma perturbação da ordem e disciplina da convivência civil.

Como tal infração penal é repleta de peculiaridades, para que sejam melhor visualizadas, destacaremos tópicos para cada uma delas, no campo correspondente aos destaques.

Apesar da afirmação majoritária da doutrina no sentido de que a rixa deve ser entendida como um delito de perigo de natureza abstrata, ousamos discordar desse posicionamento, haja vista que, quando da ocorrência do delito, o perigo a que estão expostas a vida e a saúde será, na verdade, concreto, passível de demonstrar.

## 1.2 Classificação doutrinária

Crime comum com relação ao sujeito ativo, bem como quanto ao sujeito passivo; de perigo concreto (pois a participação na rixa importa numa efetiva criação de risco para a vida e para a saúde das pessoas); doloso; de forma livre; comissivo e, caso o agente goze do *status* de garantidor, também omissivo impróprio; instantâneo; plurissubjetivo, havendo necessidade, para fins de sua configuração, da presença de, pelo menos, três pessoas, sendo que as condutas são consideradas *contrapostas*, vale dizer, umas contra as outras; plurissubsistente (uma vez que se pode fracionar o *iter criminis*); não transeunte, como regra, pois as lesões corporais sofridas pelos contendores podem ser comprovadas mediante exame pericial.

## 1.3 Objeto material e bem juridicamente protegido

Os bens juridicamente protegidos pelo tipo penal que prevê o delito de rixa são a integridade corporal e a saúde, bem como a vida. Aníbal Bruno salienta:

> "Alguns tiveram em vista o tumulto da rixa e a perturbação que pode trazer à tranquilidade pública. Crime de perigo para a paz pública, como diz GERLAND; conjuntamente de risco para a incolumidade das pessoas e a tranquilidade da ordem pública, pensa VANNINI.
>
> É claro que a rixa ameaça ou perturba a ordem e a paz pública, mas não é este o bem jurídico que o Código toma em consideração para proteger com a criação desse tipo penal, ou não é este que predomina ou orienta a incriminação. É a incolumidade corpórea, e isso desde as primeiras legislações, em que dominava a preocupação de como punir o homicídio ou a lesão que ocorresse, e ainda na concepção moderna, que faz da rixa, desde logo, crime de perigo para a vida ou a saúde, com a definição do qual o Código completa a sua armadura de proteção a esses bens."[4]

---

[4]   BRUNO, Aníbal. *Crimes contra a pessoa*, p. 256.

Objeto material são os próprios contendores, ou seja, são os rixosos que participam da agressão tumultuária, praticando condutas contrapostas uns contra os outros.

## 1.4 Sujeito ativo e sujeito passivo

Crime comum, o delito de rixa pode ser praticado por qualquer pessoa, independentemente do sexo ou idade, não exigindo, portanto, o tipo penal, qualquer qualidade ou condição especial.

Assim, na participação na rixa, os rixosos são, ao mesmo tempo, sujeitos ativos e passivos. Aquele que, com o seu comportamento, procura agredir o outro participante é considerado sujeito ativo do delito em questão; da mesma forma, aquele que não só agrediu, como da mesma forma foi agredido durante sua participação na rixa, também é considerado sujeito passivo do crime.

Luiz Regis Prado ressalva ainda o fato de que:

"Como a rixa é delito plurissubjetivo de condutas contrapostas, que se caracterizam pela reciprocidade das vias de fato, a situação de perigo desencadeada demonstra que todos os rixosos são ofensores e ofendidos, isto é, sujeitos ativos e passivos do delito. Não há falar de crime contra si próprio, já que todos os participantes da rixa se ofendem mútua e desordenadamente, expondo-se ao perigo gerado pela conduta de todos."[5]

## 1.5 Consumação e tentativa

Para que se caracterize o delito de rixa há necessidade de que os agentes iniciem os atos de agressão, que podem se constituir em vias de fato, lesões corporais, podendo, até mesmo, chegar ao resultado morte.

Isso quer dizer que não há delito de rixa quando várias pessoas se ofendem reciprocamente, com impropérios, palavras injuriosas etc. O delito de rixa exige, portanto, *atos de violência*.

Contudo, não há necessidade de *contato físico*. Pode ocorrer o delito de rixa com arremesso de objetos. É muito comum ocorrer a rixa com arremesso de cadeiras, garrafas de cerveja etc.

Nesse sentido, afirma Hungria:

"É indispensável à configuração da rixa, *a parte objecti*, que haja vias de fato, atos de militante hostilidade (socos, empurrões, engalfinhamentos, pontapés, cambapés, safanões, arremesso de objetos contundentes, eventualmente disparos de tiros etc.). Não basta uma simples altercação, por mais acalorada que seja. É preciso que os contendores *venham às mãos*, formando-se o entrevero, ou que, embora sem o *contato dos brigadores*, estes se acometam reciprocamente, por exemplo, com pedradas ou disparos de arma de fogo."[6]

Entendemos, portanto, que, quando os contendores dão início às agressões recíprocas, seja por meio do contato pessoal ou de arremesso de objetos, nesse momento, está consumado o delito de rixa.

Em sentido contrário, Magalhães Noronha afirma:

"Consuma-se o delito no momento e no lugar onde cessou a atividade dos contendores. Mesmo que ocorra morte ou lesão corporal grave (parágrafo único), a consumação se opera com a

---

[5]   PRADO, Luiz Regis. *Curso de direito penal brasileiro*, v. 2, p. 209.

[6]   HUNGRIA, Nélson. *Comentários ao código penal*, v. VI, p. 20-21.

cessação da rixa, pois o delito é o mesmo, embora seja a pena majorada, como bem se deduz dos termos do citado parágrafo: '[...] pelo fato da participação na rixa [...]'"[7]

Apesar da autoridade do renomado autor, ousamos dele discordar, uma vez que, nos termos do art. 4º do Código Penal, *considera-se praticado o crime no momento da ação ou omissão, ainda que outro seja o momento do resultado*.

Uma vez iniciada a ação, praticado o comportamento previsto pelo tipo penal incriminador, mesmo que o agente não tenha completamente esgotado seus atos, a infração já estará consumada, pois, conforme afirma Damásio de Jesus, "consuma-se a rixa com a prática de vias de fato ou violência recíprocas, instante em que há a produção do resultado [...]."[8]

Partindo do pressuposto de que o delito de rixa se consuma quando os contendores iniciam os atos de violência, será possível o raciocínio relativo à tentativa?

Para que a resposta flua com mais facilidade, é preciso que façamos a distinção entre as rixas *ex improviso* e *ex proposito*.

Chama-se *ex improviso* a rixa quando a agressão tumultuária tem início repentinamente, ou seja, sem que tenha havido qualquer combinação prévia. De repente, todos os contendores se veem envolvidos numa situação de agressões recíprocas. *Ex proposito*, é a rixa concebida antecipadamente pelos contendores. Todos resolvem que, naquele dia e local, ocorrerão as agressões tumultuárias.

Alguns autores, a exemplo de Carrara, exigem que a agressão, para o fim de caracterização do delito de rixa, seja súbita.[9] Para o renomado autor, portanto, não há falar em rixa *ex proposito*, mas tão somente em rixa *ex improviso*.

Na mesma linha de raciocínio de Carrara, Queiroz de Moraes entende que:

"A natureza da rixa exige que não tenha sido preparada a luta. Não deve ser esta resultado de cogitação anterior de seus partícipes. Sem dúvida, pode prender-se a fato há muito acontecido, a velha malquerença entre os rixantes. Não importa. O ódio antigo ou a ira momentânea devem eclodir naquele instante, repercutindo em sua consciência, impulsionando-lhes a vontade e determinando-lhes a ação."[10]

Hungria, a seu turno, contrariamente às posições acima transcritas, esclarece:

"Não se pode dizer que a rixa seja sempre uma *improvisa certatio*. As mais das vezes, deriva de uma subitânea exaltação de ânimos; mas pode também ser 'preordenada' ou resultar *ex proposito*."[11]

Entendemos perfeitamente admissível a rixa *ex proposito*. Imagine-se a hipótese em que *gangues* rivais marquem um encontro a fim de "passar a limpo" qual delas, efetivamente, é superior às demais. Sendo pelo menos em três grupos rivais distintos, nada impede que se caracterize o delito de rixa.

E quanto à tentativa?

Fragoso assevera que "a tentativa deste crime, conquanto difícil de configurar-se, é possível."[12]

Já tivemos oportunidade de ressaltar que toda vez que pudermos fracionar o *iter criminis* será possível o raciocínio da tentativa, como acontece com os chamados crimes plurissubsis-

---

[7] NORONHA, Edgard Magalhães. *Direito penal*, v. 2, p. 105.

[8] JESUS, Damásio E. de. *Direito penal*, v. 2, p. 192.

[9] CARRARA, Francesco. *Programa de derecho criminal*, v. I, p. 408.

[10] MORAES, Flávio Queiroz de. *Delito de rixa*, p. 53.

[11] HUNGRIA, Nélson. *Comentários ao código penal*, v. VI, p. 19.

[12] FRAGOSO, Heleno Cláudio. *Lições de direito penal* – Parte especial (arts. 121 a 160), p. 178.

tentes. A rixa amolda-se ao conceito de crime plurissubsistente, razão pela qual, dependendo da hipótese concreta a ser analisada, poderá ser possível o raciocínio da tentativa.

Imagine-se o caso da rixa *ex proposito*, em que os contendores, ao chegarem ao local por eles determinado, são interrompidos, por policiais que tomaram conhecimento da convenção criminosa quando já estavam dando início aos atos de execução. É hipótese difícil de acontecer, porque, para que se possa falar em tentativa de rixa, temos de concluir que os atos praticados pelos contendores já podiam ser considerados atos de execução, pois, caso contrário, se entendermos os atos como mera preparação ao cometimento do delito, não se poderá cogitar de tentativa punível.

## 1.6 Elemento subjetivo

O delito de rixa somente pode ser praticado dolosamente. Além do mais, não se consegue visualizar outro dolo que não seja o dolo direto.

Como bem ressaltado por Cezar Roberto Bitencourt:

"*O elemento subjetivo* desse crime é o *dolo*, representado pela *vontade* e *consciência* de participar da rixa, isto é, consiste no conhecimento de que se trata de uma rixa e na vontade consciente de participar dela."[13]

Por não haver previsão expressa no tipo penal, não se admite a rixa de natureza culposa. Mesmo porque seria um contrassenso esse tipo de previsão legal, pois se a rixa se configura quando os contendores querem agredir-se reciprocamente, seria inimaginável falar-se em rixa com comportamentos recíprocos culposos.

## 1.7 Modalidades comissiva e omissiva

A regra é que o delito de rixa seja praticado por meio de uma conduta positiva por parte dos rixosos. Quando a lei penal usa a expressão *participar de rixa*, está pressupondo um comportamento ativo, ou seja, um fazer alguma coisa no sentido de, no mínimo, praticar vias de fato.

Contudo, questão que demonstra interesse diz respeito ao fato de ser possível ou não participação omissiva no delito de rixa.

Entendemos que somente será possível a modalidade omissiva no delito de rixa quando o omitente gozar do *status* de garantidor. Assim, por exemplo, suponhamos que no interior da cela de uma delegacia de polícia os cincos detentos que ali se encontravam comecem a se agredir reciprocamente, gerando uma pancadaria indiscriminada. O carcereiro, que tinha obrigação legal de evitar ou, pelo menos, interromper as agressões, apartando os contendores, a tudo assiste passivamente, divertindo-se, inclusive, com o ocorrido.

Nesse caso, poderá o carcereiro, na qualidade de garantidor, ser responsabilizado pelo delito de rixa, por omissão.

## 1.8 Modalidade qualificada

O parágrafo único do art. 137 do Código Penal determina:

> **Parágrafo único.** Se ocorre morte ou lesão corporal de natureza grave, aplica-se, pelo fato da participação na rixa, a pena de detenção, de seis meses a dois anos.

---

[13] BITENCOURT, Cezar Roberto. *Tratado de direito penal*, v. 2, p. 320.

Como se percebe pela comparação entre a modalidade qualificada, prevista no transcrito parágrafo único, e o tipo fundamental, quando ocorrer lesão corporal de natureza grave ou morte, o simples fato de ter participado na rixa fará com que o agente tenha sua pena aumentada 12 vezes.

A rixa será considerada qualificada quando ocorrer a morte ou a lesão corporal de natureza grave, não importando, pois, se esses resultados foram finalisticamente queridos pelos rixosos ou se ocorreram culposamente. Assim, se houver morte ou lesão corporal de natureza grave, não importando a que título tenham ocorrido – se dolosa ou culposamente –, a rixa já será considerada qualificada.

Contudo, se tais infrações penais – homicídio e lesão corporal de natureza grave – não chegarem a se consumar, não terão o condão de qualificar o delito. Dessa forma, se houver, durante a rixa, tentativa de lesão corporal de natureza grave, tal fato, embora possa ser punido isoladamente, não poderá fazer com que os demais contendores respondam por rixa qualificada, sendo necessário, portanto, ao reconhecimento da qualificadora, que a morte e a lesão grave sejam consumadas.

Pode ser que, por exemplo, algum dos rixosos morra durante a contenda, como também uma pessoa estranha ao entrevero, mas em razão dele. Em ambas as hipóteses, os contendores responderão pelo delito de rixa qualificada.

No item correspondente aos destaques, analisaremos todas as situações que digam respeito à rixa qualificada, tais como o ingresso do agente após a produção dos resultados qualificadores, bem como a sua saída antes que tivessem acontecido etc.

## 1.9 Pena, ação penal, competência para julgamento e suspensão condicional do processo

A pena cominada ao delito de rixa simples é de detenção, de 15 (quinze) dias a 2 (dois) meses, ou multa, sendo que para a rixa qualificada a pena é de detenção, de 6 (seis) meses a 2 (dois) anos.

Tanto a rixa simples como a qualificada são de competência, pelo menos inicialmente, do Juizado Especial Criminal, uma vez que, em ambos os casos, a pena máxima cominada em abstrato não ultrapassa o limite de 2 (dois) anos, determinado pelo art. 61 da Lei nº 9.099/95, com a nova redação que lhe foi dada pela Lei nº 11.313, de 28 de junho de 2006, sendo possível, ainda, a aplicação dos institutos da transação penal, bem como da suspensão condicional do processo.

No que diz respeito à rixa simples, poderá o julgador, observando a parte final do art. 59 do Código Penal, determinar a aplicação de uma pena privativa de liberdade ou uma pena de multa, apontando, fundamentadamente, qual delas melhor atenderá às funções que lhe são reservadas, vale dizer, reprovação e prevenção do crime.

A ação penal é de iniciativa pública incondicionada, seja a rixa simples ou qualificada.

## 1.10 Destaques

### 1.10.1 Inimputáveis e desconhecidos integrantes da rixa

Como afirmamos em nossa introdução, o delito de rixa pressupõe um número mínimo de três pessoas que se agridem reciprocamente.

Podemos computar nesse número mínimo os contendores inimputáveis, bem como aqueles que, embora participantes do delito, não foram identificados na fase de inquérito policial, ou de confecção do termo circunstanciado, em caso de competência do Juizado Especial Criminal.

Assim, o importante é que três pessoas, no mínimo, participem da contenda, não importando a presença, nesse cômputo, de inimputáveis. Dessa forma, ainda responderá pelo delito de rixa o agente que, juntamente com dois inimputáveis, menores de 18 anos, se agredirem reciprocamente. Embora os menores não possam ser denunciados por esse delito, o único imputável poderá ser por ele responsabilizado.

Da mesma forma, se houver a comprovação de que em determinado lugar várias pessoas (mais de duas) agrediam-se reciprocamente, sendo que a autoridade policial somente logrou êxito em identificar apenas uma delas, o agente identificado também poderá ser responsabilizado pelo delito de rixa, mesmo que figure sozinho na peça inicial de acusação.

O importante, aqui, é a comprovação do número de pessoas participantes, no sentido de verificar se eram, no mínimo, três. Haverá casos, inclusive, em que não se poderá afirmar, com segurança, o número de contendores. Imagine-se, por exemplo, uma rixa ocorrida no interior de uma boate, onde dezenas de pessoas se agrediram. Embora não se podendo apontar o número exato daqueles que participaram do delito em questão, caberá ao Ministério Público, caso somente um deles tenha sido identificado, para o fim de responsabilidade penal pela rixa, comprovar, pelo menos, a participação dos demais, mesmo que de identidades ignoradas.

Conforme determina a parte final do art. 137 do Código Penal, somente aquele que ingressa na rixa para separar os contendores não poderá fazer parte do número mínimo exigido para o seu cômputo.

### 1.10.2 Meios de cometimento do delito de rixa

A rixa, conforme temos ressaltado, pressupõe, pelo menos, o *animus* dos agentes em ofender a integridade corporal ou a saúde dos demais contendores.

Dessa forma, não há que se falar em crime de rixa quando estivermos diante de comportamentos que não tenham essa finalidade, a exemplo dos xingamentos, ameaças, injúrias recíprocas etc.

Há necessidade, portanto, dessa vontade dirigida finalisticamente a ofender a integridade corporal ou a saúde dos demais contendores. Assim, para que se caracterize o delito de rixa é preciso que ocorram ofensas corporais.

Não é imprescindível, contudo, como já dissemos, que os agentes tenham contato pessoal entre si, podendo a rixa ocorrer por meio de arremessos de objetos.

Dos meios utilizados, poderemos visualizar na rixa a ocorrência de vias de fato, lesão corporal ou morte dos contendores, cada qual repercutindo de forma diferente no que diz respeito à aplicação da pena.

### 1.10.3 Vias de fato e lesão corporal de natureza leve

É comum a modalidade de rixa em que os contendores, embora se agredindo reciprocamente, não produzam mais do que resultados que correspondam à contravenção penal de vias de fato, prevista no art. 21 da Lei de Contravenções Penais.

Se os únicos resultados produzidos forem aqueles que dizem respeito às vias de fato, ou seja, que importam em empurrões, tapas etc., que não se traduzem em lesões corporais, os contendores somente deverão responder pelo delito de rixa, ficando as contravenções penais de vias de fato por ele absorvidas.

Pode ocorrer também, e na verdade é a hipótese mais frequente, que a participação na rixa produza lesões corporais nos contendores. Nesse caso, se as lesões corporais forem de natureza leve, o contendor que a praticou deverá, além do delito de rixa simples, responder também por elas.

Não fosse assim, chegaríamos ao absurdo de entender que se dois agentes, querendo resolver "no braço" uma contenda anterior, após marcarem data para uma luta entre eles, praticarem, reciprocamente, lesões corporais de natureza leve, cada um seria responsável pelas suas lesões, punidas, de acordo com o art. 129, *caput*, do Código Penal, com uma pena de detenção, de 3 (três) meses a 1 (um) ano.

Agora, se várias pessoas, que se agridem reciprocamente numa pancadaria indiscriminada, que resulta também em lesões corporais leves em todos os rixosos, respondessem tão somente pelo delito de rixa simples, seriam responsabilizadas, nos termos do *caput* do art. 137, com uma pena de detenção, de 15 (quinze) dias a 2 (dois) meses.

Dessa forma, uma situação que, pelo menos em tese, é mais grave, pois envolve um número maior de pessoas, seria punida menos severamente.

Portanto, entendemos que o delito de rixa somente absorve as vias de fato, devendo o agente ser responsabilizado, no entanto, pelas lesões corporais, em concurso de crimes.

### 1.10.4 Lesão corporal de natureza grave e morte resultantes da rixa

O parágrafo único do art. 137 do Código Penal, prevendo a modalidade qualificada do delito de rixa, utiliza a seguinte expressão: se ocorre morte ou lesão corporal de natureza grave, aplica-se, *pelo fato da participação na rixa*, a pena de detenção, de 6 (seis) meses a 2 (dois) anos.

Isso significa que, pelo simples fato de ter participado na rixa, ocorrendo morte ou lesão corporal de natureza grave, a pena a ser aplicada será a da modalidade qualificada.

Contudo, devemos analisar as várias hipóteses que podem ocorrer, a saber:

a)   contendor que ingressa na rixa após ter ocorrido a morte ou a lesão corporal de natureza grave;

b)   contendor que sai da rixa antes da ocorrência da morte ou da lesão corporal de natureza grave.

No primeiro caso, ou seja, quando o agente ingressa na rixa após ter ocorrido a morte ou a lesão corporal de natureza grave, não poderá ser responsabilizado pelo delito qualificado, pois sua participação em nada contribuiu para a ocorrência daqueles resultados.

Por outro lado, tem-se entendido que, mesmo o agente tendo se retirado da contenda antes da ocorrência do resultado morte ou lesão corporal de natureza grave, deverá responder pela rixa qualificada. Queiroz de Moraes, nesse sentido, ressalta:

"Deve-se ter sempre presente que a rixa é uma situação de perigo da qual podem originar-se consequências mais ou menos graves. Se a maior ou menor gravidade das lesões dependesse, no momento em que estas se verificam, do número de participantes da rixa, sem dúvida a anterior retirada de um dos contendores importaria em modificação dos resultados. Porém, tal não acontece. Um corrixante que se afasta nem sempre atenua o perigo existente e, se vem a suceder morte ou lesão, isso prova até que a situação se agravou na sua ausência. O evento, sendo uma resultante do perigo, promana também da atuação daquele que, tendo participado da contenda, ajudou a criá-lo."[14]

### 1.10.5 Concurso de crimes entre a rixa (simples ou qualificada) e as lesões corporais leves ou graves, e o homicídio

Também são vários os aspectos que devem ser analisados quando estivermos diante do delito de rixa em que sobrevenha lesões corporais (leves ou graves) ou a morte de um dos rixosos, desde que identificado o autor desses resultados.

---

[14]   MORAES, Flávio Queiroz de. *Delito de rixa*, p. 155-156.

Assim, podemos visualizar as seguintes hipóteses:

a) rixa e lesões corporais simples;
b) rixa e lesões corporais graves;
c) rixa e homicídio.

A primeira discussão pertinente diz respeito à modalidade de concurso de crimes a ser aplicado, vale dizer, o *concurso material* ou *concurso formal* de crimes. A doutrina majoritária se inclina pela tese do concurso material de crimes.

No item 48, § 2º, da Exposição de Motivos da Parte Especial do Código Penal, verifica-mos a posição do Ministro Francisco Campos:

> **48.** [...]
>
> § 2º A *participação* na rixa é punida independentemente das consequências desta. Se ocorre a morte ou lesão corporal grave de algum dos contendores, dá-se uma *condição de maior punibilidade*, isto é, a pena cominada ao simples fato de participação na rixa é especialmente agravada. A pena cominada à rixa em si mesma é aplicável separadamente da pena correspondente ao resultado lesivo (homicídio ou lesão corporal), mas serão ambas aplicadas cumulativamente (como no caso de concurso material) em relação aos contendores que concorrerem para a produção desse resultado.

No mesmo sentido, Álvaro Mayrink da Costa, quando diz:

> "Na hipótese da identificação do autor da morte ou da lesão corporal de natureza grave, aplica-se o *concurso real de tipos penais*, respondendo pelo homicídio ou lesão corporal de natureza grave e participação em rixa simples."[15]

Apesar de a posição majoritária adotar a tese do concurso material de crimes, *permissa vênia*, entendemos, no caso de concurso entre a rixa e outra infração (lesões leves, graves ou mesmo homicídio), que a regra do concurso formal é que deverá ser aplicada, uma vez que, se analisarmos detidamente os fatos, veremos que, na verdade, o que existe é tão somente uma *situação de rixa*, quer dizer, o agente está envolvido numa situação de agressão tumultuária, na qual sua vontade é dirigida finalisticamente a causar lesões ou mesmo a morte do outro contendor. O dolo, aqui, é o de produzir um dano à vítima, também contendora.

Assim, entendemos que seria melhor o raciocínio correspondente ao concurso formal de crimes, em que podemos visualizar uma única conduta, produtora de dois ou mais resulta-dos, ou seja, com seu comportamento o agente não só se integra ao grupo dos rixosos, como também produz um resultado lesivo a outro contendor.

A segunda discussão que merece destaque diz respeito ao fato de que, uma vez identifi-cado o contendor que causou as lesões graves ou a morte da vítima, por quais infrações penais deverá ser responsabilizado. Aqui, também, a doutrina se divide em:

a) rixa qualificada, mais as lesões graves ou morte;
b) rixa simples, mais as lesões graves ou morte.

Hungria é taxativo ao afirmar:

> "Se averiguado quais os contendores que praticaram o homicídio ou lesão grave, ou concor-reram diretamente para tais crimes, responderão eles individualmente por estes, em concurso material com o de *rixa qualificada*."[16]

---

[15] COSTA, Álvaro Mayrink da. *Direito penal – Parte especial*, p. 359.

[16] HUNGRIA, Nélson. *Comentários ao código penal*, v. VI, p. 24.

Em sentido contrário, preconiza Luiz Regis Prado:

"Determinados o autor (ou autores) ou partícipes do homicídio ou da lesão corporal grave, aqueles responderão por tais delitos em concurso material com a rixa simples."[17]

Entendemos ser melhor a segunda posição, uma vez que, sendo permitida a responsabilização do agente que praticou o homicídio ou as lesões corporais de natureza grave em concurso (seja ele formal ou material) com o delito de rixa qualificada, estaríamos permitindo a adoção do repudiado *bis in idem*, ou seja, um mesmo fato – lesão corporal grave ou morte – repercutindo duas vezes sobre o comportamento do agente.

O terceiro raciocínio gira em torno daquele que sofreu lesão corporal de natureza grave. Deveria ele, pelo fato de ter participado da rixa, responder pelo delito de rixa qualificada, mesmo tendo sido ele próprio a vítima das lesões corporais de natureza grave que tiveram o condão de qualificar o delito?

Entendemos que não, embora exista posição em contrário.

Magalhães Noronha, concluindo pela responsabilidade do contendor que se feriu gravemente por rixa qualificada, explica:

"Responde também por delito qualificado o rixoso ferido gravemente. Não há dizer ter sido ele já punido mais que os outros pois a lei não considera essa espécie de punição, como também não distingue. Como quer que seja, é justamente a ofensa que lhe foi produzida que torna *real* a rixa qualificada. Nada impede, entretanto, que o juiz tenha a circunstância em consideração, ao aplicar a pena."[18]

Rogério Sanches Cunha sintetiza as discussões dizendo, com a clareza que lhe é peculiar, que existem três sistemas de punição, a saber:

"*a) da solidariedade absoluta*: se da rixa resultar lesão corporal grave ou morte, todos os participantes respondem pelo evento (lesão corporal grave ou homicídio), independentemente de se apurar quem foi o seu real autor. Essa posição conduz à injustiça, punindo-se inocentes com severidade desnecessária;

*b) da cumplicidade correspectiva*: havendo morte ou lesão grave, e não sendo apurado o seu autor, todos os participantes respondem por esse resultado, sofrendo, entretanto, sanção correspondente à média da sanção do autor e do partícipe (estabelece-se uma pena determinada para todos, porém mais leve que a das lesões ou homicídio);

*c) autonomia*: a rixa é punida por si mesma, independentemente do resultado agravador (morte ou lesão grave), o qual, se ocorrer, somente qualificará o crime. Apenas o causador dos graves ferimentos ou morte (se identificado) é que responderá também pelos crimes de lesão corporal dolosa, de natureza grave, ou homicídio. Este é o critério adotado pelo nosso CP."[19]

### 1.10.6 Grupos opostos

Discute-se, ainda, a respeito da possibilidade de se falar em rixa quando estivermos diante de grupos opostos bem definidos.

Por exemplo, imagine-se que a *gangue* de determinada rua resolva atacar a *gangue* rival. Cada grupo contém, aproximadamente, 20 pessoas. Portanto, teremos 40 pessoas brigando entre si. Haveria rixa?

---

[17]  PRADO, Luiz Regis. *Curso de direito penal brasileiro*, v. 2, p. 214.

[18]  NORONHA, Edgard Magalhães. *Direito penal*, v. 2, p. 109.

[19]  CUNHA, Sanches Rogério. *Manual de direito penal* – parte especial, volume único, p. 185.

Não. Visto que, majoritariamente, embora tenhamos mais de três pessoas no entrevero, se os grupos são bens distintos e visualizáveis, o que teremos, na verdade, será a prática de lesões corporais recíprocas, e não o delito de rixa.

Como já afirmamos, a rixa pressupõe uma pancadaria indiscriminada: *A* que bate em *B*, que apanha de *C* etc.

### 1.10.7 Rixa simulada

Não se configura no tipo do art. 137 do Código Penal a chamada *rixa simulada*. A rixa coloca em risco a integridade corporal e a saúde, bem como a vida das pessoas. Aqueles que a simulam não atuam, na verdade, com a finalidade de agredir os demais participantes, agindo, pois, com o chamado *animus jocandi*.

Cezar Roberto Bitencourt alerta:

> "A rixa simulada não constitui crime, ainda que, eventualmente, resulte alguma lesão. Nessa hipótese, quem produziu a lesão ou concorreu para ela deverá responder a título de culpa, não havendo qualquer outra responsabilidade."[20]

### 1.10.8 Participação na rixa e participação no crime de rixa

Existe diferença entre participar na rixa e participar no crime de rixa.

Participar da rixa é fazer parte dela como um dos contendores. Essa participação pode ocorrer desde o início da contenda, ou mesmo depois de já iniciada, mas enquanto durar a rixa.

A participação no crime de rixa diz respeito a uma das modalidades de concurso de pessoas e pode acontecer mediante:

*a*) participação moral;
*b*) participação material.

Ocorre a participação moral quando o agente induz ou instiga o autor à prática da infração penal. Assim, aquele que convence alguém a entrar na rixa ou, mesmo de fora, incita, estimula os contendores, será considerado partícipe no crime de rixa.

Já na chamada participação material, existe uma prestação de auxílios materiais, ou seja, o agente, como no caso de fornecimento de instrumentos que serão utilizados no delito, facilita de alguma forma a prática da infração penal. No caso da rixa, imagine-se a hipótese em que o agente, sabendo da intenção de um dos contendores, forneça-lhe um taco de *baseball*, para que seja usado durante o entrevero. Teríamos, aqui, uma participação no delito de rixa, na modalidade prestação de auxílios materiais.

### 1.10.9 Possibilidade de legítima defesa no delito de rixa

Para que todos os participantes da rixa sejam condenados por esse delito, parte-se do pressuposto de que as agressões por eles praticadas sejam injustas.

Assim, na verdade, todos os que participam da contenda atuam, ilicitamente, uns contra os outros.

Nesse caso, poderia haver alguma situação em que fosse possível o raciocínio da legítima defesa?

A doutrina seleciona algumas hipóteses, sobre as quais dissertaremos.

---

[20] BITENCOURT, Cezar Roberto. *Tratado de direito penal*, v. 2, p. 320.

CURSO DE DIREITO PENAL • VOL. 2 – ROGÉRIO GRECO

A) A primeira delas diz respeito à modificação dos meios com base nos quais a rixa era travada. Assim, por exemplo, se todos estavam se agredindo reciprocamente com socos e pontapés e um dos rixosos, de repente, saca um revólver e, com ele, pretende atirar em outro contendor, este poderá se defender legitimamente, podendo, inclusive, dependendo da situação, chegar até mesmo a produzir o resultado morte do rixoso que, certamente, o mataria.

Nesse caso, embora um dos contendores tenha agido em legítima defesa, causando a morte do outro rixoso, não poderá ser responsabilizado, como se percebe, pelo delito de homicídio, somente devendo responder pelo delito de rixa qualificada pelo resultado morte, pois o parágrafo único do art. 137 do Código Penal exige tão somente que a morte ocorra pelo fato da participação na rixa.

Assim, não somente o rixoso que agiu em legítima defesa responderá por rixa qualificada, como também todos os demais participantes.

B) Pode ocorrer, também, que um terceiro, que ingresse na rixa a fim de separar os contendores, seja injustamente agredido e, agindo em legítima defesa, venha a produzir a morte de um dos rixosos.

Aqui, nenhum problema existe para que seja feito o raciocínio da legítima defesa, uma vez que, aquele que intervém na rixa com o fim de acabar com ela, separando os contendores, não pratica qualquer agressão injusta. Se vem a ser repelido, agredido injustamente por um dos rixosos, poderá, naturalmente, atuar em legítima defesa.

Contudo, se ocorrer a morte de seu agressor, um dos rixosos, todos os demais deverão responder pelo delito de rixa qualificada, pois a morte também adveio em virtude da participação na rixa.

C) Também poderá ocorrer a hipótese em que ocorra a intervenção de um terceiro, estranho à rixa, que venha em defesa de um corrixante.

Nesse caso, a própria Exposição de Motivos à Parte Especial do Código Penal esclarece, no último parágrafo do item 48:

> **48.** Segundo se vê do art. 137, *in fine*, a participação na rixa deixará de ser crime se o participante visa apenas separar os contendores. É claro que também não haverá crime se a intervenção constituir *legítima defesa*, própria ou de terceiro.

Portanto, se alguém intervém não com a finalidade de também participar da rixa, mas, sim, com o propósito de defender um terceiro, como no caso daquele que percebe que seu irmão está sendo duramente espancado por um dos contendores e atua querendo salvá-lo, poderá ser beneficiado com o raciocínio da legítima defesa de terceiros.

### 1.10.10 Rixa e Código Penal Militar

O delito de participação em rixa está previsto no art. 211 do Código Penal Militar (Decreto-Lei nº 1.001, de 21 de outubro de 1969).

### 1.10.11 Lei Geral do Esporte

Infelizmente, temos assistido, com muita frequência, tumultos e violências provocados por torcidas organizadas. Muitas vezes, esses confrontos entre torcidas são orquestrados através das redes sociais. Nesse caso, se duas torcidas rivais, após marcarem antecipadamente um local, ou mesmo improvisadamente, se digladiarem, agredindo-se reciprocamente, teríamos, *in casu*, a ocorrência do delito de rixa? Já expusemos anteriormente que não, ou seja, quando houver dois grupos distintos estaremos diante da hipótese de lesões corporais recíprocas.

No entanto, existe previsão expressa para a punição desse comportamento na Lei nº 14.597, de 14 de junho de 2023, que instituiu a Lei Geral do Esporte, que diz, textualmente:

> **Art. 201.** Promover tumulto, praticar ou incitar a violência ou invadir local restrito aos competidores ou aos árbitros e seus auxiliares em eventos esportivos:
> Pena – reclusão, de 1 (um) a 2 (dois) anos, e multa.
> § 1º Incorrerá nas mesmas penas o torcedor que:
> I – promover tumulto, praticar ou incitar a violência em um raio de 5.000 m (cinco mil metros) ao redor do local de realização do evento esportivo ou durante o trajeto de ida e volta do local da realização do evento;
> II – portar, deter ou transportar, no interior da arena esportiva, em suas imediações ou no seu trajeto, em dia de realização de evento esportivo, quaisquer instrumentos que possam servir para a prática de violência;
> III – participar de brigas de torcidas.

## 1.11 Quadro-resumo

**Sujeitos**
Ativo e passivo: os rixosos são, ao mesmo tempo, sujeitos ativos e passivos.

**Objeto material**
São os próprios *contendores*.

**Bem(ns) juridicamente protegido(s)**
A *integridade corporal* e a *saúde*, bem como a *vida*.

**Elemento subjetivo**
» É o dolo.
» Não se admite a rixa de natureza culposa.

**Modalidades comissiva e omissiva**
A regra é de que o delito de rixa seja praticado por meio de uma conduta positiva por parte dos rixosos. Somente será possível a modalidade omissiva no delito quando o omitente gozar do *status* de garantidor.

**Participação**
Pune-se a simples participação na rixa, de modo que todos aqueles que dela tomarem parte serão responsabilizados por esse delito.

**Consumação e tentativa**
» Quando os contendores dão início às agressões recíprocas, seja por meio do contato pessoal ou de arremesso de objetos, nesse momento, está consumado o delito de rixa.
» É possível o raciocínio relativo à tentativa, embora de difícil configuração.

# Capítulo V
# Dos Crimes contra a Honra

## 1. DOS CRIMES CONTRA A HONRA

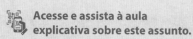

Acesse e assista à aula explicativa sobre este assunto.

> http://uqr.to/1wmcy

### Calúnia
**Art. 138.** Caluniar alguém, imputando-lhe falsamente fato definido como crime:
Pena – detenção, de seis meses a dois anos, e multa.
§ 1º Na mesma pena incorre quem, sabendo falsa a imputação, a propala ou divulga.
§ 2º É punível a calúnia contra os mortos.

### Exceção da verdade
§ 3º Admite-se a prova da verdade, salvo:
I – se, constituindo o fato imputado crime de ação privada, o ofendido não foi condenado por sentença irrecorrível;
II – se o fato é imputado a qualquer das pessoas indicadas no nº I do art. 141;
III – se do crime imputado, embora de ação pública, o ofendido foi absolvido por sentença irrecorrível.

### Difamação
**Art. 139.** Difamar alguém, imputando-lhe fato ofensivo à sua reputação:
Pena – detenção, de três meses a um ano, e multa.

### Exceção da verdade
**Parágrafo único.** A exceção da verdade somente se admite se o ofendido é funcionário público e a ofensa é relativa ao exercício de suas funções.

### Injúria
**Art. 140.** Injuriar alguém, ofendendo-lhe a dignidade ou o decoro:
Pena – detenção, de um a seis meses, ou multa.
§ 1º O juiz pode deixar de aplicar a pena:
I – quando o ofendido, de forma reprovável, provocou diretamente a injúria;
II – no caso de retorsão imediata, que consista em outra injúria;
§ 2º Se a injúria consiste em violência ou vias de fato, que, por sua natureza ou pelo meio empregado, se considerem aviltantes:
Pena – detenção, de três meses a um ano, e multa, além da pena correspondente à violência.

§ 3º Se a injúria consiste na utilização de elementos referentes a religião ou à condição de pessoa idosa ou com deficiência:
Pena – reclusão, de um a três anos, e multa.

**Disposições comuns**

**Art. 141.** As penas cominadas neste Capítulo aumentam-se de um terço, se qualquer dos crimes é cometido:
I – contra o Presidente da República, ou contra chefe de governo estrangeiro;
II – contra funcionário público, em razão de suas funções, ou contra os Presidentes do Senado Federal, da Câmara dos Deputados ou do Supremo Tribunal Federal;
III – na presença de várias pessoas, ou por meio que facilite a divulgação da calúnia, da difamação ou da injúria;
IV – contra criança, adolescente, pessoa maior de 60 (sessenta) anos ou pessoa com deficiência, exceto na hipótese prevista no § 3º do art. 140 deste Código
§ 1º Se o crime é cometido mediante paga ou promessa de recompensa, aplica-se a pena em dobro.
§ 2º Se o crime é cometido ou divulgado em quaisquer modalidades das redes sociais da rede mundial de computadores, aplica-se em triplo a pena.
§ 3º Se o crime é cometido contra a mulher por razões da condição do sexo feminino, nos termos do § 1º do art. 121-A deste Código, aplica-se a pena em dobro.

**Exclusão do crime**

**Art. 142.** Não constituem injúria ou difamação punível:
I – a ofensa irrogada em juízo, na discussão da causa, pela parte ou por seu procurador;
II – a opinião desfavorável da crítica literária, artística ou científica, salvo quando inequívoca a intenção de injuriar ou difamar;
III – o conceito desfavorável emitido por funcionário público, em apreciação ou informação que preste no cumprimento de dever do ofício.
**Parágrafo único.** Nos casos dos nos I e III, responde pela injúria ou pela difamação quem lhe dá publicidade.

**Retratação**

**Art. 143.** O querelado que, antes da sentença, se retrata cabalmente da calúnia ou da difamação, fica isento de pena.
**Parágrafo único.** Nos casos em que o querelado tenha praticado a calúnia ou a difamação utilizando-se de meios de comunicação, a retratação dar-se-á, se assim desejar o ofendido, pelos mesmos meios em que se praticou a ofensa.
**Art. 144.** Se, de referências, alusões ou frases, se infere calúnia, difamação ou injúria, quem se julga ofendido pode pedir explicações em juízo. Aquele que se recusa a dá-las ou, a critério do juiz, não as dá satisfatórias, responde pela ofensa.
**Art. 145.** Nos crimes previstos neste Capítulo somente se procede mediante queixa, salvo quando, no caso do art. 140, § 2º, da violência resulta lesão corporal.
**Parágrafo único.** Procede-se mediante requisição do Ministro da Justiça, no caso do inciso I do *caput* do art. 141 deste Código, e mediante representação do ofendido, no caso do inciso do mesmo artigo, bem como no caso do § 3º do art. 140 deste Código.

## 1.1 Introdução

A honra é um bem considerado constitucionalmente inviolável. O inciso X do art. 5º da Constituição Federal preconiza expressamente:

X – são invioláveis a intimidade, a vida privada, a honra e a imagem das pessoas, assegurado o direito a indenização pelo dano material e moral decorrente da sua violação.

Sabemos que a honra é um conceito que se constrói durante toda uma vida e que pode, em virtude de apenas uma única acusação leviana, ruir imediatamente. Por essa razão, embora a menção constitucional diga respeito tão somente à necessidade de reparação dos danos de natureza civil, tradicionalmente, os Códigos Penais têm evidenciado a importância que esse bem merece, criando figuras típicas correspondentes aos crimes contra a honra.[1]

Muñoz Conde ressalta:

"A honra é um dos bens jurídicos mais sutis e mais difíceis de apreender desde o ponto de vista jurídico-penal. Isso se deve, sobretudo, a sua relativização. A existência de um ataque a honra depende das mais diversas situações, da sensibilidade, do grau de formação, da situação tanto do sujeito passivo como do ativo, e também das relações recíprocas entre ambos, assim como das circunstâncias do fato."[2]

Costuma-se entender a honra e, consequentemente, sua agressão sob os *aspectos objetivo* e *subjetivo*.

A chamada *honra objetiva* diz respeito ao conceito que o sujeito acredita que goza no seu meio social. Segundo Carlos Fontán Balestra, "a honra objetiva é o juízo que os demais formam de nossa personalidade, e através do qual a valoram."[3]

Já a *honra subjetiva* cuida do conceito que a pessoa tem de si mesma, dos valores que ela se autoatribui e que são maculados com o comportamento levado a efeito pelo agente.

A distinção tem repercussão prática, uma vez que, por intermédio dela, se poderá visualizar o momento consumativo de cada infração penal prevista pela lei, que atinge a honra da vítima, conforme veremos mais adiante.

Fragoso, contudo, repudiando a diferença proposta pela doutrina entre honra objetiva e subjetiva, diz:

"Na identificação do que se deva entender por *honra*, a doutrina tradicionalmente distingue dois diferentes aspectos: um subjetivo, outro, objetivo. Subjetivamente, honra seria o sentimento da própria dignidade; objetivamente, reputação, bom nome e estima no grupo social. Essa distinção conduz a equívocos quando aplicada ao sistema punitivo dos crimes contra a honra: não proporciona conceituação unitária e supõe que a honra, em seu aspecto sentimental, possa ser objeto de lesão. Como ensina *Welzel*, § 42, I, 1, o conceito de honra é normativo e não fático. Ela não consiste na fatual opinião que o mundo circundante tenha do sujeito (boa fama), nem na fatual opinião que o indivíduo tenha de si mesmo (sentimento da própria dignidade)."[4]

---

[1] Conforme esclarece Emiliano Borja Jiménez, "a pessoa humana se caracteriza tanto por sua individualidade como por sua sociabilidade. Como ente social, o ser humano se integra na comunidade, se relaciona com seus semelhantes na família, na escola, no trabalho, nos centros de lazer etc. Essa abertura do sujeito até os demais leva acompanhado não somente seu reconhecimento pessoal pelo grupo, senão também que cada um dos indivíduos fique identificado por nosso trabalho, nossa capacidade, nossa bondade ou maldade, por nossa cultura etc. Quer dizer, junto a nossa imagem física, que constitui o primeiro dado de nossa identidade que oferecemos à comunidade, se encontra nossa imagem social, que vem constituída por um conjunto de *valorações* sobre distintos aspectos de nossa personalidade e nosso comportamento. Quanto mais positiva seja essa imagem social, maiores condições terá o indivíduo para desenvolver livremente sua personalidade e ser mais feliz. E, vice-versa, quanto mais negativa seja dita imagem, maiores problemas encontrará o sujeito para levar a cabo sua vida em comum com seus semelhantes, e possivelmente seja mais desgraçado" (*Curso de política criminal*, p. 163-164).

[2] MUÑOZ CONDE, Francisco. *Derecho penal* – Parte especial, p. 274.

[3] FONTÁN BALESTRA, Carlos. *Tratado de derecho penal*, v. IV, p. 398.

[4] FRAGOSO, Heleno Cláudio. *Lições de direito penal* – Parte especial (arts. 121 a 160, CP), p. 184.

Na verdade, embora sirva a distinção, como afirmamos, para melhor visualizarmos o momento de consumação de cada crime contra a honra previsto no Código Penal, não podemos com ela radicalizar. Isso porque honra subjetiva e honra objetiva são conceitos que se interligam, gerando, na verdade, um conceito único. Embora possamos identificá-los levando em consideração a relação de precipuidade, ou seja, em que a honra subjetiva, precipuamente, afeta o conceito que o agente faz de si mesmo, e a honra objetiva, também precipuamente, atinge a reputação do agente em seu meio social, não podemos considerá-las de forma estanque, completamente compartimentadas.

Uma palavra que pode ofender a honra subjetiva do agente também poderá atingi-lo perante a sociedade da qual faz parte. Chamar alguém de *mau-caráter*, por exemplo, além de atingir a dignidade do agente, macula sua imagem no meio social. Dessa forma, somente podemos considerar a distinção entre honra objetiva e honra subjetiva para identificar a classificação da figura típica, bem como para poder apontar, com mais segurança, o momento de consumação da infração penal pretendida pelo agente.

O Código Penal catalogou três delitos contra a honra, a saber: *calúnia* (art. 138), *difamação* (art. 139) e *injúria* (art. 140).

Os dois primeiros, calúnia e difamação, na divisão acima proposta, maculam a honra objetiva do agente, sendo que o último, a injúria, atinge sua honra de natureza subjetiva.

## 1.2 Meios de execução nos crimes contra a honra

Hungria esclarece que o crime contra a honra:

"É praticado mediante a linguagem *falada* (emitida diretamente ou reproduzida por meio mecânico), *escrita* (manuscrito, datilografado ou impresso) ou *mímica*, ou por meio *simbólico ou figurativo. Verbis, scriptis, nutu et facto.*"[5]

Importante salientar as formas pelas quais se pode cometer um delito contra a honra, pois, dependendo do meio utilizado pelo agente, poderá ser eliminada ou afirmada a possibilidade de tentativa.

Uma vez escolhido o meio a ser utilizado na prática da infração penal, estaremos, consequentemente, diante do raciocínio da unissubsistência ou da plurissubsistência do crime. Sendo unissubsistente, não se admitirá a tentativa; ao contrário, afirmando-se a plurissubsistência do delito, em virtude dos meios selecionados, será permitido o raciocínio correspondente ao *conatus*.

Pode um agente, por exemplo, praticar um delito de injúria somente com um simples assobio, que coloca em xeque a masculinidade da vítima, ou mesmo escrevendo-lhe uma carta que ofenda diretamente sua honra subjetiva.

O meio selecionado ao cometimento de qualquer um dos crimes contra a honra será fundamental ao raciocínio pertinente ao *iter criminis*.

## 1.3 Imunidades dos Senadores, Deputados e Vereadores[6]

Determina o art. 53 da Constituição Federal:

---

[5] HUNGRIA, Nélson. *Comentários ao código penal*, v. VI, p. 38.

[6] Dissertando sobre as origens históricas das imunidades parlamentares, Juan Carlos Carbonell Mateu esclarece:"Foi precisamente a necessidade de proteger os primeiros parlamentos frente às intromissões de outros poderes e especialmente de evitar as atuações do monarca contra os representantes da soberania que fizeram nascer essas inviolabilidades. Hoje, continua resultando necessária a tutela absoluta da função parlamentar. A natureza de tal função requer uma absoluta liberdade que resulta incompatível com o submetimento do Poder Legislativo ao controle absoluto de outros poderes do Estado. Desde

> **Art. 53.** Os Deputados e Senadores são invioláveis, civil e penalmente, por quaisquer de suas opiniões, palavras e votos.

Houve, portanto, previsão da chamada *imunidade material* para os deputados e senadores que, na defesa de seu mandato, poderão, sem temer qualquer retaliação civil ou penal, emitir livremente opiniões e votar de acordo com a sua consciência.

Deve ser frisado que a aludida imunidade material não permite que o parlamentar, fora de discussões que tenham interesse de natureza política, agrida a honra das demais pessoas, sem que com isso possa ser processado criminalmente. Não pode ser responsabilizado pelo chamado *delito de opinião*. Ao contrário, pode e deve ser responsabilizado quando agredir gratuitamente a honra de outras pessoas sem que haja qualquer ligação com o exercício do mandato.

Se um Deputado Federal, por exemplo, ao defender o projeto de lei por ele criado, critica o Presidente da República argumentando que o diploma legal que ele editou favoreceu a corrupção, razão pela qual determinado tema deve ser regulamentado rapidamente pelo Congresso, sob pena de se lesar o erário, não poderá ser responsabilizado por qualquer infração contra a honra do Presidente da República, pois seus argumentos e críticas estão ligados diretamente a um interesse político, inerente ao seu mandato.

Agora, imagine-se que, durante um discurso na Tribuna, o mesmo Deputado diga que, além de lesar o erário, o Presidente da República devia "cuidar melhor da sua mulher, pois todos em Brasília têm conhecimento de suas traições." Ora, pergunta-se, qual a ligação política que existe entre difamar o Presidente da República, apontando-o como um passivo marido traído, e o exercício do mandato? Obviamente que nenhuma, razão pela qual poderá o parlamentar ser processado pelo delito que cometeu.

Damásio conclui pela necessidade de dois requisitos para que se reconheça a imunidade material:

"1º) que a ofensa seja cometida no exercício do mandato;

2º) que haja nexo de necessidade entre tal exercício e o fato cometido."[7]

Além da imunidade material dos deputados e senadores, a Constituição Federal também entendeu por bem conceder-lhes a *imunidade formal*, conforme se verifica pela redação contida nos §§ 3º, 4º e 5º do art. 53, *verbis*:

> § 3º Recebida a denúncia contra Senador ou Deputado, por crime ocorrido após a diplomação, o Supremo Tribunal Federal dará ciência à Casa respectiva, que, por iniciativa de partido político nela representado e pelo voto da maioria de seus membros, poderá, até a decisão final, sustar o andamento da ação.
> § 4º O pedido de sustação será apreciado pela Casa respectiva no prazo improrrogável de quarenta e cinco dias do seu recebimento pela Mesa Diretora.
> § 5º A sustação do processo suspende a prescrição, enquanto durar o mandato.

No que diz respeito aos *vereadores*, a Constituição Federal limitou a imunidade àquela de natureza material, mesmo assim com certas restrições, conforme se percebe da leitura do inciso VIII do art. 29, que lhes resguardou a inviolabilidade por opiniões, palavras e votos no exercício do mandato e na circunscrição do Município.

---

essa perspectiva, é evidente que a inviolabilidade parlamentar não é um privilégio pessoal; daí que sua natureza não seja, a meu juízo, a de causa pessoal de exclusão da responsabilidade criminal. No meu entender estamos diante de uma autêntica causa de justificação [...]: cumprimento de um dever, exercício legítimo de um direito, ofício ou cargo (*Derecho penal* – Concepto y principios constitucionales, p. 190).

[7] JESUS, Damásio E. de. *Direito penal*, v. 2, p. 207.

Isso significa que, enquanto o Vereador estiver no exercício do mandato e nos limites de seu Município, gozará da imunidade material, com as ressalvas feitas acima quando discorremos sobre os deputados e senadores, ou seja, deverá ser preservado para que defenda, à altura, os interesses dos munícipes, sem que, para tanto, possa agredir a honra de terceiros, imputando-lhes fatos ou atributos pejorativos que fujam à natureza política, ou seja, que não digam respeito ao bom e fiel cumprimento do mandato para o qual fora eleito.

Entretanto, mesmo que na defesa do mandato, se o Vereador, fora da circunscrição do seu Município, proferir palavras que, em tese, configurem calúnia, difamação ou injúria, não poderá alegar a imunidade material, em face da limitação contida na Constituição Federal.

Para os vereadores não houve previsão constitucional da imunidade formal, tampouco foro por prerrogativa de função, razão pela qual poderão ser processados a qualquer tempo, sem que haja possibilidade de suspensão da ação penal por seus pares, não se podendo aplicar-lhes, por simetria, o § 3º do art. 53 da Constituição Federal, dirigido tão somente aos deputados e senadores.

## 1.4 Do processo e do julgamento dos crimes de calúnia e injúria, de competência do juiz singular

Os arts. 519 a 523 do Código de Processo Penal dispõem sobre o processo e julgamento dos crimes de calúnia e injúria, prevendo a possibilidade de reconciliação entre as partes, bem como a arguição de exceção da verdade ou da notoriedade do fato.

## 1.5 Concurso de crimes

Pode ocorrer, e não é incomum que aconteça, que o agente, de uma só vez venha a cometer alguns, ou mesmo todos, os delitos contra a honra, numa relação de contexto. Assim, podemos raciocinar com a hipótese em que o agente, v.g., durante uma discussão que era presenciada por várias pessoas, impute falsamente um fato criminoso à vítima, bem como profira expressões injuriosas contra ela. Nesse caso, seria possível o concurso de crimes? Entendemos que sim, desde que do comportamento praticado pelo agente se possa deduzir a prática de vários crimes contra a honra, seja ela objetiva ou subjetiva.

Em sendo possível o concurso de crimes, qual deles seria aplicável, vale dizer, o concurso material, o concurso formal ou o crime continuado? Rogério Sanches Cunha, analisando o tema, aponta TRÊS posições, dizendo:

"*a*) temos decisões reconhecendo, na hipótese, a continuidade delitiva, pois ofendem o mesmo bem jurídico (*RT* 545/344);

*b*) há corrente preferindo aplicar ao caso o princípio da consunção, isto é, o crime mais leve é absorvido pelo mais grave, não importando a espécie de honra ofendida (*RT* 682/363);

*c*) pensamos possível o concurso de delitos somente quando da(s) conduta(s) são atingidas honras diferentes. Assim, admitimos o concurso, material ou formal, a depender do caso, entre calúnia (difamação) e injúria."[8]

Na verdade, somente a hipótese concreta nos permitirá apontar a espécie de concurso de crimes a ser aplicada, pois, como bem observado por Paulo Queiroz, "nesse assunto – conflito aparente de tipos penais – não é possível, porém, avançar muito, pois tantas são as variáveis envolvidas que a solução definitiva quase sempre dependerá de como o caso concreto se apresentará."[9]

---

[8] CUNHA, Sanches Rogério. *Manual de direito penal* – parte especial, volume único, p. 188.

[9] QUEIROZ, Paulo; e outros. *Curso de direito penal* – parte especial, v. 2, p. 157.

## 2. CALÚNIA

> **Calúnia**
> **Art. 138.** Caluniar alguém, imputando-lhe falsamente fato definido como crime:
> Pena – detenção, de 6 (seis) meses a 2 (dois) anos, e multa.
> § 1º Na mesma pena incorre quem, sabendo falsa a imputação, a propala ou divulga.
> § 2º É punível a calúnia contra os mortos.
>
> **Exceção da verdade**
> § 3º Admite-se a prova da verdade, salvo:
> I – se, constituindo o fato imputado crime de ação privada, o ofendido não foi condenado por sentença irrecorrível;
> II – se o fato é imputado a qualquer das pessoas indicadas no nº I do art. 141;
> III – se do crime imputado, embora de ação pública, o ofendido foi absolvido por sentença irrecorrível.

### 2.1 Introdução

A calúnia é o mais grave de todos os crimes contra a honra previstos pelo Código Penal.

Na narração da conduta típica, a lei penal aduz expressamente à imputação *falsa* de um *fato* definido como *crime*.

Assim, podemos indicar os três pontos principais que especializam a calúnia com relação às demais infrações penais contra a honra, a saber:

*a)* a imputação de um *fato*;
*b)* esse fato imputado à vítima deve, obrigatoriamente, ser *falso*;
*c)* além de falso, o fato deve ser definido como *crime*.

Dessa forma, qualquer imputação de atributos pejorativos à pessoa da vítima que não se consubstancie em *fatos* poderá configurar o delito de injúria, mas não o de calúnia. Imagine-se, por exemplo, a hipótese daquele que chama a vítima de ladrão. Dizer que a vítima é um ladrão não se lhe está imputando a prática de qualquer fato, mas, sim, atribuindo-lhe pejorativamente uma qualidade negativa. Portanto, nesse caso, o crime cometido seria o de injúria, e não o de calúnia.

Além do mais, esse fato deve ser falso, devendo o agente, obrigatoriamente, ter o conhecimento dessa falsidade. Aquele que, por exemplo, em conversa com um amigo, afirma, *crendo no que está falando*, que a vítima, em decorrência do movimento intenso de carros na porta de sua residência, bem como da diversidade de horários em que isso acontece, conjugados com o seu rápido enriquecimento, está praticando o tráfico ilícito de entorpecentes, não poderá ser responsabilizado pelo crime de calúnia, uma vez que, para o agente, o fato que imputava à vítima era verdadeiro, ocorrendo aqui o chamado erro de tipo, que tem o condão de afastar o dolo.

Também ocorrerá o delito de calúnia quando *o fato em si for verdadeiro*, ou seja, quando houver, realmente, a prática de um fato definido como crime, sendo que *o agente imputa falsamente a sua autoria à vítima*.

Dessa forma, tanto ocorrerá a calúnia quando houver a imputação falsa de fato definido como crime, como na hipótese de o fato ser verdadeiro, mas falsa sua atribuição à vítima.

Finalmente, além de falso o fato, deve ser definido como *crime*. O art. 1º da Lei de Introdução ao Código Penal nos fornece o critério em virtude do qual podemos identificar quando estamos diante de um crime, dizendo:

> **Art. 1º** Considera-se crime a infração penal a que a lei comina pena de reclusão ou de detenção, quer isoladamente, quer alternativa ou cumulativamente com a pena de multa; contravenção, a infração penal a que a lei comina, isoladamente, pena de prisão simples ou de multa, ou ambas, alternativa ou cumulativamente.

255 PARTE I – CAPÍTULO V – DOS CRIMES CONTRA A HONRA

Como se percebe, o Código Penal não nos forneceu um conceito legal de crime, mas tão somente um critério para sua identificação, mediante a análise da pena cominada no preceito secundário de cada tipo penal incriminador.

Assim, a *infração penal* é o gênero, do qual são suas espécies os crimes (ou delitos) e as contravenções penais.

Como o Código Penal se referiu expressamente, em seu art. 138, como elemento do crime de calúnia, à imputação de um fato definido como *crime*, não podemos adotar, aqui, o conceito amplo de infração penal, a fim de abranger no mencionado tipo tanto os crimes/delitos como as contravenções penais.

Dessa forma, toda vez que o fato imputado falsamente à vítima for classificado como contravenção penal, em respeito ao princípio da legalidade, não poderemos subsumi-lo ao crime de calúnia, devendo ser entendido como delito de difamação.

Imagine-se a hipótese em que o agente atribui à vítima o fato de estar "bancando o jogo de bicho." Estar atuando como banqueiro do jogo do bicho configura-se na contravenção penal tipificada no art. 58 do Decreto-Lei nº 6.259, de 10 de fevereiro de 1944, que diz:

> **Art. 58.** Realizar o denominado "jogo do bicho", em que um dos participantes, considerado comprador ou ponto, entrega certa quantia com a indicação de combinações de algarismos ou nome de animais, a que correspondem números, ao outro participante, considerado o vendedor ou banqueiro, que se obriga mediante qualquer sorteio ao pagamento de prêmios em dinheiro.

Não poderia o agente, portanto, ser responsabilizado pelo delito de calúnia, mas tão somente, como dissemos, pelo delito de difamação.

Portanto, para que haja calúnia, deve existir sempre uma imputação falsa de um fato, definido como crime. Caso não seja um fato, mas, sim, um atributo negativo quanto à pessoa da vítima, o crime será de injúria; sendo um fato que não se configure em crime, podendo até mesmo ser uma contravenção penal, o delito será o de difamação; acreditando o agente que o fato definido como crime é verdadeiro, incorrerá em erro de tipo, afastando-se o dolo do art. 138, podendo, contudo, ainda ser responsabilizado pelo delito de difamação, embora possa ser discutível essa classificação, conforme veremos mais detidamente adiante.

Merece ser ressaltado, ainda, que o fato imputado pelo agente à vítima deve ser *determinado*. Conforme salienta Aníbal Bruno:

> "Não basta, por exemplo, dizer que a vítima furtou. É necessário particularizar as circunstâncias bastantes para identificar o acontecido, embora sem as precisões e minúcias que, muitas vezes, só poderiam resultar de investigações que não estariam ao alcance do acusador realizar."[10]

Também não poderá configurar-se como calúnia a imputação de fatos inverossímeis, como no exemplo daquele que atribui a alguém a subtração da estátua do Cristo Redentor, afixada no morro do Corcovado, na cidade do Rio de Janeiro.

## 2.2 Classificação doutrinária

Crime comum (uma vez que o tipo penal não exige qualquer qualidade ou condição especial tanto para o sujeito ativo como para o sujeito passivo); formal (uma vez que a sua consumação ocorre mesmo que a vítima não tenha sido, efetivamente, maculada em sua honra objetiva, bastando que o agente divulgue, falsamente, a terceiro, fato definido como crime); doloso; de forma livre; instantâneo; comissivo (podendo ser, também, omissivo impróprio,

---

[10] BRUNO, Aníbal. *Crimes contra a pessoa*, p. 289.

desde que o agente goze do *status* de garantidor); monossubjetivo; unissubsistente ou pluris-subsistente (pois o ato de caluniar pode ser concentrado ou, ainda, fracionado, oportunidade em que se poderá visualizar a tentativa); transeunte (sendo que, em algumas situações, poderá ser considerado não transeunte, a exemplo do agente que divulga a terceiro, por meio de carta, um fato definido como crime falsamente atribuído à vítima); de conteúdo variado (podendo o agente não somente caluniar a vítima, como também se esforçar no sentido de divulgá-la a mais pessoas, devendo responder, portanto, por uma só infração penal).

## 2.3 Objeto material e bem juridicamente protegido

Bem juridicamente protegido pelo tipo penal que prevê o delito de calúnia é a honra, aqui concebida objetivamente. Ou seja, protege-se o conceito que o agente entende que goza em seu meio social, ou, conforme assevera Cezar Roberto Bitencourt, "neste dispositivo, o *bem jurídico* protegido, pela tipificação do crime de calúnia, para aqueles que adotam essa divisão, é a *honra objetiva*, isto é, a reputação do indivíduo, ou seja, é o conceito que os demais membros da sociedade têm a respeito do indivíduo, relativamente a seus atributos morais, éticos, culturais, intelectuais, físicos ou profissionais."[11]

Objeto material é a pessoa contra a qual são dirigidas as imputações ofensivas à sua honra objetiva.

## 2.4 Sujeito ativo e sujeito passivo

O art. 138 inicia a narração da figura típica dizendo: *Caluniar alguém* [...]. Entende-se, outrossim, que qualquer pessoa pode figurar como sujeito ativo ou como sujeito passivo do crime de calúnia.

Entretanto, discute-se a possibilidade de inimputáveis, bem como de pessoas jurídicas figurarem como sujeitos passivos do delito em estudo.

No que diz respeito aos inimputáveis, seja a inimputabilidade proveniente de doença mental ou de menoridade do agente, parte-se do pressuposto de que pelo fato de não pratica-rem crime, em face da ausência de uma das características necessárias ao reconhecimento da infração penal, vale dizer, a culpabilidade, não poderiam ser considerados sujeitos passivos do delito de calúnia.

Hungria afasta essa possibilidade e conclui que os inimputáveis somente podem ser su-jeitos passivos dos crimes de difamação e injúria:

"Quando a ofensa diz com a honra subjetiva (sentimento da própria dignidade), a existên-cia do crime deve ser condicionada à capacidade de perceber a injúria por parte do sujeito passivo; quando, porém, a ofensa diz com a honra objetiva, o crime existe sempre, pois não se pode deixar de reconhecer que os incapazes em geral têm ou conservam uma certa reputação, que a lei deve proteger. Pouco importa, em qualquer caso, a inimputabilidade do sujeito passivo. Apesar de inimputáveis, os incapazes podem ser expostos à aversão ou irrisão pública, e seria iníquo deixar-se impune o injuriador ou difamador, como se a inim-putabilidade, no dizer de ALTAVILA, fosse uma culpa que se tivesse de expiar com a perda da tutela penal. Convém observar que as ofensas aos penalmente irresponsáveis (enfermos ou deficientes mentais, ou menores de 18 anos) somente como *injúria* ou *difamação* podem ser classificadas, excluídas a configuração de *calúnia*, pois esta é a falsa imputação de prática *responsável* de um crime."[12]

---

[11]  BITENCOURT, Cezar Roberto. *Tratado de direito penal*, v. 2, p. 327.
[12]  HUNGRIA, Nélson. *Comentários ao código penal*, v. VI, p. 49-50.

Apesar da força do argumento e da envergadura do seu subscritor, somos forçados a discordar do renomado penalista.

Na verdade, quando buscamos saber se um inimputável pode ser sujeito passivo do crime de calúnia, seja essa inimputabilidade originária de doença mental, seja de menoridade penal, devemos, inicialmente, interpretar a expressão contida na última parte do art. 138 do Código Penal, que afirma que a calúnia diz respeito à imputação falsa de um *fato definido como crime*.

Entendemos que o diploma repressivo tão somente exige a imputação a alguém de um *fato definido como crime*, mesmo que essa pessoa, dada sua incapacidade de culpabilidade, não possa, tecnicamente, cometer o crime que se lhe imputa, para efeitos de responsabilidade penal. O que se exige, frise-se, é a imputação de um *fato* que se encontra na lei penal definido como crime.

A partir dessa ilação, devemos trabalhar com o *princípio da razoabilidade*.

Raciocinemos: pode-se imputar falsamente a um adolescente, com 17 anos de idade, a prática de um fato definido como um crime de furto? Imagine-se que o agente, autor do delito contra a honra, tenha afirmado falsamente a um terceiro que o mencionado adolescente levara a efeito a subtração de um aparelho de DVD. Pode-se, razoavelmente, acreditar que uma pessoa com 17 anos de idade tenha praticado a subtração do mencionado aparelho? A resposta só pode ser afirmativa. O que se está atribuindo ao adolescente é tão somente a prática de um fato, ou seja, a subtração de coisa alheia móvel, definido como crime (no caso aquele previsto pelo art. 155 do Código Penal).

Agora, imagine-se a hipótese em que o agente tenha atribuído a um recém-nascido, ou seja, uma criança com poucos meses de vida, a prática do mencionado delito de furto (só que agora de uma mamadeira, obviamente...). Seria razoável acreditar que uma criança de seis meses de idade, ou até mesmo de um ano de vida, tenha praticado um fato definido como crime? Nessa hipótese, cairíamos naquilo que discutimos no que diz respeito à ausência de verossimilhança da imputação.

Portanto, concluindo, nada impede que, de acordo com o princípio da razoabilidade, se entenda que um inimputável possa, em tese, praticar um fato descrito como crime na lei penal, mesmo que por ele não possa ser responsabilizado criminalmente.

Também se discute sobre a possibilidade que tem a *pessoa jurídica* de figurar como sujeito passivo do crime de calúnia.

Antes do advento da Lei nº 9.605, de 12 de fevereiro de 1998, que dispôs sobre as sanções penais e administrativas derivadas de condutas e atividades lesivas ao meio ambiente, tinha-se por absoluta a impossibilidade de se imputar à pessoa jurídica a prática de fato definido como crime, pois, conforme afirma Muñoz Conde analisando o art. 205 do Código Penal Espanhol, "sujeito passivo da calúnia só pode ser a pessoa física, já que não cabe imputar a uma pessoa jurídica a comissão de um delito: *societas delinquere non potest.*"[13]

Luiz Regis Prado, enfaticamente, afirma:

> "*Sujeito passivo* é tão somente a pessoa física. A ofensa irrogada à pessoa jurídica reputa-se feita aos que a representam ou dirigem. Não há falar em calúnia contra pessoa jurídica, já que o ordenamento jurídico-penal pátrio, fundado em um Direito Penal da conduta, da culpabilidade e da personalidade da pena, veda a responsabilização dos entes morais."[14]

Na verdade, não se pode negar que a pessoa jurídica possua honra objetiva, sendo esta, até mesmo, a razão do seu sucesso perante a população em geral. Quando se começa a des-

---

[13]    MUÑOZ CONDE, Francisco. *Derecho penal* – Parte especial, p. 285.

[14]    PRADO, Luiz Regis. *Curso de direito penal brasileiro*, v. 2, p. 223.

CURSO DE DIREITO PENAL • VOL. 2 – ROGÉRIO GRECO

confiar das atividades de determinada empresa, colocando-se em "xeque" a sua lisura, o seu comportamento perante os consumidores etc., em geral tal empresa está fadada ao fechamento. Ao contrário, quando se escuta na sociedade que determinada empresa goza de um bom conceito, a tendência natural é a de crescimento.

Assim, existe honra objetiva a ser preservada, mesmo tratando-se de pessoa jurídica.

Até o advento da Lei nº 9.605/98, quando se atribuía a uma pessoa jurídica a prática de um fato definido como crime, ante a absoluta impossibilidade de cometê-lo, desclassificava-se o fato para o delito de difamação. Assim, qualquer fato ofensivo à honra objetiva da pessoa jurídica era entendido como difamação, e nunca como calúnia.

Contudo, com o surgimento da mencionada Lei nº 9.605/98, que criou tipos penais específicos para as pessoas morais, hoje em dia tal impossibilidade absoluta foi afastada, permitindo-se o raciocínio com relação ao crime de calúnia toda vez que o fato falsamente atribuído à pessoa jurídica disser respeito a um crime de natureza ambiental.

Alguém, por exemplo, que divulgue uma notícia falsa, no sentido de que determinada pessoa jurídica está poluindo o meio ambiente em proporções tais que possa resultar em danos à saúde humana, poderá ser responsabilizado pelo delito de calúnia, uma vez que esse fato está descrito no art. 54 da Lei Ambiental como crime.

Assim, poderá a pessoa jurídica figurar como sujeito passivo do crime de calúnia desde que o crime a ela atribuído falsamente seja tipificado na Lei nº 9.605/98. Nas demais hipóteses, ou seja, fora da Lei Ambiental, o fato deverá ser considerado crime de difamação, em face da impossibilidade de as demais infrações penais serem praticadas pelas pessoas morais.

Paulo Queiroz, no entanto, não limita a possibilidade de poder figurar a pessoa jurídica como vítima do delito de calúnia somente nos crimes ambientais, dizendo:

"Que a empresa é passível, sim, de sofrer imputação de fato ou qualidade desonrosa, atribuição de delito, inclusive, e não necessariamente delito ambiental.

Primeiro, porque o Código fala de atribuição de 'fato definido como crime' e não de 'prática de crime'. Segundo, porque o sucesso empresarial depende grandemente da sua reputação social (fama) no mercado em que atua. O bom nome da empresa é, portanto, tão ou mais importante do que o nome da pessoa física. Terceiro, porque, se a pessoa jurídica é passível de sofrer 'dano moral' (Súmula 227 do STJ), é perfeitamente possível que esse dano moral assuma também caráter criminoso."[15]

## 2.5 Consumação e tentativa

A calúnia se consuma quando um terceiro, que não o sujeito passivo, toma conhecimento da imputação falsa de fato definido como crime.

Dependendo do meio pelo qual é executado o delito, há possibilidade de se reconhecer a tentativa.

Magalhães Noronha preleciona:

"Em regra, opinam os autores pela inadmissibilidade da calúnia *oral*: ou a imputação é proferida ou não; melhor se diria: ou é conhecida ou não. No caso de alguém imputar oralmente um crime a outrem e não ser ouvido é como se não o tivesse feito, perdendo interesse a questão pela impossibilidade de prova.

Na calúnia por escrito não ocorre o mesmo. Já agora existe um *iter* – não mais se trata de crime de único ato (*unico actu perficiuntur*) – que pode ser fracionado ou dividido. Se uma pessoa, v.g., prepara folhetos caluniosos contra outra e está prestes a distribuí-los, quando é

---

[15] QUEIROZ, Paulo; e outros. *Curso de direito penal* – parte especial, v. 2, p. 153.

interrompida por esta, há, por certo, tentativa. Houve início de realização do tipo. Este não se integralizou, por circunstâncias alheias à vontade do agente."[16]

É fundamental, a fim de se verificar a possibilidade de tentativa no delito de calúnia, como em geral em qualquer outra infração penal, que se aponte, com segurança, os atos iniciais de execução.

Modificando um pouco o exemplo fornecido por Noronha, imagine-se a hipótese em que o agente seja surpreendido, ainda em sua residência, preparando-se para levar a efeito a distribuição dos folhetos que continham falsas imputações definidas como crime, que eram atribuídas à futura vítima. Nesse caso, entendemos que não se pode falar em tentativa, tratando-se, portanto, de atos meramente preparatórios.

Vale frisar, por oportuno, apesar da impossibilidade de se cuidar de forma estanque da divisão entre honra objetiva e honra subjetiva, que no caso da calúnia podemos chegar à conclusão de que o delito se consuma quando terceiro, que não a vítima, toma conhecimento da imputação falsa de fato definido como crime, justamente porque por intermédio do tipo penal de calúnia se procura assegurar a reputação do agente no seu meio social.

Dessa forma, possui utilidade prática a divisão entre honra objetiva e honra subjetiva, uma vez que nos auxilia a apontar o momento de consumação de cada delito – calúnia, difamação e injúria – levando em consideração o que se quer proteger em cada um deles.

Merece destaque, ainda, o fato de que para a consumação do delito de calúnia a vítima não precisa sentir-se atingida em sua honra objetiva, bastando que o agente atue com essa finalidade.

## 2.6 Elemento subjetivo

O delito de calúnia somente admite a modalidade dolosa, ou seja, o chamado *animus calumniandi*, a vontade de ofender a honra do sujeito passivo, sendo admitidas, entretanto, quaisquer modalidades de dolo, seja ele direto ou mesmo eventual.

Pode ocorrer que, embora não tendo certeza da veracidade do fato definido como crime que atribui à vítima, o agente, ainda assim, mesmo correndo o risco de ser falsa a informação que divulga, a profere do mesmo jeito, agindo, pois, com dolo eventual.

Não atuando o agente com a finalidade de agredir a honra da vítima, mas tão somente com o chamado *animus jocandi*, não restará configurada a infração penal.

Hungria esclarece:

"Uma palavra ou asserção flagrantemente injuriosa ou difamatória na sua objetividade pode ser proferida sem vontade de injuriar ou difamar, sem o propósito de denegrir a honra alheia. Se, por exemplo, *jocandi animo*, chamo 'velhaco' a um amigo íntimo ou lhe atribuo a paternidade de uma criança abandonada, o fato, na sua objetividade, constitui uma injúria ou uma difamação; mas, subjetivamente, não passa de um gracejo. Não me faltou a consciência do caráter lesivo da afirmação (nem a vontade de fazer a afirmação) e, no entanto, seria rematado despautério reconhecer-se, no caso, um crime contra a honra, por isso mesmo que inexistente o *pravus animus*, o *animus delinquenti*, o *animus injuriandi vel diffamandi*."[17]

O mesmo seja dito com relação à calúnia.

Vale lembrar que dolo significa *consciência* e *vontade* de praticar a conduta descrita no tipo penal. Significa, no caso em estudo, ter vontade, efetivamente, de ofender a vítima, ma-

---

[16] NORONHA, Edgard Magalhães. *Direito penal*, v. 2, p. 115-116.
[17] HUNGRIA, Nélson. *Comentários ao código penal*, v. VI, p. 51-52.

CURSO DE DIREITO PENAL • VOL. 2 – ROGÉRIO GRECO

culando a sua honra em meio à sociedade em que vive. Se não há essa intenção, restará, certamente, afastado o necessário elemento subjetivo do crime.

Não há previsão de modalidade culposa para o delito de calúnia.

## 2.7 Agente que propala ou divulga a calúnia

Diz o § 1º do art. 138 do Código Penal:

> § 1º Na mesma pena incorre quem, sabendo falsa a imputação, a propala ou divulga.

Ao contrário do que ocorre com a previsão contida no *caput* do art. 138 do Código Penal, em que o autor da calúnia pode também atuar com dolo eventual, no parágrafo transcrito somente se admite o dolo direto, uma vez que o agente que propala ou divulga a calúnia da qual teve ciência deve conhecer da falsidade da imputação.

A dúvida com relação à veracidade dos fatos definidos como crime que se imputam à vítima poderá desclassificar a infração penal para aquela prevista pelo art. 139 do Código Penal, vale dizer, a difamação.

Damásio, levando a efeito inicialmente a distinção entre propalar e divulgar, preleciona:

"Propalar é relatar verbalmente. Divulgar é relatar por qualquer outro meio.

Nesses subtipos de calúnia é necessário que o sujeito pratique o fato com dolo direto de dano. O dolo eventual não é suficiente. O tipo exige que conheça a falsidade da imputação. Enquanto no tipo fundamental, previsto no *caput*, admite-se o dolo direto ou eventual, este quando o sujeito tem dúvida sobre a imputação, nos subtipos é imprescindível que tenha vontade direta de causar dano à honra alheia, conhecendo perfeitamente a falsidade da imputação."[18]

## 2.8 Calúnia contra os mortos

O § 2º do art. 138 do Código Penal diz ser *punível a calúnia contra os mortos*.

Inicialmente, vale a observação de que o Capítulo V, onde estão consignados os crimes contra a honra, está contido no Título I do Código Penal, que prevê os chamados "crimes contra a pessoa."

Certo é que o morto não goza mais do *status* de *pessoa*, como também é certo que não mais se subsome ao conceito de *alguém*, previsto no *caput* do art. 138 do diploma repressivo.

Contudo, sua memória merece ser preservada, impedindo-se, com a ressalva feita no § 2º acima mencionado, que também seus parentes sejam, mesmo que indiretamente, atingidos pela força da falsidade do fato definido como crime, que lhe é imputado.

O Código Penal somente ressalvou a possibilidade de calúnia contra os mortos, não admitindo as demais modalidades de crimes contra a honra, vale dizer, a difamação e a injúria.

## 2.9 Exceção da verdade

Chama-se exceção da verdade a faculdade atribuída ao suposto autor do crime de calúnia de demonstrar que, efetivamente, os fatos por ele narrados são verdadeiros, afastando-se, portanto, com essa comprovação, a infração penal a ele atribuída.

O momento oportuno para se erigir a *exceptio veritatis* é o da resposta do réu, que poderá ser o previsto pelo art. 396 do Código de Processo Penal, com a nova redação que

---

[18] JESUS, Damásio E. de. *Direito penal*, v. 2, p. 212.

lhe foi dada pela Lei nº 11.719, de 20 de junho de 2008, ou o constante do art. 81 da Lei nº 9.099/95.

O art. 523 do Código de Processo Penal estabelece, ainda, que, quando for oferecida a exceção da verdade, o querelante poderá contestá-la no prazo de 2 (dois) dias, podendo ser inquiridas as testemunhas arroladas na queixa, ou outras indicadas naquele prazo, em substituição às primeiras, ou para completar o máximo legal.

O § 3º do art. 138 do Código Penal, contudo, ressalva as situações em virtude das quais se torna impossível a arguição da exceção da verdade, dizendo:

> § 3º Admite-se a prova da verdade, salvo:
> I – se, constituindo o fato imputado crime de ação privada, o ofendido não foi condenado por sentença irrecorrível;
> II – se o fato é imputado a qualquer das pessoas indicadas no nº I do art. 141;
> III – se do crime imputado, embora de ação pública, o ofendido foi absolvido por sentença irrecorrível.

Na primeira hipótese capitulada, não há possibilidade de arguição da *exceptio veritatis* quando se tratar de crime cuja ação penal seja de iniciativa privada – propriamente dita ou personalíssima – se o ofendido não foi definitivamente condenado, quer dizer, se a sentença penal condenatória não houver transitado em julgado. Enquanto estiver pendente de julgamento a ação penal, seja em primeiro grau ou em grau de recurso, não poderá ser erigida a exceção da verdade. Segundo a opinião dominante, tampouco poderá ser arguida a *exceptio veritatis* caso o ofendido não tenha sequer sido processado criminalmente pelo fato definido como crime que lhe imputa o agente.

Hungria, esclarecendo a posição assumida pela lei penal, diz:

"A primeira exceção explica-se pelo raciocínio de que é um simples corolário do próprio critério de política criminal que informa o instituto da ação privada. Se, no tocante a certos crimes, a lei, para evitar ao ofendido maior escândalo ou desassossego com o *strepitus judicii*, ou para ensejar sua reconciliação com o ofensor, deixa ao seu exclusivo arbítrio a iniciativa ou prosseguimento da ação penal, não se compreenderia que fosse outorgada a terceiros a faculdade de proclamar o fato *coram populo* e comprová-lo *coram judice*. Incidiria a lei em flagrante contradição, se tal permitisse. A *ratio essendi* da proibição da *exceptio veritatis*, aqui, somente cessa quando já sobreveio condenação irrecorrível do sujeito passivo. Não há falar-se, no caso, em cerceamento de defesa. Se, contrabalançando os interesses em jogo, a lei entendeu em vedar a *demonstratio veri*, não era dado ao réu ignorar a ressalva legal e, se não se abstém de formular a acusação, incorrendo na sanção penal, *imputet sibi*."[19]

No mesmo sentido, Luiz Regis Prado afirma:

"A impossibilidade de arguição da exceção da verdade, *in casu*, é justificada pelo princípio da disponibilidade da ação penal privada. Caberá ao ofendido ou a quem tenha qualidade para representá-lo intentá-la mediante queixa (arts. 100, § 2º, CP; 30, CPP)."[20]

Apesar da autoridade dos mencionados autores, bem como da força dos raciocínios por eles expendidos, ousamos discordar da posição a que chegaram, uma vez que, analisando o fato sob um enfoque garantista, não seria razoável permitir a condenação de alguém que está

---

[19] HUNGRIA, Nélson. *Comentários ao código penal*, v. VI, p. 82.

[20] PRADO, Luiz Regis. *Curso de direito penal brasileiro*, v. 2, p. 228.

sendo processado por ter, supostamente, praticado o crime de calúnia, imputando a outrem um fato *verdadeiro* definido como crime, não importando se a ação é ou não de iniciativa privada propriamente dita ou mesmo personalíssima.

É que a Constituição da República, promulgada em 5 de outubro de 1988, no Capítulo correspondente aos Direitos e Garantias Fundamentais, determinou, no inciso LV do seu art. 5º:

> LV – aos litigantes, em processo judicial ou administrativo, e aos acusados em geral são assegurados o contraditório e ampla defesa, com os meios e recursos a ela inerentes.

Como se percebe sem muito esforço, o inciso I do § 3º do art. 138 do Código Penal, ao proibir a exceção da verdade quando o ofendido não tenha sido condenado por sentença irrecorrível, deve ser reinterpretado de acordo com o enfoque constitucional do princípio da ampla defesa.

Segundo nosso raciocínio, caso exista uma ação penal em curso, visando à apuração de um delito que se atribui à suposta vítima da calúnia, deverá o julgador suspender o curso da ação penal que apura o delito de calúnia, aguardando-se a confirmação da existência ou não do fato, que se entende como falso, definido como crime.

O que não se pode, contudo, é simplesmente impedir a defesa do querelado, ou seja, daquele que está sendo submetido a um processo penal, simplesmente pelo fato de não ter havido, ainda, trânsito em julgado da sentença penal condenatória.

Seria um enorme contrassenso impedir a sua defesa, condenando-o pela prática do delito de calúnia para, ao final, quando já tivesse transitado a sentença penal condenatória que teve o condão de apontar a prática do delito que se atribuía à suposta vítima, obrigá-lo a ingressar novamente em juízo com uma ação de revisão criminal, uma vez que, sendo comprovado o cometimento do delito que imputou à suposta vítima, afastada estará a elementar *falsamente*, exigida pelo tipo penal do art. 138 do Código Penal.

Dessa forma, a primeira conclusão a que chegamos é que quando existe uma ação penal de iniciativa privada em andamento, que busca apurar a infração penal que é atribuída à suposta vítima do delito de calúnia, deveria o julgador, que se encontra à frente do processo que apura o delito contra honra, suspender o andamento da ação penal, admitindo a *exceptio veritatis*, a fim de que sua decisão sobre a existência ou não do delito de calúnia fique dependendo da conclusão a que se chegar nos autos em que se apura o crime atribuído pelo agente à suposta vítima.

E quando sequer existir ação penal?

A lei penal prevê a impossibilidade de arguição da exceção da verdade quando, constituindo o fato imputado crime de ação privada, o ofendido não foi condenado por sentença irrecorrível.

É claro que quando a suposta vítima do crime de calúnia não tiver sido processada criminalmente não haverá decisão condenatória transitada em julgado. Contudo, isso impediria a arguição da exceção da verdade, com a finalidade de demonstrar que os fatos a ele imputados são verdadeiros, o que conduziria à atipicidade com relação ao delito de calúnia?

Por mais uma vez temos de erigir a bandeira do princípio da ampla defesa, ao contrário do que aduz a doutrina amplamente majoritária, conforme podemos constatar acima através das posições de Hungria e Luiz Regis Prado.

Contudo, não seria lógico, razoável, condenar uma pessoa pela prática de um delito que não cometeu simplesmente por presumi-lo como ocorrido, em face da impossibilidade que tem de levar a efeito a prova de sua alegação.

É claro que aquele que é vítima de um crime, cuja persecução penal depende de sua iniciativa, não pode ser obrigado a ingressar em juízo a fim de apurar a prática de uma infração penal de que foi vítima e da qual, na verdade, pretende esquecer-se, não se submetendo ao constrangimento de uma ação penal.

Entretanto, outra coisa é condenar alguém pelo simples fato de ter divulgado a prática de um delito que, efetivamente, ocorreu, mas que, por razões particulares, não foi objeto de investigação.

Estaríamos, aqui, violando não somente o princípio da ampla defesa, mas também o da presunção de inocência. Na verdade, ao impedirmos o agente de demonstrar que o fato por ele atribuído à suposta vítima, definido como crime, é verdadeiro, estamos presumindo que ele seja culpado.

O inciso II do § 3º do art. 138 do Código Penal também não admite a exceção da verdade se o fato é imputado a qualquer das pessoas indicadas no nº I do art. 141, vale dizer, o Presidente da República ou chefe de governo estrangeiro.

Na verdade, também temos de reinterpretar tal dispositivo de acordo com os novos enfoques constitucionais.

Quando se argui a *exceptio veritatis*, os sujeitos da ação penal mudam de posição. O querelante passa a ser chamado de *excepto* e o querelado, ou seja, o réu da ação penal que visa a apurar seu suposto crime contra a honra, passa a ser o *excipiente*.

No caso de crime atribuído ao Presidente da República, bem como ao chefe de governo estrangeiro, não seria razoável, dadas as posições que ocupam, colocá-los como réus em acusações propostas por quem não possui legitimidade constitucional para tanto.

Conforme esclarecimentos de Cezar Roberto Bitencourt:

"Aqui, com essa ressalva, pretende-se somente proteger o cargo e a função do mais alto mandatário da Nação e dos chefes de governos estrangeiros. A importância e a dignidade da função de chefe da Nação asseguram-lhe uma espécie *sui generis* de 'imunidade', garantindo que somente poderá ser acusado de ações criminosas pelas autoridades que tenham atribuições para tanto e perante a autoridade competente.

Estende-se o mesmo tratamento ao chefe do governo estrangeiro, abrangendo não apenas o chefe de Estado, mas também o chefe de governo (primeiro-ministro, presidente de conselho, presidente de governo etc.). A imputação da prática de fato criminoso, mesmo verdadeiro, vilipendiaria a autoridade que desempenha e exporia ao ridículo o presidente da República, além de levá-lo a um vexame incompatível com a grandeza de seu cargo. Na verdade, o chefe de Estado ou o chefe de governo de um país, de certa forma, personifica o Estado que representa, e as boas relações internacionais não admitem que qualquer cidadão de um país possa impunemente atacar a honra de um chefe de governo estrangeiro, mesmo que os fatos sejam verdadeiros, coisa que deve ser resolvida nos altos escalões diplomáticos; em caso contrário, pode sobrevir até mesmo o rompimento de relações diplomáticas."[21]

Embora o raciocínio do ilustre penalista gaúcho seja brilhante, ousamos dele discordar, ao menos parcialmente.

Certo é que aquele que não tem legitimidade para tanto não poderá levar o Presidente da República, por exemplo, ao banco dos réus, invertendo os polos da relação processual anteriormente formada com o início da ação penal relativa ao delito de calúnia no qual o Presidente figurava como vítima.

Outra coisa, contudo, é condenar um inocente que divulgou um fato verdadeiro, sendo, portanto, atípico o seu comportamento, simplesmente porque o autor do crime é o Presidente da República.

---

[21]  BITENCOURT, Cezar Roberto. *Tratado de direito penal*, v. 2, p. 343-344.

Nesse caso, embora não possamos admitir a *exceptio veritatis*, com inversão dos papéis anteriores, não podemos aceitar passivamente a condenação de um inocente, presumindo-se verdadeiros os fatos contra ele imputados na ação penal que busca apurar o delito de calúnia.

Tal posição também colidiria com os princípios constitucionais da ampla defesa e da presunção de inocência.

Nesse caso, a solução seria permitir, mesmo que tão somente em sede de defesa, a comprovação do crime que se atribui ao Presidente da República ou ao chefe de governo estrangeiro. Uma vez comprovada a prática do delito, o agente deverá ser absolvido na ação penal relativa ao crime de calúnia; não tendo sucesso nessa comprovação, a condenação será imposta, se ficar comprovado que sabia da falsidade dos fatos por ele imputados à vítima, tidos como criminosos.

O que não se pode, portanto, é impedir-lhe a defesa, mesmo que no seu exercício venha a se comprovar a prática de um crime levado a efeito pelo chefe supremo do Poder Executivo. Sendo comprovado o delito praticado pelo Presidente da República, deverá o julgador, ou mesmo o representante do Ministério Público, enviar cópia dos autos àquele que tem atribuições para, junto ao Tribunal Competente, dar início a uma outra ação penal.

Nesse sentido, Paulo Queiroz, em reforço ao nosso raciocínio, aduz, corretamente a nosso ver, que:

> "Os incisos I e II não foram recepcionados pela Constituição de 1988, por afrontarem, em especial, o direito ao contraditório e à ampla defesa e, pois, possibilitarem a condenação de pessoa inocente e por fato que, a rigor, não configura crime algum."[22]

No inciso III do § 3º do art. 138 do Código Penal, proíbe-se a prova da verdade quando o ofendido tiver sido absolvido em sentença irrecorrível do crime que lhe atribuiu o agente.

Aqui, embora o inciso III faça menção à ação de iniciativa pública, havendo absolvição, por sentença irrecorrível, não importando a natureza da ação penal – se pública ou privada a sua iniciativa –, não poderá ser arguida a exceção da verdade, uma vez que o fato já fora decidido judicialmente.

Como bem ressalvado por Fragoso, "trata-se de respeitar o pronunciamento judicial (*res judicata pro veritate habetur*), cuja veracidade está protegida por presunção absoluta, que não admite prova em contrário."[23]

## 2.10 Pena, ação penal, competência para julgamento e suspensão condicional do processo

A pena cominada ao delito de calúnia é a de detenção, de 6 (seis) meses a 2 (dois) anos, e multa, aplicando-a também àquele que, sabendo falsa a imputação, a propala ou divulga, conforme determina o § 1º do art. 138 do Código Penal.

A pena será aumentada de um terço, nos termos do *caput* do art. 141 do Código Penal, se a calúnia for cometida:

I – contra o Presidente da República, ou contra chefe de governo estrangeiro;

II – contra funcionário público, em razão de suas funções, ou contra os Presidentes do Senado Federal, da Câmara dos Deputados ou do Supremo Tribunal Federal;

III – na presença de várias pessoas, ou por meio que facilite a sua divulgação;

IV – contra criança, adolescente, pessoa maior de 60 (sessenta) anos ou pessoa com deficiência.

---

[22] QUEIROZ, Paulo; e outros. *Curso de direito penal* – parte especial, v. 2, p. 164.

[23] FRAGOSO, Heleno Cláudio. *Lições de direito penal* – Parte especial (arts. 121 a 160 CP), p. 195.

Poderá, ainda, vir a ser dobrada, se a calúnia for cometida mediante paga ou promessa de recompensa, conforme determina o § 1º do art. 141 do diploma repressivo.

Nos termos do § 2º do referido artigo, se o crime é cometido ou divulgado em quaisquer modalidades das redes sociais da rede mundial de computadores, aplica-se em triplo a pena.

Conforme o disposto no § 3º do art. 141 do Código Penal, se o crime é cometido contra a mulher por razões da condição do sexo feminino, nos termos do § 1º do art. 121-A do CP, aplica-se a pena em dobro.

A ação penal será de iniciativa privada, conforme determina o art. 145 do Código Penal, sendo, contudo, de iniciativa pública condicionada à requisição do Ministro da Justiça, quando o delito for praticado contra o Presidente da República ou chefe de governo estrangeiro, ou de iniciativa pública condicionada à representação do ofendido, quando o crime for cometido contra funcionário público, em razão de suas funções.

O STF, por meio da Súmula nº 714, assim se posicionou:

> **Súmula nº 714.** É concorrente a legitimidade do ofendido, mediante queixa, e do Ministério Público, condicionada à representação do ofendido, para a ação penal por crime contra a honra de servidor público em razão do exercício de suas funções.

Compete, pelo menos inicialmente, ao Juizado Especial Criminal o processo e julgamento do delito tipificado no art. 138 do Código Penal, desde que não seja aplicado o art. 141 do mesmo diploma legal, tendo em vista que a pena máxima cominada em abstrato não ultrapassa o limite de 2 (dois) anos.

Será possível a confecção de proposta de suspensão condicional do processo, nos termos do art. 89 da Lei nº 9.099/95.

## 2.11 Destaques

### 2.11.1 Pessoas desonradas e crime impossível

Temos tido notícias, principalmente nos últimos tempos em que a liberdade de imprensa atingiu o seu ponto máximo, da grande quantidade de pessoas, até então fora de "qualquer suspeita", acusadas de incontáveis infrações penais, principalmente contra a Administração Pública, que sofre com aqueles que, ao invés de gerir a coisa pública para o povo, a transformam em "coisa particular", dela extraindo tudo o que seja possível para o seu interesse egoísta.

Há casos de pessoas que já ficaram estigmatizadas em razão da quantidade enorme de infrações penais de que são acusadas. Assim, pergunta-se: seria possível a arguição, mesmo que exagerada, da tese do crime impossível, quando tais pessoas se dissessem vítimas de crime de calúnia, por exemplo, ao argumento de que sua honra já fora completamente aniquilada, dada a quantidade de fatos a ela lesivos que lhes são imputados, havendo, dessa forma, absoluta impropriedade do objeto?

Obviamente que não. Por mais que no nosso íntimo quiséssemos que a resposta fosse sim, Aníbal Bruno explica que:

"Também se tem de reconhecer a possibilidade de crimes dessa natureza em relação a quem perdeu a estima pública. Ninguém é privado completamente da honra.

Medidas punitivas como a declaração de infâmia ou a morte civil, com a desonra e a perda total da capacidade jurídica, não se conciliam com o espírito do Direito moderno. Por mais baixo que tenha caído o indivíduo, haverá sempre em algum recanto do seu mundo moral um resto de dignidade, que a calúnia, a difamação ou a injúria poderão ofender e que o

Direito não deve deixar ao desamparo. Ninguém ficará ligado a uma espécie de pelourinho, onde seja exposto sem defesa ao vilipêndio de qualquer um."[24]

### 2.11.2 Calúnia implícita ou equívoca e reflexa

É possível que o agente, ao atribuir a alguém falsamente a prática de um fato definido como crime, não o faça de forma expressa, podendo ser a calúnia, assim, considerada *implícita* ou *equívoca* e *reflexa*.

Implícita ou equívoca seria a calúnia quando o agente, embora não expressamente, permitisse que o interlocutor entendesse a mensagem dada, que contém a imputação falsa de um fato definido como crime, como no exemplo daquele que diz: "Eu, pelo menos, nunca tive relações sexuais à força com nenhuma mulher", dando a entender que o agente havia praticado um crime de estupro.

Reflexa, no exemplo de Hungria, pode ocorrer quando o agente diz, por exemplo, que um juiz decidiu o fato dessa forma porque foi subornado.[25] Com relação ao juiz, a calúnia é entendida como *expressa*, uma vez que o agente está a ele atribuindo falsamente um fato definido como delito de corrupção passiva, e *reflexa* no que diz respeito àquele beneficiado com a decisão, uma vez que teria praticado, a seu turno, o delito de corrupção ativa.

### 2.11.3 Exceção de notoriedade

Diz o art. 523 do Código de Processo Penal:

> **Art. 523.** Quando for oferecida a exceção da verdade ou da notoriedade do fato imputado, o querelante poderá contestar a exceção no prazo de 2 (dois) dias, podendo ser inquiridas as testemunhas arroladas na queixa, ou outras indicadas naquele prazo, em substituição às primeiras, ou para completar o máximo legal.

A finalidade da exceção da notoriedade do fato é demonstrar que, para o agente, o fato que atribuía à vítima era verdadeiro, segundo foi induzido a crer. Atua, portanto, em erro de tipo, afastando-se o dolo e, consequentemente, eliminando a infração penal.

### 2.11.4 Calúnia proferida no calor de uma discussão

Vimos que para que se possa caracterizar o delito de calúnia é preciso que o agente atue com o chamado *animus diffamandi vel injuriandi*, ou seja, o *animus calumniandi*, a vontade de caluniar, de imputar a alguém falsamente um fato definido como crime.

Pode ser que isso ocorra no calor de uma discussão. Esse fato, ou seja, a exaltação do agente no momento em que profere falsamente o fato definido como crime, terá o condão de eliminar o seu dolo, afastando, consequentemente, a infração penal?

Embora tenha discussão a respeito, entendemos que não. Não importa se os fatos foram mencionados quando o agente se encontrava calmo ou se os proferiu no calor de alguma discussão. O que importa, de acordo com a exigência típica, é que tenha atuado com o elemento subjetivo exigido pelo delito de calúnia, ou seja, agiu com o fim de macular a honra objetiva da vítima, imputando-lhe falsamente um fato definido como crime.

### 2.11.5 Presença do ofendido

Exige-se a presença do ofendido para fins de configuração do delito de calúnia? Não, uma vez que, conforme dissemos, a calúnia atinge a chamada honra objetiva da vítima, isto é, o conceito que ela goza no seu meio social.

---

[24] BRUNO, Aníbal. *Crimes contra a pessoa*, p. 273-274.
[25] HUNGRIA, Nélson. *Comentários ao código penal*, v. VI, p. 67.

Em razão disso, o delito se consuma quando terceiro, que não a vítima, toma conhecimento dos fatos falsos a ela atribuídos, definidos como crime.

É claro que, por razões óbvias, tais fatos devem chegar ao conhecimento da vítima para que ela proponha, caso seja de seu interesse, a ação penal.

Pode acontecer, entretanto, que a ação penal tenha sido iniciada, sendo que a vítima sequer tenha tido conhecimento da calúnia, como acontece nos casos em que é considerada incapaz, a exemplo do menor de 18 anos, e a queixa é oferecida por seu representante legal, amparado no art. 30 do Código de Processo Penal, que diz:

> **Art. 30.** Ao ofendido ou a quem tenha qualidade para representá-lo caberá intentar a ação privada.

### 2.11.6 Diferença entre calúnia e denunciação caluniosa

A denunciação caluniosa está prevista no art. 339 do Código Penal, com a nova redação que lhe foi conferida pela Lei nº 14.110, de 18 de dezembro de 2020, assim redigido:

> **Art. 339.** Dar causa à instauração de inquérito policial, de procedimento investigatório criminal, de processo judicial, de processo administrativo disciplinar, de inquérito civil ou de ação de improbidade administrativa contra alguém, imputando-lhe crime, infração ético-disciplinar ou ato ímprobo de que o sabe inocente:
> Pena – reclusão, de dois a oito anos, e multa.

A primeira diferença fundamental entre o crime de calúnia e o de denunciação caluniosa diz respeito ao bem jurídico por eles protegido. Na calúnia, protege-se a honra objetiva; na denunciação caluniosa, a correta administração da justiça.

Percebe-se a gravidade do crime de denunciação caluniosa mediante a análise da pena a ele cominada, ou seja, reclusão, de 2 (dois) a 8 (oito) anos, e multa, enquanto no crime de calúnia a pena é de detenção, de 6 (seis) meses a 2 (dois) anos, e multa.

Na calúnia, macula-se, em virtude da afirmação falsa de fato definido como crime, a honra da vítima perante a sociedade; com a denunciação caluniosa, pode-se colocar em risco até mesmo o direito de liberdade daquele que é denunciado falsamente.

Para que ocorra a calúnia, basta que ocorra a imputação falsa de um fato definido como crime; para fins de configuração da denunciação caluniosa, deve ocorrer uma imputação de crime a alguém que o agente sabe inocente, sendo fundamental que o seu comportamento dê causa à instauração de inquérito policial, de procedimento investigatório criminal, de processo judicial, de processo administrativo disciplinar, de inquérito civil ou de ação de improbidade administrativa contra alguém, imputando-lhe crime, infração ético-disciplinar ou ato ímprobo de que o sabe inocente.

A diferença fundamental entre eles reside, como já deixamos antever, no elemento subjetivo de cada infração penal. Na calúnia, o *animus calumniandi*, tão somente; na denunciação caluniosa, a finalidade de prejudicar a vítima atribuindo-lhe a prática de crime que pode ter consequências graves com a Justiça.

### 2.11.7 Consentimento do ofendido

Tem-se entendido que a honra é um bem disponível, razão pela qual, se presentes os demais requisitos necessários à validade do consentimento – capacidade para consentir e antecedência ou concomitância do consentimento –, poderá ser afastado o delito de calúnia.

Imagine-se a hipótese daquele que, convidado a fazer parte de uma sociedade na qual não tenha o menor interesse, constrangido pelo convite que lhe fora formulado, peça a um amigo que, em conversa com aqueles que seriam seus futuros sócios, diga-lhes que, numa outra sociedade da qual fazia parte, foi descoberto um desfalque, a ele atribuído, que levou à ruína a empresa, querendo, assim, livrar-se do inconveniente de ter de rejeitar o convite, em face dos laços de amizade, por exemplo, que o envolviam.

O consentimento, aqui, será entendido como causa supralegal de exclusão da ilicitude, tendo o condão de afastar o delito de calúnia.

### 2.11.8 Calúnia contra o Presidente da República, o Presidente do Senado Federal, o Presidente da Câmara dos Deputados e o Presidente do STF

Na hipótese do crime de calúnia ter sido cometido contra o Presidente da República, o Presidente do Senado Federal, o Presidente da Câmara dos Deputados e o Presidente do STF, a pena será aumentada de um terço, nos termos dos incisos I e II do art. 141 do Código Penal.

### 2.11.9 Diferença entre calúnia e difamação

A calúnia possui pontos em comum com a difamação, pois em ambas as infrações penais há a imputação da prática de um *fato* pela vítima, além de atingir a chamada honra objetiva.

Contudo, podem ser diferenciadas pelas seguintes situações:

a) na calúnia, a imputação do fato deve ser falsa, ao contrário da difamação que não exige a sua falsidade;

b) na calúnia, além de falso o fato, deve ser definido como crime; na difamação, há somente a imputação de um fato ofensivo à reputação da vítima, não podendo ser um fato definido como crime, podendo, contudo, consubstanciar-se em uma contravenção penal.

### 2.11.10 Diferença entre calúnia e injúria

A primeira diferença entre a calúnia e a injúria reside em que naquela existe uma imputação de *fato* e nesta o que se atribui à vítima é uma qualidade pejorativa à sua dignidade ou decoro.

Com a calúnia, atinge-se a honra objetiva, isto é, o conceito que o agente presume gozar em seu meio social; já a injúria atinge a chamada honra subjetiva, quer dizer, o conceito ou atributos que o agente tem ou acredita ter de si mesmo.

Assim, por exemplo, imputar falsamente a alguém a prática do tráfico de entorpecentes configura-se calúnia; chamar alguém de traficante de drogas caracteriza o crime de injúria.

### 2.11.11 Foro por prerrogativa de função na exceção da verdade

Pode acontecer, e não é incomum, que alguém que possua foro por prerrogativa de função venha a ser caluniado. Imagine-se a hipótese em que o agente divulgue o fato de que um Promotor de Justiça se corrompeu para que não oferecesse denúncia contra uma pessoa envolvida com tráfico de entorpecentes.

Assim que tomou conhecimento dos fatos, o Promotor de Justiça, sentindo-se caluniado, ofereceu a necessária representação, nos termos do parágrafo único do art. 145 do Código Penal, para que fosse iniciada a ação penal contra o suposto caluniador.

Contudo, em sua resposta, o agente que havia imputado ao Promotor de Justiça a prática do delito de corrupção passiva opõe a exceção da verdade.

Pergunta-se: Quem será competente para o julgamento da *exceptio veritatis*?

O art. 85 do Código de Processo Penal responde a essa indagação:

> **Art. 85.** Nos processos por crime contra a honra, em que forem querelantes as pessoas que a Constituição sujeita à jurisdição do Supremo Tribunal Federal e dos Tribunais de Apelação, àquele ou a estes caberá o julgamento, quando oposta e admitida exceção da verdade.

Nos termos do inciso III do art. 96 da Constituição Federal, compete ao Tribunal de Justiça julgar os membros do Ministério Público nos crimes comuns e de responsabilidade, ressalvada a competência da Justiça Eleitoral.

Assim, figurando um Promotor de Justiça, por exemplo, como réu em determinada ação penal, a competência para o seu julgamento será do Tribunal de Justiça do Estado a que pertence.

O STF já se posicionou no sentido de que:

"Exceção da verdade, quando deduzida nos crimes contra a honra que autorizam a sua oposição, deve ser admitida, processada e julgada, ordinariamente, pelo juízo competente para apreciar a ação penal condenatória.

Tratando-se, no entanto, de *exceptio veritatis* deduzida contra pessoa que dispõe, *ratione muneris*, de prerrogativa de foro perante o STF (CF, art. 102, I, 'b' e 'c'), a atribuição da Suprema Corte restringir-se-á, unicamente, ao julgamento da referida exceção, não assistindo, a este Tribunal, competência para admiti-la, para processá-la ou, sequer, para instruí-la, razão pela qual os atos de dilação probatória pertinentes a esse procedimento incidental deverão ser promovidos na instância ordinária competente para apreciar a causa principal (ação penal condenatória). Precedentes. Doutrina" (STF, AP 602/SC, Rel. Min. Celso de Mello, *Informativo* 637, 1º/9/2011).

### 2.11.12 Calúnia e Código Penal Militar

O delito de calúnia, e a possibilidade de exceção da verdade, vieram previstos também no Código Penal Militar (Decreto-Lei nº 1.001, de 21 de outubro de 1969), conforme se verifica pela redação do seu art. 214 e parágrafos.

### 2.11.13 Calúnia e Código Eleitoral

Se a calúnia for proferida na propaganda eleitoral, ou com fins eleitorais, o fato se amoldará, em virtude do princípio da especialidade, ao art. 324 do Código Eleitoral (Lei nº 4.737, de 15 de julho de 1965), *verbis*:

> **Art. 324.** Caluniar alguém, na propaganda eleitoral, ou visando fins de propaganda, imputando-lhe falsamente fato definido como crime:
> Pena – detenção de seis meses a dois anos, e pagamento de 10 a 40 dias-multa.
> § 1º Nas mesmas penas incorre quem, sabendo falsa a imputação, a propala ou divulga.
> § 2º A prova da verdade do fato imputado exclui o crime, mas não é admitida:
> I – se, constituindo o fato imputado crime de ação privada, o ofendido, não foi condenado por sentença irrecorrível;
> II – se o fato é imputado ao Presidente da República ou chefe de governo estrangeiro;
> III – se do crime imputado, embora de ação pública, o ofendido foi absolvido por sentença irrecorrível.

## 2.12 Quadro-resumo

**Sujeitos**
» Ativo: qualquer pessoa.
» Passivo: qualquer pessoa (inclusive *pessoa jurídica*, se o crime imputado estiver previsto na Lei 9.605/1998).

**Objeto material**
É a *pessoa* contra a qual são dirigidas as imputações ofensivas à sua honra objetiva.

### Bem(ns) juridicamente protegido(s)
É a *honra*, aqui concebida *objetivamente*.

### Elemento subjetivo
» É o dolo, direto ou eventual.
» Não há previsão de modalidade culposa.

### Consumação e tentativa
» A calúnia se consuma quando um terceiro, que não o sujeito passivo, toma conhecimento da imputação falsa de fato definido como crime.
» Dependendo do meio pelo qual é executado o delito, há possibilidade de se reconhecer a tentativa.

## 3. DIFAMAÇÃO

**Difamação**
**Art. 139.** Difamar alguém, imputando-lhe fato ofensivo à sua reputação:
Pena – detenção, de três meses a um ano, e multa.
Exceção da verdade
**Parágrafo único.** A exceção da verdade somente se admite se o ofendido é funcionário público e a ofensa é relativa ao exercício de suas funções.

### 3.1 Introdução

Para que exista a difamação é preciso que o agente impute *fatos* à vítima que sejam ofensivos à sua reputação.

A difamação difere do delito de calúnia em vários aspectos.

Inicialmente, os fatos considerados ofensivos à reputação da vítima não podem ser definidos como crime, fazendo, assim, com que se entenda a difamação como um delito de menor gravidade, comparativamente ao crime de calúnia. Contudo, se tais fatos disserem respeito à imputação de uma contravenção penal, poderão configurar o delito de difamação, uma vez que, para a existência do delito de calúnia, obrigatoriamente, deve existir uma imputação falsa de fato definido como *crime*.

Além de tão somente ser exigida a imputação de fato ofensivo à reputação da vítima, na configuração da difamação não se discute se tal fato é ou não verdadeiro. Isso significa que, mesmo sendo verdadeiro o fato, o que se quer impedir com a previsão típica da difamação é que a reputação da vítima seja maculada no seu meio social, uma vez que o que se protege, aqui, é a sua honra considerada objetivamente, ou seja, como já frisamos, o conceito que o agente presume que goza perante a sociedade.

Nesse sentido, disserta Hungria que a difamação:

"Consiste na imputação de fato que, embora sem revestir caráter criminoso, incide na reprovação ético-social e é, portanto, ofensivo à reputação da pessoa a quem se atribui. Segundo já foi acentuado, é estreita a sua afinidade com a calúnia. Como esta, é lesiva da honra objetiva (reputação, boa fama, valor social da pessoa) e por isto mesmo, supõe necessariamente a comunicação a terceiro. Ainda mais: a difamação, do mesmo modo que a calúnia, está subordinada à condição de que o fato atribuído seja *determinado*. Há, porém, diferenças essenciais entre uma e outra dessas modalidades de crime contra a honra: na calúnia, o fato imputado é *definido como crime* e a imputação deve apresentar-se objetiva e subjetivamente falsa; enquanto na difamação o fato imputado incorre apenas na reprovação moral, e pouco importa que a imputação seja falsa ou verdadeira."[26]

Na verdade, com a difamação pune-se, tão somente, aquilo que popularmente é chamado de "fofoca." É, outrossim, o crime daquele que, sendo falso ou verdadeiro o fato, o imputa a alguém com o fim de denegrir sua reputação.

Concluindo, para que se configure a difamação deve existir uma imputação de fatos determinados, sejam eles falsos ou verdadeiros, à pessoa determinada ou mesmo a pessoas também determinadas, que tenha por finalidade macular sua reputação, vale dizer, sua honra objetiva.

## 3.2 Classificação doutrinária

Crime comum com relação ao sujeito ativo, bem como quanto ao sujeito passivo; formal; doloso; de forma livre; comissivo (podendo, sendo garantidor o agente, ser praticado via omissão imprópria); instantâneo; monossubjetivo; unissubsistente ou plurissubsistente (dependendo do meio de execução de que se vale o agente na sua prática, podendo haver uma concentração dos atos, ou mesmo um fracionamento do *iter criminis*, cabendo a tentativa nessa última hipótese); transeunte (como regra, pois pode ser praticado por meios que permitam a prova pericial, a exemplo da difamação escrita).

## 3.3 Objeto material e bem juridicamente protegido

A honra objetiva é o bem juridicamente protegido pelo tipo penal que prevê o delito de difamação, sendo nesse caso visualizada por meio da reputação da vítima no seu meio social.

A honra, aqui entendida como reputação, deve ser tratada em seu sentido amplo, abrangendo todos os atributos que tornam o cidadão respeitável perante seus pares. Dessa forma, mesmo que sejam verdadeiros os fatos imputados à vítima, o reforço às ideias que, em tese, maculam a sua reputação deve ser proibido pela lei penal.

Dessa forma, entende-se que, por meio do tipo penal de difamação, evita-se a divulgação de fatos desonrosos à vítima. Traduzindo o conceito de *fato desonroso*, Aníbal Bruno diz ser aquele que possa "inspirar a outrem um sentimento de reprovação e desprezo em relação à vítima e, assim, capaz de afetar a boa fama do ofendido."[27]

Objeto material é a pessoa contra a qual são dirigidos os fatos ofensivos à sua honra objetiva.

## 3.4 Sujeito ativo e sujeito passivo

Crime comum quanto ao sujeito ativo, a difamação pode ser praticada por qualquer pessoa.

Da mesma forma, qualquer pessoa pode ser considerada sujeito passivo do delito em estudo, não importando se física ou jurídica.

Merece destaque, portanto, o fato de a lei penal iniciar sua redação dizendo *difamar alguém*, sendo que não está se referindo, especificamente, à pessoa física. Assim, devemos interpretar a elementar típica *alguém* diferentemente do modo que a interpretamos quando da análise do art. 121 do Código Penal.

---

[26] HUNGRIA, Nélson. *Comentários ao código penal*, v. VI, p. 84-85.

[27] BRUNO, Aníbal. *Crimes contra a pessoa*, p. 297.

Pode, portanto, ser perfeitamente possível que uma pessoa jurídica se veja atingida em sua reputação com fatos divulgados pelo agente que denigrem a sua imagem perante a população, fazendo, inclusive, com que, em virtude disso, sofra prejuízos materiais.

O crime de difamação, no que diz respeito às pessoas jurídicas, serve, também, como "vala comum" com relação àqueles fatos que lhe são imputados, definidos como crime, mas que não se encontram no rol das infrações ambientais, previstas pela Lei nº 9.605/98.

Da mesma forma que no delito de calúnia, entendemos que os inimputáveis, seja por doença mental ou mesmo por menoridade, podem figurar como sujeitos passivos do delito de difamação.

Hungria afirma, ao discutir sobre a possibilidade de figurarem os inimputáveis como sujeitos passivos da difamação, que, como a ofensa:

"Diz com a honra objetiva, o crime existe sempre, pois não se pode deixar de reconhecer que os incapazes em geral têm ou conservam uma certa reputação, que a lei deve proteger. Pouco importa, em qualquer caso, a inimputabilidade do sujeito passivo. Apesar de inimputáveis, os incapazes podem ser expostos à aversão ou irrisão pública, e seria iníquo deixar-se impune o injuriador ou difamador, como se a inimputabilidade, no dizer de Altavila, fosse uma culpa que se tivesse de expiar com a perda da tutela penal."[28]

Cezar Roberto Bitencourt, embora aceitando a possibilidade de serem os inimputáveis considerados sujeitos passivos da difamação, ressalva:

"Os *inimputáveis* também podem ser *sujeitos passivos* do crime de *difamação*, isto é, podem ser difamados, desde que tenham capacidade suficiente para entender que estão sendo ofendidos em sua honra pessoal. Essa capacidade, evidentemente, não se confunde nem com a capacidade civil, nem com a capacidade penal, uma vez que o próprio imputável pode tê-la. *Honra* é um valor social e moral do ser humano, bem jurídico imaterial inerente à personalidade e, por isso, qualquer indivíduo é titular desse bem, imputável ou inimputável."[29]

Aqui, da mesma forma que no delito de calúnia, devemos trabalhar com o princípio da razoabilidade. O fato que se atribui à vítima deve se amoldar a esse conceito de razoabilidade para que possa se consubstanciar no delito de difamação, independentemente de ser ou não o sujeito passivo inimputável.

## 3.5 Consumação e tentativa

Entendendo-se a honra objetiva como o bem juridicamente protegido pelo delito de difamação, consequentemente, tem-se por consumada a infração penal quando terceiro, que não a vítima, toma conhecimento dos fatos ofensivos à reputação desta última.

Às vezes nos soa um pouco ilógico entender que a consumação se dá quando terceiro toma conhecimento dos fatos ofensivos à reputação da vítima, mas exigimos, em geral, que esses mesmos fatos cheguem ao conhecimento dela para que, se for da sua vontade, possa ser proposta ação penal contra o agente difamador, no prazo de 6 (seis) meses, sob pena de ocorrer a decadência do seu direito de ação.

Deve ser frisado, por oportuno, que, embora o prazo decadencial de 6 (seis) meses seja contado do dia em que a vítima vem a saber quem é o autor do crime, conforme determina

---

[28] HUNGRIA, Nélson. *Comentários ao código penal*, v. VI, p. 49-50.
[29] BITENCOURT, Cezar Roberto. *Tratado de direito penal*, v. 2, p. 354.

o art. 38 do Código de Processo Penal, a afirmação do momento de consumação do delito possui outros efeitos, a exemplo da contagem do prazo prescricional.

Assim, o art. 111 do Código Penal assevera:

> **Art. 111.** A prescrição, antes de transitar em julgado a sentença final, começa a correr:
> I – do dia em que o crime se consumou;

Dessa forma, no caso dos crimes de calúnia e difamação, em que se protege a honra objetiva da vítima, teremos contagens de prazos diferentes. A primeira, destinada ao reconhecimento da prescrição, ou pelo menos a fim de indicar o primeiro marco para sua contagem, vale dizer, a data em que o crime se consumou, isto é, quando o terceiro, que não a vítima, tomou conhecimento dos fatos, com as características que lhe são peculiares na calúnia e na difamação; a segunda, quando a vítima deles toma conhecimento, tem por finalidade o início da contagem do prazo decadencial, quando já se conhece sua autoria, destinada, por exemplo, ao oferecimento da queixa-crime.

Discute-se, ainda, sobre a possibilidade de tentativa no crime de difamação. O mesmo raciocínio que levamos a efeito quando estudamos o delito de calúnia aplica-se à difamação. O fundamental será apontar os meios utilizados na prática do delito, o que fará com que visualizemos se estamos diante de um crime monossubsistente ou plurissubsistente.

Se monossubsistente, não se admite tentativa, pois os atos que integram o *iter criminis* não podem ser fracionados. Se *plurissubsistentes*, torna-se perfeitamente admissível a tentativa. Assim, se a difamação for verbal, proferida por meio de palavras, não se admite o *conatus*, pois, ou os fatos ofensivos à reputação da vítima são verbalizados com terceiros, consumando a infração penal, ou o agente se cala e sequer ultrapassa a fase da cogitação; ao contrário, pode ser que na difamação escrita os fatos somente não cheguem ao conhecimento de terceiro por circunstâncias alheias à vontade do agente, como no exemplo em que o agente vai até a agência dos correios e envia a carta ao seu destinatário, contendo a exposição de fatos ofensivos à reputação da vítima, que acaba se extraviando ou mesmo se perdendo, dada a ocorrência de um incêndio na agência dos correios ou coisa parecida.

Não podemos deixar de reconhecer, nessa hipótese, que o agente, ao postar a carta na agência dos correios, deu início à execução de um crime de difamação que só não se consumou por circunstâncias alheias à sua vontade.

É claro que a hipótese é acadêmica, pois que, se a carta se perdeu no incêndio da agência dos Correios, a vítima jamais tomará conhecimento do seu conteúdo e, consequentemente, não saberá da ofensa à sua honra objetiva. Assim, se não souber da difamação, não dará início, obviamente, à ação penal.

### 3.6 Elemento subjetivo

O delito de difamação somente admite a modalidade dolosa, seja o dolo direto ou mesmo eventual.

Exige-se, aqui, que o comportamento do agente seja dirigido finalisticamente a divulgar fatos que atingirão a honra objetiva da vítima, maculando-lhe a reputação.

Afasta-se o dolo quando o agente atua com *animus jocandi*, ou seja, quando imputa fatos que, à primeira vista, seriam desonrosos para a vítima, mas que, na verdade, são divulgados, por exemplo, em tom de brincadeira.

Por não haver previsão legal, não é punível a difamação culposa.

### 3.7 Exceção da verdade

Como regra, não é admitida a exceção da verdade no delito de difamação, pois, mesmo sendo verdadeiros os fatos ofensivos à reputação da vítima, ainda assim se concluirá pela tipicidade da conduta levada a efeito pelo agente.

Dessa forma, de nada adiantaria comprovar que os fatos divulgados pelo agente são verdadeiros, uma vez que, ainda assim, se consubstanciariam na infração penal tipificada no art. 139 do Código Penal.

Contudo, o parágrafo único do mencionado art. 139 ressalvou admitir a *exceptio veritatis* se o ofendido é funcionário público e se a ofensa é relativa ao exercício de suas funções.

Damásio explica a ressalva legal, prelecionando:

"O fundamento reside no resguardo da honorabilidade do exercício da função pública. É imprescindível, para que se admita a prova da verdade, que haja relação causal entre a imputação e o exercício da função. Assim, se o sujeito atribui ao funcionário público a prática de atos indecorosos quando em serviço, é admissível a demonstração da veracidade de seu comportamento. Se entretanto, a imputação diz respeito à prática de atos indecorosos fora do exercício do cargo, é inadmissível a prova da verdade."[30]

É de interesse da Administração Pública apurar possíveis faltas de seus funcionários quando no exercício das suas funções públicas. Entretanto, tem-se entendido não ser admissível a *exceptio veritatis* quando a vítima não mais ostenta o cargo de funcionário público, mesmo que os fatos tenham relação com o exercício da função pública.

Cezar Roberto Bitencourt procura fazer distinção entre duas situações que, para o renomado autor, devem ser entendidas diferentemente, assim se manifestando:

"A dicção do texto legal, 'se o ofendido é funcionário público e a ofensa é relativa ao exercício de suas funções', [...] exige a presença de dois fatores, simultaneamente: *que a ofensa relacionada ao exercício das funções públicas seja contemporânea à condição de funcionário público*. Assim, se o ofendido deixar o cargo após a consumação do fato imputado, o *sujeito ativo* mantém o direito à *demonstratio veri*; se, no entanto, quando proferida a ofensa relativa à *função pública*, o ofendido não se encontrava mais no cargo, a *exceptio veritatis* será inadmissível, ante a ausência da qualidade de funcionário público que é uma elementar típica que deve estar presente no momento da imputação."[31]

## 3.8 Pena, ação penal, competência para julgamento e suspensão condicional do processo

A pena cominada ao delito de difamação é de detenção, de 3 (três) meses a 1 (um) ano, e multa.

A pena será aumentada de um terço, nos termos do *caput* do art. 141 do Código Penal, se a difamação for cometida:

I – contra o Presidente da República, ou contra chefe de governo estrangeiro;

II – contra funcionário público, em razão de suas funções, ou contra os Presidentes do Senado Federal, da Câmara dos Deputados ou do Supremo Tribunal Federal;

III – na presença de várias pessoas, ou por meio que facilite a divulgação da calúnia, da difamação ou da injúria;

IV – contra criança, adolescente, pessoa maior de 60 (sessenta) anos ou pessoa com deficiência.

Poderá a pena, ainda, vir a ser dobrada se a difamação for cometida mediante paga ou promessa de recompensa, conforme preconiza o § 1º do art. 141 do diploma repressivo.

---

[30] JESUS, Damásio E. de. *Direito penal*, v. 2, p. 219.

[31] BITENCOURT, Cezar Roberto. *Tratado de direito penal*, v. 2, p. 361.

Nos termos do § 2º do referido artigo, se o crime é cometido ou divulgado em quaisquer modalidades das redes sociais da rede mundial de computadores, aplica-se em triplo a pena.

Conforme o disposto no § 3º do art. 141 do Código Penal, se o crime é cometido contra a mulher por razões da condição do sexo feminino, nos termos do § 1º do art. 121-A do CP, aplica-se a pena em dobro.

A ação penal será de iniciativa privada, de acordo com o art. 145 do Código Penal, sendo, contudo, de iniciativa pública condicionada à requisição do Ministro da Justiça quando o delito for praticado contra o Presidente da República ou chefe de governo estrangeiro, ou de iniciativa pública condicionada à representação do ofendido quando o crime for cometido contra funcionário público, em razão de suas funções.

O STF, por intermédio da Súmula nº 714, assim se posicionou:

> **Súmula nº 714.** É concorrente a legitimidade do ofendido, mediante queixa, e do Ministério Público, condicionada à representação do ofendido, para a ação penal por crime contra a honra de servidor público em razão do exercício de suas funções.

Compete, pelo menos inicialmente, ao Juizado Especial Criminal o processo e julgamento do delito tipificado no art. 139 do Código Penal, tendo em vista que a pena máxima cominada em abstrato não ultrapassa o limite de 2 (dois) anos, nos termos do art. 61 da Lei nº 9.099/95, com a nova redação que lhe foi dada pela Lei nº 11.313, de 28 de junho de 2006.

Será possível a confecção de proposta de suspensão condicional do processo, de acordo com o art. 89 da Lei nº 9.099/95.

## 3.9 Destaques

### 3.9.1 Consentimento do ofendido

Aplica-se à difamação o mesmo raciocínio levado a efeito quando abordamos o consentimento do ofendido no delito de calúnia.

Sendo a honra um bem de natureza disponível, nada impede que a suposta vítima, desde que capaz, consinta em ser difamada pelo agente. Pode, inclusive, solicitar ao agente que divulgue os fatos difamatórios, como no conhecido exemplo daquele que, almejando romper seu noivado, não tendo coragem para fazê-lo pessoalmente, pede ao agente que divulgue, perante a família de sua noiva, fatos ofensivos à sua reputação.

### 3.9.2 Presença do ofendido

Considerando o fato de que a difamação atinge a honra objetiva da vítima, não há necessidade da presença do ofendido para que o delito se consume, sendo, como afirmamos, importante apontar o momento exato da consumação, para fins de cálculos penais, a exemplo do que ocorre com a contagem do prazo de prescrição.

### 3.9.3 Difamador sem credibilidade

Da mesma forma como ocorre com o delito de calúnia, não importa à configuração da difamação a falta de credibilidade do agente. Aquele que, costumeiramente, tem o hábito de falar mal das pessoas, imputando-lhes fatos ofensivos à sua reputação, deverá ser responsabilizado pelo delito de difamação, a partir do instante em que terceira pessoa, que não a vítima, toma conhecimento dos fatos.

### 3.9.4 Divulgação ou propalação da difamação

O § 1º do art. 138 do Código Penal fez previsão expressa no sentido de que incorreria nas mesmas penas previstas no preceito secundário do *caput* do mencionado artigo aquele que propalasse ou divulgasse a calúnia.

Não houve, contudo, tal previsão para o delito de difamação, razão pela qual devemos nos perguntar: será punível a título de difamação, aquele que, tomando conhecimento, por meio de terceiros, de fatos ofensivos à reputação da vítima, os divulgue ou propale?

Obviamente que quem propala ou divulga uma difamação deve responder por esse delito, uma vez que tanto o propalador quanto o divulgador são, da mesma forma, difamadores. Aquele que toma conhecimento, por meio de terceiros, de fatos ofensivos à reputação da vítima e, por sua vez, leva adiante a notícia difamatória também deve ser considerado um agente difamador.

Corroborando esse raciocínio, o § 2º do art. 141 do Código Penal, com a redação que lhe foi conferida pela Lei nº 13.964/2019, aduz que se o crime é cometido ou divulgado em quaisquer modalidades das redes sociais da rede mundial de computadores, aplica-se em triplo a pena.

### 3.9.5 Difamação dirigida à vítima

Considerando que o tipo penal que prevê a difamação protege a honra objetiva da vítima, ou seja, o conceito que ela entende gozar em seu meio social, se os fatos ofensivos à sua reputação forem dirigidos diretamente a ela, poderia, nesta hipótese, também configurar-se o crime de difamação?

Luiz Regis Prado responde a essa indagação afirmando: "Caso a imputação seja dirigida diretamente à pessoa visada, sem que seja ouvida, lida ou percebida por terceiro, não configura a difamação, mesmo que aquela a revele a outrem."[32]

Contudo, isso não quer dizer, segundo entendemos, que o agente não deva ser responsabilizado por qualquer infração penal. Se das imputações difamatórias a vítima puder extrair fatos que, mesmo que indiretamente, venham atingir sua honra subjetiva, poderá o agente responder pelo delito de injúria.

Se, por exemplo, almejando agredir a honra da vítima o agente a acusa de estar "bancando o jogo do bicho", a isso atribuindo o seu súbito enriquecimento, se tal fato não for proferido na presença de terceira pessoa que não a vítima, poderemos dele extrair o cometimento do delito de injúria, pois, mesmo que por vias oblíquas, imputar a alguém a prática do jogo do bicho é o mesmo que chamá-lo de bicheiro.

Seria um raciocínio sem sentido, *permissa* vênia, entender que se o ofendido fosse chamado de bicheiro o agente deveria responder pela injúria; agora, se lhe imputasse o cometimento da contravenção penal do jogo do bicho, o fato seria atípico.

O que não se pode é imputar as duas infrações penais, sendo uma originária da outra.

Caso o fato ofensivo à reputação da vítima tenha sido proferido na presença de terceiros, restará caracterizada a difamação, infração penal mais grave comparativamente à injúria; ao contrário, mesmo se forem imputados fatos ofensivos à reputação da vítima que não se traduzam, diretamente, em qualidades pejorativas à sua pessoa, mas que possam ser inferidas do contexto da imputação, se for levada a efeito na presença tão somente da vítima, a hipótese será a de reconhecimento do delito de injúria.

### 3.9.6 Vítima que conta os fatos a terceira pessoa

Para que se configure a difamação, o agente deve atuar no sentido de levar os fatos ofensivos à reputação da vítima ao conhecimento de terceira pessoa. O seu dolo, portanto, é dirigido no sentido de atingir sua honra objetiva.

Entretanto, se a própria vítima é quem se encarrega de contar a terceiros a imputação ofensiva que lhe foi feita pelo agente, não restará caracterizada a difamação, mas tão somente,

---

[32] PRADO, Luiz Regis. *Curso de direito penal brasileiro*, v. 2, p. 239.

PARTE I – CAPÍTULO V – DOS CRIMES CONTRA A HONRA

como afirmamos acima, o delito de injúria, de menor gravidade comparativamente ao crime de difamação, pois a pena cominada à injúria é a de detenção, de 1 (um) a 6 (seis) meses, ou multa, enquanto aquela prevista para o delito de difamação é de detenção, de 3 (três) meses a 1 (um) ano, e multa.

### 3.9.7 Agente que escreve fatos ofensivos à honra da vítima em seu diário

Imagine-se a hipótese daquele que, por acaso, percebe que no diário do agente existe a narração de fatos ofensivos à sua reputação. Seria possível reconhecer, nesse caso, o delito de difamação?

A resposta só pode ser negativa, pois, para a caracterização da difamação, exige-se o dolo, ou seja, o *animus diffamandi*, a vontade de ofender a honra objetiva da vítima, o que não acontece no exemplo fornecido.

Mas pode acontecer, também, que o agente, de forma negligente, deixe o seu diário aberto de modo que as pessoas possam tomar, facilmente, conhecimento dos fatos ofensivos à reputação da vítima. Nesse caso, poderia configurar-se a difamação?

Também a resposta aqui deverá ser negativa, uma vez que no tipo penal do art. 139 do estatuto repressivo não existe previsão para a modalidade culposa, não se podendo responsabilizar criminalmente o agente que, deixando de observar o seu dever objetivo de cuidado, permite que terceiros tomem conhecimento dos fatos difamatórios por ele escritos.

### 3.9.8 Exceção de notoriedade

Dissemos, quando do estudo do crime de calúnia, que a exceção de notoriedade servia para demonstrar a ausência de dolo do agente no que dizia respeito à falsidade do fato definido como crime por ele atribuído à vítima.

Dessa forma, pergunta-se: Seria possível, no delito de difamação, o oferecimento da exceção de notoriedade, com a finalidade de comprovar que os fatos imputados pelo agente à vítima, além de verdadeiros, são de conhecimento público e notório, afastando-se, em virtude disso, o delito de difamação?

Ao contrário do que ocorre com o delito de calúnia, a exceção de notoriedade não tem qualquer efeito no que diz respeito ao reconhecimento da difamação, uma vez que, nesta última, não há necessidade de que o fato atribuído seja falso, podendo ser verdadeiro, e mais, de conhecimento público.

Nesse sentido, esclarece Cezar Roberto Bitencourt, confrontando as posições em contrário:

> "Determinado segmento doutrinário tem sustentado que não se justifica punir alguém porque repetiu o que todo mundo sabe e todo mundo diz, pois está caracterizada sua *notoriedade*. Segundo Tourinho Filho, 'se o fato ofensivo à honra é notório, não pode o pretenso ofendido pretender defender o que ele já perdeu, e cuja perda caiu no domínio público, ingressando no rol dos fatos notórios'.
>
> No entanto, não nos convence esse entendimento, por algumas razões que procuraremos sintetizar. Em primeiro lugar, quando o Código Penal proíbe a *exceção da verdade* para o crime de difamação, está englobando a exceção da notoriedade; em segundo lugar, a notoriedade é inócua, pois é irrelevante que o fato difamatório imputado seja falso ou verdadeiro; em terceiro lugar, ninguém tem o direito de vilipendiar ninguém."[33]

---

[33]  BITENCOURT, Cezar Roberto. *Tratado de direito penal*, v. 2, p. 362.

### 3.9.9 Difamação contra o Presidente da República, o Presidente do Senado Federal, o Presidente da Câmara dos Deputados e o Presidente do STF

*Vide* item correspondente ao crime de calúnia, para onde remetemos o leitor, a fim de não sermos repetitivos.

### 3.9.10 Difamação e Código Penal Militar

O crime de difamação também encontra-se previsto no art. 215 do Código Penal Militar (Decreto-Lei nº 1.001, de 21 de outubro de 1969).

### 3.9.11 Difamação e Código Eleitoral

Se a difamação for proferida na propaganda eleitoral, ou com fins eleitorais, o fato se amoldará, em virtude do princípio da especialidade, ao art. 325 do Código Eleitoral (Lei nº 4.737, de 15 de julho de 1965), *verbis*:

> **Art. 325.** Difamar alguém, na propaganda eleitoral, ou visando a fins de propaganda, imputando-lhe fato ofensivo à sua reputação:
> Pena – detenção de três meses a um ano, e pagamento de 5 a 30 dias-multa.
> **Parágrafo único.** A exceção da verdade somente se admite se ofendido é funcionário público e a ofensa é relativa ao exercício de suas funções.

## 3.10 Quadro-resumo

**Sujeitos**
» Ativo: qualquer pessoa.
» Passivo: qualquer pessoa (inclusive a pessoa jurídica).

**Objeto material**
É a *pessoa* contra a qual são dirigidos os fatos ofensivos à sua honra objetiva.

**Bem(ns) juridicamente protegido(s)**
A *honra objetiva*.

**Elemento subjetivo**
» Dolo direto ou eventual.
» Não é punível a difamação culposa, por ausência de previsão legal.

**Consumação e tentativa**
» Tem-se por consumada a infração penal quando terceiro, que não a vítima, toma conhecimento dos fatos ofensivos à reputação desta última.
» Em relação à tentativa, o fundamental será apontar os meios utilizados na prática do delito, o que define se é um crime monossubsistente (não admite tentativa) ou plurissubsistente (admite a tentativa por poder fracionar o *iter criminis*).

## 4. INJÚRIA

> **Injúria**
>
> **Art. 140.** Injuriar alguém, ofendendo-lhe a dignidade ou o decoro:
>
> Pena – detenção, de um a seis meses, ou multa.
>
> § 1º O juiz pode deixar de aplicar a pena:
>
> I – quando o ofendido, de forma reprovável, provocou diretamente a injúria;
>
> II – no caso de retorsão imediata, que consista em outra injúria.
>
> § 2º Se a injúria consiste em violência ou vias de fato, que, por sua natureza ou pelo meio empregado, se considerem aviltantes:
>
> Pena – detenção, de três meses a um ano, e multa, além da pena correspondente à violência.
>
> § 3º Se a injúria consiste na utilização de elementos referentes a religião ou à condição de pessoa idosa ou com deficiência:
>
> Pena – reclusão, de um a três anos, e multa.

### 4.1 Introdução

De todas as infrações penais tipificadas no Código Penal que visam a proteger a honra, a injúria, na sua modalidade fundamental, é a considerada menos grave. Entretanto, por mais paradoxal que possa parecer, a injúria se transforma na mais grave infração penal contra a honra quando consiste na utilização de elementos referentes à raça, cor, etnia, religião, origem ou a condição de pessoa idosa ou portadora de deficiência, sendo denominada, aqui, de *injúria preconceituosa*, cuja pena a ela cominada se compara àquela prevista para o delito de homicídio culposo, sendo, inclusive, mais severa, pois ao homicídio culposo se comina uma pena de *detenção*, de 1 (um) a 3 (três) anos, e na injúria preconceituosa uma pena de *reclusão*, de 1 (um) a 3 (três) anos e multa, sendo discutida sua proporcionalidade comparativamente às demais infrações penais.

Numa posição intermediária, situa-se a injúria real, prevista no § 2º do art. 140 do Código Penal, cuja pena se compara à do delito de difamação.

Portanto, resumindo, o Código Penal trabalha com três espécies de injúria:

a)  *injúria simples*, prevista no *caput* do art. 140;

b)  *injúria real*, consignada no § 2º do art. 140;

c)  *injúria preconceituosa*, tipificada no § 3º do art. 140.

Ao contrário da calúnia e da difamação, com a tipificação do delito de injúria busca-se proteger a chamada *honra subjetiva*, ou seja, o conceito, em sentido amplo, que o agente tem de si mesmo.

Esclarece Aníbal Bruno:

"Injúria é a palavra ou gesto ultrajante com que o agente ofende o sentimento de dignidade da vítima. O Código distingue, um pouco ociosamente, dignidade e decoro. A diferença entre esses dois elementos do tipo é tênue e imprecisa, o termo dignidade podendo compreender o decoro. Entre nós costumava-se definir a dignidade como o sentimento que tem o indivíduo do seu próprio valor social e moral; o decoro como a sua respeitabilidade. Naquela estariam contidos os valores morais que integram a personalidade do indivíduo; neste as qualidades de ordem física e social que conduzem o indivíduo à estima de si mesmo e o impõem ao respeito dos que com ele convivem. Dizer de um sujeito que ele é trapaceiro seria ofender sua dignidade. Chamá-lo de burro, ou de coxo seria atingir seu decoro."[34]

---

[34]  BRUNO, Aníbal. *Crimes contra a pessoa*, p. 300.

Assim, portanto, de acordo com uma eleição não muito clara das situações, como bem destacado por Aníbal Bruno, o Código Penal faz distinção entre o ataque à *honra/dignidade* e à *honra/decoro* do ofendido.

Como regra, na injúria não existe imputação de fatos, mas, sim, de atributos pejorativos à pessoa do agente. Dessa forma, chamá-lo de bicheiro configura-se como injúria; dizer à terceira pessoa que a vítima está "bancando o jogo do bicho" caracteriza difamação.

Importante destacar a impossibilidade de se punir o agente por fatos que traduzem, no fundo, a mesma ofensa. No exemplo citado, mesmo tendo o agente falado com terceira pessoa, na presença da vítima, que esta se enriqueceu à custa de ter explorado o jogo do bicho, afirmando, logo em seguida, ser o ofendido bicheiro, não podemos considerar uma mesma situação fática para imputar duas infrações penais diferentes ao agente, que nesse caso são a difamação e a injúria. Aqui, a infração mais grave, a difamação, absorverá a infração penal menos grave, a injúria.

## 4.2 Classificação doutrinária

Crime comum com relação ao sujeito ativo, bem como quanto ao sujeito passivo; doloso; formal; de forma livre; comissivo (podendo ser praticado omissivamente, se o agente gozar do *status* de garantidor); instantâneo; monossubjetivo; unissubsistente ou plurissubsistente (dependendo do meio utilizado na prática do delito); transeunte (como regra, ressalvada a possibilidade de se proceder a perícia nos meios utilizados pelo agente ao cometimento da infração penal).

## 4.3 Objeto material e bem juridicamente protegido

A honra subjetiva é o bem juridicamente protegido pelo tipo penal que prevê o delito de injúria, o qual, segundo Muñoz Conde, se traduz "na consciência e no sentimento que tem a pessoa de sua própria valia e prestígio, quer dizer, a *autoestima*."[35]

Com a tipificação do delito de injúria, busca-se proteger, precipuamente, as qualidades, os sentimentos, enfim, os conceitos que o agente faz de si próprio.

Objeto material do delito de injúria é a pessoa contra a qual é dirigida a conduta praticada pelo agente.

## 4.4 Sujeito ativo e sujeito passivo

Tendo em vista tratar-se de crime comum, qualquer pessoa física pode ser sujeito ativo do delito de injúria.

No que diz respeito ao sujeito passivo, algumas ressalvas devem ser observadas. É regra geral que qualquer pessoa física possa ser considerada como sujeito passivo da mencionada infração penal, sendo de todo impossível que a pessoa jurídica ocupe também essa posição, haja vista que a pessoa moral não possui honra subjetiva a ser protegida, mas tão somente honra objetiva.

Conforme observa Fernando Galvão:

> "Como a injúria ofende a honra subjetiva da vítima, não podem ser sujeitos passivos do crime em exame a pessoa morta e a pessoa jurídica, pois estas não possuem a capacidade para o sentimento da própria honorabilidade ou respeitabilidade."[36]

---

[35] MUÑOZ CONDE, Francisco. *Derecho penal* – Parte especial, p. 274.
[36] GALVÃO, Fernando. *Direito penal* – crimes contra a pessoa, p. 298.

Contudo, embora somente as pessoas físicas possam ser vítimas do delito de injúria, podemos entender que a mencionada infração penal também ofende a honra subjetiva dos inimputáveis, seja por doença mental, seja em virtude da menoridade?

Trabalhando com o critério da razoabilidade, não há qualquer problema em se afirmar que os inimputáveis podem ser considerados sujeitos passivos da injúria. Alertamos para o critério da razoabilidade para que as interpretações não caiam no ridículo, a exemplo daquele que chama de corrupta uma criança com apenas um ano de idade. Alguns autores, a exemplo de Noronha, afirmam que o sujeito passivo, para se considerar nessa condição, deveria ter consciência das palavras ofensivas, em tese, à sua dignidade ou decoro. Afirma o autor:

> "A injúria é ofensa à honra subjetiva, de modo que a pessoa deve *ter consciência* da dignidade ou decoro. Dizer, v.g., de uma *criança* de dois ou três anos que é um ladrão, de menina de quatro anos que é mentirosa são coisas risíveis e que não podem configurar injúria. Não assim se se disser de um menino de quinze anos que é um *invertido*, ou de menina da mesma idade que é uma *rameira*. Idêntica é a situação do enfermo mental."[37]

### 4.5 Consumação e tentativa

Considerando que o delito atinge a honra subjetiva, consuma-se a injúria no momento em que a vítima toma conhecimento das palavras ofensivas à sua dignidade ou decoro.

Entretanto, não se faz necessária a presença da vítima no momento em que o agente profere, por exemplo, as palavras que são ofensivas à sua honra subjetiva. Assim, se alguém, em conversa com terceiro, chama a vítima de mau-caráter e esta vem a saber disso pouco tempo depois, o delito de injúria se consuma quando ela toma conhecimento, mas não exige a sua presença no momento em que a agressão à sua honra é proferida.

Dependendo do meio utilizado na execução do crime de injúria, será perfeitamente possível o reconhecimento da tentativa, entendendo-se como plurissubsistente a infração penal. Nesse sentido, Ney Moura Teles afirma ser possível a tentativa:

> "Quando a injúria se faz por meio de carta escrita interceptada, ou na forma de colocação de símbolos ou desenhos à frente da casa do ofendido, para que ele, ao sair, perceba a ofensa, sendo, entretanto, retirada por terceira pessoa."[38]

### 4.6 Elemento subjetivo

Elemento subjetivo do delito de injúria é o dolo, seja ele direto ou mesmo eventual. Há necessidade, aqui, de ter o agente a intenção de atingir a honra subjetiva da vítima, ofendendo-lhe a dignidade ou o decoro. Deve o agente agir, portanto, com o chamado *animus injuriandi*, pois, caso contrário, o fato será atípico.

Muñoz Conde, com a precisão que lhe é peculiar, esclarece:

> "É necessário que se tenha consciência do caráter injurioso da ação ou expressão e vontade, em que pese isso, de realizá-la. Esta vontade se pode entender como uma intenção específica de injuriar, o chamado *animus iniuriandi*. Não basta, pois, com que a expressão seja objetivamente injuriosa e o sujeito tenha conhecimento disto, senão que se requer um ânimo especial de injuriar."[39]

---

[37] NORONHA, Edgard Magalhães. *Direito penal*, v. 2, p. 127.

[38] TELES, Ney Moura. *Direito penal*, v. 2, p. 279.

[39] MUÑOZ CONDE, Francisco. *Derecho penal* – Parte especial, p. 278-279.

E continua o renomado catedrático:

"Assim, ações objetivamente injuriosas, mas realizadas sem ânimo de injuriar, senão de brincar, criticar, narrar etc., não são delitos de injúria. Este elemento subjetivo se deduz às vezes do próprio contexto, mas outras vezes pode ficar confundido ou solapar-se com outros propósitos ou ânimos (informativos, de crítica etc.) que dificultam a sua prova."[40]

Assim, as palavras, por exemplo, ditas com *animus jocandi*, ou seja, com a intenção de brincar com a vítima, mesmo que essa última seja extremamente sensível, não poderão configurar o delito de injúria.

A injúria não admite a modalidade culposa, em face da inexistência de previsão legal.

## 4.7 Meios de execução e formas de expressão da injúria

São inigualáveis as linhas escritas por Hungria, nas quais ele procura demonstrar a diversidade dos meios e formas que podem ser utilizados no cometimento do delito de injúria, razão pela qual nos permitimos transcrevê-las integralmente:

"Variadíssimos são os meios pelos quais se pode cometer a injúria. São, afinal, todos os meios de expressão do pensamento: a palavra oral, escrita, impressa ou reproduzida mecanicamente, o desenho, a imagem, a caricatura, a pintura, a escultura, a alegoria ou símbolo, gestos, sinais, atitudes, atos. Há toda uma série de *atos* reputados injuriosos, ainda que não compreendidos na órbita especial do § 2º do art. 140: a esputação sobre alguém, ainda que sem atingir o alvo; o beijo dado contra a vontade de quem o recebe e sem fim libidinoso (pois, do contrário, será crime *contra os costumes*[41]); afixar rabo em alguém; apresentar capim ou milho a uma pessoa, dizendo-lhe: 'come'; promover um funeral fictício etc. Um caso interessante pode ser figurado: certo indivíduo, para vingar-se de um seu desafeto, ensina a um papagaio a insultá-lo. A solução deve ser idêntica à do caso do *mandatário irresponsável*: a palavra do papagaio é como se fora a própria palavra do seu dono. Até mesmo simples *sons* podem ser insultantes. Exemplos: imitar o uivo do cão, o ornejo do asno ou o ruído de gases intestinais, para vexar uma cantora ou um orador.

Multifária é, igualmente, a forma da injúria. Pode esta ser *direta ou oblíqua* (mediata); direta, quando se refere a qualidades desonrosas inerentes ao ofendido; oblíqua quando atinge uma pessoa particularmente cara ao ofendido (exemplo: 'teu filho é um canalha') ...

Da injúria oblíqua distingue-se a injúria *reflexa*, isto é, a que atinge também alguém em ricochete. Exemplo: quando se diz de um homem casado que é 'cornudo', injuria-se também a sua esposa.

A injúria pode ser também:

a) *explícita* (expressa de modo franco e positivo) ou *equívoca* (ambígua, velada, fugidia);

b) *implícita* ou *per argumentum a contrario* (exemplo: 'não vou à festa em sua casa porque não sou um desclassificado'; 'não posso deixar-me ver em tua companhia, porque não sou um ladrão');

c) *por exclusão* (como quando declaro honestas determinadas pessoas de um grupo, omitindo referência às demais);

d) *interrogativa* ('será você um gatuno?');

---

[40] MUÑOZ CONDE, Francisco. *Derecho penal* – Parte especial, p. 278-279.

[41] Atualmente, após a alteração levada a efeito pela Lei nº 12.015, de 7 de agosto de 2009, a denominação crimes contra os costumes deixou de existir, figurando em seu lugar os crimes contra a dignidade sexual.

e) *dubitativa* ou *suspeitosa* ('talvez seja Fulano um intrujão');

f) *irônica* (quando alguém, como dizia Farinácio, *'alteri dicit aliquid bonum, sed ironice etc um animo injuriandi'*);

g) *reticente* ou *elíptica* ('a senhora X, formosa e... modelar');

h) *por fingido quiprocó* ('o meretríssimo, digo, meritíssimo juiz');

i) *condicionada* ou *por hipótese* (quando se diz de alguém que seria um canalha, se tivesse praticado tal ou qual ação, sabendo-se que ele realmente a praticou);

j) *truncada* ('a senhora X não passa de uma p...');

k) *simbólica* (dar-se o nome de alguém a um cão ou asno; imprimir o retrato de alguém em folhas de papel higiênico; pendurar chifres à porta de um homem casado)."[42]

Realmente, a capacidade de imaginação e a precisão no raciocínio são características marcantes em Hungria, que conseguiu, como nenhum outro, esgotar as possibilidades de meios de execução e formas no cometimento do delito de injúria.

## 4.8 Perdão judicial

Dizem os incisos I e II do § 1º do art. 140 do Código Penal:

> § 1º O juiz pode deixar de aplicar a pena:
> I – quando o ofendido, de forma reprovável, provocou diretamente a injúria;
> II – no caso de retorsão imediata, que consista em outra injúria.

Trata-se, *in casu*, de possibilidade de concessão de *perdão judicial* nas hipóteses previstas.

A primeira delas diz respeito ao fato de ter a própria vítima da injúria provocado, de forma reprovável, o agente.

Estudos de vitimologia comprovam que, em determinadas situações, o comportamento da vítima é fundamental como fator estimulador ao delito por ela sofrido.

Há pessoas que, efetivamente, conseguem perturbar aqueles que estão à sua volta. São, apesar das palavras chulas, "chatos profissionais", pessoas que têm o dom de irritar as outras com seu comportamento e suas palavras.

Conhecendo a natureza do ser humano, que em muitas ocasiões não consegue conter seus impulsos, o Código Penal, sabiamente, trouxe essa possibilidade de aplicação do perdão judicial ao agente que, provocado pela vítima, não resiste a essas provocações e acaba por praticar contra ela o delito de injúria.

Conforme salienta Luiz Regis Prado:

> "A *ratio essendi* do benefício legal reside na *justa causa irae*, ou seja, o legislador reconhece que a palavra ou gesto ultrajante decorreu de irrefreável impulso defensivo, por ocasião de justificável irritação."[43]

A segunda hipótese diz respeito à chamada *retorsão imediata*, que resulta no fato de que o agente, injuriado inicialmente, no momento imediatamente seguinte à injúria sofrida, pratica outra.

Tal situação é extremamente comum. Imagine-se a hipótese daquele que, após discutir com a vítima, a chama de *ignorante*. No calor da discussão, a vítima inicial devolve a agressão à sua honra, chamando o primeiro agressor de *analfabeto*.

---

[42] HUNGRIA, Nélson. *Comentários ao código penal*, v. VI, p. 95-96.

[43] PRADO, Luiz Regis. *Curso de direito penal brasileiro*, v. 2, p. 251.

O que parece soar estranho com essa possibilidade de aplicação de perdão judicial é que se o agente tivesse se defendido, por exemplo, desferindo um tapa naquele que o ofendera injustamente, interrompendo a agressão contra a sua pessoa, agiria em legítima defesa.

Entretanto, caso venha a tão somente devolver a agressão cometida contra sua honra, injuriando, também, o agressor inicial, poderá, caso não lhe seja concedido o perdão judicial, responder pelo delito contra a honra.

O raciocínio que podemos fazer, nesse caso, no sentido de dar melhor ilação ao inciso II do § 1º do art. 140 do Código Penal, seria compreender a retorsão como forma que tem o agente, uma vez encerrada a agressão de que fora vítima, mas numa relação de contexto, de continuidade com o anterior comportamento do agressor inicial, que já esgotou sua conduta, de praticar, imediatamente, outra injúria.

A distinção seria a seguinte:

1. Se o agente ainda estivesse praticando o delito contra a honra da vítima, proferindo, incessantemente, palavras ofensivas à sua dignidade ou decoro, esta poderia interrompê-lo, inclusive com o uso moderado de violência física, oportunidade na qual seria reconhecida a legítima defesa;

2. Pode, no entanto, a agressão contra a honra da vítima ter-se esgotado, amoldando-se, outrossim, ao conceito de agressão passada, o que inviabilizaria a legítima defesa. Contudo, imediatamente após o término da agressão contra a sua honra, a vítima, agora transformada em agente, comete também, e de forma imediata à agressão anterior, um delito contra a honra.

Registre-se, por oportuno, que o perdão judicial, nos casos acima catalogados, não constitui direito subjetivo do agente, mas, sim, mera faculdade atribuída ao julgador, que deverá ter a sensibilidade de saber quando deverá ser aplicado ao caso concreto, ou seja, as situações nas quais qualquer pessoa teria agido da forma como atuou o agente.

Em sentido contrário, Yuri Carneiro Coêlho assevera que:

> "Se o juízo reconhecer as hipóteses aqui previstas, trata-se de direito público subjetivo do réu, que entendemos não pode ser negado, ou seja, com o reconhecimento na sentença da situação geradora da possibilidade de concessão do perdão judicial, deve o magistrado concedê-la."[44]

## 4.9 Modalidades qualificadas

O art. 140 do Código Penal prevê, em seus §§ 2º e 3º, duas modalidades qualificadas de injúria.

A primeira delas, denominada *injúria real*, ocorre quando a injúria consiste em violência ou vias de fato, que, por sua natureza ou pelo meio empregado, são consideradas aviltantes.

A segunda, reconhecida como *injúria preconceituosa*, diz respeito à injúria praticada com a utilização de elementos referentes à religião ou à condição de pessoa idosa ou com deficiência.

Em virtude das especificidades correspondentes a cada uma delas, analisaremos as duas modalidades qualificadas isoladamente.

### 4.9.1 Injúria real

Na injúria real, a violência ou as vias de fato são utilizadas não com a finalidade precípua de ofender a integridade corporal ou a saúde de outrem, mas, sim, no sentido de humilhar, desprezar, ridicularizar a vítima, atingindo-a em sua honra subjetiva.

---

[44] COÊLHO, Yuri Carneiro. *Curso de direito penal didático*, p. 548/549.

Como regra, a injúria real cria na vítima uma sensação de impotência e inferioridade diante do agente agressor.

Fragoso afirma que o Código Penal:

"Classifica a injúria real entre os crimes contra a honra, dando, assim, prevalência ao bem jurídico que o agente visa ofender. Há injúria real sempre que a ofensa à dignidade ou ao decoro se faz por vias de fato ou violência pessoal, desde que sejam aviltantes por sua própria natureza ou pelo meio empregado."[45]

Podem ser caracterizados como injúria real o tapa no rosto que tenha por finalidade humilhar a vítima, o puxão de orelha, o fato de o agente ser expulso de algum lugar recebendo chutes em suas nádegas, o cortar a barba ou o cabelo do agente. Nesse último caso, a Bíblia nos conta uma passagem que retrata bem a finalidade de humilhar, que reside no ato de, forçosamente, cortar a barba ou os cabelos da vítima, quando os servos de Davi tiveram a barba raspada pela metade, bem como as roupas também cortadas pela metade até as nádegas.[46]

A pena prevista para o delito de injúria real é a de detenção, de 3 (três) meses a 1 (um) ano, e multa, além da pena correspondente à violência.

Isso significa que o agente, além de ser responsabilizado pela injúria real, também deverá responder pela prática do delito de lesão corporal – leve, grave ou gravíssima – por ele levado a efeito como meio de execução da injúria.

Discute-se, aqui, a natureza do concurso de crimes a ser adotado, vale dizer, se o concurso material, previsto no art. 69 do Código Penal, ou o concurso ideal de crimes, que encontra previsão no art. 70 do mesmo diploma repressivo.

Somos partidários da posição que entende ser aplicável o concurso formal. Entretanto, como o agente atuou com desígnios autônomos, será cabível a regra do cúmulo material, prevista na parte final do referido art. 70, assim redigido:

> **Art. 70.** Quando o agente, mediante uma só ação ou omissão, pratica dois ou mais crimes, idênticos ou não, aplica-se-lhe a mais grave das penas cabíveis ou, se iguais, somente uma delas, mas aumentada, em qualquer caso, de um sexto até a metade. As penas aplicam-se, entretanto, cumulativamente, se a ação ou omissão é dolosa e os crimes concorrentes resultam de desígnios autônomos, consoante o disposto no artigo anterior.

Por último, merece ser destacado o fato de que somente a violência que se configure em lesões corporais deverá ser punida juntamente com o crime de injúria real, ficando afastada a responsabilidade penal do agente que, na prática desse delito, se valeu das vias de fato.

---

[45] FRAGOSO, Heleno Cláudio. *Lições de direito penal* – Parte especial (arts. 121 a 160 CP), p. 200.

[46] No segundo livro de Samuel, Cap. 10, versículos 1 a 5, da Bíblia Sagrada consta a seguinte passagem: "Depois disto, morreu o rei dos filhos de Amon, e seu filho Hanum reinou em seu lugar. Então, disse Davi: Usarei de bondade para com Hanum, filho de Naás, como seu pai usou de bondade para comigo. E enviou Davi servos seus para o consolar acerca de seu pai; e vieram os servos de Davi à terra dos filhos de Amom. Mas os príncipes dos filhos de Amom disseram ao seu senhor, Hanum: Pensas que, por Davi te haver mandado consoladores, está honrando a teu pai? Porventura, não te enviou ele os seus servos para reconhecerem a cidade, espiá-la e destruí-la? Tomou, então, Hanum os servos de Davi, e lhes rapou metade da barba, e lhes cortou metade das vestes até às nádegas, e os despediu. Sabedor disso, enviou Davi mensageiros a encontrá-los, porque estavam sobremaneira envergonhados. Mandou o rei dizer-lhes: Deixai-vos estar em Jericó, até que vos torne a crescer a barba; e, então, vinde."

### 4.9.2 Injúria preconceituosa

O § 3º do art. 140 do Código Penal, com a nova redação que lhe foi conferida pela Lei nº 14.532, de 11 de janeiro de 2023, comina uma pena de reclusão, de 1 (um) a 3 (três) anos, e multa, se a injúria consiste na utilização de elementos referentes a religião ou à condição de pessoa idosa ou com deficiência.

Em sua redação anterior, o aludido § 3º previa também como modalidade de injúria preconceituosa a utilização de elementos referentes a raça, cor, etnia e origem. Em virtude da modificação trazida pela Lei nº 14.532, de 11 de janeiro de 2023, a utilização de tais elementos passou a se configurar em crimes resultantes de preconceito de raça ou de cor, tipificado no art. 2º-A da Lei nº 7.716, de 5 de janeiro de 1989, tendo sido o elemento "origem" substituído pela expressão "procedência nacional".

Nos termos do § 3º do art. 140 do Código Penal, são três os elementos que, se utilizados na injúria, irão torná-la qualificada, a saber: a) religião; b) condição de pessoa idosa; e c) condição de pessoa com deficiência.

Dessa forma, por exemplo, se o agente, com a finalidade de atingir a honra subjetiva de alguém que já gozava da condição de pessoa idosa, ou seja, aquela com idade igual ou superior a 60 anos de idade, vier a chamá-la de "velho decadente", incorrerá no delito de injúria qualificada.

Para que a qualificadora em estudo possa ser aplicada, faz-se mister que o agente reconheça esses elementos na vítima, ou seja, que esta possua uma determinada religião, ou mesmo sua condição de pessoa idosa ou com deficiência. Assim, utilizando o exemplo *supra*, imagine-se a hipótese em que o agente venha a ofender a honra subjetiva da vítima chamando-a de "velho decadente", quando esta, na verdade, ainda não havia completado os 60 anos de idade. Nesse caso, a qualificadora não poderá ser aplicada, desclassificando a infração penal para a figura constante do *caput* do art. 140 do Código Penal.

O STF, no Mandado de Injução 4733/DF, tendo como relator o Min. Edson Fachin, Plenário, Sessão Virtual de 11.8.2023 a 21.8.2023, entendeu como injúria racial ofensas a pessoas LGBTQIAPN+a, dizendo:

> "Embargos de declaração em mandado de injunção. Dever do estado de criminalizar as condutas atentatórias dos direitos fundamentais. Homotransfobia. Discriminação inconstitucional. Omissão do congresso nacional. Homotransfobia como racismo por raça. Injúria racial como espécie de racismo. Precedentes. Atos de homotransfobia praticados contra membros da comunidade lgbtqia+ configuram injúria racial. Obscuridade. Embargos acolhidos".

## 4.10 Pena, ação penal, competência para julgamento e suspensão condicional do processo

O preceito secundário do art. 140, *caput*, do Código Penal comina ao crime de injúria simples a pena de detenção, de 1 (um) a 6 (seis) meses, ou multa; para a injúria real foi prevista a pena de detenção, de 3 (três) meses a 1 (um) ano, e multa, além da pena correspondente à violência; finalmente, ao delito de injúria preconceituosa, entendeu por bem o legislador cominar uma pena de reclusão, de 1 (um) a 3 (três) anos e multa.

A pena será aumentada de um terço, nos termos do *caput* do art. 141 do Código Penal, se a injúria for cometida:

I – contra o Presidente da República, ou contra chefe de governo estrangeiro;

II – contra funcionário público, em razão de suas funções, ou contra os Presidentes do Senado Federal, da Câmara dos Deputados ou do Supremo Tribunal Federal;

> III – na presença de várias pessoas, ou por meio que facilite a divulgação da calúnia, da difamação ou da injúria.
>
> IV – contra criança, adolescente, pessoa maior de 60 (sessenta) anos ou pessoa com deficiência, exceto na hipótese prevista no § 3º do art. 140 deste Código.

Poderá, ainda, vir a ser dobrada se a injúria for cometida mediante paga ou promessa de recompensa, conforme determina o § 1º do art. 141 do diploma repressivo.

Nos termos do § 2º do referido artigo, se o crime é cometido ou divulgado em quaisquer modalidades das redes sociais da rede mundial de computadores, aplica-se em triplo a pena.

Conforme o disposto no § 3º do art. 141 do Código Penal, se o crime é cometido contra a mulher por razões da condição do sexo feminino, nos termos do § 1º do art. 121-A do CP, aplica-se a pena em dobro.

A ação penal será de iniciativa privada, conforme determina o *caput* do art. 145 do Código Penal, sendo, contudo, de iniciativa pública condicionada à requisição do Ministro da Justiça, quando o delito for praticado contra o Presidente da República ou chefe de Governo estrangeiro, ou de iniciativa pública condicionada à representação do ofendido quando o crime for cometido contra funcionário público, em razão de suas funções, como também na hipótese de injúria preconceituosa, prevista no § 3º do art. 140 do Código Penal, nos termos do parágrafo único do art. 145 do mesmo diploma repressivo, com a nova redação que lhe foi conferida pela Lei nº 12.033, de 29 de setembro de 2009.

O STF, por intermédio da Súmula nº 714, assim se posicionou:

> **Súmula nº 714.** *É concorrente a legitimidade do ofendido, mediante queixa, e do Ministério Público, condicionada à representação do ofendido, para a ação penal por crime contra a honra de servidor público em razão do exercício de suas funções.*

No caso de injúria real, se da violência empregada resultar lesão corporal, a ação penal será de iniciativa pública incondicionada, nos termos do art. 145 do Código Penal.

Compete, pelo menos inicialmente, ao Juizado Especial Criminal o processo e julgamento do delito tipificado no art. 140 do Código Penal, tendo em vista que a pena máxima cominada em abstrato não ultrapassa o limite de 2 (dois) anos, nos termos do art. 61 da Lei nº 9.099/95, com a nova redação que lhe foi dada pela Lei nº 11.313, de 28 de junho de 2006, excepcionando-se a chamada injúria preconceituosa, prevista no § 3º do art. 140 do Código Penal, cuja pena máxima cominada é de 03 (três) anos.

Será possível a confecção de proposta de suspensão condicional do processo nas três modalidades de injúria – simples, real e preconceituosa.

## 4.11 Destaques

### 4.11.1 Injúria contra pessoa morta

Ao contrário do delito de calúnia, não encontra previsão expressa no Código Penal a injúria proferida contra os mortos.

Noronha afirma que "o morto não pode ser injuriado, como irretorquivelmente deixa dito o art. 138, § 2º: a lei vigente ab-rogou a anterior (art. 324). Nada impede, entretanto, que se injurie o vivo, denegrindo o morto",[47] exemplificando com a hipótese daquele que diz que o falecido era um rufião, pois vivia à custa da esposa.

---

[47] NORONHA, Edgard Magalhães. *Direito penal*, v. 2, p. 127.

Entendemos não ser cabível a injúria contra os mortos. Isso porque, como não existe exceção à regra constante do *caput* do art. 140, tal como acontece com o § 2º do art. 138 ambos do Código Penal, não podemos interpretar a expressão *injuriar alguém* no sentido de nela abranger também a memória dos mortos, ou mesmo, por extensão, as pessoas que lhe são próximas, pois, caso contrário, estaríamos levando a efeito o emprego da analogia *in malam partem*.

Como é cediço, o *morto* já não mais se amolda ao conceito de *alguém*, razão pela qual, por ausência de permissão legal expressa, não poderá sua memória ser protegida pela norma do art. 140 do estatuto repressivo.

### 4.11.2 Contexto da injúria

Para que se possa concluir pelo delito de injúria, devemos levar em consideração uma série de circunstâncias fundamentais à sua caracterização.

Muitas vezes, à primeira vista, achamos que duas pessoas estão quase para chegar às vias de fato quando, na verdade, são dois amigos que possuem um modo diferente de demonstrar sua estima um pelo outro. Gritam, proferem palavrões, empurram, enfim, praticam toda sorte de comportamentos que, para quem não os conhece, dão a impressão de que estão prestes a se engalfinhar.

Assim também devemos levar em consideração aquelas palavras que, extraídas do contexto em que foram proferidas, com certeza se consubstanciariam em agressão à honra da vítima.

Imagine-se a hipótese daquele que, ao encontrar um amigo de muitos anos, proclama o seguinte: "Seu *ordinário irresponsável*, você sumiu deixando todo mundo aflito, querendo notícias suas!"

Chamar alguém de *ordinário* e, ainda, de *irresponsável* pode denegrir a honra subjetiva daquele contra quem são dirigidas essas afirmações. Contudo, no contexto em que as colocamos, não passam de palavras que demonstram o quanto aquela pessoa era querida, ou seja, o quanto fez falta sua presença.

Também é muito comum a situação em que namorados colocam apelidos estranhos uns nos outros, e somente eles acham lindo ser chamados daquela forma. A sociedade vem mudando com frequência e, com isso, novos costumes e conceitos vão sendo introduzidos. Não faz muito tempo, chamar uma mulher de *cachorra* era altamente humilhante. Hoje em dia, como se percebe pelos sons e imagens de bailes *funk* divulgados a toda hora, muitas meninas gostam de ser chamadas dessa forma, razão pela qual, pelo menos com relação a elas, não se poderia configurar a injúria.

Há palavras que, em algumas situações, até enaltecem a pessoa da suposta vítima. Muitos atletas, por exemplo, gostam quando são reconhecidos pela torcida como um "animal."

Enfim, o contexto em que a "injúria" é cometida é fundamental para sua configuração, oportunidade em que se verificará o dolo do agente, ou seja, a finalidade que tem de ultrajar a honra subjetiva da vítima, ofendendo-lhe a dignidade ou o decoro, ou se, na verdade, busca dar sentido completamente diferente ao de uma agressão à honra daquela pessoa contra a qual são dirigidas as palavras ou atitudes aparentemente injuriosas.

### 4.11.3 Discussão acalorada

Da mesma forma que nos delitos de calúnia e difamação, discute-se a possibilidade de ser afastada a injúria quando proferida durante o calor de uma discussão.

Conforme já nos posicionamos, não vemos por que afastar o delito de injúria justamente nas situações em que ele é cometido com mais frequência. Não nos convence o argumento de que a ira do agente que profere, por exemplo, as palavras injuriosas durante uma acirrada discussão, tenha o condão de afastar o seu dolo.

Tinha, como se percebe sem muito esforço, consciência e vontade de ofender a vítima, elementos integrantes do conceito de dolo.

### 4.11.4 Caracterização da injúria mesmo diante da veracidade das imputações

Não se exige à caracterização da injúria que as imputações ofensivas à honra subjetiva da vítima sejam falsas. As verdadeiras, tal como acontece no delito de difamação, são puníveis pela norma do art. 140 do Código Penal.

Assim, chamar de "burro" alguém que, notoriamente, possui pouca sabedoria configura-se como injúria, não importando a veracidade da imputação.

### 4.11.5 Injúria coletiva

Darcy Arruda Miranda, citando Nelson Hungria, menciona que injúria coletiva é:

"A ofensa à honra dirigida a um grupo, classe ou categoria de pessoas ligadas por algum atributo comum ou formando coletividade homogênea, embora não vinculada organicamente. Ainda que vários os ofendidos, não deve ser identificado um crime múltiplo, mas único, pois, como diz Manzini, cada qual dos membros da coletividade é atingido, não na sua distinta individualidade, mas como parcela de um todo, não por sua ação ou omissão individual, mas por ação ou omissão associada; não na sua particular esfera jurídica, mas como elemento de cooperação na esfera jurídica comum da coletividade. Cada um dos componentes desta pode exercer o direito de queixa, mas a pena aplicável é uma só."[48]

### 4.11.6 Injúria e Código Penal Militar

O crime de injúria também encontra-se previsto nos arts. 216 e 217 do Código Penal Militar (Decreto-Lei nº 1.001, de 21 de outubro de 1969).

### 4.11.7 Injúria e Código Eleitoral

Se a injúria for proferida na propaganda eleitoral, ou com fins eleitorais, o fato se amoldará, em virtude do princípio da especialidade, aos arts. 326 e 327 do Código Eleitoral (Lei nº 4.737, de 15 de julho de 1965), *verbis*:

> **Art. 326.** Injuriar alguém, na propaganda eleitoral, ou visando a fins de propaganda, ofendendo-lhe a dignidade ou o decoro:
> Pena – detenção até seis meses, ou pagamento de 30 a 60 dias-multa.
> § 1º O juiz pode deixar de aplicar a pena:
> I – se o ofendido, de forma reprovável, provocou diretamente a injúria;
> II – no caso de retorsão imediata, que consista em outra injúria.
> § 2º Se a injúria consiste em violência ou vias de fato, que, por sua natureza ou meio empregado, se considerem aviltantes:
> Pena – detenção de três meses a um ano e pagamento de 5 a 20 dias-multa, além das penas correspondentes à violência prevista no Código Penal.
> **Art. 327.** As penas cominadas nos artigos. 324, 325 e 326, aumentam-se de um terço, se qualquer dos crimes é cometido:
> I – contra o Presidente da República ou chefe de governo estrangeiro;
> II – contra funcionário público, em razão de suas funções;
> III – na presença de várias pessoas, ou por meio que facilite a divulgação da ofensa;
> IV – com menosprezo ou discriminação à condição de mulher ou à sua cor, raça ou etnia;
> V – por meio da internet ou de rede social ou com transmissão em tempo real.

---

[48] MIRANDA, Darcy Arruda. *Comentários à lei de imprensa*, p. 361.

### 4.11.8 Divulgação de imagens depreciativas ou injuriosas à pessoa idosa

O art. 105 da Lei nº 10.741, de 1º de outubro de 2003, que dispõe sobre o Estatuto da Pessoa Idosa, prevê uma pena de detenção de 1 (um) a 3 (três) anos e multa para aquele que exibe ou veicula, por qualquer meio de comunicação, informações ou imagens depreciativas ou injuriosas à pessoa idosa, ou seja, aquele que, de acordo com o art. 1º do mencionado estatuto, tem idade igual ou superior a 60 (sessenta) anos.

### 4.11.9 Crimes resultantes de preconceito de raça ou de cor (Lei nº 7.716/89)

Na redação anterior do § 3º do art. 140 do Código Penal, dentro de um conceito amplo da chamada injúria preconceituosa, se o agente se utilizasse de elementos referentes a raça, cor, etnia, religião, origem ou condição de pessoa idosa ou com deficiência, tínhamos por configurado o crime de injúria qualificada.

Agora, após a edição da Lei nº 14.532, de 11 de janeiro de 2023, alguns de seus elementos foram retirados do § 3º do art. 140 do estatuto repressivo e passaram a se configurar em crimes resultantes de preconceito de raça ou de cor, tipificado no art. 2º-A da Lei nº 7.716, de 5 de janeiro de 1989, com a seguinte redação:

> **Art. 2º-A.** Injuriar alguém, ofendendo-lhe a dignidade ou o decoro, em razão de raça, cor, etnia ou procedência nacional.
> Pena: reclusão, de 2 (dois) a 5 (cinco) anos, e multa.
> **Parágrafo único.** A pena é aumentada de metade se o crime for cometido mediante o concurso de 2 (duas) ou mais pessoas.

Hoje, a injúria proferida nos moldes do aludido art. 2º-A da Lei nº 7.716/89 será considerada como crime inafiançável e imprescritível, conforme assevera o inciso XLII do art. 5º da Constituição Federal.

### 4.12 Quadro-resumo

**Sujeitos**
» Ativo: qualquer pessoa.
» Passivo: qualquer pessoa (exceto a pessoa jurídica).

**Objeto material**
É a pessoa contra a qual é dirigida a conduta praticada pelo agente.

**Bem(ns) juridicamente protegido(s)**
A *honra subjetiva*.

**Elemento subjetivo**
» É o dolo, seja ele direto ou mesmo eventual. Há necessidade do chamado *animus injuriandi*.
» A injúria não admite a modalidade culposa.

**Meios de execução**
Todos os meios de expressão do pensamento são hábeis à execução do delito.

> **Consumação e tentativa**
> » Consuma-se a injúria no momento em que a vítima toma conhecimento das palavras ofensivas à sua dignidade ou decoro. Entretanto, não se faz necessária a presença da vítima no momento em que o agente profere, por exemplo, as palavras que são ofensivas à sua honra subjetiva.
> » Dependendo do meio utilizado na execução do crime, será possível o reconhecimento da tentativa.

## 5. DISPOSIÇÕES COMUNS AOS CRIMES CONTRA A HONRA

### 5.1 Causas de aumento de pena

O art. 141 e seu parágrafo único do Código Penal elencam algumas causas que fazem com que a pena aplicada ao agente seja especialmente aumentada, *verbis*:

> **Art. 141.** As penas cominadas neste Capítulo aumentam-se de um terço, se qualquer dos crimes é cometido:
> I – contra o Presidente da República, ou contra chefe de governo estrangeiro;
> II – contra funcionário público, em razão de suas funções, ou contra os Presidentes do Senado Federal, da Câmara dos Deputados ou do Supremo Tribunal Federal;
> III – na presença de várias pessoas, ou por meio que facilite a divulgação da calúnia, da difamação ou da injúria;
> IV – contra criança, adolescente, pessoa maior de 60 (sessenta) anos ou pessoa com deficiência, exceto na hipótese prevista no § 3º do art. 140 deste Código.
> § 1º Se o crime é cometido mediante paga ou promessa de recompensa, aplica-se a pena em dobro.
> § 2º Se o crime é cometido ou divulgado em quaisquer modalidades das redes sociais da rede mundial de computadores, aplica-se em triplo a pena.
> § 3º Se o crime é cometido contra a mulher por razões da condição do sexo feminino, nos termos do § 1º do art. 121-A deste Código, aplica-se a pena em dobro.

Como se verificou da leitura do art. 141, são três os aumentos que devem ser aplicados: o primeiro, de um terço, quando verificadas quaisquer das hipóteses catalogadas em seus incisos; o segundo, que faz com que a pena seja dobrada, previsto no seu § 1º; e o terceiro se o crime é cometido ou divulgado em quaisquer modalidades das redes sociais da rede mundial de computadores. Foi acrescentado, ainda, o § 3º, que prevê a aplicação da pena em dobro se o crime for cometido contra a mulher por razões da condição do sexo feminino, nos termos do § 1º do art. 121-A do Código Penal.

Para melhor compreensão, faremos a análise de cada uma das causas de aumento de pena isoladamente.

#### 5.1.1 Calúnia, difamação e injúria praticadas contra o Presidente da República, ou contra chefe de governo estrangeiro, contra funcionário público, em razão de suas funções, ou contra os Presidentes do Senado Federal, da Câmara dos Deputados ou do Supremo Tribunal Federal

A importância do cargo ocupado por determinadas pessoas faz com que o Estado tente preservá-las ao máximo possível.

O conceito de um Presidente da República, por exemplo, tem repercussão não somente interna, ou seja, no próprio país, como também fora dele, tendo o condão, inclusive, de alavancar a economia nacional, ou, por outro lado, atrapalhar as relações com outros países.

Não faz muito tempo, a imprensa nacional noticiou o fato de que um repórter estrangeiro havia divulgado uma notícia imputando ao ex-Presidente Luís Inácio Lula da Silva a pecha de alcoólatra. Larry Rohter, correspondente do *New York Times* no Brasil, veiculou, naquele jornal, na edição de 9 de maio de 2004, a informação de que "o Brasil era governado por um alcoólatra", gerando grave repercussão.

Esse fato, como se soube, repercutiu nacional e internacionalmente, causando, até mesmo, uma pequena crise diplomática.

O Código Penal, portanto, fez inserir uma causa especial de aumento de pena ligada ao cargo ou à função exercida pela pessoa. Entendeu que qualquer um dos crimes contra a honra – calúnia, difamação e injúria –, se praticados contra funcionário público em razão de suas funções, macula, mesmo que mediatamente, a própria Administração Pública.

A Lei nº 14.197, de 1º de setembro de 2021 alterou o inciso II do art. 141 do Código Penal, incluindo, expressamente, os Presidentes do Senado Federal, da Câmara dos Deputados ou do Supremo Tribunal Federal.

Assim, se a calúnia, difamação ou injúria for dirigida a qualquer um deles, haverá o aumento de um terço, conforme determinado pelo caput do art. 141 do diploma repressivo.

Deve-se ressaltar, contudo, que os crimes devem dizer respeito à atuação de cada um deles na qualidade de Presidentes do Senado Federal, da Câmara dos Deputados ou do Supremo Tribunal Federal.

Dessa forma, se o presidente do Supremo Tribunal Federal, durante uma discussão em família, é chamado de "corno" por seu cunhado, o fato não diz respeito à sua atuação como Presidente daquela Corte, razão pela qual não incidirá a majorante. Ao contrário, imagine-se agora a hipótese de que alguém impute ao referido Presidente a qualidade de corrupto, dizendo que "vende" suas decisões a preço de ouro. Aqui, como se percebe, os crimes estão ligados diretamente às suas funções como Presidente, passando a incidir a causa especial de aumento de pena.

Noronha diz que o Código Penal majora:

"A pena contra a ofensa que se relaciona ao exercício de suas funções; cogita-se, portanto, da *vida funcional*, que deve ser mais fortemente defendida, pois, também, a dignidade da função é aqui atingida. Devem, por isso, a injúria, a difamação ou a calúnia assacadas contra o funcionário relacionar-se ao exercício do cargo que exerce. Se se diz, v.g., que o tesoureiro de certa repartição não passa de vil peculatário, a injúria é qualificada; não assim se se afirma que, em certo dia, ele seduziu determinada donzela: já agora não há qualificação da calúnia, não há aumento de pena."[49]

Isso significa que a honra maculada deve estar ligada diretamente à função pública exercida pela vítima. Imputar a um funcionário público o fato de que está envolvido com determinada prática de corrupção configura-se como calúnia, com a majorante do art. 141, II. Ao contrário, divulgar que o funcionário público que atua em determinado setor da Administração não se importa que sua esposa se relacione sexualmente com todos os seus colegas de trabalho já não diz respeito às suas funções, razão pela qual fica impossibilitado o aumento de pena.

Também merece ser destacada a diferença entre uma injúria majorada e o crime de desacato. Hungria preleciona:

"Cumpre advertir que, se a ofensa é inflingida, oralmente ou por atos, *na presença do funcionário*, o fato deixa de ser forma qualificada do crime contra a honra, para configurar o crime de *desacato* (art. 331), que, aliás, se apresenta ainda quando a ofensa não se refira ao exercício da função, uma vez que atinja o funcionário *in officio*, isto é, durante a sua específica atuação funcional."[50]

---

[49] NORONHA, Edgard Magalhães. *Direito penal*, v. 2, p. 133.
[50] HUNGRIA, Nélson. *Comentários ao código penal*, v. VI, p. 112.

Dessa forma, ausente o funcionário público, o crime será o de injúria, majorada ou não, dependendo de as palavras injuriosas, por exemplo, dizerem respeito diretamente às funções da vítima. Ao contrário, se o funcionário público estiver presente quando da ofensa à sua honra subjetiva, no exercício de suas funções, o crime será o de desacato.

Assim, imagine-se a hipótese em que o agente afirme que o funcionário que trabalha no setor de compras seja corrupto. Como ele não estava presente quando dessa imputação pejorativa à sua honra subjetiva, que também atinge, mediatamente, a Administração Pública, o crime será o de injúria, com a pena aumentada de um terço, nos termos do art. 141, II, do Código Penal. Agora, suponha-se que o agente diga ao próprio funcionário que ele é corrupto. Nesse caso, restaria configurado o desacato.

A Lei nº 14.197, de 1º de setembro de 2021 alterou o inciso II do art. 141 do Código Penal, incluindo, expressamente, os Presidentes do Senado Federal, da Câmara dos Deputados ou do Supremo Tribunal Federal.

Assim, se a calúnia, difamação ou injúria for dirigida a qualquer um deles, haverá o aumento de um terço, conforme determinado pelo *caput* do art. 141 do diploma repressivo.

Deve-se ressaltar, contudo, que os crimes devem dizer respeito à atuação de cada um deles na qualidade de Presidentes do Senado Federal, da Câmara dos Deputados ou do Supremo Tribunal Federal.

Dessa forma, se o presidente do Supremo Tribunal Federal, durante uma discussão em família, é chamado de "corno" por seu cunhado, o fato não diz respeito à sua atuação como Presidente daquela Corte, razão pela qual não incidirá a majorante. Ao contrário, imagine-se agora a hipótese de que alguém impute ao referido Presidente a qualidade de corrupto, dizendo que "vende" suas decisões a preço de ouro. Aqui, como se percebe, os crimes estão ligados diretamente às suas funções como Presidente, passando a incidir a causa especial de aumento de pena.

### 5.1.2 Se qualquer um dos crimes contra a honra é cometido na presença de várias pessoas, ou por meio que facilite a divulgação da calúnia, da difamação ou da injúria

Os crimes de calúnia, difamação e injúria terão suas penas aumentadas também em um terço se forem cometidos na presença de *várias pessoas*. A primeira pergunta que deve ser feita é: Quantas são essas várias pessoas? No caso do inciso III do art. 141 do Código Penal, devemos levar a efeito a chamada interpretação declaratória, a fim de descobrir o real sentido da expressão *várias pessoas*.

Mediante a interpretação declaratória, o intérprete não amplia nem restringe o alcance da lei, pois apenas declara sua vontade, seu real sentido.

Interpretando a palavra *várias*, chegamos à conclusão de que o Código Penal exige, pelo menos, *três pessoas*. Isso porque, quando a lei se contenta com apenas duas, ela o diz expressamente, como no caso do art. 155, § 4º, IV, da mesma forma que quando exige um mínimo de quatro pessoas, a exemplo do art. 146, § 1º, utiliza a expressão *mais de três pessoas*.

Além do fato de ter sido cometido na presença de várias pessoas, o inciso III do art. 141 do Código Penal também aumenta especialmente a pena quando o crime for praticado por *meio que facilite a divulgação da calúnia, da difamação ou da injúria*.

São exemplos desses meios que facilitam a divulgação dos crimes contra a honra o uso de alto-falantes, a distribuição de prospectos (*folders*), escrever os fatos ou as palavras injuriosas em lugares de fácil acesso, como em muros, viadutos, afixação de *outdoors* etc.

### 5.1.3 Calúnia, difamação e injúria contra criança, adolescente, pessoa maior de 60 (sessenta) anos ou pessoa com deficiência, exceto na hipótese prevista no § 3º do art. 140 do Código Penal

O inciso IV do art. 141 do CP foi modificado pela Lei nº 14.344, de 24 de maio de 2022.

Considera-se criança, nos termos do art. 2º da Lei nº 8.069/90, a pessoa até doze anos de idade incompletos, e adolescente, aquela entre doze e dezoito anos de idade.

Da mesma forma, incidirá a majorante quando a vítima for maior de 60 (sessenta) anos.

Em todas essas hipóteses o agente deverá conhecer a idade da vítima, pois, caso contrário, poderá ser alegado o chamado erro de tipo, afastando-se, se for o caso, a aplicação da aludida causa especial de aumento de pena.

O fato de a vítima ser portadora de deficiência também permite a majoração da pena. A Lei nº 13.146, de 06 de julho de 2015, instituiu a Lei Brasileira de Inclusão da Pessoa com Deficiência (Estatuto da Pessoa com Deficiência), dizendo no caput do seu art. 2º:

> **Art. 2º** Considera-se pessoa com deficiência aquela que tem impedimento de longo prazo de natureza física, mental, intelectual ou sensorial, o qual, em interação com uma ou mais barreiras, pode obstruir sua participação plena e efetiva na sociedade em igualdade de condições com as demais pessoas.

Tal como a idade, o agente deverá conhecer a deficiência da vítima, sob pena de ser arguido o erro de tipo.

Deverá ser demonstrada nos autos a idade da vítima por meio de documento hábil (certidão de nascimento, documento de identidade etc.), conforme determinação contida no parágrafo único do art. 155 do Código de Processo Penal, de acordo com a nova redação que lhe foi dada pela Lei nº 11.690, de 9 de junho de 2008, bem como deverá haver prova pericial para fins de aferição da deficiência da vítima.

As hipóteses previstas no inciso IV do art. 141 do CP não se aplicam quando estivermos diante da chamada injúria preconceituosa, prevista no § 3º do art. 140 do diploma repressivo, pois trata-se de uma modalidade qualificada do crime de injúria, cujo preceito secundário comina uma pena de reclusão de 1 (um) a 3 (três) anos e multa, muito superior àquela prevista no *caput* do art. 140 do diploma repressivo, vale dizer, detenção de 1 (um) a 6 (seis) meses, ou multa.

### Se a calúnia, a difamação ou a injúria são cometidas mediante paga ou promessa de recompensa

No caso em exame, alguém é contratado para denegrir a honra da vítima (objetiva ou subjetiva), havendo aumento na pena, nos termos do § 1º do art. 141 do Código Penal, em virtude da torpeza dos motivos por meio dos quais o agente pratica a infração penal.

Conforme salienta Cezar Roberto Bitencourt:

"Nos crimes contra a honra, a *paga ou a promessa de recompensa* é excepcionalmente elevada à condição de *causa de aumento de pena*. Trata-se do chamado *crime mercenário*, que sempre revela maior torpeza do agente, tornando-o merecedor de maior reprovação penal. Nesse caso, em que a pena aplicada deve ser dobrada, mandante e executor respondem igualmente pelo crime com pena majorada. Fundamenta a majoração da pena a vileza do comportamento mercenário dos agentes."[51]

No mesmo sentido, afirma Hungria que no crime mercenário contra a honra deveriam responder com a pena duplicada tanto o executor quanto o mandante.[52]

Entretanto, tal como no inciso I do § 2º do art. 121 do Código Penal, entendemos que a majorante da paga e da promessa de recompensa somente se aplica ao executor mercenário. Pode, até mesmo, aquele que o contratou ter atuado impelido por um motivo de relevante

---

[51] BITENCOURT, Cezar Roberto. *Tratado de direito penal*, v. 2, p. 397-398.
[52] HUNGRIA, Nélson. *Comentários ao código penal*, v. VI, p. 116.

valor social, sendo-lhe aplicada a circunstância atenuante prevista na alínea *a* do inciso III do art. 65 do Código Penal.

Imagine-se a hipótese daquele que, impedido de participar de determinada solenidade, na qual estaria presente um político corrupto, contrate alguém para que expresse sua indignação, ofendendo-lhe a honra subjetiva. Embora incomum, não podemos dizer que o mandante tenha agido impelido por um motivo torpe, característica da paga ou da promessa de recompensa, mas, sim, desejando que fosse exteriorizado um sentimento nacional, em que a nação, indignada com os atos praticados pelo mencionado político corrupto, iria até mesmo se solidarizar com o agente.

### Se o crime é cometido ou divulgado em quaisquer modalidades das redes sociais da rede mundial de computadores

O § 2º foi inserido no art. 141 do Código Penal através da Lei nº 13.964/2019, dizendo que se o crime é cometido ou divulgado em quaisquer modalidades das redes sociais da rede mundial de computadores, aplica-se em triplo a pena.

Aqui, faz-se necessária a aplicação dessa majorante em virtude do alcance de uma quantidade incalculável de pessoas que poderão tomar conhecimento dos crimes praticados pelo agente, potencializando os danos causados à honra da vítima.

Por *rede de computadores* podemos entender um conjunto de equipamentos interligados, que possibilitam a troca de dados, de informações entre si. Existem vários tipos de rede, a exemplo da Internet, das redes de área local (LAN), das redes de área pessoal (PAN), das redes de campus, das redes globais (GAN), das Internetworks, das metropolitan área network (MAN) etc.

A rede social é uma plataforma cuja finalidade principal é conectar pessoas e compartilhar informações entre elas, e pode possuir tanto um caráter pessoal quanto de natureza comercial ou profissional. Podem se configurar através de diversas formas, a exemplo de sites ou mesmo aplicativos. Hoje em dia, existem diversas redes sociais, a exemplo do Facebook, Instagram, Linkedin, Twitter, YouTube, TikTok, Snapchat etc.

### Se o crime é cometido contra a mulher por razões da condição do sexo feminino, nos termos do § 1º do art. 121-A deste Código, aplica-se a pena em dobro

O § 3º foi inserido no art. 141 do Código Penal por meio da Lei nº 14.994/2024.

Se qualquer um dos crimes contra a honra for praticado contra mulher por razões da condição do sexo feminino, nos termos do § 1º do art. 121-A do diploma repressivo, aplica-se a pena em dobro.

No art. 121-A do Código Penal encontra-se previsto o delito de feminicídio, sendo que o seu § 1º elenca quais são as hipóteses em que a infração penal é praticada contra a mulher, por razões da condição do sexo feminino, dizendo, *verbis*:

> § 1º Considera-se que há razões da condição do sexo feminino quando o crime envolve:
> I – violência doméstica e familiar;
> II – menosprezo ou discriminação à condição de mulher.

## 5.2 Exclusão do crime e da punibilidade

O art. 142 e seus incisos determinam:

> **Art. 142.** Não constituem injúria ou difamação punível:
> I – a ofensa irrogada em juízo, na discussão da causa, pela parte ou por seu procurador;
> II – a opinião desfavorável da crítica literária, artística ou científica, salvo quando inequívoca a intenção de injuriar ou difamar;

> III – o conceito desfavorável emitido por funcionário público, em apreciação ou informação que preste no cumprimento de dever de ofício.
> **Parágrafo único.** Nos casos dos incisos n°s I e III, responde pela injúria ou pela difamação quem lhe dá publicidade.

A primeira indagação que nos devemos fazer diz respeito à natureza jurídica dos incisos catalogados pelo art. 142 do Código Penal. Damásio afirma serem *causas especiais de exclusão da antijuridicidade.*[53] No mesmo sentido, Cezar Roberto Bitencourt, embora reconhecendo a divergência doutrinária a respeito da natureza jurídica das mencionadas causas, preferindo denominá-las *causas especiais de exclusão de crime*, esclarece:

> "Há grande divergência na doutrina sobre a *natureza jurídica* das hipóteses relacionadas neste dispositivo sobre a *imunidade penal* ou *excludente de crime*. A doutrina tem-se referido à natureza dessas excludentes ora como *causas de exclusão de pena*, subsistindo, portanto, a estrutura criminosa da conduta; ora como *causas de exclusão da antijuridicidade*, quando subsistiria a tipicidade do fato, sendo, excepcionalmente, afastada somente a contrariedade ao direito em razão dessas circunstâncias que legitimariam a ação; e, finalmente, como *causas de exclusão da tipicidade*, ante a ausência do *animus vel diffamandi*, que não ignora, porém, a possibilidade da exclusão da ilicitude do fato. Na verdade, as duas últimas acepções praticamente se confundem ou se complementam."[54]

Na verdade, podemos visualizar naturezas jurídicas diferentes em cada um dos incisos previstos no art. 142 do Código Penal. Em determinadas situações, como na hipótese do inciso I, pode o agente, na discussão da causa, ter proferido palavras que tenham por finalidade macular a honra subjetiva da vítima, não se podendo falar, aqui, em exclusão do dolo, eliminando a tipicidade do fato, mas, sim, em causas que afastam a punibilidade do agente, por questões de política criminal.

Em outras, a exemplo do que ocorre com os incisos II e III, pode o agente não ter atuado com o *animus injuriandi vel diffamandi,* afastando-se, outrossim, o seu dolo e, consequentemente, a própria tipicidade.

Merece ser frisado, por oportuno, que a lei penal somente ressalva a *injúria* e a *difamação*, não incluindo em suas disposições o crime de *calúnia*.

Entendemos que, nos casos de ofensa irrogada em juízo, na discussão da causa, pela parte ou por seu procurador, o fato é típico, ilícito e culpável, possuindo o inciso I do art. 142 do Código Penal a natureza jurídica de causa que afasta a punibilidade.

Faremos, em seguida, a análise de cada uma das situações enumeradas acima, para melhor compreensão do tema.

### 5.2.1 Ofensa irrogada em juízo, na discussão da causa, pela parte ou por seu procurador

O inciso I do art. 142 do Código Penal cuida da chamada *imunidade judiciária*. Para que possamos compreendê-la melhor, é preciso dissecar o inciso I, com o objetivo de analisar cada uma das situações por ele exigidas, vale dizer: *a)* que a ofensa tenha sido levada a efeito em *juízo; b)* que tenha relação com a discussão da causa; *c)* deve ter sido proferida pela parte ou por seu procurador.

Ofensa irrogada em juízo é aquela produzida perante qualquer autoridade judiciária, logo após aberta a audiência ou sessão. Pode, portanto, a ofensa, de acordo com o que deixamos antever, ser proferida perante um juízo monocrático ou mesmo colegiado, a exemplo do que ocorre

---

[53] JESUS, Damásio E. de. *Direito penal,* v. 2, p. 229.
[54] BITENCOURT, Cezar Roberto. *Tratado de direito penal,* v. 2, p. 399.

com as sessões realizadas nos tribunais. O fundamental é que a audiência ou sessão tenha tido início. Assim, se alguém, no corredor do Fórum, antes de iniciada a audiência para a qual todos estavam convocados, chama o autor da ação penal de aproveitador e desonesto, pois, segundo o agente, a vítima buscava uma vantagem, por meio da ação judicial, que não lhe era devida, tal fato não será acobertado pela imunidade judiciária.

Pode ser realizada, também, *intra-autos*, ou seja, por escrito, nos autos de um processo qualquer.

Nesse sentido, Luiz Regis Prado afirma:

> "É imperioso que a ofensa irrogada em juízo, oralmente (v.g. debates, interrogatórios, sustentação de recurso etc.) ou por escrito (v.g., petição, alegações finais, memorial, razões de recurso etc.), tenha conexão com o objeto do litígio ou controvérsia."[55]

Além de a obrigatoriedade da ofensa ser irrogada *em juízo*, deve estar ligada à *defesa da causa*, ou seja, deve ter ligação com os fatos que estão sendo discutidos em juízo. Assim, o fato de chamar alguém de *aproveitador* e *desonesto*, na defesa que se faz por conta de uma ação de cobrança que o agente entende como indevida, pode estar acobertado pela imunidade judiciária, haja vista sua ligação com a causa em litígio; ao contrário, dizer que a vítima é "corno", pois sua mulher tem o hábito de sair com qualquer pessoa que conhece, não tem a menor ligação com a ação de cobrança, razão pela qual o agente deverá responder pelo crime contra a honra.

Finalmente, a última exigência legal é que a ofensa seja proferida pela parte ou por seu procurador. Fragoso esclarece os conceitos de parte e de procurador afirmando:

> "Por parte entende-se qualquer dos sujeitos da relação processual (autor, réu, assistente, opoente, litisconsorte e inclusive os interessados em falência e inventário e o Ministério Público). Procuradores são os profissionais que recebem mandato para representação judicial das partes. A ofensa pode ser praticada impunemente contra qualquer pessoa, mesmo estranha ao litígio, desde que tenha alguma relação com os fatos que constituem o objeto da ação."[56]

O § 2º do art. 7º do Estatuto da Advocacia, indo mais além do que o inciso I do art. 142 do Código Penal, asseverava:

> § 2º O advogado tem imunidade profissional, não constituindo injúria, difamação ou desacato puníveis qualquer manifestação de sua parte, no exercício de sua atividade, em juízo ou fora dele, sem prejuízo das sanções disciplinares perante a OAB, pelos excessos que cometer.

O fato de ter estendido a imunidade profissional ao delito de desacato trouxe sérias críticas ao mencionado parágrafo, fazendo com que fosse proposta ação direta de inconstitucionalidade perante o STF (ADI nº 1.127-8), tendo essa Corte, concedendo o pedido de liminar, suspendido a eficácia do termo *desacato* em 6 de outubro de 1994, culminando com sua total revogação em 2 de julho de 2022, por meio da Lei nº 14.365.

Há quatro situações que merecem análise mais detida, no que diz respeito àquele que profere as ofensas ou contra quem elas são irrogadas:

*a)*   ofensa irrogada contra o juiz da causa;

*b)*   ofensa irrogada contra o Ministério Público;

---

[55]   PRADO, Luiz Regis. *Curso de direito penal brasileiro*, v. 2, p. 255.

[56]   FRAGOSO, Heleno Cláudio. *Lições de direito penal* – Parte especial (arts. 121 a 160, CP), p. 206.

*c)* ofensa irrogada pelo juiz da causa;

*d)* ofensa irrogada pelo Ministério Público, que atua na qualidade de *custos legis.*

### 5.2.2 Ofensa irrogada contra o juiz da causa

Podem as partes ou seus procuradores, na defesa da causa, discutir entre si ou, ainda, o que não é incomum, ser o juiz da causa também envolvido nessa discussão. Não podemos negar que, infelizmente, existem juízes arrogantes que mais parecem ditadores do que magistrados. Pode ocorrer que, na defesa da causa, a parte ou seu procurador ofenda o julgador, praticando os crimes de difamação e/ou injúria. Poderá, nesses casos, ser erigida em favor da parte ou de seu procurador a imunidade judiciária?

Entendemos que sim, uma vez que a lei penal não faz qualquer distinção, exigindo tão somente que seja *na discussão da causa, pela parte ou por seu procurador.* Pode-se, como é cediço, discutir a causa não somente com a parte adversa ou seu procurador, como também com o juiz. Poderá estar ocorrendo uma arbitrariedade gritante praticada pelo julgador, podendo a parte ou seu procurador, na defesa da causa, tentar impedir o ato abusivo. No calor da discussão, se vier, em tese, a praticar difamação ou injúria contra o magistrado que tenha relação com a causa, o fato estará abrangido pela imunidade judiciária.

Assim, por exemplo, se o julgador impede que uma testemunha fundamental à elucidação dos fatos seja ouvida em juízo sem que tenha, para tanto, qualquer motivo razoável, se a parte ou seu procurador, tentando demover o juiz dessa ideia, depois de esgotados todos os argumentos, chamar o juiz de arbitrário e ditador, não poderá responder pelo delito de injúria.

Embora aduzindo a regra de que a imunidade não cobre a ofensa dirigida ao magistrado, com a qual não concordamos, Heleno Fragoso preleciona:

> "É fácil compreender os excessos de linguagem que os advogados acaso utilizem, ao profligar graves desvios praticados pelas autoridades judiciárias, no cumprimento de seu dever. E isso poderá chegar ao ponto máximo, se todo o juízo se transforma num jogo de cartas marcadas, em que de nada vale a prova, nem o direito, nem a justiça, julgando e condenando os juízes a penas iníquas, os justos e os inocentes, sem qualquer pudor, para atender a interesses que nada têm a ver com os valores supremos que todos perseguimos na realização da justiça.
>
> Somos, os advogados, em tais circunstâncias, os sacerdotes de um culto profanado. E é compreensível que não consigamos sopitar a *justa ira*, que atingiu ao próprio Cristo ao expulsar os vendilhões do templo. O dever de respeito, de lealdade e de exatidão que temos para com os juízes é o respeito mesmo que devemos à obra da justiça e à grande instituição de que os magistrados são os representantes [...]. Não dispensa, portanto, a retidão, a honestidade de propósitos, a compostura e a seriedade dos magistrados, no exercício de suas funções quase divinas. Não merece respeito o juiz corrupto e venal; o juiz covarde ou pusilânime; o juiz que recebe ordens e determinações ou atende aos peditórios e solicitações, abandonando a independência e a imparcialidade, que caracterizam a judicatura."[57]

Hungria não aceitava qualquer ofensa dirigida à autoridade judiciária, mesmo que na discussão da causa, dizendo:

> "As partes ou respectivos patronos não podem ofender impunemente a autoridade judiciária ou aqueles que intervêm na atividade processual em desempenho de *função pública.* Acima do interesse da indefinida amplitude de defesa de direitos em juízo está o respeito devido à

---

[57] FRAGOSO, Heleno Cláudio. *Lições de direito penal* – Parte especial (arts. 121 a 160, CP), p. 207.

função pública, pois, de outro modo, estaria implantada a indisciplina no foro e subvertido o próprio decoro da justiça."[58]

Entendemos a preocupação de Hungria, contudo, não podemos deixar de encarar a realidade dos fatos no que diz respeito à existência de abusos, de arbitrariedades, enfim, de todo tipo de comportamento humano de que são acometidos os magistrados e que causam, como bem destacou Fragoso, um sentimento de revolta nas pessoas que lhe estão sendo submetidas.

É certo que a imunidade judiciária não pode, também, acobertar abusos e indisciplinas sem sentido. O advogado que ofender o juiz, por exemplo, pelo simples fato de ele ter feito uma pergunta que não tinha a menor relevância para o desfecho da causa não pode estar acobertado pela imunidade. A imunidade judiciária, quando erigida contra o julgador, é tomada como um escudo de que a parte e/ou o seu procurador se utilizam para que tenham a liberdade de trazer à luz os atos abusivos, como gênero, do julgador. Caso isso não ocorra, não poderá alegá-la pelo simples fato de arguir que as ofensas foram irrogadas na discussão da causa.

### 5.2.3 Ofensa irrogada contra o Ministério Público

O Ministério Público pode ocupar a posição de parte na relação processual ou assumir a postura de fiscal da lei (*custos legis*).

Entendemos que a parte e/ou seu procurador poderão arguir a imunidade judiciária se, na discussão da causa, vierem a difamar ou a injuriar o representante do Ministério Público, não importando a posição que este ocupe, isto é, se parte ou fiscal da lei.

Deve ser levado a efeito, aqui, o mesmo raciocínio que fizemos quando analisamos a possibilidade de ofensa irrogada contra o juiz da causa, com o mesmo alerta de que a imunidade judiciária não significa *impunidade pelos abusos cometidos pela parte ou por seu procurador*.

Se, por exemplo, do nada, o procurador da parte, durante a defesa da causa, chamar de *preguiçoso* o representante do Ministério Público simplesmente com a finalidade de ofendê-lo, sem que para tanto tenha tido qualquer motivo justificado, entendemos que não poderá ser beneficiado com a imunidade judiciária.

Isso porque, conforme já salientamos acima, a ofensa deve ter uma ligação direta com a causa que está *sub judice*, não abrigando meros impropérios gratuitos e sem sentido.

A própria imunidade, por exemplo, do advogado, ou seja, do procurador da parte, aquele que é encarregado de sua defesa técnica, encontra limites na Constituição Federal, pois o seu art. 133 diz o seguinte:

> **Art. 133.** O advogado é indispensável à administração da justiça, sendo inviolável por seus atos e manifestações no exercício da profissão, nos limites da lei.

É no Estatuto da Advocacia (Lei nº 8.906/1994) que o advogado encontrará os limites que está obrigado a respeitar.

### 5.2.4 Ofensa irrogada pelo juiz da causa

O art. 360 do Código de Processo Civil (Lei nº 13.105, de 16 de março de 2015) traduz os poderes, e também alguns deveres, dirigidos aos magistrados para que possam conduzir com ordem, segurança e urbanidade necessários ao bom andamento das audiências, dizendo:

> **Art. 360.** O juiz exerce o poder de polícia, incumbindo-lhe:
> I – manter a ordem e o decoro na audiência;

---

[58] HUNGRIA, Nélson. *Comentários ao código penal*, v. VI, p. 119-120.

> II – ordenar que se retirem da sala de audiência os que se comportarem inconvenientemente;
> III – requisitar, quando necessário, força policial;
> IV – tratar com urbanidade as partes, os advogados, os membros do Ministério Público e da Defensoria Pública e qualquer pessoa que participe do processo;
> V – registrar em ata, com exatidão, todos os requerimentos apresentados em audiência.

Pode, outrossim, aquele que possui o dever de tratar com urbanidade as partes, os advogados, os membros do Ministério Público e da Defensoria Pública e qualquer pessoa que participe do processo, abusar do seu próprio poder na condução dos trabalhos, e ofender a parte ou seu procurador, proferindo palavras ou frases das quais se extraiam os crimes de difamação ou/injúria. Estaria o julgador também acobertado pela imunidade judiciária?

A resposta só pode ser negativa. Não poderá o juiz, justamente aquele que tem o dever/poder de conduzir os trabalhos na audiência, ignorar essa sua função, de extrema importância, para se deixar influenciar pelo calor das discussões. Sua condição de julgador o afasta da imunidade prevista no inciso I do art. 142 do Código Penal, que é tão somente dirigida àqueles que gozam do *status* de parte ou de seu procurador, razão pela qual deverá eventualmente responder pelos delitos contra a honra praticados durante os seus atos.

### 5.2.5 Ofensa irrogada pelo Ministério Público, que atua na qualidade de custos legis

Se o representante do Ministério Público atua como parte na relação processual, seja ela civil ou penal, estará abrigado pela imunidade judiciária.

Contudo, se atuar no feito na qualidade de fiscal da lei, não mais poderá arguir a mencionada imunidade, pois, nessa condição, foge aos conceitos de parte e de seu procurador, determinados pelo inciso I do art. 142 do Código Penal.

Guilherme de Souza Nucci, nesse sentido, afirma:

> "O representante do Ministério Público somente pode ser inserido no contexto da imunidade judiciária (como autor ou como vítima da ofensa) quando atuar no processo como parte. Assim é o caso do Promotor de Justiça que promove a ação penal na esfera criminal. Se ele ofende a parte contrária ou for por ela ofendido, não há crime. Entretanto, não se considera *parte*, no sentido da excludente de ilicitude, que se refere com nitidez à 'discussão da causa', o representante do Ministério Público quando atua como *fiscal da lei*. Neste caso, conduz-se no processo imparcialmente, tal como deve fazer sempre o magistrado, não devendo 'debater' a sua posição, mas apenas sustentá-la, sem qualquer ofensa ou desequilíbrio."[59]

### 5.2.6 A opinião desfavorável da crítica literária, artística ou científica, salvo quando inequívoca a intenção de injuriar ou difamar

A crítica é algo que, se não for favorável, quase sempre desagrada às pessoas, chegando, muitas vezes, em razão da sua contundência, a ser considerada uma ofensa contra aquele em virtude do qual é proferida.

Entretanto, o Código Penal, por intermédio do inciso II do art. 142, ressalva a possibilidade de ocorrer uma opinião desfavorável da crítica literária, artística ou científica, sem que isso possa se configurar difamação ou injúria, a não ser nos casos em que for evidente a intenção do agente de macular a honra da vítima, praticando, outrossim, os delitos de difamação e/ou injúria.

Ultimamente, por intermédio dos meios de comunicação de massa, tem surgido uma avalanche de programas cuja finalidade, quase única e exclusiva, é falar (mal) das pessoas.

---

[59] NUCCI, Guilherme de Souza. *Código penal comentado*, p. 457.

Para ser mais claro, todos os programas falam sobre alguém. Contudo, esses programas a que estou me referindo são feitos para especular a vida íntima das pessoas, procurar os seus defeitos, em detrimento das suas qualidades, enfim, são produzidos para atrair a multidão de seus expectadores, que aguardam as últimas "fofocas", sempre na esperança de que alguma coisa de ruim ocorra com as pessoas que são alvo de suas inadequadas investigações.

Também como regra, seus apresentadores se deliciam em criticar as pessoas, apontando seus defeitos, o que, aliás, todos nós temos.

Não foi para proteger esse tipo de situação que foi criado o inciso II do art. 142 do Código Penal. Ele não foi feito para acobertar abusos, insensibilidades, irresponsabilidades, mas, sim, para dar segurança àqueles que, por profissão, têm o dever de comparar, criticar, expor os defeitos ligados à literatura, arte ou ciência.

A crítica construtiva empurra a evolução. A crítica destrutiva conduz a vítima à depressão. São fatos diferentes, que devem receber tratamentos diferentes. Ao primeiro, o escudo legal; ao segundo, o cárcere penal.

Nesses casos, somos da opinião de que o inciso II do art. 142 do Código Penal possui a natureza de causa que exclui a tipicidade penal, uma vez que o agente, que atua na condição de crítico literário, artístico ou científico não atua com *animus injuriandi vel diffamandi*.

### 5.2.7 O conceito desfavorável emitido por funcionário público, em apreciação ou informação que preste no cumprimento de dever do ofício

O inciso III do art. 142 do Código Penal, ao se referir ao conceito desfavorável emitido por funcionário público em suas apreciações ou informações, ressalva que tudo isso é levado a efeito no *cumprimento de dever do ofício*.

Dessa forma, quando o funcionário relata fatos, mesmo que emitindo conceitos desfavoráveis, o faz em benefício da Administração Pública, sendo seu dever de ofício relatar tudo com a maior fidelidade possível, não deixando de informar tudo aquilo que seja do interesse da Administração Pública, mesmo que com seus conceitos venha a, aparentemente, macular a honra objetiva, ou mesmo a honra subjetiva das pessoas.

Trata-se, portanto, de causa de justificação, que exclui a ilicitude do fato, em razão do estrito cumprimento do dever legal.

Nesse sentido, afirma Fragoso:

> "Também não há crime se o funcionário público emite conceito injurioso ou difamatório sobre alguém, em apreciação ou informação que preste no cumprimento de dever de ofício. A hipótese é de cumprimento de dever legal, que exclui a antijuridicidade da ação.
>
> Deve o funcionário, no desempenho de sua função pública, estar acobertado com a imunidade penal, para que possa livremente emitir opiniões e prestar informações do interesse público, sem o risco de sujeitar-se a processo penal. A concorrência do *animus infamandi* é irrelevante. É indispensável que se trate de ato praticado no cumprimento de dever funcional, ou seja, no desempenho de suas funções legais, dentro das atribuições do funcionário."[60]

Possuindo a natureza de causa que afasta a ilicitude do fato, não haverá crime, portanto, por parte do funcionário público que atue nessa condição.

---

[60] FRAGOSO, Heleno Cláudio. *Lições de direito penal – Parte especial (arts. 121 a 160, CP)*, p. 208.

## 5.3 Agente que dá publicidade à difamação ou à injúria, nos casos dos incisos I e III do art. 142 do Código Penal

O parágrafo único do art. 142 do Código Penal determina:

> **Parágrafo único.** Nos casos dos n$^{os}$ I e III, responde pela injúria ou pela difamação quem lhe dá publicidade.

Isso significa que não está acobertado pelas imunidades catalogadas nos mencionados incisos aquele que, tomando conhecimento da difamação e/ou da injúria, dá publicidade a elas.

Na verdade, o agente que dá publicidade à difamação ou à injúria pratica um delito autônomo de difamação ou injúria.

## 5.4 Retratação

Diz o art. 143 do Código Penal:

> **Art. 143.** O querelado que, antes da sentença, se retrata cabalmente da calúnia ou da difamação, fica isento de pena.
>
> **Parágrafo único.** Nos casos em que o querelado tenha praticado a calúnia ou a difamação utilizando-se de meios de comunicação, a retratação dar-se-á, se assim desejar o ofendido, pelos mesmos meios em que se praticou a ofensa.

Cuida-se, *in casu*, de causa de extinção da punibilidade, prevista expressamente no art. 107, VI, do Código Penal.

Da redação do *caput* do mencionado artigo, destacamos dois pontos fundamentais. Inicialmente, a retratação somente pode ser levada a efeito nos delitos de calúnia e difamação, não sendo possível no tocante à injúria.

Isso porque, neste caso, a retratação pode ter um efeito mais devastador do que a própria injúria. A retratação sarcástica, por exemplo, pode ter uma repercussão muito mais humilhante do que a injúria inicial.

Assim, imagine-se a hipótese o agente ter afirmado que a vítima era um analfabeto inculto e, em sede de retratação, desdizer-se, afirmando, agora, que se cuida da pessoa com conhecimento e cultura equiparáveis a Rui Barbosa.

O segundo detalhe importante do mencionado artigo diz respeito ao fato de que somente pode haver retratação até antes da publicação da sentença. Estando ainda os autos conclusos com o julgador para que possa proferir sua decisão, não tendo esta sido, ainda, publicada em cartório, poderá o querelado retratar-se cabalmente da calúnia e da difamação, ficando, assim, isento de pena.

Se for considerada extemporânea a retratação, na hipótese, por exemplo, de já ter sido publicada a sentença condenatória, poderá o querelado, ainda, retratar-se em grau de recurso, permitindo, assim, que com esse seu comportamento possa ser aplicada a circunstância atenuante prevista pela alínea *b* do inciso III do art. 65 do Código Penal.

Ao contrário da discussão travada em torno do que ocorre no delito previsto no art. 342, § 2º, do Código Penal, no caso de concurso de pessoas na prática dos crimes contra a honra, a *retratação* realizada somente por um dos agentes não se comunica aos demais. Segue-se a regra de que a retratação é *pessoal (incomunicável)*.

Em 11 de novembro de 2015, foi publicada a Lei nº 13.188, que dispôs sobre o direito de resposta ou retificação do ofendido em matéria divulgada, publicada ou transmitida por veículo de comunicação social, inserindo um parágrafo único ao art. 143 do Código Penal, que diz que *nos casos em que o querelado tenha praticado a calúnia ou a difamação utilizando-se de* meios de comunicação, a retratação dar-se-á, se assim desejar o ofendido, pelos mesmos meios em que se praticou a ofensa.

Aqui, portanto, caso a calúnia ou a difamação tenham sido cometidas através de meios de comunicação, para que a retratação do querelado produza os efeitos previstos no *caput* do art. 143 do diploma repressivo, ou seja, para que conduza à isenção de pena, com a consequente extinção da punibilidade, nos termos do art. 107, VI, do mesmo estatuto penal, se for da vontade do ofendido, deverá ser levada a efeito pelos mesmos meios em que se praticou a ofensa.

Assim, por exemplo, se a calúnia ou a difamação foi publicada em um jornal impresso, de circulação nacional, ou mesmo em um programa de televisão, a retratação deverá ser neles veiculada.

Nesse sentido, determinam os arts. 2º e 4º da Lei nº 13.188, de 11 de novembro de 2015, *verbis*:

> **Art. 2º** Ao ofendido em matéria divulgada, publicada ou transmitida por veículo de comunicação social é assegurado o direito de resposta ou retificação, gratuito e proporcional ao agravo.
>
> § 1º Para os efeitos desta Lei, considera-se matéria qualquer reportagem, nota ou notícia divulgada por veículo de comunicação social, independentemente do meio ou da plataforma de distribuição, publicação ou transmissão que utilize, cujo conteúdo atente, ainda que por equívoco de informação, contra a honra, a intimidade, a reputação, o conceito, o nome, a marca ou a imagem de pessoa física ou jurídica identificada ou passível de identificação.
>
> § 2º São excluídos da definição de matéria estabelecida no § 1º deste artigo os comentários realizados por usuários da internet nas páginas eletrônicas dos veículos de comunicação social.
>
> § 3º A retratação ou retificação espontânea, ainda que a elas sejam conferidos os mesmos destaque, publicidade, periodicidade e dimensão do agravo, não impedem o exercício do direito de resposta pelo ofendido nem prejudicam a ação de reparação por dano moral.
>
> **Art. 3º** [...]
>
> **Art. 4º** A resposta ou retificação atenderá, quanto à forma e à duração, ao seguinte:
>
> I – praticado o agravo em mídia escrita ou na internet, terá a resposta ou retificação o destaque, a publicidade, a periodicidade e a dimensão da matéria que a ensejou;
>
> II – praticado o agravo em mídia televisiva, terá a resposta ou retificação o destaque, a publicidade, a periodicidade e a duração da matéria que a ensejou;
>
> III – praticado o agravo em mídia radiofônica, terá a resposta ou retificação o destaque, a publicidade, a periodicidade e a duração da matéria que a ensejou.
>
> § 1º Se o agravo tiver sido divulgado, publicado, republicado, transmitido ou retransmitido em mídia escrita ou em cadeia de rádio ou televisão para mais de um Município ou Estado, será conferido proporcional alcance à divulgação da resposta ou retificação.
>
> § 2º O ofendido poderá requerer que a resposta ou retificação seja divulgada, publicada ou transmitida nos mesmos espaço, dia da semana e horário do agravo.
>
> § 3º A resposta ou retificação cuja divulgação, publicação ou transmissão não obedeça ao disposto nesta Lei é considerada inexistente.
>
> § 4º Na delimitação do agravo, deverá ser considerado o contexto da informação ou matéria que gerou a ofensa.

## 5.5 Pedido de explicações

O art. 144 do Código Penal aduz que *se de referências, alusões ou frases, se infere calúnia, difamação ou injúria, quem se julga ofendido pode pedir explicações em juízo. Aquele que se recusa a dá-las ou, a critério do juiz, não as dá satisfatórias, responde pela ofensa.*

Na verdade, o *pedido de explicações* diz respeito a um procedimento anterior ao início da ação penal de iniciativa privada. Pode ocorrer que o agente, embora não afirmando fatos ofensivos à honra da vítima, deixe pairar no ar alguma dúvida, valendo-se de expressões equívocas, com duplo sentido etc.

Diz Aníbal Bruno:

"Pode a ofensa dissimular-se na dubiedade de certos termos ou na significação equívoca das expressões empregadas, ficando incerto, assim, o próprio conteúdo da ofensa ou a indicação do seu destinatário. Age o agressor perfidamente, encobrindo o que procurava exprimir, ou envolvendo-o em frases duvidosas, para excitar a atenção dos outros e dar mais efeito ao seu significado injurioso.

Sendo assim ambígua a expressão da ofensa, pode quem se julga por ela atingido pedir explicações em juízo. Se o acusado se recusa a dá-las ou as dá de maneira não satisfatória, responde pela ofensa."[61]

Dessa forma, antes mesmo de ingressar em juízo com a queixa-crime, o Código Penal faculta à vítima, como medida preliminar, vir a juízo pedir explicações.

Pode ser que o agente, supostamente autor de um crime contra a honra, não queira se explicar nessa medida preliminar. Embora, pela redação do art. 143 do Código Penal, pareça que o agente será condenado pela ofensa que praticou, caso não se explique em juízo, ou mesmo se explicando, não o fazendo satisfatoriamente, na verdade isso não importará em confissão ou mesmo em uma condenação antecipada.

Caso a vítima ingresse em juízo com a queixa, deverá ser procedida a normal instrução processual, com todos os princípios inerentes ao devido processo legal, para que, ao final, comprovado que a expressão dúbia tinha por finalidade macular a honra da vítima, o agente seja condenado pelo delito cometido – calúnia, difamação ou injúria.

Poderá, da mesma forma, ser absolvido, se restar demonstrado que nada fez com a finalidade de atingir a honra da vítima.

Se, ao contrário, o agente resolve explicar-se em juízo e, em virtude disso, dissipa a dúvida com relação aos termos e expressões dúbias por ele utilizados que, em tese, maculariam a honra da vítima, restará afastado o seu dolo, eliminando-se, consequentemente, a infração penal a ele atribuída.

Cezar Roberto Bitencourt ainda alerta para o fato de que:

"O *juízo de equivocidade* é do próprio ofendido e não do juiz que processa o pedido de explicações. Aliás, o juiz não julga nem a equivocidade das palavras que podem ter caráter ofensivo nem a recusa ou a natureza das explicações apresentadas. A *competência* para avaliar (julgar, neste caso, parece-nos uma expressão muito forte) a *eficácia* ou *prestabilidade* das explicações será do juiz da eventual ação penal, quando esta for proposta e se for. Na realidade, o juiz não julga a natureza das explicações ou a sua recusa, mas, havendo o oferecimento da peça preambular da ação penal (denúncia ou queixa), num exame prévio sobre a (in)existência de *justa causa*, avaliará se as explicações atendem os postulados do art. 144. Concebendo-as como satisfatórias, rejeitará a queixa ou a denúncia; o mesmo deverá ocorrer com eventual recusa do interpelado, que silencia."[62]

Finalmente, não existe procedimento específico para o pedido de explicações que venha determinado pelo Código de Processo Penal ou mesmo pelo Código Penal, razão pela qual se tem entendido que o pedido deve ser encaminhado a uma das Varas Criminais que seria a competente para o julgamento da ação penal, adotando-se aqui, segundo o magistério de Cezar Roberto Bitencourt,[63] o procedimento previsto no Código de Processo Civil

---

[61] BRUNO, Aníbal. *Crimes contra a pessoa*, p. 323-324.
[62] BITENCOURT, Cezar Roberto. *Tratado de direito penal*, v. 2, p. 416.
[63] BITENCOURT, Cezar Roberto. *Tratado de direito penal*, v. 2, p. 416.

(Lei n° 13.105, de 16 de março de 2015), relativo à notificação e à interpelação, nos termos dos arts. 726 a 729.

## 5.6 Lei de imprensa não foi recepcionada pela nova ordem constitucional

No que diz respeito ao fato de não ter sido a Lei de Imprensa recepcionada pela nova ordem constitucional, assim decidiu o STF:

"Arguição de descumprimento de preceito fundamental (adpf). Lei de imprensa. Adequação da ação. Regime constitucional da 'liberdade de informação jornalística', expressão sinônima de liberdade de imprensa. A 'plena' liberdade de imprensa como categoria jurídica proibitiva de qualquer tipo de censura prévia. A plenitude da liberdade de imprensa como reforço ou sobretutela das liberdades de manifestação do pensamento, de informação e de expressão artística, científica, intelectual e comunicacional. Liberdades que dão conteúdo às relações de imprensa e que se põem como superiores bens de personalidade e mais direta emanação do princípio da dignidade da pessoa humana. O capítulo constitucional da comunicação social como segmento prolongador das liberdades de manifestação do pensamento, de informação e de expressão artística, científica, intelectual e comunicacional. Transpasse da fundamentalidade dos direitos prolongados ao capítulo prolongador. Ponderação diretamente constitucional entre blocos de bens de personalidade: o bloco dos direitos que dão conteúdo à liberdade de imprensa e o bloco dos direitos à imagem, honra, intimidade e vida privada. Precedência do primeiro bloco. Incidência *a posteriori* do segundo bloco de direitos, para o efeito de assegurar o direito de resposta e assentar responsabilidades penal, civil e administrativa, entre outras consequências do pleno gozo da liberdade de imprensa. Peculiar fórmula constitucional de proteção a interesses privados que, mesmo incidindo *a posteriori*, atua sobre as causas para inibir abusos por parte da imprensa. Proporcionalidade entre liberdade de imprensa e responsabilidade civil por danos morais e materiais a terceiros. Relação de mútua causalidade entre liberdade de imprensa e democracia. Relação de inerência entre pensamento crítico e imprensa livre. A imprensa como instância natural de formação da opinião pública e como alternativa à versão oficial dos fatos. Proibição de monopolizar ou oligopolizar órgãos de imprensa como novo e autônomo fator de inibição de abusos. Núcleo da liberdade de imprensa e matérias apenas perifericamente de imprensa. Autorregulação e regulação social da atividade de imprensa. Não recepção em bloco da Lei n° 5.250/1967 pela nova ordem constitucional. Efeitos jurídicos da decisão. Procedência da ação" (STF. ADPF 130/DF. Rel. Min. Ayres Britto, Tribunal Pleno, julg. 30/4/2009, DJe 208, div. 5/11/2009, pub. 6/11/2009, Ement. 02381-01 PP-00001).

# Capítulo VI
# Dos Crimes contra a Liberdade Individual

## 1. CONSTRANGIMENTO ILEGAL

**Constrangimento ilegal**
**Art. 146.** Constranger alguém, mediante violência ou grave ameaça, ou depois de lhe haver reduzido, por qualquer outro meio, a capacidade de resistência, a não fazer o que a lei permite, ou a fazer o que ela não manda:
Pena – detenção, de três meses a um ano, ou multa.
Aumento de pena
§ 1º As penas aplicam-se cumulativamente e em dobro, quando, para a execução do crime, se reúnem mais de três pessoas, ou há emprego de armas.
§ 2º Além das penas cominadas, aplicam-se as correspondentes à violência.
§ 3º Não se compreendem na disposição deste artigo:
I – a intervenção médica ou cirúrgica, sem o consentimento do paciente ou de seu representante legal, se justificada por iminente perigo de vida;
II – a coação exercida para impedir suicídio.

## 1.1 Introdução

O crime de constrangimento ilegal está inserido na Seção I do Capítulo VI do Título I do Código Penal. Tem por finalidade, portanto, como veremos mais adiante, proteger a liberdade pessoal, seja ela física ou psicológica.

A liberdade é um direito que deve ser resguardado, tendo sido, até mesmo, mencionada no preâmbulo de nossa Constituição Federal, que diz:

"Nós, representantes do povo brasileiro, reunidos em Assembleia Nacional Constituinte para instituir um Estado Democrático, destinado a assegurar o exercício dos direitos sociais e individuais, a *liberdade*, a segurança, o bem-estar, o desenvolvimento, a igualdade e a justiça como valores supremos de uma sociedade fraterna, pluralista e sem preconceitos, fundada na harmonia social e comprometida, na ordem interna e internacional, com a solução pacífica das controvérsias, promulgamos, sob a proteção de Deus, a seguinte Constituição da República Federativa do Brasil."

Da mesma forma, no *caput* do seu art. 5º afirma:

> **Art. 5º** Todos são iguais perante a lei, sem distinção de qualquer natureza, garantindo-se aos brasileiros e aos estrangeiros residentes no País a inviolabilidade do direito à vida, à *liberdade*, à igualdade, à segurança e à propriedade, nos termos seguintes:

E no inciso II do mencionado art. 5º ficou consignado que:

> II – ninguém será obrigado a fazer ou deixar de fazer alguma coisa senão em virtude da lei;

A figura típica do constrangimento ilegal, portanto, vem ao encontro dos ditames constitucionais, punindo aquele que constrange alguém, mediante violência ou grave ameaça, ou depois de lhe haver reduzido, por qualquer outro meio, a capacidade de resistência, a não fazer o que a lei permite ou a fazer o que ela não manda.

O tipo penal, outrossim, é composto pelo núcleo *constranger*, que tem o sentido de impedir, limitar ou mesmo dificultar a liberdade de alguém.

Para tanto, o agente atua com violência ou grave ameaça. A violência de que cuida o texto é a chamada *vis corporalis*, ou seja, aquela empreendida contra o próprio corpo da vítima; ao contrário, a grave ameaça se consubstancia na *vis compulsiva*, exercendo influência precipuamente sobre o espírito da vítima, impedindo-a de atuar segundo a sua vontade.

Também prevê o art. 146 do Código Penal uma violência entendida como imprópria, vale dizer, quando o agente, por qualquer outro meio que não a violência ou a grave ameaça, reduz a capacidade de resistência da vítima.

Aníbal Bruno, analisando essa modalidade de violência, afirma:

> "Como outro qualquer meio que reduza a capacidade de resistência, conforme o Código menciona, devemos compreender ações químicas ou mesmo puramente psíquicas, fora da ameaça, que restrinjam ou anulem a consciência, como o uso de inebriantes, entorpecentes, ou a sugestão hipnótica, ou o emprego das chamadas drogas da verdade ou da confissão, destinadas a violentar o querer do paciente e dele obter declarações sobre fatos que ele pretendia calar. Aliás, com esses processos é que se pode anular de maneira mais eficaz a vontade da vítima."[1]

O constrangimento praticado pelo agente deve ser dirigido no sentido de obrigar a vítima a não fazer aquilo que a lei permite ou mesmo a fazer o que ela não manda.

Merece ser frisado que o delito de constrangimento ilegal possui natureza subsidiária, ou seja, somente será considerado se o constrangimento não for elemento típico de outra infração penal. Assim, por exemplo, imagine-se a hipótese daquele que constrange a vítima, mediante violência ou grave ameaça, a entregar-lhe determinada importância em dinheiro. Como se percebe, a vítima não tinha qualquer obrigação legal de entregar ao agente os valores a ela pertencentes. Houve, portanto, um constrangimento nesse sentido. Contudo, tal constrangimento veio tipificado no art. 158 do Código Penal, que prevê o delito de extorsão.

Dessa forma, a extorsão é um delito especial em relação ao constrangimento ilegal. Existe um dado a mais no delito de extorsão que o especializa quanto ao mero constrangimento. Na extorsão, deve o agente constranger a vítima no sentido de obter, para si ou para outrem, indevida vantagem econômica. Essa indevida vantagem econômica, isto é, essa motivação do agente é que torna a extorsão especial comparativamente ao crime de constrangimento ilegal.

---

[1] BRUNO, Aníbal. *Crimes contra a pessoa*, p. 344.

CURSO DE DIREITO PENAL • VOL. 2 – ROGÉRIO GRECO

Devemos ressaltar, ainda, o fato de que a subsidiariedade do crime de constrangimento ilegal não é expressa, tal como ocorre com o crime de perigo para a vida ou saúde de outrem, tipificado no art. 132 do Código Penal, no qual se afirma que somente terá aplicação se o fato não constituir crime mais grave, sendo, portanto, implícita.

## 1.2 Classificação doutrinária

Crime comum com relação ao sujeito ativo, bem como quanto ao sujeito passivo; doloso; material (pois a sua consumação somente ocorre quando a vítima não faz o que a lei permite ou faz aquilo que ela não manda); de forma livre, podendo ser praticado comissiva ou omissivamente (desde que, nesta última hipótese, o agente goze do *status* de garantidor); instantâneo; subsidiário (somente se configurando a infração penal do art. 146 do Código Penal se o constrangimento não for elemento de outra infração penal mais grave); monossubjetivo; plurissubsistente; de dano; transeunte.

## 1.3 Objeto material e bem juridicamente protegido

A liberdade é o bem juridicamente protegido pelo tipo do art. 146 do Código Penal. Como afirmamos em nossa introdução, a lei penal protege não somente a liberdade física, mas também a liberdade psíquica. Nesse sentido, afirma Fragoso:

"O objeto da tutela jurídica é a liberdade individual, ou seja, a livre autodeterminação da vontade e da ação. Trata-se de liberdade psíquica (livre formação da vontade, sem coação), e também da liberdade física (liberdade de movimento)."[2]

Objeto material do constrangimento ilegal é a pessoa que, em razão dos meios utilizados pelo agente – violência, grave ameaça ou qualquer outro que lhe reduza a capacidade de resistência –, é obrigada a não fazer o que a lei permite, ou a fazer o que ela não manda.

## 1.4 Sujeito ativo e sujeito passivo

Crime comum com relação ao sujeito ativo, o constrangimento ilegal pode ser praticado por qualquer pessoa física, seja homem ou mulher.

Da mesma forma, entende-se que qualquer pessoa pode figurar como sujeito passivo do crime de constrangimento ilegal, desde que tenha capacidade de discernimento, a fim de poder entender que está sendo constrangida a não fazer o que a lei permite, ou a fazer o que ela não manda.

## 1.5 Consumação e tentativa

Consuma-se o delito quando a vítima deixa de fazer o que a lei permite ou faz aquilo que ela não manda. Trata-se, portanto, de crime material, que exige a produção do resultado naturalístico para que se possa entender por consumado.

Merece registro a observação feita por Luiz Regis Prado, quando aduz: "Ainda que o comportamento desejado seja parcial, e não integralmente realizado pela vítima, tem-se como consumado o delito."[3]

---

[2]    FRAGOSO, Heleno Cláudio. *Lições de direito penal* – Parte especial (arts. 121 a 160 CP), p. 215.

[3]    PRADO, Luiz Regis. *Curso de direito penal brasileiro*, v. 2, p. 273.

No mesmo sentido, preleciona Magalhães Noronha:

"Não cremos necessário que o sujeito passivo tenha praticado ou omitido *integralmente* a ação desejada pelo ativo ou, noutras palavras, que tenha padecido todo o mal que esse tinha em mira. A ação ou a inação parciais já constituem o evento."[4]

Na qualidade de crime material e plurissubsistente, o constrangimento ilegal admite a tentativa, podendo esta ocorrer, por exemplo, quando a vítima, mesmo intimidada pelo agente, não deixa de fazer aquilo que a lei permite, ou deixa de fazer aquilo que ela não manda.

## 1.6 Elemento subjetivo

O dolo é o elemento subjetivo do delito de constrangimento ilegal, seja ele direto ou, mesmo, eventual.

A conduta do agente deve ser dirigida finalisticamente a constranger a vítima a não fazer o que a lei permite, ou a fazer o que ela não manda, identificando, aí, segundo a doutrina dominante, aquilo que chamamos de *especial fim de agir*.

Portanto, para que se configure o tipo do constrangimento ilegal, o constrangimento deve ser dirigido a alguma coisa, e essa coisa, de acordo com a redação típica, é impedir que a vítima faça aquilo que a lei permite, ou obrigá-la a fazer aquilo que a lei não manda.

Não há previsão legal para a modalidade culposa.

## 1.7 Modalidades comissiva e omissiva

O tipo penal do art. 146 retrata um modelo comissivo de comportamento. O ato "constranger", previsto expressamente pela figura típica, tem o sentido de agir, fazer alguma coisa para impedir que a vítima faça aquilo que a lei permite, ou obrigá-la a fazer aquilo que ela não manda.

Entretanto, seria possível o raciocínio do constrangimento ilegal mediante uma conduta omissiva por parte do agente?

Acreditamos que sim, desde que o agente goze do *status* de garantidor.

Imagine-se a hipótese daquela que, na qualidade de enfermeira, obrigue um famoso ator, que está internado na enfermaria em que ela trabalha, a dar-lhe um autógrafo com palavras amorosas, sob pena de não lhe aplicar a medicação destinada a fazer com que seja aliviada sua dor.

Com isso queremos esclarecer que somente poderá haver o constrangimento ilegal por omissão se o agente gozar do *status* de garantidor, ou seja, desde que se amolde a qualquer uma das alíneas previstas no § 2º do art. 13 do Código Penal.

## 1.8 Causas de aumento de pena

O § 1º do art. 146 do Código Penal determina:

> § 1º As penas aplicam-se cumulativamente e em dobro, quando, para a execução do crime, se reúnem mais de três pessoas, ou há emprego de armas.

Inicialmente, devemos dizer o que significa aplicar *cumulativamente*, para depois saber quais serão as penas que deverão ser *duplicadas*.

---

[4] NORONHA, Edgard Magalhães. *Direito penal*, v. 2, p. 153.

CURSO DE DIREITO PENAL • VOL. 2 – ROGÉRIO GRECO

A palavra cumulativamente quer traduzir o fato de que, havendo a reunião de mais de três pessoas, ou seja, no mínimo quatro, para a prática do constrangimento, ou a utilização do emprego de armas, as penas que, inicialmente, eram alternativas, ou seja, privativa de liberdade ou multa, passam a ser cumulativas, quer dizer, privação de liberdade mais a pena pecuniária. Além disso, as penas respectivas serão dobradas, aplicando-se essa causa especial de aumento somente no terceiro momento do critério trifásico de aplicação da pena.

No que diz respeito à expressão *emprego de armas*, a lei penal não faz qualquer distinção entre as chamadas armas próprias e armas consideradas impróprias.

Esclarece Hungria:

"O texto legal fala em *armas*, no plural, mas apenas para designar o *genus*, e não porque exija, necessariamente, a multiplicidade delas. As *armas* podem ser *próprias* ou *impróprias*: próprios são todos os instrumentos normalmente destinados ao ataque ou a defesa, especificamente apropriados a causar ofensas físicas [...]; impróprios são todos os instrumentos que, embora não destinados aos ditos fins, têm aptidão ofensiva e costumam ser usados para o ataque e a defesa."[5]

Na verdade, na identificação da arma como própria ou imprópria, devemos levar em consideração a precipuidade do seu uso, pois podem ter diversas finalidades que não as de ataque e defesa. Assim, um revólver, por exemplo, tem o uso precípuo de ataque e defesa, mas pode ser utilizado, eventualmente, para quebrar nozes com a sua coronha. Ao contrário, uma faca de cozinha serve, precipuamente, para cortar os alimentos, mas, eventualmente, pode ser utilizada por alguém para atacar pessoas, ou, mesmo, se defender.

Dessa forma, como já ressaltado por Hungria, a expressão *emprego de armas* abrange qualquer de suas espécies, ou seja, próprias e impróprias.

## 1.9 Concurso de crimes

Determina o § 2º do art. 146:

§ 2º Além das penas cominadas, aplicam-se as correspondentes à violência.

Embora um dos elementos integrantes do tipo do constrangimento ilegal seja a violência, entendeu por bem a lei penal puni-la de forma distinta. Assim, serão aplicadas também as penas correspondentes ao delito de lesão corporal utilizado como meio para a prática do constrangimento, seja a lesão leve, seja grave ou gravíssima.

O entendimento doutrinário predominante é de que no § 2º do art. 146 do Código Penal houve a previsão do chamado concurso material de crimes, uma vez que, segundo sua redação, além das penas cominadas ao constrangimento ilegal serão aplicadas, também, aquelas que dizem respeito à violência praticada.

Esta a posição de Fragoso, quando afirma:

"Tal disposição significa que haverá concurso material de crimes sempre que da violência empregada no constrangimento resultarem lesões. Em todos os outros casos em que o constrangimento ilegal é meio para a prática de outro crime praticado contra a vítima, será ele sempre absorvido, ainda que a pena seja mais leve."[6]

---

[5]   HUNGRIA, Nélson. *Comentários ao código penal*, v. VI, p. 161-163.

[6]   FRAGOSO, Heleno Cláudio. *Lições de direito penal* – Parte especial (arts. 121 a 160, CP), p. 218.

# PARTE I – CAPÍTULO VI – DOS CRIMES CONTRA A LIBERDADE INDIVIDUAL

Entretanto, *permissa* vênia, não acreditamos ser essa a melhor posição. Isso porque, como é cediço, para que se possa falar em concurso material ou real de crimes é preciso, de acordo com o art. 69 do Código Penal, que o agente, mediante *mais de uma ação ou omissão*, pratique dois ou mais crimes, idênticos ou não.

Dessa forma, embora a regra a ser aplicada, conforme a determinação legal, seja a do cúmulo material, tecnicamente, estaremos diante do chamado concurso formal impróprio ou imperfeito, previsto na segunda parte do art. 70 do Código Penal, assim redigido:

> **Art. 70.** Quando o agente, mediante uma só ação ou omissão, pratica dois ou mais crimes, idênticos ou não, aplica-se-lhe a mais grave das penas cabíveis ou, se iguais, somente uma delas, mas aumentada, em qualquer caso, de um sexto até metade. As penas aplicam-se, entretanto, cumulativamente, se a ação ou omissão é dolosa e os crimes concorrentes resultam de desígnios autônomos, consoante o disposto no artigo anterior.

Assim, se o agente, mediante o emprego de violência, característica do crime de lesão corporal, vier a constranger a vítima a não fazer o que a lei permite, ou a fazer o que ela não manda, não podemos deixar de visualizar, aqui, uma conduta única, que, por disposição expressa nesse sentido (§ 2º do art. 146 do CP), se consubstanciará em duas infrações penais, vale dizer, constrangimento ilegal e lesão corporal.

Cezar Roberto Bitencourt assume posição no sentido de que, embora não se tratando de concurso material, a lei penal adota tão somente o critério do cúmulo material de penas, tampouco havendo necessidade, mesmo sendo uma conduta única, produtora de duas infrações penais, que o agente tenha atuado com desígnios autônomos, assim se manifestando:

> "O § 2º do art. 146 não criou uma espécie *sui generis* de concurso material, mas adotou tão somente o *sistema do cúmulo material* de aplicação de pena, a exemplo do que fez em relação ao *concurso formal impróprio* (art. 70, 2ª parte). Assim, quando a violência empregada na prática do crime de constrangimento ilegal constituir em si mesma outro crime, havendo unidade de ação e pluralidade de crimes, estaremos diante do concurso formal de crimes. Aplica-se, nesse caso, por expressa determinação legal, o sistema de aplicação de pena do cúmulo material, independentemente da existência ou não de 'desígnios autônomos'. A aplicação cumulativa de penas, mesmo sem a presença de 'desígnios autônomos', constitui uma exceção da aplicação de penas prevista para o concurso formal impróprio."[7]

## 1.10 Causas que conduzem à atipicidade do fato

O § 3º do art. 146 do Código Penal dispõe:

> § 3º Não se compreendem na disposição deste artigo:
> I – a intervenção médica ou cirúrgica, sem o consentimento do paciente ou de seu representante legal, se justificada por iminente perigo de vida;
> II – a coação exercida para impedir suicídio.

Inicialmente, deve ser frisado que, embora exista controvérsia doutrinária sobre a natureza jurídica das causas elencadas no § 3º do art. 146, em virtude da redação contida no mencionado parágrafo, não podemos deixar de compreender que se trata de situações que conduzem à atipicidade do fato praticado pelo agente.

O referido parágrafo, de forma expressa, afirma que *não se compreendem, na disposição* do art. 146, a intervenção médica ou cirúrgica, sem o consentimento do paciente ou de seu re-

---

[7] BITENCOURT, Cezar Roberto. *Tratado de direito penal*, v. 2, p. 431.

presentante legal, se justificada por iminente perigo de vida, e a coação exercida para impedir suicídio, afirmando, outrossim, serem atípicos esses comportamentos, já que excluídos do tipo penal que prevê o constrangimento ilegal.

Aníbal Bruno, entendendo contrariamente ao raciocínio acima exposto, aduz:

> "O Código menciona expressamente dois casos em que se elimina a ilicitude do constrangimento. Em ambos, o agente encontra-se em situação de necessidade, imposta para a salvação da vida de outrem."[8]

Apesar da autoridade do renomado autor, não entendemos ser essa a melhor posição. Isso porque, para que se pudesse chegar à conclusão de que os comportamentos previstos nos incisos I e II do § 3º do art. 146 são causas de justificação, excluindo a antijuridicidade, seria preciso, primeiro, superar a barreira da tipicidade, o que não se consegue no caso em exame, dada a redação constante do mencionado parágrafo.

Dessa forma, é atípica a intervenção médica ou cirúrgica, sem o consentimento do paciente ou de seu representante legal, se justificada por iminente perigo de vida, bem como a coação exercida para impedir suicídio. Na verdade, tal conduta não é antinormativa, ou seja, não contraria a norma prevista no art. 146 do Código Penal, por disposição expressa nesse sentido. Não houvesse tal disposição, ainda assim poderíamos concluir pela atipicidade dos fatos, caso aplicássemos o raciocínio correspondente à tipicidade conglobante que, somada à tipicidade formal, faz surgir a chamada tipicidade penal.

## 1.11 Pena, ação penal, competência para julgamento e suspensão condicional do processo

O preceito secundário do art. 146 do Código Penal prevê uma pena de detenção de 3 (três) meses a 1 (um) ano, ou multa, sendo o seu julgamento de competência do Juizado Especial Criminal, levando-se em consideração a pena máxima cominada em abstrato, aplicando-se todos os institutos que lhe são inerentes (transação penal e suspensão condicional do processo).

A ação penal é de iniciativa pública incondicionada.

## 1.12 Destaques

### 1.12.1 Vítima que é constrangida a praticar uma infração penal

Quando analisamos os elementos que caracterizam as hipóteses de constrangimento ilegal, verificamos duas situações: 1) a vítima *não faz o que a lei permite* e 2) a vítima *faz o que a lei não a obriga a fazer*.

Isso significa que o comportamento que a vítima foi constrangida a praticar é um indiferente penal, ou seja, embora forçada, física ou psicologicamente, a fazer ou a deixar de fazer alguma coisa, esses fatos praticados pela vítima não se consubstanciam em qualquer infração penal.

Assim, por exemplo, em um lugar aberto ao público, no qual seja permitido fumar, um frequentador fisicamente mais forte do que a vítima, incomodado com o cheiro da fumaça do cigarro, impede que a vítima continue a fumá-lo. Naquele local era permitido fumar, entretanto, a vítima foi impedida de fazê-lo. Fumar ou não fumar não se configura como qualquer infração penal. Essa é a ideia do delito de constrangimento ilegal.

---

[8] BRUNO, Aníbal. *Crimes contra a pessoa*, p. 346.

PARTE I – CAPÍTULO VI – DOS CRIMES CONTRA A LIBERDADE INDIVIDUAL

Entretanto, pode ser que a vítima, por exemplo, seja constrangida a praticar algum crime, dada a coação moral exercida pelo agente, que ameaça matá-la caso não cumpra suas determinações. Imagine-se o caso daquele que é obrigado, em virtude das ameaças sofridas, a matar alguém, pois, caso contrário, ele é quem seria morto. Não podendo socorrer-se às autoridades, que não dão crédito à sua palavra, não tendo outro recurso, pois não tem condições de se esconder do agente, a vítima cede à pressão, à coação moral que recaía sobre a sua pessoa e, finalmente, termina por matar alguém.

Pergunta-se: o agente que obrigou o coato a matar uma outra pessoa deverá responder pelo constrangimento ilegal?

Inicialmente, devemos destacar o fato de que o Código Penal, em seu art. 22, sob a rubrica da *coação irresistível e obediência hierárquica*, determina:

> **Art. 22.** Se o fato é cometido sob coação irresistível ou em estrita obediência a ordem, não manifestamente ilegal, de superior hierárquico, só é punível o autor da coação ou da ordem.

Assim, somente o coator, no exemplo fornecido, é quem deveria responder pelo delito de homicídio. O coato, na verdade, não passa de mero instrumento nas mãos do coator, tratando-se, portanto, de situação que traduz a hipótese da chamada *autoria mediata*.

A pergunta que devemos responder agora é a seguinte: O coator, ou seja, aquele que constrangeu alguém a matar a vítima, além do delito de homicídio, também deverá ser responsabilizado pelo constrangimento ilegal?

A doutrina se posiciona nesse sentido, conforme lições de Aníbal Bruno:

> "Se a força é irresistível e o resultado obtido constitui crime, por ele responde não o coagido, a quem falta, na ação, vontade juridicamente válida e, portanto, culpabilidade, mas o coator, que sofrerá a agravação da pena e responderá concorrentemente pelo constrangimento ilegal."[9]

### 1.12.2 Vítima submetida a tortura a fim de praticar um fato definido como crime

A alínea *b* do inciso I do art. 1º da Lei nº 9.455, de 7 de abril de 1997, que definiu os crimes de tortura, diz o seguinte:

> **Art. 1º** Constitui crime de tortura:
> I – constranger alguém com emprego de violência ou grave ameaça, causando-lhe sofrimento físico ou mental:
> a) [...];
> b) para provocar ação ou omissão de natureza criminosa;
> [...].

Existe, na mencionada lei, um constrangimento ilegal específico, destinado a causar um sofrimento físico ou mental, a fim de que a vítima pratique uma ação ou omissão de natureza criminosa.

Nesse caso, pergunta-se: Caso aquele que foi torturado venha, efetivamente, a praticar uma ação ou omissão de natureza criminosa, o agente torturador deverá responder pelas duas infrações penais, ou seja, pelo delito de tortura, além do fato definido como crime praticado pelo torturado?

Da mesma forma que no delito de constrangimento ilegal, entende-se pelo concurso material de crimes, devendo responder por ambas as infrações penais.

---

[9] BRUNO, Aníbal. *Crimes contra a pessoa*, p. 342-343.

Vale o registro, entretanto, do alerta levado a efeito por Fernando Capez, quando diz:

"Compartilhamos também desse posicionamento, contudo, levando em conta que nem toda violência ou grave ameaça é apta a causar intenso sofrimento físico ou mental, importa distinguir as seguintes situações: a) se o emprego de violência ou grave ameaça causar intenso sofrimento físico ou mental, o coator responderá pelo crime de tortura em concurso material com a ação ou omissão criminosa realizada pela vítima (autoria mediata); o coagido não responderá por crime algum; b) se o emprego de violência ou grave ameaça não causar intenso sofrimento físico ou mental, restando à vítima liberdade de escolha, responderá o coator pelo crime de constrangimento ilegal em concurso material com o crime praticado pelo coagido. É que, ausente o intenso sofrimento físico ou mental, o crime de tortura não se configura, restando a aplicação subsidiária do crime de constrangimento ilegal. O coagido também responderá pelo crime praticado, com incidência da atenuante prevista no art. 65, III, c, do Código Penal."[10]

### 1.12.3 Suicídio como comportamento ilícito, porém atípico

O inciso II do § 3º do art. 146 do Código Penal permite expressamente a *coação exercida para impedir suicídio*.

Já afirmamos que, ao contrário da doutrina dominante, entendemos que esse fato não se amolda à figura típica do constrangimento ilegal, uma vez que a própria lei penal diz que ele não se compreende na disposição do art. 146.

Isso porque, embora o autoextermínio seja uma conduta atípica, tem-se entendido pela sua ilicitude, abrindo-se, pois, a possibilidade de ser praticada coação no sentido de evitar que o resultado morte se consume.

Há uma diferença que devemos ressaltar entre atos imorais e atos ilícitos.

Para os atos entendidos como imorais, a lei penal não fez qualquer ressalva. Caso alguém, por exemplo, seja impedido de praticá-los, o agente que o impediu deverá ser responsabilizado pelo constrangimento ilegal.

Imagine-se a hipótese daquele que, percebendo que sua amiga está se enveredando pelo caminho da prostituição, até mesmo com o fim de ajudá-la, não permite que, em determinado dia, ela vá para as ruas se prostituir. A prostituição, como se sabe, não é proibida pelo nosso ordenamento jurídico-penal. Não existe ilicitude no comportamento do que se prostitui, mas, sim, daquele que explora a prostituição alheia, como é o caso do rufião, cuja conduta se encontra tipificada no art. 230 do Código Penal. Dessa forma, impedir alguém de se prostituir pode configurar o delito de constrangimento ilegal.

Há atos, entretanto, que são ilícitos, ou seja, contrários ao ordenamento jurídico, que não se limitam à esfera penal. Existe, portanto, um ordenamento jurídico em sentido amplo, traduzido como gênero, que abrange todas as suas espécies (ordenamento jurídico-civil, jurídico-administrativo etc.).

A tentativa de causar o autoextermínio, embora atípica, como dissemos, é entendida como comportamento ilícito, razão pela qual se abre a oportunidade para que alguém impeça a consumação do ato extremo, sem que com isso incorra nas sanções previstas no art. 146 do Código Penal.

Explica Hungria sobre o tema:

"Embora não constitua crime, o suicídio não deixa de ser um fato antijurídico [...]. Não há o *direito de morrer*. O pretenso direito absoluto do indivíduo sobre si mesmo é uma concepção

---

[10] CAPEZ, Fernando. *Curso de direito penal*, v. 2, p. 283.

aberrante. O indivíduo não pertence somente a si próprio, senão também à sua família e à sociedade. É um elemento de sinergia e cooperação no *processus* do todo social. A autoeliminação é, portanto, contrária à ordem jurídica, e o impedi-la, ainda que violentamente, não pode incorrer na reprovação do direito."[11]

### 1.12.4 Consentimento do ofendido

A liberdade, seja física, seja psíquica, é um bem disponível. Assim considerada, torna-se perfeitamente possível o consentimento do ofendido no sentido de afastar a ilicitude do comportamento praticado pelo agente, desde que presentes todos os requisitos indispensáveis à sua validade, vale dizer novamente: *a)* disponibilidade do bem; *b)* capacidade para consentir; *c)* que o consentimento tenha sido prévio ou, pelo menos, concedido numa relação de simultaneidade com a conduta do agente.

Assim, imagine-se a hipótese daquele que, almejando parar de fumar, mas não tendo força de vontade suficiente para isso, pede a um amigo que, toda vez que o vir fumando, lhe arranque o cigarro das mãos e o jogue fora. Da mesma forma aquele que quer se libertar do vício da bebida pede a um amigo que, da mesma forma que no exemplo anterior, deite fora a bebida de seu copo.

### 1.12.5 Vias de fato em concurso com o constrangimento ilegal

O § 2º do art. 146 do Código Penal ressalvou que além das penas cominadas ao constrangimento ilegal seriam aplicadas também aquelas correspondentes à *violência* utilizada pelo agente.

Concluímos anteriormente que, *in casu*, seria aplicada a regra do cúmulo material, sob o enfoque do concurso formal de crimes. Ou seja, com uma conduta única, o agente pratica os crimes de constrangimento ilegal e lesão corporal.

Agora a indagação é a seguinte: Da mesma forma que a lesão corporal, também ocorrerá concurso de infrações penais entre o constrangimento ilegal e a contravenção penal de vias de fato?

Não. Isso porque o termo *violência*, utilizado pelo § 2º do art. 146 do Código Penal, abrange tão somente as lesões corporais sofridas pelas vítimas, ficando absorvidas as vias de fato.

### 1.12.6 Constrangimento exercido para impedir a prática de um crime

Imagine-se a hipótese em que uma pessoa esteja cometendo uma infração penal, quando é surpreendida por outra que não tenha o dever de agir a fim de evitar a produção do resultado, como seria o caso de um policial.

O particular, almejando evitar a consumação da infração penal, prende o agente. Nesse caso, estaria ele cometendo o delito de constrangimento ilegal? Obviamente que não, uma vez que o próprio Código de Processo Penal, ao cuidar da prisão em flagrante, diz em seu art. 301:

> **Art. 301.** Qualquer do povo poderá e as autoridades policiais e seus agentes deverão prender quem quer que seja encontrado em flagrante delito.

Dessa forma, o particular que prende alguém em flagrante delito atua no exercício regular de um direito, não podendo, portanto, ser responsabilizado penalmente pelo constrangimento ilegal.

Antes mesmo, poderíamos concluir pela atipicidade do fato daquele que impede uma pessoa de praticar determinada infração penal, pois não estaria impedindo alguém de *fazer o que a lei permite*.

---

[11] HUNGRIA, Nélson. *Comentários ao código penal*, v. VI, p. 179-180.

## CURSO DE DIREITO PENAL • VOL. 2 – ROGÉRIO GRECO

### 1.12.7 Constrangimento exercido para satisfazer uma pretensão legítima

Pode ocorrer o caso, e não é incomum, em que determinada pessoa se sinta injustiçada ou mesmo traída por promessas que, efetivamente, não se cumpriram. Depositou sua confiança em certos profissionais que, ao final, a decepcionou.

Sem querer criticar a classe dos carpinteiros e marceneiros, principalmente porque Jesus Cristo foi também um carpinteiro, são muitos os profissionais nessa área que não cumprem a palavra dada no início do contrato.

Quem já teve a experiência de construir uma casa, durante a obra, e mesmo depois, na fase de construção dos móveis, teve de contar com serviços de marcenaria, acredito que tenha tido algumas dores de cabeça.

Imagine-se, portanto, a hipótese daquele que, irritado com o descumprimento do contrato, necessitando que o serviço de marcenaria ficasse pronto, uma vez que já deveria ter sido entregue há dois anos, revoltado, procura o marceneiro contratado e, com uma arma em punho, o obriga a deixar de lado todos os outros serviços e, agora sob a mira do revólver, determina-lhe que faça a entrega de seus produtos imediatamente.

Aquele que obrigou o marceneiro, sob a mira de uma arma, a entregar o serviço contratado e não cumprido poderá ser responsabilizado pelo delito de constrangimento ilegal? A resposta, aqui, só pode ser negativa, uma vez que o fato se amolda ao delito tipificado no art. 345 do Código Penal, que prevê o *exercício arbitrário das próprias razões*, assim redigido:

> **Art. 345.** Fazer justiça pelas próprias mãos, para satisfazer pretensão, embora legítima, salvo quando a lei o permite:
> Pena – detenção, de 15 (quinze) dias a 1 (um) mês, ou multa, além da pena correspondente à violência.

Embora tendo havido um constrangimento para que a vítima, no exemplo fornecido, cumprisse o contrato, como a pretensão do agente era legítima, entendeu a lei penal que seu comportamento seria menos censurável do que nas hipóteses previstas pelo art. 146 do Código Penal, razão pela qual as penas cominadas ao delito de exercício arbitrário das próprias razões são bem menores do que as previstas para o crime de constrangimento ilegal.

### 1.12.8 Revista pessoal em empregados e constrangimento ilegal

Não é incomum ter-se notícias de que, em determinadas empresas, ao final do expediente de trabalho, alguns empregadores determinam revistas pessoais em seus empregados, com a finalidade de surpreendê-los na prática de alguma subtração patrimonial. Muitos deles, inclusive, determinam que as pessoas revistadas retirem suas roupas, total ou parcialmente. Nesse caso, haveria constrangimento ilegal? Fernando Galvão, acertadamente, assevera que:

> "A revista pessoal é prevista no art. 244 do Código de Processo Penal como medida excepcional, que embora independa de mandado judicial somente é possível no caso de prisão ou quando houver fundada suspeita de que a pessoa esteja na posse de arma proibida ou de objetos ou papéis que constituam corpo de delito, ou quando a medida for determinada no curso de busca domiciliar. Assim, a rotineira revista em empregados ao final da jornada de trabalho constitui manifesto abuso na relação de trabalho e, se for baseada na ameaça de despedir o empregado que não se submete a revista pessoal, pode viabilizar a imputação objetiva do crime de *constrangimento ilegal*."[12]

### 1.12.9 Constrangimento ilegal e Código Penal Militar

O crime de constrangimento ilegal também veio previsto no Código Penal Militar (Decreto-Lei nº 1.001, de 21 de outubro de 1969), conforme se verifica pela leitura do seu art. 222.

---

[12] GALVÃO, Fernando. *Direito penal* – crimes contra a pessoa, p. 326.

### 1.12.10 Constrangimento ilegal e Código de Defesa do Consumidor

O Código de Defesa do Consumidor (Lei nº 8.078, de 11 de setembro de 1990) criou uma modalidade especial de constrangimento ilegal, cominando, em seu art. 71, uma pena de detenção de três meses a um ano e multa, para aquele que se utiliza, na cobrança de dívidas, de ameaça, coação, constrangimento físico ou moral, afirmações falsas incorretas ou enganosas ou de qualquer outro procedimento que exponha o consumidor, injustificadamente, a ridículo ou interfira com seu trabalho, descanso ou lazer.

### 1.12.11 Constrangimento ilegal e Estatuto da Pessoa Idosa

O Estatuto da Pessoa Idosa criou uma modalidade especial de constrangimento em que a vítima (pessoa com idade igual ou superior a 60 anos) é coagida, de qualquer modo, a doar, contratar, testar ou outorgar procuração, punindo o agente com uma pena de reclusão de 2 (dois) a 5 (cinco) anos.

### 1.12.12 Constrangimento ilegal e abuso de autoridade

Em várias passagens, a Lei nº 13.869, de 5 de setembro de 2019, especializou o constrangimento ilegal, considerando-o como abuso de autoridade, quando praticado, conforme o disposto em seu art. 2º, por agente público, servidor ou não, da administração direta, indireta ou fundacional de qualquer dos Poderes da União, dos Estados, do Distrito Federal, dos Municípios e de Território, reputando como agente público, nos termos do parágrafo único do mencionado artigo, todo aquele que exerce, ainda que transitoriamente ou sem remuneração, por eleição, nomeação, designação, contratação ou qualquer outra forma de investidura ou vínculo, mandato, cargo, emprego ou função em órgão ou entidade abrangido pelo *caput* do citado art. 2º.

Assim, podemos apontar como abuso de autoridade, na modalidade de constrangimento ilegal, os delitos tipificados nos arts. 13, 15, 15-A (inserido pela Lei nº 14.321, de 31 de março de 2022) e 24 da Lei nº 13.869, de 5 de setembro de 2019, que dizem, *verbis*:

> **Art. 13.** Constranger o preso ou o detento, mediante violência, grave ameaça ou redução de sua capacidade de resistência, a:
> I – exibir-se ou ter seu corpo ou parte dele exibido à curiosidade pública;
> II – submeter-se à situação vexatória ou a constrangimento não autorizado em lei;
> III – produzir prova contra si mesmo ou contra terceiro:
> Pena – detenção, de 1 (um) a 4 (quatro) anos, e multa, sem prejuízo da pena cominada à violência.
> **Art. 15.** Constranger a depor, sob ameaça de prisão, pessoa que, em razão de função, ministério, ofício ou profissão, deva guardar segredo ou resguardar sigilo:
> Pena – detenção, de 1 (um) a 4 (quatro) anos, e multa.
> **Parágrafo único.** Incorre na mesma pena quem prossegue com o interrogatório:
> I – de pessoa que tenha decidido exercer o direito ao silêncio; ou
> II – de pessoa que tenha optado por ser assistida por advogado ou defensor público, sem a presença de seu patrono.
>
> **Violência Institucional**
> **Art. 15-A.** Submeter a vítima de infração penal ou a testemunha de crimes violentos a procedimentos desnecessários, repetitivos ou invasivos, que a leve a reviver, sem estrita necessidade:
> I – a situação de violência; ou
> II – outras situações potencialmente geradoras de sofrimento ou estigmatização:
> Pena – detenção, de 3 (três) meses a 1 (um) ano, e multa.
> § 1º Se o agente público permitir que terceiro intimide a vítima de crimes violentos, gerando indevida revitimização, aplica-se a pena aumentada de 2/3 (dois terços).
> § 2º Se o agente público intimidar a vítima de crimes violentos, gerando indevida revitimização, aplica-se a pena em dobro.

**Art. 24.** Constranger, sob violência ou grave ameaça, funcionário ou empregado de instituição hospitalar pública ou privada a admitir para tratamento pessoa cujo óbito já tenha ocorrido, com o fim de alterar local ou momento de crime, prejudicando sua apuração:
Pena – detenção, de 1 (um) a 4 (quatro) anos, e multa, além da pena correspondente à violência.

## 1.13 Quadro-resumo

### Sujeitos

» Ativo: qualquer pessoa.
» Passivo: qualquer pessoa, desde que possua capacidade de discernimento.

### Objeto material

É a *pessoa* que, em razão dos meios utilizados pelo agente – violência, grave ameaça ou qualquer outro que lhe reduza a capacidade de resistência –, é obrigada a não fazer o que a lei permite ou a fazer o que ela não manda.

### Bem(ns) juridicamente protegido(s)

"O objeto da tutela jurídica é a liberdade individual, ou seja, a livre autodeterminação da vontade e da ação. Trata-se de liberdade psíquica (livre formação da vontade, sem coação), e também da liberdade física (liberdade de movimento)" (FRAGOSO, 1981, p. 215).

### Elemento subjetivo

» O dolo direto ou eventual.
» Não há previsão legal para a modalidade culposa.

### Modalidades comissiva e omissiva

O tipo penal do art. 146 do CP retrata um modelo comissivo de comportamento, podendo, no entanto, ser praticado via omissão imprópria se o agente gozar do *status* de garantidor.

### Consumação e tentativa

» Consuma-se o delito quando a vítima deixa de fazer o que a lei permite ou faz aquilo que ela não manda.
» Na qualidade de crime material e plurissubsistente, o constrangimento ilegal admite a tentativa.
» Configura-se o delito de constrangimento ilegal na forma tentada se o acusado foi perseguido desde o momento em que subjugou a vítima, impedindo-lhe a liberdade de ação ou inação e tolhendo-a na capacidade de fazer ou deixar de fazer (RT 577, p. 384).

## 2. INTIMIDAÇÃO SISTEMÁTICA (*BULLYING*)

**Art. 146-A.** Intimidar sistematicamente, individualmente ou em grupo, mediante violência física ou psicológica, uma ou mais pessoas, de modo intencional e repetitivo, sem motivação evidente, por meio de atos de intimidação, de humilhação ou de discriminação ou de ações verbais, morais, sexuais, sociais, psicológicas, físicas, materiais ou virtuais:
Pena – multa, se a conduta não constituir crime mais grave.

> **Intimidação sistemática virtual (*cyberbullying*)**
> **Parágrafo único.** Se a conduta é realizada por meio da rede de computadores, de rede social, de aplicativos, de jogos *on-line* ou por qualquer outro meio ou ambiente digital, ou transmitida em tempo real:
> Pena – reclusão, de 2 (dois) anos a 4 (quatro) anos, e multa, se a conduta não constituir crime mais grave.

## 2.1 Introdução

O crime de *intimidação sistemática (bullying)* foi inserido no art. 146-A do Código Penal através da Lei nº 14.811/2024, prevendo o comportamento de intimidar sistematicamente, individualmente ou em grupo, mediante violência física ou psicológica, uma ou mais pessoas, de modo intencional e repetitivo, sem motivação evidente, por meio de atos de intimidação, de humilhação ou de discriminação ou de ações verbais, morais, sexuais, sociais, psicológicas, físicas, materiais ou virtuais, cominando, tão somente, uma pena de multa, em sua modalidade básica, prevista no *caput* do mencionado artigo, se a conduta não constituir crime mais grave.

Inicialmente, merece ser criticada a cominação da pena de multa anteriormente mencionada, inserida no corpo do Código Penal. Isso porque, como é do conhecimento de todos, diz o art. 1º da Lei de Introdução ao Código Penal (Decreto-Lei nº 3.914, de 9 de dezembro de 1941), *verbis*:

> **Art. 1º** Considera-se crime a infração penal que a lei comina pena de reclusão ou de detenção, quer isoladamente, quer alternativa ou cumulativamente com a pena de multa; contravenção, a infração penal a que a lei comina, isoladamente, pena de prisão simples ou de multa, ou ambas, alternativa ou cumulativamente.

Assim, se não houver a prática de um delito mais grave, conforme mencionado no preceito secundário da modalidade básica de *intimidação sistemática (bullying)*, estaremos diante de uma contravenção penal habitando o Código Penal. Mais uma vez, o legislador conseguiu se superar e misturou infrações penais com naturezas diferentes. Fosse sua intenção punir de forma tão insignificante essa modalidade de comportamento, deveria tê-la inserido na Lei de Contravenções Penais (Decreto-Lei nº 3.688, de 3 de outubro de 1941), e não no Código Penal, no qual se encontram somente os comportamentos de maior gravidade, razão pela qual são considerados delitos (ou crimes).

O núcleo *intimidar* tem o sentido de provocar temor, receio, apreensão, medo ou mesmo um constrangimento, razão pela qual segue a numeração típica do delito de constrangimento ilegal, previsto no art. 146 do diploma repressivo. O *caput* do delito em análise exige que essa intimidação seja levada a efeito de maneira sistemática, ou seja, constante, causando uma perturbação física ou psicológica na vítima.

A conduta prevista no tipo, ou seja, a intimidação sistemática, pode ser dirigida a uma única pessoa ou mesmo a um grupo de pessoas, podendo consistir na prática de violência física, a exemplo do que ocorre com as lesões corporais, ou psicológica, afetando a(s) vítima(s).

O tipo ainda diz que a conduta de intimidar sistematicamente deve ocorrer de modo intencional, ou seja, dolosamente, e repetitiva, não se configurando a infração penal quando cometida por uma única vez. Nesse caso, pode ser desclassificada a infração penal, a depender daquilo que pratique o agente, podendo ocorrer o crime de constrangimento ilegal, lesões corporais, ameaça etc.

O *caput* do art. 146-A do Código Penal ainda considerada a prática da intimidação sistemática, mesmo que não haja uma motivação evidente, ou seja, mesmo que o agente não tenha uma motivação qualquer que o tenha levado a assumir esse comportamento criminoso. Isso não quer dizer que, em havendo motivação, o delito seja afastado, por óbvio. O que se quer aqui, ao que parece, é punir o agente que praticou a intimidação sistematicamente mesmo que não houvesse qualquer motivação para tanto.

Os meios através dos quais o delito em estudo pode ser praticado também estão expressos no *caput* do mencionado art. 146-A, vale dizer: atos de intimidação, de humilhação ou de discriminação ou de ações verbais, morais, sexuais, sociais, psicológicas, físicas, materiais ou virtuais. Aqui, procurou o legislador esgotar todas as condutas mediante as quais a intimidação sistemática, ou *bullying*, poderia ser praticada.

## 2.2 Classificação doutrinária

Crime comum com relação ao sujeito ativo, bem como quanto ao sujeito passivo; doloso; material; de forma vinculada (uma vez que o próprio tipo penal, embora esgote, praticamente, os meios de sua prática, aponta o *modus operandi* do agente); comissivo (não se descartando a possibilidade de ser, também, cometido via omissão imprópria, na hipótese em que o agente goze do status de garantidor); habitual (tendo em vista que a intimidação deve ser praticada sistematicamente); subsidiário (somente se configurando o delito em exame se a conduta não se constituir em crime mais grave, conforme o disposto no preceito secundário constante do *caput* do art. 146-A do Código Penal); monossubjetivo; plurissubsistente; de dano; transeunte.

## 2.3 Objeto material e bem juridicamente protegido

Bem juridicamente protegido pelo delito de intimidação sistemática (*bullying*), tal como ocorre com o delito de constrangimento ilegal, tipificado no art. 146 do diploma punitivo, é tanto a liberdade física quanto a psíquica da vítima.

Objeto material do delito de *intimidação sistemática* (*bullying*) é a pessoa ou o grupo de pessoas sobre o qual recai a conduta praticada pelo agente.

## 2.4 Sujeito ativo e sujeito passivo

Crime comum com relação ao sujeito ativo, o delito de *intimidação sistemática* (*bullying*) pode ser praticado por qualquer pessoa, não existindo qualquer condição exigida pelo tipo penal.

Da mesma forma, qualquer pessoa, ou grupo de pessoas, pode ser considerada como sujeito passivo do delito tipificado no art. 146-A do Código Penal.

## 2.5 Consumação e tentativa

Crime habitual, o delito se consuma quando o agente, de forma sistemática, ou seja, de modo intencional e repetitivo, conforme os elementos contidos no tipo penal do art. 146-A do estatuto repressivo, pratica a intimidação por meio de atos de intimidação, de humilhação ou de discriminação ou de ações verbais, morais, sexuais, sociais, psicológicas, físicas, materiais ou virtuais.

Embora de difícil caracterização, por se tratar de um delito habitual, será possível, dependendo do caso concreto, o reconhecimento da tentativa.

## 2.6 Elemento subjetivo

O dolo é o elemento subjetivo exigido pelo delito de *intimidação sistemática* (*bullying*), não havendo previsão para a modalidade de natureza culposa.

## 2.7 Modalidades comissiva e omissiva

A conduta de intimidar sistematicamente retrata um modelo comissivo de comportamento. Contudo, nada impede que o agente, garantidor, nos termos do § 2º do art. 13 do Código Penal, devendo e podendo, nada faça para impedir o resultado, razão pela qual poderá ser-lhe atribuído o delito em estudo, via omissão imprópria.

## 2.8 Modalidade qualificada

O parágrafo único do art. 146-A do Código Penal prevê uma modalidade qualificada, denominada *intimidação sistemática virtual* (*cyberlullying*), se a conduta é realizada por meio da rede de computadores, de rede social, de aplicativos, de jogos *on-line* ou por qualquer outro meio ou ambiente digital, ou transmitida em tempo real, cominando uma pena de reclusão, de 2 (dois) anos a 4 (quatro) anos, e multa, se a conduta não constituir crime mais grave.

## 2.9 Pena e ação penal

O preceito secundário do *caput* do art. 146-A do Código Penal (*intimidação sistemática – bullying*) prevê uma pena de multa, se a conduta não constituir crime mais grave.

Para a modalidade qualificada, denominada *intimidação sistemática virtual* (*cyberlullying*), constante do parágrafo único do artigo 146-A do Código Penal, a pena é de reclusão, de 2 (dois) anos a 4 (quatro) anos, e multa, se a conduta não constituir crime mais grave.

A ação penal é de iniciativa pública incondicionada.

## 2.10 Quadro-resumo

**Sujeitos**
- Ativo: qualquer pessoa.
- Passivo: qualquer pessoa, ou grupo de pessoas.

**Objeto material**
Pessoa ou grupo de pessoas sobre os quais recai a conduta praticada pelo agente.

**Bem(ns) juridicamente protegido(s)**
Liberdade física e psíquica da vítima.

**Elemento subjetivo**
- É o dolo.
- Não há previsão legal para a modalidade culposa.

**Modalidades comissiva e omissiva**
A conduta de intimidar sistematicamente retrata um modelo comissivo de comportamento

**Consumação e tentativa**
- Consuma-se quando o agente, de forma sistemática, pratica a intimidação por meio de atos de intimidação, de humilhação ou de discriminação ou de ações verbais, morais, sexuais, sociais, psicológicas, físicas, materiais ou virtuais.
- É admissível a tentativa, embora de difícil caracterização.

# 3. AMEAÇA

> **Ameaça**
>
> **Art. 147.** Ameaçar alguém, por palavra, escrito ou gesto, ou qualquer outro meio simbólico, de causar-lhe mal injusto e grave:
>
> Pena – detenção, de um a seis meses, ou multa.
>
> § 1º Se o crime é cometido contra a mulher por razões da condição do sexo feminino, nos termos do § 1º do art. 121-A deste Código, aplica-se a pena em dobro.
>
> § 2º Somente se procede mediante representação, exceto na hipótese prevista no § 1º deste artigo.

## 3.1 Introdução

O delito de ameaça talvez seja, à primeira vista, de pouca importância, principalmente levando em consideração as penas a ele cominadas. Entretanto, a experiência demonstra que, na verdade, a ameaça é o primeiro degrau para o cometimento de infrações penais efetivamente graves, a exemplo do homicídio.

Deve merecer especial importância porque, em decorrência do pavor infundido na vítima pelo autor da ameaça, gera, em muitas situações, a hipótese de legítima defesa putativa por parte daquele que foi ameaçado; por outro lado, se não contida pelas autoridades competentes, geralmente, a promessa do mal é cumprida, e a vítima acaba sofrendo os danos que tanto temia.

O art. 147 do Código Penal aponta os meios pelos quais o autor pode levar a efeito o delito de ameaça. Segundo o diploma repressivo, a ameaça pode ser praticada por meio de palavras, escritos ou gestos. Como regra, o delito de ameaça é mais comumente praticado por meio de palavras. O autor, por exemplo, diz à vítima que irá matá-la quando ela menos esperar. Entretanto, também não é incomum a ameaça feita por escritos, a exemplo de cartas ou mesmo bilhetes que prenunciam um mal injusto que recairá sobre a vítima. Da mesma forma, o gesto traz com ele o recado necessário para que a vítima entenda o que lhe está sendo prometido. Assim, aquele que, olhando para a vítima, passa a "faca" da mão no pescoço, dando-lhe a ideia de que será degolada, consegue, com esse comportamento, transmitir a mensagem de morte.

Como a imaginação das pessoas é fértil, e não tendo o legislador condições de catalogar todos os meios possíveis ao cometimento do delito de ameaça, o art. 147 do Código Penal determinou que fosse realizada uma interpretação analógica, ou seja, após apontar, casuisticamente, alguns meios em virtude dos quais poderia ser cometido o delito de ameaça, vale dizer, após uma fórmula exemplificativa – palavra, escrito ou gesto –, a lei penal trouxe uma fórmula genérica – ou qualquer outro meio simbólico.

Imagine-se a hipótese daquele que, almejando ameaçar o seu vizinho, envia-lhe, dentro de uma caixa de sapatos, um passarinho com o pescoço quebrado. Simbolicamente, o passarinho traduz aquilo que se pretende fazer com a vítima. Portanto, a entrega de objetos sinistros, por exemplo, pode configurar-se como delito de ameaça, amoldando-se à fórmula genérica prevista no art. 147 do Código Penal.

Por isso, diz Hungria:

"A ameaça pode traduzir-se por qualquer meio de manifestação de pensamento: verbalmente, por escrito, por gestos, sinais, atos simbólicos, procedendo o agente indissimulada ou encobertamente (*escopelismo*) e posto que a compreenda o ameaçado. Vem daí a qualificação da ameaça em *oral, escrita real ou simbólica*. Exemplos desta última forma: colocar um ataúde à porta de alguém, enviar-lhe uma caveira ou o desenho de um punhal atravessando um corpo humano. A ameaça pode ser *direta* (quando o mal anunciado se refere à pessoa ou patrimônio do sujeito passivo) ou *indireta* (ameaça de dano a uma pessoa vinculada ao sujeito passivo por especiais relações de afeto). Pode ainda ser *explícita* ou *implícita* (exemplo desta segunda espécie: um indivíduo escreve a outro que, para resolver a dissenção entre ambos, 'não tem medo de ir para a cadeia')."[13]

Assim de acordo com as lições de Hungria, podemos concluir que a ameaça pode ser:

*a)* direta;

*b)* indireta;

*c)* explícita;

*d)* implícita.

Poderíamos, ainda, acrescentar a essas modalidades a chamada *ameaça condicional*, quando, segundo Cezar Roberto Bitencourt, "dependente de um fato do sujeito passivo ou de outrem: 'Se repetir o que disse, eu lhe parto a cara'; 'Se fulano me denunciar, eu matarei você' etc."[14]

Contudo, devemos ter cuidado no que diz respeito à ameaça condicional, quando a realização do mal prometido depender da prática de algum comportamento – positivo ou negativo – da vítima, uma vez que poderá se configurar, nessa hipótese, no delito de constrangimento ilegal, sendo a ameaça, nesse caso, considerada tão somente um elemento que integra aquela figura típica. Assim, por exemplo, se o agente disser à vítima: *Se voltar amanhã à escola eu acabo com você!*, não estará praticando o delito de ameaça, mas, sim, o de constrangimento ilegal, pois estará, por meio da ameaça, constrangendo a vítima a não fazer o que a lei permite, isto é, estudar normalmente no local onde se encontra regularmente matriculada.

Exige a lei penal, para fins de configuração do delito de ameaça, que o mal prenunciado pelo agente seja *injusto* e *grave*.

Dessa forma, não há que se falar em ameaça quando estivermos diante da presença da promessa de um mal justo. Assim, aquele que ameaça o seu devedor dizendo que irá executar o seu título extrajudicial, caso não seja quitado no prazo por ele indicado, está prometendo um mal. Entretanto, esse mal prometido é *justo*, razão pela qual restaria afastado o delito de ameaça.

Além de injusto, o mal deve ser *grave*, ou seja, deve ser capaz de infundir temor à vítima, caso venha a ser efetivamente cumprida a promessa. Não há gravidade no mal prometido, por exemplo, quando o agente diz que irá cortá-la do seu círculo de amizades, que não a convidará para sua festa de casamento etc.

## 3.2 Classificação doutrinária

Crime comum quanto ao sujeito ativo, bem como quanto ao sujeito passivo, devendo ser ressalvado, neste último caso, que a vítima deve possuir capacidade de discernimento; doloso; formal (pois a infração penal se consuma mesmo que a vítima não se sinta intimidada); de forma livre (uma vez que o tipo penal somente exemplifica alguns meios em virtude dos quais o delito poderá ser praticado); comissivo (podendo ser praticado omissivamente, desde que o agente goze do *status* de garantidor); instantâneo; monossubjetivo; unissubsistente ou plurissubsistente (dependendo da forma como é praticada a infração penal); transeunte ou não transeunte (dependendo do fato de a infração penal deixar ou não vestígios).

## 3.3 Objeto material e bem juridicamente protegido

O delito de ameaça está inserido na Seção I do Capítulo VI do Título I do Código Penal, que prevê os crimes *contra a liberdade pessoal*. Assim, o bem juridicamente protegido pelo

---

[13] HUNGRIA, Nélson. *Comentários ao código penal*, v. VI, p. 184.

[14] BITENCOURT, Cezar Roberto. *Tratado de direito penal*, v. 2, p. 443.

tipo penal de ameaça é a liberdade pessoal, entendida aqui, mesmo que não pacificamente, como liberdade de natureza psíquica.

Fragoso aponta a controvérsia existente sobre o tema dizendo:

"O objeto da tutela penal é neste crime a liberdade individual, sob o aspecto da livre autodeterminação da vontade segundo os próprios motivos. A matéria não é pacífica. Alguns autores veem na ameaça ofensa ao sentimento de segurança na ordem jurídica.

A ameaça envolve, sem dúvida, ofensa ao sentimento de segurança na ordem jurídica, com a intranquilidade que gera no espírito do cidadão. Não é esse, porém, o aspecto que a lei penal especialmente protege, mas, sim, o da liberdade psíquica, que será prejudicada pelo sujeito e pelo temor infundido pela ameaça."[15]

Qualquer um de nós já deve ter conhecido o efeito devastador do delito de ameaça, que consegue, como regra, abalar nossa estrutura psicológica. Quem não se recorda de pelo menos um caso na escola, em que um sujeito infinitamente mais forte do que a vítima dizia que a pegaria "lá fora", na saída do colégio. Os segundos, os minutos e as horas são angustiantes. O fato de aguardar, a expectativa do cumprimento do mal prometido abala nossa estrutura psicológica, razão pela qual entendemos que o delito de ameaça visa proteger a liberdade psíquica da vítima.

Podemos, com isso, por via reflexa, reafirmar a segurança na ordem jurídica, como expôs Fragoso. Entretanto, não é esse bem jurídico que se pretende proteger, principalmente se levarmos em consideração uma interpretação de natureza sistêmica, pois, como vimos, o delito de ameaça está inserido na seção que prevê os delitos contra a *liberdade pessoal*, sendo este, portanto, como aponta a lei penal, o bem que se pretende proteger com o catálogo de figuras típicas nela previstos.

Como bem observado por Carrara, adotam uma posição equivocada:

"Aqueles que enumeram a *ameaça* entre os delitos contra a *tranquilidade pública*; o erro consiste em confundir as funções do *dano mediato* com as do *dano imediato*; pelo aspecto do dano *mediato*, todos os delitos podem considerar-se contra a tranquilidade pública, porque todos eles perturbam a tranquilidade de ânimo dos cidadãos, ao diminuir neles a opinião de sua própria segurança."[16]

E continua o renomado Professor da Universidade de Pisa:

"Com respeito ao dano *imediato*, está claro que a ameaça não perturba a tranquilidade *pública*, senão unicamente a do *indivíduo* ameaçado."[17]

Não podemos negar, entretanto, que, quando estamos perturbados psicologicamente em razão de uma ameaça sofrida, consequentemente, ficamos limitados em nossa liberdade de locomoção. O receio de que a promessa do mal seja efetivamente cumprida impede, ou pelo menos restringe, nossa liberdade física, razão pela qual podemos concluir que, embora o delito de ameaça tenha como bem juridicamente protegido nossa *liberdade psíquica*, também protege nossa *liberdade física*. Portanto, precipuamente, o delito de ameaça tem a *liberdade* como bem juridicamente protegido, seja ela *psíquica ou física* e, de forma mediata, reflexa, a *tranquilidade pública*, mencionada por Carrara, ou o *sentimento de segurança na ordem jurídica,* abordado por Fragoso.

---

[15] FRAGOSO, Heleno Cláudio. *Lições de direito penal* – Parte especial (arts. 121 a 160 CP), p. 220-221.

[16] CARRARA, Francesco. *Programa de derecho criminal*, v. 4, p. 352.

[17] CARRARA, Francesco. *Programa de derecho criminal*, v. 4, p. 352.

## 3.4 Sujeito ativo e sujeito passivo

Em sendo um crime comum, qualquer pessoa pode ser sujeito ativo do delito de ameaça.

À primeira vista, qualquer pessoa também pode ser sujeito passivo do crime de ameaça. Entretanto, para que possa gozar desse *status*, o sujeito passivo deve ter capacidade para discernir a promessa de mal injusto que é proferida contra a sua pessoa, uma vez que com o delito de ameaça se busca proteger sua liberdade psíquica. Por essa razão, afirma Maggiore que qualquer pessoa pode ser sujeito passivo, "contanto que seja capaz de sentir a intimidação."[18]

Rogério Sanches Cunha, com precisão preleciona que:

"A individualidade da vítima deve ser tomada em consideração. Assim, a idade, sexo, grau de instrução etc. são fatores que não podem ser desconsiderados na análise do caso concreto. Não se duvida de que uma expressão que aterroriza um analfabeto pode nem sequer assustar um universitário; uma promessa de mal injusto pode ser grave para uma moça de pouca idade e não o ser para um senhor de meia-idade. Logo, as circunstâncias do caso concreto demonstrarão se houve ou não o crime."[19]

É importante ressaltar que há diferença entre aquele capaz de sentir a intimidação, para usarmos a expressão de Maggiore, daquele que, embora tendo essa possibilidade, dada sua capacidade de discernimento, não se sente intimidado.

Não é necessário, portanto, que a vítima se intimide, mas, sim, que tão somente tenha essa possibilidade.

Assim, as crianças, até certa idade, os doentes mentais, as pessoas jurídicas, por exemplo, não possuem o discernimento para entender a promessa de mal injusto que lhes é proferida.

No que diz respeito à pessoa jurídica, Cezar Roberto Bitencourt ainda adverte:

"A pessoa jurídica não é dotada de capacidade de entender e não é portadora de liberdade psíquica. Ademais, não é intimidável e é incapaz de qualquer sentimento, como, por exemplo, de insegurança, medo etc. Assim, quando a ameaçada for uma pessoa jurídica, recairá sobre as pessoas que a compõem, e estas, se sentirem-se atemorizadas, poderão ser os sujeitos passivos da ameaça. Nesse caso, haverá somente um crime, o de *ameaça* contra os representantes do ente jurídico; logicamente, se forem mais de um os ofendidos, a *conduta unitária* constituirá concurso formal, em razão da pluralidade de crimes."[20]

Além da capacidade de discernimento exigida para que o sujeito passivo possa ser assim considerado, é preciso, também, nos termos da redação do art. 147, como regra, que a ameaça seja proferida contra pessoa ou pessoas determinadas, pois somente estas podem abalar-se com o mal prometido.

## 3.5 Consumação e tentativa

Crime formal, a ameaça se consuma ainda que, analisada concretamente, a vítima não tenha se intimidado ou mesmo ficado receosa do cumprimento da promessa do mal injusto e grave. Basta, para fins de sua caracterização, que a ameaça tenha a possibilidade de infundir temor em um homem comum e que tenha chegado ao conhecimento deste, não havendo necessidade, inclusive, da presença da vítima no momento em que as ameaças foram proferidas.

---

[18] MAGGIORE, Giuseppe. *Derecho penal*, v. IV, p. 476.

[19] CUNHA, Sanches Rogério. *Manual de direito penal* – parte especial, volume único, p. 220/221.

[20] BITENCOURT, Cezar Roberto. *Tratado de direito penal*, v. 2, p. 441.

CURSO DE DIREITO PENAL • VOL. 2 – ROGÉRIO GRECO

No que diz respeito à possibilidade de tentativa no delito de ameaça, há controvérsia doutrinária. Noronha, com precisão, afirma:

"Não obstante delito formal, admite ela doutrinariamente a tentativa, por ser fracionável, por apresentar um *iter*. É perfeitamente configurável a tentativa de ameaça por carta, ao contrário do que parece ao douto Hungria, ao refutar Carrara, que alude à carta ameaçadora extraviada, dizendo que só se ficou em atos preparatórios. Cita em seu abono Longo, porém não procede a opinião. O envio, remessa ou expedição de uma carta não é ato preparatório. Se assim fosse, onde estaria a *execução* do delito? Quando ela fosse aberta pelo destinatário (ação executada pelo sujeito passivo) ou ele a lesse (consumação)? Atos preparatórios, no caso, serão, v.g., a aquisição do papel, da tinta etc. A remessa é pleno ato de execução. O recebimento por outrem caracteriza a circunstância alheia à vontade do agente."[21]

E mais, diríamos que a ameaça por carta se configura como uma modalidade de tentativa perfeita, isto é, quando o agente, segundo sua concepção, esgota tudo aquilo que estava ao seu alcance, a fim de chegar à consumação da infração penal, que só não ocorre por circunstâncias alheias à sua vontade.

Assim, quando o agente, por exemplo, vai até a agência dos correios e efetua a postagem da sua correspondência ameaçadora, naquele momento ele esgotou tudo aquilo que estava ao seu alcance, considerando-se a utilização do meio escolhido, a fim de consumar a infração penal.

Portanto, apesar da posição de Hungria, corroborada por parte de nossa doutrina[22] que se coloca contrariamente à possibilidade de reconhecimento da tentativa no delito de ameaça, somos partidários da tese que, teoricamente, permite sua configuração.

## 3.6 Elemento subjetivo

O delito de ameaça somente pode ser cometido dolosamente, seja o dolo direto, seja eventual.

Aquele que, por exemplo, querendo tão somente assustar, agindo com *animus jocandi*, vier a entregar à vítima uma publicação em um jornal, veiculando um aviso fúnebre, no qual constava, justamente, o seu nome, não comete o delito em estudo.

Mesmo que o agente não pretenda, efetivamente, levar a efeito o mal prometido, no momento em que profere a ameaça, deve agir como se fosse realizá-lo, infundindo temor na vítima, ou, pelo menos, mesmo que ela não fique atemorizada, que tenha a possibilidade de perturbar psicologicamente alguém em condições normais.

Nesse sentido, afirma Luiz Regis Prado:

"O *tipo subjetivo* é composto pelo dolo, isto é, pela consciência e vontade de ameaçar alguém de mal injusto e grave. Indispensável a seriedade da ameaça, reveladora do propósito de intimidar (*elemento subjetivo especial do tipo*). Cumpre frisar que não importa a decisão do agente de cumprir ou não o mal prenunciado. É suficiente que seja idônea a provocar na vítima um estado de intranquilidade, com a restrição de sua liberdade psíquica."[23]

Não há previsão para a modalidade culposa. Assim, por exemplo, se alguém, negligentemente, deixar seu diário à vista, sendo que, nele, a título de desabafo, havia escrito que faria

---

[21]  NORONHA, Edgard Magalhães. *Direito penal*, v. 2, p. 159.

[22]  Nesse sentido, Cezar Roberto Bitencourt (*Tratado de direito penal*, v. 2, p. 447).

[23]  PRADO, Luiz Regis. *Curso de direito penal brasileiro*, v. 2, p. 284.

"picadinho" da vítima assim que estivesse a sós com ela, caso esta última, em razão do descuido do agente, venha a tomar conhecimento do escrito e fique abalada psicologicamente, não haverá o delito em questão, pois o crime tipificado no art. 147 do Código Penal exige que a vontade do agente seja dirigida finalisticamente a perturbar a tranquilidade psíquica da vítima.

### 3.7 Causa especial de aumento de pena

A Lei nº 14.994, de 9 de outubro de 2024, inseriu o § 1º ao art. 147 do Código Penal, dizendo:

> § 1º Se o crime é cometido contra a mulher por razões da condição do sexo feminino, nos termos do § 1º do art. 121-A deste Código, aplica-se a pena em dobro.

Nos termos do § 1º do art. 121-A, considera-se que há razões da condição do sexo feminino quando o crime envolve:

> I – violência doméstica e familiar;
> II – menosprezo ou discriminação à condição de mulher.

Em se tratando de uma majorante, o aumento em dobro deverá ser aplicado no terceiro momento do critério trifásico de aplicação da pena, previsto no art. 68 do Código Penal.

### 3.8 Pena, ação penal, competência para julgamento e suspensão condicional do processo

O preceito secundário do art. 147 do Código Penal comina uma pena de detenção, de 1 (um) a 6 (seis) meses, ou multa.

Dessa forma, pelo menos inicialmente, a competência para o julgamento do delito de ameaça é do Juizado Especial Criminal, uma vez que mencionada infração penal se amolda ao conceito de menor potencial ofensivo, aplicando-se, outrossim, todos os institutos que lhe são inerentes (transação penal e suspensão condicional do processo).

Se o crime é cometido contra a mulher por razões da condição do sexo feminino, nos termos do § 1º do art. 121-A do CP, aplica-se a pena em dobro.

A ação penal é de iniciativa pública, condicionada à representação, exceto na hipótese prevista no § 1º do art. 147 em estudo.

### 3.9 Destaques

#### 3.9.1 O mal deve ser futuro?

Ao narrar o comportamento que se quer proibir, o art. 147 do Código Penal, depois de mencionar os meios em virtude dos quais o delito pode ser cometido, acrescenta que o mal prometido pelo agente deve ser *injusto* e *grave*.

A pergunta que devemos nos fazer, agora, é a seguinte: Além de injusto e grave, o mal prometido deverá ser futuro, ou poderá ser imediato?

Entendemos que, especificamente no delito tipificado no art. 147 do Código Penal, quando a ameaça ganha vida autônoma, para que possa ser entendida como tal, deverá, obrigatoriamente, cuidar da promessa de um mal futuro, injusto e grave.

A ameaça constante do mencionado art. 147 deve ser cuidada de forma distinta daquela que é prevista como elemento de diversos tipos penais, a exemplo do constrangimento ilegal e do roubo. Nesses crimes, o mal prometido poderá ser imediato. Assim, aquele que determina que alguém "cale a boca", sob pena de ser agredido, em tese, pratica o delito de constrangimento ilegal. A promessa do mal injusto e grave foi feita de modo a acontecer imediatamente. A vítima foi impedida, em razão da ameaça sofrida, de fazer aquilo que a lei permite, devendo o agente, portanto, ser responsabilizado criminalmente por ter cometido o delito de constrangimento ilegal. Da mesma forma, se o agente, armado com uma pistola, aponta a arma para a cabeça da vítima dizendo-lhe para passar todo o dinheiro senão irá morrer, também está utilizando a ameaça para que possa ter sucesso na subtração.

Entretanto, as duas hipóteses mencionadas devem ser cuidadas diferentemente daquela prevista especificamente para o delito de ameaça.

Isso porque, como dissemos, a ameaça tem como bem juridicamente protegido a liberdade psíquica da vítima e, em algumas situações, a sua própria liberdade física, que fica inibida quando a parte psicológica é abalada. Para que isso ocorra, a vítima deve conviver com a angústia do cumprimento da promessa do mal injusto e grave. Deve ter tido tempo suficiente para buscar socorro junto às autoridades competentes, se for do seu interesse, uma vez que também a instauração de inquérito policial ou mesmo do termo circunstanciado, próprio dos Juizados Especiais Criminais, estará a ela subordinado.

Por outro lado, quando há uma promessa de mal imediato, caso este venha a ser concretizado, a ameaça ficará por ele absorvida.

Há controvérsia doutrinária sobre o tema.

Guilherme de Souza Nucci, entendendo que a ameaça somente se configura quando a promessa do mal seja futura, esclarece:

"Há quem sustente ser irrelevante que o mal a ser praticado seja atual ou futuro, vale dizer, quem ameaça outrem de causar-lhe um mal imediato cometeria o mesmo crime de alguém que ameace causar o mal no futuro. Preferimos a posição daqueles que defendem somente a possibilidade do mal ser futuro. O próprio núcleo do tipo assim exige. Ameaçar, como se viu, é anunciar um mal futuro, ainda que próximo, não tendo cabimento uma pessoa ser processada pelo delito de ameaça quando diz que vai agredir a vítima de imediato, sendo segura por terceiros que separam a contenda. Ou o agente busca intimidar o seu oponente, prometendo-lhe a ocorrência de um mal injusto e grave que vai *acontecer*, ou está prestes a cometer um delito e avizinha-se dos atos executórios, portanto, uma tentativa, caso não chegue à consumação. A preparação de um crime não necessariamente constitui-se em crime autônomo, ou seja, ameaça. Ex.: o sujeito diz que vai pegar a arma para matar o seu rival, o que, de fato, está fazendo. Deve ser considerado um ato preparatório ou até mesmo executório do delito de homicídio. Se o objeto do crime é justamente a tranquilidade de espírito da pessoa – que, de fato, não há durante uma contenda –, como se pode chamar de ameaça o anúncio de um mal imediato?"[24]

Em sentido contrário, afirma Damásio:

"A figura típica do art. 147 do CP não exige que o mal seja futuro. Além disso, 'futuro' é tudo aquilo que ainda não aconteceu, referindo-se ao fato que irá ocorrer em instantes ou depois de algum tempo."[25]

Quando dissemos que para a configuração da ameaça a promessa deveria ser de um mal futuro, injusto e grave, queríamos afirmar que a iminência, ou seja, a relação de proximidade entre a promessa e o mal efetivamente praticado, ou, mesmo que seria praticado, caso não

---

[24]  NUCCI, Guilherme de Souza. *Código penal comentado*, p. 466.

[25]  JESUS, Damásio E. de. *Direito penal*, v. 2, p. 250.

tenha ocorrido, configura-se em outra infração penal, como bem ressalvou Guilherme de Souza Nucci.

Não podemos confundir, portanto, a ameaça entendida como elemento de determinada infração penal, ou mesmo como momento antecedente à prática de um crime, com a ameaça em si, tipificada no art. 147 do Código Penal, que afeta a tranquilidade psíquica da vítima.

### 3.9.2 Legítima defesa e o crime de ameaça

O Estado, por intermédio de seus representantes, não pode estar em todos os lugares ao mesmo tempo, razão pela qual permite aos cidadãos a possibilidade de, em determinadas situações, agir em sua própria defesa.

Contudo, tal permissão não é ilimitada, pois encontra suas regras na própria lei penal. Para que se possa falar em legítima defesa, que não pode jamais ser confundida com vingança privada, é preciso que o agente se veja diante de uma situação de total impossibilidade de recorrer ao Estado, responsável constitucionalmente por nossa segurança pública, e, só assim, uma vez presentes os requisitos legais de ordem objetiva e subjetiva, agir em sua defesa ou na defesa de terceiros. Este, também, o pensamento de Grosso, citado por Miguel Reale Júnior, quando aduz que "a natureza do instituto da legítima defesa é constituída pela possibilidade de reação direta do agredido em defesa de um interesse, dada a impossibilidade da intervenção tempestiva do Estado, o qual tem igualmente por fim que interesses dignos de tutela não sejam lesados."[26]

O Código Penal preocupou-se em nos fornecer o conceito de legítima defesa trazendo no tipo permissivo do art. 25 todos os seus elementos caracterizadores, procurando evitar, mantendo a tradição, que tal conceito nos fosse entregue pela doutrina e/ou mesmo pela interpretação dos tribunais.

O legislador, portanto, com a modificação introduzida pela Lei nº 13.964, de 24 de dezembro de 2019, no art. 25 e parágrafo único do Código Penal, emprestou o seguinte conceito à legítima defesa:

> **Art. 25.** Entende-se em legítima defesa quem, usando moderadamente dos meios necessários, repele injusta agressão, atual ou iminente, a direito seu ou de outrem.
> **Parágrafo único.** Observados os requisitos previstos no *caput* deste artigo, considera-se também em legítima defesa o agente de segurança pública que repele agressão ou risco de agressão a vítima mantida refém durante a prática de crimes.

Uma vez esclarecido o conceito de legítima defesa, ou melhor, os requisitos necessários à sua configuração, é preciso responder às seguintes indagações: já que, em determinadas situações, podemos agir por nós mesmos, quais são os bens passíveis de ser defendidos? Será que a vida, a integridade física, o patrimônio, a dignidade sexual, a liberdade, a honra etc., estão amparados pela causa de justificação da legítima defesa se, efetivamente, estiverem sofrendo ou mesmo prestes a sofrer qualquer agressão? Tem-se entendido que o instituto da legítima defesa tem aplicação na proteção de qualquer bem juridicamente tutelado pela lei. Assim, pode-se, tranquilamente, desde que presentes seus requisitos, alegar a legítima defesa no amparo daquelas condutas que defendam seus bens, materiais ou não.

Zaffaroni e Pierangeli, dissertando sobre o tema, prelecionam:

> "A defesa a direito seu ou de outrem, abarca a possibilidade de defender legitimamente qualquer bem jurídico. O requisito da moderação da defesa não exclui a possibilidade de defesa de

---

[26] REALE JÚNIOR, Miguel. *Teoria do delito*, p. 76.

qualquer bem jurídico, apenas exigindo uma certa proporcionalidade entre a ação defensiva e a agressiva, quando tal seja possível, isto é, que o defensor deve utilizar o meio menos lesivo que tiver ao seu alcance."[27]

Contudo, deve ser frisado que o bem somente será passível de defesa se não for possível socorrer-se do Estado para sua proteção.

Assim, suponhamos que alguém esteja sendo vítima de um crime de ameaça em que existe a promessa de um mal futuro, injusto e grave. Embora a liberdade pessoal esteja protegida pelo nosso ordenamento jurídico (Seção I, Capítulo VI, Título I, do Código Penal) e considerando, ainda, que o delito de ameaça a tenha como objeto jurídico, poderá a vítima, no momento em que as palavras ameaçadoras estão sendo proferidas, agredir o agente na defesa dessa sua liberdade pessoal que fora ameaçada?

Nesse caso, especificamente, entendemos que não. Isso porque o mal prenunciado à vítima não está ocorrendo (atual) e nem prestes a acontecer (iminente), de modo que esta última tem plena possibilidade de, em um Estado de Direito, pedir o socorro das autoridades encarregadas da defesa da sociedade.

Não se pode raciocinar em termos de legítima defesa com relação ao delito de ameaça, uma vez que a promessa do mal, conforme afirmamos acima, deve ser futura, além de injusta e grave, sendo que aquela causa de exclusão da ilicitude, nos termos do art. 25 do Código Penal, somente se presta a repelir agressões atuais ou iminentes.

### 3.9.3 Verossimilhança do mal prometido

Quando a própria lei penal, ao definir o delito de ameaça, diz que o mal prometido deve ser *injusto* e *grave*, implicitamente está querendo traduzir a ideia, também, de mal verossímil, ou seja, aquele que pode ser efetivamente produzido.

Ameaçar alguém, por exemplo, dizendo-lhe que fará com que um raio caia sobre a sua cabeça está completamente fora das possibilidades de ser realizado, afastando-se, outrossim, o crime.

Hungria ainda esclarece:

"O mal ameaçado deve caber dentro das possibilidades do agente ou de pessoa ao seu dispor, pois, de outro modo, não passará de jactância ridícula (exemplo de Carrara: 'farei cair a lua sobre a tua cabeça'). Não há confundir a ameaça com a *praga* (exemplo: 'a geada há de exterminar o teu cafezal', 'a Deus suplico que te faça cair a língua')."[28]

### 3.9.4 Ameaça supersticiosa

Há pessoas fragilizadas que acreditam em crendices, simpatias, ou coisas parecidas.

Pode ser que o agente, conhecendo essa particularidade da vítima, a ameace dizendo que fará um "feitiço" para que ela morra em um desastre de automóvel ou seja atropelada por um veículo qualquer.

Será que, nesse caso, como a possibilidade de ocorrência do resultado não se encontra nas mãos do agente, poderia ele responder pelo delito de ameaça, ou a ameaça supersticiosa poderia se amoldar, também, à ameaça inverossímil, fazendo com que o fato fosse considerado atípico?

---

[27] ZAFFARONI, Eugenio Raúl; PIERANGELI, José Henrique. *Manual de direito penal brasileiro*, p. 582.

[28] HUNGRIA, Nélson. *Comentários ao código penal*, v. VI, p. 186.

Vimos a regra de que a ameaça, mesmo não tendo o poder, no caso concreto, de atingir a liberdade psíquica do sujeito passivo, deve ser punida se for, em tese, capaz de infundir temor em um homem normal. Contudo, outra situação se coloca agora. Assim, para o homem comum, a ameaça não tinha possibilidades de infundir qualquer temor; entretanto, analisando-se especificamente o sujeito passivo, de acordo com suas particularidades, foi mais do que suficiente para perturbá-lo psicologicamente.

Nesse caso, poderia o agente responder pelo delito de ameaça, entendida aqui como *supersticiosa*, ou seja, aquela suficientemente capaz de infundir temor à vítima contra qual é dirigida?

Carrara respondeu a essas indagações dizendo:

"A noção do delito de ameaça é inteiramente objetiva, e sua essência consiste: 1º) em haver querido *infundir temor*; 2º) em haver realizado, com esse fim, algum *ato que possa infundi-lo*. De modo que ainda que na realidade das coisas esse ato fosse completamente inofensivo e não tivesse a possibilidade de produzir o mal ameaçado, se teve *potência para infundir temor*, há o suficiente para o elemento material do delito."[29]

Dessa forma, entendemos que a ameaça que se vale de meios supersticiosos é capaz de ofender o bem juridicamente protegido pelo art. 147 do Código Penal, razão pela qual o agente deverá ser responsabilizado penalmente pelo delito em questão.

### 3.9.5 Pluralidade de vítimas

Havendo um comportamento único, que tenha por finalidade ameaçar mais de uma pessoa, aplica-se a regra do concurso formal impróprio ou imperfeito, previsto na segunda parte do art. 70 do Código Penal, que diz que as penas serão aplicadas cumulativamente se a ação ou omissão é dolosa e os crimes concorrentes resultam de desígnios autônomos.

Dessa forma, embora tecnicamente estejamos diante de um concurso formal (quando o agente, mediante uma só ação ou omissão, pratica dois ou mais crimes), aplica-se a regra do cúmulo material, devido ao fato de ter agido com desígnios autônomos.

### 3.9.6 Ameaça proferida em estado de ira ou cólera

Não é incomum que, durante discussões acaloradas, um dos contendores ameace o outro, prometendo causar-lhe um mal injusto e grave. Nesse caso, poderíamos identificar o delito de ameaça ou, ao contrário, para sua configuração a ameaça exigiria ânimo calmo e refletido?

A questão não é pacífica. Parte da doutrina assume posição no sentido de que o estado de ira ou cólera afasta o elemento subjetivo do crime de ameaça. Nesse sentido, afirma Carrara: "As ameaças proferidas no ímpeto da cólera não são politicamente imputáveis, e devem ser consideradas como meras expressões jactanciosas."[30]

Também assevera Fragoso que não há crime "se a ameaça constituir apenas uma explosão de cólera, não revelando o propósito de intimidar."[31]

Apesar da autoridade dos renomados autores, acreditamos, *permissa* vênia, não ser essa a melhor posição. Isso porque as ameaças, em sua grande parte, são proferidas enquanto o agente se encontra em estado colérico. Entretanto, isso não significa afirmar que, em decorrência desse fato, o mal prometido não tenha possibilidades de infundir temor à vítima.

---

[29] CARRARA, Francesco. *Programa de derecho criminal*, v. 4, p. 356.

[30] CARRARA, Francesco. *Programa de derecho criminal*, v. 4, p. 373.

[31] FRAGOSO, Heleno Cláudio. *Lições de direito penal* – Parte especial (arts. 121 a 160, CP), p. 223.

Como vimos, para que se caracterize a ameaça, não há necessidade de que o agente, efetivamente, ao prenunciar a prática do mal injusto e grave, tenha a intenção real de cometê-lo, bastando que seja capaz de infundir temor em um homem normal.

Na verdade, quando proferida em estado de ira ou cólera, a ameaça se torna mais amedrontadora, pois o agente enfatiza sua intenção em praticar o mal injusto e grave, fazendo com que a vítima, em geral, se veja abalada em sua tranquilidade psíquica.

Noronha ressalva que, em algumas situações, a ameaça se confundia, na verdade, com meras bravatas do agente, quando praticada em estado de cólera, fazendo com que o fato deixasse de ser típico, dada a ausência de dolo. Entretanto, esse fato não tem o condão de sempre eliminar a infração penal, pois "realmente as ameaças, em regra, são proferidas pelo indivíduo irado ou exaltado."[32]

### 3.9.7 Ameaça proferida em estado de embriaguez

Outra hipótese controvertida diz respeito à ameaça proferida pelo agente que se encontra em estado de embriaguez.

Parte da doutrina afirma que, nesse caso, a embriaguez afastaria o dolo do agente, a exemplo de Luiz Regis Prado que esclarece não poder "ser havida como séria a ameaça realizada em estado de embriaguez do agente."[33]

Na verdade, a questão não pode ser cuidada em termos absolutos. É claro que, se o agente estiver embriagado a ponto de não saber o que diz, não teremos condições de identificar o dolo em seu comportamento. Entretanto, se a embriaguez foi um fator que teve o poder de soltar os freios inibidores do agente, permitindo que proferisse a promessa de um mal injusto e grave, pois pretendia infundir temor à vítima, não podemos descartar a caracterização do delito.

Assim, somente aquele estado de embriaguez que torne ridícula a ameaça feita pelo agente é que poderá afastar a infração penal, em razão da evidente ausência de dolo; ao contrário, se o agente, mesmo sob os efeitos do álcool ou de substâncias análogas, tiver consciência do seu comportamento, deverá responder pelas ameaças proferidas.

Portanto, podemos concluir com Aldeleine Melhor Barbosa que:

"Não se pode imaginar que a ira/raiva, bem como o uso de bebida alcoólica, inibam a vontade de intimidar. Pelo contrário, muitas vezes tais sentimentos (ira/raiva) apenas potencializam a ameaça, assim como acontece com o sujeito que fez uso do álcool, aumentando o temor da vítima."[34]

### 3.9.8 Possibilidade de ação penal por tentativa de ameaça

À primeira vista pareceria estranha a possibilidade de ação penal por tentativa de ameaça, pois, seria o raciocínio, se a vítima tomou conhecimento dos fatos mesmo não estando presente quando a promessa de mal injusto e grave foi proferida pelo agente, o crime já restaria consumado.

Entretanto, podemos visualizar a hipótese em que a vítima ameaçada seja um adolescente com 16 anos de idade. A ameaça, embora não tendo chegado ao seu conhecimento, foi descoberta por seu representante legal, no caso, o seu próprio pai, que, querendo a punição do agente, confecciona sua representação, permitindo o início da *persecutio criminis in judicio.*

---

[32] NORONHA, Edgard Magalhães. *Direito penal*, v. 2, p. 160.

[33] PRADO, Luiz Regis. *Curso de direito penal brasileiro*, v. 2, p. 284.

[34] BARBOSA, Aldeleine Melhor e outros. *Curso de direito penal* – parte especial, v. 2, p. 186.

Sendo o delito de ameaça de competência, pelo menos inicialmente, dos Juizados Especiais Criminais, será possível que o agente aceite alguma proposta – transação penal ou suspensão condicional do processo – sem que a própria vítima tenha tido conhecimento dos fatos. Assim, em tese, estaria configurada a *tentativa de ameaça*, mesmo que, nesse caso, não houvesse discussão a respeito da efetiva prática da infração penal, em razão de ter o agente aceitado qualquer das propostas constantes da Lei nº 9.099/95.

### 3.9.9 Ameaça reflexa

Vimos que a ameaça pode ser direta ou indireta, explícita ou implícita e, ainda, condicional.

*Direta*, quando dirigida imediatamente à pessoa do sujeito passivo ou seu patrimônio; *indireta* quando, embora dirigida ao sujeito passivo, o mal não recaia sobre a sua pessoa ou o seu patrimônio, mas, sim, no de terceiros que lhe são próximos, geralmente por uma relação de afeto; *explícita* quando o agente diz exatamente qual o mal prometido; *implícita* quando deixa entrever, pelo seu comportamento (palavras, escritos, gestos ou qualquer outro meio simbólico), o mal a ser produzido; *condicional*, quando depende de determinado comportamento para que possa se realizar o mal prometido pelo agente.

Da ameaça indireta extrai-se a chamada *ameaça reflexa*, podendo-se concluir, até mesmo, que se trata da mesma situação. Assim, por exemplo, aquele que ameaça os pais de uma criança de apenas um ano de idade dizendo que lhes matará o filho, na verdade, o mal não recairá sobre o sujeito passivo, mas, sim, reflexamente sobre terceiro a ele ligado por uma relação afetiva.

Portanto, ameaça reflexa e ameaça indireta querem traduzir a mesma situação, com denominações diferentes.

### 3.9.10 Ameaça e Código Penal Militar

O crime de ameaça também veio previsto no Código Penal Militar (Decreto-Lei nº 1.001, de 21 de outubro de 1969), conforme se verifica pela leitura do seu art. 223.

### 3.9.11 Ameaça e Código de Defesa do Consumidor

O Código de Defesa do Consumidor (Lei nº 8.078, de 11 de setembro de 1990) criou uma modalidade especial de ameaça, cominando, em seu art. 71, uma pena de detenção de três meses a um ano e multa, para aquele que se utiliza, na cobrança de dívidas, de ameaça, coação, constrangimento físico ou moral, afirmações falsas incorretas ou enganosas ou de qualquer outro procedimento que exponha o consumidor, injustificadamente, a ridículo ou interfira com seu trabalho, descanso ou lazer.

## 3.10 Quadro-resumo

**Sujeitos**
» Ativo: qualquer pessoa.
» Passivo: qualquer pessoa, desde que tenha capacidade para ser intimidada.

**Objeto material**
É a *pessoa* que sofre a ameaça.

### Bem(ns) juridicamente protegido(s)

É a *liberdade pessoal*, entendida aqui, mesmo que não pacificamente, como liberdade de natureza psíquica.

### Elemento subjetivo

» Dolo direto ou eventual.
» Não há previsão para a modalidade culposa.

### Consumação e tentativa

» Basta, para efeitos de reconhecimento da consumação, que a ameaça tenha a possibilidade de infundir temor em um homem comum e que tenha chegado ao conhecimento deste, não havendo necessidade, até mesmo, da presença da vítima no momento em que as ameaças foram proferidas.
» No que diz respeito à possibilidade de tentativa no delito de ameaça, há controvérsia doutrinária. Sendo possível fracionar o *iter criminis*, haverá tentativa.

## 4. PERSEGUIÇÃO

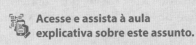

**Acesse e assista à aula explicativa sobre este assunto.**

> http://uqr.to/1wmcz

**Art. 147-A.** Perseguir alguém, reiteradamente e por qualquer meio, ameaçando-lhe a integridade física ou psicológica, restringindo-lhe a capacidade de locomoção ou, de qualquer forma, invadindo ou perturbando sua esfera de liberdade ou privacidade.
Pena – reclusão, de 6 (seis) meses a 2 (dois) anos, e multa.
§ 1º A pena é aumentada de metade se o crime é cometido:
I – contra criança, adolescente ou idoso;
II – contra mulher por razões da condição de sexo feminino, nos termos do § 2º-A do art. 121 deste Código;
III – mediante concurso de 2 (duas) ou mais pessoas ou com o emprego de arma.
§ 2º As penas deste artigo são aplicáveis sem prejuízo das correspondentes à violência.
§ 3º Somente se procede mediante representação.

### 4.1 Introdução

O crime de perseguição, conhecido internacionalmente como *stalking*, foi inserido no Código Penal (art. 147-A) através da Lei nº 14.132, de 31 de março de 2021. Não se cuida de um comportamento novo, mas sim de uma conduta que se perde no tempo, embora seu estudo tenha começado, com mais profundidade, na década de 1990, principalmente nos EUA.

O núcleo perseguir nos dá a ideia de uma conduta praticada pelo agente que denota insistência, obsessão, comportamento repetitivo no que diz respeito à pessoa da vítima. Está muito ligado à área psicológica do perseguidor, muitas vezes entendido como sendo um caçador à espreita da sua vítima.

Exige a lei, para efeitos de configuração dessa perseguição, que ela ocorra de forma reiterada, ou seja, constante, habitual. Isso quer dizer que uma única abordagem, mesmo que inconveniente, não se configurará no delito em estudo. Assim, imagine-se a hipótese daquele que, durante uma festa, tenta, a todo custo, ficar amorosamente com uma mulher que ali se encontrava junto com outros amigos. Ela repele a abordagem, pois não se sentiu atraída pelo sujeito. Contudo, o agente volta a insistir várias vezes durante a mesma noite, sendo rejeitado em todas elas. Essa situação é extremamente desconfortável para aquela mulher. No entanto, não poderíamos falar, aqui, em crime de perseguição.

Agora, suponhamos que, inconformado com a rejeição, esse mesmo agente passe a mandar mensagens para a mulher que o havia rejeitado naquela noite. Isso acontece por inúmeras vezes, mesmo tendo sido solicitado a ele que parasse de enviar essas mensagens. Neste caso, já se poderia visualizar o *stalking*.

Há, portanto, uma necessidade de reiteração do comportamento do agente, criando situação de incômodo, desconforto e até mesmo medo para a vítima. Mas, o que significa, realmente, um comportamento reiterado, vale dizer, habitual? Duas condutas já seriam o suficiente para se configurar a perseguição? Essa é uma questão onde somente o caso concreto poderá demonstrar, como exemplificado anteriormente, se os comportamentos levados a efeito pelo agente poderão ou não se configurar em *stalking*. Contudo, entendemos que se os fatos forem praticados, por exemplo, por somente duas vezes, ou seja, se houver uma primeira abordagem por parte do agente, que insistiu em uma segunda, não poderemos falar no delito em estudo, uma vez que isso não importa na reiteração exigida pelo tipo penal que prevê o delito de perseguição. Fosse assim, haveria um sem-número de pessoas processadas por terem insistido, por poucas vezes, em iniciar um relacionamento amoroso não correspondido. O que se quer, na verdade, é evitar a situação de incômodo, perturbação constante sofrida pela vítima, que perdeu a sua paz em virtude dos reiterados comportamentos praticados pelo perseguidor.

É uma espécie de terrorismo psicológico, onde o autor cria na vítima uma intensa ansiedade, medo, angústia, isolamento pelo fato de não saber exatamente quando, mas ter a certeza de que a perseguição acontecerá, abalando-a psicologicamente, impedindo-a, muitas vezes, de exercer normalmente suas atividades. Figurativamente, o comportamento do agente se equipara a um gotejamento constante, criando uma situação de perturbação, desconforto, medo, pânico.

Em sendo considerado um crime de forma livre, a perseguição pode se dar de diversas maneiras, com a utilização de qualquer meio. Conforme preleciona Luciana Gerbovic, trata-se "de comportamento humano heterogêneo consistente com um tipo particular de assédio, cometido por homens ou mulheres, que pode se configurar por meio de diversas condutas, tais como comunicação direta, física ou virtual, perseguição física e/ou psicológica, contato indireto por meio de amigos, parentes e colegas de trabalho ou qualquer outra forma de intromissão contínua e indesejada na vida privada e/ou íntima de uma pessoa".

E continua suas lições dizendo que:

> "*Stalker* é o perseguidor, aquele que escolhe uma vítima, pelas mais diversas razões, e a molesta insistentemente, por meio de atos persecutórios – diretos ou indiretos, presenciais ou virtuais – sempre contra a vontade da vítima. Em outras palavras, *stalker* é quem promove uma 'caçada' física ou psicológica contra alguém".

A internet, de uma forma geral, e as redes sociais, mais especificamente, fizeram com que essas perseguições se potencializassem, dado à facilidade de acesso às vítimas, tal como ocorre com o envio de e-mails, mensagens pelas mais diversas formas (SMS, Messenger, WhatsApp, directs etc.). Em muitas situações, e exposição contínua das vítimas traz a sensação de que as pessoas às conhecem e que lhe são íntimas. Hoje, esse fenômeno ocorre não somente com as pessoas consideradas como públicas, tal como acontece com os artistas, como também com todas as demais que estejam expostas nas redes sociais.

Podem se configurar como meios para a prática do *stalking* telefonar e permanecer em silêncio, ligar continuamente e desligar tão logo a vítima atenda, fazer ligações o tempo todo, tentando conversar com a vítima, enviar presentes, mensagens por todas as formas possíveis (a exemplo do SMS, directs, e-mails, WhatsApp, bilhetes, cartas etc.) sejam elas amorosas ou mesmo agressivas, acompanhar a vítima à distância, aparecer em lugares frequentados comumente pela vítima ou pessoas que lhe são próximas, estacionar o automóvel sempre ao lado do carro da vítima, a fim de que ela saiba que o agente está por ali, à espreita, enviar fotos, músicas, flores, instrumentos eróticos, roupas íntimas, animais mortos, enfim, existe uma infinidade de meios que podem ser utilizados pelo agente na prática da infração penal *sub examen*.

Embora a criminalização da perseguição seja necessária, temos que tomar o máximo cuidado para que não sejam confundidos comportamentos perfeitamente lícitos e aceitos em nossa sociedade. Uma insistência amorosa, por exemplo, mesmo que indesejada, não pode se configurar, automaticamente, em crime. Por isso, somente a hipótese concreta nos trará elementos para que possamos fazer essa distinção, tênue por sinal, entre um comportamento natural do ser humano, em não aceitar, imediatamente, uma negativa ao seu pedido, de uma conduta considerada perseguidora, criminosa, que pode causar, na vítima, danos à sua integridade física ou psicológica.

São, também, inúmeras as motivações que levam ao *stalker* a praticar a perseguição, a exemplo do inconformismo pelo término de um relacionamento, um amor não correspondido, paixão, ódio, ciúmes, inveja, atração, fixação, frustração, decepção, rejeição, ressentimento, baixa autoestima, vingança, sensação de perda, necessidade de afeto, prazer em desestabilizar alguém, ou mesmo pelo fato de saber que a vítima se abala com facilidade, enfim, são incontáveis os motivos que podem conduzir o agente à prática do comportamento tipificado no artigo em análise.

Conforme a narração típica, através dos meios utilizados, o agente pode:

a)  ameaçar a integridade física ou psicológica da vítima;

b)  restringir-lhe a capacidade de locomoção; ou

c)  de qualquer forma, invadir ou perturbar sua esfera de liberdade ou privacidade.

Muitos filmes retrataram perseguições obsessivas, a exemplo do clássico "Atração Fatal", de 1988, com Glenn Close e Michael Douglas. A perseguidora transformou a vida da vítima em um verdadeiro inferno. Isso pode ocorrer sob diversas formas, como no caso daquele que, de acordo com o tipo penal em exame, ameaça a integridade física ou mesmo psicológica da vítima, tal como ocorre com o delito tipificado no art. 147 do Código Penal, com a diferença de que a ameaça aqui proferida tem uma finalidade específica, vale dizer, a perseguição da vítima.

Da mesma forma, pode o agente, através dos seus atos de perseguição, fazer com que a vítima, amedrontada, veja restringida sua capacidade de locomoção, uma vez que esta última prefere isolar-se do mundo exterior, a ter que se encontrar com o *stalker*.

Por fim, o comportamento criminoso pode chegar a invadir ou perturbar a esfera de liberdade ou privacidade da vítima.

## 4.2  Classificação doutrinária

Crime comum com relação ao sujeito ativo, bem como quanto ao sujeito passivo; doloso; material (pois ocorrerá a consumação quando evidenciado que a perseguição produziu os resultados previsto no tipo penal); de forma livre; habitual; comissivo; monossubjetivo; transeunte ou não transeunte (dependendo do fato de a infração penal deixar ou não vestígios).

## 4.3  Objeto material e bem juridicamente protegido

O delito de perseguição está inserido na Seção I do Capítulo VI do Título I do Código Penal, que prevê os crimes contra a liberdade pessoal. Assim, o bem juridicamente protegido pelo tipo penal em estudo é a liberdade pessoal, entendida, aqui, tanto a de natureza física quanto psíquica, bem como a integridade física da vítima.

A pessoa contra a qual recai a conduta praticada pelo *stalker* é o objeto material do delito tipificado no art. 147-A do diploma repressivo.

## 4.4 Sujeito ativo e sujeito passivo

Crime comum, qualquer pessoa pode ser considerada como sujeito ativo do delito de perseguição, seja ela do sexo masculino ou feminino.

Da mesma forma, qualquer pessoa poderá também figurar, diretamente, como sujeito passivo do delito em análise, além do Estado como sujeito passivo mediato ou indireto. Contudo, como bem alerta Luciana Gerbovic, "a mulher é tradicionalmente a maior vítima nos casos de *stalking*. Por isso o *stalking* acaba sendo tratado, nos países onde é estudado e pesquisado, como uma das formas de violência contra as mulheres".

## 4.5 Consumação e tentativa

Em se tratando de um delito habitual, a infração penal prevista no art. 147-A do diploma repressivo se consuma quando da prática reiterada da perseguição, e por qualquer meio, venha a ameaçar a integridade física ou psicológica da vítima, restringindo-lhe a capacidade de locomoção ou, de qualquer forma, invadindo ou perturbando sua esfera de liberdade ou privacidade.

Nesse caso específico, não conseguimos visualizar a possibilidade de tentativa, uma vez que, ou o agente pratica, reiteradamente, os atos de perseguição e o delito se consuma, ou os fatos praticados anteriores, não reiterados, são considerados como um indiferente penal.

## 4.6 Elemento subjetivo

O dolo é o elemento exigido pelo tipo penal em estudo, não havendo previsão para a modalidade de natureza culposa.

## 4.7 Modalidades comissiva e omissiva

O núcleo perseguir nos induz a concluir que o comportamento deve ser praticado comissivamente, não havendo, outrossim, previsão para a conduta omissiva.

## 4.8 Causas de aumento de pena

Os incisos I, II e III do § 1º do art. 147-A do Código Penal preveem as causas especiais de aumento de pena, a serem aplicadas no terceiro momento do critério trifásico, previsto no art. 68 do mesmo diploma, dizendo, *verbis*:

> § 1º A pena é aumentada de metade se o crime é cometido:
> I – contra criança, adolescente ou idoso;
> II – contra mulher por razões da condição de sexo feminino, nos termos do § 2º-A do art. 121 deste Código;
> III – mediante concurso de 2 (duas) ou mais pessoas ou com o emprego de arma.

De acordo com o art. 2º da Lei nº 8.069/90, considera-se criança a pessoa até doze anos de idade incompletos, e adolescente, aquela entre doze e dezoito anos de idade. Pessoa idosa, conforme o art. 1º da Lei nº 10.741/2003, é aquela com idade igual ou superior a 60 (sessenta) anos. Para que essa majorante seja aplicada ao agente, faz-se necessário que ele conheça essas condições, pois, caso contrário, deverá ser aplicado o raciocínio correspondente ao erro de tipo. Assim, por exemplo, se um agente pratica qualquer dos comportamentos previstos no art. 147-A do Código Penal, acreditando ter a vítima 18 anos completos quando, na verdade, ainda está prestes a completar essa idade, não poderá ser aplicada a causa especial de aumento de pena prevista no inciso I em análise.

Também haverá aumento de metade se o delito for praticado contra mulher por razões da condição de sexo feminino. Atualmente, em virtude da revogação do § 2º-A do art. 121 do Código Penal, pela Lei nº 14.994, de 9 de outubro de 2024, as hipóteses nele previstas encontram-se elencadas nos incisos I e II do § 1º do art. 121-A do estatuto repressivo, que prevê, como modalidades autônoma, o crime de feminicídio.

Da mesma forma, será aplicada a majorante quando houver o concurso de 2 (duas) ou mais pessoas ou com o emprego de arma. Aqui, vale destacar que, como a lei não fez distinção, a utilização de qualquer arma no crime, seja ela própria (destinada ao ataque e à defesa, a exemplo do que ocorre com os punhais e armas de fogo) ou imprópria (como é o caso de objetos que, não sendo destinados ao ataque e à defesa, podem exercer essa função, tal como ocorre com cacos de vidro, pedaços de pau etc.), servirá para aplicar o aumento de pena. Assim, tanto faz se o agente se vale de uma arma de fogo ou de uma faca de cozinha para intimidar a vítima, deverá ser aplicada a causa de aumento de pena em estudo.

### 4.9 Concurso de crimes

Determina o § 2º do art. 147-A do Código Penal:

> § 2º As penas deste artigo são aplicáveis sem prejuízo das correspondentes à violência.

No referido § 2º foi previsto o concurso de crimes entre a perseguição (art. 147-A) e o correspondente à violência (tal como ocorre com o art. 129 do CP, em qualquer uma de suas modalidades – leve, grave ou gravíssima).

Aqui, ao contrário do que ocorre com o crime de constrangimento ilegal (art. 146 do CP), poderá se cogitar em concurso material, uma vez que o agente pode, reiteradamente ou não, usar de violência para efeitos de concretização do *stalking*, pois, como já afirmamos anteriormente, cuida-se de um crime habitual, que requer a prática retirada de comportamentos para que reste consumada a infração penal.

Assim, imagine-se a hipótese onde o agente, com o objetivo de abalar psicologicamente a vítima, passe a frequentar o lugar onde esta última costumava almoçar, mostrando-se ostensivamente. Numa dessas aparições, o agente com ela discute e a agride. Como se percebe, o crime de perseguição exigia uma cadeia de atos, sendo que em todos os anteriores à agressão o agente somente fazia questão de demonstrar a sua presença no local. Nesse caso, entendemos que será perfeitamente possível o raciocínio correspondente ao concurso material de crimes, vale dizer, o de perseguição e o de lesões corporais (leve, grave ou gravíssima).

### 4.10 Pena, ação penal, competência para julgamento e suspensão condicional do processo

A pena cominada no preceito secundário do art. 147-A do Código Penal é de reclusão, de 6 (seis) meses a 2 (dois) anos, e multa.

Assim, pelo menos inicialmente, se não houver a aplicação de qualquer das causas especiais de aumento de pena previstas nas alíneas do § 1º do art. 147-A do diploma repressivo, e tampouco a aplicação do concurso de crimes apontado pelo § 2º do referido artigo, que diz que as penas são aplicáveis sem prejuízo das correspondentes à violência, a competência será do Juizado Especial Criminal, possibilitando-se a aplicação de todos os institutos que lhe são inerentes (transação penal e suspensão condicional do processo).

PARTE I – CAPÍTULO VI – DOS CRIMES CONTRA A LIBERDADE INDIVIDUAL

A ação penal é de iniciativa pública condicionada à representação, nos termos do § 3º do art. 147-A do Código Penal.

## 4.11 Destaques

### Revogação do art. 65 da LCP

Até o advento da Lei nº 14.132, de 31 de março de 2021, que inseriu o delito de perseguição no Código Penal (art. 147-A), entendia-se que esse comportamento (*stalking*) encontrava-se previsto no art. 65 da Lei das Contravenções Penais, que dizia, *verbis*:

> **Art. 65.** Molestar alguém ou perturbar-lhe a tranquilidade, por acinte ou por motivo reprovável:
> Pena – prisão simples, de quinze dias a dois meses, ou multa.

A Lei nº 14.132, de 31 de março de 2021, no mesmo instante em que criou o delito de perseguição, por outro lado, revogou também, expressamente, o transcrito art. 65 da LCP, evitando-se, dessa forma, interpretações conflitantes.

### *Cyberstalking*

Hoje em dia, o chamado *cyberstalking*, ou seja, a perseguição que é levada a efeito no mundo virtual, através da internet, ganhou proporções assustadoras, dada a quantidade de ferramentas disponíveis para a sua realização.

A cada momento surgem novos aplicativos que permitem a interação entre as pessoas, o que facilita, sobremaneira, a ocorrência do *cyberstalking*. A exposição constante na internet, através de ferramentas como o Facebook ou o Instagram, onde a pessoa posta fotos e vídeos pessoais, fez com que crescesse o *cyberstalking* que, ao contrário do que muitos pensam, não tem como foco somente pessoas conhecidas, famosas, artistas etc., mas, e principalmente, as demais pessoas ditas comuns, ou seja, que não possuem essa projeção.

Como bem apontado por Luciana Gerbovic:

> "Mesmo o *cyberstalking* ocorrendo no mundo virtual, seus efeitos são sentidos no mundo físico e podem chegar a ser mais devastadores do que aqueles provocados pelo *stalking*, principalmente em razão da facilitação do anonimato neste meio e da rapidez na divulgação de dados e imagens, que foge ao controle de qualquer pessoa, inclusive das autoridades".

### *Stalking* na Lei Maria da Penha (Lei nº 11.340, de 7 de agosto de 2006)

No inciso II do art. 7º da Lei Maria da Penha, podemos identificar dois comportamentos que se configuram em *stalking*, a saber, a vigilância constante e também a perseguição contumaz, conforme se verifica pela redação abaixo transcrita:

> **Art. 7º** São formas de violência doméstica e familiar contra a mulher, entre outras:
> I – (...)
> II – a violência psicológica, entendida como qualquer conduta que lhe cause dano emocional e diminuição da autoestima ou que lhe prejudique e perturbe o pleno desenvolvimento ou que vise degradar ou controlar suas ações, comportamentos, crenças e decisões, mediante ameaça, constrangimento, humilhação, manipulação, isolamento, vigilância constante, perseguição contumaz, insulto, chantagem, violação de sua intimidade, ridicularização, exploração e limitação do direito de ir e vir ou qualquer outro meio que lhe cause prejuízo à saúde psicológica e à autodeterminação;

## 4.12 Quadro-resumo

### Sujeitos
» Ativo: qualquer pessoa pode ser considerada como sujeito ativo do delito de *perseguição*, seja ela do sexo masculino ou feminino.
» Passivo: qualquer pessoa.

### Objeto material
A pessoa contra a qual recai a conduta praticada pelo *stalker*.

### Bem(ns) juridicamente protegido(s)
A liberdade pessoal, entendida, aqui, tanto a de natureza física quanto psíquica, bem como a integridade física da vítima.

### Elemento subjetivo
O dolo é o elemento exigido pelo tipo penal em estudo, não havendo previsão para a modalidade de natureza culposa.

### Modalidades comissiva e omissiva
O núcleo *perseguir* nos induz a concluir que o comportamento deve ser praticado comissivamente, não havendo, outrossim, previsão para a conduta omissiva.

### Consumação e tentativa
» Em se tratando de um delito habitual, a infração penal prevista no art. 147-A do diploma repressivo se consuma quando da prática reiterada da perseguição, e por qualquer meio, venha a ameaçar a integridade física ou psicológica da vítima, restringindo-lhe a capacidade de locomoção ou, de qualquer forma, invadindo ou perturbando sua esfera de liberdade ou privacidade.
» Nesse caso específico, não conseguimos visualizar a possibilidade de tentativa, uma vez que, ou o agente pratica, reiteradamente, os atos de perseguição e o delito se consuma, ou os fatos praticados anteriores, não reiterados, são considerados como um indiferente penal.

## 5. VIOLÊNCIA PSICOLÓGICA CONTRA A MULHER

**Violência psicológica contra a mulher**
**Art. 147-B.** Causar dano emocional à mulher que a prejudique e perturbe seu pleno desenvolvimento ou que vise a degradar ou a controlar suas ações, comportamentos, crenças e decisões, mediante ameaça, constrangimento, humilhação, manipulação, isolamento, chantagem, ridicularização, limitação do direito de ir e vir ou qualquer outro meio que cause prejuízo à sua saúde psicológica e autodeterminação:
Pena – reclusão, de 6 (seis) meses a 2 (dois) anos, e multa, se a conduta não constitui crime mais grave.

### 5.1 Introdução

O art. 147-B foi inserido no Código Penal através da Lei nº 14.188, de 28 de julho de 2021, criando o delito de violência psicológica contra a mulher.

Cuida-se, outrossim, de um tipo penal que tem duas finalidades específicas. Na sua primeira parte, o agente atua no sentido de causar dano emocional à mulher, prejudicando e perturbando seu pleno desenvolvimento. A mulher, aqui, por conta do dano sofrido, se sente inferiorizada, menosprezada, incapaz de se desenvolver plenamente.

Na segunda parte, a conduta do agente visa a degradar ou a controlar suas ações, comportamentos, crenças e decisões, mediante ameaça, constrangimento, humilhação, manipulação, isolamento, chantagem, ridicularização, limitação do direito de ir e vir ou qualquer outro meio que cause prejuízo à sua saúde psicológica e autodeterminação.

Como se percebe, houve a criminalização da violência psicológica, prevista no inciso II do art. 7º da Lei nº 11.340/2006, com a redação que lhe foi conferido pela Lei nº 13.772/2018, que diz, *verbis*:

> **Art. 7º** São formas de violência doméstica e familiar contra a mulher, entre outras:
> (...)
> II – a violência psicológica, entendida como qualquer conduta que lhe cause dano emocional e diminuição da autoestima ou que lhe prejudique e perturbe o pleno desenvolvimento ou que vise degradar ou controlar suas ações, comportamentos, crenças e decisões, mediante ameaça, constrangimento, humilhação, manipulação, isolamento, vigilância constante, perseguição contumaz, insulto, chantagem, violação de sua intimidade, ridicularização, exploração e limitação do direito de ir e vir ou qualquer outro meio que lhe cause prejuízo à saúde psicológica e à autodeterminação.

Gabriel Habib, com a precisão que lhe é peculiar, dissertando sobre o tema, aduz que se trata:

> "da ofensa que consiste na lesão causada por mecanismos não violentos e consiste na perturbação das funções fisiológicas do organismo, inclusive a alteração do psiquismo, a exemplo de neuroses, depressão, entre outras, ainda que de forma transitória."

Como se percebe pela redação do tipo penal em análise, o agente pode, sem encostar na vítima, ou seja, sem causar-lhe qualquer tipo de lesão de natureza física, atingi-la psicologicamente de tal forma, causando-lhe um dano emocional muitas vezes irreparável. São comuns expressões que importam em ameaça, constrangimento, humilhação, manipulação, isolamento, chantagem, ridicularização, limitação do direito de ir e vir, a exemplo do agente que, com frequência, diz que se a vítima o deixar, ele a matará, juntamente com a sua família, ou quando diz que deve ou não usar determinadas roupas, que ficará mal falada, que a vítima se comporta como uma "vadia", que não vale nada, que é mal amada, louca, histérica, que ninguém a suporta, que o agente está fazendo "um favor" de ficar com ela, que não permite que se relacione com pessoas do sexo masculino, que a isola também de suas amigas, pois que as considera como péssimas companhias, quando afirma que mulher gosta de apanhar, quando atribui qualidades pejorativas às vítimas, a chamando de burra, incapaz, feia, magra, gorda etc. Enfim, são inúmeras as formas de se atingir psicologicamente a mulher.

Embora o delito seja praticado, com mais frequência, pelo homem contra a mulher, isso não impede que o tipo penal ocorra em diversas situações, incluindo, por exemplo, relações homoafetivas. Assim, uma mulher pode agir utilizando-se de violência psicológica, a fim de subjugar sua companheira, causando-lhe prejuízo à sua saúde psicológica.

O tipo penal permite a chamada interpretação extensiva, quando se utiliza da fórmula ou qualquer outro meio que cause prejuízo à sua saúde psicológica e autodeterminação. Assim, não somente o emprego da ameaça, constrangimento, humilhação, manipulação, isolamento, chantagem, ridicularização, limitação do direito de ir e vir se constituem em meios para a prática do delito, sendo abrangidos pelo tipo penal em estudo quaisquer outros que com eles se assemelhem e que se prestem a realizar a figura típica.

Trata-se, ainda, de tipo penal expressamente subsidiário, tendo em vista que somente será aplicado se a conduta não se constituir em crime mais grave, conforme preceitua a parte final do preceito secundário do art. 147-B do Código Penal. Assim, por exemplo, se um homem, com a finalidade de humilhar uma mulher, a estupra publicamente, o fato não se amoldará ao tipo penal em estudo, mas sim ao delito tipificado no art. 213 do diploma repressivo. Da mesma forma, se o agente, querendo privar a vítima do seu direito de ir, vir e permanecer onde bem entender, a trancar dentro de casa porque a mulher havia dito que se encontraria com umas amigas em um determinado bar, não responderá pelo crime de violência psicológica contra a mulher, mas sim o de sequestro ou cárcere privado, previsto no art. 148 do Código Penal.

## 5.2 Classificação doutrinária

Crime comum com relação sujeito ativo, e próprio no que diz respeito ao sujeito passivo; doloso; comissivo (podendo ser praticado via omissão imprópria, na hipótese em que o agente gozar do status de garantidor); habitual; monossubjetivo; transeunte ou não transeunte (dependendo do fato de a infração penal deixar ou não vestígios).

## 5.3 Objeto material e bem juridicamente protegido

A mulher sobre a qual recai o comportamento praticado pelo agente é o objeto material do delito em análise.

Bens juridicamente protegidos são a liberdade pessoal, entendida, aqui, tanto a de natureza física quanto psíquica, bem como a integridade física da mulher, vítima do delito tipificado no art. 147-B do Código Penal.

## 5.4 Sujeito ativo e sujeito passivo

Crime comum no que diz respeito ao sujeito ativo, o delito de violência psicológica contra a mulher poderá ser praticado por qualquer pessoa, mesmo que seja do sexo feminino.

Sujeito passivo somente poderá ser a mulher, tendo em vista a disposição expressa contida no art. 147-B do Código Penal.

## 5.5 Consumação e tentativa

Ponto que merece atenção diz respeito à análise do momento consumativo do delito de violência psicológica contra a mulher. A primeira parte do art. 147-B do Código Penal exige que o comportamento praticado pelo agente seja dirigido a causar dano emocional à mulher que prejudique e perturbe seu pleno desenvolvimento. Na segunda parte do tipo penal, o agente atua visando a degradar ou a controlar suas ações, comportamentos, crenças e decisões, mediante ameaça, constrangimento, humilhação, manipulação, isolamento, chantagem, ridicularização, limitação do direito de ir e vir ou qualquer outro meio que cause prejuízo à sua saúde psicológica e autodeterminação.

Entendemos que para que ocorra a consumação, faz-se necessária que a conduta seja habitual, isto é, que o agente, reiteradamente, pratique determinado comportamento, visando abalar psicologicamente a mulher. Importante frisar que a infração penal restará consumada mesmo que a mulher não se tenha deixado abalar com a conduta do agente. Assim, por exemplo, imagine-se a hipótese em que um homem, com frequência, humilhe sua esposa, fato esse presenciado diversas vezes pelos amigos que conviviam com o casal, chamando-a de burra, dizendo que não tinha capacidade para fazer absolutamente nada etc. Esse fato é levado ao conhecimento da autoridade policial através dos amigos que assistiam, constantemente, as cenas de humilhação. Aqui, por mais que a própria mulher não se importasse com o comportamento do marido, entendemos como consumada a infração penal.

Importante frisar, ainda, que um ato impulsivo, um xingamento, uma falta de educação momentânea, não têm o condão de configurar a infração penal em estudo, podendo-se falar, dependendo da hipótese, em crime contra a honra.

Por se tratar de um crime habitual, será difícil o reconhecimento da tentativa, mas não pode ser de todo descartada, dependendo do caso concreto apresentado.

### 5.6 Elemento subjetivo

O dolo é o elemento subjetivo exigido pelo tipo penal que prevê o delito de violência psicológica contra a mulher, não havendo previsão para a modalidade de natureza culposa.

A análise do elemento subjetivo deve ser criteriosa, pois, caso contrário, situações normais do dia a dia, mesmo que desagradáveis, constrangedoras, podem conduzir a interpretações equivocadas e acabar por tipificar comportamentos que seriam considerados como indiferentes penais. Assim, por exemplo, o rompimento de um relacionamento amoroso, por si só, não se configura no delito em estudo, por mais que a mulher tenha a sensação de ter sido humilhada ou mesmo enganada emocionalmente. Por outro lado, se um homem a seduz tão somente com o fim de, posteriormente, humilhá-la com o término do relacionamento, em sua conduta já se poderá vislumbrar o dolo exigido pelo tipo penal em análise.

Em resumo, somente o caso concreto, com a análise do comportamento praticado, é que poderemos concluir se houve ou não o dolo exigido pelo art. 147-B do Código Penal.

### 5.7 Modalidades comissiva e omissiva

As condutas previstas pelo art. 147-B do Código Penal somente podem ser praticadas comissivamente.

No entanto, será possível o raciocínio correspondente à omissão imprópria, quando o agente gozar do *status* de garantidor, nos termos do § 2º do art. 13 do diploma repressivo. Assim, imagine-se a hipótese em que uma mãe presencie, com a habitualidade exigida pelo tipo penal, seu marido humilhando sua filha, que contava com apenas 16 anos de idade, chamando-a agressivamente de vadia toda vez que resolvia sair de casa a fim de se encontrar com seus amigos.

A mãe, mesmo podendo, não somente nada faz para impedir esse comportamento praticado pelo seu esposo, mas com ele concorda, uma vez que entende que sua filha, ainda inimputável, não poderia sair de casa aos finais de semana. Nesse caso, o pai responderia pelo delito de violência psicológica contra a mulher praticado comissivamente, e a mãe, por sua vez, na qualidade de garantidora, seria responsabilizada a título de omissão imprópria pelo mesmo crime.

### 5.8 Pena e ação penal

A pena é de reclusão, de 6 (seis) meses a 2 (dois) anos, e multa, se a conduta não constitui crime mais grave.

A ação penal é de iniciativa pública incondicionada.

## 6. SEQUESTRO E CÁRCERE PRIVADO

> **Sequestro e cárcere privado**
> **Art. 148.** Privar alguém de sua liberdade, mediante sequestro ou cárcere privado:
> Pena – reclusão, de um a três anos.
> § 1º A pena é de reclusão, de dois a cinco anos:
> I – se a vítima é ascendente, descendente, cônjuge ou companheiro do agente ou maior de 60 (sessenta) anos;
> II – se o crime é praticado mediante internação da vítima em casa de saúde ou hospital;
> III – se a privação da liberdade dura mais de quinze dias;
> IV – se o crime é praticado contra menor de 18 (dezoito) anos;
> V – se o crime é praticado com fins libidinosos.
> § 2º Se resulta à vítima, em razão de maus-tratos ou da natureza da detenção, grave sofrimento físico ou moral:
> Pena – reclusão, de dois a oito anos.

## 6.1 Introdução

O art. 148 do Código Penal inicia sua redação com a seguinte expressão: *privar alguém de sua liberdade*. Liberdade, aqui, tem o sentido de direito de ir, vir ou permanecer, ou seja, cuida-se da liberdade ambulatorial, física.

Quando a lei penal usa o termo *sequestro* e a expressão *cárcere privado*, à primeira vista temos a impressão de que se trata de situações diferentes. No entanto, majoritariamente, entende-se que sequestro e cárcere privado significam a mesma coisa. A única diferença que se pode apontar entre eles, para que se possa aproveitar todas as letras da lei, é no sentido de que, quando se cuida de sequestro, existe maior liberdade ambulatorial; ao contrário, quando a liberdade ambulatorial é menor, ou seja, o espaço para que a vítima possa se locomover é pequeno, reduzido, trata-se de cárcere privado.

Procurando traçar a diferença entre eles, Hungria diz que o sequestro é o gênero, sendo sua espécie o cárcere privado, ou:

> "Por outras palavras, o sequestro (arbitrária privação ou compressão da liberdade de movimento no espaço) toma o nome tradicional de *cárcere privado* quando exercido *in domo privata* ou em qualquer recinto *fechado,* não destinado à prisão pública. Tanto no sequestro, quanto no cárcere privado, é detida ou retida a pessoa em determinado lugar; mas, no cárcere privado, há a circunstância de *clausura* ou *encerramento*. Abstraída esta acidentalidade, não há que distinguir entre as duas modalidades criminais, de modo que não se justificaria uma diferença de tratamento penal."[35]

O Código Penal prevê duas modalidades qualificadas de sequestro ou cárcere privado. A primeira delas, de acordo com o § 1º do art. 148, comina uma pena de reclusão, de 2 (dois) a 5 (cinco) anos, quando: I – a vítima é ascendente, descendente, cônjuge ou companheiro do agente ou maior de 60 (sessenta) anos; II – se o crime é praticado mediante internação da vítima em casa de saúde ou hospital; III – se a privação da liberdade dura mais de 15 (quinze) dias; IV – se o crime é praticado contra menor de 18 (dezoito) anos; V – se o crime é praticado com fins libidinosos. A segunda modalidade qualificada, prevista no § 2º do art. 148, comina pena de reclusão, de 2 (dois) a 8 (oito) anos, se resulta à vítima, em razão dos maus-tratos ou da natureza da detenção, grave sofrimento físico ou moral.

## 6.2 Classificação doutrinária

Crime comum com relação ao sujeito ativo, bem como quanto ao sujeito passivo, à exceção das modalidades qualificadas previstas nos incisos I e IV do § 1º do art. 148 do Có-

---

[35] HUNGRIA, Nélson. *Comentários ao código penal*, v. VI, p. 192.

digo Penal, em que os sujeitos passivos deverão ser as pessoas por ele determinadas; doloso; comissivo ou omissivo impróprio; permanente (uma vez que a consumação da infração penal se perpetua no tempo); material (já que a conduta do agente produz um resultado naturalístico, perceptível por meio dos sentidos, que é a privação da liberdade da vítima); de forma livre; monossubjetivo; plurissubsistente (como regra, uma vez que, dependendo da hipótese, poderá haver concentração de atos, quando, então, passará a ser entendido como unissubsistente).

## 6.3 Objeto material e bem juridicamente protegido

Bem juridicamente protegido pelo tipo do art. 148 do Código Penal é a liberdade pessoal, entendida aqui no sentido de liberdade ambulatorial, liberdade física, ou seja, o direito que toda pessoa tem de ir, vir ou permanecer, direito, inclusive, assegurado constitucionalmente tanto no *caput* do art. 5º da Lei Maior, como também, especificamente, em seu inciso XV, que determina:

> XV – é livre a locomoção no território nacional em tempo de paz, podendo qualquer pessoa, nos termos da lei, nele entrar, permanecer, ou dele sair com seus bens;

Objeto material é a pessoa privada da liberdade, contra a qual recai a conduta do agente.

## 6.4 Sujeito ativo e sujeito passivo

Qualquer pessoa pode ser sujeito ativo do crime tipificado no art. 148 do Código Penal.

Da mesma forma, qualquer pessoa pode ser sujeito passivo do delito em estudo, não havendo necessidade de gozar de uma qualidade ou condição pessoal. Nesse sentido, preleciona Fragoso:

> "Qualquer pessoa física pode ser sujeito passivo deste crime, inclusive pessoa que não tenha consciência da privação de liberdade a que é submetida, como o louco, o recém-nascido, o bêbado, a pessoa sem sentidos [...]. É que, não obstante não ter a vítima capacidade natural de querer e de exercer sua liberdade, sua retenção tira-lhe a possibilidade de ser auxiliada, restringindo-lhe ou eliminando-lhe a liberdade corporal."[36]

## 6.5 Consumação e tentativa

Consuma-se o delito de sequestro ou cárcere privado com a efetiva impossibilidade de locomoção da vítima, que fica impedida de ir, vir ou mesmo de permanecer onde quer.

Conforme lições de Aníbal Bruno:

> "Consuma-se quando o coagido é privado de sua liberdade. Mas é um caso típico de crime permanente. Não se esgota num acontecer instantâneo, como no homicídio; o seu momento consumativo prolonga-se por tempo mais ou menos dilatado e dura até que o próprio agente, ou qualquer circunstância lhe ponha fim, recuperando a vítima a sua inteira liberdade. Como se tem dito, se pretendêssemos dar a essa fase consumativa expressão gráfica, não seria por um ponto que poderia ser representada, como no crime instantâneo, mas por um traço contínuo, e, enquanto persiste esse estado consumativo, evidentemente o autor se encontra em situação de flagrante delito."[37]

---

[36] FRAGOSO, Heleno Cláudio. *Lições de direito penal* – Parte especial (arts. 121 a 160, CP), p. 224-225.

[37] BRUNO, Aníbal. *Crimes contra a pessoa*, p. 364.

Deve ser ressaltado que, para fins de caracterização do crime em estudo, não há necessidade de remoção da vítima, podendo se consumar a infração penal desde que esta, por exemplo, se veja impedida de sair do local onde se encontra. Assim, aquele que tranca a vítima dentro de sua própria casa, impedindo-a de sair, pratica o crime de sequestro.

Tendo em vista ser perfeitamente fracionável o *iter criminis*, entende-se que o delito de sequestro ou cárcere privado admite a tentativa. Desde que o agente tenha dado início à execução, ou seja, tenha colocado em marcha atos tendentes à privação da liberdade ambulatorial da vítima, não conseguindo inibir o seu direito de ir, vir e permanecer, restará tentado o delito em tela.

Entretanto, se a vítima, mesmo que por curto espaço de tempo, se viu limitada no seu direito ambulatorial, o delito restará consumado. Para que cheguemos a essa conclusão, devemos, obrigatoriamente, trabalhar com o raciocínio do princípio da razoabilidade, a fim de não chegarmos a respostas penais absurdas.

Dessa forma, imagine-se a hipótese daquele que, querendo praticar o crime de sequestro, segure a vítima pelo braço, impedindo-a de se locomover, e ato contínuo, alguém perceba o comportamento delitivo do agente e o prenda em flagrante delito. Devemos nos perguntar, nesse caso: O crime de sequestro estaria consumado pelo fato de o agente ter impedido, por alguns segundos, a liberdade ambulatorial da vítima, ou seria mais razoável o raciocínio correspondente ao *conatus*? Acreditamos que a resposta pela tentativa seria a melhor. Isso porque, para que possa restar consumado o sequestro, faz-se mister que a privação da liberdade seja por um tempo razoável. Poucos segundos, de acordo com o nosso entendimento, não têm o condão de consumar a infração penal, razão pela qual deveria o agente ser responsabilizado pela tentativa de sequestro.

Romeu de Almeida Salles Júnior arrola as posições doutrinárias a esse respeito:

> "Acerca da duração da privação da liberdade, a doutrina apresenta três posições: 1ª) é irrelevante para a consumação do delito, devendo ser considerada somente na dosagem da pena; 2ª) exige-se que a privação da liberdade perdure por tempo razoável, uma vez que, sendo momentânea, há apenas tentativa; 3ª) não há delito quando a vítima permanece à mercê do sujeito por tempo inexpressivo."[38]

Como deixamos antever, somos partidários da segunda corrente, pois, se o agente deu início aos atos de execução, tendentes à consumação do crime de sequestro, cuja privação da liberdade foi de pouca significância temporal, não podemos concluir que o crime se consumou, pois foge ao raciocínio da razoabilidade, tampouco afirmar que o comportamento é atípico, uma vez que o agente já havia exteriorizado o seu comportamento, somente não consumando a privação da liberdade por tempo considerável em razão de circunstâncias alheias à sua vontade.

## 6.6 Elemento subjetivo

O dolo, seja ele direto ou eventual, é o elemento subjetivo do delito de sequestro e cárcere privado.

Assim, poderá o agente dirigir finalisticamente sua conduta no sentido de privar a vítima da sua liberdade, ou, mesmo sabendo que seu comportamento levaria a esse resultado, poderá não se importar com a sua ocorrência.

Há pouco tempo a imprensa noticiou um fato que causou revolta em algumas pessoas que foram visitar os túmulos de seus entes queridos em um cemitério. Como o horário de saída já havia se esgotado, os coveiros, impacientes, fecharam o cemitério ainda com algumas

---

[38] SALLES JÚNIOR, Romeu de Almeida. *Código penal interpretado*, p. 417.

pessoas em seu interior. Na verdade, ao que parece, não tinham certeza de que ainda havia mais pessoas lá dentro; contudo, mesmo diante dessa incerteza, não se importaram de privá-las da oportunidade de sair daquele local sinistro. Como resultado, algumas pessoas passaram a noite no cemitério, sendo libertadas horas depois.

O dolo relativo ao delito de sequestro e cárcere privado diz respeito a tão somente privar alguém de sua liberdade. Se houver um dado que especialize a privação da liberdade, o fato terá outra moldura típica.

Assim, por exemplo, aquele que sequestra alguém com o fim de obter para si ou para outrem qualquer vantagem, como condição ou preço do resgate, pratica o crime de extorsão mediante sequestro.

Com isso queremos esclarecer que o sequestro pode ser considerado, também, um *delito subsidiário*, aplicando-se o art. 148 do Código Penal somente quando a privação da liberdade não se configurar em elemento de outro tipo penal, considerado especial em relação a ele.

Não foi prevista a modalidade culposa para o crime de sequestro e cárcere privado. Portanto, aquele que, encarregado de fechar as portas do escritório, por ser o último a sair, se esquece de que, naquele dia excepcionalmente, alguém está fazendo hora extra, negligentemente, deixa de verificar se todas as pessoas já haviam saído e tranca a porta, impedindo a saída de alguém, não responde por delito algum.

Devemos ressaltar a diferença entre esse exemplo com o dos coveiros. Nesse último exemplo, o agente acreditava, por descuido, que não havia mais ninguém no escritório; no primeiro, os coveiros tinham dúvidas sobre a permanência de outras pessoas no interior do cemitério e, mesmo assim, trancaram a porta de saída, não se importando com a eventual privação da liberdade das pessoas que ainda se encontravam lá dentro.

### 6.7 Modalidades comissiva e omissiva

O delito de sequestro e cárcere privado pode ser praticado comissiva ou omissivamente, sendo, portanto, entendida a privação da liberdade em forma de:

a) *detenção*, quando praticado comissivamente;
b) *retenção*, quando levado a efeito omissivamente.

Pode ocorrer que o agente tranque, por exemplo, a fechadura de determinada sala, com a finalidade de impedir a saída das pessoas que se encontrem lá dentro, ou que, por segurança, a sala já se encontre fechada, sendo a função do agente abri-la quando acionado por alguém, e ele deixe de atender aos pedidos de abertura da porta, mantendo as pessoas presas naquele recinto.

No primeiro caso, estaríamos diante do sequestro na modalidade detenção; no segundo, na modalidade retenção.

### 6.8 Modalidades qualificadas

Os §§ 1º e 2º do art. 148 do Código Penal trouxeram modalidades qualificadas de sequestro e cárcere privado, sendo que a hipótese prevista no § 2º pune mais severamente do que a do § 1º, *verbis*:

§ 1º A pena é de reclusão, de dois a cinco anos:
I – se a vítima é ascendente, descendente, cônjuge ou companheiro do agente ou maior de 60 (sessenta) anos;
II – se o crime é praticado mediante internação da vítima em casa de saúde ou hospital;
III – se a privação da liberdade dura mais de quinze dias;
IV – se o crime é praticado contra menor de 18 (dezoito) anos;

> V – se o crime é praticado com fins libidinosos.
> § 2º Se resulta à vítima, em razão de maus-tratos ou da natureza da detenção, grave sofrimento físico ou moral.
> Pena – reclusão, de dois a oito anos.

*Ab initio*, merece destaque o fato de que se, por exemplo, estivermos diante de uma situação que, aparentemente, se amolde a ambos os parágrafos, deverá ter aplicação tão somente um deles, vale dizer, o que tiver a maior pena cominada. Assim, se alguém comete um crime de sequestro contra seu próprio cônjuge, causando-lhe grave sofrimento físico em razão da detenção, a pena a ser aplicada será a do § 2º do art. 148 do Código Penal, havendo, portanto, um conflito aparente de normas a ser resolvido.

Em virtude das particularidades de cada uma das qualificadoras, faremos o seu estudo isoladamente, uma a uma.

### 6.8.1 Vítima ascendente, descendente, cônjuge ou companheiro do agente ou maior de 60 (sessenta) anos

O inciso I do § 1º do art. 148 do Código Penal teve nova redação determinada pela Lei nº 10.741, de 1º de outubro de 2003 (Estatuto da Pessoa Idosa), sendo, ainda, posteriormente modificado pela Lei nº 11.106, de 28 de março de 2005, que incluiu a figura do companheiro.

À exceção da hipótese em que a vítima é companheira do agente, para que seja efetivamente aplicada a qualificadora faz-se mister a comprovação nos autos, por meio dos documentos necessários (certidão de nascimento, carteira de identidade, certidão de casamento etc.), conforme determina o parágrafo único do art. 155 do Código de Processo Penal, de acordo com a nova redação que lhe foi dada pela Lei nº 11.690, de 9 de junho de 2008, que diz:

> **Parágrafo único.** Somente quanto ao estado das pessoas serão observadas as restrições estabelecidas na lei civil.

Importante frisar que, para o efetivo reconhecimento da qualificadora, o agente deve saber que pratica o crime de sequestro e cárcere privado contra ascendente, descendente, cônjuge, companheiro ou maior de 60 (sessenta) anos, pois, caso contrário, poderá incorrer no chamado erro de tipo, afastando a qualificadora.

No que diz respeito ao filho adotivo, Cezar Roberto Bitencourt assim se posiciona:

> "Ao contrário do que alguns sustentam, a previsão do art. 227, § 6º, da Constituição Federal não autoriza a inclusão do filho adotivo como fundamento da qualificação da figura típica. O Direito Penal orienta-se, fundamentalmente, pelo princípio da tipicidade, e, enquanto não houver norma legal criminalizando condutas e cominando as respectivas sanções, os enunciados constitucionais funcionarão somente como matrizes orientadas da futura política criminal, mas jamais poderão fundamentar a responsabilidade penal, sem previsão legal expressa e específica."[39]

Apesar da autoridade do renomado professor gaúcho, ousamos dele discordar. Isso porque a própria Constituição Federal determinou, no mencionado § 6º do art. 227, que:

> § 6º Os filhos, havidos ou não da relação do casamento, ou por adoção, terão os mesmos direitos e qualificações, proibidas quaisquer designações discriminatórias relativas à filiação.

---

[39] BITENCOURT, Cezar Roberto. *Tratado de direito penal*, v. 2, p. 456-457.

Devemos observar a determinação constitucional quando assevera que os filhos terão os mesmos direitos e *qualificações*. Dessa forma, não podemos dizer que o filho adotivo, por exemplo, não goza do *status* de descendente, razão pela qual se amolda ao conceito do inciso I em exame.

O reconhecimento das qualificadoras em estudo afasta a aplicação das circunstâncias agravantes previstas nas alíneas *e* e *h* do inciso II do art. 61 do Código Penal.

### 6.8.2 Se o crime é praticado mediante internação da vítima em casa de saúde ou hospital

Não são incomuns as internações desnecessárias cuja única finalidade daqueles que internam as vítimas é, justamente, afastá-las do convívio social no qual estavam inseridas.

A lei penal menciona *casa de saúde* ou *hospital*, querendo denotar que a internação deverá ocorrer em locais destinados, como regra, ao tratamento da saúde física e mental das pessoas.

Contudo, pode ser que a internação não passe de uma fraude praticada pelo agente, no sentido de encobrir sua verdadeira finalidade, que é a de privar a vítima de sua liberdade ambulatorial. Nesse sentido, afirma Paulo José da Costa Júnior:

> "Se o crime é praticado internando-se a vítima em casa de saúde ou hospital, onde o agente consegue mascarar sua intenção criminosa, revestindo de aparente legitimidade sua conduta. O médico ou diretor do hospital, que consente na internação criminosa, responde como coautor."[40]

Como é cediço, ninguém tem autoridade suficiente para internar qualquer pessoa em uma casa de saúde ou em um hospital sem que, para tanto, haja determinação médica. Assim, como bem ressaltou Paulo José da Costa Júnior, o médico poderá ser considerado coautor se, com a sua colaboração, for levada a efeito a internação daquele que dela não necessitava.

Deverá, portanto, ser apurada a responsabilidade de quem, efetivamente, contribuiu para a internação criminosa, isto é, se foi o médico quem fez a determinação, o diretor do hospital etc.

### 6.8.3 Se a privação da liberdade dura mais de quinze dias

A qualificadora do inciso III do § 1º do art. 148 do Código Penal determina que a pena é de reclusão, de 2 (dois) a 5 (cinco) anos, se a privação da liberdade dura mais de 15 (quinze) dias.

A primeira observação a ser feita diz respeito à contagem do prazo, aqui considerado de natureza penal.

Determina o art. 10 do Código Penal:

**Art. 10.** O dia do começo inclui-se no cômputo do prazo. Contam-se os dias, os meses e os anos pelo calendário comum.

Nesse caso, conta-se o primeiro dia de privação de liberdade da vítima, independentemente da hora em que ocorreu.

Além disso, a lei penal assevera que a privação da liberdade deve durar *mais de 15 (quinze) dias*, ou seja, somente se o agente mantiver a vítima por, no mínimo, 16 (dezesseis) dias em privação de liberdade é que poderá incidir a qualificadora.

---

[40] COSTA JÚNIOR, Paulo José da. *Direito penal objetivo*, p. 261.

### 6.8.4 Se o crime é praticado contra menor de 18 (dezoito) anos

O inciso IV foi acrescentado ao § 1º do art. 148 do Código Penal pela Lei nº 11.106, de 28 de março de 2005. Dessa forma, se a vítima for menor de 18 (dezoito) anos, o agente deverá responder pela modalidade qualificada de sequestro e cárcere privado.

Tal como ocorre com o inciso I do § 1º do art. 148 do Código Penal, para que seja aplicada a qualificadora em estudo, faz-se mister a comprovação nos autos da idade da vítima, por meio de documento próprio, nos termos do parágrafo único do art. 155 do diploma processual penal.

O agente deverá, ainda, ter conhecimento efetivo da idade da vítima, pois, caso contrário, poderá ser alegado o erro de tipo, que terá o condão de afastar a qualificadora.

A Lei nº 14.811/2024, inserindo o inciso XI no art. 1º da Lei nº 8.072/90, passou a reconhecer como hediondo o crime de sequestro ou cárcere privado, quando praticado contra menor de 18 (dezoito) anos.

### 6.8.5 Se o crime é praticado com fins libidinosos

O inciso V também foi acrescentado ao § 1º do art. 148 por intermédio da Lei nº 11.106, de 28 de março de 2005, que, além de alterar a redação de alguns tipos penais constantes do Código Penal, aboliu algumas infrações penais, como os crimes de sedução, rapto e adultério.

No que dizia respeito especificamente ao delito de rapto, o revogado tipo penal do art. 219 exigia, para efeitos de sua configuração, que o sujeito passivo fosse mulher honesta, bem como que a finalidade especial fosse dirigida à prática de atos libidinosos.

Hoje, com a nova redação constante do inciso V do § 1º do art. 148 do Código Penal, qualquer pessoa poderá figurar como sujeito passivo se o agente dirigir seu comportamento com o fim de praticar atos libidinosos com a vítima. Assim, poderá uma mulher, por exemplo, privar um homem de sua liberdade, com o fim de praticar qualquer ato de natureza libidinosa (conjunção carnal, relação anal, sexo oral etc.). Não importará, ainda, para efeitos de aplicação da qualificadora, que estejamos diante de uma relação hetero ou homossexual, pois ambas se amoldam ao delito em estudo.

Assim, o que importará, na verdade, será a finalidade especial com que atua o agente. O delito será qualificado pelo inciso V ainda que o agente não pratique qualquer ato de natureza libidinosa com a vítima. No entanto, se vier a praticá-lo, haverá o chamado concurso de crimes, respondendo o agente pelo sequestro qualificado em concurso material com o delito sexual, a exemplo do estupro.

### 6.8.6 Se resulta à vítima, em razão de maus-tratos ou da natureza da detenção, grave sofrimento físico ou moral

O § 2º do art. 148 do Código Penal prevê outra modalidade qualificada de sequestro ou cárcere privado, punindo com pena de reclusão, de 2 (dois) a 8 (oito) anos, se, em razão de maus-tratos ou da natureza da detenção, resultar à vítima grave sofrimento físico ou moral.

A qualificadora é composta por vários elementos de natureza normativa que estão a exigir valoração. Hungria, fazendo um exame sobre eles, disserta:

> "Por *maus-tratos* se deve entender qualquer ação ou omissão que cause ou possa causar dano ao corpo ou saúde da vítima ou vexá-la moralmente (exercer contra ela violências, privá-la de alimentos ou da possibilidade de asseio, sujeitá-la a zombarias cruéis, não lhe dar agasalho contra o frio etc.). Se dos maus-tratos resultar *lesão corporal* ou *morte*, haverá concurso material de crimes, respondendo o agente na conformidade do art. 51.[41]

---

[41] O citado art. 51 do Código Penal de 1940 diz respeito ao atual art. 69, depois da reforma em 1984, e cuida do chamado concurso material.

# PARTE I – CAPÍTULO VI – DOS CRIMES CONTRA A LIBERDADE INDIVIDUAL

A expressão *natureza da detenção* refere-se ao modo e condições objetivas da detenção em si mesma (meter a vítima a ferros ou no tronco, insalubridade do local, forçada promiscuidade da vítima com gente de classe muito inferior à sua, exposição da vítima a males ou perigos que excedem aos da forma simples do crime)."[42]

Como alertamos, se houver um concurso ou conflito aparente de normas entre o § 2º do art. 148 do Código Penal e o § 1º do mesmo artigo, aquele deverá prevalecer em detrimento deste. Assim, caso resulte grave sofrimento físico ou mental, mesmo tendo sido o crime cometido contra ascendente, terá aplicação tão somente o § 2º do art. 148, ficando impossibilitada a cumulação dos mencionados parágrafos.

## 6.9 Pena, ação penal e suspensão condicional do processo

Na sua modalidade simples, o art. 148 do Código Penal prevê uma pena de reclusão, de 1 (um) a 3 (três) anos. Na modalidade qualificada do seu § 1º, comina pena de reclusão, de 2 (dois) a 5 (cinco) anos, sendo que no § 2º a pena é de reclusão, de 2 (dois) a 8 (oito) anos.

Em todas as suas modalidades – simples ou qualificadas –, a ação penal no crime de sequestro e cárcere privado é de iniciativa pública incondicionada.

Será possível a confecção de proposta de suspensão condicional do processo para a infração penal prevista no *caput* do art. 148 do Código Penal, nos termos do art. 89 da Lei nº 9.099/95.

## 6.10 Destaques

### 6.10.1 Consentimento do ofendido

A liberdade é um bem de natureza disponível. Dessa forma, poderá a vítima dispor do seu direito de ir, vir e permanecer, desde que presentes todos os requisitos necessários à validade do seu consentimento, vale dizer: *a*) disponibilidade do bem; *b*) capacidade para consentir; *c*) que o consentimento seja prévio, ou pelo menos tenha sido fornecido numa relação de simultaneidade com a conduta do agente.

Assim, imagine-se a hipótese daquele que, não tendo força de vontade para estudar, pois está acostumado a sair de casa todos os dias da semana, pretendendo fazer um concurso público, pede a seu amigo que o tranque em sua casa todos os finais de semana, fazendo, assim, com que a falta de opção o faça debruçar sobre os livros.

O amigo que atende ao pedido não poderá ser responsabilizado pelo delito de sequestro e cárcere privado, presentes os requisitos citados acima, afastando-se, outrossim, a ilicitude do seu comportamento, uma vez que o consentimento do ofendido será cuidado, *in casu*, como uma causa supralegal de exclusão da ilicitude.

Faz-se mister ressaltar que o consentimento do ofendido deve durar o tempo todo em que estiver privado da sua liberdade, pois, caso o revogue, o agente responderá pelo sequestro ou cárcere privado.

### 6.10.2 Subtração de roupas da vítima

Imagine-se a hipótese daquele que, percebendo que uma pessoa tomava banho completamente nua em um rio situado em local não muito frequentado, esconda suas roupas, impedindo-a de sair daquele lugar. Estaria o agente cometendo, no caso, o delito de sequestro?

Nélson Hungria responde a essa indagação dizendo:

---

[42] HUNGRIA, Nélson. *Comentários ao código penal*, v. VI, p. 198.

CURSO DE DIREITO PENAL • VOL. 2 – ROGÉRIO GRECO

"Para que se integre o crime, em qualquer de suas variantes, não é necessário que a vítima fique absolutamente impedida de retirar-se do local em que a põe o agente: basta que não possa afastar-se (transportar-se para outro lugar) sem grave perigo pessoal, ou, como diz Florian, 'sem um esforço de que não seja normalmente capaz'.

É reconhecível o crime até mesmo no caso em que a vítima não possa livrar-se por inexperiência ou ignorância das condições do local, ou por estar sob vigilância, ou no caso, sempre figurado, da mulher [...] que é deixada, sem as vestes, num compartimento aberto ou à margem do rio em que se banhava."[43]

Dessa forma, esconder as roupas da pessoa que se banhava no rio é considerado um meio para a prática do delito de sequestro, considerando que ela não teria coragem para, completamente nua, deixar aquele local a fim de procurar socorro. Aqui, portanto, o sequestro seria praticado por meio da modalidade retenção, uma vez que o fato de esconder as roupas da vítima impediu-a de sair de onde se encontrava.

### 6.10.3  Participação ou coautoria sucessiva

O crime de sequestro e cárcere privado encontra-se no rol daqueles considerados *permanentes*, cuja consumação se prolonga no tempo, durando enquanto permanecer a privação da liberdade da vítima.

Pode acontecer que, enquanto a vítima estiver cerceada de sua liberdade ambulatorial, detida em determinado lugar, alguém ingresse no plano criminoso, fazendo surgir, portanto, a hipótese de coautoria sucessiva ou de participação sucessiva.

Já tivemos oportunidade de esclarecer, quando do estudo da Parte Geral do Código Penal,[44] que a regra é de que todos os coautores iniciem, juntos, a empreitada criminosa. Mas pode acontecer que alguém, ou mesmo o grupo, já tenha começado a percorrer o *iter criminis*, ingressando na fase dos atos de execução, quando outra pessoa adere à conduta criminosa daquele, e agora, unidos pelo vínculo psicológico, passam, juntos, a praticar a infração penal. Em casos como esse, quando o acordo de vontade vier a ocorrer após o início da execução, fala-se em coautoria sucessiva ou mesmo em participação sucessiva, dependendo da importância do comportamento do agente para o sucesso da empreitada criminosa, bem como de seu elemento de natureza subjetiva, ou seja, se sua finalidade era ingressar no plano na qualidade de autor, querendo o fato como próprio, ou se pretendia tão somente colaborar, de alguma forma, mas não desejando fazer parte do grupo, quando deverá ser considerado partícipe.

Assim, se alguém, sabendo que a vítima se encontrava trancada em determinado lugar, ingressa no plano criminoso com o fim de auxiliar o outro agente a vigiá-la, impedindo, assim, sua fuga, porque também tinha contra ela um problema pessoal, responderá, da mesma forma que aquele que a conduziu para aquele local, pelo delito de sequestro e cárcere privado, na qualidade de coautor sucessivo.

### 6.10.4  Sequestro e roubo com pena especialmente agravada pela restrição da liberdade da vítima

Antes do advento da Lei nº 9.426, de 24 de dezembro de 1996, que inseriu o inciso V no § 2º do art. 157 do Código Penal, entendia-se que se, por exemplo, para fins de prática do delito de roubo, o agente mantivesse a vítima detida com ele por um certo tempo, estaríamos diante de duas infrações penais em concurso de crimes, vale dizer, o crime de roubo, além do delito de sequestro e cárcere privado.

---

[43]  HUNGRIA, Nélson. *Comentários ao código penal*, v. VI, p. 193.

[44]  GRECO, Rogério. *Curso de direito penal* – Parte geral.

Não era incomum, tal como nos dias de hoje, que o agente, almejando subtrair o automóvel da vítima, depois de anunciar o roubo, a colocasse deitada no porta-malas, passando, até mesmo, a praticar outros delitos com ela presa dentro do veículo.

Após a inserção do mencionado inciso, surgiu a dúvida: O que fazer, agora, quando a vítima de roubo fosse mantida em poder do agente, que, assim agindo, restringia-lhe a liberdade? Entenderíamos, tão somente, pelo delito de roubo, com a pena especialmente agravada em virtude de ter o agente restringido a liberdade da vítima, ou ainda poderíamos concluir pelo cometimento do roubo em concurso com o crime de sequestro e cárcere privado?

Na verdade, a resposta a essa indagação vai depender do tempo em que a vítima permanecer detida com o agente. Se for por curto espaço de tempo, curto aqui entendido de acordo com as determinações do princípio da razoabilidade, teremos tão somente o crime de roubo com a pena especialmente aumentada em razão da aplicação do inciso V do § 2º do art. 157 do Código Penal.

Se for por um período longo de privação de liberdade, podemos raciocinar em termos de concurso material entre o delito de roubo e o de sequestro ou cárcere privado, afastando-se, nesse caso, a causa especial de aumento de pena prevista no inciso V do § 2º do art. 157 do Código Penal, pois, caso contrário, estaríamos aplicando o tão repudiado *bis in idem*.

Cezar Roberto Bitencourt ainda adverte:

"Para o crime de roubo foi previsto, como majorante, o agente manter a vítima em seu poder, *restringindo* a sua liberdade (art. 157, § 2º, V, acrescentado pela Lei nº 9.426, de 24/12/1996). Nesse dispositivo, a lei fala em *restrição* de liberdade, e, naquele (art. 148), em *privação;* logo, há uma diferença de intensidade, de duração: *restrição* significa a turbação da liberdade, algo momentâneo, passageiro, com a finalidade de assegurar a subtração da coisa, mediante violência, ou, quem sabe, de garantir somente a própria fuga; *privação* da liberdade, por sua vez, tem um sentido de algo mais duradouro, mais intenso, mais abrangente, ou seja, suprime total ou parcialmente o exercício da liberdade. Por isso, se a privação da liberdade durar mais do que o tempo necessário para garantir o êxito da subtração da coisa alheia ou da fuga, deixará de constituir simples majorante, para configurar crime autônomo, de sequestro, em concurso material com o crime contra o patrimônio. Se a vítima, por exemplo, após despojada de seu veículo, é obrigada a nele permanecer, do mesmo se utilizando os acusados não para assegurar a impunidade do crime cometido, mas para a prática de novos roubos contra outras vítimas, haverá o crime de *sequestro ou cárcere privado* (art. 148) em concurso material com o de roubo."[45]

### 6.10.5 Sequestro e cárcere privado no Estatuto da Criança e do Adolescente

A Lei nº 8.069, de 13 de julho de 1990 (Estatuto da Criança e do Adolescente), criou uma modalidade especializada de sequestro e cárcere privado, conforme se verifica da leitura do art. 230, *verbis:*

> **Art. 230.** Privar a criança ou o adolescente de sua liberdade, procedendo à sua apreensão sem estar em flagrante de ato infracional ou inexistindo ordem escrita da autoridade judiciária competente:
> Pena – detenção, de seis meses a dois anos.
> **Parágrafo único.** Incide nas mesmas penas aquele que procede à apreensão sem observância das formalidades legais.

Aqui, quando a lei menciona a *apreensão,* não está se referindo a qualquer privação da liberdade, senão àquela praticada por pessoas que, em tese, tinham autoridade para fazê-lo, a exemplo das polícias civil e militar.

---

[45] BITENCOURT, Cezar Roberto. *Tratado de direito penal,* v. 2, p. 459.

A restrição da liberdade da criança ou do adolescente é feita, dessa forma, pelo próprio Estado, em tese, para uma das finalidades previstas no Estatuto da Criança e do Adolescente. Entretanto, como não havia flagrante de ato infracional, bem como inexistia ordem escrita da autoridade judiciária, torna-se ilegal a privação da liberdade, fazendo com que o autor seja responsabilizado nos termos do art. 230 acima transcrito.

Merece ser ressaltado o fato de que, em outras situações, ou seja, de privações de liberdade que não sejam levadas a efeito para fins de aplicação do Estatuto da Criança e do Adolescente, o fato se amoldará ao art. 148 do Código Penal, cujas penas nele previstas são significativamente mais graves.

A autoridade competente para fins de liberação da criança ou do adolescente ilegalmente privados da liberdade tem o dever de colocá-los imediatamente em liberdade, sob pena de ser também responsável por essa privação ilegal, agora na modalidade de retenção, nos termos do art. 234 do Estatuto da Criança e do Adolescente, assim redigido:

> **Art. 234.** Deixar a autoridade competente, sem justa causa, de ordenar a imediata liberação de criança ou adolescente, tão logo tenha conhecimento da ilegalidade da apreensão:
>
> Pena – detenção de seis meses a dois anos.

### 6.10.6 Sequestro e cárcere privado e a novatio legis in pejus

Imagine-se a hipótese em que o agente tenha privado a vítima de sua liberdade ambulatorial. Ainda durante o período em que permanecia privada da sua liberdade, entra em vigor uma lei nova, aumentando, por exemplo, as penas cominadas ao delito de sequestro ou cárcere privado.

Em sua sessão plenária de 24 de setembro de 2003, o Supremo Tribunal Federal aprovou a Súmula nº 711, que diz:

> **Súmula nº 711.** A lei penal mais grave aplica-se ao crime continuado ou ao crime permanente, se a sua vigência é anterior à cessação da continuidade ou da permanência.

De acordo com os termos da Súmula nº 711, que expressa o entendimento já pacificado do Supremo Tribunal Federal, deverá ter aplicação a chamada *novatio legis in pejus*, ou seja, a lei posterior, mesmo que mais gravosa, dada a natureza permanente do delito tipificado no art. 148 do Código Penal.

### 6.10.7 Sequestro e cárcere privado e Código Penal Militar

O crime de sequestro e cárcere privado também veio previsto no Código Penal Militar (Decreto-Lei nº 1.001, de 21 de outubro de 1969), conforme se verifica pela leitura do seu art. 225 e parágrafos.

### 6.10.8 Vítima mantida como refém

A Lei nº 13.964, de 24 de dezembro de 2019, inseriu o parágrafo único ao art. 25 do Código Penal, dizendo:

> **Art. 25.** (...)
>
> **Parágrafo único.** Observados os requisitos previstos no *caput* deste artigo, considera-se também em legítima defesa o agente de segurança pública que repele agressão ou risco de agressão a vítima mantida refém durante a prática de crimes.

Embora fosse desnecessária essa inclusão, se o agente de segurança pública agir nessas condições, fazendo cessar a situação de agressão injusta que já existia tão somente com a privação de liberdade da vítima, independentemente do fato de esta última estar sendo agredida ou pelo menos com risco de ser agredida, estará acobertado pela legítima defesa, resguardando-se, contudo, a possibilidade de ser analisado o excesso, se houver.

## 6.11 Quadro-resumo

### Sujeitos
» Ativo: qualquer pessoa.
» Passivo: qualquer pessoa na modalidade simples. Nas modalidades qualificadas previstas nos incs. I e IV do § 1º do art. 148 do CP, os sujeitos passivos deverão ser as pessoas por eles determinadas.

### Objeto material
É a *pessoa* privada da liberdade, contra a qual recai a conduta do agente.

### Bem(ns) juridicamente protegido(s)
É a *liberdade pessoal*, entendida aqui no sentido de liberdade ambulatorial, liberdade física, ou seja, o direito que toda pessoa tem de ir, vir ou permanecer.

### Elemento subjetivo
» Dolo direto ou eventual.
» Não há previsão para a modalidade de natureza culposa.

### Modalidades comissiva e omissiva
O delito pode ser praticado comissiva ou omissivamente, sendo, portanto, entendida a privação da liberdade em forma de:
a) detenção, quando praticado comissivamente;
b) retenção, quando levado a efeito omissivamente.

### Consumação e tentativa
» Consuma-se o delito de sequestro ou cárcere privado com a efetiva impossibilidade de locomoção da vítima, que fica impedida de ir, vir ou mesmo de permanecer onde quiser.
» Deve ser ressaltado que, para fins de caracterização do crime em estudo, não há necessidade de remoção da vítima, podendo se consumar a infração penal desde que esta, por exemplo, se veja impedida de sair do local onde se encontra. Assim, aquele que tranca a vítima dentro de sua própria casa, impedindo-a de sair, pratica o crime de sequestro.
» A tentativa é admissível.

## 7. REDUÇÃO A CONDIÇÃO ANÁLOGA À DE ESCRAVO

**Redução a condição análoga à de escravo**
**Art. 149.** Reduzir alguém a condição análoga à de escravo, quer submetendo-o a trabalhos forçados ou a jornada exaustiva, quer sujeitando-o a condições degradantes de trabalho, quer restringindo, por qualquer meio, sua locomoção em razão de dívida contraída com o empregador ou preposto:
Pena – reclusão, de dois a oito anos, e multa, além da pena correspondente à violência.

> § 1º Nas mesmas penas incorre quem:
>
> I – cerceia o uso de qualquer meio de transporte por parte do trabalhador, com o fim de retê-lo no local de trabalho;
>
> II – mantém vigilância ostensiva no local de trabalho ou se apodera de documentos ou objetos pessoais do trabalhador, com o fim de retê-lo no local de trabalho.
>
> § 2º A pena é aumentada de metade, se o crime é cometido:
>
> I – contra criança ou adolescente;
>
> II – por motivo de preconceito de raça, cor, etnia, religião ou origem.

## 7.1 Introdução

O art. 149 do Código Penal cuida do delito de redução a condição análoga à de escravo, também conhecido doutrinariamente como "plágio." Com a nova redação que lhe foi dada pela Lei nº 10.803, de 11 de dezembro de 2003, procura-se identificar as hipóteses em que se configura o mencionado delito.

A Exposição de Motivos da Parte Especial do Código Penal de 1940, no item 51, último parágrafo, dissertando sobre o crime de redução a condição análoga à de escravo, dizia:

> **51.** O fato de reduzir alguém, por qualquer meio, à condição análoga à de escravo, isto é, suprimir-lhe, de fato, o *status libertatis*, sujeitando-o o agente ao seu completo e discricionário poder. É o crime que os antigos chamavam de *plagium*. Não é desconhecida a sua prática entre nós, notadamente em certos pontos remotos do nosso *hinterland*.

Hoje, após a modificação havida na redação original do tipo do art. 149 do Código Penal, que dizia, tão somente, *reduzir alguém a condição análoga à de escravo*, podemos identificar quando, efetivamente, o delito se configura. Assim, são várias as maneiras que, analogamente, fazem com que o trabalho seja comparado a um regime de escravidão. A lei penal assevera que se reduz alguém a condição análoga à de escravo, dentre outras circunstâncias, quando:

*a)* o obriga a trabalhos forçados;

*b)* impõe-lhe jornada exaustiva de trabalho;

*c)* sujeita-o a condições degradantes de trabalho;

*d)* restringe, por qualquer meio, sua locomoção em razão de dívida contraída com o empregador ou preposto.

Ao longo do século XX, foram realizadas várias conferências pela Organização Internacional do Trabalho (OIT), com o fim de erradicar a escravidão, servidão e trabalhos forçados, culminando com a edição de várias convenções, a exemplo da Convenção nº 29, adotada na 14ª sessão da Conferência Geral da Organização Internacional do Trabalho, em Genebra, a 28 de junho de 1930.

O art. 1º da mencionada Convenção determina:

> **Artigo 1º**
>
> 1. Todos os Membros da Organização Internacional do Trabalho que ratificam a presente convenção se obrigam a suprimir o emprego do trabalho forçado ou obrigatório sob todas as suas formas no mais curto prazo possível.

Da mesma forma, o art. 4º da Declaração Universal dos Direitos do Homem e do Cidadão, de 1948, também determina:

> **Artigo 4º**
>
> Ninguém será mantido em escravatura ou em servidão; a escravatura e o trato dos escravos, sob todas as formas, são proibidos.

E, especificamente com relação ao trabalho, diz o art. 23º:

> **Artigo 23º**
>
> [...]:
> 1. Toda a pessoa tem direito ao trabalho, à livre escolha do trabalho, a condições equitativas e satisfatórias de trabalho e à proteção contra o desemprego.

Dessa forma, o *caput* do art. 149 do Código Penal, com a nova redação que lhe foi dada pela Lei nº 10.803/2003, atendendo às exigências internacionais, responsabiliza criminalmente aquele que reduz alguém a condição análoga à de escravo, praticando os comportamentos acima destacados.

A Convenção nº 29, adotada pela Conferência Geral da Organização Internacional do Trabalho, traduziu o conceito de *trabalhos forçados*, dizendo, em seu art. 2º:

> **Artigo 2º**
>
> 1. Para os fins da presente convenção, a expressão "trabalho forçado ou obrigatório" designará todo trabalho ou serviço exigido de um indivíduo sob ameaça de qualquer penalidade e para o qual ele não se ofereceu de espontânea vontade.

Assim, trabalho forçado diz respeito àquele para o qual a vítima não se ofereceu volitivamente, sendo, portanto, a ele compelido por meios capazes de inibir sua vontade.

José Cláudio Monteiro de Brito Filho, comentando o conceito traduzido pela OIT, esclarece com precisão:

> "A nota característica do conceito, então, é a liberdade. Quando o trabalhador não pode decidir, espontaneamente, pela aceitação do trabalho, ou então, a qualquer tempo, em relação à sua permanência no trabalho, há trabalho forçado.
>
> Não se deve dar, dessa forma, ao 'e' que une as duas hipóteses, a condição de conjunção aditiva. É que o trabalho forçado caracterizar-se-á tanto quando o trabalho é exigido contra a vontade do trabalhador, durante sua execução, como quando ele é imposto desde o seu início. O trabalho inicialmente consentido, mas que depois se revela forçado, é comum nessa forma de superexploração do trabalho no Brasil e não pode deixar de ser considerado senão como forçado."[46]

Não somente trabalhar forçosamente, mas também impor a um trabalhador *jornada exaustiva de trabalho*, isto é, aquela que culmina por esgotar completamente suas forças, minando-lhe a saúde física e mental, configura-se no delito em estudo.

Da mesma forma, há trabalhos que sujeitam as vítimas a *condições degradantes*, desumanas, ofensivas ao mínimo ético exigido. José Cláudio Monteiro de Brito Filho, procurando esclarecer o conceito de trabalho em condições degradantes, aduz ser aquele:

> "Em que há a falta de garantias mínimas de saúde e segurança, além da falta de condições mínimas de trabalho, de moradia, higiene, respeito e alimentação. Tudo devendo ser garantido – o que deve ser esclarecido, embora pareça claro – em conjunto; ou seja, em contrário, a falta de um desses elementos impõe o reconhecimento do trabalho em condições degradantes.
>
> Assim, se o trabalhador presta serviços exposto à falta de segurança e com riscos à sua saúde, temos o trabalho em condições degradantes. Se as condições de trabalho mais básicas são negadas ao trabalhador, como o direito de trabalhar em jornada razoável e que proteja sua saúde, garanta-lhe descanso e permita o convívio social, há trabalho em condições degradantes.

---

[46] BRITO FILHO, José Cláudio Monteiro de. *Trabalho com redução do homem a condição análoga à de escravo e dignidade da pessoa humana*. Disponível em: <http://www.pgt.mpt.gov.br/publicacoes>.

Se, para prestar o trabalho, o trabalhador tem limitações na sua alimentação, na sua higiene, e na sua moradia, caracteriza-se o trabalho em condições degradantes."[47]

Atividade que se tornou muito comum, principalmente na zona rural, diz respeito ao fato de que o trabalhador, obrigado a comprar sua cesta básica de alimentação de seu próprio empregador, quase sempre por preços superiores aos praticados no mercado, acaba por se transformar em um refém de sua própria dívida, passando a trabalhar tão somente para pagá-la, uma vez que, à medida que o tempo vai passando, dada a pequena remuneração que recebe, conjugada com os preços extorsivos dos produtos que lhe são vendidos, torna--se alguém que se vê impossibilitado de exercer seu direito de ir e vir, em razão da dívida acumulada.

Merece destaque o fato de que a Portaria nº 265, de 6 de junho de 2002, do Ministério do Trabalho e Emprego, estabeleceu normas para a atuação dos Grupos Especiais de Fiscalização Móvel (GEFM), compostos por Auditores Fiscais do Trabalho, que têm por finalidade o combate ao trabalho escravo, forçado e infantil e tem atuação em todo o território nacional.[48]

Em razão dessa fiscalização, em janeiro de 2004, o Brasil assistiu, estarrecido, à notícia sobre o assassinato de três auditores-fiscais do trabalho que cumpriam as determinações que lhes foram atribuídas, na cidade de Unaí, em Minas Gerais.

O § 1º do art. 149 ainda responsabiliza criminalmente, com as mesmas penas cominadas ao *caput* do mencionado artigo, aquele que: I – cerceia o uso de qualquer meio de transporte por parte do trabalhador, com o fim de retê-lo no local de trabalho; II – mantém vigilância ostensiva no local de trabalho ou se apodera de documentos ou objetos pessoais do trabalhador, com o fim de retê-lo no local de trabalho.

A pena será aumentada de metade, nos termos do § 2º do art. 149 do diploma repressivo, se o crime for cometido: *a)* contra criança ou adolescente; *b)* por motivo de preconceito de raça, cor, etnia, religião ou origem.

## 7.2 Classificação doutrinária

Crime próprio com relação ao sujeito ativo, bem como quanto ao sujeito passivo (haja vista que somente quando houver uma relação de trabalho entre o agente e a vítima é que o delito poderá se configurar); doloso; comissivo ou omissivo impróprio; de forma vinculada (pois o art. 149 do Código Penal aponta os meios mediante os quais se reduz alguém a condição análoga à de escravo); permanente (cuja consumação se prolonga no tempo, enquanto permanecerem as situações narradas pelo tipo penal); material; monossubjetivo; plurissubsistente.

## 7.3 Objeto material e bem juridicamente protegido

Bem juridicamente protegido pelo tipo do art. 149 do Código Penal é a liberdade da vítima, que se vê, dada sua redução a condição análoga à de escravo, impedida do seu direito de ir, vir ou mesmo permanecer onde queira.

Conforme o alerta proclamado pelo Ministério Público do Trabalho:

---

[47] BRITO FILHO, José Cláudio Monteiro de. *Trabalho com redução do homem a condição análoga à de escravo e dignidade da pessoa humana*. Disponível em: <http://www.pgt.mpt.gov.br/publicacoes>.

[48] De acordo com notícia veiculada no jornal *O Globo*, "o Brasil tem cerca de 20 mil trabalhadores em condição análoga à escravidão" (O BRASIL tem 20 mil trabalhadores em condição análoga à escravidão. *O Globo*, 27 mai. 2011. Disponível em: <http://oglobo.globo.com/pais/mat/2011/05/27/brasil--tem-20-mil-trabalhadores-em-condicao-analoga-escravidao-924549388.asp>).

"Quando se fala em escravidão, muitos lembram de correntes e senzalas. Mas o trabalho escravo de hoje adquiriu novas características, sendo a principal delas a proibição direta ou indireta do direito de ir e vir."[49]

Entretanto, quando a lei penal faz menção às chamadas condições degradantes de trabalho, podemos visualizar também como bens juridicamente protegidos pelo art. 149 do diploma repressivo: a vida, a saúde, bem como a segurança do trabalhador, além da sua liberdade.

Objeto material do delito em estudo é a pessoa contra a qual recai a conduta do agente, que a reduz a condição análoga à de escravo.

## 7.4 Sujeito ativo e sujeito passivo

Após a nova redação do art. 149 do Código Penal, levada a efeito pela Lei nº 10.803, de 11 de dezembro de 2003, foram delimitados os sujeitos ativo e passivo do delito em estudo, devendo, agora, segundo entendemos, existir entre eles relação de trabalho.

Assim, sujeito ativo será o empregador que utiliza a mão de obra escrava. Sujeito passivo, a seu turno, será o empregado que se encontra numa condição análoga à de escravo.

## 7.5 Consumação e tentativa

Consuma-se o delito com a privação da liberdade da vítima, mediante as formas previstas pelo tipo do art. 149 do Código Penal ou com a sua sujeição a condições degradantes de trabalho.

Sendo um delito plurissubsistente, será possível a tentativa.

## 7.6 Elemento subjetivo

O dolo é o elemento subjetivo do delito tipificado pelo art. 149 do Código Penal, podendo ser direto ou, mesmo, eventual.

Não se admite a modalidade culposa de redução a condição análoga à de escravo, por ausência de previsão legal no tipo em estudo.

## 7.7 Causa de aumento de pena

O § 2º do art. 149 do Código Penal prevê o aumento de metade da pena se o crime for cometido:

> I – contra criança ou adolescente;
> II – por motivo de preconceito de raça, cor, etnia, religião ou origem.

Na primeira hipótese, vale dizer, quando o crime é cometido contra criança ou adolescente, temos de trabalhar com os conceitos fornecidos pelo art. 2º da Lei nº 8.069/1990, que diz, *verbis*:

> **Art. 2º** Considera-se criança, para os efeitos desta Lei, a pessoa até doze anos de idade incompletos, e adolescente aquela entre doze e dezoito anos de idade.

Para que seja aplicada a mencionada causa especial de aumento de pena deverá ser comprovada nos autos a idade da vítima, por meio de documento hábil, conforme determina o parágrafo único do art. 155 do Código de Processo Penal.

---

[49] Disponível em: <http://www.mpt.gov.br>.

A segunda causa de aumento de pena, prevista no § 2º do art. 149 do Código Penal, diz respeito, diretamente, à motivação do agente, ou seja, o que o impeliu a reduzir a vítima a condição análoga à de escravo foi o seu preconceito relativo a raça, cor, etnia, religião ou origem.

## 7.8 Pena, ação penal e competência para julgamento

O art. 149 do Código Penal prevê uma pena de reclusão, de 2 (dois) a 8 (oito) anos, e multa, além da pena correspondente à violência, tanto para as hipóteses previstas em seu *caput* como naquelas elencadas pelo § 1º, vale dizer, nos casos em que há o cerceamento do uso de qualquer meio de transporte por parte do trabalhador com o fim de retê-lo no local de trabalho, bem como quando o agente mantém vigilância no local de trabalho ou se apodera de documentos ou objetos pessoais do trabalhador com o fim de retê-lo no local de trabalho.

A lei penal ressalvou, ainda, a hipótese de concurso de crimes entre a redução a condição análoga à de escravo e a infração penal que disser respeito à violência praticada pelo agente.

A ação penal é de iniciativa pública incondicionada.

A apuração do crime em estudo sempre foi da competência da Justiça Estadual. No entanto, após o julgamento do Recurso Extraordinário nº 398.041/PA, em 30 de novembro de 2006, tendo como Relator o Min. Joaquim Barbosa, o Supremo Tribunal Federal passou a entender que a competência seria da Justiça Federal, conforme se verifica pela ementa abaixo transcrita:

> "A Constituição de 1988 traz um robusto conjunto normativo que visa à proteção e efetivação dos direitos fundamentais do ser humano. A existência de trabalhadores a laborar sob escolta, alguns acorrentados, em situação de total violação da liberdade e da autodeterminação de cada um, configura crime contra a organização do trabalho. Quaisquer condutas que possam ser tidas como violadoras não somente do sistema de órgãos e instituições com atribuições para proteger os direitos e deveres dos trabalhadores, mas também dos próprios trabalhadores, atingindo-os em esferas que lhes são mais caras, em que a Constituição lhes confere proteção máxima, são enquadráveis na categoria dos crimes contra a organização do trabalho, se praticadas no contexto das relações de trabalho. Nesses casos, a prática do crime prevista no art. 149 do Código Penal (Redução à condição análoga a de escravo) se caracteriza como crime contra a organização do trabalho, de modo a atrair a competência da Justiça federal (art. 109, VI, da Constituição) para processá-lo e julgá-lo."

## 7.9 Quadro-resumo

**Sujeitos**
» Ativo: será o empregador que utiliza a mão de obra escrava.
» Passivo: será o empregado que se encontra numa condição análoga à de escravo.

**Objeto material**
É a *pessoa* contra a qual recai a conduta do agente, que a reduz à condição análoga à de escravo.

**Bem(ns) juridicamente protegido(s)**
É a *liberdade* de a vítima, que se vê, dada sua redução à condição análoga de escravo, impedida do seu direito de ir e vir ou mesmo permanecer onde queira.

**Elemento subjetivo**
» O dolo direto ou eventual.
» Não se admite a modalidade culposa.

> **Consumação e tentativa**
> » Consuma-se o delito com a privação da liberdade da vítima, mediante as formas previstas pelo tipo do art. 149 do CP ou com a sua sujeição a condições degradantes de trabalho.
> » Sendo um delito plurissubsistente, será possível a tentativa.

## 8. TRÁFICO DE PESSOAS

> **Tráfico de Pessoas**
> **Art. 149-A.** Agenciar, aliciar, recrutar, transportar, transferir, comprar, alojar ou acolher pessoa, mediante grave ameaça, violência, coação, fraude ou abuso, com a finalidade de:
> I – remover-lhe órgãos, tecidos ou partes do corpo;
> II – submetê-la a trabalho em condições análogas à de escravo;
> III – submetê-la a qualquer tipo de servidão;
> IV – adoção ilegal; ou
> V – exploração sexual.
> Pena – reclusão, de 4 (quatro) a 8 (oito) anos, e multa.
> § 1º A pena é aumentada de um terço até a metade se:
> I – o crime for cometido por funcionário público no exercício de suas funções ou a pretexto de exercê-las;
> II – o crime for cometido contra criança, adolescente ou pessoa idosa ou com deficiência;
> III – o agente se prevalecer de relações de parentesco, domésticas, de coabitação, de hospitalidade, de dependência econômica, de autoridade ou de superioridade hierárquica inerente ao exercício de emprego, cargo ou função; ou
> IV – a vítima do tráfico de pessoas for retirada do território nacional.
> § 2º A pena é reduzida de um a dois terços se o agente for primário e não integrar organização criminosa.

### 8.1 Introdução

O tráfico de pessoas não é um mal criado pela sociedade contemporânea, pelo contrário. A história da humanidade nos mostra que, já na antiguidade, principalmente nas sociedades grega e, posteriormente, romana, a compra e venda de pessoas era prática comum, principalmente para efeitos de exploração de sua força laboral, ou seja, havia, desde aquela época, o comércio de escravos, que eram tratados como meros objetos.

Esse comércio desumano foi recorrente e permanece, infelizmente, nos dias atuais. O tráfico de seres humanos oriundos, principalmente, da África permaneceu como uma prática regular, que se valia dessa mão de obra escrava para todo tipo de trabalho.

No Brasil, em 13 de maio de 1888, através da Lei Áurea, foi decretada a abolição da escravatura, o que não impediu que ainda permanecesse o comércio ilegal de seres humanos, com a vinda de negros africanos, transportados ilícita e cruelmente nos porões dos chamados navios negreiros.

Da mesma forma, sempre foi frequente o comércio de mulheres com o fim de serem exploradas sexualmente. Eram as chamadas "escravas brancas" (*White Slave Trade*), termo que teria aparecido pela primeira vez no ano de 1839, sendo derivado da expressão francesa *traite de blanches*. Normalmente, essas chamadas escravas brancas eram mulheres europeias que eram levadas de seus países de origem, a fim de exercerem a prostituição, principalmente nos bordéis localizados nos Estados Unidos e na Ásia.

Traçando uma evolução sobre os diplomas internacionais que procuraram regular esses temas, Ela Wiecko V. de Castilho preleciona que:

"À preocupação inicial com o tráfico de negros da África, para exploração laboral, agregou-se a do tráfico de mulheres brancas, para prostituição. Em 1904, é firmado em Paris o Acordo para a Repressão do Tráfico de Mulheres Brancas, no ano seguinte convolado em Convenção. Durante as três décadas seguintes foram assinados: a Convenção Internacional para a Repressão do Tráfico de Mulheres Brancas (Paris, 1910), a Convenção Internacional para a Repressão do Tráfico de Mulheres e Crianças (Genebra, 1921), a Convenção Internacional para a Repressão do Tráfico de Mulheres Maiores (Genebra, 1933), o Protocolo de Emenda à Convenção Internacional para a Repressão do Tráfico de Mulheres e Crianças e a Convenção Internacional para a Repressão do Tráfico de Mulheres Maiores (1947), e, por último, a Convenção e Protocolo Final para a Repressão do Tráfico de Pessoas e do Lenocínio (Lake Success, 1949).

Esta sucessão histórica pode ser dividida em duas fases: antes e depois da Convenção de 1949, ou seja, no contexto da Liga das Nações e no âmbito da ONU, com expressa anulação e substituição das normas anteriores"[50].

Embora o mundo tenha despertado para a prevenção e o combate ao tráfico de pessoas, seu número, infelizmente, vem crescendo assustadoramente ao longo dos anos, dizendo respeito não somente ao tráfico para fins de trabalho em condições análogas à de escravo, servidão ou exploração sexual, abrangendo outras modalidades como para adoção ilegal ou mesmo para remoção de órgãos, tecidos ou partes do corpo.

Como bem esclarecido por Guillermo Julio Fierro:

"Se bem a proteção internacional começou dedicando-se em um primeiro momento ao tráfico de escravos, logo abarcou o tráfico de brancas, posteriormente se ampliou ao tráfico de mulheres, e culminou com o tráfico de pessoas, tal evolução na extensão da cobertura da lei internacional não é senão o reflexo da situação atual, na qual o tráfico de seres humanos e a sua introdução e saída ilegal em diferentes países do mundo se converteu em um negócio infame que gera enormes benefícios a quem o explora, aproveitando-se dos altos níveis de pobreza, desemprego, fatores sociais e culturais adversos, como a violência contra a mulher e as crianças, os migrantes carentes de recursos, de tal sorte que eles são vítimas de vendas, exploração sexual, mendicância, pornografia infantil, trabalhos forçados obtidos mediante o engano e a força"[51].

De acordo com o relatório sobre tráfico de pessoas feito pela Organização das Nações Unidas – ONU, no ano de 2014, foram identificadas mais de 150 vítimas de diversas nacionalidades, espalhadas por mais de 120 países no mundo. Dos aliciadores e recrutadores, 72% eram homens, e 28% mulheres. No que diz respeito às vítimas, 49% delas eram mulheres adultas, 18% eram homens, 21% eram crianças e adolescentes do sexo feminino e os 12% restantes, crianças e adolescentes do sexo masculino[52].

Conforme, ainda, com o aludido relatório, 53% das vítimas do tráfico de pessoas são exploradas sexualmente, sendo 40% destinadas ao trabalho escravo, 0,3% destinadas à remoção de órgãos, dividindo-se o percentual restante entre as demais formas dessa espécie de criminalidade.

---

[50] CASTILHO, Ela Wiecko V. de. *Tráfico de pessoas*: da Convenção de Genebra ao Protocolo de Palermo. Política Nacional de Enfrentamento ao Tráfico de Pessoas, Ministério da Justiça, p. 11.

[51] FIERRO, Guillermo Julio. *Ley penal y derecho internacional*, p. 17.

[52] Global Report on Trafficking in Persons, 2014, Undoc – United Nations Office on Drugs and Crime, p. 5. Disponível em: <https://www.unodc.org/documents/data-and-analysis/glotip/GLOTIP_2014_full_re port.pdf>. Acesso em: 9 out. 2016.

Em 2012, as estimativas da Organização Internacional do Trabalho (OIT)[53] indicavam que, no mundo, havia quase 21 milhões de vítimas de trabalho forçado ou exploradas sexualmente, sendo, dentre elas, aproximadamente 5,5 milhões de crianças. Realmente, são dados estarrecedores, que exigem uma resposta imediata e efetiva por parte dos Estados.

São três os tipos de países onde se pode visualizar o tráfico de pessoas, a saber: a) origem; b) passagem; e c) destino. São reconhecidos como de *origem* aqueles países de onde provêm as pessoas traficadas; de *passagem*, aqueles pelos quais as pessoas traficadas passam, mas não permanecem; c) de *destino* aqueles considerados como finalidade do tráfico, isto é, países nos quais as pessoas traficadas são conduzidas para que neles permaneçam.

Atualmente, o tráfico de pessoas é a terceira atividade criminosa mais lucrativa do mundo, somente perdendo para o tráfico de armas e de drogas.

Em 12 de março de 2004, foi editado o Decreto nº 5.017, promulgando o Protocolo Adicional à Convenção das Nações Unidas contra o Crime Organizado Transnacional Relativo à Prevenção, Repressão e Punição do Tráfico de Pessoas, em Especial Mulheres e Crianças, adotado em Nova Iorque em 15 de novembro de 2000.

Segundo o art. 3, alínea *a*, do mencionado Protocolo:

"A expressão 'tráfico de pessoas' significa o recrutamento, o transporte, a transferência, o alojamento ou o acolhimento de pessoas, recorrendo à ameaça ou uso da força ou a outras formas de coação, ao rapto, à fraude, ao engano, ao abuso de autoridade ou à situação de vulnerabilidade ou à entrega ou aceitação de pagamentos ou benefícios para obter o consentimento de uma pessoa que tenha autoridade sobre outra para fins de exploração. A exploração incluirá, no mínimo, a exploração da prostituição de outrem ou outras formas de exploração sexual, o trabalho ou serviços forçados, escravatura ou práticas similares à escravatura, a servidão ou a remoção de órgãos;"

Percebe-se, portanto, através da definição acima transcrita, que o tráfico de pessoas é considerado como um crime transnacional, a ele se aplicando a Convenção das Nações Unidas contra o Crime Organizado Transnacional e seus três protocolos suplementares[54], cujos temas centrais destinam-se ao tráfico de pessoas (em especial mulheres e crianças), o tráfico ilícito de migrantes e a luta contra a produção ilícita e o tráfico de armas de fogo.

O Brasil, portanto, ao promulgar o referido Protocolo, considerando o que consta em seu art. 5, se comprometeu a criar uma infração penal que tivesse por finalidade impedir a prática dos comportamentos previstos no art. 3º acima transcrito.

Assim, aproximadamente 12 anos após a edição do Decreto nº 5.017, de 12 de março de 2004, foi editada a Lei nº 13.344, de 6 de outubro de 2016, dispondo sobre a prevenção e repressão ao tráfico interno e internacional de pessoas, criando, outrossim, o crime de *tráfico de pessoas*, tipificado no art. 149-A do Código Penal, bem como revogando as infrações penais previstas nos arts. 231 e 231-A do mesmo diploma repressivo, que tipificavam, respectivamente, o tráfico internacional de pessoa para fim de exploração sexual e o tráfico interno de pessoa para fim de exploração sexual.

---

[53] International Labour Organisation, 'ILO 2012 Global estimates of forced labour', jun. 2012 (covering the period 2002-2011).

[54] Protocolo relativo à Prevenção, Repressão e Punição do Tráfico de Pessoas, em especial Mulheres e Crianças, que Suplementa a Convenção das Nações Unidas contra a Criminalidade Organizada Transnacional (2000); Protocolo contra o Tráfico Ilícito de Migrantes por Via Terrestre, Marítima e Aérea, que Suplementa a Convenção das Nações Unidas contra a Criminalidade Organizada Transnacional (2000); Protocolo contra a Produção Ilícita e o Tráfico de Armas de Fogo, suas Partes e Componentes e Munição (2000).

Dessa forma, como veremos adiante, o tipo penal em estudo possui uma abrangência maior, prevendo a prática de comportamentos criminosos não somente ligados à exploração sexual.

Portanto, de acordo com a figura típica constante do art. 149-A do estatuto repressivo, comete o crime de tráfico de pessoas, aquele que vier a: *agenciar, aliciar, recrutar, transportar, transferir, comprar, alojar* ou *acolher pessoa*, mediante grave ameaça, violência, coação, fraude ou abuso, com a finalidade de: I – remover-lhe órgãos, tecidos ou partes do corpo; II – submetê-la a trabalho em condições análogas à de escravo; III – submetê-la a qualquer tipo de servidão; IV – adoção ilegal; ou V – exploração sexual.

Previu a lei, portanto, um *tipo misto alternativo*, com os verbos que compõem a figura típica, toda a cadeia que diz respeito ao tráfico de pessoas, desde o seu começo, com o aliciamento da vítima, passando pelo seu transporte, até o acolhimento no local de destino.

Dessa forma, o art. 149-A do Código Penal atendeu às normativas internacionais, principalmente ao art. 3 do Protocolo Adicional à Convenção das Nações Unidas contra o Crime Organizado Transnacional Relativo à Prevenção, Repressão e Punição do Tráfico de Pessoas, em Especial Mulheres e Crianças, transcrito acima que, para efeitos de configuração do crime de tráfico de pessoas exige três características indispensáveis, devidamente apontadas no *Manual sobre la lucha contra la trata de personas para profesionales de la justicia penal,* da Oficina de las Naciones Unidas contra la droga y el delito – Unodc[55], a saber:

1) um ato (o que se faz);
2) os meios (como se faz);
3) a finalidade de exploração (porque se faz).

## 1) Quanto aos atos (o que se faz)

São esses, portanto, os *atos* (condutas, comportamentos) praticados por aqueles que praticam o delito de tráfico de pessoas: agenciar, aliciar, recrutar, transportar, transferir, comprar, alojar ou acolher pessoa.

*Agenciar* significa fazer negócios de agenciamento, servir de agente ou intermediário.

*Aliciar* tem o sentido de atrair, convencer, incitar. De acordo com o Conselho Nacional de Justiça – CNJ:

"Os aliciadores, homens e mulheres, são, na maioria das vezes, pessoas que fazem parte do círculo de amizades da vítima ou de membros da família. São pessoas com que as vítimas têm laços afetivos. Normalmente apresentam bom nível de escolaridade, são sedutores e têm alto poder de convencimento. Alguns são empresários que trabalham ou se dizem proprietários de casas de show, bares, falsas agências de encontros, matrimônios e modelos. As propostas de emprego que fazem geram na vítima perspectivas de futuro, de melhoria da qualidade de vida.

No tráfico para trabalho escravo, os aliciadores, denominados 'gatos', geralmente fazem propostas de trabalho para pessoas desenvolverem atividades laborais na agricultura ou pecuária, na construção civil ou em oficinas de costura. Há casos notórios de imigrantes peruanos, bolivianos e paraguaios aliciados para trabalho análogo ao de escravo em confecções de São Paulo"[56].

---

[55]  *Manual sobre la lucha contra la trata de personas para profesionales de la justicia penal,* da Oficina de las Naciones Unidas contra la droga y el delito – Unodc, p. 2.

[56]  Disponível em: <http://www.cnj.jus.br/programas-e-acoes/assuntos-fundiarios-trabalho-escravo-e--trafico-de-pessoas/trafico-de-pessoas>. Acesso em: 09 out. 2016.

*Recrutar* deve ser entendido no sentido de reunir as vítimas, com a finalidade de serem traficadas. Não deixa, contudo, de ser uma forma de aliciamento. Na verdade, o núcleo *aliciar* já seria suficiente para entender e subsumir o comportamento criminoso daquele que capta a vítima para o tráfico de pessoas.

*Transportar* diz respeito a conduzir de um lugar para outro, não importando a modalidade do transporte, seja ele terrestre, marítimo/pluvial ou aéreo.

Transferir tem o sentido de passar de um lugar para outro.

*Comprar* significa adquirir alguém, como se fosse uma coisa, mediante o pagamento em dinheiro ou qualquer outro tipo de compensação financeira. A compra aqui referida, portanto, não importa, obrigatoriamente, no pagamento de uma determinada importância em dinheiro. Pode o agente comprar a vítima comprometendo-se a cumprir uma determinada tarefa, entregando um bem em troca etc. A compra aqui, portanto, significa que a vítima é tratada, efetivamente, como um objeto, que possui um valor financeiro.

*Alojar* importa em acomodar a vítima em algum imóvel, ou seja, tem o sentido de hospedar.

Acolher tem o sentido de abrigar, mesmo que temporariamente, admitindo a pessoa em seu convívio.

## 2) Quanto aos meios (como se faz)

No que diz respeito aos *meios*, todos esses comportamentos devem ser praticados mediante: *grave ameaça, violência, coação, fraude* ou *abuso*.

*Grave ameaça* é a chamada *vis compulsiva*, em que o agente promete à vítima o cumprimento de um mal injusto, futuro e grave, caso esta não leve a efeito aquilo que lhe é solicitado. Esse mal pode recair sobre a própria vítima do tráfico, ou sobre alguém que lhe seja próximo, com quem tenha alguma relação de afinidade, fazendo com que se abale psicologicamente caso isso venha a acontecer. Não é incomum que traficantes ameacem a vítima, dizendo que matará seus familiares caso não cumpra exatamente as ordens que lhe são determinadas, fazendo, assim, com que a vítima ceda.

*Violência* é a *vis corporalis*, ou seja, a violência física, as agressões que são praticadas contra a própria vítima do tráfico de pessoas.

Coação é uma forma de intimidação, que pode ser praticada através da violência (*vis corporalis*) ou da grave ameaça (*vis compulsiva*).

*Fraude*, aqui, é todo ardil, engano, simulação no sentido de fazer com que a vítima se iluda com as promessas levadas a efeito pelo agente, acreditando serem verdadeiras quando, na realidade, estará caindo em uma armadilha. Talvez esse seja um dos meios mais utilizados para a prática do tráfico de pessoas, principalmente quando diz respeito às finalidades de *submissão* ao *trabalho em condições análogas à de escravo* ou *exploração sexual*. Isso porque, normalmente, a vítima, nesses casos, se encontra numa situação de vulnerabilidade, a exemplo daquela pessoa que vive em situação de miséria, está desempregada há muito tempo, vive em um meio promíscuo, vem de um lar destruído, tem baixa instrução, vive na marginalidade etc. As falsas promessas de trabalho, por exemplo, em um país de primeiro mundo, soam como um bálsamo na vítima, que se deixa levar por falsas ilusões. Quando chegam em seu local de destino, caem na realidade, e se veem obrigadas a se prostituir, a trabalhar em regime de escravidão, sem recebimento de salários ou mesmo com salários muito aquém das suas necessidades etc.

*Abuso* diz respeito ao uso excessivo, ao desmando de alguém que tem algum poder sobre a vítima, a exemplo do que ocorre com os pais, tutores, curadores etc.

Se houver o *consentimento da pessoa* que está sendo traficada, o fato deverá ser considerado como um indiferente penal, atendendo-se, pois, ao que consta no art. 3, *b*, do Protocolo

Adicional à Convenção das Nações Unidas contra o Crime Organizado Transnacional Relativo à Prevenção, Repressão e Punição do Tráfico de Pessoas, em Especial Mulheres e Crianças, que diz, *verbis*:

> b) O consentimento dado pela vítima de tráfico de pessoas tendo em vista qualquer tipo de exploração descrito na alínea a) do presente artigo será considerado irrelevante se tiver sido utilizado qualquer um dos meios referidos na alínea a);

Isto significa que o consentimento somente será válido, no sentido de afastar a prática da infração penal, se não tiver havido recurso, no caso concreto, de acordo com a alínea *a* do art. 3 do referido Protocolo: à *ameaça ou uso da força ou a outras formas de coação, ao rapto, à fraude, ao engano, ao abuso de autoridade ou à situação de vulnerabilidade ou à entrega ou aceitação de pagamentos ou benefícios para obter o consentimento de uma pessoa que tenha autoridade sobre outra para fins de exploração.*

### 3) Quanto à finalidade de exploração (porque se faz)

Merece ser frisado, ainda, que o tipo penal prevê o chamado *especial fim de agir*, configurado nas finalidades de: I – remover-lhe órgãos, tecidos ou partes do corpo; II – submetê-la a trabalho em condições análogas à de escravo; III – submetê-la a qualquer tipo de servidão; IV – adoção ilegal; ou V – exploração sexual.

*I – Remoção de órgãos, tecidos ou partes do corpo:* é a Lei nº 9.434, de 4 de fevereiro de 1997, que regula a remoção de órgãos, tecidos ou partes do corpo humano para fins de transplante e tratamento. Essa remoção pode ocorrer estando o doador vivo, ou mesmo após a sua morte. O referido diploma legal regulamenta as hipóteses onde isso é possível, dizendo, em seus arts. 3º e 9º e seu § 3º:

> **Art. 3º** A retirada *post mortem* de tecidos, órgãos ou partes do corpo humano destinados a transplante ou tratamento deverá ser precedida de diagnóstico de morte encefálica, constatada e registrada por dois médicos não participantes das equipes de remoção e transplante, mediante a utilização de critérios clínicos e tecnológicos definidos por resolução do Conselho Federal de Medicina.
>
> **Art. 9º** É permitida à pessoa juridicamente capaz dispor gratuitamente de tecidos, órgãos e partes do próprio corpo vivo, para fins terapêuticos ou para transplantes em cônjuge ou parentes consanguíneos até o quarto grau, inclusive, na forma do § 4º deste artigo, ou em qualquer outra pessoa, mediante autorização judicial, dispensada esta em relação à medula óssea.
>
> § 1º (vetado)
>
> § 2º (vetado)
>
> § 3º Só é permitida a doação referida neste artigo quando se tratar de órgãos duplos, de partes de órgãos, tecidos ou partes do corpo cuja retirada não impeça o organismo do doador de continuar vivendo sem risco para a sua integridade e não represente grave comprometimento de suas aptidões vitais e saúde mental e não cause mutilação ou deformação inaceitável, e corresponda a uma necessidade terapêutica comprovadamente indispensável à pessoa receptora.

O delito de tráfico de pessoas não diz respeito à remoção de órgãos, tecidos ou partes do corpo de pessoa morta, somente sendo aplicado o art. 149-A do Código Penal quando a vítima, ainda viva, é submetida ao tráfico mediante grave ameaça, violência, coação, fraude ou abuso.

Essa conclusão se faz mister porque o art. 149-A do Código Penal faz menção à *pessoa*, isto é, ao ser vivo, haja vista que o cadáver já não goza mais desse *status*.

Conforme assevera Elena Florencia Onassis:

> "O tráfico de órgãos constitui uma das mais monstruosas atividades do comércio de pessoas, no qual participam profissionais especializados nas áreas de saúde para extrair uma parte do corpo humano e logo vendê-la e obter, por isso, dinheiro. Muitas mais vezes do que se crê, os sequestros

ocultam o fim último que é a extração de órgãos, geralmente de pessoas que vivem na margina-lidade da pobreza e possuem menos recursos para acessar a Justiça e iniciar uma investigação"[57].

E continua suas lições, dizendo:

"As causas pelas quais este fenômeno, impensável faz algumas décadas, tem aumentado e se espalhado pelo mundo é pela notável desigualdade que existe entre as pessoas para adquirir legitimamente um órgão segundo sua posição econômica, social e cultural. Entre os países que se destacam por operar estas práticas está o Brasil, onde os esquadrões da morte têm sido acusados de traficar órgãos obtidos dos jovens delinquentes a quem eliminavam sem que ninguém investigasse em quais circunstâncias"[58].

Não é incomum, no Brasil, que a pessoa que necessite de um órgão permaneça meses, ou mesmo alguns anos, até que chegue a sua vez de recebê-lo de um doador compatível. Essa demora tem estimulado esse sinistro mercado, onde traficantes inescrupulosos (me perdoem o pleonasmo) vão à caça de suas vítimas, a fim de vender seus órgãos a peso de ouro.

**II – Submetê-la a trabalho em condições análogas à de escravo**: o art. 149 do Código Penal, com a nova redação que lhe foi dada pela Lei nº 10.803, de 11 de dezembro de 2003, es-pecificou as hipóteses caracterizadoras daquele que é reduzido à condição análoga de escravo, quando se submete:

a) a trabalhos forçados;
b) à jornada exaustiva de trabalho;
c) a condições degradantes de trabalho;
d) à restrição, por qualquer meio, de sua locomoção em virtude de dívida contraída com o empregador ou preposto.

Depois da exploração sexual, como veremos mais adiante, a submissão a trabalho em condições análogas à de escravo, de acordo com o relatório da ONU, é a segunda maior causa de tráfico de pessoas.

Como mencionado anteriormente pelo Conselho Nacional de Justiça, no Brasil tem sido frequente o trabalho escravo em pequenas fábricas de roupas, em comércios, na lavoura etc., seja nos grandes centros urbanos, ou mesmo no interior do país. São chineses, bolivianos, paraguaios, equatorianos, enfim, não somente pessoas vindas da América do Sul fazem parte desse rol desumano.

Os jornais, com uma frequência assustadora, têm flagrado essas pessoas vivendo em condições miseráveis, com pouca comida, em locais insalubres, amontoadas com outras, sem a menor privacidade, recebendo pouco e, às vezes, absolutamente nada pelo seu trabalho.

Muitas pessoas têm se mobilizado no sentido de boicotar produtos que são comercializados por grandes marcas de grife, cujas fábricas encontram-se no continente asiático, ou até mesmo no Brasil, pois se deduz que, grande parte desses empregados, é vítima de um trabalho escravo.

O mais incrível é que muitos desses trabalhadores, ao contrário do que se poderia imagi-nar, se conformam e até se alegram com essa situação, pois não se sentem explorados, uma vez que em sua terra natal viviam de forma mais miserável ainda e, ali, mesmo diante das piores condições, ainda se sentem melhores do que viviam anteriormente.

**III – Submetê-la a qualquer tipo de servidão**: o legislador inovou o ordenamento jurídi-co-penal ao inserir a servidão como uma das finalidades do tráfico de pessoas, haja vista que tal situação não era prevista em termos penais.

---

[57] ONASSIS, Elena Florencia. *Trata de personas*: la esclavitud del siglo XXI, p. 56.
[58] ONASSIS, Elena Florencia. *Trata de personas*: la esclavitud del siglo XXI, p. 57.

Assim, para efeitos de reconhecimento da servidão, deverá ser aplicada a *Convenção Suplementar sobre a Abolição da Escravatura, do Tráfico de Escravos e das Instituições e Práticas Análogas à Escravatura*, adotada em Genebra, em 7 de setembro de 1956, promulgada pelo Decreto nº 58.563, de 1º de junho de 1966, cujos arts. 1º e 2º da Seção I, que dispõem sobre as Instituições e práticas análogas à escravidão, dizem, *verbis*:

**Artigo 1º**

Cada um dos Estados Partes a presente Convenção tomará todas as medidas, legislativas e de outra natureza que sejam viáveis e necessárias, para obter progressivamente logo que possível a abolição completa ou o abandono das instituições e práticas seguintes onde quer ainda subsistam, enquadram-se ou não na definição de escravidão que figura no artigo primeiro da Convenção sobre a escravidão assinada em Genebra, em 25 de setembro de 1926:

a) A servidão por dividas, isto é, o estado ou a condição resultante do fato de que um devedor se haja comprometido a fornecer, em garantia de uma dívida, seus serviços pessoais ou os de alguém sobre o qual tenha autoridade, se o valor desses serviços não for equitativamente avaliado no ato da liquidação de dívida ou se a duração desses serviços não for limitada nem sua natureza definida;

b) a servidão isto é, a condição de qualquer um que seja obrigado pela lei, pelo costume ou por um acordo, a viver e trabalhar numa terra pertencente a outra pessoa e a fornecer a essa outra pessoa, contra remuneração ou gratuitamente, determinados serviços, sem poder mudar sua condição.

c) Toda instituição ou prática em virtude da qual:

I, Uma mulher é, sem que tenha o direito de recusa prometida ou dada em casamento, mediante remuneração em dinheiro ou espécie entregue a seus país, tutor, família ou a qualquer outra pessoa ou grupo de pessoas;

II, O marido de uma mulher, a família ou o clã deste tem o direito de cedê-la a um terceiro, a título oneroso ou não;

III – A mulher pode, por morte do marido ser transmitida por sucessão a outra pessoa;

d) Toda instituição ou prática em virtude da qual uma criança ou um adolescente de menos de dezoito anos é entregue, quer por seu pais ou um deles, quer por seu tutor, a um terceiro, mediante remuneração ou sem ela, com o fim da exploração da pessoa ou do trabalho da referida criança ou adolescente.

**Artigo 2º**

Com o propósito de acabar com as instituições e práticas visadas na alíneas c do artigo primeiro da presente Convenção, os Estados Partes se comprometem a fixar, onde couber idades mínimas adequadas para o casamento, a estimular a adoção de um processo que permitam a ambos os futuros conjugues exprimir livremente o seu consentimento ao matrimônio em presença de uma autoridade civil ou religiosa competente, e a fomentar o registro dos casamentos.

A alínea *b* do artigo 7º da referida Convenção, a seu turno, conceitua "pessoa de condição servil", dizendo ser a que se encontra no estado ou condição que resulta de alguma das instituições ou práticas mencionadas no artigo 1º, transcrito acima.

Conforme as precisas lições de Rogério Sanches Cunha e Ronaldo Batista Pinto:

"Se, todavia, cotejarmos as formas como o delito do art. 149 pode ser cometido com as definições de servidão acima transcritas (art. 1º da Convenção), veremos que as hipóteses de servidão estão inseridas no âmbito da redução a condição análoga à de escravo. Apesar da Convenção, no art. 7º, distinguir, para os seus próprios fins, a escravidão da servidão, devemos ter em mente que suas disposições são destinadas também a países que contemplem a escravidão como situação de direito, ou seja, que admitam a existência efetiva de escravos, tratados como propriedade alheia. Como já destacamos, no entanto, não há no Brasil a condição de escravo, razão pela qual pensamos não ser cabível a distinção"[59].

---

[59]  CUNHA, Rogério Sanches; PINTO, Ronaldo Batista. *Tráfico de pessoas* – Lei 13.344/2016 comentada por artigos, p. 148.

**IV – Adoção ilegal:** adotar é um dos gestos mais generosos que o ser humano pode praticar. É um ato de amor. Na adoção, no fundo, quem ganha não é o adotado, mas sim o adotante. A Bíblia diz que Deus nos adotou também, e passamos a ser chamados de filhos.

No entanto, muitas vezes, esse gesto de amor se transforma em um negócio, um comércio ilícito, praticado, muitas vezes, por ambas as partes, ou seja, pelos pais daquele que será adotado, que vendem seu filho como se fosse um objeto qualquer, e pela família adotante, que o compra, também, como se fosse uma mercadoria, deixando, muitas vezes, de se submeter a todos os dispositivos legais que regulam o tema, criados para a defesa daquele que tem sua vida entregue nas mãos de uma outra pessoa.

Sabemos que inúmeras razões podem levar uma pessoa a entregar seu filho à adoção. Não nos compete, aqui, julgar quem quer que seja. Contudo, existem procedimentos a serem obedecidos, que trarão garantias, segurança para aquele que deixa sua família biológica.

O inciso IV do art. 149-A do Código Penal, faz menção somente à expressão adoção ilegal, podendo haver o tráfico, com essa finalidade, dentro e fora do território nacional, podendo o adotado ter sido levado para o exterior, ou mesmo adotado no território nacional, vítima do tráfico de pessoas.

A adoção vem prevista no ECA – Lei nº 8.069/1990, na Subseção IV, dos arts. 39 a 52-D, sendo disciplinada, inclusive, a adoção internacional. Ilegal é a adoção, portanto, que não atende às exigências legais para sua efetivação.

O ECA criminaliza alguns comportamentos que, supostamente, facilitariam uma adoção ilegal, a saber:

> **Art. 237.** Subtrair criança ou adolescente ao poder de quem o tem sob sua guarda em virtude de lei ou ordem judicial, com o fim de colocação em lar substituto:
> Pena – reclusão de dois a seis anos, e multa.
> **Art. 238.** Prometer ou efetivar a entrega de filho ou pupilo a terceiro, mediante paga ou recompensa:
> Pena – reclusão de um a quatro anos, e multa.
> **Parágrafo único.** Incide nas mesmas penas quem oferece ou efetiva a paga ou recompensa.

Merece ser ressaltado, ainda, que o Brasil, por meio do Decreto nº 99.710, de 21 de novembro de 1990, promulgou a Convenção sobre os Direitos da Criança, cujo art. 21 e sua alíneas, no que diz respeito especificamente sobre a adoção, dizem, *verbis*:

> **Artigo 21**
> Os Estados Partes que reconhecem ou permitem o sistema de adoção atentarão para o fato de que a consideração primordial seja o interesse maior da criança. Dessa forma, atentarão para que:
> a) a adoção da criança seja autorizada apenas pelas autoridades competentes, as quais determinarão, consoante as leis e os procedimentos cabíveis e com base em todas as informações pertinentes e fidedignas, que a adoção é admissível em vista da situação jurídica da criança com relação a seus pais, parentes e representantes legais e que, caso solicitado, as pessoas interessadas tenham dado, com conhecimento de causa, seu consentimento à adoção, com base no assessoramento que possa ser necessário;
> b) a adoção efetuada em outro país possa ser considerada como outro meio de cuidar da criança, no caso em que a mesma não possa ser colocada em um lar de adoção ou entregue a uma família adotiva ou não logre atendimento adequado em seu país de origem;
> c) a criança adotada em outro país goze de salvaguardas e normas equivalentes às existentes em seu país de origem com relação à adoção;
> d) todas as medidas apropriadas sejam adotadas, a fim de garantir que, em caso de adoção em outro país, a colocação não permita benefícios financeiros indevidos aos que dela participarem;
> e) quando necessário, promover os objetivos do presente artigo mediante ajustes ou acordos bilaterais ou multilaterais, e envidarão esforços, nesse contexto, com vistas a assegurar que a colocação da criança em outro país seja levada a cabo por intermédio das autoridades ou organismos competentes.

Vale destacar, ainda, a Declaração sobre os princípios sociais e jurídicos relativos à proteção e ao bem-estar das crianças, com particular referência à colocação em lares de guarda, nos planos nacional e internacional – *Adotada pela Assembleia Geral das Nações Unidas de 3 de dezembro de 1986*, cujo art. 19 determina:

> **Artigo 19**
> Deverão ser estabelecidas políticas e promulgadas leis, quando seja necessário, que proíbam o sequestro ou qualquer outro ato encaminhado à colocação ilícita de crianças.

Importante o alerta feito por Rogério Sanches Cunha e Ronaldo Batista Pinto, quando dizem que:

"Destacamos novamente que o tipo não impede o tráfico de maiores de idade com a finalidade de adoção ilegal. Como exemplo, podemos citar a hipótese em que alguém, titular de valioso patrimônio, seja pelo agente acolhido, mediante abuso, para ser forçado a adotar o mesmo agente, que futuramente se beneficiará da herança. Neste caso, a adoção – que evidentemente deve ser voluntária – seria ilegal, bastante, portanto para caracterizar a finalidade especial"[60].

*V – Exploração sexual*: dados estatísticos comprovam que, de todas as modalidades de tráfico de pessoas, aquele destinado à exploração sexual, seja de mulheres, homens, ou mesmo crianças, supera em mais de 50% o número de vítimas dessa espécie de crime.

O comércio carnal não tem fronteiras. Temos tomado conhecimento, com uma frequência assustadora, pelos meios de comunicação de massa, sobre o grande número, principalmente de mulheres, que partem do Brasil para o exterior, especialmente para os países da Europa, iludidas com promessas de trabalho, ou, até mesmo, com propostas de casamento para, na verdade, exercerem a prostituição.

Há uma preocupação em nível internacional no que diz respeito ao tráfico de pessoas com o fim de serem exploradas sexualmente, mediante, principalmente, o exercício da prostituição. Em 21 de março de 1950, foi concluída, em Nova Iorque, a Convenção das Nações Unidas destinada à *repressão do tráfico de pessoas e do lenocínio*, assinada pelo Brasil em 5 de outubro de 1951 e aprovada pelo Decreto Legislativo nº 6, de 1958, tendo sido depositado o instrumento de ratificação na ONU em 12 de setembro de 1958.[61]

A exploração sexual faz parte do chamado "mercado do sexo" que funciona, conforme adverte Eva T. Silveira Faleiros:

"Como um ramo de negócios no qual há a produção e a comercialização da mercadoria – *serviços e produtos sexuais*. Trata-se de um *produto subjetivo – o prazer*, altamente vendável, que tem *valor de uso*.

A oferta de serviços sexuais, restrita durante séculos quase que exclusivamente à prostituição foi, historicamente, se ampliando e diversificando. Com o desenvolvimento da tecnologia, dos meios de comunicação de massa, da *Internet*, e da sociedade de consumo, bem como a liberalização sexual, se diversificou o comércio do sexo e se desenvolveu extraordinariamente a indústria pornográfica, ou seja, a produção de mercadorias e produtos sexuais. Atualmente encontram-se no mercado do sexo produtos e serviços que se caracterizam por sua grande variedade, níveis de qualidade, de consumidores, de profissionais que empregam, de preços. São produzidos, vendidos e comprados: corpos, pessoas, *shows* eróticos, fotos, revistas, objetos, vídeos, filmes pornográficos.

---

[60] CUNHA, Rogério Sanches; PINTO, Ronaldo Batista. *Tráfico de pessoas* – Lei 13.344/2016 comentada por artigos, p. 149.

[61] Em 8 de outubro de 1959, foi promulgada pelo Decreto nº 46.981, publicado no *Diário Oficial* de 13 de outubro de 1959.

Existe um enorme mercado consumidor de serviços sexuais, sendo o sexo uma mercadoria altamente vendável e valorizada, principalmente o sexo-jovem, de grande valor comercial."[62]

A Comissão Parlamentar Mista de Inquérito, criada por meio do Requerimento nº 2, de 2003, com a finalidade de investigar as situações de violência e redes de exploração sexual de crianças e adolescentes no Brasil, apontou que:

"Na questão do tráfico para fins sexuais, a globalização joga um papel fundamental: 'facilitado pela tecnologia, pela migração, pelos avanços dos sistemas de transporte, pela internacionalização da economia e pela desregulamentação dos mercados, o tráfico, no contexto da globalização, articula-se com redes de colaboração global, interconectando-se a mercados e a atividades criminosas, movimentando enormes somas de dinheiro. Os mercados locais e globais do crime organizado, das drogas e do tráfico para fins sexuais, como por exemplo, a Yakusa, as Tríades Chinesas, a Máfia Russa e os Snake Heads, são responsáveis pela transação de quase um bilhão de dólares no mercado internacional de tráfico humano.'"[63]

Infelizmente, nos dias de hoje, tem sido muito comum o chamado *turismo sexual*. Conforme esclarece Eva T. Silveira Faleiros, o turismo sexual:

"É o comércio sexual, em cidades turísticas, envolvendo turistas nacionais e estrangeiros e principalmente mulheres jovens, de setores pobres e excluídos, de países de Terceiro Mundo. O principal serviço sexual comercializado no turismo sexual é a prostituição. Inclui-se neste comércio a pornografia (*shows* eróticos); [...]O turismo sexual é, talvez, a forma de exploração sexual mais articulada com atividades econômicas, no caso com o desenvolvimento do turismo. Marcel Harzeu, pesquisador da área, aponta as situações de trânsito como importante fator de ruptura de limites e padrões culturais e de liberalização sexual.

As redes de turismo sexual são as que promovem e ganham com o turismo: agências de viagem, guias turísticos, hotéis, restaurantes, bares, barracas de praia, boates, casas de *show*, porteiros, garçons, taxistas. O turismo e as redes do turismo sexual incluem-se numa economia globalizada."[64]

## 8.2 Classificação doutrinária

Crime comum tanto com relação ao sujeito ativo quanto ao sujeito passivo; doloso; formal (tendo em vista que os comportamentos previstos no tipo – *agenciar, aliciar, recrutar, transportar, transferir, comprar, alojar* ou *acolher pessoa* – são levados a efeito com alguma das finalidades previstas nos incisos I a V do art. 149-A do Código Penal); comissivo (podendo ser praticado via omissão imprópria na hipótese de o agente gozar do *status* de garantidor); de forma livre; instantâneo (quanto às condutas de agenciar, aliciar, recrutar, transferir e comprar); permanente (no que diz respeito ao núcleos transportar, alojar e acolher); monossubjetivo; plurissubsistente; transeunte (como regra).

## 8.3 Objeto material e bem juridicamente protegido

Bem juridicamente protegido pelo tipo penal em estudo é a liberdade da vítima, bem como a sua vida ou integridade física, dependendo da modalidade de tráfico de pessoas que seja levada a efeito pelo agente.

---

[62] FALEIROS, Eva. T. Silveira. *A exploração sexual de crianças e adolescentes no Brasil:* reflexões teóricas, relatos de pesquisas e intervenções psicossociais, p. 83.

[63] *Diário do Senado Federal*, relatório no 1, de 2004 – CN (final), p. 56.

[64] FALEIROS, Eva. T. Silveira. *A exploração sexual de crianças e adolescentes no Brasil:* reflexões teóricas, relatos de pesquisas e intervenções psicossociais, p. 79.

Objeto material é a pessoa, sobre a qual recai a conduta do agente, que remove seus órgãos, tecidos ou partes do corpo, que a submete a trabalho em condições análogas à de escravo, que a submete a qualquer tipo de servidão, que a adota ilegalmente ou que a explora sexualmente.

## 8.4 Sujeito ativo e sujeito passivo

Qualquer pessoa pode praticar a infração penal prevista no art. 149-A, sendo, portanto, considerado um delito comum, que não exige qualquer qualidade especial do sujeito ativo.

Da mesma forma, qualquer pessoa também poderá figurar como sujeito passivo do crime em estudo.

No que diz respeito ao sujeito passivo, vale ressaltar que, em muitos casos, a vítima do tráfico de pessoas não se considera com esse *status*, uma vez que, em muitos casos, por mais que seja explorada, sua situação ainda é melhor do que aquela que vivia anteriormente. Mesmo, por exemplo, trabalhando horas a fio, em situação precária, recebendo pouco ou quase nada, ainda assim se sentem privilegiadas, uma vez que, segundo alegam, de onde foram trazidas, viviam na mais absoluta miséria, o que, obviamente, não afasta a infração penal cometida pelo sujeito ativo.

## 8.5 Consumação e tentativa

Pelo que se depreende da redação típica, estamos diante de um crime formal, de consumação antecipada, não havendo, portanto, necessidade de que a vítima seja, efetivamente, traficada, ou seja, removida ou levada para algum outro lugar para que o crime se configure, bastando que o agente tão somente atue com uma das finalidades exigidas pelo tipo penal do art. 149-A do Código Penal, a saber: I – remover-lhe órgãos, tecidos ou partes do corpo; II – submetê-la a trabalho em condições análogas à de escravo; III – submetê-la a qualquer tipo de servidão; IV – adoção ilegal; ou V – exploração sexual.

Assim, por exemplo, imagine-se a hipótese em que o agente aborda a vítima e, com a finalidade de aliciá-la para a prática de exploração sexual, venha a ameaçá-la, dizendo que caso não faça aquilo que lhe é exigido, seus parentes (pais, filhos etc.) sofrerão as consequências pela sua desobediência. Entendemos, aqui, como consumado o delito, não havendo necessidade sequer de que a vítima seja transportada para outro lugar, ou mesmo que pratique um único caso onde venha a ser explorada sexualmente.

Isso não quer dizer, por outro lado, que o tipo penal não admita a tentativa. Tratando-se de um delito plurissubsistente, em que é possível fracionar o *iter criminis*, esse raciocínio é perfeitamente admissível e dependerá da hipótese concreta. A título de exemplo, imagine-se a hipótese daquele que havia sido encarregado de transportar a vítima, levando-a para o local onde seria explorada sexualmente. Suponhamos que, assim que a vítima ingressa no veículo do agente, seu automóvel é interceptado pela polícia, antes mesmo de começar a se dirigir para o mencionado local. Nesse caso, podemos reconhecer a tentativa de "transporte".

## 8.6 Elemento subjetivo

Os comportamentos previstos no tipo penal do art. 149-A do Código Penal somente podem ser praticados dolosamente, não havendo previsão para a modalidade de natureza culposa.

O delito *sub examen*, no entanto, prevê o chamado *especial fim de agir*, pois que todos os comportamentos praticados dolosamente devem, obrigatoriamente, ter uma das finalidades elencadas nos incisos I a V do art. 149-A do Código Penal, vale dizer: I – remoção de órgãos, tecidos ou partes do corpo; II – submissão a trabalho em condições análogas à de escravo; III – submissão a qualquer tipo de servidão; IV – adoção ilegal; ou V – exploração sexual.

## 8.7 Modalidades comissiva e omissiva

Os núcleos *agenciar, aliciar, recrutar, transportar, transferir, comprar, alojar* ou *acolher*, previstos no *caput* do art. 149-A do Código Penal, pressupõem um comportamento comissivo por parte do agente.

No entanto, dependendo da hipótese concreta, se o agente gozar do *status* de garantidor, poderão ser praticados via omissão imprópria.

## 8.8 Causas especiais de aumento de pena

Diz o § 1º do art. 149-A do diploma repressivo, que a pena é aumentada de um terço até a metade se:

**I – o crime for cometido por funcionário público no exercício de suas funções ou a pretexto de exercê-las.**

O conceito de funcionário público encontra-se previsto no art. 327 e § 1º do Código Penal.

*Funcionário público*, nos termos do mencionado art. 327, para efeitos penais, não somente é aquele ocupante de um *cargo*, que poderíamos denominar funcionário público em sentido estrito, mas também aquele que exerce emprego ou função pública. *Emprego público* é a expressão utilizada para efeitos de identificação de uma relação funcional regida pela Consolidação das Leis do Trabalho, geralmente para o exercício de atividades temporárias. *Função*, de acordo com as precisas lições de José dos Santos Carvalho Filho, "é a atividade em si mesma, ou seja, função é sinônimo de atribuição e corresponde às inúmeras tarefas que constituem o objeto dos serviços prestados pelos servidores públicos."[65]

O exercício de uma função pública, ou seja, aquela inerente aos serviços prestados pela Administração Pública, não pode ser confundido com múnus público, entendido como encargo ou ônus conferido pela lei e imposto pelo Estado em determinadas situações, a exemplo do que ocorre com os tutores, curadores etc.

Exige o inciso I do art. 149-A do Código Penal, para efeitos de aplicação da majorante, que o agente, funcionário público, esteja no exercício de sua função, ou que pratique um dos comportamentos incriminados com o pretexto, isto é, a desculpa, a justificativa de exercê-la.

Aplica-se, aqui, o mesmo raciocínio ao chamado funcionário público por equiparação, previsto pelo § 1º do art. 327 do Código Penal, e também ao funcionário público estrangeiro, cujo conceito encontra moldura no art. 337-D e parágrafo único, todos do mesmo diploma repressivo.

Assim, por exemplo, pode um diplomata, no exercício de suas funções, aliciar alguém com a finalidade de explorá-la sexualmente em outro país.

**II – o crime for cometido contra criança, adolescente ou pessoa idosa ou com deficiência.**

O art. 2º da Lei nº 8.069/90[66] (Estatuto da Criança e do Adolescente) estabeleceu que se considera *criança* a pessoa com até 12 anos de idade incompletos, e adolescente aquela entre 12 e 18 anos de idade.

Pessoa idosa é aquela, de acordo com o art. 1º da Lei nº 10.741, de 1º de outubro de 2003, com idade igual ou superior a 60 (sessenta) anos.

Para que essas majorantes possam ser aplicadas, é preciso que o agente tenha conhecimento efetivo da idade das vítimas, tomando conhecimento, assim, que se tratava de uma criança, um adolescente ou uma pessoa idosa, pois, caso contrário, poderá ser alegado o chamado erro de tipo

---

[65] CARVALHO FILHO, José dos Santos. *Manual de direito administrativo*, p. 362.

[66] *Vide* Lei nº 13.431, de 4 de abril de 2017, que estabeleceu o sistema de garantia de direitos da criança e do adolescente vítima ou testemunha de violência e alterou a Lei nº 8.069, de 13 de julho de 1990 (Estatuto da Criança e do Adolescente).

Nos termos do art. 2º da Lei nº 13.146, de 6 de julho de 2015, considera-se pessoa com deficiência aquela que tem impedimento de longo prazo de natureza física, mental, intelectual ou sensorial, o qual, em interação com uma ou mais barreiras, pode obstruir sua participação plena e efetiva na sociedade em igualdade de condições com as demais pessoas.

Como o inciso II do art. 149-A do Código Penal não fez qualquer distinção, entendemos que poderá ser aplicado a todas essas hipóteses de deficiência.

Contudo, tal como ocorre com as situações anteriores, a deficiência da vítima deve fazer parte do conhecimento do agente que pratica a infração penal, a fim de que possa ser aplicada a referida causa especial de aumento de pena.

A Lei nº 14.811/2024, inserindo o inciso XII no art. 1º da Lei nº 8.072/90, passou a reconhecer como hediondo o crime de tráfico de pessoas cometido contra criança ou adolescente, embora, querendo se referir a ele, tenha citado, de forma equivocada e sem a menor técnica, o art. 149-A, *caput*, incisos I a V, e § 1º, inciso II, do Código Penal. Temos, obrigatoriamente, que concluir dessa forma justamente pelo fato de ter apontado, especificamente, no referido inciso XII do art. 1º da Lei nº 8.072/90, o tráfico de pessoas cometido contra criança ou adolescente. Assim, por exemplo, embora tenha se referido aos incisos I a V do art. 149-A do diploma repressivo, se cometido contra alguém maior de 18 anos, o fato não poderá ser reconhecido como um crime hediondo.

### III – o agente se prevalecer de relações de parentesco, domésticas, de coabitação, de hospitalidade, de dependência econômica, de autoridade ou de superioridade hierárquica inerente ao exercício de emprego, cargo ou função.

Ao contrário do que ocorre normalmente, o inciso III do art. 149-A do Código Penal, não indicou expressamente quais seriam as pessoas consideradas nessa *relação de parentesco*, a exemplo do que ocorre com a alínea *e* do art. 61 do citado diploma legal, que se refere ao crime praticado contra ascendente, descendente, irmão ou cônjuge, ou mesmo no inciso VII do § 2º do art. 121 do Código Penal, quando, ao inserir o delito de homicídio qualificado quando praticado contra autoridade ou agente descrito nos arts. 142 e 144 da Constituição Federal, integrantes do sistema prisional e da Força Nacional de Segurança Pública, no exercício da função ou em decorrência dela, além do cônjuge e companheiro, se referiu expressamente ao *parente consanguíneo até terceiro grau*, em razão dessa condição.

Assim, quem está inserido no contexto da expressão relação de parentesco? Entendemos que, como a lei não fez qualquer distinção, apontando aqueles que poderiam se encontrar nesse *status*, entendemos devam ser aplicados os arts. 1.591 a 1.595 do Código Civil, que se encontram no Subtítulo II (Das Relações de Parentesco), do Capítulo I (Disposições Gerais) que dizem:

**Art. 1.591.** São parentes em linha reta as pessoas que estão umas para com as outras na relação de ascendentes e descendentes.

**Art. 1.592.** São parentes em linha colateral ou transversal, até o quarto grau, as pessoas provenientes de um só tronco, sem descenderem uma da outra.

**Art. 1.593.** O parentesco é natural ou civil, conforme resulte de consanguinidade ou outra origem.

**Art. 1.594.** Contam-se, na linha reta, os graus de parentesco pelo número de gerações, e, na colateral, também pelo número delas, subindo de um dos parentes até ao ascendente comum, e descendo até encontrar o outro parente.

**Art. 1.595.** Cada cônjuge ou companheiro é aliado aos parentes do outro pelo vínculo da afinidade.

§ 1º O parentesco por afinidade limita-se aos ascendentes, aos descendentes e aos irmãos do cônjuge ou companheiro.

§ 2º Na linha reta, a afinidade não se extingue com a dissolução do casamento ou da união estável.

Assim, ampliou-se o espectro de abrangência a fim de reconhecer essa relação de parentesco em suas três ordens, a saber: a) vínculo conjugal; b) consanguinidade; e c) afinidade.

Entende-se por relações domésticas, de acordo com as lições de Magalhães Noronha, aquelas "estabelecidas entre os componentes de uma família, entre patrões e criados, empregados, professores e amigos da casa."[67]

Coabitar, no sentido do texto legal, quer dizer habitar ou morar em lugar comum, diversamente da hospitalidade, que se traduz, em regra, numa situação passageira ou momentânea, como as visitas.

No caso da dependência econômica, prelecionam Rogério Sanches Cunha e Ronaldo Batista Pinto, "o agente se aproveita do fato de que, sem seu respaldo financeiro, a vítima tem limitada a liberdade de dirigir sua vida da forma como lhe apraz".[68] Há uma espécie de submissão, de vulnerabilidade pelo fato de não poder a vítima se sustentar sem a ajuda econômica do agente.

Relação de autoridade pode ser de natureza pública ou privada. Conforme lições de Fernando Galvão, esse conceito:

> "'Não compreende apenas o exercício de função pública, mas sim todas as hipóteses em que um indivíduo esteja ligado a outro por uma relação tal que lhe autorize obter o cumprimento de um dever'[69], e continua dizendo, acertadamente, que também é reconhecida nas 'hipóteses em que o executor material é indivíduo penalmente incapaz ou não punível, em virtude de condição ou qualidade pessoal'"[70].

Superioridade hierárquica inerente ao exercício de emprego, cargo ou função diz respeito a uma relação de Direito Público, a exemplo do que ocorre entre o delegado de polícia e seus agentes, com oficiais de patentes superiores com seus inferiores, entre o juiz de direito e o oficial de justiça etc. Hierarquia, portanto, é relação de Direito Público. Para que a máquina administrativa possa funcionar com eficiência, é preciso que exista uma escala hierárquica entre aqueles que detêm o poder de mando e seus subordinados. Nesse sentido, Frederico Marques, quando aduz que para que se possa falar em obediência hierárquica é preciso que "exista dependência funcional do executor da ordem dentro do serviço público, em relação a quem lhe ordenou a prática do ato delituoso."[71] Isso quer dizer que não há relação hierárquica entre particulares, como no caso do gerente de uma agência bancária e seus subordinados, bem como tal relação inexiste nas hipóteses de temor reverencial entre pais e filhos ou mesmo entre líderes religiosos e seus fiéis.

## IV – a vítima do tráfico de pessoas for retirada do território nacional.

Ocorre, aqui, o chamado tráfico internacional de pessoas, quando a vítima do tráfico for retirada do território nacional.

Infelizmente, não há aumento de pena quando a vítima é trazida do exterior, existindo, portanto, uma lacuna legal nesse sentido, ferindo, consequentemente, o princípio da isonomia.

Nesse caso, indagam Rogério Sanches Cunha e Ronaldo Batista Pinto:

> "Como trabalhar o comportamento daquele que promove a entrada da vítima no nosso país na condição de objeto traficado ("importação")?
>
> Em respeito ao princípio da legalidade, certamente não configura o crime majorado (art. 149-A, § 1º, IV, CP), mas não deve ser tratado, obviamente, como um indiferente penal. Res-

---

[67] NORONHA, Edgard Magalhães. *Direito penal*, v. 1, p. 249.

[68] CUNHA, Rogério Sanches; PINTO, Ronaldo Batista. *Tráfico de pessoas* – Lei 13.344/2016 comentada por artigos, p. 153.

[69] GALVÃO, Fernando. *Direito penal* – parte geral, p. 776.

[70] GALVÃO, Fernando. *Direito penal* – parte geral, p. 776.

[71] MARQUES, José Frederico. *Tratado de direito penal*. v. II, p. 310.

ponde o traficante, a depender da conduta praticada, pela figura fundamental (art. 149-A do CP), mantendo, no entanto, o rótulo de tráfico transnacional (pois extrapola as fronteiras do nosso país), inclusive para fins de competência para o processo e julgamento (que, no caso de transnacionalidade, é da Justiça Federal)"[72].

## 8.9 Causa especial de diminuição de pena

Diz o § 2º do art. 149-A do Código Penal:

> § 2º A pena é reduzida de um a dois terços se o agente for primário e não integrar organização criminosa.

Cuida-se, portanto, de uma causa especial de diminuição de pena, que deverá ser obrigatoriamente aplicada desde que o agente seja primário e, também, não integre organização criminosa.

São dois requisitos cumulativos, não basta somente a primariedade, ou somente o fato de não integrar organização criminosa, pois ambas as exigências devem estar preenchidas para efeitos de aplicação da minorante.

A primariedade é um conceito encontrado por exclusão, ou seja, aquele que não for considerado reincidente, nos termos do art. 63 do Código Penal, deverá ser reconhecido como primário.

O conceito de organização criminosa vem previsto no § 1º do art. 1º da Lei nº 12.850, de 2 de agosto de 2013, que diz:

> § 1º Considera-se organização criminosa a associação de 4 (quatro) ou mais pessoas estruturalmente ordenada e caracterizada pela divisão de tarefas, ainda que informalmente, com objetivo de obter, direta ou indiretamente, vantagem de qualquer natureza, mediante a prática de infrações penais cujas penas máximas sejam superiores a 4 (quatro) anos, ou que sejam de caráter transnacional.

Prevê o § 2º do art. 149-A, outrossim, uma redução obrigatória entre um a dois terços. Assim, como aplicar essa causa especial de diminuição de pena, que terá consequências importantíssimas, principalmente no que diz respeito ao regime inicial de cumprimento da pena aplicada àquele que fora condenado pelo delito de tráfico de pessoas?

Infelizmente, não existe um critério seguro para que o julgador possa percorrer entre os limites mínimo e máximo de diminuição, razão pela qual, como bem asseveram Rogério Sanches Cunha e Ronaldo Batista Pinto:

> "Na falta de um critério, podemos antever os juízes reduzindo a pena sempre do máximo, lamentavelmente. Mesmo cientes de que a questão será mais bem amadurecida pela jurisprudência, sugerimos que o fator de análise seja o grau e o tempo de submissão da vítima, ou mesmo a maior ou menor colaboração do agente na apuração do crime e a libertação do ofendido"[73].

## 8.10 Pena, ação penal, competência para julgamento

A pena cominada para o delito de tráfico de pessoas é de reclusão, de 4 (quatro) a 8 (oito) anos, e multa.

De acordo com o § 1º do art. 149-A do Código Penal, a pena é aumentada de um terço até a metade se:

---

[72] CUNHA, Rogério Sanches; PINTO, Ronaldo Batista. *Tráfico de pessoas* – Lei 13.344/2016 comentada por artigos, p. 15.

[73] CUNHA, Rogério Sanches; PINTO, Ronaldo Batista. *Tráfico de pessoas* – Lei 13.344/2016 comentada por artigos, p. 155.

> I – o crime for cometido por funcionário público no exercício de suas funções ou a pretexto de exercê-
> -las;
> II – o crime for cometido contra criança, adolescente ou pessoa idosa ou com deficiência;
> III – o agente se prevalecer de relações de parentesco, domésticas, de coabitação, de hospitalidade,
> de dependência econômica, de autoridade ou de superioridade hierárquica inerente ao exercício de
> emprego, cargo ou função; ou
> IV – a vítima do tráfico de pessoas for retirada do território nacional.

Nos termos do § 2º do art. 149-A do mesmo diploma legal, a pena é reduzida de um a dois terços "se o agente for primário e não integrar organização criminosa".

A ação penal é de iniciativa pública incondicionada.

A competência para o processo e julgamento do tráfico de pessoas será da Justiça Estadual, exceto quando houver o tráfico transnacional, ou seja, quando o tráfico for para o exterior, ou se a vítima for trazida do exterior para o território nacional, caso em que a competência será da Justiça Federal.

## 8.11 Destaques

### 8.11.1 Livramento condicional

Embora o tráfico de pessoas não se encontre no rol das infrações penais previstas pela Lei nº 8.072/90, tendo em vista a modificação levada a efeito no inciso V do art. 83 do Código Penal pela Lei nº 13.344, de 6 de outubro de 2016, somente após o cumprimento de mais de dois terços da pena, se o apenado não for reincidente específico em crimes dessa natureza, é que terá direito ao livramento condicional.

Para que seja considerado como reincidente específico, o agente deverá ser condenado pela mesma infração penal, vale dizer, o tráfico de pessoas, cuja decisão condenatória anterior atenda as determinações contidas nos arts. 63 e 64 do Código Penal.

### 8.11.2 Concurso de crimes

Além da pena correspondente ao tráfico de pessoas, se houver a efetiva remoção de órgãos, tecidos ou partes do corpo, haverá concurso material entre os delitos tipificados no art. 149-A do Código Penal e aquele previsto no art. 14, §§ 2º a 4º, da Lei nº 9.434, de 4 de fevereiro de 1997, que diz:

> § 2º Se o crime é praticado em pessoa viva, e resulta para o ofendido:
> I – incapacidade para as ocupações habituais, por mais de trinta dias;
> II – perigo de vida;
> III – debilidade permanente de membro, sentido ou função;
> IV – aceleração de parto.
> Pena – reclusão, de três a dez anos, e multa, de 100 a 200 dias-multa.
> § 3º Se o crime é praticado em pessoa viva e resulta para o ofendido:
> I – Incapacidade para o trabalho;
> II – Enfermidade incurável;
> III – perda ou inutilização de membro, sentido ou função;
> IV – deformidade permanente;
> V – aborto:
> Pena – reclusão, de quatro a doze anos, e multa, de 150 a 300 dias-multa.
> § 4º Se o crime é praticado em pessoa viva e resulta morte:
> Pena – reclusão, de oito a vinte anos, e multa de 200 a 360 dias-multa.

### 8.11.3 Diferença entre tráfico de pessoas e contrabando de migrantes

De acordo com a ONU, são as seguintes as diferenças existentes entre o tráfico de pessoas e o contrabando de migrantes:

> **"Consentimento**
>
> O contrabando de migrantes, mesmo em condições perigosas e degradantes, envolve o conhecimento e o consentimento da pessoa contrabandeada sobre o ato criminoso. No tráfico de pessoas, o consentimento da vítima de tráfico é irrelevante para que a ação seja caracterizada como tráfico ou exploração de seres humanos, uma vez que ele é, geralmente, obtido sob malogro.
>
> **Exploração**
>
> O contrabando termina com a chegada do migrante em seu destino, enquanto o tráfico de pessoas envolve, após a chegada, a exploração da vítima pelos traficantes, para obtenção de algum benefício ou lucro, por meio da exploração. De um ponto de vista prático, as vítimas do tráfico humano tendem a ser afetadas mais severamente e necessitam de uma proteção maior.
>
> **Caráter Transnacional**
>
> Contrabando de migrantes é sempre transnacional, enquanto o tráfico de pessoas pode ocorrer tanto internacionalmente quanto dentro do próprio país"[74].

### 8.11.4 Tráfico internacional e interno de pessoas e continuidade normativo típica

Embora os arts. 231 e 231-A, todos do Código Penal, tenham sido expressamente revogados pela Lei nº 13.344, de 6 de outubro de 2016, não podemos falar em *abolitio criminis*, tendo em vista que o novo tipo penal, constante do art. 149-A, do mesmo diploma repressivo, previu todas as hipóteses típicas anteriores, razão pela qual devemos aplicar, *in casu*, o princípio da continuidade normativo típica.

No entanto, aqueles que praticaram os delitos de tráfico internacional de pessoa para fim de exploração sexual e tráfico interno de pessoa para fim de exploração sexual, anteriormente à vigência da Lei nº 13.344, de 6 de outubro de 2016, deverão responder pelas penas cominadas nos arts. 231 e 231-A, respectivamente, todos do Código Penal, tendo em vista que as penas previstas para o crime de tráfico de pessoas são superiores àquelas, aplicando-se, consequentemente, a *lex mitior*.

### 8.11.5 Política de Enfrentamento do Tráfico de Pessoas

Em 12 de junho de 2019, foi publicado o Decreto nº 9.833, que instituiu a Comitê Nacional de Enfrentamento ao Tráfico de Pessoas – CONATRAP para, nos termos de seu art. 2º:

> I – propor estratégias para a gestão e a implementação das ações da Política Nacional de Enfrentamento ao Tráfico de Pessoas – PNETP, aprovada pelo Decreto nº 5.948, de 26 de outubro de 2006, e dos planos nacionais de enfrentamento ao tráfico de pessoas;
>
> II – propor a elaboração de estudos e pesquisas e incentivar a realização de campanhas relacionadas ao enfrentamento ao tráfico de pessoas;
>
> III – fomentar e fortalecer a expansão da rede de enfrentamento ao tráfico de pessoas, em especial dos Núcleos de Enfrentamento ao Tráfico de Pessoas e dos Postos Avançados de Atendimento Humanizado ao Migrante;

---

[74] Tráfico de Pessoas e Contrabando de Migrantes. *Disponível em:* <https://www.unodc.org/lpo-brazil/pt/trafico-de-pessoas/index.html>. Acesso em: 15 out. 2016.

IV – articular suas atividades àquelas dos Conselhos Nacionais de Políticas Públicas que tenham interface com o enfretamento ao tráfico de pessoas, para promover a intersetorialidade das políticas;
V – articular e apoiar tecnicamente os comitês estaduais, distrital e municipais de enfrentamento ao tráfico de pessoas na definição de diretrizes comuns de atuação, na regulamentação e no cumprimento de suas atribuições;
VI – elaborar relatórios de suas atividades; e
VII – elaborar e aprovar o seu regimento interno

O CONATRAP é composto pelos seguintes membros, elencados no art. 3º do referido Decreto Presidencial:

I – Secretário Nacional de Justiça do Ministério da Justiça e Segurança Pública, que o presidirá;
II – um representante dos seguintes órgãos:
a) Ministério das Relações Exteriores;
b) Ministério da Cidadania; e
c) Ministério da Mulher, da Família e dos Direitos Humanos; e
III – três representantes de organizações da sociedade civil ou de conselhos de políticas públicas, que exerçam atividades relevantes e relacionadas ao enfrentamento ao tráfico de pessoas.

## 8.12 Quadro-resumo

### Sujeitos

» Ativo: qualquer pessoa pode praticar a infração penal prevista no art. 149-A, sendo, portanto, considerado um delito comum, que não exige qualquer qualidade especial do sujeito ativo.
» Passivo: da mesma forma, qualquer pessoa também poderá figurar como sujeito passivo do crime em estudo.

### Objeto material

Objeto material é a pessoa, sobre a qual recai a conduta do agente, que remove seus órgãos, tecidos ou partes do corpo, que a submete a trabalho em condições análogas à de escravo, que a submete a qualquer tipo de servidão, que a adota ilegalmente ou que a explora sexualmente.

### Bem(ns) juridicamente protegido(s)

Bem juridicamente protegido pelo tipo penal em estudo é a liberdade da vítima, bem como a sua vida ou integridade física, dependendo da modalidade de tráfico de pessoas que seja levada a efeito pelo agente.

### Elemento subjetivo

Os comportamentos previstos no tipo penal do art. 149-A do Código Penal somente podem ser praticados dolosamente, não havendo previsão para a modalidade de natureza culposa. O *delito sub examen*, no entanto, prevê o chamado especial fim de agir, pois que todos os comportamentos praticados dolosamente devem, obrigatoriamente, ter uma das finalidades elencadas nos incs. I a V do art. 149-A do Código Penal.

### Modalidades comissiva e omissiva

» Os núcleos agenciar, aliciar, recrutar, transportar, transferir, comprar, alojar ou acolher, previstos no *caput* do art. 149-A do Código Penal, pressupõem um comportamento comissivo por parte do agente.
» No entanto, dependendo da hipótese concreta, se o agente gozar do *status* de garantidor, poderão ser praticados via omissão imprópria.

### Consumação e tentativa

» Estamos diante de um crime formal, de consumação antecipada, não havendo, portanto, necessidade de que a vítima seja, efetivamente, traficada, ou seja, removida ou levada para algum outro lugar para que o crime se configure, bastando que o agente tão somente atue com uma das finalidades exigidas pelo tipo penal do art. 149-A do Código Penal, a saber: I – remover-lhe órgãos, tecidos ou partes do corpo; II – submetê-la a trabalho em condições análogas à de escravo; III – submetê-la a qualquer tipo de servidão; IV – adoção ilegal; ou V – exploração sexual.

» Isso não quer dizer, por outro lado, que o tipo penal não admita a tentativa. Tratando-se de um delito plurissubsistente, em que é possível fracionar o *iter criminis*, esse raciocínio é perfeitamente admissível e dependerá da hipótese concreta.

# Capítulo VII
# Dos Crimes contra a Inviolabilidade do Domicílio

## 1. VIOLAÇÃO DE DOMICÍLIO

**Violação de domicílio**

**Art. 150.** Entrar ou permanecer, clandestina ou astuciosamente, ou contra a vontade expressa ou tácita de quem de direito, em casa alheia ou em suas dependências:

Pena – detenção, de um a três meses, ou multa.

§ 1º Se o crime é cometido durante a noite, ou em lugar ermo, ou com o emprego de violência ou de arma, ou por duas ou mais pessoas:

Pena – detenção, de seis meses a dois anos, além da pena correspondente à violência.

§ 2º (Revogado pela Lei nº 13.869, de 5 de setembro de 2019).

§ 3º Não constitui crime a entrada ou permanência em casa alheia ou em suas dependências:

I – durante o dia, com observância das formalidades legais, para efetuar a prisão ou outra diligência;

II – a qualquer hora do dia ou da noite, quando algum crime está sendo ali praticado ou na iminência de o ser.

§ 4º A expressão "casa" compreende:

I – qualquer compartimento habitado;

II – aposento ocupado de habitação coletiva;

III – compartimento não aberto ao público, onde alguém exerce profissão ou atividade.

§ 5º Não se compreendem na expressão "casa":

I – hospedaria, estalagem ou qualquer outra habitação coletiva, enquanto aberta, salvo a restrição do nº II do parágrafo anterior;

II – taverna, casa de jogo e outras do mesmo gênero.

### 1.1 Introdução

O inciso XI do art. 5º da Constituição Federal proclama expressamente:

XI – a casa é asilo inviolável do indivíduo, ninguém nela podendo penetrar sem consentimento do morador, salvo em caso de flagrante delito ou desastre, ou para prestar socorro, ou, durante o dia, por determinação judicial.

O *caput* do art. 150 do Código Penal traduz as hipóteses em virtude das quais se poderá considerar como violado o domicílio de alguém, perturbando-lhe a tranquilidade do lar.

A lei penal, portanto, trabalha com dois núcleos, vale dizer, os verbos *entrar* e *permanecer*.

*Entrar*, aqui, no sentido empregado pelo texto, significa invadir, ultrapassar os limites da casa ou suas dependências. Pressupõe um comportamento positivo. *Permanecer*, ao contrário, deve ser entendido no sentido de não querer sair. Só permanece, portanto, quem já estava dentro licitamente, visualizando-se, assim, um comportamento negativo.

Para que seja entendida como violação de domicílio a conduta de entrar ou permanecer, é preciso que o agente a tenha realizado *clandestina* ou *astuciosamente*, ou *contra a vontade expressa* ou *tácita* de quem de direito.

Aníbal Bruno esclarece os conceitos de ingresso clandestino ou astucioso:

"Clandestina quando o agente entra ou permanece ocultando-se, dissimulando-se para que ninguém o perceba. Astuciosamente, quando se apresenta atribuindo-se, por exemplo, condição que não possui, como a de guarda sanitário ou de empregado da companhia de gás ou luz, tentando induzir em erro os que tomam conta da casa, ou lançando mão de outro ardil qualquer com que procure afastar ou iludir a vigilância."[1]

À primeira vista, poderíamos pensar que a violação de domicílio somente poderia ser praticada quando o ingresso ou a permanência em casa alheia ou em suas dependências fosse clandestino ou astucioso. Na verdade, os ingressos clandestinos ou astuciosos traduzem algumas modalidades de cometimento da violação de domicílio, pois também se consideram típicos os ingressos forçado e ostensivo. Assim, imagine-se a hipótese daquele que, inconformado com o término do namoro, contra a vontade expressa de sua ex-namorada, ingresse forçosamente na casa dela, almejando convencê-la a manter o relacionamento amoroso.

Como se percebe pelo exemplo fornecido, o ingresso na residência não foi clandestino, tampouco astucioso, mas, ainda assim, configura-se na hipótese de violação de domicílio.

A entrada ou a permanência deverá, ainda, nos termos do *caput* do art. 150 do Código Penal, ocorrer contra a *vontade expressa* ou *tácita* de quem de direito. Vontade expressa é aquela manifestada claramente por aquele que detém o poder de permitir ou recusar o ingresso de alguém em sua residência. Vontade tácita é aquela de natureza presumida, seja no sentido de permitir ou não tolerar o ingresso de alguém em sua casa.

Somente pode recusar o ingresso ou a permanência de alguém na casa ou em suas dependências, por exemplo, quem detém o poder legal para tanto, vale dizer, aquele a quem a lei aponta por meio da expressão *de quem de direito*.

Hungria, depois de esclarecer que a finalidade do tipo penal de violação de domicílio não é proteger o patrimônio, mas, sim, a liberdade doméstica, diz:

"É ao *morador*, seja a que título for (proprietário, locatário, arrendatário, possuidor legítimo, usufrutuário, hóspede etc.), que cabe a faculdade de excluir ou admitir os *extranei*. O *jus prohibendi* pode ser exercido pelo ocupante *more domestico* até mesmo contra o proprietário ou sublocador, pois ele é a pessoa que a lei indica com a expressão *quem de direito*."[2]

Para que seja melhor entendida a expressão *de quem de direito*, utilizada pelo art. 150 do Código Penal, é preciso esclarecer que existem dois regimes que devem ser observados, para fins de identificação daquele que detém o poder de permitir ou negar o ingresso de alguém em sua casa, vale dizer: *a)* regime de subordinação; *b)* regime de igualdade.

---

[1]  BRUNO, Aníbal. *Crimes contra a pessoa*, p. 380.

[2]  HUNGRIA, Nélson. *Comentários ao código penal*, v. VI, p. 218.

O regime de subordinação é caracterizado pela relação de hierarquia existente entre os diversos moradores. Assim, por exemplo, os pais ocupam uma posição hierárquica superior em relação aos filhos que são dependentes deles e que ainda vivem sustentados por eles sob o mesmo teto. Em escolas, estabelecimentos comerciais etc., devemos apontar aquele que, hierarquicamente, possui autoridade para permitir ou impedir o acesso de pessoas àqueles locais.

Ao contrário, quando estamos diante de um regime de igualdade, compete a todos os moradores, igualmente, o poder de permitir ou impedir o ingresso de pessoas no local onde elas se encontram. Como bem observado por Luiz Regis Prado:

"Sob o regime de *igualdade*, pertence a todos os moradores o direito de inclusão/exclusão. Assim, quando se trata de habitação contendo vários cômodos independentes (v.g., república estudantil), materialmente reunidos, cada morador é dono de seu aposento e pode nele admitir quem quer que seja. Nos espaços comuns (v.g., corredores, saguões, escadas etc.) a autorização para entrada ou permanência pode provir de qualquer um dos moradores. Havendo conflito de vontades, predomina a vontade da maioria ou, em caso de empate, a negativa (*melior est conditio prohibentis*)."[3]

O *caput* do art. 150 do Código Penal diz que a violação de domicílio poderá ocorrer quando o ingresso, seja ele clandestino, astucioso ou ostensivo, vier a ocorrer contra a vontade expressa ou tácita de quem de direito, *em casa alheia ou em suas dependências*.

O § 4º do mencionado art. 150, explicando o conceito de casa que deve ser compreendido para fins de tipificação do delito de violação de domicílio, diz ser: I – qualquer compartimento habitado; II – aposento ocupado de habitação coletiva, e III – compartimento não aberto ao público, onde alguém exerce profissão ou atividade. Por outro lado, o § 5º do mesmo artigo assevera que não se compreendem na expressão "casa": I – hospedaria, estalagem ou qualquer outra habitação coletiva, enquanto aberta, salvo a restrição do nº II do § 4º; II – taverna, casa de jogo e outras do mesmo gênero.

O artigo, além da expressão *casa*, tipifica como violação de domicílio quando o ingresso e a permanência são levados a efeito em suas *dependências*. Noronha esclarece que, por dependências:

"Devem entender-se os lugares acessórios ou complementares da moradia ou habitação: jardim, quintal, garagem, pátio, adega etc. Claro é que tais lugares não devem ser franqueados ao público. Por vezes encontramos em bairro de ricas residências jardins não cercados, que não serão, por isso, dependências, mesmo porque neles não se *entra*. O que caracteriza a *dependência*, além do que se disse, é o fato de se avizinhar da moradia e corresponder as necessidades da atividade nesta desenvolvida. Assim, Eusébio Gómez lembra um exemplo de Marcora, de extensíssimo parque, pertencente a um plutocrata, que tem a uma distância de cinco quilômetros da casa um abrigo rústico qualquer; se alguém aí penetrar, não viola o domicílio, por não perturbar a paz do proprietário."[4]

Merece ser ressaltado, ainda, o fato de que, embora a rubrica ao tipo penal do art. 150 do diploma repressivo dê o *nomen iuris* a esse delito de *violação de domicílio*, não está se referindo, tecnicamente, ao conceito de domicílio utilizado pelo Código Civil (arts. 70 a 78), mas, sim, ao conceito de *casa* explicitado pelo aludido § 4º do art. 150 do Código Penal.

---

[3]   PRADO, Luiz Regis. *Curso de direito penal brasileiro*, v. 2, p. 310.

[4]   NORONHA, Edgard Magalhães. *Direito penal*, v. 2, p. 173.

## 1.2 Classificação doutrinária

Crime comum com relação ao sujeito ativo, bem como quanto ao sujeito passivo; doloso; de mera conduta; de forma livre; comissivo (na modalidade entrar) e omissivo (na modalidade permanecer); instantâneo ou permanente (pois a sua consumação se perpetua enquanto houver a violação do domicílio com a permanência do agente em casa alheia ou em suas dependências); monossubjetivo, podendo, também, ser visualizado como unissubsistente (se houver concentração de ato, como ocorre com a modalidade permanecer), ou plurissubsistente (como acontece, como regra, com a modalidade entrar); de ação múltipla ou de conteúdo variado (podendo o agente entrar e ainda permanecer em casa alheia ou em suas dependências, devendo ser responsabilizado por uma única infração penal).

## 1.3 Objeto material e bem juridicamente protegido

A tranquilidade doméstica é o bem juridicamente protegido pelo tipo de violação de domicílio. Como diz a primeira parte do inciso XI do art. 5º da Constituição Federal, a casa é o asilo inviolável do indivíduo, é o seu lugar de descanso, de prazer, de tranquilidade, e deve ser preservada de intromissões, de comportamentos que atinjam sua paz. Hungria esclarece que, com "a indébita ou arbitrária incursão no domicílio alheio, é lesado o interesse da tranquilidade e segurança de vida íntima ou privada do indivíduo, ou seja, das condições indeclináveis à livre expansão da personalidade humana."[5]

A casa ou suas dependências são consideradas o objeto material do delito em estudo. Isso porque, explica Aníbal Bruno, segundo a moderna:

> "Concepção dessa espécie punível, o que pretende o Direito Penal ao reduzir a um tipo penal a violação de domicílio é garantir a liberdade de querer do indivíduo na disposição do espaço em que se desenvolve a sua atividade privada. Definindo como objeto material do delito esse espaço em relação ao qual se protege a liberdade da pessoa, o Código refere-se a casa alheia ou suas dependências."[6]

## 1.4 Sujeito ativo e sujeito passivo

Por se tratar de crime comum, qualquer pessoa pode gozar do *status* de sujeito ativo do delito de violação de domicílio, inclusive o proprietário do imóvel, por exemplo, objeto material do delito. Assim, imagine-se a hipótese do proprietário de um imóvel que, contra a vontade do locatário, nele ingresse com o objetivo de levar a efeito uma vistoria para identificar possíveis danos. Nesse caso, como é cediço, se não houver o consentimento daquele para o qual o imóvel fora alugado, poderá o proprietário responder pelo delito de violação de domicílio.

Sujeito passivo é aquele identificado pelo tipo do art. 150 do Código Penal por meio da expressão *de quem de direito*. Na verdade, não somente a pessoa a quem a lei atribui a faculdade de negar ou consentir o ingresso em sua casa pode ser considerado sujeito passivo do crime de violação de domicílio. Isso porque, como no delito em estudo se procura proteger a paz doméstica, a tranquilidade no lar, a liberdade que todos nós temos o direito de exercer dentro de nossa casa, qualquer morador poderá figurar como sujeito passivo da referida infração penal, independentemente do regime que se adote, ou seja, de subordinação ou de igualdade.

---

[5]  HUNGRIA, Nélson. *Comentários ao código penal*, v. VI, p. 207-208.

[6]  BRUNO, Aníbal. *Crimes contra a pessoa*, p. 374.

Imagine-se a hipótese daquele que, contra a vontade de quem de direito, ingresse numa casa em que toda a família (pais e filhos) esteja reunida, participando de uma confraternização íntima. Aqui, não somente os pais, titulares do direito de impedir ou permitir o acesso de pessoas àquele local, podem ser considerados sujeitos passivos, como também seus filhos, que veem sua liberdade abalada com o ingresso não permitido de pessoa naquele ambiente, perturbando-lhes, também, a tranquilidade do lar.

## 1.5 Consumação e tentativa

O delito de violação de domicílio se consuma quando há o efetivo ingresso do agente na casa da vítima ou em suas dependências, ou no momento em que se recusa a sair, quando nela havia ingressado inicialmente de forma lícita.

Imagine-se, por exemplo, a situação daquele que, sem ser convidado, "penetre" em uma reunião íntima, produzida para um número especial e reduzido de pessoas. No momento em que há o ingresso do agente no recinto no qual estava ocorrendo a reunião, considera-se consumado o delito de violação de domicílio. Da mesma forma, consideremos a hipótese daquele que, inicialmente convidado para participar da reunião, seja solicitado pelo dono da casa, ou seja, aquele que tenha o poder para tanto, a se retirar, pois seu comportamento inconveniente já estava incomodando a todos os convidados. Quando o agente diz àquele de direito que não se retirará daquele local, também nesse instante estará consumado o delito.

Assim, resumindo, com a efetiva *entrada* em casa alheia ou em suas dependências, contra a vontade expressa ou tácita de quem de direito, ou com a determinação do agente de nela *permanecer*, entendemos por consumado o delito de violação de domicílio.

Tendo em vista a possibilidade de fracionamento do *iter criminis*, sendo um delito considerado *plurissubsistente*, é perfeitamente admissível a tentativa de violação de domicílio.

Dessa forma, aquele que é surpreendido tentando pular o muro da residência da vítima, antes de conseguir o seu intento, poderá ser responsabilizado pela tentativa do delito em estudo.

A doutrina, de forma majoritária, aduz que a mera hesitação, por exemplo, em sair de determinado local, quando convidado a tanto, não se consubstancia no delito em questão, a não ser que ocorra uma recalcitrância com certa duração.[7]

Entretanto, entendemos não ser possível cogitar de tentativa de violação de domicílio na modalidade *permanecer*, ao contrário do que aduz Cezar Roberto Bitencourt, quando diz:

"A *tentativa*, embora de difícil configuração, é, teoricamente, *admissível*. Há *tentativa* quando o agente, pretendendo entrar na casa da vítima, é impedido por esta; ou quando o agente, convidado a retirar-se, pretendendo permanecer no interior da casa alheia, é retirado para fora."[8]

No mesmo sentido, afirma Damásio de Jesus:

"Entendemos também admissível a tentativa na modalidade de permanência. Suponha-se que o sujeito pretenda permanecer na casa da vítima, sendo colocado para fora depois de nela ficar tempo insuficiente para configurar o fato consumado. Para nós há tentativa."[9]

Apesar das posições dos renomados professores, quando o agente, já no interior da casa, por exemplo, convidado a se retirar, diz, peremptoriamente, que dali não sairá, nesse instante,

---

[7]   Conforme Nélson Hungria (*Comentários ao código penal*, v. VI, p. 212).

[8]   BITENCOURT, Cezar Roberto. *Código penal comentado*, p. 611.

[9]   JESUS, Damásio E. de. *Código penal*, v. 2, p. 267.

segundo entendemos, já estará configurada a violação de domicílio, mesmo que no momento imediatamente seguinte seja dali retirado por pessoas que façam a segurança local.

Assim, será admissível, segundo nossa posição, a tentativa na modalidade prevista por meio do núcleo *entrar*, não sendo possível tal raciocínio, contudo, quanto ao núcleo *permanecer*.

## 1.6 Elemento subjetivo

O dolo é o elemento subjetivo característico do delito de violação de domicílio, seja ele direto, seja eventual.

O agente, portanto, deve dirigir sua conduta finalisticamente a entrar ou permanecer em casa alheia ou em suas dependências, mesmo sabendo sobre o dissenso expresso ou tácito de quem de direito.

Guilherme de Souza Nucci, entretanto, afasta a possibilidade de cometimento do delito de violação de domicílio tendo o agente atuado com dolo eventual, esclarecendo:

> "Não há forma culposa, nem tampouco elemento subjetivo específico. Entretanto, deve-se ressaltar que a existência no tipo da expressão 'contra a vontade de quem de direito' faz com que o dolo eventual torne-se figura incompatível. Não se pode assumir o risco de estar ingressando no lar alheio contra a vontade do morador: ou quem ingressa sabe que não pode fazê-lo ou tem dúvida, o que é suficiente para afastar o dolo."[10]

Apesar do brilhantismo do raciocínio do renomado autor, entendemos, *permissa* vênia, ser perfeitamente admissível o dolo eventual, que ocorrerá, justamente, na hipótese mencionada, vale dizer, na dúvida sobre o consentimento. Dessa forma, se o agente, ao ingressar na casa da vítima, tem dúvida com relação ao seu consentimento para tanto e, ainda assim, diz para si mesmo que isso não importa, pois entrará de qualquer modo, assumindo o risco de produzir o resultado, que aqui se traduz na perturbação da tranquilidade alheia, deverá ser responsabilizado pela violação de domicílio, levando-se em consideração o seu dolo eventual.

Merece ser frisado que não estamos lidando com erro, mas, sim, com dúvida com relação ao consentimento, o que é diferente. O erro no que diz respeito ao consentimento será considerado erro de tipo, tendo o condão de afastar o dolo, o que não acontece no exemplo fornecido, quando o agente, mesmo na dúvida se pode ou não ingressar livremente na casa da vítima, prefere arriscar, não se importando com a possibilidade de estar agindo contra a vontade expressa ou tácita de quem de direito.

Por não ter sido prevista a modalidade culposa, não haveria violação de domicílio quando o agente, distraidamente, viesse a entrar, por exemplo, no apartamento do seu vizinho, cuja porta se encontrava aberta, por não ter observado que o elevador havia parado em andar diferente do seu. Se o agente, logo ao tomar conhecimento dessa situação, que é extremamente comum, sair imediatamente do apartamento, o fato será considerado atípico.

## 1.7 Modalidades comissiva e omissiva

De acordo com os núcleos existentes no art. 150 do Código Penal, o delito de violação de domicílio pode ser praticado comissiva e omissivamente.

Assim, aquele que ingressa em casa alheia, ou em suas dependências, contra a vontade expressa ou tácita de quem de direito, pulando o muro ou mesmo entrando disfarçado pela porta principal, pratica o delito comissivamente. Ao contrário, aquele que, havendo ingressa-

---

[10] NUCCI, Guilherme de Souza. *Código penal comentado*, p. 473.

do licitamente na casa, dela se recusa a sair quando convidado por quem de direito, permanecendo trancado em um de seus cômodos, pratica o crime omissivamente, ou seja, deixa de fazer aquilo que lhe era devido.

## 1.8 Modalidade qualificada

Diz o § 1º do art. 150 do Código Penal:

> § 1º Se o crime é cometido durante a noite, ou em lugar ermo, ou com o emprego de violência ou de arma, ou por duas ou mais pessoas:
> Pena – detenção, de 6 (seis) meses a 2 (dois) anos, além da pena correspondente à violência.

Como pudemos observar, o § 1º do mencionado art. 150 enumera uma série de situações que fazem com que a pena para a violação de domicílio seja excessivamente aumentada, quando o crime é cometido:

*a)* à noite;

*b)* em lugar ermo;

*c)* com o emprego de violência;

*d)* com o emprego de arma;

*e)* por duas ou mais pessoas.

A primeira indagação que se deve fazer diz respeito ao conceito de *noite*. Na verdade, devemos entender que os motivos pelos quais a lei penal qualificou a violação de domicílio quando praticada à noite foi pela maior facilidade para a prática do delito, bem como pela maior intensidade da tranquilidade doméstica, quando estivermos numa situação de ausência de luz. Assim, para que possa ser considerada a qualificadora, independentemente do horário em que se realize o ingresso não consentido em casa alheia ou em suas dependências, o fato deverá ocorrer depois do pôr do sol, até a aurora, ou seja, quando o sol começar a nascer no horizonte.

*Lugar ermo*, segundo a definição de Hungria, deve ser entendido "no sentido *material* ou *geográfico*: é o lugar habitualmente (quer de dia quer de noite), e não acidentalmente solitário [...]. É o lugar normalmente privado de socorro",[11] a exemplo de uma casa construída numa região ainda pouco explorada, em que existe uma distância considerável entre os vizinhos mais próximos, fazendo com que não possam contar uns com os outros.

O *emprego de violência*, que qualifica a violação de domicílio, é aquele exercido contra a pessoa, ou seja, a chamada *vis corporalis*, não qualificando a violação de domicílio a violência dirigida à destruição da coisa para o ingresso do agente em casa alheia ou em suas dependências, bem como a ameaça (*vis compulsiva*), desde que não exercida com o emprego de arma. Assim, entendemos que aquele que, com a finalidade de violar o domicílio da vítima, arromba a porta de entrada de sua casa não comete o delito na modalidade qualificada, ajustando-se o seu comportamento ao *caput* do art. 150 do Código Penal.

Em sentido contrário, afirma Aníbal Bruno, com apoio majoritário da doutrina: "Violência é a força física com que se anula a oposição do morador, violência contra a pessoa ou contra coisas, praticada pelo agente para entrar no domicílio ou nele permanecer."[12]

Apesar da posição adotada pela corrente majoritária, entendemos, *permissa* vênia, ser melhor o entendimento no sentido de não qualificar a violação de domicílio a violência dirigida contra a coisa, por dois argumentos: inicialmente, seria ofensivo ao princípio da propor-

---

[11] HUNGRIA, Nélson. *Comentários ao código penal*, v. VI, p. 222.

[12] BRUNO, Aníbal. *Crimes contra a pessoa*, p. 384.

cionalidade, pois apenas um vidro quebrado pelo agente, para fins de ingresso em casa alheia, faria com que sua pena fosse aumentada em mais de seis vezes; em segundo lugar, de acordo com a interpretação de Guilherme de Souza Nucci, "a figura qualificada menciona, em dupla, o emprego de violência ou arma, demonstrando uma referência à pessoa, e não à coisa, pois a arma, no contexto da coisa, não teria sentido."[13]

O *emprego de arma*, que pode ser própria ou imprópria, deve ser utilizado no sentido de intimidar a vítima, fazendo com que se sinta ameaçada pelo agente. Segundo Fragoso, "bastará, todavia, a intimidação tácita, que se verifica quando o agente porta a arma ostensivamente. A ofensa à liberdade individual é, nestes casos, maior, pela intranquilidade que gera o emprego da arma, não sendo de se desprezar a circunstância do maior perigo que acarreta."[14]

A última qualificadora diz respeito ao *concurso de pessoas* na prática da violação de domicílio. Para que o delito se considere qualificado, não basta o fato de que duas ou mais pessoas entrem ou permaneçam, contra a vontade expressa ou tácita de quem de direito, em casa alheia ou em suas dependências, sendo fundamental que ajam unidas por esse propósito, ou seja, ligadas pelo vínculo psicológico característico do concurso de pessoas. Caso contrário, cada uma delas responderá pela sua violação de domicílio sem a imposição da qualificadora.

## 1.9 Exclusão do crime

O § 3º do art. 150 do Código Penal diz textualmente:

> § 3º Não constitui crime a entrada ou permanência em casa alheia ou em suas dependências:
> I – durante o dia, com observância das formalidades legais, para efetuar prisão ou outra diligência;
> II – a qualquer hora do dia ou da noite, quando algum crime está sendo ali praticado ou na iminência de o ser.

A Constituição Federal ampliou as hipóteses previstas no transcrito § 3º do art. 150 do Código Penal, dizendo, no inciso XI do seu art. 5º:

> XI – a casa é o asilo inviolável do indivíduo, ninguém nela podendo penetrar sem o consentimento do morador, salvo em caso de flagrante delito ou desastre, ou para prestar socorro, ou durante o dia, por determinação judicial;

A primeira hipótese diz respeito ao cumprimento de *determinação judicial*, seja para efetuar a *prisão* de alguém ou mesmo para realizar outra diligência, a exemplo do cumprimento de mandado de busca e apreensão. Nesses casos, somente poderá ser cumprida a ordem judicial durante o dia. Assim, por exemplo, tendo sido expedido mandado de prisão, o oficial de justiça ou outra autoridade encarregada de cumpri-lo somente poderá fazê-lo durante o dia, entendendo-se aqui por *dia* o período normal no qual são realizados os atos processuais, nos termos preconizados pelo art. 212 do Código de Processo Civil (Lei nº 13.105, de 16 de março de 2015), que diz:

> **Art. 212**. Os atos processuais serão realizados em dias úteis, das 6 (seis) às 20 (vinte) horas.

A Constituição Federal menciona, também, as hipóteses de flagrante delito, desastre ou prestação de socorro, não havendo, nesses casos, qualquer limite temporal, ou seja, pode al-

---

[13]   NUCCI, Guilherme de Souza. *Código penal comentado*, p. 474.

[14]   FRAGOSO, Heleno Cláudio. *Lições de direito penal* – Parte especial (arts. 121 a 160, CP), p. 234.

guém ingressar em casa alheia, mesmo contra a vontade de quem de direito, seja de dia ou mesmo à noite.

Entretanto, comparando o dispositivo constitucional com a norma penal constante do § 3º do art. 150, devemos fazer algumas observações.

Inicialmente, a Constituição Federal menciona a situação de flagrante delito, enquanto o Código Penal aduz o fato de que algum crime esteja sendo praticado em casa alheia ou na iminência de o ser. A fim de compatibilizarmos as duas regras, com proeminência para aquela de natureza constitucional, que exige a ocorrência de flagrante, devemos concluir que a expressão *na iminência de o ser*, contida na lei penal, deve, obrigatoriamente, ser entendida no sentido de que o agente, embora não houvesse ainda consumado o crime, já havia dado início à sua execução, oportunidade em que poderia ser interrompido com o ingresso de terceira pessoa em sua casa, fazendo, com isso, que a infração penal permanecesse na fase da tentativa.

Merece destaque, ainda, o fato de que a lei penal menciona, a fim de permitir o ingresso forçado em casa alheia, a prática de crime, não se referindo, outrossim, à contravenção. Nesse caso, entendemos que a Constituição Federal aumentou as hipóteses de ingresso em casa alheia contra a vontade de quem de direito, pois mencionou tão somente a situação de flagrante delito, que poderá ocorrer tanto nas hipóteses de cometimento de crimes quanto na prática de contravenções penais.

Em caso de desastre, ou mesmo para prestar socorro, o particular que invade casa alheia com uma dessas finalidades atua em estado de necessidade, afastando-se, portanto, a ilicitude de seu comportamento. Sendo um funcionário público que possua tal obrigação de prestar socorro, a exemplo do que ocorre com os bombeiros, atua acobertado pelo estrito cumprimento de dever legal.

Nas hipóteses de cumprimento de determinação judicial, seja para efetuar prisão ou outra diligência, ou, mesmo, nos casos de flagrante delito, se praticados por funcionário público, estaremos diante da causa de justificação relativa ao estrito cumprimento de dever legal.

Sendo a prisão em flagrante realizada por um particular, nos termos da primeira parte do art. 301 do Código de Processo Penal, estaremos diante da causa de exclusão da ilicitude correspondente ao exercício regular de um direito.

Assim, concluindo, todas as situações elencadas tanto pela Constituição Federal quanto pelo próprio Código Penal dizem respeito a causas de justificação, que têm por finalidade excluir a ilicitude do comportamento realizado pelo agente.

## 1.10 Conceito legal de casa

Visando a espancar qualquer dúvida existente com relação ao conceito de casa, diz a norma penal explicativa, contida no § 4º do art. 150 do Código Penal:

> § 4º A expressão "casa" compreende:
> I – qualquer compartimento habitado;
> II – aposento ocupado de habitação coletiva;
> III – compartimento não aberto ao público, onde alguém exerce profissão ou atividade.

A expressão *qualquer compartimento habitado*, conforme esclarece Cezar Roberto Bitencourt:

> "Tem a abrangência suficiente para evitar qualquer dúvida relativamente a moradias eventuais ou transitórias.
>
> Para configurar 'casa', no sentido de *qualquer compartimento habitado*, não é necessário que esteja fixa ou afixada em determinado local; pode ser móvel, flutuante, 'errante', como, por exemplo, barco, *trailer, motor-home*, cabina de um trem velho, vagão de metrô abandonado,

abrigo embaixo de ponte ou viaduto etc., além de abranger, evidentemente, quarto de pensão, de pensionato etc."[15]

A expressão *aposento ocupado de habitação coletiva*, embora certamente abrangida pela situação precedente, pois pode ser compreendida de acordo com o conceito de qualquer compartimento habitado, traduz as hipóteses em que determinada pessoa reside em lugares tais como pensionatos, hotéis, motéis etc.

Por *compartimento não aberto ao público, onde alguém exerce profissão ou atividade*, deve ser compreendido o lugar, segundo Hungria:

"Que, embora sem conexão com a casa de moradia propriamente dita, serve ao exercício da atividade individual privada. Assim, o escritório do advogado, o consultório do médico, o gabinete do dentista, o laboratório do químico, o *atelier* do artista, a oficina do ourives etc. A atividade do cidadão, nos tempos modernos, é múltipla e não se exerce apenas no limite estrito da casa de moradia, e há necessidade de tutelar essa atividade em todos os lugares onde ela se abriga."[16]

O § 5º do art. 150, a seu turno, diz que não se compreendem na expressão "casa":

I – hospedaria, estalagem ou qualquer outra habitação coletiva, enquanto aberta, salvo a restrição do inciso II, do § 4º do mesmo diploma legal;

II – taverna, casa de jogo e outras do mesmo gênero.

## 1.11 Pena, ação penal, competência para julgamento e suspensão condicional do processo

O *caput* do art. 150 do Código Penal prevê a pena de detenção, de 1 (um) a 3 (três) meses, ou multa, sendo que o seu § 1º comina, para a violação de domicílio qualificada, a pena de detenção, de 6 (seis) meses a 2 (dois) anos, além da pena correspondente à violência.

Dessa forma, a competência, pelo menos *ab initio*, para julgamento da infração penal prevista pelo tipo fundamental da violação de domicílio será do Juizado Especial Criminal, o mesmo acontecendo com a sua modalidade qualificada, cuja pena máxima cominada em abstrato não ultrapassa dois anos, aplicando-se, outrossim, todos os institutos previstos pela Lei nº 9.099/95 (transação penal, suspensão condicional do processo).

A ação penal é de iniciativa pública incondicionada.

## 1.12 Destaques

### 1.12.1 Concurso de crimes

A modalidade qualificada de violação de domicílio, constante do § 1º do art. 150 do Código Penal, prevê uma pena de detenção, de 6 (seis) meses a 2 (dois) anos, *além da pena correspondente à violência*.

Inicialmente, devemos destacar que a violência aqui referida é tão somente aquela praticada contra a pessoa, e não também contra a coisa, como entende a doutrina majoritária, pelos motivos já expostos acima.

Nesse caso, teremos duas infrações penais, vale dizer, a violação de domicílio e a lesão corporal ou homicídio, por exemplo. Assim, havendo concurso de crimes, qual deles seria aplicado à hipótese em estudo: o concurso material ou o concurso formal?

---

[15] BITENCOURT, Cezar Roberto. *Tratado de direito penal*, v. II, p. 474.

[16] HUNGRIA, Nélson. *Comentários ao código penal*, v. VI, p. 217.

Devemos notar que a violência mencionada no § 1º é um meio para a prática do crime-fim, que é a violação de domicílio, e não o contrário, ou seja, a violação de domicílio como crime-meio para a prática de outro crime-fim, a lesão corporal ou o homicídio, por exemplo, uma vez que, no segundo caso, seria aplicada a regra do concurso aparente de normas, ficando a violação de domicílio absorvida pelo delito-fim.

Nesse sentido, esclarece Noronha que a violação de domicílio é:

> "Um crime eminentemente *subsidiário*: é absorvido quando, no caso concreto, serve à execução de outro mais grave. De acordo com essa opinião, o eminente Nelson Hungria escreve que 'a violação de domicílio só se apresenta como crime autônomo quando: a) seja fim a si mesma; b) sirva a fim não criminoso ou haja dúvida sobre o verdadeiro fim do agente; c) seja simples *ato preparatório* de outro crime; d) haja desistência do agente quanto ao crime-fim; e) seja o crime-fim menos severamente punido (como, por ex., no caso da entrada à noite na casa alheia para *ameaçar* o morador)'.
>
> Mas, mesmo de acordo com a opinião prevalente, deve entender-se não ser inadmissível o concurso. Se *A*, por qualquer razão (v.g., para mostrar aos correligionários políticos o pouco caso que faz do adversário), penetra a casa de *B*, e, depois, por qualquer outro fato – protestos deste, gesto de chamar a Polícia, discussão etc. – o agride, há dois crimes em concurso material. Não há falar em prevalência, absorção e quejandos, pois a *entrada* não foi *meio* para a agressão (fim)."[17]

Da mesma forma, responderá pelas duas infrações penais, em concurso material, aquele que, com a finalidade de violar o domicílio, agride a vítima para que possa entrar em sua residência, havendo, no caso, pluralidade de condutas, razão pela qual deverá ser aplicada a regra do art. 69 do Código Penal, atendendo-se, outrossim, à segunda parte do preceito secundário do § 1º do art. 150 do Código Penal.

### 1.12.2 Casa vazia ou desabitada e casa habitada, com ausência momentânea do morador

Considerando que o bem jurídico penalmente protegido pelo art. 150 do Código Penal é a tranquilidade doméstica, poderia se falar em violação de domicílio na hipótese de casa vazia ou desabitada? Não, uma vez que não há possibilidade de agressão ao bem jurídico mencionado, em face da sua inexistência.

Situação completamente diversa é a da casa que, embora normalmente habitada, seus moradores dela se encontram afastados quando do ingresso do agente. Aqui, existe bem jurídico a ser protegido pelo Direito Penal, razão pela qual a prática da violação de domicílio é perfeitamente admissível.

Conforme esclarece Aníbal Bruno:

> "A entrada em casa vazia, ou construção em ruína, desabitada, não constitui violação de domicílio. Mas se a casa está ocupada, não é necessário para que se formalize o crime que o morador esteja presente no momento da violação."[18]

Caso contrário, não fosse esse o raciocínio dominante, sempre que viajássemos, por exemplo, esse fato seria como que uma "permissão tácita" para que outras pessoas utilizassem nossa casa, o que não é razoável.

Assim, a ausência momentânea do morador não descaracteriza a violação de domicílio levada a efeito pelo agente.

---

[17] NORONHA, Edgard Magalhães. *Direito penal*, v. 2, p. 177-178.

[18] BRUNO, Aníbal. *Crimes contra a pessoa*, p. 375.

### 1.12.3 Abuso de autoridade, na modalidade de violação de imóvel alheio ou suas dependências[19]

O art. 22 da Lei nº 13.869, de 05 de setembro de 2019, previu o delito de abuso de autoridade, para o agente que, *verbis*:

> **Art. 22.** Invadir ou adentrar, clandestina ou astuciosamente, ou à revelia da vontade do ocupante, imóvel alheio ou suas dependências, ou nele permanecer nas mesmas condições, sem determinação judicial ou fora das condições estabelecidas em lei:
>
> Pena – detenção, de 1 (um) a 4 (quatro) anos, e multa.
>
> § 1º Incorre na mesma pena, na forma prevista no *caput* deste artigo, quem:
>
> I – coage alguém, mediante violência ou grave ameaça, a franquear-lhe o acesso a imóvel ou suas dependências;
>
> II – (vetado);
>
> III – cumpre mandado de busca e apreensão domiciliar após as 21h (vinte e uma horas) ou antes das 5h (cinco horas).
>
> § 2º Não haverá crime se o ingresso for para prestar socorro, ou quando houver fundados indícios que indiquem a necessidade do ingresso em razão de situação de flagrante delito ou de desastre.

### 1.12.4 A tecnologia como violadora da intimidade

Hoje em dia temos assistido, quase que diariamente, pelos telejornais, a intimidade das pessoas sendo violada em virtude da utilização de avançados recursos tecnológicos. Embora não ocorra a situação de efetivo ingresso físico no domicílio alheio, nossos olhos conseguem ultrapassar os muros divisórios, fazendo com que as pessoas se sintam inseguras dentro de suas próprias casas, abalando, sobremaneira, a tranquilidade doméstica.

Paulo José da Costa Júnior, fazendo uma análise aprofundada sobre o tema, disserta:

"Tutelou-se, no art. 150, a inviolabilidade do domicílio, dentro de cujos muros o cidadão é rei (*domi suae qulibet rex*). Se em 1940, quando se promulgou o Código, a *domus* poderia constituir o asilo inviolável do indivíduo, não o será nos dias hodiernos. A tecnologia moderna possibilitou a invasão do domicílio sem que o agente nele penetrasse. E o preceito legal mostrou-se incompleto e insuficiente, desatualizado e pobre, para tutelar a intimidade.

Restaram, pois, ao desamparo da tutela jurídico-penal todas as invasões possibilitadas pela técnica: a teleobjetiva que fotografa através das vidraças, à distância, ou do helicóptero que sobrevoa o *jardim secreto* ou o terraço do *penthouse* onde a dona de casa se banha ao sol; ou mesmo a gravação de conversas íntimas, ou a filmagem de cenas privadas, mantidas no sacrário do lar e obtidas de forma fraudulenta, por meio de microfones ocultos ou de câmeras minúsculas e poderosas, disfarçadas e recônditas em objetos os mais diversos. Insuficiente, portanto, a tutela penal ofertada pelo *jus conditum*, extensiva apenas à turbação da tranquilidade doméstica pela introdução ou permanência *non jure* na habitação alheia. Inclusive aquele que estiver no interior da casa, com a empregada doméstica, a vasculhar gavetas e escaninhos, violando a intimidade, estará igualmente a salvo da sanção normativa."[20]

### 1.12.5 Violação de domicílio e Código Penal Militar

O crime de violação de domicílio também veio previsto no Código Penal Militar (Decreto-Lei nº 1.001, de 21 de outubro de 1969), conforme se verifica pela leitura do seu art. 226.

---

[19] Uma análise aprofundada sobre o tema encontra-se no livro *Abuso de Autoridade – Lei 13.869/2019 Comentada artigo por artigo*, escrita em coautoria por Rogério Greco e Rogério Sanches Cunha, editora JusPodivm.

[20] COSTA JÚNIOR, Paulo José da. *Agressões à intimidade*: o episódio Lady Di, p. 54.

## 1.13 Quadro-resumo

**Sujeitos**

» Ativo: qualquer pessoa.
» Passivo: é aquele identificado pelo tipo do art. 150 do CP por meio da expressão "de quem de direito". Na verdade, qualquer morador poderá figurar como sujeito passivo da referida infração penal, independentemente do regime que se adote, ou seja, de subordinação ou de igualdade.

**Objeto material**

A *casa* ou *suas dependências*.

**Bem(ns) juridicamente protegido(s)**

A *tranquilidade doméstica*.

**Elemento subjetivo**

» O dolo direto ou eventual.
» Não há previsão para a modalidade culposa.

**Modalidades comissiva e omissiva**

O delito de violação de domicílio pode ser praticado comissiva e omissivamente.

**Consumação e tentativa**

» O delito se consuma quando há o efetivo ingresso do agente na casa da vítima ou em suas dependências, ou no momento em que se recusa a sair, quando nela havia ingressado inicialmente de forma lícita.
» Tendo em vista a possibilidade de fracionamento do *iter criminis*, sendo um delito considerado plurissubsistente, é perfeitamente admissível a tentativa de violação de domicílio na modalidade entrar, não sendo possível quando estivermos diante do núcleo permanecer.

# Capítulo VIII

# Dos Crimes contra a Inviolabilidade de Correspondência

## 1. VIOLAÇÃO DE CORRESPONDÊNCIA

**Violação de correspondência**

**Art. 151.** Devassar indevidamente o conteúdo de correspondência fechada, dirigida a outrem:
Pena – detenção, de um a seis meses, ou multa.

**Sonegação ou destruição de correspondência**

§ 1º Na mesma pena incorre:

I – quem se apossa indevidamente de correspondência alheia, embora não fechada e, no todo ou em parte, a sonega ou destrói;

**Violação de comunicação telegráfica, radioelétrica ou telefônica**

II – quem indevidamente divulga, transmite a outrem ou utiliza abusivamente comunicação telegráfica ou radioelétrica dirigida a terceiro, ou conversação telefônica entre outras pessoas;

III – quem impede a comunicação ou a conversação referidas no número anterior;

IV – quem instala ou utiliza estação ou aparelho radioelétrico, sem observância de disposição legal.

§ 2º As penas aumentam-se de metade, se há dano para outrem.

§ 3º Se o agente comete o crime, com abuso de função em serviço postal, telegráfico, radioelétrico ou telefônico:
Pena – detenção, de um a três anos.

§ 4º Somente se procede mediante representação, salvo nos casos do § 1º, IV, e do § 3º.

### 1.1 Notas explicativas

No capítulo correspondente aos direitos e garantias individuais e coletivos, a Constituição Federal assevera, no inciso XII do seu art. 5º:

XII – é inviolável o sigilo da correspondência e das comunicações telegráficas, de dados e das comunicações telefônicas, salvo, no último caso, por ordem judicial, nas hipóteses e na forma que a lei estabelecer para fins de investigação criminal ou instrução processual penal;

Percebe-se, portanto, ser um direito fundamental do ser humano a liberdade de comunicação reservada, ou seja, não destinada ao público em geral, por meio da qual o sujeito possa exteriorizar seus sentimentos sem que, para tanto, qualquer pessoa, que não aquela para qual é dirigida a correspondência, possa ter conhecimento do seu conteúdo.

PARTE I – CAPÍTULO VIII – DOS CRIMES CONTRA A INVIOLABILIDADE DE CORRESPONDÊNCIA

É preciso registrar, contudo, que o *caput* do art. 151 do Código Penal foi revogado pela Lei nº 6.538, de 22 de junho de 1978, que dispôs sobre os serviços postais. A doutrina, no entanto, analisa essa revogação sob diversos aspectos.

Cezar Roberto Bitencourt, comentando o artigo em questão, aduz:

"Em 1978, a Lei nº 6.538, de 22 de junho desse ano, que disciplinou os serviços postais, revogou o *caput* do art. 151 e seu § 1º, do CP, introduzindo o crime de *quebra de segredo profissional* relativo a correspondência; revogou, parcialmente, os arts. 293, I e II, e 303, ambos do CP. Finalmente, a Lei nº 6.538, de 22 de junho de 1978, passou a disciplinar o crime de *violação de correspondência* e assemelhados, com o mesmo conteúdo do *preceito primário* da redação anteriormente revogada (art. 40), nos seguintes termos: 'Devassar indevidamente o conteúdo de correspondência fechada dirigida a outrem'. Alterou, no entanto, a redação do § 1º, inciso I, do mesmo artigo.

Equivocadamente, porém, os Códigos das principais editoras do País, tais como Saraiva, Revista dos Tribunais, Forense, entre outras, mantêm em seus textos, tanto nos Códigos tradicionais quanto nos 'anotados', a redação do texto revogado, induzindo gerações e gerações a erro. O crime antes definido como de 'sonegação ou destruição de correspondência' deixou de ser um crime de conteúdo variado, com a supressão das condutas 'sonegar' ou 'destruir', passando a ser um crime de conduta única, 'apossar-se', as outras duas condutas suprimidas constituem o *elemento subjetivo especial do tipo*: 'para sonegá-la ou destruí-la' (art. 40, § 1º, I, da Lei nº 6.538/78). Assim, seria mais adequado definir essa infração penal como crime de 'apossamento de correspondência', terminologia que adotamos."[1]

Luiz Regis Prado, tentando salvar aquele que já não pode mais ser ajudado, procura identificar e separar as infrações penais por diploma legal, afirmando:

"São as seguintes modalidades de delitos contra a inviolabilidade de correspondência e das demais comunicações previstos pelo Código Penal e pela legislação extravagante:

a) violação de correspondência fechada (art. 40, *caput*, Lei nº 6.538/78);

b) apossamento de correspondência para sonegação ou destruição (art. 40, § 1º, Lei nº 6.538/78);

c) divulgação, transmissão ou utilização abusiva de comunicação telegráfica, radioelétrica ou telefônica (art. 151, § 1º, II, CP);

d) impedimento de comunicação telegráfica, radioelétrica ou telefônica (art. 151, § 1º, III, CP);

e) instalação ou utilização ilegal de estação ou aparelho radioelétrico (art. 70, Lei nº 4.117/62);

f) desvio, sonegação, subtração, supressão ou revelação de correspondência comercial (art. 152)."[2]

Apesar do esforço dos renomados autores para tentar aplicar alguns incisos do § 1º do art. 151 do Código Penal, entendemos, *permissa* vênia, equivocado tal sacrifício, uma vez que se o *caput* do mencionado art. 151 foi revogado pelo art. 40 da Lei nº 6.538/78, como é que poderiam subsistir, como se tivessem vida autônoma, os seus parágrafos?

No caso em exame, podemos aplicar duas regras fundamentais, trazidas a lume pela Lei Complementar nº 95, de 26 de fevereiro de 1998, que dispôs sobre a elaboração, a redação, a alteração e a consolidação das leis, atendendo à determinação contida no parágrafo único do art. 59 da Constituição Federal.

---

[1] BITENCOURT, Cezar Roberto. *Tratado de direito penal*, v. 2, p. 500-501.

[2] PRADO, Luiz Regis. *Curso de direito penal brasileiro*, v. 2, p. 324.

A primeira delas, constante do art. 7º, inciso IV, da mencionada lei complementar, determina:

> **Art. 7º** O primeiro artigo do texto indicará o objeto da lei e o respectivo âmbito de aplicação, observados os seguintes princípios:
> I – [...];
> II – [...];
> III – [...];
> IV – o mesmo assunto não poderá ser disciplinado por mais de uma lei, exceto quando a subsequente se destine a complementar lei considerada básica, vinculando-se a esta por remissão expressa.

A segunda regra, contida na Seção II do Capítulo II da referida lei complementar, que cuida da articulação e da redação das leis, determina, conforme se verifica nos incisos I e II do seu art. 10:

> **Art. 10**. Os textos legais serão articulados com observância dos seguintes princípios:
> I – a unidade básica de articulação será o artigo, indicado pela abreviatura 'Art', seguida de numeração ordinal até o nono e cardinal a partir deste;
> II – os artigos desdobrar-se-ão em parágrafos ou em incisos; os parágrafos em incisos, os incisos em alíneas e as alíneas em itens.

E, ainda, a alínea *c* do inciso III do art. 11 da Lei Complementar nº 95/98 completa o nosso raciocínio asseverando:

> **Art. 11**. As disposições normativas serão redigidas com clareza, precisão e ordem lógica, observadas, para esse propósito, as seguintes normas:
> I – [...];
> II – [...];
> III – para obtenção de ordem lógica:
> [...];
> c) expressar por meio dos parágrafos os aspectos complementares à norma enunciada no *caput* do artigo e as exceções à regra por este estabelecida.

A aplicação dos parágrafos, além de estar completamente inviabilizada pela ausência da norma principal, ou seja, o *caput* do art. 151, ainda encontra outros problemas, a começar por não se saber a pena cominada ao delito em estudo, quando praticado na sua, em tese, modalidade fundamental.

Isso porque o § 1º do art. 151 do Código Penal inicia sua redação dizendo: *Na mesma pena incorre*. Ora, pergunta-se: A que pena se refere o mencionado parágrafo, uma vez que já não mais existe aquela então prevista no preceito secundário do *caput* do mencionado art. 151?

No que diz respeito à modalidade qualificada, prevista no § 3º do art. 151 do Código Penal, ainda conseguimos descobrir a pena a ela cominada, vale dizer, detenção, de 1 (um) a 3 (três) anos. Entretanto, a impossibilidade de aplicação do aludido parágrafo não diz respeito à ausência de preceito secundário, mas, sim, à impossibilidade de compreensão do preceito primário, que diz: *Se o agente comete o crime, com abuso de função em serviço postal, telegráfico, radioelétrico ou telefônico.*

A pergunta, agora, é a seguinte: A que crime se refere o § 3º, uma vez que já não mais existe a infração penal até então tipificada no *caput* do art. 151 do Código Penal?

Como se percebe sem muito esforço, é inútil qualquer tentativa de aplicação dos parágrafos do art. 151 do Código Penal, em face da ausência de definição do comportamento típico principal.

Assim, os comportamentos anteriormente previstos no art. 151 do diploma repressivo, para que possam ser considerados típicos, deverão se amoldar a qualquer uma das figuras

PARTE I – CAPÍTULO VIII – DOS CRIMES CONTRA A INVIOLABILIDADE DE CORRESPONDÊNCIA

que lhes são equivalentes, constantes da Lei nº 4.117, de 27 de agosto de 1962, que institui o Código Brasileiro de Telecomunicações, ou da Lei nº 6.538, de 22 de junho de 1978, que dispõe sobre os serviços postais, além da Lei nº 9.296, de 24 de julho de 1996, que regulamenta o inciso XII, parte final, do art. 5º da Constituição Federal.

Entretanto, faremos a análise dos elementos integrantes da figura típica revogada juntamente com seus parágrafos, a fim de que o leitor possa utilizá-la nas leis especiais que regularam a matéria.

## 1.2 Introdução

O preceito primário do art. 40 da Lei nº 6.538, de 22 de junho de 1978, possui redação idêntica ao revogado art. 151, *verbis*:

> **Art. 40**. Devassar, indevidamente o conteúdo de correspondência fechada dirigida a outrem:
> Pena – detenção, até 6 (seis) meses, ou pagamento não excedente a 20 (vinte) dias-multa.

Embora seja idêntica à do art. 151 do Código Penal a conduta narrada no preceito primário do art. 40 da Lei nº 6.538/78, essa identidade, contudo, não ocorre no que diz respeito à pena a ele cominada. O art. 151 do Código Penal, na sua extinta modalidade fundamental, previa uma pena de detenção, de 1 (um) a 6 (seis) meses, ou multa, enquanto o art. 40 da Lei que dispôs sobre os serviços postais não indicou o limite mínimo, da mesma forma que limitou a aplicação da pena pecuniária a, no máximo, 20 (vinte) dias-multa.

Analisando seus elementos típicos, a começar pelo seu núcleo, concluímos que *devassar* significa tomar conhecimento total ou parcialmente, expor a descoberto, tornar conhecido o conteúdo de correspondência fechada, dirigida a outrem, não havendo necessidade de que a correspondência seja aberta ou danificada. Basta que o agente tenha tido conhecimento do seu conteúdo, a exemplo daquele que a coloca sob um facho de luz, possibilitando a leitura, mesmo que parcial, do seu conteúdo.

Cezar Roberto Bitencourt esclarece, ainda:

> "Não é imprescindível que o sujeito leia, sendo escrita, a correspondência alheia; é suficiente que tome conhecimento do seu conteúdo, ou seja, o sujeito ativo comete o crime tanto quando abre a correspondência como quando faz sua leitura utilizando-se de aparelhagem técnica especial. Caso contrário, lembra Damásio de Jesus, o *cego* e o *analfabeto* não poderiam praticar esse crime, a despeito de, acrescentamos, abrirem e terem ciência de seu conteúdo. A lei não estabelece os meios ou formas pelos quais a correspondência pode ser violada; logo, estamos diante de crime de forma livre, e, ante o avanço tecnológico, a devassa de correspondência pode ser realizada das mais diversas maneiras, inclusive sem abrir o invólucro onde aquela se encontra (com raios de luz, raio *laser* etc.)."[3]

Por *correspondência* entende-se, conforme a tradução dada pelo art. 47 da Lei nº 6.538/78, ser *toda comunicação de pessoa a pessoa, por meio de carta, através da via postal, ou por telegrama*.

A correspondência a que alude o artigo é aquela *fechada*, cujo conteúdo é preservado do conhecimento das demais pessoas que não sejam o seu destinatário, não correspondência aberta, pois, sendo assim enviada, presume-se que o seu conteúdo possa ser conhecido por todos, a não ser que o fato se amolde, por exemplo, à hipótese do inciso I do § 1º do art. 151 do Código Penal, quando então poderá o agente ser responsabilizado pela sonegação ou destrui-

---

[3] BITENCOURT, Cezar Roberto. *Tratado de direito penal*, v. 2, p. 504.

# CURSO DE DIREITO PENAL • VOL. 2 – ROGÉRIO GRECO

ção de correspondência. Caso o agente leve a efeito tão somente a leitura de correspondência aberta, o fato será atípico, se não a sonegar a quem de direito ou, mesmo, destruí-la.

O devassamento deve ser efetuado indevidamente, vale dizer, sem o consentimento de quem de direito, ou fora das hipóteses em que o agente atua amparado por uma causa de justificação, uma vez que o termo *indevidamente* nos fornece a ideia de comportamento ilícito.

A correspondência deve ter sido dirigida a outrem, ou seja, deve ter sido indicado o seu destinatário. Afirma Hungria: "Se não é sobrescritada a pessoa alguma, ou o endereço não permite a identificação de pessoa certa, não incide sob a tutela penal."[4]

## 1.3 Classificação doutrinária

Crime comum em relação ao sujeito ativo, bem como quanto ao sujeito passivo; doloso; de mera conduta; de forma livre; comissivo ou comissivo por omissão (desde que o agente se encontre na posição de garantidor); monossubjetivo; plurissubsistente; instantâneo, podendo ser de efeitos permanentes na hipótese de destruição; de dupla subjetividade passiva (pois tanto o remetente quanto o destinatário são considerados sujeitos passivos do delito em tela).

## 1.4 Objeto material e bem juridicamente protegido

Considerando a antiga localização do revogado art. 151 do Código Penal, podemos concluir que o tipo de violação de correspondência tem, em sentido amplo, como bem juridicamente protegido a liberdade individual e, mais especificamente, a inviolabilidade do sigilo da correspondência, conforme se verifica pela redação contida no atual art. 40 da Lei nº 6.538/78. A própria Constituição Federal, no seu capítulo correspondente aos direitos e deveres individuais e coletivos, disse, na primeira parte do inciso XII do seu art. 5º, ser inviolável o sigilo da correspondência.

A correspondência é o objeto material do delito em estudo, uma vez que a conduta do agente é dirigida finalisticamente a devassá-la, ou seja, a tomar conhecimento total ou parcialmente do seu conteúdo.

## 1.5 Sujeito ativo e sujeito passivo

Qualquer pessoa pode praticar o delito tipificado no art. 40 da Lei nº 6.538/78, à exceção, obviamente, do remetente e do próprio destinatário, pois não se pode, no caso do remetente, devassar o conteúdo que ele próprio consignou, bem como o destinatário não o faz indevidamente, como exige o tipo penal, uma vez que a correspondência é a ele dirigida.

Contudo, tanto o remetente como o destinatário são considerados sujeitos passivos do delito em estudo, uma vez que ambos sofrem com a conduta levada a efeito pelo agente, quando este devassa, indevidamente, conteúdo de correspondência fechada confeccionada por um (remetente) e dirigida ao outro (destinatário).

Merece destaque o fato de que para aqueles que entendem pela não revogação dos parágrafos constantes do art. 151 do Código Penal, na modalidade qualificada de violação de correspondência, sujeito ativo somente será aquele que exercer função em serviço postal, telegráfico, radioelétrico ou telefônico, sendo, dessa forma, considerado delito próprio.

De outro lado, para aqueles que entendem pela revogação de todos os parágrafos do art. 151 do Código Penal, pois seria impossível sua manutenção depois da revogação do *caput* do mencionado artigo, sendo cometido o delito tipificado no art. 40 da Lei nº 6.538/78 (violação

---

[4]   HUNGRIA, Nélson. *Comentários ao código penal*, v. v, p. 236.

PARTE I – CAPÍTULO VIII – DOS CRIMES CONTRA A INVIOLABILIDADE DE CORRESPONDÊNCIA

de correspondência) por pessoa que tenha se prevalecido do cargo, ou com abuso da função, a pena deverá ser agravada nos termos do art. 43 da referida lei que dispôs sobre os serviços postais.

## 1.6 Sonegação ou destruição de correspondência e violação de comunicação telegráfica, radioelétrica ou telefônica

O § 1º do art. 151 do Código Penal disse que também incorreria nas penas correspondentes à violação de correspondência:

> I – quem se apossa indevidamente de correspondência alheia, embora não fechada e, no todo ou em parte, a sonega ou destrói;
> II – quem indevidamente divulga, transmite a outrem ou utiliza abusivamente comunicação telegráfica ou radioelétrica dirigida a terceiro, ou conversação telefônica entre outras pessoas;
> III – quem impede a comunicação ou a conversação referidas no número anterior;
> IV – quem instala ou utiliza estação ou aparelho radioelétrico, sem observância de disposição legal.

Para que o estudo de cada uma das hipóteses seja mais bem compreendido, mesmo que sucintamente, elas serão analisadas em seguida.

O § 1º do art. 40 da Lei nº 6.538/78 modificou a redação original do inciso I do § 1º do art. 151 do Código Penal, dizendo, *verbis*:

> § 1º Incorre nas mesmas penas quem se apossa indevidamente de correspondência alheia, embora não fechada, para sonegá-la ou destruí-la, no todo ou em parte.

Com a nova redação, basta que o agente tenha se apossado indevidamente de correspondência alheia, mesmo aberta, com o fim de sonegá-la ou destruí-la, no todo ou em parte. Como se percebe, levando-se a efeito uma comparação entre os dois parágrafos, a nova redação dada, com a inclusão do chamado especial fim de agir, transformou o fato em delito de natureza formal. Assim, basta que o agente tenha se apossado indevidamente de correspondência alheia, mesmo não fechada, com o fim de sonegá-la ou destruí-la, para que a infração penal reste caracterizada, não necessitando sua configuração caso tenha ela sido efetivamente sonegada ou destruída. Sonegar, no sentido empregado pela lei penal, deve ser entendido como fazer com que a correspondência não chegue ao conhecimento do destinatário; destruir deve ser compreendido como inutilizar, total ou parcialmente, a correspondência.

Os incisos II e III do § 1º do art. 151 do Código Penal dizem respeito à divulgação, transmissão a outrem, utilização ou impedimento de comunicação telegráfica ou radioelétrica ou conversação telefônica.

*Prima facie*, merece ser destacado que, tendo em vista a Lei nº 9.296/1996, que regulamentou o inciso XII, parte final, do art. 5º da Constituição Federal, entende-se como revogada a última parte do inciso II do § 1º do art. 151 do Código Penal, no que diz respeito às conversações telefônicas, aplicando-se, outrossim, o art. 10 do diploma penal especial, que diz:

> **Art. 10.** Constitui crime realizar interceptação de comunicações telefônicas, de informática ou telemática, promover escuta ambiental ou quebrar segredo da Justiça, sem autorização judicial ou com objetivos não autorizados em lei:
> Pena – reclusão, de 2 (dois) a 4 (quatro) anos, e multa.
> **Parágrafo único.** Incorre na mesma pena a autoridade judicial que determina a execução de conduta prevista no caput deste artigo com objetivo não autorizado em lei.

Ney Moura Teles, interpretando os incisos em estudo, preleciona:

"São definidas as seguintes condutas proibidas: *impedir*, *divulgar* e *transmitir*, ou *utilizar abusivamente* comunicação telegráfica ou radioelétrica.

Impedir é interromper, obstar. Divulgar é dar conhecimento da comunicação ao público. Transmitir é narrá-la a uma terceira pessoa, determinada. Utilizar abusivamente é dela se servir para qualquer fim indevido. Será sempre comissiva a conduta.

Comunicação telegráfica é aquela feita através de sinalização elétrica ou radioelétrica a ser convertida, depois, em comunicação escrita que será entregue ao destinatário."[5]

A última hipótese, ou seja, a instalação ou a utilização de aparelho radioelétrico sem observância de disposição legal, foi prevista pelo art. 70 da Lei nº 4.117, de 27 de agosto de 1962, que instituiu o Código Brasileiro de Telecomunicações, *verbis*:

> **Art. 70.** Constitui crime punível com a pena de detenção de 1 (um) a 2 (dois) anos, aumentada da metade se houver dano a terceiro, a instalação ou utilização de telecomunicações, sem observância do disposto nesta Lei e nos regulamentos.

## 1.7 Consumação e tentativa

Cada uma das infrações penais previstas pelo art. 151 do Código Penal, bem como pela legislação extravagante (Lei nº 6.538/78 e Lei nº 4.117/62), possui momentos consumativos diferentes.

Assim, no que diz respeito à figura contida no *caput* do art. 151 do Código Penal, cuja redação é idêntica àquela contida no art. 40 da Lei nº 6.538/78, o delito se consuma quando, efetivamente, o agente tomar conhecimento do conteúdo, total ou parcialmente, de correspondência fechada dirigida a outrem. A tentativa é admissível quando, por exemplo, o agente é impedido de tomar conhecimento do conteúdo da correspondência fechada, quando já havia posicionado o estilete para abri-la.

Quanto ao inciso I do § 1º do art. 151, considerando-se a nova redação trazida pelo § 1º do art. 40 da Lei nº 6.538/78, entendemos que basta que o agente tenha se apossado indevidamente de correspondência alheia, embora não fechada, *com o fim de* sonegá-la ou destruí-la. É suficiente, portanto, o ato de se apossar com o intuito de sonegar ou destruir a correspondência alheia. Caso consiga efetivamente o seu intento, por exemplo, na hipótese de destruição da correspondência, tal fato será visto como mero exaurimento do crime, em face de sua natureza formal, sendo considerado, de acordo com a redação típica, como um delito de consumação antecipada, bastando a prática da conduta prevista no núcleo do tipo para que a infração penal reste consumada. Apesar da natureza formal do delito, também podemos raciocinar em termos de tentativa, desde que, no caso concreto, se possa fracionar o *iter criminis*. Assim, pode ser responsabilizado, a título de tentativa, aquele que, dirigindo finalisticamente sua conduta no sentido de se apossar de correspondência alheia com o fim de sonegá-la ou destruí-la, é impedido por terceiros.

Nos incisos II e III do § 1º do art. 151 do Código Penal, a consumação ocorre quando o agente, efetivamente, divulga, transmite a outrem, utiliza abusivamente ou impede a comunicação ou a conversação telefônica, telegráfica ou radioelétrica. Também é admissível a tentativa, uma vez que se pode considerar todas as hipóteses catalogadas como delitos plurissubsistentes, cujos atos podem ser fracionados.

---

[5]   TELES, Ney Moura. *Direito penal*, v. 2, p. 321.

# PARTE I – CAPÍTULO VIII – DOS CRIMES CONTRA A INVIOLABILIDADE DE CORRESPONDÊNCIA

A última hipótese, prevista no art. 70 do Código Brasileiro de Telecomunicações, que revogou o inciso IV do § 1º do art. 151 do Código Penal, se consuma quando o agente instala ou utiliza telecomunicações, sem observância do disposto na Lei nº 4.117/62 e nos regulamentos pertinentes. Também se pode raciocinar sobre a possibilidade de tentativa.

## 1.8 Modalidade qualificada

Diz o § 3º do art. 151 do Código Penal:

§ 3º Se o agente comete o crime, com abuso de função em serviço postal, telegráfico, radioelétrico ou telefônico:
Pena – detenção, de 1 (um) a 3 (três) anos.

Há controvérsia doutrinária sobre a possível revogação do § 3º do art. 151 do Código Penal.

Luiz Regis Prado, posicionando-se pela revogação, afirma:

"A qualificadora ancorada no art. 151, § 3º, do Código Penal, encontra-se inteiramente revogada. Havendo abuso por parte de funcionário de telecomunicações, será aplicável o art. 58 da Lei nº 4.117/62; nas demais hipóteses (art. 40, *caput* e § 1º, Lei nº 6.538/78), o funcionário incorrerá no disposto no art. 43 da Lei de Serviços Postais."[6]

Em sentido contrário, concluindo pela vigência do artigo, preleciona Mirabete:

"Decidiu-se que não foi extinto pelo crime de abuso de autoridade, previsto no art. 3º, *c*, da Lei nº 4.898/65[7], que trata do atentado ao sigilo de correspondência, o crime de violação de correspondência previsto no art. 151, § 3º, do CP. Nem todo funcionário pode ser considerado autoridade, no conceito penal, pelo que é lícito distinguir o crime praticado com abuso de função do de abuso de autoridade (RT 527/405, 439/405). Necessário, porém, é verificar-se se não ocorrem os crimes previstos no art. 41 e seus incisos, da Lei nº 6.538, ou no art. 58 e seus incisos, da Lei nº 4.117, com a redação determinada pelo Decreto-Lei nº 236."[8]

Para nós, como já afirmamos em notas explicativas, o art. 151 do Código Penal está revogado, pois a falta de *caput* gera um defeito irremediável com relação aos seus parágrafos.

## 1.9 Causa de aumento de pena

Preconiza o § 2º do art. 151 do Código Penal:

§ 2º As penas aumentam-se de metade, se há dano para outrem.

*Ab initio*, para aqueles que entendem pela aplicação do art. 151 do Código Penal, a causa de aumento de pena nele prevista somente poderá ter aplicação ao *caput* e às hipóteses elencadas no § 1º, em face da situação topográfica do § 2º.

Isso quer dizer que a majorante não terá aplicação no que concerne à modalidade qualificada prevista pelo § 3º do mencionado artigo.

O dano mencionado pelo parágrafo transcrito pode ser de natureza material ou, mesmo, moral.

---

6 PRADO, Luiz Regis. *Curso de direito penal brasileiro*, v. 2, p. 330.

7 OBS.: A Lei nº 4.898/65 foi revogada pela Lei nº 13.869, de 5 de setembro de 2019.

8 MIRABETE, Júlio Fabbrini. *Manual de direito penal*, v. 2, p. 206-207.

## 1.10 Elemento subjetivo

Tanto no Código Penal quanto na legislação extraordinária, o dolo é o elemento subjetivo inerente a todas as infrações penais, não se admitindo, aqui, a punição por qualquer comportamento praticado a título de culpa.

Assim, por exemplo, aquele que, por descuido, toma conhecimento do conteúdo de correspondência fechada dirigida a outrem não pode ser responsabilizado criminalmente a qualquer título.

## 1.11 Pena e ação penal

O art. 40 da Lei nº 6.538/78, que revogou o art. 151 do Código Penal, comina uma pena de detenção, de até 6 (seis) meses, ou pagamento não excedente a 20 (vinte) dias-multa. Deve ser frisado que, pela redação original do art. 151 do Código Penal, a pena cominada ao delito de violação de correspondência era de detenção, de 1 (um) a 6 (seis) meses, ou multa. Comparativamente, a lei que dispôs sobre os serviços postais pode ser considerada uma *novatio legis in melius*, pelo menos no que diz respeito ao *caput* do art. 40.

Isso porque, ao contrário do Código Penal, a lei não especificou a quantidade mínima de pena a ser aplicada, podendo, dessa forma, ser até mesmo de um dia. Além disso, determinou a lei especial que a pena pecuniária poderá ser aplicada no máximo em 20 (vinte) dias-multa, limitação não existente no Código Penal.

Se entendermos pela revogação do *caput* do art. 151 do Código Penal pelo art. 40 da Lei nº 6.538/78, bem como se levarmos em consideração que, na verdade, a cabeça do artigo constante do Código Penal fora substituída, para fins de aplicação do seu parágrafo primeiro, teremos que raciocinar com as penas cominadas ao art. 40 da Lei nº 6.538/78, no que diz respeito aos incisos I, II e III do § 1º do art. 151 do Código Penal.

Excepcionam-se, aqui, ainda, as penas consignadas no art. 70 da Lei nº 4.117/62 (Código Brasileiro de Telecomunicações) – detenção, de 1 (um) a 2 (dois) anos –, e art. 10 da Lei nº 9.296/96 (Interceptação telefônica) – reclusão, de 2 (dois) a 4 (quatro) anos, e multa.

A ação penal nos crimes de violação de correspondência e de sonegação ou destruição de correspondência (art. 40 e § 1º da Lei nº 6.538/78) é de iniciativa pública incondicionada, haja vista que a lei que dispôs sobre os serviços postais não exigiu, ao contrário do Código Penal, a representação.

No que diz respeito à violação de comunicação telegráfica e radioelétrica, que se encontra tipificada nos incisos II e III do § 1º do art. 151 do Código Penal, a ação penal é de iniciativa pública condicionada à representação, salvo a interceptação telefônica, cuja ação é de iniciativa pública incondicionada.

A ação penal prevista para o crime tipificado no art. 70 da Lei nº 4.117/62, que revogou o inciso IV do § 2º do art. 151 do Código Penal, é de iniciativa pública incondicionada.

Finalmente, no § 3º do art. 151 do Código Penal, que prevê a modalidade qualificada, nos termos do § 4º do mesmo artigo, a ação é de iniciativa pública incondicionada.

## 1.12 Destaques

### 1.12.1 Interceptação de correspondência de presos

A Constituição Federal, no Capítulo correspondente aos direitos e deveres individuais e coletivos, inserido no Título II, que diz respeito aos Direitos e Garantias Fundamentais, no inciso XII do seu art. 5º, afirma:

> XII – é inviolável o sigilo da correspondência e das comunicações telegráficas, de dados e das comunicações telefônicas, salvo, no último caso, por ordem judicial, nas hipóteses e na forma que a lei estabelecer para fins de investigação criminal ou instrução processual penal.

À primeira vista, poderíamos interpretar a redação constitucional no sentido de somente ter havido ressalva para a possibilidade de se quebrar o sigilo das comunicações telefônicas, por meio de ordem judicial, nos casos apontados pelo texto constante do mencionado inciso, ficando impossibilitada, entretanto, qualquer quebra de sigilo nas demais situações, mantendo-se, assim, regra absoluta para a inviolabilidade do sigilo da correspondência e das comunicações telegráficas e de dados.

Dessa forma, como ficaria, por exemplo, o caso das interceptações de correspondências de presos, e até mesmo na hipótese em que o agente figurasse na condição de acusado em uma ação penal?

O Código de Processo Penal, em várias passagens, menciona a possibilidade de apreensão de cartas ou documentos. Assim, asseveram os seus arts. 240, § 1º, f, e 243, § 2º, *verbis*:

> **Art. 240**. A busca será domiciliar ou pessoal.
> § 1º Proceder-se-á à busca domiciliar, quando fundadas razões a autorizem, para:
> [...];
> f) apreender cartas, abertas ou não, destinadas ao acusado ou em seu poder, quando haja suspeita de que o conhecimento do seu conteúdo possa ser útil à elucidação do fato.
> **Art. 243.** [...].
> § 1º [...].
> § 2º Não será permitida a apreensão de documento em poder do defensor do acusado, salvo quando constituir elemento do corpo de delito.

E, ainda, embora o inciso XV do art. 41 da Lei de Execução Penal afirme ser direito do preso o contato com o mundo exterior por meio de correspondência escrita, da leitura e de outros meios de informação que não comprometam a moral e os bons costumes, ressalva, em seu parágrafo único, a possibilidade de suspensão ou restrição desse direito mediante ato motivado do diretor do estabelecimento.

Cezar Roberto Bitencourt, interpretando o dispositivo constitucional que fundamenta e permite, segundo o renomado autor, tão somente a quebra do sigilo telefônico, conclui:

> "Todas as exceções ou autorizações legais relativas à inviolabilidade do sigilo de correspondência são inconstitucionais. Nesse sentido, são absolutamente inconstitucionais os arts. 240, § 1º, letra f, e 243, § 2º, do Código de Processo Penal. Sob o império da nova ordem constitucional, nenhuma espécie de 'fundadas razões' autoriza, legitimamente, a 'apreender cartas, abertas ou não, destinadas ao acusado ou em seu poder' (art. 240, § 1º, f), independente da natureza suspeita (ou mesmo certeza) ou do conteúdo da correspondência. Na verdade, esse dispositivo foi derrogado pela Constituição Federal de 1988, art. 5º, inciso XII, 1ª parte. Assim, toda e qualquer apreensão de correspondência, com fundamento nesse dispositivo, é *inconstitucional* e, como tal, constitui *prova ilícita*, como ocorreu no famoso caso do ex-Presidente do Banco Central, Prof. Francisco Lopes, independentemente de os poderes constituídos reconhecerem essa aleivosia. Por outro lado, a previsão do art. 243, § 2º do CPP é *duplamente inconstitucional*: primeiro porque fere o *princípio da ampla defesa* (art. 5º, inciso LV), e segundo porque afronta a *inviolabilidade do advogado* no exercício profissional (art. 133)."[9]

Apesar da força do raciocínio do eminente professor gaúcho, a doutrina majoritária, bem como os Tribunais Superiores, tem-se posicionado favoravelmente à quebra também do sigilo da correspondência, sob o argumento de que não existem direitos absolutos. Dessa for-

---

[9] BITENCOURT, Cezar Roberto. *Tratado de direito penal*, v. 2, p. 505.

ma, mesmo que não tenha havido ressalva constitucional no sentido de permitir a quebra do sigilo da correspondência, tal comportamento poderá ser permitido e motivado por interesses de ordem pública, que se sobrepõem aos do sujeito que vê quebrado o direito de inviolabilidade da sua correspondência.

Nesse sentido, afirma Capez:

"Com base no princípio de que nenhuma liberdade individual é absoluta, conforme já mencionado, e observados os requisitos constitucionais e legais, é possível a interceptação das correspondências e das comunicações telegráficas e de dados, sempre que as liberdades públicas forem utilizadas como instrumento de salvaguarda de práticas ilícitas. Em tais casos, não sendo indevida a violação da comunicação, não há que se falar na configuração de um dos crimes contra a inviolabilidade de correspondência."[10]

Como se percebe, a questão é extremamente delicada. Por um lado, temos o interesse público, que deve ser resguardado; por outro, um direito entendido como fundamental pela própria Constituição Federal.

No confronto entre a necessidade que o Estado tem de evitar infrações penais que coloquem em risco a vida, a saúde, enfim, os bens mais importantes e necessários à manutenção da própria sociedade e o direito à privacidade inerente a todo cidadão, acreditamos que o interesse particular deva ceder, a fim de que sejam preservados os direitos de muitos.

Nesse sentido, a Lei nº 13.964, de 24 de dezembro de 2019, modificando o art. 52 da LEP, disse expressamente em seu inciso VI:

> **Art. 52.** A prática de fato previsto como crime doloso constitui falta grave e, quando ocasionar subversão da ordem ou disciplina internas, sujeitará o preso provisório, ou condenado, nacional ou estrangeiro, sem prejuízo da sanção penal, ao regime disciplinar diferenciado, com as seguintes características:
> (...)
> VI – fiscalização do conteúdo da correspondência;

### 1.12.2 Violação de correspondência entre marido e mulher

Questão que merece reflexão mais aprofundada diz respeito à possibilidade de ocorrer o delito de violação de correspondência entre marido e mulher, ou mesmo entre pessoas que, embora não tenham, ainda, contraído matrimônio, vivem uma união estável.

Poderia o marido ou a mulher abrir a correspondência do outro, até mesmo contra a vontade expressa daquele para o qual fora enviada?

Nélson Hungria posiciona-se contrariamente à possibilidade de incriminação da violação de correspondência entre marido e mulher dizendo:

"A violação de correspondência, em tal hipótese, não constitui crime algum, não passando o fato, num caso ou noutro, de simples *indelicadeza*. A comunhão de vida que decorre do casamento (art. 231, nº II, do Cód. Civ.)[11] não permite, evidentemente, que se considere *alheia* a um dos cônjuges a correspondência do outro. Os cônjuges, na bela expressão do direito canônico, são *duo in carne uma*. Há, entre eles, incontestavelmente, uma faculdade de mútua sindicância. Não podem eles vedar-se reciprocamente a abertura e leitura das

---

[10] CAPEZ, Fernando. *Curso de direito penal*, v. 2, p. 317.

[11] O artigo citado corresponde ao atual art. 1.566, II, do Código Civil (Lei nº 10.406, de 10 de janeiro de 2002), que diz: "**Art. 1.566.** São deveres de ambos os cônjuges: I – [...]; *II – vida em comum, no domicílio conjugal.*"

respectivas correspondências. Se isto não está dito com todas as letras na lei civil, está inquestionavelmente implícito no seu texto. Somente por motivos inconfessáveis (ilícitos ou imorais) pode querer o cônjuge sonegar a própria correspondência ao conhecimento do outro, e muito acima dessa pretendida faculdade está o interesse de preservação do espírito de unidade e segurança da vida conjugal ou da irrestrita intimidade doméstica."[12]

Em sentido contrário, afirma Bento de Faria, criticando a posição assumida por Hungria, que a inviolabilidade da correspondência é "um dogma absoluto que, por sua clareza, não comporta nem interpretações, nem exceções, nem restrições. Contra ele ninguém pode pretender direitos; nenhuma lei lhe pode ser oposta."[13]

Entendemos que a razão se encontra com Hungria. Entre o casal não há segredos, ou pelo menos não pode haver. Não existe fundamento para que um cônjuge se preserve com relação ao outro, razão pela qual o seu comportamento não se amolda à figura típica que pressupõe a conduta de *devassar indevidamente* o conteúdo de correspondência fechada, pois, numa relação conjugal, tudo deve ser compartilhado, não existindo a figura do *meu*, mas sim a do *nosso*.

### 1.12.3 Crime impossível

Imagine-se a hipótese daquele que, almejando devassar indevidamente o conteúdo de correspondência fechada dirigida a outrem, ao abri-la, verifica que se trata de uma carta escrita em língua estrangeira, sendo que o agente não tem a menor possibilidade de tomar conhecimento do seu conteúdo.

Hungria discute essa hipótese concluindo que ao caso deveria ser aplicado o raciocínio correspondente ao crime impossível:

"Se a correspondência é escrita em cifra ou em idioma desconhecido do agente, e este não dispõe de quem possa decifrá-la ou traduzi-la, o que ocorre é uma *tentativa inadequada* de *devassamento*, sem prejuízo da responsabilidade por outro título (como quando haja sonegação ou destruição da correspondência ininteligível para o agente). O mesmo se deve dizer no caso de ser o agente cego ou analfabeto, que não tenha a coparticipação de um vidente ou letrado."[14]

Aqui, vale a ressalva feita por Cezar Roberto Bitencourt no tópico correspondente à introdução, quando afirma que não há necessidade de que o agente leia a correspondência quando escrita. Entretanto, mesmo que não a tenha lido, para que se possa configurar a infração penal é preciso que, ao menos, tenha tido essa possibilidade, pois, caso contrário, como no exemplo citado por Hungria, se o agente não tinha a menor possibilidade de ter conhecimento do conteúdo da correspondência, como no caso da carta escrita, v.g., em árabe, para quem desconhece completamente essa língua, o fato deverá ser tratado como crime impossível.

### 1.12.4 Violação de correspondência e Código Penal Militar

O crime de violação de correspondência também veio previsto no Código Penal Militar (Decreto-Lei nº 1.001, de 21 de outubro de 1969), conforme se verifica pela leitura do seu art. 227.

---

[12]  HUNGRIA, Nélson. *Comentários ao código penal*, v. VI, p. 238-239.

[13]  FARIA, Bento de. *Código penal brasileiro*, v. IV, p. 282.

[14]  HUNGRIA, Nélson. *Comentários ao código penal*, v. VI, p. 237.

## 1.13 Quadro-resumo

### Sujeitos

» Ativo: qualquer pessoa, à exceção, obviamente, do remetente e do próprio destinatário.
» Passivo: remetente e destinatário.
» OBS.: merece destaque o fato de que para aqueles que entendem pela não revogação dos parágrafos constantes do art. 151 do CP, na modalidade qualificada de violação de correspondência, *sujeito ativo* somente será aquele que exercer função em serviço postal, telegráfico, radioelétrico ou telefônico, sendo, dessa forma, considerado delito próprio.
» De outro lado, para aqueles que entendem pela revogação de todos os parágrafos do art. 151 do CP, pois seria impossível sua manutenção depois da revogação do *caput* do mencionado artigo, sendo cometido o delito tipificado no art. 40 da Lei 6.538/1978 (violação de correspondência) por pessoa que tenha se prevalecido do cargo, ou com abuso da função, a pena deverá ser agravada nos termos do art. 43 da referida lei que dispôs sobre os serviços postais.

### Objeto material

A *correspondência*.

### Bem(ns) juridicamente protegido(s)

A *liberdade individual* e, mais especificamente, a *inviolabilidade do sigilo* da correspondência.

### Elemento subjetivo

» É o dolo direto ou eventual.
» Não se admite, aqui, a punição por qualquer comportamento praticado a título de culpa.

### Consumação e tentativa

» Cada uma das infrações penais previstas pelo art. 151 do CP, bem como pela legislação extravagante (Lei 6.538/1978 e Lei 4.117/1962), possui momentos consumativos diferentes.
» No que diz respeito à figura contida no *caput* do art. 151 do CP, cuja redação é idêntica àquela contida no art. 40 da Lei 6.538/1978, o delito se consuma quando, efetivamente, o agente tomar conhecimento do conteúdo, total ou parcialmente, de correspondência fechada dirigida a outrem. A tentativa é admissível.
» Quanto ao inc. I do § 1º do art. 151 do CP, considerando-se a nova redação trazida pelo § 1º do art. 40 da Lei 6.538/1978, entendemos que basta que o agente tenha se apossado indevidamente de correspondência alheia, embora não fechada, com o fim de sonegá-la ou destruí-la. Caso consiga efetivamente o seu intento, por exemplo, na hipótese de destruição da correspondência, tal fato será visto como mero exaurimento do crime, em face de sua natureza formal, sendo considerado, de acordo com a redação típica, como um delito de consumação antecipada, bastando a prática da conduta prevista no núcleo do tipo para que a infração penal reste consumada. Apesar da natureza formal do delito, também podemos raciocinar em termos de tentativa, desde que, no caso concreto, se possa fracionar o *iter criminis*.
» Nos incs. II e III do § 1º do art. 151 do CP, a consumação ocorre quando o agente, efetivamente, divulga, transmite a outrem, utiliza abusivamente ou impede a comunicação ou a conversação telefônica, telegráfica ou radioelétrica. Também é admissível a tentativa.
» A última hipótese, prevista pelo art. 70 do Código Brasileiro de Telecomunicações, que revogou o inc. IV do § 1º do art. 151 do CP, se consuma quando o agente instala ou utiliza telecomunicações, sem observância do disposto na Lei 4.117/1962 e nos regulamentos pertinentes. Também se pode raciocinar sobre a possibilidade de tentativa.

# 2. CORRESPONDÊNCIA COMERCIAL

> **Correspondência comercial**
> **Art. 152.** Abusar da condição de sócio ou empregado de estabelecimento comercial ou industrial para, no todo ou em parte, desviar, sonegar, subtrair ou suprimir correspondência, ou revelar a estranho seu conteúdo:
> Pena – detenção, de três meses a dois anos.
> **Parágrafo único.** Somente se procede mediante representação.

## 2.1 Introdução

O art. 152 do Código Penal possui natureza especial comparativamente às demais infrações penais cuja finalidade é proteger a inviolabilidade do sigilo da correspondência.

Com a rubrica *correspondência comercial*, o art. 152 do Código Penal pune aquele que abusa da condição de sócio ou empregado de estabelecimento comercial ou industrial para, no todo ou em parte, desviar, sonegar, subtrair ou suprimir correspondência, ou revelar a estranho seu conteúdo.

Noronha esclarece que a correspondência comercial:

> "É a última espécie dos delitos contra a inviolabilidade de correspondência. É a *comercial* que aqui se tutela, devendo entender-se por isso, nos termos do dispositivo, tanto a pertencente a estabelecimento *comercial* como a *industrial* e constituída por contas, faturas, cartas etc. *Estabelecimento* é o lugar onde se realiza a atividade comercial ou industrial, é o escritório, a loja, a fábrica e semelhantes."[15]

Busca-se, com ele, proteger o sigilo indispensável, muitas vezes, ao sucesso das empresas comerciais. Há uma quebra na relação de confiança que se cria entre os sócios ou empregados com o estabelecimento comercial ou industrial, que pode ser prejudicado, por exemplo, com a revelação a estranhos do conteúdo de correspondência que lhe é própria.

Conforme salienta Aníbal Bruno:

> "O agente realiza o fato punível abusando da sua condição de sócio ou empregado do estabelecimento. Trata-se de crime especial. Só pode praticá-lo quem tenha essa qualidade de empregado ou de sócio, qualquer que ele seja e qualquer que seja a relação das suas funções com a correspondência. É essa condição que atribui particular reprovabilidade ao fato e justifica a severidade da punição.
>
> Mas o que apoia a incriminação não é a simples inviolabilidade que se deve assegurar ao conteúdo da comunicação ou a garantia de que ela siga o destino previsto. É a possibilidade de dano à empresa ou a terceiro. Se não há dano algum a temer, o fato não será punível."[16]

O tipo do art. 152 do Código Penal prevê uma série de comportamentos que, se praticados, poderão configurar o delito em análise.

Inicialmente, a lei penal fala em *abusar*, aqui utilizado no sentido de se valer indevidamente da condição de sócio ou empregado de estabelecimento comercial ou industrial. Ou seja, a empresa deposita confiança naqueles que, em tese, concentram seus esforços para que ela possa ter sucesso, progredir, crescer. Existe, portanto, um dever de lealdade, de fidelidade,

---

[15] NORONHA, Edgard Magalhães. *Direito penal*, v. 2, p. 186-187.

[16] BRUNO, Aníbal. *Crimes contra a pessoa*, p. 399.

no qual deve reinar a confiança. Pode, entretanto, essa confiança ser quebrada, surgindo, daí, a situação de abuso.

Como se percebe pela redação da figura típica, o abuso praticado pelo sócio ou empregado é dirigido no sentido de *desviar, sonegar, subtrair* ou *suprimir correspondência*, ou ainda, *revelar a estranho o seu conteúdo*. Aqui, vale a ressalva levada a efeito por Aníbal Bruno de que somente aquele comportamento que tiver alguma potencialidade de dano à empresa comercial ou industrial é que poderá ser considerado típico.

Assim, não é, por exemplo, qualquer revelação de correspondência que deverá ser entendida como criminosa, mas tão somente aquela com o potencial de causar danos à empresa. Revelar a alguém uma correspondência recebida pela empresa que continha um anúncio imobiliário não lhe causa qualquer dano. Ao contrário, mostrar a terceiros uma correspondência dirigida à empresa que continha as novas regras a serem aplicadas em sua campanha publicitária já pode prejudicá-la com relação à concorrência, que dela tomará conhecimento, de antemão, e assim poderá se mobilizar contrariamente.

Conjugado ao núcleo abusar, a lei penal aduz outros que dizem respeito ao especial fim de agir do agente. Dessa forma, o abuso pode ser dirigido a: *desviar, sonegar, subtrair ou suprimir correspondência, ou revelar a estranho o seu conteúdo*.

*Desviar* deve ser compreendido no sentido de alterar o destino, desencaminhar; *sonegar*, como ocultar, encobrir, esconder; *subtrair* no sentido de tomar para si, retirar; *suprimir* entendido como fazer desaparecer a correspondência; e *revelar* quando o agente torna conhecido, divulga o conteúdo da correspondência a estranho.

## 2.2 Classificação doutrinária

Crime próprio quanto ao sujeito ativo, bem como quanto ao sujeito passivo (pois o tipo penal exige que o sujeito ativo seja sócio ou empregado de estabelecimento comercial ou industrial, sendo este último o sujeito passivo da infração penal); doloso; de forma livre; de ação múltipla ou conteúdo variado (uma vez que o agente pode praticar as várias condutas previstas no tipo penal, somente respondendo, contudo, por uma única infração penal); comissivo ou omissivo impróprio (devendo o agente, neste caso, gozar do *status* de garantidor); instantâneo (podendo ser instantâneo de efeitos permanentes, como na hipótese de supressão de correspondência); monossubjetivo; plurissubsistente.

## 2.3 Objeto material e bem juridicamente protegido

Da mesma forma que no delito de violação de correspondência, a *inviolabilidade da correspondência* é o bem juridicamente protegido pelo artigo em estudo. Aqui pode até o conteúdo ser conhecido, não se tratando, em muitas ocasiões, de proteger o sigilo da correspondência propriamente dito.

Como citado por Noronha e de acordo com a interpretação dos núcleos existentes, pode alguém, por exemplo, subtrair um documento dirigido à empresa, que era do conhecimento de todos.

Objeto material é a correspondência contra a qual é dirigida a conduta do agente que tem por finalidade desviá-la, sonegá-la, subtraí-la, suprimi-la ou mesmo revelá-la a terceiro estranho.

## 2.4 Sujeito ativo e sujeito passivo

Somente podem ser considerados sujeitos ativos da infração penal tipificada no art. 152 do diploma repressivo o *sócio* ou *empregado* de estabelecimento comercial ou industrial, uma vez que o delito em estudo se encontra no rol daqueles considerados como *próprios*.

Sujeito passivo é o estabelecimento comercial ou industrial que sofre as consequências pela conduta praticada pelo sujeito ativo.

## 2.5 Consumação e tentativa

O delito se consuma com a prática dos comportamentos previstos pelo art. 152 do Código Penal, vale dizer, quando o sócio ou empregado de estabelecimento comercial ou industrial desvia, sonega, subtrai, suprime ou ainda quando revela a estranho conteúdo de correspondência comercial.

Por se tratar de crime plurissubsistente, a tentativa é perfeitamente admissível, como na hipótese daquele que, almejando suprimir a correspondência comercial dirigida ao estabelecimento no qual era empregado, é impedido no momento em que a jogaria no fogo, a fim de queimá-la.

## 2.6 Elemento subjetivo

Os comportamentos previstos no art. 152 do Código Penal somente podem ser realizados dolosamente, seja o dolo direto ou mesmo eventual.

Damásio ainda esclarece que, além do dolo:

"É necessário que o sujeito pratique o fato com um elemento subjetivo do tipo específico, contido na expressão 'abusar'. Desta forma, é necessário que o agente, no momento da realização da conduta, tenha consciência de que está abusando de sua condição de sócio ou de empregado de estabelecimento comercial ou industrial."[17]

Não há possibilidade de responsabilização criminal se o agente houver praticado culposamente quaisquer das condutas previstas pelo mencionado tipo penal, como na hipótese daquele que, negligentemente, permite que a brasa de seu cigarro caia sobre uma correspondência importantíssima para o estabelecimento comercial no qual trabalhava, vindo a destruí-la completamente.

## 2.7 Modalidades comissiva e omissiva

O delito tipificado no art. 152 do Código Penal pode ser praticado comissiva ou omissivamente, desde que, nesta última hipótese, o agente goze do *status* de garantidor. Assim, por exemplo, aquele que tendo a obrigação de zelar pela correspondência comercial, sendo responsável pela sua manutenção e arquivo, percebendo que ela estava prestes a se perder, pois uma rajada de vento fez com que fosse arremessada em direção à janela que se encontrava aberta, querendo suprimi-la, nada faz para que não venha a cair do 15º andar de um edifício localizado no centro de uma grande cidade, acabando por se perder em meio à multidão e ao trânsito de veículos.

## 2.8 Pena, ação penal, competência para julgamento e suspensão condicional do processo

A pena cominada no preceito secundário do art. 152 do Código Penal é de detenção, de 3 (três) meses a 2 (dois) anos.

Tendo em vista a pena máxima cominada, a competência, pelo menos inicialmente, para julgamento da infração penal *sub examen* será do Juizado Especial Criminal, aplicando-se, aqui, os institutos que lhe são inerentes (transação penal e suspensão condicional do processo).

---

[17] JESUS, Damásio E. de. *Direito penal*, v. 2, p. 290.

A ação penal, nos termos do parágrafo único do art. 152 do Código Penal, é de iniciativa pública condicionada à representação.

## 2.9 Quadro-resumo

**Sujeitos**

» Ativo: o sócio ou empregado de estabelecimento comercial ou industrial.
» Passivo: é o estabelecimento comercial ou industrial que sofre as consequências pela conduta praticada pelo sujeito ativo.

**Objeto material**

É a *correspondência* contra a qual é dirigida a conduta do agente que tem por finalidade desviá-la, sonegá-la, subtraí-la, suprimi-la ou mesmo revelá-la a terceiro estranho.

**Bem(ns) juridicamente protegido(s)**

A *inviolabilidade da correspondência*.

**Elemento subjetivo**

» É o dolo direto ou eventual.
» Não há previsão para a modalidade culposa.

**Modalidades comissiva e omissiva**

O delito pode ser praticado comissiva ou omissivamente, desde que, nesta última hipótese, o agente goze do *status* de garantidor.

**Consumação e tentativa**

» O delito se consuma quando o sócio ou empregado de estabelecimento comercial ou industrial desvia, sonega, subtrai, suprime ou ainda quando revela a estranho conteúdo de correspondência comercial.
» Por se tratar de crime plurissubsistente, a tentativa é perfeitamente admissível.

# Capítulo IX
# Dos Crimes contra a Inviolabilidade dos Segredos

## 1. DIVULGAÇÃO DE SEGREDO

**Divulgação de segredo**

**Art. 153.** Divulgar alguém, sem justa causa, conteúdo de documento particular ou de correspondência confidencial, de que é destinatário ou detentor, e cuja divulgação possa produzir dano a outrem:

Pena – detenção, de um a seis meses, ou multa, de trezentos mil réis a dois contos de réis.

§ 1º Somente se procede mediante representação.

§ 1º-A. Divulgar, sem justa causa, informações sigilosas ou reservadas, assim definidas em lei, contidas ou não nos sistemas de informações ou banco de dados da Administração Pública:

Pena – detenção, de 1 (um) a 4 (quatro) anos, e multa.

§ 2º Quando resultar prejuízo para a Administração Pública, a ação penal será incondicionada.

### 1.1 Introdução

A seção IV do Capítulo VI do Título I do Código Penal cuida dos crimes contra a inviolabilidade dos segredos.

Procura-se, assim, proteger o direito que se tem ao segredo, evitando sua indevida divulgação.

O art. 153 do Código Penal, na sua modalidade fundamental, responsabiliza criminalmente aquele que divulga, sem justa causa, conteúdo de documento particular ou de correspondência confidencial, de que é destinatário ou detentor, que tenha a possibilidade de produzir dano a outrem.

Além do comportamento previsto no *caput* do art. 153, por intermédio da Lei nº 9.983, de 14 de julho de 2000, foi acrescentado um parágrafo ao mencionado artigo, qualificando-o, que recebeu a numeração de § 1º-A, especializando a divulgação de segredo quando disser respeito a informações sigilosas ou reservadas, assim definidas em lei, contidas ou não nos sistemas de informações ou banco de dados da Administração Pública.

A exposição de motivos da parte especial do Código Penal de 1940, por intermédio de seu item 54, explica os motivos pelos quais se manteve a incriminação da divulgação de segredo, dizendo:

**54.** Ao incriminar a violação arbitrária de segredos, o projeto mantém-se fiel aos "moldes" do Código em vigor, salvo uma ou outra modificação. Deixa à margem da proteção penal somente os segredos obtidos por confidência oral e não necessária. Não foi seguido o exemplo do Código Italiano, que exclui da órbita do ilícito penal até mesmo a violação do segredo obtido por confidência escrita. Não é convincente a argumentação de Rocco: "Entre o segredo confiado oralmente e o confiado por escrito não há diferença substancial, e como a violação do segredo oral não constitui crime, nem mesmo quando o confidente se tenha obrigado a não revelá-lo, não se compreende porque a diversidade do meio usado, isto é, o escrito, deva tornar punível o fato". Ora, é indisfarçável a diferença entre divulgar ou revelar a confidência que outrem nos faz verbalmente e a que recebemos por escrito: no primeiro caso, a veracidade da comunicação pode ser posta em dúvida, dada a ausência de comprovação material; ao passo que, no segundo, há um *corpus*, que se impõe à credulidade geral. A traição da confiança, no segundo caso, é evidentemente mais grave do que no primeiro.

Diversamente da lei atual, é incriminada tanto a publicação do conteúdo secreto de correspondência epistolar, por parte do destinatário, quanto o de qualquer outro documento particular, por parte do seu detentor, e não somente quando daí advenha efetivo dano a alguém (como na lei vigente), senão também quando haja simples possibilidade de dano.

Ao contrário das situações anteriores, analisadas nos arts. 151 e 152 do Código Penal, o art. 153 do mesmo diploma repressivo, ao iniciar sua redação, narra o comportamento típico utilizando a expressão *divulgar alguém*, sem justa causa... Mais adiante, aponta aqueles que podem praticar a mencionada infração penal, vale dizer, o destinatário e o detentor do documento particular ou de correspondência confidencial, sendo que, para tanto, essa conduta deverá trazer em si a possibilidade de dano a outrem.

Assim, analisando a mencionada figura típica, podemos apontar os seguintes elementos da divulgação criminosa: *a)* divulgação de conteúdo de documento particular ou de correspondência confidencial; *b)* ausência de justa causa para essa divulgação; *c)* divulgação levada a efeito pelo destinatário ou detentor do documento particular ou de correspondência confidencial; *d)* potencialidade de dano a outrem.

Para que possa ser objeto da proteção penal, o documento particular, segundo Aníbal Bruno, deve ter:

"Caráter sigiloso, escrito, que deva ser mantido secreto e possa servir de prova em fato de importância jurídica. Da tutela de segredo contido em documento público ocupam-se outros dispositivos do Código.

A correspondência deve ser confidencial, ter um conteúdo realmente secreto, ser aquilo que se diz só para chegar ao conhecimento de determinada pessoa ou de limitado número de pessoas, a coisa que se deve manter em sigilo, porque isso corresponde à vontade e ao interesse legítimo de alguém."[1]

Se houver justa causa na divulgação do segredo, ou seja, se o agente atua amparado, por exemplo, por alguma causa de justificação, a exemplo do estado de necessidade, não há falar em crime. Assim, imagine-se a hipótese daquele que recebe uma correspondência confidencial na qual nela se aponta o verdadeiro autor da infração penal que, injustamente, é imputada ao agente que recebeu aquela correspondência. Tal divulgação, por mais que se tenha exigido seu caráter confidencial, pode, para fins de se provar a inocência daquele que estava sendo injustamente acusado em uma ação penal, por exemplo, ser feita, já que presente justa causa para tanto.

Além dessa hipótese, como bem observa Damásio, ausência de justa causa:

"Significa que a divulgação só é incriminada quando o sujeito ativo não tem justo motivo para a prática do fato. Exemplos de justa causa: consentimento do interessado, comunicação ao Judiciário de crime de ação pública, dever de testemunhar em juízo, defesa de direito ou interesse legítimo, comprovação de crime ou sua autoria etc. Nesses casos, a ausência no fato concreto do elemento normativo conduz à atipicidade da conduta."[2]

---

[1]   BRUNO, Aníbal. *Crimes contra a pessoa*, p. 407.

[2]   JESUS, Damásio E. de. *Direito penal*, v. 2, p. 292.

Para que se configure o delito tipificado no art. 153 do Código Penal é preciso que o próprio destinatário ou o detentor do documento particular ou de correspondência confidencial divulgue indevidamente, ou seja, sem justa causa, o seu conteúdo. Por destinatário deve ser entendido aquele para o qual fora endereçado o documento particular ou remetida a correspondência confidencial. Detentor é aquele que, mesmo não sendo o destinatário, por algum motivo, seja lícito ou ilícito, detém o documento particular ou a correspondência confidencial consigo. Nesse sentido, preleciona Luiz Regis Prado:

> "A lei penal pátria não exige que a detenção seja ilegítima. Logo, ante a ausência de distinção entre detentor legítimo e ilegítimo, tanto pode figurar como sujeito ativo aquele que possui licitamente o documento ou a correspondência (*in nomine proprio*) como quem a detém, por exemplo, em virtude de sonegação ou subtração (*in nomine alieno*). Advirta-se, porém, que, em se tratando de detenção ilegítima, o crime-fim (violação de segredo – art. 153, CP) absorve o crime-meio (apossamento de correspondência – art. 40, § 1º, Lei nº 6.538/78), por força do princípio de consunção."[3]

Além disso, conforme determina a parte final do *caput* do art. 153 do Código Penal, essa divulgação deve ter a potencialidade de produzir dano a outrem. Não exige a lei penal, como se percebe, o dano efetivo, mas tão somente a possibilidade de dano, ou seja, o dano potencial. Assim, aquele que, divulgando o conteúdo de uma correspondência confidencial, coloca em risco, por exemplo, a efetivação de uma transação comercial de grande valor, embora esta, mesmo com a divulgação, venha a se efetivar, ainda assim o agente deverá ser responsabilizado criminalmente pela potencialidade de dano contida em seu comportamento.

## 1.2 Classificação doutrinária

Crime próprio quanto ao sujeito ativo (pois o tipo penal exige uma qualidade especial, vale dizer, a de destinatário ou detentor do documento particular ou de correspondência confidencial) e comum quanto ao sujeito passivo (uma vez que qualquer pessoa pode vir a ser prejudicada com a divulgação indevida); doloso; formal; instantâneo; comissivo (podendo, no entanto, ser praticado omissivamente, desde que o agente se encontre na condição de garantidor); monossubjetivo; unissubsistente (como regra, podendo, no entanto, ser também considerado como plurissubsistente, dependendo da maneira como o delito é praticado, haja vista a possibilidade de fracionamento do *iter criminis*).

## 1.3 Objeto material e bem juridicamente protegido

A inviolabilidade dos segredos é o bem juridicamente protegido de forma direta pelo art. 153 do Código Penal, devendo-se lembrar de que o mencionado delito encontra-se no capítulo correspondente aos crimes contra a liberdade individual, sendo esta, também, objeto da proteção penal.

O documento particular e a correspondência confidencial, cujos conteúdos são divulgados sem justa causa, são considerados objetos materiais da infração penal em estudo.

## 1.4 Sujeito ativo e sujeito passivo

Tendo em vista a indicação típica, somente podem ser considerados sujeitos ativos do delito previsto no art. 153 do Código Penal o destinatário e o detentor do documento particular ou da correspondência confidencial.

---

[3]  PRADO, Luiz Regis. *Curso de direito penal brasileiro*, v. 2, p. 342.

Sujeito passivo, segundo a parte final contida no *caput* do referido artigo, é aquele que, com a divulgação do conteúdo do documento particular ou da correspondência confidencial, corre o risco de sofrer dano, mesmo que este não venha a efetivamente se concretizar, podendo, até mesmo, ser o próprio remetente.

## 1.5 Consumação e tentativa

Consuma-se a infração penal com a efetiva divulgação a terceiros do conteúdo de documento particular ou de correspondência confidencial, desde que, com essa divulgação, se consiga visualizar a potencialidade de dano a outrem, cuidando-se, portanto, de crime de natureza formal, cujo resultado previsto no tipo não precisa se configurar para fins de consumação do delito. Assim, conforme esclarece Bento de Faria:

> "Ainda quando não se prove o dano efetivamente causado, é suficiente a demonstração do prejuízo potencial, isto é, possibilidade de causá-lo.
> O dano eventual ou possível pode ser material ou moral, público ou privado."[4]

## 1.6 Elemento subjetivo

Somente a divulgação dolosa de segredo importa ao art. 153 do Código Penal, seja o dolo direto ou mesmo eventual. Assim, pode alguém divulgar um segredo contido em uma correspondência confidencial a ele dirigida com o fim de causar dano a alguém, ou pode o agente tê-lo divulgado, mesmo sabendo que em seu comportamento havia uma potencialidade de dano cuja produção lhe era indiferente.

Dessa forma, podemos visualizar as duas espécies de dolo no comportamento traduzido pelo núcleo *divulgar*, que obrigatoriamente deverá ser conjugado com a possibilidade de produção de danos a outrem.

Não houve previsão legal da modalidade culposa. Logo, se alguém divulga a outrem um segredo, acreditando que seu comportamento seja inofensivo a qualquer pessoa, quando, na realidade, pode ser entendido como um potencial causador de dano, podemos talvez apontar, nessa hipótese, uma divulgação que poderíamos chamar de imprudente, cuja finalidade inicial não era a de efetivamente causar danos a qualquer pessoa, mas que, dada sua avaliação equivocada, era potencialmente lesiva, sendo o fato praticado, portanto, considerado atípico.

## 1.7 Modalidades comissiva e omissiva

A divulgação pode ocorrer de forma comissiva, bem como omissivamente, desde que, nesta última hipótese, o agente seja considerado como garantidor, amoldando-se ao conceito de destinatário ou detentor.

Imagine-se a hipótese daquele que, mesmo sabendo que receberia visitas em sua casa, não evita que a correspondência confidencial a ele dirigida chegue ao conhecimento de terceiros, almejando, com isso, produzir dano a outrem. Se a correspondência, por exemplo, já se encontrava aberta em sua mesa, e o agente, após ser informado que receberia algumas pessoas em sua casa, não a retira daquele local onde já se encontrava anteriormente, possibilitando que todos a conheçam, podemos raciocinar pela inação do agente com a possibilidade da prática por omissão do delito em exame.

## 1.8 Modalidade qualificada

A Lei nº 9.983, de 14 de julho de 2000, criou, por intermédio do § 1º-A, uma modalidade qualificada de crime de divulgação de segredo, dizendo:

---

4    FARIA, Bento de. *Código penal brasileiro*, v. IV, p. 304.

> § 1º-A. Divulgar, sem justa causa, informações sigilosas ou reservadas, assim definidas em lei, contidas ou não nos sistemas de informações ou banco de dados da Administração Pública:
> Pena – detenção, de 1 (um) a 4 (quatro) anos, e multa.

Ao inserir o mencionado parágrafo ao art. 153 do Código Penal, a Lei nº 9.983, de 14 de julho de 2000, criou uma norma penal em branco, uma vez que somente se configurará a modalidade qualificada se as informações, em tese consideradas como sigilosas ou reservadas forem aquelas apontadas como tal pela lei, estejam elas contidas ou não nos sistemas de informações ou banco de dados da Administração Pública.

Segundo Cezar Roberto Bitencourt:

"Informações são dados, detalhes, referências sobre alguma coisa ou alguém. Sigiloso é algo que não deve ser revelado, confidencial, limitado a conhecimento restrito, não podendo sair da esfera de privacidade de quem o detém. Reservado, por sua vez, é dado ou informação que exige discrição e reserva das pessoas que dele tomam conhecimento. Por fim, é indispensável que a natureza sigilosa ou reservada das informações divulgadas indevidamente seja objeto de lei e lei em sentido estrito, sendo inadmissível sua equiparação a resoluções, portarias, regulamentos etc."[5]

Apesar da necessidade de lei em sentido estrito que venha a complementar o texto da norma penal em branco contida no § 1º-A do art. 153 do Código Penal, não se exige um diploma legal único que venha definir quais são as informações consideradas sigilosas ou reservadas que, se divulgadas sem justa causa, estejam ou não contidas nos sistemas de informações ou banco de dados da Administração Pública, se configurará em delito.

Pode ocorrer, e de fato ocorre, que leis diversas determinem sigilo no que diz respeito a certas informações que, se forem fornecidas indevidamente, ou seja, sem justa causa, darão ensejo à responsabilização penal daquele que as forneceu.

O art. 202 da Lei de Execução Penal, por exemplo, assevera:

> **Art. 202**. Cumprida ou extinta a pena, não constarão da folha corrida, atestados ou certidões fornecidas por autoridade policial ou por auxiliares da Justiça, qualquer notícia ou referência à condenação, salvo para instruir processo pela prática de nova infração penal ou outros casos expressos em lei.

Assim, imagine-se a hipótese daquele que, querendo constituir uma sociedade, mas desconfiando, desde o início, de um dos seus futuros sócios, solicite a um servidor público, que tem acesso ao banco de dados do Instituto de Criminalística, que verifique se aquela pessoa já tinha sido condenada pela Justiça Criminal. Caso o sujeito já tenha cumprido sua pena, por exemplo, tais informações deixarão de ter caráter público, somente podendo ser fornecidas para a instrução de processo pela prática de nova infração penal ou outros casos expressos em lei, conforme esclarece o art. 202 acima transcrito.

Dessa forma, caso o servidor público venha a divulgar esse tipo de informação sigilosa, poderá ser responsabilizado pelo delito em estudo.

Guilherme de Souza Nucci, no que diz respeito ao sigilo das informações contidas no inquérito policial, ainda salienta:

"O art. 20 do Código de Processo Penal preceitua que 'a autoridade assegurará no inquérito o sigilo necessário à elucidação do fato ou exigido pelo interesse da sociedade'. Assim, quem

---

[5] BITENCOURT, Cezar Roberto. *Tratado de direito penal*, v. 2, p. 533-534.

CURSO DE DIREITO PENAL • VOL. 2 – ROGÉRIO GRECO

divulgar informações contidas nesse inquérito, que tramita sob sigilo, pode responder pelo delito em questão."[6]

## 1.9 Pena, ação penal, competência para julgamento e suspensão condicional do processo

Em sua modalidade fundamental, a violação de segredo é punida com a pena de detenção, de 1(um) a 6 (seis) meses, ou multa, sendo que na forma qualificada, prevista pelo § 1º-A, a pena cominada é de detenção, de 1 (um) a 4 (quatro) anos, e multa.

A ação penal é de iniciativa pública condicionada à representação (§ 1º do art. 153 do CP), sendo que, em ambas as hipóteses, quando resultar prejuízo para a Administração Pública (§ 2º do art. 153 do CP), será de iniciativa pública incondicionada.

Será do Juizado Especial Criminal a competência para julgamento do delito previsto no *caput* do art. 153 do Código Penal, aplicando-se todos os institutos que lhe são inerentes (transação penal e suspensão condicional do processo).

No que diz respeito à modalidade qualificada, embora a competência não seja a do Juizado Especial Criminal, em virtude da pena mínima a ela cominada, será possível a realização de proposta de suspensão condicional do processo.

## 1.10 Destaques

### 1.10.1 Divulgação a uma única pessoa

Discute-se, doutrinariamente, se o núcleo *divulgar,* constante do *caput* do art. 153 do Código Penal, pressupõe que o fato seja dado ao conhecimento de várias pessoas, exigindo ampla difusão, ou basta que seja a uma só.

Hungria, partidário da primeira corrente, afirma:

"Não basta a simples comunicação a uma só pessoa ou a um grupo restrito de pessoas: é necessário que haja difusão extensiva (publicação pela imprensa, radiodifusão, afixação em lugar público) ou, pelo menos, exposição que torne possível o conhecimento de indeterminado número de pessoas."[7]

No mesmo sentido, preleciona Fragoso: "*Divulgar* é tornar público o que pressupõe comunicação a um número indeterminado de pessoas."[8]

Apesar da autoridade dos renomados autores, ousamos deles discordar, uma vez que o núcleo divulgar, de acordo com nosso entendimento, não exige coletividade. Basta que seja dado indevido conhecimento a alguém, como no caso do *caput* do art. 153 do Código Penal, sobre o conteúdo de documento particular ou de correspondência confidencial, sendo dela destinatário ou detentor, e que, dada essa divulgação, haja uma potencialidade de dano, moral ou material, a outrem.

Portanto, com a devida vênia das posições em contrário, o núcleo divulgar não exige, para sua configuração, a extensão pretendida pela primeira corrente, bastando, portanto, que com o comportamento do agente seja visualizada uma potencialidade de dano, mesmo que a divulgação, sem justa causa, do conteúdo do documento particular ou da correspondência confidencial seja feita a uma só pessoa.

---

[6] NUCCI, Guilherme de Souza. *Código penal comentado*, p. 491.

[7] HUNGRIA, Nélson. *Comentários ao código penal*, v. VI, p. 251.

[8] FRAGOSO, Heleno Cláudio. *Lições de direito penal* – Parte especial, (arts. 121 a 160, CP), p. 246.

## 1.10.2 Divulgação de segredo e Código Penal Militar

O crime de divulgação de segredo também veio previsto no Código Penal Militar (Decreto-Lei nº 1.001, de 21 de outubro de 1969), conforme se verifica pela leitura do seu art. 228.

## 1.11 Quadro-resumo

### Sujeitos
» Ativo: são o destinatário e o detentor do documento particular ou da correspondência confidencial.
» Passivo: é aquele que, com a divulgação do conteúdo do documento particular ou da correspondência confidencial, corre o risco de sofrer dano, mesmo que este não venha a efetivamente se concretizar, podendo, até mesmo, ser o próprio remetente.

### Objeto material
O *documento particular* e a *correspondência confidencial*, cujos conteúdos são divulgados sem justa causa.

### Bem(ns) juridicamente protegido(s)
A *inviolabilidade dos segredos*.

### Elemento subjetivo
» É o dolo direto ou eventual.
» Não houve previsão legal da modalidade culposa.

### Modalidades comissiva e omissiva
A divulgação pode ocorrer de forma comissiva, bem como omissivamente, desde que nesta última hipótese o agente seja considerado como garantidor, amoldando-se ao conceito de destinatário ou detentor.

### Consumação e tentativa
» Consuma-se a infração penal com a efetiva divulgação a terceiros do conteúdo de documento particular ou de correspondência confidencial, desde que, com essa divulgação, se consiga visualizar a potencialidade de dano a outrem, cuidando-se, portanto, de crime de natureza formal, cujo resultado previsto no tipo não precisa se configurar para fins de consumação do delito.
» Será possível a tentativa.

## 2. VIOLAÇÃO DE SEGREDO PROFISSIONAL

**Violação de segredo profissional**
**Art. 154**. Revelar alguém, sem justa causa, segredo, de que tem ciência em razão de função, ministério, ofício ou profissão, e cuja revelação possa produzir dano a outrem:
Pena – detenção, de 3 (três) meses a 1 (um) ano, ou multa.
**Parágrafo único**. Somente se procede mediante representação.

## 2.1 Introdução

O art. 154 do Código Penal tipifica o comportamento do agente que, sem justa causa, revela a alguém segredo de que teve ciência em razão de função, ministério, ofício ou profissão, revelação essa capaz de produzir dano a outrem.

Sabemos que existem atividades, conforme as descritas pelo mencionado artigo, que requerem uma relação de confiança entre as pessoas. Quando essa confiança é quebrada sem um motivo justo, abre-se a possibilidade de se responsabilizar criminalmente aquele que não cumpriu com os seus deveres de fidelidade e lealdade.

São vários os dispositivos legais que resguardam o dever de sigilo, a exemplo do art. 207 do Código de Processo Penal, do art. 448 do Código de Processo Civil (Lei nº 13.105, de 16 de março de 2015) e do art. 7º, XIX, do Estatuto da Advocacia e da Ordem dos Advogados do Brasil, conforme se verifica nas transcrições as seguir:

> **Código de Processo Penal**
>
> **Art. 207.** São proibidas de depor as pessoas que, em razão de função, ministério, ofício ou profissão, devam guardar segredo, salvo se, desobrigadas pela parte interessada, quiserem dar o seu testemunho.
>
> **Código de Processo Civil**
>
> **Art. 448.** A testemunha não é obrigada a depor sobre fatos:
>
> I – [...];
>
> II – a cujo respeito, por estado ou profissão, deva guardar sigilo.
>
> **Estatuto da OAB**
>
> **Art. 7º** São direitos do advogado:
>
> [...]
>
> XIX – recusar-se a depor como testemunha em processo no qual funcionou ou deva funcionar, ou sobre fato relacionado com pessoa de quem seja ou foi advogado, mesmo quando autorizado ou solicitado pelo constituinte, bem como sobre fato que constitua sigilo profissional.

Assim, podemos extrair os seguintes elementos da redação contida no art. 154 do Código Penal, que constituem o delito de *violação de segredo profissional*: *a*) a existência de um segredo; *b*) o fato de ter esse segredo chegado ao conhecimento do agente em virtude de sua função, ministério, ofício ou profissão; *c*) revelação a alguém; *d*) ausência de justa causa; *e*) potencialidade de dano a outrem.

Hungria esclarece que o *segredo* deveria ser interpretado como o fato:

> "Da vida privada que se tem interesse em ocultar. Pressupõe dois elementos: um *negativo* – ausência de notoriedade, e outro *positivo* – a vontade determinante de sua custódia ou preservação. Secreto é o fato que ainda não é notório (*res arcana*), não se devendo, porém, confundir a notoriedade com a *vaga atoarda*. Não deixa de ser secreto o fato sobre o qual apenas corre um *boato* incerto."[9]

Para que o fato possa se subsumir à figura típica em estudo, é preciso que o segredo tenha sido revelado por alguém que o soube, por intermédio da própria pessoa detentora do segredo, em razão de função, ministério, ofício ou profissão. Há necessidade, portanto, desse vínculo entre as pessoas do confidente e daquele que confessa seus segredos. Entende-se por *função* toda determinação de encargos imposta pela lei a uma pessoa, esteja ou não ligada ao exercício de um cargo, haja ou não remuneração. Assim, o tutor, o curador, a escrevente

---

9    HUNGRIA, Nélson. *Comentários ao código penal*, v. v, p. 260.

de sala de um juiz, no exemplo de Guilherme de Souza Nucci, que "toma conhecimento, em razão de sua função, de segredos narrados durante uma audiência de divórcio, que corre em segredo de justiça, revelando-os a terceiros." Por *ministério*, como regra, entende-se aqueles que exercem atividades religiosas, a exemplo dos pastores, padres, irmãs de caridade. O item 55 da exposição de motivos da Parte Especial do Código Penal de 1940, procurando afastar qualquer dúvida, aduz:

> **55.** Definindo o crime de "violação de segredo profissional", o projeto procura dirimir qualquer incerteza acerca do que sejam confidentes necessários. Incorrerá na sanção penal todo aquele que revelar segredo, de que tenha ciência em razão de "função, ministério, ofício ou profissão." Assim, já não poderá ser suscitada, como perante a lei vigente, a dúvida sobre se constitui ilícito penal a quebra do "sigilo do confessionário."

Entende-se por *ofício* aquelas atividades habituais, consistentes na prestação de serviços manuais ou mecânicos, como acontece com as empregadas domésticas, costureiras etc. *Profissão* diz respeito a toda atividade que, como regra, tenha finalidade de lucro, exercida por quem tenha habilitação. Dissemos como regra porque, em algumas situações, mesmo que exercendo um trabalho voluntário, aquela determinada atividade somente poderá ser exercida por um profissional, como é o caso, por exemplo, dos médicos e advogados.

Para que ocorra a infração penal *sub examen* o segredo que chegou ao conhecimento do agente deve por ele ser revelado a outrem. Aqui, conforme já nos posicionamos quando do estudo do art. 153 do Código Penal, não há necessidade de que essa revelação seja levada a um número indeterminado de pessoas. A lei penal não exige essa situação. Dessa forma, como já afirmamos, acreditamos bastar que o segredo tenha sido revelado a uma só pessoa e que tenha possibilidade, com essa revelação, de causar dano a outrem.

O art. 154 do Código Penal, da mesma forma que o artigo que lhe é anterior, usa a expressão *sem justa causa* querendo denotar que a revelação não foi amparada por um motivo justificado. Noronha esclarece que:

> "Em regra, a *justa causa* funda-se na existência de estado de necessidade: é a colisão de dois interesses, devendo um ser sacrificado em benefício do outro; no caso, a inviolabilidade dos segredos deve ceder a outro bem-interesse. Há, pois, objetividades jurídicas que a ela preferem, donde não ser absoluto o dever do silêncio ou sigilo profissional."[10]

Rogério Sanches Cunha, com precisão, aduz que:

> "O art. 269 do CP bem espelha um exemplo de justa causa, obrigando o médico, sob pena de punição, comunicar à autoridade a ocorrência de moléstia contagiosa confidenciada no exercício da profissão.
> Hoje, princípios como o da proporcionalidade (ou razoabilidade), bastante ventilado no campo 'das provas obtidas por meios ilegais', acaba, de alguma forma, por admitir, em casos excepcionais, a revelação de segredo profissional, em especial na salvaguarda e manutenção de valores conflitantes, desde que aplicada única e exclusivamente, em situações extraordinárias."[11]

Para que a revelação sem justa causa de um segredo, que chegou ao conhecimento do agente por meio de sua função, ministério, ofício ou profissão, possa ser típica, é preciso que seja demonstrada sua potencialidade lesiva, isto é, a possibilidade que essa revelação possuiu no

---

[10] NORONHA, Edgard Magalhães. *Direito penal*, v. 2, p. 197.

[11] CUNHA, Sanches Rogério. *Manual de direito penal* – parte especial, volume único, p. 258/259.

sentido de causar dano a outrem. Caso contrário, mesmo que tenha havido a revelação de um segredo, o fato será atípico, em face da ausência de potencialidade lesiva.

## 2.2 Classificação doutrinária

Crime próprio quanto ao sujeito ativo (uma vez que o tipo delimita a prática da infração penal àqueles que tiverem tomado conhecimento do segredo em razão de função, ministério, ofício ou profissão), sendo comum no que diz respeito ao sujeito passivo; doloso; formal; instantâneo; comissivo (podendo ser praticado omissivamente somente pelo agente que goze do *status* de garantidor); de forma livre; monossubjetivo; unissubsistente ou plurissubsistente (dependendo da forma com que a infração penal é levada a efeito, pois os atos podem ser concentrados ou diluídos pelo *iter criminis*).

## 2.3 Objeto material e bem juridicamente protegido

Como a própria rubrica do art. 154 do Código Penal indica, bem juridicamente protegido por esse tipo penal é a inviolabilidade do segredo profissional. Da mesma forma que o art. 153, que cuida do delito de divulgação de segredo, o crime de violação de segredo profissional encontra-se inserido na Seção IV, que cuida dos crimes contra a inviolabilidade dos segredos, que por sua vez está contido no Capítulo VI, que prevê os crimes contra a liberdade individual, podendo ser esta também indicada como bem que se procura proteger através da incriminação do comportamento narrado pelo tipo penal em estudo.

Objeto material, segundo Guilherme de Souza Nucci, "é o assunto transmitido em caráter sigiloso, que sofre a conduta criminosa."[12]

## 2.4 Sujeito ativo e sujeito passivo

O crime de violação do segredo profissional é próprio com relação ao sujeito ativo, uma vez que somente as pessoas que tiverem tomado conhecimento do segredo em razão de função, ministério, ofício ou profissão poderão praticá-lo.

Damásio ainda acrescenta:

> "Sujeitos ativos são os confidentes necessários, pessoas que recebem o conteúdo do segredo em razão de função, ministério, ofício ou profissão. Dizem-se confidentes necessários porque, em razão de sua atividade específica, normalmente tomam conhecimento de fatos particulares da vida alheia. É o caso do médico, do dentista, do advogado, do engenheiro, do sacerdote etc. Na hipótese do sacerdote, por exemplo, é inerente ao exercício de seu ministério a tomada de conhecimento de segredos alheios."[13]

Embora o confidente seja aquela pessoa à qual se confia um segredo, em algumas das situações elencadas pelo art. 154 do Código Penal não teremos a figura do confidente, tampouco será ele considerado necessário.

A lei penal somente faz menção àquele que *tem ciência* de um segredo em razão de função, ministério, ofício ou profissão. Não afirma que ele deve gozar do *status* de confidente, muito menos necessário. Assim, por exemplo, a empregada doméstica pode ter tido conhecimento de um segredo, em razão do ofício por ela desempenhado, mas que não fora confessado diretamente a ela. Não poderá ser considerada confidente, tampouco necessária. Ou, ainda,

---

[12] NUCCI, Guilherme de Souza. *Código penal comentado*, p. 493.

[13] JESUS, Damásio E. de. *Direito penal*, vol. 2, p. 295-296.

na hipótese do Oficial de Justiça que, cumprindo as funções de porteiro de auditório, toma conhecimento de segredos revelados dentro da sala de audiência e os divulga. Não se pode apontá-lo, aqui, como confidente, mas tão somente como uma pessoa que, em razão da função que exerce, tomou conhecimento de um segredo que não lhe fora revelado diretamente.

Sujeito passivo pode ser tanto aquele que tem o seu segredo revelado como o terceiro que, com essa revelação, pode sofrer um dano, material ou moral.

## 2.5 Consumação e tentativa

Consuma-se o delito tipificado no art. 154 do Código Penal quando o segredo potencialmente lesivo é revelado a outrem, mesmo que tal revelação, como já afirmamos, tenha sido feita a uma única pessoa.

Nesse sentido, esclarece Fragoso que *"revelar* é menos do que divulgar. É transmitir a qualquer pessoa (uma só basta) o segredo, consumando-se, assim, o crime."[14]

No entanto, afirmava ser a tentativa "juridicamente inconcebível, pois não se pode admitir que a tentativa de revelar o segredo possa resultar a potencialidade de dano para o interessado."[15]

Apesar da autoridade do renomado autor, ousamos dele discordar, *permissa* vênia, no que concerne à impossibilidade de tentativa. Pode o agente, por exemplo, tentar revelar a alguém, por meio de uma carta, um segredo que chegou ao seu conhecimento em razão da sua profissão, cuja revelação traz em si uma potencialidade de dano a outrem, quando a própria pessoa que levou a efeito a confissão impede que essa carta chegue ao conhecimento de terceiro, depois de ter sido a ele encaminhada. Assim, podemos visualizar a hipótese de tentativa, uma vez que, valendo-se o agente desse meio de transmissão para a revelação do segredo, o delito é de natureza plurissubsistente, podendo-se verificar o fracionamento dos atos que compõem o *iter criminis*. No exemplo fornecido, para o fim de raciocínio, concluímos que o agente cogitou praticar o delito, preparou-se (escrevendo a carta que continha a revelação do segredo) e o executou (colocando, por exemplo, a carta embaixo da porta de terceiro), quando aquele que tinha confessado o seu segredo descobre, acidentalmente, as intenções do agente e impede que terceiro tome conhecimento do conteúdo da carta.

## 2.6 Elemento subjetivo

O crime de violação de segredo profissional somente pode ser praticado dolosamente, seja o dolo direto, seja eventual.

Não se admite a modalidade culposa, por ausência expressa de disposição legal nesse sentido, conforme determina o parágrafo único do art. 18 do Código Penal, que diz: *Salvo os casos expressos em lei, ninguém pode ser punido por fato previsto como crime, senão quando o pratica dolosamente.*

## 2.7 Modalidades comissiva e omissiva

A revelação pode ocorrer de forma comissiva, bem como omissivamente, desde que, nesta última hipótese, o agente seja considerado garantidor da guarda do segredo que lhe é revelado em razão de função, ministério, ofício ou profissão.

Assim, imagine-se a hipótese daquele que, mesmo sabendo que receberia visitas em casa, não evita que as declarações escritas que lhe foram entregues por aquele que, por meio delas,

---

14  FRAGOSO, Heleno Cláudio. *Lições de direito penal* – Parte especial (arts. 121 a 160, CP), p. 252.

15  FRAGOSO, Heleno Cláudio. *Lições de direito penal* – Parte especial (arts. 121 a 160, CP), p. 252.

tenha lhe confessado um segredo, chegue ao conhecimento de terceiro, almejando, com isso, produzir dano a outrem. Se as declarações, por exemplo, já se encontravam em sua mesa e o agente, após ser informado que receberia algumas pessoas em sua casa, não as retira daquele local onde já se encontravam anteriormente, possibilitando que todos a conheçam, podemos raciocinar com a inação do agente na possibilidade da prática por omissão do delito em exame.

## 2.8 Pena, ação penal, competência para julgamento e suspensão condicional do processo

A pena cominada no preceito secundário do art. 154 do Código Penal é de detenção, de 3 (três) meses a 1 (um) ano, ou multa, sendo o seu julgamento, portanto, pelo menos inicialmente, de competência do Juizado Especial Criminal, aplicando-se, outrossim, os institutos que lhe são inerentes (transação penal e suspensão condicional do processo).

Nos termos do parágrafo único do art. 154 do Código Penal, a ação penal é de iniciativa pública condicionada à representação.

## 2.9 Destaques

### 2.9.1 Violação de segredo profissional e Código Penal Militar

O crime de violação de segredo profissional também veio previsto no Código Penal Militar (Decreto-Lei nº 1.001, de 21 de outubro de 1969), conforme se verifica pela leitura do seu art. 230.

## 2.10 Quadro-resumo

**Sujeitos**
» Ativo: somente as pessoas que tiverem tomado conhecimento do segredo em razão de função, ministério, ofício ou profissão poderão praticá-lo.
» Passivo: pode ser tanto aquele que tem o seu segredo revelado como o terceiro que, com essa revelação, pode sofrer um dano, material ou moral.

**Objeto material**
"É o *assunto* transmitido em caráter sigiloso, que sofre a conduta criminosa" (NUCCI, 2005, p. 493).

**Bem(ns) juridicamente protegido(s)**
A *inviolabilidade do segredo profissional*.

**Elemento subjetivo**
» É o dolo direto ou eventual.
» Não se admite a modalidade culposa.

**Modalidades comissiva e omissiva**
A revelação pode ocorrer de forma comissiva, bem como omissivamente, desde que, nesta última hipótese, o agente seja considerado garantidor da guarda do segredo que lhe é revelado em razão de função, ministério, ofício ou profissão.

**Consumação e tentativa**
» Consuma-se o delito quando o segredo potencialmente lesivo é revelado a outrem, mesmo que tal revelação tenha sido feita a uma única pessoa.
» Embora exista controvérsia doutrinária, entendemos ser admissível a tentativa.

## 3. INVASÃO DE DISPOSITIVO INFORMÁTICO

**Invasão de dispositivo informático**
**Art. 154-A.** Invadir dispositivo informático de uso alheio, conectado ou não à rede de computadores, com o fim de obter, adulterar ou destruir dados ou informações sem autorização expressa ou tácita do usuário do dispositivo ou de instalar vulnerabilidades para obter vantagem ilícita:
Pena – reclusão, de 1 (um) a 4 (quatro) anos, e multa.
§ 1º Na mesma pena incorre quem produz, oferece, distribui, vende ou difunde dispositivo ou programa de computador com o intuito de permitir a prática da conduta definida no *caput*.
§ 2º Aumenta-se a pena de 1/3 (um terço) a 2/3 (dois terços) se da invasão resulta prejuízo econômico.
§ 3º Se da invasão resultar a obtenção de conteúdo de comunicações eletrônicas privadas, segredos comerciais ou industriais, informações sigilosas, assim definidas em lei, ou o controle remoto não autorizado do dispositivo invadido:
Pena – reclusão, de 2 (dois) a 5 (cinco) anos, e multa.
§ 4º Na hipótese do § 3º, aumenta-se a pena de um a dois terços se houver divulgação, comercialização ou transmissão a terceiro, a qualquer título, dos dados ou informações obtidos.
§ 5º Aumenta-se a pena de um terço à metade se o crime for praticado contra:
I – Presidente da República, governadores e prefeitos;
II – Presidente do Supremo Tribunal Federal;
III – Presidente da Câmara dos Deputados, do Senado Federal, de Assembleia Legislativa de Estado, da Câmara Legislativa do Distrito Federal ou de Câmara Municipal; ou
IV – dirigente máximo da administração direta e indireta federal, estadual, municipal ou do Distrito Federal.

**Ação penal**
**Art. 154-B.** Nos crimes definidos no art. 154-A, somente se procede mediante representação, salvo se o crime é cometido contra a administração pública direta ou indireta de qualquer dos Poderes da União, Estados, Distrito Federal ou Municípios ou contra empresas concessionárias de serviços públicos.

### 3.1 Introdução

O século XXI está experimentando um avanço tecnológico inacreditável. Situações que, em um passado não muito distante, eram retratadas em filmes e desenhos infantis como sendo hipóteses futuristas, hoje estão presentes em nosso dia a dia. As conversas on-line, com visualização das imagens dos interlocutores, seja através de computadores, ou mesmo de *smartphones*, que pareciam incríveis no início da segunda metade do século XX, atualmente fazem parte da nossa realidade.

Enfim, vivemos novos tempos e devemos nos adaptar, consequentemente, ao mau uso de todo esse aparato tecnológico. A internet revolucionou o mundo e o fez parecer muito menor.

Originalmente, a internet teve uma utilização militar, sendo que a ideia de uma rede interligada surgiu em 1962, durante a Guerra Fria, e foi imaginada, conforme esclarece Augusto Rossini, "para proteger a rede de computadores do governo norte-americano após um ataque nuclear. Planos detalhados foram apresentados em 1967, tendo sido criada a Arpanet em 1968, estabelecendo-se o germe do que é hoje Internet",[16] concebida, entre outros, por Paul

---
[16] ROSSINI, Augusto. *Informática, telemática e direito penal*, p. 26.

Baran, da empresa Rand Corporation, também com a finalidade de suprir as deficiências e fragilidades da rede telefônica AT&T, utilizada, ainda, nos anos 1980-90, como meio de comunicação científica interuniversitária.

Conforme esclarece Juan José López Ortega:

"Em seus primeiros anos de existência, internet parecia pressagiar um novo paradigma de liberdade. Um espaço isento de intervenções públicas, no qual os internautas desfrutavam de um poder de ação ilimitado. A liberdade para se comunicar e se expressar se estendia sem possibilidade de censura a todos os cantos do planeta. A propriedade intelectual, necessariamente, devia ser compartilhada e a intimidade se encontrava assegurada preservando o anonimato da comunicação e pelas dificuldades técnicas de rastrear as fontes e identificar os conteúdos. As novas tecnologias de recolhimento dos dados, associadas à economia do comércio eletrônico, transformaram a liberdade e a privacidade na internet, e isso em consequência direta de sua comercialização. A necessidade de assegurar e identificar a comunicação para poder ganhar dinheiro através da rede, junto com a necessidade de proteger os direitos de novas arquiteturas de *software,* que possibilitam o controle da comunicação. *Tecnologias de identificação* (senhas, marcadores digitais, processos de identificação) colocadas nas mãos das empresas e dos governos deram passo ao desenvolvimento de *tecnologias de vigilância,* que permitem rastrear os fluxos de informação.

Através dessas técnicas, qualquer informação transmitida eletronicamente pode ser recolhida, armazenada, processada e analisada. Para muitos, isso supôs o fim da privacidade e, se não é assim, ao menos obriga a *redefinir o âmbito do privado na internet,* um espaço no qual, por sua dimensão global, já não basta garantir o controle dos dados pessoais. Noções até agora válidas, como "fichário" ou "base de dados", deixam de ter significado. A nova fronteira não é o computador pessoal ou a internet, senão a rede global, e isso tem consequências ao delimitar o conteúdo do direito à intimidade, que no espaço digital se transmuda como o direito ao anonimato."[17]

A internet, dentro de um mundo considerado globalizado, se transformou em uma necessidade da modernidade, de que não podemos abrir mão. Nunca as pesquisas foram tão velozes. Bibliotecas inteiras podem ser resumidas a um comando no computador. No entanto, toda essa modernidade informática traz consigo os seus problemas. Como alerta Cinta Castillo Jimenez:

"Internet supõe um sonho para seus usuários e um pesadelo para os práticos do direito. Por uma parte, permite concluir transações com empresas e consumidores situados em qualquer lugar do planeta, agiliza a comunicação entre as pessoas. Representa a liberdade mundial de informação e da comunicação; é um sonho transformado em realidade.

Por outro lado, todo conjunto de atividades sociais precisa de uma regulamentação. As legislações nacionais avançam com muito atraso no que diz respeito às novas tecnologias. Isso faz com que sejam dificultadas as respostas legais a numerosos litígios que podem suscitar as operações na internet. Por isso é também um pesadelo jurídico.

Um espanhol, usuário da internet, pode acessar a rede e contatar com uma empresa alemã, vendedora ou prestadora de serviços, graças ao acesso à internet, proporcionado pela filial holandesa de um provedor norte-americano. As fronteiras estatais se diluem na internet. A aldeia global se transformou em realidade.

---

[17] ORTEGA, Juan José López. *Intimidad informática y derecho penal.* Derecho a la intimidad y nuevas tecnologias, p. 109-110.

Podemos dizer que as questões legais mais espinhosas que são colocadas no ciberespaço correspondem ao direito internacional privado."[18]

Com a utilização da internet, delitos considerados como tradicionais, a exemplo do estelionato, podem ser praticados sem que a vítima conheça sequer o rosto do autor da infração penal. Nossa vida pessoal pode ser completamente devassada e colocada à disposição de milhões de pessoas. Nossa intimidade, enfim, estará disponível com apenas um toque no computador.

Muito se tem discutido, atualmente, a respeito dos chamados *delitos de informática*, também reconhecidos doutrinariamente através das expressões *crimes de computador, crimes digitais, crimes cibernéticos, crimes via internet*, entre outros. Na verdade, sob essa denominação se abrigam não somente os crimes em que o objeto material da conduta praticada pelo agente é um componente informático, a exemplo dos programas de computador ou as próprias informações existentes em um dispositivo informático, como também, e o que é mais comum, todas as demais infrações penais em que a informática é utilizada como verdadeiro instrumento para sua prática, razão pela qual observam Mário Furlaneto Neto e José Augusto Chaves Guimarães que "a informática permite não só o cometimento de novos delitos, como potencializa alguns outros tradicionais (estelionato, por exemplo). Há, assim, crimes cometidos com o computador (*The computer as a tool of a crime*) e os cometidos contra o computador, isto é, contra as informações e programas nele contidos (*The computer as the object of a crime*)."[19] É neste último sentido que, precipuamente, a Lei nº 12.737, de 30 de novembro de 2012, inserindo o art. 154-A ao Código Penal, criou o delito de *invasão de dispositivo informático*, prevendo, outrossim, o chamado *crime de informática puro*, isto é, aquele, segundo definição de Marco Aurélio Rodrigues da Costa, cuja conduta ilícita "tenha por objetivo exclusivo o sistema de computador, seja pelo atentado físico ou técnico do equipamento e seus componentes, inclusive dados e sistemas."[20]

Os delitos praticados através da informática podem ser de difícil apuração. Lucrecio Rebollo Delgado destaca três características muito importantes, que lhe são peculiares, dizendo que todas as atuações ilícitas cometidas no âmbito informático se realizarão:

*"Com celeridade e distância no tempo e no espaço.* O conceito de realização delitiva se encontra truncado com estas novas formas. É frequente pensar que qualquer um pode praticar um homicídio, mas este requer a proximidade espacial e temporal de sua vítima. Sem embargo, no âmbito informático, o suposto delinquente não necessita para a comissão delitiva nem a presença física, nem temporal. Ademais disso as facilidades no tratamento e processo da informação, com a possibilidade de realizar programas que atuem de forma retardada ou controlada no tempo, aproveitando as funções do sistema operativo do computador, permitem ativar ou desativar determinadas ordens na máquina, de maneira dinâmica, inclusive flexível. Dessa forma, dependendo de uma ou outra circunstância prevista de antemão, assim como a utilização das comunicações para poder, em tempo real e fora do alcance ou controle do operador do computador, atuar na forma desejada, permitem preparar ações dolosas em prejuízo do outro, em tempo e espaços distantes.

---

[18] JIMENEZ, Cinta Castillo. *Protección del derecho a la intimidad y uso de las nuevas tecnologias de la información*, p. 39-40.

[19] NETO, Mário Furlaneto; GUIMARÃES, José Augusto Chaves. *Crimes na internet*: elementos para uma reflexão sobre a ética informacional, p. 69.

[20] RODRIGUES DA COSTA, Marco Aurélio. Crimes de informática. *Jus Navigandi*, Teresina, ano 1, n. 12, maio de 1997. Disponível em: <http://jus2.uol.com.br/doutrina/texto.asp?id=1826>. Acesso em: 20 jan. 2009.

*Facilidade de encobrimento.* É característica praticamente inseparável da atividade ilícita informática, a facilidade com que se encobrem os fatos. É muito fácil, por exemplo, modificar um programa para que realize uma atividade ilícita em benefício do autor e estabelecer logo o que se denomina uma rotina *software* que volte a modificar o programa de forma automática. Dessa forma, não fica rastro da possível prática do delito. Se, posteriormente, fosse realizado um estudo do programa, seria impossível detectar a forma em que se cometeu o fato. Tenhamos em mente a ideia de que é possível realizá-lo, mas não teremos nenhuma prova de que se realizou.

*Dificuldade probatória.* A dificuldade em atribuir a autoria do fato vem, em grande medida, determinada pela dificuldade probatória que rodeia a ilicitude informática. Isso se deve à própria dinâmica do processamento informático, que impede detectar uma determinada atividade ou processo posteriormente à sua realização, e em outras ocasiões, devido à facilidade para fazer desaparecer, de forma fraudulenta, por meio da manipulação de programa e dados, as atividades, operações, cálculos ou processos que foram realizados anteriormente."[21]

A Lei nº 12.737, de 30 de novembro de 2012, inserindo o art. 154-A ao Código Penal, com as modificações em sua redação original trazidas pela Lei nº 14.155, de 27 de maio de 2021, exigiu a presença dos seguintes elementos para efeitos de caracterização do delito de invasão de dispositivo informático, a saber: a) o núcleo *invadir; b)* dispositivo informático alheio; c) conectado ou não à rede de computadores; d) com o fim de obter, adulterar ou destruir dados ou informações sem autorização expressa ou tácita do usuário do dispositivo; e) ou de instalar vulnerabilidades para obter vantagem ilícita.

O núcleo *invadir* tem o sentido de violar, penetrar, acessar.

Informática, na definição de Pablo Guillermo Lucero e Alejandro Andrés Kohen é:

"A ciência aplicada que trata do estudo e aplicação do processamento automático da informação, mediante a utilização de elementos eletrônicos e sistemas de computação.

O termo *informatique* é um acrônimo das palavras francesas *information* e *automatique*, o qual foi utilizado pelo engenheiro francês Philippe Dreyfus no ano de 1962 para sua empresa Societé d'Informatique Appliquée.

Posteriormente, esse termo começou a ser utilizado pelas diferentes línguas quando se desejava contemplar a questão do processamento automático da informação, sendo assim que, ao ingressar no mundo castelhano, se conceitualizou a palavra *informática*.

Para que se possa considerar um sistema informático se deve verificar, necessariamente, a realização das seguintes tarefas básicas:

Entrada: aquisição dos dados;

Processo: tratamento dos dados;

Saída: transmissão dos resultados."[22]

Assim, de acordo com a conceituação e requisitos apontados acima, o dispositivo informático seria todo aquele aparelho capaz de receber os dados, tratá-los, bem como transmitir os resultados, a exemplo do que ocorre com os computadores, *smartphones, tablets* etc.

Exige o art. 154-A que esse dispositivo informático seja de uso alheio, mas não, necessariamente, de propriedade alheia, com exigia a redação típica anterior à modificação trazida pela Lei nº 14.155, de 27 de maio de 2021. Assim, como bem esclarece Rogério Sanches Cunha, "ainda que o agente seja o proprietário do aparelho, pode cometer o crime se esse

---

[21]  DELGADO, Lucrecio Rebollo. *Derechos fundamentales y protección de datos*, p. 187-188.

[22]  GUILLERMO LUCERO, Pablo; ANDRÉS KOHEN, Alejandro. *Delitos informáticos*, p. 15-16.

aparelho estiver sendo utilizado por alguém. E, por coerência, a lei agora faz referência à falta de autorização expressa ou tácita do usuário do dispositivo, não mais do titular"[23].

Esse dispositivo informático alheio pode estar ou não conectado à rede de computadores, ou seja, a um conjunto de dois ou mais computadores autônomos e outros dispositivos, interligados entre si com a finalidade de compartilhar informações e equipamentos, a exemplo dos dados, impressoras, mensagens etc. Diz respeito, portanto, a estruturas físicas (equipamentos) e lógicas (programas, protocolos) que possibilitam que dois ou mais computadores possam compartilhar suas informações entre si. A internet, por ser considerada um amplo sistema de comunicação, conecta inúmeras redes de computadores. As quatro redes mais conhecidas, classificadas quanto ao tamanho, são: 1. LAN (*Local Area Network*) – redes locais, privadas, em que os computadores ficam localizados dentro de um mesmo espaço, como, por exemplo, uma residência, uma sala comercial, um prédio etc.; 2. MAN (*Metropolitan Area Network*) – redes metropolitanas, em que os computadores estão ligados remotamente, a distâncias pequenas, podendo se localizar na mesma cidade ou entre duas cidades próximas; 3. WAN (*Wide Area Network*) – são redes extensas, ligadas, normalmente, entre diferentes estados, países ou continentes, a exemplo do que ocorre com o sistema bancário internacional; 4. PAN (*Personal Area Network*) – são redes pessoais, presentes em regiões delimitadas, próximas umas das outras.

Dessa forma, presentes os demais elementos exigidos pelo tipo, poderá ocorrer a infração penal em estudo com a invasão de um dispositivo informático alheio, como ocorre com um computador, que pode não estar ligado a qualquer rede e ser acessado via internet. Assim, se alguém, percebendo que seu vizinho esqueceu o computador que havia levado para uma festa em que ambos participavam, invadir o equipamento, com a finalidade de destruir dados ou informações sem autorização expressa ou tácita do titular do dispositivo, poderá ser responsabilizado pelo tipo penal previsto pelo *caput* do art. 154-A do Código Penal.

A conduta do agente, ou seja, o ato de invadir dispositivo informático alheio, conectado ou não à rede de computadores, deve ter sido levada a efeito *com o fim de obter, adulterar ou destruir dados ou informações sem autorização expressa ou tácita do titular do dispositivo.*

Assim, não é a simples invasão, pela invasão, que importa na prática da infração penal tipificada no *caput* do art. 154-A do diploma repressivo, mas sim aquela que possui uma finalidade especial, ou seja, aquilo que denominamos especial fim de agir, que consiste na obtenção, adulteração ou destruição de dados ou informações sem a autorização expressa ou tácita do titular do dispositivo. *Obter* tem o significado de adquirir, alcançar o que desejava, conseguir; *adulterar* diz respeito a alterar, estragar, modificar o conteúdo, corromper; *destruir* quer dizer aniquilar, fazer desaparecer, arruinar.

Tanto a obtenção quanto a adulteração e a destruição de dados ou informações devem ser levadas a efeito sem a autorização expressa ou tácita do titular do dispositivo. Assim, em havendo essa autorização, o fato praticado será considerado atípico. Aqui, como se percebe, o consentimento do ofendido é considerado como uma causa legal de exclusão da tipicidade.

Conforme os esclarecimentos de Pablo Guillermo Lucero e Alejandro Andrés Kohen:

"Uma das diferenças fundamentais que devemos compreender no âmbito da informática é a existente entre dado e informação.

Um dado, por si mesmo, não constitui informação; simplesmente é uma representação simbólica, atributo ou característica de uma entidade.

---

[23] CUNHA, Rogério Sanches. Lei 14.155/21 e os crimes de fraude digital. Primeiras impressões e reflexos no CP e no CPP. Disponível em: https://meusitejuridico.editorajuspodivm.com.br/2021/05/28/lei-14-15521-e-os-crimes-de-fraude-digital-primeiras-impressoes-e-reflexos-no-cp-e-no-cpp/. Acessado em 29 de maio de 2021.

Ao contrário e por sua parte, a informação é um conjunto de dados processados que tem relevância, propósito e utilidade para seu receptor.

É por isso que os dados se convertem em informação quando seu criador lhes adiciona significado, sendo isso um processo fundamental no campo da informática."[24]

A conduta de invadir dispositivo informático alheio, conectado ou não à rede de computadores, além da finalidade de obter, adulterar ou destruir dados ou informações, sem autorização expressa ou tácita do titular do dispositivo, ser dirigida no sentido de *instalar vulnerabilidades para obter vantagem ilícita*.

Segundo o Centro de Estudos, Resposta e Tratamento de Incidentes de Segurança no Brasil:

"Uma vulnerabilidade é definida como uma condição que, quando explorada por um atacante, pode resultar em uma violação de segurança. Exemplos de vulnerabilidades são falhas no projeto, na implementação ou na configuração de programas, serviços ou equipamentos de rede. Um ataque de exploração de vulnerabilidades ocorre quando um atacante, utilizando-se de uma vulnerabilidade, tenta executar ações maliciosas, como invadir um sistema, acessar informações confidenciais, disparar ataques contra outros computadores ou tornar um serviço inacessível."[25]

Ainda de acordo com o Centro de Estudos, Resposta e Tratamento de Incidentes de Segurança no Brasil, pode o agente instalar vulnerabilidades através dos chamados códigos maliciosos:

"Códigos maliciosos (*malware*) são programas especificamente desenvolvidos para executar ações danosas e atividades maliciosas em um computador. Algumas das diversas formas como os códigos maliciosos podem infectar ou comprometer um computador são:
- pela exploração de vulnerabilidades existentes nos programas instalados;
- pela autoexecução de mídias removíveis infectadas, como *pen-drives*;
- pelo acesso a páginas *web* maliciosas, utilizando navegadores vulneráveis;
- pela ação direta de atacantes que, após invadirem o computador, incluem arquivos contendo códigos maliciosos;
- pela execução de arquivos previamente infectados, obtidos em anexos de mensagens eletrônicas, via mídias removíveis, em páginas *web* ou diretamente de outros computadores (através do compartilhamento de recursos).

Uma vez instalados, os códigos maliciosos passam a ter acesso aos dados armazenados no computador e podem executar ações em nome dos usuários, de acordo com as permissões de cada usuário.

Os principais motivos que levam um atacante a desenvolver e a propagar códigos maliciosos são a obtenção de vantagens financeiras, a coleta de informações confidenciais, o desejo de autopromoção e o vandalismo. Além disso, os códigos maliciosos são, muitas vezes, usados como intermediários e possibilitam a prática de golpes, a realização de ataques e a disseminação de *spam*."[26]

Alguns dos principais tipos de códigos maliciosos são: *a)* vírus – programa malicioso que possui, basicamente, dois objetivos: atacar e replicar automaticamente. O vírus depende da execu-

---

[24] GUILLERMO LUCERO, Pablo; ANDRÉS KOHEN, Alejandro. *Delitos informáticos*, p. 16.

[25] Disponível em: <http://cartilha.cert.br/ataques/>. Acesso em: 10 dez. 2012.

[26] Disponível em: <http://cartilha.cert.br/malware/>. Acesso em: 10 dez. 2012.

ção dos arquivos hospedeiros para que possa se tornar ativo e continuar o processo de infecção; *b)* *worm* – *writer once read many* – tem como característica fundamental replicar mensagens sem o consentimento do usuário, disseminando propagandas, arquivos maliciosos ou congestionando a rede. Diferente do vírus, o *worm* não embute cópias de si mesmo em outros programas ou arquivos e não necessita ser explicitamente executado para se propagar. Sua propagação se dá através da exploração de vulnerabilidades existentes ou falhas na configuração de *softwares* instalados em computadores; *trojan horse* (cavalo de troia) – literalmente, é um presente de grego, pois é um programa que se passa por um presente, a exemplo do que ocorre com álbuns de fotos, jogos, cartões virtuais, algum aplicativo útil etc., mas, no entanto, abre portas remotas para invasão dos *hackers*; *spyware* – são programas espiões, a exemplo do *keylogger*, que captura e armazena as teclas digitadas pelo usuário no teclado ou, ainda, o *screenlogger*, capaz de capturar telas da área de trabalho do usuário, inclusive armazenando a posição do cursor; *bot* – que é um programa que dispõe de mecanismos de comunicação com o invasor que permitem que ele seja controlado remotamente. Possui processo de infecção e propagação similar ao do *worm*, ou seja, é capaz de se propagar automaticamente, explorando vulnerabilidades existentes em programas instalados em computadores; *botnet* – é uma rede formada por centenas ou milhares de computadores zumbis e que permite potencializar as ações danosas executadas pelos *bots* etc.

Enfim, são inúmeros os códigos maliciosos através dos quais pode ser praticado o delito de invasão de dispositivo informático, sendo que, sem nenhuma dose de exagero, a cada dia surgem diferentes formas de ataques.

A parte final do *caput* do art. 154-A do Código Penal prevê, ainda, que, para que se configure a infração penal em estudo, o agente deve atuar no sentido de instalar a vulnerabilidade, a fim de obter vantagem ilícita, que pode ou não ter natureza patrimonial.

Aqui, vale o alerta de Cleber Masson, quando aponta a:

> "Ausência de crime no ato de simplesmente invadir o computador alheio, sem nenhuma finalidade específica, a exemplo do que se dá nas condutas de *hackers* que entram no sistema de segurança de grandes empresas, avisando-as das falhas operacionais. Nessas situações, é frequente a contratação desses *experts*, mediante elevada remuneração, justamente para aperfeiçoar a proteção virtual das corporações."[27]

## 3.2 Classificação doutrinária

Analisando a figura típica fundamental, prevista no *caput* do art. 154-A do Código Penal, crime comum, tanto com relação ao sujeito ativo, quanto ao sujeito passivo; doloso; formal (uma vez que a simples invasão de dispositivo informático de uso alheio, conectado ou não à rede de computadores, com o fim de obter, adulterar ou destruir dados ou informações sem autorização expressa ou tácita do titular do dispositivo ou instalar vulnerabilidades para obter vantagem ilícita já configura o crime, independentemente desses resultados); de dano; de forma livre; instantâneo; monossubjetivo; plurissubsistente; transeunte ou não transeunte (dependendo da hipótese concreta).

## 3.3 Objeto material e bens juridicamente protegidos

Bens juridicamente protegidos são a liberdade individual e o direito à intimidade, configurados na proteção da inviolabilidade dos dados e informações existentes em dispositivo informático.

---

[27] MASSON, Cleber. *Direito penal esquematizado* – parte especial, v. 2, p. 311.

CURSO DE DIREITO PENAL • VOL. 2 – ROGÉRIO GRECO

Objeto material é o dispositivo informático alheio, conectado ou não à rede de computadores, bem como os dados e as informações nele armazenadas.

Dissertando sobre os dispositivos informáticos, objeto do delito em estudo, preleciona Cleber Masson a sua divisão em quatro grupos, a saber:

"*a*) dispositivos de processamento: são responsáveis pela análise de dados, com o fornecimento de informações, visando a compreensão de uma informação do dispositivo de entrada para envio aos dispositivos de saída ou de armazenamento. Exemplos: placas de vídeo e processadores de computadores e *smartphones;*

*b*) dispositivos de entrada: relacionam-se à captação de dados (escritos, orais ou visuais). Exemplos: teclados, microfones e *webcam*;

*c*) dispositivos de saída: fornecem uma interface destinada ao conhecimento ou captação, para outros dispositivos, da informação (escrita, oral ou visual) produzida no processamento. Exemplos: impressoras e monitores; e

*d*) dispositivos de armazenamento: dizem respeito à guarda de dados ou informações para posterior análise. Exemplos: *pendrives*, HDs (*hard disk*) e Cds (discos compactos)."[28]

## 3.4 Sujeito ativo e sujeito passivo

Qualquer pessoa pode ser *sujeito ativo* do delito de *invasão de dispositivo informático*, haja vista que o tipo penal em estudo não exige qualquer condição especial.

Sujeito passivo é o proprietário (pessoa física ou jurídica) do dispositivo informático invadido, ou mesmo qualquer outra pessoa que nele tenha arquivados dados ou informações.

## 3.5 Consumação e tentativa

Em se tratando de crime formal, o delito tipificado no *caput* do art. 154-A se consuma no momento em que o agente consegue, efetivamente, *invadir* dispositivo informático alheio, conectado ou não à rede de computadores, com o fim de obter, adulterar ou destruir dados ou informações sem autorização expressa ou tácita do titular do dispositivo, ou instalar vulnerabilidades para obter vantagem ilícita.

Dessa forma, a obtenção, adulteração ou destruição dos dados ou informações sem autorização expressa ou tácita do titular do dispositivo ou a instalação de vulnerabilidades para obtenção de vantagem ilícita, caso venham a ocorrer, devem ser consideradas como mero exaurimento do crime.

Tendo em vista a sua natureza plurissubsistente, onde se pode fracionar o *iter criminis*, será possível o raciocínio correspondente à tentativa.

No que diz respeito à modalidade equiparada, ocorrerá a consumação quando o agente produzir, oferecer, distribuir, vender ou difundir dispositivo ou programa de computador com o intuito de permitir a prática da conduta definida no *caput* do art. 154-A do Código Penal. Não há necessidade, portanto, que o invasor efetivamente utilize dispositivo ou programa de computador produzido, oferecido, distribuído, vendido ou difundido pelo agente, tratando, também aqui, de crime formal, em que a simples prática dos comportamentos previstos pelo tipo tem o condão de consumar a infração penal.

Se o dispositivo ou programa de computador produzido, oferecido, vendido, distribuído ou difundido pelo agente for utilizado para a invasão de dispositivo informático, esse último comportamento será considerado como exaurimento do crime tipificado no § 1º do art. 154-A do Código Penal.

---

[28] MASSON, Cleber. *Direito penal esquematizado* – parte especial, v. 2, p. 309.

Tal como ocorre para a modalidade prevista no *caput*, será possível o reconhecimento da tentativa na modalidade equiparada, tendo em vista, também, a possibilidade de fracionamento do *iter criminis* no que diz respeito aos comportamentos narrados.

## 3.6 Elemento subjetivo

O dolo é o elemento subjetivo previsto pelo tipo penal *sub examen*, não havendo previsão para a modalidade de natureza culposa.

Há, ainda, o que doutrinariamente é reconhecido como *especial fim de agir*, configurado nas expressões *com o fim*, prevista no *caput* do art. 154-A do Código Penal, e *com o intuito de*, existente no § 1º do mesmo artigo.

## 3.7 Modalidades comissiva e omissiva

O delito de invasão de dispositivo informático só pode ser praticado comissivamente.

No entanto, poderá ser levado a efeito o raciocínio correspondente ao crime omissivo impróprio se o agente, garantidor, nos termos do art. 13, § 2º, do Código Penal, devendo e podendo agir para impedir o resultado, nada fizer.

## 3.8 Modalidade qualificada

Assevera o § 3º do art. 154-A do Código Penal:

> § 3º Se da invasão resultar a obtenção de conteúdo de comunicações eletrônicas privadas, segredos comerciais ou industriais, informações sigilosas, assim definidas em lei, ou o controle remoto não autorizado do dispositivo invadido:
> Pena – reclusão, de 2 (dois) a 5 (cinco) anos, e multa.

Inicialmente, incidirá na modalidade qualificada o agente que, com a invasão de dispositivo informático, obtiver o conteúdo de comunicações eletrônicas privadas. De acordo com as alíneas *b* e *c* do art. 4º do Capítulo II da Convenção das Nações Unidas sobre o uso de comunicações eletrônicas nos contratos internacionais, cujos conceitos podem ser utilizados na interpretação do dispositivo penal em exame, embora o § 3º do art. 154-A mencione comunicações eletrônicas privadas:

> "(b) 'Comunicação eletrônica' significa qualquer comunicação feita pelas partes utilizando-se de mensagens eletrônicas;
> (c) 'Mensagem eletrônica' significa uma informação criada, enviada, recebida ou armazenada por mecanismo eletrônico, magnético, óptico ou similar, incluindo, mas não se limitando, a intercâmbio eletrônico de dados, correio eletrônico, telegrama, telex ou telecópia; (...)".

Da mesma forma ocorrerá o delito qualificado se da invasão resultar a obtenção de segredos comerciais ou industriais, informações sigilosas, assim definidas em lei. Cuida-se, na última parte do dispositivo, de norma penal em branco, uma vez que, para efeitos de reconhecimento das informações sigilosas, haverá necessidade de definição legal.

No que diz respeito à Administração Pública, o inciso III do art. 4º da Lei nº 12.527, de 18 de novembro de 2011, traduziu o conceito de informação sigilosa, dizendo:

> **Art. 4º** Para os efeitos desta Lei, considera-se:
> [...]
> III – informação sigilosa: aquela submetida temporariamente à restrição de acesso público em razão de sua imprescindibilidade para a segurança da sociedade e do Estado;

Além das hipóteses anteriores, importará no reconhecimento do delito qualificado quando o agente, em virtude de seu comportamento, obtiver o controle remoto não autorizado do dispositivo invadido. Existem programas que permitem que o dispositivo informático invadido seja operado de outro computador, em que o invasor terá acesso aos seus dados e informações. Através desses programas é possível compartilhar pastas, jogar em rede, conversar, acessar outros programas, impressoras, editar arquivos, enfim, o invasor atua como se estivesse em frente à tela do dispositivo invadido.

Não é incomum, contudo, que profissionais de confiança, com a permissão dos proprietários dos dispositivos de informática, se utilizem desses programas para que, de seus locais de trabalho, ingressem nas máquinas de seus clientes, sempre com a permissão destes últimos. Nesses casos, como se percebe, o consentimento do proprietário afastará a tipicidade do fato.

A Lei nº 14.155, de 27 de maio de 2021 modificou a pena prevista inicialmente para a modalidade qualificada do delito de invasão de dispositivo informático passando a cominar, agora, uma pena de reclusão, de 2 (dois) a 5 (cinco) anos, e multa.

### 3.9 Modalidade equiparada

Assevera o § 1º do art. 154-A, *verbis*:

> § 1º Na mesma pena incorre quem produz, oferece, distribui, vende ou difunde dispositivo ou programa de computador com o intuito de permitir a prática da conduta definida no *caput*.

*Produzir* significa criar, gerar, fabricar; *oferecer* importa em ofertar, gratuita ou onerosamente; *distribuir* tem o sentido de partilhar, repartir; *vender* tem o significado de transferir (o dispositivo ou o programa de computador) mediante um preço determinado; *difundir* diz respeito a propagar, divulgar, espalhar.

Todas essas condutas, vale dizer (produzir, oferecer, distribuir, vender ou difundir), dizem respeito a dispositivo ou programa de computador. O art. 1º da Lei nº 9.609, de 19 de fevereiro de 1998, traduz o conceito de programa de computador, dizendo:

> **Art. 1º** Programa de computador é a expressão de um conjunto organizado de instruções em linguagem natural ou codificada, contida em suporte físico de qualquer natureza, de emprego necessário em máquinas automáticas de tratamento da informação, dispositivos, instrumentos ou equipamentos periféricos, baseados em técnica digital ou análoga, para fazê-los funcionar de modo e para fins determinados.

Conforme o disposto na parte final do § 1º do art. 154-A do Código Penal, as condutas acima narradas devem ser cometidas *com o intuito de permitir a prática da conduta definida no caput* do citado dispositivo legal, ou seja, o agente produz, oferece, distribui, vende ou difunde dispositivo ou programa de computador, no sentido de permitir que terceira pessoa invada dispositivo informático de uso alheio, conectado ou não à rede de computadores, com o fim de obter, adulterar ou destruir dados ou informações sem autorização expressa ou tácita do titular do dispositivo ou instalar vulnerabilidades para obter vantagem ilícita.

Com essas hipóteses, a lei quis, portanto, punir de maneira independente aquele que, de alguma forma, auxilia para que terceiro tenha facilitada a prática do tipo penal constante do *caput* do art. 154-A do diploma repressivo.

### 3.10 Causas especiais de aumento de pena

Os §§ 2º, 4º e 5º preveem três causas especiais de aumento de pena, dizendo:

> § 2º Aumenta-se a pena de 1/3 (um terço) a 2/3 (dois terços) se da invasão resulta prejuízo econômico.
>
> § 4º Na hipótese do § 3º, aumenta-se a pena de um a dois terços se houver divulgação, comercialização ou transmissão a terceiro, a qualquer título, dos dados ou informações obtidos.
>
> § 5º Aumenta-se a pena de um terço à metade se o crime for praticado contra:
>
> I – Presidente da República, governadores e prefeitos;
>
> II – Presidente do Supremo Tribunal Federal;
>
> III – Presidente da Câmara dos Deputados, do Senado Federal, de Assembleia Legislativa de Estado, da Câmara Legislativa do Distrito Federal ou de Câmara Municipal; ou
>
> IV – dirigente máximo da administração direta e indireta federal, estadual, municipal ou do Distrito Federal.

No que diz respeito ao § 2º do art. 154-A do Código Penal é importante frisar que o aumento de 1/3 (um terço) a 2/3 (dois terços) somente será aplicado às hipóteses constantes do *caput*, bem como de seu § 1º, tendo em vista a situação topográfica, devendo-se aplicar a regra hermenêutica que determina que os parágrafos somente sejam aplicados às hipóteses anteriores.

Além disso, o aumento somente será possível no critério trifásico, previsto pelo art. 68 do Código Penal, se ficar comprovado que o comportamento praticado pelo agente causou, efetivamente, prejuízo econômico à vítima.

Conforme determina o § 4º, na hipótese do § 3º, ou seja, e da invasão resultar a obtenção de conteúdo de comunicações eletrônicas privadas, segredos comerciais ou industriais, informações sigilosas, assim definidas em lei, ou o controle remoto não autorizado do dispositivo invadido, a pena será aumentada de um a dois terços se houver divulgação, comercialização ou transmissão a terceiro, a qualquer título, dos dados ou informações obtidos.

Finalmente, a pena ainda será aumentada de um terço até a metade se quaisquer dos crimes (previstos no *caput*, §§ 1º e 3º, do art. 154-A do Código Penal) forem praticados contra as autoridades mencionadas no § 4º do art. 154-A do diploma repressivo.

### 3.11 Pena, suspensão condicional do processo, ação penal

A pena cominada no preceito secundário do *caput* do art. 154-A do Código Penal é de reclusão, de 1 (um) a 4 (quatro) anos, e multa.

Para a modalidade qualificada de *invasão de dispositivo informático*, prevista no § 3º do art. 154-A do diploma repressivo, a pena é de reclusão, de 2 (dois) a 5 (cinco) anos, e multa.

Nos termos do § 2º do artigo em análise, aumenta-se a pena de 1/3 (um terço) a 2/3 (dois terços) se da invasão resulta prejuízo econômico.

De acordo com o § 4º, na hipótese do § 3º, ambos do art. 154-A do Código Penal, aumenta-se a pena de um a dois terços se houver divulgação, comercialização ou transmissão a terceiro, a qualquer título, dos dados ou informações obtidos.

O § 5º do mesmo artigo determina que a pena será aumentada de um terço à metade se o crime for praticado contra:

> I – Presidente da República, governadores e prefeitos;
>
> II – Presidente do Supremo Tribunal Federal;
>
> III – Presidente da Câmara dos Deputados, do Senado Federal, de Assembleia Legislativa de Estado, da Câmara Legislativa do Distrito Federal ou de Câmara Municipal; ou
>
> IV – dirigente máximo da administração direta e indireta federal, estadual, municipal ou do Distrito Federal.

Será possível a proposta de suspensão condicional do processo, nos termos do art. 89 da Lei nº 9.099/95, somente para infração penal tipificada no *caput* do art. 154-A do Código Penal.

A ação penal, conforme determinação contida no art. 154-B, incluído também pela Lei nº 12.737, de 30 de novembro de 2012, será de iniciativa pública condicionada à representação, salvo se o crime é cometido contra a administração pública direta ou indireta de qualquer dos Poderes da União, Estados, Distrito Federal ou Municípios, ou contra empresas concessionárias de serviços públicos.

## 3.12 Destaques

### 3.12.1 Concurso de causas de aumento de pena

Poderá ocorrer a hipótese em que, no caso concreto, seja vislumbrada a possibilidade de aplicação de mais de uma majorante. Assim, imagine-se a hipótese em que o agente tenha, em virtude da invasão de dispositivo informático alheio, causado prejuízo econômico (§ 2º do art. 154-A do CP), bem como esse fato tenha sido cometido em face do presidente do Supremo Tribunal Federal (inciso I do § 5º do art. 154-A do CP). Nesse caso, poderíamos aplicar, simultaneamente, as duas causas especiais de aumento de pena?

Como resposta, prevalecerá a regra constante do parágrafo único do art. 68 do Código Penal, que assevera: *"No concurso de causas de aumento ou de diminuição, previstas na parte especial, pode o juiz limitar-se a um só aumento ou a uma só diminuição, prevalecendo, todavia, a causa que mais aumente ou diminua."*

### 3.12.2 Marco Civil da Internet

Em 23 de abril de 2014, foi editada a Lei nº 12.965, estabelecendo princípios, garantias, direitos e deveres para o uso da internet no Brasil. Com ela, foram definidos vários conceitos, que deverão ser utilizados quando da interpretação dos tipos penais, a exemplo do significado da própria internet, que, segundo o inciso I do art. 5º do referido diploma legal, é *o sistema constituído do conjunto de protocolos lógicos, estruturado em escala mundial para uso público e irrestrito, com a finalidade de possibilitar a comunicação de dados entre terminais por meio de diferentes redes.*

O referido diploma legal foi regulamentado pelo Decreto nº 8.771, de 11 de maio de 2016, para tratar das hipóteses admitidas de discriminação de pacotes de dados na internet e de degradação de tráfego, indicar procedimentos para guarda e proteção de dados por provedores de conexão e de aplicações, apontar medidas de transparência na requisição de dados cadastrais pela Administração Pública e estabelecer parâmetros para fiscalização e apuração de infrações.

### 3.12.3 Lei de Proteção de Dados Pessoais

A Lei nº 13.709, de 14 de agosto de 2018, dispôs sobre a proteção de dados pessoais, alterando, ainda, a Lei nº 12.965, de 23 de abril de 2014 (Marco Civil da Internet), explicitando, em seus arts. 1º e 2º, seus objetivos e fundamentos, dizendo, *verbis:*

**Art. 1º** Esta Lei dispõe sobre o tratamento de dados pessoais, inclusive nos meios digitais, por pessoa natural ou por pessoa jurídica de direito público ou privado, com o objetivo de proteger os direitos fundamentais de liberdade e de privacidade e o livre desenvolvimento da personalidade da pessoa natural.

**Parágrafo único.** As normas gerais contidas nesta Lei são de interesse nacional e devem ser observadas pela União, Estados, Distrito Federal e Municípios. (Incluído pela Lei nº 13.853, de 2019)

**Art. 2º** A disciplina da proteção de dados pessoais tem como fundamentos:

I – o respeito à privacidade;

II – a autodeterminação informativa;

III – a liberdade de expressão, de informação, de comunicação e de opinião;

IV – a inviolabilidade da intimidade, da honra e da imagem;

V – o desenvolvimento econômico e tecnológico e a inovação;

VI – a livre-iniciativa, a livre concorrência e a defesa do consumidor; e

> VII – os direitos humanos, o livre desenvolvimento da personalidade, a dignidade e o exercício da cidadania pelas pessoas naturais.

### 3.12.4 Invasão de dispositivo informático e violação de correspondência eletrônica

O art. 10 da Lei nº 9.296, de 24 de julho de 1996, com a nova redação que lhe foi conferida pela Lei nº 13.869, de 5 de setembro de 2019, assevera que constitui crime realizar interceptação de comunicações telefônicas, de informática ou telemática, promover escuta ambiental ou quebrar segredo da Justiça, sem autorização judicial ou com objetivos não autorizados em lei, cominando uma pena de reclusão de dois a quatro anos, e multa.

O conflito aparente de normas deverá ser resolvido com a aplicação do princípio da especialidade, afastando-se a incidência do art. 154-A do Código Penal, quando for a hipótese de violação de correspondência eletrônica.

### 3.12.5 Invasão de dispositivo informático e quebra de sigilo bancário

O art. 10 da Lei Complementar nº 105, de 10 de janeiro de 2001, diz que a quebra de sigilo, fora das hipóteses por ela autorizada, constitui crime e sujeita os responsáveis à pena de reclusão, de um a quatro anos, e multa, aplicando-se, no que couber, o Código Penal, sem prejuízo de outras sanções cabíveis.

Aqui também terá aplicação o princípio da especialidade, quando a conduta do agente disser respeito, especificamente, à quebra de sigilo bancário através da invasão de dispositivos informáticos, não tendo aplicação, portanto, o art. 154-A do Código Penal.

### 3.12.6 Infiltração de agentes de polícia na internet

A Lei nº 13.441, de 8 de maio de 2017, previu a possibilidade de infiltração de agentes de polícia na internet com o fim de investigar crimes contra a dignidade sexual de criança e de adolescente, fazendo inserir a Seção V-A na Lei nº 8.069, de 13 de julho de 1990 (Estatuto da Criança e do Adolescente), cujo art. 190-A, nela previsto, elenca as seguintes regras para que possa efetivamente ocorrer a mencionada infiltração:

> I – será precedida de autorização judicial devidamente circunstanciada e fundamentada, que estabelecerá os limites da infiltração para obtenção de prova, ouvido o Ministério Público;
>
> II – dar-se-á mediante requerimento do Ministério Público ou representação de delegado de polícia e conterá a demonstração de sua necessidade, o alcance das tarefas dos policiais, os nomes ou apelidos das pessoas investigadas e, quando possível, os dados de conexão ou cadastrais que permitam a identificação dessas pessoas;
>
> III – não poderá exceder o prazo de 90 (noventa) dias, sem prejuízo de eventuais renovações, desde que o total não exceda a 720 (setecentos e vinte) dias e seja demonstrada sua efetiva necessidade, a critério da autoridade judicial.

A Lei nº 13.964, de 24 de dezembro de 2019, inseriu, ainda, os arts. 10-A, 10-B, 10-C e 10-D na Lei nº 12.850, de 2 de agosto de 2013, dispondo sobre a ação de agentes de polícia infiltrados virtuais, dizendo:

> **Art. 10-A.** Será admitida a ação de agentes de polícia infiltrados virtuais, obedecidos os requisitos do *caput* do art. 10, na internet, com o fim de investigar os crimes previstos nesta Lei e a eles conexos, praticados por organizações criminosas, desde que demonstrada sua necessidade e indicados o alcance das tarefas dos policiais, os nomes ou apelidos das pessoas investigadas e, quando possível, os dados de conexão ou cadastrais que permitam a identificação dessas pessoas.
>
> § 1º Para efeitos do disposto nesta Lei, consideram-se:
>
> I – dados de conexão: informações referentes a hora, data, início, término, duração, endereço de Protocolo de Internet (IP) utilizado e terminal de origem da conexão;

II – dados cadastrais: informações referentes a nome e endereço de assinante ou de usuário registrado ou autenticado para a conexão a quem endereço de IP, identificação de usuário ou código de acesso tenha sido atribuído no momento da conexão.
§ 2º Na hipótese de representação do delegado de polícia, o juiz competente, antes de decidir, ouvirá o Ministério Público.
§ 3º Será admitida a infiltração se houver indícios de infração penal de que trata o art. 1º desta Lei e se as provas não puderem ser produzidas por outros meios disponíveis.
§ 4º A infiltração será autorizada pelo prazo de até 6 (seis) meses, sem prejuízo de eventuais renovações, mediante ordem judicial fundamentada e desde que o total não exceda a 720 (setecentos e vinte) dias e seja comprovada sua necessidade.
§ 5º Findo o prazo previsto no § 4º deste artigo, o relatório circunstanciado, juntamente com todos os atos eletrônicos praticados durante a operação, deverão ser registrados, gravados, armazenados e apresentados ao juiz competente, que imediatamente cientificará o Ministério Público.
§ 6º No curso do inquérito policial, o delegado de polícia poderá determinar aos seus agentes, e o Ministério Público e o juiz competente poderão requisitar, a qualquer tempo, relatório da atividade de infiltração.
§ 7º É nula a prova obtida sem a observância do disposto neste artigo.
**Art. 10-B.** As informações da operação de infiltração serão encaminhadas diretamente ao juiz responsável pela autorização da medida, que zelará por seu sigilo.
**Parágrafo único.** Antes da conclusão da operação, o acesso aos autos será reservado ao juiz, ao Ministério Público e ao delegado de polícia responsável pela operação, com o objetivo de garantir o sigilo das investigações.
**Art. 10-C.** Não comete crime o policial que oculta a sua identidade para, por meio da internet, colher indícios de autoria e materialidade dos crimes previstos no art. 1º desta Lei.
**Parágrafo único.** O agente policial infiltrado que deixar de observar a estrita finalidade da investigação responderá pelos excessos praticados.
**Art. 10-D.** Concluída a investigação, todos os atos eletrônicos praticados durante a operação deverão ser registrados, gravados, armazenados e encaminhados ao juiz e ao Ministério Público, juntamente com relatório circunstanciado.
**Parágrafo único.** Os atos eletrônicos registrados citados no *caput* deste artigo serão reunidos em autos apartados e apensados ao processo criminal juntamente com o inquérito policial, assegurando-se a preservação da identidade do agente policial infiltrado e a intimidade dos envolvidos.

### 3.12.7 Convenção sobre o crime cibernético

O Decreto nº 11.491, de 12 de abril de 2023, promulgou a Convenção sobre o Crime Cibernético, firmada pela República Federativa do Brasil, em Budapeste, em 23 de novembro de 2001.

### 3.13 Quadro-resumo

**Sujeitos**
» Ativo: qualquer pessoa.
» Passivo: é o proprietário (pessoa física ou jurídica) do dispositivo informático invadido ou mesmo qualquer outra pessoa que nele tenha arquivados dados ou informações.

**Objeto material**
É o dispositivo informático alheio, conectado ou não à rede de computadores.

### Bem(ns) juridicamente protegido(s)

São a liberdade individual e o direito à intimidade configurados na proteção da inviolabilidade dos dados e informações existentes em dispositivo informático.

### Elemento subjetivo

» O dolo é o elemento subjetivo previsto pelo tipo penal *sub examen*.
» Não há previsão para a modalidade de natureza culposa.
» Há, ainda, o que doutrinariamente é reconhecido como *especial fim de agir*, configurado nas expressões *com o fim*, prevista no *caput* do art. 154-A do Código Penal, e com o intuito de, existente no § 1º do mesmo artigo.

### Modalidades comissiva e omissiva

» O delito de invasão de dispositivo informático só pode ser praticado comissivamente.
» No entanto, poderá ser levado a efeito o raciocínio correspondente ao crime omissivo impróprio, nos termos do art. 13, § 2º, do CP.

### Consumação e tentativa

» Em se tratando de um crime formal, o delito tipificado no *caput* do art. 154-A se consuma no momento em que o agente consegue, efetivamente, *invadir* dispositivo informático alheio, conectado ou não à rede de computadores, com o fim de obter, adulterar ou destruir dados ou informações sem autorização expressa ou tácita do titular do dispositivo, ou instalar vulnerabilidades para obter vantagem ilícita.
» Tendo em vista a sua natureza plurissubsistente, em que se pode fracionar o *iter criminis*, será possível o raciocínio correspondente à tentativa.
» No que diz respeito à modalidade equiparada ocorrerá a consumação quando o agente produzir, oferecer, distribuir, vender ou difundir dispositivo ou programa de computador com o intuito de permitir a prática da conduta definida no *caput* do art. 154-A do Código Penal. Não há necessidade, portanto, que o invasor efetivamente utilize dispositivo ou programa de computador produzido, oferecido, distribuído, vendido ou difundido pelo agente, tratando, também aqui, de crime formal, em que a simples prática dos comportamentos previstos pelo tipo tem o condão de consumar a infração penal.
» Tal como ocorre para a modalidade prevista no *caput*, será possível o reconhecimento da tentativa na modalidade equiparada.

# PARTE II
## DOS CRIMES
## CONTRA O PATRIMÔNIO

# Capítulo I
# Do Furto

 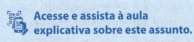

Acesse e assista à aula explicativa sobre este assunto.
> http://uqr.to/1wmd1

## 1. INTRODUÇÃO

O Título II da Parte Especial do Código Penal cuida dos crimes contra o patrimônio, que é dividido em oito capítulos. Sete deles dizem respeito a delitos em espécie e o último cuida das disposições gerais a eles aplicáveis, a saber:

Capítulo I – Do furto – arts. 155 e 156;
Capítulo II – Do roubo e da extorsão – arts. 157 a 160;
Capítulo III – Da usurpação – arts. 161 e 162;
Capítulo IV – Do dano – arts. 163 a 167;
Capítulo V – Da apropriação indébita – arts. 168 a 170;
Capítulo VI – Do estelionato e outras fraudes – arts. 171 a 179;
Capítulo VII – Da receptação – arts. 180 e 180-A;
Capítulo VIII – Disposições gerais – arts. 181 a 183-A.

De todos os Títulos constantes da Parte Especial do Código Penal, o Título II é um dos que mais se destacam nas estatísticas judiciárias e policiais. Os crimes contra o patrimônio figuram na lista daquelas infrações penais mais praticadas em nossa sociedade. A pergunta que devemos nos fazer nesse momento é: por que isso acontece?

Estudos criminológicos já demonstraram que as infrações patrimoniais são praticadas em decorrência da ausência do Estado, melhor dizendo, da má administração da coisa pública, que gera a desigualdade social, criando bolsões de miséria, separando, cada vez mais, as classes sociais existentes.

A situação de miserabilidade gera revolta, indignação, desconfiança dos poderes públicos e cria um clima de tensão. De um lado, a mídia bombardeando nossa mente, forçando-nos a "entrar na moda", obrigando-nos a todo tipo de compras inúteis e desnecessárias; do outro, pessoas desempregadas ou, mesmo empregadas, recebendo importâncias irrisórias, que mal atendem às suas necessidades básicas de subsistência, sofrem a consequência da pressão social, que as discrimina pela maneira de se vestir, falar, por não terem casa própria, veículos etc.

Com isso, queremos afirmar, em poucas linhas, que a ausência do Estado Social é fator preponderante para a prática dos crimes patrimoniais. Talvez o leitor nunca tenha se perguntado por que no Japão o índice de crimes patrimoniais é tão baixo. Será porque os tipos penais japoneses são mais bem redigidos do que os nossos e, com isso, a mensagem punitiva do Estado chega melhor ao conhecimento de todos, ou será porque o Japão cumpre com suas funções sociais, proporcionando a quase todos uma vida digna?

Obviamente que o cumprimento das funções sociais pelo Estado inibe essa espécie de criminalidade. Aqueles que possuem uma condição financeira razoável, que lhes permite a satisfação de alguns desejos (pois satisfazer a todos seria impossível, pelo menos para a maioria absoluta da população), não estarão propensos a praticar quaisquer dos crimes previstos no Título II da Parte Especial do Código Penal. Você imaginaria, por exemplo, alguém com uma renda superior a 20 salários mínimos roubando um turista em plena luz do dia, arrancando-lhe das mãos a sua câmera fotográfica ou, mesmo, sequestrando alguém com o fim de obter um resgate? Isso aconteceria somente como exceção, justificando a regra geral.

Dessa forma, podemos concluir que os crimes patrimoniais, previstos no Título em estudo, originam-se, basicamente, da ausência do Estado Social, que cria, dada a sua má administração, um abismo entre as classes sociais, gerando, consequentemente, um clima de tensão, altamente propício ao desenvolvimento de uma mentalidade voltada à prática dessas infrações penais.

O legislador, mesmo sabendo que o Estado é o responsável pelo índice assustador de crimes patrimoniais, parece fazer parte do "jogo" da Administração: pune mais severamente aqueles que se veem compelidos a praticar infrações penais patrimoniais, muitas vezes considerados também vítimas do sistema, do que os verdadeiros responsáveis por essa situação de calamidade, que praticam, com seus "colarinhos brancos", as piores e mais hediondas infrações penais.

Como os criminosos de "colarinho branco" não sujam as mãos em suas infrações penais, bem como pelo fato de que, como consequência de seus comportamentos, como regra, não conseguimos enxergar o filete de sangue na calçada, para a população, parece que seus crimes não são tão importantes assim. Na verdade, muito pelo contrário, são verdadeiros genocidas que exterminam a sociedade, matando milhares ao mesmo tempo com suas subtrações.

No Título correspondente aos crimes contra o patrimônio, será fundamental ao exegeta utilizar a interpretação denominada *sistêmica* ou *sistemática* para que se tenha melhor compreensão dos tipos penais. Imagine-se, por exemplo, a hipótese do art. 159, que prevê o delito de *extorsão mediante sequestro*, cujo *caput* possui a seguinte redação:

> **Art. 159.** Sequestrar pessoa com o fim de obter, para si ou para outrem, qualquer vantagem, como condição ou preço do resgate.

O mencionado art. 159 do Código Penal tem a *vantagem* como um dos elementos exigidos pelo tipo. A nossa indagação, no momento, seria: a que tipo de vantagem faz menção o referido artigo? Seria vantagem de qualquer natureza ou somente aquela de natureza patrimonial?

Levando-se a efeito uma interpretação sistêmica, com a necessária observação da situação topográfica do artigo em estudo, chegaríamos à conclusão de que a *vantagem* exigida pelo tipo penal seria tão somente aquela de natureza patrimonial, pois que o art. 159 encontra-se inserido no Título correspondente aos *crimes contra o patrimônio*, sendo este, portanto, o bem jurídico precipuamente protegido.

Da mesma forma seria o raciocínio relativo ao crime de latrocínio. Suponha-se que o agente, dolosamente, cause a morte da vítima, com a finalidade de subtrair-lhe o relógio. Teria, de acordo com o seu elemento subjetivo, cometido o delito de latrocínio. Neste caso, pergunta-se: como a morte foi dolosa, mesmo tendo o agente a finalidade de subtrair os bens da vítima, o fato deveria ser levado a julgamento pelo Júri, conforme determina o inciso XXXVIII do art. 5º da Constituição Federal? Não, uma vez que o delito de latrocínio encontra-se no Título II da Parte Especial do Código Penal, que diz respeito aos crimes contra o patrimônio, razão pela qual, mesmo tendo o agente causado dolosamente a morte da vítima, a finalidade de subtração patrimonial fará com que o seu julgamento seja realizado pelo juízo monocrático, e não pelo Júri.

Merece destaque, ainda, o fato de que em muitas infrações penais contidas neste Título, embora o patrimônio seja o bem precipuamente protegido, isso não afasta a possibilidade de, com ele, serem tutelados bens de outra natureza, a exemplo do citado crime de latrocínio. Nele, além do patrimônio, protege-se a vida, tratando-se, pois, de um delito pluriofensivo, razão pela qual a pena correspondente ao latrocínio (reclusão, de 20 a 30 anos) é superior à do homicídio, mesmo que qualificado (reclusão, de 12 a 30 anos).

Faremos, portanto, a partir do art. 155 do Código Penal, o estudo dos tipos penais que visam à *proteção precípua do patrimônio*, apontando suas principais características.

## 1.1 Jurisprudência em teses do Superior Tribunal de Justiça, edição nº 87: crimes contra o patrimônio – IV

1) O crime de extorsão é formal e consuma-se no momento em que a violência ou a grave ameaça é exercida, independentemente da obtenção da vantagem indevida.

2) No crime de extorsão, a ameaça a que se refere o *caput* do art. 158 do CP, exercida com o fim de obter a indevida vantagem econômica, pode ter por conteúdo grave dano aos bens da vítima.

3) O delito de dano ao patrimônio público, quando praticado por preso para facilitar a fuga do estabelecimento prisional, demanda a demonstração do dolo específico de causar prejuízo ao bem público (*animus nocendi*), sem o qual a conduta é atípica.

4) A ausência de menção expressa ao patrimônio do Distrito Federal no art. 163, parágrafo único, III, do Código Penal torna inviável a configuração da forma qualificada do crime de dano quando o bem danificado for distrital, em virtude da vedação da analogia *in malam partem* no sistema penal brasileiro.

5) Não é possível a aplicação do princípio da insignificância nas hipóteses de dano qualificado, quando o prejuízo ao patrimônio público atingir outros bens de relevância social e tornar evidente o elevado grau de periculosidade social da ação e de reprovabilidade da conduta do agente.

6) O crime de apropriação indébita previdenciária (art. 168-A do CP) é de natureza material e exige a constituição definitiva do débito tributário perante o âmbito administrativo para configurar-se como conduta típica.

7) O delito de apropriação indébita previdenciária constitui crime omissivo próprio, que se perfaz com a mera omissão de recolhimento da contribuição previdenciária dentro do prazo e das formas legais, prescindindo, portanto, do dolo específico.

8) A apropriação indébita previdenciária é crime instantâneo e unissubsistente, sendo a mera omissão de recolhimento da contribuição previdenciária dentro do prazo e das formas legais suficiente para a caracterização da continuidade delitiva.

9) É possível o reconhecimento da continuidade delitiva de crimes de apropriação indébita previdenciária (art. 168-A do CP), bem como entre o crime de apropriação indébita previdenciária e o crime de sonegação previdenciária (art. 337-A do CP) praticados na administração de empresas distintas, mas pertencentes ao mesmo grupo econômico.

10) O pagamento integral dos débitos oriundos de apropriação indébita previdenciária, ainda que efetuado após o recebimento da denúncia, mas antes do trânsito em jul-

CURSO DE DIREITO PENAL • VOL. 2 – ROGÉRIO GRECO

gado da sentença condenatória, extingue a punibilidade, nos termos do art. 9º, § 2º, da Lei nº 10.684/2003.

11) Aplica-se o princípio da insignificância ao crime de apropriação indébita previdenciária, quando, na ocasião do delito, o valor do débito com a Previdência Social não ultrapassar o montante de R$ 10.000,00 (dez mil reais), previsto no art. 20 da Lei nº 10.522/2002.

12) O delito de receptação (art. 180 do CP), nas modalidades transportar, conduzir ou ocultar, é crime permanente, cujo flagrante perdura enquanto o agente se mantiver na posse do bem que sabe ser produto de crime.

13) No crime de receptação, se o bem houver sido apreendido em poder do acusado, caberá à defesa apresentar prova acerca da origem lícita da res ou de sua conduta culposa (art. 156 do CPP), sem que se possa falar em inversão do ônus da prova.

14) Talonário de cheques pode ser objeto material do crime de receptação, dada a existência de valor econômico do bem e a possibilidade de posterior utilização fraudulenta para obtenção de vantagem ilícita.

15) É inaplicável o princípio da consunção entre os crimes de receptação e porte ilegal de arma de fogo por serem delitos autônomos e de natureza jurídica distinta, devendo o agente responder por ambos os delitos em concurso material.

16) Justifica-se a opção do legislador pela imposição de pena mais grave ao delito de receptação qualificada em relação à figura simples pois a comercialização ou industrialização do produto de origem ilícita lesiona o mercado e os consumidores

## 2. FURTO

**Furto**

**Art. 155.** Subtrair, para si ou para outrem, coisa alheia móvel:

Pena – reclusão, de um a quatro anos, e multa.

§ 1º A pena aumenta-se de um terço, se o crime é praticado durante o repouso noturno.

§ 2º Se o criminoso é primário, e é de pequeno valor a coisa furtada, o juiz pode substituir a pena de reclusão pela de detenção, diminuí-la de um a dois terços, ou aplicar somente a pena de multa.

§ 3º Equipara-se à coisa móvel a energia elétrica ou qualquer outra que tenha valor econômico.

**Furto qualificado**

§ 4º A pena é de reclusão de dois a oito anos, e multa, se o crime é cometido:

I – com destruição ou rompimento de obstáculo à subtração da coisa;

II – com abuso de confiança, ou mediante fraude, escalada ou destreza;

III – com emprego de chave falsa;

IV – mediante concurso de duas ou mais pessoas.

§ 4º-A. A pena é de reclusão de 4 (quatro) a 10 (dez) anos e multa, se houver emprego de explosivo ou de artefato análogo que cause perigo comum.

§ 4º-B. A pena é de reclusão, de 4 (quatro) a 8 (oito) anos, e multa, se o furto mediante fraude é cometido por meio de dispositivo eletrônico ou informático, conectado ou não à rede de computadores, com ou sem a violação de mecanismo de segurança ou a utilização de programa malicioso, ou por qualquer outro meio fraudulento análogo.

§ 4º-C. A pena prevista no § 4º-B deste artigo, considerada a relevância do resultado gravoso:

I – aumenta-se de 1/3 (um terço) a 2/3 (dois terços), se o crime é praticado mediante a utilização de servidor mantido fora do território nacional;

II – aumenta-se de 1/3 (um terço) ao dobro, se o crime é praticado contra idoso ou vulnerável.

§ 5º A pena é de reclusão de 3 (três) a 8 (oito) anos, se a subtração for de veículo automotor que venha a ser transportado para outro Estado ou para o exterior.

§ 6º A pena é de reclusão de 2 (dois) a 5 (cinco) anos se a subtração for de semovente domesticável de produção, ainda que abatido ou dividido em partes no local da subtração.

> § 7º A pena é de reclusão de 4 (quatro) a 10 (dez) anos e multa, se a subtração for de substâncias explosivas ou de acessórios que, conjunta ou isoladamente, possibilitem sua fabricação, montagem ou emprego.

## 2.1 Introdução

O art. 155 do Código Penal prevê o delito de furto, isto é, a subtração patrimonial não violenta, com a seguinte redação: *Subtrair, para si ou para outrem, coisa alheia móvel.*

Percebe-se, portanto, que o mencionado tipo penal é composto por vários elementos, a saber: o núcleo *subtrair*; o especial fim de agir caracterizado pela expressão *para si ou para outrem*; bem como pelo objeto da subtração, ou seja, a *coisa alheia móvel.*

O verbo *subtrair* é empregado no artigo *sub examen* no sentido de retirar, tomar, sacar do poder de alguém coisa alheia móvel.

A finalidade de ter a coisa alheia móvel *para si ou para outrem* é que caracteriza o chamado *animus furandi* no delito de furto. Não basta a subtração, o arrebatamento meramente temporário, com o objetivo de devolver a coisa alheia móvel logo em seguida. É da essência do delito de furto, portanto, que a subtração ocorra com a finalidade de ter o agente a *res furtiva* para si ou para outrem. Caso contrário, seu comportamento será considerado um *indiferente penal*, caracterizando-se aquilo que a doutrina convencionou chamar, em nossa opinião equivocadamente, de *furto de uso*, cuja análise será levada a efeito mais adiante.

Também é da essência da infração penal em estudo que o seu objeto seja a *coisa alheia móvel*. Ao contrário do Direito Civil, o Direito Penal trabalha com um conceito natural de coisa móvel. *Coisa móvel*, portanto, seria tudo aquilo passível de remoção, ou seja, tudo o que puder ser removido, retirado, mobilizado.

O Código Civil, entretanto, possui conceitos que lhe são peculiares e que não se aplicam ao Direito Penal. Veja-se o exemplo contido no art. 81 daquele diploma legal, que diz:

> **Art. 81.** Não perdem o caráter de imóveis:
> I – as edificações que, separadas do solo, mas conservando a sua unidade, forem removidas para outro local;
> II – os materiais provisoriamente separados de um prédio, para nele se reempregarem.

Assim, para o Código Civil, por exemplo, a janela que, para efeitos de reforma no imóvel, foi dele momentaneamente separada não perderá sua natureza de imóvel. Para o Direito Penal, entretanto, será possível a sua subtração, caracterizando-se o delito de furto, pois que passível naturalmente de remoção.

Até mesmo uma casa poderá ser subtraída, desde que possível a sua locomoção, ou seja, a sua retirada do local no qual estava afixada, como é a hipótese das casas de madeira, que podem, tranquilamente, ser transportadas de um lugar para o outro sem que ocorra a sua destruição.

Os *animais* também são considerados coisa móvel para efeitos de aplicação da lei penal, da mesma forma que os *cadáveres* que estiverem sendo utilizados em pesquisas, por exemplo, em universidades, já não se amoldando mais à proteção que lhes foi destinada pelo Capítulo II do Título V da Parte Especial do Código Penal, que prevê os delitos contra o sentimento religioso e contra o respeito aos mortos. O furto é qualificado se a subtração for de semovente domesticável de produção, ainda que abatido ou dividido em partes no local da subtração, conforme alteração levada a efeito pela Lei nº 13.330, de 2 de agosto de 2016.

O *ser humano vivo* jamais poderá se amoldar ao conceito de coisa, razão pela qual qualquer remoção forçada poderá se configurar em crime de sequestro ou cárcere privado, constrangimento ilegal ou outra infração penal que lhe seja pertinente.

Além de móvel, isto é, passível de remoção, a coisa, obrigatoriamente, deverá ser considerada *alheia*, ou seja, pertencente a alguém que não aquele que a subtrai. Dessa forma, não se configurará no delito de furto a subtração de: *a) res nullius* (coisa de ninguém, que jamais teve dono); *b) res derelicta* (coisa abandonada); e *c) res commune omnium* (coisa de uso de todos).

Assim, aquele que, v.g., percebendo que numa lata de lixo deixada do lado de fora de uma residência se encontrava um guarda-chuva, o retira daquele lugar, levando-o consigo, não pratica o crime de furto, uma vez que se cuida de coisa abandonada pelo dono, não se amoldando ao conceito de coisa alheia, elemento indispensável à configuração típica.

No que diz respeito a *res commune omnium*, ressalva Nélson Hungria:

"*Res commune omnium* é a que, embora de uso de todos, como o ar, a luz ou o calor do sol, a água dos mares e rios, não é suscetível de ocupação na sua totalidade ou conjunto natural de sua massa. Pode ser, entretanto, parcialmente captada e aproveitada como força ou energia (ar liquefeito, calor solar como força motriz etc.). Incidindo essa parte *especializada* na propriedade de alguém e, assim, tornando-se objeto adequado do furto. As águas das cisternas ou as colhidas e depositadas para uso exclusivo de alguém podem ser, como é claro, *res furtiva*. O desvio ou represamento, em proveito próprio ou de outrem, de águas correntes alheias, porém, constitui *usurpação* (art. 161, § 1º, I, do Cód. Penal), e não furto."[1]

Podemos raciocinar, ainda, com a chamada *res desperdicta*, ou seja, com a coisa perdida. Imagine-se a hipótese em que o agente, no interior de um veículo coletivo, encontre, caído próximo ao seu assento, um relógio de pulso. Aproveitando-se da oportunidade, o agente toma o relógio e o coloca no bolso, apropriando-se dele. Pergunta-se: poderia o sujeito, nesse caso, responder pelo delito de furto? A resposta só pode ser negativa, pois que, aqui, seu comportamento se amoldaria ao inciso II do art. 169 do Código Penal, que prevê o delito de apropriação de coisa achada, assim redigido:

> II – quem acha coisa alheia perdida e dela se apropria, total ou parcialmente, deixando de restituí-la ao dono ou legítimo possuidor ou de entregá-la à autoridade competente, dentro no prazo de 15 (quinze) dias.

Nesse caso, se o agente deixasse transcorrer o prazo de 15 (quinze) dias sem levar a efeito a devolução da coisa por ele achada, seria responsabilizado pelo delito tipificado no art. 169, II, do Código Penal, e não pelo crime de furto, razão pela qual podemos concluir não ser a *res desperdicta* passível de subtração, mas, sim, de apropriação, nos termos do mencionado artigo.

Exigindo, ainda, a lei penal que a coisa móvel seja *alheia*, torna-se impossível, tendo em vista o princípio da legalidade, a punição do *proprietário* pela prática do delito do art. 155 do diploma repressivo, podendo, se for o caso, ser responsabilizado pelo delito tipificado no art. 156 do Código Penal (furto de coisa comum), ou mesmo pela modalidade de subtração ou dano de coisa própria em poder de terceiro, tipificado no art. 346 do mesmo diploma legal, que diz:

> **Art. 346.** Tirar, suprimir, destruir ou danificar coisa própria, que se acha em poder de terceiro por determinação judicial ou convenção.

Magalhães Noronha, discordando da impossibilidade apontada acima, visualizava outro conceito de *coisa alheia* dizendo:

"A princípio, é chocante a ideia de que se possa dizer *alheia*, em relação ao proprietário, a coisa que lhe pertence.

---

[1] HUNGRIA, Nélson. *Comentários ao código penal*, v. VII, p. 20-21.

E isso é tanto mais exato quando se verifica ter nosso diploma, em outros dispositivos referentes aos crimes patrimoniais, empregado o adjetivo para qualificar a coisa que pertence a outrem. Iria então usar essa mesma expressão – dando-lhe acepções diferentes?

Sem grande esforço, entretanto, podemos aceitar que, no furto, *alheia* não é só a coisa pertencente a outrem, mas principalmente a que se acha legitimamente *na posse* de terceiro.

Ao tratarmos da objetividade jurídica do furto vimos que, em primeiro lugar, se destaca a posse. O furto é, sobretudo, um crime contra a posse, no que estão de acordo quase todos os juristas. Ora, se assim é, coerentemente devemos considerar coisa *alheia* a que se acha na posse legítima de alguém e não a que pertence a terceiro.

Se não dermos essa interpretação ao dispositivo, veremos que nosso estatuto foi ilógico e deixou impune crime que, na verdade, merece repressão legal.

Não se diga estar essa espécie de furto prevista no art. 346. Seria improcedente a afirmação. Com efeito, trata-se aí de crime contra a administração da justiça, e que constitui modalidade do delito de exercício arbitrário das próprias razões, que é o *nomen juris* dele e do artigo antecedente. Nesse crime, não há furto, porque o agente tem direito sobre a coisa, sua pretensão é lícita, mas unicamente porque não usa das vias legais é que seu ato cai sob a sanção da lei. É outro o dolo específico."[2]

Justificando a sua construção, exemplifica o renomado autor com a hipótese daquele que, tendo deixado um objeto de sua propriedade em penhor, não podendo saldar o débito, subtrai a coisa de seu legítimo possuidor, pois não queria perdê-la.

Weber Martins Batista, com precisão, contestando o raciocínio de Noronha, afasta a possibilidade de se compreender a expressão *coisa alheia* como também aquela pertencente ao seu proprietário, esclarecendo:

"Não apenas em sentido comum, como em sentido jurídico e, sobretudo, em sentido jurídico-penal, *alheio* significa 'o que não é nosso, o que pertence a outrem'. Com esse significado, o Código Penal emprega o termo próprio no título relativo aos crimes contra o patrimônio, como se vê no art. 163 e – nesses casos, sem qualquer contestação – nos arts. 164, 168 e 169.

Seria lógico imaginar que o legislador lhe reservasse um duplo significado, um outro sentido, equívoco, valendo tão somente para o crime de furto? Elementar regra de hermenêutica diz *não*, e o recurso ao elemento histórico abona tal resposta. O Código de 1890 consagrava, como figura autônoma, o furto praticado pelo dono da coisa, consistente no fato do tirar, sem autorização legal, a coisa própria que se achasse em poder de terceiro, por convenção ou determinação judicial, e em prejuízo dele (art. 332). O Projeto Alcântara Machado também acolhia a figura, dando-lhe redação semelhante (art. 350, § 1º).

O Código de 1940, no entanto, deixou de incluí-la no capítulo referente aos crimes contra o patrimônio, e o fez exatamente porque dela cuida no art. 346. O tipo aí descrito engloba os *essentialia* do furto de coisa própria, antes previsto, com a vantagem de afastar a limitação 'em prejuízo dele'. Quaisquer que sejam a intenção do agente e as consequências do fato, a subtração da coisa própria em poder de terceiro – ainda que sem determinação judicial, mas por convenção entre as partes – caracterizará este crime."[3]

Assim, concluindo, apesar da força do raciocínio de Noronha, entendemos, *permissa vênia*, não ser a sua posição a melhor, uma vez que colide, frontalmente, com o princípio da legalidade, pois que amplia indevidamente o conceito de coisa alheia, contrariando a própria essência da expressão.

---

[2] NORONHA, Edgard Magalhães. *Direito penal*, v. 2, p. 216.

[3] BATISTA, Weber Martins. *O furto e o roubo no direito e no processo penal*, p. 22-23.

## 2.2 Classificação doutrinária

Crime comum, tanto com relação ao sujeito ativo quanto ao sujeito passivo; doloso; material; de dano; de forma livre (podendo ser praticado, inclusive, através de animais adestrados, ou de inimputáveis que são utilizados como instrumentos pelo agente, que será considerado, nesse último caso, como autor mediato); comissivo (em que pese a possibilidade de ser praticado omissivamente, nos casos em que o agente vier a gozar do *status* de garantidor); instantâneo (não sendo descartada a hipótese de crime instantâneo de efeitos permanentes se for destruída a *res furtiva*); permanente (pois que na modalidade de furto de energia elétrica, por exemplo, a consumação se prolonga no tempo, enquanto durar o comportamento do agente); monossubjetivo; plurissubsistente; não transeunte (como regra, pois que será possível, na maioria dos casos, o exame pericial).

## 2.3 Objeto material e bem juridicamente protegido

Embora o crime de furto esteja inserido no Título correspondente aos crimes contra o patrimônio, a maioria de nossos doutrinadores entende ser a *posse* o *bem jurídico* precipuamente protegido pelo tipo penal do art. 155 do diploma repressivo, além da *propriedade*, e também a mera *detenção* sobre a coisa alheia móvel.

Cezar Roberto Bitencourt, depois de analisar a posição de alguns autores, disserta:

> "Não se pode negar que o proprietário sofre dano patrimonial com a subtração ou o desaparecimento da coisa sobre a qual tinha a posse, direta ou indireta. Somos obrigados a admitir, contudo, que a posse vem em primeiro lugar, e só secundariamente se tutela a *propriedade*. Esta é o direito complexo de usar, gozar e dispor de seus bens – *jus utendi, fruendi et abutendi*; aquela, a posse, é, na expressão de Ihering, a relação de fato estabelecida entre o indivíduo e a coisa, pelo fim de sua utilização econômica. Enfim, posse é fato, protegida pelo direito como fato, enquanto fato. E é exatamente essa situação de fato que o diploma legal protege, imediatamente."[4]

Em sentido contrário, posiciona-se Hungria, argumentando que o tipo penal que prevê o delito de furto não tem por finalidade a proteção da posse, mas tão somente a da propriedade, dizendo:

> "Em que pese à opinião contrária (inadvertidamente defendida entre nós por influência dos autores italianos, afeiçoados ao direito positivo de seu país, diverso do nosso na conceituação do furto), a incriminação, na espécie, visa, essencial ou precipuamente, à tutela da *propriedade*, e não da *posse*. Tem-se em conta, é certo, a perda da posse, mas tão somente porque redunda em lesão da propriedade, de que a posse é o exercício ou exteriorização prática. A posse, como mero *fato*, só por si, ou não correspondente ao direito de propriedade, embora protegida pelo direito civil, não entra na configuração do furto (isto é, no âmbito do art. 155)."[5]

Somos partidários da corrente que compreende a posse como um dos bens juridicamente protegidos pelo tipo penal do art. 155. Existe perda tanto para o possuidor, quanto para o proprietário da coisa, como bem alertado por Cezar Roberto Bitencourt. No entanto, não conseguimos visualizar a perda que sofre o mero detentor para que se possa incluir a *detenção da coisa* como bem juridicamente protegido pelo tipo penal em estudo. Nesse sentido, preleciona Guilherme de Souza Nucci que a mera detenção, "não é protegida pelo direito penal, pois não integra o patrimônio da vítima."[6]

---

4   BITENCOURT, Cezar Roberto. *Tratado de direito penal*, v. 3, p. 4.
5   HUNGRIA, Nélson. *Comentários ao código penal*, v. VII, p. 17.
6   NUCCI, Guilherme de Souza. *Código penal comentado*, p. 501.

*Objeto material* do delito de furto é a *coisa alheia móvel* contra a qual é dirigida a conduta praticada pelo agente.

Vale ressaltar, por oportuno, que, embora a lei penal proteja o patrimônio (aqui entendendo-se também a posse), nem todo e qualquer patrimônio interessa ao Direito Penal. Por outro lado, o patrimônio, passível de subtração, não deve ser tão somente aquele apreciável economicamente, razão pela qual parte da doutrina subentende na palavra *valor* dois significados extremamente importantes. De um lado, temos o chamado *valor de troca*, economicamente apreciável. Assim, mediante o valor de troca podemos atribuir um valor à cadeira, ao telefone celular, ao automóvel etc. Contudo, além dos bens que possuem esse chamado *valor de troca*, outros existem que trazem em si um *valor de uso*, de natureza sentimental, não economicamente apreciável, a exemplo daquele que guarda os dentes de leite de seus filhos ou, ainda, um pedaço de papel com o autógrafo de uma pessoa famosa.

A importância dessa distinção diz respeito ao fato de que, em regra, pode-se aplicar o princípio da insignificância quando os bens tiverem valor de troca, ficando impossibilitado o seu raciocínio, também como regra, quando os bens tiverem valor de uso, ou seja, um valor afetivo, sentimental.

Assim, aquele que, no interior de um bar, sem o consentimento do proprietário, subtrai um palito terá praticado um comportamento indiferente para o Direito Penal, aplicando-se, aqui, o raciocínio da insignificância, que terá o condão de eliminar a tipicidade do fato, por ausência da chamada tipicidade material. No entanto, aquele que, depois de ingressar na residência da vítima, vier a subtrair um guardanapo de papel, que continha um autógrafo de um artista nacionalmente conhecido, responderá pelo furto, uma vez que os bens de valor sentimental não possuem valor de troca, razão pela qual não podemos chamá-los de insignificantes, a ponto de afastar a tipicidade da conduta levada a efeito pelo agente.

Concluindo com Weber Martins Batista:

> "Faz parte do patrimônio das pessoas e, portanto, deve ser considerado *coisa,* para o Direito Penal, qualquer objeto material que, embora não seja economicamente apreciável, tenha algum valor para o dono ou possuidor, por satisfazer suas necessidades, usos ou prazeres. Incluem-se entre estes, por exemplo, a mecha de cabelos do 'único amor de sua vida', a carta do filho já morto,... a pedra colhida no caminho por onde Jesus teria passado, uma pequena porção do solo da 'terra natal' etc. – objetos que, embora sem valor de troca, podem ter grande valor de afeição para o dono."[7]

## 2.4 Sujeito ativo e sujeito passivo

Qualquer pessoa pode ser sujeito ativo do delito de furto, desde que não seja o proprietário ou mesmo o possuidor da coisa.

Isso porque o art. 155 do Código Penal, ao narrar o delito de furto, determina que a coisa móvel seja alheia, razão pela qual o proprietário não pode figurar como sujeito ativo, subtraindo coisa móvel que lhe pertence. Quando o proprietário, por exemplo, retira a coisa móvel que lhe pertencia, que se encontrava em poder de terceiros, poderá, se for o caso, responder pelo delito tipificado no art. 346 do Código Penal, que diz:

> **Art. 346.** Tirar, suprimir, destruir ou danificar coisa própria, que se acha em poder de terceiro por determinação judicial ou convenção.

O proprietário, entretanto, poderá ser considerado sujeito ativo do delito de furto de coisa comum, em virtude de previsão expressa nesse sentido, constante do art. 156 do diploma repressivo.

---

[7] BATISTA, Weber Martins. *O furto e o roubo no direito e no processo penal*, p. 6.

O possuidor não pode figurar como sujeito ativo pelo fato de que, se não restituir a coisa ao seu legítimo proprietário, deverá ser responsabilizado pelo delito de apropriação indébita, e não pelo crime de furto.

*Sujeitos passivos* são o proprietário e o possuidor da coisa alheia móvel, podendo, nesse caso, figurar tanto a pessoa física, quanto a pessoa jurídica.

## 2.5 Consumação e tentativa

Várias teorias surgiram com a finalidade de apontar o momento de consumação do delito de furto.

Inicialmente, prevaleceu entre os romanos a teoria da *contrectatio*, que entendia como consumado o furto quando o agente simplesmente tocava na coisa com a finalidade de subtraí-la, mesmo que não conseguisse removê-la do local em que se encontrava.

Em sentido diametralmente oposto à primeira posição, surgiu a teoria da *illactio*, que entendia que a consumação do furto exigia, para a sua configuração, o fato de conseguir o agente levar o objeto ao lugar que era destinado.

As teorias da *amotio* e da *ablatio* ocupavam posição intermediária às teorias citadas anteriormente. Conforme esclarece Damásio de Jesus:

"Nos termos da teoria da *amotio*, o momento consumativo do furto ocorre com a deslocação do objeto material.

Para a teoria da *ablatio*, a consumação exigia dois requisitos: apreensão e deslocação do objeto material."[8]

Hoje em dia, a doutrina se divide em relação ao momento de consumação do furto, formando-se, outrossim, duas posições bem visualizáveis, com as seguintes orientações:

a) o furto se consuma no momento em que a *res* é retirada da esfera de posse e disponibilidade da vítima, ingressando, consequentemente, na do agente, ainda que não tenha ele a *posse tranquila* sobre a coisa;

b) a consumação somente ocorre quando a *res* é retirada da esfera de posse e disponibilidade da vítima, ingressando, consequentemente, na do agente, que, obrigatoriamente, deverá exercer, mesmo que por *curto espaço de tempo*, a *posse tranquila* sobre a coisa.

São, portanto, duas correntes que divergem, basicamente, sobre a necessidade ou não de o agente exercer a *posse tranquila* sobre a coisa, depois de tê-la retirado da esfera de disponibilidade da vítima.

Fragoso afirma:

"Somente estará consumado o furto quando a coisa for tirada da esfera de vigilância do sujeito passivo, do seu poder de fato, submetendo-a o agente ao próprio poder autônomo de disposição."[9]

Hungria também esclarece:

"Para que se possa falar propriamente em perda da posse, em desfalque do domínio, é indispensável que, embora passageiramente, se estabeleça a posse exclusiva e sossegada do ladrão. É preciso que este, ainda que por breve tempo, possua a coisa a salvo da hostilidade."[10]

---

[8] JESUS, Damásio E. de. *Direito penal*, v. 2, p. 305.

[9] FRAGOSO, Heleno Cláudio. *Lições de direito penal* – Parte especial (arts. 121 a 160 CP), p. 273.

[10] HUNGRIA, Nélson. *Comentários ao código penal*, v. 7, p. 26.

Em sentido contrário, posiciona-se Damásio:

"Para nós, o furto atinge a consumação no momento em que o objeto material é retirado da esfera de posse e disponibilidade do sujeito passivo, ingressando na livre disponibilidade do autor, ainda que este não obtenha a posse tranquila."[11]

Nessa mesma linha de raciocínio, Ney Moura Teles preleciona:

"Haverá furto consumado no exato momento em que o ofendido não puder mais dela dispor, em que deixa de sobre ela exercer o poder que exercia quando em sua posse. É óbvio que se o agente consegue ter a posse tranquila o furto é consumado, mas o foi antes disso, quando a coisa saiu da esfera de disponibilidade da vítima."[12]

Nossos Tribunais Superiores têm descartado a necessidade da *posse tranquila* sobre a coisa, conforme se percebe pelas ementas abaixo colacionadas:

"Para a consumação dos crimes de furto e roubo, basta o desapossamento da coisa subtraída, o que ocorre com a inversão da posse, sendo prescindível esta ser mansa e pacífica. Precedentes do STJ" (STJ, HC 509.130/MS, Rel. Min. Nefi Cordeiro, 6ª T., DJe 08/10/2019).

"Este Superior Tribunal de Justiça firmou entendimento no sentido de que para consumação do furto, basta o desapossamento da coisa subtraída, o qual se dá com a inversão da posse, não sendo necessário que a *res furtiva* saia da esfera de vigilância da vítima, e muito menos que o agente tenha posse mansa e pacífica sobre a mesma. A Terceira Seção desse Superior Tribunal de Justiça, julgando recurso especial representativo da controvérsia, na forma do art. 543-C do Código de Processo Civil revogado (regime dos recursos repetitivos), com disciplina atual no art. 1.036 e seguintes do CPC em vigor, em decisão unânime, pacificou a matéria, assim resumida: "consuma-se o crime de furto com a posse de fato da *res furtiva*, ainda que por breve espaço de tempo e seguida de perseguição ao agente, sendo prescindível a posse mansa e pacífica ou desvigiada" (REsp 1.524.450/RJ, Rel. Ministro Nefi Cordeiro, Terceira Seção, j. 14/10/2015, DJe 29/10/2015) (STJ, REsp 1.716.938/RJ, Rel. Min. Jorge Mussi, 5ª T., DJe 27/04/2018).

"Os Tribunais superiores adotaram a teoria da apprehensio, também denominada de amotio, segundo a qual o crime de roubo, assim como o de furto, consuma-se no momento em que o agente se torna possuidor da coisa alheia móvel, pouco importando se por longo ou breve espaço temporal, sendo prescindível a posse mansa, pacífica, tranquila e/ou desvigiada" (STJ, AgRg no AREsp 1.042.361/SP, Rel. Min. Joel Ilan Paciornik, 5ª T., DJe 09/06/2017).

Entendemos, no entanto, que somente se pode concluir pela consumação quando o bem, após ser retirado da esfera de disponibilidade da vítima, vier a ingressar na posse tranquila do agente, mesmo que por curto espaço de tempo. O agente, portanto, deve ter tido tempo suficiente para dispor da coisa, pois, caso contrário, se isso não aconteceu, estaremos diante da tentativa.

Tal raciocínio não impede a ocorrência de prisão em flagrante delito na hipótese de furto consumado. Raciocinemos com o seguinte exemplo: No centro de uma grande cidade, havia um grupo especializado em furto de aparelhos de telefone celular. Em determinado dia, uma pessoa, já idosa, caminhava pela mencionada região carregando seu telefone preso à cintura. O agente, com a habilidade que lhe era peculiar, aproximou-se da vítima e subtraiu o mencio-

---

[11]    JESUS, Damásio E. de. *Direito penal*, v. 2, p. 305.

[12]    TELES, Ney Moura. *Direito penal*, v. 2, p. 350-351.

nado aparelho sem que ela pudesse perceber. Contudo, no instante seguinte, almejando fazer uma ligação, levou a mão à cintura e, para sua surpresa, percebeu que foi vítima de um crime de furto. Depois de certificar-se da subtração, procurou uma cabine policial e narrou os fatos. O policial militar que ali se encontrava a tranquilizou, dizendo que, a partir daquele instante, começaria a fazer o rastreamento, porque já imaginava quem poderia ter realizado a subtração, dada a frequência desses fatos naquele local.

Depois de aproximadamente 30 minutos, os policiais militares encontraram o autor do delito de posse da *res furtiva*. Pergunta-se: Partindo do pressuposto de que, para nós, o delito de furto se consuma somente quando o agente tiver a posse tranquila da coisa, no caso concreto, preso 30 minutos após ter realizado a subtração do mencionado aparelho telefônico, poderíamos entender como suficiente esse espaço de tempo para que pudéssemos a ele atribuir o delito de furto consumado? E, ainda, seria possível a prisão em flagrante?

As respostas só podem ser positivas. Durante o tempo em que permaneceu com a coisa, sem qualquer vigilância, exercendo sobre ela a posse tranquila, o agente fez com que se consumasse a infração penal.

Poderia, também, ser preso em flagrante, pois que o Código de Processo Penal, em seu art. 302, considera em flagrante delito quem: *I – está cometendo a infração penal; II – acaba de cometê-la; III – é perseguido, logo após, pela autoridade, pelo ofendido ou por qualquer pessoa, em situação que faça presumir ser autor da infração; IV – é encontrado, logo depois, com instrumentos, armas, objetos ou papéis que façam presumir ser ele autor da infração.*

A última hipótese, contida no inciso IV do art. 302 do Código de Processo Penal, é a do chamado *flagrante presumido*. Segundo as lições de Paulo Rangel, no flagrante presumido:

> "O agente é surpreendido na posse de *instrumentos, armas, objetos* ou *papéis* que presumem ser ele o autor da infração penal, não dando margens a dúvidas quanto à autoria e à materialidade. Não é apenas o encontro de um indivíduo em *situação suspeita*, mas sim, com vestígios da prática da infração penal."[13]

Como se percebe, se a lei processual penal permite a prisão em flagrante daquele que é encontrado com *instrumentos, armas, objetos ou papéis* que façam presumir ser ele autor da infração penal, que dirá na hipótese, por nós levantada, de ser com ele encontrada a própria *res furtiva*. Não se afasta, portanto, a possibilidade de se reconhecer o flagrante delito na hipótese de furto consumado.

Existe outro momento em que se pode visualizar a consumação do delito de furto, vale dizer, o da *destruição da coisa*. Assim, ainda que o agente não tenha a posse tranquila da coisa, se esta vier a ser destruída, inutilizada, danificada ou mesmo ocultada, o furto restará consumado, e não tentado, pois que a coisa deve ser devolvida da mesma forma como foi subtraída, sem qualquer perda patrimonial, total ou mesmo parcial.

Nesse sentido, esclarece Weber Martins Batista:

> "Só há falar em posse tranquila das coisas, como condição de consumação do furto, quando estas são recuperadas, na totalidade. Se elas se perdem, ainda quando no ato de subtrair, o crime consuma-se, porque houve diminuição patrimonial da vítima."[14]

Assim, imagine-se a hipótese do agente que, logo depois de subtrair um veículo, seja perseguido pela polícia e, durante a fuga, venha a colidi-lo, danificando o automóvel. Aqui, embora, como se percebe, não tenha tido o agente a posse tranquila sobre o bem, o furto res-

---

[13] RANGEL, Paulo. *Direito processual penal*, p. 599.

[14] BATISTA, Weber Martins. *O furto e o roubo no direito e no processo penal*, p. 51.

tará consumado, pois a destruição, mesmo que parcial, conduz ao raciocínio da consumação, uma vez ter havido, no caso concreto, diminuição patrimonial.

A tentativa de furto é plenamente admissível, haja vista tratar-se de crime material.

## 2.6 Elemento subjetivo

O delito de furto somente pode ser praticado dolosamente, não havendo previsão legal para a modalidade culposa.

Além do chamado *animus furandi*, ou seja, a vontade do agente dirigida à subtração, há necessidade de que esta se dê com a finalidade de ter a coisa alheia móvel *para si ou para outrem*, visualizando-se, através dessa expressão (para si ou para outrem), o chamado *especial fim de agir*.

Caso a subtração da *res* não ocorra motivada por essa finalidade especial, o fato será atípico, como na hipótese do equivocadamente denominado *furto de uso*, onde o agente subtrai a coisa, momentaneamente, para usá-la, sendo sua intenção devolvê-la posteriormente.

Não houve previsão legal para a modalidade culposa, não se podendo cogitar, portanto, em furto culposo.

## 2.7 Modalidades comissiva e omissiva

O núcleo *subtrair* pressupõe um comportamento ativo por parte do agente, um fazer alguma coisa dirigido a tomar a coisa alheia móvel, para si ou para outrem. A conduta prevista no tipo, portanto, é de natureza comissiva.

Entretanto, pergunta-se: Poderá o delito de furto ser praticado por omissão? Sim, desde que o agente goze do *status* de garantidor. Assim, se tinha, por exemplo, de acordo com a alínea *a* do § 2º do art. 13 do Código Penal, a obrigação legal de vigiar a coisa e, percebendo que seria subtraída, podendo, dolosamente, nada faz para evitar a subtração, o agente deverá ser responsabilizado pelo furto, via omissão imprópria.

## 2.8 Causa de aumento de pena relativa ao repouso noturno

O § 1º do art. 155 do Código Penal determina que a pena seja aumentada de um terço se o crime é praticado durante o *repouso noturno*.

Afirma Hungria que, por meio da majorante do *repouso noturno*, o Código Penal visa "única e exclusivamente assegurar a propriedade móvel contra maior precariedade de vigilância e defesa durante o recolhimento das pessoas para o repouso durante a noite."[15]

A maior facilidade do agente na subtração, quando o bem está menos guarnecido, menos vigiado, é que dá ensejo à aplicação da mencionada causa especial de aumento de pena.

Inicialmente, o Código Penal exige que o repouso seja noturno, isto é, que ocorra durante o período da noite. Assim, na hipótese em que alguém, v.g., na qualidade de vigia, trabalhe durante a noite e, consequentemente, durma durante o dia, se o agente, sabendo dessa situação, vier a ingressar em sua residência por volta das 12 horas, porque tinha conhecimento de que, justamente nesse horário, a vítima se encontrava em sono profundo, e de lá vier a subtrair um aparelho eletrônico, embora possamos raciocinar com o fato da menor vigilância, o furto não poderá ser majorado pela causa especial de aumento de pena do repouso noturno, uma vez que fora levado a efeito durante o *dia*. Caso entendêssemos contrariamente, estaríamos infringindo o princípio da legalidade, na vertente do *nullum crimen nulla poena sine lege stricta*, que proíbe o recurso à analogia *in malam partem*.

---

[15] HUNGRIA, Nélson. *Comentários ao código penal*, v. VII, p. 30.

Dessa forma, deve haver uma situação de repouso e, além disso, o fato deve ocorrer, obrigatoriamente, *à noite*.

Por repouso noturno, portanto, de acordo com as lições de Fragoso, "há de se entender como o período de recolhimento, dedicado ao repouso (critério psicossociológico)",[16] ou, ainda, como se diz no item 56 da Exposição de Motivos da Parte Especial do Código Penal, o *período de sossego noturno*.

Na verdade, os costumes é que ditam as regras para se chegar à conclusão de que, naquele lugar, embora no período da noite, havia ou não uma situação de repouso. Há lugares em que não existe repouso, pois que a vigilância sobre os bens móveis é a mesma durante o dia ou no período da noite. Dessa forma, encontrando-se os bens igualmente vigiados, não haverá a possibilidade da aplicação da majorante, mesmo que o furto tenha sido cometido à noite.

A doutrina e a jurisprudência se dividem, ainda, com relação às seguintes situações específicas, que dizem respeito ao *lugar* onde o crime é praticado, para efeitos de aplicação da causa especial de aumento relativa ao repouso noturno, mencionadas por Luiz Regis Prado: "*a)* o lugar precisa ser habitado, com pessoa repousando; *b)* o lugar não precisa ser habitado; *c)* os moradores não devem estar acordados; *d)* não se exige a presença de moradores."[17]

O Superior Tribunal de Justiça, no entanto, acabando com as possíveis diferenças entre as situações apontadas, já decidiu:

> "A causa especial de aumento de pena do furto cometido durante o repouso noturno pode se configurar mesmo quando o crime é cometido em estabelecimento comercial ou residência desabitada, sendo indiferente o fato de a vítima estar, ou não, efetivamente repousando. Precedentes do Superior Tribunal de Justiça" (STJ, HC 501.072/SC, Rel. Min. Felix Fischer, 5ª T., DJe 11/06/2019).

> "Não obstante o entendimento desse Superior Tribunal de Justiça no sentido da incidência da causa de aumento prevista no art. 155, § 1º, do CP, inclusive quando o delito é praticado em imóvel comercial, sem a presença da vítima, *in casu* constata-se a impossibilidade de se operar o acréscimo na terceira etapa da dosimetria, uma vez que já utilizada a referida circunstância para exasperar a reprimenda inicial" (STJ, AgRg no REsp 1.557.470/MG, Rel. Min. Jorge Mussi, 5ª T., DJe 16/02/2018).

> "Para a configuração da circunstância majorante do § 1º do art. 155 do Código Penal basta que a conduta delitiva tenha sido praticada durante o repouso noturno, dada a maior precariedade da vigilância e a defesa do patrimônio durante tal período e, por consectário, a maior probabilidade de êxito na empreitada criminosa, sendo irrelevante o fato de uma das vítimas não estar dormindo no momento do crime" (STJ, HC 331.100/MS, Rel. Min. Ribeiro Dantas, 5ª T., DJe 03/05/2016).

Destaque-se, também, o fato de que a majorante em estudo somente se aplica ao *furto simples*, não sendo permitida a causa de aumento nas hipóteses de *furto qualificado*. Isso porque, de acordo com a situação topográfica do parágrafo *sub examen*, fosse intenção da lei aplicá-lo também às modalidades qualificadas, o aumento relativo ao repouso noturno deveria vir consignado posteriormente ao § 4º do art. 155 do Código Penal.

Em virtude do mencionado raciocínio, imagine-se a hipótese em que três pessoas, agindo em concurso, durante o repouso noturno, resolvam subtrair um aparelho de som pertencente à vítima. Assim, ingressam clandestinamente em sua residência e conseguem ter êxito na subtração. Pergunta-se: Poderíamos classificar o fato como um crime de furto qualificado pelo concurso

---

[16] FRAGOSO, Heleno Cláudio. *Lições de direito penal – Parte especial (arts. 121 a 160 CP)*, p. 276.

[17] PRADO, Luiz Regis. *Curso de direito penal brasileiro*, v. 2, p. 374.

de pessoas, incidindo, também, a causa especial de aumento de pena relativa ao repouso noturno, uma vez que o delito fora cometido durante esse período?

Como explicamos anteriormente, a resposta é negativa, uma vez que a majorante somente terá aplicação na hipótese de furto simples, dada a sua situação topográfica (ou seja, § 1º do art. 155 do Código Penal).

O STJ, equivocadamente, permissa vênia, entendia que a causa especial de aumento de pena poderia ser aplicada tanto ao furto simples, como também na sua modalidade qualificada, dizendo:

"A causa de aumento prevista no § 1º do art. 155 do Código Penal, que se refere à prática do crime durante o repouso noturno – em que há maior possibilidade de êxito na empreitada criminosa em razão da menor vigilância do bem, mais vulnerável à subtração –, é aplicável tanto na forma simples como na qualificada do delito de furto" (STJ, AgRg no REsp 1.821.557/SC, Rel. Min. Sebastião Reis Junior, 6ª T., DJe 02/10/2019).

"Esta Corte já assentou entendimento no sentido de que "a causa de aumento prevista no § 1º do art. 155 do Código Penal – prática do crime de furto no período noturno –, [...], pode incidir tanto no crime de furto simples (*caput*) como na sua forma qualificada (§ 4º). Isso porque tal entendimento está em consonância, *mutatis mutandis*, com a posição firmada por este Sodalício no julgamento do Recurso Especial Representativo de Controvérsia nº 1.193.194/MG, (...), no qual afigurou-se possível o reconhecimento do privilégio previsto no § 2º do art. 155 do Código Penal nos casos de furto qualificado (CP, art. 155, § 4º), máxime se presentes os requisitos" (STJ, REsp 1.716.938/RJ, Rel. Min. Jorge Mussi, 5ª T., DJe 27/04/2018).

Modificando seu posicionamento, o STJ, corretamente, em nossa opinião, passou a entender que a referida majorante somente poderia ser aplicada à modalidade simples do delito de furto, prevista no caput do art. 155 do Código Penal, conforme se verifica no REsp 1.888.756/SP, tendo como Relator o Min. João Otávio de Noronha, publicado no DJe 27/06/2022:

"Recurso especial representativo da controvérsia. Direito penal. Furto. Precedente judicial vinculatório. Reexame de orientação jurisprudencial. Necessidade. Hermenêutica jurídica. Não incidência da majorante do repouso noturno no furto qualificado. Aumento de pena em razão de furto cometido durante o repouso noturno. Desproporcionalidade.

1. Na formulação de precedente judicial, sobretudo diante de sua carga vinculatória, as orientações jurisprudenciais, ainda que reiteradas, devem ser reexaminadas para que se mantenham ou se adéquem à possibilidade de evolução de entendimento.

2. A interpretação sistemática pelo viés topográfico revela que a causa de aumento de pena relativa ao cometimento do crime de furto durante o repouso noturno, prevista no art. 155, § 1º, do CP, não incide nas hipóteses de furto qualificado, previstas no art. 155, § 4º, do CP.

3. A pena decorrente da incidência da causa de aumento relativa ao furto noturno nas hipóteses de furto qualificado resulta em quantitativo que não guarda correlação com a gravidade do crime cometido e, por conseguinte, com o princípio da proporcionalidade.

4. Tese jurídica: A causa de aumento prevista no § 1º do art. 155 do Código Penal (prática do crime de furto no período noturno) não incide no crime de furto na sua forma qualificada (§ 4º).

5. Recurso especial parcialmente provido".

## 2.9 Primariedade e pequeno valor da coisa furtada

Diz o § 2º do art. 155 do Código Penal, *verbis*:

§ 2º Se o criminoso é primário, e é de pequeno valor a coisa furtada, o juiz pode substituir a pena de reclusão pela de detenção, diminuí-la de um a dois terços, ou aplicar somente a pena de multa.

Pelo que se percebe por meio da leitura do § 2º do art. 155 do Código Penal, a conjugação da *primariedade* com o *pequeno valor* da coisa furtada permite ao julgador que: *a)* substitua a pena de reclusão pela de detenção; *b)* diminua-a de um a dois terços; *c)* aplique somente a pena de multa.

Inicialmente, vale dizer que *primariedade não se confunde com maus antecedentes.* A lei apenas exige que o agente seja primário, isto é, que não seja reincidente. Pode, portanto, o agente ter sido condenado em outros processos, por exemplo, que não se prestem para efeitos de forjar a reincidência, sendo, outrossim, portador de maus antecedentes. Como a lei penal faz menção expressa à primariedade, deve ser entendido que ela deseja excluir tão somente o reincidente das consequências por ela previstas, não se podendo ampliá-la a fim de abranger, também, o agente portador de maus antecedentes.

Os maus antecedentes influirão na decisão do juiz quanto à escolha de qualquer uma das alternativas mencionadas, pois que, nos termos da parte final do art. 59 do Código Penal, deverá estabelecer as penas que sejam necessárias e suficientes para a reprovação e a prevenção do crime. Se, no caso concreto, chegar à conclusão de que a pena de multa é a que melhor atende aos interesses de política criminal, considerando-se a particular situação do sentenciado, essa é a que deverá ser aplicada; se, ao contrário, entender que o agente deverá cumprir uma pena privativa de liberdade, será aplicado o percentual de redução de um a dois terços.

Enfim, maus antecedentes não impedem a aplicação do § 2º do art. 155 do Código Penal, mas influenciam, contudo, na decisão do julgador quanto à seleção da alternativa que melhor se adapta ao caso concreto.

Além da primariedade, o agente deve ter subtraído uma coisa de *pequeno valor.* Pequeno valor é um dado que enseja valoração por parte do intérprete. A primeira dúvida que surge é se esse pequeno valor deve ser considerado levando-se em conta a pessoa da vítima. Devemos, aqui, descartar esse tipo de raciocínio, visto que a lei penal afirma, peremptoriamente, que o pequeno valor diz respeito à *coisa furtada*, sendo objetivo esse dado, não fazendo menção a lei penal a *pequeno prejuízo*, cujo raciocínio poderia nos conduzir à pessoa da vítima, tal como ocorre no crime de estelionato (art. 171, § 1º, do Código Penal).

No entanto, embora seja um elemento de natureza normativa, que permite valorações, a doutrina e a jurisprudência convencionaram que por pequeno valor deve ser entendido aquele que gira em torno de um salário mínimo. Não podemos, como afirmam alguns renomados autores, fixar o teto de um salário mínimo vigente à época em que ocorreram os fatos para fins de aplicação do § 2º do art. 155 do Código Penal. Fugiria ao raciocínio da razoabilidade deixar de aplicar algumas das consequências previstas pelo mencionado parágrafo se o valor da *res furtiva* ultrapassasse um pouco o do salário mínimo. Por isso, nossa posição é no sentido de que pequeno valor é aquele que gira *em torno do salário mínimo*, ou seja, um pouco mais ou um pouco menos do que o valor a ele atribuído à época em que ocorreram os fatos.

Dessa forma, conjugando-se a primariedade com o pequeno valor da coisa, o sentenciado passa a ter direito subjetivo à aplicação de alguma das alternativas previstas no § 2º do art. 155 do Código Penal, não podendo o julgador, a seu livre alvedrio, deixar de considerá-las.

Álvaro Mayrink da Costa salienta:

> "Entendemos que o legislador criou um *direito público subjetivo* do réu com a aplicação da causa especial de diminuição de pena, quando satisfeitos os pressupostos legais. Não se trata de *mera faculdade* do juiz penal. A regra insculpida no § 2º do art. 155 do CP não estabelece mero indicador de individualização de pena, pois se trata de causa especial de diminuição de pena, sendo que o que se outorga à faculdade do julgador é a escolha de melhor estratégia de política criminal alternativa em relação à qualidade e à quantidade das sanções elencadas."[18]

---

[18]  COSTA, Álvaro Mayrink da. *Direito penal* – Parte especial, p. 630.

"Para o reconhecimento do crime de furto privilegiado – direito subjetivo do réu –, a norma penal exige a conjugação de dois requisitos objetivos, consubstanciados na primariedade e no pequeno valor da coisa furtada que, na linha do entendimento pacificado neste Superior Tribunal de Justiça, não deve ultrapassar o valor do salário mínimo vigente à época dos fatos. É indiferente que o bem furtado tenha sido restituído à vítima, pois o critério legal para o reconhecimento do privilégio é somente o pequeno valor da coisa furtada" (STJ, AgRg no REsp 1.785.985/SP, Rel. Min. Rogério Schietti Cruz, 6ª T., DJe 09/09/2019).

Outro detalhe que merece destaque diz respeito à possibilidade de ser aplicado o § 2º do art. 155 do Código Penal às modalidades qualificadas previstas pelos §§ 4º a 7º do mesmo artigo.

Quando analisamos a causa especial de aumento de pena relativa ao repouso noturno, concluímos que ela não se aplicava às modalidades qualificadas em razão da sua situação topográfica, ou seja, pelo fato de se encontrar anteriormente às qualificadoras, somente poderia ser aplicada ao *caput* do art. 155 do Código Penal, de acordo com as regras de hermenêutica.

Agora, temos outro parágrafo que também antecede a previsão das modalidades qualificadas. Entretanto, ao contrário do repouso noturno, o § 2º do art. 155 do Código Penal beneficia o agente. Dessa forma, pergunta-se: poderá ter aplicação às modalidades qualificadas? A resposta, aqui, por mais paradoxal que possa parecer, só pode ser *positiva*. Isso porque, ao contrário do raciocínio anterior (furto praticado durante o repouso noturno), a aplicação do mencionado § 2º beneficia o agente, razão pela qual, por questões de boa política criminal, faz-se mister a sua aplicação.

Dessa forma, é possível o raciocínio, por exemplo, do agente, primário, que subtraia coisa de pequeno valor, rompendo um obstáculo. Deverá, portanto, ser responsabilizado pelo furto qualificado pelo rompimento de obstáculo, aplicando-se-lhe, ainda, uma das consequências elencadas no § 2º do art. 155 do estatuto repressivo, surgindo, portanto, aquilo que se denomina *furto qualificado-privilegiado*.

Nossos Tribunais Superiores têm decidido reiteradamente que:

"No que se refere à figura do furto privilegiado, o art. 155, § 2º, do Código Penal impõe a aplicação do benefício penal na hipótese de adimplemento dos requisitos legais da primariedade e do pequeno valor do bem furtado, assim considerado aquele inferior ao salário mínimo ao tempo do fato. Trata-se, em verdade, de direito subjetivo do réu, não configurando mera faculdade do julgador a sua concessão, embora o dispositivo legal empregue o verbo "poder". Nos termos da pacífica jurisprudência desta Corte, consolidada na Súmula 511/STJ, é viável a incidência do privilégio na hipótese de furto qualificado, desde que a qualificadora seja de caráter objetivo. Decerto, a única qualificadora que inviabiliza o benefício penal é a de abuso de confiança" (CP, art. 155, § 4º, II, primeira parte) (STJ, HC 424745/SP, Rel. Min. Ribeiro Dantas, 5ª T., DJe 20/03/2018).

"Reconhecida a figura do furto privilegiado, a faculdade conferida ao julgador de substituir a pena de reclusão pela de detenção, diminuí-la de 1 (um) a 2/3 (dois terços), ou aplicar somente a pena de multa requer fundamentação concreta, como exige o próprio princípio do livre convencimento fundamentado (arts. 157, 381 e 387 do CPP c/c o art. 93, inciso IX, segunda parte, da Lex Maxima)" (AgRg no REsp 1.560.158/MG, Rel. Min. Felix Fischer, 5a T., j. 09/08/2016, DJe 26/08/2016). No caso dos autos, o Tribunal a quo, mesmo tendo reconhecido a primariedade do agente, as circunstâncias favoráveis do art. 59 do CP e o baixo valor do bem furtado, limitou-se à substituição da pena de reclusão pela de detenção sem contudo apresentar motivação idônea, o que ensejou a reforma do julgado, a fim de aplicar o privilégio de redução da reprimenda na fração de 2/3" (STJ, AgRg no AREsp 1.077.303/MG, Rel. Min. Ribeiro Dantas, 5ª T., DJe 28/08/2017).

O Superior Tribunal de Justiça, a seu turno, reforçando o raciocínio acima, em 11 de junho de 2014, aprovou a Súmula nº 511, com o seguinte enunciado:

> **Súmula nº 511.** *É possível o reconhecimento do privilégio previsto no § 2º do art. 155 do CP nos casos de crime de furto qualificado, se estiverem presentes a primariedade do agente, o pequeno valor da coisa e a qualificadora for de ordem objetiva.*

## 2.10 Furto de energia

O § 3º do art. 155 do Código Penal esclarece:

> § 3º Equipara-se à coisa móvel a energia elétrica ou qualquer outra que tenha valor econômico.

Com essa redação, ficam eliminadas as discussões sobre a possibilidade de subtração de energia, não somente a elétrica, mas também a solar, a térmica, a sonora, atômica, mecânica etc. Ou seja, qualquer energia que tenha valor econômico poderá ser objeto de subtração, nos moldes preconizados pelo mencionado parágrafo.

A importância do dispositivo legal em estudo reside no fato de que parte da doutrina, principalmente a estrangeira, considerando a natureza da coisa que poderia ser objeto da subtração, não incluía como tal a energia, conforme se verifica nas lições de Diego-Manuel Luzón Peña, quando disserta sobre o conceito de coisa móvel:

> "O conceito de coisa móvel, que é o objeto material do delito, constitui um elemento normativo do tipo mas, não obstante, se interpreta em Direito Penal de uma maneira mais ampla que no Direito Civil [...], ao incluir-se nele todos os objetos físicos valoráveis economicamente, suscetíveis de apoderamento material e de deslocação. São, assim, coisas móveis para efeitos penais, ainda que não civis, tanto os animais como os elementos separáveis incorporados a um imóvel, e inversamente, não podem reputar-se como coisas móveis, para efeitos penais, nem os direitos, nem a energia, nem os demais objetos incorporais."[19]

O item 56 da Exposição de Motivos à Parte Especial do Código Penal esclarece sobre a equiparação da energia elétrica ou qualquer outra que tenha valor econômico à coisa móvel passível de subtração:

> 56. [...] Para afastar qualquer dúvida, é expressamente equiparada à coisa móvel e, consequentemente, reconhecida como possível objeto de furto a 'energia elétrica ou qualquer outra que tenha valor econômico'. Toda energia economicamente utilizável e suscetível de incidir no poder de disposição material e exclusiva de um indivíduo (como, por exemplo, a eletricidade, a radioatividade, a energia genética dos reprodutores etc.) pode ser incluída, mesmo do ponto de vista técnico, entre as coisas móveis, a cuja regulamentação jurídica, portanto, deve ficar sujeita.

Assim, imagine-se a hipótese daquele que subtrai o sêmen de um touro reprodutor, com a finalidade de, com ele, fertilizar uma de suas vacas. O crime praticado, nesse caso, seria o de *furto de energia genética*, conforme orientação contida na mencionada Exposição de Motivos. Aqui, entretanto, nem haveria necessidade da ressalva, pois que o sêmen do reprodutor se amolda, perfeitamente, ao conceito de coisa, tal como seria a própria subtração do leite ordenhado.

Merece destaque, no que diz respeito à *energia elétrica*, que o fato poderá se configurar no delito de furto, ou mesmo no crime de estelionato, dependendo do instante em que a corrente é desviada em benefício do agente. Dessa forma, aquele que desvia a corrente elétrica *antes* que ela passe pelo registro comete o delito de *furto*. É o que ocorre, normalmente, naquelas hipóteses

---

[19] LUZÓN PEÑA, Diego-Manuel. *Enciclopedia penal básica*, p. 782.

em que o agente traz a energia para sua casa diretamente do poste, fazendo aquilo que popularmente é chamado de "gato." A fiação é puxada diretamente do poste de energia elétrica para o lugar onde se quer usá-la, sem que passe por qualquer medidor. Ao contrário, se a ação do agente consiste, como adverte Magalhães Noronha:

> "Em modificar o medidor, para acusar um resultado menor do que o consumido, há fraude, e o crime é estelionato, subentendido, naturalmente, o caso em que o agente está autorizado, por via de contrato, a gastar energia elétrica. Usa ele, então, de artifício que induzirá a vítima a erro ou engano, com o resultado fictício, do que lhe advém vantagem ilícita."[20]

O furto de energia elétrica, ao contrário do que ocorre quando estamos diante, efetivamente, de coisa móvel, naturalmente corpórea, deve ser considerado de *natureza permanente*, uma vez que a sua consumação se prolonga, se perpetua no tempo, podendo, portanto, ser o agente preso em flagrante quando descoberta a ligação clandestina de que era beneficiado.

## 2.11 Modalidades qualificadas

Os §§ 4º, 4º-A, 4º-B, 4º-C, 5º, 6º e 7º do art. 155 do Código Penal preveem as modalidades qualificadas do delito de furto, *verbis*:

§ 4º A pena é de reclusão de dois a oito anos, e multa, se o crime é cometido:
I – com destruição ou rompimento de obstáculo à subtração da coisa;
II – com abuso de confiança, ou mediante fraude, escalada ou destreza;
III – com emprego de chave falsa;
IV – mediante concurso de duas ou mais pessoas.
§ 4º-A. A pena é de reclusão de 4 (quatro) a 10 (dez) anos e multa, se houver emprego de explosivo ou de artefato análogo que cause perigo comum.
§ 4º-B. A pena é de reclusão, de 4 (quatro) a 8 (oito) anos, e multa, se o furto mediante fraude é cometido por meio de dispositivo eletrônico ou informático, conectado ou não à rede de computadores, com ou sem a violação de mecanismo de segurança ou a utilização de programa malicioso, ou por qualquer outro meio fraudulento análogo.
§ 4º-C. A pena prevista no § 4º-B deste artigo, considerada a relevância do resultado gravoso:
I – aumenta-se de 1/3 (um terço) a 2/3 (dois terços), se o crime é praticado mediante a utilização de servidor mantido fora do território nacional;
II – aumenta-se de 1/3 (um terço) ao dobro, se o crime é praticado contra idoso ou vulnerável.
§ 5º A pena é de reclusão de 3 (três) a 8 (oito) anos, se a subtração for de veículo automotor que venha a ser transportado para outro Estado ou para o exterior.
§ 6º A pena é de reclusão de 2 (dois) a 5 (cinco) anos se a subtração for de semovente domesticável de produção, ainda que abatido ou dividido em partes no local da subtração
§ 7º A pena é de reclusão de 4 (quatro) a 10 (dez) anos e multa, se a subtração for de substâncias explosivas ou de acessórios que, conjunta ou isoladamente, possibilitem sua fabricação, montagem ou emprego.

Faremos a análise, isoladamente, de cada uma das qualificadoras descritas, a fim de apontar melhor as suas características e peculiaridades.

### 2.11.1 Destruição ou rompimento de obstáculo à subtração da coisa

A primeira das qualificadoras constante do rol do § 4º do art. 155 do Código Penal diz respeito *à destruição ou rompimento de obstáculo à subtração da coisa*.

Inicialmente, vale registrar que, em sede doutrinária, considera-se obstáculo tudo aquilo que tenha a finalidade precípua de proteger a coisa e que também não seja a ela naturalmente inerente.

---

[20] NORONHA, Edgard Magalhães. *Direito penal*, v. 2, p. 238.

Hungria, dissertando sobre o tema, esclarece:

"Não é obstáculo, no sentido legal, a resistência inerente à coisa em si mesma. Assim, não é furto qualificado a subtração da árvore *serrada* pelo próprio agente ou da porção de pano por ele *cortada* à respectiva peça, ou do pedaço de chumbo que violentamente destaca de um encanamento. É indeclinável que haja violência exercida contra um obstáculo exterior à coisa. No caso, por exemplo, de uma coisa anexa a outra (para o fim de sua própria utilização), mas de modo a permitir o desligamento sem emprego de violência, a sua subtração, mediante tal expediente, não é furto qualificado. Igualmente, o simples *desparafusamento*, por exemplo, do farolete de um automóvel, para o fim da subtração, não realiza a qualificativa em questão. Os obstáculos podem ser *externos* ou *internos*, *ativos* (*offendicula*, fios elétricos de uma campainha de alarma e, em geral, dispositivos automáticos de segurança), ou *passivos* (muros, paredes, vidraças, portas, grades, redes ou telas metálicas, aparelhos *antifurto* de automóveis, selos de chumbo etc.)."[21]

A qualificadora em exame prevê duas modalidades de comportamento. No primeiro, o agente destrói o obstáculo, ou seja, usa de violência contra a coisa, destruindo, eliminando ou fazendo desaparecer aquilo que o impedia de levar a efeito a subtração. Pratica o crime de furto qualificado pela destruição de obstáculo o agente que, valendo-se de um pé de cabra, arrebenta o cadeado que impedia o acesso de estranhos ao local onde se encontravam acondicionados os aparelhos eletrônicos que foram objeto da subtração.

Rompimento, conforme lições de Noronha, "designa a ação ou consequência de romper, que importa partir, despedaçar, separar, rasgar, abrir etc."[22] Ainda podemos compreender o rompimento no sentido de afastar, eliminar o obstáculo, mesmo que o agente o preserve intacto. Assim, podemos raciocinar com a hipótese em que o agente, ao invés de destruir, inutilizar o cadeado colocado para impedir a abertura de uma porta, consiga retirá-lo desaparafusando os suportes que os sustentavam, para, logo em seguida à subtração, recolocá-lo em seu lugar original.

Discute-se, ainda, se, nos termos da redação legal, a destruição e o rompimento de obstáculo devem ser levados a efeito *antes* da subtração da coisa alheia móvel, ou se é possível, mesmo *depois* do seu apossamento, também para fim de subtração.

Imagine-se a seguinte hipótese: o agente, almejando subtrair alguns aparelhos eletrônicos, destrói o cadeado que fora colocado com o fim específico de impedir o acesso de pessoas estranhas ao galpão onde se encontravam acondicionados. Aqui, a destruição do obstáculo (cadeado), foi praticada para que o agente pudesse levar a efeito a subtração. Agora, imagine-se a hipótese em que o agente se esconda no interior de uma loja de departamentos para, depois de seu fechamento, subtrair alguns aparelhos eletrônicos. Contudo, para que possa sair daquele local, faz-se necessária a destruição de algum obstáculo, a exemplo do mesmo cadeado.

Assim, pergunta-se: em virtude da locução contida no inciso I do § 4º do art. 155 do Código Penal, ou seja, destruição ou rompimento de obstáculo *à subtração da coisa*, os dois exemplos seriam considerados modalidades qualificadas de furto ou tão somente o primeiro?

Tal discussão é travada doutrinariamente por Noronha e Hungria.

Defendendo a tese de que a destruição ou o rompimento de obstáculo deveria ocorrer antes da apreensão da coisa ou concomitantemente a ela, assim se manifesta Noronha:

"Deve ela ser empregada para a *subtração*. Como já notamos, *subtrair* e *subtração* são termos que tanto se referem à *apreensão* da coisa como ao *crime* todo. Entretanto estamos que a lei,

---

[21] HUNGRIA, Nélson. *Comentários ao código penal*, v. VII, p. 42.

[22] NORONHA, Edgard Magalhães. *Direito penal*, v. 2, p. 240.

nesse passo, emprega a expressão em sentido restrito. Sua redação é que nos diz isso: '[...] se o crime é cometido com destruição ou rompimento de obstáculos à subtração da coisa'. Por certo, se se quisesse referir ao delito *todo*, bastaria dizer: '[...] se o crime é cometido com destruição ou rompimento de obstáculo'. Se assim não se interpretar o dispositivo, a oração será pleonástica.

A violência, pois, há de ser meio para se efetivar a apreensão da coisa; deve ser anterior ou concomitante."[23]

Em sentido contrário, afirmando que a destruição ou o rompimento poderia ocorrer antes, ou mesmo depois da apreensão da *res*, esclarece Hungria:

"Cumpre que a destruição ou o rompimento do obstáculo ocorra em qualquer dos momentos da fase executiva do crime. O que vale dizer: para possibilitar ou facilitar tanto a *apprehensio*, quanto a efetiva transferência da *res furtiva* ao poder de livre e tranquila disposição dela por parte do agente. Enquanto o furto não está consumado, ou ainda se ache em fase de execução, a violência contra o obstáculo é qualificativa."[24]

Filiamo-nos à corrente esposada por Hungria. Não seria razoável, *permissa* vênia, deixar de qualificar o delito de furto, mesmo tendo o agente destruído ou rompido um obstáculo para que pudesse ter sucesso na empresa criminosa, pela simples razão de que a *res furtiva* já estava em seu poder. Assim, portanto, é indiferente o fato de que a violência contra a coisa tenha sido empregada antes, durante ou, mesmo, posteriormente à *apprehensio*, pois que o furto restará, da mesma forma, consumado, haja vista que o comportamento do agente foi dirigido a destruir ou romper um obstáculo ali colocado com o fim de impedir a subtração, o que, ao final, acabou ocorrendo.

Existe, ainda, controvérsia no que diz respeito à aplicação da qualificadora quando estivermos diante de um obstáculo *descontínuo*. Imagine-se a hipótese de um lugar rodeado por uma cerca, sendo que, em um dos pontos, havia um buraco que permitia a passagem de uma pessoa. Caso o agente ingressasse por aquele local já aberto, deveria responder pela qualificadora em estudo? Entendemos que não. Isso porque não podemos concluir que o agente destruiu ou rompeu um obstáculo, já que, no caso apresentado, este não se encontrava presente, em razão do buraco existente na cerca.

### 2.11.1.1 Jurisprudência em teses do Superior Tribunal de Justiça. Edição nº 105: Provas no processo penal – I

5) A incidência da qualificadora rompimento de obstáculo, prevista no art. 155, § 4º, I, do Código Penal, está condicionada à comprovação por laudo pericial, salvo em caso de desaparecimento dos vestígios, quando a prova testemunhal, a confissão do acusado ou o exame indireto poderão lhe suprir a falta.

### 2.11.2 *Abuso de confiança, ou mediante fraude, escalada ou destreza*

A primeira das qualificadoras contidas no inciso II do § 4º do art. 155 do Código Penal refere-se ao *abuso de confiança*. A primeira ilação que podemos fazer dessa expressão diz respeito ao fato de que *somente se pode abusar sobre aquilo que se tem*. Isso significa que, para haver *abuso de confiança*, é preciso que, antes, tenha havido uma relação de confiança entre o

---

[23] NORONHA, Edgard Magalhães. *Direito penal*, v. 2, p. 239.

[24] HUNGRIA, Nélson. *Comentários ao código penal*, v. VII, p. 40.

agente e a vítima. Caso contrário, se isso nunca ocorreu, o furto deverá ser reconhecido como simples ou deve-se aplicar, se for o caso, outra qualificadora.

Relação de confiança pressupõe liberdade, lealdade, credibilidade, presunção de honestidade entre as pessoas. Abusa o agente da confiança que nele fora depositada quando se aproveita dessa relação de fidelidade existente anteriormente para praticar a subtração. Dessa forma, também para que se caracterize a qualificadora em questão, será preciso comprovar que, anteriormente à prática da subtração, havia, realmente, essa relação sincera de fidelidade, que trazia uma sensação de segurança à vítima. No entanto, se o agente, ardilosamente, construir essa relação de confiança para o fim de praticar a subtração, fazendo com que a vítima incorra em erro no que diz respeito a essa fidelidade recíproca, o furto será qualificado pela fraude, e não pelo abuso de confiança.

A relação empregatícia pode ou não permitir a aplicação da qualificadora relativa ao abuso de confiança, conforme exemplifica Guilherme de Souza Nucci:

> "Uma empregada doméstica que há anos goza da mais absoluta confiança dos patrões, que lhe entregam a chave da casa e várias outras atividades pessoais (como o pagamento de contas), caso pratique um furto, incidirá na figura qualificada. Por outro lado, a empregada doméstica recém-contratada, sem gozar da confiança plena dos patrões, cometendo um furto incide na figura simples. Note-se que a simples relação de emprego entre funcionário e empregador não faz nascer a *confiança* entre as partes, que é um sentimento cultivado com o passar do tempo."[25]

Quando não for o caso da aplicação da qualificadora do abuso de confiança, poderá, dependendo da hipótese concreta, fazer-se incidir a circunstância agravante prevista na alínea *f* do inciso II do art. 61 do Código Penal (*com abuso de autoridade ou prevalecendo-se de relações domésticas, de coabitação ou de hospitalidade*).

O emprego de *fraude* também qualifica o delito de furto. Fraude, aqui, significa a utilização de meios ardilosos, insidiosos, fazendo com que a vítima incorra ou seja mantida em erro, a fim de que o próprio agente pratique a subtração.

A fraude, portanto, é utilizada pelo agente a fim de facilitar a subtração por ele levada a efeito. Assim, aquele que, por exemplo, querendo praticar a subtração de um aparelho de ultrassonografia, veste-se com roupa característica do pessoal encarregado da manutenção dos aparelhos hospitalares, facilitando, dessa forma, o seu ingresso naquele lugar, bem como a retirada da coisa do seu local original; ou, ainda, um caso que ficou famoso no Rio de Janeiro, em que os agentes, valendo-se de um veículo caracterizado como de propriedade do Detran, subtraíram algumas motocicletas no centro da cidade carioca, fazendo-se passar por funcionários daquele órgão, que, supostamente, estavam ali para coibir estacionamentos irregulares que ocorriam em locais públicos.

Alerta Hungria que "meio fraudulento é, também, qualquer ardil no sentido de provocar a ausência momentânea do *dominus* ou distraindo-lhe a atenção, para mais fácil perpetração do furto."[26] Imagine-se, nesse caso, o exemplo daquele que, querendo subtrair algum objeto que se encontrava na mesa de trabalho da vítima, lhe informe, ardilosa e mentirosamente, que seu carro estava sendo rebocado, fazendo com que esta saísse, às pressas, deixando o bem almejado pelo agente em cima da referida mesa, facilitando-lhe a subtração. No caso *sub examen*, deveria o agente ser responsabilizado pelo delito de furto qualificado pelo emprego de fraude.

Assim, concluindo, no furto qualificado mediante fraude, o ardil, a insídia e o engodo são empregados pelo agente a fim de facilitar a subtração da coisa.

---

25 NUCCI, Guilherme de Souza. *Código penal comentado*, p. 506.

26 HUNGRIA, Nélson. *Comentários ao código penal*, v. VII, p. 43-44.

*Escalada*, na definição de Hungria, é:

"O ingresso em edifício ou recinto fechado, ou saída dele, por vias não destinadas normalmente ao trânsito de pessoas, servindo-se o agente de meios artificiais (não violentos) ou de sua própria agilidade. Tanto é escalada o galgar uma altura, quanto saltar um desvão (exemplo: um fosso), ou passar por via subterrânea não transitável ordinariamente (ex.: um túnel de esgoto). Se a *passagem* subterrânea é escavada adrede, o que se tem a reconhecer é o emprego de meio fraudulento."[27]

Resumindo as lições do insuperável autor, para que se possa raciocinar em termos de escalada, é preciso que o ingresso do agente se dê por *via anormal*, que demande esforço também anormal, a exemplo daquele que, a fim de ingressar na residência da vítima, salta um muro com três metros de altura. No entanto, imagine-se a hipótese em que o agente, mesmo com a intenção de saltar o muro da residência da vítima a fim de praticar o delito de furto, perceba que exista, no mencionado muro, um buraco que lhe permita passar, com tranquilidade. A primeira indagação que faríamos seria a seguinte: Ingressar naquela residência pelo muro seria uma via de acesso normal? Obviamente que a resposta seria não. Contudo, temos de continuar nos perguntando: Embora não sendo uma via de acesso normal, o agente teve de fazer um esforço tremendo, anormal, para que conseguisse atravessar o mencionado muro? A resposta, aqui, também seria negativa, razão pela qual, mesmo sendo a via anormal, o furto seria considerado simples, e não qualificado pela escalada.

Também merece destaque a indagação se a qualificadora da escalada será aplicada somente nas hipóteses em que o corpo do agente ingresse, por inteiro, no prédio, ou se poderá ser levada a efeito sua aplicação na hipótese de ingresso parcial.

A discussão tem sentido, uma vez que a imprensa tem trazido ao conhecimento do público furtos praticados pelos chamados "homens-aranha", que possuem uma habilidade especial para escalar prédios. Imagine-se a hipótese em que o agente, depois de escalar a fachada de um edifício, chegando até o quinto andar, perceba que o objeto que almeja subtrair encontra-se próximo à janela, não sendo preciso, portanto, o seu ingresso completo naquela residência. Dessa forma, obtém sucesso na subtração mediante o ingresso parcial de seu corpo, ou seja, tão somente de seu braço. Nesse caso, poderia ser aplicada a qualificadora da escalada? A resposta deve ser positiva, uma vez que a escalada é um meio para a prática da subtração, que foi plenamente utilizado pelo agente, como se percebe sem qualquer dificuldade.

A *destreza* é a última figura contida no inciso II do § 4º do art. 155 do Código Penal. Atua com destreza o agente que possui habilidade especial na prática do furto, fazendo com que a vítima não perceba a subtração. A qualificadora, como regra, é aplicada aos agentes que, na gíria policial, são chamados de *punguistas*, que possuem habilidades especiais para a prática da subtração, a exemplo daquele que, no interior de um veículo coletivo, coloca a mão em um dos bolsos da vítima, subtraindo-lhe a carteira sem que ela perceba; ou, ainda, na hipótese em que o agente, valendo-se de um estilete, corta a bolsa da vítima, subtraindo-lhe os bens que nela estavam contidos.

Weber Martins Batista, com a precisão que lhe é peculiar, acrescenta:

"Destreza é soma de *habilidade* com *dissimulação*. O agente se adestra, treina, especializa-se, adquire tal agilidade de mãos e dedos, que é capaz de subtrair a coisa como que em um passe de mágica. E usa essa habilidade extraordinária, excepcional, como arma para dissimular a subtração do bem. Por isso mesmo, todos concordam em que não haverá furto qualificado

---

[27] HUNGRIA, Nélson. *Comentários ao código penal*, v. VII, p. 44.

se, embora com invulgar ligeireza, o ladrão age abertamente, pois assim fazendo não frustra de todo a possibilidade de defesa da coisa pelo dono.

A qualificadora exige, portanto, essa agilidade manual incomum, sem a qual não há maior risco para o patrimônio. Não basta o agente querer praticar furto com destreza; é preciso que ele tenha habilidade para isso. À semelhança do que ocorre com quem, pensando dar veneno, ministra açúcar ao doente que quer matar, é impossível a qualificadora no caso de tentativa de furto mediante destreza por quem se mostra inábil, absolutamente despreparado para isso."[28]

Em razão desse raciocínio, seria possível alguém ser processado criminalmente por tentativa de furto qualificado pela destreza, já que, não tendo sucesso na empresa criminosa, foi preso em flagrante durante a execução do delito?

Cezar Roberto Bitencourt afirma:

"A *prisão em flagrante* (próprio) do punguista afasta a qualificadora, devendo responder por tentativa de furto simples; na verdade, a realidade prática comprovou exatamente a inabilidade do incauto."[29]

Ousamos discordar, nesse ponto, do renomado professor gaúcho. Na verdade, a resposta deve ser desdobrada. Inicialmente, se foi a própria vítima quem percebeu a ação do agente e o prendeu em flagrante, mesmo que auxiliada por terceiros, logicamente não podemos falar em destreza, uma vez que, no caso concreto, não teve ele habilidade suficiente para realizar a subtração sem que ela o descobrisse. Por outro lado, suponhamos que o agente, já finalizando a subtração que, até aquele momento, "tinha sido um sucesso", assim que retira a carteira do bolso da vítima, é descoberto por um terceiro, que o prende em flagrante. Nessa hipótese, a tentativa poderá ser qualificada pela destreza, visto que a ação descoberta por terceiros não afasta a habilidade extraordinária com a qual o agente praticava a subtração.

Não age com destreza o agente, segundo opinião doutrinariamente predominante, quando a subtração é realizada contra vítima que *dormia* ou se encontrava *embriagada*, pois que, qualquer pessoa, em decorrência desses fatores, poderia fazê-lo. Contudo, merece destaque o fato de que somente o *sono profundo* e a *embriaguez em estágio avançado* afastam a qualificadora, uma vez que impedem a vítima de perceber a subtração, mesmo que praticada por aquele que não possuía habilidade especial, extraordinária. Se a vítima, mesmo dormindo ou embriagada, ou seja, nas condições em que se encontrava, tivesse condições de perceber a subtração, se esta vem a ocorrer dada a habilidade do agente, o delito poderá ser qualificado pela destreza.

### 2.11.3 Emprego de chave falsa

Considera-se *chave falsa* qualquer instrumento – tenha ou não aparência ou formato de chave – destinado a abrir fechaduras, a exemplo de grampos, gazuas, mixa, cartões magnéticos (utilizados modernamente nas fechaduras dos quartos de hotéis) etc.

Qualquer chave, desde que não seja a verdadeira, utilizada para abrir fechaduras, deve ser considerada falsa, inclusive a *cópia* da chave verdadeira. Entretanto, existe divisão doutrinária com relação à interpretação da expressão *chave falsa*. Alguns autores, a exemplo de Magalhães Noronha, afirmam que, em determinadas situações, a própria chave verdadeira poderá ser considerada falsa, para efeitos de aplicação da qualificadora, assim se manifestando:

---

[28] BATISTA, Weber Martins. *O furto e o roubo no direito e no processo penal*, p. 161-162.

[29] BITENCOURT, Cezar Roberto. *Tratado de direito penal*, v. 3, p. 35.

"São também falsas as chaves verdadeiras furtadas ou perdidas. Não há como excluí-las da disposição legal. Se o que a lei veda é a abertura ilícita da coisa que representa a custódia, maior razão existe contra o emprego da chave subtraída ou achada, pois já é obtida criminosamente, quer por ter sido furtada, quer por não ter sido devolvida ao dono."[30]

Vale registro a posição de Álvaro Mayrink da Costa, na qual fica consignada sua mudança de entendimento no que diz respeito ao conceito de chave falsa:

"Já sustentamos que a chave verdadeira se equiparava à chave falsa, quando obtida por meios sub-reptícios, e o fato de desviar-se de sua destinação converteria a verdadeira em falsa (tese puramente subjetiva). Contudo, melhor examinando o elemento objetivo do tipo, observamos que a expressão usada é *chave falsa*, razão pela qual reformulamos nossa posição para aceitar parcialmente a corrente dominante em nossa doutrina de que o emprego de *chave verdadeira* não constituiria a qualificadora do emprego de *chave falsa*, mas configuraria a figura da *fraude* (tese puramente objetiva). Segue-se que a *cópia* da verdadeira é *falsa*, e a esquecida na fechadura não constitui qualificadora, pois se equipara à porta aberta, e a chave é verdadeira, tratando-se, portanto, de furto simples."[31]

Interpretar a expressão *chave falsa* a fim de nela compreender também a *chave verdadeira* configura-se em gritante ofensa ao princípio da legalidade, negando-se, inclusive, a própria natureza das coisas. A lei penal exige, claramente, a utilização de qualquer outra chave (vale dizer, qualquer outro instrumento, tenha ou não o formato de chave), que não seja a verdadeira, para qualificar o crime de furto.

A utilização de chave verdadeira, obtida ardilosamente pelo agente, terá o condão de qualificar o delito de furto pelo emprego de *fraude*, e não pelo emprego de *chave falsa*.

O art. 25 da Lei das Contravenções Penais tipifica a *posse não justificada de instrumento de emprego usual na prática de furto*, dizendo:

> **Art. 25.**[32] Ter alguém em seu poder, depois de condenado por crime de furto ou roubo, ou enquanto sujeito à liberdade vigiada ou quando conhecido como vadio ou mendigo, gazuas, chaves falsas ou

---

[30] NORONHA, Edgard Magalhães. *Direito penal*, v. 2, p. 236-237.

[31] COSTA, Álvaro Mayrink da. *Direito penal* – Parte especial, p. 650-651.

[32] "No julgamento do Recurso Extraordinário (RE) 583.523, realizado na sessão do dia 3 de outubro de 2013, o Plenário do Supremo Tribunal Federal (STF), por unanimidade, declarou não recepcionado pela Constituição Federal de 1988 o art. 25 da Lei de Contravenções Penais (LCP), que considera como contravenção o porte injustificado de objetos como gazuas, pés de cabra e chaves michas por pessoas com condenações por furto ou roubo ou classificadas como vadios ou mendigos. Segundo o ministro Gilmar Mendes, relator do processo, o dispositivo da LCP é anacrônico e não foi recepcionado pela CF por ser discriminatório e contrariar o princípio fundamental da isonomia. A matéria teve repercussão geral reconhecida. O ministro Gilmar Mendes lembrou que a Lei de Contravenções Penais foi instituída por meio de decreto-lei, em 1941, durante o período ditatorial conhecido como Estado Novo. 'Não há como deixar de reconhecer o anacronismo do tipo penal que estamos a analisar. Não se pode admitir a punição do sujeito apenas pelo fato do que ele é, mas pelo que faz', afirmou. 'Acolher o aspecto subjetivo como determinante para caracterização da contravenção penal equivale a criminalizar, em verdade, a condição pessoal e econômica do agente, e não fatos objetivos que causem relevante lesão a bens jurídicos importantes ao meio social'. O RE 583.523 teve repercussão geral reconhecida pelo Supremo por tratar da admissibilidade constitucional da punição criminal de alguém pelo fato de já ter sido anteriormente condenado e, ainda, por discutir os limites constitucionais da noção de crime de perigo abstrato, o que demonstrou a necessidade de análise da constitucionalidade da norma da LCP. Na ocasião em que foi reconhecida a repercussão geral, o STF considerou que o tema tem profundo reflexo no *ius libertatis*, bem jurídico fundamental, e, por este

> alteradas ou instrumentos empregados usualmente na prática de crime de furto, desde que não prove destinação legítima:
> Pena – prisão simples, de 2 (dois) meses a 1 (um) ano, e multa.

### 2.11.4 Mediante o concurso de duas ou mais pessoas

O § 4º do art. 155 do Código Penal diz respeito ao fato de ter sido o *crime cometido mediante o concurso de duas ou mais pessoas.*

Para que se configure a mencionada qualificadora basta, tão somente, que um dos agentes seja imputável, não importando se os demais participantes possuam ou não esse *status*. Assim, se três pessoas resolvem praticar a subtração, sendo que duas delas são menores de 18 anos, ainda assim estaremos diante da possibilidade de aplicação da qualificadora.

Não importa, ainda, que somente um dos agentes tenha sido descoberto, não se podendo identificar os demais que com ele praticaram a infração penal. Basta que se tenha a certeza de que o furto foi cometido mediante o concurso de duas ou mais pessoas, mesmo que somente uma delas tenha sido identificada, para que a infração penal reste qualificada.

Por outro lado, a lei penal exige o concurso, isto é, o acordo de vontades dirigido à finalidade comum de subtrair coisa alheia móvel. Para tanto, faz-se mister verificar o vínculo psicológico que unia os agentes na prática do mesmo crime. A ausência de liame subjetivo entre os agentes afasta o concurso de pessoas, fazendo surgir outra figura denominada *autoria colateral*, que não tem o condão de qualificar o furto.

Existe polêmica doutrinária e jurisprudencial com relação ao fato de se exigir, para fins de reconhecimento da qualificadora em exame, a presença das pessoas durante a *execução material* do delito de furto.

Hungria entendia pela necessidade da presença *in loco* dos concorrentes na fase executiva do crime.[33] Fragoso, ao contrário, dizia que "o furto será qualificado desde que cometido por duas ou mais pessoas, embora apenas uma tenha realizado a execução material do crime, limitando-se a outra ou as outras a participação secundária."[34]

Interpretando a expressão que conduz à qualificação do furto pelo concurso de pessoas, Weber Martins Batista conclui:

> "A lei pune todos aqueles que, moral ou materialmente, concorrem para o crime, mas só considera agravado o furto *praticado*, *cometido*, *executado* por dois ou mais agentes. Assim, à interpretação teleológica [...], se junta a interpretação literal da norma em exame e a sua comparação com a do art. 29 do Código Penal, tudo levando à conclusão de que é necessária a presença dos concorrentes no local do crime, na hora de sua execução, pois o furto só *será cometido* 'mediante o concurso de duas ou mais pessoas' se estas participarem na fase executiva do delito."[35]

Entendemos que a razão se encontra com a corrente que exige a presença das pessoas no local onde o crime é praticado, dada a ilação que se deve ter da expressão contida no § 4º

---

motivo, ultrapassa os limites subjetivos da causa. O recurso foi interposto pela Defensoria Pública do Rio Grande do Sul contra acórdão do Tribunal de Justiça gaúcho (TJ-RS), que manteve a condenação do recorrente, por posse não justificada de instrumento de emprego usual na prática de furto, com base no artigo 25 da LCP, pois anteriormente havia sido condenado por furto (<http://www.stf.jus.br/portal/cms/verNoticiaDetalhe.asp?idConteudo=250053>)."

[33] HUNGRIA, Nélson. *Comentários ao código penal*, v. VII, p. 46-47.

[34] FRAGOSO, Heleno Cláudio. *Lições de direito penal* – Parte especial (arts. 121 a 160 CP), p. 284.

[35] BATISTA, Weber Martins. *O furto e o roubo no direito e no processo penal*, p. 189.

do art. 155 do Código Penal, que menciona o *cometimento do crime*, e não a simples *concorrência para o crime*, como bem ressaltado por Weber Martins Batista. Cometer é mais do que simplesmente concorrer. Cometer é praticar atos executórios, é estar junto no momento da realização da subtração, facilitando-a sobremaneira. Caso os agentes não tenham praticado, juntos, os atos de execução, na hipótese em que um deles se encarregou de elaborar o plano criminoso, enquanto o outro o executou, entendemos que, em razão da exigência contida no mencionado § 4º, ambos deverão ser responsabilizados pelo delito de furto simples.

Se existe um grupo já formado, especializado na prática de crimes de furto, caso vários de seus integrantes atuem na execução material do crime, não se poderá aplicar a qualificadora, sob pena de se incorrer no chamado *bis in idem*, devendo, portanto, o grupo responder pela associação criminosa (art. 288 do CP), nos termos da nova redação que lhe foi conferida pela Lei nº 12.850, de 2 de agosto de 2013, além do crime de furto simples (art. 155, *caput*, do CP), caso não exista outra qualificadora, posição com a qual não concorda Weber Martins Batista, que afirma pelo concurso material entre o delito do art. 288 do Código Penal, e o furto qualificado pelo concurso de pessoas, previsto no art. 155, § 4º, IV, do mesmo diploma repressivo.[36]

Merece ser frisado, ainda, que o STJ editou a Súmula nº 442, publicada no DJe de 13 de maio de 2010, com o seguinte teor:

> **Súmula nº 442.** É inadmissível aplicar, no furto qualificado, pelo concurso de agentes, a majorante do roubo.

Tal posicionamento foi firmado pelo fato de que alguns Tribunais de Justiça, a exemplo do que ocorria no Rio Grande do Sul, fazendo uma comparação entre a qualificadora prevista no inciso IV do § 4º do art. 155 do Código Penal, com a causa especial de aumento de pena constante do inciso II do § 2º do art. 157 do mesmo diploma legal, entendiam que o concurso de pessoas, comum às duas situações, tinha tratamento mais gravoso no furto, uma vez que duplicava as penas constantes do *caput*, enquanto no roubo, crime mais grave, o concurso de pessoas fazia com que a pena fosse aumentada de um terço até metade.

Assim, ao argumento de que o inciso IV do § 2º do art. 155 do Código Penal era ofensivo ao princípio da proporcionalidade, negavam a sua validade e, consequentemente, na hipótese de ter havido o concurso de pessoas, aplicavam, por analogia, a causa especial de aumento de pena prevista no inciso II do § 2º do art. 157 do estatuto repressivo.

A Súmula nº 442 do STJ, a nosso ver com razão, mesmo sem efeito vinculante, foi editada com a finalidade de tentar impedir esse raciocínio.

### 2.11.5 Emprego de explosivo ou de artefato análogo que cause perigo comum

As modernas tecnologias fizeram com que a criminalidade optasse por novas práticas ilícitas lucrativas. Os roubos a bancos deixaram de ser comuns, pois envolvem riscos maiores para o grupo criminoso, tendo em vista a possibilidade real de confronto com a polícia, captura de seus membros, dificuldade de fuga etc.

Os caixas eletrônicos passaram, portanto, a ser o alvo principal desses grupos, uma vez que são instalados em inúmeros e diversos lugares (postos de gasolina, fachada dos bancos, em casas lotéricas, supermercados etc.) e, normalmente, permitem o armazenamento de uma quantidade considerável de dinheiro.

Via de regra, os criminosos, a fim de subtrair os valores depositados nesses caixas eletrônicos, se utilizavam de explosivos, durante a madrugada, na calada da noite, sem a presença de

---

[36] BATISTA, Weber Martins. *O furto e o roubo no direito e no processo penal*, p. 190.

qualquer pessoa por perto. Por não existir violência ou ameaça contra qualquer pessoa, essas explosões em caixas eletrônicos eram tipificadas tão somente como delitos de furto, normalmente considerados como qualificados em virtude, muitas vezes, da destruição ou rompimento de obstáculo, ou do concurso eventual de pessoas, conforme previsto nos incisos I e IV do § 4º do art. 155 do Código Penal, cuja pena cominada varia entre 2 (dois) a 8 (oito) anos de reclusão, e multa.

Como se percebe sem muito esforço, a pena era pequena para fatos de tamanha gravidade, e já se pugnava pelo seu aumento, o que foi efetivamente levado a efeito pela Lei nº 13.654, de 23 de abril de 2018, que inseriu o § 4º-A ao art. 155 do Código Penal, criando uma qualificadora específica quando houver o emprego de explosivo ou de artefato análogo que cause perigo comum, cominando uma pena de reclusão de 4 (quatro) a 10 (dez) anos e multa.

Agora, em razão da especialidade, mesmo se houver um concurso eventual de pessoas, ou ainda um rompimento ou destruição de obstáculo com a utilização de explosivo ou artefato análogo para fins de subtração dos valores depositados em um caixa eletrônico, por exemplo, ou mesmo para a subtração de bens depositados em outro lugar, como ocorre com os próprios bancos (sem que haja violência ou grave ameaça a qualquer pessoa), locais destinados à guarda de bens, residências, enfim, se houver a utilização de explosivo ou de artefato análogo, o delito será, agora, aquele previsto pelo § 4º-A ao art. 155 do Código Penal.

Explosivo, de acordo com a definição do Esquadrão Antibombas do Batalhão de Operações Policiais Especiais – BOPE – do Estado de Minas Gerais é o produto que, por meio de uma excitação adequada se transforma rápida e violentamente de estado gerando gases, altas pressões e elevadas temperaturas sendo a explosão o escape súbito e repentino de gases do interior de um espaço limitado, gerando alta pressão e elevada temperatura[37]; ou, ainda, conforme preleciona Walter Dornberger:

"Explosivos são substâncias ou compostos que, por ação de uma causa externa (calor, choque, descarga elétrica etc.) são capazes de gerar explosão, uma reação química caracterizada pela liberação, em breve espaço de tempo e de forma violenta, de calor, gás e energia mecânica. São usados como carga em bombas, granadas e minas; como propelentes para projéteis de armas leves e artilharia; e em engenharia, terraplanagem, mineração e demolição (militar ou comercial) de construções e outras estruturas.

Explosivos são classificados em 'baixo' e 'alto' poder explosivo. Baixo-explosivos agem por 'deflagração', através de combustão, da queima do material, com a explosão se propagando a alta velocidade subsônica, da ordem de centímetros ou metros por segundo, exemplo: pólvora negra e todos os propelentes. Alto-explosivos agem por 'detonação', através da quebra da estrutura molecular do material, com a explosão se propagando a velocidade supersônica, da ordem de 1.000 a 10.000 metros por segundo, exemplo: nitroglicerina e todos os explosivos modernos"[38].

Conforme preleciona José Sérgio Marcondes:

"A descoberta dos explosivos se deu na China no ano 1000 d.C., com a descoberta da pólvora: um pó preto formado pela mistura de carvão, enxofre e salitre (nitrato de potássio), utilizado então apenas para fabricar fogos de artifício.

---

[37] Materiais de instrução cedidos gentilmente pelo Te. Francis Albert Cotta, explosivista do BOPE-MG.

[38] DORNBERGER, Walter. *Explosivos, incendiários e pirotécnicos*. Disponível em: <http://www.clubedos-generais.org/site/artigos/154/2014/08/explosivos-incendiarios-e-pirotecnicos/>. Acesso em: 27 maio 2018.

Possuem em sua composição química componentes que possuem alta energia interna, os quais, quando sensibilizados por um acionador, liberam essa energia na forma de calor e ondas de choque.

As ondas de choque são, normalmente, responsáveis pela maior quantidade de danos ocasionados por uma explosão.

Para ser considerado um explosivo a substância tem que ter uma instabilidade natural que possa ser acionada por uma chama, choque, atrito ou calor"[39].

Os explosivos podem ser classificados em: a) explosivos industrializados e comercializados (*EOD – Explosive ordinance disposal*); b) artefatos explosivos improvisados (*IEDD – Improvised explosive device disposal*), ou c) munições não explodidas (*UXO – Unexpoded ordinance*).

O Exército brasileiro, através de Comando Logístico, editou a Portaria nº 42, de 28 de março de 2018, estabelecendo procedimentos administrativos para o exercício de atividades com explosivos e produtos que contêm nitrato de amônio, onde em seu Anexo A inseriu um glossário contendo definições dos termos e expressões utilizados na referida portaria, que deverão ser utilizadas na interpretação do conceito de explosivo, utilizado pelo § 4º-A do art. 155 do Código Penal, dizendo:

> Cargas moldadas – são explosivos com formato fixo, predefinido, de acordo com um molde inicial; o tipo mais comum possui um orifício cônico em seu corpo destinado a concentrar a energia da explosão em uma direção específica; o funcionamento desses dispositivos é baseado no efeito Monroe ou "carga oca", é muito utilizado em munições para perfuração de blindagens.
>
> Cordel detonante – tubo flexível preenchido com nitropenta, RDX ou HMX, destinado a transmitir a detonação do ponto de iniciação até a carga explosiva; seu tipo mais comum é o NP 10, ou seja, aquele que possui 10 g de nitropenta/RDX por metro linear. Para fins de armazenamento, a unidade a ser utilizada é o metro.
>
> Explosivos granulados industriais – são composições explosivas que, além de nitrato de amônio e óleo combustível, possuem aditivos como serragem, casca de arroz e alumínio em pó (para correção de densidade, balanço de oxigênio, sensibilidade e potencial energético); também são conhecidos comercialmente como granulados, pulverulentos, derramáveis ou nitrocarbonitratos.
>
> Explosivos plásticos – são massas maleáveis, normalmente à base de ciclonite (RDX), trinitrotolueno, nitropenta e óleos aglutinantes, que podem ser moldadas de acordo com a necessidade de emprego. São os explosivos mais cobiçados para fins ilícitos por sua facilidade de iniciação (é sensível à espoleta comum no 8), por seu poder de destruição e por sua praticidade. São também conhecidos como cargas moldáveis.
>
> Explosivos tipo ANFO – são misturas de nitrato de amônio e óleos combustíveis. Explosivos tipo dinamite – são todos os que contêm nitroglicerina em sua composição, exigindo maior cuidado em seu manuseio e utilização devido à elevada sensibilidade.
>
> Emulsão – são misturas de nitrato de amônio diluído em água e óleos combustíveis obtidas por meio de um agente emulsificante; contêm microbolhas dispersas no interior de sua massa responsáveis por sua sensibilização; normalmente são sensíveis à espoleta comum no 8 e, eventualmente, necessitam de um reforçador para sua iniciação.
>
> Emulsão bombeada – são explosivos tipo emulsão a granel, bombeados e sensibilizados diretamente no local de emprego por meio de unidades móveis, de fabricação ou de bombeamento.
>
> Explosivos tipo emulsão encartuchada – são explosivos tipo emulsão embalados em cartuchos cilíndricos, normalmente de filme plástico, sensibilizados desde a fabricação.

---

[39] MARCONDES, José Sérgio. *Explosivo: O que é? Definições, tipos, classificação, legislação*. Disponível em: <https://www.gestaodesegurancaprivada.com.br/explosivo-o-que-sao-quais-os-tipos/>. Acesso em: 27 maio 2018.

Explosivos tipo lama – são misturas de nitratos diluídos em água e agentes sensibilizantes na forma de pastas; também conhecidos como "slurries" (ou, no singular, "slurry").

Gelatina explosiva – é uma mistura de nitrocelulose e nitroglicerina utilizada na fabricação de explosivos tipo dinamite. Em decorrência, algumas dinamites são denominadas gelatinosas ou semigelatinosas conforme a quantidade de gelatina explosiva presente em sua composição.

GHS (Sistema Harmonizado Globalmente para Classificação e Rotulagem de Produtos Químicos) – é uma metodologia para definir os perigos específicos de cada produto químico, para criar critérios de classificação segundo seus perigos e para organizar e facilitar a comunicação da informação de perigo em rótulos e fichas de informação de segurança.

IIS – Identificação Individual Seriada.

(...)

Pólvora negra – mistura de nitrato de potássio, carvão e enxofre.

Reforçadores – são acessórios explosivos destinados a amplificar a onda de choque para permitir a iniciação de explosivos em geral não sensíveis à espoleta comum no 8 ou cordel detonante; normalmente são tipos específicos de cargas moldadas de TNT, nitropenta ou pentolite.

Retardos – são dispositivos semelhantes a espoletas comuns, normalmente com revestimento de corpo plástico, que proporcionam atraso controlado na propagação da onda de choque. São empregados na montagem de malhas que necessita de uma defasagem na iniciação do explosivo em diferentes pontos ou de detonações isoladas, a fim de oferecer maior segurança à operação.

Para que a qualificadora em estudo possa ser efetivamente aplicada, o explosivo utilizado deve causar uma situação de perigo comum, ou seja, a um número indeterminado de pessoas.

A Lei nº 13.964, de 24 de dezembro de 2019, modificando a Lei nº 8.072/1990, inseriu o inciso IX em seu art. 1º, passando a considerar como hediondo o furto qualificado pelo emprego de explosivo ou de artefato análogo que cause perigo comum (art. 155, § 4º-A).

### 2.11.6 Se o furto mediante fraude é cometido por meio de dispositivo eletrônico ou informático, conectado ou não à rede de computadores, com ou sem a violação de mecanismo de segurança ou a utilização de programa malicioso, ou por qualquer outro meio fraudulento análogo

O § 4º-B foi inserido ao art. 155 do Código Penal pela Lei nº 14.155, de 27 de maio de 2021, criando mais uma qualificadora quando o furto mediante fraude é cometido por meio de dispositivo eletrônico ou informático, conectado ou não à rede de computadores, com ou sem a violação de mecanismo de segurança ou a utilização de programa malicioso, ou por qualquer outro meio fraudulento análogo.

Dispositivo eletrônico ou informático seria todo aquele aparelho capaz de receber e armazenar dados e informações, tratá-los, bem como transmitir os resultados, a exemplo do que ocorre com os computadores, *smartphones*, *tablets* etc.

Esse dispositivo eletrônico ou informático pode estar ou não conectado à rede de computadores, ou seja, a um conjunto de dois ou mais computadores autônomos e outros dispositivos, interligados entre si com a finalidade de compartilhar informações e equipamentos, a exemplo dos dados, impressoras, mensagens etc. Diz respeito, portanto, a estruturas físicas (equipamentos) e lógicas (programas, protocolos) que possibilitam que dois ou mais computadores possam compartilhar suas informações entre si.

Não há necessidade, ainda, para efeitos de reconhecimento e aplicação da qualificadora em análise, que tenha ocorrido violação de mecanismo de segurança. Por mecanismos de segurança podemos entender todos os meios que visem a garantir que somente determinadas pessoas terão acesso ao dispositivo informático, a exemplo do que ocorre com a utilização de *login* e senhas que visem a identificar e autenticar o usuário, impedindo que terceiros não autorizados tenham acesso às informações nele contidas.

Da mesma forma, não se exige, para efeitos de aplicação da qualificadora constante do § 4º-B, do art. 155 do Código Penal, que tenha sido levada a efeito a utilização de programa malicioso.

"Códigos maliciosos (*malware*) são programas especificamente desenvolvidos para executar ações danosas e atividades maliciosas em um computador. Algumas das diversas formas como os códigos maliciosos podem infectar ou comprometer um computador são:

- pela exploração de vulnerabilidades existentes nos programas instalados;
- pela autoexecução de mídias removíveis infectadas, como *pen-drives*;
- pelo acesso a páginas *web* maliciosas, utilizando navegadores vulneráveis;
- pela ação direta de atacantes que, após invadirem o computador, incluem arquivos contendo códigos maliciosos;
- pela execução de arquivos previamente infectados, obtidos em anexos de mensagens eletrônicas, via mídias removíveis, em páginas *web* ou diretamente de outros computadores (através do compartilhamento de recursos).

Uma vez instalados, os códigos maliciosos passam a ter acesso aos dados armazenados no computador e podem executar ações em nome dos usuários, de acordo com as permissões de cada usuário.

Os principais motivos que levam um atacante a desenvolver e a propagar códigos maliciosos são a obtenção de vantagens financeiras, a coleta de informações confidenciais, o desejo de autopromoção e o vandalismo. Além disso, os códigos maliciosos são, muitas vezes, usados como intermediários e possibilitam a prática de golpes, a realização de ataques e a disseminação de *spam*."[40]

Qualquer outro meio fraudulento análogo à fraude cometida por meio de dispositivo eletrônico ou informático, conectado ou não à rede de computadores, com ou sem a violação de mecanismo de segurança ou a utilização de programa malicioso também importará na aplicação da qualificadora.

### 2.11.7 Causas de aumento de pena específicas para a qualificadora prevista no § 4º-B do art. 155 do Código Penal

Diz o § 4º-C, inserido ao art. 155 do Código Penal pela Lei nº 14.155, de 27 de maio de 2021, *verbis*:

§ 4º-C. A pena prevista no § 4º-B deste artigo, considerada a relevância do resultado gravoso:
I – aumenta-se de 1/3 (um terço) a 2/3 (dois terços), se o crime é praticado mediante a utilização de servidor mantido fora do território nacional;
II – aumenta-se de 1/3 (um terço) ao dobro, se o crime é praticado contra idoso ou vulnerável.

O mencionado § 4º-B, do art. 155 do Código Penal, a seu turno, assevera que a pena é de reclusão, de 4 (quatro) a 8 (oito) anos, e multa, se o furto mediante fraude é cometido por meio de dispositivo eletrônico ou informático, conectado ou não à rede de computadores, com ou sem a violação de mecanismo de segurança ou a utilização de programa malicioso, ou por qualquer outro meio fraudulento análogo.

Assim, a referida pena de reclusão, de 4 (quatro) a 8 (oito) anos, e multa, será aumentada de 1/3 (um terço) a 2/3 (dois terços), se o crime for praticado mediante a utilização de servidor mantido fora do território nacional, tendo em vista a maior dificuldade no que diz respeito à

---

[40] Disponível em: <http://cartilha.cert.br/malware/>. Acesso em: 10 dez. 2012.

investigação nessa hipótese, bem como haverá um aumento de 1/3 (um terço) ao dobro, se o crime for praticado contra pessoa idosa, isto é, aquele que, segundo o art. 1º da Lei nº 10.741, de 1º de outubro de 2003, tiver idade igual ou superior a 60 (sessenta) anos, ou vulnerável, vale dizer, os elencados pelo art. 217-A do diploma repressivo, isto é, o menor de 14 (quatorze) anos, e os que, por enfermidade ou deficiência mental, não tem o necessário discernimento para a prática do ato. O paralelo com o referido art. 217-A do Código Penal se faz necessário, tendo em vista que a lei tão somente se utilizou do termo vulnerável, para efeito de aplicação da referida causa especial de aumento de pena.

Em se tratando de majorantes, ou seja, causas especiais de aumento de pena, serão aplicadas no terceiro momento do critério trifásico previsto no art. 68 do Código Penal.

### 2.11.8 Subtração de veículo automotor que venha a ser transportado para outro Estado ou para o exterior

Por intermédio da Lei nº 9.426, de 24 de dezembro de 1996, foi acrescentado o § 5º ao art. 155 do Código Penal, criando mais uma modalidade qualificada de furto, dizendo que *a pena é de reclusão de 3 (três) a 8 (oito) anos, se a subtração for de veículo automotor que venha a ser transportado para outro Estado ou para o exterior*, aumentando em 1 (um) ano a pena mínima cominada às qualificadoras constantes do parágrafo anterior, não prevendo, entretanto, qualquer cominação de multa.

Essa qualificadora foi criada em virtude do movimento da mídia que, a todo instante, trazia ao conhecimento público, por meio de reportagens investigativas, o destino dos veículos automotores subtraídos no Brasil que, como regra, eram levados ao Paraguai e lá utilizados normalmente pelos seus "novos proprietários", que os adquiriam mesmo sabendo de sua origem ilícita.

O objeto material da nova qualificadora é o veículo automotor (automóveis, caminhões, lanchas, motocicletas etc.), desde que venha a ser transportado para outro Estado ou para o exterior. Dessa forma, se o agente subtrai veículo automotor sem a finalidade de ultrapassar a barreira de seu Estado, o furto será simples, e não qualificado.

Assim, é a conjugação do objeto material, com o efetivo transporte do veículo automotor, para outro Estado ou mesmo para o exterior, que qualifica a subtração.

Entretanto, seria possível cogitar em tentativa, considerando-se a nova qualificadora? Ou seja, se o agente fosse surpreendido, ainda no Estado onde ocorreu a subtração, quando estivesse se dirigindo a outro Estado da federação ou mesmo a um país estrangeiro, vizinho ao Brasil, em razão de sua especial finalidade, poderíamos raciocinar com a tentativa qualificada? A péssima redação nos leva a responder negativamente, pois, caso contrário, seria muito melhor para o agente alegar, sendo surpreendido no Estado onde ocorrera a subtração, que sua finalidade era a de, por exemplo, transportá-lo para outro Estado, para que lhe fosse aplicada, obrigatoriamente, a redução de um terço a dois terços, prevista pelo parágrafo único do art. 14 do Código Penal.

Cezar Roberto Bitencourt ainda alerta:

"Essa qualificadora cria um problema sério sobre o momento consumativo da nova figura delitiva. Afinal, pode um tipo penal apresentar dois *momentos consumativos* distintos, um no momento da subtração e outro quando ultrapassar a fronteira de um Estado federado ou do próprio País? Com efeito, quando o agente pratica a subtração de um veículo automotor, em princípio é impossível saber, com segurança, se será transportado para outro Estado ou para fora do território nacional. Assim, essa qualificadora somente se consuma quando o veículo ingressa efetivamente em outro Estado ou em território estrangeiro. Na verdade, não basta que a subtração seja de veículo automotor. É indispensável que este 'venha a ser transportado para outro Estado ou para o exterior', atividade que poderá caracterizar um *posterius* em relação ao crime já consumado. Nessas circunstâncias, é impossível, em regra, reconhecer a tentativa da figura qualificada quando, por exemplo, um indivíduo é preso, no mesmo Estado, dirigindo um veículo furtado."[41]

## 2.11.9 Subtração de semovente domesticável de produção, ainda que abatido ou dividido em partes no local da subtração

Com a finalidade de dar um tratamento mais severo à subtração de semovente domesticável de produção, ainda que abatido ou dividido em partes no local da subtração, a Lei nº 13.330, de 2 de agosto de 2016, inseriu o § 6º ao art. 155 do Código Penal, prevendo, outrossim, mais uma modalidade qualificada para o delito de furto, cominando uma pena de reclusão de 2 (dois) a 5 (cinco) anos para aqueles que praticarem essa modalidade de subtração.

De acordo com a justificativa do Projeto de Lei nº 6.999/2013, de autoria do Deputado Afonso Hamm, posteriormente transformado na Lei nº 13.330, de 2 de agosto de 2016:

> "O crime de abigeato, ou furto de animais, é uma forma terrível de atingir a vida do produtor rural, suprimindo bens que garantem sua subsistência e de sua família.
>
> O abigeato representa a perda de ativos para o produtor rural, que já tem que lidar com uma realidade difícil, em termos econômicos e ambientais, em nosso país.
>
> Dados recentes demonstram que o abigeato é responsável por 20% dos abates clandestinos de animais, no Rio Grande do Sul, segundo a Secretaria de Agricultura.
>
> É importante que se ressalte que além do produtor, e talvez de forma mais danosa, o abigeato atinge toda a sociedade. Trata-se de uma prática criminosa que é a raiz de outras tantas violações à segurança e à saúde públicas.
>
> O comércio de alimentos oriundos de animais furtados é, pois, uma atividade econômica clandestina que tem impactos negativos tanto do ponto de vista da sonegação de impostos, como em relação à saúde da população.
>
> Tome-se, por exemplo, o comércio de carne de um animal furtado que tenha sido recentemente vacinado. Determinadas vacinas permanecem no organismo do animal por um período de até 40 (quarenta) dias, tornando-o impróprio para consumo.
>
> Quando a sociedade não tem garantia da origem do alimento que adquire e consome, ela mesma se expõe a danos de toda ordem, que podem comprometer seriamente a saúde humana".

Por *semovente domesticável de produção* entende-se o animal não selvagem destinado à produção pecuária de alimentos, a exemplo do que ocorre com os gados bovinos, suínos, ovinos, equinos, bufalinos, caprinos e os asininos, ou seja, que dizem respeito à criação para o abate de mercado de bois, vacas, carneiros, ovelhas, cavalos, búfalos, burros, cabras e bodes. O furto de gado é conhecido por *abigeato*. *Gado*, segundo as precisas lições de Bento de Faria, "é denominação que inculca os animais geralmente criados ao consumo e a serviços industriais ou comerciais; *rebanho* – é a multidão de – *gado*"[42].

Dessa forma, a cunicultura, ou seja, a criação de coelhos, se amoldaria ao conceito de gado. Os bípedes também estão inseridos nesse conceito, como é o caso das galinhas, codornas, faisões, perus etc., por mais estranho que isso possa parecer.

Quando o tipo penal exige, expressamente, que o semovente domesticável seja de *produção*, com isso quer afastar dessa modalidade de subtração todos os animais que sejam considerados como de *estimação*, a exemplo do que ocorre com os cães, gatos, hamsters etc. Por outro

---

[41]  BITENCOURT, Cezar Roberto. *Tratado de direito penal*, v. 3, p. 60.

[42]  FARIA, Bento de. *Código penal brasileiro* – comentado. v. V, p. 73.

lado, se um animal que, normalmente, seria destinado à produção, é tratado também como de estimação, a exemplo do que tem ocorrido com porcos, o furto também não poderá ser considerado como o de semovente domesticável de produção, se amoldando a outra espécie de subtração.

Por *produção* deve ser entendido não somente o comércio de *carne* animal, mas também seus derivados destinados à alimentação humana, além de não consumíveis, que tenham valor econômico, como ocorre com a ovelha, que é subtraída para que dela se retire a lã.

Por outro lado, imagine-se a hipótese de um morador da zona rural, que tenha alguns animais semoventes domesticáveis, cuja finalidade seria o abate para o próprio uso, a exemplo do que ocorre, usualmente, com criadores de porcos, ovelhas, bodes etc., que não vendem suas carnes para terceiros, mas sim as utilizam para o próprio consumo. Nesse caso, entendemos não se aplicar a qualificadora em estudo, tendo em vista que o caso retratado não se amolda ao conceito de produção, havendo, portanto, uma outra modalidade de furto.

Como diz a parte final do § 6º do art. 155 do Código Penal, para efeitos de reconhecimento da subtração de semovente domesticável de produção, não importa se o animal tenha sido retirado, ainda vivo, do local da subtração, ou mesmo se tenha sido ali abatido ou dividido em partes, como é comum acontecer.

Merece destaque ainda, o fato de que, normalmente, essa modalidade de subtração não é praticada por somente um único agente, havendo, outrossim, o chamado concurso de pessoas. Além disso, em regra, obstáculos são rompidos para que o furto seja bem-sucedido. Enfim, o que estamos querendo dizer é que, quase na totalidade dos casos, haverá outras qualificadoras, tipificadas no § 4º do art. 155 do Código Penal. Assim, quando houver, por exemplo, uma subtração de semovente domesticável de produção, praticado mediante o concurso de pessoas, qual será a qualificadora a ser aplicada ao caso concreto? Será aquela prevista no § 4º do art. 155 do diploma repressivo, cujas penas variam entre 2 (dois) e 8 (oito) anos de reclusão, ou as do § 6º, que vão de 2 (dois) a 5 (cinco) anos? A regra será a aplicação da maior pena, ou seja, o § 6º será deixado de lado, a fim de ser aplicado o § 4º, todos do Código Penal, uma vez que este último possui uma pena máxima cominada em abstrato superior àquele.

Infelizmente, mais uma vez, andou mal o legislador. Teria sido melhor a criação de uma causa especial de aumento de pena já que, dificilmente, não ocorreria uma modalidade qualificada de subtração e a pena superior cumpriria seu papel de maior reprovabilidade do comportamento praticado, como queria o legislador.

Por outro lado, nas hipóteses em que, devido ao tamanho do animal, seria possível a subtração por um único agente, não incidindo qualquer das qualificadoras existentes no § 4º do art. 155 do Código Penal, aqui, sem dúvida, será aplicado o § 6º do mesmo estatuto repressivo.

Por ser considerada como uma *novatio legis in pejus*, ou seja, uma lei que piorou a situação anterior daqueles que praticaram a subtração de semovente domesticável de produção, e que não se amoldaram à qualificadora do § 4º do art. 155 do Código Penal, cometendo, à época do fato, portanto, um crime de furto simples, o § 6º do diploma repressivo citado não poderá ter aplicação retroativa, nos precisos termos do inciso XL do art. 5º da Constituição Federal, que diz que *a lei penal não retroagirá, salvo para beneficiar o réu.*

### 2.11.10 Se a subtração for de substâncias explosivas ou de acessórios que, conjunta ou isoladamente, possibilitem sua fabricação, montagem ou emprego

O § 7º foi inserido ao art. 155 do Código Penal através da Lei nº 13.654, de 23 de abril de 2018.

Ao contrário do que ocorre com o § 4º-A do art. 155 do Código Penal, onde o explosivo ou artefato análogo é utilizado como um instrumento para a prática de um crime de furto, no

# PARTE II – CAPÍTULO I – DO FURTO

§ 7º a conduta do(s) agente(s) é dirigida no sentido de levar a efeito a própria subtração de substâncias explosivas ou de acessórios que, conjunta ou isoladamente, possibilitem sua fabricação, montagem ou emprego, evitando-se, assim, seu emprego futuro na prática de outras infrações penais.

De acordo com a classificação feita pela Unesp, as substâncias explosivas podem ser divididas: 1) quanto à potência; 2) quanto ao desempenho; 3) do ponto de vista químico; 4) quanto à consistência.

## Quanto à potência

- **Explosivos primários ou iniciadores:** são materiais utilizados nos processos de iniciação dos explosivos propriamente ditos: Espoletas, Cordel Detonante, Boosters etc. Os mais usados industrialmente são: Azida de Chumbo, Estifinato de Chumbo, Fulminato de Mercúrio, Nitropenta etc. Não têm força para detonar a rocha, apenas iniciar a explosão. Muito sensíveis.
- **Explosivos secundários ou altos explosivos:** são os explosivos propriamente ditos ou explosivos de ruptura. São tão potentes quanto os explosivos primários, porém, por serem **mais estáveis** necessitam de uma maior quantidade de energia para iniciar o processo de detonação, energia esta geralmente fornecida pela ação direta da detonação de um explosivo primário. É o caso das Dinamites, Gelatinas, ANFOS, Lamas etc.

  Alguns materiais podem atuar tanto como primários como secundários em um processo de detonação. É o caso da Nitropenta, que no Cordel Detonante atua como explosivo primário ou iniciador e em **cargas especiais** atua como secundários em cargas de demolição. Detonam com velocidades de 2.500 a 7.500 m/s, com pressões de até 100.000 atmosferas.

## Quanto ao desempenho

- **Explosivos deflagrantes**: são aqueles que se decompõem através de uma reação de deflagração. São também denominados baixos explosivos. Produzem queima rápida, sem grande onda de choque. Usados na produção de mármores, paralelepípedos de calçamento etc. O único ainda usado é a pólvora negra.
- **Explosivos detonantes:** decompõem-se pela reação de detonação e apresentam grande capacidade de trabalho pelo que são também conhecidos como explosivos de ruptura. São os explosivos industriais propriamente ditos.

## Do ponto de vista químico: podem ser classificados em:

- **Simples** (uma só substância química) – nitroglicerina, nitroglicol, nitrocelulose, trotil e ciclonite;
- **Mistos:** formados por substâncias que isoladamente não são explosivas – nitratos inorgânicos, cloratos e percloratos. O principal é o nitrato de amônio, que se torna explosivo quando misturado com óleo diesel;
- **Compostos:** mistura de explosivos simples com substâncias também capazes de consumir e produzir oxigênio. São a maioria, por permitirem dosagens que os tornam mais – ou menos – destruidores.

## Quanto à consistência: são chamados:

- **Plásticos e semiplásticos:** moldam-se ao furo, podendo preencher maior volume.
- **Sólidos:** cartuchos contendo o explosivo em pó (dinamite);

- **Líquidos:** os mais fáceis de fazer o carregamento (ex.: nitroglicerina)"[43].

  Para que ocorra a qualificadora em estudo, não somente as substâncias explosivas devem ser objetivo da subtração, mas também acessórios que, conjunta ou isoladamente, possibilitem sua fabricação, montagem ou emprego. Assim, por exemplo, não somente pratica o crime aquele que furtar uma "banana de dinamite", como também aquele que vier a subtrair algum acessório que facilite a sua detonação. Como exemplo de acessórios de detonação, podemos citar:

- **Acendedores:** para iniciar a detonação de espoletas ou dos reforçadores (*boosters*). Podem ser: estopim de segurança, estopim ultrarrápido, conectores para estopim, cordão ignitor, reforçadores;

- **Estopim de segurança:** aspecto de cordão. Núcleo de pólvora negra de nitrato de potássio, revestido com tecido impermeabilizante. Queima com velocidade uniforme, conhecida (145 m/s, 10%). Para detonar pólvora negra, precisa espoleta, o mesmo ocorrendo para gelatinas e dinamites. Usado para iniciar cargas a distâncias curtas e cordéis detonantes;

- **Estopim ultrarrápido:** para iniciar dinamites e nitrocarbonitratos. Alta segurança contra impacto, correntes parasitas, eletricidade estática. Velocidade na ordem de 2.000 m/s. Conector numa ponta, e na outra espoleta instantânea ou retardo;

- **Conectores para estopim:** mesmo princípio do estopim, providenciam a ligação destes com o cordão ignitor. Núcleo é um misto pirotécnico;

- **Cordão ignitor:** cordão fino e flexível, revestido com polietileno, que queima com chama firme. Usado para acender linhas de estopins em qualquer quantidade;

- **Reforçadores (*boosters*):** cargas explosivas de alta potência usadas para iniciar a explosão de explosivos de baixa sensibilidade, como anfos, pastas detonantes, e para assegurar a continuidade da onda explosiva ao longo da coluna. Combinam alta velocidade de detonação (VOD) com alta energia (AWS). Geralmente são iniciados com cordel detonante, espoleta simples ou elétrica. Aumentam a segurança contra detonações falhas;

- **Espoletas simples:** cápsulas de alumínio com tetranitrato de penta-eritritrol (ou nitropenta) e carga iniciadora de azida de chumbo. Ligam o explosivo ao estopim comum por pressão de alicate especial. Usadas quando se quer ou pode haver sequência de explosão, não quando o fogo é simultâneo. Acoplamento perigoso, porque a carga explosiva está aberta ao ligar;

- **Espoleta elétrica:** Permitem detonações simultâneas. Podem ser instantâneas ou "de tempo"[44].

## 2.12 Causas de aumento de pena específicas para a qualificadora prevista no § 4º-B do art. 155 do Código Penal

Diz o § 4º-C, inserido ao art. 155 do Código Penal através da Lei nº 14.155, de 27 de maio de 2021, *verbis*:

> § 4º-C. A pena prevista no § 4º-B deste artigo, considerada a relevância do resultado gravoso:
> I – aumenta-se de 1/3 (um terço) a 2/3 (dois terços), se o crime é praticado mediante a utilização de servidor mantido fora do território nacional;
> II – aumenta-se de 1/3 (um terço) ao dobro, se o crime é praticado contra idoso ou vulnerável.

---

[43]  Disponível em: <https://www2.unesp.br>. Acesso em: 27 maio 2018.

[44]  Disponível em: <https://www2.unesp.br>. Acesso em: 27 maio 2018.

O mencionado § 4º-B do art. 155 do Código Penal, a seu turno, assevera que a pena é de reclusão, de 4 (quatro) a 8 (oito) anos, e multa, se o furto mediante fraude é cometido por meio de dispositivo eletrônico ou informático, conectado ou não à rede de computadores, com ou sem a violação de mecanismo de segurança ou a utilização de programa malicioso, ou por qualquer outro meio fraudulento análogo.

Assim, a referida pena de reclusão, de 4 (quatro) a 8 (oito) anos, e multa, será aumentada de 1/3 (um terço) a 2/3 (dois terços), se o crime for praticado mediante a utilização de servidor mantido fora do território nacional, tendo em vista a maior dificuldade no que diz respeito à investigação nessa hipótese, bem como haverá um aumento de 1/3 (um terço) ao dobro, se o crime for praticado contra pessoa idosa, isto é, aquele que, segundo o art. 1º da Lei nº 10.741, de 1º de outubro de 2003, tiver idade igual ou superior a 60 (sessenta) anos, ou vulnerável, vale dizer, os elencados pelo art. 217-A do diploma repressivo, isto é, o menor de 14 (quatorze) anos, e os que, por enfermidade ou deficiência mental, não tem o necessário discernimento para a prática do ato. O paralelo com o referido art. 217-A do Código Penal se faz necessário, tendo em vista que a lei tão somente se utilizou do termo *vulnerável*, para efeito de aplicação da referida causa especial de aumento de pena.

Em se tratando de majorantes, ou seja, causas especiais de aumento de pena, serão aplicadas no terceiro momento do critério trifásico previsto no art. 68 do Código Penal.

### 2.12.1 Pena, ação penal e suspensão condicional do processo

Para o furto simples, comina a lei penal uma pena de reclusão, de 1 (um) a 4 (quatro) anos, e multa, sendo que para as modalidades qualificadas, constantes do § 4º, a pena é de reclusão de 2 (dois) a 8 (oito) anos e multa; do § 4º-A, de reclusão de 4 (quatro) a 10 (dez) anos e multa; do § 4º-B, de reclusão, de 4 (quatro) a 8 (oito) anos, e multa; do § 5º, de reclusão de 3 (três) a 8 (oito) anos; do § 6º, de reclusão de 2 (dois) a 5 (cinco) anos; e de 4 (quatro) a 10 (dez) anos e multa na hipótese do § 7º.

Como regra geral, a ação penal é de iniciativa pública incondicionada. Entretanto, devemos observar que, nos termos do art. 182 do estatuto repressivo:

> **Art. 182.** Somente se procede mediante representação, se o crime previsto neste título é cometido em prejuízo:
> I – do cônjuge desquitado ou judicialmente separado;
> II – de irmão, legítimo ou ilegítimo;
> III – de tio ou sobrinho, com quem o agente coabita.

Mesmo tratando-se das pessoas relacionadas pelos incisos do art. 182 do Código Penal, se o furto for cometido contra pessoa de idade igual ou superior a 60 (sessenta) anos, a ação será de iniciativa pública incondicionada, nos termos do inciso III, acrescentado ao art. 183 do Código Penal pela Lei nº 10.741, de 1º de outubro de 2003 (Estatuto da Pessoa Idosa).

Vale ressaltar, ainda, que, de acordo com o art. 183-A, inserido no Código Penal pela Lei nº 14.967, de 9 de setembro de 2024, se o crime for cometido contra as instituições financeiras e os prestadores de serviço de segurança privada, de que trata o Estatuto da Segurança Privada e da Segurança das Instituições Financeiras, as penas serão aumentadas de 1/3 (um terço) até o dobro.

Admite-se a possibilidade de suspensão condicional do processo no furto simples, haja vista que a pena mínima cominada em seu preceito secundário não ultrapassa 1 (um) ano, nos termos do art. 89 da Lei nº 9.099/95, desde que não praticado durante o repouso noturno, quando incidirá o aumento de um terço, previsto pelo § 1º do art. 155 do Código Penal.

### 2.12.2 Destaques

#### 2.12.2.1 Erro de tipo com relação à elementar *coisa alheia*, quando o agente a supõe *res derelicta* ou *res nullius*

Pode acontecer a hipótese em que o agente, por exemplo, ao passar diante de uma residência, verifique que, próximo a uma lata de lixo, encontrava-se um guarda-chuva usado, mas em bom estado de conservação. Supondo que havia sido jogado fora, o agente o leva consigo, quando, na verdade, seu legítimo dono estava de saída e havia deixado o objeto na porta de sua residência por poucos instantes, para pegá-lo logo em seguida.

Pergunta-se: o agente que o levou consigo, imaginando que havia sido abandonado (*res derelicta*), poderá ser responsabilizado a título de furto? Como já dissemos no início do nosso estudo, a resposta só pode ser negativa, uma vez ter incorrido em erro de tipo, isto é, errou o agente sobre um dos elementos constantes do art. 155 do Código Penal. Para ele, a coisa não era *alheia*, pois que imaginava tivesse ela sido *abandonada*.

Mesmo que estivéssemos diante de um erro de tipo inescusável, cuja consequência seria afastar o dolo, mas permitir a punição a título de culpa, o fato praticado pelo agente seria atípico, haja vista a ausência de previsão legal para o furto de natureza culposa.

#### 2.12.2.2 Crime impossível

Ao analisarmos o furto qualificado pela destreza, dissemos que tal situação é comum na hipótese do chamado "punguista", ou seja, aquele agente que possui uma habilidade tão extraordinária com os dedos e as mãos que consegue levar a efeito a subtração dos bens da vítima sem que esta perceba.

Suponhamos que o agente, no interior de um veículo coletivo, selecione a vítima contra a qual irá praticar a subtração de seus bens. Aproximando-se dela, começa a fazer a investida em seus bolsos, na esperança de encontrar alguma coisa de valor. Logo depois de retirar a mão do primeiro bolso da vítima, sem nada encontrar, o agente é flagrado por um terceiro que, por sorte, percebeu-lhe a movimentação. Nesse caso, em regra, conforme já afirmamos, seria possível a tentativa de furto qualificado pela destreza. Entretanto, a vítima, naquele momento, não possuía qualquer bem passível de subtração, pois que estava voltando para sua residência depois de entregar ao cobrador o seu único bem de valor – um vale-transporte.

Assim, pergunta-se: poderia o agente, mesmo não tendo a vítima qualquer bem que pudesse ser por ele subtraído, ser responsabilizado pela tentativa qualificada de furto? A resposta só pode ser negativa, tendo em vista a absoluta impropriedade do objeto. Não havendo bem a ser subtraído, o caso seria o de crime impossível, nos termos do art. 17 do Código Penal.

Em sentido contrário, posiciona-se Hungria, concluindo pela tentativa de furto, afirmando ter sido:

> "Meramente acidental a inexistência de dinheiro no bolso do transeunte: ou este guardava a carteira noutro bolso ou ocasionalmente não a trazia consigo. Resultou de puro *caso fortuito* o insucesso do militante propósito do agente."[45]

Apesar do raciocínio de Hungria, não podemos afirmar como idênticas as situações em que a vítima traz algum valor consigo, que não chegou a ser subtraído pelo agente, que errou um de seus bolsos, e aquela em que a vítima não tem qualquer valor a ser subtraído.

No primeiro caso, não podemos deixar de reconhecer a tentativa, uma vez que a teoria adotada pelo Código Penal, em sede de crime impossível, foi aquela denominada *teoria obje-*

---

[45] HUNGRIA, Nélson. *Comentários ao código penal*, v. VII, p. 28-29.

*tiva moderada (matizada ou temperada)*, vale dizer, o caso será considerado hipótese de crime impossível somente quando houver uma ineficácia *absoluta* do meio, ou *absoluta* impropriedade do objeto. Sendo *relativa* a ineficácia do meio ou a impropriedade do objeto, deverá ser reconhecida a tentativa.

Assim, na hipótese daquele que traz alguma coisa consigo, mas que, por sorte, não foi subtraída, como o bem se encontrava em situação de risco, devemos concluir pela tentativa; no caso do exemplo fornecido, não existindo qualquer bem passível de subtração, somos obrigados a concluir pela absoluta impropriedade do objeto e, consequentemente, pelo crime impossível.

Da mesma forma, tem-se discutido se a utilização de aparelhos de monitoramento eletrônico nos interiores dos estabelecimentos comerciais, ou mesmo a utilização de pessoas responsáveis pela sua segurança, impediriam o reconhecimento do crime de furto.

O Superior Tribunal de Justiça entendendo, corretamente, pela possibilidade de reconhecimento do delito de furto publicou, no DJe de 29 de fevereiro de 2016, a Súmula nº 567, que diz:

> **Súmula nº 567.** *Sistema de vigilância realizado por monitoramento eletrônico ou por existência de segurança no interior de estabelecimento comercial, por si só, não torna impossível a configuração do crime de furto.*

### 2.12.2.3 Furto de uso

O chamado equivocadamente *furto de uso* não encontra previsão em nosso ordenamento jurídico-penal.

Dissemos que a denominação é equivocada porque furto é o *nomen juris* dado às subtrações não violentas que encontram previsão em nossa legislação penal. O máximo que se poderia dizer, para que se pudesse distingui-lo das demais situações, seria *subtração de uso*, e não *furto de uso*, pois que este pressupõe previsão na lei penal.

A *subtração de uso* é considerada um *indiferente penal* pelo fato de o art. 155 do diploma repressivo exigir, ao seu reconhecimento, que a finalidade do agente seja a de subtrair a coisa alheia móvel *para si ou para outrem*. Portanto, deve agir com o chamado *animus furandi* ou, ainda, o *animus rem sibi habendi*, vale dizer, o dolo de ter a coisa para si ou para outrem, a vontade de se assenhorear da coisa subtraída.

Merece frisar, entretanto, que somente as *coisas infungíveis* serão passíveis de ser subtraídas tão somente para o uso momentâneo do agente. Sendo *fungível* a coisa, a exemplo do *dinheiro*, tem-se entendido, majoritariamente, pelo furto comum, e não pela subtração de uso.

A coisa deverá, ainda, ser devolvida da mesma forma como foi subtraída, isto é, nas mesmas condições e no mesmo lugar em que se encontrava quando foi retirada pelo agente, havendo decisões no sentido de se condenar o sujeito pelo delito de furto quando houver a destruição total ou parcial da coisa ou, ainda, quando for deixada em lugar diferente do qual foi levada.

O uso prolongado da coisa subtraída faz com que se entenda pela ocorrência do furto comum, e não da subtração para uso, que deve, obrigatoriamente, ser momentânea.

Por essas razões é que Álvaro Mayrink da Costa define a subtração de uso dizendo que ela se caracteriza "pelo uso momentâneo da coisa subtraída e sua imediata devolução intacta ao local de onde fora retirada, operando o autor sem o ânimo de apropriar-se de coisa alheia."[46]

O Código Penal Militar incrimina o furto de uso, conforme se verifica em seu art. 241, *verbis*:

> **Art. 241.** Se a coisa é subtraída para o fim de uso momentâneo e, a seguir, vem a ser imediatamente restituída ou reposta no lugar onde se achava:

---

[46] COSTA, Álvaro Mayrink da. *Direito penal* – Parte especial, p. 622.

> **Aumento de pena**
> **Parágrafo único.** A pena é aumentada de metade se a coisa usada é veículo motorizado, embarcação, aeronave ou arma, e de 1/3 (um terço) se é animal de sela ou de tiro.

### 2.12.2.4 Furto famélico

A palavra *famélico* traduz, segundo o vernáculo, a situação daquele que tem fome, que está faminto. Quando nos referimos ao furto famélico, queremos apontar uma situação em que a subtração dos bens da vítima foi levada a efeito para que o agente pudesse saciar sua fome.

Em tese, o fato praticado pelo agente seria típico. Entretanto, a ilicitude seria afastada em virtude da existência do chamado *estado de necessidade*. Podemos concluir que o furto famélico amolda-se às condições necessárias ao reconhecimento do estado de necessidade, uma vez que, de um lado, podemos visualizar o patrimônio da vítima e, do outro, a vida ou a saúde do agente, que corre risco em virtude da ausência de alimentação necessária à sua subsistência.

No entanto, como em todo raciocínio que diz respeito ao estado de necessidade, ambos os bens em confronto são juridicamente protegidos, o agente deve subtrair patrimônio alheio (alimento) que cause menos prejuízo, uma vez que, havendo alternativa de subtração, deve optar por aquela menos lesiva à vítima, pois, caso contrário, não poderá beneficiar-se com a causa de justificação em estudo.

Assim, aquele que, no interior de um supermercado, podendo subtrair um saco de feijão, seleciona uma peça de bacalhau, por mais que tenha necessidade de se alimentar, não poderá ser beneficiado com o raciocínio do estado de necessidade, pois a escolha do bem a ser subtraído deve recair sobre aquele que traga menor prejuízo à vítima.

Apesar da possibilidade do seu reconhecimento, somente os casos extremos permitem o raciocínio correspondente ao furto famélico. Conforme esclarece Weber Martins Batista:

> "Exige a doutrina, para a configuração do estado de necessidade, a impossibilidade de evitar por outro modo o perigo. Por isso, como se tem decidido, não o caracteriza o simples desemprego [...] e, com maior razão, o fato de o agente perceber parco salário [...]. Lógico concluir, portanto, [...] que não pode alegar o estado de necessidade o agente que sofre as agruras comuns a toda classe trabalhadora do país e que, além de estar empregado – o que não acontece a todos – não faz prova de que passa por situação de especial dificuldade."[47]

### 2.12.2.5 Furto de pequeno valor e subtração insignificante

Não se pode confundir o furto de pequeno valor, previsto pelo § 2º do art. 155 do Código Penal, com a subtração de valor insignificante.

Na primeira hipótese, chega-se à conclusão de que o fato praticado pelo agente é típico, ilícito e culpável. Há crime. Contudo, em razão do pequeno valor da coisa subtraída (em torno de um salário mínimo, segundo a opinião dominante), conjugada com a primariedade do agente, a lei penal determina que o juiz, levando em consideração as finalidades atribuídas às penas, que devem ser necessárias e suficientes para a reprovação e a prevenção do crime, escolha a que melhor atenda aos interesses de política criminal, substituindo a pena de reclusão pela de detenção, diminuindo-a de um a dois terços, ou aplicando somente a pena de multa.

Ao contrário, entendendo o julgador que o bem subtraído não goza da importância exigida pelo Direito Penal em virtude da sua insignificância, deverá absolver o agente, funda-

---

[47] BATISTA, Weber Martins. *O furto e o roubo no direito e no processo penal*, p. 100.

mentado na ausência de tipicidade material, que é o critério por meio do qual o Direito Penal avalia a importância do bem no caso concreto.

Nesse sentido, já decidiu o Superior Tribunal Justiça conforme se verifica pela ementa abaixo transcrita:

"No caso de furto, para efeito da aplicação do princípio da insignificância, é imprescindível a distinção entre ínfimo (ninharia) e pequeno valor. Este, *ex vi legis*, implica eventualmente, furto privilegiado – como no caso dos autos; aquele, na atipia conglobante (dada a mínima gravidade). A interpretação deve considerar o bem jurídico tutelado e o tipo de injusto. Ainda que se considere o delito como de pouca gravidade, tal não se identifica com o indiferente penal se, como um todo, observado o binômio tipo injusto/bem jurídico, deixou de se caracterizar a sua insignificância. *In casu*, imputa-se ao paciente a prática de furto privilegiado de relógio de pulso de valor considerado – R$ 338,00 (trezentos e trinta e oito reais) –, não se podendo reconhecer a irrelevância da conduta" (STJ, *HC* 318.043/MS, Rel. Min. Felix Fischer, 5ª T., DJe 23/06/2015).

Assim, no furto de pequeno valor, o agente é *condenado*, aplicando-se a ele, entretanto, uma das alternativas previstas pelo § 2º do art. 155 do Código Penal; na subtração de valor insignificante, o agente deverá ser *absolvido*, por ausência de tipicidade material, inserida no contexto da chamada tipicidade conglobante ou conglobada.

## 2.12.2.6 Furto de sinal de TV em canal fechado

O § 3º do art. 155 do Código Penal equipara à coisa alheia móvel a energia elétrica ou qualquer outra que tenha valor econômico.

Pelo que se percebe da redação do texto legal, somente a *energia* foi equiparada à coisa alheia móvel, encerrando-se a discussão doutrinária até então existente. No entanto, outras situações foram surgindo, depois da edição do Código Penal, que não podem ser consideradas como energia, mas que assim têm sido cuidadas, principalmente pelas empresas que as fornecem, a exemplo daquilo que acontece com o sinal de TV em canal fechado, transmitido via satélite ou a cabo.

A pergunta que devemos nos fazer, agora, é a seguinte: podemos entender como contida na expressão utilizada pelo mencionado § 3º os sinais correspondentes à transmissão de TV por assinatura?

Entendemos que não, pois, caso contrário, estaríamos adotando o recurso à analogia *in malam partem* para que pudéssemos preencher a lacuna existente.

Estamos com Cezar Roberto Bitencourt quando assevera:

"O art. 155, § 3º, equipara à coisa móvel 'a energia elétrica ou qualquer outra que tenha valor econômico'. Certamente, 'sinal de TV a cabo' não é *energia elétrica*; deve-se examinar, por conseguinte, seu enquadramento na expressão genérica 'qualquer outra' contida no dispositivo em exame. A locução 'qualquer outra' refere-se, por certo, a 'energia' que, apenas por razões linguísticas, ficou implícita na redação do texto legal; mas, apesar de sua multiplicidade, energia solar, térmica, luminosa, sonora, mecânica, atômica, genética, entre outras, inegavelmente 'sinal de TV' não é nem se equipara a 'energia', seja de que natureza for. Na verdade, energia se consome, se esgota, diminui, e pode, inclusive, terminar, ao passo que 'sinal de televisão' não se gasta, não diminui; mesmo que metade do País acesse o *sinal* ao mesmo tempo, ele não diminui, ao passo que, se fosse a energia elétrica, entraria em colapso."[48]

---

[48] BITENCOURT, Cezar Roberto. *Tratado de direito penal*, v. 3, p. 66-67.

Nesse sentido:

"A 2ª Turma concedeu *habeas corpus* para declarar a atipicidade da conduta de condenado pela prática do crime descrito no art. 155, § 3º, do CP ('Art. 155. Subtrair, para si ou para outrem, coisa alheia móvel: [...] § 3º Equipara-se à coisa móvel a energia elétrica ou qualquer outra que tenha valor econômico'), por efetuar ligação clandestina de sinal de TV a cabo. Reputou-se que o objeto do aludido crime não seria 'energia' e ressaltou-se a inadmissibilidade da analogia *in malam partem* em Direito Penal, razão pela qual a conduta não poderia ser considerada penalmente típica" (STF, *HC* 97.261/RS, Rel. Min. Joaquim Barbosa, 2ª T., julg. 12/4/2011, *Informativo* 623).

Em sentido contrário, o STJ tem decidido que:

"O sinal de TV a cabo pode ser equiparado à energia elétrica para fins de incidência do art. 155, § 3º, do Código Penal. Doutrina. Precedentes" (STJ, RHC 30.847/RJ, Rel. Min. Jorge Mussi, 5ª T., DJe 04/09/2013).

## 2.12.2.7 Vítima desconhecida

Para que reste configurado o delito de furto, o agente deverá levar a efeito a subtração de *coisa alheia* móvel. Assim, como já afirmamos, não será possível o reconhecimento do furto quando estivermos diante de *res nullius, res derelicta* e de *res commune omnium*.

No entanto, a pergunta que devemos nos fazer agora é a seguinte: poderá alguém ser condenado pelo delito de furto sem que se possa indicar a vítima da mencionada infração penal, vale dizer, o proprietário ou possuidor da coisa que fora subtraída?

Fontan Balestra responde a essa indagação afirmando que para o reconhecimento do furto "basta que a coisa seja alheia para o ladrão, sem que se requeira a exigência positiva de se saber de quem é."[49]

Embora não se exija a identificação do dono da coisa para que se possa concluir pelo furto, a condenação do agente, entretanto, somente poderá ocorrer se houver certeza absoluta de que a coisa que se encontra em seu poder foi objeto de subtração.

Assim, imagine-se a hipótese em que seja encontrado com o agente um relógio de ouro. Verificando-se, no caso concreto, que ele, de acordo com sua capacidade financeira, não tinha a mínima condição de adquirir aquele bem, não tendo apresentado, ainda, nota fiscal, além de não indicar de quem o havia adquirido, pode-se entender pela prática do delito de furto. Enfim, o que estamos querendo afirmar é que, em determinadas situações, mesmo não se podendo identificar a vítima, não ficará impossibilitado o reconhecimento do crime de furto.

## 2.12.2.8 Diferença entre furto com fraude e estelionato

Questão que merece destaque diz respeito à diferença que se deve levar a efeito entre o furto com fraude e o estelionato.

O fundamento da diferença reside no fato de que no furto com fraude o comportamento ardiloso, insidioso, como regra, é utilizado para que seja facilitada a subtração pelo próprio agente dos bens pertencentes à vítima. Ao contrário, no crime de estelionato, o artifício é utilizado pelo agente para que, induzindo ou mantendo a vítima em erro, ela própria possa entregar-lhe a vantagem ilícita.

---

49 FONTAN BALESTRA, Carlos. *Tratado de derecho penal*, v. V, p. 444.

No primeiro caso há subtração; no segundo, a própria vítima, voluntariamente, induzida ou mantida em erro, faz a entrega da vantagem ilícita ao agente. Há, portanto, o dissenso da vítima no furto com fraude e o seu consenso no estelionato.

Assim, aquele que, fazendo-se passar por manobrista de uma churrascaria, recebe as chaves do automóvel das mãos do seu proprietário a fim de ser estacionado, pratica o crime de estelionato; ao contrário, se o agente, usando as roupas características de um manobrista de determinado estabelecimento comercial, valendo-se desse artifício para poder ter acesso ao quadro de chaves dos automóveis que ali se encontravam estacionados, subtrair um dos veículos, deverá ser responsabilizado pelo delito de furto mediante fraude.

Concluindo com Celso Delmanto, Roberto Delmanto, Roberto Delmanto Júnior e Fábio M. de Almeida Delmanto:

> "Se a fraude foi empregada para iludir a vigilância do ofendido, há furto qualificado pela fraude; se, porém, a fraude serviu para iludir a vítima a entregar a coisa, antecedendo o apossamento, o crime é de estelionato."[50]

### 2.12.2.9 Subtração por arrebatamento (crime do trombadinha)

Muito comum nos grandes centros urbanos, a subtração por arrebatamento, também conhecida como "crime do trombadinha", ocorre naquelas situações em que o agente, depois de escolher sua vítima, parte em direção a ela e, rapidamente, mediante um golpe ligeiro, ou "trombada", arrebata-lhe, como regra, das mãos (bolsa, telefone celular etc.), do pescoço (colares, cordões etc.), do pulso (pulseiras, relógios etc.) os bens que pretendia subtrair.

Em razão do modo como o delito é praticado, surge a dúvida se o fato se configuraria como delito de furto ou como crime de roubo.

Weber Martins Batista esclarece que, quando a vítima "não sofre lesão corporal em decorrência da ação de arrebatar a coisa, o entendimento é quase unânime no sentido de que se caracteriza o furto."[51]

E continua suas lições asseverando:

> "Mesmo quando, acidentalmente, a vítima fica ferida, a maioria das decisões têm entendido, corretamente, que se caracteriza o furto, não o roubo. Só se pode falar em crime de roubo quando a subtração for praticada mediante o constrangimento ilegal da vítima."[52]

Percebe-se, outrossim, que a finalidade do agente, ao esbarrar na vítima visando arrebatar-lhe os bens, não é intimidá-la para levar a efeito a subtração, ao contrário do que ocorre com o crime de roubo, no qual a violência é empregada pelo agente com a finalidade de subjugar a vítima, permitindo-lhe, com isso, a subtração dos bens que lhe pertencem.

São precisas as lições de Weber Martins Batista quando afirma:

> "O furto por arrebatamento caracteriza uma hipótese de crime mais grave que a do furto simples, pois o ladrão demonstra maior audácia, mostra-se mais perigoso, razão por que deveria ser arrolada como uma forma de furto qualificado. Como isso não ocorre, impossível cobrir a falta com a aplicação da regra do art. 157 do Código Penal."[53]

---

[50] DELMANTO, Celso; DELMANTO, Roberto; DELMANTO JÚNIOR, Roberto; DELMANTO, Fábio M. de Almeida. *Código penal comentado*, p. 345.

[51] BATISTA, Weber Martins. *O furto e o roubo no direito e no processo penal*, p. 107.

[52] BATISTA, Weber Martins. *O furto e o roubo no direito e no processo penal*, p. 107.

[53] BATISTA, Weber Martins. *O furto e o roubo no direito e no processo penal*, p. 110.

O STJ, analisando hipótese de subtração por arrebatamento de coisa presa ao corpo da vítima, entendeu pelo delito de roubo, conforme se verifica na ementa abaixo transcrita:

"Esta Corte Superior tem entendimento no sentido de que o arrebatamento de coisa presa ao corpo da vítima que comprometa ou ameace sua integridade física, configurando vias de fato, bem como a prolação de ameaças verbais e a superioridade de sujeitos ativos, são suficientes para a caracterização das elementares da violência e da grave ameaça, e, em consequência, do crime de roubo" (STJ, AgRg. no AREsp 256.213/ES, Rel. Min. Marco Aurélio Bellizze, 5ª T., DJe 10/6/2013).

### 2.12.2.10 Comunicação das qualificadoras aos coparticipantes

Determina o art. 30 do Código Penal, *verbis*:

> **Art. 30.** Não se comunicam as circunstâncias e as condições de caráter pessoal, salvo quando elementares do crime.

Circunstâncias são dados periféricos que gravitam ao redor da figura típica, sendo que sua existência tem o condão de fazer com que a pena seja aumentada ou diminuída. Ao contrário, elementares são dados indispensáveis à definição típica, sem os quais o fato passa a ser completamente atípico ou permite que ocorra uma desclassificação.

Assim, imagine-se a hipótese do crime de furto. Quando se nega a elementar coisa alheia ao argumento de que o agente a entendia como própria, ou mesmo como *res derelicta* etc., o fato passa a ser considerado um indiferente penal. Agora, raciocinemos com a subtração por arrebatamento, analisada linhas atrás. Quando se chega à conclusão de que o arrebatamento súbito não se configura como violência exigida para fins de caracterização do delito de roubo, negando-se essa elementar (violência), não tendo havido grave ameaça, o fato será entendido como furto, havendo, portanto, uma desclassificação.

As circunstâncias, ao contrário, em nada interferem na definição típica. Cuidando especificamente do delito de furto, não modifica sua configuração quando se conclui que o agente era primário e de pequeno valor a coisa furtada, ou mesmo quando se afirma que a subtração foi cometida com emprego de chave falsa. Como se percebe, tais dados (primariedade e pequeno valor, bem como o emprego de chave falsa) gravitam ao redor da figura típica, mas não interferem na definição característica do furto.

Depois dessa breve introdução, podemos afirmar que todas as modalidades qualificadas do crime de furto são circunstâncias, e não elementares. Estão, outrossim, ligadas umbilicalmente, por intermédio dos seus parágrafos, à figura constante do *caput* do art. 155 do Código Penal, que é sua fonte de vida.

Assim, pergunta-se: sendo consideradas como circunstâncias, as qualificadoras poderiam ser estendidas a todos aqueles que praticaram a infração penal, agindo em concurso? Sim, desde que estejamos diante de qualificadoras de natureza objetiva, que venham a ingressar na esfera de conhecimento do agente. Se forem subjetivas as qualificadoras, de acordo com a redação do art. 30 do Código Penal, serão incomunicáveis.

Dessa forma, torna-se impossível a comunicabilidade da qualificadora relativa ao *abuso de confiança*, pois que de natureza subjetiva. Ao contrário, será perfeitamente possível a comunicação ao coparticipante da qualificadora correspondente à destruição de obstáculo, se havia ingressado na sua esfera de conhecimento.

### 2.12.2.11 Necessidade de laudo pericial

Determinam os arts. 158 (com a nova redação que lhe foi conferida pela Lei nº 13.721, de 2 de outubro de 2018) e 167 do Código de Processo Penal, *verbis*:

> **Art. 158.** Quando a infração deixar vestígios, será indispensável o exame de corpo de delito, direto ou indireto, não podendo supri-lo a confissão do acusado.
> **Parágrafo único.** Dar-se-á prioridade à realização do exame de corpo de delito quando se tratar de crime que envolva:
> I – violência doméstica e familiar contra mulher;
> II – violência contra criança, adolescente, idoso ou pessoa com deficiência.
> **Art. 167.** Não sendo possível o exame de corpo de delito, por haverem desaparecido os vestígios, a prova testemunhal poderá suprir-lhe a falta.

Pelos textos acima transcritos, percebe-se a necessidade de realização do exame pericial quando a infração penal deixar vestígios, o que acontece quando estivermos diante, por exemplo, de um furto qualificado pela destruição ou rompimento de obstáculo.

Somente na impossibilidade de realização do exame de corpo de delito, direto ou indireto, é que o julgador poderá levar em consideração a prova testemunhal.

## 2.12.2.12 Concurso entre as qualificadoras dos §§ 4º e 5º do art. 155 do Código Penal

Pode acontecer que o agente, mediante fraude, subtraia veículo automotor com a finalidade de transportá-lo a outro Estado, o que, efetivamente, acontece.

Teríamos, portanto, à primeira vista, a presença de duas qualificadoras constantes de parágrafos diferentes do art. 155 do Código Penal. Nesse caso, qual delas deveria ser aplicada? Ocorrendo essa hipótese, deverá prevalecer a qualificadora de maior gravidade, vale dizer, aquela constante do § 5º do art. 155 do diploma repressivo.

## 2.12.2.13 Antefato e pós-fato impuníveis no furto

Antefato impunível seria, em tese, a infração penal antecedente praticada pelo agente a fim de conseguir levar a efeito o crime por ele pretendido, vale dizer, *in casu*, o furto. Assim, por exemplo, para que o agente conseguisse subtrair o aparelho de som pertencente à vítima, seria necessário que, inicialmente, violasse seu domicílio (art. 150 do CP).

O pós-fato impunível pode ser considerado uma extensão da infração penal principal praticada pelo agente. No caso em exame, podemos raciocinar no sentido de que o agente praticou o delito de furto (crime-fim) subtraindo o aparelho de som não porque pretendia tê-lo para si, mas, sim, em razão do valor que ele representava e que poderia ser conseguido com sua venda posterior. Dessa forma, fazendo-se passar pelo proprietário do bem, vende-o a terceiros por um preço justo, real de mercado. Aquele que adquiriu o mencionado aparelho de som, pagando o preço correto, em tese, foi vítima de um crime de estelionato (art. 171 do CP), uma vez que, descoberto o autor do furto, a *res* foi recuperada pela polícia e entregue ao seu verdadeiro dono.

Dessa forma, temos duas situações: uma anterior ao crime-fim, isto é, a violação de domicílio que foi um crime-meio para a prática do furto; em seguida à subtração, o agente induziu a vítima em erro, a fim de obter vantagem ilícita, praticando, portanto, um delito de estelionato.

Nesses casos, deveria ele responder por essas três infrações penais? A resposta só pode ser negativa, aplicando-se, aqui, o raciocínio correspondente ao antefato e ao pós-fato impuníveis. Assim, no que diz respeito à violação de domicílio (antefato), seria aplicada a regra da consunção; quanto ao pós-fato, Fragoso, analisando o tema, entende que "os fatos posteriores que significam um aproveitamento e por isso ocorrem regularmente depois do fato anterior são por este consumidos. É o que ocorre nos crimes de intenção, em que aparece especial fim de agir. A venda pelo ladrão da coisa furtada como própria não constitui estelionato."[54]

---

[54] FRAGOSO, Heleno Cláudio. *Lições de direito penal*, v. 1, p. 360.

## 2.12.2.14 Furto de automóveis e a qualificadora do rompimento de obstáculo

Conforme salientamos, tem-se entendido por obstáculo tudo aquilo que tenha sido utilizado com a finalidade específica de evitar a subtração, e que não seja inerente à própria coisa.

Dessa forma, no que diz respeito, especificamente, à subtração de veículos ou de bens que se encontram no seu interior, o raciocínio se modifica para cada uma dessas situações. Assim, por exemplo, tem-se entendido que os vidros do automóvel lhe são inerentes, razão pela qual, se forem quebrados para que o próprio veículo seja subtraído, não se poderia aplicar a qualificadora em estudo.

Por outro lado, se a destruição do vidro do automóvel for levada a efeito para que o agente realize a subtração de bens que se encontravam no seu interior, a exemplo do aparelho de som, bolsas etc., deverá ter incidência a qualificadora do rompimento de obstáculo, conforme orientação doutrinária e jurisprudencial dominante.

Nesse sentido, já decidiu o STF que:

"Furto qualificado – Rompimento de obstáculo. Configura o furto qualificado a violência contra coisa, considerado veículo, visando adentrar no recinto para retirada de bens que nele se encontravam" (*HC* 98.606/RS, Rel. Min. Marco Aurélio, 1ª T., julg. 4/5/2010).

Também já se posicionou o STJ, dizendo:

"A Terceira Seção do Superior Tribunal de Justiça, no julgamento do EREsp nº 1.079.847/SP, reconheceu restar configurada a qualificadora do rompimento de obstáculo 'quando o agente, visando subtrair aparelho sonoro localizado no interior do veículo, quebra o vidro da janela do automóvel para atingir seu intento, primeiro porque este obstáculo dificultava a ação do autor, segundo porque o vidro não é parte integrante da *res furtiva* visada, no caso, o som automotivo'. Precedentes" (STJ, HC 328.896/DF, Rel. Min. Ribeiro Dantas, 5ª T., DJe 15/04/2016).

"A jurisprudência desta Corte Superior é firme em assinalar que a qualificadora de rompimento de obstáculo é aplicável quando o agente, com o objetivo de subtrair algum bem que está no interior do veículo, quebra o vidro da janela ou, de outra forma, danifica o automóvel. A posterior devolução dos bens subtraídos do interior do veículo não tem o condão de afastar a incidência da qualificadora, pois persiste o prejuízo suportado pela vítima, em razão da avaria em seu automóvel" (STJ, AgRg no AREsp 783.675/SP, Rel. Min. Rogério Schietti Cruz, 6ª T., DJe 09/03/2016).

## 2.12.2.15 Subtração de cadáver

Como é cediço, não se pode cogitar da subtração de um ser humano vivo. Sua remoção involuntária poderia se configurar em outra figura típica, a exemplo do crime de sequestro ou cárcere privado. No entanto, seria possível que o delito de furto tivesse por objeto material um cadáver, vale dizer, um corpo humano morto?

A resposta a essa questão deverá ser desdobrada. Inicialmente, se estivermos, por exemplo, diante de um cadáver adquirido por uma universidade de Medicina, que será utilizado para que os estudantes o dissequem, será perfeitamente possível o reconhecimento do delito de furto, caso venha a ser subtraído, pois, nesse caso, passou a gozar do *status* de coisa, possuindo até mesmo valor econômico.

No entanto, caso o cadáver se encontre sepultado sem que se tenha havido qualquer permissão para sua remoção, o fato se subsumirá ao tipo penal do art. 211 do diploma repressivo, que prevê o delito de destruição, subtração ou ocultação de cadáver.

Verifica-se, portanto, que, nas duas hipóteses sugeridas, estamos diante da proteção de distintos bens jurídicos. No primeiro exemplo, gozando já do *status* de coisa, o patrimônio, ou seja, o valor econômico que representa o cadáver com aquela utilidade, seria o bem jurídico tutelado; no segundo caso, a subtração do cadáver sepultado ofenderia o respeito que todos devem ter para com as pessoas mortas.

### 2.12.2.16 Perícia e destruição ou rompimento de obstáculo à subtração da coisa, ou por meio de escalada

Preconiza o art. 171 do Código de Processo Penal, *verbis*:

> **Art. 171.** Nos crimes cometidos com destruição ou rompimento de obstáculo a subtração da coisa, ou por meio de escalada, os peritos, além de descrever os vestígios, indicarão com que instrumentos, por que meios e em que época presumem ter sido o fato praticado.

### 2.12.2.17 Furto com fraude e saque em terminal eletrônico

Nos dias de hoje, a possibilidade de autoatendimento nos caixas eletrônicos, principalmente no que diz respeito ao saque de importâncias em dinheiro, fez com que novos meios fossem criados para prática de infrações penais, podendo-se destacar, dentre eles, aquilo que se convencionou chamar vulgarmente de "chupa-cabra", ou seja, um aparelho que é colocado no interior desses caixas eletrônicos, que tem por finalidade copiar os dados bancários da vítima permitindo que, posteriormente, o agente viesse a utilizá-los. Aqui, pergunta-se: qual a infração penal praticada por aquele que instala o referido aparelho, obtendo os dados bancários necessários para efetuar o saque dos valores pertencentes à vítima? Mais objetivamente, estaríamos diante de um crime de furto com fraude, ou de um crime de estelionato?

O Superior Tribunal de Justiça, respondendo corretamente a essas indagações, concluiu que o fato se subsome ao crime de furto com fraude, assim se posicionando:

> "O furto mediante fraude não se confunde com o estelionato. A distinção se faz primordialmente com a análise do elemento comum da fraude que, no furto, é utilizada pelo agente com o fim de burlar a vigilância da vítima que, desatenta, tem seu bem subtraído, sem que se aperceba; no estelionato, a fraude é usada como meio de obter o consentimento da vítima que, iludida, entrega voluntariamente o bem ao agente. Hipótese em que o Acusado se utilizou de equipamento coletor de dados, popularmente conhecido como 'chupa-cabra', para copiar os dados bancários relativos aos cartões que fossem inseridos no caixa eletrônico bancário. De posse dos dados obtidos, foi emitido cartão falsificado, posteriormente utilizado para a realização de saques fraudulentos. No caso, o agente se valeu de fraude – clonagem do cartão – para retirar indevidamente valores pertencentes ao titular da conta bancária, o que ocorreu, por certo, sem o consentimento da vítima, o Banco. A fraude, de fato, foi usada para burlar o sistema de proteção e de vigilância do Banco sobre os valores mantidos sob sua guarda, configurando o delito de furto qualificado" (REsp 1.412.971/PE, Recurso Especial 2013/0046975-4, 5ª T., Rel.ª Min.ª Laurita Vaz, DJe 25/11/2013).

### 2.12.2.18 Furto e Código Penal Militar

O delito de furto e, inclusive, o chamado furto de uso foram previstos nos arts. 240 e 241 do Código Penal Militar (Decreto-Lei nº 1.001, de 21 de outubro de 1969).

### 2.12.2.19 Subtração privilegiada de semovente domesticável de produção

Tendo em vista que a qualificadora constante do § 6º do art. 155 do Código Penal é de natureza objetiva, torna-se perfeitamente compatível com a causa especial de redução de pena prevista no § 2º do mesmo diploma legal, nos precisos termos da Súmula nº 511 do STJ, que diz:

> **Súmula nº 511.** *É possível o reconhecimento do privilégio previsto no § 2º do art. 155 do CP nos casos de crime de furto qualificado, se estiverem presentes a primariedade do agente, o pequeno valor da coisa e a qualificadora for de ordem objetiva.*

### 2.12.2.20 Subtração de semovente domesticável de produção e princípio da insignificância

Mesmo que a subtração de semovente domesticável de produção seja considerada como um delito de furto qualificado, previsto pelo § 6º do art. 155 do Código Penal, tal tipificação não impede o reconhecimento do princípio da insignificância.

Assim, imagine-se a hipótese daquele que subtrai um frango, o que não é incomum, principalmente nas cidades do interior do Brasil. Nesse caso, por mais que o animal se amolde ao conceito de semovente domesticável de produção, o fato deverá ser considerado atípico, por ausência de tipicidade material.

Nesse sentido, já decidiu o STF:

"O Plenário do Supremo Tribunal Federal tem um entendimento consolidado de que o princípio da insignificância incide quando presentes, cumulativamente, as seguintes condições objetivas: (i) mínima ofensividade da conduta do agente; (ii) nenhuma periculosidade social da ação; (iii) grau reduzido de reprovabilidade do comportamento; e (iv) inexpressividade da lesão jurídica provocada, ressaltando, ainda, que a contumácia na prática delitiva impede a aplicação do princípio" (STF, RHC 169.831 AgR/MS, Rel. Min. Roberto Barroso, 1ª T., DJe 30/10/2019).

### 2.12.2.21 Jurisprudência em teses do Superior Tribunal de Justiça, edição nº 47: crimes contra o patrimônio – furto

1) Consuma-se o crime de furto com a posse de fato da *res furtiva*, ainda que por breve espaço de tempo e seguida de perseguição ao agente, sendo prescindível a posse mansa e pacífica ou desvigiada (Tese Julgada sob o rito do art. 543-C do CPC – TEMA 934).

2) Não há continuidade delitiva entre roubo e furto, porquanto, ainda que possam ser considerados delitos do mesmo gênero, não são da mesma espécie.

3) A qualificadora prevista no art. 155, § 4º, inciso I, do CP se aplica às hipóteses em que a violência empregada no rompimento do obstáculo for contra a própria coisa furtada.

4) O rompimento ou destruição do vidro do automóvel com a finalidade de subtrair objetos localizados em seu interior qualifica o furto.

5) A qualificadora prevista no art. 155, § 4º, inciso I, do CP não se aplica às hipóteses em que a violência empregada no rompimento do obstáculo for contra a própria coisa furtada.

6) Todos os instrumentos utilizados como dispositivo para abrir fechadura são abrangidos pelo conceito de chave falsa, incluindo as mixas.

7) É possível o reconhecimento do privilégio previsto no § 2º do art. 155 do CP nos casos de crime de furto qualificado, se estiverem presentes a primariedade do agente, o pequeno valor da coisa e a qualificadora for de ordem objetiva (Súmula nº 511/STJ) (Tese julgada sob o rito do art. 543-C).

8) A prática do delito de furto qualificado por escalada, destreza, rompimento de obstáculo ou concurso de agentes indica a reprovabilidade do comportamento do réu, sendo inaplicável o princípio da insignificância.

9) O princípio da insignificância deve ser afastado nos casos em que o réu faz do crime o seu meio de vida, ainda que a coisa furtada seja de pequeno valor.
10) Para reconhecimento do crime de furto privilegiado é indiferente que o bem furtado tenha sido restituído à vítima, pois o critério legal para o reconhecimento do privilégio é somente o pequeno valor da coisa subtraída.
11) Para efeito da aplicação do princípio da bagatela, é imprescindível a distinção entre valor insignificante e pequeno valor, uma vez que o primeiro exclui o crime e o segundo pode caracterizar o furto privilegiado.
12) É inadmissível aplicar, no furto qualificado, pelo concurso de agentes, a majorante do roubo (Súmula nº 442/STJ).
13) Para a caracterização do furto privilegiado, além da primariedade do réu, o valor do bem subtraído não deve exceder à importância correspondente ao salário mínimo vigente à época dos fatos.
14) O reconhecimento das qualificadoras da escalada e rompimento de obstáculo previstas no art. 155, § 4º, I e II, do CP exige a realização do exame pericial, salvo nas hipóteses de inexistência ou desaparecimento de vestígios, ou ainda se as circunstâncias do crime não permitirem a confecção do laudo.
15) Reconhecido o privilégio no crime de furto, a fixação de um dos benefícios do § 2º do art. 155 do CP exige expressa fundamentação por parte do magistrado.
16) A lesão jurídica resultante do crime de furto não pode ser considerada insignificante quando o valor dos bens subtraídos perfaz mais de 10% do salário mínimo vigente à época dos fatos.
17) Nos casos de continuidade delitiva o valor a ser considerado para fins de concessão do privilégio (art. 155, § 2º, do CP) ou do reconhecimento da insignificância é a soma dos bens subtraídos.
18) A captação clandestina de sinal de televisão fechada ou a cabo não configura o crime previsto no art. 155, § 3º, do Código Penal.
19) O sinal de TV a cabo pode ser equiparado à energia elétrica para fins de configuração do delito do art. 155, § 3º, do Código Penal.

## 2.13 Quadro-resumo

**Sujeitos**
» Ativo: qualquer pessoa.
» Passivo: qualquer pessoa (tanto física quanto jurídica).

**Objeto material**
É a *coisa alheia móvel* contra a qual é dirigida a conduta praticada pelo agente.

**Bem(ns) juridicamente protegido(s)**
» A maioria de nossos doutrinadores entende ser a posse, além da *propriedade*, e também a mera *detenção* sobre a coisa alheia móvel.
» Em sentido contrário, posiciona-se Hungria, argumentando que o tipo penal que prevê o delito de furto não tem por finalidade a proteção da posse, mas tão somente a da propriedade.

### Elemento subjetivo

» O delito de furto somente pode ser praticado dolosamente, não havendo previsão legal para a modalidade culposa.
» Além do chamado *animus furandi* há necessidade que o delito se dê com a finalidade de ter a coisa alheia móvel para si ou para outrem, visualizando-se, por meio dessa expressão (para si ou para outrem), o chamado *especial fim de agir*.

### Modalidades comissiva e omissiva

» O núcleo subtrair pressupõe um comportamento ativo por parte do agente, um fazer alguma coisa dirigido a tomar a coisa alheia móvel, para si ou para outrem. A conduta prevista no tipo, portanto, é de natureza comissiva.
» Entretanto, poderá o delito de furto ser praticado por omissão, desde que o agente goze do *status* de garantidor.

### Consumação e tentativa

» Várias teorias surgiram com a finalidade de apontar o momento de consumação do delito de furto.
» Inicialmente, prevaleceu entre os romanos a teoria da contrectatio, que entendia como consumado o furto quando o agente simplesmente tocava na coisa com a finalidade de subtraí-la, mesmo que não conseguisse removê-la do local em que se encontrava.
» Em sentido diametralmente oposto à primeira posição, surgiu a teoria da illactio, que entendia que a consumação do furto exigia, para a sua configuração, o fato de conseguir o agente levar o objeto ao lugar que era destinado.
» As teorias da *amotio* e da *ablatio* ocupavam posição intermediária às teorias citadas anteriormente. Conforme esclarece Damásio de Jesus, "nos termos da teoria da *amotio*, o momento consumativo do furto ocorre com a deslocação do objeto material. Para a teoria da *ablatio*, a consumação exige dois requisitos: *apreensão* e *deslocação* do objeto material" (JESUS, 1999, p. 305).
» Hoje em dia, a doutrina se divide em relação ao momento de consumação do furto, formando-se, outrossim, duas posições bem visualizáveis, com as seguintes orientações:
a) o furto se consuma no momento em que a res é retirada da esfera de posse e disponibilidade da vítima, ingressando, consequentemente, na do agente, ainda que não tenha ele a posse *tranquila* sobre a coisa;
b) a consumação somente ocorre quando a res é retirada da esfera de posse e disponibilidade da vítima, ingressando, consequentemente, na do agente, que, obrigatoriamente, deverá exercer, mesmo que por curto espaço de tempo, a posse *tranquila* sobre a coisa.
» Nossos Tribunais Superiores têm descartado a necessidade da posse tranquila sobre a coisa.
» Entendemos, no entanto, que somente se pode concluir pela consumação quando o bem, após ser retirado da esfera de disponibilidade da vítima, vier a ingressar na posse tranquila do agente, mesmo que por um curto espaço de tempo.
» O agente, portanto, deve ter tido tempo suficiente para dispor da coisa, pois, caso contrário, se isso não aconteceu, estaremos diante da tentativa.

## 3. FURTO DE COISA COMUM

**Furto de coisa comum**
**Art. 156.** Subtrair o condômino, coerdeiro ou sócio, para si ou para outrem, a quem legitimamente a detém, a coisa comum:
Pena – detenção, de seis meses a dois anos, ou multa.
§ 1º Somente se procede mediante representação.
§ 2º Não é punível a subtração de coisa comum fungível, cujo valor não excede a quota a que tem direito o agente.

## 3.1 Introdução

Núcleo do tipo é o verbo *subtrair*, ou seja, retirar a coisa comum de quem legitimamente a detém, com o *animus* de tê-la para si ou para outrem. A retirada momentânea não caracteriza a infração penal se era intenção do agente devolvê-la. Aplica-se, *in casu*, o mesmo raciocínio levado a efeito quando do estudo do delito de furto, com a diferença de que, aqui, o legislador especializou a infração penal, limitando o seu cometimento a determinadas pessoas, bem como ao fato de a coisa subtraída também pertencer ao agente.

O art. 156 do Código Penal aponta aqueles que poderão praticar a conduta prevista no núcleo do tipo, a saber: o condômino, o coerdeiro e, ainda, o sócio. Assim, somente quando houver um condomínio, uma herança ainda comum aos coerdeiros, bem como uma sociedade é que se poderá cogitar do delito de *furto de coisa comum*.

Segundo Caio Mário da Silva Pereira, "dá-se o condomínio quando a mesma coisa pertence a mais de uma pessoa, cabendo a cada uma delas igual direito, idealmente, sobre o todo e cada uma de suas partes";[55] *herança*, também denominada *espólio* ou *monte*, numa visão própria do Direito Penal, é o conjunto de bens que são transmitidos aos herdeiros; e, por fim, *sociedade*, na definição de Noronha:

> "É a reunião de duas ou mais pessoas que, mediante contrato, se obrigam a combinar seus esforços ou bens, para a consecução de fins comuns. Ela aproxima-se do condomínio, como se vê do art. 1.386, II,[56] do Código Civil, em que cada sócio pode servir-se das coisas pertencentes à sociedade, desde que lhes dê o seu destino, isto é, conforme aos interesses da sociedade. Distingue-se do condomínio porque, neste, a destinação determina-se pelos costumes ou pela natureza das coisas, ao passo que, na sociedade, ela é determinada pelo contrato. Como no condomínio, o sócio pode usar de seu direito, não tolhendo aos outros exercício de direito igual."[57]

O § 2º do art. 156 do Código Penal diz não ser punível a subtração de coisa comum fungível cujo valor não exceda a quota a que tem direito o agente. O Código Civil traduz o conceito de *coisa fungível* dizendo, em seu art. 85, *verbis*:

> **Art. 85.** São fungíveis os móveis que podem substituir-se por outros da mesma espécie, qualidade e quantidade.

## 3.2 Classificação doutrinária

Crime próprio, tanto com relação ao sujeito ativo quanto ao sujeito passivo, uma vez que o tipo penal os aponta expressamente; doloso; material; comissivo (podendo, contudo, ser praticado via omissão imprópria, caso o agente venha a gozar do *status* de garantidor); de forma livre; de dano; instantâneo (podendo, em alguns casos, ser instantâneo de efeitos permanentes, na hipótese em que a coisa tenha desaparecido); monossubjetivo; plurissubsistente; não transeunte (como regra).

## 3.3 Objeto material e bem juridicamente protegido

O objeto material do delito em estudo é a *coisa comum*. Embora não mencione expressamente a lei penal, a coisa comum deverá ser *móvel*, pois, conforme vimos anteriormente, somente aquilo que seja passível de remoção poderá ser objeto de subtração.

---

[55] PEREIRA, Caio Mário da Silva. *Instituições de direito civil*, v. IV, p. 130.

[56] Hoje correspondente aos arts. 1.013 e 1.015 do novo Código Civil.

[57] NORONHA, Edgard Magalhães. *Direito penal*, v. 2, p. 241.

Bens juridicamente protegidos são a posse e a propriedade da coisa comum, vale dizer, aquela pertencente ao condômino, coerdeiro ou sócio.

### 3.4 Sujeito ativo e sujeito passivo

O tipo do art. 156 do Código Penal aponta aqueles que poderão figurar como *sujeitos ativos*, vale dizer, o *condômino*, o *coerdeiro* ou *sócio* da coisa comum. Evidencia-se, dessa forma, que estamos diante de um *crime próprio*, que somente pode ser praticado por um grupo determinado de pessoas que goze de uma qualidade ou condição especial.

*Sujeito passivo* é aquele que detém a posse legítima da coisa, podendo ser o condômino, coerdeiro, sócio ou, mesmo, um terceiro. Conforme esclarece Damásio de Jesus, "se a detenção é ilegítima, não há delito de subtração de coisa comum por ausência de tipicidade. Se a coisa comum estava na posse do sujeito, responde por apropriação indébita."[58]

### 3.5 Consumação e tentativa

Tratando-se de furto, mesmo que de coisa comum, a sua consumação ocorre conforme já esclarecido quando do estudo do art. 155 do Código Penal, para onde remetemos o leitor, a fim de não sermos repetitivos.

Dada a sua classificação como crime material, é perfeitamente admissível o raciocínio correspondente à tentativa, haja vista a possibilidade de ser fracionado o *iter criminis*.

### 3.6 Elemento subjetivo

O delito de furto de coisa comum somente pode ser praticado dolosamente, não havendo previsão legal para a modalidade culposa.

Além do dolo, o tipo penal exige, segundo a doutrina majoritária, um chamado especial fim de agir, caracterizado pela expressão *para si ou para outrem*, constante do art. 156 do Código Penal.

Merece registro a observação feita por Fragoso, quando assevera ser "necessário que o agente saiba que se trata de coisa comum. Deverá sempre reconhecer-se o crime do art. 156, se o agente supõe, por erro, ser alheia a coisa comum objeto da ação."[59]

### 3.7 Modalidades comissiva e omissiva

O núcleo *subtrair* pressupõe um comportamento ativo do agente, vale dizer, uma conduta dirigida finalisticamente a retirar, de quem legitimamente detinha a coisa comum, para si ou para outrem.

É possível o raciocínio da subtração por omissão, desde que o agente goze do *status* de garantidor, nos termos do art. 13, § 2º, do Código Penal.

### 3.8 Pena, ação penal, competência para julgamento e suspensão condicional do processo

A pena cominada ao furto de coisa comum é de detenção, de 6 (seis) meses a 2 (dois) anos, ou multa, podendo o juiz escolher entre a aplicação da pena privativa de liberdade e a pena pecuniária, dada a alternatividade constante do preceito secundário do art. 156 do Código Penal.

---

[58] JESUS, Damásio E. de. *Direito penal*, v. 2, p. 332.

[59] FRAGOSO, Heleno Cláudio. *Lições de direito penal* – Parte especial (arts. 121 a 160 CP), p. 293.

É do Juizado Especial Criminal a competência, pelo menos inicialmente, para o seu julgamento, tendo em vista a pena máxima cominada em abstrato, sendo cabível, ainda, proposta de suspensão condicional do processo, nos termos do art. 89 da Lei nº 9.099/95.

A ação penal é de iniciativa pública condicionada à representação do ofendido, conforme o § 1º do art. 156 do diploma repressivo.

## 3.9 Destaques

### 3.9.1 Sócio que furta da pessoa jurídica

Considerando que a pessoa jurídica possui personalidade distinta da de seus sócios, a subtração de seu patrimônio móvel por um deles poderia ser caracterizada como delito de furto de coisa comum?

A doutrina, majoritariamente, tem entendido que não, ao argumento de que, se o bem pertence a uma sociedade com personalidade jurídica, a subtração de seu patrimônio por um dos sócios se configurará no delito tipificado no art. 155 do Código Penal, e não a infração penal prevista no art. 156 do mesmo diploma repressivo, pois, conforme assevera Guilherme de Souza Nucci, "o que pertence à pessoa jurídica não se confunde com os bens individuais do sócio."[60]

Se, como dissemos anteriormente, para a doutrina dominante, o sócio que subtrai bens de uma sociedade com personalidade jurídica regularmente constituída pratica o delito de furto tipificado no art. 155 do Código Penal, em que situação a conduta do sócio se amoldaria ao tipo penal do art. 156 do referido diploma legal? Tal situação ocorreria nas hipóteses em que houvesse uma sociedade destituída de personalidade jurídica, pois, nestas, de acordo com as lições de Noronha, há uma redução "à comunhão de bens e interesses. Comunicam-se, então, os bens, tornando-se comuns. Nesse caso, o sócio que subtrair coisa dessa sociedade furta *coisa comum*, dando-se, então, o crime do dispositivo em apreço."[61]

Hungria, no entanto, contestando a posição assumida por Noronha, inclinava-se ao reconhecimento do delito tipificado no art. 156 quando seu autor fosse *sócio*, não importando se de uma sociedade com personalidade jurídica ou mesmo dela destituída, dizendo:

"O direito penal, essencialmente *realístico*, é infenso às ficções ou abstrações do direito civil ou comercial. Na realidade prática, não obstante o princípio de que *societas distat a singulis*, o patrimônio que serve ao fim social é *condomínio* ou *propriedade comum* dos sócios. E isto mesmo reconhece o nosso próprio Cód. Civil (art. 1.373[62]). O art. 156 (reprodução do art. 627 do Cód. Penal Italiano) não distingue entre sócio e sócio. É inquestionável que, se quisesse fazer distinção, teria acrescentado à palavra *sócio* a cláusula 'salvo em se tratando de sociedade com personalidade jurídica'. Não fez, nem podia fazer tal distinção, pois, de outro modo, estaria infringindo o *ubi eadem ratio, ubi eadem dispositio.*"

Acreditamos que a razão esteja com Hungria, mesmo entendendo que o patrimônio da pessoa jurídica regularmente constituída não se confunde com o de seus sócios. O Direito Penal, conforme deixou transparecer Hungria, não pode negar a natureza das coisas. É claro que o sócio se sente dono do patrimônio da sua empresa que, inclusive, foi idealizada por ele.

---

[60] NUCCI, Guilherme de Souza. *Código penal comentado*, p. 510.

[61] NORONHA, Edgard Magalhães. *Direito penal*, v. 2, p. 249.

[62] O artigo citado corresponde ao atual art. 989 do Código Civil, que diz: "Os bens sociais respondem pelos atos de gestão praticados por qualquer dos sócios, salvo pacto expresso limitativo de poderes, que somente terá eficácia contra o terceiro que o conheça ou deva conhecer."

O juízo de censura expresso por meio da pena cominada no preceito secundário do art. 156 do Código Penal é menor do que aquele previsto pelo art. 155 do citado estatuto justamente pelo fato de que o sócio se sente dono, mesmo que parcialmente, dos bens, não se podendo igualar a sua situação com a daquele que não possui qualquer vínculo com a pessoa jurídica.

Assim, mesmo tendo conhecimento de que tal posição é rejeitada, quase que por unanimidade, pelos nossos doutrinadores, somos partidários do posicionamento lógico e coerente assumido por Hungria, a fim de entender que o sócio, seja em uma sociedade regularmente constituída ou não, deverá ser responsabilizado pelo art. 156 do Código Penal, caso venha a subtrair bens da sociedade da qual faz parte.

### 3.9.2 União estável

Pode ocorrer que a subtração se dê durante a constância da chamada *união estável*.[63] O art. 1.723 do Código Civil a reconhece como entidade familiar, dizendo:

> **Art. 1.723.** É reconhecida como entidade familiar a união estável entre o homem e a mulher, configurada na convivência pública, contínua e duradoura e estabelecida com o objetivo de constituição de família.

No que diz respeito às relações patrimoniais existentes entre os companheiros, o art. 1.725 do Código Civil determina:

> **Art. 1.725.** Na união estável, salvo contrato escrito entre os companheiros, aplica-se às relações patrimoniais, no que couber, o regime da comunhão parcial de bens.

Nesse caso, se um dos companheiros subtraísse a coisa comum, adquirida durante a união estável, responderia pelo delito previsto pelo art. 156 do Código Penal?

A questão merece uma análise mais aprofundada. Se estivéssemos diante de uma relação de matrimônio, em que as pessoas fossem casadas, ocorrendo uma subtração por parte de um dos cônjuges, fosse comum o bem ou não, seria aplicada a escusa absolutória prevista no inciso I do art. 181 do Código Penal, que diz ser isento de pena quem comete qualquer dos crimes previstos no Título II, em prejuízo do cônjuge, na constância da sociedade conjugal.

No entanto, a lei penal não fez menção expressa à situação possível de ocorrer na constância de uma *união estável*. Nesse caso, em obediência ao obrigatório raciocínio da *ubi eadem ratio, ubi eadem dispositio*, devemos aplicar, por analogia, o mencionado dispositivo legal, afastando-se, outrossim, a punibilidade relativa à subtração cometida por um companheiro em detrimento do outro.

### 3.9.3 Subtração violenta

Tal como ocorre com o delito de furto tipificado no art. 155 do Código Penal, para que se reconheça o crime de furto de coisa comum não será possível o emprego de grave ameaça ou violência contra a pessoa por parte do agente. Caso isso venha a ocorrer, ou seja, se o agente, pretendendo subtrair coisa comum, utilizar, por exemplo, violência física contra aquele que mantinha a coisa em seu poder, deverá ser responsabilizado pelo delito de roubo, entendendo-se a elementar coisa alheia, constante do art. 157 do Código Penal, como aquela parte que pertencia à vítima, que foi privada de seu patrimônio.

---

[63] O § 3º do art. 226 da Constituição Federal assevera: "Para efeito da proteção do Estado, é reconhecida a união estável entre o homem e a mulher como entidade familiar, devendo a lei facilitar sua conversão em casamento."

## 3.9.4 Coisa comum de que o agente tinha a posse

Para que se possa concluir pelo delito tipificado no art. 156 do Código Penal, faz-se mister que a coisa comum seja *subtraída* pelo agente. Isso significa que se ela já estiver em seu poder e se houver recusa por parte do agente na sua devolução, ou mesmo na hipótese em que dela vier a se desfazer, o delito praticado será o de apropriação indébita, entendendo-se, também aqui, a elementar *coisa alheia móvel* como aquela parte que pertencia ao outro condômino, coerdeiro ou sócio.

## 3.10 Quadro-resumo

**Sujeitos**
» Ativo: o condômino, o coerdeiro ou sócio da coisa comum.
» Passivo: é aquele que detém a posse legítima da coisa, podendo ser o condômino, coerdeiro, sócio ou, mesmo, um terceiro.

**Objeto material**
É a *coisa comum*. Embora não mencione expressamente a lei penal, a coisa comum deverá ser *móvel*, pois somente aquilo que seja passível de remoção poderá ser objeto de subtração.

**Bem(ns) juridicamente protegido(s)**
São a posse e a *propriedade* da coisa comum, vale dizer, aquela pertencente ao condômino, coerdeiro ou sócio.

**Elemento subjetivo**
» Somente pode ser praticado dolosamente, não havendo previsão legal para a modalidade culposa.
» Além do dolo, o tipo penal exige, segundo a doutrina majoritária, o chamado *especial fim de agir*, caracterizado pela expressão para si ou para outrem.

**Modalidades comissiva e omissiva**
» O núcleo subtrair pressupõe um comportamento comissivo.
» É possível o raciocínio da subtração por omissão, desde que o agente goze do *status* de garantidor.

**Consumação e tentativa**
Vide discussões relativas ao delito de furto, tipificado no art. 155 do CP.

# Capítulo II
# Do Roubo e da Extorsão

## 1. ROUBO

**Roubo**

**Art. 157.** Subtrair coisa móvel alheia, para si ou para outrem, mediante grave ameaça ou violência a pessoa, ou depois de havê-la, por qualquer meio, reduzido à impossibilidade de resistência:

Pena – reclusão, de quatro a dez anos, e multa.

§ 1º Na mesma pena incorre quem, logo depois de subtraída a coisa, emprega violência contra pessoa ou grave ameaça, a fim de assegurar a impunidade do crime ou a detenção da coisa para si ou para terceiro.

§ 2º A pena aumenta-se de 1/3 (um terço) até metade:

I – (revogado);

II – se há o concurso de duas ou mais pessoas;

III – se a vítima está em serviço de transporte de valores e o agente conhece tal circunstância;

IV – se a subtração for de veículo automotor que venha a ser transportado para outro Estado ou para o exterior;

V – se o agente mantém a vítima em seu poder, restringindo sua liberdade;

VI – se a subtração for de substâncias explosivas ou de acessórios que, conjunta ou isoladamente, possibilitem sua fabricação, montagem ou emprego;

VII – se a violência ou grave ameaça é exercida com emprego de arma branca;

§ 2º-A. A pena aumenta-se de 2/3 (dois terços):

I – se a violência ou ameaça é exercida com emprego de arma de fogo;

II – se há destruição ou rompimento de obstáculo mediante o emprego de explosivo ou de artefato análogo que cause perigo comum.

§ 2º-B. Se a violência ou grave ameaça é exercida com emprego de arma de fogo de uso restrito ou proibido, aplica-se em dobro a pena prevista no *caput* deste artigo.

§ 3º Se da violência resulta:

I – lesão corporal grave, a pena é de reclusão de 7 (sete) a 18 (dezoito) anos, e multa;

II – morte, a pena é de reclusão de 20 (vinte) a 30 (trinta) anos, e multa.

### 1.1 Introdução

A figura típica do roubo é composta pela subtração, característica do crime de furto, conjugada com o emprego de grave ameaça ou violência à pessoa. Assim, o roubo poderia ser visualizado como um furto acrescido de alguns dados que o tornam especial.

São, portanto, os elementos que compõem a figura típica do roubo: *a)* o núcleo *subtrair*; *b)* o especial fim de agir caracterizado pela expressão *para si ou para outrem*; *c)* a coisa móvel alheia; *d)* o emprego de violência (própria ou imprópria) à pessoa ou grave ameaça.

O núcleo *subtrair* diz respeito a retirar, tomar de alguém a coisa alheia móvel, que deve ser conjugado com a finalidade especial do agente de tê-la para si ou para outrem. Tais elementos já foram analisados quando do estudo do delito de furto, para onde remetemos o leitor.

O que torna o roubo especial em relação ao furto é justamente o emprego da violência à pessoa ou da grave ameaça, com a finalidade de subtrair a coisa alheia móvel para si ou para outrem. O art. 157 do Código Penal prevê dois tipos de violência. A primeira delas, contida na primeira parte do artigo, é a denominada *própria*, isto é, a violência física, a *vis corporalis*, que é praticada pelo agente a fim de que tenha sucesso na subtração criminosa; a segunda, entendida como *imprópria*, ocorre quando o agente, não usando de violência física, utiliza qualquer meio que reduza a possibilidade de resistência da vítima, conforme se verifica pela leitura da parte final do *caput* do artigo em exame.

A *violência (vis absoluta)* deve ser empregada contra a pessoa, por isso denominada *física*, que se consubstancia na prática de lesão corporal (ainda que leve) ou mesmo em vias de fato. As vias de fato podem ser entendidas como sendo aquelas agressões que não possuem gravidade suficiente para serem reconhecidas como lesão corporal, a exemplo dos empurrões, tapas etc.

A violência pode ser entendida, ainda, como *direta* ou *imediata* e *indireta* ou *mediata*. *Direta* ou *imediata* é a violência física exercida contra a pessoa de quem se quer subtrair os bens. Assim, por exemplo, o agente agride violentamente a vítima com socos, para que possa levar a efeito a subtração de seu relógio; *indireta* ou *mediata* é a violência empregada contra pessoas que são próximas da vítima ou, mesmo, contra coisas. Na verdade, a violência entendida como indireta se configura mais como *grave ameaça* do que propriamente como violência, pois a sua prática interfere no espírito da vítima, fazendo com que se submeta, por medo, pavor, receio de também ser agredida, à subtração praticada pelo agente.

Além disso, podemos visualizar no tipo penal que traduz o delito de roubo duas modalidades de violência. A primeira delas, narrada anteriormente, pode ser reconhecida como *própria*; a segunda, prevista na última parte do *caput* do art. 157 do Código Penal, entendida como *imprópria*.

Violência própria seria, portanto, aquela de natureza física, dirigida contra a vítima, capaz de subjugá-la a ponto de permitir que o agente pratique a subtração de seus bens. Por outro lado, na violência entendida como imprópria, não existe uma conduta ostensiva violenta. Pelo contrário, conforme a descrição típica, o agente se vale de qualquer outro meio capaz de conduzir à redução de possibilidade de resistência da vítima.

Hungria, esclarecendo o significado da *violência imprópria*, diz:

> "Aos meios violentos é equiparado todo aquele pelo qual o agente, embora sem emprego de força ou incutimento de medo, consegue privar a vítima o *poder de agir*, v.g.: narcotizando-a à *son insu* ou dissimuladamente, hipnotizando-a, induzindo-a a ingerir bebida alcoólica até a embriaguez etc. Pressupõe-se que o outro 'qualquer meio', a que se refere o art. 157, *caput*, é empregado ardilosa ou sub-repticiamente, ou, pelo menos, desacompanhado, em sua aplicação, de violência física ou moral, pois, do contrário, se confundiria com esta, sem necessidade da *equiparação legal*."[1]

Além da violência (própria ou imprópria), também se caracteriza o crime de roubo quando, para fins de subtração da coisa alheia móvel, o agente se utiliza de grave ameaça *(vis compulsiva)*.

Grave ameaça é aquela capaz de infundir temor à vítima, permitindo que seja subjugada pelo agente que, assim, subtrai-lhe os bens. Quando o art. 157 do diploma repressivo

---

[1] HUNGRIA, Nélson. *Comentários ao código penal*, v. VII, p. 55-56.

usa a locução *grave ameaça*, devemos entendê-la de forma diferenciada do *crime de ameaça*, tipificado no art. 147 do Código Penal. A ameaça, em si mesma considerada como uma infração penal, deve ser concebida como uma *promessa de mal futuro, injusto e grave*. No delito de roubo, embora a promessa do mal deva ser grave, ele, o mal, deve ser iminente, capaz de permitir a subtração naquele exato instante pelo agente, em virtude do temor que infunde na pessoa da vítima.

Por isso é que, com precisão, Vives Antón e González Cussac definem a ameaça, característica do roubo, como a:

> "*Vis compulsiva* ou psíquica, que causa temor naquele a que se dirige, ao representar a ameaça explícita ou implícita, de um mal imediato de força suficiente para vencer a vontade contrária do sujeito contra o qual se dirige e provocar, também imediatamente, que este entregue a coisa ou possibilite ou não dificulte o ato de apoderamento [...]. Note-se que se exige a ameaça de um mal suficiente para produzir o temor desejado, mas não a idoneidade lesiva do meio ou instrumento intimidatório."[2]

A ameaça deve ser verossímil, vale dizer, o mal proposto pelo agente, para fins de subtração dos bens da vítima, deve ser crível, razoável, capaz de infundir temor. Dizer à vítima para entregar seus bens, pois, caso contrário, rogará aos céus que caia um raio na sua cabeça, não se configura ameaça, mas uma encenação ridícula. Por outro lado, há pessoas que são extremamente sensíveis, principalmente quando envolvidas com o sobrenatural. Portanto, pode ser considerada como ameaça o fato de dizer à vítima que fará uma feitiçaria, uma magia negra a fim de causar-lhe a morte, subjugando-a, com isso, para fins de subtração de seus bens.

Conforme destaca Weber Martins Batista:

> "Como se trata de um estado de alma, sua análise é eminentemente subjetiva. Assim, a gravidade da ameaça deve ser analisada com base nas circunstâncias do caso, tendo em consideração o meio usado pelo agente, o local do fato, a hora em que aconteceu, se era possível algum auxílio de terceiro e, sobretudo, levando em conta as condições pessoais do agente e da vítima. Pode acontecer que o meio e modo de que se valeu o sujeito ativo – que não seria capaz de, em condições normais, intimidar um homem de mediana coragem – seja suficiente para atemorizar a vítima, pessoa mais fraca ou colocada em circunstâncias adversas."[3]

Na verdade, deve-se procurar, mesmo não desprezando o subjetivismo da questão, um ponto de equilíbrio, pois, caso contrário, o agente sempre deveria responder pelo delito de roubo, mesmo quando não tivesse a intenção de subtrair os bens da vítima, mas tão somente pedir uma ajuda, uma esmola. Existem pessoas com aparência sinistra, assustadora. Isso não quer dizer que todas as vezes que formos abordados por elas estaremos prestes a figurar no rol das vítimas do crime de roubo.

Por outro lado, não há necessidade sequer que o agente verbalize o mal que vai praticar, caso não obtenha sucesso na subtração. Imagine-se a hipótese do agente que, sem mostrar a sua arma, leva, simplesmente, sua mão à cintura, dando a entender que a sacaria, caso fosse preciso. O simples gesto de levar as mãos à cintura já se configura em ameaça suficiente para fins de caracterização do roubo. Da mesma forma, a superioridade de forças, principalmente quando ocorre entre homens e mulheres, também já é suficiente. Suponha-se, neste caso, que o agente, um homem alto, forte e mal-encarado, chegue perto da vítima, uma mulher, e anuncie o roubo

---

[2] VIVES ANTÓN, T. S.; BOIX REIG, J.; ORTS BERENGUER, E.; CARBONELL MATEU, J. C.; GONZÁLEZ CUSSAC, J. L. *Derecho penal* – Parte especial, p. 405.

[3] BATISTA, Weber Martins. *O furto e o roubo no direito e no processo penal*, p. 206.

dizendo tão somente: "Passe a bolsa." Nenhuma promessa de mal foi anunciada. Entretanto, poderia a vítima imaginar que algum mal lhe aconteceria caso não entregasse sua bolsa ao agente? A resposta só pode ser positiva.

Assim, concluindo, tal como dissemos quando da análise do art. 147 do Código Penal, a grave ameaça constante do art. 157 do mesmo diploma legal pode ser praticada por diversos meios, pois o delito em estudo encontra-se no elenco daqueles considerados como de forma livre.

No que diz respeito à coisa alheia móvel, aplica-se ao crime de roubo tudo o que foi dito quando do estudo do delito de furto, para onde remetemos o leitor. Aqui vale somente o registro de uma curiosidade, insignificante na verdade, mas que demonstra a falta de padronização do legislador. É que, no art. 155 do Código Penal, o legislador, indicando a espécie de patrimônio a ser protegido pelo tipo penal que prevê o delito de furto, usou a expressão *coisa alheia móvel*. No roubo, em vez de se valer da mesma expressão, inverteu a ordem dizendo que a subtração deveria recair sobre *coisa móvel alheia*. Obviamente que isso não traz qualquer repercussão, positiva ou negativa, mas somente demonstra a capacidade do nosso legislador em desorganizar a lei penal.

## 1.2 Classificação doutrinária

Crime comum, tanto com relação ao sujeito ativo quanto ao sujeito passivo; doloso (não havendo previsão para a modalidade culposa); material; comissivo (podendo ser praticado omissivamente, caso o agente goze do *status* de garantidor); de forma livre; instantâneo (podendo também, em alguns casos, ser considerado como instantâneo de efeito permanente, caso haja destruição da *res furtiva*); de dano; monossubjetivo; plurissubsistente (podendo-se fracionar o *iter criminis*, razão pela qual é possível o raciocínio da tentativa).

## 1.3 Objeto material e bem juridicamente protegido

O crime de roubo encontra-se no Título II do Código Penal, correspondente aos crimes contra o patrimônio, aplicando-se, portanto, o raciocínio que fizemos quando do estudo do delito de furto segundo o qual, embora exista controvérsia doutrinária e jurisprudencial, tem como bens juridicamente protegidos o patrimônio e a posse.

No entanto, o roubo goza do *status* de crime complexo, uma vez que podemos nele visualizar a fusão de duas ou mais figuras típicas. Assim, no roubo, existe a subtração, característica do crime de furto; além dela, nele se encontram presentes a violência à pessoa, característica do art. 129 do Código Penal, bem como a grave ameaça, prevista pelo art. 147 do mesmo diploma legal, cujos tipos penais visam a proteger, respectivamente, a integridade corporal ou a saúde e a liberdade individual, sem falar no crime de latrocínio, que conjuga a subtração com o resultado morte, característico do delito de homicídio.

Dessa forma, podemos dizer que o tipo penal que prevê o delito de roubo protege, precipuamente, a propriedade, a posse e, por conta da sua natureza complexa, também a detenção, não deixando, contudo, mesmo que mediatamente, de proteger a integridade corporal ou a saúde, a liberdade individual, bem como a vida.

Trata-se, portanto, de um delito pluriofensivo, em que são protegidos vários bens jurídicos, não se podendo esquecer, contudo, da relação de precipuidade que o patrimônio exerce sobre os demais, mesmo sendo quase todos os outros de valor superior a ele, como é o caso da vida no delito de latrocínio. Insistimos nessa relação de precipuidade para que se possa levar a efeito uma interpretação sistêmica do Código Penal, fundamental para uma correta compreensão das figuras típicas.

O objeto material do roubo é a *coisa alheia móvel*, bem como a *pessoa* sobre a qual recai a conduta praticada pelo agente, em face de sua pluralidade ofensiva.

# CURSO DE DIREITO PENAL • VOL. 2 – ROGÉRIO GRECO

## 1.4 Sujeito ativo e sujeito passivo

Crime comum com relação ao *sujeito ativo*, o roubo pode ser praticado por qualquer pessoa, à exceção do proprietário, uma vez que o tipo penal exige, como um de seus elementos, que a coisa móvel seja alheia. No entanto, veja-se a ressalva constante do delito de subtração de coisa comum, em que será possível que o condômino, coerdeiro ou sócio subtraia, violentamente, o bem que se encontra em poder do outro que possuía condição idêntica à sua. Nesse caso, entende-se que a parte pertencente ao outro integra-se ao conceito de alheia, pois que não lhe pertence.

Qualquer pessoa, também, pode ser considerada *sujeito passivo* do delito de roubo, vale dizer, o proprietário, o possuidor e, aqui, ao contrário do que dissemos no crime de furto, incluímos o mero detentor. Isso porque a natureza complexa do crime de roubo permite que visualizemos em sua figura típica, como já alertamos acima, a proteção de mais de um bem jurídico. O patrimônio, em razão da situação topográfica do artigo, é o bem jurídico precipuamente protegido; além dele, entretanto, outros também se encontram protegidos, mesmo que mediatamente, pelo tipo penal que prevê o roubo, conforme ressaltamos linhas atrás. Dessa forma, quando alguém detém em seu poder coisa alheia, que lhe é subtraída violentamente pelo agente, não podemos deixar de considerá-lo, igualmente, sujeito passivo do delito em estudo.

São precisas as lições de Cezar Roberto Bitencourt quando esclarece:

> "O sujeito passivo da violência ou da ameaça pode ser diverso do sujeito passivo da subtração; pode ocorrer, com efeito, que a violência seja empregada não contra o proprietário ou possuidor da coisa alheia, mas contra terceiro. Nesta hipótese, haverá dois sujeitos passivos: um em relação ao patrimônio e outro em relação à violência, ambos vítimas de roubo, sem, contudo, dividir a ação criminosa, que continua única. As duas vítimas – do patrimônio e da violência – estão intimamente ligadas pelo objetivo final do agente: subtração e apossamento da coisa subtraída."[4]

## 1.5 Roubo próprio e roubo impróprio

O Código Penal, embora não utilizando essa rubrica, faz a distinção entre o *roubo próprio*, previsto no *caput* do seu art. 157, e o *roubo impróprio*, constante do § 1º do mesmo artigo.

Inicialmente, é de fundamental importância, para efeitos de distinção entre os roubos próprio e impróprio, ressaltar que o emprego de violência contra a pessoa ou a grave ameaça pode ocorrer *antes, durante* e *após a subtração*.

A hipótese mais comum, sem dúvida, diz respeito à utilização de violência contra pessoa ou a grave ameaça como um *meio* para a prática do crime de roubo. Antes de desapossar a vítima, o agente a subjuga, agredindo-a, por exemplo, para, logo em seguida, levar a efeito a subtração de seus bens. É a hipótese constante do *caput* do art. 157 do diploma repressivo, uma vez que a própria redação legal nos leva a acreditar ser a violência contra pessoa ou a grave ameaça um meio para a execução do delito de roubo, quando se utiliza da expressão *mediante grave ameaça ou violência a pessoa*. Perceba a colocação da palavra *mediante*, aqui empregada no sentido de apontar os meios utilizados na prática da subtração.

A dúvida, no entanto, reside quando a violência contra pessoa ou a grave ameaça é empreendida *durante* ou *depois da* subtração. O § 1º do art. 157 do Código Penal, cuidando do roubo impróprio, diz o seguinte:

> § 1º Na mesma pena incorre quem, logo depois de subtraída a coisa, emprega violência contra pessoa ou grave ameaça, a fim de assegurar a impunidade do crime ou a detenção da coisa para si ou para terceiro.

---

4   BITENCOURT, Cezar Roberto. *Tratado de direito penal*, v. 3, p. 82.

A primeira indagação que surge é a seguinte: Se o agente, dando início a uma subtração não violenta, vale dizer, a um crime de furto, é surpreendido no interior da residência da vítima e, para assegurar a detenção da coisa que havia selecionado, a agride, conseguindo fugir do local do crime, estaríamos diante de um roubo próprio ou de um roubo impróprio? A finalidade da pergunta reside no fato de tentarmos apurar o real significado da expressão *logo depois,* contida no § 1º do art. 157 do Código Penal.

Para que seja facilitado o entendimento, é possível afirmar que, no que diz respeito ao *roubo próprio,* houve no agente a intenção, o dolo de praticar, desde o início, a *subtração violenta* (aqui abrangendo a violência contra pessoa ou a grave ameaça como meio para a prática do roubo). Ao contrário, no roubo denominado *impróprio,* a finalidade inicialmente proposta pelo agente era a de levar a efeito uma subtração patrimonial *não violenta* (furto), que se transformou em violenta por algum motivo durante a execução do delito.

Essa transformação ocorre tanto quando o agente é surpreendido durante, v.g., a seleção dos bens que queria subtrair, como também na hipótese de já estar se retirando do local, momento em que é descoberto pelo proprietário e, a fim de assegurar a detenção da coisa que estava sendo subtraída, o agride, por exemplo.

Temos para nós, portanto, que a expressão *logo depois de subtraída a coisa* deve ter uma interpretação condizente com o dolo do agente. Assim, se o seu dolo era o de praticar, *ab initio,* uma subtração violenta, usando desse meio para a prática do delito, o roubo deverá ser considerado próprio; ao contrário, se a sua finalidade era a de praticar um delito de furto, que acaba se convertendo em roubo depois de selecionados os bens, ou mesmo quando já os retirava do lugar de onde estavam sendo subtraídos, deverá ser considerado *impróprio,* entendendo-se a expressão *logo depois* no sentido de já ter o agente *selecionado os bens,* ou seja, já estar praticando atos que podiam ser compreendidos como início da prática do núcleo *subtrair.*

A questão, no entanto, está longe de ser pacífica, sendo que a maioria da doutrina se posiciona contrariamente ao nosso entendimento, raciocinando no sentido de que a locução *logo depois* não compreende a utilização da violência contra pessoa ou a grave ameaça *durante* a prática da subtração.

Nesse sentido, afirma Hungria, apontando as diferenças entre o roubo próprio e o impróprio:

> "A diferença entre elas é a seguinte: na primeira (chamada *roubo próprio*), o meio violento ou impeditivo da resistência da vítima é empregado *ab initio* ou concomitantemente à tirada da coisa, enquanto que na segunda (chamada *roubo impróprio* ou por *aproximação*), tendo sido empolgada a coisa *clam et occulte,* como no furto, o agente é surpreendido *logo depois* (isto é, antes de se pôr a bom recato) e vem a empregar violência (física ou moral) para assegurar a impunidade do crime (evitar a prisão em flagrante ou ulterior reconhecimento ou indigitação etc.) ou a detenção da *res furtiva.*"[5]

É fundamental consignar que a subtração inicialmente praticada sem violência não pode, jamais, ser considerada consumada, para efeitos de sua transformação no delito de roubo. Por isso é que temos que entender a locução *logo depois de subtraída a coisa* no sentido de que, embora já tendo selecionado e retirado a coisa pertencente à vítima, saindo da sua esfera de disponibilidade, não tinha o agente, ainda, a sua *posse tranquila.* Aquilo poderia ser compreendido como atos de execução tendentes à consumação de um crime de furto, que se transforma em roubo, pois, caso contrário, se o agente já estava na posse tranquila da coisa quando foi surpreendido, teremos, no caso, que cuidar de duas infrações penais distintas,

---

5   HUNGRIA, Nélson. *Comentários ao código penal,* v. VII, p. 56.

sendo a primeira delas o crime de furto, já consumado anteriormente quando o agente passou a gozar da posse tranquila da *res furtiva*, e, v.g., um crime de lesões corporais, mas nunca o crime de roubo.

Esse raciocínio é que nos assegura que a expressão *logo depois da subtração da coisa* não pode ser compreendida no sentido de que o agente já havia consumado a subtração, mas tão somente de que estavam em curso os atos de execução.

Por essa razão, *permissa* vênia, não podemos concordar com a posição de Álvaro Mayrink da Costa quando afirma:

"A distinção entre as duas modalidades se situa em que, no *roubo próprio*, a grave ameaça ou a violência são dirigidas à pessoa visando ao apossamento da coisa, ou melhor, ocorre *antes* ou *durante* a ação da subtração; ao passo que, no *roubo impróprio*, a grave ameaça ou a violência são praticadas *após* a subtração, isto é, quando esta foi consumada."[6]

Além disso, o § 1º do art. 157 do Código Penal menciona que a violência contra pessoa ou a grave ameaça, praticada posteriormente à subtração (entendida, aqui, no sentido exposto acima), deve ter sido utilizada para: *a)* assegurar a impunidade do crime; *b)* assegurar a detenção da coisa para si ou para terceiro.

Embora sejam hipóteses que podem se confundir no caso concreto, Guilherme de Souza Nucci, tentando fazer a distinção entre as duas situações, preleciona:

"Há duas possibilidades para o emprego da violência ou da grave ameaça após a subtração ter-se efetivado: assegurar a impunidade, significando garantir que o agente não será preso (ex.: dar o ladrão um soco na vítima, que tenta prendê-lo, após descobrir a subtração), ou assegurar a detenção da coisa para si ou para terceiro, querendo dizer que o objeto retirado do ofendido não deve voltar à sua esfera de disponibilidade (ex.: proferir o ladrão uma ameaça de morte, apontando o revólver, para que a vítima não se aproxime, tentando recuperar o bem que percebe estar sendo levado embora)."[7]

Ao que parece, a distinção somente reside no fato de que, por exemplo, no primeiro caso, quando a lei menciona que o agente se vale do emprego da violência contra pessoa ou a grave ameaça, a fim de assegurar a impunidade do crime, a situação envolvia a sua liberdade, como exemplificado por Nucci. Não se tinha a preocupação, no momento, de se recuperar a *res furtiva*, mas, pelo menos precipuamente, de prender o autor da infração penal, oportunidade em que este se vale da violência ou da grave ameaça para alcançar a impunidade. No entanto, o agente também não pode abandonar a *res furtiva* somente empregando a violência ou a grave ameaça, para fugir, sem se preocupar com o objeto da subtração, pois teríamos, aqui, uma tentativa de furto, conjugada, por exemplo, com um delito de lesão corporal.

Por isso é que alertamos que a distinção é um tanto quanto confusa, uma vez que as hipóteses devem ser conjugadas. Da mesma forma, quando o agente atua com violência querendo, hipoteticamente, assegurar a *detenção da coisa* que por ele estava sendo subtraída, bem como a sua liberdade, fugindo do local do crime.

Também se discute se na modalidade imprópria de roubo seria possível o emprego, tal como previsto no *caput* do art. 157 do Código Penal, de qualquer outro meio, que não a violência contra pessoa ou a grave ameaça, que pudesse reduzir a capacidade de resistência da vítima, vale dizer, a denominada *violência imprópria*, já analisada em nossa introdução.

A doutrina também se divide nesse ponto.

---

[6] COSTA, Álvaro Mayrink da. *Direito penal* – Parte especial, p. 712.

[7] NUCCI, Guilherme de Souza. *Código penal comentado*, p. 514.

Cezar Roberto Bitencourt, argumentando com o princípio da legalidade, não vê qualquer possibilidade de ampliação do texto constante do § 1º do art. 157 do Código Penal, a fim de nele abranger a violência imprópria, asseverando:

> "No roubo impróprio, ao contrário do roubo próprio, não há previsão legal, como executivo, da utilização de 'qualquer outro meio', limitando-se ao emprego de violência ou grave ameaça. Rechaçamos, assim, o entendimento daqueles que admitem 'outros meios', além de violência ou grave ameaça, na caracterização do roubo impróprio. É inadmissível qualquer interpretação extensiva ou analógica para incluir, como elementar típica, meio que a lei não prevê, ampliando o *jus puniendi* estatal e ferindo o princípio da tipicidade taxativa."[8]

Hoeppner Dutra, citado por Weber Martins Batista, aduz que, "no roubo impróprio, o emprego de qualquer meio que anule a resistência da vítima importa, necessariamente, em violência à pessoa."[9]

Entendemos assistir razão à corrente, por sinal majoritária, que somente admite a violência contra pessoa *(vis corporalis)* e a grave ameaça, praticadas logo após a subtração (compreendida, aqui, no sentido que defendemos anteriormente), para efeitos de reconhecimento do *roubo impróprio*, descartando-se, em obediência ao princípio da legalidade, a inclusão da denominada *violência imprópria*.

## 1.6 Consumação e tentativa

Para efeitos de reconhecimento do momento consumativo do roubo, a doutrina, de forma majoritária, faz a distinção entre as suas duas espécies, vale dizer, o *roubo próprio* e o *roubo impróprio*, a nosso ver sem o menor sentido.

Embora com algum dissenso, afirmam que o roubo próprio se consuma com a retirada violenta do bem da esfera de disponibilidade da vítima, passando o agente a exercer sobre ele a *posse tranquila*, mesmo que por curto espaço de tempo. Mesmo na hipótese de roubo próprio, nossos Tribunais Superiores têm modificado sua posição, passando a entender que a simples retirada do bem da esfera de disponibilidade da vítima já seria suficiente para efeitos de reconhecimento da consumação, conforme se verifica nas jurisprudências abaixo colacionadas:

> "A teor da Súmula nº 582/STJ, tem-se a consumação do crime de roubo com a inversão da posse do bem mediante emprego de violência ou grave ameaça, ainda que por breve tempo e em seguida à perseguição imediata ao agente e recuperação da coisa roubada, sendo prescindível a posse mansa e pacífica ou desvigiada" (STJ, AgRg no HC 499.829/SC, Rel. Min. Nefi Cordeiro, 6ª T., DJe 13/06/2019).

> "De acordo com a jurisprudência consolidada deste Superior Tribunal de Justiça, reafirmada no recente julgamento do Recurso Especial Repetitivo 1.499.050/RJ pela Terceira Seção, deve ser adotada a teoria da *aprehensio* ou *amotio* no que se refere à consumação do delito de roubo, que ocorre no momento em que o agente se torna possuidor da *res furtiva*, ainda que a posse não seja de forma mansa e pacífica, não sendo necessário que o objeto subtraído saia da esfera de vigilância da vítima" (STJ, AgRg no REsp 1.201.491/RJ, Rel.ª Min.ª Maria Thereza de Assis Moura, 6ª T., DJe 12/04/2016).

> "A jurisprudência desta Eg. Corte Superior já se consolidou no sentido de que o delito de roubo consuma-se com a simples posse da coisa alheia móvel subtraída, ainda que por breves

---

8    BITENCOURT, Cezar Roberto. *Tratado de direito penal*, v. 3, p. 92-93.
9    BATISTA, Weber Martins. *O furto e o roubo no direito e no processo penal*, p. 238.

instantes, sendo desnecessário que o bem saia da esfera de vigilância da vítima. Prescindível, portanto, a posse tranquila do bem, obstada, muitas vezes, pela imediata perseguição policial ou por terceiro" (STJ, HC 243.422/SP, Rel. Min. Nefi Cordeiro, 6ª T., DJe 17/03/2016).

Nesse sentido, a Súmula nº 582 do STJ, publicada no DJ e de 19 de setembro de 2016, que diz:

> **Súmula nº 582.** Consuma-se o crime de roubo com a inversão da posse do bem mediante emprego de violência ou grave ameaça, ainda que por breve tempo e em seguida à perseguição imediata ao agente e recuperação da coisa roubada, sendo prescindível a posse mansa e pacífica ou desvigiada.

Nossos doutrinadores parecem acompanhar essa *involução, permissa* vênia, dos Tribunais Superiores, a exemplo de Cezar Roberto Bitencourt, quando diz:

"A consumação do crime de roubo se perfaz no momento em que o agente se torna possuidor da *res furtiva*, subtraída mediante violência ou grave ameaça, independentemente de sua posse mansa e pacífica."[10]

No mesmo sentido, Guilherme de Souza Nucci:

"O roubo está consumado quando o agente retira o bem da esfera de disponibilidade e vigilância da vítima."[11]

Estamos, portanto, com Weber Martins Batista quando, rechaçando a posição acima transcrita, assevera:

"Não se pode falar em consumação antes que o poder de disposição da coisa se perca para o dono e passe para o agente. E isso acontece no momento em que este estabelece um estado *tranquilo*, embora transitório, de detenção da coisa."[12]

Tratando-se de crime material, é perfeitamente admissível a tentativa de roubo, sendo que, para nós, ocorrerá quando o agente não conseguir, mesmo que por curto espaço de tempo, a posse tranquila da *res furtiva*; para a corrente que entende não ser necessária a posse tranquila da coisa pelo agente, para efeitos de reconhecimento de consumação, ainda assim será possível a tentativa, a partir do instante em que, iniciada a execução, não conseguir retirar o bem da esfera de disponibilidade da vítima, por circunstâncias alheias à sua vontade.

Por outro lado, no que diz respeito ao roubo impróprio, também de forma majoritária, a doutrina já se posicionava, tal como acontece hoje, no sentido de que a sua consumação ocorreria quando do emprego da violência ou da grave ameaça, depois da subtração, para assegurar a impunidade do crime ou a detenção da coisa.

Nesse sentido, afirma Álvaro Mayrink da Costa que "a consumação do roubo impróprio ocorre quando o sujeito ativo emprega violência ou grave ameaça à pessoa para assegurar a impunidade do crime ou a posse da *res furtiva*."[13]

Não conseguimos compreender a mudança de tratamento para efeitos de reconhecimento de momentos diferentes de consumação nas espécies de roubo – próprio e impróprio.

---

[10] BITENCOURT, Cezar Roberto. *Tratado de direito penal*, v. 3, p. 104.
[11] NUCCI, Guilherme de Souza. *Código penal comentado*, p. 513.
[12] BATISTA, Weber Martins. *O furto e o roubo no direito e no processo penal*, p. 220.
[13] COSTA, Álvaro Mayrink da. *Direito penal* – Parte especial, p. 712.

Para nós, que entendemos que a consumação somente ocorre com a retirada do bem da esfera de disponibilidade da vítima e o ingresso na posse tranquila do agente, não há qualquer diferença no fato de ser a violência anterior ou posterior à subtração da coisa.

Em razão dessa afirmação, vale dizer, que no roubo impróprio a consumação ocorre com o simples emprego de violência ou grave ameaça depois da subtração da coisa, é que a doutrina e a jurisprudência têm se dividido com relação à possibilidade de reconhecimento da tentativa nessa modalidade de roubo.

Segundo as lições de Hungria:

"No caso de violência subsequente à subtração, o momento consumativo é o do emprego da violência; e não há falar-se em tentativa: ou a violência é empregada, e tem-se a consumação, ou não é empregada, e o que se apresenta é o crime de furto."[14]

Nesse sentido, já decidiu o Superior Tribunal de Justiça:

"O crime previsto no art. 157, § 1º, do Código Penal consuma-se no momento em que, após o agente tornar-se possuidor da coisa, a violência é empregada, não se admitindo, pois, a tentativa (REsp 1.025.162/SP, Recurso Especial 2008/0014351-8, 5ª T., Rel. Min. Felix Fischer, DJe 10/11/2008).

Fazendo a distinção entre o roubo próprio e o impróprio e firmando entendimento no sentido de se permitir a tentativa nessa última modalidade, posição com a qual nos filiamos, com precisão, aduz Weber Martins Batista:

"Entre uma e outra situação não estão separadas por um simples *ponto*, mas por uma *linha*, muitas vezes longa, pois entre o apoderamento da coisa e o fato do agente passar a dispor dela *com tranquilidade, desvigiadamente*, há um *iter* a ser percorrido. Assim, a grave ameaça ou a violência praticada ao longo desse caminho, visando, sem êxito, a manter a detenção da coisa, ou a garantir a fuga com a coisa, caracteriza o roubo impróprio tentado."[15]

Em ambas as espécies de roubo – próprio e impróprio –, a destruição da coisa, total ou parcial, tal como acontece no delito de furto, terá o condão de consumar a infração penal, haja vista que a coisa alheia móvel não poderá ser restituída da mesma forma com que foi subtraída.

Com relação ao roubo qualificado pela lesão corporal grave e pela morte, dadas as suas especificidades, faremos a análise do seu momento consumativo, bem como da possibilidade de tentativa, quando do estudo em tópico próprio.

## 1.7 Elemento subjetivo

O crime de roubo somente pode ser praticado dolosamente, não havendo previsão legal para a modalidade culposa.

Além do dolo, a doutrina majoritária aponta outro elemento subjetivo, que lhe é transcendente, chamado *especial fim de agir*, caracterizado na expressão *para si ou para outrem*, constante do art. 157 do Código Penal.

Assim, a figura típica do delito de roubo somente estará aperfeiçoada quando a subtração for praticada dolosamente pelo agente, que atua com a finalidade especial de ter

---

[14] HUNGRIA, Nélson. *Comentários ao código penal*, v. VII, p. 61.

[15] BATISTA, Weber Martins. *O furto e o roubo no direito e no processo penal*, p. 234.

a coisa para si ou para outrem. Esse chamado especial fim de agir elimina, no caso, a punição do agente pela subtração violenta para uso a título de roubo, conforme veremos mais adiante.

Merece destaque, ainda, o fato de que o dolo do agente deve abranger todos os elementos constantes do tipo penal em estudo, a exemplo do que ocorre com o elemento normativo consubstanciado na expressão *coisa móvel alheia*. O sujeito, portanto, deve saber que a coisa por ele subtraída não é de sua propriedade, pois, caso contrário, poderá ser levado a efeito o raciocínio correspondente ao erro de tipo, previsto no art. 20 do Código Penal.

No *roubo impróprio*, o § 1º do art. 157 do Código Penal ainda exige outros dois elementos subjetivos, que dizem respeito à especial finalidade do agente, que atua no sentido de *assegurar a impunidade do crime ou a detenção da coisa*, também para si ou para outrem.

## 1.8 Modalidades comissiva e omissiva

O núcleo *subtrair*, constante do art. 157 do Código Penal, pressupõe um comportamento comissivo, vale dizer, um fazer alguma coisa no sentido de conseguir a subtração.

Entretanto, se o agente vier a gozar do *status* de garantidor, poderá responder pelo delito de roubo via omissão imprópria. Assim, imagine-se a hipótese em que um policial civil, cuja função de garantia é originária da lei, amoldando-se, portanto, à alínea *a* do § 2º do art. 13 do Código Penal, percebendo que um delito de roubo está em andamento e, podendo, dolosamente, nada faz para evitá-lo, porque percebe que a vítima da infração penal é sua inimiga. Nesse caso, não deverá ser responsabilizado pelo crime de prevaricação, mas sim pelo resultado que *devia* e *podia*, mas não tentou evitar, vale dizer, o roubo.

Dessa forma, podemos concluir que o delito de roubo admite a sua prática comissiva e omissivamente, desde que, neste último caso, estejamos diante das hipóteses de omissões impróprias.

## 1.9 Causas especiais de aumento de pena

Os §§ 2º, 2º-A e 2º-B do art. 157 do Código Penal, com as modificações trazidas pelas Leis nos 13.654, de 23 de abril de 2018, e 13.964, de 24 de dezembro de 2019, determinam, *verbis*:

§ 2º A pena aumenta-se de 1/3 (um terço) até metade:
I – (revogado);
II – se há o concurso de duas ou mais pessoas;
III – se a vítima está em serviço de transporte de valores e o agente conhece tal circunstância.
IV – se a subtração for de veículo automotor que venha a ser transportado para outro Estado ou para o exterior;
V – se o agente mantém a vítima em seu poder, restringindo sua liberdade.
VI – se a subtração for de substâncias explosivas ou de acessórios que, conjunta ou isoladamente, possibilitem sua fabricação, montagem ou emprego.
VII – se a violência ou grave ameaça é exercida com o emprego de arma branca.
§ 2º-A. A pena aumenta-se de 2/3 (dois terços):
I – se a violência ou ameaça é exercida com emprego de arma de fogo;
II – se há destruição ou rompimento de obstáculo mediante o emprego de explosivo ou de artefato análogo que cause perigo comum.
§ 2º-B. Se a violência ou grave ameaça é exercida com emprego de arma de fogo de uso restrito ou proibido, aplica-se em dobro a pena prevista no *caput* deste artigo.

Os §§ 2º, 2º-A e 2º-B do art. 157 do Código Penal, com as modificações trazidas pelas Leis nos 13.654, de 23 de abril de 2018, e 13.964, de 24 de dezembro de 2019, preveem as causas de aumento de pena a serem aplicadas ao crime de roubo, que terão influência no terceiro momento do critério trifásico previsto pelo art. 68 do mesmo diploma legal.

Dessa forma, segundo a posição por nós assumida, na hipótese do § 2º do art. 157 do Código Penal, quanto maior a presença, no caso concreto, de hipóteses que dão margem à majoração, maior será o percentual de aumento, que poderá variar de um terço até a metade. Assim, a presença de mais de uma causa especial de aumento de pena permite ao julgador a fuga do patamar mínimo de aumento (um terço), levando-o em direção ao percentual máximo (metade), lembrando sempre que toda decisão deverá ser fundamentada, não se podendo aceitar, simplesmente, a determinação de um percentual de aumento acima do patamar mínimo sem que haja motivação suficiente.[16]

Nesse sentido, o STJ manifestou o seu posicionamento quanto ao tema, editando a Súmula nº 443, publicada do DJe de 13 de maio de 2010, com o seguinte teor:

> **Súmula nº 443.** O aumento na terceira fase de aplicação da pena no crime de roubo circunstanciado exige fundamentação concreta, não sendo suficiente para a sua exasperação a mera indicação do número de majorantes.

Não se cuidam, ainda, de qualificadoras, ao contrário do que ocorre com os incisos I e II do § 3º do art. 157 do Código Penal, pois não cominam penas mínimas e máximas superiores ao *caput*, determinando, tão somente, o aumento da pena aplicada ao agente que, nas hipóteses do § 2º, variará entre um terço até metade, será de 2/3 (dois terços) na prevista pelo § 2º-A e o dobro se ocorrer a hipótese do § 2º-B, todos do mesmo artigo.

Faremos, em seguida, o estudo individualizado de cada uma delas, de acordo com a ordem proposta pela lei penal.

### 1.9.1 Concurso de duas ou mais pessoas

Ao contrário do crime de furto, no qual o concurso de pessoas torna a infração qualificada, no crime de roubo o concurso de pessoas encontra-se no rol das causas especiais de aumento de pena, gozando, aqui, do *status* de majorante, e não de qualificadora.

No entanto, embora possuindo naturezas diferentes, os raciocínios são idênticos, razão pela qual todas as discussões lançadas quando do estudo do crime de furto valem, também, para o delito de roubo. Por este motivo, pedimos vênia ao leitor para remetê-lo ao tópico correspondente no delito de furto.

Merece destaque, contudo, a advertência feita por Weber Martins Batista, quando diz que no crime de roubo:

> "Não é preciso que todos os parceiros pratiquem grave ameaça ou violência; basta que um o faça, e esse *modo* de execução seja de conhecimento e tenha a aprovação, expressa ou tácita, dos demais.
>
> Tal como ocorre no furto, a qualificadora exige que os agentes participem da *execução* do crime, intervenham em seu *cometimento*, estejam presentes no local e momento do fato. Não basta, pois, que estejam combinados, que um seja o mandante e outro, o executor; que um cometa o crime e o outro, por combinação prévia, lhe preste qualquer tipo de auxílio *posterior* à prática do delito."[17]

---

[16] No tópico correspondente aos *destaques* faremos menção às demais correntes que disputam o tratamento que deve ser levado a efeito quando estivermos diante de mais de uma causa especial de aumento de pena.

[17] BATISTA, Weber Martins. *O furto e o roubo no direito e no processo penal*, p. 261.

## 1.9.2 Se a vítima está em serviço de transporte de valores e o agente conhece tal circunstância

Para que ocorra a causa especial de aumento de pena prevista pelo inciso III do § 2º do art. 157 do Código Penal, é preciso a conjugação de dois fatores. Primeiro, que a vítima esteja *em serviço* de transporte de valores; segundo, que o agente *conheça* tal circunstância.

Dessa forma, incide a majorante se o serviço da vítima era, no momento em que foi abordada pelo agente, o de transportar valores, que, segundo Hungria, "tanto podem ser representados por dinheiro, como por qualquer outro *efeito* que se costuma transportar (n.b.: *transportar*, e não *portar*), como sejam: pedras preciosas, ouro em pó ou em barra, selos, estampilhas, títulos ao portador etc."[18]

Não há necessidade, ainda, que o serviço praticado pela vítima seja o de, especificamente, transportar valores, a exemplo do que ocorre com o transporte de dinheiro em carro-forte. Poderá, por exemplo, um *office-boy*, que, sempre no final da tarde, leva os valores arrecadados no local onde trabalha, a fim de que sejam depositados numa agência bancária. Nesse caso, podemos afirmar que, naquele momento específico, estava a serviço de transporte de valores.

Nesse sentido, adverte corretamente Rogério Sanches Cunha que:

"Certamente o vendedor que distribui mercadoria, recebe o preço e retorna à base, também transporta valores. Sem razão, assim, aqueles que buscam limitar o aumento de pena aos casos de transporte de valores das casas bancárias"[19].

A segunda exigência contida no inciso em estudo, necessária à caracterização da majorante, diz respeito ao fato de que, além de a vítima estar a serviço de transporte de valores, o agente deve *ter conhecimento dessa circunstância*. Conhecer essa circunstância, de acordo com a ilação legal, tem o sentido de que o agente sabia, efetivamente, que a vítima, naquele momento, estava a serviço de transporte de valores. Esse conhecimento deve, obrigatoriamente, fazer parte do seu dolo, sob pena de se afastar a majorante. Dessa forma, se o agente, por coincidência, aborda a vítima que, naquele instante, estava a serviço de transporte de valores e, mediante o emprego de grave ameaça, consegue subtrair tudo aquilo que ela trazia consigo, somente responderá pelo roubo, sem a causa especial de aumento de pena.

Discute-se, ainda, em virtude da locução *estar em serviço de transporte de valores*, que, se fosse o proprietário que estivesse transportando valores no momento da abordagem, se poderia ser aplicada a majorante em exame. Tem-se entendido que não, uma vez que a expressão *estar em serviço* afasta o proprietário dos valores, pois ele não estaria em serviço para si mesmo, abrangendo, tão somente, terceiros que lhe prestam esse serviço. Nesse sentido, afirma Paulo José da Costa Júnior que a causa especial de aumento de pena "se refere ao transportador de valores, não se entendendo como tal o proprietário de joias que estiver a levá-las do cofre do banco para sua casa."[20]

## 1.9.3 Se a subtração for de veículo automotor que venha a ser transportado para outro Estado ou para o exterior

A Lei nº 9.426, de 24 de dezembro de 1996, acrescentou dois incisos ao § 2º do art. 157 do Código Penal, sendo um deles relativo à subtração de veículo automotor que venha a ser transportado para outro Estado ou para o exterior, considerado como mais uma causa especial de aumento de pena, ao contrário do que ocorreu no delito de furto, quando o le-

---

[18] HUNGRIA, Nélson. *Comentários ao código penal*, v. VII, p. 59.

[19] CUNHA, Sanches Rogério. *Manual de direito penal* – parte especial, volume único, p. 298.

[20] COSTA JÚNIOR, Paulo José da. *Curso de direito penal*, v. 2, p. 83.

gislador, valendo-se do mesmo fato, criou outra modalidade qualificada de subtração sem violência.

Como as situações são idênticas – subtração de veículo automotor que venha a ser transportado para outro Estado ou para o exterior –, somente se modificando a natureza jurídica da punição, pois no furto tal fato qualifica a infração penal e no roubo considera-se como uma majorante, a ser avaliada no terceiro momento de aplicação da pena, previsto pelo art. 68 do Código Penal, tomamos a liberdade, evitando-se a desnecessária repetição, de remeter o leitor ao tópico próprio, quando do estudo do delito de furto.

Damásio de Jesus, no que diz respeito à aplicação prática da causa especial de aumento de pena em estudo, assevera:

"O novo tipo surtirá pouco efeito prático, uma vez que esse delito, na maioria das vezes, já terá a pena especialmente agravada pela natureza do instrumento utilizado (arma) ou pela forma de execução (concurso de pessoas), atuando a espécie do objeto material (veículo automotor) e o transporte como meras circunstâncias judiciais, uma vez que não estão descritas no art. 61 do CP, sem a importância que a lei lhes pretendeu emprestar."[21]

Apesar da força do raciocínio do renomado autor, ousamos dele discordar. Isso porque, segundo entendemos, quanto maior o número de majorantes presentes no caso concreto, maior será a possibilidade de o julgador fugir ao percentual mínimo de aumento, previsto em um terço. Assim, *permissa* vênia, a existência de mais de uma causa de aumento de pena, não prevista pelo Código Penal também como circunstância agravante, não deverá ser analisada como se fosse uma circunstância judicial, mas sim no terceiro momento do critério trifásico, previsto pelo art. 68 do diploma repressivo, podendo o juiz fundamentar a aplicação de um percentual maior de aumento de pena, quando estiver diante de mais de uma majorante.

### 1.9.4 Se o agente mantém a vítima em seu poder, restringindo sua liberdade

Também inserido no § 2º do art. 157 do Código Penal pela Lei nº 9.426, de 24 de dezembro de 1996, o inciso V permite o aumento de um terço até metade se durante a prática do roubo o agente mantém a vítima em seu poder, restringindo sua liberdade. Antes da edição da mencionada lei, a solução era pelo concurso de crimes entre o roubo e o sequestro, caso houvesse, além da subtração patrimonial violenta, a privação da liberdade da vítima.

Tal majorante, entretanto, merece atenção especial, dadas suas peculiaridades.

Inicialmente, faz-se mister registrar o fato de que essa causa especial de aumento de pena foi inserida no Código Penal, basicamente, em virtude do chamado sequestro-relâmpago, no qual durante, por exemplo, a prática do crime de roubo, a vítima é colocada no porta-malas do seu próprio veículo e ali permanece por tempo não prolongado, até que os agentes tenham completo sucesso na empresa criminosa, sendo libertada logo em seguida.

Não podemos, entretanto, entender que toda privação de liberdade levada a efeito durante a prática do roubo se consubstanciará na majorante em estudo. Pode ser, inclusive, que se configure em infração penal mais grave.

A doutrina tem visualizado duas situações que permitiriam a incidência da causa de aumento de pena em questão, a saber: *a)* quando a privação da liberdade da vítima for um *meio* de execução do roubo; *b)* quando essa mesma privação de liberdade for uma garantia, em benefício do agente, contra a ação policial.

---

[21] JESUS, Damásio E. de. *Direito penal*, v. 2, p. 343.

Devemos concluir, ainda, que a vítima mencionada pela majorante é a do próprio roubo, pois, caso contrário, o crime poderá se constituir em extorsão mediante sequestro, previsto pelo art. 159 do Código Penal.

Vale o alerta feito por Cezar Roberto Bitencourt, quando afirma:

"Quando o 'sequestro' (manutenção da vítima em poder do agente) for praticado *concomitantemente* com o roubo de veículo automotor ou, pelo menos, como *meio de execução* do roubo ou como *garantia contra ação policial*, estará configurada a *majorante* aqui prevista. Agora, quando eventual 'sequestro' for praticado *depois da consumação do roubo* de veículo automotor, sem nenhuma conexão com sua execução ou garantia de fuga, não se estará diante da *majorante especial*, mas se tratará de concurso de crimes, podendo, inclusive, tipificar-se, como já referimos, a extorsão mediante sequestro: o extorquido é o próprio 'sequestrado'."[22]

Além disso, para que seja aplicada a causa especial de aumento de pena, a privação da liberdade não poderá ser prolongada, devendo-se, aqui, trabalhar com o princípio da razoabilidade para efeitos de reconhecimento do *tempo* que, em tese, seria suficiente para ser entendido como majorante, e não como figura autônoma de sequestro, ou mesmo extorsão mediante sequestro.

Devemos lembrar que a causa especial de aumento em estudo é benéfica ao agente, pois evita a imposição do concurso de crimes, razão pela qual deverá ser criteriosa a sua aplicação, para não se chegar a conclusões absurdas, em detrimento das vítimas dessas infrações penais.

Assim, imagine-se a hipótese na qual os agentes, depois de subtraírem os pertences da vítima, a mantenham presa no interior do porta-malas de seu próprio automóvel, a fim de que pratiquem vários roubos durante toda a madrugada, utilizando o veículo a ela pertencente, que lhes servirá nas fugas. O fato de ter permanecido privada de sua liberdade durante toda a madrugada é tempo mais que suficiente para se configurar o crime de sequestro, que deverá ser reconhecido juntamente com o delito de roubo, aplicando-se a regra do concurso material.

Agora, suponha-se que o agente, pretendendo a subtração do veículo de propriedade da vítima, depois de anunciar o roubo, a coloque dentro do porta-malas, saindo em direção a uma via de acesso rápido. Algum tempo depois, quando já se encontrava em local adequado para a fuga, quando já não mais corria risco de ser interceptado pelos policiais que, em tese, seriam avisados pela vítima, caso esta não tivesse sido privada da sua liberdade, o agente estaciona o veículo e a liberta. Nesse caso, deverá responder pelo roubo, com a pena especialmente agravada nos termos do inciso V do § 2º do art. 157 do Código Penal.

A Lei nº 11.923, de 17 de abril de 2009, criou outra modalidade de sequestro-relâmpago, acrescentando o § 3º ao art. 158 do Código Penal, dizendo, *verbis*:

> § 3º Se o crime é cometido mediante a restrição da liberdade da vítima, e essa condição é necessária para a obtenção da vantagem econômica, a pena é de reclusão, de 6 (seis) a 12 (doze) anos, além da multa; se resulta lesão corporal grave ou morte, aplicam-se as penas previstas no art. 159, §§ 2º e 3º, respectivamente.

A Lei nº 13.964, de 24 de dezembro de 2019, modificando a Lei nº 8.072/1990, nela inserindo a alínea *a*, no inciso II do seu art. 1º, passou a considerar como hediondo o roubo circunstanciado pela restrição de liberdade da vítima, tipificado no inciso V do § 2º do art. 157 do estatuto penal.

---

[22] BITENCOURT, Cezar Roberto. *Tratado de direito penal*, v. 3, p. 102.

### 1.9.5 Se a subtração for de substâncias explosivas ou de acessórios que, conjunta ou isoladamente, possibilitem sua fabricação, montagem ou emprego

A majorante em estudo foi inserida no § 2º do art. 157 do Código Penal através da Lei nº 13.654, de 23 de abril de 2018.

Ao contrário do que ocorreu com o delito de furto, no qual foi criada uma modalidade qualificada, punindo com uma pena de 4 (quatro) a 10 (dez) anos de reclusão e multa, se a subtração for de substâncias explosivas ou de acessórios que, conjunta ou isoladamente, possibilitem sua fabricação, montagem ou emprego, para o delito de roubo a mesma subtração, se cometida com o emprego de violência ou grave ameaça, importará em um aumento que poderá variar de 1/3 até metade, a ser aplicado no terceiro momento do critério trifásico de aplicação da pena, previsto pelo art. 68 do mesmo diploma repressivo.

Para que não sejamos repetitivos, remetemos o leitor ao art. 155 do Código Penal, onde essas substâncias explosivas e seus acessórios foram tratados mais detidamente.

### 1.9.6 Se a violência ou grave ameaça é exercida com o emprego de arma branca

O inciso VII foi acrescentado ao § 2º do art. 157 do Código Penal através da Lei nº 13.964, de 24 de dezembro de 2019, que prevê um aumento de 1/3 (um terço) até a metade se o roubo for cometido com o emprego de arma branca. O conceito de arma branca pode ser encontrado por exclusão, vale dizer, não sendo considerada uma arma de fogo, todo instrumento que pode ser utilizado tanto para o ataque como para defesa, pode ser considerado como uma arma branca.

As armas brancas podem ser classificadas em sete espécies, a saber: I – cortantes (navalhas, lâminas etc.); II – perfurantes (florete, chave de fenda etc.); III – perfurocortantes (faca, cacos de vidro etc.); IV – contundentes (martelo, pedaço de pau etc.); V – cortocontundentes (machado, foice etc.); VI – perfurocontundentes (lança, arpão etc.); e perfurocortocontundentes (facão etc.).

Nesse conceito de arma branca não podemos incluir os chamados simulacros, ou seja, aquelas réplicas, muitas delas perfeitas, que se confundem com as armas de fogo. Obviamente que o simulacro de arma possui poder de intimidação, fazendo com que a vítima ceda mais facilmente à subtração. Contudo, não se amolda ao conceito de arma branca, isto é, não se encaixa em nenhuma das definições apontadas acima.

> "Nos casos em que se aplica a Lei nº 13.654/2018, é possível a valoração do emprego de arma branca, no crime de roubo, como circunstância judicial desabonadora" (STJ, 5ª T., HC 556.629-RJ, Rel. Min. Ribeiro Dantas, j. 03/03/2020 – *Info* 668).

### 1.9.7 Se a violência ou ameaça é exercida com emprego de arma de fogo

O conceito de arma de fogo encontra-se previsto nos Decreto nº 10.030, de 30 de setembro de 2019.

O emprego da arma de fogo agrava especialmente a pena em virtude de sua potencialidade ofensiva, conjugada com o maior poder de intimidação sobre a vítima. Os dois fatores, na verdade, devem estar reunidos para efeitos de aplicação da majorante. Dessa forma, não se pode permitir o aumento de pena quando a arma de fogo utilizada pelo agente não tinha, no momento da sua ação, qualquer potencialidade ofensiva por estar sem munição ou mesmo com um defeito mecânico que impossibilitava o disparo. Embora tivesse a possibilidade de amedrontar a vítima, facilitando a subtração, não poderá ser considerada para efeitos de aumento de pena, tendo em vista a completa impossibilidade de potencialidade lesiva, ou seja, a de produzir dano superior ao que normalmente praticaria sem o seu uso.

Entendendo pelo afastamento da majorante nas hipóteses de arma de fogo desmuniciada, assim decidiu o Superior Tribunal de Justiça:

"Nos termos da jurisprudência desta Corte, o emprego de arma de fogo desmuniciada, como forma de intimidar a vítima do delito de roubo, malgrado caracterize a grave ameaça configuradora do crime de roubo, não justifica o reconhecimento da majorante do art. 157, § 2º, I[23], do Código Penal, ante a ausência de potencialidade ofensiva do artefato" (STJ, HC 247.708/SP, Rel. Min. Ribeiro Dantas, 5ª T., DJe 25/04/2018).

A doutrina se digladia quanto à necessidade de ser a arma de fogo efetivamente empregada, para efeitos de se praticar a violência ou a grave ameaça, ou se bastaria o seu uso ostensivo, para fins de reconhecimento da causa especial de aumento de pena.

Empregar a arma de fogo significa utilizá-la no momento da prática criminosa. Tanto emprega a arma de fogo o agente que, sem retirá-la da cintura, mas com a mão sobre ela, anuncia o roubo, intimidando a vítima, como aquele que, após sacá-la, a aponta em direção à sua cabeça. O importante é que ela seja utilizada durante o roubo, mesmo que a ameaça seja levada a efeito implicitamente, como no exemplo acima fornecido. Conforme alerta Weber Martins Batista, também poderá ser reconhecida a majorante, "na circunstância do agente que, tendo consigo a arma, e mesmo sem manejá-la ou exibi-la à vítima, dá a entender que está armado e pretende fazer uso da arma, em caso de resistência"[24].

Em sentido contrário, preleciona Cezar Roberto Bitencourt:

"Segundo a dicção do texto legal, é necessário o emprego efetivo de arma, sendo insuficiente o simples portar. [...] A tipificação legal condiciona a ser a violência ou grave ameaça 'exercida' com o 'emprego de arma', e 'empregá-la' significa uso efetivo, concreto, real, isto é, a utilização da arma no cometimento da violência"[25].

### 1.9.7.1 Jurisprudência em teses do Superior Tribunal de Justiça. Edição nº 111: Provas no processo penal – II

É prescindível a apreensão e a perícia de arma de fogo para a caracterização de causa de aumento de pena prevista no art. 157, § 2º-A, I, do Código Penal, quando evidenciado o seu emprego por outros meios de prova.

### 1.9.8 Se há destruição ou rompimento de obstáculo mediante o emprego de explosivo ou de artefato análogo que cause perigo comum

A causa especial de aumento de pena relativa à destruição ou rompimento de obstáculo mediante o emprego de explosivo ou de artefato análogo que cause perigo comum foi inserida no art. 157 por meio da Lei nº 13.654, de 23 de abril de 2018, que criou o § 2º-A, determinando um aumento de 2/3 (dois terços).

Anteriormente, a destruição ou rompimento de obstáculo à subtração da coisa só era previsto para o crime de furto. Agora, em virtude da modificação legislativa, passou a ser previsto, também, para o crime de roubo, desde que esses comportamentos sejam levados a efeito mediante o emprego de explosivo ou de artefato análogo que cause perigo comum. Nas demais hipóteses, mesmo que haja destruição ou rompimento de obstáculo para a prática de um crime de roubo, não será possível a aplicação da majorante.

Assim, imagine-se a hipótese daquele que, querendo praticar um crime de roubo a uma agência bancária, destrua, com a utilização de uma marreta, a porta que estava de-

---

[23] A Lei nº 13.654/2018 revogou o inciso I do § 2º do art. 157 e inseriu o § 2º-A, I para prever o aumento da pena em 2/3 se violência ou ameaça for exercida com emprego de arma de fogo.

[24] BATISTA, Weber Martins. *O furto e o roubo no direito e no processo penal*, p. 248.

[25] BITENCOURT, Cezar Roberto. *Tratado de direito penal*, v. 3, p. 97.

vidamente trancada com cadeados e barras de ferro, para evitar o ingresso de pessoas não permitidas. Na agência bancária, agride o segurança e leva a efeito a subtração dos bens que se encontravam no cofre. Nesse caso, não haverá que se falar em aplicação da causa de aumento de pena prevista no inciso II do § 2º-A do art. 157 do Código Penal. Raciocínio ao contrário se daria se os agentes, a fim de ingressar na agência bancária, ou mesmo para a abertura do cofre-forte, se utilizassem de explosivos ou artefatos análogos para que tivessem sucesso na prática do roubo.

A lei exige, ainda, que o emprego do explosivo ou do artefato análogo cause *perigo comum*, ou seja, a um número indeterminado de pessoas. Assim, se os agentes se utilizarem de explosivos ou de artefatos que não proporcionem essa situação de perigo, limitando a sua utilização tão somente a destruir ou a romper o obstáculo, também não haverá possibilidade de aplicação da majorante. Aqui, somente a prova pericial é que poderá afirmar se houve ou não a criação de perigo comum com a sua utilização.

### 1.9.9 Se a violência ou grave ameaça é exercida com emprego de arma de fogo de uso restrito ou proibido, aplica-se em dobro a pena prevista no caput deste artigo

O § 2º-B foi inserido no art. 157 do Código Penal através da Lei nº 13.964, de 24 de dezembro de 2019. Assim, se a violência ou grave ameaça é exercida com emprego de arma de fogo de uso restrito ou proibido, aplica-se em dobro a pena prevista no *caput* do artigo em análise.

Em 30 de setembro de 2019, após muitas polêmicas, foi publicado o Decreto nº 10.030, cujos incisos II e III do art. 3º do Anexo I, definindo os conceitos de arma de fogo de uso restrito e de uso proibido, dizem:

> **Art. 3º** As definições dos termos empregados neste Regulamento são aquelas constantes deste artigo e do Anexo III.
> (...)
> II – arma de fogo de uso restrito – as armas de fogo automáticas, de qualquer tipo ou calibre, semiautomáticas ou de repetição que sejam:
> a) não portáteis;
> b) de porte, cujo calibre nominal, com a utilização de munição comum, atinja, na saída do cano de prova, energia cinética superior a mil e duzentas libras-pé ou mil seiscentos e vinte joules; ou
> c) portáteis de alma raiada, cujo calibre nominal, com a utilização de munição comum, atinja, na saída do cano de prova, energia cinética superior a mil e duzentas libras-pé ou mil seiscentos e vinte joules;
> III – arma de fogo de uso proibido:
> a) as armas de fogo classificadas como de uso proibido em acordos ou tratados internacionais dos quais a República Federativa do Brasil seja signatária; e
> b) as armas de fogo dissimuladas, com aparência de objetos inofensivos;

A Lei nº 13.964, de 24 de dezembro de 2019, modificando a Lei nº 8.072/1990, na última parte da alínea *b* do inciso II do seu art. 1º, passou a considerar como hediondo o roubo com emprego de arma de fogo de uso proibido ou restrito.

## 1.10 Causa de aumento de pena quando o roubo é cometido contra as instituições financeiras e os prestadores de serviço de segurança privada

A Lei nº 14.967, de 9 de setembro de 2024, inseriu o art. 183-A no Código Penal, que diz, *verbis*:

> **Art. 183-A.** Nos crimes de que trata este Título, quando cometidos contra as instituições financeiras e os prestadores de serviço de segurança privada, de que trata o Estatuto da Segurança Privada e da Segurança das Instituições Financeiras, as penas serão aumentadas de 1/3 (um terço) até o dobro.

Assim, por exemplo, se o crime de roubo for cometido conta uma agência bancária, a pena deverá ser aumentada de 1/3 (um terço) até o dobro.

## 1.11 Roubo qualificado pela lesão corporal grave e pela morte (latrocínio)

Acesse e assista à aula explicativa sobre este assunto.
> http://uqr.to/1wmd2

Os incisos I e II do § 3º do art. 157 do Código Penal, com a nova redação que lhe foi conferida pela Lei nº 13.654, de 23 de abril de 2018, preveem duas modalidades qualificadas de roubo qualificado pelo resultado, *verbis*:

> § 3º Se da violência resulta:
> I – lesão corporal grave, a pena é de reclusão de 7 (sete) a 18 (dezoito) anos, e multa;
> II – morte, a pena é de reclusão de 20 (vinte) a 30 (trinta) anos, e multa.

Inicialmente, vale ressaltar que a lei penal exige que os resultados previstos no mencionado § 3º sejam provenientes da *violência* praticada pelo agente, entendida, no sentido do texto, como a *vis corporalis*, ou seja, a violência física empregada contra a pessoa. Se, por exemplo, durante a execução de um crime de roubo, cometido com o emprego de *grave ameaça*, a vítima vier a sofrer um colapso cardíaco, falecendo durante a ação criminosa, o agente não poderá responder pelo fato a título de latrocínio, porque o resultado morte da vítima não foi decorrente da violência por ele empreendida, mas, sim, de sua grave ameaça. Poderá, se for o caso, ser responsabilizado pelo roubo (sem a qualificadora do resultado morte), além do homicídio (doloso ou culposo, se o agente conhecia o problema cardíaco da vítima, variando de acordo com o seu elemento subjetivo).

Os resultados qualificadores especificados pelos incisos I e II do § 3º do art. 157 do Código Penal, com a nova redação que lhe foi dada pela Lei nº 13.654, de 23 de abril de 2018, são: *a*) lesão corporal de natureza grave (aqui compreendidos os §§ 1º e 2º do art. 129 do Código Penal); *b*) morte (latrocínio). Esses resultados podem ser imputados a título de dolo ou culpa, isto é, durante a prática do roubo, o agente pode ter querido causar, efetivamente, lesões graves na vítima, ou mesmo a sua morte, para fins de subtração de seus bens, ou tais resultados podem ter ocorrido durante a empresa criminosa sem que fosse intenção do agente produzi-los, mas causados culposamente. Assim, segundo a posição majoritária da doutrina, os incisos I e II do § 3º do art. 157 do Código Penal cuidam de crimes qualificados pelo resultado (lesão corporal grave ou morte) que poderão ser imputados ao agente a título de dolo ou culpa. Importante frisar, ainda, que em hipótese alguma o agente poderá ser responsabilizado pela ocorrência de um resultado que não lhe era previsível, não se aceitando, pois, o raciocínio da chamada responsabilidade penal objetiva, conhecida, ainda, por responsabilidade penal sem culpa ou pelo resultado, uma vez que o art. 19 do estatuto repressivo determina expressamente que: *Pelo resultado que agrava especialmente a pena, só responde o agente que o houver causado ao menos culposamente*.

O Superior Tribunal de Justiça, contudo, entendeu pela ocorrência do crime de latrocínio na hipótese de infarto do miocárdio, quando a vítima possuía idade avançada, dizendo:

"Latrocínio. Pleito desclassificatório. Não cabimento. Alegação de ausência de dolo. Resultado agravador que pode ser imputado a título de culpa. Laudo pericial. Livre convencimento motivado. Revolvimento do acervo probatório incabível na via eleita. Causa da morte. Infarto do miocárdio. Vítima que sofria de doença cardíaca. Concausa preexistente relativamente independente. Não afastamento do nexo causal. Pacientes que criaram risco juridicamente proibido e o concretizaram. Pena-base. Cometimento do delito durante cumprimento de pena por crime diverso. Fundamento adequado. Motivos do delito. Compra de droga. Motivação inidônea. Multirreincidência. Confissão. Compensação integral. Não cabimento. Ordem de habeas corpus concedida, em parte, apenas para reduzir as penas" (STJ, HC 704718/SP, Rel. Min. Laurita Vaz, 6ª T., j. 16/05/2023).

As qualificadoras acima mencionadas – lesão corporal grave e a morte – são aplicadas em ambas as espécies de roubo, vale dizer, o roubo próprio, bem como o roubo impróprio. O importante, como já registramos anteriormente, é que tenha sido consequência da violência utilizada.

A morte, que qualifica o roubo, faz surgir aquilo que doutrinariamente é reconhecido por *latrocínio*, embora o Código Penal não utilize essa rubrica. Assim, se durante a prática do roubo, em virtude da violência empreendida pelo agente, advier a morte – dolosa ou mesmo culposa – da vítima, poderemos iniciar o raciocínio correspondente ao crime de latrocínio, consumado ou tentado, conforme veremos mais adiante.

Em sentido contrário, aduzindo que o resultado morte somente pode ser atribuído ao agente a título de culpa, Israel Domingos Jorio, em monografia específica sobre o tema, traçando um paralelo entre diversos delitos que preveem a morte como qualificadora do crime, preleciona:

"Se o agente quis o estupro e quis o homicídio, não há razão para se apenar apenas um dos crimes e desconsiderar o outro. Praticou dois crimes e deve responder por ambos, um e outro. A morte, como resultado, não é exaurimento de conduta dolosa tendente ao estupro; é resultado provocado por ação consciente, que preenche todos os requisitos necessários à tipificação do crime de homicídio. Não se trata, pois, de uma ação, com uma única finalidade, e dois resultados diversos, mas, sim, de duas ações, duas finalidades e dois resultados perseguidos pelo agente.

Não se diga que esta lógica não se aplica aos crimes patrimoniais. Não há, para tanto, qualquer explicação razoável."[26]

Ao latrocínio e ao roubo qualificado pelas lesões corporais de natureza grave não se aplicam as causas de aumento de pena previstas no § 2º do art. 157 do Código Penal, em virtude de sua localização topográfica. Imagine-se, por exemplo, que a vítima esteja a serviço de transporte de valores (inciso III), quando é interceptada por dois agentes (inciso II) que, munidos com armas de fogo (inciso I do § 2º-A), contra ela atiram querendo a sua morte, para que possam realizar a subtração. Por intermédio desse exemplo, podemos perceber a ocorrência de três causas de aumento de pena. No entanto, nenhuma delas poderá ser aplicada ao latrocínio, a título de majorantes, uma vez que, se fosse intenção da lei penal aplicá-las às modalidades qualificadas, deveriam estar localizadas posteriormente ao § 3º do art. 157 do Código Penal. Assim, conclui-se, as majorantes previstas nos §§ 2º e 2º-A do mesmo artigo somente são aplicadas àquilo que as antecede, isto é, às duas modalidades de roubo simples, seja ele próprio *(caput)* ou mesmo impróprio (§ 1º).

Tem-se afirmado, com razão, que a morte de qualquer pessoa, durante a prática do roubo, que não alguém do próprio grupo que praticava a subtração, caracteriza o latrocínio. Assim, por exemplo, se integrantes de uma associação criminosa ingressam em uma agência bancária e matam, imediatamente, o segurança que ali se encontrava, a fim de praticar a subtração, já se poderá cogitar do latrocínio, consumado ou tentado, dependendo do caso concreto, bem

---

[26] JORIO, Israel Domingos. *Latrocínio*, p. 238.

como da posição que se adote, conforme será explicado mais adiante. No entanto, conforme esclarece Weber Martins Batista:

"Não se pode falar em latrocínio, se é um dos agentes que morre, ferido por tiro disparado pela vítima, pela polícia, ou por qualquer pessoa que veio em socorro desta, pois tal morte *não* foi praticada por qualquer dos sujeitos ativos do crime. Mas se acontecer – hipótese que não é incomum nos roubos à mão armada – que um dos agentes dispare arma na direção de terceiro e atinja e mate um companheiro, o fato caracteriza o latrocínio."[27]

Pode ocorrer, ainda, que, durante a prática do roubo, várias pessoas sejam mortas. Nesse caso, haveria *crime único* (latrocínio), devendo as várias mortes ser consideradas tão somente no momento de aplicação da pena-base, ou se poderia, no caso, cogitar de *concurso de crimes*, considerando-se cada morte como uma infração penal (consumada ou tentada)?

O Superior Tribunal de Justiça, modificando sua posição anterior, que entendia pelo crime único (REsp 15.701/SP), passou a se posicionar no sentido de que:

"Nos crimes de latrocínio, a prática de uma subtração, com dois resultados morte, é hipótese de reconhecimento do concurso formal impróprio. Precedentes" (STJ, AgRg na RvCr 4.109/MT, Rel. Min. Sebastião Reis Junior, 6ª T., DJe 27/02/2018).

Portanto, quando estivermos diante de várias subtrações com vários resultados morte, nada impede o raciocínio do concurso de crimes. Assim, imagine-se que, durante a prática de um roubo em um prédio de apartamentos, os agentes acabem subtraindo os bens de várias pessoas, causando a morte de algumas delas. Poderá se cogitar, *in casu*, de concurso de latrocínios, com as discussões que lhe são pertinentes, que girarão em torno da natureza desse concurso de crimes (concurso material, concurso formal, ou, ainda, o crime continuado).

O latrocínio encontra-se previsto no rol das infrações penais consideradas hediondas, conforme se verifica pela leitura da alínea *c* do inciso II do art. 1º da Lei nº 8.072/1990, com a nova redação que lhe foi conferida pela Lei nº 13.964, de 24 de dezembro de 2019.

Entendemos que não será possível a aplicação ao delito tipificado no art. 157, § 3º, II, do Código Penal, da causa especial de aumento de pena prevista no art. 9º da Lei nº 8.072/90, em virtude da revogação expressa do art. 224 do Código Penal pela Lei nº 12.015, de 7 de agosto de 2009.

Com a devida vênia das posições em contrário, não podemos raciocinar no sentido de que as hipóteses elencadas pelo art. 224 do Código Penal, às quais se remetia o art. 9º da Lei nº 8.072/90, foram deslocadas para o art. 217-A do Código Penal, que prevê o delito de estupro de vulnerável.

Não podemos vagar pelo Código Penal à procura de tipos que se amoldem a remissões já revogadas. Caso seja do interesse do legislador manter o aumento de pena para o delito tipificado no art. 157, § 3º, II, do Código Penal, deverá fazê-lo expressamente.

Nesse sentido, trazemos à colação os ensinamentos de Luiz Carlos dos Santos Gonçalves, que esclarece:

"O art. 9º da Lei dos Crimes Hediondos foi tacitamente revogado, vez que revogado expressamente o art. 224 do Código Penal, ao qual ele se referia. É certo que há semelhança entre a situação de vulnerabilidade, mencionada nos arts. 217-A e 218 e aquelas descritas no revogado art. 224 do Código, mas não se assemelha possível o emprego da analogia no caso – pois seria *in malam partem*. O necessário aumento da pena do roubo, da extorsão e da extorsão

---

[27] BATISTA, Weber Martins. *O furto e o roubo no direito e no processo penal*, p. 286.

mediante sequestro, praticados contra vítimas menores de 14 anos, com doença mental ou que não poderiam oferecer resistência, fica, assim, prejudicado. É a dificuldade da técnica do 'tipo remetido': revogado o artigo mencionado, fica sem aplicação o que o menciona."[28]

Compete ao juízo singular o julgamento dos fatos que envolvam o crime de latrocínio. Mesmo que o agente tenha dolosamente causado a morte da vítima para fim de subtração de seus bens, não poderá ser submetido a julgamento pelo Tribunal do Júri, a não ser, por exemplo, na hipótese de conexão com um caso que deva ser submetido a julgamento pelo Tribunal popular, haja vista que a este compete julgar os *crimes dolosos contra a vida*, sendo que, no tipo penal que prevê o latrocínio, o bem jurídico por ele precipuamente protegido é o *patrimônio*, em face de sua inserção no Título II do Código Penal (Dos Crimes contra o Patrimônio).

Faremos, a seguir, o raciocínio correspondente à consumação e à possibilidade de tentativa no crime de latrocínio.

### 1.11.1 Consumação e tentativa no delito de latrocínio

Diz-se complexo o crime quando numa mesma figura típica há a fusão de dois ou mais tipos penais. É o caso, por exemplo, do delito de roubo, em que à subtração da coisa alheia móvel também é adicionada a violência à pessoa ou a grave ameaça. Nesse tipo, vislumbramos pelo menos três figuras que, de forma isolada, são previstas pela lei penal: a subtração (art. 155), a violência à pessoa (art. 129) e a ameaça (art. 147).

Nesse caso, consuma-se o crime quando o agente preenche o tipo penal levando a efeito as condutas que, unidas, formam a unidade complexa. Tomando, ainda, o exemplo do delito de roubo, somente poderemos concluir pela sua consumação quando, aliada à violência ou à grave ameaça, o agente tiver conseguido subtrair a coisa alheia móvel. Caso contrário, isto é, embora o agente tenha feito uso de violência ou grave ameaça, se não obtiver sucesso no que diz respeito à subtração da coisa, o delito permanecerá tão somente tentado.

Pela definição fornecida, podemos concluir, também, que o latrocínio, sendo uma modalidade qualificada do delito de roubo (art. 157, § 3º, II, do CP), é um crime complexo. Poderíamos afirmar que esse crime permaneceria na fase do *conatus* se não fossem preenchidos todos os elementos que o compõem, vale dizer, a subtração da coisa alheia móvel, mais o resultado morte. Quanto a essa infração penal, especificamente, a discussão não é tão simples assim. Se temos um homicídio consumado e uma subtração consumada, não hesitamos em afirmar que estamos diante de um latrocínio consumado. Da mesma forma, se temos um homicídio tentado e uma subtração tentada, também somos convencidos de que houve um latrocínio tentado. Agora, se há o homicídio consumado e a subtração tentada, ou se a subtração foi consumada e o homicídio tentado, as discussões doutrinárias e jurisprudenciais começam a surgir. Faremos, então, a análise das duas últimas situações isoladamente.

- *Subtração consumada e homicídio tentado* – Para Hungria,[29] haveria aqui uma tentativa de homicídio qualificado (art. 121, § 2º, V), pois que, segundo o renomado autor:

> "Se se admitisse tentativa de latrocínio quando se consuma o homicídio (crime-meio) e é apenas tentada a subtração patrimonial (crime-fim) ou, ao contrário, quando é tentado o homicídio, consumando-se a subtração, o agente incorreria, no primeiro caso, em pena inferior à do ho-

---

[28] GONÇALVES, Luiz Carlos dos Santos. *Primeiras impressões sobre a nova conceituação do crime de estupro, vinda da Lei nº 12.015/2009.* Disponível em: <http://www.cpcmarcato.com.br/arquivo_interno.php?un=1&arquivo=41>. Acesso em: 02 set. 2009.

[29] HUNGRIA, Nélson. *Comentários ao código penal,* v. VII, p. 62-63.

micídio simples (!) e, no segundo, em pena superior à da tentativa de homicídio qualificado pela conexão de meio a fim com outro crime (art. 121, § 2º, V), ainda que este 'outro crime' seja de muito maior gravidade que o roubo. A solução que sugiro, nas hipóteses formuladas, como menos subversiva dos princípios é a seguinte: o agente responderá, e tão somente, por consumado ou tentado o homicídio qualificado (121, § 2º, V), dada a relação de meio e fim entre o homicídio consumado e a tentativa de crime patrimonial ou entre homicídio tentado e a consumada lesão patrimonial."[30]

Fragoso[31] e Noronha,[32] analisando a mesma situação, discordando do posicionamento de Hungria, entendem que, havendo subtração consumada e homicídio tentado, resolve-se pela tentativa de latrocínio, posição à qual nos filiamos.

• *Homicídio consumado e subtração tentada* – Aqui, tentando elucidar o problema, surgi-ram, pelo menos, três correntes:

A primeira delas, na esteira de Frederico Marques, citado por Damásio,[33] entende que houve latrocínio tentado em virtude de ser um crime complexo.

Assim, já decidiu o TJ-RJ:

"Dada a unidade de tipo, como crime complexo, não se vê razão para não ser aplicado ao latrocínio o princípio do art. 12, parágrafo único, do Código Penal (atual 14), fazendo incidir sobre a pena correspondente ao crime consumado a diminuição própria da tentativa."[34]

Na segunda posição, encabeçada por Hungria, conclui-se que, no caso de subtração ten-tada e homicídio consumado, deve o agente responder tão somente por homicídio qualifica-do, ficando afastada a punição pela tentativa de subtração, pois, segundo o citado autor:

"A única solução que nos parece razoável e a de, sem desrespeito à unidade jurídica do crime, aplicar exclusivamente a pena mais grave, considerados os crimes separadamente, ficando absorvida ou abstraída a pena menos grave. Tome-se, por exemplo, o crime de latrocínio (art. 157, § 3º, *in fine*[35]), e suponha-se que o homicídio (crime-meio) seja apenas tentado, enquanto a subtração da *res aliena* (crime-fim) se consuma: deve ser aplicada tão somente a pena de tentativa de homicídio qualificado (art. 121, § 2º, V), considerando-se absorvida por ela a do crime patrimonial. Se, ao contrário, o homicídio se consuma, ficando apenas tentado o crime patrimonial, a pena única a aplicar-se é a do homicídio qualificado consumado."[36]

Finalmente, hoje, como terceira e majoritária posição, temos aquela adotada pelo STF, o qual deixou transparecer seu entendimento através da Súmula nº 610, assim redigida:

> **Súmula nº 610.** *Há crime de latrocínio, quando o homicídio se consuma, ainda que não realize o agente a subtração de bens da vítima.*

---

[30] O argumento de Hungria não mais se justifica, pois a pena mínima do latrocínio foi aumentada para 20 anos.

[31] FRAGOSO, Heleno Cláudio. *Lições de direito penal* – Parte especial (arts. 121 a 160 CP), p. 308.

[32] NORONHA, Edgard Magalhães. *Direito penal*, v. 2, p. 375.

[33] JESUS, Damásio E. de. *Direito penal*, v. 2, p. 375.

[34] *RT* 515/424.

[35] OBS.: Atualmente, o latrocínio encontra-se no inciso II do § 3º do art. 157 do Código Penal, com a nova redação que lhe foi conferida pela Lei nº 13.654, de 23 de abril de 2018.

[36] HUNGRIA, Nélson. *Comentários ao código penal*, v. VII, p. 63-64.

Para essa corrente, basta que tenha ocorrido o resultado morte para que se possa falar em latrocínio consumado, mesmo que o agente não consiga levar a efeito a subtração patrimonial.

Por entendermos que, para a consumação de um crime complexo, é preciso que se verifiquem todos os elementos que integram o tipo, ousamos discordar das posições de Hungria e do STF e nos filiamos à posição de Frederico Marques, concluindo que, havendo homicídio consumado e subtração tentada, deve o agente responder por tentativa de latrocínio, e não por homicídio qualificado ou mesmo por latrocínio consumado.

A posição assumida por nossa Corte Maior agride, frontalmente, a determinação contida no inciso I do art. 14 do Código Penal, que diz que o crime é *consumado* quando nele se reúnem *todos* os elementos de sua definição legal. A lei penal é clara ao exigir a presença de *todos* os elementos que compõem os tipos penais, para efeito de reconhecimento da consumação, exceto nos crimes formais, também reconhecidos por crimes de consumação antecipada (de resultado cortado), justamente porque a sua consumação ocorre independentemente da produção naturalística do resultado, considerado como um mero exaurimento do crime, como acontece com o delito extorsão mediante sequestro, tipificado no art. 159 do Código Penal, em que a simples privação da liberdade da vítima já permite o raciocínio da consumação, independentemente da obtenção da vantagem indevida pelo agente.

No latrocínio, ao contrário, estamos diante de um crime material, vale dizer, de conduta e produção naturalística de resultado. Para efeitos de reconhecimento de sua consumação, há necessidade inafastável do preenchimento das figuras que, juntas, formam a cadeia complexa. Assim, para que se configure o latrocínio (crime complexo), é preciso que ocorra a *subtração*, além da *morte* da vítima, ou mesmo de terceiro que se encontre numa relação de contexto com a prática da subtração violenta.

Dessa forma, a posição assumida pelo STF, que se contenta com a morte da vítima, mesmo que não realize o agente a subtração de seus bens, para efeitos de reconhecimento do latrocínio consumado, é completamente *contra legem*, ofendendo a determinação contida no mencionado art. 14, I, do Código Penal.

Por isso, quando algum dos elementos que se configuram como infrações penais autônomas, que formam o crime de latrocínio, não estiver presente (seja a subtração dos bens ou a morte da vítima), a conclusão deverá ser, fatalmente, pela tentativa.

### 1.11.2 Aplicação do art. 9º da Lei nº 8.072/90 ao delito de latrocínio

Não será possível a aplicação da causa especial de aumento de pena, prevista pelo art. 9º da Lei nº 8.072/90, ao delito de latrocínio, em virtude da revogação expressa do art. 224 do Código Penal pela Lei nº 12.015, de 7 de agosto de 2009.

O Superior Tribunal de Justiça, analisando o tema, já concluiu que "com a superveniência da Lei nº 12.015/2009, foi revogada a majorante prevista no art. 9º da Lei dos Crimes Hediondos, não sendo mais admissível sua aplicação para fatos posteriores à sua edição" (REsp 1.102.005-SC, Rel. Min. Felix Fischer, julg. 29/9/2009).

### 1.12 Pena e ação penal

Ao roubo simples, seja ele próprio ou impróprio, é cominada uma pena de reclusão, de 4 (quatro) a 10 (dez) anos, e multa.

Para as modalidades qualificadas, se da violência resultar *lesão corporal grave*, a pena é de reclusão de 7 (sete) a 18 (dezoito) anos, e multa; se resulta *morte*, a pena é de reclusão de 20 (vinte) a 30 (trinta) anos, e multa.

A ação penal é de iniciativa pública incondicionada.

# 1.13 Destaques

### 1.13.1 Vítima que se coloca em condições que a impossibilitam de oferecer resistência

A última parte do art. 157 do Código Penal faz menção à chamada *violência imprópria*, quando o agente subtrai a coisa alheia móvel, depois de haver, por qualquer meio, reduzido à impossibilidade de resistência da vítima.

Percebe-se, portanto, que é o próprio agente que coloca a vítima em situação de impossibilidade de resistência, a fim de facilitar a subtração, a exemplo do que ocorre nas hipóteses do golpe chamado popularmente de "Boa noite, Cinderela", no qual, normalmente, é colocado um sonífero na bebida da vítima, a fim de que ela caia em sono profundo, permitindo que seus bens sejam facilmente subtraídos pelo agente.

Suponha-se, agora, que tenha a própria vítima, voluntariamente, se colocado nesse estado de impossibilidade de resistência, em decorrência, por exemplo, da quantidade excessiva de bebida alcoólica por ela ingerida. Se o agente, percebendo a situação em que ela se encontrava, dela subtrai seus pertences, deveria ser responsabilizado pelo delito de roubo com violência imprópria? A resposta só pode ser negativa, pois o próprio agente deve se valer de recursos para colocar a vítima em situação que impossibilite sua resistência. No caso, como a própria vítima se colocou nesse estado, estaríamos diante de um crime de furto, podendo ou não ser qualificado, conforme se viu anteriormente quando do estudo do tipo penal do art. 155 do diploma repressivo.

### 1.13.2 Violência ou grave ameaça para escapar, sem a intenção de levar a coisa consigo

Vimos que, no roubo impróprio, a violência contra a pessoa ou a grave ameaça é levada a efeito pelo agente a fim de assegurar a impunidade do crime ou a detenção da coisa. Assim, o agente havia começado a praticar um delito de furto quando, por exemplo, é descoberto e, querendo prosseguir no seu propósito de subtrair coisa alheia, agride a vítima, almejando assegurar a detenção da coisa que estava sendo furtada. Nesse caso, não há dúvida de que estaremos diante da hipótese de roubo impróprio.

Entretanto, imagine-se a hipótese daquele que, no interior de uma residência, quando agia com *animus furandi*, depois de ser descoberto, querendo tão somente escapar, deixa para trás os objetos que por ele já haviam sido selecionados, agride a vítima com a finalidade de fugir, almejando evitar sua prisão em flagrante. Nesse caso, pergunta-se: Estaríamos diante de um roubo com violência imprópria? A resposta só pode ser negativa. O que houve, na verdade, foi uma tentativa de furto, seguida de delito de lesão corporal (leve, grave ou gravíssima, dependendo do caso). O fato de abandonar a coisa que seria furtada descaracteriza o roubo impróprio, passando-se a adotar o raciocínio correspondente ao furto, seguido da infração penal que lhe foi posterior.

Se, no caso em exame, em vez da vítima, o agente tivesse sido surpreendido pela autoridade policial que lhe deu voz de prisão e, agindo única e exclusivamente com a vontade de fugir, não mais querendo realizar a subtração, viesse a agredi-la, opondo-se, violentamente à execução do ato legal, estaríamos diante de uma tentativa de furto, além do fato de também poder ser o agente responsabilizado pelo crime de resistência (art. 329 do CP), bem como pelo de lesões corporais (leves, graves ou gravíssimas, conforme determina o § 2º do art. 329 do CP).

### 1.13.3 Crime impossível no roubo – Impropriedade do objeto (vítima que nada possuía ou violência que é empregada contra morto)

Discute-se, doutrinária e jurisprudencialmente, sobre a possibilidade de aplicação do raciocínio correspondente ao crime impossível no delito de roubo.

Cezar Roberto Bitencourt, posicionando-se contrariamente, justifica:

"A inexistência de objeto de valor em poder da vítima não descaracteriza a figura típica prevista no art. 157 do Código Penal, porquanto o roubo é modalidade de crime complexo, cuja primeira ação – a violência ou grave ameaça – constitui início de execução."[37]

Entendemos, ao contrário do eminente professor gaúcho, que a ausência de bens em poder da vítima permite a conclusão pelo crime impossível, diante, por exemplo, da absoluta impropriedade do objeto. Isso porque, mesmo considerando a natureza complexa do crime de roubo, não podemos deixar de concluir ser o patrimônio o bem precipuamente protegido por aquela figura típica. O roubo, como é cediço, está inserido no Título do Código Penal correspondente aos crimes contra o patrimônio e, se não há patrimônio que possa ser subtraído, como se pode insistir na ocorrência do roubo, mesmo tentado?

Para nós, o agente deverá ser responsabilizado pelos atos de violência já cometidos, afastando-se, contudo, a possibilidade de tentativa de roubo, em face da absoluta impropriedade do objeto.

Da mesma forma, poderíamos aplicar o raciocínio do crime impossível na hipótese em que o agente viesse a agredir violentamente uma pessoa, com a finalidade de fazê-la desmaiar, a fim de subtrair seus pertences quando, na verdade, a vítima havia sofrido um colapso cardíaco, e já se encontrava morta quando do início das agressões. Se o agente levou a efeito a subtração, deverá responder pelo crime de furto, e não de roubo, haja vista que para efeitos de reconhecimento desta última infração penal, a violência deve ser exercida contra uma pessoa, o que, nesse caso, não ocorreu, uma vez que o cadáver já não goza mais desse *status*.

### 1.13.4 Roubo de uso

Existe previsão expressa no art. 244 do Código Penal espanhol para o chamado roubo de uso, quando o agente subtrai veículo a motor ou ciclomotor cujo valor exceda a cinquenta mil pesetas, sem ânimo de apropriação, dizendo o tópico 3 do mesmo artigo que, se não levada a efeito a restituição no prazo de 48 horas, o fato será presumido como roubo comum.

Muñoz Conde explica a decisão do legislador espanhol em determinar um prazo para que se possa configurar o roubo de uso dizendo:

"O fato de que não se restitua o veículo dentro das quarenta e oito horas não implica sempre um ânimo de apropriação. A situação não modifica essencialmente pelo fato de haver restituído o veículo as quarenta e nove ou as cinquenta e cinco horas depois da subtração; sem embargo o legislador, por razões de política criminal e pelas dificuldades probatórias que pode ter para se realizar a distinção entre este delito e os de furto e roubo comuns considerando o elemento subjetivo, estabeleceu uma barreira objetiva, conforme a qual converte em furto ou roubo comum o furto e o roubo de uso quando transcorrer o prazo assinalado, sem necessidade de demonstrar o ânimo de apropriação. A decisão pode ser criticável teoricamente, mas explicável por razões políticas."[38]

Não existe no Brasil disposição semelhante, pelo menos no que diz respeito ao crime de roubo, uma vez que, no que tange ao furto, o art. 241 do Código Penal Militar, como vimos anteriormente, comina pena de detenção de até seis meses para aquele que subtrai a coisa para o fim de uso momentâneo e, a seguir, a restitui ou a repõe, imediatamente, no lugar onde se achava.

---

[37] BITENCOURT, Cezar Roberto. *Tratado de direito penal*, v. 3, p. 107.

[38] MUÑOZ CONDE, Francisco. *Derecho penal* – Parte especial, p. 400.

CURSO DE DIREITO PENAL • VOL. 2 – ROGÉRIO GRECO

Portanto, fica a pergunta: será possível o raciocínio, da mesma forma que no furto, para o roubo de uso? Não podemos afirmar que a conduta, em tese configuradora do roubo de uso, seria completamente atípica, tendo em vista a natureza complexa do roubo.

Se houver violência na subtração levada a efeito pelo agente, que não atua com a vontade de ter a coisa para si ou para terceiro, mas tão somente de usá-la por um período curto de tempo, a fim de devolvê-la logo em seguida, poderíamos raciocinar com o tipo penal do art. 146 do diploma repressivo, que prevê o delito de constrangimento ilegal, pois, ao tomar a coisa à força, o agente impede que a vítima faça com ela aquilo que a lei permite, vale dizer, usá-la da forma que melhor lhe aprouver.

Entendendo pela tipicidade do roubo, assim já se posicionou o STJ:

"É típica a conduta denominada 'roubo de uso'. De início, cabe esclarecer que o crime de roubo (art. 157 do CP) é um delito complexo que possui como objeto jurídico tanto o patrimônio como a integridade física e a liberdade do indivíduo. Importa assinalar, também, que o ânimo de apossamento – elementar do crime de roubo – não implica, tão somente, o aspecto de definitividade, pois se apossar de algo é ato de tomar posse, de dominar ou de assenhorar-se do bem subtraído, que pode trazer o intento de ter o bem para si, de entregar para outrem ou apenas de utilizá-lo por determinado período. Se assim não fosse, todos os acusados de delito de roubo, após a prisão, poderiam afirmar que não pretendiam ter a posse definitiva dos bens subtraídos para tornar a conduta atípica. Ressalte-se, ainda, que o STF e o STJ, no que se refere à consumação do crime de roubo, adotam a teoria da *apprehensio*, também denominada de *amotio*, segundo a qual se considera consumado o delito no momento em que o agente obtém a posse da *res furtiva*, ainda que não seja mansa e pacífica ou haja perseguição policial, sendo prescindível que o objeto do crime saia da esfera de vigilância da vítima. Ademais, a grave ameaça ou a violência empregada para a realização do ato criminoso não se compatibilizam com a intenção de restituição, razão pela qual não é possível reconhecer a atipicidade do delito 'roubo de uso'" (STJ, REsp 1.323.275/GO, 5ª T., Rel.ª Min.ª Laurita Vaz, RSTJ, v. 234, p. 567).

### 1.13.5 Presença de mais de uma causa de aumento de pena

Ocorre com frequência a possibilidade de aplicação de mais de uma causa de aumento de pena ao delito de roubo. Imagine-se que os agentes, em concurso de pessoas, sabendo que a vítima estava a serviço de transporte de valores, praticam o delito de roubo, a mantendo em seu poder, restringindo sua liberdade. Nesse exemplo, podemos visualizar três majorantes, elencadas nos incisos II, III e V do § 2º do art. 157 do Código Penal.

Assim, diante dessa situação, qual deveria ser o comportamento do julgador, sendo condenados os réus, no momento da aplicação da pena?

Três correntes se formaram a esse respeito.

A primeira delas entende que uma das majorantes servirá para a aplicação do percentual de aumento previsto pelo § 2º do art. 157, sendo que as demais deverão ser consideradas para efeitos de fixação da pena-base, no momento em que serão avaliadas as chamadas circunstâncias judiciais previstas no art. 59 do Código Penal.

A segunda corrente assevera que o número de majorantes existentes no caso concreto é que permite ao julgador fugir do aumento mínimo de um terço, caminhando em direção ao aumento máximo de metade.

A terceira, conforme salienta Guilherme de Souza Nucci, aduz:

"A existência de mais de uma causa de aumento por si só não significa a elevação necessária da pena. O juiz, se assim entender, ainda que presentes várias causas de aumento, poderia aplicar o aumento de apenas um terço, pois o que está em jogo é a gravidade do meio empregado, e não o número de incisos do § 2º que estejam configurados."[39]

Somos partidários da segunda posição, à qual nos filiamos. Isso porque o aumento baseado na quantidade de majorantes faz com que o critério não seja extremamente subjetivo, ficando ao alvedrio do julgador a sua aplicação, tornando, por outro lado, melhor o controle sobre a escolha do percentual a ser aplicado.

### 1.13.6 Concurso de pessoas e crime de associação criminosa

Merece destaque, ainda, a discussão sobre a possibilidade de os agentes integrantes de uma associação criminosa responderem também pelo delito de roubo com a causa especial de aumento de pena relativa ao concurso de pessoas.

Duas correntes se formaram.

A primeira delas, à qual nos filiamos, entende não ser possível a aplicação da causa especial de aumento de pena relativa ao concurso de pessoas no roubo se os agentes foram também condenados pelo delito de associação criminosa, pois, caso contrário, estaríamos diante do chamado *bis in idem*, em que um mesmo fato – concurso de pessoas – estaria incidindo duas vezes em prejuízo do agente.

Em sentido contrário, afirma Weber Martins Batista, criticando a posição anterior:

> "Esse entendimento, *data* vênia, não parece ser, nem lógica nem juridicamente o melhor. Sob este último aspecto, porque a associação de quatro ou mais pessoas para a prática de crimes, indeterminadamente, não é imprescindível, não é meio necessário à prática de roubo em concurso de agentes.
>
> A razão da incriminação daquele crime e o motivo de agravamento da pena deste último derivam de razões diferentes. Num caso, busca-se proteger o sentimento de tranquilidade e segurança das pessoas, bem jurídico que é atingido mesmo quando não chega a ser praticado nenhum dos delitos que eram a razão da associação. No outro, no roubo qualificado pelo concurso de agentes, a punição mais severa visa a evitar a maior facilidade de cometimento do crime, o que ocorre quando são dois ou mais os executores. Sendo assim, porque diversa a vontade do Estado, ao definir os fatos puníveis, e diferentes os bens jurídicos protegidos e as pessoas atingidas, não há como falar, na hipótese, em progressão criminosa ou em crime progressivo, em antefato ou em pós-fato impuníveis."[40]

Apesar da indiscutível autoridade do renomado autor sobre o tema em estudo, ousamos dele discordar, uma vez que não conseguimos deixar de visualizar, por mais que tentemos enfocar a questão sob outros aspectos, que a reunião de pessoas estará servindo, duas vezes, à punição dos agentes, razão pela qual, mesmo havendo a possibilidade de, no caso concreto, até receberem penas menores, não podemos tolerar o *bis in idem*. Sendo assim, entendemos melhor a primeira posição, que não permite o concurso entre o crime de associação criminosa com o roubo com a pena especialmente agravada pelo concurso de pessoas.

### 1.13.7 Diferença entre a tentativa de latrocínio e o roubo qualificado pelas lesões graves

Os incisos I e II do § 3º do art. 157 do Código Penal, com a nova redação que lhes foi conferida pela Lei nº 13.654, de 23 de abril de 2018, dizem que, *se da violência resulta:*

---

[39] NUCCI, Guilherme de Souza. *Código penal comentado*, p. 515.

[40] BATISTA, Weber Martins. *O furto e o roubo no direito e no processo penal*, p. 265-266.

> I – lesão corporal grave, a pena é de reclusão de 7 (sete) a 18 (dezoito) anos, e multa;
> II – morte, a pena é de reclusão de 20 (vinte) a 30 (trinta) anos, e multa.

Vimos que a morte, que qualifica o roubo, pode ter sido dolosa ou mesmo culposa, sendo, pois, o latrocínio um crime qualificado pelo resultado. O agente, assim, pode ter agido com vontade de causar a morte da vítima, a fim de realizar a subtração de seus bens. Dessa forma, suponha-se que o agente, querendo causar a morte da vítima, para que pudesse, logo em seguida, praticar a subtração patrimonial, venha, com um disparo de arma de fogo, a atingi-la na cabeça. A vítima, por um milagre, tal como aconteceu com um famoso ator de televisão, acabou sobrevivendo, tendo o agente, entretanto, conseguido subtrair os bens a ela pertencentes.

Nesse caso, pergunta-se: Uma vez que, em razão do disparo recebido na cabeça, a vítima sofreu lesões corporais gravíssimas, deveria o autor do disparo responder pelo delito de roubo, com a qualificadora constante do inciso I do § 3º do art. 157 do Código Penal? Absolutamente não. Isso porque o seu dolo era o de causar a morte da vítima, com o fim de subtrair-lhe os bens. Nesse caso, estaremos diante de um delito de latrocínio tentado, conforme analisado anteriormente, pois, embora tenha conseguido a subtração (um dos elementos que compõem o crime complexo de roubo), a morte permaneceu na fase do *conatus* (tentativa), não restando, portanto, preenchido esse elemento fundamental à caracterização do latrocínio consumado, nos termos preconizados pelo inciso I do art. 14 do Código Penal.

Assim, somente quando o agente tiver o dolo de produzir as lesões corporais graves na vítima, ou se estas forem produzidas a título de culpa, para efeitos de subtração patrimonial, é que poderá ser responsabilizado pelo roubo com a qualificadora contida no inciso I do § 3º do art. 157 do Código Penal, pois, caso contrário, se o seu dolo era o de matar para roubar, sobrevivendo a vítima, mesmo que nela tenha produzido lesões corporais graves, deverá responder pelo latrocínio tentado.

### 1.13.8 Arma de fogo sem munição ou impossibilitada de disparar e exame de potencialidade ofensiva

Embora a questão também seja controvertida, entendemos que o fundamento da causa especial de aumento de pena relativa ao emprego de arma de fogo, previsto no inciso I do § 2º-A do art. 157 do Código Penal, reside não somente no maior temor que é infundido à vítima, mas e principalmente na sua potencialidade ofensiva, isto é, na maior probabilidade, no maior risco de dano que o seu possível uso trará para a vida ou a integridade física da vítima.

São precisas, portanto, as lições de Álvaro Mayrink da Costa, quando afirma:

> "Não se admite a causa especial de aumento de pena quando se trata de arma *desmuniciada* ou *defeituosa*, incapaz de colocar em risco o segundo objeto jurídico de tutela no tipo complexo de roubo, razão pela qual se exige a apreensão para a feitura da perícia, não sendo bastante a palavra da vítima que não é um experto em armas."[41]

Conforme deixou entrever o ilustre desembargador do Tribunal de Justiça do Estado do Rio de Janeiro, se é exigido que a arma de fogo possua potencialidade ofensiva para efeitos de reconhecimento da causa especial de aumento de pena, consequentemente, será fundamental o exame pericial, a fim de ser constatada tal potencialidade ofensiva. Caso contrário, não se podendo realizar o exame, por exemplo, por falta de apreensão da arma de fogo, na dúvida sobre sua potencialidade ofensiva, esta deverá prevalecer em benefício do agente, aplicando-se o princípio do *in dubio pro reo*.

---

[41] COSTA, Álvaro Mayrink da. *Direito penal* – Parte especial, p. 721.

O tema é controvertido, conforme se verifica pelas decisões do STJ, abaixo colacionadas:

"Prevalece, na Sexta Turma desta Corte, o entendimento de que, para a incidência da causa de aumento decorrente do emprego de arma, é indispensável a apreensão do artefato, com a posterior realização de perícia, a fim de comprovar a potencialidade lesiva. No caso, tem-se que o artefato não foi apreendido, bem como não foi comprovada sua potencialidade lesiva por outros meios de prova, o que enseja a exclusão do acréscimo decorrente da referida causa de aumento" (STJ, *HC* 169.151, Proc. 2010/0067210-1, DF, Rel. Min. Og Fernandes, 6ª T., julg. 22/6/2010, DJe 2/8/2010).

Em sentido contrário:

"Mesmo após a superveniência das alterações trazidas, em 24/05/2018, pela Lei nº 13.654/2018, essa Corte Superior, no que tange à causa de aumento do delito de roubo prevista no art. 157, § 2º, I, do Código Penal – nos casos em que utilizada arma de fogo –, manteve o entendimento exarado por sua Terceira Seção, no sentido de ser desnecessária a apreensão da arma utilizada no crime e a realização de exame pericial para atestar a sua potencialidade lesiva, quando presentes outros elementos probatórios que atestem o seu efetivo emprego na prática delitiva, uma vez que seu potencial lesivo é *in re ipsa*" (STJ, AgRg no HC 473.117/MS, Rel. Min. Reynaldo Soares da Fonseca, 5ª T., DJe 14/02/2019).

"O poder vulnerante integra a própria natureza do artefato, sendo ônus da defesa, caso alegue o contrário, provar tal evidência. Exegese do art. 156 do CPP" (STJ, AgRg no Ag no REsp 1.561.836/SP, Rel. Min. Jorge Mussi, 5ª T., DJe 25/4/2018).

"A jurisprudência desta Corte é firme no sentido de que a aplicação da majorante pela utilização de arma prescinde da apreensão e perícia no objeto, quando comprovada sua utilização por outros meios de prova, como pela palavra da vítima ou de testemunhas" (STJ, *HC* 310.880/SP, Rel. Min. Reynaldo Soares da Fonseca, 5ª T., DJe 25/06/2015).

Na verdade, não podemos radicalizar com qualquer uma dessas posições. Isso porque, como dissemos, o fundamento da causa de aumento de pena em estudo encontra-se não somente na capacidade que tem de infundir temor à vítima, facilitando sobremaneira a prática do delito, mas também sua potencialidade ofensiva, colocando em risco a saúde ou mesmo a vida da vítima.

Assim, pode ocorrer, por exemplo, em um caso concreto, que um agente anuncie o roubo e, para tanto, simplesmente mostre a arma de fogo que se encontrava na sua cintura. Nessa hipótese, caso a arma de fogo não seja apreendida, não poderemos aplicar a majorante, pois que não ficou demonstrada sua potencialidade ofensiva. Poderia, inclusive, ser uma arma de brinquedo, o que não permitiria a aplicação da majorante. Agora, imagine-se a hipótese em que, durante o roubo, o agente efetue um disparo, ficando o projétil alojado em algum lugar (parede, poste, chão etc.), sendo encontrado e devidamente periciado. *In casu*, a perícia, juntamente com a prova testemunhal (ou declarações da vítima), suprirá, com toda segurança, o exame de potencialidade ofensiva que deveria ter sido realizado na arma de fogo.

Nem mesmo um disparo que não possa ser devidamente periciado, conforme exemplo acima, poderá permitir o aumento de pena. Isso porque, embora a arma de fogo possa ter produzido um barulho semelhante a um disparo, a munição pode ter sido de festim, sem possibilidade alguma de produção de dano.

Assim, concluindo, para que possamos aplicar a majorante do emprego de arma de fogo, há necessidade, inicialmente, de que a arma seja apreendida e devidamente periciada, comprovando-se sua potencialidade ofensiva; caso contrário, ou seja, não sendo apreendida, haverá, ainda, a necessidade de produção de prova pericial, conjugada com a prova testemunhal (ou declarações da vítima), a fim de comprovar que a arma de fogo utilizada tinha essa potencialidade de causar dano.

### 1.13.9 Possibilidade de arrependimento posterior no roubo

O art. 16 do Código Penal determina, *verbis:*

> **Art. 16.** Nos crimes cometidos sem violência ou grave ameaça à pessoa, reparado o dano ou restituída a coisa, até o recebimento da denúncia ou da queixa, por ato voluntário do agente, a pena será reduzida de um a dois terços.

Logo na primeira parte do mencionado artigo, percebe-se que sua aplicação somente será possível quando estivermos diante de crimes que não sejam cometidos com violência ou grave ameaça à pessoa, elementos que integram a figura típica do roubo.

Entretanto, haveria, ainda assim, possibilidade de aplicação da mencionada causa geral de redução de pena ao delito previsto pelo art. 157 do Código Penal? Entendemos que sim, desde que o roubo não tenha sido cometido mediante o emprego de violência ou grave ameaça à pessoa, mas, sim, por meio daquela modalidade especial de violência, reconhecida como *imprópria*, contida na parte final do art. 157 do diploma penal, quando faz menção a *qualquer outro meio* capaz de reduzir à impossibilidade de resistência da vítima, a exemplo do que ocorre naquelas situações em que o agente coloca sonífero em sua bebida, hipnotiza-a, faz com que se embriague etc. Nesses casos, como não há emprego real de violência *(vis corporalis)* ou mesmo a grave ameaça, entendemos possível a aplicação da minorante.

### 1.13.10 Roubo e princípio da insignificância

Existe discussão doutrinária e jurisprudencial sobre a possibilidade de ser aplicado o raciocínio correspondente ao princípio da insignificância ao crime de roubo. O roubo encontra-se no rol dos crimes considerados complexos, uma vez que, para a sua configuração, há necessidade de que o agente tenha a finalidade de praticar a subtração patrimonial e, para tanto, atue mediante o emprego de grave ameaça ou violência.

Assim, entendemos que se todos os elementos que integram a cadeia complexa do roubo são insignificantes, será possível o reconhecimento e aplicação do mencionado princípio; ao contrário, se pelo menos um desses elementos que integram a cadeia complexa for grave o suficiente, descartado estará o princípio.

A título de exemplo, imagine-se a hipótese em que o agente, com a finalidade de praticar um delito de roubo no interior de um veículo coletivo, mediante o emprego de arma de fogo, anuncie o assalto ao trocador que, temeroso por sua vida, entregue ao agente todo o valor que trazia consigo, vale dizer, a importância de R$ 5,00 (cinco reais).

À primeira vista, poderíamos considerar o valor de R$ 5,00 (cinco reais) como insignificante o suficiente a fim de possibilitar o raciocínio do princípio em exame. No entanto, a ameaça exercida com emprego de arma de fogo é grave, razão pela qual a aplicação do princípio não seria viável.

Dessa forma, resumindo, se todos os elementos que compõem a cadeia complexa forem insignificantes, entendemos pela possibilidade de aplicação do princípio; caso um deles seja grave, afastado estará a aplicação do princípio da insignificância, devendo o agente responder pelo roubo (consumado ou tentado).

O Supremo Tribunal Federal, não levando a efeito qualquer distinção, entende pela impossibilidade de aplicação do princípio da insignificância ao crime de roubo, conforme se verifica pelo julgado abaixo colacionado:

"É inviável reconhecer a aplicação do princípio da insignificância para crimes praticados com violência ou grave ameaça, incluindo o roubo. Jurisprudência consolidada do Supremo Tribunal Federal" (RHC 106.360/DF, Recurso Ordinário em *Habeas Corpus*, 1ª T., Rel.ª Min.ª Rosa Weber, DJe 04/10/2012).

### 1.13.11  Roubo e Código Penal Militar

O crime de roubo também veio previsto no Código Penal Militar (Decreto-Lei nº 1.001, de 21 de outubro de 1969), conforme se verifica pela leitura do seu art. 242. Aqui, ao contrário do que ocorre no Código Penal, existe rubrica expressa, no § 3º do citado artigo, indicando o delito de latrocínio.

### 1.13.12  Prioridade de tramitação do processo de latrocínio (art. 157, § 3º, II, do CP)

A Lei nº 14.994, de 9 de outubro de 2024, alterou o art. 394-A ao Código de Processo Penal, determinando, *verbis*:

> **Art. 394-A.** Os processos que apurem a prática de crime hediondo ou violência contra a mulher terão prioridade de tramitação em todas as instâncias.
>
> § 1º Os processos que apurem violência contra a mulher independerão do pagamento de custas, taxas ou despesas processuais, salvo em caso de má-fé.
>
> § 2º As isenções de que trata o § 1º deste artigo aplicam-se apenas à vítima e, em caso de morte, ao cônjuge, ascendente, descendente ou irmão, quando a estes couber o direito de representação ou de oferecer queixa ou prosseguir com a ação.

Assim, de acordo com a alteração trazida pela Lei nº 13.964, de 24 de dezembro de 2019, à Lei nº 8.072/90, terão prioridade de tramitação os processos referentes aos crimes de:

> II – roubo:
>
> a) circunstanciado pela restrição de liberdade da vítima (art. 157, § 2º, inciso V);
>
> b) circunstanciado pelo emprego de arma de fogo (art. 157, § 2º-A, inciso I) ou pelo emprego de arma de fogo de uso proibido ou restrito (art. 157, § 2º-B);
>
> c) qualificado pelo resultado lesão corporal grave ou morte (art. 157, § 3º);

### 1.13.13  Concorrência das causas de aumento de pena previstas nos §§ 2º, 2º-A e 2º-B do art. 157 do Código Penal

Pode ocorrer, e não é incomum, que, em um determinado caso concreto, incidam mais de uma causa de aumento de pena, como já dissemos anteriormente. Agora, após o advento da Lei nº 13.654, de 23 de abril de 2018, que inseriu o § 2º-A no art. 157 do Código Penal, e a Lei nº 13.964, de 24 de dezembro de 2019, que inseriu o § 2º-B no mesmo artigo, temos a possibilidade de ocorrência simultânea de várias majorantes, em níveis diferentes de aumento de pena. Assim, a título de raciocínio, pode ser que os agentes, agindo em concurso de pessoas, mediante o emprego de arma de fogo, pratiquem um crime de roubo, mantendo as vítimas em seu poder, restringindo sua liberdade.

Aqui, como se percebe, temos duas causas especiais de aumento de pena previstas nos incisos II e V do § 2º, e uma elencada no inciso I do § 2º-A, todos do art. 157 do Código Penal? Para as duas primeiras (concurso de pessoas e restrição da liberdade da vítima) existe um aumento de pena que varia de um terço até metade. Para a outra (emprego de arma de fogo), o aumento é de 2/3, de acordo com a nova redação legal. Portanto, pergunta-se: Qual das duas causas de aumento será aplicada, ou haverá possibilidade de dois aumentos simultâneos, ou seja, de um terço até metade e também o de 2/3? Entendemos que, na hipótese de concorrência de majorantes, somente serão aplicados os maiores aumentos, no terceiro momento do critério trifásico, previsto pelo art. 68 do Código Penal.

*In casu*, considerando o exemplo fornecido, somente haveria o aumento de 2/3, ficando as demais causas absorvidas por aquela que possui o maior aumento.

Se houvesse, por exemplo, emprego de arma de fogo de uso restrito deveria ser aplicado somente o § 2º-B do art. 157 do Código Penal, fazendo com que as penas previstas no *caput* do mencionado artigo fossem duplicadas, afastando-se, consequentemente, as demais causas de aumento de pena presentes no caso concreto.

### 1.13.14 Roubo com emprego de arma de fogo e extorsão com o emprego de arma

Por mais uma vez, prevaleceu a desorganização legislativa em nosso Código Penal. No afã de punir mais severamente o emprego de arma de fogo no crime de roubo, o legislador fez inserir uma nova causa de aumento de pena de 2/3, conforme se verifica pela leitura do § 2º-A do art. 157 do Código Penal.

No entanto, perdendo a visão sistemática do Código Penal, deixou de prever, ou mesmo de exigir o emprego de arma de fogo para a aplicação da mesma majorante relativa ao crime de extorsão.

Assim, no que diz respeito ao roubo, somente poderá haver a aplicação da causa de aumento de pena se a violência ou ameaça forem levadas a efeito mediante o emprego de arma de fogo. Ao contrário, na extorsão, haverá possibilidade de aumento, mesmo que em percentual menor, se o crime for cometido com o emprego de arma, não se exigindo, *in casu*, seja ela *arma de fogo*, ou seja, importará no reconhecimento da majorante o emprego de qualquer arma, seja ela própria ou imprópria.

### 1.13.15 Sequestro-relâmpago e vítima mantida como refém

A Lei nº 13.964, de 24 de dezembro de 2019, inseriu o parágrafo único ao art. 25 do Código Penal, dizendo:

> **Art. 25.** (...)
> **Parágrafo único.** Observados os requisitos previstos no *caput* deste artigo, considera-se também em legítima defesa o agente de segurança pública que repele agressão ou risco de agressão a vítima mantida refém durante a prática de crimes.

Embora fosse desnecessária essa inclusão, se o agente de segurança pública agir nessas condições, fazendo cessar a situação de agressão injusta que já existia tão somente com a privação de liberdade da vítima, independentemente do fato de esta última estar sendo agredida ou pelo menos com risco de ser agredida, estará acobertado pela legítima defesa, resguardando-se, contudo, a possibilidade de ser analisado o excesso, se houver.

### 1.13.16 Jurisprudência em teses do Superior Tribunal de Justiça, edição nº 51: crimes contra o patrimônio – II

1) Consuma-se o crime de roubo com a inversão da posse do bem, mediante emprego de violência ou grave ameaça, ainda que por breve tempo e em seguida a perseguição imediata ao agente e recuperação da coisa roubada, sendo prescindível a posse mansa e pacífica ou desvigiada (Tese julgada sob o rito do art. 543-C do CPC TEMA 916).

2) O aumento na terceira fase de aplicação da pena no crime de roubo circunstanciado exige fundamentação concreta, não sendo suficiente para a sua exasperação a mera indicação do número de majorantes (Súmula nº 443/STJ).

3) Há concurso material entre os crimes de roubo e extorsão quando o agente, após subtrair bens da vítima, mediante emprego de violência ou grave ameaça, a cons-

trange a entregar o cartão bancário e a respectiva senha para sacar dinheiro de sua conta-corrente.

4) Não é possível reconhecer a continuidade delitiva entre os crimes de roubo e de extorsão, pois são infrações penais de espécies diferentes.

5) O roubo praticado em um mesmo contexto fático, mediante uma só ação, contra vítimas diferentes, enseja o reconhecimento do concurso formal de crimes, e não a ocorrência de crime único.

6) É prescindível a apreensão e perícia da arma de fogo para a caracterização de causa de aumento de pena prevista no art. 157, § 2º, I, do CP, quando evidenciado o seu emprego por outros meios de prova.

7) Cabe à defesa o ônus da prova de demonstrar que a arma empregada para intimidar a vítima é desprovida de potencial lesivo.

8) A utilização de arma sem potencialidade lesiva, atestada por perícia, como forma de intimidar a vítima no delito de roubo, caracteriza a elementar grave ameaça, porém, não permite o reconhecimento da majorante de pena.

9) O crime de porte de arma é absorvido pelo de roubo quando restar evidenciado o nexo de dependência ou de subordinação entre as duas condutas e que os delitos foram praticados em um mesmo contexto fático o que caracteriza o princípio da consunção.

10) A gravidade do delito de roubo circunstanciado pelo concurso de pessoas e/ou emprego de arma de fogo não constitui motivação suficiente, por si só, para justificar a imposição de regime prisional mais gravoso, na medida em que constituem circunstâncias comuns à espécie.

11) Não há continuidade delitiva entre roubo e furto, porquanto, ainda que possam ser considerados delitos do mesmo gênero, não são da mesma espécie.

12) Não é possível o reconhecimento da continuidade delitiva entre os crimes de roubo e latrocínio pois, apesar de se tratarem de delitos do mesmo gênero, não são da mesma espécie, devendo incidir a regra do concurso material.

13) Há tentativa de latrocínio quando a morte da vítima não se consuma por razões alheias à vontade do agente.

14) Há crime de latrocínio, quando o homicídio se consuma, ainda que não realize o agente a subtração de bens da vítima (Súmula nº 610/STF).

15) Há concurso formal impróprio no crime de latrocínio nas hipóteses em que o agente, mediante uma única subtração patrimonial provoca, com desígnios autônomos, dois ou mais resultados morte.

16) Nos crimes de roubo praticados em detrimento da Empresa Brasileira de Correios e Telégrafos a fixação da competência é verificada de acordo com a natureza econômica do serviço prestado na forma de agência própria, cuja competência é da Justiça Federal; ou na forma de franquia, explorada por particulares, hipótese em que a Justiça Estadual terá competência para julgamento dos processos.

## 1.14 Quadro-resumo

**Sujeitos**

» Ativo: qualquer pessoa, à exceção do proprietário. Ressalva: o delito de subtração de coisa comum, em que será possível que o condômino, coerdeiro ou sócio subtraia, violentamente, o bem que se encontra em poder do outro que possuía condição idêntica à sua.

» Passivo: qualquer pessoa (inclusive o mero detentor).

### Objeto material

É a *coisa alheia móvel*, bem como a pessoa sobre a qual recai a conduta praticada pelo agente, em face de sua pluralidade ofensiva.

### Bem(ns) juridicamente protegido(s)

Trata-se de um delito pluriofensivo, sendo protegidos, precipuamente, o patrimônio, a posse e, por conta da sua natureza complexa, também a detenção, não deixando, contudo, mesmo que mediatamente, de proteger a integridade corporal ou a saúde, a liberdade individual, bem como a vida.

### Elemento subjetivo

» O crime somente pode ser praticado dolosamente, não havendo previsão legal para a modalidade culposa.
» Além do dolo, a doutrina majoritária aponta outro elemento subjetivo, que lhe é transcendente, chamado especial fim de agir, caracterizado na expressão para si ou para outrem.
» No roubo impróprio, o § 1º do art. 157 do CP ainda exige outros dois elementos subjetivos, que dizem respeito à especial finalidade do agente, que atua no sentido de assegurar a impunidade do crime ou a detenção da coisa, também para si ou para outrem.

### Modalidades comissiva e omissiva

» O núcleo subtrair pressupõe um comportamento comissivo, vale dizer, um fazer alguma coisa no sentido de conseguir a subtração.
» Entretanto, se o agente vier a gozar do *status* de garantidor, poderá responder pelo delito de roubo via omissão imprópria.

### Consumação e tentativa

» Súmula 582 do STJ: Consuma-se o crime de roubo com a inversão da posse do bem mediante emprego de violência ou grave ameaça, ainda que por breve tempo e em seguida à perseguição imediata ao agente e recuperação da coisa roubada, sendo prescindível a posse mansa e pacífica ou desvigiada.
» Tratando-se de crime material, é perfeitamente admissível a tentativa de roubo, sendo que, para nós, ocorrerá quando o agente não conseguir, mesmo que por curto espaço de tempo, a posse tranquila da *res furtiva*; para a corrente que entende não ser necessária a posse tranquila da coisa pelo agente, para efeitos de reconhecimento de consumação, ainda assim será possível a tentativa, a partir do instante em que, iniciada a execução, não conseguir retirar o bem da esfera de disponibilidade da vítima, por circunstâncias alheias à sua vontade.
» No que diz respeito ao roubo impróprio, também de forma majoritária, a doutrina posiciona-se, no sentido de que a sua consumação ocorreria quando do emprego da violência ou da grave ameaça, depois da subtração, para assegurar a impunidade do crime ou a detenção da coisa.
» Não conseguimos compreender a mudança de tratamento para efeitos de reconhecimento de momentos diferentes de consumação nas espécies de roubo – próprio e impróprio. Para nós, que entendemos que a consumação somente ocorre com a retirada do bem da esfera de disponibilidade da vítima e o ingresso na posse tranquila do agente, não há qualquer diferença no fato de ser a violência anterior ou posterior à subtração da coisa.
» Em ambas as espécies de roubo – próprio e impróprio –, a *destruição da coisa*, total ou parcialmente, tal como acontece no delito de furto, terá o condão de consumar a infração penal, haja vista que a coisa alheia móvel não poderá ser restituída da mesma forma com que foi subtraída.

## 2. EXTORSÃO

> **Extorsão**
>
> **Art. 158.** Constranger alguém, mediante violência ou grave ameaça, e com o intuito de obter para si ou para outrem indevida vantagem econômica, a fazer, tolerar que se faça ou deixar de fazer alguma coisa:
> Pena – reclusão, de quatro a dez anos, e multa.
> § 1º Se o crime é cometido por duas ou mais pessoas, ou com emprego de arma, aumenta-se a pena de um terço até metade.
> § 2º Aplica-se à extorsão praticada mediante violência o disposto no § 3º do artigo anterior.
> § 3º Se o crime é cometido mediante a restrição da liberdade da vítima, e essa condição é necessária para a obtenção da vantagem econômica, a pena é de reclusão, de seis a doze anos, além da multa; se resulta lesão corporal grave ou morte, aplicam-se as penas previstas no art. 159, §§ 2º e 3º, respectivamente.

### 2.1 Introdução

O crime de extorsão muito se parece com o delito de roubo, havendo, até mesmo, em algumas situações, dificuldade para se entender por uma ou por outra infração penal.

No entanto, é possível, mediante a análise do tipo penal do art. 158 do diploma repressivo, apontar suas particularidades, que terão o condão de demonstrar suas diferenças com relação às demais infrações penais.

Inicialmente, o *núcleo* do tipo é o verbo *constranger*, que tem o significado de obrigar, coagir alguém a fazer, tolerar que se faça ou deixar de fazer alguma coisa. Esse *constrangimento*, da mesma forma que aquele previsto pelo art. 146 do Código Penal, deve ser exercido com o emprego de *violência* ou *grave ameaça*. Além disso, o agente, segundo o entendimento doutrinário predominante, deve atuar com uma finalidade especial, que transcende ao seu dolo, chamada de *especial fim de agir*, aqui entendida como o *intuito de obter para si ou para outrem indevida vantagem econômica*. Dessa forma, o agente deve constranger a vítima, impondo-lhe um comportamento – positivo ou negativo –, determinando que faça, tolere que se faça, ou mesmo deixe de fazer alguma coisa, a fim de que, com isso, consiga, para ele ou para outrem, indevida vantagem econômica, que deve ser entendida em um sentido mais amplo do que a coisa móvel alheia exigida no delito de roubo. Qualquer vantagem de natureza econômica, gozando ou não do *status* de coisa móvel alheia, ou seja, passível ou não de remoção, poderá se constituir na finalidade especial com que atua o agente.

Podemos, portanto, destacar os elementos que integram o delito de extorsão, a saber: *a)* constrangimento, constituído pela violência física (*vis corporalis*) ou grave ameaça (*vis compulsiva*), obrigando a vítima a fazer, tolerar que se faça ou a deixar de fazer alguma coisa; *b)* especial fim de agir, caracterizado pela finalidade do agente em obter indevida vantagem econômica, para si ou para outrem.

Conforme destaca Hungria:

"O meio mais comumente empregado para a extorsão é a *grave ameaça*, e, tal como no roubo, não há distinguir se o *mal prometido* é, em si mesmo, injusto, ou não. Não há confundir o *crime de ameaça* (art. 147) com a ameaça como meio executivo de crime: no primeiro caso, é necessário que o mal ameaçado seja *injusto*; no segundo, é indiferente que possa ser, ou não, infligido *secundum ius*. Ainda que se tenha direito à inflição de um mal, a ameaça de exercê-lo torna-se obviamente *contra jus* quando empregada como meio à prática de um crime. É preciso, porém, não confundir o caso em que o mal é, em si mesmo, justo e injusta a vantagem pretendida, e o em que, injusto o mal, é justa a vantagem pretendida: no primeiro, há extorsão; no segundo, não, apresentando-se o crime de violento 'exercício arbitrário das próprias razões' (art. 345). Assim, será este o crime cometido, v.g., pelo proprietário que obtém do ladrão, sob ameaça de morte, a restituição da *res furtiva*, já na sua posse tranquila. Existe extorsão ainda quando o agente, tendo alguém sob coação legítima, lhe exija vantagem para fazer cessá-la, ex.: o particular que prende um criminoso em flagrante, exige dele, a seguir, a entrega de dinheiro para libertá-lo."[42]

O constrangimento, seja exercido com o emprego de violência ou de grave ameaça, deve ter sempre uma finalidade especial: a obtenção de *indevida vantagem econômica*, para si ou para outrem. A ausência dessa finalidade especial descaracteriza o crime de extorsão, podendo se configurar, por exemplo, no delito de constrangimento ilegal, tipificado no art. 146 do Código Penal.

Por *indevida* deve ser entendida aquela vantagem a que o agente não tinha direito, pois, caso contrário, se fosse devida a vantagem, poderia, dependendo do caso concreto, haver desclassificação para o delito de exercício arbitrário das próprias razões (art. 345 do CP). Além de indevida, a vantagem deve, obrigatoriamente, ser *econômica*, conceito muito mais amplo do que a simples posse ou propriedade, exigida para a configuração do crime de roubo.

Nesse sentido, esclarece Luiz Regis Prado:

"O elemento normativo *obtenção de indevida vantagem econômica*, distintamente do que ocorre com o furto, exige para sua caracterização o conteúdo econômico, sob pena de configurar outra infração (art. 146, CP – constrangimento ilegal), ou de conduzir à atipicidade da conduta. O conceito de vantagem contido no art. 158 é bem mais amplo que o do furto e o do roubo, haja vista que abrange não só a *coisa móvel corpórea* de outrem, mas todo interesse ou direito patrimonial alheio, tratando-se, destarte, de crime contra o patrimônio em geral. O ato juridicamente nulo (art. 145, CC), que nenhum benefício de ordem econômica possa produzir, não configura a extorsão (art. 17, CP – crime impossível por impropriedade do objeto), restando apenas o constrangimento (art. 146, CP)."[43]

Tal como ocorre no crime de roubo, quando houver o concurso de duas ou mais pessoas, ou com o emprego de arma, no cometimento da extorsão, a pena será aumentada de um terço até metade.

Da mesma forma, se da violência praticada na extorsão resultar lesão corporal grave, a pena é de reclusão, de 7 (sete) a 18 (dezoito) anos, além da multa; se resulta a morte, a reclusão é de 20 (vinte) a 30 (trinta) anos, sem prejuízo da multa, conforme determina o § 2º do art. 158 do Código Penal.

A extorsão qualificada pela morte encontra-se no rol das infrações penais consideradas hediondas, conforme se verifica pela leitura do inciso III do art. 1º, com a nova redação que lhe foi conferida pela Lei nº 13.964, de 24 de dezembro de 2019.

## 2.2 Classificação doutrinária

Crime comum, tanto no que diz respeito ao sujeito ativo quanto ao sujeito passivo; de dano (embora Fragoso concluísse que "o crime se consuma com o resultado do constrangimento, isto é, com a ação ou omissão que a vítima é constrangida a fazer, omitir ou tolerar que se faça e, por isso, pode-se dizer que, em relação ao patrimônio, este crime é de perigo");[44] doloso; formal; comissivo (podendo ser praticado via omissão imprópria, caso o agente goze do *status* de garantidor); de forma livre; instantâneo; monossubjetivo; plurissubsistente;

---

[42] HUNGRIA, Nélson. *Comentários ao código penal*, v. VII, p. 69.

[43] PRADO, Luiz Regis. *Curso de direito penal brasileiro*, v. 2, p. 410.

[44] FRAGOSO, Heleno Cláudio. *Lições de direito penal* – Parte especial (arts. 121 a 160 CP), p. 316.

transeunte (ou não transeunte, dependendo da possibilidade de realização de perícia no caso concreto).

## 2.3 Objeto material e bem juridicamente protegido

A extorsão, da mesma forma que o roubo, é um delito considerado complexo, ou seja, aquele que é formado pela fusão de duas ou mais figuras típicas. Assim, percebe-se, pela redação do tipo penal do art. 158 do Código Penal, que, além do *patrimônio* (aqui entendido num sentido mais amplo do que a posse e a propriedade, pois a lei penal fala em *indevida vantagem econômica*), também podemos visualizar a *liberdade individual*, a *integridade física* e *psíquica* da vítima como os bens por ele juridicamente protegidos.

*Objeto material* do crime de extorsão é a *pessoa* contra a qual recai o constrangimento.

## 2.4 Sujeito ativo e sujeito passivo

Qualquer pessoa pode figurar como *sujeito ativo* do delito de extorsão, haja vista que o tipo penal do art. 158 do diploma repressivo não exige, para a sua prática, qualquer qualidade ou condição especial.

Da mesma forma, qualquer pessoa pode ser considerada como *sujeito passivo* do delito em estudo, podendo, inclusive, numa mesma infração penal, figurarem, por exemplo, dois sujeitos passivos diferentes, pois um deles pode sofrer o constrangimento, enquanto o outro, embora não constrangido, sinta a perda patrimonial, como na hipótese mencionada por Luiz Regis Prado, "de alguém que ameaça um filho, a fim de obrigar o pai à prestação da qual resultará prejuízo para terceiro. Aqui, tem-se pluralidade de vítimas, não podendo ser excluída nenhuma delas", embora, acrescentamos, estejamos diante de crime único, ou seja, o agente, mesmo com pluralidade de sujeitos passivos, responderá por um único crime de extorsão.

Também é possível que a pessoa jurídica goze do *status* de sujeito passivo do delito *sub examen*, uma vez que seus sócios, por exemplo, podem ceder ao constrangimento sofrido, fazendo com que haja perda no patrimônio daquela.

## 2.5 Consumação e tentativa

Tendo em vista a sua natureza de *crime formal*, consuma-se a extorsão no momento em que o agente pratica a conduta núcleo do tipo, vale dizer, o verbo *constranger*, obrigando a vítima, mediante violência ou grave ameaça, a fazer, a tolerar que se faça ou deixar de fazer alguma coisa. Nesse exato momento, isto é, quando a vítima assume um comportamento positivo ou negativo, contra a sua vontade, impelida que foi pela conduta violenta ou ameaçadora do agente, tem-se por consumado o delito.

A obtenção da indevida vantagem econômica, prevista no tipo do art. 158 do Código Penal como o seu especial fim de agir, é considerada mero exaurimento do crime, tendo repercussões, entretanto, para efeitos de aplicação da pena, quando da análise das chamadas circunstâncias judiciais, previstas no *caput* do art. 59 do mesmo diploma.

Faz-se mister apontar o momento exato em que o crime se consuma, tendo em vista as suas consequências práticas. Veja-se, por exemplo, o inciso I do art. 111 do Código Penal, que diz que a prescrição, antes de transitar em julgado a sentença final, começa a correr *do dia em que o crime se consumou.*

Portanto, conforme observado quando do estudo da Parte Geral do Código Penal, não podemos confundir esses dois momentos distintos que fazem parte do chamado *iter criminis*, vale dizer, a *consumação* e o *exaurimento do crime.*

Adotando postura que demonstra a natureza formal do crime de extorsão, o Superior Tribunal de Justiça editou a Súmula 96, que diz:

> **Súmula nº 96.** *O crime de extorsão consuma-se independentemente da obtenção da vantagem indevida.*

Assim, se a consumação ocorre quando a vítima, constrangida pelo agente, faz, tolera que se faça ou deixa de fazer alguma coisa, seria possível a tentativa no delito em estudo? A resposta só pode ser positiva. Mesmo tratando-se de um crime formal, toda vez que pudermos fracionar o *iter criminis* será possível o raciocínio correspondente à tentativa.

Nesse sentido, Luiz Flávio Gomes e Rogério Sanchez Cunha prelecionam que:

"A tentativa é perfeitamente possível, pois a extorsão não se perfaz num único ato, apresentando um caminho a ser percorrido (delito plurissubsistente)."[45]

## 2.6 Elemento subjetivo

O crime de extorsão só pode ser praticado dolosamente, não havendo previsão para a modalidade culposa.

Além do dolo, a doutrina majoritária aponta outro elemento subjetivo, que lhe é transcendente, chamado *especial fim de agir*, caracterizado, *in casu*, pela finalidade do agente em obter, para si ou para outrem, indevida vantagem econômica.

Assim, portanto, para aqueles que adotam essa posição, o tipo subjetivo seria composto pelo dolo de constranger a vítima a fazer, a tolerar que se faça ou deixar de fazer alguma coisa, acrescido da finalidade especial de obter para si ou para outrem indevida vantagem econômica.

## 2.7 Modalidades comissiva e omissiva

O núcleo *constranger* pressupõe um comportamento comissivo do agente. Entretanto, aquele que se encontra na condição de garantidor e, dolosamente, nada faz para evitar o constrangimento sofrido pela vítima, também deverá ser responsabilizado pelo delito de extorsão, nos moldes preconizados pelo § 2º do art. 13 do Código Penal, que diz que a omissão é penalmente relevante quando o omitente *devia* e *podia* agir para evitar o resultado.

## 2.8 Causas de aumento de pena

Ao contrário do § 2º do art. 157 do Código Penal, que contém cinco causas de aumento de pena, o § 1º do art. 158, do mesmo diploma legal, somente elegeu duas, vale dizer, o *concurso de duas ou mais pessoas*, bem como o *emprego de arma no cometimento do crime*, que serão analisadas, isoladamente, a seguir.

### 2.8.1 Concurso de duas ou mais pessoas no cometimento do crime

Quando analisamos a qualificadora do concurso de pessoas no delito de furto, filiamo-nos à corrente que exigia, para efeitos de reconhecimento da mencionada qualificadora, a presença dos agentes durante a prática dos atos materiais de execução do delito, havendo a mesma necessidade para fins de aplicação da majorante ao roubo, bem como, agora, ao delito de extorsão.

Weber Martins Batista, interpretando e levando a efeito as distinções entre *cometer* e *concorrer* para o crime, afirma:

---

[45] GOMES, Luiz Flávio; CUNHA, Rogério Sanchez. *Comentários à reforma penal de 2009 e a convenção de Viena sobre o direito dos tratados*, p. 19.

"O Código Penal não comete a heresia de consagrar, expressa ou implicitamente, que *comete* o crime quem de qualquer forma concorre para ele. O que está na lei, corretamente, é que *incide* nas penas cominadas ao crime – expressão com que, implicitamente, se afirma que *não o comete* – quem, de qualquer modo, concorre para ele. Comete o crime – ninguém afirma de outro modo – quem participa materialmente de sua execução. Não fora isso, e seria desnecessária a norma de extensão do art. 29 do Código Penal."[46]

Assim, portanto, adotando as lições do renomado professor, para que seja reconhecido o concurso de pessoas, quer como qualificadora, como acontece no crime de furto, quer como causa especial de aumento de pena, nas hipóteses de roubo e extorsão, será exigida a presença dos agentes durante a prática dos atos materiais de execução das respectivas infrações penais.

Com relação às demais situações, a exemplo do cômputo de inimputáveis no reconhecimento do concurso de pessoas, não identificação de todos os agentes, bem como a exigência de comprovação do liame subjetivo entre eles, remetemos o leitor às discussões travadas quando do estudo da qualificadora do concurso de pessoas no crime de furto, que se aplicam, perfeita e identicamente, ao delito de extorsão.

### 2.8.2 Se o crime é cometido com o emprego de arma

A arma, mencionada pela lei penal, tanto pode ser a própria, ou seja, aquela que tem a função precípua de ataque ou defesa, a exemplo do que ocorre, como aponta Mirabete, com as "armas de fogo (revólveres, pistolas, fuzis etc.), as armas brancas (punhais, estiletes etc.) e os explosivos (bombas, granadas etc.)"[47], bem como aquelas consideradas impróprias, cuja função precípua não se consubstancia em ataque ou defesa, mas em outra finalidade qualquer, a exemplo do que ocorre com a faca de cozinha, o taco de beisebol, as barras de ferro etc.

Ao contrário do que ocorre com o delito de roubo, que passou a exigir, para efeitos de aplicação da causa especial de aumento de pena, o efetivo emprego de *arma de fogo*, a lei penal, por mais uma vez, quebrou a regra de tratamento que deveria ser igual para ambas as infrações penais, vale dizer, tanto para o crime de roubo quanto para o crime de extorsão.

*In casu*, vale dizer, no delito tipificado no art. 159 do diploma repressivo, qualquer arma, seja ela própria ou imprópria, se utilizada, deverá ser considerada para efeito de reconhecimento e aplicação da majorante; no roubo, ao contrário, somente o emprego de *arma de fogo* é que permitirá o aumento da pena no terceiro momento do critério trifásico.

## 2.9 Modalidades qualificadas

Diz o § 2º do art. 158 do Código Penal, *verbis*:

§ 2º Aplica-se à extorsão praticada mediante violência o disposto no § 3º do artigo anterior.

Dessa forma, de acordo com a determinação legal, aplica-se ao delito de extorsão as qualificadoras constantes do crime de roubo, vale dizer, *a lesão corporal grave* e a *morte*.

O mesmo raciocínio desenvolvido quando do estudo do crime de roubo aplica-se à extorsão. Merece ser registrado, contudo, o fato de ter o § 2º do art. 158 frisado que os resultados que qualificam a extorsão somente poderiam ser atribuídos ao agente se fossem originários da *violência* utilizada na prática do delito.

---

[46] BATISTA, Weber Martins. *O furto e o roubo no direito e no processo penal*, p. 189.

[47] MIRABETE, Júlio Fabbrini. *Manual de direito penal*, v. 2, p. 54.

Todas as conclusões a que chegamos quando do estudo das modalidades qualificadas de roubo aplicam-se também à extorsão, à exceção do fato de que a extorsão qualificada pelo resultado morte não é reconhecida como *latrocínio*, sendo esse *nomen juris* específico para o roubo com resultado morte.

Entendemos que não será possível a aplicação ao delito tipificado no art. 158, § 2º, do Código Penal, da causa especial de aumento de pena prevista no art. 9º da Lei nº 8.072/90, em virtude da revogação expressa do art. 224 do Código Penal pela Lei nº 12.015, de 7 de agosto de 2009.

Com a devida vênia das posições em contrário, não podemos raciocinar no sentido de que as hipóteses elencadas pelo art. 224 do Código Penal, ao qual se remetia o art. 9º da Lei nº 8.072/90, foram deslocadas para o art. 217-A do Código Penal, que prevê o delito de estupro de vulnerável.

Não podemos vagar pelo Código Penal a procura de tipos que se amoldem a remissões já revogadas. Caso seja do interesse do legislador manter o aumento de pena para o delito tipificado no art. 158, § 2º, do Código Penal, deverá fazê-lo expressamente.

Nesse sentido, trazemos à colação os ensinamentos de Luiz Carlos dos Santos Gonçalves, que esclarece:

"O art. 9º da Lei dos Crimes Hediondos foi tacitamente revogado, vez que revogado expressamente o art. 224 do Código Penal, ao qual ele se referia. É certo que há semelhança entre a situação de vulnerabilidade, mencionada nos arts. 217-A e 218 e aquelas descritas no revogado art. 224 do Código, mas não se assemelha possível o emprego da analogia no caso – pois seria *in malam partem*. O necessário aumento da pena do roubo, da extorsão e da extorsão mediante sequestro, praticados contra vítimas menores de 14 anos, com doença mental ou que não poderiam oferecer resistência, fica, assim, prejudicado. É a dificuldade da técnica do 'tipo remetido': revogado o artigo mencionado, fica sem aplicação o que o menciona."[48]

No mesmo sentido, prelecionam Luiz Flávio Gomes e Rogério Sanches Cunha que o art. 224 do Código Penal foi revogado pela Lei nº 12.015, de 7 de agosto de 2009, "eliminando-se, tacitamente, também a majorante da Lei dos Crimes Hediondos (art. 9º), cuidando-se de alteração benéfica que deve retroagir para alcançar os fatos passados."[49]

## 2.10 Sequestro-relâmpago

A Lei nº 11.923, de 17 de abril de 2009, inclui o § 3º ao art. 158 do Código Penal, criando, assim, mais uma modalidade do chamado sequestro-relâmpago, além daquela prevista pelo inciso V do § 2º do art. 157 do mesmo diploma repressivo.

Em virtude da nova disposição legal temos que, *ab initio*, levar a efeito a distinção entre o sequestro-relâmpago, que configura o delito de extorsão, e aquele que se consubstancia em crime de roubo.

Infelizmente, a lei penal cedeu à pressão de parte de nossos doutrinadores que, ainda seguindo as orientações de Hungria, conjugadas com os ensinamentos de Luigi Conti, afirmava que a diferença entre os delitos de roubo e extorsão residiria, fundamentalmente, no fato de que, naquele, o agente podia, por si mesmo, praticar a subtração, sem que fosse preciso a cola-

---

[48] GONÇALVES, Luiz Carlos dos Santos. *Primeiras impressões sobre a nova conceituação do crime de estupro, vinda da Lei nº 12.015/2009*. Disponível em: <http://www.cpcmarcato.com.br/arquivo_interno.php?un=1&arquivo=41>. Acesso em: 02 set. 2009.

[49] GOMES, Luiz Flávio; CUNHA, Rogério Sanches. *Comentários à reforma penal de 2009 e a convenção de Viena sobre o direito dos tratados*, p. 20.

boração da vítima; na extorsão, ao contrário, a consumação somente seria possível se a vítima cooperasse com o agente, entregando-lhe a vantagem indevida.

Assim, além de levarem a efeito a diferença entre a *contrectatio* e a *traditio*, procuram distinguir os delitos com base no critério da "prescindibilidade ou não do comportamento da vítima", afirmando que se a obtenção da vantagem patrimonial fosse impossível sem a sua colaboração, estaríamos diante de um crime de extorsão; por outro lado, ou seja, se mesmo sem a colaboração da vítima fosse possível o sucesso da empresa criminosa, o crime seria o de roubo.

A fim de distinguir essas duas situações, tem-se exemplificado com os crimes praticados contra vítimas que se encontram em caixas eletrônicos. Assim, tendo em vista que, para que o agente tenha sucesso na obtenção da vantagem indevida, a vítima, obrigatoriamente, deverá efetuar o saque, mediante a apresentação de sua senha, o fato, para a maioria de nossos doutrinadores, deveria ser entendido como extorsão.

Infelizmente, não se tem considerado a possibilidade de decisão da vítima, ou seja, não se tem levado em consideração se a vítima, na situação em que se encontrava, tinha ou não um tempo razoável, ou mesmo se podia resistir ao constrangimento que era praticado pelo agente. Weber Martins Batista analisando, com precisão, a distinção entre os crimes de roubo e extorsão, preleciona que:

> "Se o agente ameaça a vítima ou pratica violência contra ela, visando a obter a coisa *na hora*, há roubo, sendo desimportante para caracterização do fato que ele tire o objeto da vítima ou este lhe seja dado por ela. É que, nesta última hipótese, não se pode dizer que a vítima agiu, pois, estando totalmente submetida ao agente, não passou de um instrumento de sua vontade. Só se pode falar em extorsão, por outro lado, quando o mal prometido é futuro e futura a obtenção da vantagem pretendida, porque neste caso a vítima, embora ameaçada, não fica totalmente à mercê do agente e, portanto, participa, ainda que com a vontade viciada, do ato de obtenção do bem."[50]

A Lei nº 11.923, de 17 de abril de 2009, como dissemos, criou outra modalidade qualificada de extorsão, acrescentando o § 3º do art. 158 do Código Penal, tipificando o delito de *sequestro-relâmpago*, mesmo que não tenha consignado, expressamente, esse *nomen juris* como rubrica[51] ao mencionado parágrafo, dizendo, *verbis*:

> § 3º Se o crime é cometido mediante a restrição da liberdade da vítima, e essa condição é necessária para a obtenção da vantagem econômica, a pena é de reclusão, de 6 (seis) a 12 (doze) anos, além da multa; se resulta lesão corporal grave ou morte, aplicam-se as penas previstas no art. 159, §§ 2º e 3º, respectivamente.

Dessa forma, para que se configure o delito em estudo, há necessidade de que a vítima tenha sido privada de sua liberdade, e essa condição seja necessária para obtenção da vantagem econômica.

Essa privação da liberdade deverá ocorrer por tempo razoável, permitindo, assim, que se reconheça que a vítima ficou limitada em seu direito de ir, vir ou mesmo permanecer, em virtude do comportamento levado a efeito pelo agente.

---

[50] BATISTA, Weber Martins. *O furto e o roubo no direito e no processo penal*, p. 301.

[51] A expressão *sequestro-relâmpago*, no entanto, veio consignada na ementa da Lei nº 11.923, de 17 de abril de 2009, dizendo, textualmente: *Acrescenta parágrafo ao art. 158 do Decreto-Lei nº 2.848, de 7 de dezembro de 1940 – Código Penal, para tipificar o chamado 'sequestro-relâmpago'*.

Por outro lado, a privação da liberdade da vítima deve ser um *meio*, ou seja, uma *condição necessária* para que o agente tenha sucesso na obtenção da vantagem econômica. Citam-se como exemplos dessa hipótese quando a vítima é obrigada a acompanhar o agente a um caixa eletrônico a fim de efetuar o saque de toda a importância disponível em sua conta bancária, ou mesmo aquele que obriga a vítima a dirigir-se até a sua residência, a fim de entregar-lhe todas as joias existentes no seu cofre, que somente poderia ser aberto mediante a apresentação das digitais do seu proprietário.

Faz-se mister ressaltar que, para nós, os exemplos acima se configurariam em delito de roubo, com a causa especial de aumento de pena prevista no inciso V do § 2º do art. 157 do Código Penal, uma vez que a vítima não tinha liberdade de escolha. No entanto, para a maioria de nossa doutrina, seria um exemplo de extorsão, com restrição de liberdade da vítima.

De acordo com nosso posicionamento, minoritário por sinal, dificilmente seria aplicado o novo parágrafo do art. 158 do Código Penal, pois a vítima, privada de sua liberdade mediante o constrangimento praticado pelo agente, não teria como deixar de anuir à exigência da entrega, por exemplo, da indevida vantagem econômica.

Ocorreria, por outro lado, o sequestro-relâmpago, característico do crime de roubo, para a maioria de nossos doutrinadores, quando o agente pudesse, ele próprio, sem a necessidade de colaboração da vítima, subtrair os bens móveis que desejasse. Assim, por exemplo, pode ocorrer que o agente, ao se deparar com a vítima, que dirigia seu automóvel, anuncie o roubo e, ato contínuo, a coloque no porta-malas e siga em direção a um lugar ermo, afastado, impedindo-a, dessa forma, de se comunicar imediatamente com a polícia.

Como se percebe, nesse último caso, o agente poderia, sem a colaboração da vítima, subtrair seu automóvel. No entanto, privou-a de sua liberdade, razão pela qual não haveria dúvida na aplicação do inciso V do § 2º do art. 157 do Código Penal, fazendo com que a pena aplicada ao roubo fosse aumentada de um terço até a metade.

Merece ser frisado que a Lei nº 11.923, de 17 de abril de 2009, desigualou o tratamento até então existente entre os crimes de roubo e extorsão, cujos arts. 157 e 158 do Código Penal, respectivamente, preveem as mesmas penas no que diz respeito à modalidade fundamental (reclusão, de 4 a 10 anos, e multa), bem como à majorante de 1/3 (um terço) até a metade para algumas hipóteses similares e, ainda, penas idênticas se da violência resultar lesão corporal grave ou morte.

Agora, a privação da liberdade da vítima importará no reconhecimento de uma qualificadora (art. 158, § 3º, do CP), ao invés de uma causa especial de aumento de pena como havia sido previsto inicialmente para o crime de roubo (art. 157, § 2º, V, do CP). Assim, fatos semelhantes terão penas diferentes, ofendendo-se, frontalmente, os princípios da isonomia, da razoabilidade e da proporcionalidade.

Além disso, como alerta, com precisão, Eduardo Luiz Santos Cabette:

"Nos casos de roubos qualificados por lesões graves ou morte, onde houve restrição da liberdade da vítima, e extorsões nas mesmas condições, estas serão sempre apenadas com mais rigor. Nestes casos a Lei nº 11.923/2009 manda aplicar à extorsão com restrição da liberdade as mesmas penas do crime de extorsão mediante sequestro qualificado (art. 159, §§ 2º e 3º, CP). Assim sendo, enquanto nos casos de roubo as penas variam entre 'reclusão, de 7 a 15 anos'[52] (lesões graves) e 'reclusão, de 20 a 30 anos' (morte); nos casos de extorsão as sanções vão gravitar entre 'reclusão, de 16 a 24 anos' (lesões graves) e 'reclusão, de 24 a 30 anos' (morte). É realmente de se indagar: o que justifica essa discrepância?

---

[52] OBS.: Agora, a pena máxima é de 18 anos, conforme modificação levada a efeito pela Lei nº 13.654, de 23 de abril de 2018.

Deixando um pouco de lado essas falhas grotescas da nova legislação, tem-se que, com o advento do novo § 3º do art. 158, CP, dever-se-á verificar em cada caso concreto se ocorreu um roubo ou uma extorsão. Em se formando um juízo de roubo, aplica-se o art. 157, § 2º, V, CP; caso contrário, concluindo-se pela ocorrência de extorsão, aplica-se o art. 158, § 3º, CP.

Note-se que no caso do roubo a ocorrência de lesões graves ou morte afasta a aplicação do § 2º, V, do art. 157, CP, prevalecendo o § 3º, do mesmo dispositivo. Já na extorsão deve-se atentar para que se houver lesões graves ou morte, sem que o agente tenha obrado com restrição da liberdade da vítima, aplica-se o § 2º do art. 158, CP, que remete às penas do art. 157, § 3º, CP. Quando ocorrerem os mesmos resultados (lesões graves ou morte), mas o agente tiver atuado mediante restrição da liberdade da vítima, aplica-se o § 3º, *in fine*, do art. 158, CP, que remete às penas do art. 159, §§ 2º e 3º, CP."[53]

Outro problema que deve ser enfrentado diz respeito à possibilidade de se raciocinar, também, com o delito de sequestro, previsto no art. 148 do Código Penal, em concurso com o delito de extorsão. Como dissemos anteriormente, para que se caracterize a modalidade qualificada de extorsão, mediante a restrição da liberdade da vítima, esta, ou seja, a restrição da liberdade, deve ser um *meio* para que o agente tenha a vantagem econômica.

Assim, raciocinemos com o seguinte exemplo: imagine-se a hipótese em que o agente, depois de constranger a vítima, por telefone, a entregar-lhe determinada quantia, marque com ela um local para a entrega do dinheiro. Ao receber o valor exigido, o agente, acreditando que a vítima estivesse sendo seguida, a fim de assegurar a sua fuga, a coloca no porta-malas de seu automóvel e, com ela, vai em direção a uma cidade vizinha, distante, aproximadamente, 50 quilômetros do local da entrega do dinheiro, onde, após assegurar-se de que não estava sendo seguido, a liberta.

Nesse caso, tendo em vista a sua natureza de crime formal, a extorsão havia se consuma-do anteriormente, quando da prática do constrangimento pelo agente. Ao privar a vítima de sua liberdade, nesse segundo momento, o agente pratica, outrossim, o delito de sequestro, que não serviu, como se percebe, para a prática da extorsão. Aqui, portanto, teríamos o concurso entre o delito de extorsão, tipificado no *caput* do art. 158 do Código Penal, e o delito de se-questro ou cárcere privado, previsto pelo art. 148 do mesmo diploma repressivo.

Se a finalidade da privação da liberdade da vítima for a obtenção, para si ou para outrem, de qualquer vantagem, como condição ou preço do resgate, o fato se amoldará ao delito de extorsão mediante sequestro, tipificado no art. 159 do Código Penal.

## 2.11 Pena e ação penal

As penas cominadas ao delito de extorsão, nas suas modalidades simples e qualificadas, são as mesmas previstas para o delito de roubo.

Assim, nos termos do *caput* do art. 158 do Código Penal, em sua modalidade fundamen-tal, a pena é de reclusão, de 4 (quatro) a 10 (dez) anos, e multa.

Para as modalidades qualificadas, se da violência resultar *lesão corporal grave*, a pena é de reclusão, de 7 (sete) a 18 (dezoito) anos, além de multa; se resulta a *morte*, a reclusão é de 20 (vinte) a 30 (trinta) anos, sem prejuízo da multa.

A ação penal é de iniciativa pública incondicionada.

---

[53] CABETTE, Eduardo Luiz Santos. *A Lei nº 11.923/2009 e o famigerado sequestro-relâmpago. Afinal, que raio de crime é esse?* Disponível em: <http://jus2.uol.com.br/doutrina/texto.asp?id=12760>. Acesso em: 29 ago. 2009.

## 2.12 Destaques

### 2.12.1 Diferença entre roubo e extorsão

Há muito tempo as discussões sobre a diferença entre o roubo e a extorsão vêm dividindo a doutrina e a jurisprudência, exatamente pelo fato de serem muito parecidos. Muitos, ainda ancorados nas lições de Hungria, tentam levar a efeito a diferença entre ambas as figuras típicas na existência da *contrectatio* (retirada da coisa pelo próprio agente) e da *traditio* (entrega da coisa ou da vantagem pela própria vítima). Assim, segundo Hungria:

> "Há entre a extorsão e o roubo (aos quais é cominada pena idêntica) uma tal afinidade que, em certos casos, praticamente se confundem. Conceitualmente, porém, a distinção está em que, na extorsão, diversamente do roubo, é a própria vítima que, coagida, se despoja em favor do agente. Dizia Frank, lapidarmente, que o 'ladrão subtrai, o extorsionário faz com que lhe seja entregue'[...]. A este descrime sumário, entretanto, não se afeiçoava Von Liszt, que, referindo-se ao caso do ladrão que aterrorizava a vítima com o revólver em punho e o dilema a *bolsa ou a vida*, indagava: 'Ainda que a vítima tire do bolso, ela mesma, a carteira e a entregue ao ladrão, poder-se-á negar o roubo? Realmente, do ponto de vista prático, tanto faz que o agente tire a carteira ou que esta lhe seja entregue pela vítima; mas, se não se quer renunciar, sob o prisma técnico, a uma diferença constante entre extorsão e roubo, é força reconhecer que a distinção não é outra senão esta: no roubo, há uma *contrectatio*; na extorsão, há uma *traditio*. Na hipótese figurada por Von Liszt, há extorsão, e não roubo: o agente não *subtraiu*, mas *recebeu* da vítima a carteira."[54]

Na verdade, são vários os critérios que procuram traçar as distinções entre o roubo e a extorsão, a saber:

1. Conforme lições de Hungria, a diferença reside entre a *contrectatio* e a *traditio*. Assim, se o agente subtrai, o crime é de roubo; se o agente faz com que a ele seja entregue pela vítima, estaríamos diante da extorsão.
2. Noronha, citando Carrara, aponta a distinção entre os dois crimes considerando que "no roubo o mal é *iminente* e o proveito *contemporâneo*; enquanto, na extorsão, o mal prometido é *futuro* e *futura* a vantagem a que visa."[55]
3. Luigi Conti[56] procura levar a efeito a distinção com base no critério da "prescindibilidade ou não do comportamento da vítima." Assim, se sem a colaboração da vítima fosse impossível a obtenção da vantagem, o delito seria o de extorsão; por outro lado, se mesmo sem a colaboração da vítima fosse possível o sucesso da empresa criminosa, o crime seria o de roubo.
4. Weber Martins Batista, a seu turno, em nossa opinião acertadamente, afirma:

---

[54] HUNGRIA, Nélson. *Comentários ao código penal*, v. VII, p. 66-67.
[55] NORONHA, Edgar Magalhães. *Direito penal*, v. 2, p. 266.
[56] *Apud* Weber Martins Batista. *O furto e o roubo no direito e no processo penal*, p. 297.

"Se o agente ameaça a vítima ou pratica violência contra ela, visando a obter a coisa *na hora*, há roubo, sendo desimportante para caracterização do fato que ele tire o objeto da vítima ou este lhe seja dado por ela. É que, nesta última hipótese, não se pode dizer que a vítima agiu, pois, estando totalmente submetida ao agente, não passou de um instrumento de sua vontade. Só se pode falar em extorsão, por outro lado, quando o mal prometido é futuro e futura a obtenção da vantagem pretendida, porque neste caso a vítima, embora ameaçada, não fica totalmente a mercê do agente e, portanto, participa, ainda que com a vontade viciada, do ato de obtenção do bem."[57]

Entendemos que o melhor critério para a distinção entre o roubo e a extorsão reside no fato de que, na extorsão, há *necessidade de colaboração da vítima*, conjugada com um *espaço de tempo*, mesmo que não muito longo, para que esta anua ao constrangimento e entregue a vantagem indevida ao agente. No roubo, como dizia Carrara, o mal é imediato. Aqui, mesmo que sem a colaboração da vítima o agente não pudesse obter a vantagem indevida (compreendido, aqui, o patrimônio alheio), o fato de não ter um tempo para refletir sobre a exigência que lhe é feita mediante violência ou grave ameaça faz com que o crime seja de roubo.

Assim, imagine-se a hipótese, infelizmente muito comum nos dias de hoje, em que a vítima é abordada ao chegar em frente a um caixa eletrônico de uma agência bancária, onde pretendia sacar, para si, determinada importância. Ato contínuo, o agente saca sua arma e a coloca em direção à cabeça da vítima, exigindo-lhe que saque todo o seu limite de crédito. A primeira indagação é a seguinte: O agente poderia sacar o dinheiro da vítima se esta não se dispusesse a fornecer-lhe a senha? Obviamente não, razão pela qual a sua anuência à exigência do agente é fundamental ao sucesso da infração penal. Contudo, devemos também nos perguntar: Poderia a vítima, nas condições em que se encontrava, resistir ao agente? Aqui a resposta negativa também se impõe, pois, caso contrário, ela seria morta ou, pelo menos, agredida. Assim, embora dependendo da sua colaboração, mas não tendo a vítima tempo para refletir sobre a exigência, pois o mal lhe seria imediato, estaríamos diante de um crime de roubo, e não de extorsão, mesmo que a própria vítima, depois do saque com o cartão, entregasse o dinheiro ao agente.

Por outro lado, o que também tem sido uma prática comum em meio aos marginais é o fato de que, mesmo no interior de penitenciárias, conseguem os números dos telefones de alguns comerciantes e, de dentro do próprio sistema carcerário, ligam para essas pessoas e exigem que elas adquiram determinada quantidade de cartões para telefones celulares, a fim de que, mesmo presos, possam continuar a gerenciar seus negócios ilegais. Nesse caso, quando o comerciante recebe um telefonema intimidador de um preso dizendo que conhece todos os seus dados pessoais (onde trabalha, quantos filhos possui, onde estudam etc.) e exige a compra de um valor determinado de cartões telefônicos, com receio de ver cumpridas as ameaças, anui a essas exigências, estaríamos diante de um crime de roubo ou de extorsão? Como se percebe agora, a situação é diferente; a vítima, mesmo que intimidada, tem liberdade de escolha, arriscando ver cumprida, por exemplo, a ameaça de morte. A promessa de mal é futura, como também é futura a vantagem a ser entregue ao agente; além disso, a obtenção da vantagem indevida depende da vítima que, entretanto, possui tempo para poder sobre ela refletir.

Nossos Tribunais Superiores entendem pelo concurso material entre os crimes de roubo e extorsão, quando o agente, por exemplo, além de subtrair os bens que a vítima portava, a obrigam a fornecer sua senha para saque de valores no caixa eletrônico, dizendo:

---

[57] BATISTA, Weber Martins. *O furto e o roubo no direito e no processo penal*, p. 301.

"Não há que se falar em crime único em relação ao roubo e à extorsão, considerando que quatro vítimas tiveram seus pertences subtraídos no interior da residência e, em seguida, duas delas foram obrigadas a realizar saques e compras utilizando seus cartões bancários, restando configurados os crimes descritos no art. 157, § 2º, I, II e V e art. 158, § 3º, ambos do Código Penal. Nos termos da jurisprudência desta Corte, conquanto os crimes de roubo e extorsão sejam do mesmo gênero, são de espécies distintas, o que afasta a possibilidade de reconhecimento da continuidade delitiva, tornando despiciendo o exame dos requisitos objetivos e subjetivos necessários para a incidência do art. 71 do Código Penal" (STJ, HC 435.792/SP, Rel. Min. Ribeiro Dantas, 5ª T., DJe 30/05/2018).

Merece registro, ainda, que no crime de extorsão a lei não o limitou a coisas móveis, pois a expressão *indevida vantagem econômica* tem abrangência muito maior, podendo, inclusive, dizer respeito até mesmo a imóveis. Imagine-se a hipótese na qual a vítima é ameaçada para que transfira o imóvel de sua propriedade ao agente. O fato jamais poderia se configurar como roubo, uma vez que este exige que a coisa alheia seja móvel. Ao contrário, admite-se, com tranquilidade, a extorsão, pois para esse delito não importa a natureza do bem, mas sim que ele se configure como indevida vantagem econômica para o agente.

### 2.12.2 Diferença entre concussão e extorsão

O art. 316 do Código Penal tipifica a concussão dizendo:

> **Art. 316.** Exigir, para si ou para outrem, direta ou indiretamente, ainda que fora da função ou antes de assumi-la, mas em razão dela, vantagem indevida:
> Pena – reclusão, de 2 (dois) a 12 (doze) anos, e multa.

A concussão pode ser entendida como uma modalidade especial de extorsão praticada por funcionário público. A diferença entre ambas as figuras típicas reside no modo como os delitos são praticados.

Assim, na extorsão, a vítima é constrangida, *mediante violência ou grave ameaça*, a entregar a indevida vantagem econômica ao agente; na concussão, contudo, o funcionário público deve exigir a indevida vantagem sem o uso de violência ou de grave ameaça, que são elementos do tipo penal do art. 158 do diploma repressivo.

Nesse sentido, já decidiu o Superior Tribunal de Justiça:

"Ainda que a conduta delituosa tenha sido praticada por funcionário público, o qual teria se valido dessa condição para a obtenção da vantagem indevida, o crime por ele cometido corresponde ao delito de extorsão e não ao de concussão, uma vez configurado o emprego de grave ameaça, circunstância elementar do delito de extorsão" (HC 54.776/SP, *Habeas Corpus* 2006/0034108-5, 6ª T., Rel. Min. Nefi Cordeiro, DJe 3/10/2014).

Além do modo como o delito é praticado, na extorsão, de acordo com a redação legal, a indevida vantagem deve ser sempre *econômica*; ao contrário, no delito de concussão, o art. 316 do Código Penal somente usa a expressão *vantagem indevida*, podendo ser esta de qualquer natureza. Dissertando sobre o conceito de *vantagem* indevida, Guilherme de Souza Nucci preleciona:

"Pode ser qualquer lucro, ganho, privilégio ou benefício ilícito, ou seja, contrário ao direito, ainda que ofensivo apenas aos bons costumes. Entendíamos que o conteúdo da vantagem indevida deveria possuir algum conteúdo econômico, mesmo que indireto. Ampliamos o nosso pensamento, pois há casos concretos em que o funcionário deseja obter somente um elogio, uma vingança ou mesmo um favor sexual, enfim, algo imponderável no campo econômico e, ainda assim, corrompe-se para prejudicar ato de ofício."[58]

### 2.12.3 Diferença entre exercício arbitrário das próprias razões e extorsão

O delito de exercício arbitrário das próprias razões está tipificado no art. 345 do Código Penal, *verbis*:

> **Art. 345.** Fazer justiça pelas próprias mãos, para satisfazer pretensão, embora legítima, salvo quando a lei o permite:
> Pena – detenção, de 15 (quinze) dias a 1 (um) mês, ou multa, além da pena correspondente à violência.

Pela redação do art. 345 do Código Penal percebe-se que a diferença fundamental entre a extorsão e o exercício arbitrário das próprias razões reside no fato de que, neste, a violência é empregada no sentido de satisfazer uma *pretensão legítima* do agente. Entretanto, como a Justiça é um monopólio do Estado, não pode o agente atuar por sua conta, mesmo a fim de satisfazer uma pretensão legítima.

Ao contrário, como já afirmado acima, no delito de extorsão o agente constrange a vítima a fim de obter, para si ou para outrem, *indevida vantagem econômica*.

### 2.12.4 Prisão em flagrante quando do recebimento da vantagem

A imprensa tem divulgado, até com certa frequência, casos de extorsão em que a vítima comunica o fato à autoridade policial, que a orienta no sentido de marcar a data e o lugar da entrega ao agente da indevida vantagem econômica. Uma vez determinada a hora e local, os policiais se posicionam no sentido de prender o sujeito no exato instante em que a vantagem indevida lhe é entregue pela vítima.

A pergunta que nos devemos fazer, tomando por base os fatos citados, é a seguinte: Poderia o agente ser preso em flagrante delito no momento em que a vítima lhe faz a entrega da indevida vantagem econômica?

Inicialmente, para que possamos responder a essa indagação, faz-se mister ressaltar que o crime de extorsão, embora haja posição contrária, é de natureza formal, conforme orientação contida na Súmula nº 96 do STJ. Sua consumação ocorre, portanto, com a prática da conduta prevista no núcleo do tipo penal do art. 158 do diploma repressivo, vale dizer, com o constrangimento exercido com o emprego de violência ou grave ameaça, sendo a obtenção da indevida vantagem econômica mero exaurimento do crime. Além de formal, o crime de extorsão não se amolda ao rol daquelas infrações penais tidas como permanentes, sendo, ao contrário, um crime instantâneo.

Com base nessas orientações, isto é, considerando que o crime de extorsão é formal e instantâneo, que se consuma quando, com a prática da conduta núcleo do tipo, a vítima, constrangida pelo agente, faz, tolera que se faça ou deixa de fazer alguma coisa, não se prolongando no tempo seus atos de execução e consequente consumação, não entendemos ser possível a prisão em flagrante que ocorre posteriormente ao constrangimento exercido pelo agente, quando lhe estava sendo entregue a indevida vantagem econômica.

Paulo Rangel, embora exemplificando com o delito de concussão, cujo raciocínio se aplica também ao delito em estudo, esclarece:

"Às vezes, é comum ouvirmos dizer que o policial X foi preso em 'flagrante delito', no momento em que recebia o dinheiro exigido da vítima, pois esta, alertada por terceiras pessoas,

---

[58] NUCCI, Guilherme de Souza. *Código penal comentado*, p. 839.

CURSO DE DIREITO PENAL • VOL. 2 – ROGÉRIO GRECO

procurou as autoridades e relatou o fato. No dia determinado para a entrega do dinheiro, a vítima, acompanhada de policiais que estavam de atalaia no local, dirigiu-se ao policial X e lhe fez a entrega do dinheiro combinado, momento em que os policiais deram voz de prisão em flagrante ao policial X. Esse fato, inclusive, é noticiado pela grande imprensa. Nesta hipótese, não há prisão em flagrante delito, pois o que se dá é mero exaurimento do crime, ou seja, o crime já se consumou com a mera exigência da vantagem indevida. Trata-se, portanto, de prisão *manifestamente ilegal*, que deverá ser, imediatamente, *relaxada* pela autoridade judiciária, nos precisos termos do art. 5º, LXV, da CRFB."[59]

### 2.12.5 Concurso de pessoas no delito de extorsão

A hipótese mais comum de concurso de pessoas ocorre quando os agentes percorrem, unidos pelo liame subjetivo e com identidade de propósito, desde o começo, o chamado *iter criminis*, composto pelas seguintes fases: *cogitação, preparação, execução, consumação e exaurimento* do crime.

No entanto, também pode ocorrer que alguém ingresse no plano criminoso após iniciados os atos de execução, oportunidade em que será reconhecida uma modalidade de coautoria denominada *sucessiva*.

Não há dúvida de que, quando estivermos diante de uma infração permanente, ou seja, aquela cuja consumação se prolonga, se perpetua no tempo, se alguém ingressar no plano criminoso enquanto a infração penal estiver se consumando, teremos que apontá-lo como coautor sucessivo.

Assim, imagine-se a hipótese do crime de sequestro. Suponha-se que o agente tenha privado a vítima de sua liberdade, colocando-a em um cativeiro. Logo depois dessa privação, outra pessoa ingressa no plano criminoso, a fim de auxiliá-lo a manter a vítima presa, vigiando-a dia e noite. Essa segunda pessoa que ingressou no plano criminoso depois de iniciados os atos de execução e ainda quando a consumação do delito estava se prolongando no tempo, em face do seu caráter permanente, poderá ser reconhecida como coautora sucessiva, aplicando-se-lhe, consequentemente, as sanções penais relativas ao crime de sequestro.

No entanto, pode ocorrer, a exemplo do que acontece com o crime de extorsão, que alguém ingresse no plano depois da consumação do delito, mas antes do seu exaurimento. A pergunta, aqui, seria: Poderia o agente que ingressou no plano criminoso depois de sua consumação responder também pelo delito de extorsão?

A fim de responder a essa indagação, imagine-se a hipótese em que o agente, depois de constranger a vítima mediante violência ou grave ameaça, marque com ela data e local para que lhe seja entregue a indevida vantagem econômica. Antes da data prevista para a entrega da indevida vantagem econômica, mas posteriormente à prática do constrangimento, o agente convida uma terceira pessoa que teria a "missão" de se encontrar com a vítima, a fim de que lhe fosse entregue a indevida vantagem econômica. Pergunta-se: Essa terceira pessoa que ingressou no plano depois da sua consumação, mas antes do exaurimento da infração penal poderia ser responsabilizada, também, pelo delito de extorsão, a título de coautoria? A resposta, nesse caso, deve ser negativa, pois, não se cuidando de infração penal de natureza permanente, a coautoria sucessiva somente seria possível até a consumação do delito.

No caso acima proposto, o terceiro que ingressou no plano criminoso depois da sua consumação[60] poderia responder pelo crime de favorecimento real, tipificado no art. 349 do Código Penal, *verbis*:

---

[59] RANGEL, Paulo. *Direito processual penal*, p. 611.

[60] Já decidiu o STF: "Não é admissível a coautoria após a consumação do crime, salvo se comprovada a existência de ajuste prévio. A pessoa que participa apenas no momento do exaurimento do crime, comete

> **Art. 349.** Prestar a criminoso, fora dos casos de coautoria ou de receptação, auxílio destinado a tornar seguro o proveito do crime:

Em sentido contrário, Nilo Batista afirma:

"Pode ocorrer a coautoria sucessiva não só até a simples consumação do delito, e sim até o seu exaurimento, que Maurach chama de 'punto final'. Dessa forma, o agente que aderisse à empresa delituosa na extorsão (art. 158 CP) por ocasião da obtenção da indevida vantagem econômica (que está situada após a consumação, configurando mero exaurimento) seria coautor sucessivo."[61]

Apesar da autoridade do renomado autor, ousamos dele discordar. Se estivéssemos diante, por exemplo, do crime de extorsão mediante sequestro, tipificado no art. 159 do Código Penal, em virtude do fato de ser um crime permanente, seria perfeito o raciocínio, imputando-se àquele que ingressou no plano criminoso depois da sua execução e consequente consumação (que ocorreu com a privação da liberdade da vítima), mas antes da obtenção da vantagem, como condição ou preço do resgate, o *status* de coautor sucessivo.

Entretanto, o crime de extorsão não é permanente, mas, sim, instantâneo, razão pela qual aquele que ingressa no plano depois da consumação do delito poderá, conforme dissemos, responder, como no exemplo citado, pelo delito de favorecimento real e não ser reconhecido como coautor, mesmo que sucessivo, no crime de extorsão.

### 2.12.6 Extorsão e Código Penal Militar

O crime de extorsão também veio previsto no Código Penal Militar (Decreto-Lei nº 1.001, de 21 de outubro de 1969), conforme se verifica pela leitura do seu art. 243.

### 2.12.7 Prioridade de tramitação do processo de extorsão qualificada pela restrição da liberdade da vítima, ocorrência de lesão corporal ou morte

A Lei nº 14.994, de 9 de outubro de 2024, alterou o *caput* do art. 394-A ao Código de Processo Penal, determinando, *verbis*:

> **Art. 394-A.** Os processos que apurem a prática de crime hediondo ou violência contra a mulher terão prioridade de tramitação em todas as instâncias.

### 2.13 Quadro-resumo

**Sujeitos**
» Ativo: qualquer pessoa.
» Passivo: qualquer pessoa (inclusive a pessoa jurídica).

**Objeto material**
É a *pessoa* contra a qual recai o constrangimento.

---

crime de favorecimento real, se sabe prestar auxílio destinado a tornar seguro o proveito do crime" (*HC* 39.732/RJ, Rel.ª Min.ª Maria Thereza de Assis Moura, 6ª T., julg. 26/6/2007, DJ 3/9/2007, p. 225).

61 BATISTA, Nilo. *Concurso de agentes*, p. 88.

### Bem(ns) juridicamente protegido(s)

O *patrimônio* (aqui entendido num sentido mais amplo do que a posse e a propriedade, pois que a lei penal fala em indevida vantagem econômica), a *liberdade individual*, a *integridade física* e *psíquica* da vítima.

### Elemento subjetivo

» O crime de extorsão só pode ser praticado dolosamente, não havendo previsão para a modalidade culposa.
» Há também o especial fim de agir, caracterizado, *in casu*, pela finalidade do agente em obter, para si ou para outrem, indevida vantagem econômica.

### Modalidades comissiva e omissiva

» O núcleo constranger pressupõe um comportamento comissivo do agente.
» Entretanto, aquele que se encontra na condição de garantidor e, dolosamente, nada faz para evitar o constrangimento sofrido pela vítima, também deverá ser responsabilizado pelo delito de extorsão.

### Consumação e tentativa

» Tendo em vista sua natureza de crime formal, consuma-se a extorsão no momento em que o agente pratica a conduta núcleo do tipo, vale dizer, o verbo constranger, obrigando a vítima, mediante violência ou grave ameaça, a fazer, a tolerar que se faça ou deixar de fazer alguma coisa.
» A obtenção da indevida vantagem econômica, prevista no tipo do art. 158 do CP como o seu especial fim de agir, é considerada mero exaurimento do crime, tendo repercussões, entretanto, para efeitos de aplicação da pena.
» Súmula 96 do STJ. *O crime de extorsão consuma-se independentemente da obtenção da vantagem indevida.*
» Mesmo se tratando de um crime formal, toda vez que pudermos fracionar o *iter criminis* será possível o raciocínio correspondente à tentativa.

## 3. EXTORSÃO MEDIANTE SEQUESTRO

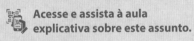

Acesse e assista à aula explicativa sobre este assunto.

> http://uqr.to/1wmd4

**Extorsão mediante sequestro**
**Art. 159.** Sequestrar pessoa com o fim de obter, para si ou para outrem, qualquer vantagem, como condição ou preço do resgate:
Pena – reclusão, oito a quinze anos.
§ 1º Se o sequestro dura mais de 24 (vinte e quatro) horas, se o sequestrado é menor de 18 (dezoito) ou maior de 60 (sessenta) anos, ou se o crime é cometido por bando ou quadrilha[62]:

---

[62] A Lei nº 12.850, de 2 de agosto de 2013, substituiu a rubrica que constava no art. 288 do Código Penal, modificando, ainda, sua redação original. Assim, onde se lê quadrilha ou bando, leia-se *associação criminosa*, sendo exigido, com essa modificação legal, um número mínimo de 3 (três) pessoas para sua formação.

> Pena – reclusão, de doze a vinte anos.
> § 2º Se do fato resulta lesão corporal de natureza grave:
> Pena – reclusão, de dezesseis a vinte e quatro anos.
> § 3º Se resulta a morte:
> Penal – reclusão, de vinte e quatro a trinta anos.
> § 4º Se o crime é cometido em concurso, o concorrente que o denunciar à autoridade, facilitando a libertação do sequestrado, terá sua pena reduzida de um a dois terços.

## 3.1 Introdução

O crime de extorsão mediante sequestro talvez tenha sido um dos que mais ganharam espaço em nossa mídia no final do século XX, motivando, até mesmo, a edição de leis mais severas, que pregavam o recrudescimento das penas, bem como o seu cumprimento mais prolongado no cárcere, a exemplo do que ocorreu com a Lei nº 8.072/90, que regulamentou o art. 5º, XLIII, da Constituição Federal, dispondo sobre os chamados *crimes hediondos*.

Alberto Silva Franco, em obra específica sobre os crimes hediondos, apontando as origens de sua criação, esclarece:

> "Sob o impacto dos meios de comunicação de massa, mobilizados em face de extorsões mediante sequestro, que tinham vitimizado figuras importantes da elite econômica e social do país (caso Martinez, caso Salles, caso Diniz, caso Medina etc.), um medo difuso e irracional, acompanhado de uma desconfiança para com os órgãos oficiais de controle social, tomou conta da população, atuando como um mecanismo de pressão ao qual o legislativo não soube resistir. Na linha de pensamento da *Law and Order*, surgiu a Lei nº 8.072/90, que é, sem dúvida, um exemplo significativo de uma posição político-criminal que expressa, ao mesmo tempo, radicalismo e passionalidade."[63]

Certo é que o crime de extorsão mediante sequestro encontra-se no rol das infrações penais mais graves, e que mais estragos faz à vítima e aos seus familiares. Tanto é verdade que a maior pena existente em nosso ordenamento jurídico-penal é a cominada à extorsão mediante sequestro com resultado morte, que varia de 24 (vinte e quatro) a 30 (trinta) anos de reclusão, sendo pequena a margem entre as penas mínima e máxima para que o julgador possa individualizá-la com maior precisão.

O tipo fundamental do art. 159 do Código Penal aponta os elementos indispensáveis ao reconhecimento do crime de extorsão mediante sequestro, por meio da seguinte redação:

> **Art. 159.** Sequestrar pessoa com o fim de obter, para si ou para outrem, qualquer vantagem, como condição ou preço do resgate:

Assim, verifica-se pela redação acima transcrita que a extorsão mediante sequestro encontra-se no catálogo daqueles crimes considerados complexos, sendo, pois, o resultado da fusão de várias figuras típicas, a exemplo do sequestro, que é utilizado como um meio para a prática da extorsão. Na verdade, trata-se de uma modalidade especializada de extorsão, justamente pelo meio utilizado, vale dizer, a privação da liberdade da vítima.

Dessa forma, podemos identificar os seguintes elementos que compõem o delito em estudo: *a)* privação da liberdade de alguém; *b)* especial fim de agir, caracterizado pela finalidade do agente de obter, para si ou para outrem, qualquer vantagem, como condição ou preço do resgate.

---

[63] FRANCO, Alberto Silva. *Crimes hediondos*, p. 90-91.

A privação da liberdade, utilizada como meio para a prática do crime de extorsão mediante sequestro, é a mesma referida no art. 148 do Código Penal, sendo que, aqui, possui uma finalidade especial: a obtenção de *qualquer vantagem*.

Poder-se-ia indagar a respeito da sua natureza, já que a lei penal faz menção genérica a *qualquer vantagem*, não exigindo expressamente, inclusive, que essa vantagem seja *indevida*. Hungria, analisando a redação legal, diz:

> "O art. 159 fala em 'qualquer vantagem', sem dizê-la expressamente *indevida*, como faz quanto à extorsão *in genere*, pois seria isso supérfluo, desde que a sua ilegitimidade resulta de ser exigida como preço da cessação de um crime. Se o sequestro visa à obtenção da vantagem *devida*, o crime será o de 'exercício arbitrário das próprias razões' (art. 345), em concurso formal com o de *sequestro* (art. 148)."[64]

Assim, embora o art. 159 do diploma repressivo não faça menção expressa à indevida vantagem, temos que compreendê-la como consignada implicitamente pelo mencionado tipo penal, sob pena de ser realizada, como propôs Hungria, a desclassificação para outra figura típica.

Além de indevida a vantagem, entendemos, também, que não é exatamente *qualquer uma* que permite o raciocínio do crime de extorsão mediante sequestro, mas tão somente a vantagem que tenha *valor econômico*, de natureza patrimonial, uma vez que o tipo do art. 159 está inserido no Título II do Código Penal, relativo aos crimes contra o patrimônio. Portanto, de acordo com uma interpretação sistêmica do Código Penal, devemos entender que a vantagem exigida como condição ou preço do resgate deve ter natureza patrimonial, pois, caso contrário, poderá se configurar em outra infração penal.

Imagine-se a hipótese daquele que sequestre o filho da mulher pela qual estava apaixonado, alegando que somente restituirá a liberdade da criança caso venha a ter com ela relações sexuais. Poderíamos, no exemplo fornecido, até visualizar uma *vantagem de natureza sexual* obtida mediante a privação da liberdade de alguém. No entanto, poderia o agente responder pelo delito de extorsão mediante sequestro? Entendemos que não. Nesse caso, deveria ser responsabilizado pelo sequestro da criança (art. 148 do CP), em concurso com o crime de estupro (art. 213 do CP).

Nesse sentido é a posição majoritária da doutrina. Afirma Fragoso que "a ação deve ser praticada para obter *qualquer vantagem*, como preço ou condição do resgate. Embora haja aqui uma certa imprecisão da lei, é evidente que o benefício deve ser de ordem econômica ou patrimonial, pois de outra forma este seria apenas um crime contra a liberdade individual."[65] Ou, ainda, Luiz Regis Prado, quando diz que "no que tange à *vantagem* descrita no tipo, simples interpretação do dispositivo induziria à conclusão de que não deva ser necessariamente econômica. Contudo, outro deve ser o entendimento. De fato, a extorsão está encartada entre os delitos contra o patrimônio, sendo o delito-fim, e, no sequestro, apesar de o próprio tipo não especificar a natureza da vantagem, parece indefensável entendimento diverso."[66] Mirabete também esclarece que, tratando-se de "crime contra o patrimônio, há que se entender que se trata de qualquer vantagem patrimonial (dinheiro, títulos, cargo remunerado etc.)."[67]

Em sentido contrário, assevera Damásio que "qualquer vantagem diz respeito a 'qualquer vantagem' mesmo, sendo irrelevante que seja devida ou indevida, econômica ou não

---

[64] HUNGRIA, Nélson. *Comentários ao código penal*, vol. VII, p. 72.

[65] FRAGOSO, Heleno Cláudio. *Lições de direito penal* – Parte especial (arts. 121 a 160 CP), p. 320.

[66] PRADO, Luiz Regis. *Curso de direito penal brasileiro*, v. 2, p. 417.

[67] MIRABETE, Júlio Fabbrini. *Manual de direito penal*, v. 2, p. 253.

econômica. Se exigirmos que a vantagem seja econômica e indevida, como ocorre na extorsão, não estaremos diante da tipicidade do fato, pois que o CP fala em 'qualquer vantagem', não a especificando. Que 'qualquer vantagem' é esta que precisa ser econômica e indevida?"[68] Cezar Roberto Bitencourt, defendendo a interpretação ampla da expressão *qualquer vantagem*, acompanha Damásio, justificando que "a *natureza econômica da vantagem* é afastada pela elementar típica *qualquer vantagem*, que deixa clara sua abrangência. Quando a lei quer limitar a espécie de vantagem, usa o elemento normativo *indevida, injusta, sem justa causa* [...]. Assim, havendo *sequestro*, para obter *qualquer* vantagem, para si ou para outrem – não importando a natureza (econômica ou não) ou espécie (indevida ou não) –, como *condição ou preço* do resgate, estará caracterizado o crime de extorsão mediante sequestro."[69]

Sabemos, ao contrário do que afirma o velho chavão que diz que "a lei é sábia", que ela não possui essa característica generosa. O legislador penal, em várias passagens do Código, pecou pela falta de técnica, fazendo com que os intérpretes tivessem trabalho redobrado no momento de extrair o alcance legal. Por isso, faz-se mister a aplicação de todos os instrumentos de interpretação disponíveis, principalmente a chamada interpretação sistemática. Figurativamente, não se analisa uma estrela solitariamente. Devemos buscar a sua constelação, descobrindo sua galáxia, para se ter a noção do Universo. Da mesma forma, a fim de melhor compreender um artigo, busca-se saber, por exemplo, a que capítulo pertence, e este, consequentemente, em que Título está inserido, relativo a que Código. Nesse sentido, orienta Manoel Messias Peixinho:

"Quando se fala em interpretação sistemática, tem-se em mente a interpretação harmoniosa do ordenamento jurídico. Não se deve, em nenhuma hipótese, apartar a norma do seu contexto (a lei em tela, o Código: Penal, Civil etc.) e muito menos na sua sequência imediata (nunca se deve ler só um artigo, leiam-se também os parágrafos e os demais artigos)."[70]

Como se percebe sem muito esforço, os artigos que antecedem ao crime de extorsão mediante sequestro têm como finalidade a obtenção de vantagem de natureza patrimonial, pois, no roubo, a conduta do agente é dirigida à subtração da coisa alheia móvel e, na extorsão, à obtenção de uma indevida vantagem econômica. Por que razão somente no delito de extorsão mediante sequestro a obtenção de qualquer vantagem, não importando a sua natureza, poderia ser a finalidade especial do agente?

Tendo em vista a interpretação sistêmica, não há como aderir à tese segundo a qual a expressão *qualquer vantagem*, contida como elemento do art. 159 do Código Penal, diz respeito a toda e qualquer vantagem, tenha ou não natureza patrimonial, pois isso ofenderia ao sistema no qual está inserido o crime de extorsão mediante sequestro, cujo bem precipuamente protegido é, efetivamente, o patrimônio.

Assim, concluindo, a expressão *qualquer vantagem* significa tão somente aquela de natureza patrimonial, afastando-se todas as demais, que poderão se configurar em outros tipos penais que não a extorsão mediante sequestro.

Não há necessidade, ainda, que a vítima seja removida para outro local, podendo o delito ocorrer dentro de sua própria residência, desde que o agente a prive de sua liberdade com o fim de obter qualquer vantagem, como condição ou preço para que possa voltar a exercer o seu direito de ir, vir e permanecer.

Cleber Masson nos esclarece, ainda, que:

---

[68] JESUS, Damásio E. de. *Direito penal*, v. 2, p. 370.

[69] BITENCOURT, Cezar Roberto. *Tratado de direito penal*, v. 3, p. 139.

[70] PEIXINHO, Manoel Messias. *A interpretação da constituição e os princípios fundamentais*, p. 39-40.

"*Condição de resgate* diz respeito a qualquer tipo de comportamento, por parte do sujeito passivo, idôneo a proporcionar uma vantagem econômica ao criminoso. A vítima patrimonial faz ou deixa de fazer algo que possa beneficiar o sequestrador. Exemplos: assinatura de um cheque, entrega de um documento, elaboração de uma nota promissória etc. De outro lado, *preço do resgate* se relaciona à exigência de um valor em dinheiro ou em qualquer outra utilidade econômica. Nesse caso, o ofendido paga alguma quantia em troca da liberdade do sequestrado. Exemplos: entrega de determinada quantia em pecúnia, tradição de um automóvel etc."[71]

## 3.2 Classificação doutrinária

Crime comum, tanto com relação ao sujeito ativo quanto ao sujeito passivo; doloso; formal (pois sua consumação ocorre com a prática da conduta núcleo do tipo, sendo a obtenção da vantagem um mero exaurimento do crime); permanente (tendo em vista que a sua consumação se prolonga no tempo, enquanto houver a privação da liberdade da vítima); de forma livre; comissivo ou omissivo (podendo ser praticado via omissão imprópria, caso o agente goze do *status* de garantidor); monossubjetivo; plurissubsistente; transeunte ou não transeunte, dependendo de como o delito é praticado.

## 3.3 Objeto material e bem juridicamente protegido

A extorsão mediante sequestro, como já afirmamos anteriormente, é considerada um *crime complexo*, da mesma forma que o roubo e a extorsão. Assim, faz-se mister ressaltar que, mediante a redação do tipo penal do art. 159 do diploma repressivo, conseguimos visualizar a proteção de vários bens jurídicos, como o *patrimônio* (aqui entendido num sentido mais amplo do que a posse e a propriedade, pois a lei penal fala em *qualquer vantagem*), podendo-se também apontar a *liberdade individual* (principalmente no que diz respeito ao direito de ir, vir e permanecer), bem como a *integridade física e psíquica*.

Embora todos esses bens formem a unidade complexa, não podemos deixar de esclarecer que, entre eles, o bem precipuamente protegido é o patrimônio, haja vista a inserção do art. 159 no Título II do Código Penal, correspondente, justamente, aos *crimes contra o patrimônio*.

Objeto material é a pessoa contra a qual recai a privação da liberdade, mediante o sequestro, e também aquela que sofre a perda patrimonial.

## 3.4 Sujeito ativo e sujeito passivo

Qualquer pessoa pode figurar como sujeito ativo do delito de extorsão mediante sequestro, haja vista que o tipo penal do art. 159 do diploma repressivo não exige, para a sua prática, qualquer qualidade ou condição especial.

*Sujeito passivo*, conforme preleciona Cezar Roberto Bitencourt, "também pode ser qualquer pessoa, inclusive quem sofre o constrangimento sem lesão patrimonial. Assim, a *vítima* do sequestro pode ser diversa da pessoa que sofre ou deve sofrer a lesão patrimonial. Haverá, nesse caso, duas vítimas, uma do *patrimônio* e outra da *privação de liberdade*, mas ambas do mesmo crime de extorsão mediante sequestro."[72]

Entretanto, embora com pluralidade de vítimas, estaremos diante de *crime único*, devendo o agente responder, tão somente, por um único crime de extorsão mediante sequestro.

---

[71]    MASSON, Cleber. *Direito penal esquematizado* – parte especial, v. 2, p. 471.
[72]    BITENCOURT, Cezar Roberto. *Tratado de direito penal*, v. 3, p. 135.

Também é possível que a pessoa jurídica goze do *status* de sujeito passivo do delito de extorsão mediante sequestro, uma vez que seus sócios podem, por exemplo, ser privados da sua liberdade, para que se efetue o pagamento do resgate por intermédio do patrimônio da pessoa jurídica a eles pertencente.

## 3.5 Consumação e tentativa

Crime formal, ocorre a consumação da extorsão mediante sequestro quando o agente pratica a conduta prevista no núcleo do tipo, vale dizer, quando realiza o sequestro, com a privação da liberdade ambulatorial da vítima, independentemente da obtenção da vantagem, como condição ou preço do resgate, que se configura em mero exaurimento do delito.

Basta, portanto, que a privação da liberdade da vítima se dê com a finalidade de obtenção de qualquer vantagem, como condição ou preço do resgate, para que a infração penal reste consumada. Assim, imagine-se a hipótese em que o agente, almejando praticar o delito em estudo, vá até o local de trabalho da vítima e, logo após sua saída, mediante o emprego de violência, a coloque no interior de um veículo utilizado durante a empresa criminosa, dirigindo-se, logo em seguida, ao cativeiro. Suponha-se que, para a sorte da vítima, alguém perceba a ação criminosa e avise a polícia, que dá início à perseguição. Poucos minutos depois, o automóvel é interceptado, sendo a vítima libertada, e o agente preso em flagrante. Assim, pergunta-se: O crime de extorsão mediante sequestro foi consumado ou tentado? Note-se que no exemplo fornecido o agente sequer teve a oportunidade de fazer uma ligação telefônica para os familiares da vítima, exigindo o pagamento do resgate em troca de sua liberdade. No entanto, podemos afirmar que o delito foi consumado, e não tentado, pois, mesmo que por um espaço curto de tempo, houve a privação da liberdade ambulatorial da vítima.

Assim, conforme já afirmamos acima, o fato de receber a vantagem como condição ou preço do resgate é considerado mero exaurimento do crime, com repercussões no momento da aplicação da pena.

Por outro lado, em se tratando de um crime formal, seria possível a tentativa? A resposta deve ser positiva. Isso porque, embora seja, realmente, um crime formal, a extorsão mediante sequestro também possui a natureza de delito plurissubsistente, ou seja, aquele que pode ser desdobrado em vários atos, fracionando-se, pois, o *iter criminis*. Dessa forma, imagine-se que o agente, no exemplo fornecido, tivesse anunciado o sequestro e, ao colocar as mãos no braço da vítima, fosse surpreendido por um dos seguranças que se encontravam no local, e que não foram por ele percebidos, que impediram que a vítima fosse privada da sua liberdade. Nesse caso, podemos visualizar a situação em que o agente cogitou praticar o crime, preparou-se para a empresa criminosa e, ao abordar a vítima, deu início aos atos de execução relativos ao sequestro, que não se consumou por circunstâncias alheias à sua vontade. Aqui, segundo entendemos, podemos raciocinar em termos de tentativa, haja vista não ter havido, efetivamente, a privação da liberdade ambulatorial da vítima, tendo o agente, contudo, praticado atos de execução nesse sentido.

## 3.6 Elemento subjetivo

O crime de extorsão mediante sequestro só pode ser praticado dolosamente, não existindo previsão para a modalidade culposa.

Além do dolo, a doutrina majoritária aponta outro elemento subjetivo, que lhe é transcendente, denominado *especial fim de agir*, caracterizado pela expressão *com o fim de obter, para si ou para outrem,* qualquer vantagem, como condição ou preço do resgate.

Essa finalidade de obter, para si ou para outrem, qualquer vantagem como condição ou preço do resgate é que torna o crime de extorsão mediante sequestro especial relativamente ao crime de sequestro, pois, neste, a vítima se vê privada do seu direito de ir, vir e permanecer sem que, para tanto, o agente atue com qualquer outra finalidade, a não ser a privação da liberdade em si.

### 3.7 Modalidades comissiva e omissiva

O núcleo do tipo é o verbo *sequestrar*, entendido no sentido de privar alguém de sua liberdade. Da mesma forma que o crime de sequestro, aqui, o delito pode ser praticado comissiva ou omissivamente. Assim, pode o agente fazer alguma coisa no sentido de privar a vítima de sua liberdade, levando-a até um cativeiro, com a finalidade de, posteriormente, exigir um pagamento de resgate para a sua libertação, ou poderá deixar de colocar a vítima em liberdade, sendo essa sua obrigação, só o fazendo mediante o pagamento de certa quantia em dinheiro.

### 3.8 Modalidades qualificadas

Os §§ 1º, 2º e 3º do art. 159 do Código Penal preveem as modalidades qualificadas, dizendo, *verbis*:

> § 1º Se o sequestro dura mais de 24 (vinte e quatro) horas, se o sequestrado é menor de 18 (dezoito) ou maior de 60 (sessenta) anos, ou se o crime é cometido por bando ou quadrilha[73]:
> Pena – reclusão, de doze a vinte anos.
> § 2º Se do fato resulta lesão corporal de natureza grave:
> Pena – reclusão, de dezesseis a vinte e quatro anos.
> § 3º Se resulta a morte:
> Pena – reclusão, de vinte e quatro a trinta anos.

Tendo em vista as características que lhe são peculiares, faremos a análise individualizada de cada uma das qualificadoras elencadas.

### 3.8.1 *Se o sequestro dura mais de 24 (vinte e quatro) horas*

A primeira qualificadora é de natureza objetiva, pois a lei penal determina que, se a privação da liberdade durar mais do que 24 horas, a pena cominada será de reclusão, de 12 (doze) a 20 (vinte) anos.

Faz-se mister observar que a contagem do prazo tem início a partir do momento em que a vítima se vê, efetivamente, privada de sua liberdade. Assim, por exemplo, se foi sequestrada às 15 horas e 30 minutos, a partir desse exato instante é que começa a contar o prazo de 24 horas determinado pelo § 1º do art. 159 do Código Penal.

O fundamento de tal qualificadora reside na maior reprovabilidade do comportamento daquele que priva, por um período de tempo prolongado, a vítima de sua liberdade, aumentando-lhe os danos psicológicos, não somente com relação a ela, vítima, como também a seus familiares. O sentimento de incerteza, de insegurança, no que diz respeito ao futuro, aumenta a cada instante em que a vítima se encontra à mercê dos sequestradores, fazendo por merecer, portanto, uma pena mais exacerbada.

Por outro lado, a existência da aludida qualificadora afasta, quase que totalmente, a possibilidade de alguém ser condenado pela modalidade fundamental do crime de extorsão me-

---

[73] A Lei nº 12.850, de 2 de agosto de 2013, substituiu a rubrica que constava no art. 288 do Código Penal, modificando, ainda, sua redação original. Assim, onde se lê quadrilha ou bando, leia-se *associação criminosa*, sendo exigido, com essa modificação legal, um número mínimo de 3 (três) pessoas para sua formação.

diante sequestro, pois, como regra geral, a vítima permanece em poder dos sequestradores por tempo superior a 24 horas.

### 3.8.2 Se o sequestrado é menor de 18 (dezoito) ou maior de 60 (sessenta) anos

A idade daquele que foi privado de sua liberdade também é um dado de natureza objetiva que merece ser considerado para efeitos de reconhecimento da qualificadora. Tanto a vítima com pouca idade como aquela que já se encontra em idade avançada ficam mais fragilizadas nas mãos dos sequestradores.

Afirma Hungria que "a circunstância de ser a vítima *menor de 18 anos* (isto é, que ainda *não completou* tal idade) também justifica a agravação especial, porque torna mínima, quando não nenhuma, a possibilidade de eximir-se ao sequestro, ao mesmo tempo que é infringida a incolumidade especialmente assegurada à criança e ao adolescente."[74]

O § 1º do art. 159 teve sua redação modificada pela Lei nº 10.741, de 1º de outubro de 2003, que, dispondo sobre o Estatuto da Pessoa Idosa, fez acrescentar como mais uma modalidade qualificada o fato de ser o sequestrado maior de 60 (sessenta) anos de idade.

Merece registro o fato de que a idade das vítimas deverá ser conhecida, pois, caso contrário, poderá ser alegado o chamado erro de tipo. Assim, por exemplo, se o agente sequestra a vítima, que imagina contar com mais de 20 anos de idade, quando, na realidade, tem apenas 17 anos, não poderá incidir a qualificadora, se provada a hipótese de erro.

A idade dela deverá ser demonstrada nos autos por meio de documentos próprios, conforme determina o parágrafo único do art. 155 do Código de Processo Penal, com a nova redação que lhe foi dada pela Lei nº 11.690, de 9 de junho de 2008, que diz: *Somente quanto ao estado das pessoas serão observadas as restrições estabelecidas na lei civil.*

### 3.8.3 Se o crime é cometido por bando ou quadrilha (leia-se, associação criminosa)

Para que se possa aplicar a qualificadora em estudo, é preciso que exista, efetivamente, a formação da associação criminosa, nos moldes preconizados pelo art. 288 do Código Penal, com a nova redação que lhe foi conferida pela Lei nº 12.850, de 2 de agosto de 2013. Portanto, deve haver a associação não eventual de pessoas, o que exige certa *estabilidade* ou *permanência,* para o fim específico de cometer crimes, vale dizer, um número indeterminado de delitos. Caso ocorra a reunião eventual de 3 (três) ou mais pessoas, para o fim específico de praticar um único crime de extorsão mediante sequestro, restará afastada a qualificadora.

Hungria, na primeira metade do século XX, dissertando sobre as origens da qualificadora da quadrilha ou bando (atualmente entendida como associação criminosa) no crime de extorsão mediante sequestro, diz:

> "A qualificativa de ser o crime cometido por *bandoleiros* ou *quadrilheiros* (isto é, indivíduos associados para o fim de cometer crimes, o que, em si mesmo, já constitui crime, *ut* art. 288 do Cód. Penal) teve a sugeri-la a assustadora atividade dos *gangs* norte-americanos (cujo exemplo tende a difundir-se universalmente), organizados para a prática de *kidnappings*, atestando um aberrante recrudescimento da criminalidade violenta da época moderna."[75]

Se os poucos casos, naquela época, de extorsão mediante sequestro praticados por associações criminosas já assustavam o grande penalista brasileiro, que diria o notável jurista se estivesse vivo, nos dias de hoje, presenciando a indústria do sequestro que alimenta o crime organizado?!

---

[74] HUNGRIA, Nélson. *Comentários ao código penal,* v. VII, p. 73.

[75] HUNGRIA, Nélson. *Comentários ao código penal,* v. VII, p. 74.

### 3.8.4 Se do fato resulta lesão corporal de natureza grave

O § 2º do art. 159 do Código Penal comina uma pena de reclusão de 16 (dezesseis) a 24 (vinte e quatro) anos, se *do fato* resulta lesão corporal de natureza grave.

Inicialmente, devemos observar que quando o mencionado § 2º inicia sua redação usando a expressão *se do fato resulta...* está querendo, segundo entendemos, dizer que se do sequestro, isto é, se da privação da liberdade da vítima resultar lesão corporal grave, o delito será reconhecido como qualificado. Em nossa opinião, portanto, somente qualificará o delito se o próprio sequestrado for a vítima das lesões corporais graves, e não outras pessoas, a exemplo do que ocorre com o latrocínio, em que o roubo, como vimos, será qualificado desde que haja a morte de qualquer pessoa que não alguém do próprio grupo.

Nesse sentido, afirma Noronha:

"Refere-se a lei *ao fato*, isto é, ao sequestro, considerado em toda sua duração, que só termina com a liberdade do sequestrado. O legislador, neste passo, só volve suas vistas a *esse ofendido*, conquanto nesta espécie de crime haja pluralidade de vítimas: a que tem sua liberdade coarctada e a que sofre a lesão patrimonial. Muito embora, à vezes, ambas as lesões recaiam sobre a mesma pessoa, é frequente que isso não aconteça. Essa interpretação é ditada pela Exposição de Motivos do Código Penal de 1940: 'Se do fato resulta a morte do sequestrado, é cominada a mais rigorosa sanção penal do projeto: reclusão por 20 a 30 anos'. Daí, se a lesão corporal grave ou a morte recair sobre sujeito passivo da lesão patrimonial, não haverá lugar a sanção agravada, imperando no caso as regras do concurso de delitos."[76]

Assim, não podemos concordar com Cezar Roberto Bitencourt quando afirma que a lesão corporal grave "tanto pode ser produzida na vítima do *sequestro* como na vítima da *extorsão* ou em qualquer outra pessoa que venha a sofrer a violência",[77] pois, de acordo com a redação legal, a qualificadora somente incidirá se *do fato do sequestro*, quer dizer, se da privação da liberdade da vítima vier a ocorrer lesão corporal grave.

Trata-se, aqui, de crime qualificado pelo resultado, podendo este ser atribuído ao agente a título de dolo ou mesmo culpa. Assim, pode o agente querer e, efetivamente, produzir as lesões graves na vítima, ou elas podem ter ocorrido em razão de culpa, oportunidade em que se poderá levar a efeito o raciocínio correspondente ao crime preterdoloso.

Se as lesões corporais de natureza grave sofridas pela vítima forem provenientes de caso fortuito ou força maior, não poderão ser imputadas ao agente, por força do art. 19 do Código Penal, que diz que *pelo resultado que agrava especialmente a pena, só responde o agente que o houver causado ao menos culposamente.*

Merece ser ressaltado, ainda, o fato de que quando a lei penal se refere às lesões corporais graves, está abrangendo, com essa locução, tanto as lesões corporais graves, previstas pelo § 1º do art. 129 do Código Penal quanto as lesões corporais gravíssimas, tipificadas no § 2º do mesmo artigo.

A pena mínima cominada à extorsão mediante sequestro qualificada pela lesão corporal de natureza grave foi aumentada pela Lei nº 8.072/90, passando de 12 (doze) para 16 (dezesseis) anos, mantendo-se, contudo, a pena máxima cominada em abstrato, que é de 24 (vinte e quatro) anos de reclusão, sendo, contudo, suprimida a pena de multa originalmente cominada a essa modalidade qualificada.

---

[76] NORONHA, Edgard Magalhães. *Direito penal*, v. 2, p. 276.
[77] BITENCOURT, Cezar Roberto. *Tratado de direito penal*, v. 3, p. 146.

### 3.8.5 Se resulta morte

O § 3º do art. 159 do Código Penal comina uma pena de reclusão, de 24 (vinte e quatro) a 30 (trinta) anos, se do fato resulta a morte.

Vale, aqui, tudo o que dissemos com relação à qualificadora da lesão corporal de natureza grave, ou seja:

a) que a qualificadora somente terá aplicação se ocorrer a morte da vítima do sequestro, isto é, aquela que teve cerceada a sua liberdade ambulatorial;

b) a morte pode ter sido provocada dolosa ou culposamente, tratando-se, portanto, de crime qualificado pelo resultado que admite as duas modalidades;

c) não poderá ser aplicada a qualificadora ao agente caso o resultado morte seja proveniente de caso fortuito ou força maior, em obediência ao art. 19 do Código Penal.

Assim, imagine-se a hipótese em que a vítima seja levada a cativeiro e, por isso, deixe de tomar os remédios que eram indispensáveis à manutenção da sua vida, mesmo depois de solicitá-los aos sequestradores, vindo, pois, a falecer. Podemos entender, nesse exemplo, pelo crime de extorsão mediante sequestro qualificado pelo resultado morte, uma vez que esta se deu pelo fato do sequestro, além de, no mínimo, ter sido previsível pelos agentes, que foram informados pela própria vítima da necessidade da ministração dos medicamentos.

O crime de extorsão mediante sequestro qualificado pelo resultado morte possui a maior pena cominada na Parte Especial do Código Penal, variando de 24 (vinte e quatro) a 30 (trinta) anos de reclusão, após a modificação levada a efeito pela Lei nº 8.072/90, que, a seu turno, eliminou a cominação da pena de multa.

### 3.9 Delação premiada – causa especial de diminuição de pena

A Lei nº 9.269, de 2 de abril de 1996, fez inserir o § 4º ao art. 159 do Código Penal, criando a chamada *delação premiada* para o crime de extorsão mediante sequestro, *verbis*:

> § 4º Se o crime é cometido em concurso, o concorrente que o denunciar à autoridade, facilitando a libertação do sequestrado, terá sua pena reduzida de um a dois terços.

Assim, de acordo com a redação legal, são três os requisitos exigidos para que seja levada a efeito a redução de um a dois terços na pena aplicada ao agente, a saber:

a) que o crime tenha sido cometido em concurso;

b) que um dos agentes o denuncie à autoridade;

c) facilitação da libertação do sequestrado.

O primeiro dos requisitos diz respeito ao fato de que somente poderá ser aplicada a minorante na hipótese de o crime ser cometido em concurso. Aqui, basta que duas pessoas tenham, agindo em concurso, praticado o delito para que a uma delas seja possível a delação.

O segundo requisito diz respeito ao fato de ter o agente que *denunciar*, isto é, levar ao conhecimento da autoridade o sequestro, não havendo necessidade de indicar o coparticipante, mas de tão somente informar a prática do crime. A lei não exige que o outro coparticipante seja preso ou mesmo responsabilizado criminalmente para que se possa aplicar a minorante. No entanto, é preciso ter a certeza de que o crime foi praticado em concurso de pessoas, pois se o agente o praticou sozinho, mesmo que arrependido, não poderá ser beneficiado com a redução de pena.

A autoridade mencionada pelo parágrafo pode ser delegado de polícia, Promotor de Justiça, juiz de direito, enfim, qualquer autoridade que possa conduzir a solução do caso.

O último requisito exige que a denúncia do coparticipante facilite a libertação do sequestrado. Na verdade, a denúncia, segundo entendemos, deve conduzir, obrigatoriamente, à libertação do sequestrado, pois a delação premiada tem em mira mais a vítima do sequestro do que o agente que o praticou. Se, por exemplo, após denunciar à autoridade a prática do sequestro, indicando o local do cativeiro, a vítima tiver sido transferida para outro lugar, obviamente que não poderá o agente ser beneficiado, pois a sua delação em nada facilitou a sua libertação.

Por outro lado, se o resgate já tiver sido pago, poderá o agente ser beneficiado se a vítima não tiver, ainda, sido libertada? Sim, uma vez que a lei penal não exige a recuperação da vantagem obtida pelos demais agentes com o delito, mas sim a facilitação da colocação em liberdade da vítima.

Conforme preleciona Rogério Sanches Cunha:

"Trata-se de causa obrigatória de redução de pena, isto é, presentes os seus requisitos, é direito subjetivo do réu ver sua pena diminuída proporcionalmente ao maior ou menor auxílio prestado (aferido pela presteza na liberação do sequestrado)."[78]

Merece ser ressaltado, contudo, que parte de nossa doutrina entende, corretamente em nossa opinião, que o § 4º do art. 159 do Código Penal foi tacitamente revogado pelo art. 13 da Lei nº 9.807, de 13 de julho de 1999, que diz:

**Art. 13.** Poderá o juiz, de ofício ou a requerimento das partes, conceder o perdão judicial e a consequente extinção da punibilidade ao acusado que, sendo primário, tenha colaborado efetiva e voluntariamente com a investigação e o processo criminal, desde que dessa colaboração tenha resultado:
I – a identificação dos demais coautores ou partícipes da ação criminosa;
II – a localização da vítima com a sua integridade física preservada;
III – a recuperação total ou parcial do produto do crime.
**Parágrafo único.** A concessão do perdão judicial levará em conta a personalidade do beneficiado e a natureza, circunstâncias, gravidade e repercussão social do fato criminoso.

Segundo as lições de Renato Brasileiro de Lima:

"O disposto no art. 159, § 4º, do Código Penal, teria sido tacitamente revogado pela Lei nº 9.807/99, que também tratou da delação premiada em seu art. 13, prevendo, todavia, vantagens mais benéficas que uma simples diminuição de pena – perdão judicial e consequente extinção da punibilidade. De fato, apesar de o art. 13 da Lei nº 9.807/99 não se referir expressamente ao art. 159 do Código Penal, quando se atenta para a redação de seus três incisos (I – a identificação dos demais coautores ou participes da ação criminosa; II – a localização da vítima com a sua integridade física preservada; III – a recuperação total ou parcial do produto do crime), é fácil deduzir que o único crime em que os três objetivos podem ser simultaneamente atingidos seria o de extorsão mediante sequestro. Logo, como se trata de lei posterior que tratou do assunto, temos que o art. 159, § 4º do CP, encontra-se tacitamente revogado"[79].

No mesmo sentido, afirmam Alberto Silva Franco, Rafael Lira e Yuri Felix, dizendo:

"Embora diversos diplomas posteriores à Lei 9.269/96 apresentassem, com denominações diferentes, hipóteses bem ajustáveis ao instituto da delação premiada, força é convir que a

---

[78] CUNHA, Sanches Rogério. *Manual de direito penal* – parte especial, volume único, p. 317.
[79] LIMA, Renato Brasileiro. *Legislação criminal especial comentada*, p. 108.

amplitude atribuída a esse instituto pela Lei 9.807/99 dá suporte a afirmação de que se trata de norma legal revogadora da Lei 9.269/96"[80].

## 3.10 Pena e ação penal

À modalidade fundamental de extorsão mediante sequestro comina o *caput* do art. 159 do Código Penal uma pena de reclusão, de 8 (oito) a 15 (quinze) anos; se o sequestro dura mais de 24 (vinte e quatro) horas, se o sequestrado é menor de 18 (dezoito) ou maior de 60 (sessenta) anos, ou se o crime é cometido por associação criminosa, a pena é de reclusão, de 12 (doze) a 20 (vinte) anos (§ 1º do art. 159 CP); se do fato resulta lesão corporal de natureza grave, a pena é de reclusão, de 16 (dezesseis) a 24 (vinte e quatro) anos (§ 2º do art. 159 CP); e se resulta morte, a pena é de reclusão, de 24 (vinte e quatro) a 30 (trinta) anos (§ 3º do art. 159 CP).

A ação, em todas as modalidades de extorsão mediante sequestro, é de iniciativa pública incondicionada.

## 3.11 Destaques

### 3.11.1 Concorrência de mais de uma qualificadora

Pode acontecer que, no caso concreto, esteja presente mais de uma qualificadora. Assim, por exemplo, pode o sequestro ter sido cometido por uma associação criminosa, que o praticou contra uma vítima que contava com mais de 60 (sessenta) anos de idade, além de ter ficado privada de sua liberdade por mais de 24 (vinte e quatro) horas, que não resistiu aos maus-tratos no cativeiro e acabou morrendo. Pergunta-se: Qual das qualificadoras será aplicada ao caso concreto? Segundo nosso posicionamento, a maior das qualificadoras, ou seja, aquela que prevê as penas mais graves, afastará a aplicação das demais, pois não se pode aplicar duas qualificadoras simultaneamente, haja vista que a pena-base encontrada depois da análise do art. 59 do Código Penal será de acordo com as suas balizas mínima e máxima.

No exemplo fornecido, a qualificadora do resultado morte afastará as demais, que servirão, contudo, ou para efeitos de aplicação da pena-base, se contidas no rol do art. 59 do diploma repressivo, ou para efeitos de circunstâncias agravantes, como é o caso do maior de 60 (sessenta) anos, de acordo com o art. 61, II, *h*, segunda figura.

### 3.11.2 Concurso entre a qualificadora do § 1º do art. 159 do Código Penal com o crime de associação criminosa

A prática do delito por uma associação criminosa qualifica o crime de extorsão mediante sequestro, nos termos do § 1º do art. 159 do Código Penal. Nesse caso, deverá o grupo criminoso, além de ser responsabilizado pela extorsão mediante sequestro qualificada, também responder penalmente pelo crime de associação criminosa, tipificado no art. 288 do mesmo diploma legal?

Há controvérsia doutrinária e jurisprudencial.

Fernando Capez, posicionando-se favoravelmente ao concurso de crimes, afirma:

"A controvérsia reside em saber se a hipótese configura ou não *bis in idem*. Não há que se falar em *bis in idem*, uma vez que os momentos consumativos e a objetividade jurídica entre tais crimes são totalmente diversos, além do que a figura prevista no art. 288 do Código Penal existe independentemente de algum crime vir a ser praticado pela quadrilha ou bando. Do mesmo

---

[80] FRANCO, Alberto Silva. LIRA, Rafael; FELIX, Yuri. *Crimes hediondos*, p. 527.

modo que não há dupla apenação entre associação criminosa (art. 14 da Lei de Tóxicos) e o tráfico por ela praticado, aqui também incide a regra do concurso material."[81]

A segunda corrente, minoritária, entende pela impossibilidade de concurso material entre a modalidade qualificada de extorsão mediante sequestro e o crime de associação criminosa, sob a alegação, já mencionada por Fernando Capez, do chamado *bis in idem*, vale dizer, um mesmo fato, a formação da associação criminosa, estar incidindo duas vezes em prejuízo do agente.

*In casu*, somos partidários da corrente que entende pela possibilidade, pois a própria lei penal foi que se referiu ao crime cometido por *associação criminosa*, já reconhecendo, anteriormente, sua existência. Assim, a maior gravidade residiria justamente no fato de ter sido praticado pelo grupo criminoso, não reunido eventualmente com esse propósito, mas sim unido, de forma duradoura, para a prática de um número indeterminado de crimes, podendo-se contar, entre eles, o delito de extorsão mediante sequestro.

Assumindo uma posição intermediária, em havendo concorrência de outra qualificadora com a associação criminosa, Yuri Carneiro Coelho argumenta:

"Se existir mais de uma qualificadora, entre elas a de o crime ter sido cometido por quadrilha ou bando e, por exemplo, se o sequestrado é maior de 60 anos, pode-se qualificar pela idade da vítima (maior de 60) e a condição de quadrilha ou bando ser punida autonomamente, como delito do art. 288 do CP em concurso com o crime de extorsão mediante sequestro."[82]

### 3.11.3 Prisão em flagrante

Tendo em vista a sua natureza de crime permanente, a prisão em flagrante pode ser realizada desde o início dos atos de execução até o exaurimento do crime.

Assim, mesmo depois de consumado o delito, com a privação da liberdade da vítima, mas antes do recebimento do pagamento do resgate, por exemplo, que seria considerado mero exaurimento, enquanto a vítima permanecer privada de sua liberdade, será possível a prisão em flagrante.

### 3.11.4 Aplicação do art. 9º da Lei nº 8.072/90 ao delito de extorsão mediante sequestro

Entendemos que não será possível a aplicação ao delito tipificado no art. 159, *caput* e seus parágrafos, do Código Penal, da causa especial de aumento de pena prevista no art. 9º da Lei nº 8.072/90, em virtude da revogação expressa do art. 224 do Código Penal pela Lei nº 12.015, de 7 de agosto de 2009.

Com a devida vênia das posições em contrário, não podemos raciocinar no sentido de que as hipóteses elencadas pelo art. 224 do Código Penal, ao qual se remetia o art. 9º da Lei nº 8.072/90, foram deslocadas para o art. 217-A do Código Penal, que prevê o delito de estupro de vulnerável.

Não podemos vagar pelo Código Penal à procura de tipos que se amoldem a remissões já revogadas. Caso seja do interesse do legislador manter o aumento de pena para o delito tipificado no art. 159, *caput* e seus parágrafos, do Código Penal, deverá fazê-lo expressamente.

Nesse sentido, trazemos à colação os ensinamentos de Luiz Carlos dos Santos Gonçalves, que esclarece que:

---

[81] CAPEZ, Fernando. *Curso de direito penal*, v. 2, p. 414.

[82] COÊLHO, Yuri Carneiro. *Curso de direito penal didático*, p. 643.

"O art. 9º da Lei dos Crimes Hediondos foi tacitamente revogado, vez que revogado expressamente o art. 224 do Código Penal, ao qual ele se referia. É certo que há semelhança entre a situação de vulnerabilidade, mencionada nos arts. 217-A e 218 e aquelas descritas no revogado art. 224 do Código, mas não se assemelha possível o emprego da analogia no caso – pois seria *in malam partem*. O necessário aumento da pena do roubo, da extorsão e da extorsão mediante sequestro, praticados contra vítimas menores de 14 anos, com doença mental ou que não poderiam oferecer resistência, fica, assim, prejudicado. É a dificuldade da técnica do 'tipo remetido': revogado o artigo mencionado, fica sem aplicação o que o menciona."[83]

O Superior Tribunal de Justiça, analisando o tema, já concluiu que "com a superveniência da Lei nº 12.015/2009, foi revogada a majorante prevista no art. 9º da Lei dos Crimes Hediondos, não sendo mais admissível sua aplicação para fatos posteriores à sua edição" (REsp 1.102.005-SC, Rel. Min. Félix Fischer, julg. 29/9/2009).

### 3.11.5  Extorsão mediante sequestro e Código Penal Militar

O crime de extorsão mediante sequestro também veio previsto no Código Penal Militar (Decreto-Lei nº 1.001, de 21 de outubro de 1969), conforme se verifica pela leitura do seu art. 244.

### 3.11.6  Prioridade de tramitação do processo de extorsão mediante sequestro simples e qualificada (art. 159, caput, e §§ 1º, 2º e 3º)

A Lei nº 14.994, de 9 de outubro de 2024, alterou o *caput* do art. 394-A ao Código de Processo Penal, determinando, *verbis*:

> **Art. 394-A.** Os processos que apurem a prática de crime hediondo ou violência contra a mulher terão prioridade de tramitação em todas as instâncias.

### 3.11.7  Vítima mantida como refém

A Lei nº 13.964, de 24 de dezembro de 2019, inseriu o parágrafo único ao art. 25 do Código Penal, dizendo:

> **Art. 25.** (...)
> **Parágrafo único.** Observados os requisitos previstos no *caput* deste artigo, considera-se também em legítima defesa o agente de segurança pública que repele agressão ou risco de agressão a vítima mantida refém durante a prática de crimes.

Embora fosse desnecessária essa inclusão, se o agente de segurança pública agir nessas condições, fazendo cessar a situação de agressão injusta que já existia tão somente com a privação de liberdade da vítima, independentemente do fato de esta última estar sendo agredida ou pelo menos com risco de ser agredida, estará acobertado pela legítima defesa, resguardando-se, contudo, a possibilidade de ser analisado o excesso, se houver.

---

[83] GONÇALVES, Luiz Carlos dos Santos. *Primeiras impressões sobre a nova conceituação do* crime de estupro, vinda da Lei nº 12.015/2009. Disponível em: <http://www.cpcmarcato.com.br/arquivo_interno.php?un=1&arquivo=41>. Acesso em: 02 set. 2009.

## 3.12 Quadro-resumo

### Sujeitos
» Ativo: qualquer pessoa.
» Passivo: qualquer pessoa (inclusive a pessoa jurídica).

### Objeto material
É a *pessoa* contra a qual recai a privação da liberdade, mediante o sequestro.

### Bem(ns) juridicamente protegido(s)
O *patrimônio* (aqui entendido num sentido mais amplo do que a posse e a propriedade, pois que a lei penal fala em qualquer vantagem), podendo-se também apontar a *liberdade individual* (principalmente no que diz respeito ao direito de ir, vir e permanecer), bem como a *integridade física e psíquica*.

### Elemento subjetivo
» É o dolo, não existindo previsão para a modalidade culposa.
» A doutrina majoritária aponta outro elemento subjetivo, que lhe é transcendente, denominado *especial fim de agir*, caracterizado pela expressão com o fim de obter, para si ou para outrem, qualquer vantagem, como condição ou preço do resgate.

### Modalidades comissiva e omissiva
O delito pode ser praticado comissiva ou omissivamente.

### Consumação e tentativa
» Ocorre a consumação da extorsão mediante sequestro quando o agente pratica a conduta prevista no núcleo do tipo, vale dizer, quando realiza o sequestro, com a privação da liberdade ambulatorial da vítima, independentemente da obtenção da vantagem, como condição ou preço do resgate, que se configura como mero exaurimento do delito.
» Embora seja um crime formal, possui a natureza de delito plurissubsistente, fracionando-se, pois, o *iter criminis*, razão pela qual será possível a tentativa.

## 4. EXTORSÃO INDIRETA

**Extorsão indireta**
**Art. 160.** Exigir ou receber, como garantia de dívida, abusando da situação de alguém, documento que pode dar causa a procedimento criminal contra a vítima ou contra terceiro:
Pena – reclusão, de um a três anos, e multa.

### 4.1 Introdução

O item 57 da Exposição de Motivos da Parte Especial do Código Penal, justificando a criação do tipo penal que prevê a *extorsão indireta*, esclarece que este novo dispositivo destina-se a:

57. [...] coibir os torpes e opressivos expedientes a que recorrem, por vezes, os agentes da usura, para garantir-se contra o risco do dinheiro mutuado. São bem conhecidos esses recursos como, por

> exemplo, o de induzir o necessitado cliente a assinar um contrato simulado de depósito ou a forjar no título de dívida a firma de algum parente abastado, de modo que, não resgatada a dívida no vencimento, ficará o mutuário sob a pressão da ameaça de um processo por apropriação indébita ou falsidade.

Pela análise da figura típica, podemos verificar que o delito de extorsão indireta requer, para o seu reconhecimento, a presença dos seguintes elementos: *a)* a conduta de *exigir*, ou mesmo tão somente *de receber* documento que possa dar causa a procedimento criminal contra a vítima ou contra terceiro; *b)* existência de uma dívida entre o sujeito passivo e o sujeito ativo; *c)* abuso da situação de inferioridade em que se encontra o sujeito passivo; *d)* a finalidade de, por meio do documento exigido, garantir o pagamento do sujeito passivo, sob a ameaça de um processo penal.

No que diz respeito aos núcleos do tipo, Hungria afirma:

"A lei equipara a *exigência* ao *recebimento*, devendo este, como é claro, ser acompanhado da ciência e consciência de que o documento (particular ou público) pode dar lugar a processo penal. No primeiro caso, há a imposição de uma condição *sine qua non*; no segundo, há a aceitação de uma proposta ou a formação de um pacto de iniciativa do próprio devedor (que a lei protege contra si mesmo), segundo o qual é entregue e aceito o simulado *corpo de delito* representado pelo documento."[84]

Determina a lei penal, também, que o documento exigido ou aceito pelo sujeito ativo diga respeito a uma *garantia de dívida*, ou seja, faz-se mister a existência de uma dívida, e que o documento seja o modo pelo qual o agente ficará, em tese, garantido da sua quitação. Não tem, aqui, qualquer relevância o fundamento ou a razão de ser da dívida, conforme ressalta Fragoso,[85] podendo ser lícita ou ilícita, como acontece, neste último caso, com a agiotagem. A ilicitude, na verdade, reside na exigência ou entrega de um documento que poderá dar causa à instauração de um procedimento criminal contra a vítima ou mesmo contra terceiro.

Tal documento é exigido ou mesmo entregue pela vítima em razão de sua situação de desespero, fazendo com que aceite a exigência de forjar um documento que poderá comprometê-la criminalmente no futuro, caso não honre com o seu compromisso. Não tendo outra opção, a vítima se submete às exigências do agente ou mesmo se dispõe, volitivamente, a entregar-lhe um documento como garantia de dívida, que, se não for quitada, dará ensejo a um procedimento criminal contra ela. Entre o risco do procedimento criminal e a necessidade de ver resolvido imediatamente o seu problema financeiro, opta por este último, abusando, pois, o agente, da condição de inferioridade em que se encontra a vítima.

O art. 160 do Código Penal exige a presença de um *documento,* por meio do qual a vítima será ameaçada a quitar a dívida, sob pena de ser levado ao conhecimento da autoridade competente, a fim de que seja inaugurado procedimento criminal. O documento poderá ser *público* ou *particular.* Paulo José da Costa Júnior exemplifica dizendo que o mencionado documento poderá "consistir em cheques sem suficiente provisão de fundos, em promissória contendo falsa assinatura, em confissão de autoria de um crime ou mesmo numa prova de ilícito penal inexistente."[86]

O procedimento criminal apontado pelo tipo tanto pode ser a instauração de inquérito policial ou mesmo a própria ação penal, haja vista que o Ministério Público poderá oferecer

---

[84] HUNGRIA, Nélson. *Comentários ao código penal,* v. VII, p. 80.

[85] FRAGOSO, Heleno Cláudio. *Lições de direito penal* – Parte especial (arts. 121 a 160 CP), p. 325.

[86] COSTA JÚNIOR, Paulo José da. *Direito penal objetivo,* p. 293.

CURSO DE DIREITO PENAL • VOL. 2 – ROGÉRIO GRECO

a denúncia sem a necessidade de estar amparada em inquérito policial, mas tão somente em peças de informação.

## 4.2 Classificação doutrinária

Crime comum (pois o tipo não exige nenhuma qualidade especial do sujeito ativo, bem como do sujeito passivo); doloso; comissivo; de forma vinculada (uma vez que a lei penal exige a confecção de um documento, hábil a dar causa a procedimento criminal); instantâneo; formal (quando disser respeito ao núcleo *exigir*) e material (quando diante da conduta de *receber*), havendo posição contrária de Guilherme de Souza Nucci, afirmando que, em ambas as modalidades o delito é formal, pois "o resultado naturalístico previsto no tipo penal, que não se exige seja atingido, não é o mero recebimento do documento, mas sim a possibilidade de dar causa à instauração de um procedimento criminal;"[87] monossubjetivo; plurissubsistente; não transeunte.

## 4.3 Objeto material e bem juridicamente protegido

Pela análise da figura típica constante do art. 160 do Código Penal, concluímos que, precipuamente, o bem por ele juridicamente protegido é o *patrimônio*. Entretanto, a *liberdade individual*, mesmo que mediatamente, também é tutelada pelo tipo penal que prevê a *extorsão indireta*.

Objeto material é o documento que poderá dar ensejo à instauração de procedimento criminal.

## 4.4 Sujeito ativo e sujeito passivo

Crime comum, o tipo penal que prevê a extorsão indireta não indica o *sujeito ativo*.

Da mesma forma, qualquer pessoa poderá figurar como *sujeito passivo* da mencionada infração penal.

Chegamos a essa conclusão uma vez que o que vincula o sujeito ativo ao sujeito passivo é a relação de débito e crédito, ou seja, o sujeito ativo gozando o *status* de credor, e, consequentemente, o sujeito passivo o de devedor.

Entretanto, essa relação de débito e crédito somente surgirá com a exigência ou mesmo oferta do documento que dará ensejo, caso a dívida não seja quitada, à instauração de procedimento criminal contra a vítima ou contra terceiros. Qualquer pessoa, portanto, poderá se colocar numa dessas posições, não havendo necessidade, inclusive, que o sujeito ativo seja, por exemplo, um "agiota profissional."

Conforme bem observado por Paulo César Busato:

"Os titulares dos bens jurídicos atingidos podem ser distintos. Ou seja, é possível que o abuso econômico seja perpetrado tendo em vista um devedor, impondo uma ameaça para a quitação da dívida, que consista na oferta de um documento que pode levar não apenas à instauração de procedimento criminal contra a própria vítima, mas também eventualmente contra terceiro. Há possibilidade, assim, da existência de uma pluralidade de vítimas."[88]

## 4.5 Consumação e tentativa

Na modalidade *exigir*, o crime se consuma com a prática do mencionado comportamento, não importando que a vítima, efetivamente, anua para com a exigência, entregando ao

---

[87] NUCCI, Guilherme de Souza. *Código penal comentado*, p. 528.

[88] BUSATO, Paulo César. *Direito penal* – parte especial 1, p. 479.

agente o documento que, com a finalidade de garantir a dívida, poderá dar causa a procedimento criminal contra ela ou contra terceiro.

Ao contrário, na modalidade *receber*, o crime somente se aperfeiçoa quando o sujeito ativo *recebe* o documento, tratando-se, aqui, de crime material.

Noronha discorda dessa solução, entendendo que o art. 160 do Código Penal somente previa um crime formal, "consumando-se tão só com a ação do agente, abstraída a realização do evento por ele querido. Não se trata de crime material, pois neste se exige a efetivação do evento antijurídico a que o agente se propôs: a produção de um resultado externo, que pode ser impedido ou obstado, ocorrendo então a tentativa."[89]

Não importando a natureza da infração penal, ou seja, se formal ou mesmo material, caberá a tentativa desde que se possa visualizar, no caso concreto, o fracionamento do *iter criminis*.

## 4.6 Elemento subjetivo

A extorsão indireta somente pode ser praticada dolosamente, não havendo previsão para a modalidade culposa.

Assim, o agente deve dirigir finalisticamente sua conduta no sentido de exigir ou receber documento, como garantia de dívida, abusando da situação da vítima que sabe estar fragilizada e, portanto, propensa a aceitar qualquer condição para resolver sua situação financeira, que pode dar causa a procedimento criminal contra ela própria (vítima) ou contra terceiros.

## 4.7 Modalidades comissiva e omissiva

Os núcleos *exigir* e *receber* pressupõem um comportamento comissivo, seja do sujeito ativo, seja do sujeito passivo.

No entanto, caso o sujeito goze do *status* de garantidor, tendo, por exemplo, o dever de impedir que a vítima entregue documento que possa dar causa a procedimento criminal contra ela ou contra terceiro, se, podendo, dolosamente, não atua no sentido de evitar que a vítima se coloque nessa situação, poderá ser responsabilizado pelo delito em estudo, via omissão imprópria.

## 4.8 Pena, ação penal e suspensão condicional do processo

O preceito secundário do art. 160 do Código Penal comina uma pena de reclusão, de 1 (um) a 3 (três) anos, e multa, para o crime de extorsão indireta.

A ação penal é de iniciativa pública incondicionada.

Poderá ser proposta suspensão condicional do processo, considerando-se a pena mínima cominada ao delito em estudo, vale dizer, um ano, nos termos do art. 89 da Lei nº 9.099/95.

## 4.9 Destaques

### 4.9.1 Cheque sem fundos e a Súmula nº 246 do STF

Discute-se, doutrinária e jurisprudencialmente, se o cheque fornecido como garantia de dívida poderia se configurar no documento exigido pelo art. 160 do Código Penal, uma vez que, emitido nessa condição, restaria descaracterizado o delito de estelionato, nos termos preconizados pela Súmula nº 246 do STF, que diz:

> **Súmula nº 246.** Comprovado não ter havido fraude, não se configura o crime de emissão de cheque sem fundos.

---

[89] NORONHA, Edgard Magalhães. *Direito penal*, v. 2, p. 281.

Essa ausência de fraude pode ocorrer mediante duas situações distintas. A primeira diz respeito à emissão culposa de cheques sem fundos, vale dizer, o agente, ao emitir o cheque, acreditando que tivesse fundos em sua conta-corrente, equivoca-se e emite a cártula sem cobertura bancária. A segunda delas, objeto maior de discussão, conclui que somente se poderia configurar o crime de emissão de cheque sem suficiente provisão de fundos, nos moldes previstos pelo inciso VI do § 2º do art. 171 do Código Penal, quando mantivesse sua natureza de *ordem de pagamento à vista*. Caso contrário, se fosse emitido como simples garantia de dívida, restaria afastada a figura típica, em razão do fato de ter sido descaracterizada a sua natureza, pois o emitente não afirma existir fundos em sua conta, mas que somente, na data aprazada, depositará a quantia necessária para efeito de cobertura.

Assim, a posição majoritária entende que o cheque emitido como garantia de dívida não se presta para efeitos de reconhecimento do crime de estelionato.

Dessa forma, se o agente exige da vítima a emissão de um cheque como garantia de dívida, tal documento poderia consubstanciar-se na exigência contida no art. 160 do Código Penal?

Embora haja posição contrária, entendemos que sim. Isso porque a lei penal não exige a condenação, nem mesmo a instauração de um processo penal em face da vítima ou de terceiros. Na verdade, a exigência diz respeito tão somente a um documento capaz de *dar causa a procedimento criminal*, e no conceito de procedimento criminal podemos incluir o *inquérito policial*.

Poderá o delegado de polícia, com fundamento no cheque emitido sem suficiente provisão de fundos, inaugurar o inquérito policial, até mesmo para se certificar se aquela cártula foi confeccionada como garantia de dívida ou como ordem de pagamento à vista.

Queremos afirmar, portanto, que a simples emissão de um cheque, mesmo como garantia de dívida, poderá dar causa a procedimento criminal, razão pela qual não podemos descartar a possibilidade de o cheque fornecido nessa condição ser suficiente para a configuração do delito de extorsão indireta.

Concluindo com Noronha, "satisfaz-se a lei com que o documento *possa* dar causa a procedimento-crime. Basta, então, potencialidade; é suficiente ser apto a esse fim."[90]

No entanto, em sentido contrário, já decidiu o TJ-MG:

"Apelação – Extorsão indireta – Cheque – Garantia de dívida – Fato atípico – Crime de cobrança abusiva de juros – Prescrição retroativa – Ocorrência – Suscitada de ofício. Tendo em vista que cheque exigido como garantia de dívida não faz documento hábil a dar margem a instauração de procedimento criminal contra a vítima, na espécie, torna-se medida imperiosa a absolvição do réu, em razão da atipicidade do fato" (Proc. 2.0000.00.488029-9/000(1). Rel. Vieira de Brito. Data da Publicação: 18/2/2006).

### 4.9.2 Extorsão indireta e Código Penal Militar

O crime de extorsão indireta também veio previsto no Código Penal Militar (Decreto-Lei nº 1.001, de 21 de outubro de 1969), conforme se verifica pela leitura do seu art. 246.

## 4.10 Quadro-resumo

**Sujeitos**
» Ativo: qualquer pessoa.
» Passivo: qualquer pessoa.

---

[90] NORONHA, Edgard Magalhães. *Direito penal*, v. 2, p. 280.

### Objeto material
É o *documento* que poderá dar ensejo à instauração de procedimento criminal.

### Bem(ns) juridicamente protegido(s)
É o *patrimônio*. Entretanto, a *liberdade individual*, mesmo que mediatamente, também é tutelada.

### Modalidades comissiva e omissiva
Os núcleos exigir e receber pressupõem um comportamento comissivo. No entanto, caso o sujeito goze do *status* de garantidor, poderá ser responsabilizado pelo delito em estudo, via omissão imprópria.

### Consumação e tentativa
» Na modalidade *exigir*, o crime se consuma com a prática do mencionado comportamento, não importando que a vítima, efetivamente, anua para com a exigência, entregando ao agente o documento que, com a finalidade de garantir a dívida, poderá dar causa a procedimento criminal contra ela ou contra terceiro.
» Na modalidade *receber*, o crime somente se aperfeiçoa quando o sujeito ativo recebe o documento, tratando-se, aqui, de crime material.
» Não importando a natureza da infração penal, ou seja, se formal ou mesmo material, caberá a tentativa desde que se possa visualizar, no caso concreto, o fracionamento do *iter criminis*.

# Capítulo III
# Da Usurpação

## 1. ALTERAÇÃO DE LIMITES, USURPAÇÃO DE ÁGUAS E ESBULHO POSSESSÓRIO

**Alteração de limites**

**Art. 161.** Suprimir ou deslocar tapume, marco, ou qualquer outro sinal indicativo de linha divisória, para apropriar-se, no todo ou em parte, de coisa imóvel alheia:

Pena – detenção, de um a seis meses, e multa.

§ 1º Na mesma pena incorre quem:

**Usurpação de águas**

I – desvia ou represa, em proveito próprio ou de outrem, águas alheias;

**Esbulho possessório**

II – invade, com violência a pessoa ou grave ameaça, ou mediante concurso de mais de duas pessoas, terreno ou edifício alheio, para o fim de esbulho possessório.

§ 2º Se o agente usa de violência, incorre também na pena a esta cominada.

§ 3º Se a propriedade é particular, e não há emprego de violência, somente se procede mediante queixa.

### 1.1 Introdução

A alteração de limites, a usurpação de águas e o esbulho possessório são infrações penais que se encontram inseridas no Capítulo III (Da usurpação), do Título II (Dos crimes contra o patrimônio), do Código Penal, tendo como finalidade precípua a proteção do patrimônio de natureza *imóvel*.

O item 58 da Exposição de Motivos da Parte Especial do Código Penal nos fornece alguns esclarecimentos a respeito das infrações penais em estudo, dizendo:

58. Sob a rubrica 'Da usurpação', o projeto incrimina certos fatos que a lei penal vigente conhece sob diversos *nomen juris* ou ignora completamente, deixando-os na órbita dos delitos civis. Em quase todas as suas modalidades, a usurpação é uma lesão ao interesse jurídico da inviolabilidade da propriedade imóvel.

Assim, a 'alteração de limites' (art. 161), a 'usurpação de águas' (Art. 161,§ 1º, I) e o 'esbulho possessório', quando praticados com violência à pessoa, ou mediante grave ameaça, ou concurso de mais de duas pessoas (art. 161, § 1º, II). O emprego de violência contra a pessoa, na modalidade da invasão possessória, é condição de punibilidade, mas, se dele resulta outro crime, haverá concurso *material* de crimes, aplicando-se, somadas, as respectivas penas (art. 161, § 2º).

## 1.2 Alteração de limites

Cada uma dessas infrações penais será analisada de forma isolada, a fim de que sejam evidenciadas, com mais clareza, suas características particulares. Seus dados comuns, entretanto, serão estudados conjuntamente, conforme veremos a seguir.

## 1.2 Alteração de limites

O delito de *alteração de limites* veio tipificado no *caput* do art. 161 do Código Penal, com a seguinte redação:

> **Art. 161.** Suprimir ou deslocar tapume, marco, ou qualquer outro sinal indicativo de linha divisória, para apropriar-se, no todo ou em parte, de coisa imóvel alheia:
> Pena – detenção, de um a seis meses, e multa.

O tipo penal do art. 161 do diploma repressivo exige a presença dos seguintes elementos, necessários à sua configuração: *a)* a conduta de *suprimir* ou *deslocar* tapume, marco, ou qualquer outro sinal indicativo de linha divisória; *b)* a finalidade de *apropriação*, no todo ou em parte, de *coisa imóvel* alheia.

O núcleo *suprimir* é utilizado pelo texto legal no sentido de eliminar, acabar com, fazer desaparecer, isto é, destruir tapume, marco ou qualquer sinal indicativo de linha divisória. Merecem registro as lições de Cezar Bitencourt quando afirma que "a ação de suprimir deve ser *apagar, fazer desaparecer* por completo a demarcação da linha divisória, inviabilizando que se possa constatar onde esta se localizava. Por isso, não caracteriza *supressão* o simples ato de arrancar tapumes ou marcos de uma cerca, sem tapar os respectivos buracos existentes no solo, que são denunciadores da linha divisória. Ação como essa poderá, no máximo, caracterizar o crime de dano, ou mesmo de furto, na hipótese de haver subtração do material extraído."[1] Embora estejamos de acordo com as lições do renomado autor gaúcho, não se exige, para a caracterização do delito em tela, que desapareçam, por completo, todos os vestígios dos sinais anteriormente existentes. O mais importante, segundo o nosso raciocínio, é o elemento subjetivo com que atua o sujeito ativo. Se a sua finalidade era a de se apropriar de imóvel alheio, tentando "apagar" as linhas divisórias, não poderá ser responsabilizado por crime de dano ou mesmo de furto se sobraram alguns vestígios, pois estaríamos modificando completamente o seu dolo, considerando um detalhe não exigido pela figura típica.

Por outro lado, *deslocar* deve ser compreendido no sentido de que o tapume, o marco ou outro sinal indicativo de linha divisória foi preservado, sendo, contudo *removido, afastado* para lugar diferente do de origem, a fim de que o agente, com esse comportamento, se apropriasse, total ou parcialmente, de coisa imóvel alheia.

O art. 1.297 do Código Civil diz que o proprietário tem o direito de cercar, murar, valar ou tapar de qualquer modo o seu prédio, urbano ou rural.

Nélson Hungria faz a distinção entre tapume e marco dizendo:

> *"Tapume*, no sentido estrito que lhe atribui o art. 161, *caput*, é toda cerca (sebe viva ou seca, cerca de arame, tela metálica etc.) ou muro (de pedra, tijolos, adobes, cimento armado) destinado a assinalar o limite entre dois ou mais imóveis.
>
> *Marco* é toda coisa corpórea (pedras, piquetes, postes, árvores, tocos de madeira, padrões etc.) que, artificialmente colocada ou naturalmente existente em *pontos* da linha divisória de imóveis, serve, também, ao fim de atestá-la *permanentemente* (ainda que não *perpetuamente*). Não somente o tapume e o marco servem ao objetivo de indicação de limites, pois outros meios podem ser empregados ou utilizados, como, por exemplo, valas, regos, sulcos, trilhas, cursos d'água etc."[2]

---

[1] BITENCOURT, Cezar Roberto. *Tratado de direito penal*, p. 164.
[2] HUNGRIA, Nélson. *Comentários ao código penal*, v. III, p. 86.

Quando o *caput* do art. 161 do Código Penal faz menção a *qualquer outro sinal indicativo de linha divisória,* está se referindo à necessidade de o intérprete levar a efeito a chamada interpretação analógica. Assim, inicialmente, a lei penal exemplifica dizendo que se configura a infração penal em exame suprimir ou deslocar *tapume* ou *marco* para, logo em seguida, determinar que também se configurará como delito de usurpação de limites a supressão ou deslocamento de *qualquer outro sinal indicativo de linha divisória* que não se constitua em tapume ou marco. Assim, a uma fórmula casuística, exemplificativa, a lei faz seguir outra fórmula, de natureza genérica, configurando-se, portanto, a chamada interpretação analógica.

A supressão ou o deslocamento do tapume, marco ou qualquer outro sinal indicativo de linha divisória deve ter sido levado a efeito com a finalidade de apropriação, no todo ou em parte, de coisa imóvel alheia. Dessa forma, somente se configurará na infração penal de alteração de limites quando o agente atuar com essa finalidade especial de apropriação. Caso contrário, não agindo motivado por esse fim, que se configura em elemento do tipo penal em estudo, o fato, aí sim, poderá ser caracterizado como outra infração penal, a exemplo do dano ou mesmo do crime de furto.

### 1.2.1 Classificação doutrinária

Crime próprio, tanto com relação ao sujeito ativo quanto ao sujeito passivo, pois somente o proprietário ou o possuidor podem figurar nessa condição; doloso; formal (não se exigindo a efetiva apropriação, mas tão somente a conduta de suprimir ou deslocar tapume, marco, ou qualquer outro sinal indicativo de linha divisória, para apropriar-se, no todo ou em parte, de coisa imóvel alheia); de dano; comissivo (excepcionalmente omissivo impróprio, desde que o agente goze do *status* de garantidor); de forma vinculada (uma vez que o tipo penal indica a forma pela qual a infração é praticada, isto é, *destruindo, deslocando* tapume, marco etc.); instantâneo; monossubjetivo; plurissubsistente; não transeunte.

### 1.2.2 Objeto material e bem juridicamente protegido

A propriedade e a posse da coisa imóvel são os bens juridicamente protegidos pelo tipo penal que prevê o delito de alteração de limites.

Hungria, no entanto, afirma que "o que a lei protege com a incriminação da alteração de limites (como em todas as outras formas de usurpação) é a *propriedade,* e não a *posse.*"[3]

Em sentido contrário, e a nosso ver com acerto, esclarece Noronha:

"Objeto específico da tutela do dispositivo é a posse da coisa imóvel; é ela a objetividade imediata que se tem em vista. Protegendo-a, protege também a lei a propriedade, pois a posse é a propriedade exteriorizada, atualizada. Mas, como no furto, tem preeminência no plano da proteção legal a posse, ainda que entre em conflito com a propriedade. Se no direito civil o possuidor pode intentar ação possessória contra o proprietário, razão maior existe para o direito penal proteger aquele, quando o ato do segundo apresenta caráter mais grave, invadindo a órbita do ilícito penal."[4]

Assim, entendemos que, de acordo com o raciocínio levado a efeito por Noronha, bem como considerando-se a própria redação do tipo penal do art. 161 do diploma repressivo, a *propriedade imóvel,* bem como a *posse de imóvel* são os bens juridicamente protegidos por este último.

Objetos materiais do delito em estudo são o *tapume, marco,* ou *qualquer outro sinal de linha divisória.*

---

[3] HUNGRIA, Nélson. *Comentários ao código penal,* v. VII, p. 89.

[4] NORONHA, Edgard Magalhães. *Direito penal,* v. 2, p. 283.

### 1.2.3 Sujeito ativo e sujeito passivo

Tendo em vista a sua natureza de crime próprio, somente o *proprietário* e o *possuidor* do imóvel limítrofe é que poderão figurar como *sujeito ativo* do delito de alteração de limites. Embora exista posição em contrário, podemos incluir, também, o possuidor como sujeito ativo do mencionado delito, principalmente considerando a possibilidade concreta que tem de usucapir o imóvel, nos termos dos arts. 1.238, 1.239 e 1.240 do Código Civil.[5]

Noronha ainda incluía dentre os possíveis sujeitos ativos o *futuro comprador do imóvel*, pois, segundo o renomado autor, este:

"Pode suprimir ou deslocar sinais da linha divisória, para que, mais tarde, venha a obter, pelo preço ajustado, área maior que possa explorar ou desfrutar."[6]

O *sujeito passivo* é o proprietário ou/e o possuidor do imóvel no qual são suprimidos ou deslocados os tapumes, marcos ou quaisquer outros sinais indicativos de linha divisória.

### 1.2.4 Consumação e tentativa

Consuma-se o delito de alteração de limites quando o agente pratica os comportamentos típicos de *suprimir* ou *deslocar* tapume, marco ou qualquer outro sinal indicativo de linha divisória, ou seja, no momento em que o destrói, elimina ou mesmo o modifica de lugar, com a finalidade de se apropriar, total ou parcialmente, de coisa imóvel alheia.

Sendo um crime plurissubsistente, entendemos perfeitamente admissível a tentativa, a exemplo daquele que é surpreendido no momento em que começava a arrancar o marco de limitação do imóvel, não consumando a infração penal por circunstâncias alheias à sua vontade.

Não há necessidade de que se efetive a apropriação, entendida aqui, conforme preleciona Cezar Roberto Bitencourt, como simples "apossamento ou apoderamento ilegítimo da propriedade imóvel alheia",[7] que é considerada como um exaurimento do crime.

### 1.2.5 Elemento subjetivo

O tipo penal do art. 161 do diploma repressivo só pode ser praticado dolosamente, não havendo previsão para a modalidade culposa.

Assim, somente haverá o crime de alteração de limites se o agente, dolosamente, vier a suprimir ou deslocar tapumes, sabendo que se encontravam afixados em lugar correto.

---

[5] **Art. 1.238.** Aquele que, por 15 (quinze) anos, sem interrupção, nem oposição, possuir como seu um imóvel, adquire-lhe a propriedade, independentemente de título e boa-fé, podendo requerer ao juiz que assim o declare por sentença, a qual servirá de título para o registro no Cartório de Registro de Imóveis.
Parágrafo único. O prazo estabelecido neste artigo reduzir-se-á a 10 (dez) anos se o possuidor houver estabelecido no imóvel sua moradia habitual, ou nele realizado obras ou serviços de caráter produtivo.
**Art. 1.239.** Aquele que, não sendo proprietário de imóvel rural ou urbano, possua como sua, por 5 (cinco) anos ininterruptos, sem oposição, área de terra em zona rural não superior a 50 (cinquenta) hectares, tornando-a produtiva por seu trabalho ou de sua família, tendo nela sua moradia, adquirir-lhe-á a propriedade.
**Art. 1.240.** Aquele que possuir, como sua, área urbana de até 250 (duzentos e cinquenta) metros quadrados, por 5 (cinco) anos ininterruptamente e sem oposição, utilizando-a para sua moradia ou de sua família, adquirir-lhe-á o domínio, desde que não seja proprietário de outro imóvel urbano ou rural.

[6] NORONHA, Edgard Magalhães. *Direito penal*, v. 2, p. 284.

[7] BITENCOURT, Cezar Roberto. *Tratado de direito penal*, p. 167.

Além do dolo de suprimir ou deslocar tapume, marco ou qualquer outro sinal indicativo de linha divisória, para a doutrina dominante o agente deve atuar com uma finalidade especial, que transcende ao dolo, caracterizada pelo *especial fim de agir* consistente na finalidade de se *apropriar*, no todo ou em parte, de coisa imóvel alheia.

Não basta, portanto, a conduta de suprimir ou deslocar tapume, marco etc., pois, ao praticar esses comportamentos, deve agir motivado pelo fim especial de se apropriar de coisa imóvel alheia; caso contrário, o fato poderá se configurar em outra infração penal, conforme já destacamos acima, a exemplo dos delitos de furto e dano, além da possibilidade de ocorrência do crime de fraude processual, tipificado no art. 347 do Código Penal, quando o agente inova artificiosamente, na pendência de processo civil ou administrativo, o estado de lugar, de coisa (no caso o tapume, o marco ou qualquer sinal indicativo de linha divisória) ou de pessoa, com o fim de induzir a erro o juiz ou o perito. Também poderá configurar-se no delito de exercício arbitrário das próprias razões, previsto pelo art. 345 do Código Penal, caso não se considere o seu comportamento como um *desforço imediato*, nos termos do § 1º do art. 1.210 do Código Civil, *verbis*:

> **Art. 1.210.** O possuidor tem direito a ser mantido na posse em caso de turbação, restituído no de esbulho, e segurado de violência iminente, se tiver justo receio de ser molestado.
> § 1º O possuidor turbado, ou esbulhado, poderá manter-se ou restituir-se por sua própria força, contanto que o faça logo; os atos de defesa, ou de desforço, não podem ir além do indispensável à manutenção, ou restituição da posse.

A apropriação deve ser dirigida à *coisa imóvel alheia*, devendo ser entendida essa expressão como o imóvel por natureza, vale dizer, o solo e tudo quanto se lhe incorporar natural ou artificialmente, nos termos do art. 79 do Código Civil.

### 1.2.6 Modalidades comissiva e omissiva

Os núcleos *suprimir* e *deslocar* pressupõem um comportamento comissivo do agente.

Entretanto, nada impede que se raciocine em termos de omissão imprópria, caso o agente goze do *status* de garantidor, agindo com dolo no sentido de não impedir que terceiro se aproprie de parte de um terreno pertencente ao garantido, suprimindo ou mesmo deslocando tapume, marco, ou qualquer outro sinal indicativo de linha divisória.

### 1.2.7 Quadro-resumo

**Sujeitos**
» Ativo: somente o proprietário e o possuidor do imóvel limítrofe.
» Passivo: proprietário ou/e o possuidor do imóvel no qual são suprimidos ou deslocados os tapumes, marcos ou quaisquer outros sinais indicativos de linha divisória.

**Objeto material**
O *tapume, marco,* ou *qualquer outro sinal de linha divisória*.

**Bem(ns) juridicamente protegido(s)**
A *propriedade* e a *posse* da coisa imóvel.

**Elemento subjetivo**
» É o dolo, não havendo previsão para a modalidade culposa.
» Para a doutrina dominante o agente deve atuar com uma finalidade especial, que transcende ao dolo, caracterizada pelo *especial fim de agir* consistente na finalidade de se apropriar, no todo ou em parte, de coisa imóvel alheia.

**Modalidades comissiva e omissiva**
» Os núcleos suprimir e deslocar pressupõem um comportamento comissivo do agente.
» Entretanto, nada impede que se raciocine em termos de omissão imprópria, caso o agente goze do *status* de garantidor.

**Consumação e tentativa**
» Consuma-se o delito quando o agente pratica os comportamentos típicos de suprimir ou deslocar tapume, marco ou qualquer outro sinal indicativo de linha divisória, ou seja, no momento em que o destrói, elimina ou mesmo o modifica de lugar, com a finalidade de se apropriar, total ou parcialmente, de coisa imóvel alheia.
» Sendo um crime plurissubsistente, é admissível a tentativa.

## 1.3 Usurpação de águas

O inciso I do § 1º do art. 161 do Código Penal prevê o delito de *usurpação de águas*, cominando uma pena de detenção, de 1 (um) a 6 (seis) meses, e multa, para aquele que *desvia ou represa, em proveito próprio ou de outrem, águas alheias*.

O art. 1.290 do Código Civil, a seu turno, determina, *verbis*:

> **Art. 1.290.** O proprietário de nascente, ou do solo onde caem águas pluviais, satisfeitas as necessidades de seu consumo, não pode impedir, ou desviar o curso natural das águas remanescentes pelos prédios inferiores.

Merece registro, ainda, o fato de que as águas, enquanto parte líquida do solo, são consideradas imóveis, nos termos do art. 79 do Código Civil, que diz serem *bens imóveis o solo e tudo quanto se lhe incorporar natural ou artificialmente*.

Nos termos da redação legal, consideram-se como elementos do tipo penal de usurpação de águas: *a)* desviar ou represar; *b)* em proveito próprio ou de outrem; *c)* águas alheias.

O núcleo *desviar* deve ser entendido no sentido de modificar o curso normal, natural das águas, enquanto *represar* significa reter, ou seja, interromper o curso, impedindo, de alguma forma, de fluir normalmente.

As condutas de desviar e represar devem ser praticadas no sentido de trazer algum proveito para o próprio agente ou para terceiro. Essa é a finalidade especial contida no delito em estudo. Pode acontecer, inclusive, que o beneficiado pelo represamento ou pelo desvio sequer tenha tomado conhecimento da conduta praticada pelo agente, podendo, inclusive, supor que tal fato se deu por força da natureza. Com isso, queremos afirmar que, mesmo não sendo beneficiado com o desvio ou o represamento, o agente poderá ser responsabilizado pelo delito em tela, bastando que tenha dirigido finalisticamente sua conduta no sentido de beneficiar terceiros, mesmo que estes sequer tomem conhecimento do seu comportamento.

O tipo penal exige, ainda, que as águas sejam alheias, isto é, não sejam de propriedade do agente, podendo, no entanto, ser públicas ou mesmo privadas. Esclarece Hungria que se o desvio ou represamento:

"É praticado pelo proprietário das águas, ainda quando arrendado a outrem o terreno em que se encontrem, inexiste o crime (haverá no caso mero ilícito civil). No caso, porém, de águas *comuns* ou em condomínio, poderá ser sujeito ativo do crime qualquer dos proprietários das terras atravessadas ou banhadas pelas águas ou qualquer dos condôminos, desde que, com o desvio ou represamento, seja impedida a utilização pelos demais proprietários ou condôminos. O específico elemento subjetivo do crime é o *lucri faciendi animus*, isto é, o fim de obter, para si ou para outrem, um proveito patrimonial ou econômico. Se o agente é movido, *in exemplis*, por vingança ou despeito, o crime será o de *dano*; se para satisfazer pretensão legítima ou supostamente tal, *exercício arbitrário das próprias razões*; se para inovar artificialmente, em processo judiciário ou administrativo, o estado de lugar, com o fim de induzir a erro o juiz ou perito, *fraude processual*."[8]

### 1.3.1 Classificação doutrinária

Crime comum com relação ao sujeito ativo e próprio no que diz respeito ao sujeito passivo; doloso; comissivo (podendo, contudo, ser praticado na omissão imprópria, desde que o agente goze do *status* de garantidor); de dano; formal (pois o tipo penal não exige que o agente tenha, efetivamente, tido algum proveito com o desvio ou represamento, bastando que pratique uma das mencionadas condutas); de forma livre; instantâneo; monossubjetivo; plurissubsistente; não transeunte.

### 1.3.2 Objeto material e bem juridicamente protegido

Bens juridicamente protegidos, de acordo com a ilação que pode ser feita do inciso I do § 1º do art. 161 do Código Penal, são, também, a posse e a propriedade imobiliárias, enfatizando-se, conforme salienta Cezar Roberto Bitencourt, "o direito sobre o uso das águas por seu titular. Protege-se aqui o direito real do proprietário, e não simplesmente um direito pessoal ou obrigacional."[9]

Objeto material são as águas, entendidas, aqui, como parte do solo, isto é, consideradas como imóveis. Nesse sentido, são as lições de Álvaro Mayrink da Costa quando afirma:

"Objeto material da ação é o ato de desviar a massa líquida alheia, que se constitui em águas no estado natural, fluentes ou estagnadas, não importando que se trate de correntes contínuas ou intermitentes, superficiais ou subterrâneas, correntes ou paradas, públicas ou privadas. Não se incluem as *res nullius*."[10]

### 1.3.3 Sujeito ativo e sujeito passivo

Crime comum com relação ao sujeito ativo, o delito de usurpação de águas pode ser praticado por qualquer pessoa, uma vez que o tipo penal não exige qualquer qualidade ou condição especial do agente para a sua configuração.

Ao contrário, no que diz respeito ao sujeito passivo, somente o proprietário e o possuidor é que podem figurar nessa condição, sendo, aqui, considerado como próprio o delito em estudo, podendo, nesse caso, ser tanto uma pessoa física quanto uma pessoa jurídica.

### 1.3.4 Consumação e tentativa

Crime formal, o delito de usurpação de águas se consuma no momento em que ocorre o *desvio* ou o *represamento* de águas alheias, independentemente do fato de ter o agente conseguido auferir proveito desse comportamento para si ou para terceiro.

---

[8]   HUNGRIA, Nélson. *Comentários ao código penal,* v. VII, p. 90-91.

[9]   BITENCOURT, Cezar Roberto. *Tratado de direito penal,* v. 3, p. 170.

[10]  COSTA, Álvaro Mayrink da. *Direito penal* – Parte especial, p. 820.

Tratando-se de crime plurissubsistente, sendo possível, pois, fracionar-se o *iter criminis*, é perfeitamente admissível a tentativa.

### 1.3.5 Elemento subjetivo

O tipo penal do inciso I do § 1º do art. 161 do estatuto repressivo, que prevê o delito de *usurpação de águas*, somente pode ser praticado dolosamente, não havendo previsão para a modalidade culposa. Assim, aquele que, culposamente, vier a desviar o curso natural de águas alheias, praticará um comportamento penalmente irrelevante, podendo, entretanto, se for o caso, ser responsabilizado na esfera civil.

Além do dolo de desviar ou represar águas alheias, a doutrina majoritária visualiza, ainda, outro elemento subjetivo que transcende ao dolo, vale dizer, o chamado especial fim de agir, caracterizado pela finalidade do agente de levar a efeito tais comportamentos *em proveito próprio ou de terceiros*.

Para nós, essa finalidade especial integra o dolo do agente, não podendo ser considerada como outro elemento subjetivo, que o transcenderia. Por isso, se o agente não atua com esse dolo, ou seja, se não atua objetivando desviar ou represar, em proveito próprio ou de terceiro, águas alheias, mas tão somente com a vontade de prejudicar a vítima, o fato não se amoldará ao delito de usurpação de águas, por ausência desse necessário elemento subjetivo, podendo se subsumir a uma outra figura típica, a exemplo do crime de dano, tipificado no art. 163 do Código Penal.

### 1.3.6 Modalidades comissiva e omissiva

Os núcleos *desviar* e *represar* pressupõem um comportamento comissivo do agente.

Entretanto, será perfeitamente possível o raciocínio em termos de omissão imprópria, desde que o agente goze do *status* de garantidor e atue com dolo de não impedir, mesmo devendo e podendo agir, que terceiro desvie ou represe, em proveito próprio ou de outrem, as águas pertencentes ao garantido.

### 1.3.7 Quadro-resumo

**Sujeitos**
» Ativo: qualquer pessoa.
» Passivo: o proprietário e o possuidor.

**Objeto material**
As águas, entendidas, aqui, como parte do solo, isto é, consideradas como imóveis.

**Bem(ns) juridicamente protegido(s)**
A *posse* e a *propriedade imobiliárias*, enfatizando-se, conforme salienta Cezar Roberto Bitencourt, "o direito sobre o uso das águas por seu titular. Protege-se aqui o direito real do proprietário, e não simplesmente um direito pessoal ou obrigacional" (BITENCOURT, 2003, p. 170).

**Elemento subjetivo**
» É o dolo, não havendo previsão para a modalidade culposa.
» A doutrina majoritária visualiza, ainda, outro elemento subjetivo que transcende ao dolo, vale dizer, o chamado *especial fim de agir*, caracterizado pela finalidade do agente de levar a efeito tais comportamentos em proveito próprio ou de terceiros.

**Modalidades comissiva e omissiva**

Os núcleos desviar e represar pressupõem um comportamento comissivo do agente. Entretanto, será possível o raciocínio em termos de omissão imprópria, desde que o agente goze do *status* de garantidor.

**Consumação e tentativa**

» O delito de usurpação de águas se consuma no momento em que ocorre o desvio ou o represamento de águas alheias, independentemente do fato de ter o agente conseguido auferir proveito desse comportamento para si ou para terceiro.
» Tratando-se de crime plurissubsistente, sendo possível, pois, fracionar-se o *iter criminis*, é perfeitamente admissível a tentativa.

## 1.4 Esbulho possessório

A última das figuras típicas previstas no inciso II do § 1º do art. 161 do Código Penal é o chamado *esbulho possessório,* que comina, da mesma forma que nas infrações penais anteriores, uma pena de detenção, de 1 (um) a 6 (seis) meses, e multa, para aquele que *invade, com violência a pessoa ou grave ameaça, ou mediante o concurso de mais de duas pessoas, terreno ou edifício alheio, para o fim de esbulho possessório.*

Pela análise da redação típica, podemos destacar os seguintes elementos que integram o delito de esbulho possessório: *a)* a invasão de terreno ou prédio alheio; *b)* o emprego de violência a pessoa ou grave ameaça; *c)* alternativamente, o concurso de pessoas; *d)* a finalidade especial de praticar o esbulho possessório.

O núcleo *invadir* é utilizado no texto com o sentido de ingresso não autorizado em terreno ou prédio alheio, através do emprego de violência à pessoa ou grave ameaça, ou mediante o concurso de mais de duas pessoas.

Isso significa que se a *invasão* se der às ocultas, ou seja, sem o conhecimento do proprietário ou do possuidor, não havendo, obviamente, o emprego de violência, em face de sua clandestinidade, o fato somente se configurará em esbulho possessório se for praticado mediante o concurso de mais de duas pessoas, isto é, no mínimo, três pessoas.

A *violência à pessoa (vis corporalis)* é uma das formas pelas quais o crime pode ser praticado. A própria lei penal esclarece dizendo que a violência, considerada como o elemento do esbulho possessório, é aquela praticada contra a *pessoa*, não a simples violência contra a coisa (como acontece, por exemplo, quando o agente, para entrar no terreno que será objeto do esbulho, destrói a cerca que tinha a finalidade de impedir o acesso de pessoas não autorizadas naquele local). Além da violência contra a pessoa, poderá a infração ser levada a efeito com o emprego de grave ameaça, ou seja, a *vis compulsiva*, forma através da qual o agente intimida a vítima, a fim de que possa esbulhar o terreno ou edifício alheio.

Não havendo violência física, tampouco violência moral (grave ameaça), poderá ainda se configurar o delito em estudo na hipótese em que pelo menos três pessoas, agindo em concurso, invadirem terreno ou edifício alheio, com o fim de esbulhá-lo.

Alguns autores entendem ser dúbia a expressão *mediante concurso de mais de duas pessoas* utilizada pelo inciso II do § 1º do art. 161 do Código Penal, a exemplo de Luiz Regis Prado, que afirma:

"A presença de duas ou mais pessoas é elemento controvertido na doutrina, em face de sua redação, que gera dúvidas acerca da interpretação do dispositivo. Assim, uma corrente entende ser preciso três pessoas além do autor, e outra acredita que é suficiente o número de três. Apoia-se a primeira corrente, pois a lei não diz (como no furto e no roubo) 'se o crime é cometido mediante o concurso' ou 'se há concurso', mas, sim, 'invadir... mediante concurso'. Alguém invade mediante concurso de mais de duas pessoas, de modo que os autores ou partícipes são, no mínimo, quatro."[11]

Apesar do brilhantismo do renomado autor, ousamos dele discordar. A lei penal é clara no sentido de apontar que o concurso de mais de duas pessoas, ou seja, três, pode caracterizar o delito de esbulho possessório, se presente a finalidade especial contida no tipo penal em análise. Sabemos, sim, que o legislador parece gostar de inovar, pois, ao invés de padronizar as redações legais, as modifica, desnecessariamente, em cada tipo penal. Veja-se o exemplo comparativo entre os arts. 155 e 157 do Código Penal. No primeiro, ao se referir ao objeto da infração penal, denomina-o *coisa alheia móvel,* enquanto no segundo passa a ser *coisa móvel alheia.* Ao contrário do que afirmou Luiz Regis Prado, *concessa* vênia, embora o art. 155, § 4º, IV, ao mencionar o concurso de pessoas, utilize a expressão *se o crime é cometido,* isso não acontece com o crime de roubo, onde o inciso II do § 2º do art. 157 do mesmo diploma repressivo, somente se vale da expressão *se há o concurso de duas ou mais pessoas.*

Portanto, embora haja controvérsia, entendemos que a lei penal é clara no sentido de exigir um mínimo de três pessoas para a possibilidade de configuração do crime de esbulho possessório.

Finalmente, para que se caracterize a infração penal em estudo, será preciso que o agente atue com a finalidade especial de esbulhar a posse de terreno ou edifício alheio, sem a qual o fato poderá se configurar em outra infração penal, ou mesmo ser considerado atípico.

Assim, de acordo com as lições de Hungria, o fim do agente:

"Deve ser o de ocupação (total ou parcial) do terreno ou edifício alheio, para aí comportar-se *ut dominus.* A invasão sem tal escopo será mero ilícito civil, salvo no concernente à violência (contra a pessoa ou contra a coisa), se houver. Se o agente procede para satisfazer pretensão legítima ou putativamente tal, o crime será o de exercício arbitrário das próprias razões. Se o réu defender-se com tal pretensão, o próprio juiz penal poderá resolver a controvérsia ou, se já tiver sido provocado o juízo cível, aguardar a decisão deste (art. 93 do Cód. de Proc. Penal)."[12]

Dessa forma, se a invasão se der pacificamente, ou seja, sem o emprego de violência contra a pessoa, sem o recurso à grave ameaça, e não tendo sido levada a efeito mediante o concurso de mais de duas pessoas, o fato será atípico com relação à figura do esbulho possessório.

### 1.4.1 Classificação doutrinária

Crime comum, com relação ao sujeito ativo; próprio no que diz respeito ao sujeito passivo; doloso; comissivo (podendo, contudo, ser praticado via omissão imprópria, desde que o agente goze do *status* de garantidor); de forma livre; instantâneo; formal; monossubjetivo; plurissubsistente; não transeunte.

### 1.4.2 Objeto material e bem juridicamente protegido

Bens juridicamente protegidos pelo inciso II do § 1º do art. 161 do Código Penal são a posse e a propriedade imobiliária. Cezar Roberto Bitencourt alerta para o fato de que no tipo penal que prevê o crime de esbulho possessório:

"São tuteladas igualmente a integridade e a saúde física e mental do sujeito passivo, na medida em que o crime pode ser praticado com violência ou grave ameaça à pessoa. O *modus operandi*

---

[11] PRADO, Luiz Regis. *Curso de direito penal brasileiro,* v. 2, p. 437-438.

[12] HUNGRIA, Nélson. *Comentários ao código penal,* v. VII, p. 93.

ofende, paralelamente, esses aspectos da pessoa humana, que são abundantemente protegidos no Título que cuida dos crimes contra a pessoa. Essa proteção múltipla de bens jurídicos distintos permite que se possa classificá-lo como espécie de *crime complexo*."[13]

Objeto material é o terreno ou edifício alheio.

### 1.4.3 Sujeito ativo e sujeito passivo

Crime comum, o esbulho possessório permite que qualquer pessoa figure como sujeito ativo dessa infração penal, exceto se for o proprietário ou mesmo o possuidor do terreno ou edifício. Entretanto, Noronha admitia a prática do delito pelo proprietário tratando-se de condomínio *pro diviso*, conforme apontado no item correspondente aos destaques (item 7).

Ao contrário, com relação ao sujeito passivo, somente o proprietário e o possuidor é que podem figurar nessa condição, sendo, portanto, sob esse enfoque, considerado como próprio o delito *sub examen*, merecendo ressaltar o fato de que tanto a pessoa física quanto a jurídica podem sofrer com a conduta praticada pelo agente, razão pela qual ambas podem ser consideradas sujeito passivo.

### 1.4.4 Consumação e tentativa

Consuma-se o delito de esbulho possessório com a efetiva invasão do terreno ou prédio alheio, mesmo que por curto espaço de tempo, não havendo necessidade, dada a sua natureza formal, de o agente permanecer na posse do imóvel, como se fosse o legítimo proprietário ou possuidor, pois, caso isso venha a acontecer, será considerado mero exaurimento do crime.

Tratando-se de crime plurissubsistente, é admissível a tentativa, tendo em vista a possibilidade de ser fracionado o *iter criminis*.

### 1.4.5 Elemento subjetivo

O delito de esbulho possessório só pode ser praticado dolosamente, não havendo previsão legal para a modalidade de natureza culposa.

A doutrina dominante visualiza, ainda, outro elemento subjetivo, transcendente ao dolo, denominado *especial fim de agir*, caracterizado pela expressão *para o fim de esbulho possessório*.

Somente se configurará a infração penal em exame se o agente atuar com essa finalidade, dita especial pela doutrina, que é a de *esbulhar a posse* de terreno ou prédio alheio. Esbulhar deve ser entendido no sentido de passar a ocupar o lugar que originariamente era do possuidor ou do proprietário, razão pela qual Noronha afirma que "se o agente invade o imóvel com o fito de fruir ou explorar, momentaneamente, uma parte do imóvel, sem desalojar o possuidor, nem essa intenção tendo, não poderá ser punido nos termos do artigo."[14]

### 1.4.6 Modalidades comissiva e omissiva

O núcleo *invadir* pressupõe um comportamento comissivo por parte do agente.

No entanto, não se descarta a hipótese de o crime ser praticado via omissão imprópria, desde que o omitente goze do *status* de garantidor, atuando com dolo no sentido de permitir o esbulho do terreno ou prédio de propriedade do garantido.

---

[13] BITENCOURT, Cezar Roberto. *Tratado de direito penal*, v. 3, p. 176.
[14] NORONHA, Edgard Magalhães. *Direito penal*, v. 2, p. 294.

## 1.4.7 Quadro-resumo

**Sujeitos**
- » Ativo: qualquer pessoa, exceto o proprietário ou mesmo o possuidor do terreno ou edifício.
- » Passivo: o proprietário e o possuidor.

**Objeto material**

Conforme as lições de Cleber Masson (2012, p. 476), "há dois objetos materiais: o imóvel invadido e a pessoa que suporta a violência ou a grave ameaça".

**Bem(ns) juridicamente protegido(s)**

A *posse* e a *propriedade imobiliária*. Cezar Roberto Bitencourt alerta para o fato de que no tipo penal "são tuteladas igualmente a integridade e a saúde física e mental do sujeito passivo, na medida em que o crime pode ser praticado com violência ou grave ameaça à pessoa" (BITENCOURT, 2003, p. 176).

**Elemento subjetivo**
- » O delito de esbulho possessório só pode ser praticado dolosamente, não havendo previsão legal para a modalidade de natureza culposa.
- » A doutrina dominante visualiza, ainda, outro elemento subjetivo, transcendente ao dolo, denominado *especial fim de agir*, caracterizado pela expressão para o fim de esbulho possessório.

**Modalidades comissiva e omissiva**
- » O núcleo invadir pressupõe um comportamento comissivo por parte do agente.
- » No entanto, não se descarta a hipótese de o crime ser praticado via omissão imprópria, desde que o omitente goze do *status* de garantidor, atuando com dolo no sentido de permitir o esbulho do terreno ou prédio de propriedade do garantido.

**Consumação e tentativa**
- » Consuma-se o delito com a efetiva invasão do terreno ou prédio alheio, mesmo que por curto espaço de tempo, não havendo necessidade, dada a sua natureza formal, de o agente permanecer na posse do imóvel, como se fosse o legítimo proprietário ou possuidor.
- » Tratando-se de crime plurissubsistente, é admissível a tentativa.

## 1.5 Emprego de violência na usurpação

O § 2º do art. 161 do Código Penal determina, *verbis*:

> § 2º Se o agente usa de violência, incorre também na pena a esta cominada.

Isso significa que, em qualquer das três modalidades de usurpação previstas pelo art. 161 do Código Penal – *alteração de limites, usurpação de águas e esbulho possessório* –, o agente deverá também responder pela violência praticada em concurso formal de crimes, embora aplicando-se a regra relativa ao cúmulo material, em razão do fato de ter atuado com o chamado desígnio autônomo, previsto na última parte do *caput* do art. 70 do Código Penal.

Não há, no caso, como sugere o item 58 da Exposição de Motivos da Parte Especial do Código Penal, um *concurso material de crimes*, uma vez que podemos visualizar uma conduta única, produtora de dois resultados – o correspondente à violência e à usurpação.

CURSO DE DIREITO PENAL • VOL. 2 – ROGÉRIO GRECO

Se qualquer das infrações penais for praticada com o emprego de grave ameaça, esta, na qualidade de crime-meio, será absorvida pelo crime-fim, uma vez que não existe ressalva legal para que possa levar a efeito a punição do agente por esse fato, considerado, também, como delito.

## 1.6 Pena, ação penal, competência para julgamento e suspensão condicional do processo

A pena para as três modalidades de usurpação previstas no art. 161 e seu § 1º do Código Penal, vale dizer, *alteração de limites, usurpação de águas e esbulho possessório*, é de detenção, de 1 (um) a 6 (seis) meses, e multa.

Se houver o emprego de violência na prática de qualquer dos delitos anteriormente apontados, será aplicado raciocínio do concurso formal de crimes, aplicando-se a regra do cúmulo material de penas.

A competência para julgamento dos crimes previstos pelo art. 161 do Código Penal será do Juizado Especial Criminal, a não ser na hipótese de concurso formal com a lesão corporal de natureza grave, resultante do emprego de violência, sendo viável, ainda, a possibilidade de proposta de suspensão condicional do processo, caso os delitos não tenham sido praticados mediante o emprego de violência ou, se esta tiver ocorrido, a soma das penas não ultrapassar o limite de um ano, determinado pelo art. 89 da Lei nº 9.099/95, como seria o caso, v.g., da soma das penas mínimas dos crimes de esbulho possessório (um mês), com as lesões corporais leves (três meses).

Nos termos do § 3º do art. 161 do Código Penal, *se a propriedade é particular, e não há o emprego de violência, somente se procede mediante queixa*. Interpretando-se o mencionado parágrafo, a *contrario sensu*, se a *propriedade é pública,* a ação penal será, consequentemente, de iniciativa pública incondicionada.

## 1.7 Destaques

### 1.7.1 O movimento dos Sem-Terra e o estado de necessidade

Temos presenciado, de forma constante, por intermédio da imprensa, as invasões de terras promovidas por pessoas filiadas ao movimento conhecido como "Sem-Terra." Percebe-se que, em muitas ocasiões, tais invasões são levadas a efeito com o emprego de violência e, em quase todos os casos, mediante o concurso de mais de duas pessoas, o que caracterizaria, em tese, o delito de esbulho possessório, em face da finalidade especial do grupo em se radicar naquele novo lugar.

Entretanto, pergunta-se: seria viável a alegação do estado de necessidade pelas pessoas invasoras, afastando-se, consequentemente, a infração penal relativa ao esbulho possessório?

Entendemos que sim, uma vez que, para que se reconheça o estado de necessidade, o primeiro raciocínio que deve ser levado a efeito diz respeito ao confronto dos bens, ambos juridicamente protegidos, sendo que um deles, em tese, deve perecer para que o outro, mais importante, subsista.

A Constituição Federal, considerada como a Constituição Cidadã, elenca, no Capítulo relativo aos *direitos e deveres individuais e coletivos,* inseridos em seu Título II, correspondente aos *direitos e garantias fundamentais,* de um lado, o *direito de propriedade* (inciso XXII, do art. 5º), que merece e deve ser respeitado; de outro, vários direitos também inerentes à pessoa humana, tais como a *vida, a liberdade, a igualdade, a segurança, a moradia, a educação* etc., que, somados a outros, nos dão a noção necessária de *dignidade da pessoa humana.*

Não há como se falar em existência digna se a pessoa, em virtude da ausência do Estado Social, não tem o que comer ou o que vestir, se não tem um teto onde possa repousar, se não consegue cuidar das doenças que, ao longo de nossa vida, surgem a toda hora. Enfim, há um conjunto de necessidades que, se satisfeitas, tornam a existência humana mais digna.

No caso específico dos chamados Sem-Terra, de um lado, há a necessidade de subsistência, de manutenção da própria vida daqueles que não tem onde morar e que pretendem, se forem ali radicados, levar adiante sua vida com um pouco mais de dignidade, cultivando a terra para que produza os alimentos indispensáveis à manutenção do corpo, bem como para que tenham um lugar para repouso; do outro lado, como regra, temos uma propriedade improdutiva, destinada, quase que exclusivamente, à exploração econômica ou financeira. Há um investimento, como outro qualquer, onde muitas vezes seu proprietário a adquire por preço irrisório, aguardando a melhora do mercado para que possa vendê-la lucrativamente.

No caso em exame, entre a subsistência dos Sem-Terra e a exploração econômica da terra, aquela deve prevalecer em detrimento desta, podendo-se visualizar, com tranquilidade, a situação característica do estado de necessidade. É claro que não podemos confundir o raciocínio correspondente à ausência de infração penal por parte dos "invasores sem-terra", com a necessidade, inafastável, do Estado de indenizar aqueles que tiveram seus terrenos invadidos em virtude da sua própria incapacidade em administrar a coisa pública, levando a efeito uma distribuição condigna de bens.

Deverá o Estado, portanto, considerando caso a caso, efetivar a desapropriação por interesse social, nos termos do art. 184 da Constituição Federal.

No entanto, também devemos separar o joio do trigo, pois nem todas as invasões perpetradas por integrantes do movimento dos Sem-Terra são motivadas pela situação de estado de necessidade. Existem, infelizmente, mercenários que se dizem filiados ao movimento, mas que, na verdade, utilizam essa "fachada" para adquirir terras que serão, futuramente, por eles exploradas economicamente.[15] Se valem do movimento como um negócio ilícito de ganho e venda, pois, assim que adquirem as terras desapropriadas pelo governo, procuram vendê-las a terceiros e, por mais uma vez, buscam um outro lugar para invadir e lucrar.

Esses, como se percebe, não podem ser beneficiados com o raciocínio do estado de necessidade, tratando-se, pois, de criminosos comuns que merecem, como outros, a punição prevista pela lei penal.

### 1.7.2 Proprietário como sujeito ativo dos crimes de alteração de limites e esbulho possessório

Há controvérsia doutrinária no que diz respeito à possibilidade de o proprietário ser considerado sujeito ativo dos delitos de alteração de limites e esbulho possessório, uma vez que o *caput* do art. 161 do estatuto repressivo menciona expressamente que a supressão ou o deslocamento do tapume, marco ou qualquer outro sinal indicativo de linha divisória deve ser levada(o) a efeito com a finalidade de apropriação, no todo ou em parte, de *coisa imóvel alheia*, bem como o inciso II do § 1º do referido artigo diz caracterizar-se o esbulho possessório quando a invasão, mediante violência à pessoa ou grave ameaça, ou mediante concurso de mais de duas pessoas, ocorrer em *terreno ou edifício alheio*.

Assim, portanto, as elementares *coisa imóvel alheia* e *terreno ou edifício alheio*, constantes dos mencionados artigos, impediriam a prática dos delitos pelos proprietários do imóvel.

Noronha, analisando detidamente a questão, conclui:

> "Cremos que no condomínio *pro indiviso*, onde há indivisão de direito e de fato, onde há *composse* sobre todo o imóvel, não é admissível o delito. Não assim, na comunhão *pro diviso*, onde há indivisão de direito, porém não de fato. Por contrato ou modo tácito, os condôminos delimitam

---

[15] O art. 189 da Constituição Federal determina: *Os beneficiários da distribuição de imóveis rurais pela reforma agrária receberão títulos de domínio ou de concessão de uso, inegociáveis pelo prazo de dez anos.*

suas partes, passando cada um deles a possuir na coisa comum parte certa e determinada. Tem, nesta hipótese, o condômino direito ao uso e gozo dessa parte com exclusão dos outros, tendo, aliás, direito aos interditos possessórios, quer contra estranhos, quer contra os outros condôminos, conforme se deduz dos arts. 623, 634 e 488 do Código Civil.[16] Há comunhão *sine compossessione*, pois cada coproprietário tem posse sobre parte certa do imóvel.

Pode então o condômino remover sinais divisórios no condomínio, para se apropriar da parte sobre a qual o vizinho exerce sua posse."[17]

O mesmo raciocínio aplica-se, também, ao delito de esbulho possessório.

### 1.7.3 Violência contra pessoa praticada após o sucesso da invasão

Vimos que, para que se caracterize o crime de esbulho possessório, há necessidade de que a invasão se dê mediante violência à pessoa ou grave ameaça, ressalvando-se a hipótese em que, embora não havendo violência ou grave ameaça para fins de invasão, esta se dê mediante o concurso de mais de duas pessoas.

No entanto, imagine-se a hipótese em que a invasão, praticada por uma só pessoa, tenha sido inicialmente pacífica. Chegando, por exemplo, ao conhecimento do proprietário do imóvel a invasão ocorrida em seu terreno, ele vai até o local para, mediante desforço pessoal, tentar retirar o invasor, conforme lhe permite o § 1º do art. 1.210 do Código Civil, que diz:

> § 1º O possuidor turbado, ou esbulhado, poderá manter-se ou restituir-se por sua própria força, contanto que o faça logo; os atos de defesa, ou de desforço, não podem ir além do indispensável à manutenção, ou restituição da posse.

No entanto, depois da invasão, a fim de se manter no terreno, o agente agride o proprietário. Nesse caso, pergunta-se: Em virtude da agressão praticada pelo agente ter ocorrido posteriormente à sua invasão do terreno alheio, poderia ele ser responsabilizado pelo delito de esbulho possessório? Entendemos que sim, pois a violência à pessoa pode ser praticada não somente como um meio para a invasão, como também para a manutenção daquele que já havia invadido terreno ou prédio alheio. Nesse último caso, a violência para a manutenção do agente em terreno ou prédio alheio transforma um fato que, antes, era considerado um indiferente penal, no crime de esbulho possessório.

### 1.7.4 Esbulho de imóvel do Sistema Financeiro da Habitação (SFH) – Lei nº 5.741/71, art. 9º, e Invasão de Terra da União, Estados ou Municípios – Lei nº 4.947/66, art. 20

A Lei nº 5.741, de 1º de dezembro de 1971, que dispõe sobre a proteção do financiamento de bens imóveis vinculados ao Sistema Financeiro da Habitação, prevê uma modalidade especial de esbulho possessório, dizendo, em seu art. 9º, *verbis*:

> **Art. 9º** Constitui crime de ação pública, punido com a pena de detenção de 6 (seis) meses a 2 (dois) anos e multa de cinco a vinte salários mínimos, invadir alguém, ou ocupar, com o fim de esbulho possessório, terreno ou unidade residencial, construída ou em construção, objeto de financiamento do Sistema Financeiro da Habitação.
> § 1º Se o agente usa de violência, incorre também nas penas a esta cominada.
> § 2º É isento de pena de esbulho o agente que, espontaneamente, desocupa o imóvel antes de qualquer medida coativa.

---

[16] O art. 623, correspondente ao atual art. 1.314, bem como o art. 488 correspondente ao atual art. 1.199, não havendo correspondência, entretanto, no que diz respeito ao art. 634 do revogado Código Civil.

[17] NORONHA, Edgard Magalhães. *Direito penal*, v. 2, p. 284.

Da mesma forma, a Lei nº 4.947, de 6 de abril de 1966, que fixa normas de Direito Agrário, dispõe sobre o Sistema de Organização e Funcionamento do Instituto Brasileiro de Reforma Agrária, possui tipo penal específico de esbulho possessório, conforme se verifica pela redação de seu art. 20, *verbis*:

> **Art. 20.** Invadir, com intenção de ocupá-las, terras da União, dos Estados e dos Municípios:
> Pena – detenção de 6 meses a 3 anos.
> **Parágrafo único.** Na mesma pena incorre quem, com idêntico propósito, invadir terras de órgãos ou entidades federais, estaduais ou municipais, destinadas à Reforma Agrária.

### 1.7.5 Alteração de limites, usurpação de águas e invasão de propriedade (esbulho possessório) e o Código Penal Militar

Os crimes de alteração de limites, usurpação de águas e invasão de propriedade (esbulho possessório) também vieram previstos no Código Penal Militar (Decreto-Lei nº 1.001, de 21 de outubro de 1969), conforme se verifica pela leitura do seu art. 257 e parágrafos.

## 2. SUPRESSÃO OU ALTERAÇÃO DE MARCA EM ANIMAIS

> **Supressão ou alteração de marca em animais**
> **Art. 162.** Suprimir ou alterar, indevidamente, em gado ou rebanho alheio, marca ou sinal indicativo de propriedade:
> Pena – detenção, de 6 (seis) meses a 3 (três) anos, e multa.

### 2.1 Introdução

Ainda no capítulo correspondente à usurpação, no art. 162 do Código Penal, houve previsão para a figura típica relativa à *supressão ou alteração de marca em animais*, cominando uma pena de detenção, de 6 (seis) meses a 3 (três) anos e multa, para aquele que suprimir ou alterar, indevidamente, em gado ou rebanho alheio, marca ou sinal indicativo de propriedade.

Portanto, para efeito de configuração típica, faz-se mister a presença dos seguintes elementos: *a)* a conduta de suprimir ou alterar marca ou sinal indicativo de propriedade; *b)* que essa supressão ou alteração ocorra em marca ou sinal existente em gado ou rebanho alheio; *c)* que seja indevida essa supressão ou alteração.

Inicialmente, deve ser ressaltado que o núcleo *suprimir* é utilizado no texto legal no sentido de fazer desaparecer, ou seja, acabar com a marca anteriormente existente; *alterar* significa, a seu turno, modificar, transformar, desfigurar a marca ou o sinal indicativo de propriedade, tornando-o irreconhecível.

Hungria fazia distinção entre *marca* e *sinal*, dizendo:

> "*Marca* é o assinalamento a ferro candente ou substância química. *Sinal* é todo distintivo artificial, diverso da marca (ex.: argolas de determinado feitio nos chifres ou focinhos dos animais)."[18]

No que diz respeito ao gado bovino, a Lei nº 4.714, de 29 de junho de 1965, modificando a legislação anterior sobre o uso da marca de fogo, determinou, em seus arts. 1º e 2º, *verbis*:

---

[18] HUNGRIA, Nélson. *Comentários ao código penal*, V. VII, p. 98.

> **Art. 1º** O gado bovino só poderá ser marcado a ferro candente na cara, no pescoço e nas regiões situadas abaixo da linha imaginária, ligando as articulações fêmuro-rótulo-tibial e húmero-rádio-cubital, de sorte a preservar de defeitos a parte do couro de maior utilidade, denominada *grupon*.
>
> **Art. 2º** Fica proibido o uso de marca cujo tamanho não possa caber num círculo de onze centímetros de diâmetro (0,11m).

Exige o tipo penal que a conduta seja a de *suprimir* ou *alterar* marca ou sinal já existente. Isso significa que se o animal não possuir qualquer marca ou sinal indicativo de seu proprietário, caso o agente o marque, o fato será atípico com relação ao delito do art. 162 do Código Penal, podendo, dependendo da sua finalidade, consubstanciar-se em outra figura, a exemplo do crime de dano ou, mesmo, furto.

Não há necessidade, entretanto, que a marca ou sinal tenha sido objeto de registro pelo seu proprietário, bastando que esteja presente nas *reses*.

Determina a lei penal que a conduta do agente seja dirigida a suprimir ou alterar marca ou sinal de propriedade alheia em *gado* ou *rebanho*, sendo estas expressões sinônimas, dizendo respeito às *reses* em geral. O gado pode ser dividido em *grosso* (equinos ou bovinos) e *miúdo* (suínos, caprinos e os ovinos ou ovelhuns).[19] Hungria, a seu turno, os distinguia dizendo que "quando os animais são de grande porte (bois, cavalos, muares), fala-se em *gado*; quando de pequeno porte (carneiros, cabritos, porcos etc.), prefere-se o termo *rebanho*."[20] Mirabete, a seu turno, afirma que "*gado* é o conjunto de quadrúpedes de grande porte, geralmente empregados nos serviços de lavoura, para fins industriais, comerciais ou consumo doméstico (bois, cavalos, muares etc.). *Rebanho* significa gado, lanígero ou não, de pequeno porte (carneiros, cabritos, porcos etc.)."[21]

Deverá, ainda, ser *indevida,* isto é, *ilícita* a supressão de marca ou sinal indicativo de propriedade alheia em gado ou rebanho. Dessa forma, aquele que adquire gado de terceiro poderá, a seu critério, modificar a marca anteriormente existente, a fim de identificar os animais por meio daquela que lhe for característica, não se podendo, sequer, visualizar a tipicidade do seu comportamento, em face da exclusão do elemento normativo *indevidamente*, contido no tipo penal do art. 162.

O item 58 da Exposição de Motivos da Parte Especial do Código Penal, buscando esclarecer o delito de *supressão ou alteração de marcas em animais*, principalmente tentando traçar a sua distinção para com o crime de furto, afirma:

> 58. Também constitui crime de usurpação o fato de suprimir ou alterar marca ou qualquer sinal indicativo de propriedade em gado ou rebanho alheio, para dele se apropriar no todo ou em parte. Não se confunde esta modalidade de usurpação com o abigeato, isto é, o furto de animais: o agente limita-se a empregar um meio fraudulento (supressão ou alteração de marca ou sinal) para irrogar-se a propriedade dos animais. Se esse meio fraudulento é usado para dissimular o anterior furto dos animais, já não se tratará de usurpação: o crime continuará com o seu *nomen juris*, isto é, furto.

Nélson Hungria, na mesma linha de raciocínio, preleciona:

"Diferencia-se ele do furto, porque não há subtração da *res*; da apropriação indébita (ainda quando o gado ou rebanho esteja confiado ao agente), porque ainda não há efetiva apropriação; do estelionato, porque à fraude, que o informa, não se segue a efetiva captação do lucro ilícito. Se a supressão ou alteração da marca ou sinal é meio para dissimular o furto anterior,

---

[19] Conforme distinção feita pelo *Novo dicionário da língua portuguesa*, p. 827.

[20] HUNGRIA, Nélson. *Comentários ao código penal*, v. VII, p. 98.

[21] MIRABETE, Júlio Fabbrini. *Manual de direito penal*, v. 2, p. 267.

PARTE II – CAPÍTULO III – DA USURPAÇÃO

ou assegurar o continuado êxito de uma apropriação indébita, ou tiver servido como ardil num estelionato, qualquer desses crimes absorverá o de que ora se trata, segundo a regra *ubi major minor cessat*."[22]

## 2.2 Classificação doutrinária

Crime comum com relação ao sujeito ativo e próprio no que diz respeito ao sujeito passivo; doloso; comissivo (podendo ser praticado via omissão imprópria, desde que o agente goze do *status* de garantidor); de mera conduta; de forma livre; instantâneo (pois a sua consumação ocorre no exato instante em que é realizada a supressão ou alteração da marca ou sinal indicativo de propriedade em gado ou rebanho alheio); monossubjetivo; plurissubsistente; não transeunte.

## 2.3 Objeto material e bem juridicamente protegido

Ao contrário das outras modalidades de usurpação, nas quais se tinha por bem jurídico a propriedade e a posse de bem imóvel, no tipo penal do art. 162 do diploma repressivo busca-se proteger a propriedade e a posse de *gado* ou *rebanho* alheio.

A conduta do agente é dirigida finalisticamente a suprimir ou alterar, indevidamente, marca ou sinal indicativo de propriedade em *gado* ou *rebanho alheio*, sendo este, portanto, considerado *objeto material* do delito em estudo.

## 2.4 Sujeito ativo e sujeito passivo

Crime comum quanto ao *sujeito ativo*, a conduta de suprimir ou alterar, indevidamente, em gado ou rebanho alheio, marca ou sinal indicativo de propriedade, pode ser praticada por qualquer pessoa, uma vez que o tipo penal do art. 162 não limita a sua prática a quem detenha qualidades ou condições especiais.

Ao contrário, o *sujeito passivo* do delito será o proprietário ou possuidor do gado ou rebanho, não importando se pessoa física ou mesmo jurídica.

## 2.5 Consumação e tentativa

De acordo com a redação contida no art. 162 do Código Penal, consuma-se o delito quando da prática de uma das condutas núcleo, vale dizer, quando o agente, efetivamente, *suprime* ou *altera*, indevidamente, marca ou sinal indicativo de propriedade em gado ou rebanho alheio.

Se, em virtude da supressão ou alteração da marca, o agente vier a subtrair o animal, por exemplo, o fato se amoldará ao tipo penal do art. 155, § 4º, II, segunda figura, do Código Penal, uma vez que tal comportamento se configura na fraude utilizada pelo agente, a fim de lhe facilitar a subtração.

A criação dessa figura típica, como já dissemos acima, permite a punição, muitas vezes, de um ato que, em tese, poderia ser considerado até mesmo como preparatório de um crime de furto ou mesmo de uma apropriação indébita. Assim, a lei se antecipa e pune como modalidade autônoma de infração penal a *supressão ou alteração de marca em animais*.

Tratando-se de um crime plurissubsistente, é perfeitamente possível a tentativa, a exemplo da hipótese em que o agente, depois de dar início aos atos tendentes à modificação de uma marca anteriormente existente em um animal, é surpreendido pelo proprietário da *res*, que o prende em flagrante.

---

[22] HUNGRIA, Nélson. *Comentários ao código penal*, v. VII, p. 98.

## 2.6 Elemento subjetivo

O dolo é o elemento subjetivo exigido para a configuração do delito tipificado no art. 162 do Código Penal, não havendo previsão para a modalidade culposa.

Embora o agente atue dolosamente no sentido de suprimir ou alterar, indevidamente, em gado ou rebanho alheio, marca ou sinal indicativo de propriedade, temos que entender que tal comportamento fora praticado pelo agente a fim de que pudesse se apropriar do animal, o que efetivamente não vem a ocorrer, pois, caso contrário, poderia ser responsabilizado pelo delito de furto qualificado pelo emprego de fraude, previsto no inciso II do § 4º do art. 155 do Código Penal.

O que acontece, na verdade, é que a lei penal cria uma figura delitiva específica para aquilo que poderia ser considerado como um ato de preparação de um crime de furto.

De acordo com as lições de Álvaro Mayrink da Costa, é preciso que o agente, suprimindo ou alterando, indevidamente, em gado ou rebanho alheio, marca ou sinal indicativo de propriedade, atue com a finalidade de "estabelecer confusão quanto à propriedade do animal marcado. O autor sempre obra objetivando a futura apropriação ou subtração do animal",[23] pois, não fosse assim, deveria, como já afirmamos anteriormente, ser responsabilizado por outra infração penal, a exemplo do crime de dano, uma vez que os animais se amoldam ao conceito jurídico de coisa, previsto pelo art. 163 do Código Penal.

## 2.7 Modalidades comissiva e omissiva

As condutas típicas de *suprimir* e *alterar* nos induzem a um comportamento positivo por parte do agente, vale dizer, um *fazer algo* no sentido de apagar ou modificar marca ou sinal anteriormente existente, podendo-se visualizar, portanto, um comportamento comissivo.

No entanto, será possível o raciocínio correspondente à omissão imprópria, desde que o agente goze do *status* de garantidor. Imagine-se a hipótese daquele que é contratado como peão, sendo suas funções cuidar e vigiar a boiada. Descontente com o tratamento que vem recebendo por parte do proprietário dos bois, percebe que alguém se aproxima da boiada com um ferro em brasa e começa a remarcar o gado. Mesmo devendo e podendo fazer algo, omite-se, com a finalidade de prejudicar o patrão.

Nesse caso, segundo nosso posicionamento, poderia ser responsabilizado pelo delito de supressão ou alteração de marca em animais, via omissão imprópria.

## 2.8 Pena, ação penal e suspensão condicional do processo

A pena cominada para o delito de supressão ou alteração de marca em animais, tipificado no art. 162 do Código Penal, é de detenção, de 6 (seis) meses a 3 (três) anos, e multa.

A ação penal é de iniciativa pública incondicionada.

Considerando a pena mínima cominada ao delito, será possível o oferecimento de proposta de suspensão condicional do processo pelo Ministério Público.

## 2.9 Destaques

### 2.9.1 Supressão ou alteração de marca ou sinal indicativo de propriedade em um único animal

Pode ocorrer que o agente leve a efeito a supressão ou alteração de marca ou sinal indicativo de propriedade em um único animal pertencente ao rebanho. Nesse caso, estaria configurado o delito previsto pelo art. 162 do Código Penal?

---

[23] COSTA, Álvaro Mayrink da. *Direito penal* – Parte especial, p. 829-830.

A doutrina se divide com relação a este tema.

Celso Delmanto, Roberto Delmanto, Roberto Delmanto Júnior e Fábio M. de Almeida Delmanto, dissertando sobre o tema, asseveram:

"A doutrina inclina-se no sentido de ser suficiente a alteração ou supressão em um só animal, com o que não concordamos, pois a lei emprega os coletivos *gado* e *rebanho*, além de a rubrica referir-se a animais. O CP costuma indicar o objeto material de seus tipos no singular: 'alguém' (arts. 121, 122, 130, 138), 'coisa' (arts. 155, 156, 157, 163), 'correspondência' (arts. 151, 152, 153), 'local' (art. 166), 'segredo' (art. 154) etc. Portanto, deve-se obedecer ao princípio hermenêutico de que não há palavras desnecessárias na lei. Se o CP, neste art. 162, emprega o *plural*, repetidamente, ao contrário de outros em que sempre usa o singular, não se pode, sem infração à regra da *reserva legal* (CR/88, art. 5º, XXXIX; PIDCP, art. 15, § 1º, CADH, art. 9º), ampliá-lo de forma a incriminar a conduta quando ela é praticada em um só animal (e não em dois ou mais animais). É possível discordar da lei, mas não se pode alargá-la, a pretexto de que seria mais lógico, ou melhor, ter ela maior amplitude."[24]

Com a devida vênia da posição assumida pelos ilustres autores, entendemos não ser essa a melhor conclusão. Quando a lei penal utiliza os termos *gado* e *rebanho* quer, na verdade, dizer que a supressão ou alteração deve ser realizada em *res* que participe dessa *aglomeração animal*, não impedindo, contudo, que apenas um deles sofra a modificação levada a efeito pelo agente.

### 2.9.2 Animal sem qualquer marcação

Também deixamos antever que a lei penal exige, para efeitos de configuração do mencionado delito, que as condutas de suprimir e alterar refiram-se a marcas ou sinais anteriores em gado ou rebanho alheio indicativos de sua propriedade.

Dessa forma, aquele que, por exemplo, marca, indevidamente, um animal pertencente a um rebanho alheio, com o fim de subtraí-lo, deverá ser responsabilizado por outra infração penal, vale dizer, o delito de furto qualificado pelo emprego de fraude.

A fraude, aqui, consistiria no fato de marcar o animal como se fosse de sua propriedade, a fim de facilitar-lhe a subtração. No entanto, fica a indagação: A simples marcação, por si só, poderia ser entendida como início de execução, a ponto de permitir, pelo menos, a punição do agente pelo delito de tentativa de furto qualificado pelo emprego de fraude? Entendemos que não. Embora já tendo o agente se valido da fraude (marcação do animal como se fosse de sua propriedade), seria preciso que já estivesse praticando atos de execução no sentido de retirá-lo da esfera de vigilância da vítima.

Para nós, somente no instante em que o animal, por exemplo, estivesse sendo por ele retirado do pasto, do curral, enfim, do lugar onde originalmente se encontrava, é que será possível cogitar-se, pelo menos, em tentativa.

Entretanto, pode ocorrer a hipótese, não incomum, em que os animais estivessem misturados, sendo vários os seus proprietários. Se com a sua marcação original o verdadeiro proprietário da *res* fosse ludibriado, fazendo com que recolhesse todos os demais para que pudesse voltar à sua fazenda, deixando para trás o animal marcado pelo agente, nesse caso poderíamos entender, até mesmo, pela consumação do delito, uma vez que o bem (animal) já havia saído da esfera de disponibilidade da vítima, passando a ingressar na esfera de disposição do agente.

---

[24] DELMANTO, Celso; DELMANTO, Roberto; DELMANTO JÚNIOR, Roberto; DELMANTO, Fábio M. de Almeida. *Código penal comentado*, p. 372.

### 2.9.3 Aposição, supressão ou alteração de marca e Código Penal Militar

O crime de aposição, supressão ou alteração de marca encontra-se também previsto no Código Penal Militar (Decreto-Lei nº 1.001, de 21 de outubro de 1969), conforme se verifica pela leitura do seu art. 258.

Aqui, ao contrário do Código Penal, além da supressão e alteração, foi tipificado o comportamento de *apor* indevidamente, em gado ou rebanho alheio, sob guarda ou administração militar, marca ou sinal indicativo de propriedade.

## 2.10 Quadro-resumo

**Sujeitos**
» Ativo: qualquer pessoa.
» Passivo: o proprietário ou possuidor do gado ou rebanho, não importando se pessoa física ou mesmo jurídica.

**Objeto material**
*Marca* ou *sinal* indicativo de propriedade em gado ou rebanho alheio.

**Bem(ns) juridicamente protegido(s)**
A *propriedade* e a *posse* de gado ou rebanho alheio.

**Elemento subjetivo**
» O dolo é o elemento subjetivo exigido para a configuração do delito tipificado no art. 162 do CP.
» Não há previsão para a modalidade culposa.

**Modalidades comissiva e omissiva**
» As condutas típicas de suprimir e alterar nos induzem a um comportamento positivo por parte do agente, podendo-se visualizar, portanto, um comportamento comissivo.
» No entanto, será possível o raciocínio correspondente à omissão imprópria, desde que o agente goze do *status* de garantidor.

**Consumação e tentativa**
» Consuma-se o delito quando da prática de uma das condutas núcleo, vale dizer, quando o agente, efetivamente, suprime ou altera, indevidamente, marca ou sinal indicativo de propriedade em gado ou rebanho alheio.
» É admissível a tentativa.

# Capítulo IV
# Do Dano

 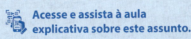

> http://uqr.to/1wmd5

## 1. DANO

**Dano**
**Art. 163.** Destruir, inutilizar ou deteriorar coisa alheia:
Pena – detenção, de um a seis meses, ou multa.

**Dano qualificado**
**Parágrafo único.** Se o crime é cometido:
I – com violência à pessoa ou grave ameaça;
II – com emprego de substância inflamável ou explosiva, se o fato não constitui crime mais grave;
III – contra o patrimônio da União, de Estado, do Distrito Federal, de Município ou de autarquia, fundação pública, empresa pública, sociedade de economia mista ou empresa concessionária de serviços públicos;
IV – por motivo egoístico ou com prejuízo considerável para a vítima:
Pena – detenção, de seis meses a três anos, e multa, além da pena correspondente à violência.

### 1.1 Introdução

O art. 163 do Código Penal, em sua modalidade fundamental, comina pena de detenção, de 1 (um) a 6 (seis) meses, ou multa, para aquele que *destruir, inutilizar ou deteriorar coisa alheia*.

Assim, podemos destacar os seguintes elementos que compõem o delito de dano: *a)* a conduta de destruir, inutilizar ou deteriorar; *b)* que qualquer um desses comportamentos tenha como objeto a coisa alheia.

O núcleo *destruir* é empregado no texto legal no sentido de eliminar, aniquilar, extinguir; *inutilizar* significa tornar inútil, imprestável a coisa para os fins originais a que era destinada, mesmo que não destruída; *deteriorar* é estragar, arruinar a coisa.

Hungria, em lapidar lição, distinguia as condutas nucleares do dano dizendo:

"Na *destruição*, a coisa cessa de subsistir na sua individualidade anterior, ainda mesmo que não desapareça a matéria de que se compõe (ex.: matar uma rês, reduzir a cacos uma vidraça, cortar uma árvore). Em se tratando de coisas compostas (ex.: uma casa, uma ponte), sua *demolição* ou *derribamento* é destruição. Como tal também se estende, por força de compreensão, o fazer desaparecer uma coisa, de modo a tornar inviável a sua recuperação (ex.: atirando-a a um abismo impraticável).

A destruição parcial, desde que acarrete a total imprestabilidade da coisa, é equiparada à destruição completa. Na *inutilização* (no sentido restrito com que a lei emprega o vocábulo), a coisa não perde inteiramente a sua individualidade, mas é reduzida, ainda que temporariamente, à inadequação ao fim a que se destina (ex.: desarranjar as peças de um maquinismo, dispersar os tipos de uma caixa de composição). Finalmente, com a *deterioração,* a coisa sofre um *estrago* substancial, mas sem desintegrar-se totalmente, ficando apenas diminuída na sua utilidade específica ou desfalcada em seu valor econômico (exemplo: mutilar os olhos de um cavalo, partir um *solitário,* tirar os ponteiros de um relógio)."[1]

Dos ensinamentos trazidos a público pelo grande penalista brasileiro, ousamos discordar de uma afirmação contida no texto acima transcrito. Hungria afirma que *fazer desaparecer* também se entende compreendido no núcleo *destruir.* Na verdade, *permissa* vênia, tal interpretação nos conduziria a uma verdadeira analogia *in malam partem,* completamente proibida em Direito Penal, em virtude do princípio do *nullum crimen, nulla poena sine lege stricta.* Destruir, como afirmado anteriormente, tem o significado de eliminar, extinguir, o que não acontece quando alguém faz desaparecer alguma coisa pertencente à vítima. A coisa, em si, existe, razão pela qual não podemos entendê-la como destruída. Aquele que abre a portinhola de uma gaiola querendo que o canário que ali se encontra, pertencente à vítima, ganhe a liberdade, não o destrói, inutiliza ou o deteriora. Aqui, embora não exista infração penal, o sujeito poderá ser responsabilizado no juízo cível pelos prejuízos por ele causados à vítima.

O dano poderá ser total ou mesmo parcial. Ressaltamos, contudo, a necessidade de ser apontada a perda econômica sofrida na coisa, uma vez que estamos ainda no Título correspondente aos crimes contra o patrimônio.

Objeto material da ação do agente deverá ser a *coisa alheia. Coisa* consiste nos bens corpóreos móveis ou imóveis. Assim, pratica o crime de dano aquele que dolosamente destrói, por exemplo, o relógio da vítima, bem como aquele que derruba uma das paredes de sua casa.

A coisa, obrigatoriamente, deverá gozar do *status* de alheia, isto é, deve pertencer a alguém que não o próprio agente, pois, caso contrário, o comportamento, como regra, será atípico. Assim, não pratica o crime de dano aquele que destrói *res nullius* (coisa de ninguém), ou mesmo a *res derelicta* (coisa abandonada). Ao contrário, se o agente destrói *res desperdicta* (coisa perdida), poderá ser responsabilizado criminalmente.

O erro sobre a elementar *alheia* afasta o dolo, impedindo, consequentemente, a punição do agente a qualquer título, haja vista não existir previsão do dano na modalidade culposa.

## 1.2 Classificação doutrinária

Crime comum com relação ao sujeito ativo, bem como quanto ao sujeito passivo; doloso; material; comissivo (podendo, contudo, ser praticado via omissão imprópria, considerando-se a posição de garantidor do agente); de ação múltipla ou conteúdo variado (uma vez que se o agente pratica as várias condutas previstas pelo tipo penal somente responderá por uma única infração penal); de dano; de forma livre; instantâneo (podendo, em algumas situações, como no caso da destruição da coisa, ser instantâneo de efeitos permanentes); monossubjetivo; plurissubsistente; não transeunte.

## 1.3 Objeto material e bem juridicamente protegido

O bem juridicamente protegido é o patrimônio, seja ele público ou privado, móvel ou imóvel, tutelando-se, consequentemente, tanto a propriedade quanto a posse.

---

[1] HUNGRIA, Nélson. *Comentários ao código penal,* v. VII, p. 105-106.

O objeto material é a coisa alheia, móvel ou imóvel, desde que seja corpórea, haja vista que somente essas são passíveis de serem danificadas fisicamente.

## 1.4 Sujeito ativo e sujeito passivo

Qualquer pessoa pode ser o *sujeito ativo* do crime de dano, haja vista sua natureza de crime comum, excetuando-se, como regra, o proprietário, uma vez que a conduta do agente deve ser dirigida finalisticamente a destruir, inutilizar ou deteriorar *coisa alheia*.

Conforme salienta Luiz Regis Prado:

"O possuidor, estando a posse separada da propriedade, e o condômino que danificam coisa comum, incidem no tipo do art. 163, salvo se, neste último, sendo fungível a coisa, atinge-se somente a parte correspondente à cota a que tem direito o agente (como acontece no caso de *furto de coisa comum*)."[2]

Não podemos, entretanto, concordar com a posição de Noronha, quando afirma que "se o bem se acha legitimamente na posse de outrem, se existe direito real sobre ele, já não se pode falar em propriedade plena, e o proprietário que, então, danificá-lo poderá incorrer nas penas do crime", concluindo que "excepcionalmente, portanto, pode o dono ou proprietário ser sujeito ativo do crime, quando, não obstante o bem lhe pertencer, sua danificação lesar a posse de outrem."[3]

Segundo entendemos, o proprietário que danificar a própria coisa poderá ser responsabilizado no juízo cível pelos prejuízos que, de acordo com o seu comportamento, vier a causar a terceiros, não se podendo, contudo, como regra geral, cogitar-se de crime de dano, tendo em vista a exigência contida no art. 163 do Código Penal, vale dizer, de que a coisa seja *alheia*.

Em sentido contrário, visualizando a prática de infração penal, Rogério Sanches Cunha aduz que se o proprietário:

"Deteriora bem próprio que se encontra no legítimo poder de terceiro, responderá, conforme o caso, pelo delito previsto no art. 346 do CP, apenado com maior rigor e perseguido mediante ação penal pública incondicionada (crime contra a administração da justiça)."[4]

Qualquer pessoa pode ser o *sujeito passivo* do delito em estudo, desde que proprietário ou mesmo possuidor da coisa. No caso do possuidor, embora haja crime único, estaremos diante de dois sujeitos passivos, ou seja, tanto o possuidor quanto o proprietário da coisa.

## 1.5 Consumação e tentativa

Por se tratar de crime material, o dano se consuma quando o agente, efetivamente, destrói, inutiliza ou deteriora coisa alheia, seja ela móvel ou imóvel.

Além de material, o dano também é considerado como um delito plurissubsistente, permitindo o fracionamento do *iter criminis*, razão pela qual se poderá raciocinar acerca da tentativa, quando o agente não consegue a produção do resultado por ele pretendido, por circunstâncias alheias à sua vontade.

Merece ser ressalvado, entretanto, o fato de que o resultado, mesmo que *parcial*, consuma a infração penal em estudo. Assim, imagine-se a hipótese daquele que, embora tendo o dolo de

---

[2] PRADO, Luiz Regis. *Curso de direito penal brasileiro*, v. 2, p. 451.

[3] NORONHA, Edgard Magalhães. *Direito penal*, v. 2, p. 304-305.

[4] CUNHA, Sanches Rogério. *Manual de direito penal* – parte especial, volume único, p. 329.

CURSO DE DIREITO PENAL • VOL. 2 – ROGÉRIO GRECO

destruir a coisa alheia, somente consegue inutilizá-la ou deteriorá-la. Nesse caso, deverá responder por dano consumado, e não tentado. Nesse sentido, afirma Cezar Roberto Bitencourt: "Consideramos temerário afirmar que há *tentativa* quando o agente não obtém o resultado pretendido, uma vez que o *resultado parcial* já é suficiente para consumar o crime de dano. Na verdade, a tentativa somente pode configurar-se quando o estrago não for relevante",[5] ou, acrescentamos, na hipótese da chamada tentativa branca, quando o agente não consegue acertar a coisa contra a qual era dirigida a sua conduta.

## 1.6 Elemento subjetivo

O crime de dano só pode ser praticado dolosamente, não havendo previsão para a modalidade culposa.

No entanto, um detalhe merece ser ressaltado. Para que se consubstancie o *dolo de dano*, o agente não pode agir com outra finalidade que não a de tão somente destruir, inutilizar ou deteriorar a coisa alheia. Carrara dizia que um dos conceitos que fundamentam o delito em estudo é que "o dano à propriedade alheia seja *um fim em si mesmo*, pois que de outra maneira não seria senão um dado qualificante de outro delito."[6] No mesmo sentido, afirmam Vives Antón, Boix Reig, Orts Berenguer, Carbonell Mateu e González Cussac, que no crime de dano a "ação do sujeito não segue atrelada à incorporação da coisa ao seu patrimônio ou a de um terceiro – não há *animus rem sibi habendi* –, nem sequer é necessário que de sua comissão se siga alguma sorte de benefício econômico. Os danos repousam exclusivamente sobre o menoscabo causado a uma coisa alheia."[7]

Na verdade, o que se quer afirmar é que o dano na coisa alheia é o fim último do agente, ou seja, a sua conduta é dirigida tão somente a essa finalidade. Assim, se o dano for meramente um meio ou, mesmo, um dado qualificador de outra infração penal, restará sempre absorvido. Veja-se, por exemplo, o art. 155, § 4º, I, do Código Penal, que prevê o delito de furto qualificado pela destruição ou rompimento de obstáculo à subtração da coisa. O dano (crime-meio) será absorvido pelo delito-fim (furto qualificado).

## 1.7 Modalidades qualificadas

O parágrafo único do art. 163 do Código Penal prevê as modalidades qualificadas de dano, quando o crime é cometido:

I – com violência à pessoa ou grave ameaça;
II – com emprego de substância inflamável ou explosiva, se o fato não constitui crime mais grave;
III – contra o patrimônio da União, de Estado, do Distrito Federal, de Município ou de autarquia, fundação pública, empresa pública, sociedade de economia mista ou empresa concessionária de serviços públicos;
IV – por motivo egoístico ou com prejuízo considerável para a vítima.

Para melhor visualização, faremos a análise de cada uma delas isoladamente.

### 1.7.1 Violência à pessoa ou grave ameaça

A primeira modalidade qualificada de dano diz respeito ao modo como o delito é praticado. Assim, diz a lei penal que, se o crime é cometido com violência à pessoa ou grave

---

[5] BITENCOURT, Cezar Roberto. *Tratado de direito penal*, v. 3, p. 207.

[6] CARRARA, Francesco. *Programa de derecho criminal*, v. 6, p. 531.

[7] VIVES ANTÓN, T. S.; BOIX REIG, J.; ORTS BERENGUER, E.; CARBONELL MATEU, J. C.; GONZÁLEZ CUSSAC, J. L. *Derecho penal* – Parte especial, p. 535.

ameaça, a pena será de detenção, de 6 (seis) meses a 3 (três) anos, e multa, além da pena correspondente à violência.

Percebe-se, portanto, que a violência à pessoa e a grave ameaça são, na verdade, meios utilizados pelo agente para a prática do dano. Dessa forma, somente poderemos raciocinar em termos de dano qualificado se a violência à pessoa ou a grave ameaça for empregada com o fim de destruir, inutilizar ou deteriorar coisa alheia, ou, pelo menos, durante a prática das condutas previstas no tipo do art. 163 do Código Penal.

Assim, se a violência à pessoa ou a grave ameaça for empregada depois da consumação do delito de dano, não poderá ser aplicada a qualificadora. Imagine-se a hipótese em que o agente, logo depois de destruir a coisa alheia, seja surpreendido pelo seu proprietário. Querendo fugir, agride violentamente a vítima, causando-lhe lesões corporais de natureza grave. Nesse caso, terá que responder pelo dano simples, além das lesões corporais produzidas.

Portanto, enquanto não consumado o crime, será possível a aplicação da qualificadora em exame.

Por violência à pessoa podemos entender tanto as lesões corporais (leves, graves e gravíssimas) como ainda as vias de fato. É a chamada *vis corporalis*, que pode, como esclarece Noronha, "não ser empregada contra o *sujeito passivo* do dano e a qualificação do mesmo modo se dará, bastando o nexo causal entre ela e a danificação."[8] No entanto, a violência que qualifica o dano deverá ser sempre contra a *pessoa*, e não aquela praticada contra a *coisa*. Imagine-se a hipótese daquele que, querendo destruir o relógio da vítima, a agride a fim de arrancá-lo de seu pulso. Teríamos, aqui, o crime de dano qualificado pelo emprego de violência à pessoa.

A ameaça que qualifica o crime de dano deverá ser grave. É a denominada *vis compulsiva*, que influencia a vontade da vítima, permitindo ao agente levar a efeito o seu comportamento dirigido finalisticamente a destruir, inutilizar ou deteriorar coisa alheia. Conforme preleciona Cezar Roberto Bitencourt, "a *ameaça* também pode perturbar, escravizar ou violentar a vontade da pessoa, como a violência material. A *violência moral* pode materializar-se em gestos, palavras, atos, escritos ou qualquer outro meio simbólico. Mas somente a *ameaça grave*, isto é, aquela ameaça que efetivamente imponha medo, receio, temor na vítima, e que lhe seja de capital importância, opondo-se a sua liberdade de querer e de agir", sendo desnecessário "que o dano ou perigo ameaçado à vítima seja *injusto*, bastando que seja *grave*. Na verdade, a injustiça deve residir na ameaça em si e não no dano ameaçado."[9]

Se o dano for praticado com o emprego de violência, haverá concurso de crimes (formal ou material, dependendo do caso concreto), aplicando-se, também, a pena correspondente à violência. Não haverá concurso de crimes, entretanto, se o dano for praticado mediante vias de fato ou grave ameaça, que serão por ele absorvidas.

### 1.7.2 Com emprego de substância inflamável ou explosiva, se o fato não constitui crime mais grave

Da mesma forma que a qualificadora anterior, a substância inflamável ou explosiva deve ter sido utilizada como *meio* para a prática do dano, ressaltando a lei penal, contudo, a sua natureza subsidiária, pois somente atuará como qualificadora do dano se o fato não constitui crime mais grave, a exemplo do que ocorre com o crime de *explosão,* tipificado no art. 251 do Código Penal, *verbis:*

> **Art. 251.** Expor a perigo a vida, a integridade física ou o patrimônio de outrem, mediante explosão, arremesso ou simples colocação de engenho de dinamite ou de substância de efeitos análogos:
> Pena – reclusão, de 3 (três) a 6 (seis) anos, e multa.

---

[8] NORONHA, Edgard Magalhães. *Direito penal*, v. 2, p. 310-311.

[9] BITENCOURT, Cezar Roberto. *Tratado de direito penal*, v. 3, p. 201.

Álvaro Mayrink da Costa, levando a efeito a distinção entre substância inflamável e explosiva, assevera:

> "Substância explosiva é a que atua com maior ou menor detonação ou estrondo, ocorrendo deslocamento de ar, e inflamável são os materiais sólidos, líquidos e gasosos que, por força da composição ou natureza, proporcionam a chama rápida e violenta (v.g.: gasolina, álcool, benzina, nafta etc.). Diferencia-se o explosivo, combustível ou inflamável, em razão da capacidade de inflamar, mas não de alimentar a combustão (v.g.: folhas secas e capim não são inflamáveis)."[10]

### 1.7.3 Contra o patrimônio da União, de Estado, do Distrito Federal, de Município ou de autarquia, fundação pública, empresa pública, sociedade de economia mista ou empresa concessionária de serviços públicos

A Lei nº 13.531, de 7 de dezembro de 2017, deu nova redação ao inciso III do parágrafo único do art. 163 do Código Penal, incluindo outras entidades a fim de qualificar o dano.

Pela redação anterior, havia uma omissão no que dizia respeito ao patrimônio do Distrito Federal, fato devidamente retificado pelo citado diploma legal. Assim, se o dano for praticado contra o patrimônio da União, do Estado, do Distrito Federal, ou de Município, o fato deverá ser reconhecido como qualificado, devido ao maior juízo de reprovabilidade que recai sobre o comportamento praticado pelo agente.

De acordo com o art. 5º, incisos I, II, III e IV, do Decreto-Lei nº 200, de 25 de fevereiro de 1967, consideram-se:

I – Autarquia – o serviço autônomo, criado por lei, com personalidade jurídica, patrimônio e receita próprios, para executar atividades típicas da Administração Pública, que requeiram, para seu melhor funcionamento, gestão administrativa e financeira descentralizada.

II – Empresa Pública – a entidade dotada de personalidade jurídica de direito privado, com patrimônio próprio e capital exclusivo da União, criado por lei para a exploração de atividade econômica que o Governo seja levado a exercer por força de contingência ou de conveniência administrativa podendo revestir-se de qualquer das formas admitidas em direito. (Redação dada pelo Decreto-Lei nº 900, de 1969)

III – Sociedade de Economia Mista – a entidade dotada de personalidade jurídica de direito privado, criada por lei para a exploração de atividade econômica, sob a forma de sociedade anônima, cujas ações com direito a voto pertençam em sua maioria à União ou a entidade da Administração Indireta. (Redação dada pelo Decreto-Lei nº 900, de 1969)

IV – Fundação Pública – a entidade dotada de personalidade jurídica de direito privado, sem fins lucrativos, criada em virtude de autorização legislativa, para o desenvolvimento de atividades que não exijam execução por órgãos ou entidades de direito público, com autonomia administrativa, patrimônio próprio gerido pelos respectivos órgãos de direção, e funcionamento custeado por recursos da União e de outras fontes. (Incluído pela Lei nº 7.596, de 1987)

Tem-se entendido que se o dano for praticado contra qualquer bem público, seja ele de uso comum, especial e dominical, conforme previsão dos incisos, I, II e III do art. 99 do Código Civil, o crime será qualificado.

Celso Antônio Bandeira de Mello, com a precisão que lhe é peculiar, define a concessão de serviço público:

> "Como sendo o ato complexo através do qual o Estado atribui a alguém o *exercício* de um serviço público e este aceita prestá-lo em nome do Poder Público sob condições fixadas e alteráveis unilateralmente pelo Estado mas por sua conta, risco e perigos, remunerando-se

---

[10] COSTA, Álvaro Mayrink da. *Direito penal* – Parte especial, p. 843-844.

com a própria exploração do serviço, geralmente pela cobrança de tarifas diretamente dos usuários do serviço e tendo a garantia contratual de um equilíbrio econômico-financeiro."[11]

Assim, por exemplo, praticaria crime de dano qualificado o agente que destruísse um telefone público ou mesmo um ônibus, desde que pertencentes a empresas prestadoras de serviços públicos.

### 1.7.4  Por motivo egoístico ou com prejuízo considerável para a vítima

O inciso IV do parágrafo único do art. 163 do Código Penal arrola, ainda, duas *circunstâncias* que permitirão o reconhecimento de mais uma modalidade qualificada de dano, vale dizer, *o motivo egoístico* e o *prejuízo considerável para a vítima*.

A primeira – motivo egoístico – é de natureza subjetiva, não se comunicando ao eventual coparticipante, nos termos preconizados pelo art. 30 do Código Penal, que diz que *não se comunicam as circunstâncias e as condições de caráter pessoal, salvo quando elementares do crime*. Afirmamos que o motivo egoístico deve ser considerado como uma circunstância, e não como uma elementar do crime, por se tratar apenas de um dado periférico, cuja finalidade é fazer com que seja aumentada a pena cominada à modalidade fundamental do dano.

Definir *motivo egoístico* não é tarefa das mais fáceis. Hungria dizia:

> "*Motivo egoístico*, no sentido do texto legal, não é o que se liga à satisfação de qualquer sentimento pessoal (ódio, inveja, despeito, prazer da maldade, desprezo pela propriedade alheia etc.), pois, de outro modo, não haveria como distinguir entre o dano qualificado em tal caso e o dano simples (sempre informado de algum sentimento pessoal na sua motivação). *Egoístico* é o motivo quando se prende ao desejo ou expectativa de um ulterior *proveito* pessoal *indireto*, seja econômico ou moral. Exemplo: o *ás* automobilístico, na esperança de assegurar-se o prêmio do *Circuito da Gávea* ou manter a sua reputação esportiva, destrói o carro em que iria correr um competidor perigoso."[12]

A segunda das circunstâncias previstas no inciso IV do parágrafo único do art. 163 do Código Penal diz respeito ao fato de ter o agente causado *prejuízo considerável para a vítima*.

A lei penal determina, expressamente, portanto, que se leve em consideração o patrimônio da vítima, a fim de se concluir se o prejuízo sofrido foi de relevo. Como as pessoas têm capacidade econômica diferente, aquilo que pode importar em considerável prejuízo para uma, já não terá o mesmo significado para outra.

Assim, imagine-se que o agente vá até uma fábrica de automóveis e destrua um dos veículos que se encontrava estacionado no pátio. Por outro lado, suponha-se, agora, que o agente vá até a garagem de um prédio de apartamentos e destrua um veículo que tinha sido recentemente adquirido pela vítima, depois de, com muito sacrifício, conseguir um financiamento bancário. Olhando-se objetivamente para os dois fatos, o prejuízo com a destruição do primeiro veículo sequer "arranhou" o patrimônio da fábrica, ao passo que, no segundo caso, visualiza-se, com tranquilidade, o considerável prejuízo experimentado pela vítima.

## 1.8  Modalidades comissiva e omissiva

As condutas núcleo do tipo, vale dizer, os verbos *destruir, inutilizar* e *deteriorar* pressupõem um comportamento comissivo por parte do agente.

---

[11]  MELLO, Celso Antônio Bandeira de. *Curso de direito administrativo*, p. 369.

[12]  HUNGRIA, Nélson. *Comentários ao código penal*, v. VII, p. 111.

CURSO DE DIREITO PENAL • VOL. 2 – ROGÉRIO GRECO

No entanto, será possível o raciocínio correspondente à omissão imprópria, caso o agente, gozando do *status* de garantidor, devendo e podendo agir para evitar o resultado, dolosamente, nada faça para impedi-lo.

## 1.9 Pena, ação penal, competência para julgamento e suspensão condicional do processo

Para a modalidade simples de dano é cominada uma pena de detenção, de 1 (um) a 6 (seis) meses, ou multa; para as modalidades qualificadas, a pena é de detenção, de 6 (seis) meses a 3 (três) anos, e multa; no caso do dano cometido com emprego de violência, aplica-se, também, a pena a ela correspondente.

A ação penal é de iniciativa privada nas hipóteses de dano simples (*caput* do art. 163 do Código Penal) e dano qualificado pelo motivo egoístico ou com prejuízo considerável para a vítima (inciso IV do parágrafo único do art. 163 do Código Penal), sendo de iniciativa pública incondicionada quando o dano for qualificado nos termos dos incisos I, II e III do parágrafo único do art. 163 do Código Penal, conforme se verifica no art. 167 do mesmo diploma repressivo.

Compete ao Juizado Especial Criminal o julgamento do dano simples. Será possível a proposta de suspensão condicional do processo em ambas as modalidades de dano (simples e qualificado), uma vez que as penas mínimas a elas cominadas não ultrapassam o limite de 1 (um) ano, determinado pelo art. 89 da Lei nº 9.099/95.

## 1.10 Destaques

### 1.10.1 *Prescindibilidade de* animus nocendi *à caracterização do dano*

Há controvérsia doutrinária e jurisprudencial no que diz respeito à necessidade de atuar o agente com *animus nocendi* para fins de reconhecimento do crime de dano. Por *animus nocendi* deve ser entendida a finalidade especial com que atua o agente no sentido de causar, com o seu comportamento, um *prejuízo patrimonial* à vítima.

Hungria, depois de esclarecer que o crime de dano somente admite a modalidade dolosa, afirma que o dolo é:

"A consciência e vontade de destruir, inutilizar ou deteriorar a coisa alheia, especificando-se pelo *animus nocendi*, isto é, pelo fim de causar um prejuízo patrimonial ao dono. É necessário o concomitante propósito de prejudicar o proprietário. Tanto é inseparável do dolo, na espécie, o *animus nocendi* que, se o agente procede *jocandi animo*, contando com a tolerância do *dominus*, não comete crime de dano (por isso mesmo que falha, em tal caso, o ânimo de prejudicar)."[13]

Apesar da força do raciocínio de Hungria, estamos com Noronha quando esclarece:

"Esse fim, esse escopo de prejudicar, é indispensável para a caracterização do crime e constitui dolo específico? Este, como se sabe, é a intenção particular, é o fim especial que o delinquente tem em vista, e que se acha além dos atos exteriores de execução do crime. Estará nessas condições o fim de prejudicar? A nós nos parece que não. Essa intenção de prejudicar não é dolo específico, porque está compreendida na própria ação criminosa. Quem destrói uma coisa sabe que prejudica seu dono ou possuidor. O prejuízo está ínsito no dano. Se destruir é desfazer, desmanchar, se inutilizar é tirar a utilidade, e se deteriorar

---

[13] HUNGRIA, Nélson. *Comentários ao código penal,* v. VII, p. 108.

é piorar, quem destrói, inutiliza ou deteriora a coisa alheia não pode deixar de prejudicar a outrem. Esse prejuízo é, pois, inseparável da destruição, da inutilização e da deterioração, que são os *resultados do crime*."[14]

Assim, se objetivamente, com o seu comportamento doloso, o agente destruiu, inutilizou ou deteriorou coisa alheia, não importa que tenha ou não agido com a finalidade específica de causar prejuízo à vítima, deve, pois, responder pelo crime de dano, não havendo necessidade, dessa forma, de se evidenciar o seu *animus nocendi*.

### 1.10.2 Preso ou condenado que danifica cela para fugir da cadeia ou penitenciária

Acesse e assista à aula explicativa sobre este assunto.
> http://uqr.to/1wmd6

Não é incomum a destruição parcial de celas, por exemplo, de grades, paredes, piso etc., praticada pelos próprios detentos, a fim de que, com isso, tentem ganhar a liberdade.

Com relação ao dano produzido com essa finalidade, duas correntes se formaram. A primeira, seguindo a orientação segundo a qual não se exige, para efeitos de configuração do crime de dano, o chamado *animus nocendi*, entende pela responsabilidade penal do preso que destrói patrimônio público, nos termos do art. 163, parágrafo único, III, conforme já decidiu o STF, em acórdão relatado pelo Min. Carlos Velloso:

"Penal. Processo penal. *Habeas corpus*. Crime de dano. Preso que danifica a cela para fugir. Exigência apenas do dolo genérico. CP, art. 163, parágrafo único, III.
1. Comete o crime de dano qualificado o preso que, para fugir, danifica cela do estabelecimento prisional em que está recolhido. Cód. Penal, art. 163, parág. único, III.
2. O crime de dano exige, para sua configuração, apenas o dolo genérico.
3. *HC* indeferido" (*HC* 73.189/MS, 2ª T., DJU 29/3/1996, p. 9.346).

A segunda corrente, ao contrário, posiciona-se pela exigência da constatação do *animus nocendi*, vale dizer, a finalidade com que atua o agente no sentido de causar prejuízo patrimonial, conforme se verifica pelo seguinte julgado do STJ:

"Segundo entendimento desta Corte, a destruição de patrimônio público (buraco na cela) pelo preso que busca fugir do estabelecimento no qual encontra-se encarcerado não configura o delito de dano qualificado (art. 163, parágrafo único, inciso III, do CP), porque ausente o dolo específico (*animus nocendi*), sendo, pois, atípica a conduta" (*HC* 260.350/GO, *Habeas Corpus*, 2012/0251794-5, 6ª T., Rel.ª Min.ª Maria Thereza de Assis Moura, DJe 21/5/2014).

Entendemos que não se exige para a configuração do crime de dano o chamado *animus nocendi*. Basta que o agente tenha conhecimento de que com o seu comportamento está destruindo, inutilizando ou deteriorando coisa alheia, para que possa ser responsabilizado pelo delito em estudo, uma vez que o tipo não exige essa finalidade especial.

No caso do crime de dano, ainda poderíamos construir dois raciocínios. Imagine-se a hipótese daquele que, almejando fugir do estabelecimento carcerário, depois de cerrar as grades de sua cela, agride um agente de segurança para, logo em seguida, ganhar a liberda-

---

[14] NORONHA, Edgard Magalhães. *Direito penal*, v. 2, p. 309.

de. Suponha-se, ainda, que o sujeito tenha sido preso instantes depois de sua fuga frustrada. Como usou violência contra a pessoa para atingir seu objetivo, deverá responder pelo delito tipificado no art. 352 do Código Penal, *verbis*:

> **Art. 352.** Evadir-se ou tentar evadir-se o preso ou o indivíduo submetido a medida de segurança detentiva, usando de violência contra a pessoa:
> Pena – detenção, de 3 (três) meses a 1 (um) ano, além da pena correspondente à violência.

Nesse caso, como o dano foi praticado para que o agente pudesse se evadir mediante violência contra a pessoa, poderíamos tentar absorvê-lo na relação de meio a fim, vale dizer, o crime-meio (dano) seria absorvido pelo crime-fim (evasão mediante violência contra a pessoa). No entanto, a pena cominada ao delito-fim (detenção, de 3 meses a 1 ano) é inferior àquela prevista para o delito-meio (detenção, de 6 meses a 3 anos).

Embora danificando o patrimônio público, destruindo parcialmente a cela onde se encontrava preso, se durante a fuga não há emprego de violência contra a pessoa, não se poderia raciocinar com a relação crime-meio/crime-fim, pois a conduta de fugir ou tentar fugir seria atípica. Nesse caso, se puníssemos o agente pelo dano, estaríamos afirmando que, se tentasse fugir sem o emprego de violência, sua pena seria maior do que se, efetivamente, agredisse um funcionário público com a finalidade de ganhar a sua liberdade.

A ausência de necessidade de *animus nocendi*, segundo nosso posicionamento, conduzirá à conclusão de que o agente deverá responder, em concurso de crimes ou não, dependendo da hipótese concreta, sempre pelo dano por ele produzido ao patrimônio público.

Nesse sentido, Guilherme de Souza Nucci preleciona:

> "Deve responder pelo crime de dano, pois não se exige, no tipo penal, qualquer elemento subjetivo específico, consistente na *intenção de causar prejuízo*. Logo, se destruir ou deteriorar a cela para escapar, merece responder pelo que fez."[15]

### 1.10.3 Pichação

Outra polêmica que envolve o crime de dano diz respeito ao fato de se poder entender a pichação como um dos comportamentos tipificados pelo art. 163 do Código Penal, vale dizer, os de destruir, inutilizar ou deteriorar coisa alheia.

A pichação, que se traduz no ato por meio do qual o agente, com a utilização de tintas, leva a efeito a pintura de desenhos, palavras, assinaturas etc., em partes constantes de imóveis, não se coaduna, como regra, com o núcleo destruir. Da mesma forma, também como regra, não importa em inutilização da coisa alheia objeto da pichação. Assim, embora não seja pacífico, tem-se entendido que a pichação se amolda ao núcleo deteriorar, uma vez que produz na coisa alheia um estrago parcial, alterando-lhe o estado original, posição à qual nos filiamos.

A Lei nº 9.605, de 12 de fevereiro de 1998, com a nova redação que lhe foi conferida pela Lei nº 12.408, de 25 de maio de 2011, que dispõe sobre as sanções penais e administrativas derivadas de condutas lesivas ao meio ambiente, criou um tipo penal específico para as pichações realizadas em edificação ou monumento urbano, conforme se verifica na redação de seu art. 65, *verbis*:

> **Art. 65.** Pichar ou por outro meio conspurcar edificação ou monumento urbano
> Pena – detenção, de 3 (três) meses a 1 (um) ano, e multa.
> § 1º Se o ato for realizado em monumento ou coisa tombada em virtude do seu valor artístico, arqueológico ou histórico, a pena é de 6 (seis) meses a 1 (um) ano de detenção e multa.

---

[15] NUCCI, Guilherme de Souza. *Código penal comentado*, p. 537.

§ 2º Não constitui crime a prática de grafite realizada com o objetivo de valorizar o patrimônio público ou privado mediante manifestação artística, desde que consentida pelo proprietário e, quando couber, pelo locatário ou arrendatário do bem privado e, no caso de bem público, com a autorização do órgão competente e a observância das posturas municipais e das normas editadas pelos órgãos governamentais responsáveis pela preservação e conservação do patrimônio histórico e artístico nacional.

### 1.10.4 Dano culposo

Embora o Código Penal não preveja a modalidade culposa para o crime de dano, existe previsão legal para sua punição nos arts. 266 e 383, parágrafo único, do Código Penal Militar,[16] bem como nos arts. 38 e 62 da Lei nº 9.605, de 12 de fevereiro de 1998, assim redigidos, respectivamente:

**Art. 266.** Se o crime dos arts. 262, 263, 264 e 265 deste Código é culposo, a pena é de detenção de 6 (seis) meses a 2 (dois) anos e, se dele resulta lesão corporal ou morte, aplica-se também a pena cominada ao crime culposo contra a pessoa.

**Art. 383.** Praticar ou tentar praticar qualquer dos crimes definidos nos arts. 262, 263, §§ 1º e 2º, e 264, em benefício do inimigo, ou comprometendo ou podendo comprometer a preparação, a eficiência ou as operações militares:

Pena – morte, grau máximo; reclusão, de vinte anos, grau mínimo.

**Parágrafo único.** Se o crime é culposo:

Pena – detenção, de quatro a dez anos.

**Art. 38.** Destruir ou danificar floresta considerada de preservação permanente, mesmo que em formação, ou utilizá-la com infringência das normas de proteção:

Pena – detenção, de 1 (um) a 3 (três) anos, ou multa, ou ambas as penas cumulativamente.

**Parágrafo único.** Se o crime for culposo, a pena será reduzida à metade.

**Art. 62.** Destruir, inutilizar ou deteriorar:

I – bem especialmente protegido por lei, ato administrativo ou decisão judicial;

II – arquivo, registro, museu, biblioteca, pinacoteca, instalação científica ou similar protegido por lei, ato administrativo ou decisão judicial:

Pena – reclusão, de 1 (um) a 3 (três) anos, e multa.

**Parágrafo único.** Se o crime for culposo, a pena é de 6 (seis) meses a 1 (um) ano de detenção, sem prejuízo da multa.

### 1.10.5 Presença de mais de uma qualificadora

Pode ocorrer a hipótese em que se faça presente mais de uma qualificadora relativa ao crime de dano. Assim, suponha-se que o agente, mediante o emprego de explosivo, destrua patrimônio de empresa concessionária de serviço público, causando prejuízo considerável à vítima. Nesse caso, estaríamos diante de três qualificadoras, previstas nos incisos II, III e IV do parágrafo único do art. 163 do Código Penal.

Qual seria a repercussão prática da constatação de mais de uma qualificadora?

Cezar Roberto Bitencourt, analisando a questão, preleciona:

"A presença de uma delas é suficiente para qualificar o crime, mudando sua capitulação e, substancialmente, sua punição; eventual concurso de duas ou mais qualificadoras não

---

[16] O art. 266 do CPM está inserido no Livro I, correspondente aos crimes militares em tempo de paz, enquanto o art. 383 do mesmo estatuto repressivo, que também prevê a modalidade culposa, encontra-se no Livro II, que diz respeito aos crimes militares em tempo de guerra.

modifica a pena abstratamente cominada; contudo, deve ser considerada na medição da pena, ou seja, uma delas, a mais grave ou mais bem comprovada nos autos, servirá para estabelecer a pena-base, fixando o marco do tipo penal derivado (qualificado), enquanto as demais devem ser trabalhadas na operação dosimétrica da pena, visando encontrar o resultado definitivo."[17]

### 1.10.6 Exame pericial

Tratando-se de infração penal que deixa vestígios, faz-se necessária a realização de exame pericial para efeitos de constatação do crime de dano, nos termos do art. 158 do Código de Processo Penal, com a nova redação que lhe foi conferida pela Lei nº 13.721, de 2 de outubro de 2018, que diz:

> **Art. 158.** Quando a infração deixar vestígios, será indispensável o exame de corpo de delito, direto ou indireto, não podendo supri-lo a confissão do acusado.
> **Parágrafo único.** Dar-se-á prioridade à realização do exame de corpo de delito quando se tratar de crime que envolva:
> I – violência doméstica e familiar contra mulher;
> II – violência contra criança, adolescente, idoso ou pessoa com deficiência.
> **Art. 167.** Não sendo possível o exame de corpo de delito, por haverem desaparecido os vestígios, a prova testemunhal poderá suprir-lhe a falta.

### 1.10.7 Dano e Código Penal Militar

O Código Penal Militar (Decreto-Lei nº 1.001, de 21 de outubro de 1969), prevê várias modalidades de dano, no Capítulo VII (Do dano), do Título V (Dos crimes contra o Patrimônio), a saber:

> **Art. 259** (dano simples);
> **Art. 260** (dano atenuado);
> **Art. 261** (dano qualificado);
> **Art. 262** (dano em material ou aparelhamento de guerra);
> **Art. 263** (dano em navio de guerra ou mercante em serviço militar);
> **Art. 264** (dano em aparelhos e instalações de aviação e navais, e em estabelecimentos militares);
> **Art. 265** (desaparecimento, consunção ou extravio);
> **Art. 266** (modalidades culposas).

### 1.10.8 Dano qualificado e princípio da insignificância

"1. A jurisprudência desta Corte Superior assentou que o delito previsto no art. 163, parágrafo único, III, do Código Penal cuida de conduta que provoca lesão a bem jurídico de relevante valor social e afeta toda a coletividade, razão pela qual não cabe a aplicação do princípio da insignificância (AgRg no HC 462.482/SC, Rel. Min. Rogerio Schietti Cruz, 6ª T., j. 07/05/2019, DJe 14/05/2019). 2. Sequer é insignificante a conduta imputada de ter o paciente, mesmo diante de outras pessoas que se encontravam na sala de espera do ambulatório do hospital, arremessado um televisor ao chão. 3. Agravo regimental improvido" (AgRg no HC 568.768/PR, Rel. Min. Nefi Cordeiro, 6ª T., j. 23/06/2020, DJe 29/06/2020).

---

[17] BITENCOURT, Cezar Roberto. *Tratado de direito penal*, v. 3, p. 199.

## 1.10.9 Dano praticado contra instituições financeiras e os prestadores de serviço de segurança privada

Tendo em vista que a Lei nº 14.967, de 9 de setembro de 2024, inseriu o art. 183-A no Código Penal, criando uma causa especial de aumento de pena, quando o crime contra o patrimônio for cometido contra as instituições financeiras e os prestadores de serviço de segurança privada, e considerando o fato de que o art. 163 se encontra inserido no capítulo IV do Título II (Dos Crimes contra o Patrimônio), se o dano for praticado contra eles, a exemplo do que ocorre quando se deteriora uma agência bancária, a pena deverá ser aumentada de 1/3 (um terço) até o dobro.

### 1.11 Quadro-resumo

**Sujeitos**
» Ativo: qualquer pessoa, excetuando-se, como regra, o proprietário.
» Passivo: qualquer pessoa, desde que proprietário ou mesmo possuidor da coisa.

**Objeto material**
A *coisa alheia*, *móvel* ou *imóvel*, desde que seja corpórea, haja vista que somente essas são passíveis de serem danificadas fisicamente.

**Bem(ns) juridicamente protegido(s)**
É o *patrimônio*, seja ele público ou privado, móvel ou imóvel, tutelando-se, consequentemente, tanto a propriedade quanto a posse.

**Prova pericial**
Faz-se necessária a realização de exame pericial para efeitos de constatação do crime de dano, nos termos do art. 158 do CPP.

**Elemento subjetivo**
» É o dolo.
» Não há previsão para a modalidade culposa.

**Modalidades comissiva e omissiva**
» As condutas núcleo do tipo pressupõem um comportamento comissivo por parte do agente.
» No entanto, será possível o raciocínio correspondente à omissão imprópria, caso o agente, gozando do *status* de garantidor, devendo e podendo agir para evitar o resultado, dolosamente, nada faça para impedi-lo.

**Consumação e tentativa**
» O dano se consuma quando o agente, efetivamente, destrói, inutiliza ou deteriora coisa alheia, seja ela móvel ou imóvel. O resultado, mesmo que parcial, consuma a infração penal em estudo.
» Por se tratar de crime material e plurissubsistente, admite-se a possibilidade de tentativa.

# CURSO DE DIREITO PENAL • VOL. 2 – ROGÉRIO GRECO

## 2. INTRODUÇÃO OU ABANDONO DE ANIMAIS EM PROPRIEDADE ALHEIA

**Introdução ou abandono de animais em propriedade alheia**

**Art. 164.** Introduzir ou deixar animais em propriedade alheia, sem consentimento de quem de direito, desde que do fato resulte prejuízo.

Pena – detenção, de quinze dias a seis meses, ou multa.

### 2.1 Introdução

Ao crime de introduzir ou deixar animais em propriedade alheia, sem consentimento de quem de direito, desde que o fato resulte prejuízo, o Código Penal, em seu art. 164, comina pena de detenção, de 15 (quinze) dias a 6 (seis) meses, ou multa.

Pela análise da mencionada figura típica, podemos extrair os seguintes elementos: *a)* a conduta de introduzir ou deixar animais em propriedade alheia; *b)* a ausência de consentimento de quem de direito; *c)* o prejuízo resultante desses comportamentos.

O núcleo *introduzir* é utilizado pelo texto legal no sentido de fazer entrar, penetrar. Acrescentava Bento de Faria que a introdução "pode realizar-se por qualquer forma, pouco importando que os animais entrem sozinhos ou acompanhados, pelo próprio agente ou por seus prepostos ou empregados."[18] *Deixar* tem o significado de fazer permanecer, não retirar o animal que pode até ter sido inicialmente introduzido licitamente pelo agente. Assim, aquele que, com o consentimento do proprietário, introduz animal em propriedade alheia, mas não o retira quando solicitado por quem de direito, havendo prejuízo, pratica o delito em estudo.

Por se tratar de crime de ação múltipla, de conteúdo variado, o agente que introduz e, depois disso, deixa animal em propriedade alheia, sem o consentimento de quem de direito, causando prejuízo, responderá por um único delito.

O tipo penal não delimita a espécie animal que, se introduzida ou deixada em propriedade alheia, causando prejuízo, importará na infração penal em estudo, podendo ser quadrúpedes ou bípedes. Dessa forma, poderia cometer o delito em questão aquele que introduzisse suas galinhas em propriedade alheia, fazendo com que estas se alimentassem de uma plantação ali existente.

A *propriedade* na qual os animais são introduzidos, por questões de ordem lógica, só pode ser a *imóvel*, seja ela urbana ou rural. Aquele que, por exemplo, introduz um cão em um apartamento alheio sem o consentimento de quem de direito, causando-lhe prejuízo, responde pelo mencionado artigo, mesmo que o imóvel esteja localizado no centro da cidade, e não na zona rural.

O art. 164 do Código Penal esclarece que somente ocorrerá a infração penal *sub examen* se o ato de introduzir ou deixar o animal for realizado *sem o consentimento de quem de direito,* apontado, nesse caso, como o *proprietário* ou mesmo *possuidor* do imóvel. O consentimento do ofendido exerce, aqui, o poder de afastar a tipicidade do fato, tal como ocorre no crime de violação de domicílio, previsto pelo art. 150 do Código Penal.

O dissenso da vítima pode ser expresso ou mesmo tácito. Assim, o agente pode ter sido advertido expressamente pela vítima a respeito da proibição da introdução de animais em sua propriedade, como também poderá ser presumida essa proibição.

Por último, essa introdução deve resultar em *prejuízo* para a vítima. Por *prejuízo* devemos entender aquele de natureza econômica, pois estamos, ainda, no Título relativo aos crimes contra o patrimônio. O agente, entretanto, não pode ter agido finalisticamente no sentido de querer causar prejuízo, pois, segundo Cezar Roberto Bitencourt, se:

---

[18] FARIA, Bento de. *Código penal brasileiro*, v. V, p. 82.

"Objetivar especificamente a produção de dano, o crime será aquele capitulado no art. 163 (dano). Se, por fim, pretender alimentar seus animais com a pastagem da propriedade alheia, deixará de existir o dano em si mesmo, passando a caracterizar-se o crime de furto, com verdadeira subtração de coisa alheia."[19]

Será perfeitamente admissível a aplicação do princípio da insignificância ao delito em estudo, quando da introdução ou abandono de animal em propriedade alheia resultar prejuízo irrisório à vítima.

## 2.2 Classificação doutrinária

Crime comum com relação ao sujeito ativo e próprio com relação ao sujeito passivo; doloso; comissivo, na modalidade *introduzir* (podendo ser praticado mediante omissão imprópria, na hipótese de o agente gozar do *status* de garantidor); omissivo próprio, na modalidade *deixar*; de forma livre; de dano; material; instantâneo (como regra, podendo, no entanto, ser entendido como permanente quando o agente pratica a conduta de *deixar*); monossubjetivo; plurissubsistente (embora não admitindo a tentativa); condicionado (pois para a sua caracterização exige-se, efetivamente, a ocorrência de prejuízo para a vítima); não transeunte.

## 2.3 Objeto material e bem juridicamente protegido

Inserido no capítulo relativo ao *dano*, que, por sua vez, se encontra previsto no Título II do Código Penal, correspondente aos crimes contra o patrimônio, o crime tipificado no art. 164 tem como bens juridicamente protegidos a *posse e a propriedade*.

Embora a lei não mencione a espécie de propriedade – se móvel ou imóvel –, devemos entender que ambas mereceram a sua proteção. Procura-se, portanto, proteger não somente os danos causados nos imóveis nos quais os animais foram introduzidos ou deixados, como também as coisas móveis neles existentes, a exemplo do que acontece com lavouras e plantações, de forma geral etc.

Nesse sentido são as lições de Bento de Faria, quando afirma:

"A expressão – *propriedade* – não é aqui empregada no sentido restrito do domínio, mas para expressar – o terreno de prédio rústico ou urbano, cultivado, ou não, suscetível de ser danificado por animais.

[...].

O dano pode verificar-se não só pelo fato de aí pastarem os animais, como por qualquer outra forma, v.g., destruindo eles plantações não destinadas a pasto, ou quaisquer obras de calçamento, de alinhamento, de arruamento etc."[20]

## 2.4 Sujeito ativo e sujeito passivo

Crime comum com relação ao *sujeito ativo*, qualquer pessoa pode praticar o delito tipificado no art. 164 do Código Penal, não havendo necessidade de que a pessoa que introduz ou deixa animais em propriedade alheia, resultando em prejuízo para a vítima, seja seu dono.

Discute-se se o proprietário do imóvel poderia também figurar como sujeito ativo do delito em estudo, uma vez que a lei penal utiliza a expressão *propriedade alheia*. Hungria advoga a tese no sentido de que o proprietário do imóvel não poderia ser considerado sujeito ativo do delito previsto pelo art. 164 do Código Penal:

---

[19] BITENCOURT, Cezar Roberto. *Tratado de direito penal*, v. 3, p. 214.

[20] FARIA, Bento de. *Código penal brasileiro*, v. V, p. 81-82.

"Não pode ser sujeito ativo do crime o próprio dono do terreno, ainda quando na posse legítima de terceiro, e as plantações ou vegetações (ou outras coisas danificadas ou consumidas) sejam pertencentes a este. No último caso haverá, conforme as circunstâncias, dano comum (art. 163). A mesma solução deve ser dada no caso de ser o agente condômino do terreno invadido e o prejuízo resultar de dano a plantações ou coisas de exclusiva propriedade do condômino-possuidor."[21]

Em sentido contrário, destaca Noronha:

"Sendo a posse, destacada do domínio, protegida pela disposição penal, segue-se que o proprietário pode ser sujeito ativo do crime, uma vez que o terreno ou imóvel esteja na posse justa de outrem.
Se o imóvel se acha no domínio pleno do proprietário, não pode, naturalmente, este cometer o crime."[22]

Embora sejamos adeptos da orientação segundo a qual nos crimes contra o patrimônio, em geral, não somente este é protegido, mas também a posse, no caso do delito em exame não podemos entender como o proprietário do terreno onde fora introduzido ou mesmo deixado o animal possa ser considerado seu sujeito ativo, sob pena de ser desobedecido o princípio da legalidade, pois a lei penal é clara no sentido de somente incriminar, de acordo com a figura típica do art. 164, aquele que introduz ou deixa animais em *propriedade alheia* sem o consentimento de quem de direito, resultando em prejuízo.

Portanto, para nós, qualquer pessoa poderá ser sujeito ativo desse crime, à exceção do proprietário do imóvel, que, na feliz solução de Hungria, poderia responder pelo crime de dano, previsto no art. 163 do Código Penal, se tivesse atuado com dolo de destruir, inutilizar ou deteriorar coisa alheia, a exemplo daquela pertencente ao possuidor do seu imóvel.

O *sujeito passivo* poderá ser tanto o proprietário do imóvel quanto o seu possuidor, que sofre o prejuízo produzido pela introdução de animais em seu imóvel. Aqui já não haveria qualquer ofensa ao princípio da legalidade considerar o possuidor como sujeito passivo, pois, havendo a introdução, por exemplo, de animais em propriedade alheia, tal fato lhe trouxe prejuízos, mesmo não sendo o proprietário do imóvel, pois, imaginemos, os seus bens, que ali se encontravam, foram danificados pelo animal.

## 2.5 Consumação e tentativa

Consuma-se o delito quando, depois de terem sido introduzidos ou deixados em propriedade alheia, sem o consentimento de quem de direito, os animais vierem a causar *efetivo prejuízo* para a vítima.

Como já afirmamos no tópico correspondente à classificação doutrinária, trata-se, *in casu*, de *crime condicionado*, vale dizer, aquele que, para que possa se configurar, exige a ocorrência de determinada condição, que será cuidada, dependendo da infração penal, como elemento do tipo, ou mesmo como condição objetiva de punibilidade, quando extrínseca a ele.

No caso em exame, ou existe o prejuízo, e o crime se consuma, ou, embora tenha havido a introdução ou mesmo o abandono de animais em propriedade alheia, o fato será atípico, não se admitindo, pois, o reconhecimento da tentativa.

Em sentido contrário à posição doutrinária amplamente majoritária, Cezar Roberto Bitencourt assevera:

---

[21] HUNGRIA, Nélson. *Comentários ao código penal*, v. VII, p. 113.
[22] NORONHA, Edgard Magalhães. *Direito penal*, v. 2, p. 315.

"A *exigência do prejuízo* para consumar-se a infração não inviabiliza o reconhecimento da *tentativa*; pelo contrário, facilita sua identificação, pelo menos na modalidade de *introduzir* animais em propriedade alheia. Assim, por exemplo, se o agente é surpreendido, e interrompido, por alguém no momento em que está efetuando a introdução de animais em propriedade alheia, não se pode negar que já iniciou o *iter criminis*, cuja intervenção, circunstância alheia à vontade do agente, impede a consumação. Na verdade, o que caracteriza a figura da tentativa não é a existência ou inexistência de condição objetiva de punibilidade, mas a *interrupção do processo executório por circunstâncias alheias à vontade do agente.*"[23]

Esse raciocínio, *concessa* vênia, parece-nos um tanto contraditório com aquele levado a efeito pelo renomado autor quando afirma, de acordo com a doutrina predominante, que o agente não pode atuar com o dolo de causar prejuízo, pois, caso contrário, seu comportamento se amoldaria ao previsto no tipo penal do art. 163, que prevê o crime de dano. Assim, o meramente introduzir ou mesmo deixar animal em propriedade alheia seria um comportamento indiferente ao Direito Penal, a não ser que deles adviessem prejuízos para a vítima. Dessa forma, quando o agente é surpreendido, no exemplo fornecido pelo brilhante professor gaúcho, não se poderá, ainda, raciocinar em termos de tentativa, haja vista que, por si só, não interessa ao Direito Penal, a não ser se conjugado com a ocorrência de prejuízo para a vítima, aí, sim, configurando-se em infração penal.

Portanto, entendemos, ancorados na doutrina predominante, não ser admitida a tentativa na infração penal em estudo.

## 2.6 Elemento subjetivo

O crime de introdução ou abandono de animais em propriedade alheia somente pode ser praticado dolosamente, não havendo previsão para a modalidade de natureza culposa.

Entretanto, o dolo deverá limitar-se ao fato de *introduzir* ou de *deixar* animais em propriedade alheia, não se podendo visualizar a finalidade do agente no sentido de causar, efetivamente, *prejuízo* para a vítima.

Caso a conduta do agente, ao introduzir ou deixar os animais em propriedade alheia, seja dirigida a causar dano, o crime será aquele tipificado no art. 163 do Código Penal, sendo os animais, portanto, um instrumento utilizado pelo agente na prática do delito. Se for sua finalidade que os animais se alimentem de pasto alheio, o crime poderá ser o previsto no art. 155 do Código Penal.

Dessa forma, o prejuízo não pode ter sido querido pelo agente, não fazendo, outrossim, parte do seu dolo.

Se os animais, em virtude, por exemplo, de conduta negligente do agente, ingressarem em propriedade alheia causando prejuízos, o fato não poderá ser resolvido na esfera penal, posto que atípico em virtude da ausência do elemento subjetivo exigido pelo tipo, vale dizer, o dolo, restando, pois, a responsabilidade do agente na esfera civil, em face da inexistência de previsão da modalidade culposa.

## 2.7 Modalidades comissiva e omissiva

O crime é comissivo na modalidade *introduzir*, bem como omissivo próprio no que diz respeito à conduta de *deixar* animais em propriedade alheia, sem o consentimento de quem de direito, causando-lhe prejuízo.

---

[23] BITENCOURT, Cezar Roberto. *Tratado de direito penal*, v. 3., p. 216-217.

Será possível, ainda, o raciocínio correspondente à omissão imprópria, desde que o agente goze do *status* de garantidor, quando, dolosamente, devendo e podendo impedir, por exemplo, a introdução de animais em propriedade alheia, nada fizer para evitar esse comportamento, que, a final, resultará em prejuízo para a vítima.

O que o agente não pode querer mediante sua inação é a produção de efetivo prejuízo para a vítima, pois, caso contrário, seria considerado autor do crime de dano, via omissão imprópria.

## 2.8 Pena, ação penal, competência para julgamento e suspensão condicional do processo

A pena cominada para o delito de introdução ou abandono de animais em propriedade alheia é de detenção, de 15 (quinze) dias a 6 (seis) meses, ou multa, sendo de competência do Juizado Especial Criminal o seu julgamento.

Em razão da pena mínima cominada, admite-se, nos termos do art. 89 da Lei nº 9.099/95, proposta de suspensão condicional do processo.

A ação penal é de iniciativa privada, conforme determinação contida no art. 167 do Código Penal.

## 2.9 Destaques

### 2.9.1 Introdução de somente um animal

Embora a lei faça menção a *animais* no plural, poderia o delito ser cometido com o ingresso de somente um, sem o consentimento de quem de direito, causando prejuízo? A resposta só pode ser positiva.

Conforme esclarece Bento de Faria:

"O plural referido é usado em sentido indeterminado, mas não para exigir a pluralidade de animais.

Quando a lei, ao fixar a noção de um delito, se refere a *fatos*, a *pessoas* ou a *coisas*, usando gênero plural, sem qualquer designação numérica ou outra indicação quantitativa, entende-se que a referência é feita também a *um só fato*, a *uma só pessoa* ou a *uma única coisa*, salvo quando do contexto da norma legal resulte, sem possível dúvida, que a sua referência é necessária e exclusivamente respeitante à – pluralidade de fatos, de pessoas ou de coisas."[24]

### 2.9.2 Natureza jurídica do prejuízo – Elementar típica ou condição objetiva de punibilidade

A doutrina se divide com relação à natureza jurídica do prejuízo causado pelo fato de ter sido introduzido ou deixado, sem o consentimento de quem de direito, animal em propriedade alheia.

Luiz Regis Prado posiciona-se, nesse sentido:

"Não obstante a existência de posicionamentos divergentes, considera-se que a causação do prejuízo constitui condição objetiva de punibilidade."[25]

Entendemos, *permissa* vênia, de forma contrária. Considerando que a existência de um *prejuízo* é um elemento que integra a definição típica, a sua ausência, consequentemente, conduzirá, fatalmente, à *atipicidade do fato*. Conforme bem destacado por Cezar Roberto Bitencourt:

---

[24] FARIA, Bento de. *Código penal brasileiro*, v. V, p. 83.

[25] PRADO, Luiz Regis. *Curso de direito penal brasileiro*, v. 2, p. 461.

"A condição objetiva da punibilidade é extrínseca ao crime, estranha, portanto, à tipicidade, à antijuridicidade e à culpabilidade; é, poder-se-ia dizer, um *posterius* do crime, está fora dele."[26]

Dessa forma, sendo o prejuízo um elemento do tipo, a sua ausência, consequentemente, nos conduzirá à situação de atipicidade do fato, não dizendo respeito, pois, a qualquer condição objetiva de punibilidade.

## 2.10 Quadro-resumo

### Sujeitos
» Ativo: qualquer pessoa, à exceção do proprietário do imóvel.
» Passivo: o proprietário do imóvel quanto o seu possuidor.

### Objeto material
*Propriedade móvel* ou *imóvel*.

### Bem(ns) juridicamente protegido(s)
A *posse* e a *propriedade*.

### Elemento subjetivo
» É o dolo (limitado ao fato de introduzir ou deixar animais em propriedade alheia, não podendo o agente ter querido causar prejuízo, pois tal intenção configura outro tipo penal).
» Não há previsão para a modalidade de natureza culposa.

### Modalidades comissiva e omissiva
» O crime é comissivo na modalidade introduzir, bem como omissivo próprio no que diz respeito à conduta de deixar animais em propriedade alheia.
» Será possível, ainda, o raciocínio correspondente à omissão imprópria, desde que o agente goze do *status* de garantidor, quando, dolosamente, devendo e podendo agir, nada fizer para evitar esse comportamento que, a final, resultará em prejuízo para a vítima.

### Consumação e tentativa
» No caso em exame, ou existe o prejuízo, e o crime se consuma, ou, embora tenha havido a introdução ou mesmo o abandono de animais em propriedade alheia, o fato será atípico, não se admitindo, pois, o reconhecimento da tentativa.
» Há posição contrária, mas o entendimento é minoritário.

## 3. DANO EM COISA DE VALOR ARTÍSTICO, ARQUEOLÓGICO OU HISTÓRICO

**Dano em coisa de valor artístico, arqueológico ou histórico**
**Art. 165.** Destruir, inutilizar ou deteriorar coisa tombada pela autoridade competente em virtude de valor artístico, arqueológico ou histórico:
Pena – detenção, de seis meses a dois anos, e multa.

---

[26] BITENCOURT, Cezar Roberto. *Tratado de direito penal*, v. 3, p. 215.

## 3.1 Introdução

O art. 165 do Código Penal cominava uma pena de detenção de 6 (seis) meses a 2 (dois) anos, e multa, para aquele que destruísse, inutilizasse ou deteriorasse coisa tombada pela autoridade competente em virtude de valor artístico, arqueológico ou histórico.

No entanto, em 12 de fevereiro de 1998, foi editada a Lei nº 9.605, dispondo sobre as sanções penais e administrativas derivadas de condutas e atividades lesivas ao meio ambiente.

O diploma legal, por intermédio de seu art. 62, I, revogou tacitamente o art. 165 do Código Penal, nos termos do § 1º do art. 2º da Lei de Introdução às Normas do Direito Brasileiro (Decreto-Lei nº 4.657, de 4 de setembro de 1942), haja vista ter regulado inteiramente a matéria originalmente cuidada pelo Código Penal.

Faz-se mister ressaltar que, depois da entrada em vigor da Lei Complementar nº 95, de 26 de fevereiro de 1998, todas as revogações passaram a ser expressas, evitando-se interpretações contraditórias, a fim de trazer a necessária segurança jurídica. Nesse sentido, o seu art. 9º, com a redação que lhe foi dada pela Lei Complementar nº 107, de 26 de abril de 2001, determina:

> **Art. 9º** A cláusula de revogação deverá enumerar, expressamente, as leis ou disposições legais revogadas.

Embora levada a efeito tacitamente, a doutrina entende, de forma pacífica, pela revogação do art. 165 do Código Penal, que ocorreu por intermédio do art. 62, I, da Lei nº 9.605/98, que diz:

> **Art. 62.** Destruir, inutilizar ou deteriorar:
> I – bem especialmente protegido por lei, ato administrativo ou decisão judicial;
> II – [...].
> Pena – reclusão, de um a três anos, e multa.
> **Parágrafo único.** Se o crime for culposo, a pena é de seis meses a um ano de detenção, sem prejuízo da multa.

Dessa forma, não teria sentido comentarmos o revogado art. 165 do Código Penal, diante de sua pouca aplicação, a não ser nos casos ocorridos durante a sua vigência, por se tratar de *lex mitior*, devendo, portanto, ser ultra-ativa, haja vista que a lei posterior recrudesceu as penas cominadas àqueles que praticarem dano aos bens que foram protegidos por lei, ato administrativo ou decisão judicial, dada a sua importância artística, arqueológica, histórica etc.

Entretanto, faremos, mesmo que sucintamente, a análise dos elementos que integram a nova infração penal, tipificada pelo inciso I do art. 62 da Lei nº 9.605/98, a saber: *a)* conduta dirigida finalisticamente a destruir, inutilizar ou deteriorar bem; *b)* que o bem, objeto da ação praticada pelo agente, tenha sido protegido por lei, ato administrativo ou decisão judicial.

O núcleo *destruir*, como tivemos oportunidade de esclarecer quando do estudo do crime de dano, tipificado no art. 163 do Código Penal, tem o sentido de eliminar, aniquilar, extinguir; *inutilizar* significa tornar inútil, imprestável a coisa para os fins originais a que era destinada, mesmo que não destruída; *deteriorar* é estragar, arruinar a coisa.

Nos termos preconizados pelo inciso I do art. 62 da Lei nº 9.605/98, o agente pratica a conduta de destruir, inutilizar ou deteriorar contra *bem* de qualquer natureza, vale dizer, *móvel* ou *imóvel*.

Entretanto, somente poderá ser considerado como objeto da ação do agente aquele bem que, dada a sua importância (histórica, cultural, artística, arqueológica etc.), foi especialmente protegido por *lei*, *ato administrativo* ou *decisão judicial*.

## 3.2 Classificação doutrinária

Crime comum com relação ao sujeito ativo e próprio com relação ao sujeito passivo, haja vista que somente o proprietário e o possuidor (podendo-se, aqui, também incluir as pessoas jurídicas de direito público) de bens que foram especialmente protegidos por lei, ato administrativo ou decisão judicial é que poderão figurar nessa condição; doloso ou culposo; de dano; material; instantâneo (dependendo do resultado, poderá ser considerado como instantâneo de efeitos permanentes); de forma livre; comissivo (podendo ser praticado omissivamente, desde que o agente goze do *status* de garantidor); de ação múltipla ou conteúdo variado; monossubjetivo; plurissubsistente; não transeunte.

## 3.3 Objeto material e bem juridicamente protegido

O art. 62 está inserido na Seção IV do Capítulo V da Lei nº 9.605/98, cuja finalidade é proteger o *ordenamento urbano* e o *patrimônio cultural*, de acordo com uma visão ampla de *meio ambiente*, sendo estes, portanto, os bens que se buscam tutelar.

A Constituição Federal, por intermédio de seu art. 216, esclareceu os contornos da expressão *patrimônio cultural*, dizendo:

> **Art. 216.** Constituem patrimônio cultural brasileiro os bens de natureza material e imaterial, tomados individualmente ou em conjunto, portadores de referência à identidade, à ação, à memória dos diferentes grupos formadores da sociedade brasileira, nos quais se incluem:
> I – as formas de expressão;
> II – os modos de criar, fazer e viver;
> III – as criações científicas, artísticas e tecnológicas;
> IV – as obras, objetos, documentos, edificações e demais espaços destinados às manifestações artístico-culturais;
> V – os conjuntos urbanos e sítios de valor histórico, paisagístico, artístico, arqueológico, paleontológico, ecológico e científico.

Apesar da definição ampla, para efeitos de reconhecimento do delito, somente poderá ser objeto do dano os bens *materiais*, sejam eles *móveis* ou *imóveis*.

## 3.4 Sujeito ativo e sujeito passivo

Qualquer pessoa poderá ser *sujeito ativo* do crime de dano, tratando-se, pois, nesse caso, de *crime comum*. Para aqueles que conseguem visualizar a possibilidade de sua incriminação sem que se tenha, ainda, uma necessária e peculiar estrutura jurídica do crime, o delito tipificado no inciso I do art. 62 da Lei nº 9.605/98 poderá ser praticado, inclusive, por pessoas jurídicas, com fundamento nos arts. 225, § 3º, da Constituição Federal, e 3º da Lei nº 9.605/98, que dizem, respectivamente:

> **Constituição Federal**
> **Art. 225.** Todos têm direito ao meio ambiente ecologicamente equilibrado, bem de uso comum do povo e essencial à sadia qualidade de vida, impondo-se ao Poder Público e à coletividade o dever de defendê-lo e preservá-lo para as presentes e futuras gerações.
> § 1º [...].
> § 2º [...].
> § 3º As condutas e atividades consideradas lesivas ao meio ambiente sujeitarão os infratores, pessoas físicas ou jurídicas, a sanções penais e administrativas, independentemente da obrigação de reparar os danos causados.
>
> **Lei nº 9.605/1998**
> **Art. 3º** As pessoas jurídicas serão responsabilizadas administrativa, civil e penalmente conforme o disposto nesta Lei, nos casos em que a infração seja cometida por decisão de seu representante legal ou contratual, ou de seu órgão colegiado, no interesse ou benefício da sua entidade.

Não se afasta a possibilidade, ainda, de o proprietário do bem ser sujeito ativo dessa infração penal, haja vista que a Lei de Crimes Ambientais não exige, como no delito de dano, tipificado no art. 163 do Código Penal, que a coisa seja *alheia*.

Podem ser compreendidos como *sujeitos passivos* da infração penal em estudo a pessoa jurídica de direito público (União, Estado ou Município), bem como o proprietário ou, mesmo, o possuidor do bem merecedor de proteção legal, administrativa ou judicial.

### 3.5 Consumação e tentativa

Crime material, consuma-se o delito no instante em que o agente destrói, inutiliza ou deteriora o bem especialmente protegido por lei, ato administrativo ou decisão judicial.

Por se tratar de crime plurissubsistente, será possível o raciocínio correspondente à tentativa, bastando que o agente tenha dado início aos atos de execução tendentes a destruir, inutilizar ou deteriorar o bem acima apontado, não se consumando a infração penal por circunstâncias alheias à sua vontade.

### 3.6 Elemento subjetivo

O crime tipificado no art. 62 da Lei nº 9.605/98 pode ser praticado dolosa ou culposamente, tendo em vista a previsão contida no seu parágrafo único que diz que *se o crime for culposo, a pena é de seis meses a um ano de detenção, sem prejuízo da multa*.

### 3.7 Modalidades comissiva e omissiva

As condutas núcleo do tipo, vale dizer, os verbos *destruir, inutilizar* e *deteriorar*, pressupõem um comportamento comissivo por parte do agente.

No entanto, será possível o raciocínio correspondente à omissão imprópria, caso o agente, gozando do *status* de garantidor, devendo e podendo agir para evitar o resultado, nada faça para impedi-lo.

### 3.8 Pena, ação penal, competência para julgamento, transação penal e suspensão condicional do processo

Para a modalidade dolosa, prevê o preceito secundário do art. 62 da Lei nº 9.605/98 uma pena de reclusão, de 1 (um) a 3 (três) anos, e multa, sendo que o parágrafo único do mesmo artigo comina uma pena de detenção, de 6 (seis) meses a 1 (um) ano, sem prejuízo da multa, se o delito for culposo.

Será possível a realização de proposta de suspensão condicional do processo nas hipóteses dolosa e culposa, haja vista que a pena mínima cominada não é superior a 1 (um) ano, conforme determina o art. 89 da Lei nº 9.099/95.

Tratando-se de dano culposo, a competência, pelo menos inicialmente, será do Juizado Especial Criminal, considerando-se a pena máxima cominada pelo parágrafo único do art. 62 da Lei de Crimes Ambientais.

Determina o art. 27 da referida lei ambiental:

> **Art. 27.** Nos crimes ambientais de menor potencial ofensivo, a proposta de aplicação imediata de pena restritiva de direitos ou multa, prevista no art. 76 da Lei nº 9.099, de 26 de setembro de 1995, somente poderá ser formulada desde que tenha havido a prévia composição do dano ambiental, de que trata o art. 74 da mesma lei, salvo em caso de comprovada impossibilidade.

A ação penal é de iniciativa pública incondicionada, nos termos do art. 26 da Lei nº 9.605/98.

## 3.9 Destaque

### 3.9.1 Conhecimento de que o bem foi protegido legal, administrativa ou judicialmente

Para que o agente possa ser responsabilizado por essa modalidade especial de dano, é fundamental que tenha efetivo conhecimento de que o bem que ele destruiu, inutilizou ou deteriorou havia sido objeto de proteção legal, administrativa ou judicial.

Caso contrário, a ausência desse conhecimento faz com que o agente responda pelo dano comum, previsto no art. 163 do Código Penal, em virtude da ocorrência do chamado *erro de tipo*.

## 3.10 Quadro-resumo

**Sujeitos**
» Ativo: qualquer pessoa (física ou jurídica).
» Passivo: a pessoa jurídica de Direito Público (União, Estado ou Município), bem como o proprietário ou mesmo o possuidor do bem merecedor de proteção legal, administrativa ou judicial.

**Objeto material**
*Bens materiais*, sejam eles móveis ou imóveis.

**Bem(ns) juridicamente protegido(s)**
O *ordenamento urbano* e o *patrimônio cultural*.

**Elemento subjetivo**
Dolo ou culpa.

**Modalidades comissiva e omissiva**
» As condutas núcleo do tipo pressupõem um comportamento comissivo por parte do agente.
» No entanto, será possível o raciocínio correspondente à omissão imprópria caso o agente, gozando do *status* de garantidor, devendo e podendo agir para evitar o resultado, nada faça para impedi-lo.

**Consumação e tentativa**
» Consuma-se o delito no instante em que o agente destrói, inutiliza ou deteriora o bem especialmente protegido por lei, ato administrativo ou decisão judicial.
» É possível a tentativa.

## 4. ALTERAÇÃO DE LOCAL ESPECIALMENTE PROTEGIDO

**Alteração de local especialmente protegido**
**Art. 166.** Alterar, sem licença da autoridade competente, o aspecto de local especialmente protegido por lei:
Pena – detenção, de um mês a um ano, ou multa.

## 4.1 Introdução

O art. 166 do Código Penal cominava uma pena de detenção, de 1 (um) mês a 1 (um) ano, ou multa, para aquele que alterasse, sem licença da autoridade competente, o aspecto de local especialmente protegido por lei.

Tal dispositivo, contudo, da mesma forma que o artigo anterior, foi revogado tacitamente pelo art. 63 da Lei nº 9.605, de 12 de fevereiro de 1998, que diz, *verbis*:

> **Art. 63.** Alterar o aspecto ou estrutura de edificação ou local especialmente protegido por lei, ato administrativo ou decisão judicial, em razão de seu valor paisagístico, ecológico, turístico, artístico, histórico, cultural, religioso, arqueológico, etnográfico ou monumental, sem autorização da autoridade competente ou em desacordo com a concedida:
> Pena – reclusão, de um a três anos, e multa.

Assim, tal como fizemos quando do estudo do artigo imediatamente anterior, faremos a análise, mesmo que sucintamente, dos elementos que integram a nova figura típica prevista pelo art. 63 da Lei de Crimes Ambientais.

Luiz Regis Prado, em trabalho específico sobre o tema, resumiu, com perfeição, todas as características da nova infração penal, dizendo:

> "Pune-se a conduta representada pelo verbo *alterar* (modificar, transformar, desfigurar, mudar) aspecto ou estrutura de edificação ou de local especialmente protegido, como tal declarado por lei, ato administrativo ou decisão. *Aspecto* é a aparência, são as características externas peculiares do local. Por *estrutura* entendem-se a disposição e a ordem das partes componentes de um conjunto – representado por uma edificação ou um local. *Edificação* é um edifício, prédio, obra, construção; enquanto *local* é o lugar, o sítio, abrangendo esse dispositivo não apenas a paisagem natural, mas também os monumentos construídos pelo homem (museus, teatros, igrejas etc.). A expressão 'sem autorização da autoridade competente ou em desacordo com a concedida' constitui elemento normativo do tipo, referente à ausência de uma causa de justificação; presente a autorização, a conduta será lícita. Faz-se necessário, porém, que o aspecto ou estrutura da edificação ou local seja especialmente protegido por lei, ato administrativo ou decisão judicial – frequentemente através de tombamento – em razão de seu valor paisagístico, ecológico, turístico, artístico, histórico, cultural, religioso, arqueológico, etnográfico ou monumental."[27]

## 4.2 Classificação doutrinária

Crime comum com relação ao sujeito ativo e próprio com relação ao sujeito passivo, haja vista que somente o proprietário e o possuidor (podendo-se, aqui, também incluir as pessoas jurídicas de direito público) de bens que foram especialmente protegidos por lei, ato administrativo ou decisão judicial, em razão do seu valor paisagístico, ecológico, turístico, artístico, histórico, cultural, religioso, arqueológico, etnográfico ou monumental, é que poderão figurar nessa condição; doloso; de dano; material; instantâneo (dependendo do resultado, poderá ser considerado como instantâneo de efeitos permanentes); de forma livre; comissivo (podendo ser praticado omissivamente, desde que o agente goze do *status* de garantidor); monossubjetivo; plurissubsistente; não transeunte.

## 4.3 Objeto material e bem juridicamente protegido

O art. 63 está inserido na Seção IV do Capítulo V da Lei nº 9.605/98, cuja finalidade é proteger o *ordenamento urbano* e o *patrimônio cultural*, de acordo com uma visão ampla de

---

[27] PRADO, Luiz Regis. *Crimes contra o ambiente*, p. 216.

*meio ambiente*, sendo esses, portanto, os bens que se busca tutelar, da mesma forma que no art. 62 da Lei Ambiental.

Aqui, no entanto, procura-se ainda resguardar o *aspecto* e *a estrutura* de edificação ou local especialmente protegido por lei, ato administrativo ou decisão judicial, sendo estes – *edificação* e *local* – os objetos materiais da ação do agente.

### 4.4 Sujeito ativo e sujeito passivo

Qualquer pessoa poderá ser o *sujeito ativo* do delito, tratando-se, pois, nesse caso, de *crime comum*, podendo ser praticado, inclusive, por pessoas jurídicas, para aqueles que conseguem visualizar a possibilidade de sua incriminação, conforme esclarecemos quando do estudo do art. 62, I, da Lei nº 9.605/98.

Não se afasta a possibilidade, ainda, de o proprietário da edificação ou local especialmente protegido por lei, ato administrativo ou decisão judicial ser sujeito ativo dessa infração penal, haja vista que a Lei de Crimes Ambientais não exige, como no delito de dano, tipificado no art. 163 do Código Penal, que a coisa seja *alheia*.

Podem ser compreendidos como *sujeitos passivos* da infração penal em estudo a pessoa jurídica de direito público, bem como o proprietário ou, mesmo, o possuidor do bem merecedor de proteção legal, administrativa ou judicial.

### 4.5 Consumação e tentativa

Crime material, consuma-se o delito no instante em que o agente altera o aspecto ou a estrutura de edificação ou local especialmente protegido por lei, ato administrativo ou decisão judicial, sem a necessária autorização da autoridade competente ou em desacordo com a concedida.

Por se tratar de crime plurissubsistente, será possível o raciocínio correspondente à tentativa, bastando que o agente tenha dado início aos atos de execução tendentes a alterar o aspecto ou estrutura de edificação ou local anteriormente referidos, não se consumando a infração penal por circunstâncias alheias à sua vontade.

### 4.6 Elemento subjetivo

O delito tipificado no art. 63 da Lei nº 9.605/98 somente pode ser praticado dolosamente, não havendo previsão para a modalidade culposa.

### 4.7 Modalidades comissiva e omissiva

A conduta núcleo do tipo, vale dizer, o verbo *alterar,* pressupõe um comportamento comissivo por parte do agente.

No entanto, será possível o raciocínio correspondente à omissão imprópria, caso o agente, gozando do *status* de garantidor, devendo e podendo agir para evitar o resultado, dolosamente, nada fizer para impedi-lo.

### 4.8 Pena, ação penal e suspensão condicional do processo

O preceito secundário do art. 63 da Lei de Crimes Ambientais comina uma pena de reclusão, de 1 (um) a 3 (três) anos, e multa.

Será possível a realização de proposta de suspensão condicional do processo, haja vista que a pena mínima cominada não é superior a 1 (um) ano, conforme determina o art. 89 da Lei nº 9.099/95.

A ação penal é de iniciativa pública incondicionada, nos termos do art. 26 do mencionado diploma legal.

## 4.9 Quadro-resumo

### Sujeitos
» Ativo: qualquer pessoa (física ou jurídica).
» Passivo: a pessoa jurídica de direito público, bem como o proprietário ou, mesmo, o possuidor do bem merecedor de proteção legal, administrativa ou judicial.

### Objeto material
O aspecto e a estrutura de edificação ou local especialmente protegido por lei, ato administrativo ou decisão judicial.

### Bem(ns) juridicamente protegido(s)
O *ordenamento urbano* e o *patrimônio cultural*.

### Elemento subjetivo
» É o dolo.
» Não há previsão para a modalidade culposa.

### Modalidades comissiva e omissiva
» A conduta núcleo do tipo pressupõe um comportamento comissivo por parte do agente.
» No entanto, será possível o raciocínio correspondente à omissão imprópria, caso o agente, gozando do *status* de garantidor, devendo e podendo agir para evitar o resultado, dolosamente, nada fizer para impedi-lo.

### Consumação e tentativa
» Crime material, consuma-se o delito no instante em que o agente altera o aspecto ou a estrutura de edificação ou local especialmente protegido por lei, ato administrativo ou decisão judicial, sem a necessária autorização da autoridade competente ou em desacordo com a concedida.
» É possível o raciocínio correspondente à tentativa.

# Capítulo V
# Da Apropriação Indébita

## 1. APROPRIAÇÃO INDÉBITA

**Apropriação indébita**
**Art. 168.** Apropriar-se de coisa alheia móvel, de que tem a posse ou a detenção:
Pena – reclusão, de um a quatro anos, e multa.
**Aumento de pena**
§ 1º A pena é aumentada de um terço, quando o agente recebeu a coisa:
I – em depósito necessário;
II – na qualidade de tutor, curador, síndico, liquidatário, inventariante, testamenteiro ou depositário judicial;
III – em razão de ofício, emprego ou profissão.

### 1.1 Introdução

Sob o *nomen iuris* de apropriação indébita, o Código Penal comina uma pena de reclusão de 1 (um) a 4 (quatro) anos, e multa, para aquele que se apropria de coisa alheia móvel, da qual tem a posse ou a detenção.

Um juízo maior de censura é exercido sobre aqueles que recebem a coisa: I – em depósito necessário; II – na qualidade de tutor, curador, síndico, liquidatário, inventariante, testamenteiro ou depositário judicial; III – em razão de ofício, emprego ou profissão. Por essa razão, como veremos mais adiante em tópico próprio, foi criada a majorante prevista no § 1º do art. 168, aumentando a pena em um terço, que será levada em consideração no terceiro momento do critério trifásico de aplicação da pena, nos termos do art. 68 do Código Penal.

Assim, analisando a figura típica da apropriação indébita, podemos destacar os seguintes elementos: *a)* a conduta de se apropriar de coisa alheia móvel; *b)* a existência de posse ou mesmo de detenção sobre a coisa por parte do agente; *c)* o surgimento do dolo, ou seja, do *animus rem sibi habendi*, após a posse ou a detenção da coisa.

O núcleo *apropriar* deve ser entendido no sentido de *tomar como propriedade, tomar para si, apoderar-se* indevidamente de uma coisa alheia móvel, de que tinha a posse ou a detenção.

O Código Civil esclarece, por intermédio dos arts. 1.196 e 1.198, o que podemos entender como *posse* e *detenção*, dizendo, respectivamente, *verbis*:

**Art. 1.196.** Considera-se possuidor todo aquele que tem de fato o exercício, pleno ou não, de algum dos poderes inerentes à propriedade.

> **Art. 1.198.** Considera-se detentor aquele que, achando-se em relação de dependência para com outro, conserva a posse em nome deste e em cumprimento de ordens ou instruções suas.

Dessa forma, será de extrema importância, para efeito de reconhecimento do crime de apropriação indébita, que se chegue à conclusão de que o agente exercia a posse ou, pelo menos, que detinha a coisa alheia móvel, mesmo que em nome de outrem, sendo a característica fundamental dessas duas situações o tipo de liberdade que o agente exercia sobre a coisa, vale dizer, uma *liberdade desvigiada*.

Assim, imagine-se o exemplo do "guardador de automóveis", figura muito comum nos dias de hoje, principalmente nos grandes centros urbanos. Normalmente, entregamos as chaves do automóvel ao aludido guardador, a fim de que, ele próprio, faça as manobras necessárias de estacionamento do veículo. Não podemos dizer, nesse caso, que o guardador tinha a *posse* sobre nosso automóvel, mas tão somente a detenção. Entretanto, se depois de receber as chaves resolver fugir com o mencionado veículo, deverá ser responsabilizado pelo delito de apropriação indébita, pois a liberdade que exercia sobre a coisa, naquele momento, era considerada *desvigiada*.

Por *coisa alheia móvel* podemos compreender qualquer bem, passível de remoção, pertencente a outrem que não o próprio agente.

Bento de Faria alerta para o fato de que:

"A *preexistência da posse* do sujeito ativo é uma condição que constitui o *pressuposto de fato* do delito de apropriação indébita.

A coisa deve se achar com o agente, legalmente, *antes da apropriação*, isto é, sem subtração, fraude ou violência, pois se houvesse de recorrer a esses meios para obtê-la, ou a sua disponibilidade, praticaria delito diverso."[1]

A apropriação de coisa alheia móvel deverá ser, portanto, *indébita*, ou seja, *indevida*, conforme alerta a indicação marginal ao art. 168 do Código Penal, não sendo, pois, de alguma forma, amparada pelo ordenamento jurídico.

Faz-se necessário esclarecer que o delito somente se configurará se o dolo de se apropriar surgir *depois* de ter o agente a posse ou a detenção sobre a coisa alheia móvel. Caso contrário, poderá se configurar em outra infração penal, conforme será analisado no tópico correspondente aos destaques, fazendo-se a distinção entre a apropriação indébita e o estelionato, bem como entre o crime de furto.

Será possível o raciocínio correspondente ao princípio da insignificância se a apropriação disser respeito à coisa alheia móvel de valor irrisório, afastando-se, pois, a tipicidade material, inserida no contexto da tipicidade conglobante e, consequentemente, a tipicidade penal.

## 1.2 Classificação doutrinária

Crime próprio, tanto com relação ao sujeito ativo quanto ao sujeito passivo, haja vista que somente aqueles que tiverem a posse ou a detenção legítima sobre a coisa é que poderão praticar a infração penal e, consequentemente, somente aqueles que dispuserem da posse e propriedade da coisa móvel é que poderão sofrer as consequências do comportamento levado a efeito pelo agente;[2] doloso; comissivo e omissivo (podendo, inclusive, ser praticado via omissão imprópria,

---

[1] FARIA, Bento de. *Código penal brasileiro*, v. V, p. 92.

[2] Cezar Roberto Bitencourt discorda da classificação de crime próprio dizendo: "Discordamos daqueles que classificam a apropriação indébita como *crime próprio*, pois não consideramos que o pressuposto

caso o agente goze do *status* de garantidor); material; de forma livre; instantâneo (podendo ser, em algumas situações, instantâneo de efeitos permanentes, se ocorrer, por exemplo, a destruição da coisa); monossubjetivo; unissubsistente e plurissubsistente (dependendo da forma como o delito é praticado); transeunte ou não transeunte (variando de acordo com a possibilidade, no caso concreto de ser realizada perícia).

## 1.3 Objeto material e bem juridicamente protegido

O direito de propriedade é o bem juridicamente protegido pelo tipo penal do art. 168 do Código Penal. Noronha afirma que a apropriação indébita, "definida no art. 168 do Código Penal, tem por fim a tutela de um direito patrimonial sobre coisa móvel, que se encontra na posse ou detenção do delinquente. Essa é a sua objetividade jurídica específica."[3]

*Objeto material* da apropriação indébita é a coisa alheia móvel que se encontra na posse ou sob a detenção do agente.

## 1.4 Sujeito ativo e sujeito passivo

Qualquer pessoa pode ser o *sujeito ativo* do delito de apropriação indébita, desde que tenha a posse ou a detenção sobre a coisa móvel, à exceção do proprietário, em razão da necessidade de que a *res* seja *alheia*. No entanto, conforme destaca Cezar Roberto Bitencourt, "o *condômino*, sócio ou coproprietário também pode ser sujeito ativo de apropriação indébita, desde que não se trate de coisa fungível e a apropriação não exceda à quota que lhe cabe."[4]

O *sujeito passivo* da apropriação indébita, como regra, será o proprietário da coisa móvel. Contudo, conforme as lições de Hungria, se a coisa "foi entregue por titular da posse direta decorrente de direito real (usufruto, penhor), *também* ele será sujeito passivo (pois o direito real gravita na órbita da propriedade)."[5]

## 1.5 Consumação e tentativa

Embora não seja fácil apontar com precisão o momento de consumação do delito de apropriação indébita, pois não se pode afirmar, com segurança, em que momento surgiu no agente a vontade de ter a coisa para si, como se fosse dono, invertendo o título da posse, objetivamente, podemos destacar alguns momentos de exteriorização da vontade, característicos daquele que atua com o dolo relativo ao delito do art. 168 do Código Penal, consumando-se, pois, a infração penal.

Assim, conforme preleciona Álvaro Mayrink da Costa, podemos visualizar a consumação da apropriação indébita quando o agente, exteriorizando o seu *animus rem sibi habendi*, atua:

> "**a)** *por consumo* – no qual há alteração ou transformação da coisa, o que impossibilita a sua restituição; **b)** *por retenção* – recusa na devolução ou em dar a coisa; **c)** *por alheação* – passar a coisa a terceiro por venda, doação ou permuta, destinação que fora especificada no recebimento; **d)** *por ocultação* – que é uma forma de consumo; **e)** *por desvio* – aplicar um fim distinto trazendo prejuízo patrimonial (v.g.: Caio coloca à venda o relógio recebido em custódia; Tício retém dinheiro referente a comissões recebidas na mediação na venda de bens). Consoante tal

---

da *anterior posse legítima da coisa* possa ser considerado *condição especial,* capaz de qualificar a infração como crime próprio (*Tratado de direito penal,* v. 3, p. 239).

3   NORONHA, Edgard Magalhães. *Direito penal,* v. 2, p. 328.
4   BITENCOURT, Cezar Roberto. *Tratado de direito penal,* v. 3, p. 235.
5   HUNGRIA, Nélson. *Comentários ao código penal,* v. VII, p. 139.

visão, pode-se sintetizar que, na tipificação, o ilícito comportamental se caracteriza diante da recusa da devolução da coisa, pois o autor possui um dever jurídico de restituir."[6]

Embora exista controvérsia doutrinária, tratando-se, como regra, de um crime pluris-subsistente, será perfeitamente admissível o raciocínio correspondente à tentativa no delito de apropriação indébita. Assim, o agente poderá, por exemplo, estar iniciando a prática de atos tendentes a se desfazer da coisa alheia móvel que se encontrava legitimamente em seu poder, quando é surpreendido pela própria vítima, que impede a transação criminosa. Por outro lado, quando o agente se recusa a devolver a coisa, depois de solicitada diretamente pela vítima, não se consegue visualizar a tentativa pelo fato de que, nesse exemplo, estaremos diante de um crime unissubsistente, ou seja, todos os atos que fazem parte do *iter criminis* foram concentrados na negativa verbal em devolver a *res*, consumando-se, nesse momento, a infração penal.

Portanto, a análise da possibilidade referente à tentativa deverá ser levada a efeito caso a caso, e, dependendo da forma pela qual o delito é praticado, será possível o reconhecimento do *conatus* (tentativa).

## 1.6 Elemento subjetivo

O delito de apropriação indébita somente pode ser praticado dolosamente, não existindo previsão para a modalidade de natureza culposa.

O agente, portanto, para que possa praticar a infração penal em estudo, deve agir com o chamado *animus rem sibi habendi*, ou seja, a vontade de ter a coisa para si, como se fosse dono.

Conforme salientamos, para que se possa configurar o dolo correspondente ao crime de apropriação indébita, ele deverá surgir, obrigatoriamente, após o agente ter a posse ou a detenção da coisa alheia móvel, pois, caso contrário, o fato poderá se consubstanciar em outra infração penal, a exemplo do crime de estelionato, analisado mais adiante.

Importante frisar que, no caso concreto, deve ficar completamente demonstrada a intenção do agente em se apropriar da coisa alheia móvel, não se podendo cogitar, por exemplo, no delito em estudo, quando o agente, depois de solicitada a coisa pelo seu dono, demora em devolvê-la, não agindo, pois, com a finalidade de inverter o título da posse.

## 1.7 Modalidades comissiva e omissiva

O núcleo *apropriar* pode ser praticado comissiva ou omissivamente pelo agente. Assim, comete o crime de apropriação indébita, praticando um comportamento comissivo, aquele que se desfaz da coisa alheia móvel, agindo como se fosse dono, vendendo-a a terceiro. Da mesma forma, comete o delito em estudo o agente que se recusa a devolver a coisa quando solicitada por seu legítimo dono, praticando, outrossim, uma conduta negativa.

Também se pode raciocinar em termos de omissão imprópria quando o agente, devendo e podendo agir para evitar o resultado, na qualidade de garantidor, dolosamente, nada faz para impedi-lo. Imagine-se, nesse caso, que o garantidor, percebendo que o agente estava para se desfazer do bem pertencente ao garantido, dolosamente, nada faz para impedir a transação ilícita, querendo, com isso, trazer prejuízo para a vítima.

## 1.8 Causas de aumento de pena

O art. 168 do Código Penal elenca, nos três incisos de seu § 1º, algumas majorantes que terão o condão de fazer com que a pena seja obrigatoriamente aumentada em um terço, em

---

[6] COSTA, Álvaro Mayrink da. *Direito penal* – Parte especial, p. 881.

# PARTE II – CAPÍTULO V – DA APROPRIAÇÃO INDÉBITA

razão do maior juízo de censura, de reprovação que recai sobre aqueles que se encontram nas condições por ele catalogadas.

Interessante ressaltar que, embora o mencionado parágrafo seja apontado pela lei penal como o *primeiro*, na verdade ele é o *único* parágrafo constante do art. 168 do diploma repressivo, sendo essa mais uma de nossas "desorganizações legislativas."

Assim, o § 1º do art. 168 do Código Penal determina:

> § 1º A pena é aumentada em um terço, quando o agente recebeu a coisa:
> I – em depósito necessário;
> II – na qualidade de tutor, curador, síndico, liquidatário, inventariante, testamenteiro ou depositário judicial;
> III – em razão de ofício, emprego ou profissão.

Para melhor visualização, faremos a análise de cada um dos incisos, isoladamente.

## 1.8.1 Depósito necessário

Os incisos I e II do art. 647 do Código Civil traduzem as hipóteses do chamado *depósito necessário*:

> **Art. 647.** É depósito necessário:
> I – o que se faz em desempenho de obrigação legal;
> II – o que se efetua por ocasião de alguma calamidade, como o incêndio, a inundação, o naufrágio ou o saque.

Pelo que se dessume dos incisos do art. 647 do Código Civil, o depósito poderá ser dividido em: *a) legal*, na primeira hipótese; *b) miserável*, quando é levado a efeito por ocasião de alguma das calamidades arroladas pelo inciso II.

Hungria esclarece que a majorante prevista no inciso I do § 1º do art. 168 do Código Penal somente se aplica às hipóteses do chamado *depósito miserável*, argumentando, com precisão:

> "*Depósito necessário*, de que cuida o inciso I é, exclusivamente, o chamado *miserável*, isto é, imposto pela necessidade de pôr a salvo a coisa, na iminência ou no curso de algum acontecimento calamitoso, ou, como diz o art. 1.282 do Código Civil, 'o que se efetua por ocasião de alguma calamidade, como o incêndio, a inundação, o naufrágio ou o saque'. Não está incluído o depósito *legal*, de que é subespécie o depósito *judicial* (que a lei civil também considera *necessário*). A infidelidade do *depositário legal (stricto sensu)*, que é sempre um *funcionário público*, recebendo a coisa 'em razão do cargo', constitui o crime de peculato (art. 312). Quanto ao *depositário judicial*, é ele contemplado no inciso II, de modo que sua infidelidade é apropriação indébita qualificada, e não peculato; mas isto, bem entendido, quando seja um *particular*."[7]

## 1.8.2 Na qualidade de tutor, curador, síndico, liquidatário, inventariante, testamenteiro ou depositário judicial

Há determinadas situações que exigem, mais do que em qualquer outra, uma relação de fidelidade, de confiança entre as pessoas. Quando essa relação é quebrada, entende-se que o

---

[7] HUNGRIA, Nélson. *Comentários ao código penal*, v. VII, p. 147-148.

juízo de reprovação penal deverá ser maior do que em outra relação em que não esteja em jogo essa "confiança especial." Por isso, a lei penal elenca uma série de relações que se traduzem em uma condição especial para os agentes, impondo uma majoração em suas penas, caso delas se aproveitem a fim de se apropriarem de bens móveis que lhes foram entregues.

A primeira das figuras arroladas é a do *tutor*, a quem compete cuidar da pessoa do menor, em virtude do falecimento de seus pais, ou na hipótese de serem eles declarados ausentes, bem como quando tiverem decaído do poder familiar. Nos termos do art. 1.741 do Código Civil, *incumbe ao tutor, sob a inspeção do juiz, administrar os bens do tutelado, em proveito deste, cumprindo seus deveres com zelo e boa-fé.*

*Curador* é aquele que, em virtude de designação judicial, deverá cuidar dos que, de acordo com os incisos I a V do art. 1.767 do Código Civil, com a nova redação que lhes foi conferida pela Lei nº 13.146, de 6 de julho de 2015: I – por causa transitória ou permanente, não puderem exprimir sua vontade; II – (Revogado); III – são ébrios habituais e os viciados em tóxico; IV – (Revogado); V – são pródigos.

É fundamental assinalar que somente gozarão dos *status* de *tutores* e *curadores* aqueles que assim forem nomeados mediante sentença judicial.

*Síndico* é, atualmente, o chamado *administrador judicial*, de acordo com a Lei nº 11.101/2005, sendo nomeado pelo juiz e responsável pelo processo de falência ou de recuperação judicial, conforme prelecionam Maria Thereza Rocha de Assis Moura e Marta Saad.[8]

A figura do liquidatário foi abolida, razão pela qual não será considerada.

*Inventariante* é aquele a quem compete, desde a assinatura do compromisso até a homologação da partilha, a administração da herança, de acordo com as disposições contidas no art. 1.991 do Código Civil.

*Testamenteiro*, por seu turno, é aquele que tem a função de cumprir as disposições de última vontade do *de cujus*, formalizadas em seu testamento.

*Depositário judicial* é o encarregado, conforme o art. 159 do Código de Processo Civil (Lei nº 13.105, de 16 de março de 2015), de guardar e conservar os bens penhorados, arrestados, sequestrados ou arrecadados não dispondo a lei de outro modo. Luiz Regis Prado esclarece, ainda, que, "se é funcionário público, responde por peculato; sendo, porém, particular nomeado pelo juiz, incorre na majorante em estudo."[9]

### 1.8.3 Em razão de ofício, emprego ou profissão

Por mais uma vez a lei penal sobreleva o dever de fidelidade que deve existir entre o agente e a vítima, aumentando a pena em um terço quando o crime é cometido em razão de ofício, emprego ou profissão. A maior facilidade, dada a confiança depositada no agente, é motivo de maior censura penal.

Hungria resume as três situações dizendo:

"Por *ofício* se entende qualquer ocupação habitual consistente em prestação de serviços manuais; por *emprego*, toda ocupação em serviço particular, mas existindo uma relação de *dependência* (preposição) ou certa *hierarquia* entre o locado e o locatário do serviço; por *profissão*, finalmente, toda e qualquer atividade habitual remunerada. A *profissão* é um *gênero*, de que são espécies o *ofício* e o *emprego*."[10]

---

[8] MOURA, Maria Thereza Rocha de Assis; SAAD, Marta. *Código penal e sua interpretação jurisprudencial*, p. 847.

[9] PRADO, Luiz Regis. *Curso de direito penal brasileiro*, v. 2, p. 481-482.

[10] HUNGRIA, Nélson. *Comentários ao código penal*, v. VII, p. 149.

## 1.9 Primariedade do agente e pequeno valor da coisa apropriada

O art. 170 do Código Penal determina seja aplicado ao delito de apropriação indébita o § 2º do art. 155 do mesmo diploma legal. Assim, se o criminoso for *primário* e for de *pequeno valor a coisa apropriada indebitamente*, o juiz poderá substituir a pena de reclusão pela de detenção, diminuí-la de um a dois terços ou aplicar somente a pena de multa.

Remetemos o leitor à leitura do tópico correspondente ao delito de furto.

## 1.10 Pena, ação penal e suspensão condicional do processo

O preceito secundário do art. 168 do Código Penal comina uma pena de reclusão, de 1 (um) a 4 (quatro) anos, e multa, que deverá ser aumentada em um terço caso ocorra qualquer uma das hipóteses previstas pelo seu § 1º.

A ação penal, como regra, será de iniciativa pública incondicionada. Entretanto, será de iniciativa pública condicionada à representação, nos termos do art. 182, se o crime for cometido em prejuízo: I – do cônjuge judicialmente separado; II – de irmão; III – de tio ou sobrinho, com quem o agente coabita.

Se a vítima contar com 60 anos de idade (ou mais), mesmo que se amolde a uma das situações anteriores, a ação será de iniciativa pública incondicionada, de acordo com a determinação contida no inciso III do art. 183 do Código Penal.

Será possível a realização de proposta de suspensão condicional do processo desde que não sejam aplicadas quaisquer majorantes previstas no § 1º do art. 168 do estatuto repressivo, haja vista que a pena mínima, nessa hipótese, ultrapassaria o limite de um ano, conforme determinado pelo art. 89 da Lei nº 9.099/95.

## 1.11 Destaques

*1.11.1 Liberdade desvigiada. Diferença entre apropriação indébita e furto*

Um dos pontos fundamentais ao reconhecimento do delito de apropriação indébita diz respeito à liberdade que o agente exerce sobre a coisa. Em muitas situações, pode o fato até assemelhar-se ao delito de apropriação indébita, mas se consubstanciará em outra infração penal caso o agente não exerça sobre a coisa uma *liberdade desvigiada*.

Assim, suponhamos que o agente, no interior de uma biblioteca, tenha solicitado três livros, uma vez que pretendia fazer um estudo comparado que lhe ocuparia o dia inteiro. Permaneceu, portanto, com os livros em seu poder das 7 às 22 horas, oportunidade em que, ao se retirar, efetuou a devolução de dois livros, escondendo o outro em sua bolsa. Na hipótese de ter tido sucesso o plano criminoso, qual seria o crime praticado pelo agente? Seria apropriação indébita ou furto?

Por mais que possamos ser induzidos a pensar que o agente, ao menos, detinha consigo os livros que lhe foram emprestados para que pudesse estudá-los naquele local, a liberdade que ele exercia sobre eles era vigiada. Dessa forma, deveria o agente ser responsabilizado pelo delito de furto, e não pelo de apropriação indébita.

Para que possamos traçar um paralelo, imagine-se, agora, a hipótese em que o agente pudesse, por empréstimo, levar os livros da mencionada biblioteca para que os estudasse, em sua própria residência, pelo prazo de 48 horas. Decorrido esse tempo, a pessoa encarregada, gentil-mente, liga para a residência do agente e o avisa de que o seu tempo já se esgotara, solicitando--lhe a devolução dos livros. Como resposta, o agente diz que, em razão de sua precária situação financeira, havia vendido os mencionados livros. Nesse caso, o delito seria o de apropriação indébita, pois, ao contrário do exemplo anterior, a liberdade que o agente exercia sobre a coisa alheia móvel, em sua residência, era considerada *desvigiada*.

Imagine-se, ainda, a subtração de valores por parte de um empregado que exerce as fun-ções de caixa numa agência bancária. Como se sabe, ele tem à sua disposição, durante todo o seu período de trabalho, os valores constantes do seu caixa. Se, ao final de sua jornada de trabalho, subtrai a importância de R$ 200,00 (duzentos reais), o delito praticado seria o de furto ou o de apropriação indébita? De acordo com a nossa explicação anterior, deveria ele ser responsabiliza-do penalmente por furto, pois, mesmo tendo alguma liberdade sobre a coisa, dentro da própria agência bancária essa liberdade era considerada *vigiada*.

Assim, podemos concluir com o julgado do extinto TA-MG, AC 9.011, tendo como re-lator o Juiz Costa e Silva:

> "Na apropriação indébita, o agente tem a posse desvigiada do objeto material, enquanto que no furto qualificado pelo abuso de confiança o sujeito não tem a posse do objeto material, que continua na esfera de proteção, vigilância e posse do seu dono."

### 1.11.2 Momento de surgimento do dolo – Diferença entre apropriação indébita e estelionato

Quando o tipo penal do art. 168 do estatuto repressivo define o crime de apropriação indébita, ele se vale da seguinte expressão: apropriar-se de coisa alheia móvel, *de que tem a posse ou a detenção.*

Percebe-se, portanto, que o fundamento da apropriação indébita reside no fato de ter o agente a *posse* ou a *detenção* sobre a coisa, não se podendo esquecer do que foi discutido acima a respeito da liberdade desvigiada.

Aqui, interessa-nos ressaltar que, para a existência da apropriação indébita, será preciso a constatação da posse ou da detenção. No entanto, outro detalhe merece ser analisado, vale dizer, o que diz respeito ao momento em que surge o dolo de se apropriar, atuando o agente com o chamado *animus rem sibi habendi.*

Imagine-se a hipótese de um motorista que, diariamente, faz o mesmo percurso com o automóvel pertencente ao seu patrão. Assim, ao chegar às 7 horas da manhã, conduz os filhos do casal até a escola para, logo em seguida, deixar o patrão no seu local de trabalho. No período entre 9 e 11 horas da manhã, o agente permanece com o automóvel, no lugar de sua escolha, normalmente dormindo em seu interior, aguardando o tempo passar, até que volte a refazer o trajeto, buscando todas as pessoas daquela família. Durante essas duas horas, o agente, que dirigia um automóvel Mercedez, começa a pensar em suas dificuldades financeiras e resolve solucionar os seus problemas fugindo com o veículo para o Paraguai, a fim de ven-dê-lo. Nesse caso, qual seria o crime praticado pelo agente? Entendemos, em razão dos dados fornecidos, que teria ele que responder pelo delito de apropriação indébita, pois detinha a coisa, exercendo sobre ela, naquele momento, *liberdade desvigiada*. Também será parte inte-grante do raciocínio, para efeitos de reconhecimento da apropriação indébita, *o momento em que surgiu o dolo de ter a coisa para si*, o que efetivamente ocorreu quando o agente já detinha a coisa.

Agora, suponha-se que o agente, já tendo elucubrado o plano criminoso, ou seja, já com a intenção de levar o carro ao Paraguai a fim de vendê-lo, age normalmente com seu patrão como se fosse mais um dia comum de trabalho e, depois de deixar todas as pessoas daquela residência em seus destinos, cumpre o projeto criminoso e se dirige em direção àquele país, conseguindo, finalmente, vender o automóvel. Nesse caso, o delito seria, ainda, o de apropriação indébita? A doutrina, de forma majoritária, entende que não. Isso porque se o dolo surgir *antes* de o agente ter a posse ou a detenção da coisa, o delito passa a ser reconhecido como *estelionato*.

Nesse sentido, afirma Ney Moura Teles:

"Se no momento em que recebe a coisa, a título de posse ou de detenção, o agente já tinha a intenção de apropriar-se dela, o crime será o de estelionato, pois terá enganado o proprietário, iludindo sua boa-fé, para que este lha confiasse. É porque, nesse caso, seu dolo era já o de tornar-se dono da coisa, antes de receber sua posse ou detenção, ludibriando a vítima."[11]

### 1.11.3 Apropriação indébita de uso

Da mesma forma como ocorre com a subtração de uso, pode o agente, por exemplo, não devolver, momentaneamente, a coisa que se encontrava em sua posse, a fim de usá-la por mais algum tempo.

Nesse caso, não restaria configurado o delito de apropriação indébita, em virtude da ausência do *animus rem sibi habendi*, vale dizer, o dolo de se apropriar da coisa, de tê-la para si como se fosse dono, invertendo o título da posse.

No entanto, devemos considerar, para efeitos de reconhecimento da apropriação de uso, o princípio da razoabilidade, evitando-se, pois, que a apropriação da coisa alheia móvel se perpetue no tempo, sob o falso argumento do simples uso.

Nesse sentido, salienta Romeu de Almeida Salles Júnior:

"O uso da coisa, em princípio, não constitui o delito de apropriação indébita. Não existe em nosso direito repressivo a figura criminosa da 'apropriação indébita de uso' (conduta atípica). O exemplo é de Hungria: se o depositário de um cavalo ou de um automóvel se serve dele para um simples passeio, haverá abuso de posse, mas não apropriação indébita.

Pode ocorrer a devolução tardia da coisa pelo agente após consumado o crime. Essa devolução não faz desaparecer o delito. Atua apenas como circunstância a ser considerada na dosagem da pena."[12]

### 1.11.4 Arrependimento posterior

Cuidando do instituto do arrependimento posterior, o Código Penal assevera, em seu art. 16, *verbis*:

> **Art. 16.** Nos crimes cometidos sem violência ou grave ameaça à pessoa, reparado o dano ou restituída a coisa, até o recebimento da denúncia ou da queixa, por ato voluntário do agente, a pena será reduzida de um a dois terços.

Como se percebe pela redação legal, o delito de apropriação indébita se encontra no rol daqueles aos quais será possível a aplicação da causa geral de diminuição de pena relativa ao arrependimento posterior, uma vez que, em sua figura típica, não há previsão de violência ou grave ameaça à pessoa, podendo o agente, por exemplo, até o recebimento da denúncia ou da queixa, mediante seu ato voluntário, restituir ao seu legítimo dono a coisa de que ele se apropriou.

Para maiores discussões sobre o arrependimento posterior, remetemos o leitor ao estudo que foi realizado no primeiro volume dessa coleção, que diz respeito à análise da Parte Geral do Código Penal.

---

[11]   TELES, Ney Moura. *Direito penal*, v. 2, p. 430.
[12]   SALLES JÚNIOR, Romeu de Almeida. *Código penal interpretado*, p. 531.

### 1.11.5 Apropriação indébita por procurador legalmente constituído

Para que se constitua alguém como procurador é preciso, antes de mais nada, que se deposite uma dose considerável de confiança nessa relação. Às vezes, essa confiança é quebrada, com o cometimento de alguma traição. Pode ocorrer que alguém, constituído pela própria vítima para exercer as funções de seu procurador, recebendo determinada importância em dinheiro, não a repasse para o seu legítimo dono. Nesse caso, poderíamos cogitar de apropriação indébita?

A questão deverá ser resolvida em sede de elemento subjetivo, vale dizer, em cada caso deveremos analisar a intenção do agente, sua finalidade em não efetuar o repasse dos valores pertencentes à vítima, para que possamos chegar à conclusão da prática do delito de apropriação indébita.

Assim, imagine-se a hipótese do advogado que, depois de receber os valores correspondentes a uma indenização pertencente à vítima, depositando-os em sua conta bancária e deles fazendo uso, é procurado por ela, que busca informações a respeito do desfecho do processo, sendo informada pelo profissional do Direito que o feito aguardava decisão de um Tribunal Superior, o que demandaria, ainda, tempo considerável.

Percebe-se, aqui, que o aludido profissional, em virtude dos poderes que lhe foram outorgados no instrumento de mandato, podia sacar qualquer valor pertencente à vítima. Assim, a posse de tais valores, *ab initio*, era lícita. No entanto, quando informa ardilosamente à vítima, dizendo-lhe que nada ainda havia sido pago, uma vez que seu processo aguardava pauta para julgamento pelo Tribunal, acreditamos que, nesse instante, tenha se configurado o delito de apropriação indébita, podendo-se visualizar o seu dolo de ter a coisa para si, invertendo o título da posse.

Seria possível, *in casu*, o raciocínio que levamos a efeito anteriormente, referente à apropriação de uso, caso fosse sua intenção devolver a quantia apropriada em curto prazo, o que afastaria o *animus rem sibi habendi*. Imagine-se, agora, o fato de que, procurado por seu cliente na segunda-feira, embora já tendo recebido todo o dinheiro que lhe pertencia em razão de uma indenização judicial, o advogado retarde a sua devolução, dizendo-lhe que o pagamento sairia na sexta-feira, oportunidade em que poderia aproveitar esse curto espaço de tempo para saldar algumas dívidas, já vencidas, pois somente teria algum crédito em sua conta bancária na quinta-feira, por exemplo. Nesse caso, não conseguimos visualizar o dolo de ter a coisa para si, como se fosse dono, invertendo o título da posse. Queria, sim, utilizar, por curto período, o dinheiro já recebido licitamente, pertencente à vítima, caracterizando-se, assim, como apropriação de uso, fato indiferente ao Direito Penal.

### 1.11.6 Prescindibilidade da prestação de contas à configuração do delito

O delito de apropriação indébita prescinde da prestação de contas para efeitos de seu reconhecimento, embora haja controvérsia jurisprudencial nesse sentido.

O Supremo Tribunal Federal assim vem decidindo reiteradamente, conforme se verifica pelo julgado abaixo colacionado:

"*Habeas corpus* – A jurisprudência desta Corte (assim, a título exemplificativo, no *RHC* 53.713 e no *RHC* 68.132) é no sentido de que, em se tratando de apropriação indébita, não é necessária a prévia prestação de contas, a não ser em casos excepcionais, o que não ocorre na hipótese. – Também é pacífico que, depois de consumado esse crime, o pagamento não é causa de extinção da punibilidade por falta de previsão legal. – O *habeas corpus*, por seu rito sumário, não é o meio processual idôneo para o exame aprofundado da prova indispensável para a aferição da existência ou não, de dolo. *Habeas corpus* indeferido" (*HC* 74.965/RS, 1ª T., Rel. Min. Moreira Alves, DJU 1º/8/1997).

Da mesma forma, já decidiu o Superior Tribunal de Justiça:

"É inexigível a prévia prestação de contas para a caracterização do crime de apropriação indébita. Precedentes do STJ e do STF" (REsp 780.319/RS, Recurso Especial 2005/0149730-7, 5ª T., Rel.ª Min.ª Laurita Vaz, DJe 15/5/2006).

### 1.11.7 Apropriação indébita e Código Penal Militar

O crime de apropriação indébita também veio previsto no Código Penal Militar (Decreto-Lei nº 1.001, de 21 de outubro de 1969), conforme se verifica pela leitura do seu art. 248.

### 1.11.8 Apropriação indébita e Estatuto da Pessoa Idosa

O art. 102 do Estatuto da Pessoa Idosa (Lei nº 10.741, de 1º de outubro de 2003) prevê uma modalidade especial de apropriação indébita, punindo com pena de reclusão de 1 (um) a 4 (quatro) anos e multa, quando alguém se apropria ou desvia bens, proventos, pensão ou qualquer outro rendimento da pessoa idosa, dando-lhes aplicação diversa da sua finalidade.

### 1.11.9 Apropriação indébita e Sistema Financeiro Nacional

O art. 5º da Lei nº 7.492, de 16 de junho de 1986, que define os crimes contra o Sistema Financeiro Nacional, comina pena de reclusão de 2 (dois) a 6 (seis) anos, e multa, quando a apropriação de dinheiro, título, valor ou qualquer outro bem móvel de que tem a posse, é cometida por quaisquer das pessoas mencionadas em seu art. 25 ou é desviado em proveito próprio ou alheio.

### 1.11.10 Apropriação indébita eleitoral

O crime de apropriação indébita eleitoral (art. 354-A) foi inserido na Lei nº 4.737, de 15 de julho de 1965 (Código Eleitoral), através da Lei nº 13.488, de 6 de outubro de 2017, que diz, *verbis*:

> **Art. 354-A.** Apropriar-se o candidato, o administrador financeiro da campanha, ou quem de fato exerça essa função, de bens, recursos ou valores destinados ao financiamento eleitoral, em proveito próprio ou alheio:
> Pena – reclusão, de dois a seis anos, e multa.

## 1.12 Quadro-resumo

**Sujeitos**
» Ativo: somente aquele que tiver a posse ou a detenção sobre a coisa móvel.
» Passivo: o proprietário da coisa móvel. Contudo, se a coisa "foi entregue por titular da posse direta decorrente de direito real (usufruto, penhor), também ele será sujeito passivo" (HUNGRIA, 1967, p. 139).

**Objeto material**
A coisa alheia móvel que se encontra na posse ou sob a detenção do agente.

**Bem(ns) juridicamente protegido(s)**
O direito de propriedade.

### Prova pericial

Em se tratando do delito de apropriação indébita, a doutrina e a jurisprudência de há muito vêm entendendo que, em se tratando de infração que nem sempre deixa vestígios, torna-se dispensável a prova pericial, pois além de o fato delituoso poder ser apurado por outros meios de prova, o julgador forma a sua convicção pela livre apreciação das provas (TJMG, AC 1.0433.05.156600-1/001).

### Elemento subjetivo

» É o dolo.
» Não há previsão para a modalidade de natureza culposa.

### Modalidades comissiva e omissiva

O núcleo apropriar pode ser praticado comissiva ou omissivamente pelo agente.

### Consumação e tentativa

» Podemos visualizar a consumação da apropriação indébita quando o agente, exteriorizando o seu animus rem sibi habendi, atua: "a) por consumo – no qual há alteração ou transformação da coisa, o que impossibilita a sua restituição; b) por retenção – recusa na devolução ou em dar a coisa; c) por alheação – passar a coisa a terceiro por venda, doação ou permuta, destinação que fora especificada no recebimento; d) por ocultação – que é uma forma de consumo; e) por desvio – aplicar um fim distinto trazendo prejuízo patrimonial (...). Consoante tal visão, pode-se sintetizar que, na tipificação, o ilícito comportamental se caracteriza diante da recusa da devolução da coisa, pois o autor possui um dever jurídico de restituir" (COSTA, 2001, p. 881).
» Embora exista controvérsia doutrinária, entendemos ser possível a tentativa.

## 2. APROPRIAÇÃO INDÉBITA PREVIDENCIÁRIA

**Apropriação indébita previdenciária**
**Art. 168-A.** Deixar de repassar à previdência social as contribuições recolhidas dos contribuintes, no prazo e forma legal ou convencional:
Pena – reclusão, de 2 (dois) a 5 (cinco) anos, e multa.
§ 1º Nas mesmas penas incorre quem deixar de:
I – recolher, no prazo legal, contribuição ou outra importância destinada à previdência social que tenha sido descontada de pagamento efetuado a segurados, a terceiros ou arrecadada do público;
II – recolher contribuições devidas à previdência social que tenham integrado despesas contábeis ou custos relativos à venda de produtos ou à prestação de serviços;
III – pagar benefício devido a segurado, quando as respectivas cotas ou valores já tiverem sido reembolsados à empresa pela previdência social.
§ 2º É extinta a punibilidade se o agente, espontaneamente, declara, confessa e efetua o pagamento das contribuições, importâncias ou valores e presta as informações devidas à previdência social, na forma definida em lei ou regulamento, antes do início da ação fiscal.
§ 3º É facultado ao juiz deixar de aplicar a pena ou aplicar somente a de multa se o agente for primário e de bons antecedentes, desde que:
I – tenha promovido, após o início da ação fiscal e antes de oferecida a denúncia, o pagamento da contribuição social previdenciária, inclusive acessórios; ou
II – o valor das contribuições devidas, inclusive acessórios, seja igual ou inferior àquele estabelecido pela previdência social, administrativamente, como sendo o mínimo para ajuizamento de suas execuções fiscais.
§ 4º A faculdade prevista no § 3º deste artigo não se aplica aos casos de parcelamento de contribuições cujo valor, inclusive dos acessórios, seja superior àquele estabelecido, administrativamente, como sendo o mínimo para o ajuizamento de suas execuções fiscais.

## 2.1 Introdução

O art. 168-A foi inserido no Código Penal, juntamente com seus parágrafos, por intermédio da Lei nº 9.983, de 14 de julho de 2000, revogando expressamente o art. 95 e parágrafos da Lei nº 8.212, de 24 de julho de 1991, que dispunha, de forma confusa, sobre algumas condutas consideradas criminosas, que poderiam se configurar em apropriação indébita.

Portanto, sob o *nomen juris* de *apropriação indébita previdenciária*, o Código Penal passa a punir, mediante previsão contida no *caput* do seu art. 168-A, com pena de reclusão, de 2 (dois) a 5 (cinco) anos, e multa, aquele que *deixar de repassar à previdência social as contribuições recolhidas dos contribuintes, no prazo e forma legal ou convencional*.

No § 1º do mencionado artigo, houve previsão de formas assemelhadas, que serão analisadas, mesmo que sucintamente, em tópicos próprios.

Assim, para que se possa configurar o delito em estudo, é preciso que, no caso concreto, sejam verificados os seguintes elementos integrantes do tipo penal do art. 168-A do diploma repressivo: *a)* a conduta núcleo de deixar de repassar à previdência social; *b)* as contribuições já e anteriormente recolhidas dos contribuintes; *c)* no prazo e forma legal ou convencional.

*Deixar de repassar* deve ser entendido no sentido de não levar a efeito o recolhimento aos cofres da Previdência Social as contribuições previamente recolhidas dos contribuintes. Isso significa que, embora tendo efetuado os descontos pertinentes aos valores cabidos à Previdência Social, o agente não os repassa, não os recolhe em benefício de quem de direito, isto é, a Previdência Social, que, de acordo com a arrecadação que lhe for pertinente, nos termos preconizados pelo art. 201 da Constituição Federal, deverá atender, nos termos da lei, a: *I – cobertura dos eventos de doença, invalidez, morte e idade avançada; II – proteção à maternidade, especialmente à gestante; III – proteção ao trabalhador em situação de desemprego involuntário; IV – salário-família e auxílio-reclusão para os dependentes dos segurados de baixa renda; V – pensão por morte do segurado, homem ou mulher, ao cônjuge ou companheiro e dependentes, observado o disposto no § 2º.*

Tais contribuições, destinadas à manutenção da previdência social, já devem ter sido recolhidas pelo agente, isto é, em tese, pelo menos inicialmente, o raciocínio é construído no sentido de que foram efetivamente descontadas dos contribuintes, não sendo, entretanto, repassadas à previdência.

Destaca Luiz Regis Prado:

"As *contribuições* aludidas no texto também constituem elementos normativos do tipo de valoração jurídica (Direito de Seguridade Social), assim como o termo *contribuintes*, que integra esse ramo do Direito como o Direito Tributário.

Saliente-se que as contribuições referidas no tipo referem-se tão somente àquelas destinadas ao custeio da Seguridade Social, sendo contribuintes aqueles erigidos pela legislação previdenciária como responsáveis tributários (contribuintes de direito).

A arrecadação da receita destinada ao custeio da Previdência Social ordinariamente é feita pela rede bancária, embora possa concretizar-se de outra forma, mediante prévia decisão do Conselho Nacional de Seguridade Social (art. 60 da Lei nº 8.212/91)."[13]

Finalmente, somente se caracterizará o delito de apropriação indébita previdenciária uma vez decorrido o prazo legal ou convencional concedido para que fosse realizado o repasse à previdência. Antes de esgotado o prazo, que se encontra previsto na Lei nº 8.212/91, que dispõe sobre a organização da Seguridade Social, o fato deve ser considerado um indiferente penal.

---

[13] PRADO, Luiz Regis. *Curso de direito penal brasileiro*, v. 2, p. 493.

## 2.2 Classificação doutrinária

Crime próprio, tanto com relação ao sujeito ativo quanto ao sujeito passivo; doloso (não havendo previsão legal para a modalidade culposa); omissivo próprio; de mera conduta; instantâneo; de forma vinculada; monossubjetivo; monossubsistente; não transeunte.

## 2.3 Modalidades assemelhadas de apropriação indébita previdenciária

O § 1º do art. 168-A do Código Penal prevê as modalidades assemelhadas de apropriação indébita previdenciária, dizendo, *verbis*:

> § 1º Nas mesmas penas incorre quem deixar de:
> I – recolher, no prazo legal, contribuição ou outra importância destinada à previdência social que tenha sido descontada de pagamento efetuado a segurados, a terceiros ou arrecadada do público;
> II – recolher contribuições devidas à previdência social que tenham integrado despesas contábeis ou custos relativos à venda de produtos ou à prestação de serviços;
> III – pagar benefício devido a segurado, quando as respectivas cotas ou valores já tiverem sido reembolsados à empresa pela previdência social.

Cezar Roberto Bitencourt, fazendo a distinção entre a figura constante do *caput* e as do § *1º* do art. 168-A do Código Penal, ressalta:

> "A conduta tipificada no *caput* tem a finalidade de punir o *substituto tributário*, que deve recolher à previdência social o que arrecadou do contribuinte, e deixou de fazê-lo (ver art. 31 da Lei nº 8.212/91). Já as figuras descritas no § 1º destinam-se ao *contribuinte-empresário*, que deve recolher a contribuição que arrecadou do contribuinte."[14]

## 2.4 Objeto material e bem juridicamente protegido

O crime de apropriação indébita previdenciária encontra-se inserido no Título II do Código Penal, referente aos crimes contra o patrimônio, sendo este, portanto, o bem que se busca proteger por meio da figura típica constante do art. 168-A do estatuto repressivo.

Conforme salienta Antonio Monteiro Lopes:

> "Na verdade esse novo artigo protege o patrimônio não de uma pessoa ou de algumas pessoas, como nos demais crimes previstos nesse Título, mas o patrimônio de todos os cidadãos que fazem parte do sistema previdenciário. Ademais, embora se fale em crime contra a Previdência Social, no fundo é a Seguridade Social tal como descrita no art. 194 da Constituição da República que está sendo tutelada."[15]

Objeto material é a contribuição que foi recolhida do contribuinte.

## 2.5 Sujeito ativo e sujeito passivo

Crime próprio, a apropriação indébita previdenciária somente pode ser praticada por aquele que tinha a obrigação legal de repassar à Previdência Social as contribuições recolhidas dos contribuintes, no prazo e forma legal ou convencional, não se podendo, contudo, no tipo penal em estudo, abranger, também, a pessoa jurídica, por ausência de norma expressa nesse sentido, tal como acontece com a Lei nº 9.605/98, que cuida das sanções penais e administrativas derivadas de condutas e atividades lesivas ao meio ambiente.

---

[14] BITENCOURT, Cezar Roberto. *Tratado de direito penal*, v. 3, p. 256.
[15] MONTEIRO, Antonio Lopes. *Crimes contra a previdência social*, p. 31.

Aqui, portanto, somente os representantes legais da pessoa jurídica, a exemplo dos sócios que exercem a sua administração, é que poderão ser considerados *sujeitos ativos* do delito *sub examen*.

Salienta Cezar Roberto Bitencourt que "sujeito ativo, nas figuras descritas no § 1º, é o titular de firma individual, os sócios solidários, os gerentes, diretores ou administradores que efetivamente hajam participado da administração da empresa, concorrendo efetivamente na prática da conduta criminalizada."[16]

O *sujeito passivo* é a Previdência Social, que representa o Estado por intermédio do Instituto Nacional do Seguro Social (INSS).

## 2.6 Consumação e tentativa

Na qualidade de modalidade especializada de apropriação indébita, o crime de apropriação indébita previdenciária se consuma no momento em que o agente decide deixar de recolher as contribuições ou outras importâncias, depois de ultrapassado o prazo legal ou convencional para tanto.

Por se tratar de crime omissivo próprio, torna-se complicado o raciocínio correspondente à tentativa, pois, se depois de ultrapassado o prazo o agente não praticar os comportamentos determinados pelo tipo penal, o crime estará, nesse momento, consumado; caso contrário, se realiza as determinações típicas, efetuando os repasses, recolhendo as contribuições etc., o fato será um indiferente penal.

A doutrina, no entanto, é vacilante com relação a esse ponto.

Cezar Roberto Bitencourt afirma que o crime se consuma "com a inversão da natureza da posse, caracterizada por ato demonstrativo de disposição da coisa alheia ou pela negativa em devolvê-la. Como crime material, a tentativa é possível, embora de difícil configuração."[17]

Em sentido contrário, e a nosso ver com acerto, Luiz Regis Prado preleciona que a "consumação delitiva se dá com a omissão do agente em repassar a contribuição na forma e no prazo estabelecidos pela lei previdenciária. Dessa forma, vencido o prazo do repasse, consubstancia-se o delito." E conclui o raciocínio, dizendo que a "tentativa é inadmissível, por se tratar de delito omissivo próprio."[18]

## 2.7 Elemento subjetivo

O delito de apropriação indébita previdenciária só pode ser praticado dolosamente, não havendo previsão, pois, para a modalidade de natureza culposa.

Assim, somente aquele que, *dolosamente*, *deixar de repassar* à previdência social as contribuições recolhidas dos contribuintes, no prazo e forma legal ou convencional (*caput* do art. 168-A); *deixar de recolher*, no prazo legal, contribuição ou outra importância destinada à previdência social que tenha sido descontada do pagamento efetuado a segurados, a terceiros ou arrecadada do público (inciso I, § 1º, do art. 168-A); *deixar de recolher* contribuições devidas à previdência social que tenham integrado despesas contábeis ou custos relativos à venda de produtos ou à prestação de serviços (inciso II, § 1º, do art. 168-A); *deixar de pagar* benefício devido a segurado, quando as respectivas cotas ou valores já tiverem sido reembolsados à empresa pela previdência social (inciso III, § 1º, do art. 168-A) é que poderá ser responsabilizado penalmente pela apropriação indébita previdenciária.

---

[16] BITENCOURT, Cezar Roberto. *Tratado de direito penal*, v. 3, p. 254-255.

[17] BITENCOURT, Cezar Roberto. *Tratado de direito penal*, v. 3, p. 257.

[18] PRADO, Luiz Regis. *Curso de direito penal brasileiro*, v. 2, p. 493-494.

Dessa forma, aquele que, negligentemente, esquecer-se de levar a efeito o repasse devido à previdência social não poderá ser responsabilizado pelo delito em estudo, que exige, para o seu reconhecimento, um comportamento doloso.

Embora, em nossa opinião, as denominações dolo genérico e dolo específico não tenham mais acolhida para aqueles que adotam a chamada teoria finalista da ação, como é o nosso caso, vale o registro, para efeitos de conhecimento, da posição assumida pelo Superior Tribunal de Justiça que, analisando o elemento subjetivo do delito em estudo, tem se manifestado, reiteradamente, que:

"Em crimes de sonegação fiscal e de apropriação indébita de contribuição previdenciária, este Superior Tribunal de Justiça pacificou a orientação no sentido de que sua comprovação prescinde de dolo específico sendo suficiente, para a sua caracterização, a presença do dolo genérico consistente na omissão voluntária do recolhimento, no prazo legal, dos valores devidos" (STJ, AgRg no AREsp 493.584/SP, Rel. Min. Reynaldo Soares da Fonseca, 5ª T., DJe 08/06/2016).

"O delito de apropriação indébita previdenciária constitui crime omissivo próprio, que se perfaz com a mera omissão de recolhimento da contribuição previdenciária dentro do prazo e das formas legais, prescindindo, portanto, do dolo específico. Incidência da Súmula nº 83/STJ" (STJ, AgRg no AREsp 899.927/SP, Rel. Min. Sebastião Reis Junior, 6ª T., DJe 16/06/2016).

## 2.8 Modalidades comissiva e omissiva

Em todas as modalidades de apropriação indébita previdenciária, verifica-se a chamada omissão própria, haja vista que a inação criminosa vem narrada expressamente pelo tipo penal do art. 168-A, não se podendo cogitar, outrossim, da modalidade comissiva.

## 2.9 Extinção da punibilidade

O § 2º do art. 168-A do Código Penal determina a declaração de extinção da punibilidade, nos seguintes termos:

> § 2º É extinta a punibilidade se o agente, espontaneamente, declara, confessa e efetua o pagamento das contribuições, importâncias ou valores e presta as informações devidas à previdência social, na forma definida em lei ou regulamento, antes do início da ação fiscal.

São vários os requisitos necessários que dão ensejo à declaração da extinção da punibilidade. Inicialmente, o agente deverá *declarar*, por exemplo, aquilo que efetivamente recolheu dos contribuintes e, ato contínuo, *confessar* que não levou a efeito o repasse das contribuições recolhidas à previdência social.

Em seguida, deverá efetuar o pagamento, tanto do principal quanto dos acessórios, das contribuições, importâncias ou valores, prestando todas as informações à previdência social relativas a seu débito.

Conforme salienta Antonio Lopes Monteiro:

"Além da confissão de dívida, prestação de informações etc., o pagamento é essencial para a extinção da punibilidade. A forma desse pagamento e demais elementos é que ficou para ser regulamentada em lei ou regulamento, o que não foi bom, pois pode ficar ao sabor de tendências políticas de cada momento, já que regulamentos podem suceder-se com enorme facilidade, como aliás tem sido em matéria de Seguridade Social. Por outro lado, há um marco, que nós chamaríamos de temporal, qual seja, o início da ação fiscal. Também não foi feliz o legislador ao usar essa locução. É que o termo 'ação' é equívoco e pode levar a diversos entendimentos. Não resta dúvida, contudo, que pelo contexto em que foi empregada, 'ação fiscal' corresponde à fiscalização. Outro entendimento, como processo administrativo ou até judicial, não teria sentido, pois não haveria confissão e muito menos seria espontânea, como exige o dispositivo."[19]

Luiz Flávio Gomes complementa o raciocínio anterior, afirmando que:

"Sem a cientificação pessoal do contribuinte não se pode considerar iniciada formalmente a ação fiscal. Com isso a nova disciplina do pagamento extintivo muito se aproxima da denúncia espontânea do art. 138 do CTN."[20]

Atualmente, os arts. 67, 68 e parágrafo único, e 69 e parágrafo único, da Lei nº 11.941, de 27 de maio de 2009, dizem, respectivamente, *verbis*:

> **Art. 67.** Na hipótese de parcelamento do crédito tributário antes do oferecimento da denúncia, essa somente poderá ser aceita na superveniência de inadimplemento da obrigação objeto da denúncia.
>
> **Art. 68.** É suspensa a pretensão punitiva do Estado, referente aos crimes previstos nos arts. 1º e 2º da Lei nº 8.137, de 27 de dezembro de 1990, e nos arts. 168-A e 337-A do Decreto-Lei nº 2.848, de 7 de dezembro de 1940 – Código Penal, limitada a suspensão aos débitos que tiverem sido objeto de concessão de parcelamento, enquanto não forem rescindidos os parcelamentos de que tratam os arts. 1º a 3º desta Lei, observado o disposto no art. 69 desta Lei.
>
> **Parágrafo único.** A prescrição criminal não corre durante o período de suspensão da pretensão punitiva.
>
> **Art. 69.** Extingue-se a punibilidade dos crimes referidos no art. 68 quando a pessoa jurídica relacionada com o agente efetuar o pagamento integral dos débitos oriundos de tributos e contribuições sociais, inclusive acessórios, que tiverem sido objeto de concessão de parcelamento.
>
> **Parágrafo único.** Na hipótese de pagamento efetuado pela pessoa física prevista no § 15 do art. 1º desta Lei, a extinção da punibilidade ocorrerá com o pagamento integral dos valores correspondentes à ação penal.

Merecem ser registradas as lições de Fábio Zambitte Ibrahim quando, apontando a diferença de tratamento entre sonegadores e demais praticantes de crimes contra o patrimônio, assevera:

"Pode-se dizer que os tipos penais tributários, em especial os previdenciários, passam por uma crise de identidade, pois, de modo cada vez mais evidente, deixam de transparecer condutas dotadas de reprovabilidade social, para, efetivamente, revelarem-se meros instrumentos arrecadatórios do Estado.

Antes pelos Tribunais, e cada vez mais pelo legislador ordinário, os delitos de ordem tributária tornam-se pseudocrimes, que permitem, magicamente, a extinção da punibilidade com o pagamento, que, cada vez mais, tem sido admitido em qualquer tempo.

Usualmente se afirma que um contribuinte, após o pagamento integral do crédito, não deva permanecer encarcerado, pois já adimpliu sua obrigação. Todavia, o crime de furto, por exemplo, não tem sua punibilidade extinta pelo singelo fato de o agente repor o bem ou indenizar a vítima.

Na situação atual, há claro favorecimento a sujeitos passivos com patrimônio mais elevado, os quais, independente do dolo em fraudar o sistema e apoderar-se de tributos devidos, podem, facilmente, quitar suas dívidas e escapar, tranquilamente, da responsabilidade penal, enquanto empresários de menor porte e parcos recursos, mesmo que tenham deixado de recolher os tributos para salvar suas atividades, terão de ingressar no incerto caminho da inexigibilidade de conduta diversa, contando com a boa-vontade do julgador em admitir a conduta necessária do agente como único instrumento de salvação para sua atividade.

---

[19] MONTEIRO, Antonio Lopes. *Crimes contra a previdência social*, p. 99-100.

[20] GOMES, Luiz Flávio. *Crimes previdenciários*, p. 59.

CURSO DE DIREITO PENAL • VOL. 2 – ROGÉRIO GRECO

Certamente, algo deve ser feito pelo legislador, seja pela descriminalização pura e simples dos ilícitos tributários, ou pela exclusão das salvaguardas que permitem uma verdadeira imunidade penal para contribuintes mais poderosos. A opção atual somente amplifica as desigualdades nacionais na esfera penal, em detrimento do objetivo constitucional da igualdade, o que é particularmente alarmante em crimes previdenciários, os quais guarnecem um subsistema da seguridade social que é fundado na justiça social (art. 193, CF/88)."[21]

## 2.10 Perdão judicial e pena de multa

O § 3º do art. 168-A do Código Penal deixa à disposição do julgador duas opções – perdão judicial ou aplicação da pena de multa – que podem ser aplicadas ao agente primário de bons antecedentes que tenha promovido, depois do início da ação fiscal e antes de oferecida a denúncia, o pagamento da contribuição social previdenciária, inclusive acessórios, ou se o valor das contribuições devidas, incluindo os acessórios, for igual ou inferior àquele estabelecido pela Previdência Social, administrativamente, como sendo o mínimo para ajuizamento de suas execuções fiscais.

No caso do inciso I do § 3º do art. 168-A do Código Penal, em razão da orientação contida na Lei nº 10.684/2003, o juiz deverá declarar a extinção da punibilidade mesmo que as contribuições tenham sido recolhidas depois do oferecimento da denúncia.

A segunda hipótese, em razão da pequenez do valor a ser cobrado, que não justifica, até mesmo, o ajuizamento da ação de execução fiscal, permite a aplicação alternativa do perdão judicial ou da pena de multa ao sujeito primário e de bons antecedentes. Atualmente, o valor a que se refere o inciso II do § 3º do art. 168-A do Código Penal é de R$ 20.000,00 (vinte mil reais), conforme o disposto no inciso II do art. 1º da Portaria MF nº 75, de 22 de março de 2012.

Em 9 de janeiro de 2018 foi publicada a Lei nº 13.606, inserindo o § 4º ao art. 168-A do Código Penal, que diz, *verbis*:

§ 4º A faculdade prevista no § 3º deste artigo não se aplica aos casos de parcelamento de contribuições cujo valor, inclusive dos acessórios, seja superior àquele estabelecido, administrativamente, como sendo o mínimo para o ajuizamento de suas execuções fiscais.

## 2.11 Pena, ação penal e competência para o julgamento

O art. 168-A (*caput* e § 1º) do Código Penal prevê a pena de reclusão, de 2 (dois) a 5 (cinco) anos, e multa.

A ação penal é de iniciativa pública incondicionada.

De acordo com o art. 109, I, da Constituição Federal, os crimes contra a Previdência Social são de competência da Justiça Federal, haja vista ser o INSS uma autarquia federal.

## 2.12 Destaques

### 2.12.1 Existência de processo administrativo

No julgamento, em 5 de maio de 2009, do *HC* 128.672/SP, tendo como Relatora a Ministra Thereza de Assis Moura, o Superior Tribunal de Justiça decidiu em conceder a ordem de *habeas corpus*, a fim de suspender o andamento do inquérito policial, até julgamento definitivo do pro-

---

[21] IBRAHIM, Fábio Zambitte. *A extinção da punibilidade dos crimes de apropriação indébita previdenciária e sonegação de contribuição previdenciária* – Legislação vigente e inovação da Lei nº 11.941/2009. Disponível em: <http://www.impetus.com.br>.

cesso administrativo, por entender que "enquanto houver processo administrativo questionando a existência, o valor ou a exigibilidade de contribuição social, é atípica a conduta prevista no art. 168-A do CP, que tem, como elemento normativo do tipo a existência da contribuição devida a ser repassada", entendendo não importar em violação da independência das esferas administrativas e judiciária o aguardo da decisão administrativa, a quem cabe efetuar o lançamento.

### 2.12.2 Apropriação indébita previdenciária e princípio da insignificância

Entendendo de forma diferente daquela preconizada pelo disposto no inciso II do art. 1º da Portaria MF nº 75, de 22 de março de 2012, o Superior Tribunal de Justiça vem aplicando o princípio da insignificância quando o montante não ultrapassar os R$ 10.000,00 (dez mil reais):

"O parâmetro de R$ 20.000,00 (vinte mil reais) para fins de incidência do princípio da insignificância não se aplica para o crime de apropriação indébita previdenciária, devendo ser observado o parâmetro de R$ 10.000,00 (dez mil reais). Precedentes" (STJ, AgRg no REsp 1.477.556/RS, Rel. Min. Joel Ilan Paciornik, 5ª T., DJe 18/09/2017).

"Definindo o parâmetro de quantia irrisória para fins de aplicação do princípio da insignificância aos crimes de descaminho, a Terceira Seção deste Superior Tribunal de Justiça, no julgamento do Recurso Especial Representativo de Controvérsia nº 1.112.748/TO, pacificou o entendimento no sentido de que o valor do tributo elidido a ser considerado é aquele de R$ 10.000,00 (dez mil reais) previsto no art. 20 da Lei nº 10.522/02, raciocínio que se aplica também aos delitos de apropriação indébita previdenciária" (STJ, AgRg no REsp 1.588.990/PR, Rel.ª Min.ª Maria Thereza de Assis Moura, 6ª T., DJe 12/05/2016).

"A jurisprudência do Superior Tribunal de Justiça é uníssona em reconhecer a aplicação do princípio da insignificância ao delito de apropriação indébita previdenciária, quando o valor do débito com a Previdência Social não ultrapassar o montante de R$ 10.000,00. Precedentes. Ressalva do Relator" (STJ, AgRg no AREsp 392.108/RS, Rel. Min. Rogério Schietti Cruz, 6ª T., DJe 09/03/2016).

Em sentido contrário, não admitindo o reconhecimento do princípio da insignificância:

"Inaplicável o princípio da insignificância aos delitos de apropriação indébita previdenciária (art. 168-A do Código Penal) e sonegação de contribuição previdenciária (art. 337-A do Código Penal) consoante entendimento assentado do. col. Supremo Tribunal Federal que conferiu caráter supraindividual ao bem jurídico tutelado, haja vista visarem proteger a subsistência financeira da Previdência Social. Precedentes" (STJ, AgRg na RvCr 4.881/RJ, Rel. Min. Felix Fischer, S3, DJe 28/05/2019).

### 2.13 Quadro-resumo

**Sujeitos**

» Ativo: aquele que tinha a obrigação legal de repassar à Previdência Social as contribuições recolhidas dos contribuintes, no prazo e forma legal ou convencional, não se podendo, contudo, no tipo penal em estudo, abranger, também, a pessoa jurídica (somente os seus representantes legais).
» Passivo: é a Previdência Social, que representa o Estado por intermédio do Instituto Nacional do Seguro Social (INSS).

**Objeto material**

É a contribuição que foi recolhida do contribuinte.

### Bem(ns) juridicamente protegido(s)

"... o patrimônio de todos os cidadãos que fazem parte do sistema previdenciário. Ademais, embora se fale em crime contra a Previdência Social, no fundo é a Seguridade Social tal como descrita no art. 194 da Constituição da República que está sendo tutelada" (MONTEIRO, 2000, p. 31).

### Prova pericial

Tratando-se do crime tipificado no art. 168-A do CP, é desnecessária a prova pericial, especialmente se a sentença está baseada em provas documentais (STJ, REsp 897.782/RS).

### Elemento subjetivo

» É o dolo.
» Não há previsão para a modalidade de natureza culposa.

### Modalidades comissiva e omissiva

Em todas as modalidades de apropriação indébita previdenciária verifica-se a chamada omissão própria, haja vista que a inação criminosa vem narrada expressamente pelo tipo penal do art. 168-A, não se podendo cogitar, outrossim, da modalidade comissiva.

### Consumação e tentativa

» O crime de apropriação indébita previdenciária se consuma no momento em que o agente decide deixar de recolher as contribuições ou outras importâncias, depois de ultrapassado o prazo legal ou convencional para tanto.
» Por se tratar de crime omissivo próprio, torna-se complicado o raciocínio correspondente à tentativa. A doutrina, no entanto, é vacilante com relação a esse ponto.

## 3. APROPRIAÇÃO DE COISA HAVIDA POR ERRO, CASO FORTUITO OU FORÇA DA NATUREZA; APROPRIAÇÃO DE TESOURO E APROPRIAÇÃO DE COISA ACHADA

**Apropriação de coisa havida por erro, caso fortuito ou força da natureza**
**Art. 169.** Apropriar-se alguém de coisa alheia vinda ao seu poder por erro, caso fortuito ou força da natureza:
Pena – detenção, de um mês a um ano, ou multa.
**Parágrafo único.** Na mesma pena incorre:

**Apropriação de tesouro**
I – quem acha tesouro em prédio alheio e se apropria, no todo ou em parte, da quota a que tem direito o proprietário do prédio;

**Apropriação de coisa achada**
II – quem acha coisa alheia perdida e dela se apropria, total ou parcialmente, deixando de restituí-la ao dono ou legítimo possuidor ou de entregá-la à autoridade competente, dentro no prazo de quinze dias.

### 3.1 Introdução

O art. 169 e incisos do Código Penal preveem os delitos de *apropriação de coisa havida por erro, caso fortuito ou força da natureza; apropriação de tesouro e apropriação de coisa achada*, cominando uma pena de detenção, de 1 (um) mês a 1 (um) ano ou multa.

# PARTE II – CAPÍTULO V – DA APROPRIAÇÃO INDÉBITA

Como se trata de figuras típicas diferentes, embora constantes do mesmo artigo, faremos a análise de cada uma delas, isoladamente, naquilo que for preciso. O que for comum a todas as infrações penais será avaliado conjuntamente.

## 3.2 Apropriação de coisa havida por erro, caso fortuito ou força da natureza

O delito de apropriação de coisa havida por erro, caso fortuito ou força da natureza encontra-se tipificado no *caput* do art. 169 do Código Penal, com a seguinte redação, *verbis:*

> **Art. 169.** Apropriar-se alguém de coisa alheia vinda ao seu poder por erro, caso fortuito ou força da natureza:
> Pena – detenção, de um mês a um ano, ou multa.

Para que se possa configurar o delito em estudo é preciso que se constate a presença dos seguintes elementos: *a)* a conduta de se apropriar de coisa alheia; *b)* o fato de que a mencionada coisa alheia tenha vindo ao poder do agente por erro, caso fortuito ou força da natureza.

O núcleo *apropriar* é utilizado no sentido de *tomar como propriedade, tomar para si, apoderar-se* de uma coisa alheia móvel. No entanto, ao contrário do que ocorre com a apropriação indébita, o agente não tinha, licitamente, a posse ou a detenção da coisa. Aqui, ela vem ao seu poder por erro, caso fortuito ou força da natureza.

O conceito de coisa alheia móvel é o mesmo adotado para o delito de apropriação indébita, vale dizer, qualquer bem passível de remoção não pertencente ao próprio agente.

Como já destacado, a coisa alheia deverá vir ao poder do agente em virtude de *erro, caso fortuito* ou *força da natureza.*

O erro poderá ocorrer em três situações: *a)* quanto à pessoa; *b)* quanto ao objeto; *c)* quanto à obrigação. Assim, conforme exemplos de Hungria,[22] João recebe do carteiro um registrado de valor destinado a seu homônimo (erro quanto à pessoa); o agente recebe da vítima um colar de pérolas autênticas no lugar do colar de pérolas falsas que realmente comprara (erro quanto ao objeto); no que diz respeito à existência de uma obrigação, o agente recebe da vítima o pagamento de uma dívida já paga ou quantia maior do que a devida (erro quanto à obrigação). Não é incomum a hipótese, nos dias de hoje, de recebermos, em nossa conta-corrente, o crédito de importância que nos era indevida, tendo a instituição bancária agido com erro no que diz respeito à pessoa que devia ter sido beneficiada com o depósito. Caso o agente retenha o valor, deixando de restituí-lo, querendo dele se apropriar, deverá ser responsabilizado pelo delito tipificado no *caput* do art. 169 do Código Penal.

Salienta Luiz Regis Prado, com acerto:

> "Só ocorrerá erro se o sujeito ativo recebeu a coisa de boa-fé, caso contrário, poder-se-á configurar o delito de estelionato (art. 171 do CP) ou peculato mediante erro de outrem, se o agente é funcionário público e recebe a coisa em razão da função exercida (art. 313 do CP). Ademais, é necessário que o erro seja da vítima. Se for do sujeito ativo, ao adquirir a posse, inexiste crime, salvo se este agiu com dolo superveniente, hipótese em que responderá por apropriação indébita comum."[23]

Caso fortuito e força da natureza são situações semelhantes que demonstram a ocorrência de um fato que não era dominado ou, pelo menos, dominável pela vontade humana. Assim, aquele que, depois de perceber que um animal que não lhe pertencia havia ingressado

---

[22] HUNGRIA, Nélson. *Comentários ao código penal*, v. VII, p. 150.

[23] PRADO, Luiz Regis. *Curso de direito penal brasileiro*, v. 2, p. 505.

em suas terras, passando pelo buraco existente numa cerca, o vende a terceira pessoa, agindo como se fosse dono, responde pelo delito de apropriação de coisa achada, que veio a seu poder mediante caso fortuito; também não é incomum que a coisa alheia móvel chegue ao poder do agente trazida pela correnteza de uma enchente ou mesmo carregada por uma intensa ventania, oportunidade em que se configuraria a situação legal entendida como força da natureza.

### 3.2.1 Objeto material e bem juridicamente protegido

Inserido no Título II do Código Penal, correspondente aos crimes contra o patrimônio, o *direito de propriedade* é o bem juridicamente protegido pelo tipo penal que prevê o delito de apropriação de coisa havida por erro, caso fortuito ou força da natureza, não se descartando a proteção da *posse*, uma vez que o legítimo possuidor pode ter perdido, temporariamente, a posse do bem, em virtude, por exemplo, de força da natureza.

Objeto material é a coisa alheia móvel que veio ao poder do agente mediante erro, caso fortuito ou força da natureza.

### 3.2.2 Sujeito ativo e sujeito passivo

Qualquer pessoa pode ser o *sujeito ativo* do delito tipificado no art. 169, *caput*, do Código Penal, não exigindo o tipo penal nenhuma qualidade ou condição especial para efeito de seu reconhecimento.

O *sujeito passivo* é aquele que se viu prejudicado com o desapossamento da coisa, que chegou ao sujeito ativo por erro, caso fortuito ou força da natureza. Poderá ser o proprietário ou mesmo o possuidor, pessoa física ou pessoa jurídica.

### 3.2.3 Consumação e tentativa

Consuma-se o delito em estudo quando o agente, depois de tomar conhecimento de que a coisa alheia móvel chegou ao seu poder por erro, caso fortuito ou força da natureza resolve, mesmo assim, com ela permanecer, agindo como se fosse dono.

Será difícil, no caso concreto, demonstrar o momento exato em que, efetivamente, "nasceu" o elemento subjetivo no agente, vale dizer, a intenção de ter a coisa para si, como se fosse dono, invertendo o título da posse em domínio. No entanto, a prática de atos exteriores, como no caso de ter sido descoberto recusar-se a devolver a coisa ou, mesmo, dela se desfazendo como se fosse dono, demonstra o elemento subjetivo necessário à caracterização do delito, entendendo-se por consumada a infração penal.

No exemplo daquele que recebeu, por erro, em sua conta-corrente, importância que não lhe era devida, se solicitado a efetuar a devolução dos valores recusar-se a fazê-lo, teremos por consumado o delito tipificado no *caput* do art. 169 do Código Penal.

Será possível o raciocínio correspondente à tentativa quando o agente, por exemplo, agindo como se fosse dono, tiver dado início aos atos tendentes a se desfazer da coisa, momento em que é surpreendido. A tentativa, portanto, deverá ser avaliada caso a caso, considerando-se a maneira pela qual a infração penal é praticada.

### 3.2.4 Elemento subjetivo

O delito de apropriação de coisa havida por erro, caso fortuito ou força da natureza somente pode ser praticado dolosamente, não havendo previsão legal para a modalidade de natureza culposa.

Assim, aquele que, por exemplo, sem perceber que em sua conta-corrente havia sido depositada importância que não lhe pertence, utiliza valor existente para o pagamento de uma conta já vencida, não responde pelo delito *sub examen*.

É fundamental, para efeito de verificação do dolo, que o agente tenha conhecimento de que a coisa que está em seu poder pertença a terceiro e que somente lhe chegou às mãos por erro, caso fortuito ou força da natureza.

### 3.2.5 Modalidades comissiva e omissiva

O núcleo *apropriar* pode ser praticado comissiva ou omissivamente pelo agente. Assim, comete o crime previsto pelo *caput* do art. 169 do Código Penal, praticando um comportamento comissivo, aquele que se desfaz da coisa alheia móvel, que veio ao seu poder por erro, caso fortuito ou força da natureza, agindo como se fosse dono, vendendo-a a terceiro. Da mesma forma, comete o delito em estudo o agente que se recusa a devolver a coisa quando solicitado por seu legítimo dono, praticando, outrossim, uma conduta negativa.

### 3.2.6 Quadro-resumo

**Sujeitos**
» Ativo: qualquer pessoa.
» Passivo: é aquele que se viu prejudicado com o desapossamento da coisa, que chegou ao sujeito ativo por erro, caso fortuito ou força da natureza. Poderá ser o proprietário ou mesmo o possuidor, pessoa física ou pessoa jurídica.

**Objeto material**
É a coisa alheia móvel que veio ao poder do agente mediante erro, caso fortuito ou força da natureza.

**Bem(ns) juridicamente protegido(s)**
Direito de propriedade, mas há também proteção da posse.

**Elemento subjetivo**
» É o dolo.
» Não há previsão legal para a modalidade de natureza culposa.

**Modalidades comissiva e omissiva**
O núcleo apropriar pode ser praticado comissiva ou omissivamente pelo agente.

**Consumação e tentativa**
» Consuma-se o delito em estudo quando o agente, depois de tomar conhecimento de que a coisa alheia móvel chegou ao seu poder por erro, caso fortuito ou força da natureza, resolve, mesmo assim, com ela permanecer, agindo como se fosse dono.
» A tentativa é admissível.

## 3.3 Apropriação de tesouro

O inciso I do parágrafo único do art. 169 do Código Penal prevê o delito de *apropriação de tesouro*, cominando uma pena de detenção, de 1 (um) mês a 1 (um) ano, ou multa, para aquele que acha tesouro em prédio alheio e se apropria, no todo ou em parte, da quota a que tem direito o proprietário do prédio.

De acordo com a redação legal, podemos destacar os seguintes elementos necessários à configuração típica: *a)* a conduta de se apropriar de tesouro achado em prédio alheio; *b)* a apropriação poderá ser parcial ou total; *c)* deverá incidir sobre a quota a que tem direito o proprietário do prédio.

Os arts. 1.264, 1.265 e 1.266 do Código Civil cuidam do *achado do tesouro*:

> **Art. 1.264.** O depósito antigo de coisas preciosas, oculto e de cujo dono não haja memória, será dividido por igual entre o proprietário do prédio e o que achar o tesouro casualmente.
>
> **Art. 1.265.** O tesouro pertencerá por inteiro ao proprietário do prédio, se for achado por ele, ou em pesquisa que ordenou, ou por terceiro não autorizado.
>
> **Art. 1.266.** Achando-se em terreno aforado, o tesouro será dividido por igual entre o descobridor e o enfiteuta, ou será deste por inteiro quando ele mesmo seja o descobridor.

Assim, de acordo com as determinações contidas na lei civil, devemos entender como *tesouro* as coisas antigas, preciosas e ocultas, de cujo dono não se haja memória. Isso significa que uma das características do tesouro é o fato de ser desconhecido o seu proprietário. Nesse caso, aquele que descobriu o tesouro deve dividi-lo em partes iguais com o proprietário do prédio, pois, caso contrário, poderá ser responsabilizado pelo delito tipificado no inciso I do parágrafo único do art. 169 do Código Penal.

Dessa forma, o núcleo *apropriar* diz respeito ao fato de que, embora achando o tesouro em prédio alheio, o agente toma como sua propriedade parte que não lhe cabia, ultrapassando, assim, aquilo a que legalmente tinha direito, tomando para si, total ou parcialmente, a quota que pertencia ao proprietário do imóvel.

Esclarece Hungria:

"A partilha do tesouro entre o achador e o dono do prédio é condicionada à *casualidade* da descoberta. Entenda-se: a casualidade do achado influi, não para qualificar o tesouro, mas para atribuir em partes iguais a sua propriedade *pro indiviso*. Se o tesouro é encontrado, não por obra do acaso (*fortuito casu*), mas *opera ad hoc data*, posto que sem prévia determinação ou sem assentimento do dono do prédio, sua propriedade é exclusivamente deste (art. 608); de modo que sua apropriação pelo achador é furto, e não o crime de *apropriação de tesouro*."[24]

E arremata o grande penalista:

"Pode o tesouro achar-se escondido no solo ou em qualquer outro local, mesmo dentro de um móvel (ex.: moedas depositadas no escaninho secreto de uma velha arca). Não é, porém, tesouro o depósito natural de pedras preciosas (pois tal depósito, diversamente do tesouro enterrado, é *acessorium* do solo e, como tal, ainda que descoberto casualmente por terceiro, é propriedade inteira do dono do solo, desde que *dominus soli, dominus est coeli et inferiorum*, salvo as exceções legais)."[25]

Resumindo o raciocínio, o tesouro, que não possuía dono conhecido, deve ter sido encontrado casualmente, não importando, por exemplo, se isso ocorreu durante as escavações em um imóvel ou mesmo se no fundo falso de um móvel antigo que se encontrava no interior do prédio. Além disso, para que se configure a infração penal em estudo, o agente deverá se apropriar, total ou parcialmente, da quota que pertencia, por direito, ao proprietário do prédio, conforme determinado pela lei civil. Assim, o fato de encontrar casualmente um tesouro

---

[24]   HUNGRIA, Nélson. *Comentários ao código penal*, v. VII, p. 152.

[25]   HUNGRIA, Nélson. *Comentários ao código penal*, v. VII, p. 152.

é um comportamento indiferente ao Direito Penal. No entanto, o crime se configura quando, depois de encontrado o tesouro, o agente se apropria da quota que caberia ao proprietário do imóvel ou mesmo ao enfiteuta.

### 3.3.1 Objeto material e bem juridicamente protegido

O tipo penal que prevê o delito de apropriação de tesouro tem por finalidade proteger o *patrimônio*, ainda desconhecido, mas pertencente ao dono do prédio em que se encontrava escondido. Na verdade, protege-se, aqui, o direito de propriedade à quota a que tem direito o proprietário do prédio com a descoberta do tesouro. Também se encontra sob essa proteção não somente o direito do proprietário do prédio, como também do enfiteuta, nos termos do art. 1.266 do Código Civil.

Objeto material é o tesouro, vale dizer, o depósito antigo de coisas preciosas, oculto e de cujo dono não haja memória.

### 3.3.2 Sujeito ativo e sujeito passivo

Qualquer pessoa pode ser *sujeito ativo* do delito de apropriação de tesouro não havendo nenhuma condição ou qualidade especial exigida pelo tipo penal.

*Sujeito passivo* é o proprietário do prédio onde foi encontrado o tesouro que, nos termos do art. 1.264 do Código Civil, terá direito à metade do tesouro achado casualmente. Conforme salienta Magalhães Noronha, o art. 1.266 do Código Civil ao esclarecer que, *achando-se em terreno aforado, o tesouro será dividido por igual entre o descobridor e o enfiteuta, ou será deste por inteiro quando ele mesmo seja o descobridor*, "reserva ao enfiteuta o mesmo direito conferido ao proprietário à metade do tesouro. Neste caso, o titular do aforamento exclui o proprietário. Dando-se a invenção, o tesouro será dividido em duas partes iguais entre o inventor e enfiteuta, e consequentemente, se o primeiro se apodera do tesouro, apropria-se da parte que compete ao segundo."[26]

### 3.3.3 Consumação e tentativa

Consuma-se o delito no momento em que, descoberto o tesouro, o agente dele se apropria, agindo com *animus rem sibi habendi*. A consumação, aqui, ocorrerá nos moldes do art. 168 do Código Penal, com a diferença de que, naquele delito, a coisa alheia veio licitamente até o agente, o que não ocorre, *in casu*, com a quota que pertencia ao proprietário do imóvel.

Tendo em vista a possibilidade de ser fracionado o *iter criminis*, entendemos admissível a tentativa na infração penal em estudo.

### 3.3.4 Elemento subjetivo

O delito de apropriação de tesouro somente pode ser praticado dolosamente, não havendo previsão legal para a modalidade de natureza culposa.

### 3.3.5 Modalidades comissiva e omissiva

O núcleo contido no tipo penal que prevê a apropriação de tesouro poderá ser levado a efeito comissiva ou omissivamente, dependendo da situação concreta analisada.

---

[26] NORONHA, Edgard Magalhães. *Direito penal*, v. 2, p. 348.

## 3.3.6 Quadro-resumo

**Sujeitos**

» Ativo: qualquer pessoa.
» Passivo: é o proprietário do prédio onde foi encontrado o tesouro que, nos termos do art. 1.264 do CC, terá direito à metade do tesouro achado casualmente. Achando-se em terreno aforado, o tesouro será dividido por igual entre o descobridor e o enfiteuta, ou será deste por inteiro quando ele mesmo seja o descobridor.

**Objeto material**

É o tesouro, vale dizer, o depósito antigo de coisas preciosas, oculto e de cujo dono não haja memória.

**Bem(ns) juridicamente protegido(s)**

O patrimônio, ainda desconhecido, mas pertencente ao dono do prédio em que se encontrava escondido. Na verdade, protege-se, aqui, o direito de propriedade à quota a que tem direito o proprietário do prédio com a descoberta do tesouro. Também se encontra sob essa proteção não somente o direito do proprietário do prédio, como também do enfiteuta, nos termos do art. 1.266 do CC.

**Elemento subjetivo**

» É o dolo.
» Não há previsão legal para a modalidade de natureza culposa.

**Modalidades comissiva e omissiva**

O núcleo contido no tipo penal que prevê a apropriação de tesouro poderá ser levado a efeito comissiva ou omissivamente, dependendo da situação concreta analisada.

**Consumação e tentativa**

» Consuma-se o delito no momento em que, descoberto o tesouro, o agente dele se apropria, agindo com *animus rem sibi habendi*.
» A tentativa é admissível.

## 3.4 Apropriação de coisa achada

O delito de *apropriação de coisa achada* encontra-se previsto no inciso II do parágrafo único do art. 169, que diz, *verbis*:

> II – quem acha coisa alheia perdida e dela se apropria, total ou parcialmente, deixando de restituí-la ao dono ou legítimo possuidor ou de entregá-la à autoridade competente, dentro do prazo de 15 (quinze) dias.

Dessa forma, podemos destacar os seguintes elementos contidos na mencionada infração penal: *a)* a conduta de se apropriar de coisa alheia perdida; *b)* a apropriação pode ser total ou parcial; *c)* não a restituir ao dono ou legítimo possuidor ou não a entregar à autoridade competente no prazo de 15 (quinze) dias.

A conduta de se apropriar agora é dirigida finalisticamente à *coisa alheia perdida*. Dessa forma, não comete o delito em estudo se o agente estiver diante de *res nullius* (coisa de ninguém), ou ainda de *res derelicta* (coisa abandonada). Merece ser levada a efeito a distinção entre *coisa perdida* e *coisa esquecida*, pois *coisa perdida* é aquela que seu dono ou possuidor não sabe onde efetivamente se encontra, e *coisa esquecida* é aquela que, temporariamente, foi esquecida em algum lugar conhecido pelo dono ou possuidor. Bento de Faria esclarece que "coisas perdidas são as que se encontram em lugar público ou de uso público, em condições tais que façam presumir, fundadamente o seu extravio."[27]

É de extrema importância à configuração do delito em exame que a coisa seja *perdida*, e não esquecida ou mesmo deixada voluntariamente em algum lugar pela própria vítima. É que, nesses últimos casos, se o agente que as encontra resolve tê-las para si, o delito praticado será o de furto, e não o de apropriação de coisa achada.

Aquele que perde a coisa não perde o seu domínio. Continua a ser seu dono, mesmo não tendo a sua posse direta.

O fato de encontrar a coisa perdida, como se percebe com clareza, não se configura em infração penal, mas sim a vontade de dela se apropriar, tendo conhecimento de que se encontra perdida, ou seja, possui um dono que não abriu mão do seu domínio sobre ela.

Não importa que essa apropriação seja total ou parcial. Assim, aquele que acha coisa perdida e devolve, tão somente, metade daquilo que encontrou ao seu legítimo dono deve responder pela infração penal em estudo.

O Código Civil possui dispositivo semelhante, que obriga o descobridor a entregar a coisa perdida por ele encontrada, dizendo, em seu art. 1.233, parágrafo único, *verbis*:

> **Art. 1.233.** Quem quer que ache coisa alheia perdida há de restituí-la ao dono ou legítimo possuidor. **Parágrafo único.** Não o conhecendo, o descobridor fará por encontrá-lo, e, se não o encontrar, entregará a coisa achada à autoridade competente.

O Código Penal determina, contudo, que essa devolução ocorra no prazo de 15 dias. Portanto, se o agente for surpreendido com a coisa perdida ainda no prazo legal, não se poderá concluir pelo delito de apropriação de coisa achada, visto que, para a sua configuração, deverá ter decorrido o prazo estipulado pela lei penal. O reconhecimento da infração penal, outrossim, está condicionado ao decurso do prazo legal. Antes dele, mesmo já existindo no agente a vontade de se apropriar da coisa, o fato será atípico. Nesse sentido, afirma Cezar Roberto Bitencourt que "somente se configura a *apropriação de coisa achada* após ultrapassado o prazo legal de quinze dias sem que o *achador* devolva a coisa ao dono ou a entregue à Polícia. Assim, não excedida a faixa legal de quinze dias, nem se tipifica o crime."[28]

A entrega poderá ser realizada diretamente ao dono ou legítimo possuidor da coisa perdida ou, sendo desconhecidos, deverá ser entregue à autoridade competente. Pode ocorrer, e não é incomum, que o agente encontre uma carteira que, além de documentos e determinada importância em dinheiro, contenha, também, o endereço de seu dono. Nesse caso, poderá o agente entregá-la diretamente a ele.

O art. 1.234 do Código Civil, cuidando sobre o tema, determina:

> **Art. 1.234.** Aquele que restituir a coisa achada, nos termos do artigo antecedente, terá direito a uma recompensa não inferior a 5% (cinco por cento) do seu valor, e à indenização pelas despesas que houver feito com a conservação e transporte da coisa, se o dono não preferir abandoná-la.

A *autoridade* a quem deverá ser entregue a coisa perdida, mencionada no tipo penal que prevê o delito de apropriação de coisa achada, é a *judiciária* ou *policial*.

---

27 FARIA, Bento de. *Código penal brasileiro*, p. 119.

28 BITENCOURT, Cezar Roberto. *Tratado de direito penal*, v. 3, p. 266.

### 3.4.1 Objeto material e bem juridicamente protegido

Inserido no Título II do Código Penal, que cuida dos crimes contra o patrimônio, podemos dizer que o direito de propriedade e a posse são os bens juridicamente protegidos pelo tipo penal que prevê o delito de apropriação de coisa achada, haja vista a menção expressa não só ao *dono* da coisa perdida, como também ao seu *legítimo possuidor*.

Objeto material do delito é a coisa alheia perdida.

### 3.4.2 Sujeito ativo e sujeito passivo

*Sujeito ativo* é aquele que acha a coisa alheia perdida e dela se apropria.

*Sujeito passivo* é o dono ou o legítimo possuidor, que não perde seus direitos sobre a coisa em decorrência de sua perda.

### 3.4.3 Consumação e tentativa

Consuma-se o delito de apropriação de coisa achada quando o agente, agindo com o dolo de sua apropriação, não a restitui ao dono ou legítimo possuidor ou não a entrega à autoridade competente no prazo de 15 dias. Assim, a consumação da infração penal somente ocorrerá após o decurso do mencionado prazo legal. Mesmo que o agente já tenha decidido não a devolver, se ainda estiver no prazo legal, seu comportamento será considerado um indiferente penal, pois o tipo penal, para sua configuração, encontra-se *condicionado* ao decurso do prazo de 15 dias.

Em razão desse raciocínio, entendemos não ser possível o reconhecimento da tentativa, uma vez que, mesmo tendo resolvido psiquicamente não devolver a coisa achada, mas se ainda estiver no prazo legal, se for descoberto o agente, o fato será atípico; ao contrário, se, agindo com *animus* de se apropriar da coisa achada, deixar ultrapassar o prazo de 15 dias, o delito já estará consumado.

### 3.4.4 Elemento subjetivo

O delito de apropriação de coisa achada somente pode ser praticado dolosamente, não havendo previsão para a modalidade de natureza culposa.

Assim, aquele que, tendo achado coisa perdida, retarda, negligentemente, a sua devolução, permitindo que o prazo de 15 dias seja ultrapassado, não poderá ser responsabilizado criminalmente pelo delito em estudo.

Imagine-se a hipótese daquele que, depois de encontrar a coisa perdida, decide entregá-la à autoridade policial. No entanto, em virtude de seus compromissos particulares, vai adiando a sua ida à Delegacia de Polícia até que, sem perceber, permite que haja o decurso do tempo legal, vale dizer, os 15 dias exigidos pelo inciso II do parágrafo único do art. 169 do Código Penal.

Nesse caso, não se pode imputar qualquer infração penal ao sujeito, haja vista que, embora o decurso do tempo seja fundamental ao reconhecimento do delito, não se pode abrir mão do elemento subjetivo, vale dizer, do dolo com que atuava o agente no sentido de apropriar-se da coisa por ele achada.

Assim, a conjugação do elemento subjetivo (dolo) com o decurso do tempo (prazo de 15 dias) é que permite o reconhecimento do delito de apropriação de coisa achada.

### 3.4.5 Modalidades comissiva e omissiva

O delito de apropriação de coisa achada, de acordo com a redação legal, deverá ser praticado omissivamente (omissão própria), haja vista que o próprio tipo penal, de forma expressa, prevê o comportamento negativo do agente, quando se vale da expressão *deixando de restituí-*

# 641 · PARTE II – CAPÍTULO V – DA APROPRIAÇÃO INDÉBITA

*-la ao dono ou legítimo possuidor ou de entregá-la à autoridade competente, dentro do prazo de 15 (quinze) dias.*

Isso porque o fato de encontrar a coisa perdida é considerado um indiferente penal, ou seja, não tem qualquer importância em si mesmo. No entanto, depois de encontrada a coisa perdida, surge o dolo de se apropriar dela, assim agindo quando *deixa* de devolvê-la a quem de direito. Por essa razão, concluímos que o núcleo *apropriar*, contido no tipo penal, deverá ser entendido mediante um comportamento omissivo, mesmo que depois do decurso do prazo legal o agente, por exemplo, se desfaça da coisa agindo como se fosse dono, pois, ainda assim, terá deixado de entregá-la às pessoas determinadas pelo tipo penal.

## 3.5 Classificação doutrinária

Crime comum; doloso; comissivo (podendo, em algumas hipóteses, ser considerado como omissivo próprio, como ocorre com a apropriação de coisa achada); de dano; material; de forma livre; instantâneo (não se descartando a possibilidade de ser considerado como instantâneo de efeitos permanentes, caso ocorra, por exemplo, a destruição da coisa apropriada); monossubjetivo; plurissubsistente (como regra, pois, em algumas situações, os atos poderão ser concentrados, devendo, pois, ser considerados unissubsistentes).

## 3.6 Primariedade do agente e pequeno valor da coisa apropriada havida por erro, caso fortuito ou força da natureza, do tesouro e da coisa achada

O art. 170 do Código Penal determina seja aplicado ao delito de apropriação de coisa havida por erro, caso fortuito ou força da natureza, apropriação de tesouro e de coisa achada o § 2º do art. 155 do mesmo diploma legal.

Solicitamos a leitura do tópico correspondente ao delito de furto para melhores esclarecimentos.

## 3.7 Pena, ação penal, competência para julgamento e suspensão condicional do processo

O preceito secundário do art. 169 do Código Penal comina uma pena de detenção, de 1 (um) mês a 1 (um) ano, ou multa, para as três infrações penais por ele previstas: 1) *apropriação de coisa havida por erro, caso fortuito ou força da natureza;* 2) *apropriação de tesouro;* 3) *apropriação de coisa achada.*

A ação penal é de natureza pública incondicionada.

Compete ao Juizado Especial Criminal o julgamento das infrações penais tipificadas no art. 169 do Código Penal, haja vista que a pena máxima cominada em abstrato não ultrapassa o limite de 2 (dois) anos, sendo possível, ainda, a realização de proposta de suspensão condicional do processo, pois a pena mínima cominada não supera o limite determinado pelo art. 89 da Lei nº 9.099/95, vale dizer, um ano.

Aplicam-se ao art. 169 do Código Penal as disposições contidas nos arts. 181, 182 e 183 do mesmo diploma repressivo, naquilo que lhe forem pertinentes.

## 3.8 Destaque

### 3.8.1 *Apropriação de coisa havida acidentalmente, apropriação de coisa achada e Código Penal Militar*

Os crimes de apropriação de coisa havida acidentalmente, que se equivale ao delito de apropriação de coisa havida por erro, caso fortuito ou força da natureza (art. 169, *caput*, do

CP) e apropriação de coisa achada também vieram previstos no Código Penal Militar (Decreto-Lei nº 1.001, de 21 de outubro de 1969), conforme se verifica pela leitura do seu art. 249 e parágrafo único.

## 3.9 Quadro-resumo

### Sujeitos
» Ativo: aquele que acha a coisa alheia perdida e dela se apropria.
» Passivo: o dono ou o legítimo possuidor, que não perde seus direitos sobre a coisa em decorrência de sua perda.

### Objeto material
É a coisa alheia perdida.

### Bem(ns) juridicamente protegido(s)
O direito de propriedade e a posse.

### Elemento subjetivo
» É o dolo.
» Não há previsão para a modalidade de natureza culposa.

### Modalidades comissiva e omissiva
O delito deverá ser praticado omissivamente (omissão própria).

### Consumação e tentativa
» Consuma-se o delito quando o agente, agindo com o dolo de sua apropriação, não a restitui ao dono ou legítimo possuidor ou não a entrega à autoridade competente no prazo de 15 dias. Assim, a consumação da infração penal somente ocorrerá após o decurso do mencionado prazo legal.
» Mesmo que o agente já tenha decidido não devolvê-la, se ainda estiver no prazo legal, seu comportamento será considerado um indiferente penal.
» Em razão desse raciocínio, entendemos que não é possível o reconhecimento da tentativa.

# Capítulo VI
# Do Estelionato e Outras Fraudes

 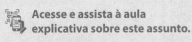

Acesse e assista à aula explicativa sobre este assunto.
> http://uqr.to/1wmd8

## 1. ESTELIONATO

**Estelionato**
**Art. 171.** Obter, para si ou para outrem, vantagem ilícita, em prejuízo alheio, induzindo ou mantendo alguém em erro, mediante artifício, ardil, ou qualquer outro meio fraudulento:
Pena – reclusão, de um a cinco anos, e multa, de quinhentos mil réis a dez contos de réis.
§ 1º Se o criminoso é primário, e é de pequeno valor o prejuízo, o juiz pode aplicar a pena conforme o disposto no art. 155, § 2º.
§ 2º Nas mesmas penas incorre quem:
**Disposição de coisa alheia como própria**
I – vende, permuta, dá em pagamento, em locação ou em garantia coisa alheia como própria.
**Alienação ou oneração fraudulenta de coisa própria**
II – vende, permuta, dá em pagamento ou em garantia coisa própria inalienável, gravada de ônus ou litigiosa, ou imóvel que prometeu vender a terceiro, mediante pagamento em prestações, silenciando sobre qualquer dessas circunstâncias.
**Defraudação de penhor**
III – defrauda, mediante alienação não consentida pelo credor ou por outro modo, a garantia pignoratícia, quando tem a posse do objeto empenhado.
**Fraude na entrega de coisa**
IV – defrauda substância, qualidade ou quantidade de coisa que deve entregar a alguém.
**Fraude para recebimento de indenização ou valor do seguro**
V – destrói, total ou parcialmente, ou oculta coisa própria, ou lesa o próprio corpo ou a saúde, ou agrava as consequências da lesão ou doença, com o intuito de haver indenização ou valor de seguro.
**Fraude no pagamento por meio de cheque**
VI – emite cheque, sem suficiente provisão de fundos em poder do sacado, ou lhe frustra o pagamento.
**Fraude eletrônica**
§ 2º-A. A pena é de reclusão, de 4 (quatro) a 8 (oito) anos, e multa, se a fraude é cometida com a utilização de informações fornecidas pela vítima ou por terceiro induzido a erro por meio de redes sociais, contatos telefônicos ou envio de correio eletrônico fraudulento, ou por qualquer outro meio fraudulento análogo.

§ 2º-B. A pena prevista no § 2º-A deste artigo, considerada a relevância do resultado gravoso, aumenta-se de 1/3 (um terço) a 2/3 (dois terços), se o crime é praticado mediante a utilização de servidor mantido fora do território nacional.

§ 3º A pena aumenta-se de um terço, se o crime é cometido em detrimento de entidade de direito público ou de instituto de economia popular, assistência social ou beneficência.

**Estelionato contra idoso ou vulnerável**

§ 4º A pena aumenta-se de 1/3 (um terço) ao dobro, se o crime é cometido contra idoso ou vulnerável, considerada a relevância do resultado gravoso.

§ 5º Somente se procede mediante representação, salvo se a vítima for:

I – a Administração Pública, direta ou indireta;

II – criança ou adolescente;

III – pessoa com deficiência mental; ou

IV – maior de 70 (setenta) anos de idade ou incapaz.

## 1.1 Introdução

O Código Penal tipifica o delito de estelionato por meio da seguinte redação constante de seu art. 171, *caput, verbis:*

**Art. 171.** Obter, para si ou para outrem, vantagem ilícita, em prejuízo alheio, induzindo ou mantendo alguém em erro, mediante artifício, ardil, ou qualquer outro meio fraudulento:

Desde que surgiram as relações sociais, o homem se vale da fraude para dissimular seus verdadeiros sentimentos, intenções, ou seja, para, de alguma forma, ocultar ou falsear a verdade, a fim de obter vantagens que, em tese, lhe seriam indevidas. Veja-se o exemplo citado pela Bíblia, que ocorreu entre Jacó e seu pai Isaque. Como seu irmão Esaú tinha o direito de primogenitura, deveria receber a bênção de seu pai, que já se encontrava avançado em idade, prestes a morrer. Jacó, no entanto, induzido por sua mãe, almejando receber a bênção no lugar de seu irmão, aproveitando-se do fato de que seu pai já não mais enxergava, se fez passar por Esaú. Como Esaú tinha muitos pelos sobre o corpo, ao contrário de Jacó, este, a fim de enganar o pai, cobriu as mãos e a lisura do pescoço com pele de cabrito e foi em busca do seu propósito. A Bíblia nos conta que Isaque, depois de colocar as mãos sobre o corpo do filho, embora desconfiasse da voz, sentiu-se seguro por encontrar os pelos em seu corpo e, depois de beijá-lo, abençoou-o dizendo:

"Eis que o cheiro do meu filho é como o cheiro do campo, que o SENHOR abençoou; Deus te dê do orvalho do céu, e da exuberância da terra, a fartura de trigo e de mosto. Sirvam-te os povos, e nações te reverenciem; sê senhor dos teus irmãos, e os filhos de tua mãe se curvem a ti; maldito seja o que te amaldiçoar, e abençoado o que te abençoar."[1]

Mediante a leitura do art. 171 do Código Penal, verifica-se que a *fraude* é a característica fundamental do delito de estelionato. No entanto, sabemos que a fraude, conforme o exemplo de Jacó, pode existir em outras situações que não importam em infração penal. Questão delicada, portanto, diz respeito à diferença que se deve traçar entre a fraude penal, que se encontra como elemento de inúmeras infrações penais, e aquela de natureza civil.

Sabemos que, por exemplo, quando estamos diante de uma compra e venda, o vendedor procura enaltecer as vantagens do seu produto e, por outro lado, esconder aquilo que lhe é desfavorável. Infelizmente, esse "jogo encoberto" faz parte das relações negociais.

---

[1]    BÍBLIA SAGRADA. *Gênesis*, Capítulo 27, versículos 27-29.

Onde residiria, portanto, a diferença entre o "engano", aceito e tolerado nas relações comerciais, e o "engano" entendido como criminoso, capaz de fazer com que o agente se veja privado de sua liberdade? Nélson Hungria, procurando traçar a diferença entre ilicitude penal e ilicitude civil (e, consequentemente, entre fraude penal e fraude civil), argumenta:

"No que têm de fundamental, coincidem o delito civil e o delito penal. Um e outro são uma rebeldia contra a ordem jurídica. Consistem ambos num fato exterior do homem, antijurídico, imputável a título de dolo ou culpa. A única diferença entre eles está na *maior gravidade* do delito penal que, por isso mesmo, provoca mais extensa e intensa perturbação social. Diferença unicamente de *grau* ou *quantidade*. A este critério relativo, e somente a ele, é que atende o direito objetivo do Estado na diversidade formal de sua ação defensiva contra a sublevação da vontade individual."[2]

Na verdade, quem determina a gravidade da fraude e, consequentemente, a necessidade de criação da figura típica é o legislador, que atua movido por questões de política-criminal, que variam de acordo com cada momento pelo qual atravessa a sociedade. Assim, não há, na verdade, qualquer critério predeterminado que tenha o condão de traçar, com precisão, a diferença entre fraude civil e fraude penal, pois até a valoração de sua intensidade é levada a efeito de acordo com o sentimento político de cada época. Dessa forma, o que antes poderia ser entendido como fraude de natureza civil, amanhã já poderá receber a valoração exigida pelo Direito Penal. Portanto, estamos com Cezar Roberto Bitencourt quando sentencia que "não há *critério científico* que abstrata ou concretamente distinga, com segurança, uma fraude da outra."[3]

Sendo a fraude o ponto central do delito de estelionato, podemos identificá-lo, outrossim, por meio dos seguintes elementos que integram a sua figura típica: *a)* conduta do agente dirigida finalisticamente à obtenção de vantagem ilícita, em prejuízo alheio; *b)* a vantagem ilícita pode ser para o próprio agente ou para terceiro; *c)* a vítima é induzida ou mantida em erro; *d)* o agente se vale de um artifício, ardil ou qualquer outro meio fraudulento para a consecução do seu fim.

O crime de estelionato é regido pelo binômio *vantagem ilícita/prejuízo alheio*. A conduta do agente, portanto, deve ser dirigida a obter *vantagem ilícita*, em *prejuízo alheio*. Assim, de acordo com a redação legal, a primeira indagação seria no sentido de saber o significado da expressão *vantagem ilícita*. Ilícita é a vantagem que não encontra amparo no ordenamento jurídico, sendo, na verdade, contrária a ele. Se a vantagem perseguida pelo agente fosse lícita, o fato poderia ser desclassificado para outra infração penal, a exemplo do crime de exercício arbitrário das próprias razões.

Além disso, discute-se a respeito da natureza dessa vantagem ilícita. A doutrina majoritária posiciona-se no sentido de que a expressão *vantagem ilícita* abrange qualquer tipo de vantagem, tenha ou não natureza econômica. Nesse sentido, afirma Luiz Regis Prado:

"Prevalece o entendimento doutrinário de que a referida vantagem não necessita ser econômica, já que o legislador não restringiu o seu alcance como o fez no tipo que define o crime de extorsão, no qual empregou a expressão *indevida vantagem econômica*."[4]

*Permissa* vênia, não podemos concordar com essa posição, amplamente majoritária, assumida por nossa doutrina. Isso porque, conforme já esclarecemos ao levar a efeito o estudo

---

[2] HUNGRIA, Nélson. *Comentários ao código penal*, v. VII, p. 173.

[3] BITENCOURT, Cezar Roberto. *Tratado de direito penal*, v. 3, p. 277.

[4] PRADO, Luiz Regis. *Curso de direito penal brasileiro*, v. 2, p. 523.

do delito tipificado no art. 159 do Código Penal, não podemos analisar os tipos penais isoladamente, como se fossem estrelas perdidas, afastadas de qualquer constelação. Por isso, não podemos abrir mão, conforme já assinalado naquela oportunidade, da chamada *interpretação sistêmica*. Dessa forma, encontrando-se o tipo penal que prevê o delito de estelionato inserido no Título II do Código Penal, correspondente aos crimes contra o patrimônio, o raciocínio não poderia ser outro senão o de afirmar que a vantagem ilícita, obtida pelo agente, deve ter natureza econômica. Assim, qualquer vantagem *economicamente apreciável* poderá se amoldar ao delito em estudo, seja ela a obtenção de coisa móvel, imóvel, direitos pertencentes à vítima, enfim, qualquer vantagem em que se possa apontar a sua essência econômica. Caso contrário, ou o fato será atípico, ou poderá se consubstanciar em outras infrações penais em que a fraude faça parte do tipo penal, tal como ocorre nos crimes contra a dignidade sexual, com o delito de violação sexual mediante fraude, tipificado no art. 215 do Código Penal, com a nova redação que lhe foi conferida pela Lei nº 12.015, de 7 de agosto de 2009.

Além da vantagem ilícita obtida pelo agente com o seu comportamento, a vítima sofre prejuízo, também, de natureza econômica. Assim, poderá tanto perder aquilo que já possuía, a exemplo daquele que entrega determinada quantia ao estelionatário, ou mesmo deixar de ganhar o que lhe era devido, como no caso da vítima que, enganada pelo agente, não comparece, sendo obrigatória a sua presença, ao local onde receberia uma premiação, perdendo tal direito, que foi transferido ao agente, segundo beneficiado na lista de premiações.

O *caput* do art. 171 do Código Penal determina que a vantagem ilícita seja para o próprio agente ou para terceiro. Nesse caso, o terceiro pode, inclusive, não saber que aquilo que recebe do agente é produto de crime, não podendo ser responsabilizado pelo delito de estelionato, a não ser que atue mediante o concurso de pessoas, previsto pelo art. 29 do Código Penal.

A utilização da fraude pelo agente visa a *induzir* ou *manter* a vítima em *erro*. *Erro* significa a concepção equivocada da realidade, é um conhecimento falso do que ocorre no mundo real. Assim, aquele que atua movido pelo erro acredita numa coisa, enquanto a realidade é outra.

*Induzir* a erro é fazer nascer a representação equivocada na vítima. O agente, mediante sua fraude, cria no espírito da vítima um sentimento que não condiz com a realidade. Pode ocorrer, entretanto, que a vítima já tenha incorrido, sem qualquer influência do agente, em erro. Nesse caso, se a representação distorcida da realidade já existia, não se poderá falar em induzimento. No entanto, a lei penal também considera como uma das formas de se praticar o estelionato a *manutenção em erro*, vale dizer, o agente, mesmo sabendo que a vítima tinha um conhecimento equivocado da realidade, a mantém nessa situação, com a finalidade de obter vantagem ilícita, em seu prejuízo.

O *caput* do art. 171 do Código Penal aponta, exemplificativamente, os meios pelos quais o delito poderá ser praticado, vale dizer, o artifício e o ardil. Estes podem ser considerados como espécies de fraudes, já que o mencionado artigo determina seja levada a efeito a chamada interpretação analógica, significando que a uma fórmula casuística (artifício, ardil) a lei faz seguir uma fórmula genérica (qualquer outro meio fraudulento).

A doutrina procura distinguir o *artifício* do *ardil*, embora façam parte do gênero fraude. Explica Noronha:

"Artifício, lexicologicamente, significa produto de arte, trabalho de artistas. Nesse sentido, portanto, pode-se dizer haver artifício quando há certo aparato, quando se recorre à arte, para mistificar alguém.

Pode o artifício manifestar-se por vários modos: consistir-se em palavras, gestos ou atos; ser ostensivo ou tácito; explícito ou implícito; e exteriorizar-se em ação ou omissão.

Quanto ao ardil, dão-nos os dicionários os sinônimos de astúcia, manha e sutileza. Já não é de natureza tão material quanto o artifício, porém mais intelectual. Dirige-se diretamente à psique do indivíduo, ou, na expressão de Manzini, à sua inteligência ou sentimento, de modo que provoque erro mediante *falsa aparência lógica ou sentimental*, isto é, excitando ou determinando no sujeito passivo convicção, paixão, ou emoção, e criando destarte motivos ilusórios à ação ou omissão desejada pelo sujeito ativo."[5]

Na verdade, conforme se verifica pela interpretação analógica determinada pelo *caput* do art. 171 do Código Penal, artifício e ardil fazem parte do gênero *fraude,* isto é, o engano, a artimanha do agente, no sentido de fazer com que a vítima incorra em erro ou, pelo menos, nele permaneça. Qualquer meio fraudulento utilizado pelo agente, seja mediante dissimulações, seja até mesmo uma *reticência maliciosa*, que faça a vítima incorrer em erro, já será suficiente para o raciocínio relativo ao delito de estelionato. No que diz respeito à reticência maliciosa, Hungria fornecia o exemplo do colecionador que adquiria de alguém, sem qualquer experiência no ramo de antiguidades ou raridades, uma peça de grande valor, por preço irrisório, por desconhecer a sua importância, fazendo com que a vítima permanecesse em erro com relação ao valor do bem que estava sendo vendido.

Concluindo, a palavra estelionato se origina de *stellio,* ou seja, camaleão, justamente pela qualidade que tem esse animal para mudar de cor, confundindo sua presa, facilitando, assim, o bote fatal, bem como para poder fugir, também, dos seus predadores naturais, que não conseguem, em virtude de suas mutações, perceber a sua presença, tal como ocorre com o estelionatário que, em razão de seus disfarces, sejam físicos ou psíquicos, engana a vítima com sua fraude, a fim de que tenha êxito na sua empresa criminosa.

## 1.2 Classificação doutrinária

Analisando a figura típica fundamental, podemos concluir que o estelionato é um crime comum tanto com relação ao sujeito ativo quanto ao sujeito passivo; doloso; material; comissivo e omissivo (tendo em vista ser possível esse raciocínio através da conduta de manter a vítima em erro); de forma livre (pois qualquer fraude pode ser usada como meio para a prática do crime); instantâneo (podendo, ocasionalmente, ser reconhecido como instantâneo de efeitos permanentes, quando houver, por exemplo, a perda ou destruição da coisa obtida por meio de fraude); de dano; monossubjetivo; plurissubsistente; transeunte ou não transeunte (dependendo da forma como o delito é praticado).

## 1.3 Objeto material e bem juridicamente protegido

Mediante a incriminação do estelionato, tem-se em mira, precipuamente, a proteção do patrimônio daquele que sofreu prejuízo com o comportamento fraudulento empregado pelo agente.

Conforme destaca Muñoz Conde, *"bem jurídico protegido* comum a todas as modalidades de estelionato é o patrimônio alheio em qualquer de seus elementos integrantes, bens móveis ou imóveis, direitos etc., que podem constituir o objeto material do delito."[6]

Não se pode esquecer de que, por meio da incriminação contida no tipo penal do art. 171 do diploma repressivo, procura-se proteger as relações sociais com a punição do comportamento fraudulento, preservando-se, assim, a indispensável *confiança* que deve existir entre os membros da sociedade.

## 1.4 Sujeito ativo e sujeito passivo

Qualquer pessoa pode ser *sujeito ativo* no crime de estelionato, pois o tipo penal não exige, para efeitos de seu reconhecimento, qualidade ou condição especial daquele que pratica o comportamento típico.

---

[5] NORONHA, Edgard Magalhães. *Direito penal*, v. 2, p. 365.

[6] MUÑOZ CONDE, Francisco. *Derecho penal* – Parte especial, p. 410.

Da mesma forma, qualquer pessoa pode figurar como *sujeito passivo*. Merece ser ressaltado que além do proprietário, aquele que, mesmo não sendo o *dominus,* sofre prejuízo com o comportamento levado a efeito pelo agente, pode ser considerado sujeito passivo da ação criminosa.

Há necessidade, entretanto, que o sujeito passivo seja pessoa determinada, pois, caso contrário, se for praticado contra um número indefinido de pessoas, o delito poderá ser desclassificado para uma das hipóteses previstas na Lei nº 1.521, de 26 de dezembro de 1951, que dispõe sobre os crimes contra a economia popular, ou mesmo uma das infrações penais contra a relação de consumo, previstas pelo Código de Defesa do Consumidor (Lei nº 8.078, de 11 de setembro de 1990).

O sujeito passivo do crime de estelionato deverá possuir *capacidade de discernimento* para que possa, de acordo com os elementos do tipo penal em estudo, ser induzido ou mantido em erro. Se lhe falta essa capacidade, tal como ocorre com alguns incapazes, o fato poderá ser desclassificado, por exemplo, para o delito tipificado no art. 173 do Código Penal.

## 1.5 Consumação e tentativa

Crime material, tem-se por consumado o estelionato, em sua modalidade básica, quando o agente consegue obter a vantagem ilícita, em prejuízo da vítima. Há necessidade, para efeitos de reconhecimento de consumação do estelionato, da afirmação do binômio *vantagem ilícita/prejuízo alheio*. Assim, quando o agente consegue auferir a vantagem ilícita em prejuízo da vítima, o delito chega à sua consumação.

Se, no entanto, depois de iniciados os atos de execução configurados na fraude empregada na prática do delito, o agente não conseguir obter a vantagem ilícita em virtude de circunstâncias alheias à sua vontade, o crime restará tentado.

Assim, é de vital importância apontar o momento a partir do qual se pode entender como o *início da execução,* haja vista que os atos que lhe forem antecedentes se não se constituírem, *per se*, em infrações penais autônomas serão considerados um indiferente penal.

Salienta Cezar Roberto Bitencourt:

> "No estelionato, crime que requer a cooperação da vítima, o início de sua execução se dá com o engano da vítima. Quando o agente não consegue enganar a vítima, o simples emprego de artifício ou ardil caracteriza apenas a prática de *atos preparatórios*, não se podendo cogitar de tentativa."[7]

## 1.6 Elemento subjetivo

O delito de estelionato somente pode ser praticado dolosamente, não havendo previsão para a modalidade de natureza culposa.

Dessa forma, a conduta do agente deve ser dirigida finalisticamente a induzir ou a manter alguém em erro, mediante artifício, ardil ou qualquer outro meio fraudulento, a fim de obter, para si ou para outrem, vantagem ilícita, em prejuízo alheio.

Conforme salienta Damásio de Jesus:

> "É necessário que o sujeito tenha consciência da ilicitude da vantagem que obtém da vítima. O tipo requer um segundo elemento subjetivo, contido na expressão *para si ou para outrem*."[8]

---

[7]   BITENCOURT, Cezar Roberto. *Tratado de direito penal*, v. 3, p. 287.

[8]   JESUS, Damásio E. de. *Direito penal*, v. 2, p. 427-428.

Merece ressalva, ainda, o fato de que o dolo, característico do crime de estelionato, deve surgir anteriormente à posse da coisa pelo agente, pois, caso contrário, como já o dissemos, poderá se configurar no delito de apropriação indébita.

## 1.7 Modalidades comissiva e omissiva

A conduta típica de obter vantagem ilícita em prejuízo alheio é praticada mediante a fraude do agente, que *induz* ou *mantém* a vítima em erro.

A *indução* pressupõe um comportamento comissivo, vale dizer, o agente faz alguma coisa para que a vítima incorra em erro.

Por outro lado, a conduta de manter a vítima em erro pode ser praticada omissivamente, isto é, o agente, sabedor do erro em que está incorrendo a vítima, aproveita-se dessa oportunidade, silenciando-se, a fim de obter a vantagem ilícita em prejuízo dela.

Nesse sentido, preleciona Nélson Hungria:

> "Há uma analogia substancial entre o *induzimento em erro* e o *doloso silêncio em torno do erro preexistente*. Praticamente, tanto faz ministrar o veneno como deixar *scienter* que alguém o ingira por engano [...].
>
> A inércia é uma *species* do *genus* 'ação': é a própria atividade que se refrange sobre si mesma, determinando-se ao *non facere*. Tanto usa de fraude quem *ativamente* causa o erro para um fim ilícito, quanto quem *passivamente* deixa-o persistir e dele se aproveita."[9]

## 1.8 Primariedade do agente e pequeno valor do prejuízo

O § 1º do art. 171 do Código Penal determina, *verbis*:

> § 1º Se o criminoso é primário, e é de pequeno valor o prejuízo, o juiz pode aplicar a pena conforme o disposto no art. 155, § 2º.

Como se percebe pela redação do parágrafo antes transcrito, em comparação com o § 2º do art. 155 do Código Penal, a lei penal, embora mantendo a exigência da primariedade do agente, modificou o segundo requisito necessário à sua aplicação.

No crime de furto, exige a lei que a *coisa furtada seja de pequeno valor*, dado este de natureza eminentemente objetiva, tendo os Tribunais convencionado, conforme já dissemos anteriormente quando do estudo do art. 155 do Código Penal, ser aquele em torno de um salário mínimo, vigente à época dos fatos.

Na hipótese do crime de estelionato, a redação legal faz menção a *prejuízo* de pequeno valor, devendo-se levar em consideração, aqui, a pessoa da vítima, ao contrário do que ocorre no delito de furto.

No entanto, a redação legal não podia ser outra, uma vez que, diferentemente do objeto material do furto, que é a *coisa alheia móvel*, no estelionato, de abrangência maior, o art. 171 utiliza a expressão *prejuízo alheio*, que pode se estender não somente às coisas móveis, como também imóveis, direitos economicamente apreciáveis etc.

Assim, se o criminoso for primário e de pequeno valor o prejuízo, que também deve girar em torno de um salário mínimo, o juiz poderá substituir a pena de reclusão pela de detenção, diminuí-la de um a dois terços ou aplicar somente a pena de multa.

Para maiores informações a respeito dos critérios de aplicação das alternativas legais, remetemos o leitor aos comentários produzidos quando do estudo do crime de furto.

---

[9] HUNGRIA, Nélson. *Comentários ao código penal*, v. VII, p. 208-209.

## 1.9 Modalidades especiais de estelionato

O § 2º do art. 171 do Código Penal, cuidando das modalidades especiais de estelionato, prevê os delitos de: I – *disposição de coisa alheia como própria;* II – *alienação ou oneração fraudulenta de coisa própria;* III – *defraudação de penhor;* IV – *fraude na entrega de coisa;* V – *fraude para recebimento de indenização ou valor de seguro;* VI – *fraude no pagamento por meio de cheque.*

Como subespécies de estelionato, devemos interpretá-las levando em consideração os elementos informadores daquela figura típica. Assim, a fraude será o meio utilizado pelo agente, em todas essas figuras típicas, a fim de que obtenha uma vantagem ilícita em prejuízo alheio. O dolo é o elemento subjetivo característico de todas as infrações penais catalogadas pelos incisos do § 2º do art. 171 do Código Penal, não havendo previsão para a modalidade de natureza culposa.

Em razão de suas particularidades, faremos a análise, isoladamente, de cada uma dessas modalidades.

### 1.9.1 Disposição de coisa alheia como própria

O inciso I do § 2º do art. 171 do Código Penal diz que incorrerá nas mesmas penas cominadas à modalidade fundamental de estelionato aquele que *vende, permuta, dá em pagamento, em locação ou em garantia coisa alheia como própria*, atribuindo a esta figura típica o *nomen iuris* de *disposição de coisa alheia como própria.*

Crime comum, tanto com relação ao sujeito ativo quanto ao sujeito passivo, pode ser praticado por qualquer pessoa, não se exigindo nenhuma qualidade ou condição especial.

Como se percebe pela redação legal, os comportamentos *vender, permutar, dar em pagamento, em locação ou em garantia* pressupõem, como regra geral, que sejam praticados por quem não é proprietário da coisa. Assim, o agente, objetivando obter a vantagem ilícita, utiliza fraude, fazendo-se passar pelo proprietário do bem, causando prejuízo à vítima.

A *coisa alheia* mencionada pelo tipo penal pode ser *móvel* ou *imóvel.*

A consumação ocorre quando, efetivamente, consegue a vantagem ilícita em prejuízo alheio, sendo possível, como acontece com a modalidade fundamental de estelionato, o raciocínio correspondente à tentativa.

Um detalhe merece destaque nessa infração penal. Não é incomum que o autor da subtração de uma coisa alheia procure dela se desfazer a fim de conseguir o valor a ela correspondente. Dessa forma, normalmente, quando o agente pratica um crime de furto ou, mesmo, de roubo, subtraindo da vítima a coisa móvel, ele procura, logo em seguida, vendê-la, permutá--la, entregá-la em pagamento etc., tal como mencionado no artigo em estudo. Nesse caso, teria ele que responder pelas duas infrações penais, vale dizer, pela subtração anterior (furto, roubo etc.), e pelo delito de estelionato, quando se fizer passar pelo proprietário da coisa, a fim de conseguir obter a vantagem ilícita?

Nesse raciocínio, temos que destacar, inicialmente, que o delito tipificado no inciso I do § 2º do art. 171 do Código Penal só se verifica se o agente, como nos diz a rubrica, dispuser de coisa alheia como própria. Portanto, a fraude é o meio utilizado pelo agente na disposição da coisa, consistindo no fato de fazer-se passar pelo seu proprietário. Se o agente vende, permuta, dá em pagamento, em locação ou em garantia coisa que, sabidamente, não lhe pertence, não poderá ser responsabilizado pelo estelionato se esse fato era do total conhecimento da vítima.

No exemplo fornecido, imagine-se que o agente tenha furtado um televisor e, agora, querendo transformá-lo em dinheiro, procura a vítima e, sob o argumento de estar passando por dificuldades financeiras, dizendo que havia acabado de pagar as prestações correspondentes ao mencionado televisor, fazendo-se passar pelo seu legítimo proprietário, a convence de comprá-lo. Nesse caso, conforme já indagamos anteriormente, haveria concurso de crimes? Em resposta a essa indagação, duas posições se formaram.

A primeira, à qual nos filiamos, aplica ao caso vertente o raciocínio relativo ao antefato e ao pós-fato impuníveis. Caso o agente, a fim de subtrair o aludido televisor, tivesse ingressado na residência da vítima, por esse fato anterior, que, por si só, já se consubstanciaria no delito de violação de domicílio, não poderia ser punido, encontrando-se numa relação de meio a fim, aplicando-se, aqui, o princípio da consunção. Da mesma forma, como já o dissemos anteriormente, se o agente que subtraiu o televisor o vendesse a terceira pessoa, fazendo-se passar pelo seu proprietário, não poderia responder pelo estelionato, devendo ser este último comportamento considerado um pós-fato impunível.

Nesse sentido, Fragoso esclarece:

"Os fatos posteriores que significam um aproveitamento e por isso ocorrem regularmente depois do fato anterior são por este consumidos. É o que ocorre nos crimes de intenção, em que aparece especial fim de agir. A venda pelo ladrão da coisa furtada como própria não constitui estelionato."[10]

Em sentido contrário, afirma Assis Toledo:

"Se o agente vende a coisa para terceiro de boa-fé, comete estelionato em concurso material, com o antecedente furto, por empreender nova lesão autônoma contra vítima diferente, através de conduta não compreendida como consequência natural e necessária da primeira."[11]

### 1.9.2 Alienação ou oneração fraudulenta de coisa própria

O inciso II do § 2º do art. 171 do Código Penal previu como subespécie de estelionato o comportamento daquele que *vende, permuta, dá em pagamento ou em garantia coisa própria inalienável, gravada de ônus ou litigiosa, ou imóvel que prometeu vender a terceiro, mediante pagamento em prestações, silenciando sobre qualquer dessas circunstâncias.*

Aqui, ao contrário da infração penal anteriormente analisada, a coisa é própria, vale dizer, pertence mesmo ao agente. O inciso, que prevê o delito de *alienação ou oneração fraudulenta de coisa própria*, contém duas partes distintas, ligadas pelos comportamentos de *vender, permutar ou dar em pagamento ou em garantia*, praticados pelo agente. A primeira parte diz respeito à *coisa própria inalienável, gravada de ônus ou litigiosa*. A coisa, mencionada pelo tipo penal, pode ser *móvel* ou *imóvel*. A segunda parte refere-se, especificamente, a *imóvel que prometeu vender a terceiro*.

A fraude, no delito em estudo, é caracterizada pelo *silêncio*, ou seja, o agente vende, permuta, dá em pagamento ou em garantia aqueles bens que lhe pertencem, omitindo, no entanto, que estão gravados de ônus, ou que existe litígio pendente sobre a coisa, ou mesmo que o imóvel já foi prometido a terceiro, mediante pagamento em prestações.

A *promessa de compra e venda* não se encontra no rol dos comportamentos tipificados pela lei penal, que somente previu as condutas de *vender, permutar, dar em pagamento ou em garantia*. Nesse sentido, esclarece Cezar Roberto Bitencourt:

"A *promessa de venda* não é abrangida como forma de crime nos conceitos de venda, permuta, dação em pagamento do art. 171, § 2º, do CP. Assim, o *silêncio do promitente vendedor* sobre o fato de estar o imóvel *arrestado em execução*, por exemplo, não tipifica o crime de aliena-

---

[10] FRAGOSO, Heleno Cláudio. *Lições de direito penal* – Parte geral, p. 360.

[11] TOLEDO, Francisco de Assis. *Princípios básicos de direito penal*, p. 54.

ção fraudulenta de coisa própria. Essa proibição tipificada refere-se expressamente ao ato de *vender*, que não se confunde com o *mero compromisso* de compra e venda (este não passa de *obrigação de fazer*). Só recorrendo à analogia seria possível enquadrar a promessa de venda no art. 171, § 2º, II, do CP, mas a *incriminação analógica* é vedada pelo direito penal moderno."[12]

Apesar da precisão de raciocínio do renomado professor gaúcho, embora o fato de prometer vender não se amolde ao inciso II do § 2º do art. 171 do Código Penal, dependendo do caso concreto, poderá se subsumir à figura típica fundamental do estelionato, se com essa promessa de venda o agente obteve vantagem ilícita em prejuízo alheio.

Somente poderá ser *sujeito ativo* o proprietário da coisa própria inalienável ou do imóvel prometido a terceiro, sendo, portanto, nesse caso, considerado como próprio. Ao contrário, qualquer pessoa poderá figurar como *sujeito passivo*, sendo, aqui, considerado sob esse enfoque, um delito comum.

A consumação ocorre com a prática efetiva de qualquer um dos comportamentos típicos, vale dizer, quando o agente vende, permuta, dá em pagamento ou em garantia. Tratando-se de crime plurissubsistente, será possível o raciocínio correspondente à tentativa.

Se na transação civil o agente esclarece que a coisa inalienável está gravada de ônus ou é objeto de litígio, o fato será atípico com relação a esse delito, podendo, dependendo da situação concreta, se configurar em outra infração penal, a exemplo do art. 179 do Código Penal, que prevê o delito de fraude à execução.

### 1.9.3 Defraudação de penhor

O crime de *defraudação de penhor* veio tipificado no inciso III do § 2º do art. 171, que diz: *defrauda, mediante alienação não consentida pelo credor ou por outro modo, a garantia pignoratícia, quando tem a posse do objeto empenhado.*

O art. 1.431 do Código Civil define o penhor, *verbis*:

> **Art. 1.431.** Constitui-se o penhor pela transferência efetiva da posse que, em garantia do débito ao credor ou a quem o represente, faz o devedor, ou alguém por ele, de uma coisa móvel, suscetível de alienação.

Pela redação do art. 1.431 do Código Civil, verifica-se que é da natureza do penhor a transferência efetiva da posse de uma coisa móvel de propriedade do devedor, como garantia do débito ao credor.

No entanto, o parágrafo único do mencionado artigo prevê os efeitos da chamada *clausula constituti*, dizendo:

> **Parágrafo único.** No penhor rural, industrial, mercantil e de veículos, as coisas empenhadas continuam em poder do devedor, que as deve guardar e conservar.

Nesses casos, quando não houver transferência da posse da coisa móvel ao credor pignoratício, permanecendo, outrossim, com o devedor, é que se poderá levar a efeito o raciocínio correspondente ao delito de *defraudação de penhor*.

A conduta de defraudar pode se configurar quando o agente aliena a coisa móvel que está em seu poder, como ocorre nas hipóteses de venda, doação, troca etc., como também, de acordo com a regra genérica contida no aludido inciso, quando a consome, desvia, enfim,

---

[12] BITENCOURT, Cezar Roberto. *Tratado de direito penal*, v. 3, p. 290.

pratica qualquer comportamento que venha fraudar a garantia dada em penhor, sendo esses os momentos de consumação do delito, ou seja, com a efetiva defraudação. Por se cuidar de um crime plurissubsistente, será possível o raciocínio correspondente à tentativa, a exemplo daquele que, ao tentar vender a terceira pessoa o bem móvel penhorado, é surpreendido e impedido de levar a efeito a transação criminosa.

O consentimento do credor pignoratício na alienação da coisa afasta a tipicidade do fato.

*Sujeito ativo,* conforme salienta Alberto Silva Franco, "é o devedor que conserva em sua posse o objeto empenhado e o vende, desvia, oculta, ou, de algum outro modo, o subtrai ao vínculo de garantia da dívida."[13] *Sujeito passivo* é o credor pignoratício.

### 1.9.4 Fraude na entrega de coisa

O inciso IV do § 2º do art. 171 do Código Penal prevê o delito de *fraude na entrega de coisa,* responsabilizando criminalmente aquele que *defrauda substância, qualidade ou quantidade de coisa que deve entregar a alguém.*

Esclarece Álvaro Mayrink da Costa:

"O ato de defraudar *substância* significa alterar a natureza da coisa corpórea, ou a sua *qualidade* (importa que o objeto entregue seja *inferior,* pois se for de espécie superior inexiste ilícito penal), ou *quantidade* (refere-se a número, peso e dimensões)."[14]

A coisa defraudada pode ser móvel ou imóvel.

Consuma-se o delito no momento em que a coisa defraudada é entregue à vítima, sendo que a defraudação em si, modificando a substância, a qualidade ou a quantidade da coisa, antes da sua efetiva entrega ao agente, é considerada ato preparatório.

No entanto, pode ocorrer que, depois de defraudada a coisa, o agente dê início à execução do delito, tentando entregá-la ao sujeito passivo, quando é interrompido por circunstâncias alheias à sua vontade, podendo, portanto, ser responsabilizado pela tentativa.

Qualquer pessoa pode ser *sujeito ativo* do delito de fraude na entrega da coisa, desde que tenha a obrigação de entregá-la a alguém, não se exigindo nenhuma qualidade ou condição especial ao seu reconhecimento; *sujeito passivo,* que pode também ser qualquer pessoa, é aquele que tinha o direito de receber a coisa em perfeito estado, sem que fosse defraudada a sua substância, qualidade ou quantidade.

Tratando-se de substância ou produto alimentício destinado a consumo, o delito será aquele tipificado no art. 272 do Código Penal; se houver alteração de produtos destinados a fins terapêuticos ou medicinais, a infração penal será a prevista no art. 273 do diploma repressivo; se o agente fornecer substância medicinal em desacordo com receita médica, será responsabilizado pelo delito tipificado no art. 280 do Código Penal.

### 1.9.5 Fraude para recebimento de indenização ou valor de seguro

O delito de *fraude para recebimento de indenização ou valor de seguro,* muito comum nos dias de hoje, encontra-se previsto no inciso V do § 2º do art. 171 do Código Penal, responsabilizando criminalmente aquele que *destrói, total ou parcialmente, ou oculta coisa própria, ou lesa o próprio corpo ou a saúde, ou agrava as consequências da lesão ou doença, com o intuito de haver indenização ou valor de seguro.*

---

[13] FRANCO, Alberto Silva. *Código penal e sua interpretação jurisprudencial,* v. I, t. II, p. 2.746.

[14] COSTA, Álvaro Mayrink da. *Direito penal* – Parte especial, p. 940.

Pela redação contida no mencionado inciso, podemos destacar dois comportamentos distintos, que atingem objetos materiais diversos. No primeiro deles, o agente destrói, total ou parcialmente, ou oculta *coisa própria*, a exemplo daquele que, almejando receber o valor do seguro, faz com que seu automóvel caia em um precipício, destruindo-o completamente. Nesse caso, o veículo contra o qual foi dirigida a conduta do agente é o objeto material de sua ação.

A conduta do agente poderá ser dirigida contra a sua própria pessoa, causando lesão ao seu corpo ou à sua saúde, podendo, ainda, agravar as consequências da lesão ou da doença. Nesse caso, o agente somente será punido em virtude da finalidade especial com que atua, vale dizer, com o *intuito de haver indenização ou valor de seguro*, pois, caso contrário, se fosse sua intenção, tão somente, o autoflagelo, seu comportamento seria atípico, uma vez que a autolesão encontra-se no rol das condutas consideradas um *indiferente penal*, ou seja, não gozam do *status* que o Direito Penal exige a fim de merecer a sua proteção.

A expressão *com o intuito de haver indenização ou valor de seguro* demonstra a natureza *formal* da infração penal. Dessa forma, basta que o agente, por exemplo, destrua uma coisa de sua propriedade, que pode ser móvel ou imóvel, a fim de receber o valor correspondente ao seguro para que o crime reste consumado. Aqui, no entanto, temos que fazer uma observação importante, pois o fato de destruir uma coisa ou, mesmo, de mutilar-se com a intenção de receber, por exemplo, a indenização ou o valor do seguro, não tem o condão de consumar, por si só, a infração penal, pois, para nós, são considerados como atos preparatórios. Entendemos que o início da execução ocorre quando o agente, efetivamente, leva a efeito o pedido de indenização ou pagamento do seguro, mesmo que não o receba, posto o seu recebimento seria considerado mero exaurimento do crime.

Embora possuindo a natureza de crime formal, tratando-se, também, de um delito plurissubsistente, cujo *iter criminis* poderá ser fracionado, entendemos possível o reconhecimento da tentativa, embora haja discussão doutrinária, pois, conforme esclarece Noronha:

"A admissibilidade da tentativa não é assunto pacífico, pois muitos acham que o delito de perigo não a comporta. Ainda que o tenhamos como tal, cremos perfeitamente configurável à tentativa. Com efeito, o crime, em uma das hipóteses, consiste na *danificação* de coisa, e o dano admite tentativa, pois é um crime material, suscetível de fracionamento. O agravar as consequências da lesão ou doença exigirá muitas vezes uma série de atos, até que produza o evento buscado pelo delinquente e que lhe proporcionará vantagem indevida. Nem sempre, portanto, se tratará de delito de execução simples, que se completa com um único ato (*unico actu perficiuntur)*, pois pode apresentar execução material prolongada, que admite fracionamento."[15]

*Sujeito ativo* é o proprietário da coisa móvel ou imóvel, ou aquele que pratica a autolesão, que possui um contrato de seguro com o sujeito passivo. *Sujeito passivo* é o segurador, responsável pelo pagamento da indenização, pois a fraude tem por finalidade atingir o seu patrimônio.

### 1.9.6 Fraude no pagamento por meio de cheque

O inciso VI do § 2º do art. 171 do Código Penal prevê o comportamento daquele que *emite cheque, sem suficiente provisão de fundos em poder do sacado, ou lhe frustra o pagamento*.

De todas as subespécies de estelionato, talvez essa seja a mais comum nos dias de hoje. A primeira observação a ser feita, antes mesmo de levarmos a efeito a análise sucinta dos elementos que informam o delito em estudo, é no sentido de que somente poderá ser responsabilizado pelo delito de estelionato, na modalidade de fraude no pagamento por meio de cheque,

---

[15] NORONHA, Edgard Magalhães. *Direito penal*, v. 2, p. 405.

o agente que tiver agido *dolosamente* quando da sua emissão. Isso significa que aquele que por *descuido*, pelo fato de controlar mal o saldo em sua conta-corrente, emitir um cheque acreditando na suficiência de fundos quando, na realidade, não possuía, não poderá responder pelo delito em questão, pois não há previsão para a modalidade culposa dessa infração penal.

O tipo penal em estudo prevê dois comportamentos distintos. No primeiro, o agente emite cheque conhecendo, de antemão, a insuficiência de fundos em poder do sacado. O cheque, na qualidade de título de crédito, entendido como ordem de pagamento à vista, permite que o beneficiário dirija-se até o banco sacado a fim de efetuar o levantamento da importância nele consignada ou, mesmo, que leve a efeito o depósito em conta-corrente. O cheque pós-datado perde a natureza de ordem de pagamento à vista, pois o seu emitente, ao determinar o seu depósito em data futura, implicitamente, afirma não ter suficiência de fundos no momento de sua emissão. Assim, desnatura-se essa modalidade de estelionato em virtude da ausência de fraude, pois, na verdade, a emissão do cheque pós-datado somente fez o papel de nota promissória, com a característica da possibilidade de ser depositado ou sacado diretamente na instituição financeira. Nesse sentido, já se posicionou o Supremo Tribunal Federal, por meio da Súmula nº 246:

> **Súmula nº 246.** *Comprovado não ter havido fraude, não se configura o crime de emissão de cheque sem fundos.*

A ausência de provisão suficiente de fundos deve ocorrer no momento da emissão do cheque, ou seja, a partir do momento em que o agente o coloca em circulação, entregando-o a terceiro, e não com o seu simples preenchimento. Conforme esclarece Guilherme de Souza Nucci:

> "Se possuir provisão de fundos, mas esta for alterada antes da apresentação do título, recorre-se à segunda figura (frustrar o pagamento). Por outro lado, se o agente possuir cheque especial, é natural que o pagamento feito pelo banco, ainda que resulte em saldo negativo, não configura o delito. E mais: contando o emitente com seu limite de cheque especial – e emitido o cheque com valor que não ultrapasse o referido limite –, caso o banco recuse o pagamento, por razões de política institucional, o crime também não se configura."[16]

Aqui, podemos acrescentar que se o agente emite cheque com valor superior ao seu limite de cheque especial, sabedor de que não seria pago pelo banco sacado, deverá responder pelo delito em exame.

Se a cártula preenchida disser respeito à conta-corrente já encerrada, o crime será aquele previsto no *caput* do art. 171 do Código Penal, e não no do inciso VI de seu § 2º, da mesma forma que aquele que falsifica a assinatura em cheque de terceiro que chegou ilicitamente a seu poder.

A segunda modalidade característica desse delito diz respeito à frustração ilegítima do pagamento. Conforme salientado anteriormente, para que se configure o delito por meio dessa modalidade, é preciso que o emitente tenha fundos suficientes em poder do sacado, pois, caso contrário, o fato se subsumirá ao primeiro comportamento, vale dizer, emissão de cheque sem suficiente provisão de fundos.

Pode-se frustrar o pagamento mediante diversas formas, a exemplo daquele que determina a sua *sustação* perante o sacado, ou mesmo encerrando sua conta-corrente, ou retirando, depois da emissão do cheque, os valores depositados, tornando insuficientes os fundos etc.

---

[16] NUCCI, Guilherme de Souza. *Código penal comentado*, p. 565.

Embora exista controvérsia no que diz respeito ao momento de consumação do delito, a posição doutrinária majoritária, amparada no entendimento esposado pela Súmula nº 521[17] do Supremo Tribunal Federal, é no sentido de reconhecê-la no momento em que ocorre a recusa do sacado em efetuar o pagamento do cheque, seja em virtude da ausência de suficiência de fundos, seja, por exemplo, pela contraordem determinada pelo agente.

É admissível a tentativa, principalmente se nos valermos de exemplos construídos em "laboratório." Assim, nos exemplos fornecidos por Damásio de Jesus, pode ocorrer que "não obstante a ausência ou insuficiência de provisão de fundos, o banco sacado honra o cheque, pagando-o. Pode ocorrer também que um terceiro deposite na conta do emitente a quantia constante do título."[18] Esses casos, como se percebe sem muito esforço, dificilmente redundarão em ação penal, haja vista que a suposta vítima sequer terá conhecimento das intenções do agente em não honrar o pagamento. No entanto, não afastam o raciocínio relativo à possibilidade do *conatus* (tentativa).

Sujeito ativo é o emitente do cheque sem suficiente provisão de fundos, bem como o emitente que lhe frustra o pagamento. Sujeito passivo é o tomador do cheque, vale dizer, aquele em favor de quem foi emitido, podendo se tratar de pessoa física ou jurídica.

### 1.9.7 Fraude eletrônica. Modalidade qualificada de estelionato e causa de aumento de pena a ele relativa

Dizem os §§ 2º-A e 2º-B, introduzidos ao art. 171 do Código Penal através da Lei nº 14.155, de 27 de maio de 2021, *verbis*:

> § 2º-A. A pena é de reclusão, de 4 (quatro) a 8 (oito) anos, e multa, se a fraude é cometida com a utilização de informações fornecidas pela vítima ou por terceiro induzido a erro por meio de redes sociais, contatos telefônicos ou envio de correio eletrônico fraudulento, ou por qualquer outro meio fraudulento análogo.
> § 2º-B. A pena prevista no § 2º-A deste artigo, considerada a relevância do resultado gravoso, aumenta-se de 1/3 (um terço) a 2/3 (dois terços), se o crime é praticado mediante a utilização de servidor mantido fora do território nacional.

O § 2º-A transcrito acima prevê uma modalidade qualificada de estelionato em virtude dos meios utilizados pelo agente para levar a efeito a infração penal. Assim, de acordo com a redação legal, a vítima ou o terceiro são induzidos a erro, e o agente se utiliza das informações por eles fornecidas, através de: a) redes sociais; b) contatos telefônicos; c) envio de correio eletrônico fraudulento; d) ou qualquer outro meio fraudulento análogo.

Rogério Sanches Cunha, com precisão, exemplificando cada uma dessas situações, nos esclarece:

> "a) por meio de redes sociais: atualmente são muito comuns os anúncios promovidos em redes sociais como Facebook e Instagram. Não raro, são anúncios fraudulentos, manobras ardilosas para atrair pessoas que forneçam seus dados;
>
> b) por contatos telefônicos: são também muito comuns as fraudes cometidas por meio telefônico. Um exemplo recorrente envolve os cartões de crédito. O fraudador telefona para alguém e afirma, por exemplo, que a instituição financeira detectou indícios de fraude com o cartão dessa pessoa. Pede a ela que confirme dados e digite a senha do cartão. Com a senha à disposição, o agente faz compras, efetua saques, toma empréstimos etc.;

---

[17] **Súmula nº 521:** *O foro competente para o processo e julgamento dos crimes de estelionato, sob a modalidade da emissão dolosa de cheque sem provisão de fundos, é o do local onde se deu a recusa do pagamento pelo sacado.*

[18] JESUS, Damásio E. de. *Direito penal*, v. 2, p. 437.

**c) pelo envio de correio eletrônico fraudulento:** neste caso, a vítima recebe um e-mail fraudulento, muitas vezes imitando os caracteres de empresas ou organizações conhecidas e, a partir do acesso por meio do *link* disponibilizado, o estelionatário pode obter os dados pessoais e bancários inseridos em formulários eletrônicos;

**d) por qualquer outro meio fraudulento análogo:** nesta fórmula analógica se inserem quaisquer outras práticas fraudulentas cometidas por meios eletrônicos ou informáticos, como páginas na *internet*, por exemplo, em que a vítima não é diretamente abordada pelo estelionatário, como nas modalidades anteriores, mas é induzida em erro por fatores diversos (simulação de um estabelecimento comercial regularmente constituído; cópia de outra página conceituada etc.).

Nesses casos, ao contrário do que acontece no furto, a vítima, ao fornecer informações que possibilitam a prática do crime, integra diretamente o ardil preparado pelo estelionatário para obter a vantagem indevida. Ilustremos com exemplos ambas as figuras para bem diferenciá-las:

a) Aproveitando a vulnerabilidade de pessoas que utilizam uma rede pública de *internet*, um *hacker* intercepta a conexão e obtém dados de acesso a contas bancárias. Com esses dados à disposição, acessa as contas e transfere quantias em dinheiro para outra conta da qual efetua saques. É um caso típico de furto mediante fraude, no qual a manobra ardilosa (interceptar os dados transmitidos entre o usuário e o ponto de conexão) é utilizada para que as vítimas sejam despojadas de seus bens sem que nada percebam.

b) Pretendendo adquirir um televisor, um indivíduo faz uma pesquisa na *internet* e encontra a página de uma conhecida rede varejista na qual o produto está sendo anunciado por um preço muito abaixo das concorrentes. Insere seus dados pessoais e bancários sem saber que, na verdade, se trata de uma página clonada, que apenas copia os caracteres da famosa rede varejista, para induzir as pessoas em erro. Efetuado o pagamento, o dinheiro é creditado ao autor da fraude, que evidentemente não pretende entregar o produto anunciado. Nesse exemplo, ao contrário do anterior, a vítima tem participação direta, pois, induzida por um anúncio enganoso, fornece os dados para que o autor da fraude possa obter a vantagem. Trata-se, portanto, de estelionato"[19].

Importante essa distinção trazida pelo querido amigo e colega de Ministério Público, uma vez que, no estelionato, como é da sua própria natureza, o ardil, a fraude, o engodo são levados a efeito a fim de fazer com que a própria vítima entregue a vantagem ilícita ao agente; no furto com fraude, ao contrário, embora também, tais meios são utilizados para que o próprio agente possa praticar a subtração da coisa.

Já o § 2º-B diz que a pena prevista no mencionado § 2º-A do art. 171 do Código Penal, considerada a relevância do resultado gravoso, aumenta-se de 1/3 (um terço) a 2/3 (dois terços), se o crime é praticado mediante a utilização de servidor mantido fora do território nacional.

Aqui, a relevância do resultado gravoso fará com que o julgador aplique a causa especial de aumento de pena entre os patamares mínimo (um terço) e máximo (dois terços), desde que o crime seja praticado mediante a utilização de servidor mantido fora do território nacional, dificultando, assim, a investigação dos fatos ocorridos.

---

[19] CUNHA, Rogério Sanches. Lei 14.155/21 e os crimes de fraude digital. Primeiras impressões e reflexos no CP e no CPP. *In https://meusitejuridico.editorajuspodivm.com.br/2021/05/28/lei-14-15521-e-os-crimes-de--fraude-digital-primeiras-impressoes-e-reflexos-no-cp-e-no-cpp/.* Acessado em 29 de maio de 2021.

## 1.10 Causas especiais de aumento de pena

Diz o § 3º do art. 171 do Código Penal, *verbis*:

> § 3º A pena aumenta-se de um terço, se o crime é cometido em detrimento de entidade de direito público ou de instituto de economia popular, assistência social ou beneficência.

Verifica-se, portanto, que a majorante leva em consideração o sujeito passivo da infração penal, entendendo ser mais reprovável o comportamento daquele que pratica o delito de estelionato, previsto no *caput* do art. 171 do Código Penal, bem como em suas demais modalidades tipificadas no § 2º do mesmo artigo, quando couber, em detrimento de: *a)* entidade de direito público; *b)* instituto de economia popular; *c)* instituto de assistência social; *d)* instituto de beneficência.

A razão de ser do aumento de pena diz respeito ao fato de que todas as entidades arroladas pelo parágrafo prestam serviços fundamentais à sociedade. Assim, o comportamento do agente, causando prejuízo a essas entidades, atinge, reflexamente, a sociedade. Na verdade, embora a entidade prejudicada seja determinada, o número de pessoas que sofre com a conduta do agente é indeterminado.

*Entidades de direito público interno* são a União, os Estados, os Municípios, o Distrito Federal, suas autarquias e entidades paraestatais. *Instituto de economia popular*, conforme esclarece Hungria, "é todo aquele que serve a direto interesse econômico do povo ou indeterminado número de pessoas (bancos populares, cooperativas, caixas Raiffeisen, sociedades de mutualismo etc.). *Instituto de assistência social ou de beneficência* é o que atende a fins de filantropia, de solidariedade humana, de caridade, de altruístico socorro aos necessitados em geral, de desinteressado melhoramento moral ou educacional."[20]

O Superior Tribunal de Justiça, por intermédio da Súmula 24, consolidou seu entendimento nesse sentido:

> **Súmula nº 24.** *Aplica-se ao crime de estelionato, em que figure como vítima entidade autárquica da Previdência Social, a qualificadora*[21] *do § 3º do art. 171 do Código Penal.*

Em 27 de maio de 2021, foi publicada a Lei nº 14.155, dando nova redação ao § 4º do artigo 171 do Código Penal, dizendo:

> § 4º A pena aumenta-se de 1/3 (um terço) ao dobro, se o crime é cometido contra idoso ou vulnerável, considerada a relevância do resultado gravoso.

De acordo com a redação legal, trata-se de majorante que deverá ser aplicada no terceiro momento do critério trifásico previsto pelo art. 68 do Código Penal.

Pessoa idosa, para fins de reconhecimento e aplicação da causa especial de aumento de pena em estudo, é aquela com idade igual ou superior a 60 (sessenta) anos, conforme preconiza o art. 1º da Lei nº 10.741, de 1º de outubro de 2003 (Estatuto da Pessoa Idosa).

Para a aplicação da majorante, é preciso que haja prova nos autos da idade da vítima, que pode ser produzida através de certidão de nascimento, carteira de habilitação de motorista, documento de identidade etc., conforme determina o parágrafo único do art. 155 do Código

---

[20] HUNGRIA, Nélson. *Comentários ao código penal*, v. VII, p. 261.

[21] Na verdade, embora a Súmula faça referência à qualificadora, como já tivemos oportunidade de salientar anteriormente, estamos diante de uma causa especial de aumento de pena (majorante), a ser considerada no terceiro momento do critério trifásico de aplicação da pena, previsto no art. 68 do Código Penal.

de Processo Penal, que diz que somente quanto ao estado das pessoas serão observadas as restrições estabelecidas pela lei civil.

Além disso, para que o aumento seja aplicado, é preciso que o agente saiba, efetivamente, a idade da vítima, pois, caso contrário, poderá ser reconhecido o erro de tipo.

Por vulnerável, devem ser entendidos aqueles elencados pelo art. 217-A do diploma repressivo, isto é, o menor de 14 (quatorze) anos, e os que, por enfermidade ou deficiência mental, não tem o necessário discernimento para a prática do ato. O paralelo com o referido art. 217-A do Código Penal se faz necessário, tendo em vista que a lei tão somente se utilizou do termo *vulnerável*, para efeito de aplicação da referida causa especial de aumento de pena.

## 1.11 Pena, ação penal e suspensão condicional do processo

A pena cominada ao delito de estelionato, seja para o *caput* ou para as modalidades previstas pelo § 2º do art. 171 do Código Penal, é de reclusão, de 1 (um) a 5 (cinco) anos, e multa.

A pena é de reclusão, de 4 (quatro) a 8 (oito) anos, e multa, se a fraude é cometida com a utilização de informações fornecidas pela vítima ou por terceiro induzido a erro por meio de redes sociais, contatos telefônicos ou envio de correio eletrônico fraudulento, ou por qualquer outro meio fraudulento análogo, nos termos do § 2º-A, inserido ao art. 171 do Código Penal por meio da Lei nº 14.155, de 27 de maio de 2021.

Se o criminoso for primário e de pequeno valor o prejuízo, terá aplicação o § 2º do art. 155 do Código Penal, podendo o juiz substituir a pena de reclusão pela de detenção, diminuí-la de um a dois terços ou aplicar somente a pena de multa.

A pena será aumentada em um terço se o crime for cometido em detrimento de entidade de direito público ou de instituto de economia popular, assistência social ou beneficência, conforme determinação contida no § 3º do art. 171 do Código Penal. A pena também será aumentada de 1/3 (um terço) ao dobro, se o crime é cometido contra pessoa idosa ou vulnerável, considerada a relevância do resultado gravoso.

A pena prevista no § 2º-A deste artigo, considerada a relevância do resultado gravoso, aumenta-se de 1/3 (um terço) a 2/3 (dois terços), se o crime é praticado mediante a utilização de servidor mantido fora do território nacional, conforme § 2º-B, também acrescentado ao art. 171 do Código Penal através da Lei nº 14.155, de 27 de maio de 2021.

Aplica-se ao crime de estelionato a imunidade penal de caráter pessoal prevista no art. 181 do diploma repressivo, que diz:

> **Art. 181.** É isento de pena quem comete qualquer dos crimes previstos neste título, em prejuízo:
> I – do cônjuge, na constância da sociedade conjugal;
> II – de ascendente ou descendente, seja o parentesco legítimo ou ilegítimo, seja civil ou natural.

Não se aplicará o mencionado artigo ao crime de estelionato, nos termos dos incisos II e III do art. 183 do Código Penal: *a)* ao estranho que participa do crime; *b)* se o crime é praticado contra pessoa com idade igual ou superior a 60 (sessenta) anos.

A ação penal, como regra, será de iniciativa pública condicionada a representação, conforme o disposto no § 5º, inserido no art. 171 do Código Penal através da Lei nº 13.964, de 24 de dezembro de 2019, que diz:

> § 5º Somente se procede mediante representação, salvo se a vítima for:
> I – a Administração Pública, direta ou indireta;
> II – criança ou adolescente;
> III – pessoa com deficiência mental; ou
> IV – maior de 70 (setenta) anos de idade ou incapaz.

No que diz respeito à possibilidade de aplicação retroativa da exigência de representação trazida pela Lei nº 13.964, de 24 de dezembro de 2019, assim se manifestou o STJ:

"1. A Primeira Turma do Supremo Tribunal Federal e as Turmas que compõem a Terceira Seção do Superior Tribunal de Justiça, diante da utilização crescente e sucessiva do *habeas corpus*, passaram a restringir a sua admissibilidade quando o ato ilegal for passível de impugnação pela via recursal própria, sem olvidar a possibilidade de concessão da ordem, de ofício, nos casos de flagrante ilegalidade. 2. A Lei n. 13.964/2019, de 24 de dezembro de 2019, conhecida como 'Pacote Anticrime', alterou substancialmente a natureza da ação penal do crime de estelionato (art. 171, § 5º, do Código Penal), sendo, atualmente, processado mediante ação penal pública condicionada à representação do ofendido, salvo se a vítima for: a Administração Pública, direta ou indireta; criança ou adolescente; pessoa com deficiência mental; maior de 70 anos de idade ou incapaz. 3. Observa-se que o novo comando normativo apresenta caráter híbrido, pois, além de incluir a representação do ofendido como condição de procedibilidade para a persecução penal, apresenta potencial extintivo da punibilidade, sendo tal alteração passível de aplicação retroativa por ser mais benéfica ao réu. Contudo, além do silêncio do legislador sobre a aplicação do novo entendimento aos processos em curso, tem-se que seus efeitos não podem atingir o ato jurídico perfeito e acabado (oferecimento da denúncia), de modo que a retroatividade da representação no crime de estelionato deve se restringir à fase policial, não alcançando o processo. Do contrário, estar-se-ia conferindo efeito distinto ao estabelecido na nova regra, transformando-se a representação em condição de prosseguibilidade e não procedibilidade. Doutrina: *Manual de Direito Penal:* parte especial (arts. 121 ao 361). Rogério Sanches Cunha – 12. ed. rev., atual. e ampl. Salvador: Editora JusPodivm, 2020, p. 413. 4. Ademais, na hipótese, há manifestação da vítima no sentido de ver o acusado processado, não se exigindo para tal efeito, consoante a jurisprudência desta Corte, formalidade para manifestação do ofendido. 5. Conforme pacífica jurisprudência desta Corte Superior, fixada a pena corporal nos patamares delineados no art. 44, § 2º, do Código Penal, compete ao julgador a escolha do modo de aplicação da benesse legal. Além disso, não é socialmente recomendável a aplicação da multa substitutiva em crimes cujo o tipo penal prevê multa cumulativa com a pena privativa de liberdade. 6. *Habeas corpus* não conhecido" (HC 573.093/SC, Rel. Min. Reynaldo Soares da Fonseca, 5ª T., j. 09/06/2020, DJe 18/06/2020).

Será possível a confecção de proposta de suspensão condicional do processo desde que o crime não tenha sido cometido em detrimento de entidade de direito público ou de instituto de economia popular, assistência social ou beneficência, uma vez que, sendo aplicada a causa de aumento prevista no § 3º do art. 171 do Código Penal, a pena mínima ultrapassará o limite de um ano, estipulado pelo art. 89 da Lei nº 9.099/95.

## 1.12 Destaques

*1.12.1 Torpeza bilateral (fraude nos negócios ilícitos ou imorais)*

Existe uma máxima civilista que diz: *nemo auditur propriam turpitudinem allegans* (ninguém é ouvido, alegando a própria torpeza).

O art. 883 do Código Civil, atento ao velho brocardo, ao cuidar do pagamento indevido, assevera:

**Art. 883.** Não terá direito à repetição aquele que deu alguma coisa para obter fim ilícito, imoral, ou proibido por lei.

Washington de Barros Monteiro, discorrendo sobre o tema, esclarece:

"Se alguém dá alguma coisa para alcançar objetivo imoral ou ilícito (um crime, por exemplo), jamais terá direito à repetição. A imoralidade do seu objetivo, a torpeza de sua finalidade e o desonesto de sua atitude privam-no de todo auxílio jurídico. O direito não transige com a indignidade; ao contrário, põe-se sempre de acordo com os fins éticos, que inspiram e animam a ordem jurídica. E por isso a baixeza revelada pelo *solvens* priva-o da tutela legal."[22]

Percebe-se, portanto, que, de acordo com a disposição legal, ao Direito Civil não interessa tutelar aquele que agiu de forma torpe. Sabe-se, também, que o Direito Civil é um *minus* em comparação ao Direito Penal.

Dessa forma, se a própria lei civil não protege aquele que agiu de maneira torpe, impedindo que se veja restituído daquilo que efetivamente pagou a fim de alcançar o seu propósito ilícito, poderia o Direito Penal protegê-lo, a exemplo do que ocorre com o delito de estelionato?

Sabemos que no tipo penal que prevê o crime de estelionato temos o patrimônio como bem juridicamente protegido. A vítima, portanto, se vê resguardada da perda patrimonial em razão da ameaça da pena exercida pelo mais repressor de todos os ramos do ordenamento jurídico – o Direito Penal.

No entanto, aquele que também agia de forma torpe, buscando uma finalidade ilícita ou imoral, poderia ver também protegido seu patrimônio, com a punição daquele que, mediante fraude, prometendo, por exemplo, executar uma ação ilícita em benefício da suposta vítima, causou-lhe lesão patrimonial?

Existe controvérsia doutrinária no que diz respeito à punição do agente pelo delito de estelionato quando ocorrer, no caso concreto, a chamada *torpeza bilateral*. Hungria, com seu brilhantismo e imaginação, oferece uma coleção de exemplos nesse sentido, a saber:

"Um indivíduo, inculcando-se *assassino profissional*, ardilosamente obtém de outro certa quantia para matar um seu inimigo, sem que jamais tivesse o propósito de executar o crime: um falso vendedor de produtos farmacêuticos impinge, por bom preço, a uma *faiseuse d'anges*, como eficiência abortiva, substâncias inócuas; a cafetina recebe dinheiro do velho libertino, prometendo levar-lhe à alcova uma *virgem*, quando na realidade o que lhe vem a proporcionar é uma jovem meretriz; o simulado falsário capta o dinheiro de outrem, a pretexto de futura entrega de cédulas falsas ou em troca de máquina para fabricá-las, vindo a verificar-se que aquelas não existem ou esta não passa de um *truque (conto da guitarra)*; o *vigarista* consegue trocar por bom dinheiro o *paco* que o *otário* julga conter uma fortuna, de que se vai locupletar à custa da ingenuidade daquele; o cliente da prostituta não lhe paga o *pretium carnis*, tendo ocultado não dispor de dinheiro para fazê-lo."[23]

Entendemos que, nesses casos, não seria possível a punição do agente pelo crime de estelionato, sob pena de incorrermos em absurdos jurídicos. Assim, por exemplo, somente ficaria livre da punição pelo estelionato o agente que, no exemplo fornecido por Hungria, viesse, efetivamente, a matar a pessoa para qual havia sido contratado ou que fornecesse a substância efetivamente abortiva etc.

---

22 MONTEIRO, Washington de Barros. *Curso de direito civil*, p. 272.
23 HUNGRIA, Nélson. *Comentários ao código penal*, v. VII, p. 192.

Se o próprio Direito Civil não se ocupa dessas questões que envolvem a torpeza da suposta vítima, conforme se verifica pela leitura do citado art. 883, que dirá o Direito Penal!

Ainda seguindo as lições de Hungria:

"O patrimônio individual cuja lesão fraudulenta constitui o estelionato é o *juridicamente protegido*, e somente goza da proteção do direito o patrimônio que serve a um fim legítimo, dentro de sua função econômico-social. Desde o momento que ele é aplicado a um fim ilícito ou imoral, a lei, que é a expressão do direito como *mínimo ético* indispensável ao convívio social, retira-lhe o arrimo, pois, de outro modo, estaria faltando a sua própria finalidade."[24]

Dessa forma, filiamo-nos à posição assumida por um dos maiores penalistas que nosso país já conheceu.

No entanto, a posição hoje majoritária entende pela existência do delito de estelionato, não importando a má-fé do ofendido, ou seja, se a sua finalidade também era torpe (ilegal, imoral etc.). Fernando Capez, adepto dessa segunda corrente, resume suas ideias argumentando que a punição do agente que obteve a vantagem deve ser levada a efeito pelo Direito Penal porque: "*a)* o autor revela maior temibilidade, pois, ilude a vítima e lhe causa prejuízo; *b)* não existe compensação de condutas no Direito Penal, devendo punir-se o sujeito ativo e, se for o caso, também a vítima; *c)* a boa-fé do lesado não constitui elemento do tipo do crime de estelionato; *d)* o dolo do agente não pode ser eliminado apenas porque houve má-fé, pois a consciência e vontade finalística de quem realiza a conduta independe da intenção da vítima."[25]

Deve-se frisar, no entanto, que nem sempre que a vítima quiser "levar vantagem" sobre o agente, profissional do crime e, com isso, vier a ser prejudicada, o fato poderá ser considerado hipótese de torpeza bilateral.

Imagine-se o exemplo daquele que, afirmando morar em uma cidade distante da capital, aborda a vítima trazendo consigo um bilhete que dizia estar premiado. Sob o argumento de que não poderia esperar a abertura da instituição bancária responsável pelo pagamento do prêmio, pois deveria viajar imediatamente, estando, inclusive, com sua passagem já comprada, indaga se a vítima quer comprá-lo por um preço inferior ao que seria efetivamente pago. Buscando o lucro fácil, a vítima, supondo estar aproveitando "uma oportunidade", anui ao pedido e compra o *bilhete falso*. Nesse caso, não vemos torpeza na conduta da vítima, a ponto de afastar-lhe a proteção do Direito Penal. Havia, sim, é obvio, a intenção de lucrar em virtude da suposta necessidade pela qual passava o estelionatário. Não houve, aqui, qualquer comportamento ilícito, razão pela qual, embora almejando o lucro fácil, estaria afastada a torpeza bilateral, permitindo-se a punição do agente pelo crime de estelionato.

Ao contrário, imagine-se alguém sendo julgado pelo delito de estelionato porque a vítima havia sido por ele enganada, pagando por uma remessa de substâncias entorpecentes que nunca chegou. Seria um absurdo jurídico, com a devida vênia das posições em contrário.

Embora o Código Civil englobe a finalidade imoral do agente como impeditiva da repetição, entendemos que a torpeza bilateral somente se aplica aos atos considerados ilícitos. Assim, por exemplo, se o agente contrata os serviços de uma prostituta e, depois do ato sexual, confessa que não possui condições financeiras para pagar-lhe, como a prostituição em si pode ser considerada um comportamento lícito, isto é, que não contraria o ordenamento jurídico-penal, entendemos ser possível, aqui, a sua punição pelo crime de estelionato, ao contrário, como vimos, daquele que paga por uma remessa de substância entorpecente, que nunca chegará, pois, se efetivamente recebesse a "mercadoria", estaria praticando um comportamento penalmente ilícito.

---

[24] HUNGRIA, Nélson. *Comentários ao código penal*, v. VII, p. 192-193.

[25] CAPEZ, Fernando. *Curso de direito penal*, v. 2, p. 477-478.

## 1.12.2 Estelionato e falsidade documental

Não é incomum que o agente, a fim de obter a vantagem ilícita, em prejuízo alheio, utilize falsidade documental, sendo esta, portanto, o meio hábil para que possa ter êxito na empresa criminosa.

Nesse caso, indaga-se: Deveria o agente responder pelas duas infrações penais, em concurso de crimes? Na verdade, aqui se formaram cinco posições.

A primeira, defendida por Hungria, entende que, em virtude da natureza formal do delito de falso, o agente deveria ser tão somente por ele responsabilizado, afastando-se, outrossim, a punição pelo delito de estelionato, pois que, segundo o renomado penalista:

"Quando a um crime formal se segue o dano efetivo, não surge novo crime: o que acontece é que ele se *exaure*, mas continuando a ser único e o mesmo (à parte a sua maior *punibilidade*, quando a lei expressamente o declare). A obtenção de lucro ilícito mediante *falsum* não é mais que um estelionato qualificado pelo meio (IMPALOMENI). É um estelionato que, envolvendo uma ofensa à *fé pública*, adquire o *nomen juris* de 'falsidade'. Se alguém se limita, ao enganar outrem numa transação, a pagar, por exemplo, com cédulas falsas, ou a servir-se de uma falsa cambial de terceiro, o crime único que comete é o de introdução de moeda falsa ou de uso de documento falso."[26]

A segunda posição entende pelo concurso material de crimes, haja vista que, no momento anterior à sua utilização, como meio para a prática do estelionato, já estava consumada a falsidade documental, sem falar que as mencionadas infrações penais ofendem bens jurídicos diferentes, vale dizer, o delito de falsidade documental atinge a fé pública, enquanto o estelionato atinge o patrimônio. Poderá ainda ser considerada a distância temporal entre a prática do falso e a sua utilização no crime de estelionato.

A terceira posição adota a tese do concurso formal de crimes quando o falso é um meio para a prática do crime de estelionato.

A quarta posição, em nossa opinião a que melhor atende às exigências de política criminal, afirma que o crime-fim (estelionato) deverá absorver o crime-meio (falsidade documental). Na verdade, o agente somente levou a efeito a falsidade documental para que pudesse ter sucesso na prática do crime de estelionato, razão pela qual deverá responder tão somente por esta última infração penal. O maior problema nesse raciocínio é que, em muitas situações, as penas previstas para o crime-meio serão maiores do que aquelas previstas para o delito-fim. Assim, considerando que a gravidade da infração penal é medida pela pena a ela cominada que, consequentemente, deverá variar de acordo com a importância do bem jurídico protegido, o agente seria punido, algumas vezes, por infração de menor gravidade, enquanto a de maior gravidade ficaria impune, a exemplo do que ocorre com o estelionato praticado mediante a falsificação de um documento público, prevista no art. 297 do Código Penal, que comina uma pena de reclusão de 2 (dois) a 6 (seis) anos, e multa, enquanto o estelionato, considerado como o fim último do agente, tipificado no art. 171 do Código Penal, comina uma pena de reclusão, de 1 (um) a 5 (cinco) anos, e multa.

Podemos considerar, ainda, como quinta posição, aquela assumida pelo Superior Tribunal de Justiça, constante da Súmula nº 17, que diz:

> **Súmula nº 17.** *Quando o falso se exaure no estelionato, sem mais potencialidade lesiva, é por este absorvido.*

Assim, de acordo com o entendimento sumulado, somente se poderá cogitar de absorção do crime-meio (falsidade) pelo crime-fim (estelionato) quando não restar, depois da sua utili-

---

[26] HUNGRIA, Nélson. *Comentários ao código penal*, v. VII, p. 214.

zação, qualquer potencialidade ofensiva. Assim, por exemplo, aquele que, depois de encontrar um cheque em branco, adquirir uma mercadoria qualquer, pelo fato de ter-se esgotado a sua potencialidade lesiva, a falsidade relativa à emissão do cheque ficaria absorvida pelo estelionato. Ao contrário, imagine-se a hipótese daquele que, mediante a utilização de uma carteira de identidade falsa, adquirisse a mesma mercadoria em prestações. A carteira de identidade falsa, utilizada para que pudesse abrir o crediário em seu nome e, com isso, trazer prejuízo ao proprietário da coisa, pois não era a sua intenção honrar com os pagamentos, ainda tinha potencialidade lesiva, ou seja, ainda poderia ser utilizada na prática de outros delitos, razão pela qual deverá ser reconhecido o concurso de crimes, discutindo-se se formal ou material.

### 1.12.3 Estelionato e apropriação indébita

Já tivemos oportunidade de destacar a diferença entre os crimes de estelionato e apropriação indébita quando fizemos a análise deste último. Assim, para efeitos de consolidação de raciocínio, podemos afirmar que no estelionato o dolo do agente surge antes que ele tenha a posse da coisa; ao contrário, para que se configure a apropriação indébita, é preciso que o agente, nos termos do art. 168 do Código Penal, já esteja com a posse ou detenção da coisa, surgindo, depois disso, a vontade de dela se apropriar.

Conforme destaca Hungria:

> "Na apropriação indébita, o dolo é *subsequens*; no estelionato é *antecedens*. Para que se reconheça o estelionato, é imprescindível que o emprego dos meios fraudulentos seja a *causa* da entrega da coisa. Assim, quando, licitamente obtida a posse da coisa, o agente dispõe dela *ut dominus* e, em seguida, usa de meios fraudulentos para dissimular a apropriação indébita, este é o *nomen juris* que prevalece, e não o estelionato."[27]

Merece frisar que, além do momento de surgimento do dolo, também se pode dizer que o objeto do estelionato é muito mais extenso do que o da apropriação indébita, haja vista que, neste último caso, somente pode ser objeto de apropriação a *coisa alheia móvel*, enquanto no estelionato a lei penal menciona a obtenção de *vantagem ilícita*, podendo esta se traduzir em móveis, ou até mesmo imóveis.

Para maiores detalhes, remetemos o leitor ao tópico correspondente aos destaques do crime de apropriação indébita.

### 1.12.4 Estelionato e jogo de azar

Pode ocorrer que, durante a prática de um jogo de azar, a vítima seja enganada pelo agente, que se vale de meios fraudulentos com o fim de obter vantagem ilícita em seu prejuízo. Nesse caso, poderia o agente responder pelo delito de estelionato ou seria aplicado, aqui, o raciocínio levado a efeito anteriormente, correspondente à torpeza bilateral?

À primeira vista, poderíamos concluir que, sendo ilícito o jogo de azar, deveria ser aplicado o raciocínio relativo à torpeza bilateral, não podendo o Estado, outrossim, tutelar relações que lhe fossem contrárias. No entanto, no que diz respeito especificamente ao jogo de azar, o Código Civil regulamentou tal situação dizendo, em seu art. 814, *verbis*:

> **Art. 814.** As dívidas de jogo ou de aposta não obrigam a pagamento; mas não se pode recobrar a quantia, que voluntariamente se pagou, salvo se foi ganha por dolo, ou se o perdente é menor ou interdito.

Em razão da expressão *salvo se foi ganha por dolo*, entende-se que, nessa hipótese, se a vítima sofreu prejuízo no jogo em virtude da fraude utilizada pelo agente, como a própria lei

---

[27] HUNGRIA, Nélson. *Comentários ao código penal*, v. VII, p. 217.

civil ressalva a possibilidade de sua recuperação, também seria razoável permitir-se a punição do agente pelo delito de estelionato.

Nesse sentido, já decidiu o Supremo Tribunal Federal, em acórdão relatado pelo Min. Cordeiro Guerra, publicado na *RTJ* 85/1.050, conforme ementa abaixo transcrita:

> "No estelionato o meio de ataque ao patrimônio é a astúcia, o engodo e a fraude. No jogo de azar a fraude, eliminando o fator sorte, tira ao sujeito passivo toda a possibilidade de ganho. O jogo torna-se, então, simples roupagem, para *mise-en-scène*, destinada a ocultar o expediente de que se serve o criminoso para iludir a vítima (Desembargador Manoel da Costa Leite – *in Manual das Contravenções Penais*). O jogo da chapinha, ou o 'jogo do pinguim' são formas do estelionato e não mera contravenção do art. 50 da Lei das Contravenções Penais."

Na verdade, há de ser ressalvada a possibilidade da prática do estelionato quando se estiver diante de jogos considerados lícitos; ao contrário, na hipótese de jogos ilícitos, mantendo-se o argumento expendido quando do estudo da torpeza bilateral, não haverá infração penal a ser perseguida pelo Estado.

### 1.12.5 Estelionato e furto de energia elétrica

Merece destaque, no que diz respeito à energia elétrica, que o fato poderá se configurar no delito de furto ou mesmo no crime de estelionato, dependendo do momento em que a corrente é desviada em benefício do agente.

Dessa forma, aquele que desvia a corrente elétrica *antes* que ela passe pelo registro comete o delito de furto. É o que ocorre, normalmente, naquelas hipóteses em que o agente traz a energia para sua casa diretamente do poste, fazendo aquilo que popularmente é chamado de "gato." A fiação é puxada, diretamente, do poste de energia elétrica para o lugar onde se quer usá-la, sem que passe por qualquer medidor.

Ao contrário, se a ação do agente consiste, como adverte Noronha:

> "Em modificar o medidor, para acusar um resultado menor do que o consumido, há fraude, e o crime é estelionato, subentendido, naturalmente, o caso em que o agente está autorizado, por via de contrato, a gastar energia elétrica. Usa ele, então, de artifício que induzirá a vítima a erro ou engano, com o resultado fictício, do que lhe advém vantagem ilícita."[28]

### 1.12.6 Estelionato e curandeirismo

O crime de curandeirismo vem tipificado no art. 284 e incisos do Código Penal, assim redigidos, *verbis*:

> **Art. 284.** Exercer o curandeirismo:
> I – prescrevendo, ministrando ou aplicando, habitualmente, qualquer substância;
> II – usando gestos, palavras ou qualquer outro meio;
> III – fazendo diagnósticos;
> Pena – detenção, de 6 (seis) meses a 2 (dois) anos.

A diferença fundamental entre o curandeiro e o estelionatário reside no fato de que aquele acredita que com suas fórmulas, poções, gestos etc. conseguirá, realmente, resolver os problemas (físicos, psicológicos, amorosos etc.) que acometem a vítima, enquanto o estelionatário as utiliza sabendo que nada resolverá, pois almeja, tão somente, aproveitar-se do momento de fraqueza pelo qual passa a vítima, a fim de obter alguma vantagem ilícita em prejuízo desta.

---

[28] NORONHA, Edgard Magalhães. *Direito penal*, v. 2, p. 232.

CURSO DE DIREITO PENAL • VOL. 2 – ROGÉRIO GRECO

## 1.12.7 Estelionato e inimputabilidade da vítima

Para que se possa levar a efeito o raciocínio relativo ao crime de estelionato, é preciso que a vítima seja induzida ou mesmo mantida em erro pelo agente que, para tanto, se vale do emprego de fraude.

O erro, como já dissemos anteriormente, significa um *conhecimento equivocado da realidade*. Dessa forma, somente podem ter um *conhecimento equivocado* aqueles que tiverem *capacidade de discernimento*, o que não ocorre com os inimputáveis.

Assim, se o agente pratica o crime em detrimento de um inimputável, que não tenha capacidade de discernimento, o crime de estelionato restará afastado, desclassificando-se o fato para uma outra figura típica, a exemplo do delito de abuso de incapazes, tipificado no art. 173 do Código Penal, assim redigido: *Abusar, em proveito próprio ou alheio, de necessidade, paixão ou inexperiência de menor, ou da alienação ou debilidade mental de outrem, induzindo qualquer deles à prática de ato suscetível de produzir efeito jurídico, em prejuízo próprio ou de terceiro.*

Conforme ressalta Cezar Roberto Bitencourt:

"Se a vítima não tiver capacidade de autodeterminação, como a criança ou o débil mental, o crime será o do art. 173 do CP. Se, no entanto, não tiver capacidade natural de ser iludida, como, por exemplo, ébrio em estado de coma, o crime será o de furto."[29]

## 1.12.8 Crime impossível

A fraude é a característica fundamental do delito de estelionato. Pode ocorrer, no entanto, que o agente, a fim de obter uma vantagem ilícita, em prejuízo alheio, se valha de uma fraude grosseira, chegando mesmo a ser risível. Nesse caso, poderia responder pela tentativa de estelionato?

O art. 17 do Código Penal cuida do chamado crime impossível dizendo:

> **Art. 17.** Não se pune a tentativa quando, por ineficácia absoluta do meio ou por absoluta impropriedade do objeto, é impossível consumar-se o crime.

Entendemos que a fraude grosseira, perceptível à primeira vista como incapaz de enganar qualquer pessoa de inteligência normal, se amolda ao raciocínio correspondente ao crime impossível. O meio utilizado, portanto, para que se possa levar a efeito o raciocínio correspondente ao crime impossível, deve ser absolutamente incapaz de induzir ou manter a vítima em erro, pois, se for relativa essa possibilidade, poderemos concluir pela tentativa.

Portanto, não há necessidade de que o meio utilizado pelo agente na prática do estelionato seja uma "obra de arte", contanto que seja hábil o suficiente para enganar as pessoas, induzindo-as ou mantendo-as em erro.

O Superior Tribunal de Justiça, por meio da Súmula nº 73, no que diz respeito à falsificação grosseira de papel-moeda, assim se manifestou:

> **Súmula nº 73.** *A utilização de papel-moeda grosseiramente falsificado configura, em tese, o crime de estelionato, da competência da Justiça Estadual.*

Uma observação deve ser feita com relação ao entendimento sumular. Quando o Tribunal Superior faz menção a *papel-moeda grosseiramente falsificado*, está se referindo àquele

---

[29] BITENCOURT, Cezar Roberto. *Tratado de direito penal*, v. 3, p. 275.

que, embora não possa ser tipificado como delito de *moeda falsa*, cujas penas cominadas são quase três vezes maiores do que as previstas para o estelionato, se presta para iludir, enganar as pessoas, não havendo, pois, que se falar em crime impossível.

Caso a falsificação seja tão grosseira a ponto de não conseguir enganar o mais simplório dos cidadãos, o fato deverá ser tratado como hipótese de crime impossível.

### 1.12.9 Endosso em cheque sem suficiente provisão de fundos

Aquele que endossa um cheque sabidamente sem suficiente provisão de fundos pratica o delito tipificado no inciso VI do § 2º do art. 171 do Código Penal? Existe controvérsia doutrinária também nesse sentido.

Noronha, de um lado, entende pela tipicidade do comportamento do endossante:

"O endossador pode cometer o crime em apreço. É exato falar a lei em *emissão* – emite cheque. Mas a expressão deve ser tomada em sentido amplo, considerando-se o fim que aquela teve em vista."[30]

Damásio de Jesus, em sentido contrário ao de Noronha, afirma:

"Não cremos possa o endossante ser sujeito ativo do crime, não obstante opiniões em contrário. Sem recurso à analogia, proibida na espécie, não se pode afirmar que a conduta de *endossar* ingressa no núcleo *emitir*, considerando-se o endosso como segunda emissão."[31]

Somos partidários da última posição, haja vista que, conforme salientado por Damásio de Jesus, não se pode compreender no núcleo *emitir*, característico da fraude no pagamento por meio de cheque, a conduta de *endossar*.

A nosso ver, aquele que, conhecedor da ausência de suficiência de fundos, endossa o cheque entregando-o à terceira pessoa deverá responder pelo crime de estelionato, em sua modalidade fundamental, prevista no *caput* do art. 171 do Código Penal.

### 1.12.10 A Súmula nº 554 do STF

A Súmula nº 554 do STF possui a seguinte redação:

> **Súmula nº 554.** O pagamento de cheque emitido sem provisão de fundos, após o recebimento da denúncia, não obsta ao prosseguimento da ação penal.

Numa interpretação a *contrario sensu* da referida Súmula, chegamos à conclusão de que não será possível o início da ação penal se o agente efetuar o pagamento relativo ao cheque por ele emitido sem suficiente provisão de fundos, *até o recebimento da denúncia.*

Saliente-se, contudo, que a referida Súmula já havia sido publicada anteriormente à vigência da nova parte geral do Código Penal, que inovou nosso ordenamento jurídico com a criação do instituto do arrependimento posterior como causa obrigatória de redução da pena, quando haja reparação do dano ou restituição da coisa, nos crimes cometidos sem violência ou grave ameaça, até o recebimento da denúncia ou da queixa.

A indagação que surge agora é a seguinte: Terá aplicação a súmula nº 554 do STF, mesmo diante do instituto do arrependimento posterior?

A maior parte de nossos doutrinadores entende de forma positiva, opinando pela aplicação da Súmula nos casos específicos de cheques emitidos sem suficiente provisão de fundos, ficando as demais situações regidas pelo art. 16 do Código Penal, quando a ele se amoldarem.

---

[30] NORONHA, Edgard Magalhães. *Direito penal*, v. 2, p. 407.

[31] JESUS, Damásio E. de. *Direito penal*, v. 2, p. 436.

Pronunciando-se sobre essa questão, decidiu o STF:

"O advento do art. 16 da nova Parte Geral do Código Penal não é incompatível com a aplicação das Súmulas 246 e 554, que devem ser entendidas complementarmente aos casos em que se verifiquem os seus pressupostos. Não há justa causa para a ação penal, se pago o cheque emitido sem suficiente provisão de fundos, antes da propositura da ação penal, a proposta acusatória não demonstra que houve fraude no pagamento por meio de cheque, não configurando, portanto, o crime do art. 171, § 2º, VI, do Código Penal."[32]

O entendimento sumulado e ratificado posteriormente pelo STF diz respeito tão somente aos cheques emitidos sem suficiente provisão de fundos, e não àqueles falsamente preenchidos por estelionatários que não praticam, como sabemos, a infração penal prevista no inciso VI do § 2º do art. 171 do Código Penal, mas, sim, aquela tipificada em seu *caput*.

Nessa hipótese, embora fique afastada a aplicação da Súmula nº 554, que impede o início da *persecutio criminis in judicio*, poderá o agente beneficiar-se com a redução relativa ao arrependimento posterior, caso venha a reparar o dano por ele causado até o recebimento da denúncia.

### 1.12.11 Cola eletrônica e estelionato

A imprensa tem divulgado, com certa frequência, a prática daquilo que se convencionou chamar de cola eletrônica. Candidatos prestavam concursos públicos, provas vestibulares etc. com um "ponto" de escuta no ouvido, onde as respostas das questões lhe eram repassadas por algum *expert*, que as corrigia em outro ambiente.

Antes do advento da Lei nº 12.550, de 15 de dezembro de 2011, que criou o delito de *fraudes em certames de interesse público*, inserindo o art. 311-A no Código Penal, nossos Tribunais Superiores entendiam como atípico esse comportamento, não visualizando o delito de estelionato, como preconizava parte de nossa doutrina.

Hoje, a discussão perdeu o sentido, uma vez que existe tipo penal específico, ou seja, o art. 311-A do Código Penal, razão pela qual a anotação somente tem interesse em termos de aplicação da lei penal, ou seja, os fatos que antecederam a entrega em vigor da Lei nº 12.550, de 15 de dezembro de 2011 são considerados atípicos, não se podendo retroagir a fim de alcançá-los, somente havendo responsabilidade penal para aqueles cometidos após a entrada em vigor do citado diploma legal.

Nesse sentido, já decidiu o Superior Tribunal de Justiça:

"A conduta de fraudar concurso público por meio da utilização da cola eletrônica praticada antes da vigência da Lei nº 12.550/2011, nada obstante contenha alto grau de reprovação social, na linha da jurisprudência do Supremo Tribunal Federal e desta Egrégia Corte, é atípica" (*HC* 208.969/SP, *Habeas Corpus* 2011/0128966-5, 5ª T., Rel. Min. Moura Ribeiro, DJe 11/11/2013).

### 1.12.12 Estelionato e Código Penal Militar

O crime de estelionato também veio previsto no Código Penal Militar (Decreto-Lei nº 1.001, de 21 de outubro de 1969), conforme se verifica pela leitura do seu art. 251.

### 1.12.13 Estelionato e Lei Geral do Esporte

O art. 200, da Lei nº 14.597, de 14 de junho de 2023, que instituiu a Lei Geral do Esporte, criou uma modalidade específica de fraude, punindo com pena de reclusão de 2 (dois) a 6

---

[32] *RTJ* 119/1.063 e *JUTACrim.* 89/476.

(seis) anos e multa, aquele que fraudar, por qualquer meio, ou contribuir para que se fraude, de qualquer forma, o resultado de competição esportiva ou evento a ela relacionado.

### 1.12.14 Estelionato e Sistema Financeiro Nacional

O art. 6º da Lei nº 7.492, de 16 de junho de 1986, que define os crimes contra o Sistema Financeiro Nacional, comina uma pena de reclusão de 2 (dois) a 6 (seis) anos, e multa, para aquele que induz ou mantém em erro, sócio, investidor ou repartição pública, relativamente à operação ou situação financeira, sonegando-lhe informação ou prestando-a falsamente.

### 1.12.15 Estelionato e falência

O art. 168 da Lei que regula a recuperação judicial, a extrajudicial e a falência do empresário e da sociedade empresária (Lei nº 11.101, de 9 de fevereiro de 2005) pune com pena de reclusão, de 3 (três) a 6 (seis) anos, e multa, quem praticar, antes ou depois da sentença que decretar a falência, conceder a recuperação judicial ou homologar a recuperação extrajudicial, ato fraudulento de que resulte ou possa resultar prejuízo aos credores, com o fim de obter ou assegurar vantagem indevida para si ou para outrem.

### 1.12.16 Competência para processo e julgamento e Súmulas dos Tribunais Superiores

> **Súmula nº 521 – STF.** *O foro competente para o processo e o julgamento dos crimes de estelionato, sob a modalidade da emissão dolosa de cheque sem provisão de fundos, é o do local onde se deu a recusa do pagamento pelo sacado.*
>
> **Súmula nº 244 – STJ.** *Compete ao foro do local da recusa processar e julgar o crime de estelionato mediante cheque sem provisão de fundos.*
>
> **Súmula nº 48 – STJ.** *Compete ao juízo do local da obtenção da vantagem ilícita processar e julgar crime de estelionato cometido mediante falsificação de cheque.*

### 1.12.17 Competência do estelionato praticado mediante depósito, mediante emissão de cheques sem suficiente provisão de fundos em poder do sacado ou com o pagamento frustrado ou mediante transferência de valores

Diz o § 4º do art. 70 do Código de Processo Penal, com a redação que lhe foi conferida pela Lei nº 14.155, de 27 de maio de 2021, *verbis*:

> **Art. 70** (...)
>
> § 4º. Nos crimes previstos no art. 171 do Decreto-lei nº 2.848, de 7 de dezembro de (Código Penal), quando praticados mediante depósito, mediante emissão de cheques sem suficiente provisão de fundos em poder do sacado ou com o pagamento frustrado ou mediante transferência de valores, a competência será definida pelo local do domicílio da vítima, e, em caso de pluralidade de vítimas, a competência firmar-se-á pela prevenção."

#### 1.12.17.1 Jurisprudência em teses do Superior Tribunal de Justiça, edição nº 84: Crimes contra o Patrimônio III – Estelionato

1) Quando o falso se exaure no estelionato, sem mais potencialidade lesiva, é por este absorvido. (Súmula nº 17/STJ)

2) O princípio da insignificância é inaplicável ao crime de estelionato quando cometido contra a Administração Pública, uma vez que a conduta ofende o patrimônio público, a moral administrativa e a fé pública, possuindo elevado grau de reprovabilidade.

3) Compete à Justiça Comum Estadual processar e julgar crime de estelionato praticado mediante falsificação das guias de recolhimento das contribuições previdenciárias, quando não ocorrente lesão à autarquia federal. (Súmula nº 107/STJ)
4) O delito de estelionato previdenciário (art. 171, § 3º, do CP), praticado pelo próprio beneficiário, tem natureza de crime permanente uma vez que a ofensa ao bem jurídico tutelado é reiterada, iniciando-se a contagem do prazo prescricional com o último recebimento indevido da remuneração.
5) O delito de estelionato previdenciário, praticado para que terceira pessoa se beneficie indevidamente, é crime instantâneo com efeitos permanentes, iniciando-se a contagem do prazo prescricional a partir da primeira parcela do pagamento relativo ao benefício indevido.
6) Aplica-se a regra da continuidade delitiva (art. 71 do CP) ao crime de estelionato previdenciário praticado por terceiro, que após a morte do beneficiário segue recebendo o benefício regularmente concedido ao segurado, como se este fosse, sacando a prestação previdenciária por meio de cartão magnético todos os meses.
7) A devolução à Previdência Social da vantagem percebida ilicitamente, antes do recebimento da denúncia, não extingue a punibilidade do crime de estelionato previdenciário, podendo, eventualmente, caracterizar arrependimento posterior, previsto no art. 16 do CP.
8) O ressarcimento integral do dano no crime de estelionato, na sua forma fundamental (art. 171, *caput*, do CP), não enseja a extinção da punibilidade, salvo nos casos de emissão de cheque sem fundos, em que a reparação ocorra antes do oferecimento da denúncia (art. 171, § 2º, VI, do CP).
9) O delito de estelionato é consumado no local em que se verifica o prejuízo à vítima.
10) Compete ao foro do local da recusa processar e julgar o crime de estelionato mediante cheque sem provisão de fundos. (Súmula nº 244/STJ)
11) A emissão de cheques pré-datados, como garantia de dívida e não como ordem de pagamento à vista, não constitui crime de estelionato previsto no art. 171, § 2º, VI, do CP, uma vez que a matéria deixa de ter interesse penal quando não há fraude, conforme a Súmula nº 246/STF.
12) O pagamento de cheque emitido sem provisão de fundos, após o recebimento da denúncia, não obsta ao prosseguimento da ação penal. (Súmula nº 554/STF)
13) A utilização de papel-moeda grosseiramente falsificado configura, em tese, o crime de estelionato, da competência da Justiça Estadual. (Súmula nº 73/STJ)

## 1.13 Quadro-resumo

**Sujeitos**
» Ativo: qualquer pessoa.
» Passivo: qualquer pessoa (desde que determinada e com capacidade de discernimento).

**Objeto material**
Quaisquer elementos (bens móveis ou imóveis, direitos etc.) do patrimônio alheio.

**Bem(ns) juridicamente protegido(s)**
Patrimônio alheio.

**Elemento subjetivo**
» É o dolo.
» Não há previsão para a modalidade de natureza culposa.

**Modalidades comissiva e omissiva**
» A conduta típica de obter vantagem ilícita em prejuízo alheio é praticada mediante a fraude do agente, que induz ou mantém a vítima em erro.
» A indução pressupõe um comportamento comissivo.
» Por outro lado, a conduta de manter a vítima em erro pode ser praticada omissivamente.

**Consumação e tentativa**
» Tem-se por consumado o estelionato, em sua modalidade básica, quando o agente consegue obter a vantagem ilícita, em prejuízo da vítima.
» Há necessidade, para efeitos de reconhecimento de consumação do estelionato, da afirmação do binômio vantagem ilícita/prejuízo alheio.
» Se, no entanto, depois de iniciados os atos de execução configurados na fraude empregada na prática do delito, o agente não conseguir obter a vantagem ilícita em virtude de circunstâncias alheias à sua vontade, o crime restará tentado.

## 2. FRAUDE COM A UTILIZAÇÃO DE ATIVOS VIRTUAIS, VALORES MOBILIÁRIOS OU ATIVOS FINANCEIROS

**Art. 171-A.** Organizar, gerir, ofertar ou distribuir carteiras ou intermediar operações que envolvam ativos virtuais, valores mobiliários ou quaisquer ativos financeiros com o fim de obter vantagem ilícita, em prejuízo alheio, induzindo ou mantendo alguém em erro, mediante artifício, ardil ou qualquer outro meio fraudulento.
Pena – reclusão, de 4 (quatro) a 8 (oito) anos, e multa.

### 2.1 Introdução

O art. 171-A foi inserido no Código Penal pela Lei nº 14.478, de 21 de dezembro de 2022, criando o delito de *fraude com a utilização de ativos virtuais, valores mobiliários ou ativos financeiros*, punindo com pena de reclusão, de 4 (quatro) a 8 (oito) anos, e multa aquele que *organizar, gerir, ofertar ou distribuir carteiras ou intermediar operações que envolvam ativos virtuais, valores mobiliários ou quaisquer ativos financeiros com o fim de obter vantagem ilícita, em prejuízo alheio, induzindo ou mantendo alguém em erro, mediante artifício, ardil ou qualquer outro meio fraudulento.*

Assim, analisando a referida figura típica, podemos destacar as condutas de *organizar* (estruturar, preparar), *gerir* (administrar), *ofertar* (oferecer) ou *distribuir* (repartir) carteiras (conjunto de aplicações do investidor, que pode ser também denominado de portifólio ou cesta de investimentos), ou *intermediar* (ser utilizado como mediador).

Essas condutas devem ter por objetivo operações que envolvam: a) ativos virtuais; b) valores mobiliários; e c) quaisquer ativos financeiros. São, outrossim, os meios utilizados pelo agente para a obtenção da vantagem ilícita, em prejuízo alheio.

O art. 3º da Lei nº 14.478, de 21 de dezembro de 2022, definiu o conceito de ativos virtuais, dizendo, *verbis*:

**Art. 3º** Para os efeitos desta Lei, considera-se ativo virtual a representação digital de valor que pode ser negociada ou transferida por meios eletrônicos e utilizada para realização de pagamentos ou com propósito de investimento, não incluídos:
I – moeda nacional e moedas estrangeiras;

CURSO DE DIREITO PENAL • VOL. 2 – ROGÉRIO GRECO

> II – moeda eletrônica, nos termos da Lei nº 12.865, de 9 de outubro de 2013;
>
> III – instrumentos que provejam ao seu titular acesso a produtos ou serviços especificados ou a benefício proveniente desses produtos ou serviços, a exemplo de pontos e recompensas de programas de fidelidade; e
>
> IV – representações de ativos cuja emissão, escrituração, negociação ou liquidação esteja prevista em lei ou regulamento, a exemplo de valores mobiliários e de ativos financeiros.
>
> **Parágrafo único.** Competirá a órgão ou entidade da Administração Pública federal definido em ato do Poder Executivo estabelecer quais serão os ativos financeiros regulados, para fins desta Lei.

*Valores mobiliários*, de acordo com o art. 2º da Lei nº 6.385, de 7 de dezembro de 1976, com a nova redação que lhe foi conferida pela Lei nº 10.303, de 31 de outubro de 2001, são:

> I – as ações, debêntures e bônus de subscrição;
>
> II – os cupons, direitos, recibos de subscrição e certificados de desdobramento relativos aos valores mobiliários referidos no inciso II;
>
> III – os certificados de depósito de valores mobiliários;
>
> IV – as cédulas de debêntures;
>
> V – as cotas de fundos de investimento em valores mobiliários ou de clubes de investimento em quaisquer ativos;
>
> VI – as notas comerciais;
>
> VII – os contratos futuros, de opções e outros derivativos, cujos ativos subjacentes sejam valores mobiliários;
>
> VIII – outros contratos derivativos, independentemente dos ativos subjacentes; e
>
> IX – quando ofertados publicamente, quaisquer outros títulos ou contratos de investimento coletivo, que gerem direito de participação, de parceria ou de remuneração, inclusive resultante de prestação de serviços, cujos rendimentos advêm do esforço do empreendedor ou de terceiros.

Por *ativos financeiros* podem ser compreendidos aqueles que dizem respeito ao patrimônio de uma pessoa física ou jurídica, que se encontram na forma de dinheiro ou mesmo em títulos, que têm a possibilidade de virem a ser liquidados no futuro. Buscou-se, aqui, por meio da expressão ativos financeiros, abranger tudo o que não estivesse contido nas expressões ativos virtuais e valores mobiliários.

O agente deve dirigir finalisticamente sua conduta no sentido de obter vantagem ilícita, em prejuízo alheio, induzindo ou mantendo alguém em erro, mediante artifício, ardil ou qualquer outro meio fraudulento. A expressão *com o fim de obter vantagem ilícita*, prevista no tipo penal, demonstra a sua natureza formal, ou seja, cuida-se de uma infração penal em que a consumação ocorre com a simples prática de qualquer das condutas previstas no tipo, independentemente do fato de ter o agente auferido ou não a vantagem ilícita, em prejuízo alheio, desde que tenha agido com essa finalidade.

Tal como ocorre com o art. 171 do Código Penal, no delito de *fraude com a utilização de ativos virtuais, valores mobiliários ou ativos financeiros*, a toda evidência, a vantagem ilícita deve ter natureza patrimonial. Aqui, longe da discussão que travamos quando da análise daquela figura típica, o próprio art. 171-A aponta onde o agente obterá, ou pelo menos tentará obter, a aludida vantagem ilícita, vale dizer, em operações que envolvam ativos virtuais, valores mobiliários ou quaisquer ativos financeiros. Cuida-se, portanto, de um delito eminentemente patrimonial, razão pela qual a *vantagem ilícita* deve ter essa mesma natureza.

O agente atua, portanto, com o fim de obter vantagem ilícita nas mencionadas operações que envolvam ativos virtuais, valores mobiliários ou quaisquer ativos financeiros, causando prejuízo alheio, vale dizer, daquele que foi induzido ou mantido em erro pelo agente, mediante artifício, ardil ou qualquer outro meio fraudulento.

Induzir diz respeito ao fato de incutir o erro na vítima, ou seja, ela é levada a errar em virtude da conduta praticada pelo agente. Por outro lado, a expressão *manter em erro* nos dá a ideia de que

673 PARTE II – CAPÍTULO VI – DO ESTELIONATO E OUTRAS FRAUDES

a vítima já se encontrava em erro, tendo um conhecimento equivocado da realidade, e o agente a mantém nessa condição, para que com isso possa obter a vantagem ilícita em seu prejuízo.

O art. 171-A do estatuto repressivo, da mesma forma prevista no *caput* do art. 171 do mesmo diploma legal, assevera que o agente, na prática do delito, atua mediante artifício, ardil ou qualquer outro meio fraudulento. Assim, tanto o artifício quanto o ardil são considerados espécies de fraudes, tendo o tipo penal se utilizado da chamada interpretação analógica, em que a uma fórmula casuística (artifício ou ardil) segue-se uma fórmula genérica (ou qualquer outro meio fraudulento). Para que não sejamos repetitivos, remetemos o leitor aos conceitos emitidos quando do estudo do crime de estelionato, tipificado no art. 171 do Código Penal.

Trata-se, como se percebe, de uma modalidade especializada do delito de estelionato, cuja estrutura, em grande parte, foi mantida pela figura típica do delito de *fraude com a utilização de ativos virtuais, valores mobiliários ou ativos financeiros.*

## 2.2 Classificação doutrinária

Crime comum com relação tanto ao sujeito ativo quanto ao sujeito passivo; doloso; formal; comissivo (podendo, contudo, ser praticado via omissão imprópria, nas hipóteses em que o agente gozar do *status* de garantidor); de forma vinculada (uma vez que somente pode ser praticado por meio de operações que envolvam ativos virtuais, valores mobiliários ou quaisquer ativos financeiros); de dano; monossubjetivo; plurissubsistente; transeunte ou não transeunte (dependendo da forma com o delito seja praticado, podendo ou não deixar vestígios).

## 2.3 Objeto material e bem juridicamente protegido

Objeto material no delito previsto pelo art. 171-A do Código Penal é a operação que envolva ativos virtuais, valores mobiliários ou quaisquer ativos financeiros com o fim de obter vantagem ilícita, em prejuízo alheio.

O patrimônio é o bem juridicamente protegido pelo delito de *fraude com a utilização de ativos virtuais, valores mobiliários ou ativos financeiros.*

## 2.4 Sujeito ativo e sujeito passivo

Crime comum, o delito tipificado no art. 171-A do diploma repressivo pode ser praticado por qualquer pessoa, não havendo qualquer qualidade ou condição especial exigida pelo tipo penal em análise.

Da mesma forma, qualquer pessoa pode figurar como sujeito passivo.

## 2.5 Consumação e tentativa

Em se tratando de crime formal, o delito se consuma quando o agente pratica qualquer dos comportamentos previstos no tipo penal, isto é, quando vier a *organizar, gerir, ofertar* ou *distribuir* carteiras ou *intermediar* operações que envolvam ativos virtuais, valores mobiliários ou quaisquer ativos financeiros, com o fim de obter vantagem ilícita, em prejuízo alheio, induzindo ou mantendo alguém em erro, mediante artifício, ardil ou qualquer outro meio fraudulento.

Assim, para que a infração penal em estudo se consume, ao contrário do que ocorre com o crime de estelionato, tipificado no *caput* do art. 171 do Código Penal, não há necessidade de que o agente obtenha, efetivamente, a vantagem ilícita, bastando que atue com essa finalidade.

Dessa forma, a obtenção da vantagem ilícita, em prejuízo alheio, deve ser entendida como mero exaurimento do crime, devendo ser considerada quando da fixação da pena-base, prevista pelo critério trifásico de aplicação da pena, apontado no art. 68 do Código Penal.

Por ser um delito plurissubsistente, em que é possível fracionar-se o *iter criminis*, mesmo concluindo-se pela natureza formal do delito, será possível o reconhecimento da tentativa.

## 2.6 Elemento subjetivo

O dolo é o elemento subjetivo exigido pelo delito de *fraude com a utilização de ativos virtuais, valores mobiliários ou ativos financeiros*, não havendo previsão para a modalidade de natureza culposa.

Assim, por exemplo, se o agente, de forma imprudente, temerária, faz a intermediação de uma operação que envolva ativos virtuais, vindo a causar, culposamente, prejuízo alheio, mesmo que tenha induzido a vítima a erro, se não era sua finalidade a obtenção de vantagem ilícita, mas, sim, arriscar no mercado, querendo, com isso, na verdade, que a vítima obtivesse lucro, o fato deverá ser considerado atípico.

## 2.7 Modalidades comissiva e omissiva

As condutas de *organizar*, *gerir*, *ofertar* ou *distribuir* carteiras ou *intermediar* operações que envolvam ativos virtuais, valores mobiliários ou quaisquer ativos financeiros pressupõem comportamento comissivo por parte do agente.

Contudo, nada impede que o delito seja praticado via omissão imprópria, na hipótese em que o agente, na qualidade de garantidor, devendo e podendo agir, nada faça para evitar o prejuízo causado por outrem à vítima.

## 2.8 Pena e ação penal

A pena cominada ao delito de *fraude com a utilização de ativos virtuais, valores mobiliários ou ativos financeiros* é de reclusão, de 4 (quatro) a 8 (oito) anos, e multa.

A ação penal é de iniciativa pública incondicionada.

Aplica-se ao tipo penal em análise a imunidade penal de caráter pessoal prevista no art. 181 do Código Penal, que diz:

> **Art. 181**. É isento de pena quem comete qualquer dos crimes previstos neste título, em prejuízo:
> I – do cônjuge, na constância da sociedade conjugal;
> II – de ascendente ou descendente, seja o parentesco legítimo ou ilegítimo, seja civil ou natural.

Não se aplicará o mencionado artigo ao crime de *fraude com a utilização de ativos virtuais, valores mobiliários ou ativos financeiros*, nos termos dos incisos II e III do art. 183 do Código Penal: a) ao estranho que participa do crime; b) se o crime é praticado contra pessoa com idade igual ou superior a 60 (sessenta) anos.

## 2.9 Quadro-resumo

**Sujeitos**
» Ativo: qualquer pessoa.
» Passivo: qualquer pessoa.

**Objeto material**
Operação que envolva ativos virtuais, valores mobiliários ou quaisquer ativos financeiros com o fim de obter vantagem ilícita.

**Bem(ns) juridicamente protegido(s)**
Patrimônio alheio.

**Elemento subjetivo**
» É o dolo.

**Modalidades comissiva e omissiva**
» As condutas de organizar, gerir, ofertar ou distribuir carteiras ou intermediar operações que envolvam ativos virtuais, valores mobiliários ou quaisquer ativos financeiros pressupõem um comportamento comissivo por parte do agente.
» A indução pressupõe um comportamento comissivo.
» Por outro lado, a conduta de manter a vítima em erro pode ser praticada omissivamente.

**Consumação e tentativa**
» O delito se consuma quando o agente pratica qualquer dos comportamentos previstos no tipo penal, isto é, quando vier a *organizar, gerir, ofertar* ou *distribuir* carteiras ou *intermediar* operações que envolvam ativos virtuais.

## 3. DUPLICATA SIMULADA

**Duplicata simulada**
**Art. 172.** Emitir fatura, duplicata ou nota de venda que não corresponda à mercadoria vendida, em quantidade ou qualidade, ou ao serviço prestado.
Pena – detenção, de 2 (dois) a 4 (quatro) anos, e multa.
**Parágrafo único.** Nas mesmas penas incorrerá aquele que falsificar ou adulterar a escrituração do Livro de Registro de Duplicatas.

### 3.1 Introdução

O preceito secundário do art. 172 do Código Penal comina uma pena de detenção, de 2 (dois) a 4 (quatro) anos, e multa, para aquele que, de acordo com a nova redação dada pela Lei nº 8.137, de 27 de dezembro de 1990, *emitir fatura, duplicata ou nota de venda que não corresponda à mercadoria vendida, em quantidade ou qualidade, ou ao serviço prestado.*

A Lei nº 5.474, de 18 de julho de 1968, que dispõe sobre as duplicatas e dá outras providências, determina, em seus arts. 1º e 2º, *verbis*:

**Art. 1º** Em todo contrato de compra e venda mercantil entre partes domiciliadas no território brasileiro, com prazo não inferior a 30 (trinta) dias, contada da data da entrega ou despacho das mercadorias, o vendedor extrairá a respectiva fatura para apresentação ao comprador.
§ 1º A fatura discriminará as mercadorias vendidas ou, quando convier ao vendedor, indicará somente os números e valores das notas parciais expedidas por ocasião das vendas, despachos ou entregas das mercadorias.
**Art. 2º** No ato da emissão da fatura, dela poderá ser extraída uma duplicata para circulação como efeito comercial, não sendo admitida qualquer outra espécie de título de crédito para documentar o saque do vendedor pela importância faturada ao comprador.

Analisando a figura típica do art. 172 do Código Penal, podemos apontar os seguintes elementos: *a)* a conduta de emitir fatura, duplicata ou nota de venda; *b)* a falta de correspondência com a mercadoria vendida, em quantidade ou qualidade, ou com o serviço prestado.

O núcleo *emitir*, utilizado pelo delito em estudo, tem o significado de *colocar em circulação*. Wille Duarte Costa, dissertando sobre o tema, esclarece:

"A *duplicata* é um título de crédito causal e à ordem, que pode ser criada no ato da extração da fatura, para circulação como efeito comercial, decorrente da compra e venda mercantil ou da

CURSO DE DIREITO PENAL • VOL. 2 – ROGÉRIO GRECO

prestação de serviços, não sendo admitida outra espécie de título de crédito para documentar o saque do vendedor ou prestador de serviços pela importância faturada ao comprador ou ao beneficiário dos serviços.

A duplicata admite o aceite do devedor e não é cópia ou segunda via da fatura. Nela não se discriminam as mercadorias vendidas ou serviços prestados, o que deve ser feito na nota fiscal ou na fatura correspondente. Como título de crédito à ordem que é, pode circular por via do endosso, mas o sacador não pode eximir-se da garantia de pagamento ao endossar a duplicata.

Embora seja um título causal, não é a duplicata título representativo de mercadorias ou de serviços. Exige uma provisão determinada, que se consubstancia no valor da compra e venda de mercadorias ou da prestação de serviços, discriminados na fatura e na nota fiscal. Sem tal provisão a duplicata torna-se sem lastro e é chamada de *fria*, constituindo-se em crime de estelionato previsto no art. 172 do Código Penal, por emissão de *duplicata simulada*."[33]

A fatura, duplicata ou nota de venda colocada em circulação, para que se configure na infração penal em estudo, não deve corresponder à mercadoria vendida, em quantidade ou qualidade, ou ao serviço prestado. Assim, inexiste sintonia quantitativa quando, por exemplo, o comerciante vende determinada quantidade de mercadoria e faz consignar outra; da mesma forma, não haverá correspondência qualitativa quando vende determinada mercadoria e consigna outra, de qualidade diferente. Também existe infração penal quando o prestador de serviços faz inserir serviço diverso do efetivamente prestado.

Guilherme de Souza Nucci, com acerto, ressalta:

"Por uma imprecisão lamentável, deixou-se de constar *expressamente* no tipo que a emissão de fatura, duplicata ou nota por venda ou serviço inexistente também é crime. Mencionou-se a emissão que não corresponda à *mercadoria vendida* ou ao *serviço prestado*, como se efetivamente uma venda ou um serviço tivesse sido realizado. Não faria sentido, no entanto, punir o emitente por alterar a quantidade ou qualidade da venda feita e não punir o comerciante que *nenhuma venda* fez, emitindo a duplicata, a fatura ou a nota assim mesmo. Portanto, é de se incluir no contexto a 'venda inexistente' ou o 'serviço não prestado'. Trata-se de decorrência natural da interpretação extensiva que se pode – e deve – fazer do tipo penal."[34]

## 3.2 Classificação doutrinária

Crime próprio, haja vista que o tipo penal delimita o sujeito ativo àqueles que podem emitir fatura, duplicata ou nota fiscal; doloso; comissivo (podendo ser praticado via omissão imprópria, na hipótese de o agente gozar do *status* de garantidor); formal; de perigo; de forma livre; instantâneo; monossubjetivo; plurissubsistente; não transeunte.

## 3.3 Objeto material e bem juridicamente protegido

O patrimônio é o bem juridicamente protegido pelo delito de duplicata simulada, tipificado no art. 172 do Código Penal.

*Objeto material* é a fatura, duplicata ou nota de venda que não corresponda à mercadoria vendida, em quantidade ou qualidade, ou ao serviço prestado.

## 3.4 Sujeito ativo e sujeito passivo

O *sujeito ativo* é aquele que emite a fatura, duplicata ou nota de venda que não corresponda à mercadoria vendida, em quantidade ou qualidade, ou ao serviço prestado.

---

[33] COSTA, Wille Duarte. *Títulos de crédito*, p. 383.

[34] NUCCI, Guilherme de Souza. *Código penal comentado*, p. 569-570.

O *sujeito passivo*, conforme esclarece Cezar Roberto Bitencourt:

"É o recebedor, isto é, quem desconta a duplicata, aquele que aceita a duplicata como caução, e também o sacado de boa-fé, que corre o risco de ser protestado. Não é indispensável, registre-se, a participação na figura delituosa da pessoa contra quem a duplicata foi emitida. Havendo coautoria entre o emitente e aceitante, sujeito passivo será quem fez o desconto, e não o sacado."[35]

### 3.5 Consumação e tentativa

Consuma-se a infração penal em estudo no momento em que a duplicata é colocada em circulação, sendo apresentada para desconto, não havendo necessidade de efetivo prejuízo a terceiro.

Para a maioria de nossos doutrinadores, é impossível a tentativa, pois, conforme afirma Ney Moura Teles, "no momento em que o título é remetido para a obtenção do aceite ou com seu endosso, já está consumado. Se, entretanto, foi apenas preenchido mas permanece em poder do agente, houve apenas atos preparatórios, impuníveis."[36] Luiz Regis Prado[37] afirma ser impossível a tentativa em razão de o fato se tratar de crime *unissubsistente*.

Em sentido contrário, Cezar Roberto Bitencourt[38] não descarta a possibilidade de tentativa, devendo ser analisada caso a caso, pois, segundo o professor gaúcho, trata-se de infração cujo *iter criminis* pode ser fracionado, posição à qual nos filiamos.

Não podemos concordar com a posição assumida por Luiz Regis Prado quando afirma ser unissubsistente o delito tipificado no art. 172 do Código Penal. É possível visualizar a hipótese de fracionamento do *iter criminis*, destacando-se as fases da cogitação, dos atos preparatórios, bem como o início da execução, não havendo, segundo entendemos, concentração dos atos. Dessa forma, a casuística é que ditará a regra sobre a possibilidade ou impossibilidade de ocorrência da tentativa, não se podendo, de antemão, descartá-la.

### 3.6 Elemento subjetivo

O tipo penal do art. 172 do diploma repressivo somente poderá ser praticado dolosamente, devendo o agente, portanto, dirigir finalisticamente sua conduta no sentido de emitir fatura, duplicata ou nota de venda que não corresponda à mercadoria vendida, em quantidade ou qualidade, ou ao serviço prestado.

Não há previsão, portanto, para a modalidade de natureza culposa. Assim, aquele que, por descuido, vier a emitir fatura, duplicata ou nota de venda em desacordo com a mercadoria vendida não poderá ser responsabilizado pelo delito em estudo.

### 3.7 Modalidades comissiva e omissiva

A conduta de *emitir* fatura, duplicata ou nota de venda que não corresponda à mercadoria vendida ou ao serviço prestado somente pode ser praticada comissivamente.

No entanto, dependendo da hipótese concreta, será possível que o garantidor, devendo e podendo agir, dolosamente, nada faça para impedir a prática da infração penal, devendo, outrossim, nos termos do § 2º do art. 13 do Código Penal, por ela responder.

---

[35] BITENCOURT, Cezar Roberto. *Tratado de direito penal*, v. 3, p. 304.

[36] TELES, Ney Moura. *Direito penal*, v. 2, p. 471.

[37] PRADO, Luiz Regis. *Curso de direito penal brasileiro*, v. 2, p. 558.

[38] BITENCOURT, Cezar Roberto. *Tratado de direito penal*, v. 3, p. 306.

## 3.8 Falsificação ou adulteração na escrituração do Livro de Registro de Duplicatas

A exigência para a criação do Livro de Registro de Duplicatas veio prevista no art. 19 e seus parágrafos, da Lei nº 5.474, de 18 de julho de 1968, assim redigidos:

> **Art. 19.** A adoção do regime de vendas de que trata o art. 2º desta lei obriga o vendedor a ter e escriturar o Livro de Registro de Duplicatas.
> § 1º No Registro de Duplicatas serão escrituradas, cronologicamente, todas as duplicatas emitidas, com o número de ordem, data e valor das faturas originárias e data de sua expedição; nome e domicílio do comprador; anotações das reformas; prorrogações e outras circunstâncias necessárias.
> § 2º Os Registros de Duplicatas, que não poderão conter emendas, borrões, rasuras ou entrelinhas, deverão ser conservados nos próprios estabelecimentos.
> § 3º O Registro de Duplicatas poderá ser substituído por qualquer sistema mecanizado, desde que os requisitos deste artigo sejam observados.

O parágrafo único do art. 172 do Código Penal diz que incorrerá nas mesmas penas cominadas ao delito de *duplicata simulada* aquele que falsificar ou adulterar a escrituração do Livro de Registro de Duplicatas.

A falsificação é o comportamento praticado pelo agente no sentido de inserir dados inexatos no Livro de Registro de Duplicatas, a exemplo do que ocorre com a falsidade ideológica. Assim, o Livro de Registro de Duplicatas é perfeito; entretanto, a ideia nele lançada é falsa. A conduta de adulterar diz respeito a modificar o conteúdo já existente.

Luiz Regis Prado alerta que o legislador não agiu com propriedade:

> "Ao inserir a figura no art. 172, já que se aplica a ela toda a principiologia do delito de *falsum*, e a hipótese em questão é de falsidade de documento particular, equiparado a documento público (art. 297, § 2º). Ademais, a referida conduta gravita em torno da expedição da duplicata, sendo absorvida pelo delito definido no *caput* do crime em exame, por se tratar de *antefato* ou *pós-fato impunível*."[39]

## 3.9 Pena e ação penal

A pena cominada ao delito de *duplicata simulada* é de detenção, de 2 (dois) a 4 (quatro) anos, e multa, sendo idêntica para aquele que falsifica ou adultera a escrituração do Livro de Registro de Duplicatas, conforme parágrafo único do art. 172 do Código Penal.

A ação penal é de iniciativa pública incondicionada.

Deverão ser observadas, no entanto, as disposições contidas nos arts. 181, 182 e 183 do Código Penal.

## 3.10 Quadro-resumo

### Sujeitos
- » Ativo: é aquele que emite a fatura, duplicata ou nota de venda que não corresponda à mercadoria vendida, em quantidade ou qualidade, ou ao serviço prestado.
- » Passivo: "é o recebedor, isto é, quem desconta a duplicata, aquele que aceita a duplicata como caução, e também o sacado de boa-fé, que corre o risco de ser protestado. Não é indispensável, registre-se, a participação na figura delituosa da pessoa contra quem a duplicata foi emitida. Havendo coautoria entre o emitente e aceitante, sujeito passivo será quem fez o desconto, e não o sacado" (BITENCOURT, 2004, p. 304).

---

[39] PRADO, Luiz Regis. *Curso de direito penal brasileiro*, v. 2, p. 559.

### Objeto material
É a fatura, duplicata ou nota de venda que não corresponda à mercadoria vendida, em quantidade ou qualidade, ou ao serviço prestado.

### Bem(ns) juridicamente protegido(s)
O patrimônio.

### Elemento subjetivo
» É o dolo.
» Não há previsão para a modalidade de natureza culposa.

### Modalidades comissiva e omissiva
» A conduta do delito somente pode ser praticada comissivamente.
» No entanto, dependendo da hipótese concreta, será possível que o garantidor, devendo e podendo agir, dolosamente, nada faça para impedir a prática da infração penal, devendo, outrossim, nos termos do art. 13, § 2º, do CP, por ela responder.

### Consumação e tentativa
» Consuma-se a infração penal em estudo no momento em que a duplicata é colocada em circulação, sendo apresentada para desconto, não havendo necessidade de efetivo prejuízo a terceiro.
» Existe controvérsia sobre a possibilidade de tentativa. Para nós, a casuística é que ditará a regra sobre a possibilidade ou impossibilidade de ocorrência da tentativa, não se podendo, de antemão, descartá-la.

## 4. ABUSO DE INCAPAZES

**Abuso de incapazes**
**Art. 173.** Abusar, em proveito próprio ou alheio, de necessidade, paixão ou inexperiência de menor, ou da alienação ou debilidade mental de outrem, induzindo qualquer deles à prática de ato suscetível de produzir efeito jurídico, em prejuízo próprio ou de terceiro:
Pena – reclusão, de dois a seis anos, e multa.

### 4.1 Introdução

O art. 173 do Código Penal comina uma pena de reclusão, de 2 (dois) a 6 (seis) anos, e multa, para quem *abusar, em proveito próprio ou alheio, de necessidade, paixão ou inexperiência de menor, ou da alienação ou debilidade mental de outrem, induzindo qualquer deles à prática de ato suscetível de produzir efeito jurídico, em prejuízo próprio ou de terceiro.*

De acordo com a redação legal, podemos destacar os seguintes elementos que integram o delito de *abuso de incapazes*: *a)* conduta de abusar; *b)* em proveito próprio ou alheio; *c)* de necessidade, paixão ou inexperiência de menor, ou da alienação ou debilidade mental de outrem; *d)* indução à prática de ato suscetível de produzir efeito jurídico; *e)* prejuízo próprio ou de terceiro.

O núcleo *abusar* é utilizado pelo texto legal no sentido de se *aproveitar, tirar proveito, partido, vantagem* da necessidade, paixão ou inexperiência de menor, ou da alienação ou debilidade mental de outrem.

O comportamento praticado contra o menor ou o alienado ou débil mental deve ser levado a efeito em proveito próprio ou mesmo de terceira pessoa. Existe controvérsia a respeito da natureza desse proveito. Conforme já salientamos anteriormente, a exemplo do que ocorre com o art. 171 do Código Penal, o art. 173 do mesmo estatuto repressivo encontra-se inserido em seu Título II, correspondente aos crimes contra o patrimônio. Aqui, no entanto, devemos fazer uma distinção entre *proveito* e *prejuízo*, uma vez que somente este último deve ter natureza patrimonial, tendo em vista a inserção do art. 173 no Título mencionado. O proveito pode ter qualquer natureza, até mesmo moral. O prejuízo, ao contrário, para que se mantenha a objetividade jurídica do artigo, deverá, sem qualquer sombra de dúvida, ser patrimonial.

Noronha exemplifica, apontando a finalidade do agente que atua causando um prejuízo patrimonial à vítima, mas que não tinha, ele próprio, a intenção de obter qualquer proveito dessa natureza:

"Mas esse *proveito* deverá ser obrigatoriamente patrimonial? Cremos que não, por isso que o *delito não deixa de ser contra o patrimônio, ainda que o proveito seja puramente moral.* Se certo homem, inimigo de uma família, abusa das paixões do menor, a ela pertencente, induzindo-o a praticar ato que lhe pode acarretar a ruína, sem que com isso obtenha *lucro*, não deixa de praticar o crime em análise. O delito é patrimonial, porque o *patrimônio é que foi a objetividade jurídica atingida*, nada importando que o agente não tenha auferido vantagem econômica. O que, a nosso ver, não pode deixar de ser patrimonial, como dissemos, é o *prejuízo* da vítima ou de terceiro. Consequentemente, embora na *imensa maioria dos casos*, o *proveito seja patrimonial*, não cremos que o crime se desfigure se, ocorrendo todos seus elementos, o proveito não for dessa natureza."[40]

Além disso, o *proveito* deverá ser injusto, pois, se for devido, poderá cogitar-se do crime de exercício arbitrário das próprias razões.

O abuso pode ser dirigido contra menor ou contra alienado ou débil mental. Se for praticado contra menor, ou seja, aquele que ainda não completou os 18 (dezoito) anos, o agente se aproveita de sua *necessidade, paixão* ou *inexperiência*, que o torna mais vulnerável. O agente abusa, portanto, dessas situações de fragilidade – necessidade, paixão ou inexperiência –, sendo o seu comportamento mais reprovável. Por *necessidade* devemos entender, seguindo as lições de Paulo José da Costa Júnior, como "qualquer exigência existencial, orgânica, intelectual ou moral."[41] A *paixão*, aqui, deve ser entendida como aquele sentimento arrebatador, que não permite que a vítima tome decisões de forma racional, agindo impulsionada, quase que de forma dependente às solicitações do agente. A *inexperiência* deve ser tomada no sentido de reconhecer a *imaturidade* da vítima, a sua falta de "maldade" para compreender os atos que, se forem praticados, importarão em prejuízo para si ou para outrem. É a falta de prática da vida ou, conforme esclarece Cezar Roberto Bitencourt, é a "ausência de conhecimentos gerais que permitam aquilatar adequadamente todas as circunstâncias que autorizem uma tomada de decisão no mundo socioeconômico ou, melhor dito, em toda e qualquer ação, transação, atividade."[42]

A lei penal também protege os alienados ou débeis mentais, não havendo que se perquirir de sua necessidade, paixão ou inexperiência, somente avaliáveis na hipótese de ser a vítima menor de 18 anos.

No entanto, em ambas as hipóteses, o agente deverá saber que está lidando com um menor de 18 anos ou com pessoa alienada ou débil mental, pois, caso contrário, poderá incorrer no chamado erro de tipo, afastando-se a tipicidade de seu comportamento no que diz respeito ao crime

---

[40] NORONHA, Edgard Magalhães. *Direito penal*, v. 2, p. 448.
[41] COSTA JÚNIOR, Paulo José da. *Direito penal objetivo*, p. 331.
[42] BITENCOURT, Cezar Roberto. *Tratado de direito penal*, v. 3, p. 310.

de abuso de incapazes, podendo, contudo, dependendo do meio por ele utilizado, ser responsabilizado penalmente pelo crime de estelionato, previsto no *caput* do art. 171 do Código Penal.

Há necessidade de se fazer a prova nos autos da menoridade da vítima por meio de documento hábil (certidão de nascimento, carteira de identidade etc.), bem como da sua debilidade mental, a não ser, nesse último caso, que seja tão evidente a ponto de ser dispensado laudo pericial.

O comportamento do agente deve ser dirigido no sentido de fazer com que a vítima pratique um ato suscetível de produzir efeito jurídico, em prejuízo próprio ou de terceiro. Luiz Regis Prado ressalta que:

> "*Ato suscetível de produzir efeito jurídico* é elemento normativo do tipo de injusto. Questiona-se, destarte, se o ato juridicamente nulo, decorrente da absoluta incapacidade da parte, pode integrar o delito, havendo discrepância da doutrina nesse sentido. No entanto, se fosse admissível a tese de que o delito não se consuma pela absoluta incapacidade da vítima, o crime aqui em análise perderia a razão de ser e o art. 173 tornar-se-ia letra morta. É pacífico, porém, o entendimento de que não há crime quando o ato perpetrado pela vítima é absolutamente nulo e de nenhum efeito jurídico, por causa diversa da sua incapacidade, já que o tipo legal exige que o aludido ato possa acarretar efeitos no mundo do Direito."[43]

O *prejuízo*, sempre de natureza patrimonial, poderá ser sofrido pelo menor, pelo alienado ou débil mental, ou, ainda, por terceira pessoa, em razão do ato praticado por aqueles.

Podemos citar como exemplos de atos que causam prejuízo ao incapaz, ou mesmo à terceira pessoa, o da menor que, apaixonada por seu namorado, atendendo ao pedido deste último, vende as joias que lhe foram presenteadas em seu aniversário de 15 anos, para que ele compre uma motocicleta, ou o do agente que induz pessoa de idade avançada, em estado senil e doente, a outorgar-lhe escritura de imóvel de sua propriedade.

### 4.2 Classificação doutrinária

Crime comum com relação ao sujeito ativo e próprio no que diz respeito ao sujeito passivo, pois somente os incapazes podem figurar nessa condição; doloso; formal (haja vista que a sua consumação ocorre com a efetiva prática, pelo incapaz, de ato suscetível de produzir efeito jurídico, em prejuízo próprio ou de terceiro, não se exigindo, contudo, a sua ocorrência); comissivo (podendo ser praticado por meio de omissão imprópria, na hipótese de o agente gozar *status* de garantidor); de forma livre; instantâneo (podendo, caso o prejuízo sofrido seja irreversível, ser considerado instantâneo de efeitos permanentes); monossubjetivo; plurissubsistente; não transeunte.

### 4.3 Objeto material e bem juridicamente protegido

Bem juridicamente protegido é o patrimônio do incapaz, ou de terceira pessoa que poderia ser prejudicada por meio de seu ato.

Objeto material é o menor ou o alienado ou débil mental, contra quem é dirigida a conduta praticada pelo agente.

### 4.4 Sujeito ativo e sujeito passivo

Com relação ao *sujeito ativo*, cuida-se de crime comum, podendo ser praticado por qualquer pessoa, não exigindo o tipo penal qualquer qualidade ou condição especial ao seu reconhecimento.

---

[43] PRADO, Luiz Regis. *Curso de direito penal brasileiro*, v. 2, p. 564.

Ao contrário, o *sujeito passivo*, de acordo com a redação legal, somente pode ser o menor ou o alienado ou débil mental, que é induzido pelo sujeito ativo a praticar o ato suscetível de produzir efeito jurídico, em prejuízo próprio ou de terceiro.

Embora exista controvérsia, entendemos que o menor emancipado não poderá figurar como sujeito passivo do delito em estudo, haja vista que, com a sua emancipação, deixa de gozar do *status* de *incapaz*, nos termos do parágrafo único do art. 5º do Código Civil, que diz que cessará, para os menores, a incapacidade: *I – pela concessão dos pais, ou de um deles na falta do outro, mediante instrumento público, independentemente de homologação judicial, ou por sentença do juiz, ouvido o tutor, se o menor tiver 16 (dezesseis) anos completos; II – pelo casamento; III – pelo exercício de emprego público efetivo; IV – pela colação de grau em curso de ensino superior; V – pelo estabelecimento civil ou comercial, ou pela existência de relação de emprego, desde que, em função deles, o menor com 16 (dezesseis) anos completos tenha economia própria.*

## 4.5 Consumação e tentativa

O delito se consuma quando o incapaz pratica o ato para o qual fora induzido, não havendo necessidade de, efetivamente, sofrer prejuízo patrimonial com seu comportamento que, se vier a acontecer, será considerado mero exaurimento do crime.

Tratando-se de um crime plurissubsistente, torna-se perfeitamente possível o raciocínio relativo à tentativa, a exemplo daquele que é impedido, por terceira pessoa, de praticar o ato que tinha a potencialidade de produzir efeitos jurídicos em seu prejuízo ou de terceiro, depois de ter sido induzido pelo agente.

## 4.6 Elemento subjetivo

O delito de abuso de incapazes só pode ser praticado dolosamente, não havendo previsão para a modalidade de natureza culposa.

Assim, se o agente, negligentemente, permite que o incapaz venha a praticar um ato, por exemplo, que lhe possa causar prejuízo, o fato será considerado um indiferente penal, podendo o agente, dependendo do caso que se apresente e da sua ligação com o incapaz, ser responsabilizado na esfera cível, caso o prejuízo venha, efetivamente, a ocorrer.

Para a doutrina majoritária, além do dolo, pode-se visualizar no tipo penal do art. 173 o *fim específico* de obter o proveito indevido *para si ou para terceiro*.

O erro, no que diz respeito à menoridade da vítima ou à sua alienação ou debilidade mental, terá o condão de afastar o dolo, eliminando-se, consequentemente, a tipicidade do fato, em virtude da regra contida no art. 20 do Código Penal, que prevê o chamado *erro de tipo*.

## 4.7 Modalidades comissiva e omissiva

A conduta de abusar, cometida mediante a indução de incapaz à prática de ato suscetível de produzir efeito jurídico, em prejuízo próprio ou de terceiro, pressupõe um comportamento comissivo, vale dizer, o agente faz alguma coisa no sentido de incutir no incapaz a ideia que, se praticada, trará a ele ou a terceira pessoa prejuízos patrimoniais.

No entanto, o garantidor poderá responder pelo delito em virtude de sua omissão se, podendo, dolosamente, nada fizer para evitar a prática do ato pelo incapaz, almejando, por exemplo, o prejuízo deste último.

Assim, o delito poderá ser praticado comissivamente, ou mediante omissão imprópria do agente garantidor.

## 4.8 Pena e ação penal

O preceito secundário do art. 173 do Código Penal comina uma pena de reclusão, de 2 (dois) a 6 (seis) anos, e multa.

A ação penal é de iniciativa pública incondicionada, à exceção das hipóteses arroladas pelo art. 182 do Código Penal, que preveem a necessidade de representação, observada a ressalva contida no art. 183 do mesmo diploma repressivo.

Aplica-se ao crime de abuso de incapazes a imunidade penal de caráter pessoal prevista no art. 181 do Código Penal, exceto quanto ao estranho que participa do crime, bem como quando o delito for praticado contra pessoa com idade igual ou superior a 60 (sessenta) anos (incisos II e III do art. 183 do CP).

## 4.9 Destaques

### 4.9.1 Abuso de pessoa e Código Penal Militar

O crime de abuso de pessoa veio previsto no Código Penal Militar (Decreto-Lei nº 1.001, de 21 de outubro de 1969), conforme se verifica pela leitura do seu art. 252. Embora a rubrica e a redação típica sejam um pouco diferentes daquela constante no art. 173 do Código Penal, também se visualiza, no tipo apontado, a proteção de incapazes, dizendo:

> **Art. 252.** Abusar, em proveito próprio ou alheio, no exercício de função, em unidade, repartição ou estabelecimento militar, da necessidade, paixão ou inexperiência, ou da doença ou deficiência mental de outrem, induzindo-o à prática de ato que produza efeito jurídico, em prejuízo próprio ou de terceiro, ou em detrimento da administração militar:
> Pena – reclusão, de dois a seis anos.

### 4.9.2 Estatuto da Pessoa Idosa

O art. 106 do Estatuto da Pessoa Idosa (Lei nº 10.741, de 1º de outubro de 2003) prevê uma modalidade especial de abuso, cominando uma pena de reclusão de 2 (dois) a 4 (quatro) anos, para aquele que induz pessoa idosa sem discernimento de seus atos a outorgar procuração para fins de administração de bens ou deles dispor livremente.

## 4.10 Quadro-resumo

**Sujeitos**
» Ativo: qualquer pessoa.
» Passivo: somente pode ser o menor ou o alienado ou débil mental, que é induzido pelo sujeito ativo a praticar o ato suscetível de produzir efeito jurídico, em prejuízo próprio ou de terceiro. Embora exista controvérsia, entendemos que o menor emancipado não poderá figurar como sujeito passivo do delito em estudo.

**Objeto material**
É o menor ou o alienado ou débil mental, contra quem é dirigida a conduta praticada pelo agente.

**Bem(ns) juridicamente protegido(s)**
É o patrimônio do incapaz ou de terceira pessoa que poderia ser prejudicada por meio de seu ato.

### Elemento subjetivo

» É o dolo.
» Não há previsão para a modalidade de natureza culposa.
» Para a doutrina majoritária, além do dolo, pode-se visualizar o fim específico de obter o proveito indevido para si ou para terceiro.

### Modalidades comissiva e omissiva

O delito poderá ser praticado comissivamente, ou mediante omissão imprópria do agente garantidor.

### Consumação e tentativa

» O delito se consuma quando o incapaz pratica o ato para o qual fora induzido, não havendo necessidade de, efetivamente, sofrer prejuízo patrimonial com seu comportamento que, se vier a acontecer, será considerado mero exaurimento do crime.
» Tratando-se de um crime plurissubsistente, torna-se perfeitamente possível o raciocínio relativo à tentativa.

## 5. INDUZIMENTO À ESPECULAÇÃO

**Induzimento à especulação**
**Art. 174.** Abusar, em proveito próprio ou alheio, da inexperiência ou da simplicidade ou inferioridade mental de outrem, induzindo-o à prática de jogo ou aposta, ou à especulação com títulos ou mercadorias, sabendo ou devendo saber que a operação é ruinosa:
Pena – reclusão, de 1 (um) a 3 (três) anos, e multa.

### 5.1 Introdução

O art. 174 do Código Penal comina pena de reclusão, de 1 (um) a 3 (três) anos, e multa, para aquele que *abusar, em proveito próprio ou alheio, da inexperiência ou da simplicidade ou inferioridade mental de outrem, induzindo-o à prática de jogo ou aposta, ou à especulação com títulos ou mercadorias, sabendo ou devendo saber que a operação é ruinosa.*

Assim, podemos destacar os seguintes elementos que integram a mencionada figura típica: *a)* a conduta de abusar; *b)* em proveito próprio ou alheio; *c)* da inexperiência ou simplicidade ou inferioridade mental de outrem; *d)* indução à prática de jogo ou aposta, ou à especulação com títulos ou mercadorias; *e)* conhecimento, real ou potencial, de que a operação é ruinosa.

O núcleo *abusar* é utilizado pelo texto legal no sentido de *fazer mal uso, aproveitar-se, tirar proveito, partido, vantagem* da inexperiência ou simplicidade ou inferioridade mental de outrem.

A possibilidade de levar essas pessoas à ruína, mediante a prática de jogo ou aposta, ou especulando-se com títulos ou mercadorias, deve trazer algum proveito ao agente ou à terceira pessoa. Da mesma forma que no artigo anterior, embora o tipo penal tenha por finalidade proteger o patrimônio dessas pessoas que, em virtude de suas condições pessoais, se tornam mais vulneráveis, o *proveito* buscado pelo agente pode ter outra natureza, que não a patrimonial, devendo, no entanto, ser injusto.

*Inexperiência*, conforme disserta Guilherme de Souza Nucci, é:

"Caracterizada pela falta de vivência, própria das pessoas de pouca idade ou ingênuas; a *simplicidade* fundamenta-se pela franqueza, sinceridade e falta de afetação ou malícia nas atitudes, o que é típico de pessoas crédulas e confiantes no bom caráter alheio; a *inferioridade mental* deve ser interpretada, nos dias atuais, simplesmente como a situação de pessoas portadoras de doenças mentais ou algum tipo de desenvolvimento mental incompleto ou retardado."[44]

O abuso levado a efeito pelo agente deve ser dirigido no sentido de *induzir* aquelas pessoas que, em virtude de suas condições pessoais (inexperiência, simplicidade ou inferioridade mental), são mais facilmente manipuladas a fazer aquilo que lhes é sugerido, ou seja, *jogar, apostar* ou *especular com títulos ou mercadorias*, sendo do conhecimento daquele que tais comportamentos conduzirão a vítima à ruína. Tem-se procurado distinguir o *jogo* da *aposta*, ressaltando-se que, naquele, o resultado depende da maior ou menor habilidade do jogador, a exemplo do que ocorre no pôquer, e nesta o resultado independe de qualquer habilidade por parte do apostador, como ocorre com as corridas de cavalos, roleta etc. Além do jogo e da aposta, a conduta do agente pode ser dirigida a induzir a vítima a especular com títulos ou mercadorias, a exemplo dos investimentos realizados na Bolsa de Valores e de Mercadorias.

Para que o fato seja típico, o agente tem que saber, ou pelo menos ter a possibilidade de saber, que a conduta praticada pela vítima, isto é, o ato de jogar, apostar ou especular com títulos ou mercadorias, a levará à ruína. Se o agente não tiver esse conhecimento, o fato será considerado atípico, da mesma forma que aquele que induz a vítima a assumir algum desses comportamentos porque acredita, mesmo equivocadamente, que trará algum lucro para ela, quando, na verdade, a conduz à ruína.

## 5.2 Classificação doutrinária

Crime comum com relação ao sujeito ativo e próprio no que diz respeito ao sujeito passivo, pois somente as pessoas inexperientes, simples ou inferiores mentalmente podem figurar nessa condição; doloso; formal (haja vista que a sua consumação ocorre quando a vítima pratica algum dos comportamentos para os quais foi induzida, independentemente de ter sido, em razão disso, levada à ruína); comissivo (podendo, contudo, ser praticado através da omissão imprópria do agente, que gozava do *status* de garantidor); de forma vinculada (uma vez que a lei determina que a indução deve ser dirigida ao jogo, aposta ou à especulação com títulos ou mercadorias); instantâneo (podendo seus efeitos serem permanentes); monossubjetivo; plurissubsistente; não transeunte.

## 5.3 Objeto material e bem juridicamente protegido

O tipo penal do art. 174 do diploma repressivo tem por finalidade proteger o patrimônio. Entretanto, essa proteção patrimonial é dirigida especialmente àquelas pessoas que, em virtude de inexperiência, simplicidade ou inferioridade mental, podem ser levadas à ruína, caso se aventurem, depois de induzidas pelo agente, à prática de jogos ou apostas, ou à especulação com títulos ou mercadorias, sendo estas o objeto material do delito em estudo.

## 5.4 Sujeito ativo e sujeito passivo

Qualquer pessoa pode ser *sujeito ativo* do delito tipificado no art. 174 do Código Penal, não havendo necessidade de que o agente possua qualquer qualidade ou condição especial.

O *sujeito passivo*, conforme observa Alberto Silva Franco, "é a pessoa inexperiente, simples ou de inferioridade mental. Em regra, é o menor, ou o homem rústico, ignorante, idoso ou ingênuo."[45]

---

[44] NUCCI, Guilherme de Souza. *Código penal comentado*, p. 572.

[45] FRANCO, Alberto Silva. *Código penal e sua interpretação jurisprudencial*, v. 1, t. II, p. 2.786.

## 5.5 Consumação e tentativa

Consuma-se o delito no momento em que a vítima leva a efeito o comportamento a que fora induzida pelo agente, vale dizer, quando efetivamente participa do jogo, aposta ou especula com títulos ou mercadorias, independentemente da produção efetiva do resultado ruinoso ao seu patrimônio que, se ocorrer, será considerado mero exaurimento do crime.

Tratando-se de crime plurissubsistente, torna-se possível o raciocínio relativo à tentativa.

## 5.6 Elemento subjetivo

O delito de induzimento à especulação só pode ser praticado dolosamente, não havendo previsão para a modalidade de natureza culposa.

Assim, aquele que, imprudentemente, induz a vítima, por exemplo, a especular na Bolsa de Valores e de Mercadorias acreditando que faria um bom negócio, quando, na verdade, tudo indicava no sentido contrário, não poderá ser responsabilizado pelo delito em estudo.

Para a doutrina majoritária, além do dolo, pode-se visualizar no tipo penal do art. 174 o *fim específico* de obter o proveito indevido, *para si ou para outrem*, da ruína da vítima.

O dolo deve abranger todos os elementos que integram a figura típica. Assim, o agente deverá ter conhecimento de que induz pessoa *inexperiente, simples* ou *inferior mentalmente*, pois, caso contrário, poderá ser alegado o erro de tipo, afastando-se o dolo e, consequentemente, a infração penal em exame.

O tipo penal utiliza, ainda, a expressão *sabendo ou devendo saber* que a operação é ruinosa. Luiz Regis Prado, interpretando essa expressão, aduz, corretamente, que:

> "O legislador quis frisar que, ainda quando o agente não tenha certeza do insucesso da especulação, conhece fatos que autorizam a prognosticar o fracasso daquele empreendimento. A fraude, em tal expressão, consiste em induzir a vítima à especulação, *não obstante a contraindicação desses fatos, que não podiam ter escapado, de modo algum, ao entendimento do agente*."[46]

## 5.7 Modalidades comissiva e omissiva

A conduta de *abusar*, praticada com a finalidade de induzir a vítima à prática de jogo, aposta, ou à especulação com títulos ou mercadorias, pressupõe um comportamento comissivo.

No entanto, o garantidor poderá responder pelo delito em virtude de sua omissão se, podendo, dolosamente, nada fizer para evitar a prática, pelo garantido, dos comportamentos previstos pelo tipo penal em exame, que o levarão à ruína, sendo essa, também, a sua intenção.

Assim, o delito poderá ser praticado comissivamente ou mediante omissão imprópria do agente garantidor.

## 5.8 Pena, ação penal e suspensão condicional do processo

A pena cominada para o delito de induzimento à especulação é de reclusão, de 1 (um) a 3 (três) anos, e multa.

A ação penal é de iniciativa pública incondicionada, à exceção das hipóteses arroladas no art. 182 do Código Penal, que preveem a necessidade de representação, observada a ressalva contida no art. 183 do mesmo diploma repressivo.

---

[46] PRADO, Luiz Regis. *Curso de direito penal brasileiro*, v. 2, p. 569.

Aplica-se ao crime de induzimento à especulação a imunidade penal de caráter pessoal prevista no art. 181 do Código Penal, exceto quanto ao estranho que participa do crime, bem como quando o delito for praticado contra pessoa com idade igual ou superior a 60 (sessenta) anos (incisos II e III do art. 183 do CP).

Será possível a proposta de suspensão condicional do processo, tendo em vista que a pena mínima cominada ao delito em estudo não ultrapassa o limite determinado pelo art. 89 da Lei nº 9.099/95.

## 5.9 Quadro-resumo

### Sujeitos
» Ativo: qualquer pessoa.
» Passivo: "é a pessoa inexperiente, simples ou de inferioridade mental. Em regra, é o menor, ou o homem rústico, ignorante, idoso ou ingênuo" (FRANCO, 1997, p. 2.786).

### Objeto material
Pessoas que, em virtude de inexperiência, simplicidade ou inferioridade mental, podem ser levadas à ruína, caso se aventurem, depois de induzidas pelo agente, à prática de jogos ou apostas, ou à especulação com títulos ou mercadorias.

### Bem(ns) juridicamente protegido(s)
O patrimônio.

### Elemento subjetivo
» É o dolo.
» Não há previsão para a modalidade de natureza culposa.

### Modalidades comissiva e omissiva
» A conduta pressupõe um comportamento comissivo.
» No entanto, o garantidor poderá responder pelo delito em virtude de sua omissão se, podendo, dolosamente, nada fizer para evitar a prática, pelo garantido, dos comportamentos previstos pelo tipo penal em exame, que o levarão à ruína, sendo essa, também, a sua intenção.

### Consumação e tentativa
» Consuma-se o delito no momento em que a vítima leva a efeito o comportamento a que fora induzida pelo agente, independentemente da produção efetiva do resultado ruinoso ao seu patrimônio que, se ocorrer, será considerado mero exaurimento do crime.
» É admissível a tentativa.

## 6. FRAUDE NO COMÉRCIO

**Fraude no comércio**
**Art. 175.** Enganar, no exercício de atividade comercial, o adquirente ou consumidor:
I – vendendo, como verdadeira ou perfeita, mercadoria falsificada ou deteriorada;

> II – entregando uma mercadoria por outra:
>
> Pena – detenção, de seis meses a dois anos, ou multa.
>
> § 1º Alterar em obra que lhe é encomendada a qualidade ou o peso de metal ou substituir, no mesmo caso, pedra verdadeira por falsa ou por outra de menor valor; vender pedra falsa por verdadeira; vender, como precioso, metal de outra qualidade:
>
> Pena – reclusão, de um a cinco anos, e multa.
>
> § 2º É aplicável o disposto no art. 155, § 2º.

## 6.1 Introdução

O Código Penal comina uma pena de detenção, de 6 (seis) meses a 2 (dois) anos, ou multa, para aquele que enganar, no exercício de atividade comercial, o adquirente ou consumidor: I – vendendo, como verdadeira ou perfeita, mercadoria falsificada ou deteriorada; II – entregando uma mercadoria por outra.

Antes de analisarmos a mencionada figura típica, faz-se mister ressaltar que parte de nossos doutrinadores entende pela revogação do inciso I do art. 175 do Código Penal pelo inciso IX do art. 7º da Lei nº 8.137, de 27 de dezembro de 1990, assim redigido:

> **Art. 7º** Constitui crime contra as relações de consumo: [...]
>
> IX – vender, ter em depósito para vender ou expor à venda ou, de qualquer forma, entregar matéria-prima ou mercadoria, em condições impróprias ao consumo.

O Código de Defesa do Consumidor explicita, em seu art. 18, § 6º, serem impróprios ao uso e consumo: *I – os produtos cujos prazos de validade estejam vencidos; II – os produtos deteriorados, alterados, adulterados, avariados, falsificados, corrompidos, fraudados, nocivos à vida ou à saúde, perigosos ou, ainda, aqueles em desacordo com as normas regulamentares de fabricação, distribuição ou apresentação; III – os produtos que, por qualquer motivo, se revelem inadequados ao fim a que se destinam.*

Luiz Regis Prado, posicionando-se favoravelmente à revogação do inciso I do art. 175 do Código Penal, aduz que, "se a lei posterior, disciplinando os crimes perpetrados nas relações de consumo, tratou da venda pelo comerciante de mercadoria falsificada ou deteriorada, como se fosse verdadeira ou perfeita, não subsiste dúvida de que a norma anterior encontra-se revogada."[47]

Em sentido contrário, Cezar Roberto Bitencourt afirma pela manutenção do art. 175 do Código Penal, esclarecendo:

> "Consideramos que as leis posteriores não regularam inteiramente a mesma matéria, sendo, assim, impossível admitir a revogação tácita do dispositivo em exame do Código Penal. Com efeito, casuisticamente, devem-se confrontar os diversos diplomas legais e resolver a questão por meio do conflito aparente de normas e aplicar, *in concreto*, aquela que contemplar todas as elementares típicas."[48]

Filiamo-nos ao pensamento de Luiz Regis Prado, pois também entendemos que a lei que definiu os crimes contra a ordem tributária, econômica e contra as relações de consumo (Lei nº 8.137/90) regulou inteiramente a matéria constante do inciso I do art. 175 do Código Penal, pois cuidou tanto da falsificação quanto da deterioração de mercadoria.

No entanto, faremos a análise de todos os incisos de forma global.

---

[47] PRADO, Luiz Regis. *Curso de direito penal brasileiro*, v. 2, p. 574-575.

[48] BITENCOURT, Cezar Roberto. *Tratado de direito penal*, v. 3, p. 324.

Podemos destacar os seguintes elementos que integram o tipo penal do art. 175 do Código Penal: *a)* a conduta de enganar; *b)* no exercício da atividade comercial; *c)* adquirente ou consumidor; *d)* vendendo, como verdadeira ou perfeita, mercadoria falsificada ou deteriorada; *e)* entregando uma mercadoria por outra.

O núcleo *enganar* é utilizado no sentido de induzir em erro, iludir, burlar.

Tal engano é praticado no *exercício de atividade comercial*, vale dizer, o *comerciante* (que exerce o comércio) e o *comerciário* (empregado no comércio).

A finalidade do comportamento é a de induzir o adquirente ou consumidor da mercadoria a erro, fazendo com que compre, como verdadeira ou perfeita, mercadoria falsificada ou deteriorada. Falsa é a mercadoria que não é original; a deteriorada é a mercadoria que, embora original, se encontra danificada, estragada. Nesse caso, somente se amolda ao delito em estudo a conduta de *vender*, prevista no inciso I do art. 175 do Código Penal, não sendo típicas, por exemplo, as condutas de doar, trocar etc.

Também engana o adquirente ou consumidor aquele que lhe entrega uma mercadoria por outra ou, como diz o ditado popular, vende "gato por lebre." Conforme as lições de Damásio de Jesus, o segundo fato delituoso consiste em "o sujeito entregar uma mercadoria por outra, enganando o adquirente ou consumidor quanto à essência da coisa (palha de café em lugar de café), sua qualidade (vinho de segunda em lugar de vinho de primeira) ou quantidade (medida, peso ou número)."[49]

Tratando-se de substâncias alimentícias ou produtos alimentícios, ou destinados a fins terapêuticos ou medicinais, o agente poderá responder pelos delitos previstos nos arts. 272 e 273 do Código Penal.

## 6.2 Classificação doutrinária

Crime próprio com relação ao sujeito ativo, pois somente o comerciante e o comerciário podem praticá-lo, e comum no que diz respeito ao sujeito passivo, podendo qualquer pessoa figurar nessa condição; doloso; comissivo (podendo ser praticado via omissão imprópria, na hipótese de o agente gozar do *status* de garantidor); material; de dano; de forma livre; instantâneo; monossubjetivo; plurissubsistente; não transeunte.

## 6.3 Objeto material e bem juridicamente protegido

O patrimônio é o bem juridicamente protegido pelo delito de fraude no comércio, tipificado no art. 175 do Código Penal. Conforme salienta Cezar Roberto Bitencourt:

> "Subsidiariamente, protege-se também a moralidade das relações comerciais, buscando preservar a honestidade e a boa-fé que devem orientar toda a atividade comercial, que é vital para a satisfação de grande parte das necessidades materiais da coletividade."[50]

Objeto material é a mercadoria sobre a qual recai a conduta praticada pelo agente.

## 6.4 Sujeito ativo e sujeito passivo

Existe controvérsia no que diz respeito a quem poderia ser o *sujeito ativo* do crime de fraude no comércio.

---

[49] JESUS, Damásio E. de. *Direito penal*, v. 2, p. 452.

[50] BITENCOURT, Cezar Roberto. *Tratado de direito penal*, v. 3, p. 322.

Hungria entendia que somente o *comerciante* e o *comerciário* poderiam gozar desse *status*, uma vez que o tipo penal do art. 175 faz menção a *exercício de atividade comercial* que, segundo o renomado penalista, "não quer dizer senão *exercício profissional de comércio,* por conta própria ou de outrem."[51]

Em sentido contrário, afirma Noronha:

"Inútil a distinção entre atividade e ato, pois é certo que a primeira se compõe da reunião, grupo ou coleção de atos. Pratica o delito em espécie não só o comerciante estabelecido, matriculado etc., como qualquer pessoa que pratique um daqueles fatos, no exercício de atividade comercial. Essa atividade não se caracteriza pela qualidade da pessoa, mas pelo *ato em si*, pelo ato tomado em sentido objetivo."[52]

Entendemos que a razão está com Hungria. Pelo próprio *nomen iuris* da infração penal, vale dizer, *fraude no comércio*, que indica a natureza do delito a ser estudado, percebe-se que a qualidade de comerciante ou comerciário é indispensável à sua configuração, tratando-se, pois, de crime próprio com relação ao sujeito ativo, posição também adotada por Rogério Sanches Cunha quando diz que o delito *sub examen* só pode ser praticado "por quem exerça atividade comercial (exercício habitual, contínuo e profissional do comércio). Se praticado ato de comércio por particular, que não o exerça, outra figura delituosa poderá estar configurada (art. 171, § 2º, IV)"[53].

*Sujeito passivo*, de acordo com a indicação legal, é o *adquirente* ou o *consumidor*, dele não se exigindo qualquer qualidade ou condição especial, cuidando-se, aqui, de crime comum.

## 6.5 Consumação e tentativa

A consumação do delito de fraude no comércio ocorre a partir do momento em que a vítima percebe que recebeu mercadoria falsificada, deteriorada, trocada etc.

Se ao tentar fazer a entrega, a vítima percebe que se cuida de mercadoria falsificada, não a aceitando, o agente poderá ser responsabilizado pela tentativa, haja vista tratar-se de crime plurissubsistente, no qual é possível fracionar-se o *iter criminis.*

Assim, tendo em vista o fato de que o tipo penal do art. 175 se encontra também no Título II do Código Penal, relativo aos crimes contra o patrimônio, e considerando a sua classificação como crime material, temos que, somente quando se efetivar a lesão no patrimônio da vítima, com o pagamento da mercadoria falsificada, deteriorada, trocada etc., é que se pode ter por consumado o delito. Caso isso não ocorra, será possível o raciocínio correspondente à tentativa.

## 6.6 Elemento subjetivo

O delito de *fraude no comércio* somente pode ser praticado dolosamente, não havendo previsão para a modalidade de natureza culposa.

Assim, aquele que, por desatenção, entrega ao adquirente uma mercadoria diferente da que fora efetivamente comprada, não poderá ser responsabilizado criminalmente.

O dolo deverá abranger, outrossim, todos os elementos que integram a definição típica. Dessa forma, aquele que, depois de vender uma mercadoria ao consumidor, acreditando na sua originalidade, descobre que, na verdade, era um produto falsificado, extremamente pare-

---

[51]  HUNGRIA, Nélson. *Comentários ao código penal*, v. VII, p. 273.

[52]  NORONHA, Edgard Magalhães. *Direito penal*, v. 2, p. 445.

[53]  CUNHA, Sanches Rogério. *Manual de direito penal* – parte especial, volume único, p. 386.

cido com o original, cujas diferenças eram imperceptíveis, não pratica o delito de fraude no comércio, podendo alegar, em seu benefício, o chamado erro de tipo, excluindo-se o seu dolo e, consequentemente, a própria infração penal.

## 6.7 Modalidade qualificada

O § 1º do art. 175 do Código Penal prevê uma modalidade qualificada do delito de *fraude no comércio, verbis*:

> § 1º Alterar em obra que lhe é encomendada a qualidade ou o peso de metal ou substituir, no mesmo caso, pedra verdadeira por falsa ou por outra de menor valor; vender pedra falsa por verdadeira; vender, como precioso, metal de outra qualidade.

Dessa forma, podemos visualizar na modalidade qualificada de fraude no comércio quatro comportamentos que podem ser levados a efeito, os quais, dada a sua maior gravidade, são punidos com uma pena de reclusão, de 1 (um) a 5 (cinco) anos, e multa, a saber:

*a)* alteração em obra que lhe é encomendada a qualidade ou peso do metal;

*b)* substituição, no mesmo caso, de pedra verdadeira por falsa ou por outra de menor valor;

*c)* venda de pedra falsa por verdadeira;

*d)* venda, como precioso, de metal de outra qualidade.

Assim, por exemplo, pratica o delito na primeira modalidade aquele que, contratado para fazer uma pulseira de ouro, a produz com ouro de qualidade ou peso inferior ao encomendado; na segunda modalidade, o agente substitui, v.g., na obra que havia sido encomendada e paga pelo adquirente, a esmeralda, cujo objetivo era realçar os olhos da escultura, por uma pedra falsificada, da mesma tonalidade; na terceira e na quarta hipóteses, a venda é da pedra e do metal em si, em que o agente faz a entrega, por exemplo, no lugar do ouro, de uma peça de latão, e de vidro no lugar do diamante.

Merece ressaltar que somente cometerá o delito em estudo se o comportamento do agente trouxer efetivo prejuízo à vítima. Assim, aquele que, contratado para fazer uma pulseira personalizada, coloca quantidade superior de ouro, obviamente não responde pelo delito em exame.

## 6.8 Modalidades comissiva e omissiva

A infração penal, tanto em sua modalidade fundamental quanto nas hipóteses qualificadas, pressupõe um comportamento positivo do agente, vale dizer, o agente faz alguma coisa no sentido de fraudar o comércio, praticando uma das condutas previstas nos incisos I e II, bem como no § 1º do art. 175 do Código Penal.

No entanto, o agente que gozar do *status* de garantidor, sabedor da fraude, podendo, deverá agir no sentido de impedir que o garantido sofra dano em seu patrimônio, pois, caso contrário, se, dolosamente, vier a se omitir, querendo a produção do resultado, deverá ser responsabilizado pelo crime de fraude no comércio, haja vista que o § 2º do art. 13 do Código Penal assevera que a omissão é penalmente relevante quando o omitente devia e podia agir a fim de evitar o resultado.

## 6.9 Criminoso primário e pequeno valor da mercadoria

Aplica-se, aqui, tudo o que foi dito quando do estudo do delito de furto, valendo ressaltar que se o criminoso for primário e de pequeno valor, por exemplo, a mercadoria falsificada,

CURSO DE DIREITO PENAL • VOL. 2 – ROGÉRIO GRECO

deteriorada, trocada etc., o juiz poderá substituir a pena de reclusão pela de detenção, diminuí-la de um a dois terços ou aplicar somente a pena de multa, tendo em vista a determinação contida no § 2º do art. 175 do Código Penal.

## 6.10 Pena, ação penal, competência para julgamento e suspensão condicional do processo

A pena é de detenção, de 6 (seis) meses a 2 (dois) anos, ou multa, para a modalidade fundamental de *fraude no comércio*, sendo cominada uma pena de reclusão, de 1 (um) a 5 (cinco) anos, e multa, para a forma qualificada prevista pelo § 2º do art. 175 do Código Penal.

A ação penal é de iniciativa pública, à exceção das hipóteses arroladas pelo art. 182 do Código Penal, que preveem a necessidade de representação, observada a ressalva contida no art. 183 do mesmo diploma repressivo.

Aplica-se ao crime de fraude no comércio a imunidade penal de caráter pessoal prevista no art. 181 do Código Penal, exceto quanto ao estranho que participa do crime, bem como quando o delito for praticado contra pessoa com idade igual ou superior a 60 (sessenta) anos (incisos II e III do art. 183 do CP).

Compete ao Juizado Especial Criminal o julgamento do crime de fraude no comércio, quando praticado em sua modalidade fundamental, haja vista que a pena máxima cominada em abstrato não ultrapassa o limite de 2 (dois) anos, previsto pelo art. 61 da Lei nº 9.099/95, com a nova redação que lhe foi dada pela Lei nº 11.313, de 28 de junho de 2006.

Será possível a confecção de proposta de suspensão condicional do processo mesmo para a modalidade qualificada de fraude no comércio, uma vez que a pena mínima a ela cominada atende ao limite previsto pelo art. 89 da Lei nº 9.099/95.

## 6.11 Destaques

### 6.11.1 *Vítima que recebe uma pedra em vez da mercadoria comprada*

Não é incomum os jornais noticiarem golpes aplicados nos centros das grandes cidades. Muitas vezes, a vítima, com a finalidade de comprar um produto por preço inferior ao de mercado, acreditando estar fazendo uma boa economia, negocia com pessoas desconhecidas, que não trabalham em qualquer casa comercial.

Um dos golpes que se tornaram mais comuns nos dias de hoje é aquele em que é oferecido à vítima um aparelho eletrônico a preço inferior ao de mercado. O agente se intitula, falsamente, funcionário de alguma loja comercial e convence a vítima a comprar o aparelho, que vem lacrado, em caixa original. A vítima, satisfeita com a oferta, fecha negócio com o meliante.

Ao chegar em casa, empolgada com o produto adquirido, abre avidamente a embalagem e, para sua surpresa, somente encontra uma pedra, envolvida em pedaços de jornal.

Nesse caso, pergunta-se: O agente deveria ser responsabilizado pelo delito de fraude no comércio pelo fato de ter entregado uma mercadoria por outra? A resposta, aqui, só pode ser negativa.

Inicialmente, o agente que "vendeu a pedra" não se amolda ao conceito de comerciante ou, mesmo, de comerciário, não podendo figurar, assim, como sujeito ativo do delito em estudo. Além disso, o inciso II do art. 175 do Código Penal fala em *mercadoria*, sendo certo que pedra não se amolda ao conceito de mercadoria.

O crime, portanto, será aquele tipificado no *caput* do art. 171 do Código Penal, cuja pena é superior à do delito de fraude no comércio.

## 6.11.2 Compra de produtos falsos em bancas de camelô

A economia denominada informal vem crescendo assustadoramente nos últimos tempos, fruto da incapacidade do Estado de gerar empregos. Assim, cada vez mais pessoas se enveredam pelo caminho do trabalho autônomo, prestando serviços, vendendo produtos, enfim, tentando, de alguma forma, sobreviver numa sociedade cruel e capitalista, que é incapaz de levar a efeito uma divisão de rendas.

O número de vendedores ambulantes e camelôs tem aumentado. Como é cediço, em muitas ou em quase todas as barracas de camelôs, são vendidos produtos "importados" do Paraguai ou da China, reconhecidamente falsificados. Imagine-se que a vítima, querendo comprar um tênis próprio para a prática de corrida, vá até um desses camelôs e adquira o produto desejado, sabendo-o falso, mas extremamente parecido com o original.

Em seu primeiro teste com o produto, vem a decepção, pois ele se rasga depois de 30 minutos de intensa corrida. Indignado, o sujeito vai até o vendedor e o ameaça com o art. 175 do Código Penal, sob o argumento de que a mercadoria era falsificada. Pergunta-se: O camelô deverá responder pelo delito tipificado no art. 175, I, do Código Penal por ter vendido uma mercadoria sabidamente falsificada? A resposta, aqui, também deve ser negativa, pois o agente, para que responda pelo artigo em estudo, deverá ter agido com fraude, ou seja, embora a mercadoria fosse realmente falsificada, havia sido vendida como verdadeira, o que não aconteceu no caso concreto.

O camelô, nesse caso, poderá responder pela receptação, pois a coisa por ele vendida era produto de crime, previsto pela Lei nº 9.279, de 14 de maio de 1996, que regula direitos e obrigações relativos à propriedade industrial.

Da mesma forma, o comprador que, sabendo da origem ilícita da mercadoria, ainda assim a adquiriu, deverá também responder pela receptação, haja vista ser possível a hipótese de receptação de receptação, conforme veremos mais adiante.

## 6.12 Quadro-resumo

### Sujeitos

» Ativo: existe controvérsia no que diz respeito sobre quem poderia ser o sujeito ativo do crime de fraude no comércio. Hungria entende que somente o comerciante e o comerciário poderiam gozar esse status. Em sentido contrário, entende Noronha (1980, p. 445): "Pratica o delito em espécie não só o comerciante estabelecido, matriculado etc., como qualquer pessoa que pratique um daqueles fatos, no exercício de atividade comercial. Essa atividade não se caracteriza pela qualidade da pessoa, mas pelo ato em si, pelo ato tomado em sentido objetivo". Entendemos que a razão está com Hungria, pois se percebe que a qualidade de comerciante ou comerciário é indispensável à configuração do delito, tratando-se, de crime próprio com relação ao sujeito ativo.
» Passivo: é o adquirente ou o consumidor, dele não se exigindo qualquer qualidade ou condição especial, cuidando-se, aqui, de crime comum.

### Objeto material

É a mercadoria sobre a qual recai a conduta praticada pelo agente.

### Bem(ns) juridicamente protegido(s)

O patrimônio.

### Elemento subjetivo
» É o dolo.
» Não há previsão para a modalidade de natureza culposa.

### Modalidades comissiva e omissiva
» A infração penal pressupõe um comportamento positivo do agente.
» No entanto, o agente que gozar do status de garantidor, sabedor da fraude, podendo, deverá agir no sentido de impedir que o garantido sofra dano em seu patrimônio, pois, caso contrário, se, dolosamente, vier a se omitir, querendo a produção do resultado, deverá ser responsabilizado pelo crime de fraude no comércio.

### Consumação e tentativa
» A consumação do delito de fraude no comércio ocorre a partir do momento em que a vítima percebe que recebeu mercadoria falsificada, deteriorada, trocada etc.
» Admite-se a possibilidade de tentativa.

## 7. OUTRAS FRAUDES

**Outras fraudes**
**Art. 176.** Tomar refeição em restaurante, alojar-se em hotel ou utilizar-se de meio de transporte sem dispor de recursos para efetuar o pagamento.
Pena – detenção, de quinze dias a dois meses, ou multa.
**Parágrafo único.** Somente se procede mediante representação, e o juiz pode, conforme as circunstâncias, deixar de aplicar a pena.

### 7.1 Introdução

Comparativamente às demais infrações penais inseridas no Capítulo VI, correspondente ao *estelionato e outras fraudes*, o comportamento tipificado pelo art. 176 do Código Penal foi o que mereceu, abstratamente, a menor reprovação, haja vista a cominação de uma pena de detenção, de 15 (quinze) dias a 2 (dois) meses, ou multa, para aquele que *tomar refeição em restaurante, alojar-se em hotel ou utilizar-se de meio de transporte sem dispor de recursos para efetuar o pagamento.*

Pela leitura do tipo penal, podemos destacar os seguintes elementos: *a)* conduta de tomar refeição em restaurante; *b)* alojar-se em hotel; *c)* utilização de meio de transporte; *d)* indisponibilidade de recursos necessários para efetuar o pagamento.

A lei penal aduz o comportamento de *tomar refeição em restaurante*, devendo ser entendida a palavra *restaurante* em seu sentido amplo, abrangendo lanchonetes, pensões, bares etc. Assim, qualquer lugar que tenha a finalidade de servir refeições, não importando a sua natureza, poderá ser alvo da ação do agente. Imagine-se a hipótese daqueles quiosques localizados nas praias do Nordeste, que servem todo o tipo de refeição, principalmente frutos do mar. Mesmo que ali não se tenha, efetivamente, constituída uma pessoa jurídica, a pessoa física responsável poderá figurar como vítima desse delito. Noronha ainda adverte que "a lei fala em refeições, referindo-se, destarte, ao ato de tomar alimentos, e destes não nos parece lícito excluir as *bebidas*. Nada há também no texto que exija a consumação total, pois, consumidos parcialmente os alimentos, *tomou-se refeição*, consoante seus termos."[54]

---
[54] NORONHA, Edgard Magalhães. *Direito penal*, v. 2, p. 463.

Merece destaque, ainda, o fato de que a conduta de *tomar refeição em restaurante* sem dispor de recursos para efetuar o pagamento, para a maioria de nossos doutrinadores,[55] deve ser levada a efeito no próprio estabelecimento (restaurante, pensão, bar etc.), não podendo ocorrer, por exemplo, na residência do agente. Assim, tem-se entendido que aquele que faz um pedido de refeição para ser entregue em sua residência deverá responder pelo delito tipificado no *caput* do art. 171 do Código Penal, o que não nos parece ser a melhor conclusão, em virtude da pena cominada ao delito de estelionato (reclusão, de um a cinco anos, e multa), em comparação àquela prevista no tipo penal do art. 176 do mesmo diploma legal (detenção, de 15 dias a dois meses, ou multa). Dessa forma, será melhor para o agente ser servido, com toda gentileza, pelos garçons que prestam serviço no estabelecimento comercial que, além do prato principal, também se alimentará com uma sobremesa etc., do que receber a comida, muitas vezes já fria, em sua própria residência, pois sua pena será infinitamente superior, não sendo possível, até mesmo, a concessão de perdão judicial, conforme previsto no parágrafo único do mencionado art. 176.

Acreditamos que se a fraude empregada se deu para que o agente pudesse *tomar refeição*, seja ou não no próprio restaurante ou em qualquer outro estabelecimento do gênero, o delito será aquele previsto pelo art. 176 do Código Penal, e não o delito de estelionato, tipificado no *caput* do art. 171 do diploma repressivo.

O art. 176 do Código Penal arrola também a conduta de *alojar-se em hotel* sem dispor de recursos para efetuar o pagamento das diárias. *Hotel*, aqui, tem o sentido de qualquer lugar destinado a receber hóspedes, podendo-se incluir os motéis, hospedarias, estalagens, pensões, pousadas, *campings* etc. Para que a conduta de alojar-se se aperfeiçoe, é preciso que o agente efetivamente se hospede, com a utilização do local destinado a esse fim, podendo o quarto ser individual, coletivo ou outros similares, não importando o tempo de sua permanência, sendo possível, até mesmo, que o agente sequer permaneça alojado por um período completo, vale dizer, 24 horas. Imagine-se a hipótese daquele que, querendo descansar por algumas horas, bem como tomar banho, se hospede em um hotel e ali permaneça por um período de seis horas, aproximadamente. Não podemos, nesse caso, afastar a tipicidade de seu comportamento, haja vista ter-se alojado, mesmo que por curto período, naquele estabelecimento.

O último comportamento típico diz respeito à *utilização de meio de transporte* sem dispor de recursos para efetuar o pagamento. Por *meio de transporte* podemos entender todo aquele utilizado para locomover-se, transportar pessoas de um lugar para o outro, não se exigindo que esse meio seja sempre terrestre, podendo-se amoldar a esse conceito o transporte aéreo, marítimo etc. Assim, por exemplo, aquele que utiliza os serviços de táxi, sabendo não ter condições financeiras para o pagamento da corrida, responde pela infração penal em estudo, da mesma forma que aquele que contrata os serviços de um barqueiro para que o transporte a uma cidade onde o acesso só se faz possível por esse meio.

É fundamental que o agente, ao praticar um dos comportamentos típicos, não disponha de recursos para efetuar o pagamento. Como bem observado por Luiz Regis Prado:

> "A essência da fraude consiste, portanto, no fato de o sujeito ativo silenciar-se sobre a impossibilidade de solver as despesas efetuadas, ludibriando a vítima ou o seu preposto, que lhe fornece a comida, a hospedagem ou o transporte solicitado, acreditando que o agente disponha de dinheiro para custeá-las. O sujeito ativo comporta-se como um freguês honesto que honrará o compromisso assumido."[56]

---

[55] Ver, como exemplo, Cezar Roberto Bitencourt *(Tratado de direito penal*, v. 3, p. 329); Guilherme de Souza Nucci *(Comentários ao código penal*, p. 375); Luiz Regis Prado *(Curso de direito penal brasileiro*, v. 2, p. 582); dentre outros.

[56] PRADO, Luiz Regis. *Curso de direito penal brasileiro*, v. 2, p. 581.

## 7.2 Classificação doutrinária

Crime comum com relação ao sujeito ativo e próprio no que diz respeito ao sujeito passivo; doloso; material; de dano; comissivo (podendo ser praticado via omissão imprópria, na hipótese de o agente gozar do *status* de garantidor); de forma livre; instantâneo (ou instantâneo de efeitos permanentes, como na hipótese onde o agente consome a refeição); monossubjetivo; plurissubsistente; transeunte ou não transeunte (dependendo da hipótese concreta).

## 7.3 Objeto material e bem juridicamente protegido

O *patrimônio* é o bem juridicamente protegido pelo tipo penal do art. 176 do diploma repressivo. A lei protege aqui, especificamente, aquelas pessoas – físicas ou jurídicas – que estão, em razão de suas atividades com o público em geral, mais expostas a esse tipo de fraude.

*Objeto material* pode ser a pessoa ou a coisa contra a qual é dirigida a conduta praticada pelo sujeito ativo.

## 7.4 Sujeito ativo e sujeito passivo

Qualquer pessoa pode ser o *sujeito ativo* do delito em exame, não se exigindo nenhuma qualidade ou condição especial.

O *sujeito passivo,* ao contrário, é somente quem presta o serviço que deve ser pago, podendo ser tanto uma pessoa física quanto uma pessoa jurídica. Merece frisar que não necessariamente aquele que vem a ser enganado com a fraude sofre a lesão patrimonial, como é o caso do garçom que serve ao sujeito ativo acreditando no pagamento, ou mesmo do gerente de hotel que permite a hospedagem do agente. Aqui, embora com dois sujeitos passivos, haverá crime único.

## 7.5 Consumação e tentativa

Consuma-se o crime no momento em que o agente pratica qualquer dos comportamentos previstos pelo tipo penal, vale dizer, quando, efetivamente, *toma refeição, aloja-se em hotel* ou *utiliza-se de meio de transporte* sem que, para tanto, disponha de recursos suficientes para efetuar o pagamento.

Hungria esclarece que o Código Penal, inspirado na lei francesa, havia criado um delito tipicamente material. Assim, diz o grande penalista:

"Para o *summatum opus*, é necessário, pelo menos, a tomada parcial da refeição no restaurante, a ocupação do cômodo do hotel por um espaço relevante de tempo, ou a utilização do meio de transporte, por menor que tenha sido o percurso. Antes disso, o que pode haver é simples *tentativa*, perfeitamente concebível na espécie, como *in exemplis*: já tendo sido trazida a refeição, ou ao entrar o agente no quarto do hotel ou no veículo de transporte, é descoberto (por aviso de terceiro ou outra circunstância) o plano da burla, que, assim, se frustra. Tanto a superveniência de dano é indispensável que, se, intercorrentemente, um terceiro efetuar o pagamento da refeição, da hospedagem ou transporte, inexistirá o crime por falta de objeto."[57]

## 7.6 Elemento subjetivo

As condutas previstas no tipo do art. 176 do Código Penal somente podem ser praticadas dolosamente, não havendo, pois, previsão para a modalidade de natureza culposa.

---

[57] HUNGRIA, Nélson. *Comentários ao código penal*, v. VII, p. 278.

O dolo deve compreender todos os elementos contidos na definição típica, pois o erro sobre qualquer um deles poderá se configurar na hipótese de erro de tipo, afastando, consequentemente, a tipicidade do comportamento.

Assim, imagine-se a hipótese daquele que vai tomar refeição em um restaurante e somente depois de lhe ser entregue a conta percebe que não possuía recursos suficientes para pagá-la, pois havia esquecido sua carteira.

Em virtude desse raciocínio, podemos concluir, como é característico das hipóteses de fraude, que o dolo do agente deve surgir antes da obtenção da vantagem, mantendo, no caso em exame, a vítima em erro, pois acredita que será paga pelos serviços prestados, quando na verdade isso não ocorrerá.

## 7.7 Modalidades comissiva e omissiva

As condutas previstas no tipo penal do art. 176 do estatuto repressivo pressupõem um comportamento comissivo. No entanto, é possível a formulação da hipótese na qual o agente, na qualidade de garantidor, podendo, dolosamente, nada faz para impedir a lesão patrimonial sofrida pela vítima.

Assim, imagine-se a hipótese em que um segurança, contratado por um restaurante, indignado com o tratamento que vem recebendo de seu patrão, perceba a presença de um agente conhecido pelos golpes que aplica em casas do gênero, onde se alimenta e bebe fartamente e, depois, vai embora sem pagar a conta. O segurança, já sabendo de antemão que seu patrão seria vítima do delito em estudo, querendo causar-lhe esse prejuízo, não impede que o agente pratique, normalmente, o golpe a que estava acostumado, fartando-se com a refeição oferecida. O segurança, na qualidade de garantidor, conforme a alínea *b* do § 2º do art. 13 do Código Penal, responderá pelo resultado que devia e podia, mas não tentou evitar, vale dizer, o delito tipificado no art. 176 do Código Penal, praticando a infração penal mediante sua omissão imprópria.

## 7.8 Pena, ação penal, competência para julgamento, suspensão condicional do processo e perdão judicial

O preceito secundário do art. 176 do Código Penal comina uma pena de detenção, de 15 (quinze) dias a 2 (dois) meses, ou multa.

A ação penal, de acordo com a determinação contida em seu parágrafo único, é de iniciativa pública condicionada à representação do ofendido.

Poderá ser aplicada a imunidade penal de caráter pessoal prevista no art. 181 do Código Penal, com as ressalvas contidas no art. 183 do mesmo diploma repressivo.

O processo e o julgamento do delito tipificado no art. 176 do Código Penal serão, pelo menos inicialmente, de competência do Juizado Especial Criminal, haja vista que a pena máxima a ele cominada não ultrapassa o limite previsto pelo art. 61 da Lei nº 9.099/95.

Tendo em vista a pena mínima cominada, será possível a realização de proposta de suspensão condicional do processo, nos termos do art. 89 da Lei nº 9.099/95.

Será possível a concessão de perdão judicial, de acordo com o parágrafo único do art. 176 do Código Penal.

## 7.9 Destaques

### 7.9.1 Princípio da insignificância

Será perfeitamente possível a aplicação do princípio da insignificância às hipóteses previstas pelo tipo penal do art. 176, afastando-se, pois, com a sua adoção, a tipicidade material, avaliada em sede de tipicidade conglobante.

Assim, segundo nossa posição, é atípico o comportamento daquele que, depois de solicitar, por exemplo, uma "coxinha de galinha", sem que, para tanto, dispusesse de recursos para efetuar o pagamento, é surpreendido, logo após a sua ingestão, pelo proprietário do estabelecimento; da mesma forma aquele que, sem condições para comprar um vale-transporte, resolve se aventurar, ingressando no veículo coletivo, contando com a abertura da porta no momento oportuno para a sua saída.

### 7.9.2 Dia do pendura

Tradicionalmente, os estudantes de Direito, no dia 11 de agosto, data em que foram inaugurados os cursos jurídicos no Brasil, criados pelo Imperador Dom Pedro I, reúnem-se para a prática daquilo que ficou conhecido como "pendura."

Luiz Flávio Borges D'Urso, pesquisando sobre as origens e o ritual do "pendura", esclarece:

"De origem não muito bem definida, conta-se que o pendura pode ter nascido de uma antiga prática dos proprietários que formulavam convites para que os acadêmicos, seus clientes, viessem brindar a fundação dos cursos jurídicos, no dia 11 de agosto, em seus restaurantes, oferecendo-lhes, gentilmente, refeição e bebida.

Com o passar dos tempos, os convites diminuíram e foram acabando, obrigando assim que os acadêmicos se auto convidassem. Graças a essa iniciativa, a tradição foi mantida até nossos dias, consistindo em comer, beber e não pagar, solicitando que a conta seja 'pendurada'. Tudo isso, é claro, envolvido num imenso clima de festa.

*Ritual* – O verdadeiro pendura, segundo a tradição, deve ser iniciado discretamente, com a entrada no restaurante, sem alarde, em pequenos grupos, para não chamar a atenção. As roupas devem ser compatíveis com o local escolhido.

Deve-se procurar uma mesa em local central, quanto mais visível melhor.

Prossegue-se, com bastante calma, observando-se cuidadosamente o cardápio, inclusive os preços, que sabe não irá desembolsar. O pedido deve ser normal, discreto, sem exageros, admitindo-se inclusive camarões e lagostas.

Quanto à bebida, os jovens devem ser comedidos, pois dela necessitam para *aquecer* suas cordas vocais, preparando-as para o discurso de agradecimento ao gentil *convite* da casa. Todavia, a bebida em demasia pode transformar o discurso e o pendura num desastre.

Ao final, quando satisfeitos, após evidentemente a inevitável sobremesa, pede-se a conta, lembrando-se de um detalhe que faz parte da tradição e não pode ser desrespeitado, que é o pagamento dos 10% da gorjeta do garçom.

Após isso, o líder e orador deverá levantar-se e começar a discursar, sempre saudando o estabelecimento e seu proprietário, agradecendo o *convite* e a hospitalidade, enaltecendo a data, os colegas, a faculdade de origem, o Direito e a Justiça, tudo isso, sob o estímulo dos aplausos e brindes dos demais colegas do grupo.

Esse é o verdadeiro pendura, que pode ser aceito ou rejeitado. Caso aceito, ficará um sabor de algo faltante! Agora, se rejeitado, deve partir dos estudantes de Direito a iniciativa de chamar a polícia e de preferência dirigindo-se todos à Delegacia mais próxima, o que lhes dará alguma vantagem pela neutralidade do terreno."[58]

Não é preciso dizer mais nada quanto à técnica do "pendura", depois das brilhantes lições do renomado advogado criminalista, como lembrança do marco fundamental que foi a data do início dos cursos jurídicos em nosso país.

---

[58] D'URSO, Luiz Flávio Borges. *A tradição do pendura*. Disponível em: <http://www.novomilenio.inf.br/festas/pendura.htm>.

No entanto, se levado a ferro e fogo, o comportamento narrado se amolda à figura típica constante do art. 176 do Código Penal.

## 7.10 Quadro-resumo

**Sujeitos**
» Ativo: qualquer pessoa.
» Passivo: é somente quem presta o serviço que deve ser pago, podendo ser tanto uma pessoa física quanto uma pessoa jurídica.

**Objeto material**
Pode ser a pessoa ou a coisa contra a qual é dirigida a conduta praticada pelo sujeito ativo.

**Bem(ns) juridicamente protegido(s)**
O patrimônio.

**Elemento subjetivo**
» É o dolo.
» Não há previsão para a modalidade de natureza culposa.

**Modalidades comissiva e omissiva**
» As condutas previstas no tipo penal pressupõem um comportamento comissivo.
» No entanto, é possível a formulação da hipótese na qual o agente, na qualidade de garantidor, podendo, dolosamente, nada faz para impedir a lesão patrimonial sofrida pela vítima.

**Consumação e tentativa**
» Consuma-se o crime no momento em que o agente pratica qualquer dos comportamentos previstos pelo tipo penal, sem que, para tanto, disponha de recursos suficientes para efetuar o pagamento.
» A tentativa é admissível.

## 8. FRAUDES E ABUSOS NA FUNDAÇÃO OU ADMINISTRAÇÃO DE SOCIEDADE POR AÇÕES

Fraudes e abusos na fundação ou administração de sociedade por ações.
**Art. 177.** Promover a fundação de sociedade por ações, fazendo, em prospecto ou em comunicação ao público ou à assembleia, afirmação falsa sobre a constituição da sociedade, ou ocultando fraudulentamente fato a ela relativo:
Pena – reclusão, de um a quatro anos, e multa, se o fato não constitui crime contra a economia popular.
§ 1º Incorrem na mesma pena, se o fato não constitui crime contra a economia popular:
I – o diretor, o gerente ou o fiscal de sociedade por ações, que, em prospecto, relatório, parecer, balanço ou comunicação ao público ou à assembleia, faz afirmação falsa sobre as condições econômicas da sociedade, ou oculta fraudulentamente, no todo ou em parte, fato a elas relativo;
II – o diretor, o gerente ou o fiscal que promove, por qualquer artifício, falsa cotação das ações ou de outros títulos da sociedade;

> III – o diretor ou o gerente que toma empréstimo à sociedade ou usa, em proveito próprio ou de terceiro, dos bens ou haveres sociais, sem prévia autorização da assembleia geral;
>
> IV – o diretor ou o gerente que compra ou vende, por conta da sociedade, ações por ela emitidas, salvo quando a lei o permite;
>
> V – o diretor ou o gerente que, como garantia de crédito social, aceita em penhor ou em caução ações da própria sociedade;
>
> VI – o diretor ou o gerente que, na falta de balanço, em desacordo com este, ou mediante balanço falso, distribui lucros ou dividendos fictícios;
>
> VII – o diretor, o gerente ou o fiscal que, por interposta pessoa, ou conluiado com acionista, consegue a aprovação de conta ou parecer;
>
> VIII – o liquidante, nos casos dos nos I, II, III, IV, V e VII;
>
> IX – o representante da sociedade anônima estrangeira, autorizada a funcionar no País, que pratica os atos mencionados nos nos I e II, ou dá falsa informação ao Governo.
>
> § 2º Incorre na pena de detenção, de 6 (seis) meses a 2 (dois) anos, e multa, o acionista que, a fim de obter vantagem para si ou para outrem, negocia o voto nas deliberações de assembleia geral.

## 8.1 Introdução

O delito de fraudes e abusos na fundação ou administração da sociedade por ações veio previsto pelo tipo penal do art. 177, §§ 1º e 2º, do diploma repressivo.

Em razão da diversidade dos comportamentos considerados graves, ligados diretamente à sociedade por ações, cuja regulamentação veio prevista pela Lei nº 6.404, de 15 de dezembro de 1976, o mencionado art. 177 do Código Penal, juntamente com os nove incisos constantes de seu § 1º e o § 2º trouxeram as previsões típicas que, em virtude das diferenças existentes entre elas, deverão ser analisadas isoladamente, para melhor compreensão dos tipos penais.

As infrações penais constantes do *caput* do art. 177 e do seu § 1º são de natureza subsidiária, devendo ser aplicadas somente se o fato não constitui crime contra a economia popular, tendo em vista a disposição expressa contida no preceito secundário do *caput* do mencionado artigo. Já o § 2º do art. 177 do Código Penal, por não dizer respeito a infrações penais ligadas à economia popular, não possui essa natureza subsidiária, aplicando-se na qualidade de norma principal.

## 8.2 Promover a fundação de sociedade por ações fazendo, em prospecto ou em comunicação ao público ou à assembleia, afirmação falsa sobre a constituição da sociedade, ou ocultando fraudulentamente fato a ela relativo

O núcleo *promover*, ligado à ideia de fundação de sociedade por ações, diz respeito à criação, constituição. No entanto, essa finalidade de criação da sociedade por ações é entendida como criminosa em virtude do fato de ter o agente levado a efeito, em prospecto ou em comunicação ao público ou à assembleia, afirmação falsa sobre a constituição da sociedade, ou ocultando fraudulentamente fato a ela relativo.

Conforme adverte Ney Moura Teles:

"A conduta é realizada no processo de fundação da sociedade. O agente, em comunicação oral ou escrita – inclusive por meio de prospecto, imprensa escrita ou outra – ao público ou aos integrantes da assembleia de fundação, faz afirmação falsa sobre os termos da constituição da sociedade ou oculta fato relevante sobre ela, fraudulentamente."[59]

---

[59] TELES, Ney Moura. *Direito penal*, v. II, p. 485.

O prospecto tem uma finalidade específica na Lei de Sociedade por Ações (Lei nº 6.404/76) e deve conter o determinado pelo art. 84 do referido diploma legal, *verbis*:

> **Art. 84.** O prospecto deverá mencionar, com precisão e clareza, as bases da companhia e os motivos que justifiquem a expectativa de bom êxito do empreendimento, e em especial:
>
> I – o valor do capital social a ser subscrito, o modo de sua realização e a existência ou não de autorização para aumento futuro;
>
> II – a parte do capital a ser formada com bens, a discriminação desses bens e o valor a eles atribuído pelos fundadores;
>
> III – o número, as espécies e classes de ações em que se dividirá o capital; o valor nominal das ações, e o preço da emissão das ações;
>
> IV – a importância da entrada a ser realizada no ato da subscrição;
>
> V – as obrigações assumidas pelos fundadores, os contratos assinados no interesse da futura companhia e as quantias já despendidas e por despender;
>
> VI – as vantagens particulares, a que terão direito os fundadores ou terceiros, e o dispositivo do projeto do estatuto que as regula;
>
> VII – a autorização governamental para constituir-se a companhia, se necessária;
>
> VIII – as datas de início e término da subscrição e as instituições autorizadas a receber as entradas;
>
> IX – a solução prevista para o caso de excesso de subscrição;
>
> X – o prazo dentro do qual deverá realizar-se a assembleia de constituição da companhia, ou a preliminar para avaliação dos bens, se for o caso;
>
> XI – o nome, nacionalidade, estado civil, profissão e residência dos fundadores, ou, se pessoa jurídica, a firma ou denominação, nacionalidade e sede, bem como o número e espécie de ações que cada um houver subscrito;
>
> XII – a instituição financeira intermediária do lançamento, em cujo poder ficarão depositados os originais do prospecto e do projeto de estatuto, com os documentos a que fizerem menção, para exame de qualquer interessado.

Cuida-se de tipo penal subsidiário que somente terá aplicação quando o fato não se configurar em crime contra a economia popular, previsto pela Lei nº 1.521/51.

### 8.2.1 Classificação doutrinária

Crime próprio, tanto com relação ao sujeito ativo quanto ao sujeito passivo; doloso; comissivo (na modalidade promover) e omissivo próprio (no que diz respeito à conduta de *ocultar*); formal; instantâneo; de forma livre; monossubjetivo; plurissubsistente; não transeunte (como regra).

### 8.2.2 Objeto material e bem juridicamente protegido

Inserido no Título II do Código Penal, o crime de fraudes e abusos na fundação ou administração de sociedade por ações tem por finalidade a proteção do *patrimônio*, sendo este, portanto, o bem juridicamente protegido pelo tipo.

O objeto material é o prospecto ou a comunicação feita ao público ou à assembleia que contenha a afirmação falsa sobre a constituição da sociedade ou mesmo a omissão fraudulenta.

### 8.2.3 Sujeito ativo e sujeito passivo

O *sujeito ativo* é aquele que fundou a sociedade por ações.

Os *sujeitos passivos* podem ser as pessoas físicas ou jurídicas que subscreveram o capital.

### 8.2.4 Consumação e tentativa

Conforme lições de Noronha:

"O legislador, no presente dispositivo, estruturou um crime formal. Não se exige, para a consumação, resultado externo ou estranho à ação do agente. Esta, por si só, é bastante para integralizar o delito. Comunicada, pelos meios indicados na lei, a afirmação ou a omissão falsa, o crime está consumado, ainda que nenhuma ação seja subscrita."[60]

### 8.2.5 Elemento subjetivo

O delito tipificado no *caput* do art. 177 do Código Penal somente pode ser praticado dolosamente, não havendo previsão para a modalidade de natureza culposa.

### 8.2.6 Modalidades comissiva e omissiva

O núcleo *promover* pressupõe um comportamento comissivo por parte do agente, enquanto *ocultar* traduz uma omissão própria.

### 8.2.7 Quadro-resumo

**Sujeitos**
» Ativo: é aquele que fundou a sociedade por ações.
» Passivo: podem ser as pessoas físicas ou jurídicas que subscreveram o capital.

**Objeto material**
É o prospecto ou a comunicação feita ao público ou à assembleia que contenha a afirmação falsa sobre a constituição da sociedade ou mesmo a omissão fraudulenta.

**Bem(ns) juridicamente protegido(s)**
O patrimônio.

**Elemento subjetivo**
» É o dolo.
» Não há previsão para a modalidade de natureza culposa.

**Modalidades comissiva e omissiva**
O núcleo promover pressupõe um comportamento comissivo por parte do agente, enquanto ocultar traduz uma omissão própria.

**Consumação e tentativa**
"O legislador, no presente dispositivo, estruturou um crime formal. Não se exige, para a consumação, resultado externo ou estranho à ação do agente. Esta, por si só, é bastante para integralizar o delito. Comunicada, pelos meios indicados na lei, a afirmação ou a omissão falsa, o crime está consumado, ainda que nenhuma ação seja subscrita" (NORONHA, 1980, p. 471).

---

[60] NORONHA, Edgard Magalhães. *Direito penal*, v. 2, p. 471.

## 8.3 O diretor, o gerente ou o fiscal de sociedade por ações que, em prospecto, relatório, parecer, balanço ou comunicação ao público ou à assembleia, faz afirmação falsa sobre as condições econômicas da sociedade, ou oculta fraudulentamente, no todo ou em parte, fato a elas relativo

O inciso I do § 1º do art. 177 do Código Penal traduz outra infração penal ligada à sociedade por ações dizendo que incorrerá nas mesmas penas previstas para o *caput*, desde que o fato não constitua crime contra a economia popular, o diretor, o gerente ou o fiscal de sociedade por ações, que, em prospecto, relatório, parecer, balanço ou comunicação ao público ou à assembleia, faz afirmação falsa sobre as condições econômicas da sociedade, ou oculta fraudulentamente, no todo ou em parte, fato a elas relativo.

A situação prevista no mencionado inciso I é similar àquela contida no *caput* do art. 177 do Código Penal. A diferença reside, precipuamente, em que, no fato narrado pelo inciso I, a sociedade já está constituída e os agentes apontados pelo tipo penal, vale dizer, o diretor, o gerente ou fiscal, afirmam falsamente sobre as condições econômicas da sociedade ou ocultam, fraudulentamente, no todo ou em parte, fato a ela relativo, utilizando, para tanto, prospecto, relatório, parecer, balanço, ou qualquer outro tipo de comunicação ao público ou à assembleia.

*Prospecto* é o documento previsto pela Lei nº 6.404/76. *Relatório*, segundo Hungria:

"É o *compte rendu* dos negócios sociais no exercício findo. *Parecer*, no sentido restrito da lei, é a exposição que deve ser apresentada pelo 'conselho fiscal' [...]. *Balanço* é o documento em que se resume, ao fim de cada ano ou exercício social, após o inventário do ativo e passivo, a situação real da sociedade."[61]

O art. 133 da Lei das Sociedades por Ações, com as inclusões promovidas pela Lei nº 10.303, de 31 de outubro de 2001, elenca os documentos que devem ser apresentados pelos administradores, a saber: *I – o relatório da administração sobre os negócios sociais e os principais fatos administrativos do exercício findo; II – a cópia das demonstrações financeiras; III – o parecer dos auditores independentes, se houver; IV – o parecer do conselho fiscal, inclusive votos dissidentes, se houver; e V – demais documentos pertinentes a assuntos incluídos na ordem do dia.*

Cuida-se de tipo penal subsidiário, que somente terá aplicação quando o fato não se configurar em crime contra a economia popular, previsto pela Lei nº 1.521/51.

### 8.3.1 Classificação doutrinária

Crime próprio, tanto com relação ao sujeito ativo quanto ao sujeito passivo; doloso; comissivo (na modalidade fazer afirmação falsa) e omissivo próprio (no que diz respeito à conduta de *ocultar*); formal; instantâneo; de forma livre; monossubjetivo; plurissubsistente; não transeunte (como regra).

### 8.3.2 Objeto material e bem juridicamente protegido

O crime de fraudes e abusos na fundação ou administração de sociedade por ações tem por finalidade a proteção do *patrimônio*, sendo este, portanto, o bem juridicamente protegido pelo tipo.

O objeto material é o prospecto, o relatório, o parecer, o balanço ou a comunicação feito(a) ao público ou à assembleia que contenha a afirmação falsa sobre as condições econô-

---

[61] HUNGRIA, Nélson. *Comentários ao código penal*, v. VII, p. 286-287.

micas da sociedade, ou onde foram ocultos fraudulentamente, no todo ou em parte, fatos a elas relativo.

### 8.3.3 Sujeito ativo e sujeito passivo

O inciso I do § 1º do art. 177 do Código Penal aponta os seus *sujeitos ativos*, a saber: o diretor, o gerente ou o fiscal da sociedade por ações.

*Sujeitos passivos* podem ser as pessoas físicas ou jurídicas que subscreveram o capital.

### 8.3.4 Consumação e tentativa

Consuma-se o delito quando da expedição do prospecto ou da apresentação do relatório, do parecer, do balanço ou da comunicação, ao público ou à assembleia, que contenha a afirmação falsa sobre as condições econômicas da sociedade, ou que oculta fraudulentamente, no todo ou em parte, fato a ela relativo.

Tratando-se de crime plurissubsistente, será possível o reconhecimento da tentativa, mesmo na modalidade *ocultar*, embora não seja de fácil configuração.

### 8.3.5 Elemento subjetivo

O delito tipificado no *inciso* I do § 1º do art. 177 do Código Penal somente pode ser praticado dolosamente, não havendo previsão para a modalidade de natureza culposa.

Assim, aquele que se esquece, negligentemente, de colocar um dado importante numa comunicação ao público ou à assembleia não pratica o delito em estudo.

### 8.3.6 Modalidades comissiva e omissiva

O núcleo *fazer* (afirmação falsa sobre as condições econômicas da sociedade) pressupõe um comportamento comissivo por parte do agente, enquanto *ocultar* (no todo ou em parte, fato a elas relativo) traduz uma omissão própria.

### 8.3.7 Quadro-resumo

**Sujeitos**
» Ativo: diretor, o gerente ou o fiscal da sociedade por ações.
» Passivo: podem ser as pessoas físicas ou jurídicas que subscreveram o capital.

**Objeto material**
É o prospecto, o relatório, o parecer, o balanço ou a comunicação feito(a) ao público ou à assembleia que contenha a afirmação falsa sobre as condições econômicas da sociedade, ou onde foram ocultos fraudulentamente, no todo ou em parte, fatos a elas relativo.

**Bem(ns) juridicamente protegido(s)**
O patrimônio.

**Elemento subjetivo**
» É o dolo.
» Não há previsão para a modalidade de natureza culposa.

**Modalidades comissiva e omissiva**

O núcleo fazer (afirmação falsa sobre as condições econômicas da sociedade) pressupõe um comportamento comissivo por parte do agente, enquanto ocultar (no todo ou em parte, fato a elas relativo) traduz uma omissão própria.

**Consumação e tentativa**

» Consuma-se o delito quando da expedição do prospecto ou da apresentação do relatório, do parecer, do balanço ou da comunicação, ao público ou à assembleia, que contenha a afirmação falsa sobre as condições econômicas da sociedade, ou que oculta fraudulentamente, no todo ou em parte, fato a ela relativo.
» Será possível o reconhecimento da tentativa, mesmo na modalidade ocultar, embora não seja de fácil configuração.

## 8.4 O diretor, o gerente ou o fiscal que promove, por qualquer artifício, falsa cotação das ações ou de outros títulos da sociedade

De acordo com as precisas lições de Cezar Roberto Bitencourt:

"A conduta tipificada é *promover*, mediante qualquer artifício, *falsa cotação* de ações ou de outros títulos de sociedade. *Cotação falsa* é a que não corresponde ao valor regular do mercado, determinado pela 'oferta e procura'. A falsa cotação das ações produz indicação inverídica sobre a situação econômica de qualquer companhia, induzindo erro aos que transacionarem com a empresa. A falsa cotação tanto pode ser para aumentar como para diminuir o valor das ações.

Esse crime só pode ser praticado em relação a empresas cujos títulos tenham cotação regular no mercado de ações, na medida em que somente estes podem ser objeto de cotação falsa ou correta."[62]

*Artifício* é o ardil, a fraude utilizada pelo agente no sentido de fazer com que os sujeitos passivos acreditem na falsa cotação, seja ela para mais ou, mesmo, para menos.

Cuida-se de tipo penal subsidiário, que somente terá aplicação quando o fato não se configurar em crime contra a economia popular, previsto pela Lei nº 1.521/51.

### 8.4.1 Classificação doutrinária

Crime próprio, tanto com relação ao sujeito ativo quanto ao sujeito passivo; doloso; comissivo (tendo em vista o núcleo *promover*); formal; instantâneo; de forma livre; monossubjetivo; plurissubsistente; não transeunte (como regra).

### 8.4.2 Objeto material e bem juridicamente protegido

O crime de fraudes e abusos na fundação ou administração de sociedade por ações tem por finalidade a proteção do *patrimônio*, sendo este, portanto, o bem juridicamente protegido pelo tipo.

Objeto material são as ações ou outros títulos da sociedade cotados falsamente pelo agente.

### 8.4.3 Sujeito ativo e sujeito passivo

Os *sujeitos ativos* são o diretor, o gerente ou o fiscal que promovem, por qualquer artifício, falsa cotação das ações ou de outros títulos da sociedade.

---

[62] BITENCOURT, Cezar Roberto. *Tratado de direito penal*, v. 3, p. 342.

Os *sujeitos passivos* podem ser os acionistas, terceiros que sofram dano com a prática criminosa ou, ainda, a própria sociedade por ações.

### 8.4.4 Consumação e tentativa

Consuma-se o delito com a efetiva promoção da falsa cotação das ações ou de outros títulos da sociedade.

Tratando-se de crime plurissubsistente, torna-se admissível o raciocínio relativo à tentativa.

### 8.4.5 Elemento subjetivo

O delito tipificado no inciso II do § 1º do art. 177 do Código Penal somente pode ser praticado dolosamente, não havendo previsão para a modalidade de natureza culposa.

### 8.4.6 Modalidade comissiva

A conduta de *promover* pressupõe um comportamento comissivo levado a efeito pelo agente.

### 8.4.7 Quadro-resumo

**Sujeitos**
» Ativo: é o diretor, o gerente ou o fiscal que promove, por qualquer artifício, falsa cotação das ações ou de outros títulos da sociedade.
» Passivo: podem ser os acionistas, terceiros que sofram dano com a prática criminosa ou, ainda, a própria sociedade por ações.

**Objeto material**
São as ações ou outros títulos da sociedade cotados falsamente pelo agente.

**Bem(ns) juridicamente protegido(s)**
O patrimônio.

**Elemento subjetivo**
» É o dolo.
» Não há previsão para a modalidade de natureza culposa.

**Modalidades comissiva e omissiva**
A conduta de promover pressupõe um comportamento comissivo levado a efeito pelo agente.

**Consumação e tentativa**
» Consuma-se o delito com a efetiva promoção da falsa cotação das ações ou de outros títulos da sociedade.
» Admite-se a tentativa.

## 8.5 O diretor ou o gerente que toma empréstimo à sociedade ou usa, em proveito próprio ou de terceiro, dos bens ou haveres sociais, sem prévia autorização da assembleia geral

Tanto o diretor quanto o gerente são gestores da sociedade por ações. Não podem, outrossim, valer-se dos poderes que possuem para utilizar os bens e haveres sociais em seu benefício, mesmo que não causem, efetivamente, qualquer tipo de prejuízo à referida sociedade.

Conforme salienta Noronha:

> "*Empréstimo*, diz o legislador, usando expressão genérica, designativa de contrato, pelo qual alguém entrega objeto, que deve ser restituído depois em espécie ou em gênero.
>
> Ao dispositivo penal repugna o simples *uso* do patrimônio social, que a lei coloca ao lado do empréstimo. Não pode o diretor ou o gerente usar dos bens e haveres sociais, quer em benefício próprio, quer no de terceiros. O patrimônio da sociedade, em relação àqueles administradores, são bens alheios. Têm eles a guarda e a administração, não podendo tomá-los emprestado ou usá-los sem prévia autorização da assembleia geral."[63]

### 8.5.1 *Classificação doutrinária*

Crime próprio, tanto com relação ao sujeito ativo quanto ao sujeito passivo; doloso; comissivo (*tomar empréstimo* à sociedade ou *usar*, em proveito próprio ou de terceiro, bens ou haveres sociais, sem prévia autorização da assembleia, pressupõe um comportamento positivo do agente); de forma vinculada (uma vez que o tipo penal aponta o modo pelo qual o delito pode ser praticado); monossubjetivo; plurissubsistente; transeunte ou não transeunte (dependendo da hipótese concreta).

### 8.5.2 *Objeto material e bem juridicamente protegido*

O crime de fraudes e abusos na fundação ou administração de sociedade por ações tem por finalidade a proteção do *patrimônio*, sendo este, portanto, o bem juridicamente protegido pelo tipo. No caso do inciso III do § 2º do art. 177, busca-se proteger o patrimônio da sociedade por ações.

Objeto material é o empréstimo tomado pelo diretor ou pelo gerente, ou bens ou haveres sociais por ele utilizados.

### 8.5.3 *Sujeito ativo e sujeito passivo*

O *sujeito ativo*, de acordo com a redação constante do inciso III do § 1º do art. 177 do Código Penal, é o diretor ou o gerente da sociedade por ações.

O *sujeito passivo* é a própria sociedade por ações, bem como os seus acionistas.

### 8.5.4 *Consumação e tentativa*

Consuma-se o delito em estudo no momento em que o agente, efetivamente, toma o empréstimo à sociedade ou usa, em proveito próprio ou de terceiro, os bens ou haveres sociais sem prévia autorização da assembleia geral. Assim, por exemplo, o simples fato de usar um bem, seja ele móvel ou imóvel, pertencente à sociedade por ações, sem a necessária e prévia autorização da assembleia geral, tem o condão de configurar o delito, mesmo que isso não tenha trazido, em tese, qualquer prejuízo à sociedade.

---

[63] NORONHA, Edgard Magalhães. *Direito penal*, v. 2, p. 474.

Tal como acontece em outras passagens de nosso ordenamento jurídico-penal, a exemplo do prefeito que utiliza indevidamente, em proveito próprio ou alheio, bens, rendas ou serviços públicos (inciso II do art. 1º do Decreto-Lei nº 201/67), no inciso III do § 1º do art. 177 do Código Penal, reprova-se penalmente o comportamento daquele que, em virtude do cargo ou função ocupada, tem maior facilidade e poder para se valer dos bens pertencentes à sociedade por ações.

Tratando-se de crime plurissubsistente, como regra, será admissível o raciocínio relativo à tentativa.

### 8.5.5 Elemento subjetivo

O delito tipificado no inciso III do § 1º do art. 177 do Código Penal somente pode ser praticado dolosamente, não havendo previsão para a modalidade de natureza culposa.

### 8.5.6 Modalidades comissiva e omissiva

A conduta de *tomar empréstimo* à sociedade ou *usar*, em proveito próprio ou de terceiro, os bens ou haveres sociais, sem prévia autorização da assembleia geral, pressupõe um comportamento positivo por parte do agente.

No entanto, poderá ser levado a efeito o raciocínio correspondente à omissão imprópria se o garantidor, dolosamente, nada fizer para impedir que o agente pratique um dos comportamentos previstos pelo inciso em estudo.

### 8.5.7 Quadro-resumo

**Sujeitos**
» Ativo: é o diretor ou o gerente da sociedade por ações.
» Passivo: é a própria sociedade por ações, bem como os seus acionistas.

**Objeto material**
É o empréstimo tomado pelo diretor ou pelo gerente, ou bens ou haveres sociais por ele utilizados.

**Bem(ns) juridicamente protegido(s)**
O patrimônio da sociedade por ações.

**Elemento subjetivo**
» É o dolo.
» Não há previsão para a modalidade de natureza culposa.

**Modalidades comissiva e omissiva**
» A conduta de tomar empréstimo ou usar os bens ou haveres sociais pressupõe um comportamento positivo por parte do agente.
» No entanto, poderá ser levado a efeito o raciocínio correspondente à omissão imprópria se o garantidor, dolosamente, nada fizer para impedir que o agente pratique um dos comportamentos previstos pelo inciso em estudo.

> **Consumação e tentativa**
> » Consuma-se o delito no momento em que o agente, efetivamente, toma o empréstimo à sociedade ou usa, em proveito próprio ou de terceiro, os bens ou haveres sociais sem prévia autorização da assembleia geral.
> » Será admissível o raciocínio relativo à tentativa.

## 8.6 O diretor ou o gerente que compra ou vende, por conta da sociedade, ações por ela emitidas, salvo quando a lei o permite

Determina o art. 30 da Lei nº 6.404/76, *verbis*:

> **Art. 30.** A companhia não poderá negociar com as próprias ações.
> § 1º Nessa proibição não se compreendem:
> a) as operações de resgate, reembolso ou amortização previstas em lei;
> b) a aquisição, para permanência em tesouraria ou cancelamento, desde que até o valor do saldo de lucros ou reservas, exceto a legal, e sem diminuição do capital social, ou por doação;
> c) a alienação das ações adquiridas nos termos da alínea b e mantidas em tesouraria;
> d) a compra quando, resolvida a redução do capital mediante restituição, em dinheiro, de parte do valor das ações, o preço destas em bolsa for inferior ou igual à importância que deve ser restituída.
> § 2º A aquisição das próprias ações pela companhia aberta obedecerá, sob pena de nulidade, às normas expedidas pela Comissão de Valores Mobiliários, que poderá subordiná-la à prévia autorização em cada caso.
> § 3º A companhia não poderá receber em garantia as próprias ações, salvo para assegurar a gestão dos seus administradores.
> § 4º As ações adquiridas nos termos da alínea b do § 1º, enquanto mantidas em tesouraria, não terão direito a dividendo nem a voto.
> § 5º No caso da alínea d do § 1º, as ações adquiridas serão retiradas definitivamente de circulação.

Conforme esclarece Cezar Roberto Bitencourt:

"As condutas proibidas estão representadas pelos verbos nucleares 'comprar' (adquirir por meio oneroso) e 'vender' (alienar ou ceder por preço determinado). Essa proibição abrange todas as formas de *transações* capazes de produzir efeitos econômicos. Comprar e vender, nesse caso, têm o sentido de qualquer negócio que produza os efeitos econômicos de compra e venda."[64]

Como verificamos anteriormente, mediante a transcrição do art. 30 da Lei nº 6.404/76, embora a sociedade não possa, como regra, negociar com as próprias ações, tal situação é excepcionada pelo seu § 1º. Assim, o administrador que atuar nos moldes do referido § 1º da Lei de Sociedade por Ações não praticará um comportamento penalmente relevante e, consequentemente, restará afastada a tipicidade correspondente ao inciso IV do § 1º do art. 177 do Código Penal.

### 8.6.1 Classificação doutrinária

Crime próprio, tanto com relação ao sujeito ativo quanto ao sujeito passivo; doloso; comissivo (tendo em vista os núcleos *comprar* e *vender*); material; instantâneo; de forma vinculada; monossubjetivo; plurissubsistente; não transeunte (como regra).

---

[64] BITENCOURT, Cezar Roberto. *Tratado de direito penal*, v. 3, p. 345-346.

### 8.6.2 Objeto material e bem juridicamente protegido

O patrimônio da sociedade por ações é o bem juridicamente protegido pelo inciso IV do § 1º do art. 177 do Código Penal.

Objeto material são as ações compradas ou vendidas.

### 8.6.3 Sujeito ativo e sujeito passivo

O *sujeito ativo*, de acordo com a redação constante do inciso IV do § 1º do art. 177 do Código Penal, é o diretor ou o gerente da sociedade por ações.

O *sujeito passivo* é a própria sociedade por ações, bem como os seus acionistas.

### 8.6.4 Consumação e tentativa

Consuma-se o delito no instante em que o agente efetiva a transação de compra ou venda, por conta da sociedade, de ações por ela emitidas, sem a permissão legal.

Por se tratar de um crime plurissubsistente, no qual é possível visualizar o fracionamento do *iter criminis*, será admissível, como regra, a tentativa.

### 8.6.5 Elemento subjetivo

O delito tipificado no inciso IV do § 1º do art. 177 do Código Penal somente pode ser praticado dolosamente, não havendo previsão para a modalidade de natureza culposa.

### 8.6.6 Modalidades comissiva e omissiva

A conduta de *comprar* ou *vender* pressupõe um comportamento positivo por parte do agente.

No entanto, poderá ser levado a efeito o raciocínio correspondente à omissão imprópria se o garantidor, dolosamente, nada fizer para impedir que o agente pratique um dos comportamentos previstos pelo inciso em estudo.

### 8.6.7 Quadro-resumo

**Sujeitos**
» Ativo: é o diretor ou o gerente da sociedade por ações.
» Passivo: é a própria sociedade por ações, bem como os seus acionistas.

**Objeto material**
As ações compradas ou vendidas.

**Bem(ns) juridicamente protegido(s)**
O patrimônio da sociedade por ações.

**Elemento subjetivo**
» É o dolo.
» Não há previsão para a modalidade de natureza culposa.

**Modalidades comissiva e omissiva**

» A conduta de comprar ou vender pressupõe um comportamento positivo por parte do agente.
» No entanto, poderá ser levado a efeito o raciocínio correspondente à omissão imprópria se o garantidor, dolosamente, nada fizer para impedir que o agente pratique um dos comportamentos previstos pelo inciso em estudo.

**Consumação e tentativa**

» Consuma-se o delito no instante em que o agente efetiva a transação de compra ou venda, por conta da sociedade, de ações por ela emitidas, sem a permissão legal.
» Será admissível, como regra, a tentativa.

## 8.7 O diretor ou o gerente que, como garantia de crédito social, aceita em penhor ou em caução ações da própria sociedade

Determina o § 3º do art. 30 da Lei nº 6.404/76:

> § 3º A companhia não poderá receber em garantia as próprias ações, salvo para assegurar a gestão dos seus administradores.

Assevera Noronha que a razão do dispositivo é clara, pois que por intermédio dele se impede:

"Que a sociedade venha a receber, como garantia de crédito que possui, ações dela mesma. Seria, então, credora e fiadora ao mesmo tempo, o que é inadmissível.

Para haver o crime, é necessário tenha a sociedade crédito contra acionista ou contra terceiro, e que, como garantia desse crédito, o diretor ou o gerente aceite ações da própria sociedade. São eles então os sujeitos ativos do delito, que manifestamente é *fraude*."[65]

*Penhor* é um direito real que se configura, nos termos do art. 1.431 do Código Civil, na transferência efetiva da posse que, em garantia do débito ao credor ou a quem o represente, faz o devedor, ou alguém por ele, de uma coisa móvel (no caso, as ações da própria sociedade) suscetível de alienação; *caução*, a seu turno, seria o depósito levado a efeito a fim de assegurar uma obrigação assumida.

### 8.7.1 Classificação doutrinária

Crime próprio, tanto com relação ao sujeito ativo quanto ao sujeito passivo; doloso; comissivo (tendo em vista o núcleo *aceitar*); material; instantâneo; de forma vinculada; monossubjetivo; plurissubsistente; não transeunte (como regra).

### 8.7.2 Objeto material e bem juridicamente protegido

O patrimônio da sociedade por ações é o bem juridicamente protegido pelo inciso V do § 1º do art. 177 do Código Penal.

Objeto material são as ações que foram aceitas em penhor ou caução.

### 8.7.3 Sujeito ativo e sujeito passivo

O *sujeito ativo*, de acordo com a redação constante do inciso V do § 1º do art. 177 do Código Penal, é o diretor ou o gerente da sociedade por ações.

O *sujeito passivo* é a própria sociedade por ações, bem como seus acionistas.

---

[65] NORONHA, Edgard Magalhães. *Direito penal*, v. 2, p. 476.

## 8.7.4 Consumação e tentativa

Consuma-se o delito no instante em que o agente efetiva a transação, aceitando como garantia de crédito as ações da própria sociedade em penhor ou em caução. Por se tratar de um crime plurissubsistente, no qual é possível visualizar o fracionamento do *iter criminis*, será admissível, como regra, a tentativa.

## 8.7.5 Elemento subjetivo

O delito tipificado no inciso V do § 1º do art. 177 do Código Penal somente pode ser praticado dolosamente, não havendo previsão para a modalidade de natureza culposa.

## 8.7.6 Modalidades comissiva e omissiva

O núcleo *aceitar* pressupõe um comportamento comissivo por parte do agente, no entanto, poderá se configurar a omissão imprópria quando o garantidor, dolosamente, nada fizer para impedir a transação ilícita.

## 8.7.7 Quadro-resumo

**Sujeitos**
» Ativo: é o diretor ou o gerente da sociedade por ações.
» Passivo: é a própria sociedade por ações, bem como seus acionistas.

**Objeto material**
São as ações que foram aceitas em penhor ou caução.

**Bem(ns) juridicamente protegido(s)**
O patrimônio da sociedade por ações.

**Elemento subjetivo**
» É o dolo.
» Não há previsão para a modalidade de natureza culposa.

**Modalidades comissiva e omissiva**
O núcleo aceitar pressupõe um comportamento comissivo por parte do agente, no entanto, poderá se configurar a omissão imprópria quando o garantidor, dolosamente, nada fizer para impedir a transação ilícita.

**Consumação e tentativa**
» Consuma-se o delito no instante em que o agente efetiva a transação, aceitando como garantia de crédito as ações da própria sociedade em penhor ou em caução.
» Será admissível, como regra, a tentativa.

## 8.8 O diretor ou o gerente que, na falta de balanço, em desacordo com este, ou mediante balanço falso, distribui lucros ou dividendos fictícios

O art. 202 da Lei de Sociedade por ações cuida dos chamados dividendos obrigatórios, dizendo, com a redação que lhe foi dada pela Lei nº 10.303, de 2001, que os acionistas têm o direito de receber como dividendo obrigatório, em cada exercício, a parcela dos lucros estabelecida no estatuto ou, se este for omisso, a importância determinada de acordo com seus parágrafos.

O que a lei penal quer evitar, por intermédio do inciso VI do § 1º do art. 177 do diploma repressivo, é a distribuição de lucros ou dividendos fictícios, ou seja, que não correspondam com a realidade dos lucros da sociedade por ações.

Conforme lições de Hungria:

"Para verificação de lucros líquidos, é indispensável o balanço ao fim de cada ano social. Se há distribuição de dividendos sem prévio balanço ou em descordo com este, a fraude é reconhecível *prima facie*. No caso do balanço falso, porém, é preciso distinguir entre a hipótese de falsidade intencional e a de inexatidão por erro de avaliação ou contabilidade, que tenha passado despercebido ao diretor ou gerente: no primeiro caso, haverá o crime de que ora se trata em concurso com o de falsidade material ou ideológica (arts. 299 ou 304); no segundo, nenhum crime poderá ser reconhecido. Balanço falso é o balanço *fraudulento*, como tal se entendendo, na espécie, aquele que, *artificialmente*, apresenta majoração dos valores ativos ou minoração dos valores passivos, de modo a fazer supor um lucro inexistente ou superior ao que realmente existe."[66]

### 8.8.1 Classificação doutrinária

Crime próprio, tanto com relação ao sujeito ativo quanto ao sujeito passivo; doloso; comissivo (tendo em vista o núcleo *distribuir* – lucros ou dividendos fictícios); material; instantâneo; de forma vinculada; monossubjetivo; plurissubsistente; não transeunte (como regra).

### 8.8.2 Objeto material e bem juridicamente protegido

O patrimônio da sociedade por ações é o bem juridicamente protegido pelo inciso VI do § 1º do art. 177 do Código Penal.

Objeto material são os lucros ou dividendos fictícios distribuídos pelo agente.

### 8.8.3 Sujeito ativo e sujeito passivo

O *sujeito ativo*, de acordo com a redação constante do inciso VI do § 1º do art. 177 do Código Penal, é o diretor ou o gerente da sociedade por ações.

O *sujeito passivo* é a própria sociedade por ações, bem como seus acionistas.

### 8.8.4 Consumação e tentativa

Consuma-se o delito quando o agente, efetivamente, leva a efeito a distribuição dos lucros ou dividendos fictícios. Distribuir deve ser entendido no sentido de entregar, repassar os lucros ou dividendos fictícios aos acionistas.

Por se tratar de um crime plurissubsistente no qual é possível visualizar o fracionamento do *iter criminis*, será admissível, como regra, a tentativa.

---

[66] HUNGRIA, Nélson. *Comentários ao código penal*, v. VII, p. 291.

### 8.8.5 Elemento subjetivo

O delito tipificado no inciso VI do § 1º do art. 177 do Código Penal somente pode ser praticado dolosamente, não havendo previsão para a modalidade de natureza culposa.

### 8.8.6 Modalidades comissiva e omissiva

O núcleo *distribuir* pressupõe um comportamento comissivo por parte do agente.

No entanto, poderá se configurar a omissão imprópria quando o garantidor, dolosamente, nada fizer para impedir a distribuição de lucros ou dividendos fictícios.

### 8.8.7 Quadro-resumo

**Sujeitos**
» Ativo: é o diretor ou o gerente da sociedade por ações.
» Passivo: é a própria sociedade por ações, bem como seus acionistas.

**Objeto material**
São os lucros ou dividendos fictícios distribuídos pelo agente.

**Bem(ns) juridicamente protegido(s)**
O patrimônio da sociedade por ações.

**Elemento subjetivo**
» É o dolo.
» Não há previsão para a modalidade de natureza culposa.

**Modalidades comissiva e omissiva**
» O núcleo distribuir pressupõe um comportamento comissivo por parte do agente.
» No entanto, poderá se configurar a omissão imprópria quando o garantidor, dolosamente, nada fizer para impedir a distribuição de lucros ou dividendos fictícios.

**Consumação e tentativa**
» Consuma-se o delito quando o agente, efetivamente, leva a efeito a distribuição dos lucros ou dividendos fictícios. Distribuir deve ser entendido no sentido de entregar, repassar os lucros ou dividendos fictícios aos acionistas.
» Será admissível, como regra, a tentativa.

## 8.9 O diretor, o gerente ou o fiscal que, por interposta pessoa, ou conluiado com acionista, consegue a aprovação de conta ou parecer

Cuidando da assembleia geral, o art. 132 da Lei nº 6.404/76 determina:

**Art. 132.** Anualmente, nos 4 (quatro) primeiros meses seguintes ao término do exercício social, deverá haver uma assembleia geral para:
I – tomar as contas dos administradores, examinar, discutir e votar as demonstrações financeiras;

Competirá à assembleia geral, portanto, a aprovação das contas apresentadas pelos administradores da sociedade por ações, conforme nos esclarece, ainda, o art. 134 do mencionado diploma legal.

Analisando o tipo penal em estudo, José Henrique Pierangeli, com precisão, aduz:

"A prática do crime se realiza mediante duas condutas: a primeira é de pessoa, a quem os administradores ou o fiscal cedem suas ações para que o cessionário vote na assembleia geral em seu favor; a segunda consiste em corromper acionistas, pessoas que têm direito a voto, para que votem de conformidade com o desejado pelos administradores ou fiscal.

Mas há burla também quando ocorre aliciamento de acionista verdadeiro, isto é, autêntico, que mediante suborno vota pela aprovação de ditas contas. O tipo penal fala em *conluio* que significa conspiração, trama, maquinação, e que aqui tem bem o sentido de trama urdida, que tem por fim a aprovação da matéria submetida à assembleia geral. Conta e parecer devem estar em contraste com a verdade, e a sua aprovação representa uma lesão ou perigo de lesão, ao interesse da sociedade ou de outrem."[67]

### 8.9.1 Classificação doutrinária

Crime próprio, tanto com relação ao sujeito ativo quanto ao sujeito passivo; doloso; comissivo; formal; instantâneo; de forma livre; monossubjetivo; plurissubsistente; não transeunte.

### 8.9.2 Objeto material e bem juridicamente protegido

O patrimônio da sociedade por ações é o bem juridicamente protegido pelo inciso VII do § 1º do art. 177 do Código Penal.

O objeto material é a conta ou parecer que foi aprovada(o) indevidamente.

### 8.9.3 Sujeito ativo e sujeito passivo

Os *sujeitos ativos*, de acordo com a redação legal, são o diretor, o gerente ou o fiscal.

O *sujeito passivo* é a própria sociedade por ações, bem como seus acionistas.

### 8.9.4 Consumação e tentativa

Consuma-se o delito com a efetiva aprovação, pela assembleia geral, das contas ou parecer fraudulentos.

Por se tratar de um crime plurissubsistente, no qual é possível visualizar o fracionamento do *iter criminis*, será admissível, como regra, a tentativa.

### 8.9.5 Elemento subjetivo

O delito tipificado no inciso VII do § 1º do art. 177 do Código Penal somente pode ser praticado dolosamente, não havendo previsão para a modalidade de natureza culposa.

### 8.9.6 Modalidade comissiva

A conduta narrada pelo inciso em estudo pressupõe um comportamento positivo praticado pelo agente.

---

[67] PIERANGELI, José Henrique. *Manual de direito penal brasileiro* – Parte especial (arts. 121 a 234), p. 588-589.

## 8.9.7 Quadro-resumo

**Sujeitos**
» Ativo: é o diretor, o gerente ou o fiscal.
» Passivo: a própria sociedade por ações, bem como seus acionistas.

**Objeto material**
A conta ou parecer que foi aprovada(o) indevidamente.

**Bem(ns) juridicamente protegido(s)**
O patrimônio da sociedade.

**Elemento subjetivo**
» É o dolo.
» Não há previsão para a modalidade de natureza culposa.

**Modalidades comissiva e omissiva**
A conduta narrada pelo inciso em estudo pressupõe um comportamento positivo praticado pelo agente.

**Consumação e tentativa**
Consuma-se o delito com a efetiva aprovação, pela assembleia geral, das contas ou parecer fraudulentos. Será admissível, como regra, a tentativa.

## 8.10 O liquidante, nos casos dos n°s I, II, III, IV, V e VII

Os arts. 208 a 218 da Lei nº 6.404/76 cuidam da *liquidação* da sociedade por ações, que poderá ocorrer *judicial* ou *extrajudicialmente*, competindo ao *liquidante* representar a companhia e praticar todos os atos necessários à liquidação, inclusive alienar bens móveis ou imóveis, transigir, receber e dar quitação (art. 211).

A figura do liquidante é de tal importância e responsabilidade, que entendeu por bem a lei penal incluí-lo em todas as figuras típicas previstas pelos incisos I, II, III, IV, V e VII. Como se percebe, somente nas hipóteses previstas pelo inciso VI do § 1º do art. 177 do Código Penal, que não lhe dizem respeito, é que o liquidante não poderá figurar como sujeito ativo do delito de fraudes e abusos na fundação ou administração de sociedade por ações.

Cuida-se, *in casu*, do chamado *tipo penal primariamente remetido*, no qual o intérprete, para que possa compreender e aplicar o tipo penal em questão, deverá, obrigatoriamente, deslocar-se para as demais figuras típicas por ele indicadas.

### 8.10.1 Classificação doutrinária

A correspondente a cada inciso já analisado, constante do § 1º do art. 177 do Código Penal.

### 8.10.2 Objeto material e bem juridicamente protegido

Verificar cada inciso objeto de análise.

### 8.10.3 Sujeito ativo e sujeito passivo

O *sujeito ativo* é o liquidante, cujo comportamento deverá ser aferido em cada infração penal prevista pelos incisos I, II, III, IV, V e VII, do § 1º do art. 177 do Código Penal.

O *sujeito passivo* é a própria sociedade por ações, bem como seus acionistas.

### 8.10.4 Consumação e tentativa

Deverão ser verificadas, isoladamente, em cada infração penal já analisada, cuja autoria poderá ser atribuída ao liquidante, nos termos do inciso VIII do § 1º do art. 177 do Código Penal.

### 8.10.5 Elemento subjetivo

Em todas as infrações penais cuja autoria se possa atribuir ao liquidante, exige-se o comportamento doloso do agente, não havendo previsão legal para a modalidade de natureza culposa.

### 8.10.6 Modalidades comissiva e omissiva

Verificar os comentários levados a efeito quando do estudo dos incisos I, II, III, IV, V e VII do § 1º do art. 177 do estatuto repressivo.

## 8.11 O representante da sociedade anônima estrangeira, autorizada a funcionar no País, que pratica os atos mencionados nos nᵒˢ I e II, ou dá falsa informação ao Governo

Aplicam-se ao representante da sociedade anônima estrangeira, autorizada a funcionar no País, os incisos I e II do § 1º do art. 177 do Código Penal. Além dessas infrações penais, também será responsabilizado criminalmente o mencionado representante que der falsa informação ao Governo, aqui entendido como o Governo brasileiro.

Trata-se, na sua primeira parte, de um tipo penal primariamente remetido, cujo conceito já foi explicitado quando do estudo do inciso anterior.

Dissertando sobre a infração penal em estudo, observa Mirabete:

"As sociedades anônimas estrangeiras podem funcionar no Brasil, legalmente, com a autorização, mediante decreto, do Governo (art. 64 do Decreto-Lei nº 2.627/40), devendo manter no país um representante com plenos poderes para tratar e resolver qualquer questão (art. 67). Pode esse representante cometer os crimes de fraude sobre as condições econômicas da sociedade e de falsa cotação de ações ou títulos da sociedade (art. 177, § 1º, incisos I e II). Pode, ainda, dar falsa informação a respeito da sociedade ao Governo, respondendo criminalmente pelo fato. Exige-se que esteja consciente da falsidade da informação, sendo necessário que se refira esta a fato ou circunstância relevantes."[68]

### 8.11.1 Classificação doutrinária

Verificar classificação doutrinária relativa aos incisos I e II do § 1º do art. 177 do Código Penal, no que diz respeito à primeira parte do inciso *sub examen*.

---

[68] MIRABETE, Júlio Fabbrini. *Manual de direito penal*, v. 2, p. 343.

CURSO DE DIREITO PENAL • VOL. 2 – ROGÉRIO GRECO

No que diz respeito à segunda parte do inciso IX do § 1º do art. 177 do Código Penal, trata-se de crime próprio, tanto com relação ao sujeito ativo quanto ao sujeito passivo; doloso; comissivo; material; instantâneo; monossubjetivo; plurissubsistente; não transeunte.

### 8.11.2 Objeto material e bem juridicamente protegido

Nos casos dos incisos I e II do § 1º do art. 177 do diploma repressivo, *vide* notas a eles correspondentes.

Quanto ao fato de dar falsa informação ao Governo, bens juridicamente protegidos, *in casu*, seguindo as lições de Guilherme de Souza Nucci, são "o patrimônio societário e também a credibilidade das informações que interessam ao Estado."[69]

### 8.11.3 Sujeito ativo e sujeito passivo

O *sujeito ativo* é o representante de sociedade anônima estrangeira, autorizada a funcionar no País, que pratica os atos mencionados nos incisos I e II do § 1º do art. 177 do Código Penal, ou dá falsa informação ao Governo.

Os *sujeitos passivos* são a sociedade anônima, os acionistas, nas hipóteses previstas pelos referidos incisos I e II, bem como o Estado, quando o agente dá falsa informação ao Governo.

### 8.11.4 Consumação e tentativa

Verificar os momentos consumativos referentes aos incisos I e II do § 1º do art. 177 do Código Penal.

Quanto à segunda parte, o delito se consuma quando o representante de sociedade anônima estrangeira, efetivamente, fornece, entrega, dá ao Governo falsa informação.

### 8.11.5 Elemento subjetivo

O delito tipificado no inciso IX do § 1º do art. 177 do Código Penal somente pode ser praticado dolosamente, não havendo previsão para a modalidade de natureza culposa.

### 8.11.6 Modalidades comissiva e omissiva

Verificar os modelos de comportamentos referentes aos incisos I e II do § 1º do art. 177 do Código Penal.

O núcleo *dar*, constante da segunda parte do inciso IX em análise, pressupõe um comportamento comissivo por parte do agente.

## 8.12 Pena, ação penal, extinção da punibilidade e suspensão condicional do processo

A pena cominada ao delito de fraudes e abusos na fundação ou administração de sociedade por ações é de reclusão, de 1 (um) a 4 (quatro) anos, e multa, se o fato não constitui crime contra a economia popular.

A ação penal é de iniciativa pública incondicionada.

Ressalta Mirabete:

"Pelo art. 3º do Decreto-Lei nº 697, de 23/3/69, extinguiu-se a punibilidade dos crimes previstos no art. 177 do Código Penal para as emissões contábeis relativas a títulos registrados

---

[69] NUCCI, Guilherme de Souza. *Código penal comentado*, p. 714.

na forma do Decreto-Lei nº 286, de 28/2/67, exceto para os que não cumprissem, dentro de determinado prazo, as determinações daquele diploma legal."[70]

Será possível a confecção de proposta de suspensão condicional do processo, nos termos do art. 89 da Lei nº 9.099/95.

## 8.13 Negociação de voto

O delito de *negociação de voto* veio tipificado no § 2º do art. 177 do Código Penal, com a seguinte redação, *verbis*:

> § 2º Incorre na pena de detenção, de seis meses a dois anos, e multa, o acionista que, a fim de obter vantagem para si ou para outrem, negocia o voto nas deliberações de assembleia geral.

Há discussão doutrinária sobre a vigência do mencionado parágrafo.

Noronha entende que, "com a redação dada pela Lei nº 10.303, de 31 de outubro de 2001, introduziu-se uma figura nova na sistemática das sociedades por ações, qual seja, a do *acordo de acionistas* (art. 118 e parágrafos), derrogando o § 2º do art. 177 do estatuto penal."[71]

Guilherme de Souza Nucci, com razão, posiciona-se em sentido contrário, argumentando:

> "O acordo de acionistas e a punição civil estabelecida para quem abusar do direito de votar são insuficientes para revogar uma lei penal. Esta somente é considerada revogada de maneira expressa ou quando outra lei penal discipline inteiramente a matéria. O fato de haver possibilidade de o acionista ser responsável, respondendo pelos danos causados, pelo voto abusivo ou poder fazer acordos lícitos com outros acionistas não elide o delito, que tem por finalidade punir aquele que, fraudulentamente, busca obter vantagem para si ou para outrem em detrimento dos demais acionistas e da sociedade."[72]

## 9. EMISSÃO IRREGULAR DE CONHECIMENTO DE DEPÓSITO OU *WARRANT*

> **Emissão irregular de conhecimento de depósito ou *warrant***
> **Art. 178.** Emitir conhecimento de depósito ou *warrant*, em desacordo com disposição legal:
> Pena – reclusão, de um a quatro anos, e multa.

## 9.1 Introdução

O tipo penal do art. 178 do diploma repressivo, que prevê o delito de *emissão irregular de conhecimento de depósito ou* "warrant", comina uma pena de reclusão, de 1 (um) a 4 (quatro) anos, e multa, para aquele que *emitir conhecimento de depósito ou* warrant, *em desacordo com disposição legal*.

Wille Duarte Costa, dissertando sobre o tema, esclarece:

> "Os *armazéns-gerais* são estabelecimentos próprios para depósito e conservação de mercadorias. Não basta armazenar, é preciso ter conhecimento suficiente para conservar a mercadoria,

---

[70] MIRABETE, Júlio Fabbrini. *Manual de direito penal*, v. 2, p. 344.

[71] NORONHA, Edgard Magalhães. *Direito penal*, v. 2, p. 480.

[72] NUCCI, Guilherme de Souza. *Código penal comentado*, p. 714.

CURSO DE DIREITO PENAL • VOL. 2 – ROGÉRIO GRECO

principalmente tratando-se de produtos perecíveis. Garantido pela estocagem e conservação de seus produtos, o depositante passa a ter com o estabelecimento depositário um valor geralmente considerável, que pode por ele, depositante, ser negociado. Daí que, quando o interessado procura o armazém-geral e nele deposita suas mercadorias, pode pedir que sejam emitidos, a seu favor, títulos de crédito em garantia do depósito feito e que são o *conhecimento de depósito* e o *warrant*."[73]

E continua o renomado autor, dizendo:

"O *conhecimento de depósito* é um título de crédito correspondente às mercadorias depositadas no armazém-geral. O *warrant* é o instrumento de penhor sobre a mesma mercadoria. Os dois títulos são emitidos quando solicitados pelo depositante e nascem unidos, mas separáveis à vontade.

São títulos causais, pois só decorrem de depósito de produtos ou mercadorias em armazéns-gerais. São também títulos à ordem, pelo que qualquer deles pode circular por endosso."[74]

Após esses esclarecimentos indispensáveis à compreensão do tipo em estudo, podemos apontar os seguintes elementos que compõem a infração penal: *a)* a conduta de emitir conhecimento de depósito ou *warrant*; *b)* em desacordo com disposição legal.

O núcleo *emitir* é utilizado no sentido de fazer circular conhecimento de depósito ou *warrant*. No entanto, a sua emissão somente pode ser entendida como criminosa quando levada a efeito em desacordo com disposição legal, vale dizer, quando é realizada contrariamente ao Decreto nº 1.102, de 21 de novembro de 1903, que, embora com mais de cem anos de vigência, ainda continua regulando a matéria.

Trata-se, portanto, de norma penal em branco, cujo complemento ao seu preceito primário deverá ser encontrado no mencionado Decreto nº 1.102, de 21 de novembro de 1903, que instituiu regras para o estabelecimento de empresas de armazéns-gerais, determinando direitos e obrigações dessas empresas.

Hungria aponta como irregular a emissão, de acordo com o aludido decreto presidencial, quando:

"a) a empresa de armazém geral não esteja legalmente constituída; b) inexistir autorização do governo federal para a emissão; c) serem os títulos arbitrariamente negociados pela própria empresa emissora; d) não existirem em depósito as mercadorias especificadas, ou não corresponderem as existentes, em qualidade, quantidade ou peso, às mencionadas nos títulos; e) tenha sido emitido mais de um *título duplo* sobre as mesmas mercadorias, salvo o disposto no art. 20 do Decreto nº 1.102."[75]

Além disso, deverão ser observados, quando da emissão do conhecimento de depósito ou *warrant*, os requisitos constantes do art. 15 do referido decreto.

## 9.2 Classificação doutrinária

Crime próprio, tanto no que diz respeito ao sujeito ativo quanto ao sujeito passivo; doloso; comissivo (podendo ser praticado via omissão imprópria, na hipótese de o agente gozar do *status* de garantidor); formal; de forma livre; instantâneo; monossubjetivo; plurissubsistente; não transeunte.

---

[73] COSTA, Wille Duarte. *Títulos de crédito*, p. 445.

[74] COSTA, Wille Duarte. *Títulos de crédito*, p. 448.

[75] HUNGRIA, Nélson. *Comentários ao código penal*, v. III, p. 294.

## 9.3 Objeto material e bem juridicamente protegido

O patrimônio é o bem juridicamente protegido pelo tipo penal que prevê o delito de emissão irregular de conhecimento de depósito ou *warrant*.

*Objeto material* é o conhecimento de depósito ou *warrant* emitido em desacordo com a disposição legal.

## 9.4 Sujeito ativo e sujeito passivo

O *sujeito ativo* é o emitente do conhecimento de depósito ou *warrant*, em desacordo com disposição legal, sendo ele, quase sempre, o depositário da mercadoria.

O *sujeito passivo,* conforme aponta Luiz Regis Prado, "é o portador ou o endossatário dos títulos."

## 9.5 Consumação e tentativa

Consuma-se o delito no momento em que são colocados em circulação os títulos correspondentes ao conhecimento de depósito ou *warrant*.

Embora a posição majoritária seja no sentido de não permitir o reconhecimento da tentativa, entendemos que a infração penal em estudo encontra-se no rol daquelas consideradas plurissubsistentes, podendo-se, consequentemente, fracionar o *iter criminis*. Dessa forma, somente a análise do caso concreto nos permitirá concluir, com a necessária convicção, se o agente, efetivamente, colocou em circulação os títulos, consumando o delito, ou se a infração penal permaneceu na fase do *conatus*.

## 9.6 Elemento subjetivo

O delito de emissão irregular de conhecimento de depósito ou *warrant* somente poderá ser praticado dolosamente, não havendo, outrossim, previsão para a modalidade de natureza culposa.

Dessa forma, ao fazer a emissão do conhecimento de depósito ou *warrant*, o agente deverá ter conhecimento de que o faz contrariando as determinações contidas no Decreto nº 1.102, de 21 de novembro de 1903, pois, caso contrário, seu erro poderá conduzir à atipicidade do fato, nos termos do art. 20 do Código Penal.

## 9.7 Modalidades comissiva e omissiva

A conduta de *emitir* conhecimento de depósito ou *warrant*, em desacordo com disposição legal, somente pode ser praticada comissivamente.

No entanto, dependendo da hipótese concreta, será possível que o garantidor, devendo e podendo agir, dolosamente, nada faça para impedir a prática da infração penal, devendo, portanto, nos termos do § 2º do art. 13 do Código Penal, por ela responder.

## 9.8 Pena, ação penal e suspensão condicional do processo

A pena cominada para o delito de *emissão irregular de conhecimento de depósito ou* warrant, tipificado no art. 178 do Código Penal, é de reclusão, de 1 (um) a 4 (quatro) anos, e multa.

A ação penal é de iniciativa pública incondicionada.

Deverão ser observadas, no entanto, as disposições contidas nos arts. 181, 182 e 183 do Código Penal.

Tendo em vista a pena mínima cominada ao delito em estudo, torna-se possível a confecção de proposta de suspensão condicional do processo, nos termos do art. 89 da Lei nº 9.099/95.

## 9.9 Quadro-resumo

**Sujeitos**
» Ativo: é o emitente do conhecimento de depósito ou warrant, em desacordo com disposição legal, sendo ele, quase sempre, o depositário da mercadoria.
» Passivo: é o portador ou o endossatário dos títulos.

**Objeto material**
É o conhecimento de depósito ou warrant emitido em desacordo com a disposição legal.

**Bem(ns) juridicamente protegido(s)**
O patrimônio.

**Elemento subjetivo**
» É o dolo.
» Não há previsão para a modalidade de natureza culposa.

**Modalidades comissiva e omissiva**
» A conduta somente pode ser praticada comissivamente.
» No entanto, dependendo da hipótese concreta, será possível que o garantidor, devendo e podendo agir, dolosamente, nada faça para impedir a prática da infração penal, devendo, portanto, por ela responder.

**Consumação e tentativa**
» Consuma-se o delito no momento em que são colocados em circulação os títulos correspondentes ao conhecimento de depósito ou warrant.
» Embora a posição majoritária seja no sentido de não permitir o reconhecimento da tentativa, entendemos que a infração penal em estudo encontra-se no rol daquelas consideradas plurissubsistentes, podendo-se, consequentemente, fracionar o iter criminis.

## 10. FRAUDE À EXECUÇÃO

**Fraude à execução**
**Art. 179.** Fraudar execução, alienando, desviando, destruindo ou danificando bens, ou simulando dívidas:
Pena – detenção, de seis meses a dois anos, ou multa.
**Parágrafo único.** Somente se procede mediante queixa.

## 10.1 Introdução

O delito de *fraude à execução* veio previsto no art. 179 do Código Penal, cujo preceito secundário comina uma pena de detenção, de 6 (seis) meses a 2 (dois) anos, ou multa, para aquele que *fraudar execução, alienando, desviando, destruindo ou danificando bens, ou simulando dívidas*.

Assim, de acordo com a redação típica, podemos destacar os seguintes elementos: *a)* a conduta de fraudar execução; *b)* através da alienação, desvio, destruição ou danificação de bens, ou, ainda, simulando dívidas.

O ponto de partida para o nosso raciocínio é justamente apontar a partir de quando a conduta praticada pelo sujeito poderá ser considerada típica. O art. 179 do Código Penal menciona expressamente vários comportamentos destinados a *fraudar execução*. Dessa forma, somente se poderá reconhecer como típica a conduta do agente quando se estiver diante de uma *execução judicial*, afastando-se, portanto, as demais ações constantes do processo de conhecimento, bem como do processo cautelar.

A conduta, portanto, diz respeito a *fraudar processo de execução judicial*.

Uma vez identificado o processo judicial que se pretende preservar, evitando a fraude praticada pelo agente, devemos responder a outra pergunta: O processo de execução se aperfeiçoa com a sua simples distribuição em juízo ou com a efetiva citação do executado?

Podemos citar três artigos do Código de Processo Civil (Lei nº 13.105, de 16 de março de 2015), que poderão trazer luz à nossa resposta:

> **Art. 238.** Citação é o ato pelo qual são convocados o réu, o executado ou o interessado para integrar a relação processual.
> **Parágrafo único.** A citação será efetivada em até 45 (quarenta e cinco) dias a partir da propositura da ação.
> **Art. 239.** Para a validade do processo é indispensável a citação do réu ou do executado, ressalvadas as hipóteses de indeferimento da petição inicial ou de improcedência liminar do pedido.
> **Art. 240.** A citação válida, ainda quando ordenada por juízo incompetente, induz litispendência, torna litigiosa a coisa e constitui em mora o devedor, ressalvado o disposto nos arts. 397 e 398 da Lei nº 10.406, de 10 de janeiro de 2002 (Código Civil).

Por meio dessas passagens percebe-se, com clareza, a importância da citação. Sem ela, o agente, geralmente, não toma conhecimento de que existe alguma ação judicial proposta em face da sua pessoa; sem ela, não pode se defender, pois, desconhecendo a ação judicial, consequentemente, não pode trazer ao crivo do Judiciário seus argumentos; também, até a citação, não há como afirmar que existe litígio sobre a coisa.

Portanto, para que se possa iniciar o raciocínio correspondente ao delito tipificado no art. 179 do Código Penal, será preciso, além da necessária distribuição da execução judicial, que o executado tenha sido citado, formando-se, assim, a relação jurídico-processual.[76]

Nesse sentido, adverte Cezar Roberto Bitencourt:

> "A *fraude à execução* é crime de que só cogita a lei penal na pendência de uma lide civil, que só tem lugar após a citação do devedor para o *processo de execução*."[77]

Em sentido contrário, não exigindo a citação para efeitos de configuração do delito em estudo, professa Hungria:

> "Não é indispensável que haja uma *sentença*, bastando no caso de *títulos executivos* pré-constituídos, o ajuizamento da ação, e deste tenha conhecimento o devedor. Em qualquer caso, é necessária a ciência inequívoca do devedor, ainda que extrajudicialmente, de que seus bens

---

[76] Em reforço a esse raciocínio, o art. 363 do Código de Processo Penal, com a nova redação que lhe foi dada pela Lei nº 11.719, de 20 de junho de 2008, diz que o processo terá completada a sua formação quando realizada a citação do acusado.

[77] BITENCOURT, Cezar Roberto. *Tratado de direito penal*, v. 3, p. 362.

estão na iminência de penhora, bem como a vontade de frustrar a execução, em prejuízo do credor exequente (ou dos que possam vir, em concurso à execução)."[78]

A execução proposta em juízo pode ter como fundamento um título judicial ou mesmo extrajudicial.

Com a finalidade de fraudar a execução, o agente pode alienar, desviar, destruir ou danificar bens, bem como simular dívidas.

Por *alienação* devem ser compreendidos todos os atos que importem em transferência de domínio, a exemplo do que ocorre com a compra e venda, doação etc. Faz-se mister ressaltar que nem toda alienação, praticada durante o curso da ação de execução judicial, poderá ser considerada fraudulenta, pois, para tanto, se exige a presença do necessário elemento subjetivo, vale dizer, a finalidade de fraudar a execução, que deverá ser devidamente demonstrada. Poderá ocorrer que o executado, por exemplo, não tendo outro meio de subsistência, se desfaça da coisa para que proveja a sua manutenção e de sua família. Enfim, o que se proíbe é a alienação fraudulenta de bens móveis, imóveis, ou mesmo de créditos.

O *desvio* importa em sonegar os bens à penhora, praticando atos que visem a ocultá-los, a exemplo daquele que esconde seus bens para que não sejam descobertos pelo oficial de justiça.

A conduta de *destruir* é empregada pelo texto legal no sentido de eliminar, aniquilar, fazer extinguir o bem.

*Danificar*, entendido aqui com o mesmo sentido de *deteriorar*, é estragar, arruinar a coisa, que ainda existe, com a sua utilidade diminuída ou eliminada, o que faz com que se reduza, consequentemente, o seu valor.

Salienta Noronha que tanto "a danificação como a destruição não necessitam ser integrais, bastando o sejam parcialmente, ocorrendo a fraude desde que elas tornem o bem insuficiente para o cumprimento da obrigação."[79]

Por meio da *simulação de dívida*, o agente, fraudulentamente, produz o aumento do seu passivo. Hungria dizia que, "nesse caso, é necessário que o crédito fictício (cujo titular é coautor do crime) provoque o *concurso de credores* e o rateio do ativo, em prejuízo dos credores legítimos. Antes disso, o que pode haver é simples *tentativa*."[80]

Não haverá crime se a conduta do agente recair sobre bens impenhoráveis, haja vista que, por intermédio do delito em estudo, busca-se garantir a execução com a penhora dos bens necessários ao pagamento do débito existente. Se o bem não pode ser penhorado, consequentemente, qualquer comportamento do agente que recaia sobre ele (destruindo-o, alienando-o etc.) deverá ser considerado um indiferente penal, uma vez que não faria parte, dada a sua natureza, do processo de execução.

## 10.2 Classificação doutrinária

Crime próprio, tanto com relação ao sujeito ativo quanto ao sujeito passivo; doloso; comissivo (podendo, dependendo do caso concreto, ser praticado via omissão imprópria); de forma livre; instantâneo (não se descartando a possibilidade de ser considerado como instantâneo de efeitos permanentes); de dano; material; monossubjetivo; plurissubsistente; não transeunte.

---

[78] HUNGRIA, Nélson. *Comentários ao código penal*, v. VII, p. 296-297.
[79] NORONHA, Edgard Magalhães. *Direito penal*, v. 2, p. 477.
[80] HUNGRIA, Nélson. *Comentários ao código penal*, v. VII, p. 298.

## 10.3 Objeto material e bem juridicamente protegido

Bem juridicamente protegido pelo tipo penal do art. 179 do diploma repressivo é o *patrimônio*. Embora inserido no Título II do Código Penal, correspondente aos crimes contra o patrimônio, o art. 179, que prevê o delito de fraude à execução, também tem como finalidade, mesmo que mediata, proteger a administração da Justiça, punindo aqueles que visam a desrespeitar as decisões judiciais.

Objeto material é o bem alienado, desviado, destruído ou danificado, com a finalidade de fraudar a execução.

## 10.4 Sujeito ativo e sujeito passivo

O *sujeito ativo* é o devedor contra o qual está sendo promovida a ação de execução judicial. É, portanto, o *executado*.

O *sujeito passivo* é o credor que ocupa a condição de exequente na ação de execução judicial e que se vê lesado em seu direito patrimonial com o comportamento praticado pelo sujeito ativo, quando, visando a fraudar a execução, aliena, desvia, destrói, danifica bens ou simula dívidas.

## 10.5 Consumação e tentativa

O delito se consuma com a prática de um dos comportamentos previstos pelo tipo, vale dizer, quando o agente aliena, desvia, destrói ou danifica bens, ou simula dívidas, impedindo, com isso, o sucesso da execução promovida judicialmente.

O fundamental, para efeitos de reconhecimento da consumação do delito, não é, por exemplo, a alienação ou destruição do bem em si, mas sim o fato de que, com a prática de qualquer um dos comportamentos típicos, a execução restará frustrada, dada a insolvência do agente. Assim, ele não está proibido, por exemplo, de dispor de seus bens, mas tão somente de fraudar a execução, colocando-se em situação de insolvência, de modo que não tenha como saldar sua dívida com o credor exequente.

Tratando-se de crime plurissubsistente, podendo-se fracionar o *iter criminis,* entendemos perfeitamente possível o raciocínio correspondente à tentativa.

## 10.6 Elemento subjetivo

O dolo é o elemento subjetivo necessário à configuração do delito de fraude à execução, não havendo previsão para a modalidade de natureza culposa.

Assim, a conduta do agente deve ser dirigida finalisticamente no sentido de fraudar a execução judicial, praticando os comportamentos previstos pelo tipo penal do art. 179 do diploma repressivo, alienando, desviando, destruindo ou danificando bens, ou simulando dívidas.

## 10.7 Modalidades comissiva e omissiva

As condutas previstas pelo tipo penal do art. 179 do diploma repressivo pressupõem um comportamento comissivo por parte do agente.

No entanto, poderão ser praticadas via omissão imprópria, dependendo do caso concreto, na hipótese de o agente que, gozando do *status* de garantidor, podendo, dolosamente, nada fizer para impedir a ocorrência do resultado, almejando, assim, produzir dano ao patrimônio do garantido.

## 10.8 Pena, ação penal, competência para julgamento e suspensão condicional do processo

O preceito secundário do art. 179 do Código Penal comina uma pena de detenção, de 6 (seis) meses a 2 (dois) anos, ou multa.

Deverão ser observadas as determinações contidas nos arts. 181 e 183 do Código Penal.

A ação penal, nos termos do parágrafo único do mencionado art. 179, é de iniciativa privada. No entanto, será de iniciativa pública incondicionada na hipótese prevista pelo § 2º do art. 24 do Código de Processo Penal, que diz:

> § 2º Seja qual for o crime, quando praticado em detrimento do patrimônio ou interesse da União, Estado ou Município, a ação será pública.

A competência para o processo e julgamento do delito de fraude à execução será, pelo menos inicialmente, do Juizado Especial Criminal, haja vista que a infração penal em estudo se amolda ao conceito de menor potencial ofensivo, nos termos do art. 61 da Lei nº 9.099/95, com a nova redação que lhe foi dada pela Lei nº 11.313, de 28 de junho de 2006.

Será possível a confecção de proposta de suspensão condicional do processo, nos termos do art. 89 da Lei nº 9.099/95.

## 10.9 Quadro-resumo

**Sujeitos**
- Ativo: é o devedor contra o qual está sendo promovida a ação de execução judicial. É, portanto, o executado.
- Passivo: é o credor que ocupa a condição de exequente na ação de execução judicial e que se vê lesado em seu direito patrimonial.

**Objeto material**
É o bem alienado, desviado, destruído ou danificado, com a finalidade de fraudar a execução.

**Bem(ns) juridicamente protegido(s)**
É o patrimônio e, mesmo que mediatamente, a administração da justiça.

**Elemento subjetivo**
- É o dolo.
- Não há previsão para a modalidade de natureza culposa.

**Modalidades comissiva e omissiva**
- As condutas previstas pressupõem um comportamento comissivo por parte do agente.
- No entanto, poderão ser praticadas via omissão imprópria.

**Consumação e tentativa**
- O delito se consuma com a prática de um dos comportamentos previstos pelo tipo impedindo, com isso, o sucesso da execução promovida judicialmente.
- A tentativa é admissível.

# Capítulo VII
# Da Receptação

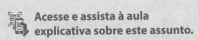

Acesse e assista à aula explicativa sobre este assunto.
> http://uqr.to/1wmda

## 1. RECEPTAÇÃO

**Receptação**
**Art. 180.** Adquirir, receber, transportar, conduzir ou ocultar, em proveito próprio ou alheio, coisa que sabe ser produto de crime, ou influir para que terceiro, de boa-fé, a adquira, receba ou oculte:
Pena – reclusão, de um a quatro anos, e multa.

**Receptação qualificada**
§ 1º Adquirir, receber, transportar, conduzir, ocultar, ter em depósito, desmontar, montar, remontar, vender, expor à venda, ou de qualquer forma utilizar, em proveito próprio ou alheio, no exercício de atividade comercial ou industrial, coisa que deve saber ser produto de crime:
Pena – reclusão, de três a oito anos, e multa.
§ 2º Equipara-se à atividade comercial, para efeito do parágrafo anterior, qualquer forma de comércio irregular ou clandestino, inclusive o exercido em residência.
§ 3º Adquirir ou receber coisa que, por sua natureza ou pela desproporção entre o valor e o preço, ou pela condição de quem a oferece, deve presumir-se obtida por meio criminoso:
Pena – detenção, de um mês a um ano, ou multa, ou ambas as penas.
§ 4º A receptação é punível, ainda que desconhecido ou isento de pena o autor do crime de que proveio a coisa.
§ 5º Na hipótese do § 3º, se o criminoso é primário, pode o juiz, tendo em consideração as circunstâncias, deixar de aplicar a pena. Na receptação dolosa aplica-se o disposto no § 2º do art. 155.
§ 6º Tratando-se de bens do patrimônio da União, de Estado, do Distrito Federal, de Município ou de autarquia, fundação pública, empresa pública, sociedade de economia mista ou empresa concessionária de serviços públicos, aplica-se em dobro a pena prevista no *caput* deste artigo.

O crime de receptação encontra-se no rol dos delitos mais praticados pela nossa sociedade, variando desde a aquisição de pequenos produtos vendidos por camelôs e ambulantes até as mais impressionantes, cometidas por grandes empresas, que adquirem carregamentos inteiros de mercadorias, roubadas, quase sempre, durante o seu transporte rodoviário.

A Lei nº 9.426, de 24 de dezembro de 1996, modificou o art. 180 do Código Penal, acrescentando novos núcleos em seu *caput*, criando mais dois parágrafos (os primeiros), além de renumerá-los.

A modalidade fundamental de receptação, como não poderia deixar de ser, encontra-se no *caput* do art. 180 do Código Penal. Em seu § 1º foi prevista a receptação qualificada. Houve, também, previsão da chamada receptação culposa, conforme se deduz do § 3º do mencionado art. 180.

Assim, podemos destacar, de acordo com os dispositivos legais citados, três modalidades de receptação: *a)* simples; *b)* qualificada; *c)* culposa.

A receptação simples será analisada ainda neste tópico, sendo que as demais, para efeito de melhor visualização, serão estudadas isoladamente.

Dessa forma, nos termos do preceito secundário do art. 180, o Código Penal comina pena de reclusão, de 1 (um) a 4 (quatro) anos, e multa, para aquele que *adquirir, receber, transportar, conduzir ou ocultar, em proveito próprio ou alheio, coisa que sabe ser produto de crime, ou influir para que terceiro, de boa-fé, a adquira, receba ou oculte.*

Podemos visualizar no *caput* do art. 180 do Código Penal duas espécies de receptação, a saber: *a) própria;* e *b) imprópria.*

Diz-se *própria* a receptação quando a conduta do agente se amolda a um dos comportamentos previstos na primeira parte do *caput* do art. 180 do Código Penal, vale dizer, quando o agente: *adquire, recebe, transporta, conduz ou oculta, em proveito próprio ou alheio, coisa que sabe ser produto de crime.* Merece destacar que as condutas de *transportar* e *conduzir* foram inseridas no *caput* do art. 180 do Código Penal pela Lei nº 9.426, de 24 de dezembro de 1996.

Denomina-se *imprópria* a receptação quando o agente leva a efeito o comportamento previsto na segunda parte do *caput* do art. 180 do Código Penal, ou seja, quando *influi para que terceiro, de boa-fé, a adquira, receba ou oculte.*

Tanto na receptação própria quanto na imprópria, seja, por exemplo, adquirindo a coisa ou, mesmo, influenciando para que terceiro a adquira, o agente deve saber ser a *res produto de crime.*

Inicialmente, tendo em vista a determinação legal, não poderá ser considerado objeto material da receptação coisa que seja produto de *contravenção penal*, pois a lei exige a prática de um *crime* anterior.

Além disso, a redação constante do *caput* do art. 180 do Código Penal exige que a coisa seja *produto* de crime. Conforme esclarece Nélson Hungria:

> "Não importa que haja sido alterada, intercorrentemente, a individualidade da coisa, nem que esta tenha sido substituída por outra. Assim, a aquisição do ouro resultante da fusão de uma joia furtada é receptação, do mesmo modo que o é a aquisição da coisa obtida com o dinheiro furtado, ou a guarda do dinheiro alcançado com a venda da *res furtiva*, ou a compra da apólice de penhor desta."[1]

Dessa forma, a expressão *produto de crime* tem um sentido amplo, abrangendo tudo aquilo que for originário economicamente do delito levado a efeito anteriormente. Assim, por exemplo, aquele que, depois de praticar um delito de extorsão mediante sequestro, vier adquirir, com o valor do resgate, um automóvel, vendendo-o, posteriormente, a alguém que sabia da origem ilícita de sua aquisição, o agente que o adquiriu deverá ser responsabilizado pelo crime de receptação.

Na receptação conhecida como própria, o sujeito pode praticar os seguintes comportamentos: *a)* adquirir; *b)* receber; *c)* transportar; *d)* conduzir; e *e)* ocultar, em proveito próprio ou alheio, coisa que sabe ser produto de crime.

---

[1] HUNGRIA, Nélson. *Comentários ao código penal*, v. VII, p. 305.

*Adquirir* tem o significado legal, como bem salientado por Luiz Regis Prado:

"De obter a propriedade da coisa, de forma onerosa, como na compra, ou gratuita, na hipótese de doação. Inclui-se aqui a conduta de obter o produto do autor do crime anterior como compensação de dívida deste para com o agente. Pode, também, a aquisição originar-se de sucessão *causa mortis*, desde que o herdeiro saiba que a coisa fora obtida por meio criminoso pelo *de cujus*. Pode ainda ocorrer a receptação pela modalidade de adquirir, ainda que não haja vínculo negocial entre o autor do crime anterior e o agente, como na hipótese do indivíduo que se apodera da coisa atirada fora pelo ladrão que está empreendendo fuga, com pleno conhecimento de sua origem criminosa."[2]

O núcleo *receber* é utilizado pelo tipo penal em estudo no sentido de ter o agente a posse ou a detenção da coisa, para o fim de utilizá-la em seu proveito ou de outrem. O agente, aqui, deve procurar algum benefício mediante o recebimento da coisa que lhe foi entregue. Se a quisesse para si, tomando-a do agente, seja a título oneroso ou gratuito, incorreria na conduta de *adquirir*; por outro lado, se sua finalidade não fosse usufruí-la, mas tão somente prestar ao outro agente auxílio destinado a tornar seguro o proveito do crime, o delito não poderia ser reconhecido como de receptação, mas sim como de favorecimento real, tipificado no art. 349 do Código Penal.

A conduta de *transportar*, como já o dissemos, foi inserida no *caput* do art. 180 do Código Penal pela Lei nº 9.426, de 24 de dezembro de 1996. Tal inserção se deu, principalmente, em razão do crescimento dos casos de roubo de cargas (alimentos, eletrodomésticos, cigarros etc.) transportadas em caminhões. Assim, pessoas eram contratadas para, depois da prática da subtração anterior, tão somente fazer o seu transporte até o local determinado por aquele que as havia adquirido. Dessa forma, o transporte passou a ser reconhecido como mais uma modalidade de receptação. No entanto, entendemos que tal inserção não se fazia necessária, haja vista regra relativa ao concurso de pessoas que seria suficiente para também punir aquele que, de qualquer modo, tivesse concorrido para o crime. Assim, aquele que fora contratado para transportar a carga, tendo conhecimento de sua origem ilícita, dependendo da sua situação no grupo, poderia ser considerado coautor ou, no mínimo, partícipe do delito de receptação.

Também foi inserida no *caput* do art. 180 do Código Penal, pela Lei nº 9.426/96, a conduta de *conduzir*. Ao que parece, o núcleo conduzir quer dizer respeito, efetivamente, ao ato de dirigir veículos (automóveis, motocicletas, caminhões etc.). A conduta de conduzir é semelhante à de transportar. Transportar implica remoção, transferência de uma coisa de um lugar para outro. Conduzir é guiar, dirigir. Somente o caso concreto, na verdade, é que nos permitirá, talvez, apontar o comportamento que melhor se amolde à conduta levada a efeito pelo agente.

*Ocultar* tem o sentido de esconder a coisa ou, ainda, de acordo com Noronha:

"Exprime a ação de subtraí-la das vistas de outrem; colocá-la em lugar onde não possa ser encontrada; ou apresentá-la por forma que torne irreconhecível, tudo fazendo difícil ou impossível a recuperação. A ação de ocultar pressupõe aquisição ou recebimento. É sucessiva a uma destas, vindo indicar atuação posterior sobre a coisa que se detém."[3]

Na receptação denominada imprópria, a conduta do agente é dirigida finalisticamente a *influir* para que terceiro, de *boa-fé*, adquira, receba ou oculte coisa que sabe ser produto de crime.

---

[2] PRADO, Luiz Regis. *Curso de direito penal brasileiro*, v. 2, p. 617.

[3] NORONHA, Edgard Magalhães. *Direito penal*, v. 2, p. 499.

Inicialmente, vale destacar que aquele que é influenciado a praticar qualquer dos comportamentos previstos pelo tipo – adquirir, receber ou ocultar – deve agir de boa-fé, desconhecendo a origem criminosa da coisa, sendo, portanto, atípica a sua conduta. Ao contrário, se o terceiro, que fora influenciado pelo agente, tiver conhecimento da origem criminosa da coisa, afastada a boa-fé, também será considerado receptor.

A conduta central da receptação imprópria é o núcleo *influir*, utilizado no sentido de influenciar para que terceiro, de boa-fé, adquira, receba ou oculte. O agente, portanto, que influencia terceira pessoa à prática de qualquer um desses comportamentos, deve saber que a coisa oferecida é produto de crime.

Noronha afirma tratar-se de *mediação criminosa*:

"O agente não executa as ações incriminadas anteriormente, mas age como mediador, para que terceiro as pratique. Influir é incutir, estimular, inspirar, entusiasmar, excitar etc. Os meios de que lançará mão o mediador, para influir, podem ser vários, com eles não se preocupando a lei, que apenas tem em vista a ação: influir."[4]

Paulo José da Costa Júnior, discordando dessa posição, esclarece:

"O agente, ao influir (persuadir, induzir, aconselhar), terminando por convencer terceiro de boa-fé a ficar com a coisa objeto do crime, não atua como mediador, como sustenta Noronha: é o autor intelectual do delito, que comete o crime mesmo que a sugestão não venha a ser acolhida."[5]

Na verdade, a expressão utilizada por Noronha – *mediador criminoso* – não afasta a sua condição de verdadeiro autor do delito de receptação, uma vez que pratica o comportamento expressamente narrado na segunda parte constante do *caput* do art. 180 do Código Penal. Mas pode ser considerado, realmente, um mediador, pois, dependendo da situação concreta, pode ter agido como uma "ponte" entre o autor do crime anterior e o terceiro que, de boa-fé, adquiriu, recebeu ou ocultou a coisa sem ter conhecimento de que se tratava de produto de crime.

Pode ser, inclusive, que o receptador, que havia adquirido a coisa, sabendo tratar-se de produto de crime, influencie para que terceiro, de boa-fé, por exemplo, a adquira. Imagine-se a hipótese daquele que, após adquirir um televisor que havia sido roubado, querendo guardá-lo em segurança, pede a terceiro, de boa-fé, que o receba. A nosso ver, não estaremos diante de dois crimes de receptação, mas de crime único, podendo-se considerar o segundo comportamento um pós-fato impunível.

Em sentido contrário ao nosso entendimento, manifesta-se Cezar Roberto Bitencourt, asseverando:

"A receptação descrita no *caput* apresenta a *curiosidade* de ser um tipo misto *alternativo* e, ao mesmo tempo, *cumulativo*. Como efeito, se o agente praticar cumulativamente as condutas de adquirir, receber, transportar, conduzir ou ocultar coisa produto de crime, praticará um único crime, ocorrendo o mesmo se *influir* para que terceiro de boa-fé adquira, receba ou oculte coisa proveniente de crime. Trata-se de *crimes de ação múltipla* ou de *conteúdo variado*. No entanto, se o agente praticar as duas espécies de receptação – *própria e imprópria* –, ou seja, primeiro adquirir a coisa que sabe ser produto de crime e depois influenciar para que terceiro de boa-fé faça o mesmo, *cometerá dois crimes*; nessas modalidades, estamos diante de *tipos mistos cumulativos*, e não alternativos, como nas circunstâncias antes relacionadas."[6]

---

4  NORONHA, Edgard Magalhães. *Direito penal*, v. 2, p. 499.

5  COSTA JÚNIOR, Paulo José da. *Direito penal objetivo*, p. 393.

6  BITENCOURT, Cezar Roberto. *Tratado de direito penal*, v. 3, p. 373.

Deve ser ressaltado, ainda no que diz respeito à receptação imprópria, que não foram inseridos os núcleos *transportar* e *conduzir*, tal como ocorreu com a receptação própria.

## 1.1 Classificação doutrinária – Art. 180, *caput*

Analisando, tão somente, o delito de receptação tipificado no *caput* do art. 180 do Código Penal, podemos concluir tratar-se de crime comum tanto em relação ao sujeito ativo quanto ao sujeito passivo, haja vista que o tipo penal não exige nenhuma qualidade ou condição especial; doloso; comissivo (podendo, excepcionalmente, ser praticado via omissão imprópria, na hipótese de o agente gozar do *status* de garantidor); omissivo próprio (na hipótese de ocultação, dependendo do caso concreto); material (em ambas as espécies – própria e imprópria, embora, para a maioria dos autores, a receptação imprópria seja considerada crime formal); instantâneo (no que diz respeito às condutas de adquirir, receber); permanente (enquanto o agente estiver transportando, conduzindo ou ocultando a coisa); monossubjetivo; plurissubsistente; não transeunte (como regra).

## 1.2 Sujeito ativo e sujeito passivo

Qualquer pessoa pode ser o *sujeito ativo* do crime de receptação, não exigindo o tipo penal do art. 180, *caput*, do estatuto repressivo qualquer qualidade ou condição especial necessária ao seu reconhecimento.

Ao contrário, por exemplo, do que ocorre com os delitos de furto e roubo, cujos tipos penais exigem que a *coisa seja alheia*, o art. 180 do Código Penal somente faz menção *à coisa que sabe ser produto de crime*, razão pela qual parte de nossos doutrinadores entende ser possível, aqui, apontar também o proprietário como sujeito ativo do delito em estudo. Damásio de Jesus, adepto desse entendimento, exemplifica, dizendo:

> "Suponha-se o caso de o sujeito realizar contrato de penhor com terceiro, entregando-lhe como garantia um relógio, que venha a ser furtado. Imagine que o ladrão ofereça o relógio ao credor, que imediatamente percebe ser de sua propriedade. Com a finalidade de frustrar a garantia pignoratícia, o proprietário compra, por baixo preço, o objeto material. Para nós, responde por delito de receptação, tendo em vista que está adquirindo, em proveito próprio, coisa que sabe ser produto de furto (art. 180, *caput*, 1ª parte)."[7]

Não pode, entretanto, ser considerado sujeito ativo do delito de receptação aquele que, de alguma forma, participou do cometimento do delito anterior, sendo que, posteriormente, adquiriu a *res,* pagando aos demais agentes a quantia que lhes correspondia, pois, nesse caso, será considerado um pós-fato impunível. Assim, imagine-se a hipótese daquele que, tendo, juntamente com mais dois agentes, praticado um roubo em uma joalheria, depois da divisão em partes iguais daquilo que fora subtraído, resolva adquirir, mediante pagamento em dinheiro, a parte que coube aos outros companheiros de empresa criminosa. Nesse caso, conforme afirmamos, o seu comportamento deverá ser considerado um pós-fato impunível, não podendo ser responsabilizado penalmente pela receptação.

Qualquer pessoa, também, poderá ser o *sujeito passivo* do crime de receptação, incluindo, aqui, não somente o proprietário, mas também o possuidor da coisa, que se confundirá com o sujeito passivo do crime anterior de onde surgiu o proveito do crime. Assim, o sujeito passivo, por exemplo, do delito de furto será também o do delito de receptação.

---

[7]   JESUS, Damásio E. de. *Direito penal*, v. 2, p. 484.

## 1.3 Consumação e tentativa

Consuma-se o delito, no que diz respeito à *receptação própria*, quando o agente, efetivamente, pratica qualquer um dos comportamentos previstos na primeira parte do *caput* do art. 180 do Código Penal, ou seja, quando adquire, recebe, transporta, conduz ou oculta, em proveito próprio ou alheio, coisa que sabe ser produto de crime.

Assim, a entrega da coisa para o agente que pratica um dos comportamentos típicos anteriormente narrados faz com que se consume a infração.

Tratando-se de crime material e plurissubjetivo, será perfeitamente possível a tentativa.

Quanto à *receptação imprópria*, prevista na segunda parte do *caput* do art. 180 do Código Penal, a maioria de nossos autores reconhece a sua consumação tão somente quando o agente pratica o comportamento de *influir* para que terceiro, de boa-fé, adquira, receba ou oculte a coisa, apontando, pois, a sua natureza formal. Nesse sentido, afirma Cezar Roberto Bitencourt que "o Código Penal não exige que o terceiro de boa-fé acabe praticando a conduta a que o autor pretendeu induzi-lo. Assim, consuma-se a receptação imprópria com a simples influência exercida por aquele."[8]

Apesar da força do raciocínio, ousamos dele discordar. Entendemos que quando a lei penal usa o verbo *influir*, quer significar ter influência decisiva, fazendo com que o sujeito, efetivamente, pratique um dos comportamentos previstos pelo tipo penal, vale dizer, adquira, receba ou oculte a coisa cuja origem criminosa desconheça, em virtude de sua boa-fé. Influir, portanto, quer dizer *determinar* com que o sujeito faça alguma coisa.

Caso essa influência não resulte na prática de qualquer das condutas narradas pelo tipo, ou seja, na hipótese de o sujeito, já influenciado pelo agente, não receber a coisa por circunstâncias alheias à vontade deste, o máximo que se poderá reconhecer, aqui, será a tentativa, pois deu início à execução da receptação imprópria quando levou a efeito a conduta de *influir*, isto é, determinar, induzir, influenciar para que o sujeito, de boa-fé, adquirisse, recebesse ou ocultasse a coisa.

## 1.4 Receptação qualificada

O § 1º do art. 180 do Código Penal, com a nova redação que lhe foi conferida pela Lei nº 9.426, de 24 de dezembro de 1996, prevê uma modalidade qualificada de receptação, dizendo:

> § 1º Adquirir, receber, transportar, conduzir, ocultar, ter em depósito, desmontar, montar, remontar, vender, expor à venda ou de qualquer forma utilizar, em proveito próprio ou alheio, no exercício de atividade comercial ou industrial, coisa que deve saber ser produto de crime:
> Pena – reclusão de 3 (três) a 8 (oito) anos, e multa.

*Ab initio*, existe controvérsia doutrinária quanto ao fato de se consignar, no § 1º do art. 180 do Código Penal, uma modalidade de receptação denominada *qualificada*. Isso porque, mediante a análise da figura típica, verifica-se que o legislador, além de manter as condutas previstas no *caput* do mencionado artigo, fez inserir outras que lhe eram estranhas, fazendo com que alguns autores o entendessem como verdadeiro tipo penal autônomo.

Nesse sentido, Damásio de Jesus afirma:

"O dispositivo não descreve causa de aumento de pena ou qualificadora. Não contém meras circunstâncias. Cuida-se de figura típica autônoma: menciona seis verbos que não se encon-

---

[8] BITENCOURT, Cezar Roberto. *Tratado de direito penal*, v. 3, p. 383-384.

tram no *caput*, repete cinco condutas e apresenta dois elementos subjetivos do tipo. Não é um simples acréscimo à figura típica reitora da receptação."[9]

Saindo em defesa da terminologia utilizada pelo legislador, Guilherme de Souza Nucci esclarece:

"Em que pese parte da doutrina ter feito restrição à consideração desse parágrafo como figura qualificada da receptação, seja porque ingressaram novas condutas, seja pelo fato de se criar um delito próprio, cujo sujeito ativo é especial, cremos que houve acerto do legislador. Na essência, a figura do § 1º é, sem dúvida, uma receptação – dar abrigo a produto de crime –, embora com algumas modificações estruturais. Portanto, a simples introdução de condutas novas, aliás típicas do comércio clandestino de automóveis, não tem o condão de romper o objetivo do legislador de qualificar a receptação, alterando as penas mínima e máxima que saltaram da faixa de 1 a 4 anos para 3 a 8 anos."[10]

Somos partidários dessa última posição, haja vista que o § 1º do art. 180 do Código Penal acrescentou dados (mesmo que sejam condutas novas, ou qualidades especiais – comerciante ou industrial) que não se afastam do tipo fundamental e que têm a nítida finalidade de exercer maior juízo de reprovação quando praticados.

Assim, a primeira característica que o torna especial em relação ao *caput* do art. 180 do Código Penal diz respeito à qualidade do autor, pois trata-se de crime próprio, somente podendo ser levado a efeito por quem gozar do *status* de *comerciante* ou *industrial*, pois as ações referidas pelo tipo penal qualificado devem ser praticadas no *exercício de atividade comercial ou industrial*, mesmo que tal comércio seja *irregular* ou *clandestino*, inclusive o *exercido em residência*, conforme esclarece o § 2º do art. 180 do diploma repressivo.

Partindo do pressuposto de que o agente se encontra no exercício de atividade comercial ou industrial, verifica-se se houve a prática de um dos comportamentos narrados pelo mencionado § 1º, vale dizer, se, em proveito próprio ou alheio, ele veio a: *a)* adquirir; *b)* receber; *c)* transportar; *d)* conduzir; *e)* ocultar; *f)* ter em depósito; *g)* desmontar; *h)* montar; *i)* remontar; *j)* vender; *l)* expor à venda; *m)* utilizar – *coisa que deve saber ser produto de crime*.

As cinco primeiras condutas já foram analisadas quando do estudo da receptação, em sua modalidade fundamental. Buscaremos, agora, entender as demais.

Verifica-se, pela análise dos novos comportamentos inseridos no tipo penal que prevê a receptação qualificada, a nítida intenção do legislador em direcionar a aludida figura típica basicamente às hipóteses de "desmanches de carros", tão comuns nos dias de hoje, em oficinas clandestinas, que mantêm, em virtude de suas atividades, um intenso comércio com carros roubados e furtados, merecendo, assim, maior juízo de reprovação, conforme se verifica pela pena a ele cominada, que varia entre 3 e 8 anos de reclusão, e multa.

*Ter em depósito* significa armazenar, guardar, manter, conservar a coisa recebida em proveito próprio ou de terceiro. Trata-se, nesse caso, de infração penal de natureza *permanente*.

*Desmontar* tem o sentido de separar as peças existentes, desencaixar, a exemplo do que acontece com aquele que é contratado para, tão somente, separar as peças constantes de um automóvel que havia sido objeto de subtração, ou mesmo aquelas que fazem parte de um microcomputador que também foi produto de crime.

*Montar* quer dizer juntar as peças que se encontravam separadas do todo, encaixando-as de modo que permitam o funcionamento da coisa. Pode ocorrer a hipótese onde tenha havido

---

[9]   JESUS, Damásio E. de. *Direito penal*, v. 2, p. 487.

[10]   NUCCI, Guilherme de Souza. *Código penal comentado*, p. 593.

a subtração de peças integrantes de um determinado objeto, produzidas por diversos fabricantes especializados, cabendo ao agente juntá-las, encaixá-las, fazendo com que a coisa funcione da forma para a qual fora projetada.

*Remontar* significa montar novamente, ou seja, o objeto já tinha sido montado uma primeira vez, estando pronto para uso, quando foi desmontado. Agora, o agente o remonta, permitindo o uso para o qual fora destinado, consertando-o, reparando-o.

A conduta de *vender*, conforme salienta Luiz Regis Prado, "expressa a conduta do comerciante ou industrial de transferir a outrem, mediante pagamento, a posse da coisa obtida com o crime antecedente."[11]

Já o comportamento de *expor à venda* se traduz tão somente no fato de exibir, mostrar a coisa de origem criminosa com a finalidade de transferi-la a terceiro, mediante determinado pagamento.

A última conduta diz respeito ao fato de o agente, de qualquer forma, *utilizar*, em proveito próprio ou alheio, no exercício de atividade comercial ou industrial, coisa que saiba ser produto de crime. *Utilizar* significa, como esclarece Mirabete, "fazer uso, usar, valer-se, empregar com utilidade, aproveitar, ganhar, lucrar."[12]

A expressão *de qualquer forma*, utilizada no texto legal, não permite o raciocínio da chamada interpretação analógica, uma vez que o rol dos comportamentos proibidos pelo tipo penal em estudo é taxativo. Essa expressão, na verdade, está ligada diretamente à utilização da coisa que o agente deve saber ser produto de crime, vale dizer, qualquer forma de uso que atenda aos interesses do agente no exercício de atividade comercial ou industrial.

### 1.4.1 Modalidade equiparada

O § 2º do art. 180 do Código Penal, inserido pela Lei nº 9.426, de 24 de dezembro de 1996, criou uma *cláusula de equiparação* dizendo:

> § 2º Equipara-se à atividade comercial, para efeito do parágrafo anterior, qualquer forma de comércio irregular ou clandestino, inclusive o exercido em residência.

A origem dessa inserção deveu-se, basicamente, às hipóteses de desmanches clandestinos de veículos, tão comuns nos dias de hoje. Sua finalidade foi ampliar o conceito de *atividade comercial* ou *industrial*, abrangendo qualquer forma de comércio, mesmo os irregulares ou clandestinos, ainda que praticados em residência. Com essa última indicação, buscou-se amoldar também ao comportamento típico as conhecidas "oficinas de fundo de quintal", cujas atividades ilícitas são levadas a efeito na própria residência do agente.

Alberto Silva Franco observa, ainda, que:

> "A exigência contida no § 1º do art. 180 do CP, e que o torna um crime próprio, sofre abrandamento na medida em que se reconhece, como sujeito ativo desse delito, não apenas quem exercita regularmente o comércio mas também aquele que o faz de forma irregular ou até clandestina."[13]

### 1.4.2 Classificação doutrinária – Art. 180, § 1º

Crime próprio com relação ao *sujeito ativo*, uma vez que o tipo penal exige a qualidade de comerciante ou industrial, mesmo que essas atividades sejam irregulares ou clandestinas, e

---

[11]  PRADO, Luiz Regis. *Curso de direito penal brasileiro*, v. 2, p 621.

[12]  MIRABETE, Júlio Fabbrini. *Manual de direito penal*, v. 2, p. 356.

[13]  FRANCO, Alberto Silva. *Código penal e sua interpretação jurisprudencial*, v. 1, t. II, p. 2.817.

# PARTE II − CAPÍTULO VII − DA RECEPTAÇÃO

comum quanto ao *sujeito passivo*; doloso; comissivo e omissivo próprio (podendo ser praticado, também, através da omissão imprópria, em sendo o agente considerado como garantidor); material; de dano; instantâneo; permanente (por meio das modalidades *ter em depósito, expor à venda* e *ocultar*); monossubjetivo; plurissubsistente; não transeunte (como regra).

## 1.4.3 Sujeito ativo e sujeito passivo

Somente aqueles que estiverem no exercício de atividade comercial ou industrial, seja ela irregular ou clandestina, ainda que praticada em residência, poderão figurar como *sujeito ativo* da receptação qualificada, prevista pelo § 1º do art. 180 do Código Penal, tratando-se, pois, nesse sentido, de crime próprio.

Ao contrário, qualquer pessoa poderá figurar como *sujeito passivo* da receptação qualificada, não havendo nenhuma qualidade ou condição especial exigida pelo tipo penal do § 1º do art. 180 do diploma repressivo.

## 1.4.4 Consumação e tentativa

Consuma-se o delito de receptação qualificada (§ 1º do art. 180 do CP) quando o agente, efetivamente, adquire, recebe, transporta, conduz, oculta, tem em depósito, desmonta, monta, remonta, vende, expõe a venda ou de qualquer forma utiliza, em proveito próprio ou alheio, no exercício de atividade comercial ou industrial, coisa que deve saber ser produto de crime.

Tratando-se de crime plurissubsistente, no qual se pode fracionar o *iter criminis*, será possível a tentativa.

## 1.5 Elemento subjetivo

O *caput* e o § 1º do art. 180 do Código Penal traduzem as modalidades dolosas do delito de receptação, sendo que o seu § 3º prevê aquela de natureza culposa.

Assim, o delito de receptação pode ser praticado dolosa ou culposamente.

No entanto, no que diz respeito às modalidades dolosas, faz-se mister uma análise mais detida sobre o termo *sabe* e a expressão *deve saber*, sendo que o primeiro veio consignado no *caput* do art. 180 e a segunda, em seu § 1º.

Existe controvérsia doutrinária no que diz respeito à distinção entre o termo *sabe* e a expressão *deve saber*.

Tem-se entendido, de forma esmagadoramente majoritária, que a expressão *sabe ser produto de crime* é indicativa de *dolo direto*, não se admitindo, aqui, o raciocínio correspondente ao *dolo eventual*.

No entanto, reina a confusão quando a discussão gira em torno da expressão *que deve saber ser produto de crime*, sendo que, para alguns, deverá ser entendida como indicativa de *dolo eventual* e, para outros, como modalidade culposa de comportamento.

Além disso, tem-se afirmado, ainda, que o § 1º do art. 180 do Código Penal é ofensivo ao princípio da proporcionalidade, haja vista que pune o agente que atua com *dolo eventual* (em virtude da interpretação que se dá à expressão *deve saber*) de forma mais severa do que aquele que pratica a receptação com dolo direto (conforme expressão contida no *caput* do art. 180 do Código Penal).

Nesse sentido, afirma Alberto Silva Franco:

"Tendo-se por diretriz o princípio da proporcionalidade, não há como admitir, sob o enfoque constitucional, que o legislador ordinário estabeleça um preceito sancionatório mais gravoso para a receptação qualificada quando o agente atua com dolo eventual e mantenha, para a receptação do *caput* do art. 180, um comando sancionador sensivelmente mais brando quando, no caso, o autor pratica o fato criminoso com dolo direto. As duas dimensões de subjetividade

CURSO DE DIREITO PENAL • VOL. 2 – ROGÉRIO GRECO

'dolo direto' e 'dolo eventual' podem acarretar reações penais iguais, ou até mesmo, reações penais menos rigorosas em relação ao 'dolo eventual'. O que não se pode reconhecer é que a ação praticada com 'dolo eventual' seja três vezes mais grave – é o mínimo legal que detecta o entendimento do legislador sobre a gravidade do fato criminoso – do que quase a mesma atividade delituosa, executada com dolo direto. Aí, o legislador penal afrontou, com uma clareza solar, o princípio da proporcionalidade."[14]

Ao final de sua exposição, com o apoio no magistério de Damásio de Jesus, o renomado autor concluiu pela impossibilidade de aplicação das penas cominadas no § 1º do art. 180 do Código Penal e, como consequência, a aplicação daquelas previstas no preceito secundário do *caput* do mencionado artigo.

Com a devida vênia, apesar da força do raciocínio do ilustre penalista, não podemos com ele concordar.

Para nós, é certo que o termo *sabe* traduz o dolo direto, da mesma forma que, segundo nossa posição, o dolo eventual é indicado pela expressão *deve saber*. No entanto, a previsão expressa do dolo eventual no § 1º do art. 180 do Código Penal não elimina a possibilidade do raciocínio correspondente ao dolo direto. Ao contrário, quando se menciona expressamente o dolo direto, é sinal de que foi intenção da lei penal afastar a sua modalidade eventual.

Devemos, pois, no § 1º do art. 180 do Código Penal, levar a efeito a chamada *interpretação extensiva*, a fim de nele compreender não somente o dolo eventual (*minus*), como também o dolo direto (*plus*).

A preocupação da lei penal ao inserir, mesmo que com completa ausência de técnica, a expressão *que deve saber ser produto de crime* teve a finalidade de, ao contrário do que ocorre com a sua modalidade fundamental, permitir a punição do agente *também*, e *não somente*, a título de dolo eventual.

Nesse sentido, é a lição de Guilherme de Souza Nucci:

"Se o tipo traz a forma mais branda de dolo no tipo penal, de modo expresso e solitário, como ocorre no § 1º, é de se supor que o dolo direto está implicitamente previsto. O mais chama o menos, e não o contrário. Logo, o agente comerciante ou industrial, atuando com dolo eventual (devendo saber que a coisa é produto de crime), responde pela figura qualificada do § 1º, com pena de reclusão de 3 a 8 anos e multa. Caso aja com dolo direto (sabendo que a coisa é produto de crime), com mais razão ainda deve ser punido pela figura do mencionado § 1º. Se o dolo eventual está presente no tipo, é natural que o direto também esteja. Se quem *deve saber* ser a coisa adquirida produto de delito merece uma pena de 3 a 8 anos, com maior justiça aquele que *sabe* ser a coisa produto criminoso. O legislador pode excluir o *menos* grave – que é o dolo indireto –, como o fez no *caput*, mas não pode incluir o menos grave, excluindo o mais grave que é o dolo direto, como aparentemente fez no § 1º, sendo tarefa do intérprete extrair da lei o seu real significado, estendendo-se o conteúdo da expressão *deve saber* para abranger o *sabe*."[15]

Existe, também, controvérsia jurisprudencial a respeito do tema.

O STJ tem decidido no sentido de que:

"A Terceira Seção desta Corte consolidou o entendimento de que 'não se mostra prudente a imposição da pena prevista para a receptação simples em condenação pela prática de receptação

---

[14] FRANCO, Alberto Silva. *Código penal e sua interpretação jurisprudencial*, v. 1, t. II, p. 2.816.

[15] NUCCI, Guilherme de Souza. *Código penal comentado*, p. 594-595.

qualificada, pois a distinção feita pelo próprio legislador atende aos reclamos da sociedade que representa, no seio da qual é mais reprovável a conduta praticada no exercício de atividade comercial' (EREsp 772.086/RS)" (STJ, EDcl no AgRg no AREsp 154.449/SP, Rel. Min. Ribeiro Dantas, 5ª T., DJe 02/02/2016).

"A jurisprudência desta Corte orienta-se no sentido de que a pena aplicada ao delito de receptação qualificada, por descrever conduta sobre a qual recai um maior juízo de reprovabilidade, não pode ser equivalente à aplicada na receptação simples" (STJ, AgRg. no AREsp 308.756/SC, Rel.ª Min.ª Alderita Ramos de Oliveira, – Desembargadora convocada do TJ-PE, 6ª T., DJe 18/6/2013).

O STF, entendendo pela falta de proporcionalidade entre as penas cominadas no *caput* e no § 1º do art. 180 do Código Penal, já se manifestou no seguinte sentido:

"Receptação simples (dolo direto) e receptação qualificada (dolo indireto eventual). Cominação de pena mais leve para o crime mais grave (CP, art. 180, *caput*) e de pena mais severa para o crime menos grave (CP, art. 180, § 1º). Transgressão, pelo legislador, dos princípios constitucionais da proporcionalidade e da individualização *in abstracto* da pena. Limitações materiais que se impõem à observância do Estado, quando da elaboração das leis. A posição de Alberto Silva Franco, Damásio E. Jesus e de Celso, Roberto, Roberto Júnior e Fábio Delmanto. A proporcionalidade como postulado básico de contenção dos excessos do poder público. O *due process of law* em sua dimensão substantiva (cf, art. 5º, inciso LIV). Doutrina. Precedentes. A questão das antinomias (aparentes e reais). Critérios de superação. Interpretação ab-rogante. Excepcionalidade. Utilização, sempre que possível, pelo Poder Judiciário, da interpretação corretiva, ainda que desta resulte pequena modificação no texto da lei. Medida cautelar deferida" (*HC* 102.094 MC/SC, Rel. Min. Celso de Mello, DJe 2/8/2010, Inovações Legislativas 23 a 27 ago. 2010, *Informativo* STF 597).

Em sentido contrário:

"Agravo regimental em recurso extraordinário com agravo.
2. Crime contra o patrimônio. Receptação qualificada (art. 180, § 1º, do CP).
3. Alegação de inconstitucionalidade do art. 180, § 1º, do CP.
4. A Segunda Turma já decidiu pela constitucionalidade do referido artigo: Não há dúvida acerca do objetivo da criação da figura típica da receptação qualificada que, inclusive, é crime próprio relacionado à pessoa do comerciante ou do industrial. A ideia é exatamente a de apenar mais severamente aquele que, em razão do exercício de sua atividade comercial ou industrial, pratica alguma das condutas descritas no referido § 1º, valendo-se de sua maior facilidade para tanto devido à infraestrutura que lhe favorece" (RE 443.388/SP, Rel.ª Min.ª Ellen Gracie) (ARE 799.649 AgR/RS, AG.REG. no Recurso Extraordinário com Agravo, 2ª T., Rel. Min. Gilmar Mendes, DJe 11/4/2014).

## 1.6 Objeto material e bem juridicamente protegido

O tipo penal que prevê o crime de receptação tem por finalidade proteger o *patrimônio*, seja ele de natureza pública ou privada.

*Objeto material* do delito de receptação é a *coisa móvel* produto de crime, mesmo não tendo o *caput* ou o § 1º do art. 180 do Código Penal feito menção a essa natureza (móvel), tal como acontece nos delitos de furto e roubo. Isso porque, conforme salienta Hungria:

"Um imóvel não pode ser receptado, pois a receptação pressupõe um *deslocamento* da *res*, do poder de quem a ilegitimamente a detém para o do receptador, de modo a tornar mais difícil a sua recuperação por quem de direito. A coisa há de ser *produto de crime*, isto é, há de ter resultado, imediata ou mediatamente, de um fato definido como *crime*."[16]

## 1.7 Receptação culposa

O § 3º do art. 180 do Código Penal, embora não fazendo consignar essa rubrica, pune a título de *receptação culposa* aquele que:

> § 3º Adquirir ou receber coisa que, por sua natureza ou pela desproporção entre o valor e o preço, ou pela condição de quem a oferece, deve presumir-se obtida por meio criminoso:
> Pena – detenção, de 1 (um) mês a 1 (um) ano, ou multa, ou ambas as penas.

A primeira observação a ser feita diz respeito ao fato de que, no mencionado § 3º do art. 180 do Código Penal, o legislador fugiu à regra geral relativa aos crimes culposos. Isso porque a lei penal, ao fazer menção expressa ao crime culposo, normalmente usa expressões do tipo: *se o homicídio é culposo* (art. 121, § 3º); *se a lesão é culposa* (art. 129, § 6º); *se o crime é culposo* (art. 270, § 2º) etc.

Percebe-se, portanto, que, como regra, os tipos penais que preveem delitos culposos são reconhecidamente *abertos*. No entanto, na receptação culposa, o legislador preferiu narrar detalhadamente os comportamentos que importam na sua configuração, criando, pois, um tipo eminentemente *fechado*.

Analisando o mencionado tipo penal, podemos destacar os núcleos *adquirir* e *receber*. Além disso, para que se possa concluir pela receptação culposa, a coisa adquirida ou recebida pelo agente deve *presumir-se obtida por meio criminoso* dadas: *a)* a sua natureza; *b)* a desproporção entre o valor e o preço; *c)* a condição de quem a oferece.

Vamos, portanto, analisar, mesmo que sucintamente, os elementos que integram essa figura típica.

*Ab initio*, deve ser frisado que esses comportamentos narrados pelo tipo penal em estudo são indicativos da inobservância do dever objetivo de cuidado que competia ao agente. Não podemos esquecer que estamos diante de um crime culposo e, por essa razão, não se pode deixar de lado o raciocínio a ele correspondente.

Dessa forma, mesmo que o legislador, fugindo à regra geral, tenha criado um tipo culposo *fechado*, isso não nos permite esquecer completamente as notas fundamentais que lhe são características e de análise obrigatória.

Assim, o "coração" do crime culposo, em nossa opinião, reside na *inobservância ao dever objetivo de cuidado*, que deverá ser apontado com clareza, para que o agente possa vir a ser responsabilizado por essa infração penal. Podemos dizer, então, que, embora tendo o legislador se preocupado a ponto de indicar os comportamentos que, se praticados, *indiciam* a inobservância ao dever objetivo de cuidado, isso não afasta a necessidade da sua demonstração no caso concreto.

A partir da análise dos comportamentos indiciantes da inobservância ao dever objetivo de cuidado, teremos oportunidade de esclarecer melhor nosso pensamento.

Tendo em vista que os núcleos *adquirir* e *receber* já foram estudados anteriormente, partiremos diretamente para as três situações apontadas pelo tipo como indicadoras dessa inobservância ao dever de cuidado.

A primeira hipótese narrada diz respeito ao fato de o agente adquirir ou receber coisa que, *por sua natureza*, deve presumir-se obtida por meio criminoso. Assim, que natureza seria

---

[16] HUNGRIA, Nélson. *Comentários ao código penal*, v. VII, p. 304.

# PARTE II – CAPÍTULO VII – DA RECEPTAÇÃO

essa, capaz de indiciar (mas não presumir) a culpa do agente? Seria, na verdade, a coisa em si, com as suas características peculiares. Ney Moura Teles exemplifica dizendo que "peças isoladas ou acessórios de veículos automotores oferecidos, nas ruas ou de porta em porta, por não comerciante ou desconhecido, são coisas que, por sua natureza, devem ser presumidas obtidas criminosamente."[17]

A *desproporção entre o valor e o preço* oferecido à coisa pelo agente também é indício de sua origem criminosa. É claro que, nesse raciocínio, todos os detalhes devem ser considerados, a exemplo da comparação entre o produto novo e o usado, o seu estado de conservação, o tempo de uso da coisa, enfim, tudo aquilo que deva ser compreendido para apurar o real preço de mercado. Deve existir, portanto, como diz a lei penal, *desproporção* entre o *valor* e o *preço*, de tal forma que dada essa aberração, o sujeito deveria ter desconfiado daquilo que lhe estava sendo oferecido.

Também se considera como indício do comportamento culposo levado a efeito pelo agente o fato de adquirir ou receber coisa que, *pela condição de quem a oferece*, deve presumir-se obtida por meio criminoso. Uma pessoa estranha, não comerciante, que venha a oferecer ao sujeito um colar de brilhantes, mesmo que pelo preço justo, praticado pelo mercado, sem a apresentação da nota fiscal, comete uma atitude suspeita. Tudo deverá ser observado segundo esse conceito amplo previsto pelo artigo. Assim, a *condição de quem a oferece* poderá ser ligada à *aparência* (ex.: um sujeito mal vestido, oferecendo um aparelho de som); *idade* (ex.: uma pessoa com aproximadamente 18 anos, tentando vender joias valiosas); *conduta social* (como no exemplo de Noronha, "se se sabe que determinada pessoa não tem profissão definida, se não se conhece bem a origem do dinheiro que ganha, ou se a rodeia má fama, será, por certo, temerário aceitar-se coisa que ela oferece[18]") etc.

## 1.8 Perdão judicial

A primeira parte do § 5º do art. 180 do Código Penal assevera que *na hipótese do § 3º, se o criminoso é primário, pode o juiz, tendo em consideração as circunstâncias, deixar de aplicar a pena.*

Cuida-se, portanto, de perdão judicial, dirigido especificamente à *receptação culposa*.

Inicialmente, deverá ser reconhecida nos autos a *primariedade* do agente, não se exigindo, pois, seja ele também portador de *bons antecedentes*.

Nesse caso, poderá o julgador, analisando todas as circunstâncias que envolveram o agente, concluir que a aplicação do perdão judicial é a medida que melhor atende aos interesses de política criminal, tratando-se, segundo entendemos, de uma faculdade sua, e não de um direito subjetivo do acusado.

Pode ocorrer, assim, que o agente goze do *status* de primário, tendo, no entanto, outros processos criminais em andamento. O juiz deverá analisá-los de modo a ficar convencido quanto à possibilidade da influência ou não daquelas infrações penais, para efeito de concessão do perdão judicial, uma vez que deverão, também, ser inseridas no conceito amplo de *circunstâncias*, da mesma forma exigido pelo parágrafo *sub examen*.

Na verdade, no que diz respeito à receptação culposa, o julgador terá três opções de pena, depois de concluir pela condenação do agente ou, conforme o § 5º do art. 180 do Código Penal, declarar a extinção da punibilidade, com base no *perdão judicial*.

Se os interesses político-criminais exigirem a condenação, o juiz aplicará: *a)* uma pena privativa de liberdade (detenção, de 1 [um] mês a 1 [um] ano); ou *b)* uma pena de multa; ou, ainda, *c)* as duas, cumulativamente.

---

[17] TELES, Ney Moura. *Direito penal*, v. 2, p. 507.

[18] NORONHA, Edgard Magalhães. *Direito penal*, v. 2, p. 510.

CURSO DE DIREITO PENAL • VOL. 2 – ROGÉRIO GRECO

No entanto, se ao avaliar todas as circunstâncias que levaram o agente a adquirir ou receber coisa que, por sua natureza ou pela desproporção entre o valor e o preço, ou pela condição de quem a oferecia, devia presumir-se obtida por meio criminoso, o julgador entender, embora havendo provas suficientes para uma condenação, que a medida mais adequada será a aplicação do perdão judicial, poderá fazê-lo fundamentando, sempre, sua decisão, a fim de extinguir a punibilidade.

Contudo, a possibilidade de aplicação do perdão judicial não tem o condão de afastar a absolvição do agente, v.g., com base no argumento do erro, ainda que estejamos diante de uma receptação de natureza culposa. Imagine-se a hipótese daquele que, a título de exemplo, adquira a coisa que possua desproporção entre o seu real valor e o preço oferecido, sendo que, no entanto, para ele, o preço seja o de mercado, isto é, o agente supunha, por erro, que o preço oferecido correspondia ao real valor da coisa que era oferecida. Nesse caso, o agente errou sobre um dos elementos que indiciariam a sua inobservância ao dever objetivo de cuidado, afastando-se, consequentemente, sua punição a título de culpa.

## 1.9 Criminoso primário e pequeno valor da coisa receptada

Na receptação dolosa, seja na sua modalidade fundamental, prevista no *caput* do art. 180 do Código Penal, ou em sua forma qualificada, nos termos do § 1º do mesmo artigo, se o criminoso for primário e de pequeno valor a coisa receptada, o juiz poderá substituir a pena de reclusão pela de detenção, diminuí-la de um a dois terços ou aplicar somente a pena de multa, atendendo-se, portanto, ao disposto na última parte do § 5º do art. 180 do estatuto repressivo.

Dessa forma, aplica-se à receptação dolosa tudo aquilo que foi dito quando do estudo do crime de furto de pequeno valor, para o qual remetemos o leitor.

## 1.10 Bens do patrimônio da União, de Estado, do Distrito Federal, de Município ou de autarquia, fundação pública, empresa pública, sociedade de economia mista ou empresa concessionária de serviços públicos

O § 6º do art. 180 do Código Penal foi modificado pela Lei nº 13.531, de 7 de dezembro de 2017, diz, textualmente:

> § 6º Tratando-se de bens do patrimônio da União, de Estado, do Distrito Federal, de Município ou de autarquia, fundação pública, empresa pública, sociedade de economia mista ou empresa concessionária de serviços públicos, aplica-se em dobro a pena prevista no *caput* deste artigo. (nova redação dada pela Lei nº 13.531, de 7 de dezembro de 2017)

Cuida-se, portanto, de mais uma modalidade qualificada de receptação, dirigida especificamente às situações do *caput* do art. 180 do Código Penal, e não às hipóteses constantes do seu § 1º.

Assim, se o agente, por exemplo, adquire, no exercício de atividade comercial ou industrial, bem pertencente ao Estado, continuará a ser responsabilizado pelo delito tipificado no § 1º do art. 180 do Código Penal, cuja pena, inclusive, é superior àquela determinada pelo § 6º do mesmo artigo, ainda que dobrada, uma vez que o *caput* passará a ter uma pena de reclusão de 2 (dois) a 8 (oito) anos, e multa, e o § 1º continuará com uma pena de reclusão, de 3 (três) a 8 (oito) anos, e multa.

Merece registro, ainda, o fato de que o § 6º do art. 180 do Código Penal traduz, realmente, uma qualificadora, e não uma causa especial de aumento de pena, ao determinar que a pena cominada ao *caput* seja aplicada em dobro.

Dessa forma, sendo condenado o agente que receptou um bem de propriedade, por exemplo, do Município, o julgador deverá fixar a pena-base entre os limites de 2 (dois) a 8 (oito) anos de reclusão. Melhor seria, a fim de se manter a regra constante do Código Penal, que determina que os aumentos em frações sejam considerados no terceiro momento do critério trifásico de aplicação da pena, previsto no art. 68 do Código Penal, que o legislador tivesse criado essa modalidade qualificada consignando, expressamente, as penas mínima e máxima a ela cominadas em abstrato.

Para que o agente possa ser responsabilizado por essa modalidade qualificada de receptação, deverá ter o efetivo conhecimento de que o bem ou instalações pertenciam ao patrimônio da União, de Estado, do Distrito Federal, de Município ou de autarquia, fundação pública, empresa pública, sociedade de economia mista ou empresa concessionária de serviços públicos, pois, caso contrário, seu erro permitirá o reconhecimento da modalidade simples do delito de receptação.

Com a pena mínima duplicada, fica afastada a possibilidade de suspensão condicional do processo, uma vez que seu limite será superior àquele determinado pelo art. 89 da Lei nº 9.099/95.

## 1.11 Autonomia da receptação

O § 4º do art. 180 do Código Penal determina:

> § 4º A receptação é punível, ainda que desconhecido ou isento de pena o autor do crime de que proveio a coisa.

Isso significa que, para efeitos de reconhecimento do delito de receptação, basta que se tenha a certeza necessária da prática de um crime anterior, não sendo preciso, sequer, apontar a sua autoria. Também haverá receptação na hipótese em que for isento de pena o agente que cometeu o delito anterior.

Assim, imagine-se a hipótese do agente que tenha adquirido de um estranho uma peça valiosíssima de museu e, depois da compra e da venda ilícita, o autor da subtração tenha desaparecido. Não se pôde identificá-lo, inclusive, no inquérito policial que tinha por finalidade a apuração do furto da mencionada peça. Nesse caso, ainda deverá responder pela receptação o agente que adquiriu a peça do autor da subtração, mesmo sendo ignorada a identidade deste último, não se podendo, outrossim, condená-lo pelo cometimento do delito de furto.

Também poderá ser responsabilizado pela receptação o agente que, por exemplo, adquirir a coisa de um inimputável, daquele que tem em seu benefício uma imunidade penal de caráter pessoal etc.

Qualquer causa, na verdade, que tenha o condão de isentar de pena o autor da subtração, seja afastando a culpabilidade ou mesmo a punibilidade, não impedirá o reconhecimento da receptação.

Imagine-se a hipótese daquele que, a fim de sustentar seu vício, subtraia de seu próprio pai um relógio, com a finalidade de vendê-lo para, em seguida, adquirir certa quantidade de substância entorpecente. Para tanto, vai à procura do agente que, mesmo sabendo sobre a origem do relógio, resolve adquiri-lo. O comprador deverá, portanto, responder pela receptação, mesmo que aquele que vendeu a coisa seja beneficiado com a imunidade penal de caráter pessoal prevista no inciso II do art. 181 do Código Penal.

## 1.12 Pena, ação penal, competência para julgamento e suspensão condicional do processo

A pena cominada à receptação simples (*caput*) é de reclusão, de 1 (um) a 4 (quatro) anos, e multa; para a receptação qualificada (§ 1º), reclusão, de 3 (três) a 8 (oito) anos, e multa; e para a receptação culposa (§ 3º), detenção, de 1 (um) mês a 1 (um) ano, ou multa, ou ambas as penas.

A ação penal será, como regra, de iniciativa pública incondicionada, devendo, no entanto, ser observados os arts. 182 e 183 do Código Penal.

A competência, pelo menos inicialmente, para o processo e julgamento do crime de receptação culposa será do Juizado Especial Criminal, tendo em vista a pena máxima cominada em abstrato, vale dizer, um ano.

Será possível a confecção de proposta de suspensão condicional do processo nas hipóteses de receptação simples e culposa, uma vez que as penas mínimas a elas cominadas não ultrapassam o limite determinado pelo art. 89 da Lei nº 9.099/95.

## 1.13 Destaques

### 1.13.1 Prova do crime anterior

A receptação é um crime acessório que necessita, para efeitos de seu reconhecimento, da comprovação do delito anterior, considerado principal.

Assim, por exemplo, somente se comprovado o crime anterior (furto, roubo etc.), é que se poderá concluir pela receptação praticada pelo agente, não importando, como vimos, se o seu autor é desconhecido ou, mesmo, isento de pena.

Conforme esclarece James Tubenchlak:

"Exige o Código Penal, como pressuposto de alguns tipos de injusto, a existência de um crime anterior. Daí dizer-se crimes *acessórios*, que dependem dos respectivos crimes *principais* para sua configuração. Dessa forma, o reconhecimento da receptação carece da comprovação de que a coisa adquirida, recebida ou ocultada é produto de crime (art. 180 CP)."[19]

Embora para que se possa concluir pela receptação não seja preciso sequer apontar o autor do delito anterior, a prova da sua existência deverá ser absoluta. Isso significa que, na dúvida sobre a origem da coisa, esta deverá ser solucionada em benefício do agente, a quem se imputa a receptação.

Não havendo, pois, prova suficiente da prática do crime anterior, a absolvição deverá ser a única opção, sob pena de ser infringido o princípio do *in dubio pro reo*.

Não há necessidade, inclusive, de ser indicada a vítima do delito anterior, desde que se tenha a certeza de que, por exemplo, a coisa adquirida pelo agente é produto de crime.

### 1.13.2 Receptação e concurso de pessoas no delito anterior

A receptação, como vimos, na qualidade de delito acessório, necessita, obrigatoriamente, de outro, que lhe é antecedente, reconhecido como principal.

Para que o agente responda criminalmente pela receptação jamais poderá ter, de alguma forma, concorrido na prática do delito anterior, pois, caso contrário, deverá ser por ele responsabilizado.

Assim, imagine-se a hipótese em que o agente convença o sujeito a praticar um delito de roubo de algumas joias, sob o argumento de que, obtido sucesso na empreitada criminosa, ele as compraria por um bom preço. O agente, inclusive, fornece todos os dados necessários à subtração, como o endereço da vítima, o melhor momento para o ataque, o local onde as joias estariam guardadas etc. Dessa forma, induz alguém à prática do delito de roubo, que vem, efetivamente, a ocorrer. Logo depois da subtração e conforme o combinado anteriormente, o agente as adquire, pagando o preço prometido.

---

[19] TUBENCHLAK, James. *Teoria do crime*, p. 189.

Nesse caso, pergunta-se: Tendo o agente adquirido as joias que foram objeto da subtração anterior, deveria ele responder pelo delito de receptação? A resposta, aqui, só pode ser negativa. Isso porque, para que se possa falar em receptação, o agente não pode, de qualquer forma, ter concorrido no delito anterior, seja a título de coautor ou, mesmo, como partícipe.

No caso apresentado, percebe-se, com clareza, a sua participação no crime de roubo, na modalidade *induzimento,* razão pela qual deverá responder pelo delito tipificado no art. 157, e não por aquele previsto no art. 180, todos do Código Penal.

### 1.13.3 Receptação em cadeia (receptação de receptação)

Pode ocorrer que o agente, depois de ter receptado a coisa que sabia ser produto de crime, a venda a terceiro, também conhecedor da sua origem ilícita. Nesse caso, pergunta-se: Seria possível a receptação de receptação, também conhecida por *receptação em cadeia?* A resposta a essa indagação só pode ser positiva.

Isso porque basta a existência de um crime anterior para que se possa levar a efeito o raciocínio correspondente à receptação, devendo o agente que a adquiriu posteriormente ter conhecimento da sua origem ilícita.

Hungria, com precisão, esclarece:

"É perfeitamente possível a receptação de receptação, isto é, a mesma coisa pode ser objeto de receptações sucessivas. O que se faz mister é que a coisa seja proveniente de crime, e este não é apenas o crime originário, senão também a intercorrente receptação."[20]

Não comungamos, contudo, com a posição assumida pelo grande penalista, quando diz:

"Se, entretanto, a coisa vem a ser adquirida ou recebida por terceiro de boa-fé, que, por sua vez, a transmite a outrem, não comete este receptação, ainda que tenha conhecimento de que a coisa provém de crime. Houve, em tal caso, uma interrupção ou solução de continuidade da situação patrimonial anormal criada pelo crime originário e mantida, acaso, por intercorrente receptação de má-fé."[21]

O que não podemos confundir é a possibilidade de receptação em cadeia, que, como o próprio nome indica, pressupõe uma série de receptações que se seguem no tempo, com a impossibilidade de se punir o agente que adquiriu a coisa, sabendo ser produto de crime, de alguém que a tinha também adquirido, só que de boa-fé. O que a lei penal exige, para efeitos de reconhecimento da receptação, é tão somente o conhecimento do agente no que diz respeito à origem criminosa da coisa. Se, no exemplo de Hungria, o agente a adquire de alguém que agia de boa-fé, mas sabendo que a coisa que lhe fora oferecida tinha origem criminosa, deverá responder pelo delito tipificado no art. 180 do Código Penal, não se podendo concordar, *permissa* vênia, com o argumento do inigualável penalista.

### 1.13.4 Imputação alternativa

O delito de receptação se encontra no rol daqueles em que é possível o raciocínio da chamada imputação alternativa.

Isso porque pode ocorrer, v.g., na hipótese em que o agente seja surpreendido com uma coisa que tenha sido objeto de furto. Durante as investigações policiais, também pode ocorrer a sua recusa em prestar as declarações necessárias ao esclarecimento dos fatos, permanecendo a dúvida, outrossim, se fora ele o autor do furto, ou se autor do delito de receptação. Nesse

---

[20] HUNGRIA, Nélson. *Comentários ao código penal,* v. VII, p. 305.

[21] HUNGRIA, Nélson. *Comentários ao código penal,* v. VII, p. 305.

caso, seguindo as lições de Afrânio Silva Jardim, deverá o Ministério Público oferecer denúncia com *imputação alternativa*, que ocorre, segundo o autor:

> "Quando a peça acusatória vestibular atribui ao réu mais de uma conduta penalmente relevante, asseverando que apenas uma delas efetivamente terá sido praticada pelo imputado, embora todas se apresentem como prováveis, em face da prova do inquérito. Desta forma, fica expresso, na denúncia ou queixa, que a pretensão punitiva se lastreia nesta *ou* naquela ação narrada."[22]

Nessa hipótese, a peça inicial de acusação deverá narrar os fatos apontando, expressamente, as suas possibilidades, bem como as incertezas quanto ao crime ocorrido, permitindo ao acusado se defender de todos eles.

Sabe-se, portanto, que o acusado praticou um dos crimes – furto ou receptação –, mas não se tem a certeza de qual deles. Persistindo a dúvida até o final da instrução do processo, o acusado deverá ser condenado pela infração penal menos grave, que deverá ser analisada caso a caso, pois pode concorrer, por exemplo, um furto qualificado pelo rompimento de obstáculo com a receptação, sendo aquele, de acordo com as penas previstas pelo § 4º do art. 155 do Código Penal, mais grave do que esta última.

### 1.13.5 Receptação e Código Penal Militar

O crime de receptação também veio previsto no Código Penal Militar (Decreto-Lei nº 1.001, de 21 de outubro de 1969), conforme se verifica pela leitura dos seus arts. 254 a 256.

## 1.14 Quadro-resumo

**Sujeitos**
» Ativo: qualquer pessoa.
» Passivo: qualquer pessoa.

**Objeto material**
*Coisa que seja produto de crime* anterior, não podendo ser fruto de contravenção penal.

**Bem(ns) juridicamente protegido(s)**
O *patrimônio*.

**Consumação e tentativa**
» *Receptação própria*: quando o agente, efetivamente, adquire, recebe, transporta, conduz ou oculta, em proveito próprio ou alheio, coisa que sabe ser produto de crime. É perfeitamente possível a tentativa.
» *Receptação imprópria*: a maioria de nossos autores reconhece sua consumação tão somente quando o agente pratica o comportamento de influir para que terceiro, de boa-fé, adquira, receba ou oculte a coisa, apontando, pois, sua natureza formal. Entendemos que quando a lei penal usa o verbo influir, quer significar ter influência decisiva, fazendo com que o sujeito, efetivamente, pratique um dos comportamentos previstos pelo tipo penal, vale dizer, adquira, receba ou oculte a coisa cuja origem criminosa desconheça, em virtude de sua boa-fé. Influir, portanto, quer dizer determinar a que o sujeito faça alguma coisa.

---

[22] JARDIM, Afrânio Silva. *Direito processual penal*, p. 149.

## 2. RECEPTAÇÃO DE ANIMAL

> **Receptação de animal**
> **Art. 180-A.** Adquirir, receber, transportar, conduzir, ocultar, ter em depósito ou vender, com a finalidade de produção ou de comercialização, semovente domesticável de produção, ainda que abatido ou dividido em partes, que deve saber ser produto de crime:
> Pena – reclusão, de 2 (dois) a 5 (cinco) anos, e multa.

### 2.1 Introdução

O delito de *receptação de animal* foi inserido no Código Penal através da Lei nº 13.330, de 2 de agosto de 2016, criando, outrossim, o art. 180-A.

Ao contrário do que ocorreu com o delito de furto em que, através do diploma legal citado, foi criada mais uma qualificadora, cominando uma pena de reclusão de 2 (dois) a 5 (cinco) anos se a subtração for de semovente domesticável de produção, ainda que abatido ou dividido em partes no local da subtração, no caso da receptação, entendeu o legislador, de forma equivocada, *permissa venia*, em criar uma figura típica autônoma, surgindo, assim, a *receptação de animal*.

Se foi intenção do legislador cuidar mais rigorosamente das situações tipificadas no art. 180-A do Código Penal, o resultado será completamente oposto. Isso porque os fatos previstos no tipo penal em estudo se amoldavam ao § 1º do art. 180 do estatuto repressivo, que prevê uma pena de reclusão de 3 (três) a 8 (oito) anos, e multa, ao passo que o crime de receptação de animal prevê uma pena menor, variando de 2 (dois) a 5 (cinco) anos, e multa e, de acordo com o princípio da especialidade, quando o agente adquirir, receber, transportar, conduzir, ocultar, ter em depósito ou vender, com a finalidade de produção ou de comercialização, *semovente domesticável de produção, ainda que abatido ou dividido em partes*, que deve saber ser produto de crime, seu comportamento se subsumirá ao tipo do art. 180-A do Código Penal.

Conforme as precisas lições de Rogério Sanches Cunha:

> "*Semovente* é a definição jurídica dada ao animal criado em grupos (bovinos, suínos, caprinos etc.) que integram o patrimônio de alguém, passíveis, portanto, de serem objetos de negócios jurídicos. A lei claramente não abrange os animais selvagens, mas somente os domesticáveis, mesmo que já abatidos ou divididos em partes. Os animais devem ser, ainda, de *produção*, isto é, preparados para o abate e comercialização. Não abrange apenas os quadrupedes, mas também os bípedes e ápodes (animais desprovidos de membros locomotores, como répteis)"[23].

O núcleo *adquirir* tem o sentido de se tornar proprietário do semovente domesticável de produção, ainda que abatido ou dividido em partes, seja de forma onerosa ou mesmo gratuita.

*Receber* importa em tomar posse, sem, contudo, ser proprietário, ou seja, sem o caráter de aquisição.

*Transportar* significa carregar de um lugar para outro. *Conduzir* quer dizer respeito, efetivamente, ao ato de dirigir veículos (automóveis, caminhões etc.). A conduta de conduzir é semelhante à de transportar. Transportar implica remoção, transferência de uma coisa de um lugar para outro. Conduzir é guiar, dirigir. Somente o caso concreto, na verdade, é que nos permitirá, talvez, apontar o comportamento que melhor se amolde à conduta levada a efeito pelo agente.

---

[23] CUNHA, Rogério Sanches. *Lei 13.330/16: breves comentários*. Disponível em: <https://www.cers.com.br/noticias-e-blogs/noticia/lei-1333016-breves-comentarios>. Acesso em: 19 out. 2016.

*Ocultar* importa em esconder o objeto da receptação, impedindo que outras pessoas tenham acesso a ele.

*Ter em depósito* significa armazenar, guardar, manter, conservar a coisa recebida em proveito próprio ou de terceiro. Aqui, ao que parece, o ter em depósito significa o armazenamento do semovente domesticável já abatido ou dividido em partes.

Vender é entregar a outrem o objeto material da receptação mediante remuneração.

Cuida-se, *in casu*, de um tipo misto alternativo, onde a prática de mais de um comportamento importará em delito único, não havendo que se falar, portanto, em concurso de crimes. Assim, aquele que, por exemplo, adquire, transporta e vende o semovente domesticável de produção já abatido, ou em partes, responderá por um único crime de receptação de animal.

Para que um desses comportamentos analisados anteriormente encontre moldura no art. 180-A do Código Penal é preciso que o agente tenha atuado com a *finalidade de produção ou de comercialização*.

Além disso, só haverá a infração penal *sub examen* se os núcleos do tipo forem realizados quando a agente devia saber que o semovente domesticável de produção, ainda que abatido ou dividido em partes, era produto de crime. A expressão *que deve saber*, constante da parte final do art. 180-A do Código Penal, é motivo de intensa discussão doutrinária e jurisprudencial por conta da sua existência no § 1º do art. 180 do mesmo diploma legal, sendo indicativa do chamado dolo eventual, o que não afasta, obviamente, o dolo direto, ou seja, se a lei pune aquele que devia saber (dolo eventual) que o semovente domesticável de produção, ainda que abatido ou dividido em partes, era produto de crime, que dirá aquele que tinha essa certeza. É regra básica de interpretação que quem pune o menos, pune o mais.

## 2.2 Classificação doutrinária

Crime comum tanto em relação ao sujeito ativo quanto ao sujeito passivo, haja vista que o tipo penal não exige nenhuma qualidade ou condição especial; doloso; comissivo (podendo, excepcionalmente, ser praticado via omissão imprópria, na hipótese de o agente gozar do *status* de garantidor); omissivo próprio (na hipótese de ocultação, dependendo do caso concreto); material; permanente (quando o agente estiver transportando, conduzindo, ocultando ou tendo em depósito); monossubjetivo; plurissubsistente; não transeunte (como regra).

## 2.3 Objeto material e bem juridicamente protegido

O tipo penal que prevê o crime de receptação de animal tem por finalidade proteger o *patrimônio*, seja ele de natureza pública ou privada. No entanto, mesmo que o bem jurídico protegido seja precipuamente o patrimônio, podemos visualizar, ainda que de forma mediata, a saúde pública, uma vez que os abates clandestinos de animais, livres de qualquer fiscalização, a colocam em risco.

Objeto material do delito em estudo é o semovente domesticável de produção, ainda que abatido ou dividido em partes.

## 2.4 Sujeito ativo e sujeito passivo

Qualquer pessoa pode ser *sujeito ativo* do delito de receptação de animal, não havendo qualquer qualidade ou condição especial exigida pelo tipo constante do art. 180-A do Código Penal.

Da mesma forma, qualquer pessoa também poderá figurar como sujeito passivo do crime de receptação de animal, incluindo, aqui, não somente o proprietário, mas também o possuidor do semovente domesticável de produção, ainda que abatido ou dividido em partes, que se con-

## 2.5 Consumação e tentativa

Em se tratando de um delito material, a receptação de animal se consuma quando o agente, efetivamente, *adquire, recebe, transporta, conduz, oculta, tem em depósito* ou *vende* semovente domesticável de produção, ainda que abatido ou dividido em parte.

De acordo, ainda, com os ensinamentos de Rogério Sanches Cunha:

> "Para que se configure a receptação do art. 180-A, é imprescindível a existência de delito precedente, figurando como objeto material semovente domesticável de produção, ainda que abatido ou dividido em partes. Esse crime antecedente não precisa ser necessariamente de furto, mas também roubo, extorsão, estelionato ou até mesmo outra receptação (receptação de receptação ou receptação sucessiva)"[24].

A tentativa é admissível, tendo em vista a possibilidade de fracionamento do *iter criminis* considerando as condutas previstas no tipo.

## 2.6 Elemento subjetivo

O dolo é o elemento subjetivo exigido pelo tipo penal que prevê o delito de receptação de animal, não havendo previsão para a modalidade de natureza culposa.

Embora exista controvérsia doutrinária, a expressão "que deve saber ser produto de crime" não induz a um delito culposo, mas sim a uma infração penal praticada a título de dolo eventual, como já decidiram reiteradas vezes nossos tribunais superiores ao analisar a mesma expressão constante do § 1º do art. 180 do Código Penal, conforme se verifica pelos julgados abaixo:

> "O art. 180, § 1º, do Estatuto Repressivo é constitucional e pode ser aplicado através da utilização da interpretação extensiva, ampliando o significado da expressão deve saber (dolo eventual), englobando também a expressão sabe (dolo direto). O comerciante ou industrial que adquire, vende, expõe a venda mercadoria que sabe ou devia saber ser de origem ilícita responde pela figura qualificada" (STF, ARE 705.620 AgR/DF, Rel. Min. Luiz Fux, 1ª T., DJe 11/04/2013).

> "As instâncias ordinárias reconheceram que o Paciente sabia que as coisas receptadas eram produto de crime. Portanto, se o dolo eventual, nos termos da jurisprudência reiterada do Superior Tribunal de Justiça, é suficiente para configurar o tipo de receptação qualificada, com mais razão deve-se aplicar a pena mais grave aos condenados pela prática do crime com dolo direto, como no caso dos autos. Precedentes" (STJ, HC 193.391/SP, Rel.ª Min.ª Laurita Vaz, 5ª T., DJe 1º/08/2013).

Além dos dolos direto e eventual, podemos visualizar no tipo o chamado especial fim de agir, consubstanciado na expressão "com a finalidade de produção ou de comercialização", sem o qual poderá haver uma desclassificação do delito de receptação de animais para uma outra figura típica.

## 2.7 Modalidades comissiva e omissiva

As condutas de *adquirir, receber, transportar, conduzir, ocultar, ter em depósito* ou *vender* pressupõem um comportamento comissivo por parte do agente.

---

[24] CUNHA, Rogério Sanches. *Lei 13.330/16: breves comentários.* Disponível em: <https://www.cers.com.br/noticias-e-blogs/noticia/lei-1333016-breves-comentarios>. Acesso em: 19 out. 2016.

Excepcionalmente, poderão ser praticadas via omissão imprópria, desde que o agente seja considerado como garantidor.

Da mesma forma, dependendo do caso concreto, o núcleo *ocultar* poderá se configurar em um crime omissivo próprio.

## 2.8 Pena, ação penal, competência para julgamento

A pena cominada no preceito secundário do art. 180-A do Código Penal é de reclusão, de 2 (dois) a 5 (cinco) anos, e multa.

A ação penal é de iniciativa pública incondicionada.

A competência poderá ser da Justiça comum estadual ou federal, dependendo de quem seja o proprietário do semovente domesticável de produção, ainda que abatido ou dividido em partes.

## 2.9 Destaque

### 2.9.1 Novatio legis in melius

Como o delito de receptação de animais, criado pela Lei nº 13.330, de 2 de agosto de 2016, comparativamente ao crime de receptação qualificada, previsto no art. 180, § 1º, do Código Penal, que abrangia os comportamentos especializados pela nova lei, pode ser considerado como uma *novatio legis in melius*, ou seja, uma lei que, em virtude de ter cominado penas menores do que aquelas previstas para a modalidade anteriormente aplicada, deve ser aplicada retroativamente, nos termos do parágrafo único do art. 2º do Código Penal, que diz:

> **Parágrafo único.** A lei posterior, que de qualquer modo favorecer o agente, aplica-se aos fatos anteriores, ainda que decididos por sentença condenatória transitada em julgado.

Assim, ao contrário do que pretendia o legislador, a nova lei acabou beneficiando aqueles que praticaram a receptação de semovente domesticável de produção, ainda que abatido ou dividido em partes, sob a vigência da lei anterior.

## 2.10 Quadro-resumo

**Sujeitos**
» Ativo: qualquer pessoa pode ser sujeito ativo do delito de receptação de animal.
» Passivo: qualquer pessoa também poderá figurar como sujeito passivo do crime de receptação de animal.

**Objeto material**
Objeto material do delito em estudo é o semovente domesticável de produção, ainda que abatido ou dividido em partes.

**Bem(ns) juridicamente protegido(s)**
O tipo penal tem por finalidade proteger o patrimônio, seja ele de natureza pública ou privada. No entanto, mesmo que o bem jurídico protegido seja precipuamente o patrimônio, podemos visualizar, ainda, mesmo que de forma mediata, a saúde pública, uma vez que os abates clandestinos de animais, livres de qualquer fiscalização, a colocam em risco.

### Elemento subjetivo

» É o dolo.
» Não há previsão para a modalidade de natureza culposa.

### Modalidades comissiva e omissiva

» As condutas de adquirir, receber, transportar, conduzir, ocultar, ter em depósito ou vender pressupõem um comportamento comissivo por parte do agente.
» Excepcionalmente, poderão ser praticadas via omissão imprópria, desde que o agente seja considerado como garantidor.

### Consumação e tentativa

» Em se tratando de um delito material, a receptação de animal se consuma quando o agente, efetivamente, adquire, recebe, transporta, conduz, oculta, tem em depósito ou vende semovente domesticável de produção, ainda que abatido ou dividido em parte.
» A tentativa é admissível.

# Capítulo VIII
# Disposições Gerais

## 1. DISPOSIÇÕES GERAIS RELATIVAS AOS CRIMES CONTRA O PATRIMÔNIO

> **Art. 181.** É isento de pena quem comete qualquer dos crimes previstos neste título, em prejuízo:
> I – do cônjuge, na constância da sociedade conjugal;
> II – de ascendente ou descendente, seja o parentesco legítimo ou ilegítimo, seja civil ou natural.
> **Art. 182.** Somente se procede mediante representação, se o crime previsto neste título é cometido em prejuízo:
> I – do cônjuge desquitado ou judicialmente separado;
> II – de irmão, legítimo ou ilegítimo;
> III – de tio ou sobrinho, com quem o agente coabita.
> **Art. 183.** Não se aplica o disposto nos dois artigos anteriores:
> I – se o crime é de roubo ou de extorsão, ou, em geral, quando haja emprego de grave ameaça ou violência à pessoa;
> II – ao estranho que participa do crime;
> III – se o crime é praticado contra pessoa com idade igual ou superior a 60 (sessenta) anos.
> **Art. 183-A.** Nos crimes de que trata este Título, quando cometidos contra as instituições financeiras e os prestadores de serviço de segurança privada, de que trata o Estatuto da Segurança Privada e da Segurança das Instituições Financeiras, as penas serão aumentadas de 1/3 (um terço) até o dobro.

### 1.1 Introdução

Os arts. 181 a 183, previstos no Capítulo VIII do Título II do Código Penal, cuida das chamadas imunidades penais de caráter pessoal. Essas imunidades podem ser absolutas ou relativas. Quando absolutas, isentam o agente de pena, sendo, nesse caso, reconhecidas como *escusas absolutórias*; se relativas, fazem a ação penal depender de representação do ofendido ou de seu representante legal.

Muito se tem discutido sobre os fundamentos dessas imunidades penais. Tem-se argumentado com o menor *alarma social* que o delito produz quando praticado no seio familiar ou, ainda, asseverando a menor periculosidade do agente. Na verdade, entendemos que deve prevalecer a fundamentação de natureza político-criminal, apontando-se como preponderante o interesse familiar em detrimento da persecução penal às infrações dessa natureza.

Muitas vezes, a ação penal e, consequentemente, a condenação do autor do fato serão mais perniciosas para o grupo familiar do que a infração penal em si. Imagine-se a hipótese em que um filho, viciado em substâncias entorpecentes, furte um relógio de seu pai a fim de, com ele, adquirir uma partida de drogas com o traficante da região. A eventual condenação a uma pena privativa de liberdade do filho que realizou a subtração do relógio de seu pai traria um mal muito maior à vítima do que a simples perda de um bem patrimonial. Seu lar restaria destruído ou, pelo menos, extremamente abalado com o fato de ver um dos seus entes mais próximos encarcerado em virtude da prática do delito de furto. Nesse caso, deverá prevalecer o chamado controle social informal, exercido pelos próprios membros do grupo contra aquele que praticou a infração penal. Sua reprovação será suficiente para resolver tais conflitos, não sendo o Direito Penal o melhor antídoto contra esse mal, que infelizmente acontece com relativa frequência.

Hungria, com a clareza que lhe era peculiar, dissertando sobre o tema, esclareceu os motivos pelos quais deveria a lei penal abrigar as hipóteses que denominava *impunibilidade absoluta e punibilidade relativa*:

> "Por motivos de ordem *política*, ou seja, em *obsequium* ao interesse de solidariedade e harmonia no círculo da família, as legislações penais em geral declaram absoluta ou relativamente *impuníveis* os crimes patrimoniais quando praticados, *sine vi aut minis*, entre cônjuges ou parentes próximos. Já o direito romano, fundado no princípio, então vigente, da *copropriedade familiar*, decidia pelo descabimento da *actio furti* quando o *fur* era filho ou cônjuge do lesado. Com a abolição de tal princípio, na ulterior evolução jurídica, devia ter desaparecido a excepcional imunidade penal, mas um outro argumento passou a justificar a persistência desta: a conveniência de evitar ensejo à sizânia, à violação da intimidade e ao desprestígio da família. O interesse de preservá-la ao ódio recíproco entre seus membros e ao escândalo lesivo de sua honorabilidade (toda família se empenha em *encobrir* a má conduta de suas *ovelhas negras*) não deve ser sacrificado ao interesse de incondicional punição dos crimes lesivos do patrimônio, simples e exclusivamente tais."[1]

O art. 183-A foi inserido no Código Penal por meio da Lei nº 14.967, de 9 de setembro de 2024, criando uma causa especial de aumento de pena, de 1/3 (um terço) até o dobro, para os crimes contra o patrimônio, previsto no Título II do estatuto repressivo, quando cometidos contra as instituições financeiras e os prestadores de serviço de segurança privada, de que trata o Estatuto da Segurança Privada e da Segurança das Instituições Financeiras, conforme analisaremos ao final.

Faremos, a seguir, a análise individualizada das imunidades absolutas (escusas absolutórias), bem como das hipóteses em que se verificam as relações que conduzem às imunidades relativas.

## 1.2 Imunidades penais absolutas ou escusas absolutórias

O art. 181 do Código Penal inicia sua redação dizendo ser *isento de pena* quem comete quaisquer dos crimes previstos no título correspondente aos crimes contra o patrimônio, em prejuízo: *I – do cônjuge, durante a constância da sociedade conjugal; II – de ascendente ou descendente, seja o parentesco legítimo ou ilegítimo, seja civil ou natural.*

A primeira observação a ser feita diz respeito à expressão utilizada no inciso I do art. 181 do Código Penal, que exige que o fato seja praticado contra o cônjuge, *durante a constância da sociedade conjugal*. O *status* de cônjuge é adquirido depois da celebração do casamento, e este se realiza, nos termos do art. 1.514 do Código Civil, no momento em que o homem e a mulher manifestam, perante o juiz, a sua vontade de estabelecer vínculo conjugal, e o juiz os declara casados.

A partir desse momento, ou seja, depois da declaração formal de *casados*, tem-se por iniciada a sociedade conjugal, persistindo até o momento em que se considera terminada, nos

---

[1] HUNGRIA, Nélson. *Comentários ao código penal*, v. VII, p. 324.

termos do art. 1.571 do Código Civil: *I – pela morte de um dos cônjuges; II – pela nulidade ou anulação do casamento; III – pela separação judicial; IV – pelo divórcio.*

Dessa forma, podemos entender como *constância da sociedade conjugal* o período que vai da realização do casamento até a sua efetiva dissolução, não importando, para efeito de aplicação da escusa absolutória em estudo, se o casal estava separado de fato no momento em que ocorreu o delito patrimonial. Portanto, para efeito de reconhecimento de aplicação da imunidade penal de caráter absoluto deverá ser levado em consideração o tempo do crime. Assim, se quando da prática da infração penal patrimonial havia ainda o vínculo conjugal, aplica-se a escusa absolutória, não importando se os cônjuges coabitavam ou não, haja vista a inexistência de qualquer ressalva legal nesse sentido.

Questão que merece atenção especial diz respeito a se a mencionada escusa absolutória poderá ser aplicada, via analogia, àqueles que se encontram numa situação de *união estável*. A maioria de nossa doutrina se inclina pela impossibilidade, a exemplo de Guilherme de Souza Nucci, quando diz:

"O fato de o Estado reconhecer na união estável a existência de uma família, para efeito de lhe conferir proteção civil, não pode ser estendido ao direito penal. Fosse assim, o companheiro ou a companheira poderia praticar o crime de bigamia, o que não é admissível. Se não é possível alargar o conteúdo de norma penal incriminadora que protege a família e o casamento, também não o é para aplicação da imunidade."[2]

Apesar da força do raciocínio do renomado autor, somos obrigados a discordar. Inicialmente porque, *permissa* vênia, não podemos confundir os raciocínios que devem ser levados a efeito na interpretação das normas penais, pois, quando estas, de alguma forma, prejudicam o sujeito, torna-se impossível o argumento analógico, em obediência ao princípio da legalidade, pela vertente do *nullum crimen, nulla poena sine lege stricta*. No entanto, quando a lei penal beneficia e, principalmente, quando estamos diante de situações idênticas, que não receberam o mesmo tratamento da lei penal, a aplicação da analogia é obrigatória, a fim de que seja preservada a isonomia, traduzida por meio do brocardo *ubi eadem ratio, ubi eadem legis dispositio.*

A nosso ver, se a lei penal se preocupa com a preservação familiar, de tal modo que afasta a possibilidade de aplicação de pena àquele que praticou uma infração patrimonial contra alguém que lhe é extremamente próximo, não se justificaria a sua não aplicação numa situação reconhecida legalmente como entidade familiar, conforme determina o art. 1.723 do Código Civil, que diz:

> **Art. 1.723.** É reconhecida como entidade familiar a união estável entre o homem e a mulher, configurada na convivência pública, contínua e duradoura e estabelecida com o objetivo de constituição de família.

Nesse sentido, com precisão, afirma Rogério Sanches Cunha que:

"Tendo em vista o objetivo da escusa absolutória (manutenção da harmonia familiar), aqueles que vivem em união estável dela poderão se beneficiar, já que o art. 226, § 3º, da CF dispõe que 'para efeito de proteção do Estado, é reconhecida a união estável entre o home e a mulher com entidade familiar, devendo a lei facilitar sua conversão em casamento.'"[3]

---

[2] NUCCI, Guilherme de Souza. *Código penal comentado*, p. 603.
[3] CUNHA, Sanches Rogério. *Manual de direito penal* – parte especial, volume único, p. 421.

A única dificuldade que vemos no caso de ser aplicada à união estável a escusa absolutória constante do inciso I do art. 181 do Código Penal é que deverá ser demonstrado nos autos que, quando da prática da infração penal patrimonial, ainda existia essa união, ou seja, que o casal ainda vivia junto, nos termos preconizados pelo citado art. 1.723 da Lei Civil, pois, se por um motivo qualquer havia ocorrido a ruptura no relacionamento, não poderá ser aplicado o benefício, ao contrário do que ocorre com a situação do casamento, pois a lei penal somente determinou, neste último caso, a *constância da sociedade conjugal*, ou seja, a existência do vínculo do casamento entre os cônjuges.

Também será aplicada a imunidade penal absoluta quando a infração patrimonial for cometida em prejuízo de ascendente ou descendente, conforme determina o inciso II do art. 181 do Código Penal, seja o parentesco legítimo ou ilegítimo, seja civil ou natural.

*Prima facie*, vale frisar que a Constituição Federal de 1988 acabou com qualquer denominação discriminatória que dizia respeito à filiação, conforme se observa no § 6º do art. 227, *verbis*:

> § 6º Os filhos, havidos ou não da relação do casamento, ou por adoção, terão os mesmos direitos e qualificações, proibidas quaisquer designações discriminatórias relativas à filiação.

Sílvio Venosa, analisando o dispositivo em estudo, conclui:

"Ainda que persista importância na conceituação técnica de filiação legítima ou ilegítima, adulterina e incestuosa, tudo que for examinado a respeito dos filhos e seus respectivos direitos, a partir da vigente Carta, deve ter sempre em mira o princípio igualitário constitucional. Nesse diapasão, a Lei nº 8.560/92, que regulou a investigação de paternidade dos filhos havidos fora do casamento, revogou expressamente o art. 332, que definia o parentesco legítimo e ilegítimo, natural ou civil. No mesmo diapasão coloca-se o corrente Código Civil."[4]

Dessa forma, se o fato for cometido contra ascendente ou descendente, será obrigatória a aplicação da imunidade penal absoluta.

Merece registro, também, o fato de que a autoridade policial não poderá, sequer, instaurar inquérito policial a fim de apurar, por exemplo, um delito de furto praticado entre cônjuges, ou se estiver diante de uma relação entre ascendentes e descendentes, a não ser se houver alguma evidência de que os fatos não foram praticados tão somente por aqueles que gozavam da imunidade penal absoluta, conforme ressalva contida no inciso II do art. 183 do Código Penal.

O que estamos querendo afirmar, na verdade, é que aquelas pessoas elencadas nos incisos I e II do art. 181 do Código Penal jamais poderão ser indiciadas em inquérito policial em virtude dos fatos criminosos por elas praticados, pois se encontram sob o manto da imunidade penal absoluta.

Como último raciocínio, analisando as imunidades penais absolutas, chegamos à conclusão de que a sua ocorrência não interfere na existência da infração penal em si. Isso significa que o fato praticado pelo agente, que goza da imunidade, continua a ser considerado típico, ilícito e culpável, afastando-se, segundo entendemos, somente a punibilidade, por questões de política criminal, razão pela qual poderá ser responsabilizado criminalmente o terceiro que participou do crime, conforme veremos mais adiante, além do que somente se aplica aos delitos patrimoniais, ficando o agente sujeito às sanções correspondentes a outras figuras típicas por ele praticadas. Assim, imagine-se a hipótese em que o agente tenha levado a efeito

---

4    VENOSA, Sílvio de Salvo. *Direito civil*, v. VI, p. 269.

# CURSO DE DIREITO PENAL • VOL. 2 – ROGÉRIO GRECO

a falsificação de um documento público a fim de praticar um delito de estelionato no qual figurava como vítima seu próprio pai. Embora a escusa absolutória seja aplicada com relação ao delito de estelionato, não ficará impune o agente no que diz respeito à falsificação de documento público, em face da diversidade de bens juridicamente protegidos. Seria perfeitamente possível a abertura de inquérito policial com o indiciamento do agente somente pelo *crime de falso*, e não pelo estelionato.

## 1.3 Imunidades penais relativas

As imunidades penais reconhecidas como relativas encontram-se arroladas nos incisos I, II e III do art. 182 do Código Penal, que diz, *verbis*:

> **Art. 182.** Somente se procede mediante representação, se o crime previsto neste título é cometido em prejuízo:
> I – do cônjuge desquitado ou judicialmente separado;
> II – de irmão, legítimo ou ilegítimo;
> III – de tio ou sobrinho, com quem o agente coabita.

Embora denominadas imunidades relativas, trata-se de situações que não conduzem sequer ao afastamento da punibilidade, como ocorre com o art. 181 do Código Penal, podendo as pessoas arroladas nos incisos do referido art. 182, no prazo decadencial de 6 (seis) meses, oferecer sua representação, permitindo, assim, a abertura de inquérito policial, bem como o início da ação penal de iniciativa pública que estava a ela condicionada.

A primeira das situações elencadas diz respeito ao fato de a infração patrimonial ter sido cometida em prejuízo do cônjuge separado judicialmente, haja vista que não mais encontra abrigo em nossa legislação civil a expressão *desquitado*. Essa separação judicial é aquela que tem por finalidade terminar a sociedade conjugal, não se confundindo com a mera separação de corpos, prevista pelo art. 1.562 do Código Civil. Assim, o marco inicial para aplicação do inciso I do art. 182 do Código Penal será o trânsito em julgado da sentença que decretar a separação judicial[5].

A segunda hipótese refere-se ao fato de ter o delito patrimonial sido praticado em prejuízo de irmão, não se podendo levar a efeito, depois da edição da nossa Lei Maior, qualquer designação discriminatória, tal como a constante do inciso II do art. 182 do diploma repressivo, mesmo que de natureza positiva, isto é, para exigir, nas situações por ela mencionadas, a necessária representação.

O inciso III do art. 182 do Código Penal ainda condiciona a *persecutio criminis* à representação quando o delito patrimonial é cometido em prejuízo de tio ou sobrinho com quem o agente coabita. Nesse caso, não basta comprovar a relação de parentesco colateral, haja vista que o mencionado inciso somente se aplica se houver a *coabitação*, isto é, devem residir juntos quando da prática do crime contra o patrimônio. Nesse sentido, são precisas as lições de Noronha, quando esclarece:

> "Cremos oportuno observar que dos termos da lei se deve deduzir que o sujeito ativo e o passivo coabitem no *momento* do crime, sendo irrelevante a coabitação anterior ou posterior. Por outro

---

[5] Existe discussão doutrinária se, após o advento da Emenda Constitucional nº 66, de 13 de julho de 2010, ainda subsistiria a separação judicial. Pela extinção, já se posicionaram positivamente, dentre outros, Maria Berenice Dias (O fim da separação judicial – Um novo recomeço. Disponível em: <http://www.mariaberenice.com.br>) e Pablo Stolze Gagliano (*A nova emenda do divórcio* – Primeiras reflexões. Disponível em: <http://www.pablostolze.com.br>); pela possibilidade de separação judicial, Wesley Marques Branquinho (*O novo divórcio* – Emenda Constitucional n. 66. Disponível em: <http://jus.uol.com.br/revista/texto/16997/o-novo-divorcio-emenda-constitucional-n-66>).

lado, parece-nos útil ressaltar não ser necessário que o fato ou o crime se dê no *lugar da coabitação*, na casa onde aqueles residem. A coabitação é qualidade que a lei requer entre os parentes; devem ser coabitantes, nada importando, todavia, que o crime se dê fora da residência comum, como quando, por exemplo, se acham em viagem, em cidade diferente daquela onde têm sua habitação."[6]

## 1.4 Ressalvas às imunidades penais absolutas e relativas

O art. 183 do Código Penal aduz:

> **Art. 183.** Não se aplica o disposto nos dois artigos anteriores:
> I – se o crime é de roubo ou de extorsão, ou, em geral, quando haja emprego de grave ameaça ou violência à pessoa;
> II – ao estranho que participa do crime;
> III – se o crime é praticado contra pessoa com idade igual ou superior a 60 (sessenta) anos.

A primeira das exceções afasta a aplicação dos arts. 181 e 182 do Código Penal se o crime for de roubo ou de extorsão, ou sempre que houver o emprego de violência ou grave ameaça como elemento do tipo. Nesse caso, tratando-se de crimes pluriofensivos, embora o legislador penal tenha agido motivado por questões de política criminal, com o objetivo de preservar a família quando a infração penal dissesse respeito ao patrimônio de um de seus membros, não ignorou a utilização da violência ou da grave ameaça, o que aumenta, sensivelmente, o juízo de reprovação que recai sobre o agente, não se podendo, agora, fechar os olhos para essa situação.

Assim, resumindo, as imunidades (absolutas ou relativas) somente terão aplicação quando estivermos diante de infrações patrimoniais que não forem cometidas com o emprego de violência ou grave ameaça.

Também não se aplicam as imunidades ao estranho que participa do crime, haja vista que, não se encontrando no círculo familiar a que pertence a vítima, não teria sentido qualquer restrição à sua punição. Além disso, dependendo da hipótese concreta, o concurso, na prática da infração penal, daquela pessoa favorecida com a imunidade, poderá fazer, inclusive, com que o agente responda pela forma qualificada do delito, a exemplo do que ocorre com o furto qualificado pelo concurso de pessoas. Aqui, embora um dos agentes, por exemplo, por ser filho da vítima, possa ficar "imune", tal situação não afastará a possibilidade de ser aplicada a modalidade qualificada ao estranho que dele participou.

O inciso III foi acrescentado ao art. 183 do Código Penal por intermédio da Lei nº 10.741, de 1º de outubro de 2003, que criou o Estatuto da Pessoa Idosa. Dessa forma, não importando se exista relação entre cônjuges, durante a constância da sociedade conjugal ou mesmo entre ascendentes e descendentes, se a vítima for pessoa com idade igual ou superior a 60 anos restará afastada a imunidade penal absoluta, vale dizer, o fato poderá ser objeto de persecução por meio da Justiça Penal, bem como a ação penal será considerada de iniciativa pública incondicionada.

Assim, imagine-se a hipótese em que um filho subtraísse um bem pertencente a seu pai, que já contasse, na época dos fatos, com idade igual ou superior a 60 (sessenta) anos. Nesse caso, dada a situação de maior vulnerabilidade da vítima, não se poderá arguir a imunidade penal absoluta, permitindo-se, portanto, a punição do agente pela subtração por ele levada a efeito.

---

[6] NORONHA, Edgard Magalhães. *Direito penal*, v. 2, p. 518.

# CURSO DE DIREITO PENAL • VOL. 2 – ROGÉRIO GRECO

## 1.5 Causa de aumento de pena aplicável aos crimes contra o patrimônio, quando cometidos contra as instituições financeiras e os prestadores de serviço de segurança privada, de que trata o Estatuto da Segurança Privada e da Segurança das Instituições Financeiras

Diz o art. 183-A do Código Penal:

> **Art. 183-A.** Nos crimes de que trata este Título, quando cometidos contra as instituições financeiras e os prestadores de serviço de segurança privada, de que trata o Estatuto da Segurança Privada e da Segurança das Instituições Financeiras, as penas serão aumentadas de 1/3 (um terço) até o dobro.

O art. 183-A foi inserido no Código Penal por meio da Lei nº 14.967, de 9 de setembro de 2024, criando uma causa especial de aumento de pena para os crimes previstos no Título III correspondente aos crimes contra o patrimônio, a exemplo do que ocorre com os delitos de furto e roubo.

De acordo com o mencionado artigo, as penas serão aumentadas de 1/3 (um terço) até o dobro quando os crimes contra o patrimônio forem cometidos contra as instituições financeiras e os prestadores de serviço de segurança pública, conforme o Estatuto da Segurança Privada e da Segurança das Instituições Financeiras (Lei nº 14.967, de 9 de setembro de 2024).

Por instituições financeiras se compreendem os bancos oficiais ou privados, caixas econômicas, sociedades de crédito, associações de poupança, suas agências e postos de atendimento, cooperativas singulares de crédito e respectivas dependências, bem como todas as pessoas jurídicas referidas no art. 17 da Lei nº 4.595, de 31 de dezembro de 1964., nos termos do § 1º do art. 31 da Lei nº 14.967, de 9 de setembro de 2024.

O *caput* do art. 2º do Estatuto da Segurança Privada e da Segurança das Instituições Financeiras esclarece quem são os prestadores de serviço de segurança privada, dizendo, *verbis*:

> **Art. 2º** Os serviços de segurança privada serão prestados por pessoas jurídicas especializadas ou por meio das empresas e dos condomínios edilícios possuidores de serviços orgânicos de segurança privada, neste último caso, em proveito próprio, com ou sem utilização de armas de fogo e com o emprego de profissionais habilitados e de tecnologias e equipamentos de uso permitido.

Assim, as hipóteses, por exemplo, de roubo a banco ou mesmo a caixas eletrônicos, como vem acontecendo com a ação do chamado "novo cangaço", são passíveis da aplicação da majorante prevista no art. 183-A do Código Penal, vale dizer, um aumento de 1/3 (um terço) até o dobro, que será aplicado no terceiro momento do critério trifásico previsto no art. 68 do diploma repressivo.

# PARTE III
## DOS CRIMES CONTRA A PROPRIEDADE IMATERIAL

# Capítulo I
# Dos Crimes contra a Propriedade Intelectual

## 1. INTRODUÇÃO

O Título III do Código Penal prevê os chamados crimes contra a propriedade imaterial. Esclarece Nélson Hungria:

"Embora os *crimes contra a propriedade imaterial* sejam classificáveis, de modo geral, entre os *patrimoniais*, o Código atual (ao contrário do anterior) entendeu de lhes atribuir *título* autônomo. Os *crimes contra o patrimônio* ficaram restringidos aos fatos violadores dos direitos *nos* ou *aos* bens *materiais* ou perceptíveis pelos sentidos, passando a constituir classe distinta os fatos lesivos dos direitos sobre bens imateriais, que são *ideações criadoras* ou *entidades ideais* consideradas em si mesmas ou abstraídas da *matéria* (*corpus mechanicum*) na qual ou pela qual se exteriorizam (e da qual se distinguem, por assim dizer, como a *alma* do *corpo*). Para justificação de tal critério, há a ponderar que os crimes em questão, além da ofensa de interesses patrimoniais, acarretam prejuízo a um especial *interesse moral*, que, em certos casos, a lei julga merecedor, até mesmo por si só, da tutela jurídica (ex.: o interesse do escritor em que não seja aposto o seu nome em obra literária de que não é autor, ou em que não seja alterado o conteúdo ideativo do seu próprio trabalho, ainda que cedido e economicamente retribuído o direito à sua publicação ou reprodução)."[1]

Originariamente, o Título III do Código Penal era composto por quatro capítulos, a saber:

Capítulo I – Dos crimes contra a propriedade intelectual (arts. 184 a 186);
Capítulo II – Dos crimes contra o privilégio de invenção (arts. 187 a 191);
Capítulo III – Dos crimes contra as marcas de indústria e comércio (arts. 192 a 195);
Capítulo IV – Dos crimes de concorrência desleal (art. 196).

Os Capítulos II, III e IV foram revogados expressamente pela Lei nº 9.279, de 14 de maio de 1996, que regulou os direitos e obrigações relativos à propriedade industrial.

---

[1] HUNGRIA, Nélson. *Comentários ao Código Penal*, v. VII, p. 331.

CURSO DE DIREITO PENAL • VOL. 2 – ROGÉRIO GRECO

Assim, no Título III do Código Penal restou apenas o capítulo que diz respeito aos crimes contra a propriedade intelectual, no qual se encontra somente a infração penal de *violação de direito autoral*, haja vista que o tipo penal que previa o delito de *usurpação de nome ou pseudônimo alheio* foi expressamente revogado pela Lei nº 10.695, de 1º de julho de 2003.

Dessa forma, faremos o estudo do art. 184 e parágrafos, do Código Penal, que preveem as diversas modalidades de violação ao direito autoral, nos termos preconizados pela Lei nº 10.695, de 1º de julho de 2003, responsável pelas modificações neles ocorridas.

Deverão ser observadas, ainda, as disposições constantes dos arts. 524 a 530-I do Código de Processo Penal.

## 2. VIOLAÇÃO DE DIREITO AUTORAL

**Violação de direito autoral**

**Art. 184.** Violar direitos de autor e os que lhe são conexos:

Pena – detenção, de 3 (três) meses a 1 (um) ano, ou multa.

§ 1º Se a violação consistir em reprodução total ou parcial, com intuito de lucro direto ou indireto, por qualquer meio ou processo, de obra intelectual, interpretação, execução ou fonograma, sem autorização expressa do autor, do artista intérprete ou executante, do produtor, conforme o caso, ou de quem os represente:

Pena – reclusão, de 2 (dois) a 4 (quatro) anos, e multa.

§ 2º Na mesma pena do § 1º incorre quem, com o intuito de lucro direto ou indireto, distribui, vende, expõe à venda, aluga, introduz no País, adquire, oculta, tem em depósito, original ou cópia de obra intelectual ou fonograma reproduzido com violação do direito de autor, do direito de artista intérprete ou executante ou do direito do produtor de fonograma, ou, ainda, aluga original ou cópia de obra intelectual ou fonograma, sem a expressa autorização dos titulares dos direitos ou de quem os represente.

§ 3º Se a violação consistir no oferecimento ao público, mediante cabo, fibra ótica, satélite, ondas ou qualquer outro sistema que permita ao usuário realizar a seleção da obra ou produção para recebê-la em um tempo e lugar previamente determinados por quem formula a demanda, com intuito de lucro, direto ou indireto, sem autorização expressa, conforme o caso, do autor, do artista intérprete ou executante, do produtor de fonograma, ou de quem os represente:

Pena – reclusão, de 2 (dois) a 4 (quatro) anos, e multa.

§ 4º O disposto nos §§ 1º, 2º e 3º não se aplica quando se tratar de exceção ou limitação ao direito de autor ou os que lhe são conexos, em conformidade com o previsto na Lei nº 9.610, de 19 de fevereiro de 1998, nem a cópia de obra intelectual ou fonograma, em um só exemplar, para uso privado do copista, sem intuito de lucro direto ou indireto.

**Usurpação de nome ou pseudônimo alheio**

**Art. 185.** (Revogado pela Lei nº 10.695, de 1º/7/2003)

**Art. 186.** Procede-se mediante:

I – queixa, nos crimes previstos no *caput* do art. 184;

II – ação penal pública incondicionada, nos crimes previstos nos §§ 1º e 2º do art. 184;

III – ação penal pública incondicionada, nos crimes cometidos em desfavor de entidades de direito público, autarquia, empresa pública, sociedade de economia mista ou fundação instituída pelo Poder Público;

IV – ação penal pública condicionada à representação, nos crimes previstos no § 3º do art. 184.

### 2.1 Introdução

O delito de violação de direito autoral, com a nova redação que lhe foi dada pela Lei nº 10.695, de 1º de julho de 2003, encontra-se tipificado no art. 184 do Código Penal, com a seguinte redação, *verbis*:

# PARTE III – CAPÍTULO I – DOS CRIMES CONTRA A PROPRIEDADE INTELECTUAL

> **Art. 184.** Violar direitos de autor e os que lhe são conexos:
> Pena – detenção, de 3 (três) meses a 1 (um) ano, ou multa.

Para que se possa compreender não somente a conduta prevista no *caput* do art. 184 do Código Penal, bem como nos seus parágrafos, será preciso que o intérprete, obrigatoriamente, recorra à Lei nº 9.610, de 19 de fevereiro de 1998, que teve por finalidade alterar, atualizar e consolidar a legislação sobre direitos autorais, tratando-se, portanto, de norma penal em branco. A Constituição Federal, a seu turno, ressaltou, por intermédio do inciso XXVII, do seu art. 5º, que *aos autores pertence o direito exclusivo de utilização, publicação ou reprodução de suas obras, transmissível aos herdeiros pelo tempo que a lei fixar.*

O *núcleo violar* é utilizado pelo texto legal no sentido de transgredir, infringir.

Os *direitos autorais* possuem a natureza jurídica de *bens móveis*, conforme salienta o art. 3º da Lei nº 9.610/98, sendo considerado como autor a pessoa física criadora de obra literária, artística ou científica (art. 11). Pertencem-lhe os direitos morais e patrimoniais sobre a obra que criou (art. 22), cabendo-lhe o direito exclusivo de utilizar, fruir e dispor das mencionadas obras (art. 28). Os direitos de autor poderão, no entanto, ser total ou parcialmente transferidos a terceiros, por ele ou por seus sucessores, a título universal ou singular, pessoalmente ou por meio de representantes com poderes especiais, por meio de licenciamento, concessão ou por outros meios admitidos em Direito, obedecidas as limitações constantes dos incisos previstos pelo art. 49 do diploma especial em exame.

O tipo penal em estudo responsabiliza criminalmente não somente aquele que infringe os direitos do autor, mas também aqueles que lhe são conexos, vale dizer, os relativos aos direitos dos artistas intérpretes ou executantes, dos produtores fonográficos e das empresas de radiodifusão (arts. 89 a 96).

Salienta Guilherme de Souza Nucci:

"A transgressão ao direito autoral pode dar-se de variadas formas, desde a simples reprodução não autorizada de um livro por fotocópias até a comercialização de obras originais, sem a permissão do autor. Uma das mais conhecidas formas de violação do direito de autor é o *plágio*, que significa tanto assinar como sua obra alheia, como também imitar o que outra pessoa produziu. O plágio pode dar-se de maneira total (copiar ou assinar como sua toda a obra de terceiro) ou parcial (copiar ou dar como seus apenas trechos da obra de outro autor). São condutas igualmente repugnantes, uma vez que o agente do crime se apropria sorrateiramente de criação intelectual de outrem, o que nem sempre é fácil de ser detectado pela vítima. Diversamente dos delitos patrimoniais comuns, em que o proprietário sente a falta de seu bem tão logo ele sai da sua esfera de proteção e vigilância, no caso da violação de direito de autor torna-se complexo e dificultoso o processo de verificação do plágio ou mesmo da simples utilização não autorizada de obra intelectual, sem a devida remuneração, na forma da lei civil, ao seu autor."[2]

No entanto, o art. 46 da Lei nº 9.610/98 esclarece não constituir ofensa aos direitos autorais:

> I – a reprodução:
> a) na imprensa diária ou periódica, de notícia ou de artigo informativo, publicado em diários ou periódicos, com a menção do nome do autor, se assinados, e da publicação de onde foram transcritos;
> b) em diários ou periódicos, de discursos pronunciados em reuniões públicas de qualquer natureza;
> c) de retratos, ou de outra forma de representação da imagem, feitos sob encomenda, quando realizada pelo proprietário do objeto encomendado, não havendo a oposição da pessoa neles representada ou de seus herdeiros;

---

[2]  NUCCI, Guilherme de Souza. *Código Penal comentado*, p. 739.

d) de obras literárias, artísticas ou científicas, para uso exclusivo de deficientes visuais, sempre que a reprodução, sem fins comerciais, seja feita mediante o sistema Braille ou outro procedimento em qualquer suporte para esses destinatários;

II – a reprodução, em um só exemplar de pequenos trechos, para uso privado do copista, desde que feita por este, sem intuito de lucro;

III – a citação em livros, jornais, revistas ou qualquer outro meio de comunicação, de passagens de qualquer obra, para fins de estudo, crítica ou polêmica, na medida justificada para o fim a atingir, indicando-se o nome do autor e a origem da obra;

IV – o apanhado de lições em estabelecimentos de ensino por aqueles a quem elas se dirigem, vedada sua publicação, integral ou parcial, sem autorização prévia e expressa de quem as ministrou;

V – a utilização de obras literárias, artísticas ou científicas, fonogramas e transmissão de rádio e televisão em estabelecimentos comerciais, exclusivamente para demonstração à clientela, desde que esses estabelecimentos comercializem os suportes ou equipamentos que permitam a sua utilização;

VI – a representação teatral e a execução musical, quando realizadas no recesso familiar ou, para fins exclusivamente didáticos, nos estabelecimentos de ensino, não havendo em qualquer caso intuito de lucro;

VII – a utilização de obras literárias, artísticas ou científicas para produzir prova judiciária ou administrativa;

VIII – a reprodução, em quaisquer obras, de pequenos trechos de obras preexistentes, de qualquer natureza, ou de obra integral, quando de artes plásticas, sempre que a reprodução em si não seja o objetivo principal da obra nova e que não prejudique a exploração normal da obra reproduzida nem cause um prejuízo injustificado aos legítimos interesses dos autores.

## 2.2 Classificação doutrinária

Crime comum no que diz respeito ao sujeito ativo e próprio quanto ao sujeito passivo, pois somente o autor da obra literária, artística ou científica, seus herdeiros e sucessores ou o titular do direito sobre a produção de outrem podem figurar nessa condição; doloso; comissivo (podendo, no entanto, ser praticado via omissão imprópria na hipótese de o agente gozar do *status* de garantidor); material; instantâneo ou permanente (dependendo de como o delito for praticado, podendo se prolongar no tempo); de forma livre; monossubjetivo; plurissubsistente; não transeunte (como regra).

## 2.3 Objeto material e bem juridicamente protegido

A propriedade intelectual é o bem juridicamente protegido pelo tipo penal do art. 184. A obra literária, artística ou científica é o objeto material do delito em estudo.

## 2.4 Sujeito ativo e sujeito passivo

Qualquer pessoa pode ser *sujeito ativo* do delito de violação de direito autoral, haja vista que o tipo penal *sub examen* não exige nenhuma qualidade ou condição especial.

O *sujeito passivo*, no entanto, será o autor da obra literária, artística ou científica, seus herdeiros e sucessores, ou qualquer outra pessoa que seja titular dos direitos sobre essa produção intelectual.

## 2.5 Consumação e tentativa

Esclarece Ney Moura Teles:

"O momento consumativo acontece no ato da transgressão do direito autoral, cabendo ao intérprete observar em que consiste exatamente a violação, socorrendo-se da legislação civil, para definir o exato instante da violação, que ocorre, por exemplo, com a publicação de obra

# PARTE III – CAPÍTULO I – DOS CRIMES CONTRA A PROPRIEDADE INTELECTUAL

inédita ou reproduzida, com a exposição pública de uma pintura ou com a execução ou representação de uma obra musical ou teatral."[3]

Tratando-se de um crime plurissubsistente, torna-se possível o raciocínio relativo à tentativa.

## 2.6 Elemento subjetivo

O delito de violação de direito autoral somente pode ser praticado dolosamente, não havendo previsão para a modalidade de natureza culposa.

## 2.7 Modalidades comissiva e omissiva

O núcleo *violar* pressupõe um comportamento comissivo por parte do agente. No entanto, poderá ser praticado via omissão imprópria na hipótese do agente garantidor que, dolosamente, podendo, nada faça para impedir a prática da infração penal.

## 2.8 Modalidades qualificadas

Os §§ 1º, 2º e 3º do art. 184 preveem as modalidades qualificadas de violação de direito autoral. Para melhor compreensão, faremos a análise isolada de cada uma.

> § 1º Se a violação consistir em reprodução total ou parcial, com intuito de lucro direto ou indireto, por qualquer meio ou processo, de obra intelectual, interpretação, execução ou fonograma, sem autorização expressa do autor, do artista intérprete ou executante, do produtor, conforme o caso, ou de quem os represente:
> Pena – reclusão, de 2 (dois) a 4 (quatro) anos, e multa.

*Reprodução*, nos termos do inciso VI do art. 5º da Lei nº 9.610/98, significa a cópia de um ou vários exemplares de uma obra literária, artística ou científica ou de um fonograma, de qualquer forma tangível, incluindo qualquer armazenamento permanente ou temporário por meios eletrônicos ou qualquer outro meio de fixação que venha a ser desenvolvido.

Conforme determina o § 1º do art. 184, o agente deverá atuar com a finalidade de obtenção de lucro direto ou indireto. *Meio*, conforme esclarece Guilherme de Souza Nucci:

> "É um recurso empregado para atingir um determinado objetivo, com um significado mais restrito e menos extenso na linha do tempo: *processo* é uma sequência de atos ou estágios com a finalidade de atingir uma certa meta, possuindo uma noção mais ampla e mais extensa na linha do tempo. Logo, para a reprodução não autorizada de obra intelectual de um modo geral, tanto faz que o agente utilize um método singular (meio) ou uma sequência deles (processo)."[4]

O art. 7º da Lei nº 9.610/98, exemplificativamente, nos fornece um rol de obras consideradas intelectuais:

> **Art. 7º** São obras intelectuais protegidas as criações do espírito, expressas por qualquer meio ou fixadas em qualquer suporte, tangível ou intangível, conhecido ou que se invente no futuro, tais como:
> I – os textos de obras literárias, artísticas ou científicas;
> II – as conferências, alocuções, sermões e outras obras da mesma natureza;
> III – as obras dramáticas e dramático-musicais;

---

[3] TELES, Ney Moura. *Direito penal*, v. 2, p. 518.

[4] NUCCI, Guilherme de Souza. *Código penal comentado*, p. 742.

> IV – as obras coreográficas e pantomímicas, cuja execução cênica se fixe por escrito ou por outra qualquer forma;
>
> V – as composições musicais, tenham ou não letra;
>
> VI – as obras audiovisuais, sonorizadas ou não, inclusive as cinematográficas;
>
> VII – as obras fotográficas e as produzidas por qualquer processo análogo ao da fotografia;
>
> VIII – as obras de desenho, pintura, gravura, escultura, litografia e arte cinética;
>
> IX – as ilustrações, cartas geográficas e outras obras da mesma natureza;
>
> X – os projetos, esboços e obras plásticas concernentes à geografia, engenharia, topografia, arquitetura, paisagismo, cenografia e ciência;
>
> XI – as adaptações, traduções e outras transformações de obras originais, apresentadas como criação intelectual nova;
>
> XII – os programas de computador;
>
> XIII – as coletâneas ou compilações, antologias, enciclopédias, dicionários, bases de dados e outras obras, que, por sua seleção, organização ou disposição de seu conteúdo, constituam uma criação intelectual.

Os *programas de computador*, no entanto, são objeto de legislação específica, como veremos no tópico correspondente aos destaques.

Pode a reprodução, ainda, recair sobre interpretação ou execução ou fonograma, sem autorização expressa do autor, do artista intérprete ou executante, do produtor, conforme o caso, ou de quem os represente.

*Artistas intérpretes* ou *executantes* são atores, cantores, músicos, bailarinos ou outras pessoas que representem um papel, cantem, recitem, declamem, interpretem ou executem em qualquer forma obras literárias ou artísticas ou expressões do folclore; *produtor* é a pessoa física ou jurídica que toma a iniciativa e tem a responsabilidade econômica da primeira fixação do fonograma ou da obra audiovisual, qualquer que seja a natureza do suporte utilizado; *fonograma* é toda fixação de sons de uma execução ou interpretação ou de outros sons, ou de uma representação de sons que não seja uma fixação incluída em uma obra audiovisual (respectivamente, incisos XIII, XI e IX do art. 5º da Lei nº 9.610/98).

> § 2º Na mesma pena do § 1º incorre quem, com o intuito de lucro direto ou indireto, distribui, vende, expõe à venda, aluga, introduz no País, adquire, oculta, tem em depósito, original ou cópia de obra intelectual ou fonograma reproduzido com violação do direito de autor, do direito de artista intérprete ou executante ou do direito do produtor de fonograma, ou, ainda, aluga original ou cópia de obra intelectual ou fonograma, sem a expressa autorização dos titulares dos direitos ou de quem os represente.

No § 1º do art. 184 do Código Penal, pune-se a conduta de *reproduzir*, total ou parcialmente, com o intuito de lucro direto ou indireto, por qualquer meio ou processo, *obra intelectual, interpretação, execução ou fonograma.* Já o § 2º do mesmo artigo prevê outros comportamentos típicos, praticados depois da reprodução, que dizem respeito a *obra intelectual* ou *fonograma*, cujos conceitos legais foram expostos acima.

Assim, agindo com o intuito de lucro direto ou indireto, deverá o agente praticar as seguintes condutas: *distribuir* (fazer circular, entregando os objetos materiais a diversas pessoas); *vender* (ato de transferir o domínio de certa coisa mediante o pagamento de um determinado preço); *expor à venda* (oferecer os objetos de modo a atrair os compradores); *alugar* (ceder por tempo determinado, ou não, o uso e gozo de coisa não fungível, mediante certa retribuição); *introduzir no País* (fazer ingressar no território nacional); *adquirir* (obter); *ocultar* (esconder por um tempo); *ter em depósito* (manter guardado em determinado local).

No que diz respeito à exposição para venda de CDs e DVDs piratas, o STJ, editou a Súmula nº 502, publicada no DJe de 28 de outubro de 2013, firmando seu posicionamento no seguinte sentido:

# PARTE III – CAPÍTULO I – DOS CRIMES CONTRA A PROPRIEDADE INTELECTUAL

> **Súmula nº 502.** *Presentes a materialidade e a autoria, afigura-se típica, em relação ao crime previsto no art. 184, § 2º, do Código Penal, a conduta de expor à venda CDs e DVDs piratas.*

Como se disse acima, todos esses comportamentos devem recair sobre original ou cópia de obra intelectual ou fonograma reproduzido com violação do direito de autor, do direito do artista intérprete ou executante, ou do direito do produtor de fonograma.

Também será punido com a pena de reclusão, de 2 (dois) a 4 (quatro) anos, e multa o agente que alugar original ou cópia de obra intelectual ou fonograma sem a expressa autorização dos titulares dos direitos ou de quem os represente.

> § 3º Se a violação consistir no oferecimento ao público, mediante cabo, fibra ótica, satélite, ondas ou qualquer outro sistema que permita ao usuário realizar a seleção da obra ou produção para recebê-la em um tempo e lugar previamente determinados por quem formula a demanda, com intuito de lucro, direto ou indireto, sem autorização expressa, conforme o caso, do autor, do artista intérprete ou executante, do produtor de fonograma, ou de quem os represente:
> Pena – reclusão, de 2 (dois) a 4 (quatro) anos, e multa.

Dissertando sobre o § 3º do art. 184, Guilherme de Souza Nucci, com precisão, assevera:

> "É perfeitamente possível a violação do direito de autor através da *internet*, por exemplo, valendo-se o agente do crime do oferecimento ao público, com intuito de lucro, de música, filmes, livros e outras obras, proporcionando ao usuário que as retire da rede, pela via de cabo ou fibra ótica, conforme o caso, instalando-as em seu computador. O destinatário da obra (lembremos que há livros inteiros que podem ser captados na internet, instalando-os no disco rígido do computador para leitura) paga pelo produto, mas o valor jamais chega ao autor. Assim, o fornecedor não promove a venda direta ao consumidor do produto (que seria figura do parágrafo anterior), mas coloca em seu *site*, à disposição de quem desejar, para *download* as obras que o autor não autorizou expressamente que fossem por esse meio utilizadas ou comercializadas."[5]

## 2.9 Pena, ação penal, competência para julgamento e suspensão condicional do processo

A pena é de detenção, de 3 (três) meses a 1 (um) ano, ou multa, para a violação de direito autoral prevista no *caput* do art. 184 do Código Penal. Para as modalidades qualificadas, constantes dos §§ 1º, 2º e 3º, a pena é de reclusão, de 2 (dois) a 4 (quatro) anos, e multa.

Nos termos do art. 186 do diploma repressivo, com a redação que lhe foi dada pela Lei nº 10.695, de 1º de julho de 2003, procede-se mediante: *I – queixa, nos crimes previstos no* caput *do art. 184; II – ação penal pública incondicionada, nos crimes previstos nos §§ 1º e 2º do art. 184; III – ação penal pública incondicionada, nos crimes cometidos em desfavor de entidades de direito público, autarquia, empresa pública, sociedade de economia mista ou fundação instituída pelo Poder Público; IV – ação penal pública condicionada à representação, nos crimes previstos no § 3º do art. 184.*

Para a hipótese constante do *caput* do art. 184 do Código Penal, será competente, inicialmente, o Juizado Especial Criminal, haja vista tratar-se, *in casu*, de infração penal de menor potencial ofensivo, podendo-se levar a efeito, ainda, proposta de suspensão condicional do processo.

---

5   NUCCI, Guilherme de Souza. *Código penal comentado*, p. 745.

## 2.10 Destaques

### 2.10.1 Exclusão da tipicidade

O § 4º do art. 184 assevera, *verbis*:

> § 4º O disposto nos §§ 1º, 2º e 3º não se aplica quando se tratar de exceção ou limitação ao direito de autor ou os que lhe são conexos, em conformidade com o previsto na Lei nº 9.610, de 19 de fevereiro de 1998, nem a cópia de obra intelectual ou fonograma, em um só exemplar, para uso privado do copista, sem intuito de lucro direto ou indireto.

São duas, portanto, as hipóteses constantes do parágrafo *sub examen*.

Na primeira delas, a lei penal faz menção expressa às causas que excepcionam ou limitam os direitos autorais, por exemplo, as constantes dos arts. 8º e 46 da Lei nº 9.610/98.

No que diz respeito à segunda parte do artigo, salienta Guilherme de Souza Nucci:

> "Observa-se que o legislador pretendeu *autorizar* a cópia de obra intelectual ou fonograma, quando feita em um só exemplar, para uso privado do copista, desde que não haja *intuito de lucro*. Ora, todos os tipos incriminadores previstos nos §§ 1º, 2º e 3º, para tornarem-se aplicáveis a fatos concretos, exigem a presença do *intuito de lucro direto ou indireto*. Logo, não havendo o elemento subjetivo específico, o fato é atípico. Por isso, o disposto no § 4º deste artigo é desnecessário."[6]

### 2.10.2 Programas de computador

Os programas de computador foram objeto de regulamentação específica por intermédio da Lei nº 9.609, de 19 de fevereiro de 1998, que, mediante seu art. 2º, esclareceu que o *regime de proteção à propriedade intelectual de programa de computador é o conferido às obras literárias pela legislação de direitos autorais e conexos vigentes no País, observado o disposto nesta Lei*.

Vale destacar que, no art. 12 da Lei nº 9.609/98, inserido no Capítulo V, relativo às infrações e penalidades, foi criado um delito específico, cujo tipo penal tem por finalidade proteger os direitos do autor de programa de computador:

> **Art. 12.** Violar direitos de autor de programa de computador:
> Pena – detenção de seis meses a dois anos ou multa.
> § 1º Se a violação consistir na reprodução, por qualquer meio, de programa de computador, no todo ou em parte, para fins de comércio, sem autorização expressa do autor ou de quem o represente:
> Pena – reclusão de um a quatro anos e multa.
> § 2º Na mesma pena do parágrafo anterior incorre quem vende, expõe a venda, introduz no País, adquire, oculta ou tem em depósito, para fins de comércio, original ou cópia de programa de computador, produzido com violação de direito autoral.

### 2.10.3 Efeitos da sentença condenatória

O Capítulo IV, inserido no Título II do livro II do Código de Processo Penal, cuida do processo e do julgamento dos crimes contra a propriedade imaterial.

Os arts. 530-A a 530-I foram nele inseridos pela Lei nº 10.695, de 1º de julho de 2003.

---

[6] NUCCI, Guilherme de Souza. *Código penal comentado*, p. 747.

Vale ressaltar, nesta oportunidade, somente o efeito da sentença penal condenatória, constante do art. 530-G, que diz:

> **Art. 530-G.** O juiz, ao prolatar a sentença condenatória, poderá determinar a destruição dos bens ilicitamente produzidos ou reproduzidos e o perdimento dos equipamentos apreendidos, desde que precipuamente destinados à produção e reprodução dos bens, em favor da Fazenda Nacional, que deverá destruí-los ou doá-los aos Estados, Municípios e Distrito Federal, a instituições públicas de ensino e pesquisa ou de assistência social, bem como incorporá-los, por economia ou interesse público, ao patrimônio da União, que não poderão retorná-los aos canais de comércio.

### 2.10.4 Comprovação do delito de violação de direito autoral, bem como sua materialidade

No que diz respeito à comprovação do delito de violação de direito autoral, bem como sua materialidade, o Superior Tribunal de Justiça publicou, no DJe de 27 de junho de 2016, a Súmula nº 574, que diz:

> **Súmula nº 574.** *Para a configuração do delito de violação de direito autoral e a comprovação de sua materialidade, é suficiente a perícia realizada por amostragem do produto apreendido, nos aspectos externos do material, e é desnecessária a identificação dos titulares dos direitos autorais violados ou daqueles que os representem.*

### 2.11 Quadro-resumo

**Sujeitos**
- Ativo: qualquer pessoa.
- Passivo: será o autor da obra literária, artística ou científica, seus herdeiros e sucessores, ou qualquer outra pessoa que seja titular dos direitos sobre essa produção intelectual.

**Objeto material**
A *obra literária, artística* ou *científica*.

**Bem(ns) juridicamente protegido(s)**
A *propriedade intelectual*.

**Elemento subjetivo**
- É o dolo.
- Não há previsão para a modalidade de natureza culposa.

**Modalidades comissiva e omissiva**
- O núcleo violar pressupõe um comportamento comissivo por parte do agente.
- No entanto, poderá ser praticado via omissão imprópria na hipótese do agente garantidor que, dolosamente, podendo, nada fizer para impedir a prática da infração penal.

### Consumação e tentativa

» "O momento consumativo acontece no ato da transgressão do direito autoral, cabendo ao intérprete observar em que consiste exatamente a violação, socorrendo-se da legislação civil, para definir o exato instante da violação, que ocorre, por exemplo, com a publicação de obra inédita ou reproduzida, com a exposição pública de uma pintura ou com a execução ou representação de uma obra musical ou teatral" (TELES, 2004, p. 518).

» Admite-se a tentativa.

# PARTE IV
# DOS CRIMES CONTRA A ORGANIZAÇÃO DO TRABALHO

# Capítulo I
# Dos Crimes contra a Organização do Trabalho

## 1. INTRODUÇÃO

A palavra *trabalho* descende do termo latino *tripalium*, instrumento de tortura composto de três paus; da ideia de sofrer, passou-se à de esforçar-se e, enfim, à de trabalhar. Conforme o *Dicionário da Língua Portuguesa*, trabalho é a "aplicação das forças e faculdades humanas para alcançar um determinado fim" ou "atividade coordenada, de caráter físico e/ou intelectual, necessária à realização de qualquer tarefa."[1]

Nosso primeiro trabalhador brasileiro foi o escravo que, diga-se de passagem, além de não ter nenhuma proteção do Poder Público, era considerado *res (coisa)*, sem personalidade jurídica, portanto.

Aproximadamente cem anos depois das Revoluções Francesa e Industrial, o Brasil, em 13/5/1888, com a instituição da Lei Áurea, aboliu a escravatura. Na ocasião, havia pouco mais de 700 mil escravos no País. O escravo, então, deixou de ser propriedade de outro homem. Foi proclamada a sua liberdade e ele readquiriu a condição de pessoa humana.

Os crimes contra a organização do trabalho estão previstos pelos arts. 197 a 207, contidos no Título IV do Código Penal.

Sobre o Título em estudo, esclarece o item 67 da Exposição de Motivos da Parte Especial do Código Penal:

"67. [...] A proteção jurídica já não é concedida à liberdade do trabalho, propriamente, mas à organização do trabalho, inspirada não somente na defesa e no ajustamento dos direitos e interesses individuais em jogo, mas também, e principalmente, no sentido superior do bem comum de todos. Atentatória ou não, da liberdade individual, toda ação perturbadora da ordem jurídica, no que concerne ao trabalho, é ilícita e está sujeita a sanções repressivas, sejam de direito administrativo, sejam de direito penal. Daí, o novo critério adotado pelo projeto, isto é, a trasladação dos crimes contra o trabalho, do setor dos crimes contra a liberdade individual para uma classe autônoma, sob a já referida rubrica. Não foram, porém, trazidos para o campo do ilícito penal todos os fatos contrários à organização do trabalho: são incriminados, de regra, somente aqueles que se fazem acompanhar da violência ou da fraude. Se falta qualquer desses elementos, não passará o fato, salvo poucas exceções, de ilícito administrativo. É o ponto de vista já fixado

---

[1] FERREIRA, Aurélio Buarque de Holanda. *Novo dicionário da língua portuguesa*, p. 1.695.

em recente legislação trabalhista. Assim, incidirão em sanção penal o cerceamento do trabalho pela força ou intimidação (art. 197, I), a coação para o fim de greve ou *lockout* (art. 197, II), a boicotagem violenta (art. 198), o atentado violento contra a liberdade de associação profissional (art. 199), a greve seguida de violência contra a pessoa ou contra a coisa (art. 200), a invasão e arbitrária posse de estabelecimento de trabalho (art. 202, 1ª parte), a sabotagem (art. 202, *in fine*), a frustração, mediante violência ou fraude, de direitos assegurados por lei trabalhista ou de nacionalização do trabalho (arts. 203 a 204). Os demais crimes contra o trabalho, previstos no projeto, dispensam o elemento violência ou fraude (arts. 201, 205, 206, 207), mas explica-se a exceção: é que eles, ou atentam imediatamente contra o interesse público, ou imediatamente ocasionam uma grave perturbação da ordem econômica [...]".

A proteção aos trabalhadores também encontra amparo constitucional, conforme se verifica no Capítulo II (Dos Direitos Sociais), contido no Título II, que diz respeito aos direitos e garantias fundamentais.

De acordo com o art. 109, VI, de nossa Lei Maior, a competência para o julgamento dos crimes contra a organização do trabalho seria da Justiça Federal. No entanto, nossos Tribunais Superiores têm assim decidido:

> "Compete à Justiça Federal o julgamento dos crimes que ofendam o sistema de órgãos e instituições que preservam coletivamente os direitos do trabalho, e não os crimes que são cometidos contra determinado grupo de trabalhadores.
>
> A infringência dos direitos individuais de trabalhadores, inexistindo violação de sistema de órgãos e instituições destinadas a preservar a coletividade trabalhista, afasta a competência da Justiça Federal" (*RHC* 15.702/MA; Recurso Ordinário em *Habeas Corpus* 2004/0014999-0; Rel. Min. Paulo Medina; 6ª T., DJ 22/11/2004, p. 387).

Embora não inserido no Título IV do Código Penal, merece destaque, por ser pertinente ao tema em estudo, a edição da Lei nº 12.984, de 2 de junho de 2014, que criou o delito de discriminação dos portadores do vírus da imunodeficiência humana (HIV) e doentes de aids, prevendo, com relação ao direito ao trabalho, os seguintes comportamentos típicos, *verbis*:

**Art. 1º** Constitui crime punível com reclusão, de 1 (um) a 4 (quatro) anos, e multa, as seguintes condutas discriminatórias contra o portador do HIV e o doente de aids, em razão da sua condição de portador ou de doente:

I – recusar, procrastinar, cancelar ou segregar a inscrição ou impedir que permaneça como aluno em creche ou estabelecimento de ensino de qualquer curso ou grau, público ou privado;

II – negar emprego ou trabalho;

III – exonerar ou demitir de seu cargo ou emprego;

IV – segregar no ambiente de trabalho ou escolar;

V – divulgar a condição do portador do HIV ou de doente de aids, com intuito de ofender-lhe a dignidade;

VI – recusar ou retardar atendimento de saúde.

No que diz respeito ao direito de greve, deverá ser observada a Lei nº 7.783, de 28 de junho de 1989, que dispôs sobre o assunto.

Faremos a análise, a seguir, dos arts. 197 a 207 do Código Penal.

## 2. ATENTADO CONTRA A LIBERDADE DE TRABALHO

**Atentado contra a liberdade de trabalho**

**Art. 197.** Constranger alguém, mediante violência ou grave ameaça:

> I – a exercer ou não exercer arte, ofício, profissão ou indústria, ou a trabalhar ou não trabalhar durante certo período ou em determinados dias:
> Pena – detenção, de um mês a um ano, e multa, além da pena correspondente à violência;
> II – a abrir ou fechar o seu estabelecimento de trabalho, ou a participar de parede ou paralisação de atividade econômica:
> Pena – detenção, de três meses a um ano, e multa, além da pena correspondente à violência.

## 2.1 Introdução

O delito de atentado contra a liberdade de trabalho está tipificado no art. 197 do Código Penal. Pela análise da mencionada figura típica, verifica-se que a infração penal se configura no fato de constranger alguém, mediante violência ou grave ameaça: I – a exercer ou não exercer arte, ofício, profissão ou indústria, ou a trabalhar ou não trabalhar durante certo período ou em determinados dias, sendo, neste caso, cominada uma pena de detenção, de 1 (um) mês a 1 (um) ano, e multa, além da pena correspondente à violência; e, II – a abrir ou fechar o seu estabelecimento de trabalho, ou a participar de parede ou paralisação de atividade econômica, punindo-se o agente, nessa hipótese, com uma pena de detenção, de 3 (três) meses a 1 (um) ano, e multa, além da pena correspondente à violência.

O núcleo do tipo é o verbo *constranger*, dirigido a uma finalidade especial, especificada pelos incisos I e II do art. 197 do Código Penal.

Assim, conforme se verifica por meio dos incisos I e II do art. 197 do diploma repressivo, o constrangimento, exercido mediante violência ou grave ameaça, deverá ser utilizado para que a vítima leve a efeito qualquer das condutas por eles previstas.

*Exercer* deve ser entendido no sentido de praticar, realizar, desempenhar etc. *Arte*, conforme esclarece Guilherme de Souza Nucci:

> "É atividade manual, implicando em habilidade, aptidão técnica; *ofício* é habilidade manual ou mecânica, socialmente útil. Ambas podem ser remuneradas ou não. *Profissão* é atividade especializada, material ou intelectual, exercida, via de regra, mediante remuneração, demandando preparo e devidamente regulamentada. *Indústria* é atividade de transformação de materiais, conforme as necessidades humanas, implicando em destreza e aptidão."[2]

O constrangimento pode ser dirigido, ainda, para que a vítima abra ou feche o seu estabelecimento de trabalho, independentemente da natureza da atividade que é exercida (comercial, industrial ou agrícola), ou participe de parede ou paralisação. *Parede* diz respeito ao abandono coletivo de trabalho, cuja regulamentação vem determinada pela Lei nº 7.783/89. Paralisação de atividade econômica é a cessação, temporária ou definitiva, de uma atividade empresarial.

Dissertando sobre o tema, assevera Ney Moura Teles:

> "O tipo do inciso II descreve dois resultados distintos. O primeiro é a violação da liberdade de funcionamento de estabelecimento onde se exerce qualquer trabalho. A vítima abre ou mantém aberto ou fecha ou mantém fechado o estabelecimento conforme a vontade do agente e não segundo o seu desejo. Sua liberdade é anulada. Querendo abri-lo, é impedida. Querendo fechá-lo, também.
>
> O segundo é a participação da vítima em paralisação de sua atividade econômica, movimento coletivo denominado *parede*, no qual um grupo de empresários, comerciantes, lojistas, enfim,

---

[2] NUCCI, Guilherme de Souza. *Código penal comentado*, p. 753.

proprietários de estabelecimentos resolvem, em conjunto, paralisar suas atividades por motivos comuns. É o chamado *lockout*. Na descrição típica do inciso II, a conduta martiriza a liberdade de exercer atividade econômica em estabelecimento onde se exerce qualquer trabalho lícito."[3]

Parte da doutrina, a exemplo de Cezar Roberto Bitencourt,[4] entende pela revogação da última parte do inciso II do art. 197 do Código Penal pela Lei nº 4.330/64, que, a seu turno, foi também revogada pela Lei nº 7.783, de 28 de junho de 1989, que dispôs sobre o exercício do direito de greve, definiu as atividades essenciais e regulou o atendimento das necessidades inadiáveis da comunidade, regulamentando, assim, o art. 9º da Constituição Federal, que diz:

> **Art. 9º** É assegurado o direito de greve, competindo aos trabalhadores decidir sobre a oportunidade de exercê-lo e sobre os interesses que devam por meio dele defender.
> § 1º A lei definirá os serviços ou atividades essenciais e disporá sobre o atendimento das necessidades inadiáveis da comunidade.
> § 2º Os abusos cometidos sujeitam os responsáveis às penas da lei.

## 2.2 Classificação doutrinária

Crime comum no que diz respeito ao sujeito ativo e próprio no que concerne ao sujeito passivo; doloso; comissivo (podendo, no entanto, ser praticado via omissão imprópria, quando o agente gozar do *status* de garantidor); de forma livre; material; instantâneo ou permanente (dependendo da hipótese apresentada); monossubjetivo; plurissubsistente; transeunte (como regra).

## 2.3 Objeto material e bem juridicamente protegido

A Constituição Federal assegura, no inciso XIII do art. 5º, que *é livre o exercício de qualquer trabalho, ofício ou profissão, atendidas as qualificações profissionais que a lei estabelecer.*

De fácil conclusão que o bem juridicamente tutelado será a *liberdade do trabalho*, ou seja, a faculdade de escolha do trabalho, da profissão, da arte, do ofício ou da indústria de quem deseja exercê-lo(a).

O objeto material é a pessoa contra a qual é dirigida a conduta praticada pelo agente.

## 2.4 Sujeito ativo e sujeito passivo

Qualquer pessoa pode ser *sujeito ativo* do delito de atentado contra a liberdade de trabalho, uma vez que o tipo penal não exige nenhuma qualidade ou condição especial, tratando-se, portando, de crime comum.

O *sujeito passivo* é a pessoa física, vítima do constrangimento, que se vê privada de sua liberdade de trabalho, sendo, nesse caso, um crime próprio.

Discute-se se a pessoa jurídica poderia ser considerada como sujeito passivo do delito. Noronha[5] posicionava-se favoravelmente ao argumento de que, usando a lei um pronome indefinido, qualquer pessoa – física ou jurídica – poderia figurar nessa condição. No entanto, estamos com Guilherme de Souza Nucci quando, enfaticamente, aduz:

---

[3]  TELES, Ney Moura. *Direito penal,* v. 2, p. 525.
[4]  BITENCOURT, Cezar Roberto. *Tratado de direito penal,* v. 3, p. 435.
[5]  NORONHA, Edgard Magalhães. *Direito penal,* v. 3, p. 14.

"A letra da lei é clara em todos os incisos e situações: a) constranger pessoa – que somente pode ser humana – a exercer ou não exercer arte, ofício, profissão ou indústria; b) constranger pessoa – também somente a humana – a trabalhar ou não trabalhar em certos períodos ou dias; c) constranger pessoa humana a abrir ou fechar *seu* estabelecimento de trabalho. Note-se que a coação deve voltar-se contra *alguém* que possa *abrir* ou *fechar* o *seu* estabelecimento. Ora, somente o ser humano pode ser vítima da violência ou da grave ameaça, abrindo ou fechando o que lhe pertence."[6]

## 2.5 Consumação e tentativa

O atentado contra a liberdade de trabalho, na primeira modalidade, consuma-se quando a vítima, constrangida: *a)* exerce ou deixa de exercer arte, ofício, profissão ou indústria. *b)* trabalha, ou não, durante certo período ou em determinados dias; *c)* efetivamente, abre ou fecha seu estabelecimento de trabalho; *d)* participa de parede ou paralisação de atividade econômica.

Tratando-se de crime plurissubsistente, torna-se possível o raciocínio relativo à tentativa.

## 2.6 Elemento subjetivo

O delito de atentado contra a liberdade de trabalho somente pode ser praticado dolosamente, não havendo previsão para a modalidade de natureza culposa.

## 2.7 Modalidades comissiva e omissiva

O núcleo constranger pressupõe um comportamento comissivo por parte do agente.

No entanto, poderá ser o delito praticado via omissão imprópria quando o agente, garantidor, dolosamente, podendo, não atua no sentido de impedir a prática da infração penal.

## 2.8 Pena, ação penal, competência para julgamento e suspensão condicional do processo

Para o comportamento tipificado no inciso I do art. 197 do Código Penal, comina a lei uma pena de detenção, de 1 (um) mês a 1 (um) ano, e multa, além da pena correspondente à violência; na hipótese do inciso II do mesmo artigo, a pena é também de detenção, de 3 (três) meses a 1 (um) ano, e multa, além da pena correspondente à violência.

A lei penal, portanto, ressalvou o concurso material de crimes entre o delito de atentado contra a liberdade de trabalho e o resultante da violência empregada.

A ação penal é de iniciativa pública incondicionada.

Compete, inicialmente, ao Juizado Especial Criminal o processo e julgamento do delito em estudo, tratando-se de infração penal de menor potencial ofensivo, nos termos preconizados pelo art. 61 da Lei nº 9.099/95, com a redação que lhe foi dada pela Lei nº 11.313, de 28 de junho de 2006.

Será possível, ainda, a confecção de proposta de suspensão condicional do processo, conforme o disposto no art. 89 da Lei nº 9.099/95, tendo em vista as penas mínimas cominadas.

---

[6]   NUCCI, Guilherme de Souza. *Código penal comentado*, p. 752.

## 2.9 Quadro-resumo

### Sujeitos
- Ativo: qualquer pessoa.
- Passivo: é a pessoa física, vítima do constrangimento. Há discussão doutrinária sobre a possibilidade de a pessoa jurídica figurar como sujeito passivo do delito.

### Objeto material
É a *pessoa* contra a qual é dirigida a conduta praticada pelo agente.

### Bem(ns) juridicamente protegido(s)
É a *liberdade do trabalho*.

### Elemento subjetivo
- É o dolo.
- Não há previsão para a modalidade de natureza culposa.

### Modalidades comissiva e omissiva
O núcleo constranger pressupõe um comportamento comissivo por parte do agente, podendo, no entanto, ser praticado via omissão imprópria.

### Consumação e tentativa
- O delito, na primeira modalidade, consuma-se quando a vítima, constrangida: a) exerce ou deixa de exercer arte, ofício, profissão ou indústria; b) trabalha, ou não, durante certo período ou em determinados dias; c) efetivamente, abre ou fecha seu estabelecimento de trabalho; e, d) participa de parede ou paralisação de atividade econômica.
- Admite-se a tentativa.

## 3. ATENTADO CONTRA A LIBERDADE DE CONTRATO DE TRABALHO E BOICOTAGEM VIOLENTA

**Atentado contra a liberdade de contrato de trabalho e boicotagem violenta**

**Art. 198.** Constranger alguém, mediante violência ou grave ameaça, a celebrar contrato de trabalho, ou a não fornecer a outrem ou não adquirir de outrem matéria-prima ou produto industrial ou agrícola:
Pena – detenção, de um mês a um ano, e multa, além da pena correspondente à violência.

### 3.1 Introdução

Podemos extrair do tipo penal em estudo os seguintes elementos: a) a conduta de *constranger* alguém, mediante violência ou grave ameaça; *b)* para que celebre contrato de trabalho; *c)* não forneça ou não adquira de outrem matéria-prima ou produto industrial ou agrícola.

O constrangimento, aqui, praticado mediante o emprego de violência ou grave ameaça, tal como acontece no tipo penal anterior, deve ser dirigido a uma finalidade especial.

A primeira delas diz respeito ao fato de o agente obrigar a vítima a celebrar contrato de trabalho (atentado contra a liberdade de trabalho). O contrato de trabalho pode ser individual ou coletivo.

O art. 442 da CLT diz:

> **Art. 442.** Contrato individual de trabalho é o acordo tácito ou expresso, correspondente à relação de emprego.

O art. 611 da citada legislação trabalhista, a seu turno, esclarece o que vem a ser Convenção Coletiva de Trabalho:

> **Art. 611.** Convenção Coletiva de Trabalho é o acordo de caráter normativo, pelo qual dois ou mais sindicatos representativos de categorias econômicas e profissionais estipulam condições de trabalho aplicáveis, no âmbito das respectivas representações, às relações individuais de trabalho.

Conforme ressalta Noronha, "embora a coação, no contrato coletivo, seja mais difícil, pelas exigências legais quanto à sua conclusão e validade, não é impossível de ser exercida sobre componentes de sindicatos, em número suficiente para a aprovação contratual."[7]

A lei penal, no entanto, não previu a conduta de impedir, mediante violência ou grave ameaça, a celebração de contrato de trabalho, havendo, portanto, uma lacuna que não poderá ser suprida com o recurso da analogia, em virtude da proibição contida no brocardo *nullum crimen nulla poena sine lege stricta*.

Na segunda parte do artigo em estudo encontra-se o delito de *boicotagem violenta*, quando o agente pratica o constrangimento para que a vítima não forneça a outrem ou não adquira de outrem matéria-prima ou produto industrial ou agrícola.

Conforme relembra Hungria:

> "A palavra 'boicotagem' vem do nome de um administrador agrícola, na Irlanda, James *Boycott*, com quem os camponeses e fornecedores da região romperam relações (forçando-o a emigrar para a América), em represália à sua atuação vexatória. Trata-se de uma espécie de *ostracismo econômico*: a pessoa atingida pela boicotagem é posta à margem do círculo econômico a que pertence, vendo-se na contingência de cessar sua atividade, porque ninguém lhe fornece os elementos indispensáveis a ela, nem lhe adquire os produtos."[8]

*Fornecer*, de acordo com a ilação legal, deve ser entendido no sentido de entregar, abastecer, suprir. Esclarece Noronha que a enumeração legal é taxativa, fazendo menção expressa à matéria-prima ou produto industrial ou agrícola, isto é, "substâncias orgânicas ou inorgânicas (vegetais ou animais, e minerais), máquinas, instrumentos etc., e os diversos produtos agrícolas [...]. Exclui o dispositivo o *dinheiro*, meio hábil à boicotagem, quer não se concedendo crédito à pessoa, quer lhe recusando financiamento."[9]

Exige o tipo penal em estudo que a boicotagem seja violenta, ou seja, praticada mediante o emprego de violência ou grave ameaça. Assim, se o sujeito for convencido a não fornecer a outrem, por exemplo, matéria-prima ou produto industrial ou agrícola, o fato não se subsumirá ao delito em estudo, sendo, à primeira vista, um indiferente penal.

---

[7] NORONHA, Edgard Magalhães. *Direito penal*, v. 3, p. 18.

[8] HUNGRIA, Nélson. *Comentários ao código penal*, v. VIII, p. 42.

[9] NORONHA, Edgard Magalhães. *Direito penal*, v. 3, p. 20.

### 3.2 Classificação doutrinária

Crime comum no que diz respeito ao sujeito ativo e próprio no que concerne ao sujeito passivo (quando estivermos diante do delito de boicotagem violenta); doloso; comissivo (podendo, no entanto, ser praticado via omissão imprópria, quando o agente gozar do *status* de garantidor); de forma livre; material; instantâneo ou permanente (dependendo da hipótese apresentada); monossubjetivo; plurissubsistente; transeunte ou não transeunte (dependendo da forma como o delito é praticado).

### 3.3 Objeto material e bem juridicamente protegido

A liberdade do trabalho é o bem juridicamente protegido pelo tipo penal do art. 198.

O objeto material é a pessoa contra a qual é dirigido o constrangimento.

### 3.4 Sujeito ativo e sujeito passivo

Crime comum, o delito de atentado contra a liberdade de trabalho e boicotagem violenta pode ser praticado por qualquer pessoa, não exigindo o tipo penal em estudo qualquer qualidade ou condição especial do sujeito ativo.

No que diz respeito ao *sujeito passivo*, poderá ser considerado como próprio na hipótese de boicotagem violenta, haja vista que somente aquele que poderia fornecer matéria-prima ou produto industrial ou agrícola é que teria como figurar nessa condição.

### 3.5 Consumação e tentativa

Consuma-se o atentado contra a liberdade de contrato de trabalho quando a vítima, constrangida pelo emprego de violência ou grave ameaça, efetivamente, celebra contrato de trabalho: se expresso (escrito), no ato da assinatura deste; se tácito (verbal), com a aquiescência do constrangido.

O delito de boicotagem violenta consuma-se no momento em que a vítima, em virtude do constrangimento sofrido, não fornece a outrem ou não adquire de outrem matéria-prima ou produto industrial ou agrícola.

Tratando-se de delito plurissubsistente, será possível o raciocínio relativo à tentativa.

### 3.6 Elemento subjetivo

O delito de atentado contra a liberdade de contrato de trabalho e boicotagem violenta somente pode ser praticado dolosamente, não havendo previsão para a modalidade de natureza culposa.

### 3.7 Modalidades comissiva e omissiva

O núcleo *constranger* pressupõe um comportamento comissivo por parte do agente.

No entanto, poderá ser o delito praticado via omissão imprópria quando o agente, garantidor, dolosamente, podendo, não atuar no sentido de impedir a prática da infração penal.

### 3.8 Pena, ação penal, competência para julgamento e suspensão condicional do processo

A pena cominada ao delito tipificado no art. 198 do Código Penal é de detenção, de 1 (um) mês a 1 (um) ano, e multa, além da pena correspondente à violência.

A lei penal, portanto, ressalvou o concurso material de crimes entre o delito de atentado contra a liberdade de contrato de trabalho e boicotagem violenta e o resultante da violência empregada.

A ação penal é de iniciativa pública incondicionada.

Compete, inicialmente, ao Juizado Especial Criminal o processo e julgamento do delito em estudo, tratando-se de infração penal de menor potencial ofensivo, nos termos preconizados pelo art. 61 da Lei nº 9.099/95, com a redação que lhe foi dada pela Lei nº 11.313, de 28 de junho de 2006.

Será possível, ainda, a confecção de proposta de suspensão condicional do processo, conforme o disposto no art. 89 da Lei nº 9.099/95, tendo em vista a pena mínima cominada.

## 3.9 Quadro-resumo

### Sujeitos

» Ativo: qualquer pessoa.
» Passivo: poderá ser considerado como próprio na hipótese de boicotagem violenta, haja vista que somente aquele que fornecer matéria-prima ou produto industrial ou agrícola é que poderá figurar nessa condição.

### Objeto material

É a pessoa contra a qual é dirigido o constrangimento.

### Bem(ns) juridicamente protegido(s)

A *liberdade do trabalho*.

### Elemento subjetivo

» É o dolo.
» Não há previsão para a modalidade de natureza culposa.

### Modalidades comissiva e omissiva

O núcleo constranger pressupõe um comportamento comissivo por parte do agente, podendo, no entanto, ser praticado via omissão imprópria.

### Consumação e tentativa

» Consuma-se o atentado contra a liberdade de contrato de trabalho quando a vítima, constrangida pelo emprego de violência ou grave ameaça, efetivamente, celebra contrato de trabalho: se expresso (escrito), no ato da assinatura deste; se tácito (verbal), com a aquiescência do constrangido.
» O delito de boicotagem violenta consuma-se no momento em que a vítima, em virtude do constrangimento sofrido, não fornece a outrem ou não adquire de outrem matéria-prima ou produto industrial ou agrícola.
» Admite-se a tentativa.

## 4. ATENTADO CONTRA A LIBERDADE DE ASSOCIAÇÃO

> **Atentado contra a liberdade de associação**
> **Art. 199**. Constranger alguém, mediante violência ou grave ameaça, a participar ou deixar de participar de determinado sindicato ou associação profissional:
> Pena – detenção, de um mês a um ano, e multa, além da pena correspondente à violência.

### 4.1 Introdução

A Constituição Federal, em seu art. 8º, inciso V, determina:

> **Art. 8º** É livre a associação profissional ou sindical, observado o seguinte:
> [...];
> V – ninguém será obrigado a filiar-se ou a manter-se filiado a sindicato;

Assim, configura-se atentado contra a liberdade de associação, nos termos do art. 199 do Código Penal, quando o agente vier a *constranger alguém, mediante violência ou grave ameaça, a participar ou deixar de participar de determinado sindicato ou associação profissional*.

Amauri Mascaro Nascimento define o sindicato como uma:

"Forma de organização de pessoas físicas ou jurídicas que figuram como sujeitos nas relações coletivas de trabalho.

A característica principal do sindicato é ser uma organização de um grupo existente na sociedade. Essa organização reúne pessoas físicas, os trabalhadores, mas pode reunir também pessoas jurídicas, as empresas, uma vez que estas se associam em sindicatos também, os sindicatos de empregadores."[10]

O art. 511 da CLT, embora não forneça um conceito de *sindicato*, assevera:

> **Art. 511**. É lícita a associação para fins de estudo, defesa e coordenação dos seus interesses econômicos ou profissionais de todos os que, como empregadores, empregados, agentes ou trabalhadores autônomos, ou profissionais liberais, exerçam, respectivamente, a mesma atividade ou profissão ou atividades ou profissões similares ou conexas.

*Associação profissional* poderá ser considerada como gênero, abrangendo o sindicato, conforme se dessume da redação constante do art. 511 da CLT, acima transcrito.

O constrangimento, praticado mediante violência ou grave ameaça, deve ser dirigido no sentido de fazer com que a vítima participe, ou seja, se filie, se associe, contra a sua vontade, a sindicato ou associação profissional, ou mesmo que deixe de se filiar, quando esse era seu desejo.

### 4.2 Classificação doutrinária

Crime comum no que diz respeito ao sujeito ativo e próprio quanto ao sujeito passivo; doloso; comissivo (podendo, no entanto, ser praticado via omissão imprópria, quando o agente gozar do *status* de garantidor); de forma livre; material; instantâneo ou permanente (dependendo da hipótese apresentada); monossubjetivo; plurissubsistente; não transeunte (como regra).

---

[10] NASCIMENTO, Amauri Mascaro. *Iniciação ao direito do trabalho*, p. 478-479.

## 4.3 Objeto material e bem juridicamente protegido

A liberdade de associação e filiação sindical é o bem juridicamente protegido pelo tipo penal do art. 199.

O objeto material é a pessoa contra a qual é dirigido o constrangimento.

## 4.4 Sujeito ativo e sujeito passivo

Crime comum, o delito de atentado contra a liberdade de associação pode ser praticado por qualquer pessoa, não exigindo o tipo penal em estudo qualquer qualidade ou condição especial do sujeito ativo.

No que diz respeito ao *sujeito passivo*, somente aqueles que podem se associar ou se filiar a algum sindicato é que podem figurar nessa condição.

## 4.5 Consumação e tentativa

Consuma-se o delito quando a vítima, efetivamente, se associa ou se filia, contra a sua vontade, a determinado sindicato ou associação profissional, ou é impedida de fazê-lo, quando assim o desejava, em virtude do constrangimento levado a efeito pelo agente mediante o emprego de violência ou grave ameaça.

Tratando-se de crime plurissubsistente, será possível a tentativa.

## 4.6 Elemento subjetivo

O delito de atentado contra a liberdade de associação somente pode ser praticado dolosamente, não havendo previsão para a modalidade de natureza culposa.

## 4.7 Modalidades comissiva e omissiva

O núcleo *constranger* pressupõe um comportamento comissivo por parte do agente. No entanto, poderá ser o delito praticado via omissão imprópria quando o agente, garantidor, dolosamente, podendo, não atuar no sentido de impedir a prática da infração penal.

## 4.8 Pena, ação penal, competência para julgamento e suspensão condicional do processo

A pena cominada ao delito tipificado no art. 199 do Código Penal é de detenção, de 1 (um) mês a 1 (um) ano, e multa, além da pena correspondente à violência.

A lei penal, portanto, ressalvou o concurso material de crimes entre o delito de atentado contra a liberdade de associação e o resultante da violência empregada.

A ação penal é de iniciativa pública incondicionada.

Compete, inicialmente, ao Juizado Especial Criminal o processo e o julgamento do delito em estudo, tratando-se de infração penal de menor potencial ofensivo, nos termos preconizados pelo art. 61 da Lei nº 9.099/95, com a redação que lhe foi dada pela Lei nº 11.313, de 28 de junho de 2006.

Será possível, ainda, a confecção de proposta de suspensão condicional do processo, conforme o disposto no art. 89 da Lei nº 9.099/95, tendo em vista a pena mínima cominada.

## 4.9 Quadro-resumo

**Sujeitos**
» Ativo: qualquer pessoa.
» Passivo: somente aqueles que podem se associar ou se filiar a algum sindicato é que podem figurar nessa condição.

**Objeto material**
É a pessoa contra a qual é dirigido o constrangimento.

**Bem(ns) juridicamente protegido(s)**
A *liberdade de associação* e *filiação sindical*.

**Elemento subjetivo**
» É o dolo.
» Não há previsão para a modalidade de natureza culposa.

**Modalidades comissiva e omissiva**
O núcleo constranger pressupõe um comportamento comissivo por parte do agente, podendo, no entanto, ser praticado via omissão imprópria.

**Consumação e tentativa**
» Consuma-se o delito quando a vítima, efetivamente, se associa ou se filia, contra a sua vontade, a determinado sindicato ou associação profissional, ou é impedida de fazê-lo, quando assim o desejava, em virtude do constrangimento levado a efeito pelo agente mediante o emprego de violência ou grave ameaça.
» A tentativa é admissível.

## 5. PARALISAÇÃO DE TRABALHO, SEGUIDA DE VIOLÊNCIA OU PERTURBAÇÃO DA ORDEM

**Paralisação de trabalho, seguida de violência ou perturbação da ordem**
**Art. 200.** Participar de suspensão ou abandono coletivo de trabalho, praticando violência contra pessoa ou contra coisa:
Pena – detenção, de um mês a um ano, e multa, além da pena correspondente à violência.
**Parágrafo único.** Para que se considere coletivo o abandono de trabalho é indispensável o concurso de, pelo menos, três empregados.

### 5.1 Introdução

A greve é um direito constitucionalmente previsto pelo art. 9º de nossa Lei Maior, que diz:

**Art. 9º** É assegurado o direito de greve, competindo aos trabalhadores decidir sobre a oportunidade de exercê-lo e sobre os interesses que devam por meio dele defender.

# PARTE IV – CAPÍTULO I – DOS CRIMES CONTRA A ORGANIZAÇÃO DO TRABALHO

> § 1º A lei definirá os serviços ou atividades essenciais e disporá sobre o atendimento das necessidades inadiáveis da comunidade.
> § 2º Os abusos cometidos sujeitam os responsáveis às penas da lei.

A Lei nº 7.783, de 28 de junho de 1989, regulamentou o dispositivo constitucional dispondo sobre o direito de greve, bem como definiu as atividades consideradas essenciais, regulando, ainda, o atendimento das necessidades inadiáveis da comunidade.

O art. 6º da referida lei assegura aos grevistas, entre outros direitos: *I – o emprego de meios pacíficos tendentes a persuadir ou aliciar os trabalhadores a aderirem a greve; II – a arrecadação de fundos e a livre divulgação do movimento*.

No entanto, podem aqueles que participam do movimento de suspensão ou abandono coletivo de trabalho praticar violência contra a pessoa ou contra coisa, cometendo, dessa forma, a infração tipificada no art. 200 do Código Penal.

Pelo que se verifica da redação do dispositivo *sub examen*, para que ocorra o delito de paralisação de trabalho, seguida de violência ou perturbação da ordem, será preciso que o agente, efetivamente, *participe*, isto é, faça parte do movimento da suspensão ou abandono coletivo de trabalho, praticando violência contra a pessoa ou contra a coisa.

Assim, sua participação poderia ter sido considerada inicialmente legítima, transformando-se em criminosa no instante em que pratica os atos de violência contra pessoa ou contra coisa.

O tipo penal em estudo prevê tanto a greve, isto é, o abandono coletivo do trabalho, quanto o chamado *lockout*, compreendido no sentido que lhe é dado pelo art. 17 da Lei nº 7.783/89: paralisação das atividades, por iniciativa do empregador, com o objetivo de frustrar negociação ou dificultar o atendimento de reivindicações dos respectivos empregados, que poderia ser interpretada como a *greve patronal*.

O parágrafo único do art. 200 do Código Penal exige, ainda, para efeitos de configuração do abandono coletivo de trabalho, que haja o concurso de, pelo menos, três empregados, incluindo-se, nesse cômputo, o agente que praticou a violência contra a pessoa ou contra a coisa.

## 5.2 Classificação doutrinária

Crime próprio no que diz respeito ao sujeito ativo e comum quanto ao sujeito passivo (que é a coletividade como um todo); doloso; comissivo (podendo, no entanto, ser praticado via omissão imprópria, quando o agente gozar do *status* de garantidor); de forma livre; material; instantâneo; monossubjetivo (uma vez que, embora participando de uma atividade lícita, que é a greve, pode um único agente cometer a infração penal, praticando violência contra a pessoa ou contra a coisa); plurissubsistente; não transeunte (como regra).

## 5.3 Objeto material e bem juridicamente protegido

Existe controvérsia doutrinária no que diz respeito ao bem juridicamente protegido pelo tipo penal que prevê a paralisação de trabalho, seguida de violência ou perturbação da ordem.

Para Damásio:

> "O crime é praticado, em regra, por pessoas que tencionam manter a paralisação do trabalho, para tanto lançando mão de meios violentos, com graves prejuízos para a segurança do corpo social. Mas o que tem em mira o legislador, imediatamente, não é esta tranquilidade (que, na verdade, é o objeto jurídico de qualquer delito), mas sim a liberdade de trabalho."[11]

---

[11]   JESUS, Damásio E. de. *Direito penal*, v. 3, p. 35.

Por outro lado, assevera Cezar Roberto Bitencourt:

"O bem juridicamente protegido, ao contrário do que tem sustentado a imensa maioria da doutrina, *não é a liberdade de trabalho*. Greve e *lockout* não são exercício do direito de trabalhar, mas sua negação, ou seja, é seu não exercício; greve é o não trabalho.
O bem jurídico tutelado é a regularidade e moralidade das relações trabalhistas, é a correção e a moralidade que devem orientar os contratos de trabalho, que, vênia *concessa*, não se confunde com 'liberdade de trabalho.'"[12]

Filiamo-nos a esta última posição, assumida pelo renomado professor gaúcho.

O objeto material é a pessoa ou a coisa contra a qual é dirigida a conduta praticada pelo agente.

## 5.4 Sujeito ativo e sujeito passivo

O *sujeito ativo* só pode ser o empregado ou o empregador, uma vez que o tipo exige a suspensão ou abandono coletivo de *trabalho*.

O *sujeito passivo* é a coletividade.

## 5.5 Consumação e tentativa

Consuma-se o crime com a prática do ato violento pelo empregado ou empregador, ou, seguindo as lições de Hungria:

"O crime consuma-se no momento em que, já formada a greve ou o *lockout*, ocorre efetivamente a violência (atentados pessoais, danificações, arrombamentos etc.), e por ele somente responderão os que praticaram a violência ou para esta concorreram, material ou moralmente. Outra ilação não permite o texto legal."[13]

Por ser um crime plurissubsistente, a tentativa é admissível.

## 5.6 Elemento subjetivo

O delito de paralisação de trabalho, seguida de violência ou perturbação da ordem, somente pode ser praticado dolosamente, não havendo previsão para a modalidade de natureza culposa.

## 5.7 Modalidades comissiva e omissiva

O núcleo *participar* pressupõe um comportamento comissivo por parte do agente. No entanto, poderá ser o delito praticado via omissão imprópria quando o agente, garantidor, dolosamente, podendo, não atuar no sentido de impedir a prática da infração penal.

## 5.8 Pena, ação penal, competência para julgamento e suspensão condicional do processo

A pena cominada ao delito tipificado no art. 200 do Código Penal é de detenção, de 1 (um) mês a 1 (um) ano, e multa, além da pena correspondente à violência.

---

[12] BITENCOURT, Cezar Roberto. *Tratado de direito penal,* v. 3, p. 456-457.

[13] HUNGRIA, Nélson. *Comentários ao código penal,* v. VIII, p. 45.

A lei penal, portanto, ressalvou o concurso material de crimes entre o delito de paralisação de trabalho, seguida de violência ou perturbação da ordem, e o resultante da violência empregada contra a pessoa ou contra a coisa.

A ação penal é de iniciativa pública incondicionada.

Compete, inicialmente, ao Juizado Especial Criminal o processo e julgamento do delito em estudo, tratando-se de infração penal de menor potencial ofensivo, nos termos preconizados pelo art. 61 da Lei nº 9.099/95, com a redação que lhe foi dada pela Lei nº 11.313, de 28 de junho de 2006.

Será possível, ainda, a confecção de proposta de suspensão condicional do processo, conforme o disposto no art. 89 da Lei nº 9.099/95, tendo em vista a pena mínima cominada.

### 5.9 Quadro-resumo

**Sujeitos**
» Ativo: só pode ser o empregado ou o empregador, uma vez que o tipo exige a suspensão ou abandono coletivo de trabalho.
» Passivo: é a coletividade.

**Objeto material**
É a *pessoa* ou a *coisa* contra a qual é dirigida a conduta praticada pelo agente.

**Bem(ns) juridicamente protegido(s)**
Existe controvérsia doutrinária, sendo que uma corrente entende que o objeto jurídico é a *liberdade de trabalho* e outra afirma ser a *regularidade e a moralidade das relações trabalhistas*, posição com a qual nos filiamos.

**Elemento subjetivo**
» É o dolo.
» Não há previsão para a modalidade de natureza culposa.

**Modalidades comissiva e omissiva**
O núcleo participar pressupõe um comportamento comissivo por parte do agente, podendo, no entanto, ser praticado via omissão imprópria.

**Consumação e tentativa**
» Consuma-se o crime com a prática do ato violento pelo empregado ou empregador.
» A tentativa é admissível.

## 6. PARALISAÇÃO DE TRABALHO DE INTERESSE COLETIVO

**Paralisação de trabalho de interesse coletivo**
**Art. 201.** Participar de suspensão ou abandono coletivo de trabalho, provocando a interrupção de obra pública ou serviço de interesse coletivo:
Pena – detenção, de seis meses a dois anos, e multa.

## 6.1 Introdução

Embora a greve seja um direito constitucionalmente assegurado (art. 9º da CF), a própria Lei Maior ressalvou que a lei deveria definir os serviços ou atividades essenciais, além de dispor sobre o atendimento das necessidades inadiáveis da comunidade, o que veio efetivamente acontecer com a edição da Lei nº 7.783, de 28 de junho de 1989.

Em virtude das novas disposições legais, constitucionais e infraconstitucionais, grande parte de nossa doutrina posicionou-se pela revogação do art. 201 do Código Penal, a exemplo de Cezar Roberto Bitencourt que afirma, enfaticamente:

"Confrontando a atual Lei de Greve (nº 7.783/89) e a Constituição Federal de 1988, parece-nos inquestionável que o disposto no art. 201 do Código Penal se encontra efetivamente revogado."[14]

Guilherme de Souza Nucci, adotando posição menos radical, assevera:

"Entendemos que o direito de greve no setor não essencial é ilimitado, razão pela qual não tem mais aplicação a figura típica do art. 201. Entretanto, como nos setores essenciais o direito não é ilimitado, mas controlado por lei, pode haver abuso. Nesse prisma, ainda há possibilidade de punição."[15]

Dessa forma, devemos entender que a interrupção de obra pública ou serviço de interesse coletivo deverá estar ligada aos serviços e atividades essenciais elencados pelo art. 10 da Lei nº 7.783, de 28 de junho de 1989, *verbis*:

> **Art. 10.** São considerados serviços ou atividades essenciais:
> I – tratamento e abastecimento de água; produção e distribuição de energia elétrica, gás e combustíveis;
> II – assistência médica e hospitalar;
> III – distribuição e comercialização de medicamentos e alimentos;
> IV – funerários;
> V – transporte coletivo;
> VI – captação e tratamento de esgoto e lixo;
> VII – telecomunicações;
> VIII – guarda, uso e controle de substâncias radioativas, equipamentos e materiais nucleares;
> IX – processamento de dados ligados a serviços essenciais;
> X – controle de tráfego aéreo e navegação aérea;
> XI – compensação bancária.
> XII – atividades médico-periciais relacionadas com o regime geral de previdência social e a assistência social;
> XIII – atividades médico-periciais relacionadas com a caracterização do impedimento físico, mental, intelectual ou sensorial da pessoa com deficiência, por meio da integração de equipes multiprofissionais e interdisciplinares, para fins de reconhecimento de direitos previstos em lei, em especial na Lei nº 13.146, de 6 de julho de 2015 (Estatuto da Pessoa com Deficiência); e
> XIV – outras prestações médico-periciais da carreira de Perito Médico Federal indispensáveis ao atendimento das necessidades inadiáveis da comunidade.
> XV – atividades portuárias.

Tal dispositivo deverá ser conjugado, ainda, com os arts. 11, 14 e 15 da Lei de Greve.

---

[14] BITENCOURT, Cezar Roberto. *Tratado de direito penal*, v. 3, p. 462.
[15] NUCCI, Guilherme de Souza. *Código penal comentado*, p. 757-758.

## 6.2 Classificação doutrinária

Crime próprio no que diz respeito ao sujeito ativo e comum quanto ao sujeito passivo (que é a coletividade como um todo); doloso; comissivo (podendo, no entanto, ser praticado via omissão imprópria, quando o agente gozar do *status* de garantidor); de forma livre; material; instantâneo; plurissubjetivo; plurissubsistente; transeunte.

## 6.3 Objeto material e bem juridicamente protegido

No que diz respeito ao bem juridicamente protegido, vale o que foi dito quando do estudo do art. 200 do Código Penal.

Objeto material seria a obra pública ou serviço de interesse coletivo interrompidos.

## 6.4 Sujeito ativo e sujeito passivo

Crime próprio, o delito somente pode ser cometido pelos empregados (greve) e pelos empregadores (*lockout*) que teriam de levar a efeito a obra pública ou serviço de interesse coletivo.

O *sujeito passivo* é a coletividade, que sofre os efeitos da paralisação.

## 6.5 Consumação e tentativa

Consuma-se o delito no momento em que ocorre a suspensão ou abandono coletivo de trabalho, provocando a interrupção de obra pública ou serviço de interesse coletivo.

Tratando-se de um crime plurissubsistente, torna-se possível a tentativa.

## 6.6 Elemento subjetivo

O delito de paralisação de trabalho de interesse coletivo somente pode ser praticado dolosamente, não havendo previsão para a modalidade de natureza culposa.

## 6.7 Modalidades comissiva e omissiva

O núcleo participar pressupõe um comportamento comissivo por parte do agente. No entanto, poderá ser o delito praticado via omissão imprópria quando o agente, garantidor, dolosamente, podendo, não atua no sentido de impedir a prática da infração penal.

## 6.8 Pena, ação penal, competência para julgamento e suspensão condicional do processo

A pena cominada ao delito tipificado no art. 201 do Código Penal é de detenção, de 6 (seis) meses a 2 (dois) anos, e multa.

A ação penal é de iniciativa pública incondicionada.

Compete, inicialmente, ao Juizado Especial Criminal o processo e julgamento do delito em estudo, tratando-se de infração penal de menor potencial ofensivo, nos termos preconizados pelo art. 61 da Lei nº 9.099/95, de acordo com a redação que lhe foi dada pela Lei nº 11.313, de 28 de junho de 2006.

Será possível, ainda, a confecção de proposta de suspensão condicional do processo, conforme o disposto no art. 89 da Lei nº 9.099/95, tendo em vista a pena mínima cominada.

## 6.9 Quadro-resumo

### Sujeitos
» Ativo: empregados (greve) e pelos empregadores (lockout) que teriam de levar a efeito a obra pública ou serviço de interesse coletivo.
» Passivo: a coletividade, que sofre os efeitos da paralisação.

### Objeto material
É a *obra pública* ou *serviço de interesse coletivo* interrompidos.

### Bem(ns) juridicamente protegido(s)
Existe controvérsia doutrinária, sendo que uma corrente entende que o objeto jurídico é a *liberdade de trabalho* e outra afirma ser a *regularidade e a moralidade das relações trabalhistas*, posição com a qual nos filiamos.

### Elemento subjetivo
» É o dolo.
» Não há previsão para a modalidade de natureza culposa.

### Modalidades comissiva e omissiva
O núcleo participar pressupõe um comportamento comissivo por parte do agente, podendo, no entanto, ser praticado via omissão imprópria.

### Consumação e tentativa
» Consuma-se o delito no momento em que ocorre a suspensão ou abandono coletivo de trabalho, provocando a interrupção de obra pública ou serviço de interesse coletivo.
» É possível a tentativa.

## 7. INVASÃO DE ESTABELECIMENTO INDUSTRIAL, COMERCIAL OU AGRÍCOLA. SABOTAGEM

**Invasão de estabelecimento industrial, comercial ou agrícola. Sabotagem**
**Art. 202.** Invadir ou ocupar estabelecimento industrial, comercial ou agrícola, com o intuito de impedir ou embaraçar o curso normal do trabalho, ou com o mesmo fim danificar o estabelecimento ou as coisas nele existentes ou delas dispor:
Pena – reclusão, de um a três anos, e multa.

### 7.1 Introdução

Os delitos de invasão de estabelecimento industrial, comercial ou agrícola e sabotagem estão previstos no art. 202 do Código Penal.

Assim, no que diz respeito, inicialmente, ao delito de invasão de estabelecimento industrial, comercial ou agrícola, podemos destacar os seguintes elementos: *a)* a conduta de invadir ou ocupar; *b)* estabelecimento industrial, comercial ou agrícola; *c)* especial fim de agir, consubstanciado na finalidade de impedir ou embaraçar curso normal do trabalho.

# PARTE IV – CAPÍTULO I – DOS CRIMES CONTRA A ORGANIZAÇÃO DO TRABALHO

Dissertando sobre o tema, preleciona Hungria que *"invasão* é a entrada arbitrária e hostil, e *ocupação* é a tomada de posse, com arbitrária exclusão do *dominus."*[16]

*Estabelecimento industrial, comercial ou agrícola* é o local onde são desenvolvidas as respectivas atividades.

De acordo com a redação típica, a invasão ou a ocupação de qualquer um dos estabelecimentos apontados deverá ter uma finalidade especial, vale dizer, a de *impedir* ou *embaraçar* o curso normal de trabalho. *Impedir* tem o sentido de evitar o início ou interromper as atividades já iniciadas; *embaraçar*, a seu turno, diz respeito a perturbar, atrapalhar, causando algum tipo de transtorno que impeça o normal funcionamento da atividade que estava sendo exercida naquele estabelecimento.

A segunda parte do art. 202 do Código Penal prevê o delito de *sabotagem*. A diferença entre esta figura típica e a analisada anteriormente centra-se no fato de que, na sabotagem, a finalidade do agente é *danificar* o estabelecimento ou as coisas nele existentes ou delas dispor.

Conforme as lições de Hungria:

> *"Danificar* é destruir, estragar, inutilizar, total ou parcialmente, coisas móveis ou imóveis. O objeto da danificação tanto pode ser o estabelecimento quanto as coisas nele existentes, atinentes ao trabalho que aí se exerce, como sejam: máquinas, instrumentos, utensílios, matérias-primas, instalação elétrica etc. *Dispor* de uma coisa quer dizer usá-la *ut dominus*, aliená-la, a título gratuito ou oneroso, retê-la, gravá-la."[17]

## 7.2 Classificação doutrinária

Crime comum quanto ao sujeito ativo, haja vista que o tipo penal não exige qualquer qualidade ou condição especial, e próprio no que diz respeito ao sujeito passivo, uma vez que somente o proprietário ou possuidor do estabelecimento industrial, comercial ou agrícola é que pode figurar nessa condição, mesmo que a sociedade seja, também, atingida mediatamente com a prática do delito; doloso; formal (pois não se exige que o agente produza o resultado por ele pretendido para efeitos de reconhecimento da consumação); permanente; de forma livre; comissivo (podendo, no entanto, ser praticado via omissão imprópria, na hipótese de o agente gozar do *status* de garantidor); monossubjetivo; plurissubsistente; não transeunte (na hipótese de sabotagem).

## 7.3 Objeto material e bem juridicamente protegido

Bem juridicamente protegido pelo tipo penal que prevê os delitos de invasão de estabelecimento industrial, comercial ou agrícola e sabotagem é, segundo Noronha, "a organização do trabalho, seu desenvolvimento normal e regular."[18] No que diz respeito à sabotagem, podemos visualizar, também, a proteção da posse e da propriedade.

O objeto material é o estabelecimento industrial, comercial ou agrícola, bem como as coisas neles existentes, contra os quais é dirigida a conduta do agente.

## 7.4 Sujeito ativo e sujeito passivo

Qualquer pessoa pode ser *sujeito ativo* do delito em estudo, uma vez que o tipo penal não exige nenhuma qualidade ou condição especial, cuidando-se, assim, sob esse enfoque, de um crime comum.

---

16  HUNGRIA, Nélson. *Comentários ao código penal*, v. VIII, p. 47.
17  HUNGRIA, Nélson. *Comentários ao código penal*, v. III, p. 47-48.
18  NORONHA, Edgard Magalhães. *Direito penal*, v. 3, p. 26.

O *sujeito passivo* é o proprietário ou o possuidor do estabelecimento. A coletividade também poderá figurar, mediatamente, nessa condição.

## 7.5 Consumação e tentativa

Considerados crimes formais, a invasão de estabelecimento industrial, comercial ou agrícola e a sabotagem se consumam com a simples *invasão* ou *ocupação*, independentemente de o agente ter ou não conseguido, no primeiro caso, impedir ou embaraçar o curso normal do trabalho, ou, na segunda hipótese, danificar o estabelecimento ou as coisas nele existentes ou delas dispor. Caso esses resultados venham efetivamente a acontecer, serão considerados mero exaurimento dos crimes.

Tratando-se de crimes plurissubsistentes, nos quais se visualiza o fracionamento do *iter criminis*, será possível a tentativa.

## 7.6 Elemento subjetivo

Os delitos tipificados pelo art. 202 do Código Penal somente podem ser praticados dolosamente, não havendo previsão para a modalidade de natureza culposa.

A lei penal, no entanto, para efeitos de configuração dos delitos em estudo, exige que o agente atue com uma finalidade especial, vale dizer, com um *especial fim de agir*, conforme se verifica por meio da expressão *com o intuito de*, constante do tipo penal. Assim, somente se configurará a infração penal prevista pelo art. 202 do diploma repressivo quando o agente dirigir finalisticamente sua conduta no sentido de impedir ou embaraçar o curso normal do trabalho ou, ainda, quando tiver a intenção de danificar o estabelecimento ou as coisas nele existentes ou delas dispor.

## 7.7 Modalidades comissiva e omissiva

Os núcleos *invadir* e *ocupar* pressupõem um comportamento comissivo por parte do agente. No entanto, poderá ser o delito praticado via omissão imprópria quando o agente, garantidor, dolosamente, podendo, não atuar no sentido de impedir a prática da infração penal.

## 7.8 Pena, ação penal e suspensão condicional do processo

A pena cominada ao delito tipificado no art. 202 do Código Penal é de reclusão, de 1 (um) a 3 (três) anos, e multa.

A ação penal é de iniciativa pública incondicionada.

Será possível a confecção de proposta de suspensão condicional do processo, conforme o disposto no art. 89 da Lei nº 9.099/95, tendo em vista a pena mínima cominada.

## 7.9 Quadro-resumo

**Sujeitos**
- Ativo: qualquer pessoa.
- Passivo: o proprietário ou o possuidor do estabelecimento. A coletividade também poderá figurar, mediatamente, nessa condição.

**Objeto material**

É o *estabelecimento industrial, comercial ou agrícola*, bem como as *coisas neles existentes*, contra os quais é dirigida a conduta do agente.

### Bem(ns) juridicamente protegido(s)

"A organização do trabalho, seu desenvolvimento normal e regular" (NORONHA, 2003, p. 26) No que diz respeito à *sabotagem*, podemos visualizar, também, a *proteção da posse e da propriedade*.

### Elemento subjetivo

» É o dolo.
» Não há previsão para a modalidade de natureza culposa.

### Modalidades comissiva e omissiva

Os núcleos invadir e ocupar pressupõem um comportamento comissivo por parte do agente, podendo, ser o delito praticado via omissão imprópria.

### Consumação e tentativa

» Consumam-se os delitos com a simples invasão ou ocupação, independentemente se o agente tenha ou não conseguido, no primeiro caso, impedir ou embaraçar o curso normal do trabalho, ou, na segunda hipótese, danificar o estabelecimento ou as coisas nele existentes ou delas dispor.
» Admite-se a tentativa.

## 8. FRUSTRAÇÃO DE DIREITO ASSEGURADO POR LEI TRABALHISTA

**Frustração de direito assegurado por lei trabalhista**
**Art. 203.** Frustrar, mediante fraude ou violência, direito assegurado pela legislação do trabalho:
Pena – detenção de um ano a dois anos, e multa, além da pena correspondente à violência.
§ 1º Na mesma pena incorre quem:
I – obriga ou coage alguém a usar mercadorias de determinado estabelecimento, para impossibilitar o desligamento do serviço em virtude de dívida;
II – impede alguém de se desligar de serviços de qualquer natureza, mediante coação ou por meio da retenção de seus documentos pessoais ou contratuais.
§ 2º A pena é aumentada de um sexto a um terço se a vítima é menor de dezoito anos, idosa, gestante, indígena ou portadora de deficiência física ou mental.

### 8.1 Introdução

Os direitos dos trabalhadores vieram sendo construídos e conquistados ao longo dos anos. Desde as primeiras leis que surgiram no final do século XIX e início do século XX, até os dias de hoje, tem-se procurado elaborar normas que, efetivamente, os protejam da fúria capitalista.

O art. 203 do Código Penal procurou protegê-los, proibindo, mediante uma sanção de natureza penal, qualquer tipo de frustração, praticada com o emprego de fraude ou violência, a direito assegurado pela legislação do trabalho.

Cuida-se, portanto, de norma penal em branco, cuja fonte de consulta obrigatória, para que o intérprete compreenda o conteúdo da proibição, será a Consolidação das Leis do Trabalho, bem como qualquer outra lei que, de alguma forma, tenha assegurado algum direito dessa natureza.

A Constituição Federal, por intermédio de seu art. 7º e incisos, assegurou, por exemplo, pagamento do Fundo de Garantia por Tempo de Serviço (FGTS) (III); salário mínimo (IV); décimo terceiro salário com base na remuneração integral ou no valor da aposentado-

CURSO DE DIREITO PENAL • VOL. 2 – ROGÉRIO GRECO

ria (VIII); remuneração do trabalho noturno superior ao diurno (IX); duração do trabalho normal não superior a oito horas diárias e 44 semanais, facultada a compensação de horários e a redução da jornada, mediante acordo ou convenção coletiva de trabalho (XIII); gozo de férias anuais remuneradas com, pelo menos, um terço a mais do que o salário normal (XVII); licença à gestante, sem prejuízo do emprego e do salário, com duração de 120 dias (XVIII), podendo ser prorrogada por mais 60 (sessenta) dias, nos termos da Lei nº 11.770, de 9 de setembro de 2008, que criou o Programa Empresa Cidadã destinado à prorrogação da licença-maternidade etc.[19]

Contudo, é na CLT que se encontra o rol mais detido dos direitos do trabalho, que dizem respeito tanto aos do empregado como os concernentes ao empregador, uma vez que o tipo penal não faz qualquer distinção.

Analisando a figura típica em estudo, verifica-se a utilização do núcleo *frustrar*, utilizado aqui no sentido de afastar, impedir, privar o titular do direito que lhe é assegurado por lei trabalhista. Para tanto, o agente se vale do emprego da fraude ou violência. Conforme salienta Damásio:

> "Fraude é o engodo empregado pelo sujeito para induzir ou manter a vítima em erro. A violência empregada deve ser a própria, ou seja, a violência consistente em força física (*vis corporalis*). A violência moral, consistente no emprego de grave ameaça (*vis compulsiva*), não é meio de execução deste delito. Quando o legislador quer referir-se à violência moral, menciona esta expressamente, usando o termo 'grave ameaça'. Como não empregou tal expressão na definição legal, deve-se entender que esta não é meio de execução."[20]

## 8.2 Classificação doutrinária

No que diz respeito ao *caput* do art. 203 do Código Penal, o delito é comum quanto ao sujeito ativo e próprio quanto ao sujeito passivo, pois somente o empregador e o empregado, titulares do direito trabalhista frustrado, podem figurar nessa condição; doloso; material; de forma livre; instantâneo ou permanente (dependendo do caso concreto, pois a situação de frustração a direito assegurado pela legislação trabalhista pode se prolongar no tempo); comissivo (podendo ser, no entanto, praticado via omissão imprópria, na hipótese de o agente gozar do *status* de garantidor); monossubjetivo; plurissubsistente (como regra, pois deverá ser observado no caso concreto a situação em que houve a frustração do direito assegurado pela legislação trabalhista); transeunte ou não transeunte (dependendo da hipótese concreta).

## 8.3 Objeto material e bem juridicamente protegido

Os bens juridicamente protegidos são os direitos, seja do empregado ou do empregador, assegurados pela legislação trabalhista.

O objeto material é a pessoa que se vê frustrada em seus direitos trabalhistas.

## 8.4 Sujeito ativo e sujeito passivo

O *sujeito ativo* poderá ser o empregador, o empregado ou qualquer outra pessoa, uma vez que o tipo penal não exige nenhuma qualidade ou condição especial, tratando-se, pois, de crime comum.

---

[19] A escolha dos incisos constitucionais foi aleatória, somente para exemplificar o raciocínio, não esgotando todos os direitos previstos na Constituição Federal.

[20] JESUS, Damásio E. de. *Direito penal*, v. 3, p. 48.

O *sujeito passivo* é a pessoa frustrada em seu direito trabalhista, podendo ser tanto o empregador quanto o empregado.

## 8.5 Consumação e tentativa

Crime material, o delito se consuma com a efetiva frustração do direito assegurado pela legislação trabalhista.

Tratando-se de crime plurissubsistente, torna-se possível o raciocínio relativo à tentativa.

## 8.6 Elemento subjetivo

O delito de frustração de direito assegurado por lei trabalhista somente pode ser praticado dolosamente, não havendo previsão para a modalidade de natureza culposa.

Assim, aquele que, negligentemente, deixar de conceder, por descuido, algum direito assegurado pela legislação trabalhista, não incorrerá na infração penal *sub examen*.

## 8.7 Modalidades comissiva e omissiva

O núcleo *frustrar* pressupõe um comportamento comissivo por parte do agente.

No entanto, poderá ser o delito praticado via omissão imprópria quando o agente garantidor, dolosamente, podendo, não atuar no sentido de impedir a prática da infração penal.

## 8.8 Modalidades assemelhadas

O § 1º do art. 203 do Código Penal assevera:

> § 1º Na mesma pena incorre quem:
> I – obriga ou coage alguém a usar mercadorias de determinado estabelecimento, para impossibilitar o desligamento do serviço em virtude de dívida;
> II – impede alguém de se desligar de serviços de qualquer natureza, mediante coação ou por meio da retenção de seus documentos pessoais ou contratuais.

O § 1º acima transcrito foi acrescentado ao art. 203 do Código Penal pela Lei nº 9.777, de 29 de dezembro de 1998.

Faremos a análise de cada um dos incisos mencionados isoladamente.

### 8.8.1 Obriga ou coage alguém a usar mercadorias de determinado estabelecimento, para impossibilitar o desligamento do serviço em virtude de dívida

Os meios de comunicação têm noticiado, com frequência, a situação de trabalhadores que, em virtude de dívidas contraídas com seus empregadores, ficam impossibilitados de se desligarem de seu serviço.

Na verdade, são obrigados a contrair tais dívidas em virtude, muitas vezes, do lugar onde prestam seus serviços, situados, quase sempre, em locais distantes dos centros urbanos. Dada a falta de opção, não tendo o que comer, beber ou vestir, por exemplo, encontram-se na contingência de adquirir os produtos básicos de seus próprios empregadores, por preços bem superiores aos praticados pelo mercado.

Trabalham, basicamente, para se alimentar. Vivem em condições precárias. São explorados por capitalistas desumanos e cruéis.

A fim de evitar a prática de tal exploração, foi introduzido o § 1º ao art. 203 do Código Penal, que prevê as mesmas penas cominadas ao *caput* para aquele que obrigar ou coagir alguém a usar mercadorias de determinado estabelecimento, para impossibilitar o desligamento

CURSO DE DIREITO PENAL • VOL. 2 – ROGÉRIO GRECO

do serviço em virtude de dívida. A expressão *usar mercadoria de determinado estabelecimento* exige uma habitualidade, ou seja, a prática reiterada do comportamento.

O núcleo *obrigar* deve ser entendido no sentido de tornar obrigatório, ou seja, impedir que a pessoa tenha opção para utilizar mercadorias existentes em outros estabelecimentos. Assim, como dito acima, a localização isolada de determinada fazenda, sem que haja meios de transporte disponíveis, obrigará o trabalhador a adquirir as mercadorias colocadas à disposição pelo seu próprio empregador.

A coação mencionada pelo dispositivo em exame pode ser tanto a física quanto a moral.

### 8.8.2 Impede alguém de se desligar de serviços de qualquer natureza, mediante coação ou por meio da retenção de seus documentos pessoais ou contratuais

Pela análise do inciso II do § 1º do art. 203 do Código Penal, verificamos serem duas as modalidades de comportamento que importam na prática da infração penal.

A primeira delas diz respeito ao fato de o agente *impedir* alguém de se desligar de serviços de qualquer natureza mediante coação. Nesse caso, o sujeito, valendo-se de coação física ou moral, não permite que a vítima se desligue do seu serviço. Pode ser concebido como uma modalidade especial de constrangimento ilegal, tendo a coação como seu meio executivo.

Na segunda hipótese, o agente, também com a finalidade de impedir que alguém se desligue de seus serviços, não importando a sua natureza, retém-lhe documentos pessoais ou contratuais. José Henrique Pierangeli, analisando o tipo penal em estudo, preleciona:

> "O conceito de documento, que constitui um elemento normativo ou cultural do tipo, deve ser considerado no seu sentido próprio de registro gráfico que comprove um fato juridicamente relevante, como a cédula de identidade, caderneta de trabalho, cadastro de contribuinte (CIC, CPF), carteira de habilitação para dirigir veículos motorizados, de identidade funcional, escritura de imóveis etc. Na hipótese em testilha, o documento retido é quase sempre a carteira de trabalho, mas nada impede que possa ser outro, posto que a lei não especifica qual deva ser ele. Atente-se, ainda, que, além das dificuldades para a obtenção de uma segunda via de seus documentos, as vítimas, aqui quase sempre humildes, por serem originárias de outras regiões do país, muitas vezes até ignoram essa possibilidade."[21]

## 8.9 Causas especiais de aumento de pena

O § 2º do art. 203 do Código Penal também foi inserido pela Lei nº 9.777, de 29 de dezembro de 1998, com a seguinte redação:

> § 2º A pena é aumentada de um sexto a um terço se a vítima é menor de dezoito anos, idosa, gestante, indígena ou portadora de deficiência física ou mental.

A primeira majorante mencionada diz respeito ao fato de ser a vítima menor de 18 anos de idade, dado esse de natureza objetiva, que deverá ser demonstrado nos autos mediante documento próprio (carteira de identidade, certidão de nascimento etc.), nos termos preconizados pelo parágrafo único do art. 155 do Código de Processo Penal, com a nova redação que lhe foi dada pela Lei nº 11.690, de 9 de junho de 2008, que diz:

> **Parágrafo único.** Somente quanto ao estado das pessoas serão observadas as restrições estabelecidas na lei civil.

---

[21] PIERANGELI, José Henrique. *Manual de direito penal brasileiro* – Parte especial (arts. 121 a 234), p. 698.

Para que a referida causa de aumento de pena seja aplicada ao agente, será preciso comprovar nos autos o seu conhecimento no que diz respeito à idade da vítima, pois, caso contrário, poderá ser alegado, por sua parte, o chamado erro de tipo.

O conceito de *pessoa idosa* foi fornecido pelo art. 1º da Lei nº 10.741, de 1º de outubro de 2003, com a nova redação que lhe foi conferida pela Lei nº 14.423, de 22 de julho de 2022, que diz:

> **Art. 1º** É instituído o Estatuto da Pessoa Idosa, destinado a regular os direitos assegurados às pessoas com idade igual ou superior a 60 (sessenta) anos.

Assim, de acordo com a determinação legal, pessoa idosa, para efeitos de reconhecimento da causa de aumento de pena, será aquele que tiver idade igual ou superior a 60 (sessenta) anos, fato que deverá ser do conhecimento do agente.

*Gestante* é a mulher grávida. Para que o agente tenha sua pena majorada, faz-se necessário, também, que esse fato seja de seu conhecimento.

O conceito de *índio* vem determinado pelo inciso I do art. 3º da Lei nº 6.001, de 19 de dezembro de 1973 (Estatuto de Índio), que diz:

> **Art. 3º** Para efeitos de Lei, ficam estabelecidas as definições a seguir discriminadas:
> I – Índio ou Silvícola – É todo indivíduo de origem e ascendência pré-colombiana que se identifica e é identificado como pertencente a um grupo étnico cujas características culturais o distinguem da sociedade nacional;

O art. 4º do referido diploma legal ainda classifica os índios da seguinte maneira:

> **Art. 4º** Os índios são considerados:
> I – Isolados – Quando vivem em grupos desconhecidos ou de que se possuem poucos e vagos informes através de contatos eventuais com elementos da comunhão nacional;
> II – Em vias de integração – Quando, em contato intermitente ou permanente com grupos estranhos, conservam menor ou maior parte das condições de sua vida nativa, mas aceitam algumas práticas e modos de existência comuns aos demais setores da comunhão nacional, da qual vão necessitando cada vez mais para o próprio sustento;
> III – Integrados – Quando incorporados à comunhão nacional e reconhecidos no pleno exercício dos direitos civis, ainda que conservem usos, costumes e tradições características de sua cultura.

Tem-se entendido que a majorante somente se aplica quando se tratar de índio *isolado* ou *em vias de integração*, pois, conforme salienta Guilherme de Souza Nucci, "estando integrado completamente, não tem cabimento incidir a causa de aumento do § 2º, pois o próprio Estado reconhece-lhe integral autonomia e capacidade de se autodeterminar. Afinal, o objetivo da figura típica agravada é proteger os hipossuficientes que estiverem inseridos no mercado de trabalho."[22]

A última majorante constante do § 2º do art. 203 do Código Penal diz respeito ao fato de ser a vítima *portadora de deficiência física ou mental*.

A Convenção Interamericana para a eliminação de todas as formas de discriminação contra as pessoas portadoras de deficiência, aprovada pelo conselho permanente na sessão realizada em 26 de maio de 1999, no item 1, de seu art. 1º, definiu o conceito de deficiência dizendo:

> "O termo 'deficiência' significa uma restrição física, mental ou sensorial, de natureza permanente ou transitória, que limita a capacidade de exercer uma ou mais atividades essenciais da vida diária, causada ou agravada pelo ambiente econômico e social."

---

22 NUCCI, Guilherme de Souza. *Código penal comentado*, p. 764.

A Lei nº 13.146, de 6 de julho de 2015, a seu turno, instituiu a Lei Brasileira de Inclusão da Pessoa com Deficiência (Estatuto da Pessoa com Deficiência), e definiu, em seu art. 2º, o conceito de pessoa com deficiência, que deverá ser utilizado na interpretação da expressão *deficiência física ou mental*, dizendo, *verbis*:

> **Art. 2º** Considera-se pessoa com deficiência aquela que tem impedimento de longo prazo de natureza física, mental, intelectual ou sensorial, o qual, em interação com uma ou mais barreiras, pode obstruir sua participação plena e efetiva na sociedade em igualdade de condições com as demais pessoas

## 8.10 Pena, ação penal, competência para julgamento e suspensão condicional do processo

A pena cominada aos delitos tipificados no art. 203 do Código Penal, *caput* e § 1º, é de detenção, de 1 (um) a 2 (dois) anos, e multa, além da pena correspondente à violência.

A lei penal, portanto, ressalvou o concurso material de crimes entre os delitos tipificados no art. 203, *caput* e § 1º, e o resultante da violência empregada.

A ação penal é de iniciativa pública incondicionada.

Compete, inicialmente, ao Juizado Especial Criminal o processo e julgamento do delito em estudo, tratando-se de infração penal de menor potencial ofensivo.

Será possível a confecção de proposta de suspensão condicional do processo, conforme o disposto no art. 89 da Lei nº 9.099/95, tendo em vista a pena mínima cominada.

## 8.11 Quadro-resumo

**Sujeitos**
- Ativo: qualquer pessoa.
- Passivo: é a pessoa frustrada em seu direito trabalhista, podendo ser tanto o empregador quanto o empregado.

**Objeto material**
- É a *pessoa* que se vê frustrada em seus direitos trabalhistas.

**Bem(ns) juridicamente protegido(s)**
- São os *direitos*, seja do empregado ou do empregador, assegurados pela legislação trabalhista.

**Elemento subjetivo**
- É o dolo.
- Não há previsão para a modalidade de natureza culposa.

**Modalidades comissiva e omissiva**
- O núcleo frustrar pressupõe um comportamento comissivo por parte do agente, podendo, no entanto, ser o delito praticado via omissão imprópria.

**Consumação e tentativa**
- O delito se consuma com a efetiva frustração do direito assegurado pela legislação trabalhista.
- Admite-se a tentativa.

# 9. FRUSTRAÇÃO DE LEI SOBRE A NACIONALIZAÇÃO DO TRABALHO

> **Frustração de lei sobre a nacionalização do trabalho**
> **Art. 204.** Frustrar, mediante fraude ou violência, obrigação legal relativa à nacionalização do trabalho:
> Pena – detenção, de um mês a um ano, e multa, além da pena correspondente à violência.

## 9.1 Introdução

As regras sobre a nacionalização do trabalho encontram-se previstas nos arts. 352 a 371 da CLT.

Trata-se, portanto, de norma penal em branco, cujo complemento é fixado, principalmente, pela Consolidação das Leis do Trabalho.

*O núcleo do tipo é o verbo frustrar*, utilizado no sentido de afastar, privar, enganar.

Exige o tipo penal do art. 204 que o delito seja cometido com o emprego de fraude ou violência. Assim, de acordo com as lições de Cezar Roberto Bitencourt, "o meio executivo deve ser a *violência* (*vis corporalis*) ou *fraude* (manobra ardilosa, astuciosa, uso de artifício). A ameaça (*vis compulsiva*) não é meio idôneo para praticar o crime."[23]

A finalidade da norma em estudo é a de responsabilizar criminalmente o agente que dirigir sua conduta no sentido de frustrar, mediante fraude ou violência, obrigação legal relativa à nacionalização do trabalho, quer dizer, à proteção que a lei confere aos trabalhadores nacionais, a exemplo do que ocorre com a regra da proporcionalidade, prevista nos arts. 352 e 354 da CLT, que dizem, respectivamente:

> **Art. 352.** As empresas, individuais ou coletivas, que explorem serviços públicos dados em concessão, ou que exerçam atividades industriais ou comerciais, são obrigadas a manter, no quadro do seu pessoal, quando composto de 3 (três) ou mais empregados, uma proporção de brasileiros não inferior à estabelecida no presente Capítulo.
> **Art. 354.** A proporcionalidade será de 2/3 (dois terços) de empregados brasileiros, podendo, entretanto, ser fixada proporcionalidade inferior, em atenção às circunstâncias especiais de cada atividade, mediante ato do Poder Executivo, e depois de devidamente apurada pelo Departamento Nacional do Trabalho a insuficiência do número de brasileiros na atividade de que se tratar.

## 9.2 Classificação doutrinária

Crime comum com relação ao sujeito ativo e próprio quanto ao sujeito passivo; doloso; material; comissivo (podendo ser praticado via omissão imprópria na hipótese de o agente gozar do *status* de garantidor); instantâneo; de forma livre; monossubjetivo; plurissubsistente (como regra, pois se pode visualizar o fracionamento do *iter criminis*); transeunte ou não transeunte (dependendo da hipótese concreta).

## 9.3 Objeto material e bem juridicamente protegido

O bem juridicamente protegido pelo tipo penal do art. 204 é, segundo Cezar Roberto Bitencourt, "o interesse na nacionalização do trabalho, particularmente, o interesse do Estado em garantir a reserva de mercado para os brasileiros, em seu próprio território."[24]

Os contratos indevidamente celebrados podem ser considerados como o objeto material do delito em estudo.

---

[23] BITENCOURT, Cezar Roberto. *Tratado de direito penal*, v. 3, p. 479.

[24] BITENCOURT, Cezar Roberto. *Tratado de direito penal*, v. 3, p. 478.

## 9.4 Sujeito ativo e sujeito passivo

*Sujeito ativo*, como regra, será o empregador, mas nada impede que qualquer pessoa possa figurar nessa condição, a exemplo do empregado ou de um estranho à relação de trabalho, haja vista que a lei não exige nenhuma qualidade ou condição especial, tratando-se, assim, de crime comum.

O *sujeito passivo* é o Estado, que vê frustradas suas medidas criadas em benefício dos trabalhadores nacionais.

## 9.5 Consumação e tentativa

O delito se consuma no instante em que o agente, efetivamente, frustra, mediante fraude ou violência, obrigação legal relativa à nacionalização do trabalho.

Tratando-se de crime plurissubsistente, será possível o raciocínio correspondente à tentativa.

## 9.6 Elemento subjetivo

O delito de frustração de lei sobre nacionalização do trabalho somente pode ser praticado dolosamente, não havendo previsão para a modalidade de natureza culposa.

Assim, por exemplo, levando em consideração a proporcionalidade exigida pelo art. 354 da CLT, se o agente, negligentemente, vier a errar nos cálculos relativos ao número de brasileiros que deveriam ser empregados na empresa exploradora de serviços públicos, o fato será considerado um indiferente penal.

## 9.7 Modalidades comissiva e omissiva

O núcleo *frustrar* pressupõe um comportamento comissivo por parte do agente.

No entanto, poderá o delito ser praticado via omissão imprópria, na hipótese em que o agente garantidor, dolosamente, podendo, nada fizer para evitar a prática da infração penal.

## 9.8 Pena, ação penal, competência para julgamento e suspensão condicional do processo

A pena cominada ao delito tipificado no art. 204 do Código Penal é de detenção, de 1 (um) mês a 1 (um) ano, e multa, além da pena correspondente à violência.

A lei penal, portanto, ressalvou o concurso material de crimes entre o delito de frustração de lei sobre a nacionalização do trabalho e o resultante da violência empregada.

A ação penal é de iniciativa pública incondicionada.

Compete, inicialmente, ao Juizado Especial Criminal o processo e julgamento do delito em estudo, tratando-se de infração penal de menor potencial ofensivo.

Será possível, ainda, a confecção de proposta de suspensão condicional do processo, conforme o disposto no art. 89 da Lei nº 9.099/95, tendo em vista a pena mínima cominada.

## 9.9 Quadro-resumo

**Sujeitos**
- » Ativo: como regra, será o empregador, mas nada impede que qualquer pessoa possa figurar nessa condição, a exemplo do empregado ou de um estranho à relação de trabalho.
- » Passivo: é o Estado, que vê frustradas suas medidas criadas em benefício dos trabalhadores nacionais.

**Objeto material**
Os *contratos* indevidamente celebrados.

**Bem(ns) juridicamente protegido(s)**
"... o interesse na nacionalização do trabalho, particularmente, o interesse do Estado em garantir a reserva de mercado para os brasileiros, em seu próprio território" (BITENCOURT, 2003, p. 478).

**Elemento subjetivo**
» É o dolo.
» Não há previsão para a modalidade de natureza culposa.

**Modalidades comissiva e omissiva**
O núcleo frustrar pressupõe um comportamento comissivo por parte do agente, podendo, no entanto, ser praticado via omissão imprópria.

**Consumação e tentativa**
» O delito se consuma no instante em que o agente, efetivamente, frustra, mediante fraude ou violência, obrigação legal relativa à nacionalização do trabalho.
» Admite-se a tentativa.

## 10. EXERCÍCIO DE ATIVIDADE COM INFRAÇÃO DE DECISÃO ADMINISTRATIVA

**Exercício de atividade com infração de decisão administrativa**
**Art. 205.** Exercer atividade, de que está impedido por decisão administrativa:
Pena – detenção, de três meses a dois anos, ou multa.

### 10.1 Introdução

O delito de exercício de atividade com infração de decisão administrativa veio previsto no art. 205 do Código Penal.

Assim, de acordo com a mencionada figura típica, podemos destacar os seguintes elementos: *a)* a conduta de exercer atividade; *b)* para a qual se encontra o agente impedido por decisão de natureza administrativa.

O núcleo *exercer* pressupõe habitualidade, quer dizer, prática reiterada de determinado comportamento para o qual se encontrava proibido o agente por decisão administrativa.

O termo *atividade* está ligado a qualquer profissão lícita, reconhecida pelo Ministério do Trabalho, a exemplo do que ocorre com os médicos, contadores, advogados etc.

A decisão deverá possuir, obrigatoriamente, natureza administrativa, haja vista que se o impedimento se der em virtude de decisão judicial, por exemplo, o delito será o tipificado no art. 359 do Código Penal, que prevê a desobediência à decisão judicial sobre a perda ou suspensão de direito.

### 10.2 Classificação doutrinária

Crime próprio, tanto com relação ao sujeito ativo quanto ao sujeito passivo; doloso; comissivo; habitual; de forma livre; de mão própria; de mera conduta; monossubjetivo; plurissubsistente; transeunte (como regra).

## 10.3 Objeto material e bem juridicamente protegido

De acordo com as observações de Guilherme de Souza Nucci, "o objeto material é a atividade desempenhada pelo agente; o objeto jurídico é o interesse do Estado no cumprimento de suas decisões."[25]

## 10.4 Sujeito ativo e sujeito passivo

O *sujeito ativo* é a pessoa que foi impedida, por decisão administrativa, de exercer determinada atividade.

O *sujeito passivo* é o Estado.

## 10.5 Consumação e tentativa

Consuma-se o delito com a prática reiterada dos atos próprios da atividade que o indivíduo se encontra impedido de exercer.

Embora seja um crime habitual, entendemos possível o raciocínio relativo à tentativa, devendo ser analisado o comportamento praticado no caso concreto.

## 10.6 Elemento subjetivo

O delito de exercício de atividade com infração de decisão administrativa somente pode ser praticado dolosamente, não havendo previsão para a modalidade de natureza culposa. Assim, por exemplo, aquele que recorreu da decisão administrativa que o impediu de exercer determinada atividade, se, negligentemente, continuar no seu exercício por acreditar, equivocadamente, que seu recurso tinha efeito suspensivo, não poderá ser responsabilizado pelo delito em estudo.

## 10.7 Modalidade comissiva

O núcleo *exercer* pressupõe um comportamento comissivo por parte do agente.

## 10.8 Pena, ação penal, competência para julgamento e suspensão condicional do processo

A pena cominada ao delito tipificado no art. 205 do Código Penal é de detenção, de 3 (três) meses a 2 (dois) anos, ou multa

A ação penal é de iniciativa pública incondicionada.

Compete, inicialmente, ao Juizado Especial Criminal o processo e julgamento do delito em estudo, tratando-se de infração penal de menor potencial ofensivo.

Será possível, ainda, a confecção de proposta de suspensão condicional do processo, conforme o disposto no art. 89 da Lei nº 9.099/95, tendo em vista a pena mínima cominada.

## 10.9 Quadro-resumo

**Sujeitos**
» Ativo: é a pessoa que foi impedida, por decisão administrativa, de exercer determinada atividade.
» Passivo: é o Estado.

---

[25] NUCCI, Guilherme de Souza. *Código penal comentado*, p. 766.

**Objeto material**
*Atividade* desempenhada pelo agente.

**Bem(ns) juridicamente protegido(s)**
O *interesse* do Estado no cumprimento de suas decisões.

**Elemento subjetivo**
» É o dolo.
» Não há previsão para a modalidade de natureza culposa.

**Modalidades comissiva e omissiva**
O núcleo exercer pressupõe um comportamento comissivo por parte do agente.

**Consumação e tentativa**
» Consuma-se o delito com a prática reiterada dos atos próprios da atividade que o indivíduo se encontra impedido de exercer.
» Embora seja um crime habitual, entendemos possível o raciocínio relativo à tentativa, devendo ser analisado o comportamento praticado no caso concreto.

## 11. ALICIAMENTO PARA O FIM DE EMIGRAÇÃO

**Aliciamento para o fim de emigração**
**Art. 206.** Recrutar trabalhadores, mediante fraude, com o fim de levá-los para território estrangeiro:
Pena – detenção, de um a três anos, e multa.

### 11.1 Introdução

Segundo estimativas da Organização Internacional do Trabalho (OIT), 120 milhões de pessoas se movimentam pelo mundo. Atravessando as fronteiras, uns buscam esperança, outros almejam a paz. Partem de países miseráveis, onde a fome está estampada na pele; de situações opressoras; de guerras sangrentas; do desemprego crescente; do tráfico de drogas; enfim, procuram países considerados estáveis, tanto política quanto economicamente.

A busca pelo trabalho e pela segurança, não importa em que país, passa a ser encarada pelos emigrantes como alternativa viável e promissora. E partem em busca da sua realização e subsistência sujeitando-se a todo tipo de privações e humilhações, como mão de obra barata, como mercadoria etc.

O conjunto de atos preordenados levados a efeito pelo criminoso normalmente tem início quando o aliciador adianta uma pequena parte em dinheiro ao trabalhador emigrante, para atender de imediato às suas necessidades básicas. Começa, então, a dívida do emigrante, ainda no início, antes de sua partida para o futuro local onde prestará o serviço.

A dívida desses trabalhadores só aumenta, pois, quando chegam ao local da prestação, deverão pagar pelos próprios instrumentos de trabalho, assim como pela alimentação, habitação etc. Submetem-se a privações, sofrimentos e riscos de toda a espécie: separação da família, mudanças culturais, humilhações, aliciamento ao ganho fácil e desonesto, perda de valores morais e religiosos.

Com a finalidade de responsabilizar criminalmente o agente que alicia trabalhadores para o fim de emigração, o art. 206 do Código Penal assevera:

> **Art. 206.** Recrutar trabalhadores, mediante fraude, com o fim de levá-los para território estrangeiro:
> Pena – detenção, de um a três anos, e multa.

O núcleo *recrutar* deve ser entendido no sentido exposto pela rubrica, vale dizer, aliciar, convencer, seduzir, atrair trabalhadores, mediante fraude, com o fim de levá-los para território estrangeiro.

A *fraude* é o meio utilizado pelo agente, podendo consistir em falsas promessas de remuneração, vantagens pessoais, a exemplo de habitação e alimentação, da possibilidade de aquisição de bens materiais (automóvel, casa própria etc.), enriquecimento em curto prazo, enfim, promessas que, certamente, não serão cumpridas, mas que servirão de estímulo para que o trabalhador aceite partir do território nacional.

A conduta do agente, portanto, de acordo com a redação típica, deve ser dirigida finalisticamente no sentido de levar o trabalhador recrutado para território estrangeiro, pois, se for para induzi-lo a trabalhar em outra localidade dentro do território nacional, o delito será aquele tipificado pelo art. 207 do Código Penal, vale dizer, aliciamento de trabalhadores de um local para outro do território nacional.

Esclarece Luiz Regis Prado sobre a controvérsia doutrinária a respeito do número mínimo de trabalhadores necessários à configuração típica, uma vez que a lei penal usa o termo no plural, isto é, *trabalhadores*. Assim, segundo o renomado autor:

> "Duas correntes se formaram, uma no sentido de que bastam dois trabalhadores para configurar o ilícito penal, enquanto outra, em sentido diametralmente oposto, argumenta que o número mínimo é de três, pois quando a lei se contenta com aquela quantidade – dois – o diz expressamente (por exemplo, arts. 150, § 1º; 155, § 4º; 157, § 2º, II; 158, § 1º etc.).
>
> Com efeito, examinando a técnica empregada pelo legislador, constata-se que se tivesse por escopo considerar configurado o ilícito apenas com dois trabalhadores o teria feito expressamente, como bem observa a segunda corrente doutrinária. Por isso, também aqui se entende que é preciso três como número mínimo de trabalhadores para que se caracterize o delito descrito no art. 206 do Código Penal."[26]

## 11.2 Classificação doutrinária

Crime comum quanto ao sujeito ativo, bem como quanto ao sujeito passivo; doloso; comissivo; de forma livre; formal; monossubjetivo; plurissubsistente; transeunte (como regra).

## 11.3 Objeto material e bem juridicamente protegido

O bem juridicamente protegido é o interesse do Estado em manter os trabalhadores em território nacional.

O objeto material são os trabalhadores aliciados.

## 11.4 Sujeito ativo e sujeito passivo

Tratando-se de crime comum, qualquer pessoa pode ser *sujeito ativo* do delito de aliciamento para o fim de emigração.

Da mesma forma, qualquer pessoa poderá figurar como *sujeito passivo*.

---

[26] PRADO, Luiz Regis. *Curso de direito penal brasileiro*, v. 3, p. 133.

## 11.5 Consumação e tentativa

Tendo em vista a sua natureza formal, o delito tipificado no art. 206 do Código Penal consuma-se no exato instante em que os trabalhadores são recrutados, vale dizer, aliciados com o fim de serem levados ao estrangeiro, não se exigindo que, efetivamente, venham a sair do território nacional.

Embora seja de difícil configuração, será possível o raciocínio correspondente à tentativa, dependendo da hipótese concreta apresentada, pois estamos diante de um crime plurissubsistente, no qual se pode fracionar o *iter criminis*.

## 11.6 Elemento subjetivo

O delito de aliciamento para o fim de emigração somente pode ser praticado dolosamente, não havendo previsão para a modalidade de natureza culposa.

## 11.7 Modalidades comissiva e omissiva

O núcleo *recrutar* pressupõe um comportamento comissivo por parte do agente. No entanto, poderá ser praticado via omissão imprópria na hipótese em que o agente garantidor, dolosamente, podendo, nada fizer para evitar o recrutamento ilícito.

## 11.8 Pena, ação penal e suspensão condicional do processo

A pena cominada ao delito tipificado no art. 206 do Código Penal é de detenção, de 1 (um) a 3 (três) anos, e multa.

A ação penal é de iniciativa pública incondicionada.

Será possível a confecção de proposta de suspensão condicional do processo, conforme o disposto no art. 89 da Lei nº 9.099/95, tendo em vista a pena mínima cominada.

## 11.9 Quadro-resumo

**Sujeitos**
» Ativo: qualquer pessoa.
» Passivo: qualquer pessoa.

**Objeto material**
São os *trabalhadores aliciados*.

**Bem(ns) juridicamente protegido(s)**
É o *interesse* do Estado em manter os trabalhadores em território nacional.

**Elemento subjetivo**
» É o dolo.
» Não há previsão para a modalidade de natureza culposa.

**Modalidades comissiva e omissiva**

O núcleo recrutar pressupõe um comportamento comissivo por parte do agente, podendo, no entanto, ser praticado via omissão imprópria.

**Consumação e tentativa**

» O delito consuma-se no exato instante em que os trabalhadores são recrutados, vale dizer, aliciados com o fim de serem levados ao estrangeiro, não se exigindo que, efetivamente, venham a sair do território nacional.
» Embora seja de difícil configuração, será possível o raciocínio correspondente à tentativa, dependendo da hipótese concreta apresentada.

## 12. ALICIAMENTO DE TRABALHADORES DE UM LOCAL PARA OUTRO DO TERRITÓRIO NACIONAL

**Aliciamento de trabalhadores de um local para outro do território nacional**
**Art. 207.** Aliciar trabalhadores, com o fim de levá-los de uma para outra localidade do território nacional:
Pena – detenção de um a três anos, e multa.
§ 1º Incorre na mesma pena quem recrutar trabalhadores fora da localidade de execução do trabalho, dentro do território nacional, mediante fraude ou cobrança de qualquer quantia do trabalhador, ou, ainda, não assegurar condições do seu retorno ao local de origem.
§ 2º A pena é aumentada de um sexto a um terço se a vítima é menor de dezoito anos, idosa, gestante, indígena ou portadora de deficiência física ou mental.

### 12.1 Introdução

Comparando o artigo em estudo com o tipo penal de aliciamento para o fim de emigração, esclarece Noronha, com precisão:

"O art. 207 prevê hipótese assemelhada à do artigo antecedente. Punido o aliciamento de trabalhadores, com o fim de levá-los de uma parte para outra localidade do território nacional, a lei tem em vista a regularidade, a normalidade do trabalho no país, evitando que regiões mais favorecidas corram o risco do *chômage*, enquanto outras, que não oferecem as mesmas vantagens, se despovoem e lutem com a falta de braços. Tal fato rompe a harmonia e o equilíbrio necessários à ordem econômica e social.

Como na espécie anterior, não se veda a transferência pura e simples de alguém de um lugar para outro do solo nacional, o que é inerente à liberdade de trabalho; pune-se o aliciamento; veda-se a ação dos aliciadores, promotora do êxodo de uma localidade para outra."[27]

No entanto, no que diz respeito à infração penal narrada no *caput* do art. 207 do Código Penal, a lei não exigiu que o aliciamento fosse realizado mediante o emprego de fraude, tal como ocorre com o art. 206 do mesmo diploma repressivo. Assim, o simples fato de aliciar, mesmo que com promessas reais de melhora de vida, por exemplo, já se configura no delito em estudo, procurando-se evitar, conforme salientado por Noronha, o êxodo em regiões integrantes do território nacional.

---

[27] NORONHA, Edgard Magalhães. *Direito penal*, v. 3, p. 36.

## 12.2 Classificação doutrinária

Crime comum quanto ao sujeito ativo, bem como quanto ao sujeito passivo; doloso; comissivo; de forma livre; formal; monossubjetivo; plurissubsistente; transeunte (como regra).

## 12.3 Objeto material e bem juridicamente protegido

O bem juridicamente protegido é o interesse do Estado em manter os trabalhadores não somente no território nacional, mas em suas diversas e heterogêneas regiões, evitando o êxodo e, consequentemente, a despovoação de determinada localidade.

Os trabalhadores aliciados constituem o objeto material.

## 12.4 Sujeito ativo e sujeito passivo

Tratando-se de um crime comum, qualquer pessoa pode ser *sujeito ativo* do delito de aliciamento de trabalhadores de um local para outro do território nacional.

Da mesma forma, qualquer pessoa poderá figurar como *sujeito passivo*.

## 12.5 Consumação e tentativa

Tendo em vista a sua natureza formal, o delito tipificado no art. 207 do Código Penal consuma-se no exato instante em que os trabalhadores são aliciados com o fim de serem levados para uma localidade do território nacional, não se exigindo que, efetivamente, isso venha a ocorrer.

Embora seja de difícil configuração, será possível o raciocínio correspondente à tentativa, dependendo da hipótese concreta que seja apresentada, pois estamos diante de um crime plurissubsistente, onde se pode fracionar o *iter criminis*.

## 12.6 Elemento subjetivo

O delito de aliciamento de trabalhadores de um local para outro do território nacional somente pode ser praticado dolosamente, não havendo previsão para a modalidade de natureza culposa.

## 12.7 Modalidades comissiva e omissiva

O núcleo *aliciar* pressupõe um comportamento comissivo por parte do agente, no entanto, poderá ser praticado via omissão imprópria na hipótese em que o agente, garantidor, dolosamente, podendo, nada fizer para evitar o aliciamento ilícito.

## 12.8 Modalidade assemelhada

O § 1º, inserido no art. 207 do Código Penal pela Lei nº 9.777, de 29 de dezembro de 1998, assevera, *verbis*:

> § 1º Incorre na mesma pena quem recrutar trabalhadores fora da localidade de execução do trabalho, dentro do território nacional, mediante fraude ou cobrança de qualquer quantia do trabalhador, ou, ainda, não assegurar condições do seu retorno ao local de origem.

Cezar Roberto Bitencourt, analisando a inovação legal, com precisão, aduz:

"O tipo descrito no § 1º é um *misto das infrações* descritas nos arts. 206 e 207, ao menos em uma de suas modalidades, onde consta como meio executório 'mediante fraude'. Daquele dispositivo contém a exigência de 'fraude', e, deste, o êxodo de trabalhadores limita-se ao território nacional. Apresenta três formas: (a) mediante *fraude*; (b) *cobrança de valores* do trabalhador; e (c) não assegurar condições de retorno ao local de origem. As duas primeiras modalidades são de fácil comprovação; a terceira apresenta uma dificuldade dogmática: *prática condicional* do crime. A ação típica nuclear será o 'recrutamento de trabalhadores' ou 'a não facilitação do retorno à origem'? E se o trabalho no local recrutado durar dez anos? Qual será o *iter criminis*? É de difícil configuração."[28]

## 12.9 Causa especial de aumento de pena

O § 2º também foi inserido no art. 207 do Código Penal por intermédio da Lei nº 9.777, de 29 de dezembro de 1998, e possui a seguinte redação:

> § 2º A pena é aumentada de um sexto a um terço se a vítima é menor de dezoito anos, idosa, gestante, indígena ou portadora de deficiência física ou mental.

Como a majorante constante do mencionado parágrafo é idêntica àquela já estudada no art. 203, remetemos o leitor ao item que lhe é correspondente no delito de frustração de direito assegurado por lei trabalhista.

## 12.10 Pena, ação penal e suspensão condicional do processo

A pena cominada ao delito tipificado no art. 207 do Código Penal é de detenção, de 1 (um) a 3 (três) anos, e multa.

A ação penal é de iniciativa pública incondicionada.

Será possível a confecção de proposta de suspensão condicional do processo, conforme o disposto no art. 89 da Lei nº 9.099/95, tendo em vista a pena mínima cominada, desde que não incida a majorante constante do § 2º do art. 207 do Código Penal.

## 12.11 Quadro-resumo

**Sujeitos**
» Ativo: qualquer pessoa.
» Passivo: qualquer pessoa.

**Objeto material**
Os *trabalhadores aliciados*.

**Bem(ns) juridicamente protegido(s)**
É o *interesse* do Estado em manter os trabalhadores não somente no território nacional, mas em suas diversas e heterogêneas regiões, evitando o êxodo e, consequentemente, a despovoação de determinada localidade.

---

[28] BITENCOURT, Cezar Roberto. *Tratado de direito penal*, v. 3, p. 492.

### Elemento subjetivo
» É o dolo.
» Não há previsão para a modalidade de natureza culposa.

### Modalidades comissiva e omissiva
O núcleo aliciar pressupõe um comportamento comissivo por parte do agente, podendo, no entanto, ser praticado via omissão imprópria.

### Consumação e tentativa
» O delito consuma-se no exato instante em que os trabalhadores são aliciados com o fim de serem levados para uma localidade do território nacional, não se exigindo que, efetivamente, isso venha a ocorrer.
» Embora seja de difícil configuração, será possível o raciocínio correspondente à tentativa, dependendo da hipótese concreta que seja apresentada.

PARTE V

# DOS CRIMES CONTRA O SENTIMENTO RELIGIOSO E CONTRA O RESPEITO AOS MORTOS

# Capítulo I
# Dos Crimes contra o Sentimento Religioso

## 1. DOS CRIMES CONTRA O SENTIMENTO RELIGIOSO E CONTRA O RESPEITO AOS MORTOS

O Título V do Código Penal cuida dos crimes contra o sentimento religioso e contra o respeito aos mortos, sendo dividido, outrossim, em dois capítulos.

Conforme destacado pelo item 68 da Exposição de Motivos da Parte Especial do Código Penal:

> 68. São classificados como *species* do mesmo *genus* os 'crimes contra o sentimento religioso' e os 'crimes contra o respeito aos mortos'. É incontestável a afinidade entre uns e outros. O *sentimento religioso* e o *respeito aos mortos* são valores ético-sociais que se assemelham. O tributo que se rende aos mortos tem um fundo religioso. Idêntica, em ambos os casos, é a *ratio essendi* da tutela penal.

O Capítulo I diz respeito aos crimes contra o sentimento religioso e prevê, em seu art. 208, o delito de *ultraje a culto e impedimento ou perturbação de ato a ele relativo*.

No Capítulo II, estão previstos os crimes contra o respeito aos mortos, que foram inseridos em quatro artigos, a saber: art. 209 (*impedimento ou perturbação de cerimônia funerária*); art. 210 (*violação de sepultura*); art. 211 (*destruição, subtração ou ocultação de cadáver*) e art. 212 (*vilipêndio a cadáver*).

Tais dispositivos se coadunam com o disposto no inciso VI do art. 5º da Constituição Federal, que diz, *verbis*:

> VI – é inviolável a liberdade de consciência e de crença, sendo assegurado o livre exercício dos cultos religiosos e garantida, na forma da lei, a proteção aos locais de culto e a suas liturgias.

Os artigos constantes do Título V do Código Penal serão analisados, individualmente, a seguir.

## 2. ULTRAJE A CULTO E IMPEDIMENTO OU PERTURBAÇÃO DE ATO A ELE RELATIVO

**Ultraje a culto e impedimento ou perturbação de ato a ele relativo**
**Art. 208.** Escarnecer de alguém publicamente, por motivo de crença ou função religiosa; impedir ou perturbar cerimônia ou prática de culto religioso; vilipendiar publicamente ato ou objeto de culto religioso:
Pena – detenção, de um mês a um ano, ou multa.
**Parágrafo único.** Se há emprego de violência, a pena é aumentada de um terço, sem prejuízo da correspondente à violência.

### 2.1 Introdução

O delito de ultraje a culto e impedimento ou perturbação de ato a ele relativo está previsto no art. 208 do Código Penal.

Nota-se, portanto, que são vários os comportamentos narrados pelo tipo penal em estudo.

Inicialmente, por intermédio da norma contida no art. 208 do Código Penal, proíbe-se a conduta de *escarnecer de alguém publicamente, por motivo de crença ou função religiosa.*

O verbo *escarnecer* é utilizado pelo texto legal no sentido de zombar, troçar, ridicularizar, humilhar etc. O agente, portanto, publicamente, pratica qualquer comportamento no sentido de fazer com que a vítima seja escarnecida. Como se percebe pela redação do tipo penal, para que ocorra o delito em estudo, tal escarnecimento deve ser levado a efeito em público. Isso significa que se o agente escarnece da vítima em lugar reservado, onde se encontravam somente os dois (vítima e agente), o fato poderá se configurar em outro delito, a exemplo do crime de injúria.

O agente deverá atuar impelido por uma finalidade especial, vale dizer, por motivo de crença ou função religiosa da vítima. *Crença*, aqui, deve ser entendida no sentido de *fé religiosa*; *função religiosa*, a seu turno, diz respeito à ocupação, ao ministério exercido pela vítima em sua crença, tal como ocorre com os pastores, padres, rabinos etc.

A norma contida no tipo do art. 208 do Código Penal responsabiliza criminalmente, ainda, o agente que vier *impedir ou perturbar cerimônia ou prática de culto religioso.*

Nessa hipótese, a conduta do agente é dirigida, no primeiro caso, a impedir, ou seja, não permitir que seja realizada cerimônia ou culto religioso; no segundo, embora os atos religiosos aconteçam, o agente perturba a sua normal realização. Conforme esclarece Hungria:

"A ação pode consistir em *impedir* ou em *perturbar* o ato de culto religioso. *Impedir* é evitar que comece ou que prossiga o ato; *perturbar* é desnormalizá-lo, tumultuá-lo, quebrar-lhe a regularidade. Não basta, neste último caso, um simples desvio de atenção ou recolhimento dos fiéis: é necessária uma alteração material, *sensível*, do curso regular do ato de culto. O meio executivo, em qualquer caso, é onímodo: violências, vias de fato, ameaças, altos brados, vaias, vozes propositadamente dissonantes com as rezas ou cantos religiosos, ruídos de matracas, bater os pés, disparos de tiros, explosões, emissão de gases tóxicos ou fumaça incomodativa, colocação de obstáculos à entrada do templo."[1]

A *cerimônia* consiste num ato que se reveste de maior solenidade, a exemplo do que acontece com o casamento ou, mesmo, com o batismo; a expressão *culto religioso* é utilizada para identificar e regular ato de adoração, sem a presença das solenidades exigidas para determinadas ocasiões especiais.

---

[1] HUNGRIA, Nélson. *Comentários ao código penal*, v. VIII, p. 71.

A última modalidade de conduta proibida pelo tipo penal do art. 208 do diploma repressivo diz respeito ao ato de *vilipendiar publicamente ato ou objeto de culto religioso*.

Vilipendiar deve ser entendido no sentido de menoscabar, desprezar, enfim, tratar como vil, publicamente, ato ou objeto de culto religioso. Destaca Guilherme de Souza Nucci:

"O tipo penal exige que o ultraje seja feito em local público ou de acesso público (como o realizado através dos meios de comunicação), não se configurando o delito quando o vilipêndio é realizado em lugar privado, sem divulgação. O objetivo é impedir que várias pessoas tomem conhecimento das manifestações desairosas a respeito de determinado ato ou objeto de culto religioso, o que pode ferir a liberdade de culto e crença."[2]

Cuida-se de um tipo misto cumulativo, no qual o agente pode ser responsabilizado, em concurso de crimes, na hipótese de praticar mais de um comportamento previsto pelo tipo penal em estudo. Assim, o agente poderá, por exemplo, escarnecer de alguém publicamente, bem como vilipendiar objeto de culto religioso, devendo, pois, responder por duas infrações penais.

## 2.2 Classificação doutrinária

Crime comum com relação ao sujeito ativo e próprio no que diz respeito ao sujeito passivo, que deverá ser alguém que professe determinada crença; doloso; comissivo (pois os núcleos *escarnecer, impedir, perturbar e vilipendiar* importam em um comportamento positivo por parte do agente, podendo, no entanto, ser praticado via omissão imprópria, na hipótese de o agente gozar do *status* de garantidor); de forma livre; instantâneo; monossubjetivo; plurissubsistente (como regra, pois se pode visualizar o fracionamento do *iter criminis*); transeunte (como regra).

## 2.3 Objeto material e bem juridicamente protegido

Bem juridicamente protegido pelo tipo penal do art. 208 é o *sentimento religioso*, que se vê atacado quando o agente pratica qualquer dos comportamentos proibidos pela norma constante do delito de ultraje a culto e impedimento ou perturbação de ato a ele relativo.

Objeto material, dependendo da conduta praticada pelo agente, pode ser a *pessoa* que foi escarnecida publicamente, por motivo de crença ou função religiosa; a *cerimônia* ou o *culto religioso*, que foi impedida(o) ou perturbada(o); ou, ainda, o *ato* ou o *objeto de culto religioso*.

## 2.4 Sujeito ativo e sujeito passivo

Qualquer pessoa pode ser *sujeito ativo* do delito de ultraje a culto e impedimento ou perturbação de ato a ele relativo, não havendo nenhuma qualidade ou condição especial exigida pelo tipo penal do art. 208.

*Sujeitos passivos* são aqueles que foram escarnecidos publicamente, por motivo de crença ou função religiosa; os *crentes* que foram impedidos de participar de cerimônia ou culto religioso, ou mesmo perturbados durante a sua realização; ou, ainda, todos aqueles que estavam ligados ao ato ou objeto de culto religioso que foi profanado, vilipendiado pelo agente. Nas duas últimas hipóteses, podemos considerá-las como características do chamado *crime vago*, que atinge um número indeterminado de pessoas.

## 2.5 Consumação e tentativa

Consuma-se o delito, na primeira hipótese, no momento em que o agente escarnece, publicamente, de alguém, por motivo de crença ou função religiosa, não importando o fato de

---

[2]  NUCCI, Guilherme de Souza. *Código penal comentado*, p. 773.

ter a vítima se sentido, ou não, menosprezada, ridicularizada em virtude do comportamento praticado pelo sujeito ativo.

Na segunda modalidade, consuma-se o delito quando o agente, efetivamente, impede a realização da cerimônia ou culto religioso, seja evitando o seu início ou, mesmo, interrompendo-o durante a sua realização, ou, ainda, quando leva a efeito comportamento que tenha o condão de perturbar o normal andamento da cerimônia ou do culto religioso, servindo como exemplos aqueles já citados por Hungria, quando da introdução do nosso estudo. Hoje em dia, dependendo do dolo do agente, poderia ser considerada como típica a conduta daquele que, querendo perturbar o normal andamento da cerimônia ou culto religioso, utilizasse o telefone celular no interior de um templo religioso, comunicando-se, em voz alta, com seu interlocutor.

Na última figura, consuma-se o delito, de acordo com as lições de Noronha, "com o vilipêndio realizado. O delito tanto pode ser material como de mera conduta ou simples atividade. Na primeira hipótese, temos os atos de destruir imagem, atirar lixo sobre o objeto de culto etc. Na segunda, v.g., a injúria verbal, como se alguém, à hora em que os fiéis estiverem reunidos, proferir impropério contra o ato que se realiza."[3]

## 2.6 Elemento subjetivo

O delito de ultraje a culto e impedimento ou perturbação de ato a ele relativo somente pode ser praticado dolosamente, não havendo previsão para a modalidade de natureza culposa.

## 2.7 Modalidades comissiva e omissiva

As condutas de *escarnecer, impedir, perturbar* e *vilipendiar* pressupõem comportamento comissivo por parte do agente.

No entanto, será possível a prática do delito via omissão imprópria, na hipótese em que o agente, gozando do *status* de garantidor, dolosamente, não impedir que o sujeito leve a efeito qualquer dos comportamentos narrados pela figura típica.

## 2.8 Causa de aumento de pena

O parágrafo único do art. 208 do Código Penal assevera que, se houver o emprego de violência, a pena será aumentada em um terço, sem prejuízo da correspondente à violência.

Deve ser ressaltado, nesta oportunidade, que a violência referida no parágrafo único pode ser aquela praticada contra a pessoa ou, mesmo, contra a coisa. Assim, por exemplo, se o agente, com a finalidade de escarnecer publicamente da vítima, por motivo de crença ou função religiosa, agredi-la fisicamente, incidirá no mencionado parágrafo único, devendo ser a sua pena especialmente aumentada em um terço. Além da aplicação da majorante, deverá ser responsabilizado criminalmente pelo delito cometido com o emprego de violência, a exemplo das lesões corporais, que podem ser leves ou graves, em concurso de crimes. Responderá pelo delito majorado, ainda, o agente que, mediante violência contra a coisa, destruir, v.g., um objeto de culto religioso.

No caso em exame, será possível o raciocínio tanto do chamado concurso formal impróprio, quando o agente, mediante uma única ação, vier a praticar dois ou mais crimes, a exemplo daquele que agride violentamente a vítima com o fim de escarnecê-la por motivo de crença ou função religiosa ou, mesmo, do concurso material, se for praticada mais de uma

---

[3] NORONHA, Edgard Magalhães. *Direito penal*, v. 3, p. 45.

# PARTE V – CAPÍTULO I – DOS CRIMES CONTRA O SENTIMENTO RELIGIOSO

ação, produzindo os resultados em bens jurídicos diversos, que constituem, em si mesmos, infrações penais distintas.

No entanto, não nos parece correto utilizar a violência para, em um mesmo instante, majorar em um terço a pena do delito tipificado no art. 208 do Código Penal e, além disso, fazer com que o agente seja por ela responsabilizado criminalmente por meio de outra figura típica. No exemplo acima citado, daquele que agride a vítima com a finalidade de escarnecê--la por motivo de crença ou função religiosa, ou a violência servirá para aumentar a pena do delito previsto pelo art. 208 do Código Penal, ou será punida isoladamente, como um delito de lesões corporais (leves ou graves). Caso a violência seja utilizada para ambas as situações, ocorrerá o chamado *bis in idem*, cuja aplicação é repudiada pelo moderno Direito Penal.

No caso em estudo, entendemos ser de melhor alvitre utilizar a violência de natureza leve, praticada contra pessoa, para fins de majoração da pena. Sendo grave a violência, caracterizando-se, por exemplo nas lesões corporais previstas pelos §§ 1º e 2º do art. 129 do Código Penal, o agente deverá responder pelo delito tipificado no art. 208 do Código Penal, *sem a majorante prevista no seu parágrafo único*, em concurso com o delito de lesões corporais de natureza grave ou gravíssima.

## 2.9 Pena, ação penal, competência para julgamento, suspensão condicional do processo

O preceito secundário do art. 208 do Código Penal comina uma pena de detenção, de 1 (um) mês a 1 (um) ano, ou multa. Se houver o emprego de violência, a pena é aumentada de um terço, sem prejuízo da correspondente à violência.[4]

A ação penal é de iniciativa pública incondicionada.

Compete, inicialmente, ao Juizado Especial Criminal o processo e julgamento do delito em estudo, tratando-se de infração penal de menor potencial ofensivo, nos termos preconizados pelo art. 61 da Lei nº 9.099/95, com a redação que lhe foi dada pela Lei nº 11.313, de 28 de junho de 2006. No entanto, se houver o concurso com infração penal cuja pena máxima cominada em abstrato ultrapasse o limite de dois anos, determinado pelo mencionado art. 2º, o Juizado Especial Criminal deixará de ser o competente, *ab initio*, pois, conforme prelecionam Ada Pellegrini Grinover, Antonio Magalhães Gomes Filho, Antonio Scarance Fernandes e Luiz Flávio Gomes, "no concurso material de crimes (CP, art. 69), se a soma das penas máximas (de cada crime) excede a dois anos, não há espaço para os Juizados (segundo a jurisprudência predominante)."[5]

Da mesma forma, analisando a Súmula nº 243 do STJ, que diz que *o benefício da suspensão do processo não é aplicável em relação às infrações penais cometidas em concurso material, concurso formal ou continuidade delitiva, quando a pena mínima cominada, seja pelo somatório, seja pela incidência da majorante, ultrapassar o limite de um ano*, os renomados autores concluem, que "se com o aumento decorrente dessas duas últimas causas a pena extrapola o limite de dois anos, não se trata de fato de sua competência."[6]

Será possível, ainda, a confecção de proposta de suspensão condicional do processo, de acordo com o disposto no art. 89 da Lei nº 9.099/95, observando-se as ressalvas citadas, no que diz respeito ao concurso de crimes.

---

[4] Cf. observações contidas no item 8.

[5] GRINOVER, Ada Pellegrini; GOMES FILHO, Antonio Magalhães; FERNANDES, Antonio Scarance; GOMES, Luiz Flávio. *Juizados especiais criminais*, p. 380.

[6] GRINOVER, Ada Pellegrini; GOMES FILHO, Antonio Magalhães; FERNANDES, Antonio Scarance; GOMES, Luiz Flávio. *Juizados especiais criminais*, p. 381.

## 2.10 Destaque

### 2.10.1 Estatuto do Índio

O inciso I do art. 58 da Lei nº 6.001, de 19 de dezembro de 1973 (Estatuto do Índio) pune com pena de detenção de um a três meses aquele que vier a escarnecer de cerimônia, rito, uso, costume ou tradição culturais indígenas, vilipendiá-los ou perturbar, de qualquer modo, a sua prática.

## 2.11 Quadro-resumo

**Sujeitos**

» Ativo: qualquer pessoa.
» Passivo: são aqueles que foram escarnecidos publicamente, por motivo de crença ou função religiosa; os crentes que foram impedidos de participar de cerimônia ou culto religioso, ou mesmo perturbados durante a sua realização; ou, ainda, todos aqueles que estavam ligados ao ato ou objeto de culto religioso que foi profanado, vilipendiado pelo agente. Nas duas últimas hipóteses, podemos considerá-las como características do chamado crime vago, que atinge um número indeterminado de pessoas.

**Objeto material**

Pode ser a *pessoa* que foi escarnecida publicamente, por motivo de crença ou função religiosa; a cerimônia ou o culto religioso, que foi impedida(o) ou perturbada(o); ou, ainda, o ato ou o objeto de culto religioso.

**Bem(ns) juridicamente protegido(s)**

É o *sentimento religioso*.

**Elemento subjetivo**

» É o dolo.
» Não há previsão para a modalidade de natureza culposa.

**Modalidades comissiva e omissiva**

As condutas de escarnecer, impedir, perturbar e vilipendiar pressupõem comportamento comissivo por parte do agente, podendo, no entanto, ser praticado o delito via omissão imprópria.

**Consumação e tentativa**

» Consuma-se o delito, na primeira hipótese, no momento em que o agente escarnece, publicamente, de alguém, por motivo de crença ou função religiosa, não importando o fato de ter a vítima se sentido, ou não, menosprezada, ridicularizada em virtude do comportamento praticado pelo sujeito ativo. Na segunda modalidade, consuma-se o delito quando o agente, efetivamente, impede a realização da cerimônia ou culto religioso, seja evitando o seu início ou, mesmo, interrompendo-o durante a sua realização, ou, ainda, quando leva a efeito comportamento que tenha o condão de perturbar o normal andamento da cerimônia ou do culto religioso. Na última figura, consuma-se o delito com o vilipêndio realizado.
» A tentativa é admissível.

# 3. IMPEDIMENTO OU PERTURBAÇÃO DE CERIMÔNIA FUNERÁRIA

**Impedimento ou perturbação de cerimônia funerária**
**Art. 209.** Impedir ou perturbar enterro ou cerimônia funerária:
Pena – detenção, de um mês a um ano, ou multa.
**Parágrafo único.** Se há emprego de violência, a pena é aumentada de um terço, sem prejuízo da correspondente à violência.

## 3.1 Introdução

A morte é inevitável. O ser humano nasce, cresce e, fatalmente, um dia, chegará ao fim de sua caminhada. Talvez isso não tenha passado, ainda, pela nossa cabeça, mas o simples fato de o ser humano não conhecer a data exata da sua morte é uma prova absoluta da bondade de Deus. Imagine a situação de quem se encontra no "corredor da morte", nos países que aplicam a pena capital, a exemplo dos Estados Unidos, e que já conhecem, de antemão, o dia da sua execução. Deve ser uma situação extremamente angustiante, muitas vezes insuportável. Assim, como demonstração de seu amor para com seus filhos, Deus não nos diz o dia em que nos encontraremos com Ele.

Conforme esclarecem Russell Norman Champlin e João Marques Bentes:

"Os homens sempre protestaram contra a tragédia da morte. Multidões procuram adiar ao máximo a data da morte, dependendo para isso dos meios mais diversos como a superstição, a medicina moderna e as forças espirituais. Até mesmo as pessoas muito enfermas preferem continuar sofrendo do que morrer. E mesmo diante da morte como fato consumado, os costumes de sepultamento dos povos demonstram que os homens continuam protestando. Entre muitos povos antigos e contemporâneos, os cadáveres são sepultados juntamente com objetos que dão a entender que aquele que morreu, de alguma maneira, talvez possa levar consigo os tais objetos. As culturas primitivas sepultam seus mortos com algum alimento, na esperança de que o espírito da pessoa morta possa tirar disso alguma vantagem. Porém, as práticas de sepultamento também servem de símbolos de esperança, e com frequência são uma declaração de fé na imortalidade. No mínimo, usualmente servem de símbolo de respeito."[7]

O art. 209 do Código Penal, no intuito de proteger o último instante de contato, que ficará na memória dos que participam do ato de despedida daquele que chegou ao fim de sua existência, prevê o delito de *impedimento ou perturbação de cerimônia funerária*, dizendo:

**Art. 209.** Impedir ou perturbar enterro ou cerimônia funerária:
Pena – detenção, de um mês a um ano, ou multa.

Assim, de acordo com a redação típica, podemos destacar os seguintes elementos: *a)* a conduta de *impedir* ou *perturbar*; *b)* enterro ou cerimônia funerária.

O núcleo *impedir* é utilizado pelo texto legal no sentido de não permitir o início da realização ou interromper o enterro ou cerimônia funerária; *perturbar* diz respeito ao fato de tumultuar, atrapalhar o normal andamento do enterro ou da cerimônia funerária.

---

[7]  CHAMPLIN, Russell Norman; BENTES, João Marques. *Enciclopédia de bíblia, teologia e filosofia*, v. 6, p. 208.

Por *enterro*, conforme as lições de Hungria:

"Entende-se a trasladação do cadáver, com ou sem *acompanhamento*, para o lugar onde deve ser inumado. *Cerimônia* funerária é todo ato de assistência ou homenagem que se presta a um defunto."[8]

Trata-se de um tipo misto alternativo no qual o agente, se praticar os dois comportamentos por ele previstos, deverá responder por uma única infração penal. Assim, poderá ter, inicialmente, perturbado a realização de uma cerimônia funerária que, por fim, acabou sendo impedida de ser realizada em virtude da conduta por ele praticada.

## 3.2 Classificação doutrinária

Crime comum com relação ao sujeito ativo, bem como quanto ao sujeito passivo, pois a coletividade, de forma geral, é que sofre com a conduta praticada pelo agente, tratando-se, outrossim, de um crime vago; doloso; comissivo (podendo, entretanto, ser praticado via omissão imprópria, na hipótese de o agente gozar do *status* de garantidor); de forma livre; de mera conduta; monossubjetivo; monossubsistente ou plurissubsistente (dependendo da forma como a infração penal for praticada); transeunte (como regra).

## 3.3 Objeto material e bem juridicamente protegido

Bem juridicamente protegido pelo tipo penal do art. 209 do diploma repressivo é o *sentimento de respeito aos mortos*, isto é, à sua memória.

Objeto material é o enterro ou a cerimônia funerária.

## 3.4 Sujeito ativo e sujeito passivo

Crime comum, o delito de impedimento ou perturbação de cerimônia funerária pode ser praticado por qualquer pessoa, não havendo, portanto, nenhuma qualidade ou condição especial exigida do *sujeito ativo*.

*Sujeito passivo* é a coletividade, representada pelas pessoas que participavam do enterro ou da cerimônia funerária, incluindo-se aqui a família do morto. Trata-se, pois, de crime vago.

## 3.5 Consumação e tentativa

O delito tipificado no art. 209 do Código Penal se consuma no instante em que o enterro ou a cerimônia funerária é impedido(a) pelo agente de ser realizado(a) (ou mesmo de prosseguir), bem como quando ocorrem os atos que denotam perturbação, ou seja, que atrapalham o seu normal andamento.

Dependendo da forma como o delito é praticado, será possível raciocínio relativo à tentativa. Assim, se, no caso concreto, for possível o fracionamento do *iter criminis,* será admissível o *conatus*; ao contrário, se visualizarmos um delito monossubsistente, no qual exista a concentração dos atos, a tentativa não será admitida.

## 3.6 Elemento subjetivo

O delito de impedimento ou perturbação de cerimônia funerária somente pode ser praticado dolosamente, não havendo previsão para a modalidade de natureza culposa.

---

[8] HUNGRIA, Nélson. *Comentários ao código penal,* v. VIII, p. 79.

## 3.7 Modalidades comissiva e omissiva

As condutas de *impedir* e *perturbar* pressupõem um comportamento comissivo por parte do agente.

No entanto, será possível a prática do delito via omissão imprópria, na hipótese em que o agente, gozando do *status* de garantidor, dolosamente, não impedir que o sujeito leve a efeito qualquer dos comportamentos narrados pela figura típica.

## 3.8 Causa de aumento de pena

O parágrafo único do art. 209 do Código Penal assevera que se houver emprego de violência a pena será aumentada em um terço, sem prejuízo da correspondente à violência.

Deve-se ressaltar, nesta oportunidade, que a violência referida no parágrafo único pode ser aquela praticada contra a pessoa ou mesmo contra a coisa. Conforme adverte Noronha, "desnecessário, por certo, dizer que a violência contra a *pessoa* não compreende a empregada contra o morto. Esta ou será penalmente indiferente ou constituirá, em regra, um dos delitos seguintes."[9]

Remetemos o leitor ao item correspondente no art. 208 do Código Penal, onde foram esclarecidas as discussões no que diz respeito à aplicação da majorante.

## 3.9 Pena, ação penal, competência para julgamento, suspensão condicional do processo

O preceito secundário do art. 209 do Código Penal comina uma pena de detenção, de 1 (um) mês a 1 (um) ano, ou multa. Se houver emprego de violência, a pena é aumentada de um terço, sem prejuízo da correspondente à violência.

A ação penal é de iniciativa pública incondicionada.

Compete, inicialmente, ao Juizado Especial Criminal o processo e julgamento do delito em estudo, tratando-se de infração penal de menor potencial ofensivo. No entanto, se houver o concurso com infração penal cuja pena máxima cominada em abstrato ultrapasse o limite de dois anos, determinado pelo art. 61 da Lei nº 9.099/95, o Juizado Especial Criminal deixará de ser o competente, *ab initio*, conforme já esclarecido quando do estudo do art. 208 do Código Penal.

Será possível, ainda, a confecção de proposta de suspensão condicional do processo, de acordo com o disposto no art. 89 da Lei nº 9.099/95, levando-se a efeito as ressalvas relativas ao concurso de crimes, mencionadas quando do estudo do delito de ultraje a culto e impedimento ou perturbação de ato a ele relativo, que se aplicam, perfeitamente, ao delito *sub examen*.

## 3.10 Quadro-resumo

**Sujeitos**
- Ativo: qualquer pessoa.
- Passivo: é a coletividade, representada pelas pessoas que participavam do enterro ou da cerimônia funerária, incluindo-se aqui a família do morto. Trata-se, pois, de crime vago.

**Objeto material**
É o enterro ou a *cerimônia funerária*.

---

[9] NORONHA, Edgard Magalhães. *Direito penal*, v. 3, p. 48.

### Bem(ns) juridicamente protegido(s)

É o *sentimento de respeito aos mortos*, isto é, à sua *memória*.

### Elemento subjetivo

» É o dolo.

» Não há previsão para a modalidade de natureza culposa.

### Modalidades comissiva e omissiva

As condutas de impedir e perturbar pressupõem um comportamento comissivo por parte do agente, podendo, no entanto, ser praticadas via omissão imprópria.

### Consumação e tentativa

» O delito se consuma no instante em que o enterro ou a cerimônia funerária é impedido(a) pelo agente de ser realizado(a) (ou mesmo de prosseguir), bem como quando ocorrem os atos que denotam perturbação, ou seja, que atrapalham o seu normal andamento.

» Dependendo da forma como o delito é praticado, será possível raciocínio relativo à tentativa.

## 4. VIOLAÇÃO DE SEPULTURA

**Violação de sepultura**
**Art. 210.** Violar ou profanar sepultura ou urna funerária:
Pena – reclusão, de um a três anos, e multa.

### 4.1 Introdução

O delito de *violação de sepultura* veio previsto pelo art. 210 do Código Penal.

Dissertando, com precisão, sobre os elementos que integram o tipo penal em estudo, preleciona Hungria:

"*Violar*, aqui, significa o ato de abrir ou devassar arbitrariamente. *Profanar* é tratar com irreverência, conspurcar, degradar. O termo 'sepultura' deve ser entendido em sentido amplo: não é apenas a *cova* onde se acham encerrados os *restos mortais*, o lugar onde está *enterrado* o defunto, senão também tudo quanto lhe é imediatamente conexo, compreendendo o túmulo, isto é, a construção acima da cova, a lápide, os ornamentos estáveis, as inscrições. A lei não distingue entre a *vala comum* e o *mausoléu*. A sepultura do pária desconhecido merece tanto respeito quanto a do herói celebrado. Expressamente equiparada à sepultura é a *urna funerária*, que é não só aquela que guarda as *cinzas* (urna cinerária) como a que encerra os *ossos* do defunto (urna ossuária)."[10]

Cuida-se de um tipo misto alternativo, haja vista que, se o agente vier a praticar os dois comportamentos por ele previstos, responderá por uma única infração penal, não havendo que se cogitar, *in casu*, de concurso de crimes.

---

[10] HUNGRIA, Nélson. *Comentários ao código penal*, v. VIII, p. 80-81.

# PARTE V – CAPÍTULO I – DOS CRIMES CONTRA O SENTIMENTO RELIGIOSO

## 4.2 Classificação doutrinária

Crime comum com relação ao sujeito ativo, bem como quanto ao sujeito passivo, posto que a coletividade, de forma geral, é que sofre com a conduta praticada pelo agente, tratando-se, outrossim, de um crime vago; doloso; comissivo (podendo, entretanto, ser praticado via omissão imprópria, na hipótese de o agente gozar do *status* de garantidor); de forma livre; instantâneo; material; monossubjetivo; plurissubsistente; não transeunte (como regra).

## 4.3 Objeto material e bem juridicamente protegido

O bem juridicamente protegido pelo tipo penal do art. 210 do diploma repressivo é o *sentimento de respeito aos mortos*, isto é, à sua memória.

O objeto material é a sepultura ou urna funerária.

## 4.4 Sujeito ativo e sujeito passivo

Crime comum, o delito de violação de sepultura pode ser praticado por qualquer pessoa, não havendo, portanto, nenhuma qualidade ou condição especial exigida do *sujeito ativo*.

O *sujeito passivo* é a coletividade e, particularmente, a família do morto, tratando-se, outrossim, de crime vago.

## 4.5 Consumação e tentativa

O delito de violação de sepultura se consuma no instante em que a sepultura ou a urna funerária é violada ou profanada pelo agente.

Tratando-se de crime plurissubsistente, será possível o raciocínio correspondente à tentativa.

## 4.6 Elemento subjetivo

O delito de violação de sepultura somente pode ser praticado dolosamente, não havendo previsão para a modalidade de natureza culposa.

A conduta, portanto, deve ser dirigida finalisticamente ao ato de violar ou profanar sepultura ou urna funerária, quer dizer, levar a efeito comportamentos que denotam desrespeito pelo lugar de descanso de partes do corpo ou mesmo das cinzas do morto.

## 4.7 Modalidades comissiva e omissiva

As condutas de *violar* e *profanar* pressupõem um comportamento comissivo por parte do agente.

No entanto, o delito poderá ser cometido via omissão imprópria, na hipótese em que o agente, por exemplo, gozando do *status* de garantidor, dolosamente, não impedir que alguém viole ou profane sepultura ou urna funerária. Assim, imagine-se a hipótese em que o vigia de um cemitério, percebendo que algumas pessoas violariam a sepultura de seu antigo inimigo, nutrindo, ainda, um sentimento de rancor por tudo aquilo que o morto lhe fizera no passado, nada faça para impedir o sucesso da infração penal. Nesse caso, poderia ser responsabilizado pela violação de sepultura, por meio de sua omissão imprópria.

## 4.8 Pena, ação penal e suspensão condicional do processo

A pena cominada pelo preceito secundário do art. 210 do Código Penal é de reclusão, de 1 (um) a 3 (três) anos, e multa.

A ação penal é de iniciativa pública incondicionada.

Será possível a proposta de suspensão condicional do processo, nos termos preconizados pelo art. 89 da Lei nº 9.099/95, tendo em vista a pena mínima cominada ao delito em estudo.

## 4.9 Destaques

### 4.9.1 Agente que viola sepultura com o fim de subtrair pertences enterrados com o morto

O delito de violação de sepultura pressupõe que o agente atue no sentido de invadir ou macular o local onde estão enterrados ou guardados os restos mortais do defunto. Esse, portanto, deverá ser o seu dolo, o seu elemento subjetivo, que terá o condão de atingir a memória do morto.

No entanto, pode o agente ter atuado impelido por outro sentimento, a exemplo daquele que viola a sepultura de um morto à procura de bens de valor que com ele foram enterrados. Não é incomum a hipótese de pessoas que violam os túmulos em busca de extrair dentes de ouro, ou objetos que foram enterrados com o *de cujus*. Nesse caso, qual seria a infração penal cometida? Entendemos que o agente deverá ser responsabilizado tão somente pelo delito de violação de sepultura, haja vista que os objetos que foram ali deixados pela família do morto não pertencem mais a ninguém, tratando-se, pois, de *res derelicta*. Nesse sentido, Guilherme de Souza Nucci, quando aduz:

> "*Furto ocorrido em túmulos ou sepultura:* cremos haver, via de regra, apenas o crime de *violação de sepultura* (art. 210, CP) ou, conforme o caso, *destruição, subtração ou ocultação de cadáver* (art. 211, CP), pois os objetos materiais que estão dentro da cova não pertencem a ninguém. Foram ali abandonados pela família. Entretanto, se o agente subtrai adornos ou bens que guarnecem o próprio túmulo, como castiçais ou estátuas de bronze, naturalmente há furto."[11]

Hungria, no entanto, posicionava-se pelo concurso material de crimes, dizendo: "Se o fim do agente é subtrair algum objeto, haverá *concurso material* de crimes: o de violação ou profanação de sepultura e o de furto."[12]

### 4.9.2 Sepultura ou urna funerária sem cadáver ou restos mortais

Pode ocorrer a hipótese em que o agente viole, por exemplo, uma sepultura ou urna funerária sem que contenha qualquer cadáver ou mesmo seus restos mortais. Nesse caso, poderia o agente responder pelo delito tipificado no art. 210 do Código Penal? A resposta, aqui, só pode ser negativa.

Isso porque o bem juridicamente protegido pelo tipo penal em estudo é o sentimento de respeito aos mortos, à sua memória. Se, no caso concreto, a sepultura estiver vazia ou a urna sem quaisquer restos mortais, deverá ser reconhecido o crime impossível, nos termos do art. 17 do Código Penal, no que diz respeito à infração penal de violação de sepultura.

Nesse sentido, afirma Noronha: "Uma sepultura vazia não está servindo a sua destinação, e, portanto, acha-se fora da tutela do artigo."[13]

No entanto, dependendo da forma como o fato é praticado, poderá o agente ser responsabilizado pelo delito de dano.

### 4.9.3 Inumação ou exumação de cadáver

A inumação ou a exumação de cadáver, com infração das disposições legais, configura-se na contravenção penal tipificada no art. 67 do Decreto-Lei nº 3.688/41.

---

[11] NUCCI, Guilherme de Souza. *Código penal comentado*, p. 622.

[12] HUNGRIA, Nélson. *Comentários ao código penal*, v. VIII, p. 81-82.

[13] NORONHA, Edgard Magalhães. *Direito penal*, v. 3, p. 50.

*Inumar* tem o sentido de enterrar, sepultar, colocar cadáver, isto é, o corpo morto na sepultura; *exumar*, ao contrário, significa tirar o corpo da sepultura.

Trata-se de normal penal em branco, uma vez que, para que se reconheça a contravenção penal *sub examen*, faz-se necessário recorrer a outro diploma legal que, *in casu*, é a Lei nº 6.015, de 31 de dezembro de 1973, que dispõe sobre os registros públicos.

### 4.10 Quadro-resumo

**Sujeitos**
» Ativo: qualquer pessoa.
» Passivo: é a coletividade e, particularmente, a família do morto, tratando-se, outrossim, de crime vago.

**Objeto material**
É a *sepultura* ou urna *funerária*.

**Bem(ns) juridicamente protegido(s)**
O *sentimento de respeito aos mortos*, isto é, à sua *memória*.

**Elemento subjetivo**
» É o dolo.
» Não há previsão para a modalidade de natureza culposa.

**Modalidades comissiva e omissiva**
As condutas de violar e profanar pressupõem um comportamento comissivo por parte do agente, podendo, no entanto, ser cometidas via omissão imprópria.

**Consumação e tentativa**
» O delito de violação de sepultura se consuma no instante em que a sepultura ou a urna funerária é violada ou profanada pelo agente.
» É admissível a tentativa.

## 5. DESTRUIÇÃO, SUBTRAÇÃO OU OCULTAÇÃO DE CADÁVER

**Destruição, subtração ou ocultação de cadáver**
**Art. 211.** Destruir, subtrair ou ocultar cadáver ou parte dele:
Pena – reclusão, de um a três anos, e multa.

### 5.1 Introdução

No art. 211 do Código Penal encontra-se previsto o delito de destruição, subtração ou ocultação de cadáver.

De acordo com a redação típica, podemos observar que a infração penal poderá ser praticada quando o agente leva a efeito qualquer dos três comportamentos, isto é, quando *destrói*, *subtrai* ou *oculta* cadáver ou parte dele.

Inicialmente, antes de analisarmos os mencionados núcleos, para efeitos legais, faz-se mister traduzir o conceito de cadáver. Assim, *cadáver* seria o corpo humano morto, enquanto mantida a sua aparência como tal. Dessa forma, conforme assevera Noronha:

> "Não o seria o que fosse vítima, v.g., de um grande esmagamento, em que os ossos fossem triturados, ficando tudo reduzido a uma pasta informe e irreconhecível.
>
> Também não se inclui o *esqueleto*, ao contrário do que se dá na lei italiana (art. 411), que expressamente se refere às *cinzas humanas*, inadmissível sendo, então, que não se inclua aquele, pelo argumento a *minori ad maius*, ou seja, o que é proibido no menos é também no mais.
>
> A *múmia* não é reputada cadáver. Ela não suscita o sentimento de respeito para com os mortos, razão não havendo, portanto, para que se inclua no conceito."[14]

Portanto, o corpo humano morto, enquanto mantiver essa forma, poderá ser destruído, subtraído ou ocultado, total ou parcialmente, conforme previsão legal.

O núcleo *destruir* é utilizado no sentido de aniquilar, fazer perder a forma original, suprimir etc. A conduta do agente pode ser dirigida a destruir total ou parcialmente o cadáver. Assim, responde pelo delito tanto aquele que queima completamente o cadáver como o que esmaga parte daquele corpo morto, a exemplo do agente que lhe destrói, tão somente, a cabeça.

*Subtrair* significa retirar do local de onde originalmente se encontrava. Não importa, aqui, o *animus* de ter o cadáver para si ou para outrem. A subtração está ligada à remoção do cadáver, mesmo que seja para se desfazer do corpo. Esclarece, ainda, Ney Moura Teles que "subtrair é tirá-lo do local onde se encontra, seja onde houver a morte, na rua, hospital etc., no estabelecimento em que se acha para ser preparado para as cerimônias funerárias ou enterro, na capela onde esteja sendo velado ou, ainda, do próprio enterro e, também, da sepultura em que já está enterrado."[15]

*Ocultar* deve ser compreendido no sentido de esconder o cadáver, ou mesmo parte dele, fazendo-o desaparecer, sem, contudo, destruí-lo. Para que ocultação não se confunda com subtração, aquela deve ocorrer antes do sepultamento do cadáver. Como adverte Noronha, "entenda-se, entretanto, que a ocultação só pode ocorrer antes da inumação, mas pode a subtração dar-se antes ou depois do sepultamento: se durante um velório, pessoas tiram o corpo do ataúde e fogem com ele, haverá subtração."[16]

Cuida-se, *in casu*, de tipo misto alternativo, em que o agente responderá por uma única infração penal se vier a praticar mais de um comportamento típico, a exemplo daquele que, depois de subtrair o cadáver, vier a destruí-lo.

## 5.2 Classificação doutrinária

Crime comum com relação ao sujeito ativo, bem como quanto ao sujeito passivo, pois se cuida de um crime vago, onde não somente a família do morto figurará como sujeito passivo, mas também toda a coletividade; doloso; comissivo (podendo, entretanto, ser praticado via omissão imprópria, na hipótese de o agente gozar do *status* de garantidor); de forma livre; instantâneo (como regra, haja vista que na modalidade *ocultar* o delito será de natureza per-

---

[14]  NORONHA, Edgard Magalhães. *Direito penal*, v. 3, p. 53.

[15]  TELES, Ney Moura. *Direito penal*, v. II, p. 561.

[16]  NORONHA, Edgard Magalhães. *Direito penal*, v. 3, p. 53.

manente); material; monossubjetivo; plurissubsistente; transeunte ou não transeunte (dependendo da hipótese concreta).

## 5.3 Objeto material e bem juridicamente protegido

O bem juridicamente protegido pelo tipo penal do art. 211 do diploma repressivo é o *sentimento de respeito aos mortos*, isto é, à sua memória.

O objeto material é o cadáver ou parte dele.

## 5.4 Sujeito ativo e sujeito passivo

Crime comum, o delito de destruição, subtração ou ocultação de cadáver pode ser praticado por qualquer pessoa, não havendo, portanto, nenhuma qualidade ou condição especial exigida do *sujeito ativo*.

*Sujeito passivo* é a coletividade e, particularmente, a família do morto, tratando-se, outrossim, de crime vago.

## 5.5 Consumação e tentativa

Consuma-se o delito com a efetiva destruição, seja parcial ou total do cadáver ou, ainda, quando é subtraído (também total ou parcialmente), isto é, quando é retirado, conforme as lições de Hungria, "da esfera de proteção jurídica ou da custódia de seus legítimos detentores (cônjuge supérstite, parentes do morto, vigia do necrotério, guarda do cemitério etc.)",[17] ou deles é ocultado.

Tratando-se de um crime plurissubsistente, no qual se pode fracionar o *iter criminis*, torna-se perfeitamente admissível o raciocínio correspondente à tentativa.

## 5.6 Elemento subjetivo

O delito de destruição, subtração ou ocultação de cadáver somente pode ser praticado dolosamente, não havendo previsão para a modalidade de natureza culposa.

Assim, não responderá pelo delito em estudo aquele que, culposamente, permitir que um objeto, extremamente pesado, caia sobre a cabeça do cadáver, destruindo-a, enquanto o preparava para o funeral.

## 5.7 Modalidades comissiva e omissiva

As condutas de *destruir*, *subtrair* e *ocultar* pressupõem um comportamento comissivo por parte do agente.

No entanto, o delito poderá ser cometido via omissão imprópria, na hipótese em que o agente, por exemplo, gozando do *status* de garantidor, dolosamente, não impedir que alguém subtraia o cadáver que estava sendo preparado para o funeral.

## 5.8 Pena, ação penal e suspensão condicional do processo

A pena cominada pelo preceito secundário do art. 211 do Código Penal é de reclusão, de 1 (um) a 3 (três) anos, e multa.

A ação penal é de iniciativa pública incondicionada.

---

[17] HUNGRIA, Nélson. *Comentários ao código penal*, v. VIII, p. 83.

CURSO DE DIREITO PENAL • VOL. 2 – ROGÉRIO GRECO

Será possível a proposta de suspensão condicional do processo, nos termos preconizados pelo art. 89 da Lei nº 9.099/95, tendo em vista a pena mínima cominada ao delito em estudo.

## 5.9 Destaques

### 5.9.1 Feto natimorto

Existe controvérsia doutrinária a respeito da possibilidade de o natimorto gozar do conceito de cadáver, podendo, consequentemente, ser entendido como objeto material da ação do agente para efeitos de reconhecimento do delito tipificado no art. 211 do Código Penal.

José Henrique Pierangeli, traduzindo com precisão as correntes que disputam o tratamento da questão, preleciona:

"Três são as soluções preconizadas: primeiramente, a de que os natimortos e os fetos não são cadáveres porque estes pressupõem vida extrauterina, ou seja, vida autônoma. Por cadáver entende-se 'os restos exânimes de um homem que tenha vivido' (Binding). Um segundo posicionamento admite a existência do delito, ainda quando se trate de natimorto e de feto com mais de seis meses de gestação, desprezando, pois, o requisito de vida *extrauterina*. Florian despreza tais exigências e aponta a existência do delito não só na hipótese do natimorto, como na do *feticídio*. A terceira corrente, que prepondera na doutrina nacional, admite o delito [...] quando se trata de natimorto, sob o fundamento de que [...] esta hipótese 'inspira o mesmo sentimento de respeito, de coisa sagrada; porque é tratado, na vida social, como defunto'."[18]

Estamos com a última posição, haja vista que o natimorto, ou melhor, sua memória, também merece respeito, não podendo ser tratado como se nunca houvesse existido.

### 5.9.2 Lei nº 9.434/97 (Transplante de órgãos)

A Lei nº 9.434, de 4 de fevereiro de 1997, regulamentada pelo Decreto nº 9.175, de 18 de outubro de 2017, dispôs sobre a remoção de órgãos, tecidos e partes do corpo humano para fins de transplante e tratamento.

O art. 14 da mencionada Lei de Transplantes criou uma infração penal específica para aquele que *remover tecidos, órgãos ou partes do corpo de pessoa ou cadáver, em desacordo com as disposições contidas na Lei nº 9.434/97*, cominando uma pena de reclusão, de 2 (dois) a 6 (seis) anos, e multa, de 100 (cem) a 360 (trezentos e sessenta) dias-multa para quem praticar o comportamento típico.

Qual seria, então, a diferença entre o art. 14 da Lei de Transplantes e o art. 211 do Código Penal, haja vista que, em todas as hipóteses, podemos visualizar uma "subtração" do cadáver ou parte dele? Para nós, a diferença deverá ser levada a efeito considerando-se a finalidade com que atuava o agente. Assim, se a conduta foi dirigida a subtrair cadáver ou parte dele (tecidos, órgãos ou partes do corpo) com a finalidade de utilizá-lo para transplante, tratamento ou mesmo com finalidade lucrativa, a exemplo daqueles que vendem corpos às universidades, que os utilizam em aulas de anatomia, o delito deverá se amoldar a uma das figuras típicas constantes da Lei nº 9.434/97.

Não tendo o agente atuado com nenhum desses fins, poderá ser responsabilizado pelo art. 211 do Código Penal, na modalidade subtrair cadáver ou parte dele.

Faz-se necessário ressaltar que, segundo entendemos, não haverá concurso de crimes entre o delito previsto no art. 211 do Código Penal e aqueles tipificados na Lei de Transplantes, aplicando-se, nesse caso, a regra da especialidade.

---

[18] PIERANGELI, José Henrique. *Manual de direito penal brasileiro* – Parte especial (arts. 121 a 234), p. 745.

### 5.9.3 Furto de cadáver

Questão que merece destaque diz respeito à possibilidade de ocorrer o delito de furto tendo o cadáver como seu objeto material.

O cadáver, enquanto sepultado, por exemplo, não goza do conceito de *coisa alheia móvel*, exigido pelo art. 155 do Código Penal, razão pela qual não poderá ser objeto do delito de furto.

No entanto, imagine-se a hipótese de um cadáver que esteja sendo utilizado para fins de estudo ou pesquisa científica, nos termos preconizados pela Lei nº 8.501, de 30 de novembro de 1992, que, por meio do seu art. 2º, determina:

> **Art. 2º** O cadáver não reclamado junto às autoridades públicas, no prazo de trinta dias, poderá ser destinado às escolas de medicina, para fins de ensino e de pesquisa de caráter científico.

Nesse caso, passará a ser tratado como coisa, de propriedade, inclusive, por exemplo, da escola de medicina que o recebeu, razão pela qual já se poderá levar a efeito o raciocínio correspondente ao delito de furto.

## 5.10 Quadro-resumo

**Sujeitos**
» Ativo: qualquer pessoa.
» Passivo: a coletividade e, particularmente, a família do morto, tratando-se, outrossim, de crime vago.

**Objeto material**
É o *cadáver* ou *parte dele*.

**Bem(ns) juridicamente protegido(s)**
É o *sentimento de respeito aos mortos*, isto é, à sua *memória*.

**Elemento subjetivo**
» É o dolo.
» Não há previsão para a modalidade de natureza culposa.

**Modalidades comissiva e omissiva**
As condutas de destruir, subtrair e ocultar pressupõem um comportamento comissivo por parte do agente, podendo, no entanto, ser cometidas via omissão imprópria.

**Consumação e tentativa**
» Consuma-se o delito com a efetiva destruição, seja parcial ou total do cadáver ou, ainda, quando é subtraído (também total ou parcialmente) ou ocultado.
» Admite-se a tentativa.

## 6. VILIPÊNDIO A CADÁVER

> **Vilipêndio a cadáver**
> **Art. 212.** Vilipendiar cadáver ou suas cinzas:
> Pena – detenção, de um a três anos, e multa.

### 6.1 Introdução

A última das infrações penais previstas no Capítulo II do Título V do Código Penal diz respeito ao delito de vilipêndio a cadáver.

Vilipendiar deve ser entendido no sentido de menoscabar, aviltar, ultrajar, tratar com desprezo, sem o devido respeito exigido ao cadáver ou a suas cinzas.

Justino Adriano Farias da Silva aponta algumas situações em que se pode configurar o delito em estudo. Por exemplo, "tirar as vestes do cadáver, escarrar ou jogar detritos ou impurezas sobre ele, cortar algum membro (com o propósito de escarnecer), defecar sobre ele, derramar líquidos imundos ou espalhar acintosamente as cinzas."[19]

Os atos de necrofilia também podem ser compreendidos como integrantes do conceito de vilipêndio a cadáver. Dissertando sobre a necrofilia, Genival Veloso de França, com clareza, esclarece:

> "Um dos tipos mais torpes de perversão sexual é a necrofilia. Manifesta-se pela obsessão e impulsão de praticar atos sexuais com cadáveres. Muitos desses indivíduos chegam a penetrar nos cemitérios e violar os corpos retirados dos túmulos."[20]

Não somente o cadáver, mas também suas cinzas podem ser vilipendiadas. Assim, aquele que, por exemplo, urina no interior de uma urna cinerária que continha as cinzas do corpo cremado de alguém responde, também, pela infração penal em estudo.

### 6.2 Classificação doutrinária

Crime comum com relação ao sujeito ativo, bem como ao sujeito passivo, pois se cuida de um crime vago, no qual não somente a família do morto figurará como sujeito passivo, mas também a coletividade como um todo; doloso; comissivo (podendo, entretanto, ser praticado via omissão imprópria, na hipótese de o agente gozar do *status* de garantidor); de forma livre; instantâneo; material; monossubjetivo; plurissubsistente; transeunte ou não transeunte (dependendo da hipótese concreta).

### 6.3 Objeto material e bem juridicamente protegido

O bem juridicamente protegido pelo tipo penal do art. 212 do diploma repressivo é o *sentimento de respeito aos mortos*, isto é, à sua memória.

O objeto material é o cadáver ou suas cinzas.

### 6.4 Sujeito ativo e sujeito passivo

Qualquer pessoa pode ser *sujeito ativo* do delito de vilipêndio a cadáver, tratando-se, portanto, de crime comum, que não exige, sob esse aspecto, nenhuma qualidade ou condição especial.

---

[19] SILVA, Justino Adriano Farias da. *Direito funerário penal*, p. 99.
[20] FRANÇA, Genival Veloso de. *Fundamentos de medicina legal*, p. 141.

O *sujeito passivo* é a coletividade, bem como a família do morto, que teve o seu cadáver ou suas cinzas vilipendiados.

## 6.5 Consumação e tentativa

Consuma-se o delito no momento em que os atos que se configuram em vilipêndio a cadáver são praticados.

Tratando-se de crime plurissubsistente, é perfeitamente admissível a tentativa.

## 6.6 Elemento subjetivo

Existe discussão doutrinária no sentido de se exigir um elemento subjetivo específico para efeitos de reconhecimento do delito de vilipêndio a cadáver. Nesse sentido, Guilherme de Souza Nucci assevera que, "em se tratando de *vilipêndio*, é de se exigir o elemento subjetivo do tipo específico, consistente na vontade de humilhar ou desonrar a memória do morto."[21] Noronha, a seu turno, diz ser mister que "o agente tenha o *fim* ou *escopo* de aviltar cadáver."[22]

No entanto, apesar das posições doutrinárias expostas, entendemos que tal elemento subjetivo específico não se faz necessário, bastando que o comportamento do agente, objetivamente considerado, se configure em ato de vilipêndio. Assim, imagine-se que membros de determinada seita sejam obrigados a se relacionar sexualmente com cadáveres, sob o argumento de que aumentariam o seu poder sexual. Antes da prática da necrofilia, homenageiam o morto, de quem, em tese, supõem estar extraindo energia sexual. Nesse caso, o simples fato de se relacionarem com o cadáver, objetivamente, já se configura vilipêndio, independentemente se tinham ou não essa finalidade.

## 6.7 Modalidades comissiva e omissiva

A conduta de *vilipendiar* pressupõe um comportamento comissivo por parte do agente.

No entanto, o delito poderá ser cometido via omissão imprópria, na hipótese em que o agente, por exemplo, gozando do *status* de garantidor, dolosamente, não impedir que alguém pratique atos que aviltem o cadáver ou suas cinzas.

## 6.8 Pena, ação penal e suspensão condicional do processo

A pena cominada pelo preceito secundário do art. 212 do Código Penal é de detenção, de 1 (um) a 3 (três) anos, e multa.

A ação penal é de iniciativa pública incondicionada.

Será possível a proposta de suspensão condicional do processo, nos termos preconizados pelo art. 89 da Lei nº 9.099/95, tendo em vista a pena mínima cominada ao delito em estudo.

## 6.9 Quadro-resumo

**Sujeitos**
- Ativo: qualquer pessoa.
- Passivo: a coletividade, bem como a família do morto, que teve o seu cadáver ou suas cinzas vilipendiados.

---

[21] NUCCI, Guilherme de Souza. *Código penal comentado*, p. 778.
[22] NORONHA, Edgard Magalhães. *Direito penal*, v. 3, p. 56.

### Objeto material
O *cadáver* ou suas *cinzas*.

### Bem(ns) juridicamente protegido(s)
O *sentimento de respeito aos mortos*, isto é, à sua *memória*.

### Elemento subjetivo
» É o dolo.
» Existe discussão doutrinária no sentido de se exigir um elemento subjetivo específico para efeitos de reconhecimento do delito de vilipêndio a cadáver. Entendemos que tal elemento subjetivo específico não se faz necessário, bastando que o comportamento do agente, objetivamente considerado, se configure em ato de vilipêndio.
» Não há previsão legal para a modalidade culposa.

### Modalidades comissiva e omissiva
A conduta de vilipendiar pressupõe um comportamento comissivo por parte do agente, podendo, no entanto, ser cometido via omissão imprópria.

### Consumação e tentativa
» Consuma-se o delito no momento em que os atos que se configuram em vilipêndio a cadáver são praticados.
» É admissível a tentativa.

# Referências

ALEXANDRINO, Marcelo; PAULO, Vicente. *Direito administrativo*. 10. ed. Niterói: Impetus, 2006.

ALMEIDA, Gevan. *Modernos movimentos de política criminal e seus reflexos na legislação brasileira*. Rio de Janeiro: Lumen Juris, 2002.

AMARAL, Cláudio do Prado. Princípios penais – Da legalidade à culpabilidade. *Revista do IBCCRIM*, São Paulo, v. 24, 2003.

AMARAL, Sylvio do. *Falsidade documental*. 3. ed. São Paulo: Revista dos Tribunais, 1989.

AMISY NETO, Abrão. *Estupro, estupro de vulnerável e ação penal*. Disponível em: <http://jus2.uol.com.br/doutrina/texto.asp?id=13404>. Acesso em: 30 ago. 2009.

ANDRADE, Eloberg Bezerra. Coexistência de princípios constitucionais: direito à vida e liberdade de crença religiosa. *Revista da Faculdade de Direito da Universidade Federal de Uberlândia*, v. 42, n. 2, 2014. Disponível em: <http://www.seer.ufu.br/index.php/revistafadir/article/view/26029/16326>. Acesso em: 14 mar. 2015.

ANTOLISEI, Francesco. *Manuale di diritto penale* – Parte generale. Milano: Giuffrè, 1955.

ARAGÃO, Antônio Moniz Sodré de. *As três escolas penais*. São Paulo: Freitas Bastos, 1955.

ARAÚJO, Gustavo Garcia. *Boletim do Instituto de Ciências Penais*. Belo Horizonte, n. 31, nov. 2002.

ARRAIS, Gerson Santana. *Homicídio simples praticado a partir de atividade de extermínio considerado como hediondo*. Disponível em: <http://jus.com.br/revista/texto/14711/homicidio-simples-praticado-a-partir-de-atividade--de-exterminio-considerado-como-hediondo#ixzz27t0tXHHg>. Acesso em: 29 set. 2012.

ARÚS, Francisco Bueno. *La ciencia del derecho penal:* un modelo de inseguridad jurídica. Navarra: Aranzadi, 2005.

ASSEMBLEIA LEGISLATIVA DO ESTADO DO RIO DE JANEIRO. *Relatório final da Comissão Parlamentar de Inquérito*: Resolução n. 433/2008 da Assembleia Legislativa do Estado do Rio de Janeiro, p. 34. Disponível em: <http://www.marcelofreixo.com.br/site/upload/relatoriofinalportugues.pdf>. Acesso em: 29 set. 2012.

AVENA, Norberto. *Processo penal esquematizado*. São Paulo: Método, 2009.

BACIGALUPO, Enrique. *Lineamentos de la teoría del delito*. Buenos Aires: Astrea, 1974.

BACIGALUPO, Enrique. *Manual de derecho penal*. Bogotá: Temis, 1994.

BACIGALUPO, Enrique. *Tratado de derecho penal*. Buenos Aires: Abeledo-Perrot, 1969. v. V.

BANDEIRA DE MELLO, Celso Antônio. *Curso de direito administrativo*. 5. ed. São Paulo: Malheiros, 1994.

BARBOSA, Aldeleine Melhor e outros. *Curso de direito penal* – parte especial. Salvador: Editora Juspodivm, 2013. v. 2.

BARROS, Flávio Augusto Monteiro de. *Direito penal* – Parte geral. São Paulo: Saraiva, 1999. v. I.

BARROS, Francisco Dirceu. *Código penal* – Parte geral. Niterói: Impetus, 2004.

BARROS, Francisco Dirceu. *Crimes contra a dignidade sexual para concursos*. São Paulo: Campus, 2010.

BARROS, Francisco Dirceu. *Direito penal* – Parte especial. Rio de Janeiro: Campus, 2007. v. I.

BARROS, Francisco Dirceu. *Feminicídio e neocolpovulvoplastia: As implicações legais do conceito de mulher para os fins penais*. Disponível em: <http://franciscodirceubarros.jusbrasil.com.br/artigos/173139537/feminicidio--e-neocolpovulvoplastia-as-implicacoes-legais-do-conceito-de-mulher-para-os-fins-penais>. Acesso em: 14 mar. 2015.

BARROS, Francisco Dirceu. *Os agentes passivos do homicídio funcional*: Lei n. 13.142/2015. A controvérsia da terminologia autoridade e o filho adotivo como agente passivo do homicídio funcional. Disponível em: <http://jus.com.br/artigos/41302/os-agentes-passivos-do-homicidio-funcional-lei-n-13-142-2015>. Acesso em: 5 ago. 2015.

BARROS, Marco Antonio de. *A busca da verdade no processo penal*. São Paulo: Revista dos Tribunais, 2002.

BATISTA, Nilo. *Concurso de agentes*. 2. ed. Rio de Janeiro: Lumen Juris, 2004.

BATISTA, Nilo. *Introdução crítica ao direito penal brasileiro*. Rio de Janeiro: Revan, 1996.

BATISTA, Nilo; ZAFFARONI, Eugenio Raúl; ALAGIA, Alejandro; SLOKAR, Alejandro. *Direito penal brasileiro*. Rio de Janeiro: Revan, 2003. v. I.

BATISTA, Weber Martins. *O furto e o roubo no direito e no processo penal*. 2. ed. Rio de Janeiro: Forense, 1995.

BECCARIA, Cesare. *Dos delitos e das penas*. São Paulo: Revista dos Tribunais, 1999.

BEJERANO GUERRA, Fernando. John Howard: inicio y bases de la reforma penitenciaria. In: VALDÉS, García (Dir.). *Historia de la prisión*: teorías economicistas: critica. Madrid: Edisofer, 1997.

BERENGUER, Enrique Orts. *Comentários al código penal de 1995*. Valencia: Tirant lo Blanch, 1996. v. I.

BERGEL, Jean-Louis. *Teoria geral do direito*. São Paulo: Martins Fontes, 2001.

BETANHO, Luiz Carlos. *Código penal e sua interpretação jurisprudencial*. São Paulo: Revista dos Tribunais, 1997.

BETTIOL, Giuseppe. *Direito penal*. Campinas: Red Livros, 2000.

BETTIOL, Giuseppe. *Direito penal*. São Paulo: Revista dos Tribunais, 1976. v. I.

BÉZE, Patrícia Mothé Glioche. *Concurso formal e crime continuado*. Rio de Janeiro: Renovar, 2001.

BIANCHINI, Alice. *Pressupostos materiais mínimos da tutela penal*. São Paulo: Revista dos Tribunais, 2002.

BÍBLIA DE ESTUDOS GENEBRA. São Paulo: Cultura Cristã, 1999.

BÍBLIA SAGRADA. *Nova tradução na linguagem de hoje*. São Paulo: Sociedade Bíblica do Brasil, 2001.

BIDASOLO, Mirentxu Corcoy. *Delitos de peligro y protección de bienes jurídicos-penales supraindividuales*. Valencia: Tirant lo Blanch, 1999.

BIERRENBACH, Sheila de Albuquerque. *Crimes omissivos impróprios*. Belo Horizonte: Del Rey, 1996.

BIERRENBACH, Sheila de Albuquerque; FERNANDES LIMA, Walberto. *Comentários à lei de tortura* – Aspectos penais e processuais penais. Rio de Janeiro: Lumen Juris, 2006.

BITENCOURT, Cezar Roberto. *Código penal comentado*. São Paulo: Saraiva, 2002.

BITENCOURT, Cezar Roberto. Assédio sexual: contribuição jurídico-normativa da globalização. In: *Assédio sexual*. São Paulo: Saraiva, 2002.

BITENCOURT, Cezar Roberto. *Erro jurídico-penal*. São Paulo: Revista dos Tribunais, 1996.

BITENCOURT, Cezar Roberto. *Falência da pena de prisão*. São Paulo: Revista dos Tribunais, 1993.

BITENCOURT, Cezar Roberto. *Lições de direito penal* – Parte geral. Porto Alegre: Livraria do Advogado, 1995.

BITENCOURT, Cezar Roberto. *Manual de direito penal* – Parte geral. São Paulo: Saraiva, 2000. v. I.

BITENCOURT, Cezar Roberto. *Tratado de direito penal*. 3. ed. São Paulo: Saraiva, 2003. v. II.

BITENCOURT, Cezar Roberto. *Tratado de direito penal*. São Paulo: Saraiva, 2003. v. III.

BITENCOURT, Cezar Roberto. *Tratado de direito penal* – parte especial. 7. ed. São Paulo: Saraiva, 2013, v. IV.

BITENCOURT, Cezar Roberto. MUÑOZ CONDE, Francisco. *Teoria geral do delito*. São Paulo: Saraiva, 2000.

BITENCOURT, Cezar Roberto. PRADO, Luiz Regis. *Código penal anotado*. São Paulo: Revista dos Tribunais, 1999.

BIZZOTTO, Alexandre; RODRIGUES, Andreia de Brito. *Nova lei de drogas*. 2. ed. Rio de Janeiro: Lumen Juris, 2007.

BOBBIO, Norberto. *Teoria do ordenamento jurídico*. Brasília: Editora UnB, 1982.

BOCKELMANN, Paul. *Relaciones entre autoría e participación*. Buenos Aires: Abeledo-Perrot, 1960.

BONAVIDES, Paulo. *Ciência política*. São Paulo: Malheiros, 1994.

BONAVIDES, Paulo. *Curso de direito constitucional*. São Paulo: Malheiros, 1996.

BORJA JIMÉNEZ, Emiliano. *Curso de política criminal*. Valencia: Tirant lo Blanch, 2003.

BOSCHI, José Antônio Paganella. *Das penas e seus critérios de aplicação*. 2. ed. Porto Alegre: Livraria do Advogado, 2002.

BRAGA, Vera Regina de Almeida. *Pena de multa substitutiva no concurso de crimes*. São Paulo: Revista dos Tribunais, 1997.

BRANQUINHO, Wesley Marques. *O novo divórcio* – Emenda Constitucional n. 66. Disponível em: <http://jus.uol.com.br/revista/texto/16997/o-novo-divorcio-emenda-constitucional-n-66>.

BRASIL. Ministério da Saúde. Secretaria de Atenção à Saúde. Departamento de Atenção Especializada. *Regulação médica das urgências*. Brasília: Ed. do Ministério da Saúde, 2006. Módulo II (Série A. Normas e Manuais Técnicos).

BRASIL. Supremo Tribunal Federal. Plenário: dispositivo da lei de contravenções penais é incompatível com a Constituição. Notícias STF, Brasília, 3 out. 2013. Disponível em: <http://www.stf.jus.br/portal/cms/ver NoticiaDetalhe.asp?idConteudo=25005>.

BRASIL. Supremo Tribunal Federal. Supremo julga procedente ação da PGR sobre Lei Maria da Penha. *Notícias do STF,* 9 fev. 2012. Disponível em: <www.stf.jus.br/portal/cms/verNoticiaDetalhe.asp?...->.

BRITO FILHO, José Cláudio Monteiro de. *Trabalho com redução do homem a condição análoga à de escravo e dignidade da pessoa humana.* Disponível em: <http://www.pgt.mpt.gov.br/publicacoes>.

BRUNO, Aníbal. *Crimes contra a pessoa.* 4. ed. Rio de Janeiro: Editora Rio, 1976.

BRUNO, Aníbal. *Direito penal* – Parte geral. Rio de Janeiro: Forense, 1967.

BRUNO, Aníbal. *Direito penal.* 4. ed. Rio de Janeiro: Forense, 1984. t. II.

BUSATO, Paulo César. *Direito penal* – parte especial 1. São Paulo: Atlas, 2014.

BUSATO, Paulo César; HUAPAYA, Sandro Montes. *Introdução ao direito penal* – Fundamentos para um sistema penal democrático. Rio de Janeiro: Lumen Juris, 2003.

BUSTOS RAMÍREZ, Juan J.; HORMAZÁBAL MALARÉE, Hernán. *Lecciones de derecho penal.* Madrid: Trotta, 1999. v. II.

BUSTOS RAMÍREZ, Juan J.; HORMAZÁBAL MALARÉE, Hernán. *Lecciones de derecho penal.* Madrid: Trotta, 1997. v. I.

BUSTOS RAMÍREZ, Juan J.; HORMAZÁBAL MALARÉE, Hernán. *Nuevo sistema de derecho penal.* Madrid: Trotta, 2004.

CABETTE, Eduardo Luiz Santos. *A Lei n. 11.923/09 e o famigerado sequestro-relâmpago.* – Afinal, que raio de crime é esse? Disponível em: <http://jus2.uol.com.br/doutrina/texto.asp?id=12760>. Acesso em: 29 ago. 2009.

CABETTE, Eduardo Luiz Santos. *Considerações iniciais sobre a Lei 12.720/12*: novas majorantes nos crimes de homicídio e lesões corporais e o novo crime de constituição de milícia privada. *Disponível em: <http://www.ambitojuridico.com.br/site/?n_link =revista_artigos_leitura &artigo_id=12427>.* Acesso em: 13 mai. 2017.

CABETTE, Eduardo Luiz Santos. *Homicídio e lesões corporais de agentes de segurança pública e forças armadas*: alterações da Lei 13.142/15. Disponível em: <http://jus.com.br/artigos/40830/homicidio-e-lesoes-corporais--de-agentes-de-seguranca-publica-e-forcas-armadas-alteracoes-da-lei-13-142-15>. Acesso em: 5 ago. 2015.

CABRAL NETTO, Joaquim. *Instituições de processo penal.* Belo Horizonte: Del Rey, 1997.

CALDERÓN, Ángel; CHOCLÁN, José Antonio. *Derecho penal* – Parte especial. 2. ed. Madrid: Bosch, 2001, v. II.

CALHAU, Lélio Braga. *Desacato.* Belo Horizonte: Mandamentos, 2004.

CALHAU, Lélio Braga. *Vítima e direito penal.* Belo Horizonte: Mandamentos, 2002.

CALLEGARI, André Luis. *Imputação objetiva* – Lavagem de dinheiro e outros temas do direito penal. Porto Alegre: Livraria do Advogado, 2001.

CAMARGO, A. L. Chaves. *Culpabilidade e reprovação penal.* São Paulo: Sugestões Literárias, 1994.

CAPARRÓS, José E. Sáinz-Cantero. *La codelinquencia en los delitos imprudentes en el código penal de 1995.* Madrid: Marcial Pons, 2001.

CAPEZ, Fernando. *Arma de fogo.* São Paulo: Saraiva, 1997.

CAPEZ, Fernando. *Curso de direito penal* – Parte geral. São Paulo: Saraiva, 2000.

CAPEZ, Fernando. *Curso de direito penal.* 3. ed. São Paulo: Saraiva, 2003. v. 2.

CAPEZ, Fernando. *Curso de direito penal.* São Paulo: Saraiva, 2004. v. 3.

CARMONA SALGADO, C.; GONZÁLEZ RUS, J. J.; MORILLAS CUEVA, L.; POLAINO NAVARRETE, M. *Manual de derecho penal* – Parte especial. Madrid: Editoriales de Derecho Reunidas, 1993.

CARNELUTTI, Francesco. *Lecciones sobre el proceso penal.* Buenos Aires: Ediciones Jurídicas Europa-América/ Bosch, 1950. v. II.

CARRARA, Francesco. *Programa do curso de direito criminal* – Parte geral. Campinas: LZN, 2002. v. 2.

CARRARA, Francesco. *Programa de derecho criminal* – Parte especial. Bogotá: Temis, 1973. v. 1-2.

CARRARA, Francesco. *Programa de derecho criminal.* Bogotá: Temis, 1991. v. VI.

CARRARA, Francesco. *Programa de derecho criminal.* Bogotá: Temis, 1988. v. III.

CARVALHO FILHO, Aloysio de. *Comentários ao código penal.* Rio de Janeiro: Forense, 1958. v. IV.

CARVALHO FILHO, José dos Santos. *Manual de direito administrativo*. Rio de Janeiro: Freitas Bastos, 1997.

CARVALHO, Salo de. *Pena e garantias* – Uma leitura do garantismo de Luigi Ferrajoli. Rio de Janeiro: Lumen Juris, 2001.

CARVALHO, Salo de; CARVALHO, Amilton Bueno de. *Aplicação da pena e garantismo*. Rio de Janeiro: Lumen Juris, 2001.

CASTILHO, Ela Wiecko V. de. *Tráfico de pessoas:* da Convenção de Genebra ao Protocolo de Palermo. Política Nacional de Enfrentamento ao Tráfico de Pessoas, Ministério da Justiça, 2007.

CASTILLO JIMENEZ, Cinta. *Protección del derecho a la intimidad y uso de las nuevas tecnologias de la información.* 2001. Huelva: Facultad de Derecho. Universidad de Huelva. v. 1: Derecho y conocimiento.

CASTRO, Viveiros de. *A nova escola penal*. Rio de Janeiro: Jacintho, 1913.

CAVALCANTE, Márcio André Lopes. *Comentários à Lei 12.971/2014*, que alterou o Código de Trânsito Brasileiro. 2014. Disponível em: <http://www.dizerodireito.com.br/2014/05/comentarios-lei-129712014-que-alterou--o.html>. Acesso em: 19 mai. 2014.

CENTRO DE ESTUDOS, RESPOSTA E TRATAMENTO DE INCIDENTES DE SEGURANÇA NO BRASIL. *Cartilha de segurança*. Disponível em: <http://cartilha.cert.br/malware/>. Acesso em: 10 dez. 2012.

CEREZO, Ángel Calderón; MONTALVO, José Antonio Choclán. *Derecho penal*. 2. ed. Barcelona: Bosch, 2001. t. II.

CEREZO MIR, José. *Curso de derecho penal español* – Parte general. Madrid: Tecnos, 2001. v. II e III.

CERNICCHIARO, Luiz Vicente; COSTA JR., Paulo José da. *Direito penal na* Constituição. São Paulo: Revista dos Tribunais, 1995.

CERVINI, Raúl. *Os processos de descriminalização*. São Paulo: Revista dos Tribunais, 1995 (Tradução da 2. ed. espanhola).

CHAMPLIN, Russell Norman; BENTES, João Marques. *Enciclopédia de bíblia, teologia e filosofia*. São Paulo: Candeia, 1997. v. 6.

CHIMENTI, Ricardo Cunha; CAPEZ, Fernando; ROSA, Márcio F. Elias; SANTOS, Marisa F. *Curso de direito constitucional*. São Paulo: Saraiva, 2004.

CHOUKR, Fauzi Hassan. *Código de processo penal*. Rio de Janeiro: Lumen Juris, 2005.

CINTRA, Antônio Carlos de Araújo; GRINOVER, Ada Pelegrini; COMPARATO, Fábio Konder. *A afirmação histórica dos direitos humanos*. São Paulo: Saraiva, 2001.

COBO DEL ROSAL, Manuel; VIVES ANTÓN, Tomás S. *Derecho penal* – Parte general. Velencia: Tirant lo Blanch, 1999.

COÊLHO, Yuri Carneiro. *Curso de direito penal didático*. São Paulo: Atlas, 2015.

COMPARATO, Fábio Konder. *A afirmação histórica dos direitos humanos*. São Paulo: Saraiva, 2001.

CONTRERAS, Guillermo Portilla. *La influencia de las ciencias sociales en el derecho penal* – La defensa del modelo ideológico neoliberal en las teorías funcionalistas y en el discurso ético de Habermas sobre selección de los intereses penales (Crítica y justificación del derecho penal en el cambio de siglo – El análisis crítico de la Escuela de Frankfurt). Cuenca: Editiones de la Universidade de Castilla-La Mancha, 2003.

COPELLO, Patricia Laurenzo. *Dolo y conocimiento*. Valencia: Tirant lo Blanch, 1999.

COPETTI, André. *Direito penal e estado democrático de direito*. Porto Alegre: Livraria do Advogado, 2000.

CORDOBA RODA, Juan. *Culpabilidad y pena*. Barcelona: Ariel, 1989.

CORRAL, José Luis. *Historia de la pena de muerte*. Madrid: Aguilar, 2005.

COSTA JÚNIOR, Paulo José da. *Curso de direito penal* – Parte geral. São Paulo: Saraiva, 1991. v. I.

COSTA JÚNIOR, Paulo José da. *Agressões à intimidade* – O episódio Lady Dy. São Paulo: Malheiros, 1997.

COSTA JÚNIOR, Paulo José da. *Curso de direito penal*. São Paulo: Saraiva, 1991. vol. 1, 2 e 3.

COSTA JÚNIOR, Paulo José da. *Direito penal objetivo*. Rio de Janeiro: Forense Universitária, 1989.

COSTA JÚNIOR, Paulo José da. *Nexo causal*. São Paulo: Malheiros, 1996.

COSTA JÚNIOR, Paulo José da. *O crime aberrante*. Belo Horizonte: Del Rey, 1996.

COSTA, Álvaro Mayrink da. *Direito penal – Parte especial*. 5. ed. Rio de Janeiro: Forense, 2001.

COSTA, Marco Aurélio Rodrigues da. *Crimes de informática*. Jus Navegandi, Teresina, ano 1, n. 12, mai. 1997. Disponível em: <http://jus2.uol.com.br/doutrina/texto.asp?id=1826>. Acesso em: 20 jan. 2009.

COSTA, Wille Duarte. *Títulos de crédito*. Belo Horizonte: Del Rey, 2003.

CHAMPLIN, Russell Norman; BENTES, João Marques. *Enciclopédia de bíblia, teologia e filosofia*. São Paulo: Candeia, 1997. v. 6.

CUERDA RIEZU, Antonio. *El legislador y el derecho penal* (una orientación a los orígenes). Madrid: Editorial Centro de Estudios Ramon Areces, 1991.

CUESTA AGUADO, Paz Mercedes de La. *Tipicidad e imputación objetiva*. Argentina: Cuyo, 1998.

CUNHA, Rogério Sanches. *Direito penal* – Parte especial. São Paulo: Revista dos Tribunais, v. 3, 2008.

CUNHA, Rogério Sanches. *Manual de direito penal* – Parte geral. Salvador: Juspodivm, 2013.

CUNHA, Rogério Sanches. *Manual de direito penal* – parte especial, volume único. 5. ed. Salvador: Editora Juspodivm, 2013.

CUNHA, Rogério Sanches. *Nova Lei 13.142/15*: breves comentários. Disponível em: <http://www.portalcarreira-juridica.com.br/noticias/nova-lei-13-142-15-breves-comentarios-por-rogerio-sanches-cunha>. Acesso em: 5 ago. 2015.

CUNHA, Rogério Sanches. *Lei 13.330/16: breves comentários*. Disponível em: <*https://www.cers.com.br/noticias-e--blogs/noticia/lei-1333016-breves-comentarios*>. Acesso em: 19 out. 2016.

CUNHA, Rogério Sanches; PINTO, Ronaldo Batista. *Crime organizado* – Comentários à nova lei sobre o crime organizado – Lei n. 12.850/2013, Salvador: Juspodivm, 2013.

CUNHA, Rogério Sanches; PINTO, Ronaldo Batista. *Tráfico de pessoas* – Lei 13.344/2016 comentada por artigos. Salvador: JusPodivm, 2017.

CUNHA, Sérgio Sérvulo da. O que é um princípio. GRAU, Eros Roberto (Coord.). In: *Estudos de direito constitucional em homenagem a José Afonso da Silva*. São Paulo: Malheiros, 2003.

CURY URZÚA, Enrique. *Derecho penal* – Parte general. Santiago: Jurídica de Chile, 1992.

D'URSO, Luiz Flávio Borges. *A tradição do pendura*. Disponível em: <http:// www.novomilenio.inf.br/festas/pendura.htm>.

DAHRENDORF, Ralf. *A lei e a ordem*. Rio de Janeiro: Instituto Liberal, 1997.

DEL-CAMPO, Eduardo Roberto. *Penas restritivas de direitos*. São Paulo: Juarez de Oliveira, 1999.

DELGADO, Lucrecio Rebollo. *Derechos fundamentales y proteción de datos*. Madrid: Dykinson, 2004.

DELMANTO, Celso. *Código penal comentado*. Rio de Janeiro: Renovar, 1986.

DELMANTO, Celso; DELMANTO, Roberto; DELMANTO JÚNIOR, Roberto; DELMANTO, Fábio M. de Almeida. *Código penal comentado*. 6. ed. Rio de Janeiro: Renovar, 2002.

DIAS, Jorge de Figueiredo; ANDRADE, Manuel da Costa. *Criminologia* – O homem delinquente e a sociedade criminógena. Coimbra: Coimbra Editora, 1997.

DIAS, José de Aguiar. *Da responsabilidade civil*. Rio de Janeiro: Forense, 1994.

DIAS, Maria Berenice. *O fim da separação judicial – Um novo recomeço*. Disponível em: <http://www.mariaberenice.com.br>.

DÍAZ, Gerardo Landrove. *La moderna victimología*. Valencia: Tirant lo Blanch, 1998.

DINAMARCO, Cândido Rangel. *Teoria geral do processo*. 17. ed. São Paulo: Malheiros, 2001.

DONNA, Edgardo Alberto. *Derecho penal* – Parte general. Buenos Aires: Rubinzal-Culzoni, 2008. t. I: Fundamentos – Teoría de la ley penal.

DOTTI, René Ariel. *Curso de direito penal* – Parte geral. Rio de Janeiro: Forense, 2001.

DOTTI, René Ariel. *Penas restritivas de direitos*. São Paulo: Revista dos Tribunais, 1999.

DOTTI, René Ariel. *Reforma penal brasileira*. Rio de Janeiro: Forense, 1988.

DOUGLAS, William; CALHAU, Lélio Braga; KRYMCHANTOWSKY, Abouch V. DUQUE, Flávio Granado. *Medicina legal*. 5. ed. Rio de Janeiro: Impetus, 2003.

DUARTE, Antonio Aurélio Abi Ramia. *Aspectos concernentes à responsabilidade penal da pessoa jurídica*. Disponível em: <http://www.netflash.com.br/ justicavirtual>.

EMILIO SARRULE, Oscar. *La crisis de legitimidad del sistema jurídico penal* (Abolicionismo ou justificación). Buenos Aires: Editorial Universidad, 1998.

ESQUERDO, Esperanza Vaello. *Introducción al derecho penal*. San Vicente del Raspeig: Universidad de Alicante, 2002.

ESTEFAM, André. *Direito penal* – Parte geral. São Paulo: Saraiva, 2013, v. 1.

ESTEFAM, André. *Crimes sexuais* – Comentários à Lei n. 12.015, de 7 de agosto de 2009. São Paulo: Saraiva, 2009.

FALCÓN Y TELLA, Maria José. FALCÓN Y TELLA, Fernando. *Fundamento y finalidad de la sanción*: ¿un derecho a castigar? Madrid: Marcial Pons, 2005.

FALEIROS, Eva. T. Silveira. *A exploração sexual de crianças e adolescentes no Brasil:* reflexões teóricas, relatos de pesquisas e intervenções psicossociais. Renata Maria Coimbra Libório e Sônia M. Gomes Sousa (Orgs.). Casa do Psicólogo. Editora da ACG, 2004.

FARIA, Bento de. *Código penal brasileiro* (comentado). Rio de Janeiro: Record, 1961. v. V e VI.

FÁVERO, Flamínio. *Medicina legal*. São Paulo: Martins, 1980. v. 1-2.

FERNANDES GOMES, Abel; PRADO, Geraldo; DOUGLAS, William. *Crime organizado*. Rio de Janeiro: Impetus, 2000.

FERNANDES, Newton; FERNANDES, Valter. *Criminologia integrada*. São Paulo: Revista dos Tribunais, 2002.

FERNÁNDEZ, Gonzalo D. *Bien jurídico y sistema del delito*. Buenos Aires: Editorial BdeF, 2004.

FERRAJOLI, Luigi. *Derechos y garantías* – La ley del más débil. Madri: Trotta, 2001.

FERRAJOLI, Luigi. *Direito e razão* – Teoria do garantismo penal. São Paulo: Revista dos Tribunais, 2002.

FERRAJOLI, Luigi. *El garantismo y la filosofía del derecho*. Colombia: Universidade Externado de Colombia, 2000 (Série de Teoria Jurídica y Filosofia del Derecho, n. 15).

FERRAZ, Esther de Figueiredo. *A codelinquência no direito penal brasileiro*. São Paulo: Bushatsky, 1976.

FERREIRA DA COSTA, Elder Lisbôa. *Curso de direito criminal* – Parte geral. Belém: Unama, 2007.

FERREIRA DA COSTA, Elder Lisbôa. *Direito criminal constitucional* – uma visão sociológica e humanista. Parte geral. Belém: Editora Paka-Tatu, 2012.

FERREIRA DA COSTA, Elder Lisbôa. *Compêndio teórico e prático do tribunal do júri*. Campinas: Jurídica Mizuno, 2004.

FERREIRA, Fernando José Araújo. Processo seletivo vestibular nas universidades e faculdades particulares e a nova LDB (Lei n. 9.394/96). *Revista Eletrônica PRPE*, out. 2003.

FERREIRA, Manuel Cavaleiro de. *Lições de direito penal* – Parte geral, 1992.

FERRI, Enrico jurista. *I nuovi orizzonti del diritto e della procedura penale.* Bologna: Zanichelli, 1881.

FEU ROSA, Antônio José Miguel. *Direito penal* – Parte geral. São Paulo: Revista dos Tribunais, 1993.

FEUERBACH, Johann Paul Anselm von. *Tratado de derecho penal.* Tradução de Eugenio Raul Zaffaroni e Irma Hagemaier. Buenos Aires: Hammurabi, 2007.

FIERRO, Guillermo Julio. *Ley penal y derecho internacional*. Buenos Aires: Editorial Astrea, 2007.FALEIROS, Eva. T. Silveira. *A exploração sexual de crianças e adolescentes no Brasil:* reflexões teóricas, relatos de pesquisas e in-tervenções psicossociais. Renata Maria Coimbra Libório e Sônia M. Gomes Sousa (Orgs.). Casa do Psicólogo. Editora da ACG, 2004.

FIGUEIREDO DIAS, Jorge e ANDRADE, Manoel da Costa. *Criminologia* – O homem delinquente e a sociedade criminógena. Coimbra: Coimbra Editora, 1997.

FLETCHER, George P. *Las victimas ante el jurado*. Valencia Tirant lo Blanch, 1997.

FONSECA NETO, Alcides da. *O crime continuado.* Rio de Janeiro: Lumen Juris, 2004.

FONTÁN BALESTRA, Carlos. *Derecho penal* – Parte general. Buenos Aires: Abeledo-Perrot, 1953.

FONTÁN BALESTRA, Carlos. *Misión de garantía del derecho penal*. Buenos Aires: De Palma, 1950.

FONTÁN BALESTRA, Carlos. *Tratado de derecho penal*. Buenos Aires: Abeledo-Perrot, 1969. v. IV-V.

FOUCAULT, Michel. *Vigiar e punir*. 23. ed. Petrópolis: Vozes, 2000.

FRAGOSO, Heleno Cláudio. *Conduta punível*. São Paulo: Bushatsky, 1961.

FRAGOSO, Heleno Cláudio. *Lições de direito penal* – Parte especial. Rio de Janeiro: Forense, 1981.

FRAGOSO, Heleno Cláudio. *Lições de direito penal* – Parte especial. 4. ed. Rio de Janeiro: Forense, 1984.

FRAGOSO, Heleno Cláudio. *Lições de direito penal*: parte geral. 16. ed. atual. por Fernando Fragoso. Rio de Janeiro: Forense, 2003.

FRAGOSO, Heleno Cláudio. *Crimes omissivos por comissão (?)*. Disponível em: <http://www.buscalegis.ufsc.br/revistas/index.php/buscalegis/article/view/11339/10904>. Acesso em: 3 ago. 2010.

FRANÇA, Genival Veloso de. *Fundamentos de medicina legal*. Rio de Janeiro: Guanabara Koogan, 2005.

FRANÇA, Genival Veloso de. *Medicina legal*. 7. ed. Rio de Janeiro: Guanabara Koogan, 2004.

FRANÇA, Rubens Limongi. *Instituições de direito civil*. 4. ed. São Paulo: Saraiva, 1996.

FRANCO, Alberto Silva. LIRA, Rafael; FELIX, Yuri. *Crimes hediondos*. São Paulo: Revista dos Tribunais, 7ª ed., rev., atual. e ampl., 2011.

FRANK, Reinhard. *Sobre la estrutura del concepto de culpabilidad*. Buenos Aires: IBDEF, 2000.

FREITAS, Gilberto Passos de; FREITAS, Vladimir Passos de. *Abuso de autoridade*. 9. ed. São Paulo: Revista dos Tribunais, 2001.

FÜHRER, Maximiliano Roberto Ernesto; FÜHRER, Maximilianus Cláudio Américo. *Código Penal comentado*. 3. ed. São Paulo: Malheiros, 2010.

FURLANETO NETO, Mário; GUIMARÃES, José Augusto Chaves. Crimes na internet: elementos para uma reflexão sobre a ética informacional. *Revista CEJ*, Brasília, n. 20, jan./mar. 2003.

GAGLIANO, Pablo Stolze. *A nova emenda do divórcio* – Primeiras reflexões. Disponível em: <http://www.pablos-tolze.com.br>.

GALVÃO, Fernando. *Aplicação da pena*. Belo Horizonte: Del Rey, 1995.

GALVÃO, Fernando. *Direito Penal – crimes contra a administração pública*. Belo Horizonte: D'Plácido Editora, 2015.

GALVÃO, Fernando. *Direito penal – crimes contra a pessoa*. São Paulo: Saraiva, 2013.

GALVÃO, Fernando. *Direito penal* – Parte geral. Niterói: Impetus, 2004.

GALVÃO, Fernando. *Imputação objetiva*. Belo Horizonte: Mandamentos, 2000.

GALVÃO, Fernando. Imputação objetiva nos delitos omissivos. *Revista Brasileira de Ciências Criminais*, São Paulo, v. 33, mar. 2001.

GALVÃO, Fernando. *Direito penal* – parte geral. 5ª ed. São Paulo: Saraiva, 2013.

GALVÃO, Fernando. *Noções elementares sobre a teoria do crime*. Viçosa: Imprensa Universitária, 1993.

GALVÃO, Fernando. *Responsabilidade penal da pessoa jurídica*. Belo Horizonte: Del Rey, 2003.

GALVÃO, Fernando; GRECO, Rogério. *Estrutura jurídica do crime*. Belo Horizonte: Mandamentos, 1999.

GALVETE, Javier. *Fragmentos y ensayos*: apuntes biográficos sobre John Howard. Madrid: Librería Naval y Extranjera, 1876.

GARCIA, Basileu. *Instituições de direito penal*. 7. ed. rev. e atual. São Paulo: Saraiva, 2008. v. 1, t. 1.

GARCIA ENTERRIA, Eduardo de. *La lengua de los derechos* – La información del derecho público europeo trás la revolución francesa. Madrid: Civitas, 2001.

GARCIA-PABLOS DE MOLINA, Antonio. *Tratado de criminologia*. 4. ed. atual., corr. e aum. Valencia: Tirant lo Blanch, 2009.

GAROFALO, Raphaele. *Criminologia*. Lisboa: Clássica, 1916.

GARRIDO, Vicente; STANGELAND, Per; REDONDO, Santiago. *Principios de criminologia*. Valencia: Tirant lo Blanch, 2001.

GIACOMOLLI, Nereu José. *Reformas(?) do processo penal*. Rio de Janeiro: Lumen Juris, 2008.

GIORDANI, Mário Curtis. *Direito penal romano*. Rio de Janeiro: Lumen Juris, 1997.

GIRÃO, Rubia Mara Oliveira Castro. *Crime de assédio sexual*. São Paulo: Atlas, 2004.

*Global Report on Trafficking in Persons, 2014, UNDOC* – United Nations Office on Drugs and Crime, p. 5. Disponível em: <https://www.unodc.org/documents/data-and-analysis/glotip/GLOTIP_2014_full_report.pdf>. Acesso em: 09 out. 2016.

GOMES, José Jairo. *Teoria geral do direito civil*. Belo Horizonte: Del Rey, 2009.

GOMES, Luiz Flávio. *Crimes previdenciários*. 3. ed. São Paulo: Revista dos Tribunais, 2001.

GOMES, Luiz Flávio. *Delito de bagatela, princípio da insignificância e princípio da irrelevância penal do fato*. 18 abr. 2004. Disponível em: <http://www.lfg.com.br/public_html/article.php?story=20041008145549539p&mode=print>. Acesso em: 8 ago. 2011.

GOMES, Luiz Flávio. *Erro de tipo e erro de proibição*. São Paulo: Revista dos Tribunais, 1999.

GOMES, Luiz Flávio. *Estudos de direito penal e processo penal*. São Paulo: Revista dos Tribunais, 1999.

GOMES, Luiz Flávio. *Norma e bem jurídico no direito penal*. São Paulo: Revista dos Tribunais, 2002.

GOMES, Luiz Flávio. Medidas de segurança e seus limites. *Revista Brasileira de Ciências Criminais*, n. 2, 1993.

GOMES, Luiz Flávio. *O princípio da ofensividade no direito penal*. São Paulo: Revista dos Tribunais, 2002.

GOMES, Luiz Flávio. *Penas e medidas alternativas à prisão*. São Paulo: Revista dos Tribunais, 1999.

GOMES, Luiz Flávio; BIANCHINI, Alice. *Crimes de responsabilidade fiscal*. São Paulo: Revista dos Tribunais, 2001.

GOMES, Luiz Flávio; BIANCHINI, Alice; CUNHA Rogério Sanches; OLIVEIRA, William Terra de. *Nova lei de drogas comentada*. São Paulo: Revista dos Tribunais, 2006.

GOMES, Luiz Flávio; CUNHA, Rogério Sanches; MAZZUOLI, Valerio de Oliveira. *Comentários à reforma criminal de 2009 e à convenção de Viena sobre o direito dos tratados.* São Paulo: Revista dos Tribunais, 2009.

GOMES, Luiz Flávio; GARCIA-PABLOS DE MOLINA, Antonio. Direito Penal – parte geral, v. 2. São Paulo: Revista dos Tribunais, 2007.

GÓMEZ DE LA TORRE, Ignacio Verdugo; ZAPATERO, Luis Arroyo; OLIVÉ, Juan Carlos Ferre; PIEDECASAS, José Ramón Serrano; RIVAS, Nicolas García. *Lecciones de derecho penal – Parte general.* 2. ed. Barcelona: Editorial Práxis, 1999.

GONZÁLEZ PARRA, Ricardo. Jeremy Bentham: el utilitarismo y su influencia en la reforma del sistema penitenciário In: VALDÉS, García (Dir.). *Historia de la prisión* – Teorías economicistas: critica. Madrid: Edisofer, 1997.

GONZÁLEZ RUS, Juan José. *Control electrónico y sistema penitenciario.* VIII Jornadas penitenciarias Andaluzas, Junta de Andalucia, Consejeria de Gobernación, 1994.

GRANDINETTI, Luiz Gustavo; BATISTA, Nilo; MELLO, Adriana Ramos de; PINHO, Humberto Dalla Bernardina de; PRADO, Geraldo. *Violência doméstica e familiar contra a mulher.* Rio de Janeiro: Lumen Juris, 2007.

GRECO FILHO, Vicente. *Manual de processo penal.* São Paulo: Saraiva, 1991.

GRECO FILHO, Vicente. *Direito processual civil brasileiro.* 7. ed. São Paulo: Saraiva, 1993. v. 3.

GRECO, Luís. *Funcionalismo e imputação objetiva no direito penal.* Rio de Janeiro: Renovar, 2002.

GRECO, Rogério. *Código penal comentado.* 9. ed. Rio de Janeiro: Impetus, 2015.

GRECO, Rogério. *Curso de direito penal:* parte especial. 12. ed. Rio de Janeiro: Impetus, 2015. v. II.

GRECO, Rogério. *Curso de direito penal:* parte especial. 12. ed. Rio de Janeiro: Impetus, 2015. v. III.

GRECO, Rogério. *Curso de direito penal:* parte especial. 11. ed. Rio de Janeiro: Impetus, 2015. v. IV.

GRECO, Rogério. *Curso de direito penal:* parte geral. 17. ed. Rio de Janeiro: Impetus, 2015.

GRECO, Rogério. *Direito penal do equilíbrio* – Uma visão minimalista do direito penal. 2. ed. Rio de Janeiro: Impetus, 2006.

GRECO, Rogério. *Direito penal do equilíbrio* – Uma visão minimalista do direito penal. 8. ed. Rio de Janeiro: Impetus, 2015.

GRECO, Rogério. *Os absurdos da Lei 12.971, de 9 de maio de 2014.* Disponível em: <http://www.impetus.com.br/artigo/786/os-absurdos-da-lei-n-12971-de-9-de-maio-de-2014>.

GRECO, Rogério. *Sistema prisional* – Colapso atual e soluções alternativas. 2. ed. Rio de Janeiro: Impetus, 2015.

GRINOVER, Ada Pellegrini; FERNANDES, Antonio Scarance; GOMES FILHO, Antônio Magalhães. *As nulidades no processo penal.* São Paulo: Revista dos Tribunais, 1999.

GRINOVER, Ada Pellegrini; GOMES FILHO, Antonio Magalhães; FERNANDES, Antonio Scarance; Luiz Flávio. *Juizados especiais criminais.* 4. ed. São Paulo: Revista dos Tribunais, 2002.

GUILLERMO LUCERO, Pablo; ANDRÉS KOHEN, Alejandro. *Delitos informáticos.* Buenos Aires: Ediciones D & D, 2010.

GUTIÉRREZ FRANCÉS, Mariluz. *Ámbito jurídico de las tecnologías de la información.* Madrid: Consejo General de Poder Judicial, 1996.

HABIB, Gabriel. Leis Penais Especiais, volume único. Salvador: Juspodivm, 11ª ed., 2019.

HASSEMER, Winfried. *Três temas de direito penal.* Porto Alegre: Fundação Escola Superior do Ministério Público, 1993.

HASSEMER, Winfried; MUÑOZ CONDE, Francisco. *Introducción a la criminologia.* Valencia: Tirant lo Blanch, 2001.

HERINGER JÚNIOR, Bruno. *Objeção de consciência e direito penal* – Justificação e limites. Rio de Janeiro: Lumen Juris, 2007.

HIRECHE, Gamil Föppel El. *Análise criminológica das organizações criminosas.* Rio de Janeiro: Lumen Juris, 2005.

HOLANDA, Aurélio Buarque de. *Novo dicionário Aurélio da língua portuguesa.* 4. ed. Curitiba: Positivo, 2009.

HOWARD, John. *The state of the prisons in England and Wales:* with preliminary observations, and an account of some foreign prisons. Toscana, 1777.

HULSMAN, Louk; BERNART DE CELIS, Jacqueline. *Penas perdidas* – O sistema penal em questão. Rio de Janeiro: Luam, 1993.

HUNGRIA, Nélson. *Comentários ao código penal.* Rio de Janeiro: Forense, 1958. v. 1, t. I e II.

HUNGRIA, Nélson. *Comentários ao código penal.* Rio de Janeiro: Forense, 1955. v. V.

HUNGRIA, Nélson. *Comentários ao código penal.* Rio de Janeiro: Forense, 1956. v. VIII.

HUNGRIA, Nélson. *Comentários ao código penal.* 4. ed. Rio de Janeiro: Forense, 1958. v. VI.

HUNGRIA, Nélson. *Comentários ao código penal*. Rio de Janeiro: Forense, 1967. v. VII.

IBRAHIM, Fábio Zambitte. *Curso de direito previdenciário*. 7. ed. Rio de Janeiro: Impetus, 2006.

IGLESIAS RÍOS, Miguel Ángel; PÉREZ PARENTE, Juan Antonio. *La pena de localización permanente y su seguimiento con medios de control electrónico*. Estudios jurídicos sobre la sociedad de la información y nuevas tecnologías: con motivo del XX aniversario de la Facultad de Derecho de Burgos, coordenado por Santiago A. Bello Paredes, Alfonso Murillo Villar, 2005.

INSTITUTO BRASILEIRO DE CIÊNCIAS CRIMINAIS – IBCCRIM. *Boletim de Jurisprudência* n. 37, jan. 1996.

International Labour Organisation, 'ILO 2012 Global estimates of forced labour', jun. 2012 (covering the period 2002-2011). Tráfico de Pessoas e Contrabando de Migrantes. Disponível em: <https://www.unodc.org/lpo-brazil/pt/trafico-de-pessoas/index.html>. Acesso em: 15 out. 2016.

JAKOBS, Günther. *A imputação objetiva no direito penal*. Tradução de André Luis Callegari. São Paulo: Revista dos Tribunais, 2000.

JAKOBS, Günther. *Derecho penal* – Parte general: Fundamentos y teoría de la imputación. Madri: Marcial Pons, 1997.

JARDIM, Afrânio Silva. *Direito processual penal*. 11. ed. Rio de Janeiro: Forense, 2002.

JESCHECK, Hans-Heinrich. *Tratado de derecho penal* – Parte general. Barcelona: Bosch, 1981. v. I.

JESUS, Damásio E. *Comentários ao código penal*. São Paulo: Saraiva, 1985. v. 1 e 2.

JESUS, Damásio E. *Crimes de porte de arma de fogo e assemelhados*. São Paulo: Saraiva, 1997.

JESUS, Damásio E. *Crimes de trânsito*. São Paulo: Saraiva, 1998.

JESUS, Damásio E. *Direito penal*. 22. ed. São Paulo: Saraiva, 1999. v. 2.

JESUS, Damásio E. *Direito penal* 19. ed. São Paulo: Saraiva, 2010. v. 3.

JESUS, Damásio E. *Direito penal* – Parte geral. São Paulo: Saraiva, 1994.

JESUS, Damásio E. *Prescrição penal*. São Paulo: Saraiva, 1995.

JESUS, Damásio E. *Teoria do domínio do fato no concurso de pessoas*. São Paulo: Saraiva, 2001.

JESUS, Damásio E. *Violência doméstica*. São Paulo: Complexo Jurídico Damásio de Jesus, ago. 2004. Disponível em: <http://www.damasio.com.br/novo/ html/frame_artigos.htm>.

JIMENEZ, Cinta Castillo. *Protección del derecho a la intimidad y uso de las nuevas tecnologias de la información*. Huelva: Facultad de Derecho. Universidad de Huelva. Derecho y Conocimiento. v. 1.

JIMÉNEZ DE ASÚA, Luis. *Tratado de derecho penal*. Buenos Aires: Losada, 1964. t. 1.

JIMÉNEZ DE ASÚA, Luis. *Princípios de derecho penal* – La ley e el delito. Buenos Aires: Abeledo-Perrot, 1958.

JORIO, Israel Domingos. *Latrocínio*. Belo Horizonte: Del Rey, 2008.

JÚNIOR, Romeu de Almeida Salles. *Código penal interpretado*. São Paulo: Saraiva, 1996.

LARDIZÁBAL Y URIBE, Manuel de. *Discurso sobre las penas*. Cádiz: Servicio de Publicaciones Universidad de Cádiz, 2001.

LEIRIA, Antônio José Fabrício. *Teoria e aplicação da lei penal*. São Paulo: Saraiva, 1981.

LIEBMANN, Enrico Túlio. *Manual de direito processual civil*. Tradução de Cândido Rangel Dinamarco. Rio de Janeiro: Forense, 1984. v. I.

LIMA, Marcellus Polastri. *Curso de processo penal*. Rio de Janeiro: Lumen Juris, 2002. v. 1.

LIMA, Renato Brasileiro de. *Curso de processo penal*. Niterói: Impetus, 2013.

LIMA, Renato Brasileiro de. *Legislação criminal especial comentada*. Niterói: Impetus, 2013.

LIMA, Renato Brasileiro de. *Legislação criminal especial comentada*. Salvador: Editora JusPodivm, 4ª ed., 2016.

LINHARES, Marcello Jardim. *Contravenções penais*. São Paulo: Saraiva, 1980. v. II.

LOPES JÚNIOR, Aury. *Direito processual penal*. 9. ed. São Paulo: Saraiva, 2012.

LÓPEZ ORTEGA, Juan José. *Intimidad informática y derecho penal: derecho a la intimidad y nuevas tecnologias*. Madrid: Consejo General del Poder Judicial, 2004.

LOPES, Jair Leonardo. *Crimes de trânsito*. São Paulo: Revista dos Tribunais, 1998.

LOPES, Jair Leonardo. *Curso de direito penal*. 3. ed. São Paulo: Revista dos Tribunais, 1999.

LOPES, Jair Leonardo. *Penas restritivas de direitos*. São Paulo: 1999.

LOPES, Jair Leonardo. *Princípio da legalidade penal* – Projeções contemporâneas. São Paulo: Revista dos Tribunais, 1994.

LOPES, Jair Leonardo. *Teoria constitucional do direito penal*. São Paulo: Revista dos Tribunais, 2000.

LOPES, Maurício Antônio Ribeiro. *Como julgar, como defender, como acusar.* Rio de Janeiro: José Konfino, 1975.

LUISI, Luiz. *O tipo penal, a teoria finalista e a nova legislação penal.* Porto Alegre: Fabris, 1987.

LUZÓN PEÑA, Diego-Manuel. *Control electrónico y sanciones alternativas a la prisión.* Sevilla: VIII Jornadas Penitenciarias Andaluzas, Junta de Andalucia, Consejeria de Gobernación, 1994.

LUZÓN PEÑA, Diego-Manuel. *Enciclopedia penal básica.* 16. ed. Granada: Comares, 2002.

LYRA FILHO, Roberto; CERNICCHIARO, Luiz Vicente. *Compêndio de direito penal* – Parte geral. São Paulo: José Bushatsky, 1973.

LYRA, Roberto. *Comentários ao código penal.* Rio de Janeiro: Forense, 1942. v. II.

LYRA, Roberto. *Como julgar, como defender, como acusar.* Rio de Janeiro: José Konfino, 1975.

MACHADO, Hugo de Brito. *Curso de direito tributário.* 8. ed. São Paulo: Malheiros, 1993.

MADEIRA, Ronaldo Tanus. *A estrutura jurídica da culpabilidade.* Rio de Janeiro: Lumen Juris, 1999.

MAGGIORE, Giuseppe. *Derecho penal.* Bogotá: Temis, 1971. v. I.

MAGGIORE, Giuseppe. *Derecho penal.* 5. ed. Bogotá: Temis, 1971. v. IV.

MAGGIORE, Giuseppe. *Derecho penal.* Bogotá: Temis, 1972. v. II.

MAGGIORE, Giuseppe. *Derecho penal.* Bogotá: Temis, 1972. v. III.

MANUAL MERCK DE MEDICINA. 16. ed. São Paulo: Roca, 1995.

*Manual sobre la lucha contra la trata de personas para profesionales de la justicia penal,* da Oficina de las Naciones Unidas contra la droga y el delito – UNODC, NAÇÕES UNIDAS, New York, 2010. <*http://www.cnj.jus. br/programas-e-acoes/assuntos-fundiarios-trabalho-escravo-e-trafico-de-pessoas/trafico-de-pessoas*>. Acesso em: 09 out. 2016.

MARANHÃO, Odon Ramos. *Curso básico de medicina legal.* 7. ed. São Paulo: Malheiros, 1995.

MARCÃO, Renato. *Comentários à lei de imprensa.* São Paulo: Revista dos Tribunais, 2007.

MARCÃO, Renato. *Curso de execução penal.* 2. ed. São Paulo: Saraiva, 2005.

MARCÃO, Renato. Curso de execução penal. 2. ed. São Paulo: Saraiva, 2005. In:_____. *Lei 11.106/2005: novas modificações ao código penal brasileiro.* Disponível em: <http://www.serrano.neves.com.br>.

MARCÃO, Renato. *Lei 11.106/2005* – Novas modificações ao código penal brasileiro. Disponível em: <http://www. serrano.neves.com.br>.

MARCÃO, Renato. *Lei n. 12.012, de 6 de agosto de 2009*: ingresso de aparelho de telefonia celular em estabelecimento penal. Disponível em: <http://jusvi.com/artigos/41374>. Acesso em: 18 ago. 2009.

MARCÃO, Renato. *Tóxicos.* 3. ed. São Paulo: Saraiva, 2005.

MARCÃO, Renato; GENTIL, Plínio. *Crimes contra a dignidade sexual.* São Paulo: Saraiva, 2011.

MARCHI JÚNIOR, Antônio de Padova. *Boletim do Instituto de Ciências Penais,* Belo Horizonte, n. 13, mar. 2001.

MARQUES, Daniela Freitas. *Elementos subjetivos do injusto.* Belo Horizonte: Del Rey, 2001.

MARQUES, José Frederico. *Tratado de direito penal.* Campinas: Bookseller, 1997. v. II.

MARQUES, José Frederico. *Tratado de direito penal.* São Paulo: Millenium, 1997. v. I e II.

MARQUES, José Frederico. *Tratado de direito penal.* São Paulo: Millenium, 1999. v. III e IV.

MARQUES, José Frederico. *Elementos de direito processual penal.* Campinas: BookSeller, 1997, v. 1.

MARREY, Adriano; SILVA FRANCO, Alberto; STOCO, Rui. *Teoria e prática do júri.* São Paulo: Revista dos Tribunais, 2000.

MARTÍNEZ, Olga Sánchez. *Los principios en el derecho y la dogmática penal.* Madrid: Dykinson, 2004.

MASSON, Cleber. *Direito penal* – parte especial. 11ª ed. Rio de Janeiro: Forense, São Paulo: Método, 2018. v. 2.

MASSON, Cleber. *Direito penal esquematizado* – Parte geral. 7. ed. Rio de Janeiro: Forense; São Paulo: Método. 2013. v. 1.

MASSON, Cleber. *Direito penal esquematizado* – Parte especial. 5. ed. Rio de Janeiro: Forense; São Paulo: Método. 2013. v. 2.

MASSON, Cleber. *Direito penal esquematizado* – Parte especial. 3. ed. São Paulo: Gen-Método, 2013. v. 3.

MATEU, Juan Carlos Carbonell. *Derecho penal* – Concepto y principios constitucionales. Madrid: Tirant lo Blanch, 1999.

MAURACH, Reinhart; ZIPF, Heinz. *Derecho penal* – parte general. Tradução de Jorge Bofill Genzsch e Enrique Aimone Gibson. Buenos Aires: Astrea, 1994. v. 1.

MAURACH, Reinhart; ZIPF, Heinz. *Derecho penal* – Parte general. Buenos Aires: Astrea, 1994. v. 1.

MAZILLI, Hugo Nigro. *Manual do promotor de justiça*. 2. ed. São Paulo: Saraiva, 1991.

MÉDICI, Sérgio de Oliveira. *Teoria dos tipos penais* – Parte especial do direito penal. São Paulo: Revista dos Tribunais, 2004.

MENDONÇA, Andrey Borges de. *Nova reforma do código de processo penal*. São Paulo: Grupo Editorial Nacional e Editora Método, 2008.

MEIRELLES, Hely Lopes. *Direito administrativo brasileiro*. 19. ed. São Paulo: Malheiros, 1994.

MESTIERI, João. *Do delito de estupro*. São Paulo: Revista dos Tribunais, 1982.

MESTIERI, João. *Manual de direito penal* – Parte geral. Rio de Janeiro: Forense, 1999. v. I.

MESTIERI, João. *Teoria elementar do direito criminal*. Rio de Janeiro: Edição do Autor, 1990.

MEZGER, Edmundo. Tratado de derecho penal. Tradução de José Arturo Rodrigues Muñoz. Madrid, *Revista de derecho privado*, 1946, t. I ; 1949, t. II.

MILLER, Jacques-Alain. A máquina panóptica de Jeremy Bentham. In: BENTHAM, Jeremy. *O panóptico*. 2. ed. Tomaz Tadeu (Org.). Belo Horizonte: Autêntica, 2000.

MIR PUIG, Santiago. *Derecho penal* – Parte general. 4. ed. Barcelona, 1996.

MIR PUIG, Santiago. *Direito penal* – *Fundamentos e teoria do delito*. São Paulo: Revista dos Tribunais, 2007.

MIR PUIG, Santiago. *Estado, pena y delito*. Buenos Aires: IBDEF, 2006.

MIRABETE, Júlio Fabbrini. *Código de processo penal interpretado*. São Paulo: Atlas, 1997.

MIRABETE, Júlio Fabbrini. *Execução penal*. São Paulo Atlas, 2004.

MIRABETE, Júlio Fabbrini. *Manual de direito penal*. 16. ed. São Paulo: Atlas, 2000. v. I-II.

MIRABETE, Júlio Fabbrini; FABBRINI, Renato N. *Manual de direito penal*. 27. ed. São Paulo: Atlas, 2010. v. 2.

MIRANDA, Darcy Arruda. *Comentários à lei de imprensa*. 3. ed. São Paulo: RT.

MIRANDA, Nilmário. *A ação dos grupos de extermínio no Brasil*. DHnet. Disponível em: <http://www.dhnet.org.br/direitos/militantes /nilmario/nilma rio_dossieexterminio.html>. Acesso em: 29 set. 2012.

MONTEIRO, Antônio Lopes. *Crimes contra a previdência social*. São Paulo: Saraiva, 2000.

MONTEIRO, Antônio Lopes. *Crimes hediondos*. São Paulo: Saraiva, 1996.

MONTEIRO, Washington de Barros. *Curso de direito civil*. 22. ed. São Paulo: Saraiva, 1988.

MORAES, Alexandre de. *Direito constitucional*. 9. ed. São Paulo: Atlas, 2001.

MORAES, Flávio Queiroz de. *Delito de rixa*. São Paulo: Saraiva, 1944.

MOREIRA NETO, Diogo Figueiredo. *Curso de direito administrativo*. 7. ed. Rio de Janeiro: Forense, 1989.

MOREIRA, Rômulo de Andrade. *Ação penal nos crimes contra a liberdade sexual e nos delitos sexuais contra vulnerável – A Lei n. 12.015/99*. Disponível em: <http://www.migalhas.com.br/mostra_noticia_articuladas.aspx?cod= 91 630>. Acesso em: 27 ago. 2009.

MORENO CASTILLO, María Asunción. Estudio del pensamiento de Cesare Beccaria en la evolución del aparato punitivo. In: VALDÉS, García (Dir.). *Historia de la prisión* – Teorías economicistas: critica. Madrid: Edisofer, 1997.

MOURA, Grégore Moreira de. *Do princípio da coculpabilidade no direito penal*. Rio de Janeiro: Impetus, 2006.

MOURA, Maria Thereza Rocha de Assis; SAAD, Marta. *Código penal e sua interpretação jurisprudencial*. 8. ed. São Paulo: Revista dos Tribunais, 2007.

MUNHOZ NETTO, Alcidez. *A ignorância da antijuridicidade em matéria penal*. Rio de Janeiro: Forense, 1978.

MUÑOZ CONDE, Francisco. *Derecho Penal* – Parte especial. 14. ed. Valencia: Tirant lo Blanch, 2002.

MUÑOZ CONDE, Francisco. *Introducción al derecho penal*. Barcelona: Bosch, 1975.

MUÑOZ CONDE, Francisco. *Teoria geral do delito*. Tradução de Juarez Tavares e Luiz Régis Prado. Porto Alegre: Fabris, 1988.

MUÑOZ CONDE, Francisco. *Teoría general del delito*. 3. ed. Valencia: Tirant lo Blanch, 2004.

MUÑOZ CONDE, Francisco; BITENCOURT, César Roberto. *Teoria geral do delito*. São Paulo: Saraiva, 2000.

NAÇÕES UNIDAS. *Convenção das Nações Unidas sobre o uso de comunicações eletrônicas em contratos internacionais*. Disponível em: <http://www.cisg-brasil.net/doc/Traducao_convencao_comunicacoes_Eletr onicas. pdf>. Acesso em: 10 dez. 2012.

NASCIMENTO, Amauri Mascaro. *Iniciação ao direito do trabalho*. 21. ed. São Paulo: LTr, 1994.

NASSIF, Aramis. *O novo júri brasileiro*. Porto Alegre: Livraria do Advogado, 2009.

NERY JÚNIOR, Nelson; ANDRADE NERY, Rosa Maria de. *Código de Processo Civil comentado.* São Paulo: Revista dos Tribunais, 1997.

NEUMANN, Ulfrid. *Alternativas al derecho penal* – Crítica y justificación del derecho penal en el cambio de siglo – El análisis crítico de la Escuela de Frankfurt. Cuenca: Editiones de la Universidade de Castilla-La Mancha, 2003.

NOGUEIRA, Ataliba. *Pena sem prisão.* São Paulo: Saraiva, 1956.

NOGUEIRA, Gustavo Santana. *Das súmulas vinculantes* (Reforma do Judiciário – Primeiras reflexões sobre a emenda constitucional n. 45/2004). São Paulo: Revista dos Tribunais, 2005.

NOGUEIRA, Sandro D'Amato. *Crimes de informática.* Leme: Editora BH, 2009.

NORONHA, Edgard Magalhães. *Direito penal*: parte geral. 38. ed. rev. e atual. por Adalberto José Q. T. de Camargo Aranha. São Paulo: Saraiva, 2004. v. 1 e 2.

NORONHA, Edgard Magalhães. *Direito penal.* 24. ed. São Paulo: Saraiva, 2003. v. 4.

NORONHA, Edgard Magalhães. *Direito penal.* 27. ed. São Paulo: Saraiva, 2003. v. 3.

NORONHA, Edgard Magalhães. *Do crime culposo.* São Paulo: Saraiva, 1957.

NORONHA, Edgard Magalhães. *Direito penal.* 38ª ed. São Paulo: Saraiva, 2004. v. 1.

NUCCI, Guilherme de Souza. *Curso de direito penal* – parte especial. 2ª ed. Rio de Janeiro: Forense, São Paulo: Método, 2018. v. 2.

NUCCI, Guilherme de Souza. *Código penal comentado.* 3. ed. São Paulo: Revista dos Tribunais, 2003.

NUCCI, Guilherme de Souza. *Crimes contra a dignidade sexual* – Comentários à lei n. 12.015, de 7 de agosto de 2009. São Paulo: Revista dos Tribunais, 2009.

NUCCI, Guilherme de Souza. *Leis penais e processuais penais comentadas.* 3. ed. São Paulo: Revista dos Tribunais, 2008.

NUCCI, Guilherme de Souza. *Organização criminosa* – Comentários à Lei 12.850, de 02 de agosto de 2013. São Paulo: Revista dos Tribunais, 2013.

NUÑEZ PAZ, Miguel Ángel. El delito intentado. Madrid: Colex, 2003.

O GLOBO. *Brasil tem 20 mil trabalhadores em condição análoga à escravidão.* 27 maio 2011. Disponível em: <http://oglobo.globo. com/pais/mat/2011/05/27/brasil-tem-20-mil-trabalhadores-em-condicao-ana loga-escravi-dao-924549388.asp>.

OLIVARES, Gonzalo Quintero. *Adonde va el derecho penal.* Madrid: Thomson; Civitas, 2004.

OLIVARES, Gonzalo Quintero. *Los delitos de riesgo en la política criminal de nustro tiempo* (Crítica y justificación del derecho penal en el cambio de siglo – El análisis crítico de la Escuela de Frankfurt). Cuenca: Editiones de la Universidade de Castilla-La Mancha, 2003.

OLIVEIRA, Cláudio Brandão de. *Manual de direito administrativo.* 3. ed. Niterói: Impetus, 2006.

OLIVEIRA, Edmundo. *Direito penal do futuro* – A prisão virtual. Rio de Janeiro: Forense, 2002.

OLIVEIRA, Edmundo. *O futuro alternativo das prisões.* Rio de Janeiro: Forense, 2002.

ONASSIS, Elena Florencia. *Trata de personas*: la esclavitud del siglo XXI. Córdoba: Lerner Editora, 2011.

ORTEGA, Juan José López. *Intimidad informática y derecho penal.* Derecho a la intimidad y nuevas tecnologias. Madri: Consejo General del Poder Judicial, 2004.

PABLOS DE MOLINA, Antonio Garcia; GOMES, Luiz Flávio. *Criminologia.* 7. ed. São Paulo: Revista dos Tribunais, 2014.

PALMA, Maria Fernanda. *Da tentativa possível em direito penal.* Còimbra: Almedina, 2006.

PARMA, Carlos. *Culpabilidad.* Mendoza: Cuyo, 1997.

PARMA, Carlos. *La tentativa.* Argentina: Cuyo, 1996.

PASCHOAL, Janaína Conceição. *Constituição, criminalização e direito penal mínimo*: São Paulo: Revista dos Tribunais, 2003.

PEDROSA, Ronaldo Leite. *Direito em história.* Nova Friburgo: Imagem Virtual, 2002.

PEIXINHO, Manoel Messias. *A interpretação da Constituição e os princípios fundamentais.* 3. ed. Rio de Janeiro: Lumen Juris, 2003.

PEREIRA, Caio Mário da Silva. *Instituições de direito civil.* Rio de Janeiro: Forense, 1992. v. IV.

PEREIRA, Jeferson Botelho. *Breves apontamentos sobre a Lei n. 13.104/2015, que cria o crime de feminicídio no ordenamento jurídico brasileiro.* Disponível em: <http://jus.com.br/artigos/37061/breves-apontamentos-so-

bre-a-lei-n-13-104-2015-que-cria-de-crime-feminicidio-no-ordenamento-juridico-brasileiro>. Acesso em: 14 mar. 2015.

PEREIRA, Jeferson Botelho. *Morte de Policiais* – Uma lei que tenta inibir a ação contra o Estado. Disponível em: <http://jus.com.br/artigos/40770/morte-de-policiais-uma-lei-que-tenta-inibir-a-acao-contra-o-estado>. Acesso em: 5 ago. 2015.

PESSINA, Enrique. *Elementos de derecho penal*. 2. ed. Madrid: Hijos de Reus, editores, 1913.

PESSINI, Léo. *Distanásia:* até quando investir sem agredir. Disponível em: <http// www.cfm.org.br/revista/411996/dist.htm>.

PIEDADE JÚNIOR, Heitor. *Vitimologia* – Evolução no tempo e no espaço. Rio de Janeiro: Freitas Bastos, 1993.

PIERANGELI, José Henrique (Coord.). *Códigos penais do Brasil* – Evolução histórica. Bauru: Jalovi, 1980.

PIERANGELI, José Henrique. *Da tentativa*. São Paulo: Revista dos Tribunais, 1988.

PIERANGELI, José Henrique. *Escritos jurídico-penais*. São Paulo: Revista dos Tribunais, 1992.

PIERANGELI, José Henrique. *Manual de direito penal brasileiro* – Parte especial (arts. 121 a 234). São Paulo: Revista dos Tribunais, 2005.

PIERANGELI, José Henrique. *O consentimento do ofendido na teoria do delito*. São Paulo: Revista dos Tribunais, 1989.

PIMENTEL, Manoel Pedro. *O crime e a pena na atualidade*. São Paulo: Revista dos Tribunais, 1983.

PIRES, Ariosvaldo de Campos; SALES, Sheila Jorge Selim de. *Crimes de trânsito*. Belo Horizonte: Del Rey, 1998.

PRADO, Geraldo; CARVALHO, Luis Gustavo Grandinetti Castanho de. *Lei dos juizados especiais criminais*. 3. ed. Rio de Janeiro: Lumen Juris, 2003.

PRADO, Luiz Regis. *Bem jurídico-penal e Constituição*. São Paulo: Revista dos Tribunais, 1999.

PRADO, Luiz Regis. *Crimes contra o ambiente*. 2. ed. São Paulo: Revista dos Tribunais, 2001.

PRADO, Luiz Regis. *Curso de direito penal brasileiro* – Parte geral. 2. ed. São Paulo: Revista dos Tribunais, 2000.

PRADO, Luiz Regis. *Curso de direito penal brasileiro* – Parte especial. 8. ed. São Paulo: Revista dos Tribunais, 2010, v. 2.

PRADO, Luiz Regis; CARVALHO, Érika Mendes de. *Teorias da imputação objetiva do resultado*. São Paulo: Revista dos Tribunais, 2002.

QUEIROZ, Narcélio de. *Teoria da "actio libera in causa" e outras teses*. Rio de Janeiro: Forense, 1963.

QUEIROZ, Paulo. *Boletim do Instituto de Ciências Penais*, Belo Horizonte, dez. 2000.

QUEIROZ, Paulo. *Direito penal* – Introdução crítica. São Paulo: Saraiva, 2001.

QUEIROZ, Paulo. *Direito penal* – Parte geral. 4. ed. Rio de Janeiro: Lumen Juris, 2008.

QUEIROZ, Paulo. *Funções do direito penal*. Belo Horizonte: Del Rey, 2001.

QUEIROZ, Paulo *et al. Curso de direito penal* – parte especial, v. 2. Salvador: Editora Juspodivm, 2013.

QUERALT, Joan J. *Derecho penal español*. Barcelona: Bosch. 1987, v. 2.

RAMAYANA, Marcos. *Leis penais especiais comentadas*. Rio de Janeiro: Impetus, 2007.

RAMOS, Beatriz Vargas. *Do concurso de pessoas*. Belo Horizonte: Del Rey, 1996.

RANGEL, Paulo. *Direito processual penal*. 17. ed. Rio de Janeiro: Lumen Juris, 2009.

RANGEL, Paulo. *O processo penal e a violência urbana*: uma abordagem crítica construtiva à luz da Constituição. Rio de Janeiro: Lumen Juris, 2008.

REALE JÚNIOR, Miguel. *Instituições de direito penal* – Parte geral. Rio de Janeiro: Forense, 2002. v. I.

REALE JÚNIOR, Miguel. *Teoria do delito*. São Paulo: Revista dos Tribunais, 1998.

REYES ECHANDÍA, Afonso. *Antijuridicidad*. Bogotá: Temis, 1997.

REZENDE, Jorge de. O parto. In: REZENDE, Jorge de *et al.* (Coord.). *Obstetrícia*. 8. ed. Rio de Janeiro: Guanabara Koogan, 1998.

REZENDE, Jorge de O puerpério In: REZENDE, Jorge de *et al.* (Coord.). *Obstetrícia*. 8. ed. Rio de Janeiro: Guanabara Koogan, 1998.

REZENDE, Jorge de Operação cesariana. In: REZENDE, Jorge de *et al.* (Coord.). *Obstetrícia*. 8. ed. Rio de Janeiro: Guanabara Koogan, 1998.

REZENDE, Jorge de Prenhez ectópica. In: REZENDE, Jorge de *et al.* (Coord.). *Obstetrícia*. 8. ed. Rio de Janeiro: Guanabara Koogan, 1998.

REZENDE, Jorge de; MONTENEGRO, Carlos Antônio Barbosa; BARCELLOS, José Maria. Abortamento. In: REZENDE, Jorge de *et al.* (Coord.). *Obstetrícia*. 8. ed. Rio de Janeiro: Guanabara Koogan, 1998.

RODRIGUES DA COSTA, Marco Aurélio. Crimes de informática. *Jus Navigandi*, Teresina, ano 1, n. 12, maio de 1997. Disponível em: <http://jus2.uol.com.br/doutrina/texto.asp?id=1826>. Acesso em: 20 jan. 2009.

RODRIGUES, Cristiano. *Temas controvertidos de direito penal*. Rio de Janeiro: Lumen Juris, 2009.

RODRIGUES, Eduardo Silveira Melo. *A embriaguez e o crime*. Brasília: Brasília Jurídica, 1996.

RODRIGUEZ, Laura Zúñiga. *Política criminal*. Madrid: Colex, 2001.

RODRIGUEZ NUÑEZ, Alicia. *Elementos básicos de investigación criminal*. Disponível em: <http://iugm.es/uploads/ tx_iugm/LIBROelementosbasicos_ ok.pdf>.

ROSA, Antônio José Miguel Feu. *Direito penal* – Parte especial. São Paulo: Revista dos Tribunais, 1995.

ROSSINI, Augusto. *Informática, telemática e direito penal*. São Paulo: Memória Jurídica Editora, 2004.

ROXIN, Claus. *Derecho penal* – Parte general. Madrid: Civitas, 1997. t. I.

ROXIN, Claus. *Funcionalismo e imputação objetiva no direito penal*. Tradução e introdução de Luís Greco. Rio de Janeiro: Renovar, 2002.

ROXIN, Claus. *La evolución de la política criminal, el derecho penal y el proceso penal*. Valencia: Tirant lo Blanch, 2000.

ROXIN, Claus. *Política criminal e sistema jurídico-penal*. Tradução e Introdução de Luís Greco. Rio de Janeiro: Renovar, 2000.

ROXIN, Claus. *Problemas fundamentais de direito penal*. Lisboa: Vega, 1986. (Coleção Veja Universidade.)

ROXIN, Claus. *Teoría del tipo penal*. Buenos Aires: Depalma, 1979.

ROXIN, Claus; ARZT, Gunther; TIEDEMANN, Klaus. *Introducción al derecho penal y al derecho penal procesal*. Barcelona: Ariel, 1989.

SALES, Sheila Jorge Selim de. *Dos tipos plurissubjetivos*. Belo Horizonte: Del Rey, 1997.

SALLES JÚNIOR, Romeu de Almeida. *Código penal interpretado*. São Paulo: Saraiva, 1996.

SALLES JÚNIOR, Romeu de Almeida. *Inquérito policial e ação penal*. São Paulo: Saraiva, 1989.

SÁNCHEZ HERRERA, Esiquio Manuel. *La dogmática de la teoria del deito* – Evolución científica del sistema del delito. 1. reimp. Colombia: Universidad Externado de Colombia, 2011.

SANMARTÍN, Jose. *Inquérito policial e ação penal*. São Paulo: Saraiva, 1989.

SANMARTÍN, Jose. *La violencia y sus claves*. Barcelona: Ariel, 2004.

SANTOS, Juarez Cirino dos. *A moderna teoria do fato punível*. Rio de Janeiro: Freitas Bastos, 2000.

SANTOS, Juarez Cirino dos. *Teoria do crime*. Rio de Janeiro: Forense, 1985.

SANTOS, William Douglas Resinente dos. *Ensaios críticos sobre direito penal e direito processual penal*. Rio de Janeiro: Lumen Juris, 1995.

SANZO BRODT, Luis Augusto. *Da consciência da ilicitude no direito penal brasileiro*. Belo Horizonte: Del Rey, 1996.

SARRULE, Oscar Emilio. *La crisis de legitimidad del sistema jurídico penal* – Abolicionismo o justificación. Buenos Aires: Editorial Universidad, 1998.

SCHMIDT, Andrei Zenkner. *Da prescrição penal*. Porto Alegre: Livraria do Advogado, 1997.

SCHELB, Guilherme. *Segredos da violência* – Estratégias para a solução e prevenção de conflitos com crianças e adolescentes. Brasília: Thesaurus, 2008.

SEGUNDO, Luiz Carlos Furquim Vieira. *Crimes contra a vida*. São Paulo: Memória Jurídica, 2009.

SHECAIRA, Sérgio Salomão. *Responsabilidade penal da pessoa jurídica*. São Paulo: Revista dos Tribunais, 1999.

SHECAIRA, Sérgio Salomão; CORRÊA JÚNIOR, Alceu. *Teoria da pena*. São Paulo: Revista dos Tribunais, 2002.

SILVA FRANCO, Alberto. *Código penal e sua interpretação jurisprudencial* – Parte geral. São Paulo: Revista dos Tribunais, 1997. v. I, t. I e II.

SILVA FRANCO, Alberto. *Crimes hediondos*. 4. ed. São Paulo: Revista dos Tribunais, 2000.

SILVA JÚNIOR, José. *Código penal e sua interpretação jurisprudencial*. 6. ed. São Paulo: Revista dos Tribunais, 1997. v. 1, t. II.

SILVA SÁNCHEZ, Jesús-Maria. *Medio siglo de dogmática penal alemana* – Un punto de vista iberoamericano. Bogotá: Universidad Externado de Colombia, 2013 (Cuadernos de Conferencias y artículos, n. 46).

SILVA, Evandro Lins e. *De Beccaria a Filippo Gramatica*: uma visão global da história da pena. Edição do autor, 1991.

SILVA, Justino Adriano Farias da. *Direito funerário penal*. Porto Alegre: Livraria do Advogado, 1992.

SILVESTRONI, Mariano H. *Teoria constitucional del delito*. Buenos Aires: Editores Del Puerto, 2004.

SLAIB FILHO, Nagib. *Direito constitucional*. Rio de Janeiro: Forense, 2004.

SOARES Orlando. *Comentários à Constituição da República Federativa do Brasil*. Rio de Janeiro: Forense, 1998.

SODRÉ, Moniz. *As três escolas penais*. Rio de Janeiro: Freitas Bastos, 1955.

SOLER, Sebastian. *Derecho penal argentino*. Buenos Aires: Tipográfica Editora Argentina, 1951. v. II.

SOLER, Sebastian. *Derecho penal argentino*. Buenos Aires: Tipográfica Editora Argentina, 1976. v. III.

SOUZA, José Barcelos de. *Direito processual civil e penal*. Rio de Janeiro: Forense, 1995.

SOUZA, Sérgio Ricardo de. *A nova lei antidrogas*. Niterói: Impetus, 2006.

STOCO, Rui. *Código de trânsito brasileiro* – Disposições penais e suas incongruências. *Boletim do IBCCrim*, São Paulo, ano 5, n. 61, p. 9, dez. 1997.

STOCO, Rui. *Código penal e sua interpretação jurisprudencial*. 6. ed. São Paulo: Revista dos Tribunais, 1997. v. 2.

STOCO, Rui. *Responsabilidade civil e sua interpretação jurisprudencial* – Parte geral. São Paulo: Revista dos Tribunais, 1994.

STRATENWERTH, Günter. *Derecho penal* – Parte general I. Navarra: Thomson; Civitas, 2005.

STRECK, Lenio Luiz; MORAIS, José Luis Bolzan. *Ciência política e teoria geral do Estado*. Porto Alegre: Livraria do Advogado, 2000.

STRECK, Lenio Luiz. A dupla face do princípio da proporcionalidade: da proibição de excesso (*Übermassverbot*) à proibição de proteção deficiente (*Untermassverbot*) ou de como não há blindagem contra normas penais inconstitucionais. *Revista da Ajuris*, Ano XXXII, n. 97, mar. 2005, p. 180.

SZNICK, Valdir. *Crimes sexuais violentos*. São Paulo: Ícone, 1992.

TAVARES, Juarez. *As controvérsias em torno dos crimes omissivos*. Rio de Janeiro: Instituto Latino-Americano de Cooperação Penal, 1996.

TAVARES, Juarez. Critérios de seleção de crimes e cominação de penas. *Revista Brasileira de Ciências Criminais*, número especial de lançamento, São Paulo, 1992.

TAVARES, Juarez. *Direito penal da negligência*. São Paulo: Revista dos Tribunais, 1985.

TAVARES, Juarez. *Teoria do injusto penal*. Belo Horizonte: Del Rey, 2000.

TAVARES, Juarez. *Teorias do delito*. São Paulo: Revista dos Tribunais, 1980.

TÁVORA, Nestor; ALENCAR, Rosmar A. R. C de. *Curso de direito processual penal*. 2. ed. Salvador: Juspodivm, 2009.

TELES, Ney Moura. *Direito penal* – Parte especial. São Paulo: Atlas, 2004. v. 2.

TELES, Ney Moura. *Direito penal*. Parte especial. São Paulo: Atlas, 2004. v. 3.

TELES, Ney Moura. *Direito penal* – Parte geral. São Paulo: Editora de Direito, 1996. v. I e II.

THEODORO JÚNIOR, Humberto. *Curso de direito processual civil*. Rio de Janeiro: Forense, 1989. v. I.

TOLEDO, Francisco de Assis. *Ilicitude penal e causas de sua exclusão*. Rio de Janeiro: Forense, 1984.

TOLEDO, Francisco de Assis. *Penas restritivas de direitos*. São Paulo: Revista dos Tribunais, 1999.

TOLEDO, Francisco de Assis. *Princípios básicos de direito penal*. São Paulo: Saraiva, 1994.

TORNAGHI, Hélio. *Compêndio de processo penal*. Rio de Janeiro: José Konfino, 1967. v. II.

TORNAGHI, Hélio. *Compêndio de processo penal*. Rio de Janeiro: José Konfino, 1967. t. III.

TORRES, Sergio Gabriel. Características y consecuencias del derecho penal de emergência: la emergencia del miedo. In: ZAFFARONI, Eugenio Raul; FERRAJOLI, Luigi; BASÍLICO, Ricardo Angel. *La Emergencia del Miedo*. Buenos Aires: Ediar, 2012.

TOURINHO FILHO, Fernando da Costa. *Código de processo penal comentado*. São Paulo: Saraiva, 1999. v. I.

TOURINHO FILHO, Fernando da Costa. *Manual de processo penal*. 2. ed. São Paulo: Saraiva, 2001.

TOURINHO FILHO, Fernando da Costa. *Processo penal*. São Paulo: Saraiva, 1989. v. IV.

TOURINHO FILHO, Fernando da Costa. *Prática de processo penal*. 13. ed. São Paulo: Jalovi.

TOURINHO NETO, Fernando da Costa; FIGUEIRA JÚNIOR, Joel Dias. *Juizados especiais federais cíveis e criminais*. São Paulo: Revista dos Tribunais, 2002.

TUBENCHLAK, James. *Teoria do crime*. Rio de Janeiro: Forense, 1980.

VARGAS, José Cirilo de. *Do tipo penal*. Belo Horizonte: UFMG, 1997.

VARGAS, José Cirilo de. *Instituições de direito penal* – Parte geral. Belo Horizonte: Del Rey, 1997. t. I.

VARGAS, José Cirilo de. *Instituições de direito penal* – Parte geral. Rio de Janeiro: Forense, 2000. t. II.

VARGAS, José Cirilo de. *Introdução ao estudo dos crimes em espécie*. Belo Horizonte: Del Rey, 1993.

VENOSA, Sílvio de Salvo. *Direito civil*. 4. ed. São Paulo: Atlas, 2004. v. VI.

VERGARA, Pedro. *Dos motivos determinantes no direito penal*. Rio de Janeiro: Forense, 1980.

VICO MAÑAS, Carlos. *O princípio da insignificância como excludente da tipicidade no direito penal*. São Paulo: Saraiva, 1994.

VILCHEZ GUERRERO, Hermes. *Do excesso em legítima defesa*. Belo Horizonte: Del Rey, 1997.

VIVES ANTÓN, T. S.; BOIX REIG, J.; ORTS BERENGUER, E.; CARBONELL MATEU, J. C.; GONZÁLEZ CUSSAC, J. L. *Derecho penal* – Parte especial. 3. ed. Valencia: Tirant lo Blanch, 1999.

VON LISZT, Franz. *Tratado de direito penal alemão*. Tradução de José Hygino Duarte Pereira. Rio de Janeiro: F. Briguiet, 1889. t. I.

WELZEL, Hans. *Derecho penal alemán*. Tradução de Juan Bustos Ramirez e Sergio Yañes Peréz. Chile: Jurídica de Chile, 1987.

WELZEL, Hans. *O novo sistema jurídico-penal* – Uma introdução à doutrina da ação finalista. Tradução de Luiz Regis Prado. São Paulo: Revista dos Tribunais, 2001.

WESSELS, Johannes. *Derecho penal* – Parte general. Buenos Aires: De Palma, 1980.

WESSELS, Johannes. *Direito penal* – Parte geral. Porto Alegre: Fabris, 1976.

YAROCHEWSKY, Leonardo Isaac. *Da inexigibilidade de conduta diversa*. Belo Horizonte: Del Rey, 2000.

ZAFFARONI, Eugenio Raúl. *Estructura basica del derecho penal*. 1. reimp. Buenos Aires: Ediar, 2011.

ZAFFARONI, Eugenio Raúl. *Manual de derecho penal* – Parte general. Buenos Aires: Ediar, 1996.

ZAFFARONI, Eugenio Raúl. *Tratado de derecho penal* – parte general. Buenos Aires: Ediar, 1981. t. I, II, III e IV.

ZAFFARONI, Eugenio Raúl; ALAGIA, Alejandro; SLOKAR, Alejandro. *Derecho penal* – Parte general. Buenos Aires: Ediar, 2000.

ZAFFARONI, Eugenio Raúl; PIERANGELI, J. Henrique. *Da tentativa*. São Paulo: Revista dos Tribunais, 1995.

ZAFFARONI, Eugenio Raúl; PIERANGELI, J. Henrique. *Manual de direito penal brasileiro* – Parte geral. 2. ed. São Paulo: Revista dos Tribunais, 1999.

# Índice Remissivo

Abandono coletivo do trabalho  783
Abandono de incapaz  166, 189, 190, 191, 192, 193, 194, 195, 197, 200
Abandono de recém-nascido  198
Abigeato  582
Abolição da escravatura  362
Aborto  95, 96, 101, 106, 107, 108, 109, 110, 112, 113, 114, 115, 116, 119, 120, 122, 123, 124, 125, 126, 127, 131, 134, 140, 144, 154
Aborto como resultado qualificador  123
Aborto de feto anencéfalo  127
Aborto econômico  124
Aborto legal  116, 117, 119, 125
Aborto natural ou espontâneo  110
Aborto necessário  106, 116
Aborto necessário ou terapêutico  116
Aborto no caso de gravidez resultante de estupro  106, 116
Aborto por omissão  114
Aborto provocado  110
Aborto provocado pela gestante  106, 111
Aborto provocado por terceiro  106, 111, 114, 116, 127
Aborto provocado por terceiro com o consentimento da gestante  111, 115, 124
Aborto provocado por terceiro sem o consentimento da gestante  111, 115, 124
Aborto sentimental, humanitário ou ético  116
Aborto sentimental ou humanitário  117
Aborto terapêutico ou profilático  116, 118
Abortos legais  127
Absoluta impropriedade do objeto  9, 124, 479, 521, 666
Abuso de autoridade  393, 402, 462
Abuso de confiança  444, 461, 462, 484

Abuso de incapazes  666, 679, 681, 682, 683
Abuso de pessoa e Código Penal Militar  683
Abuso nos meios de correção ou disciplina  225
Ação direta de inconstitucionalidade  154, 297
Ação fiscal  624, 628, 629, 630
Ação penal por tentativa de ameaça  333
Aceleração de parto  131, 134, 140, 144, 154
Achado do tesouro  636
Acidente de trânsito  40, 216
Acordo de acionistas  719
Adequação social  78
Administrador judicial  618
Adoção ilegal  370
Adolescente  360, 374
Adultério  351
Agressão injusta  18
AIDS  56
Aliciamento de trabalhadores de um local para outro do território nacional  802, 804, 805
Aliciamento para o fim de emigração  801, 802
Alienação  724
Alienação ou oneração fraudulenta de coisa própria  650, 651
Alteração de limites  566, 567, 568, 569, 579
Alteração de limites, usurpação de águas  578
Alteração de local especialmente protegido  609
Ambiente doméstico  148
Ameaça  323, 324, 326, 327, 328, 329, 331, 332, 333
Ameaça condicional  324
Ameaça e Código de Defesa do Consumidor  334
Ameaça e Código Penal Militar  334
Ameaça indireta  334
Ameaça por carta  327
Ameaça proferida em estado de embriaguez  333

Ameaça proferida em estado de ira ou cólera *332*

Ameaça reflexa *334*

Ameaça supersticiosa *331*

Analogia *40, 752*

Analogia *in bonam partem* *41, 42, 120*

Analogia *in malam partem* *29, 195, 288, 453, 481, 588*

Anencefalia *128*

Animais *445*

*Animus calumniandi* *259, 266, 267*

*Animus corrigendi* *226, 227, 229*

*Animus corrigendi ou disciplinandi* *226*

*Animus diffamandi* *277*

*Animus diffamandi vel injuriandi* *266*

*Animus furandi* *445, 453, 479, 520*

*Animus injuriandi* *281*

*Animus injuriandi vel diffamandi* *296, 301*

*Animus jocandi* *81, 245, 259, 273, 282, 327*

*Animus laedendi* *135, 183, 188*

*Animus necandi* *14, 15, 183*

*Animus nocendi* *594, 595, 596*

*Animus occidendi* *14*

*Animus rem sibi habendi* *479, 590, 613, 615, 616, 620, 621, 622, 637*

*Animus vulnerandi* *135*

Anistia *26*

Antefato impunível *485*

Antijuridicidade *117, 313*

Antinormatividade *157*

Apossamento de correspondência *396, 414*

Aposta *684, 685, 686*

Apropriação de coisa achada *446, 632, 634, 638, 639, 640, 641*

Apropriação de coisa havida por erro, caso fortuito ou força da natureza *633*

Apropriação de tesouro *632, 635, 637, 641*

Apropriação de uso *621, 622*

Apropriação indébita *561, 613, 614, 615, 616, 617, 619, 620, 621, 622, 625, 627, 633, 649, 664*

Apropriação indébita de uso *621*

Apropriação indébita e Código Penal Militar *623*

Apropriação indébita e Estatuto do Idoso *623*

Apropriação indébita eleitoral *623*

Apropriação indébita e Sistema Financeiro Nacional *623*

Apropriação indébita previdenciária *624, 625, 626, 627, 628*

Apropriação indébita previdenciária e princípio da insignificância *631*

Ardil *643, 644, 645, 646, 647, 648*

Arma *509*

Arma de fogo *511*

Arma desmuniciada *524*

Arma sem munição *524*

Armas *45*

Armas próprias *311*

Armazéns-gerais *719, 720*

Arremesso de objetos *237*

Arrependimento eficaz *123, 124*

Arrependimento posterior *621, 667, 668*

Arrependimento posterior no roubo *526*

Arte *773*

Artifício *643, 644, 645, 646, 647, 648, 665*

Artista *763*

Artista intérprete *764, 765*

Asfixia *6, 24, 25*

Assembleia geral *714*

Associação criminosa *546, 552, 553*

Associação profissional *780, 781*

Astúcia *665*

À suspensão condicional do processo *49*

Atendimento médico-hospitalar emergencial *219, 223*

Atentado ao sigilo de correspondência *402*

Atentado contra a liberdade de associação *780, 781*

Atentado contra a liberdade de contrato de trabalho *776, 778, 779*

Atentado contra a liberdade de contrato de trabalho e boicotagem violenta *776*

Atentado contra a liberdade de trabalho *772, 773, 774, 775, 778*

Atentado violento contra a liberdade de associação profissional *772*

Atipicidade *158*

Atirador de facas *183*

Atividade comercial *727, 734*

Atividade típica de grupo de extermínio *50*

Ato libidinoso *168, 174*

Atos de libidinagem *175*

Atos meramente preparatórios *113*

Autarquia *765*

Auto de corpo de delito 135
Auto de resistência 57
Auto-aborto 107, 110, 111, 114, 115, 116, 123, 124, 127
Autocídio 77
Automutilações 79
Autoquiria 77
Autor colateral 213
Autor intelectual 730
Autoria colateral 213, 466
Autoria mediata 314, 315
Autoridade 30
Autoridade ou agente integrante do sistema prisional 31

Balanço 699, 700, 703, 713
Balanço falso 700, 713
Bancas de camelô 693
Bem juridicamente protegido 5
Bens impenhoráveis 724
Bigamia 752
*Bis in idem* 467, 523, 557, 558, 815
Boa-noite, cinderela 520
Boicotagem 777, 778
Boicotagem violenta 772, 776, 777, 778, 779
Boletim de ocorrência 125
Bolsa de valores e de mercadorias 685, 686
Bons antecedentes 624, 630, 739
Bot 430
Busca domiciliar 404

Cadáver 823, 824, 825, 826, 827, 828, 829
Caixas eletrônicos 537
Calúnia 248, 249, 251, 253, 254, 255, 256, 257, 258, 259, 260, 262, 263, 264, 265, 266, 267, 268, 270, 273, 274, 275, 277, 287, 291, 292, 293, 294, 296, 302, 303
Calúnia contra o Presidente da República, o Presidente do Senado Federal, o Presidente da Câmara dos Deputados e o Presidente do STF 268
Calúnia contra os mortos 248, 254, 260
Calúnia contra pessoa jurídica 257
Calúnia, difamação e injúria praticadas contra o Presidente da República, ou contra chefe de governo estrangeiro, contra funcionário público, em razão de suas funções, ou contra os Presidentes do Senado Federal, da Câmara dos Deputados ou do Supremo Tribunal Federal 291
Calúnia e Código Eleitoral 269
Calúnia e Código Penal Militar 269
Calúnia e denunciação caluniosa 267
Calúnia e difamação 268
Calúnia e injúria 268
Calúnia implícita ou equívoca e reflexa 266
Calúnia oral 258
Calúnia por escrito 258
Calúnia proferida no calor de uma discussão 266
Camelô 693
Camelôs 693, 727
Capacidade de autodeterminação 666
Capacidade de discernimento 309, 324, 326, 648, 666
Capacidade de resistência 307, 308, 309
Capacidade para consentir 159, 174, 267, 316, 352
Cárcere privado 345, 351, 354, 445
Cartaz 223
Casa 384, 389, 390
Caso fortuito 36, 632, 633, 634, 635, 641
Caução 711, 712
Causa de extinção da punibilidade 302
Causa de justificação 116, 252, 301, 399
Causa especial de aumento de pena 152, 211, 360
Causa especial de diminuição de pena 15
Causa especial de redução de pena 8
Causa legal de exclusão da tipicidade 428
Causa supralegal de exclusão da ilicitude 187, 268, 352
Causas de aumento de pena 291
Causas de exclusão da antijuridicidade 296
Causas de exclusão da tipicidade 296
Causas de exclusão de pena 296
Causas de justificação 11, 313, 390
Causas especiais de aumento da pena 127
Causas especiais de aumento de pena 83, 114
Causas especiais de exclusão da antijuridicidade 296
Causas especiais de exclusão de crime 296
Cerimônia 812, 813, 814

Cerimônia funerária *817, 818*

Chave falsa *444, 464, 465, 484*

Chaves michas *465*

Chefe de governo estrangeiro *263, 264, 274, 275, 291*

Cheque-caução *218, 219*

Cheque pós-datado *655*

Cheque sem fundos *563, 655*

Cheques sem fundos *563, 564*

Chômage *804*

Cinzas humanas *824*

Circunstâncias *20, 102, 484, 593, 727, 739, 740*

Circunstâncias agravantes *24, 104, 146, 228, 350*

Circunstâncias de caráter pessoal *21*

Circunstâncias judiciais *522, 533*

Circunstâncias objetivas *21*

Circunstâncias subjetivas *21*

Citação *723*

*Clausula constituti* *652*

Cláusula de equiparação *734*

CLT *792*

Coabitação *462, 754*

Coação *366*

Coação exercida para impedir suicídio *79, 307, 312, 315*

Coação irresistível *314*

Coação moral *314*

Coação para o fim de greve ou *lockout* *772*

Coautor sucessivo *353, 544, 545*

Coautoria *21, 94, 103, 213, 214*

Coautoria sucessiva *353, 544, 545*

Código Brasileiro de Telecomunicações *398, 401, 402, 403*

Código Criminal do Império *6*

Código de Defesa do Consumidor *688*

Código de Trânsito Brasileiro *42, 43, 121, 215, 216*

Código Penal dos Estados Unidos do Brasil *6*

Código Penal Militar *54*

Coisa achada *639, 641*

Coisa alheia móvel *445*

Coisa alheia perdida *446*

Coisa comum fungível *491*

Coisa esquecida *639*

Coisa fungível *491*

Coisa móvel *445, 449, 458*

Coisa perdida *639, 640, 641*

Cola eletrônica e estelionato *668*

Colaboração da vítima *536*

Comerciante *689, 690, 692, 733, 734*

Comerciário *689, 690, 692*

Comércio clandestino de automóveis *733*

Comércio de mulheres *362*

Comércio irregular ou clandestino *727, 734*

Comissão de valores mobiliários *709*

Competição automobilística *156*

Comportamento da vítima *283*

Composição dos danos *155*

Comunicação eletrônica *432*

Comunicação telegráfica e radioelétrica *403*

Comunicação telegráfica ou radioelétrica *400*

Comunicação telegráfica, radioelétrica ou telefônica *396*

*Conatus* *251, 273, 347*

Conceito analítico de crime *94*

Conceito de casa *384, 390*

Conceito de legítima defesa *330*

Conceito de noite *388*

Concurso aparente de normas *183, 392*

Concurso de credores *724*

Concurso de crimes *49, 195, 242, 243, 285, 351, 353, 361, 391, 509, 510, 516, 557, 591, 596, 651, 663, 813, 814, 815, 819, 820, 826*

Concurso de pessoas *10, 80, 94, 104, 126, 213, 214, 245, 389, 646, 729*

Concurso de pessoas em crimes omissivos *213*

Concurso de pessoas no crime de infanticídio *102, 103*

Concurso de pessoas no delito de aborto *126*

Concurso de pessoas nos delitos omissivos *213*

Concurso formal *49, 187, 195, 243, 285, 312, 316, 391, 516, 577, 578, 663, 815*

Concurso formal impróprio *10, 112, 114, 122, 312, 814*

Concurso formal impróprio ou imperfeito *332*

Concurso ideal *285*

Concurso material *10, 49, 243, 285, 311, 312, 314, 351, 354, 391, 392, 467, 510, 516, 558, 566, 577, 651, 663, 775, 779, 781, 785, 796, 798, 814, 815, 822*

Concurso real de tipos *243*

Concussão *542, 543*

Condição análoga à de escravo *356, 357, 358, 359, 360*

Condição de resgate *550*

Condicionamento de atendimento médico-hospitalar emergencial 218

Condições de caráter pessoal 102

Condições degradantes 358

Condições degradantes de trabalho 360

Condutas e atividades lesivas ao meio ambiente 257

Conexão 27

Conexão consequencial 28

Conexão teleológica 28

Confissão de dívida 628

Conflito aparente de normas 231, 349, 352, 688

Conhecimento de depósito 720, 721

Conhecimento de depósito ou warrant 721

Conjunção carnal 175

Conselho Federal de Medicina 12, 15

Consentimento da pessoa 366

Consentimento do ofendido 124, 158, 159, 160, 174, 187, 267, 275, 316, 352, 428, 600

Consentimento do ofendido como causa supralegal de exclusão da ilicitude 158

Consequências do crime 180

Consolidação das Leis do Trabalho 791, 797

Constância da sociedade conjugal 750, 751, 752, 753

Constituição de milícia privada 46

Constrangimento ilegal 79, 88, 307, 308, 309, 310, 311, 312, 313, 314, 315, 316, 317, 324, 328

Constrangimento ilegal e Código de Defesa do Consumidor 318

Constrangimento ilegal e Código Penal Militar 317

Constrangimento ilegal e Estatuto da Pessoa Idosa 318

Constrangimento ilegal específico 314

Constrangimento ilegal por omissão 310

Conta bancária 538

Continuidade delitiva 49, 815

Contrabando de migrantes 379

Contrações uterinas 95

Contrato de trabalho 776, 777, 778

Contrato individual de trabalho 777

Contravenção penal 158, 255, 268, 390

Contrectatio 540

Contribuição social previdenciária 624, 630

Controle social informal 751

Convenção coletiva de trabalho 777, 792

Convenção Interamericana para Prevenir, Punir e Erradicar a Violência contra a Mulher 147

Convenção sobre a Eliminação de Todas as Formas de Discriminação contra as Mulheres 147

Conversação telefônica 400, 401

Corpo de delito 13, 404

Correspondência 398

Correspondência comercial 408, 410

Correspondência confidencial 412, 413, 414, 415, 417

Correspondência fechada 398, 401, 406

Correspondências de presos 404

Corrupção ativa 266

Corrupção passiva 266, 268

Cotação falsa 705

Crença 812, 813, 814, 815

Criança 206, 207, 360, 374

Criança abandonada ou extraviada 201, 204, 206, 207

Criança extraviada 204

Crime 156

Crime comum 9, 79, 255

Crime condicionado 602

Crime continuado 49, 355, 516

Crime contra a economia popular 699, 700, 701, 703, 705, 718

Crime contra as relações de consumo 688

Crime culposo 35

Crime de ação múltipla 225

Crime de ação múltipla ou de conteúdo variado 229

Crime de ação privada 254, 261

Crime de dano 166, 175

Crime de dano afastará 184

Crime de ímpeto 9

Crime de informática puro 426

Crime de lesão corporal seguida de morte 177

Crime de mão própria 107, 111

Crime de perigo 167, 169, 175, 184

Crime de perigo comum 184

Crime de perigo concreto 171, 183, 228

Crime de perigo individual 184

Crime de tortura 26

Crime do trombadinha 483

Crime hediondo 50, 52

Crime impossível  9, 28, 97, 98, 112, 124, 176, 177, 181, 216, 265, 406, 478, 479, 520, 521, 532, 666, 667, 822
Crime instantâneo  346
Crime material  12, 97, 112, 113, 310
Crime mercenário contra a honra  294
Crime omissivo impróprio  14, 70
Crime organizado  553
Crime permanente  346, 355
Crime plurissubsistente  410
Crime preterdoloso  26, 114, 144, 211
Crime próprio  94, 169, 179, 191, 198, 224, 228, 359, 409, 414, 421
Crime qualificado pelo resultado  114, 136
Crime sem motivo  23
Crime transnacional  364
Crime vago  813, 818, 821, 824, 825
Crimes cibernéticos  426
Crimes concorrentes  285
Crimes contra a administração pública  3
Crimes contra a economia popular  648
Crimes contra a existência política da república  6
Crimes contra a existência política do império  6
Crimes contra a família  3
Crimes contra a fé pública  3
Crimes contra a honra  6, 248, 250, 254, 260, 292, 293, 294
Crimes contra a incolumidade pública  3, 184
Crimes contra a inviolabilidade de correspondência  6
Crimes contra a inviolabilidade do domicílio  6
Crimes contra a inviolabilidade dos segredos  412, 421
Crimes contra a liberdade individual  6, 414, 421
Crimes contra a liberdade pessoal  6, 324
Crimes contra a ordem tributária  688
Crimes contra a organização do trabalho  3, 769, 771
Crimes contra a paz pública  3
Crimes contra a pessoa  3, 6, 11, 22, 23, 68, 260
Crimes contra a propriedade imaterial  3, 759, 766
Crimes contra a propriedade intelectual  759, 760
Crimes contra as finanças públicas  4
Crimes contra as marcas de indústria e comércio  759

Crimes contra a vida  6, 11, 22, 68
Crimes contra o patrimônio  3, 22, 23, 35
Crimes contra o privilégio de invenção  759
Crimes contra o respeito aos mortos  811
Crimes contra o sentimento religioso  811
Crimes contra o sentimento religioso e contra o respeito aos mortos  3, 811
Crimes contra os costumes  3
Crimes de computador  426
Crimes de concorrência desleal  759
Crimes de intenção  485, 651
Crimes de perigo  162, 166, 178, 208
Crimes de perigo abstrato  162, 163, 164, 165, 208
Crimes de perigo comum  184
Crimes de perigo concreto  162, 165, 166, 188, 208
Crimes de trânsito  155
Crimes digitais  426
Crimes dolosos contra a vida  34, 54, 76
Crimes hediondos  49, 547
Crimes militares  54
Crimes omissivos  213
Crimes omissivos impróprios  201
Crimes omissivos próprios  201, 209
Crimes passionais  17
Crimes plurissubsistentes  238
Crimes previdenciários  630
Crimes que deixam vestígios  135
Crimes via internet  426
Critério trifásico  10, 53, 83, 104, 114
Critério trifásico de aplicação da pena  311
Crítica literária, artística ou científica  249, 295, 300
Cuidados indispensáveis  226
Culpa exclusiva da vítima  216
Culpabilidade  93, 94, 102, 256, 314
Culto religioso  812, 813, 814
Cúmulo material  112, 114, 285, 312, 316, 577, 578
Curador  613, 617, 618
Curandeirismo  665
*Custos legis*  298, 299, 300

Dano  133, 587, 588, 589, 590, 591, 592, 594, 596, 597, 598, 601, 602

## ÍNDICE REMISSIVO

Dano culposo  *597*

Dano e Código Penal Militar  *598*

Dano em coisa de valor artístico, arqueológico ou histórico  *605*

Dano praticado contra instituições financeiras e os prestadores de serviço de segurança privada  *599*

Dano qualificado  *587, 591, 593, 594, 595*

Debilidade permanente de membro, sentido ou função  *131, 138*

Decadência  *272*

Declaração Universal dos Direitos do Homem e do Cidadão  *357*

Decoro  *279*

Decorrer  *97*

Deficiência  *795*

Deficiência da vítima  *72*

Deformidade permanente  *131, 143*

Defraudação de penhor  *643, 650, 652*

Delação premiada  *555*

Delito culposo  *36*

Delito de opinião  *252*

Delito pluriofensivo  *443, 499*

Delitos de dano  *162*

Delitos de dano ou de lesão  *162*

Delitos de informática  *426*

Delitos de mera atividade  *163*

Delitos de ordem tributária  *629*

Delitos de perigo  *162*

Delitos de perigo abstrato  *163*

Delitos de perigo concreto  *163*

Denúncia contra senador ou deputado  *252*

Denunciação caluniosa  *267*

Departamento nacional do trabalho  *797*

Dependência econômica  *376*

Depositário judicial  *613, 617, 618*

Depositário legal  *617*

Depósito judicial  *617*

Depósito legal  *617*

Depósito miserável  *617*

Depósito necessário  *613, 617*

Desacato  *292, 293, 297*

Desapropriação por interesse social  *579*

Descarte de organismos geneticamente modificados  *109*

Desclassificação  *102*

Desforço imediato  *570*

Desígnios autônomos  *10, 112, 114, 122, 285, 312, 332*

Desistência voluntária  *123*

Desmanches clandestinos de veículos  *734*

Desmanches de carros  *733*

Desperdicta  *588*

Despesas contábeis  *624, 626, 627*

Destreza  *444, 461, 463, 464, 478*

Destruição  *460*

Destruição de cadáver  *133*

Destruição ou rompimento de obstáculo  *459, 485*

Destruição ou rompimento de obstáculo à subtração da coisa  *444*

Destruição, subtração ou ocultação de cadáver  *811, 823*

Detenção  *348*

Detentor  *614*

Dever de agir  *202, 216*

Dever de assistência  *195, 207*

Dever de cuidado  *35, 38*

Dever de sigilo  *419*

Dever de solidariedade  *201, 216*

Dever especial de proteção  *202*

Dever genérico de proteção  *202*

Dever objetivo de cuidado  *35, 36, 41, 97, 277*

Dia  *389*

Dia do pendura  *698*

Difamação  *248, 249, 251, 253, 255, 256, 258, 260, 268, 270, 271, 272, 273, 274, 275, 276, 277, 279, 280, 291, 292, 293, 294, 296, 297, 298, 300, 302, 303*

Difamação culposa  *273*

Difamação e Código Eleitoral  *278*

Difamação e Código Penal Militar  *278*

Difamação escrita  *271, 273*

Diferença entre a calúnia e a difamação  *268*

Diferença entre a calúnia e a injúria  *268*

Diferença entre apropriação indébita e estelionato  *620*

Diferença entre apropriação indébita e furto  *619*

Diferença entre concussão e extorsão  *542*

Diferença entre exercício arbitrário das próprias razões e extorsão  *543*

Diferença entre roubo e extorsão  *540*

Dignidade  *279*

Dignidade da pessoa humana  *578*

Dignidade sexual  *3, 646*
Dilatação do colo do útero  *11, 95, 101, 109*
Diplomação  *252*
Direito à vida  *11*
Direito ao silêncio  *123*
Direito da mulher  *65*
Direito de greve  *772, 774, 782, 783, 786*
Direito penal do equilíbrio  *156*
Direitos autorais  *761, 766*
Direitos do advogado  *419*
Direitos do trabalho  *792*
Direitos e garantias fundamentais  *262*
Discriminação racial ou religiosa  *26*
Disparo de arma de fogo  *188*
Disparo de arma de fogo em via pública  *188*
Disponibilidade do bem  *159*
Disposição de coisa alheia como própria  *650*
Dispositivo Intra-Uterino (DIU)  *108*
Dissimulação  *6, 26*
Distanásia  *16, 55*
Dívida contraída com o empregador ou preposto  *356, 357*
Dividendos obrigatórios  *713*
Divulgação de segredo  *412, 415*
Divulgação de segredo e Código Penal Militar  *418*
Docimasias não respiratórias  *100*
Docimasias respiratórias  *99, 100*
Documento particular  *412, 414, 417*
Doenças degenerativas  *72*
Doença venérea  *168, 169, 170, 171, 173, 174, 176*
Dolo de dano  *171, 172, 183, 188, 190, 200, 210, 212, 229, 232*
Dolo de perigo  *170, 188, 190, 200, 210, 212, 229*
Dolo direto  *11, 14, 97, 112, 144, 170, 171, 179, 239, 260*
Dolo direto de primeiro grau  *10*
Dolo direto de segundo grau  *10*
Dolo eventual  *10, 14, 97, 112, 144, 170, 171, 179, 259, 260, 387*
Dolo subsequente  *210*
Dolo superveniente  *633*
Domínio de violenta emoção  *17, 19*
Dos crimes contra a inviolabilidade dos segredos  *6*
Duplicata  *675, 676, 677, 678*
Duplicata simulada  *675, 676, 678*
Durante o parto  *95*

Elementares  *102, 228, 484, 593*
Elementares do crime  *20, 102*
Elemento normativo  *168*
Emboscada  *6, 26, 27*
Embrião  *107, 111, 112*
Emergência  *219, 220*
Emissão irregular de conhecimento de depósito ou *warrant*  *719, 721*
Emoção  *17*
Emprego  *613, 618*
Emprego de arma  *531, 534, 535*
Empresa pública  *765*
Empresas de radiodifusão  *761*
Empréstimo  *707*
Endosso em cheque sem suficiente provisão de fundos  *667*
Energia elétrica  *444, 458, 459, 481*
Enfermidade incurável  *131, 141, 142*
Engenharia genética em célula germinal humana, zigoto humano ou embrião humano  *109*
Engodo  *665*
Enterro  *817, 818, 824*
Entidade de direito público  *658, 659*
Entidade familiar  *752*
Entidades de direito público interno  *658*
Epilepsia  *142*
Erro  *632, 633, 634, 635, 641, 643, 644, 646, 647, 648, 649, 665*
Erro de proibição indireto  *126*
Erro de tipo  *207, 214, 254, 255, 266, 349, 351, 387, 478, 506, 553, 609, 680, 682, 686, 691, 697, 795*
Erro quanto à obrigação  *633*
Erro quanto à pessoa  *633*
Erro quanto ao objeto  *633*
Erro sobre a pessoa  *101*
Esbulho de imóvel do sistema financeiro da habitação  *580*
Esbulho possessório  *566, 574, 575, 576, 578, 579, 580, 581*
Escalada  *444, 461, 463*
Escravas brancas  *362*
Escravatura  *771*
Escravidão  *360*
Escusa absolutória  *494, 752, 753, 754*
Escusas absolutórias  *750, 751*

Especial fim de agir  *179, 197, 198, 199, 200, 225, 230, 232, 310, 400, 409, 445, 453, 485, 492, 496, 505, 506, 531, 533, 534, 547, 551, 573, 576, 651, 788, 790*

Espécies de aborto  *110*

Espécies de perigo  *162, 163*

Especulação com títulos ou mercadorias  *684, 685, 686*

Esqueleto  *824*

Estabelecimento industrial, comercial ou agrícola  *788, 789*

Estado de necessidade  *11, 116, 117, 118, 390, 413, 420*

Estado de necessidade de terceiro  *119*

Estado de necessidade exculpante  *118*

Estado de necessidade justificante  *118*

Estado puerperal  *92, 93, 94, 95, 96, 97, 98, 101, 102, 103, 104*

Estatuto da Advocacia  *297, 299*

Estatuto da Criança e do Adolescente  *40, 204, 206, 354, 355*

Estatuto da segurança privada e da segurança das instituições financeiras  *477*

Estatuto da Pessoa Idosa  *194, 207, 215, 216, 231, 349, 477, 553, 755, 795*

Estatuto do Índio  *795, 816*

Estatuto do Torcedor  *246*

Estelionato  *482, 483, 485, 614, 616, 621, 633, 643, 644, 645, 646, 647, 648, 649, 650, 651, 652, 654, 658, 661, 662, 663, 664, 666, 681, 695, 754*

Estelionato e apropriação indébita  *664*

Estelionato e Código Penal Militar  *668*

Estelionato e curandeirismo  *665*

Estelionato e Estatuto do Torcedor  *668*

Estelionato e falência  *669*

Estelionato e falsidade documental  *663*

Estelionato e furto de energia elétrica  *665*

Estelionato e inimputabilidade da vítima  *666*

Estelionato e jogo de azar  *664*

Estelionato e sistema financeiro nacional  *669*

Estrito cumprimento de dever legal  *301, 390*

Estrutura jurídica do crime  *156*

Estupro  *120, 125, 351, 548*

Estupro de vulnerável  *516*

Eutanásia  *16, 54*

Exame complementar  *135, 137*

Exame de corpo de delito  *12, 69, 100, 115, 125, 135, 137, 173, 180*

Exame indireto de corpo de delito  *13*

Exaurimento do crime  *180, 401*

Exceção da notoriedade  *266, 277*

Exceção da verdade  *248, 254, 260, 261, 262, 263, 264, 266, 268, 270, 273, 277*

Exceção de notoriedade  *266, 277*

*Exceptio veritatis*  *260, 261, 262, 263, 264, 268, 274*

*Excepto*  *263*

Excipiente  *263*

Exclusão da tipicidade  *766*

Execução  *764*

Execução judicial  *723, 724, 725*

Executante  *763, 764, 765*

Executantes  *761, 764*

Exercício arbitrário das próprias razões  *317, 446, 447, 531, 532, 543, 548, 570, 572, 575, 645, 680*

Exercício de atividade comercial ou industrial  *727, 732, 733, 734, 735, 740*

Exercício de atividade com infração de decisão administrativa  *799, 800*

Exercício regular de um direito  *126, 390*

Exploração sexual  *371*

Explosão  *166, 591*

Explosivo  *6, 24, 25*

Explosivo ou artefato análogo  *468*

Exposição ou abandono de recém-nascido  *166, 199*

*Ex proposito*  *238*

Extinção da punibilidade  *41, 47*

Extorsão  *308, 531, 533, 534, 535, 536, 539, 540, 541, 542, 543, 544, 545, 548, 549, 550*

Extorsão e Código Penal Militar  *545*

Extorsão indireta  *560, 561, 562, 563, 564*

Extorsão indireta e Código Penal Militar  *564*

Extorsão mediante sequestro  *348, 545, 546, 547, 548, 549, 550, 551, 552, 553, 554, 555, 557, 558, 728*

Extorsão mediante sequestro e Código Penal militar  *559*

Extranei  *383*

Falsidade de documento particular  *678*

Falsidade documental  *663*

Falsificação de documento público  *754*

Fato definido como crime  *248, 254, 257, 258, 259, 260, 261, 266, 267, 268, 270, 277*

Fato desonroso  *271*

Fato ofensivo à reputação  *268, 270*

Fato típico  *156*

Fatura  *675, 676, 677*

Favorecimento real  *544, 545, 729*

Fecundação  *108*

Femicídio
Conceito  *75*

Femicídio e feminicídio  *75*

Feminicídio  *63*
Causa especial de aumento de pena  *328*
Causas de aumento de pena  *70*
Competência para julgamento  *75*
Modalidades  *64*
Pena e ação penal  *74*
Pena em dobro  *295*
Prioridade de tramitação do processo  *75*

Feminicídio cultural  *65*

Feminicídio íntimo  *64*

Feminicídio não íntimo  *64*

Feminicídio racial  *65*

Feminicídio sexual  *65*

Férias anuais remuneradas  *792*

Feticídio  *98, 826*

Feto  *107, 111, 112*

Feto anencéfalo  *12, 127*

Feto natimorto  *826*

Fetos gêmeos  *122*

Fiança  *40*

Filho adotivo  *349*

Filiação sindical  *781*

Flagrante de ato infracional  *354, 355*

Flagrante delito  *316, 346, 347, 382, 389, 390*

Flagrante presumido  *452*

Fogo  *6, 24, 25*

Fonograma  *760, 764, 765, 766*

Fonogramas  *762*

Força da natureza  *632, 633, 634, 635, 641*

Força maior  *36*

Fórmula casuística  *24*

Fórmula exemplificativa  *323*

Fórmula genérica  *24, 25, 27, 323*

Formulários administrativos  *219*

Foro por prerrogativa de função  *253, 268*

Foro por prerrogativa de função na exceção da verdade  *268*

Fotocópias  *761*

Fracionamento do *iter criminis*  *229, 271, 386, 414*

Fraude  *366, 444, 461, 462, 465, 483, 585, 644, 645, 646, 647, 648, 649, 650, 651, 665, 666, 667, 668, 693, 695, 696, 697, 723, 724, 797, 798, 801, 802, 804, 805, 806*

Fraude à execução  *722, 723, 725*

Fraude civil  *645*

Fraude grosseira  *666*

Fraude na entrega de coisa  *643, 650, 653*

Fraude no comércio  *687, 689, 690, 691, 692*

Fraude no pagamento por meio de cheque  *643, 650, 654*

Fraude para recebimento de indenização ou valor de seguro  *650, 653*

Fraude penal  *644, 645*

Fraude processual  *570, 572*

Fraudes e abusos na fundação ou administração de sociedade por ações  *699*

Frustração de direito assegurado por lei trabalhista  *791, 793*

Frustração de lei sobre a nacionalização do trabalho  *797, 798*

Função  *139*

Função religiosa  *812, 813, 814, 815*

Funcionário público  *374*

Fundação  *765*

Fundo de Garantia por Tempo de Serviço (FGTS)  *791*

Funeral  *825*

Furto  *444*

Furto com fraude  *482, 483*

Furto de automóvcis  *486*

Furto de cadáver  *827*

Furto de coisa comum  *490, 491, 589*

Furto de energia  *458*

Furto de energia elétrica  *665*

Furto de energia genética  *458*

Furto de sinal de TV em canal fechado  *481*

Furto de uso  *445, 453, 479*

Furto e Código Penal Militar  *487*

Furto famélico  *480*

Furto mediante fraude
Dispositivo eletrônico  *470*

Furto qualificado-privilegiado  *457*

## G

Garantia  *219*

Garantia de dívida  *561, 563, 564*

Garantidor  *9, 14, 70, 79, 87, 88, 92, 114, 153, 179, 180, 185, 190, 201, 202, 203, 210, 211, 212, 213, 214, 236, 239, 256, 271, 280, 309, 310, 324, 399, 409, 410, 414, 415, 421, 422, 448, 453, 491, 492, 506, 532, 534, 563, 568, 570, 572, 573, 575, 576, 583, 584, 588, 594, 601, 604, 607, 608, 610, 611, 615, 616, 676, 677, 681, 682, 685, 686, 689, 691, 696, 697, 708, 710, 712, 714, 720, 721, 725, 731, 735, 762, 763, 774, 775, 778, 780, 781, 783, 784, 787, 789, 790, 792, 793, 797, 798, 803, 805, 813, 814, 818, 819, 821, 824, 825, 829*

Gazuas  *465*

Genocídio  *50*

Gestação  *108*

Gestante  *791, 795, 804*

Gestante que tenta o suicídio  *123*

Golpe efetuado nas costas  *27*

Graça  *26*

Grave ameaça  *366*

Gravidez  *120*

Gravidez de feto anencéfalo  *113, 128*

Gravidez ectópica  *109*

Gravidez extra-uterina  *113*

Gravidez gemelar  *122*

Gravidez resultante de estupro  *117*

Gravidez tubária  *109*

Greve de fome  *87*

Greve patronal  *783*

Greve seguida de violência contra a pessoa ou contra a coisa  *772*

Grupo de extermínio  *45, 46*

Grupos criminosos  *45*

Grupos especiais de fiscalização móvel  *359*

Guarda  *224*

## H

Homicídio  *46, 96, 102, 104*

Homicídio culposo  *7, 35, 38, 40, 47, 49, 97, 188*

Homicídio culposo na direção de veículo automotor  *42, 184*

Homicídio culposo praticado na direção de veículo automotor  *167*

Homicídio de qualificado-privilegiado  *52*

Homicídio decorrente de intervenção policial  *58*

Homicídio mercenário  *23*

Homicídio piedoso  *54*

Homicídio praticado por milícia privada  *43*

Homicídio praticado por policial militar  *54*

Homicídio praticado por xifópagos  *9*

Homicídio privilegiado  *8, 15, 19, 92, 103, 151*

Homicídio qualificado  *6, 8, 20, 23, 51, 52*

Homicídio qualificado pelos meios utilizados  *24*

Homicídio qualificado-privilegiado  *51, 52*

Homicídio simples  *6, 8, 47, 50, 51*

Homicídio simples considerado como crime hediondo  *49*

*Honoris causa*  *198*

Honra  *250*

Honra objetiva  *250, 251, 255, 256, 257, 259, 266, 267, 268, 270, 271, 272, 273, 275, 276, 277, 280, 301*

Honra objetiva da pessoa jurídica  *258*

Honra objetiva da vítima  *266*

Honra subjetiva  *19, 250, 251, 256, 259, 268, 276, 279, 280, 281, 284, 288, 289, 293, 295, 296, 301*

Honra subjetiva dos inimputáveis  *281*

Hospitalidade  *462*

Hotel  *694, 695, 696*

## I

Ilícitos tributários  *630*

Ilicitude  *159, 160*

Ilicitude civil  *645*

Ilicitude penal  *645*

Iminente perigo de vida  *307*

Impedimento ou perturbação de cerimônia funerária  *811, 817, 818*

Impedir ou perturbar cerimônia ou prática de culto religioso  *812*

Imperícia  *38*

Impropriedade do objeto  *520*

Impunibilidade absoluta  *751*

Imputação alternativa  *743, 744*

Imunidade formal  *252, 253*

Imunidade judiciária  *296, 297, 298, 299, 300*

Imunidade material  *252, 253*

Imunidade penal absoluta  *753*

Imunidade profissional  *297*

Imunidades absolutas (escusas absolutórias) *751*

Imunidades dos senadores, deputados e vereadores *251*

Imunidades parlamentares *251*

Imunidades penais absolutas *751*

Imunidades penais de caráter pessoal *750*

Imunidades penais relativas *754*

Imunidades relativas *751*

*In dubio pro reo 236, 524, 742*

*In dubio pro societate 235*

Incapacidade absoluta *190*

Incapacidade de culpabilidade *257*

Incapacidade para as ocupações habituais *131, 136*

Incapacidade para as ocupações habituais, por mais de 30 (trinta) dias *136*

Incapacidade permanente para o trabalho *131, 140, 141*

Incêndio *166*

Incisão das camadas abdominais *11, 95, 101, 109*

Incremento do risco *12*

Indevida vantagem econômica *308, 531, 532, 533, 534, 542, 543, 544, 545, 645*

Indiferente penal *445, 479, 484, 625, 627, 640, 648, 654, 724, 777, 798*

Indígena *791, 804*

Índio *795*

Indústria *773*

Induzimento à especulação *684, 686, 687*

Induzimento, instigação ou auxílio ao suicídio *88*

Ineficácia absoluta do meio *124, 479, 666*

Inexigibilidade de conduta diversa *88, 119, 213*

Inexperiência *680*

Infanticídio *92, 93, 94, 95, 96, 97, 98, 100, 101, 102, 103, 104, 110*

Infanticídio com vida intrauterina *101*

Infiltração de agentes de polícia na internet *436*

Influenciada pelo estado puerperal *102*

Influência do estado puerperal *92, 93, 94, 95, 96, 97, 102, 104*

Informações sigilosas *432*

Informática *427*

Infração penal de menor potencial ofensivo *48, 49, 100, 172*

Ingerência *211*

Início da personalidade *101*

Início do parto *11, 12, 95, 96, 101, 108, 109, 133*

Início do parto normal *95*

Inimputabilidade *94, 272*

Inimputável *94*

Injúria *248, 249, 251, 253, 254, 255, 256, 268, 274, 276, 277, 279, 280, 281, 283, 288, 289, 291, 292, 293, 294, 296, 297, 298, 300, 302, 303, 812*

Injúria coletiva *289*

Injúria contra os mortos *288*

Injúria contra pessoa morta *287*

Injúria e Código Eleitoral *289*

Injúria e Código Penal Militar *289*

Injúria majorada *292*

Injúria oblíqua *282*

Injúria preconceituosa *279, 286*

Injúria real *279, 284, 285*

Injúria reflexa *282*

Injúria simples *279*

Injusta agressão *18, 19, 330*

Injusta provocação *18, 19*

Injusta provocação da vítima *9, 15, 17, 19, 131, 150, 151*

Inobservância de regra técnica de profissão, arte ou ofício *7, 38*

Instituto de assistência social *658*

Instituto de beneficência *658*

Instituto de economia popular *658, 659*

Instituto Nacional do Seguro Social (INSS) *627*

Interceptação de correspondência de presos *403*

Interceptação telefônica *403*

Internação da vítima em casa de saúde ou hospital *345, 348, 350*

Internet *424, 765*

Interpretação *764*

Interpretação analógica *21, 24, 26, 323, 568, 646, 647, 734*

Interpretação declaratória *293*

Interpretação extensiva *503, 676, 736*

Interpretação sistemática *549*

Interpretação sistêmica *22, 442, 499, 548, 549, 646*

Interpretação teleológica *466*

Intérpretes *761, 763*

Intervenção médica ou cirúrgica, sem o consentimento do paciente  *307, 312*
Intervenção mínima  *78, 158*
Intrauterina  *11*
Introdução ou abandono de animais em propriedade alheia  *600, 603*
Inumação ou exumação de cadáver  *822*
Inundação  *166*
Invasão de dispositivo informático  *424, 426*
Invasão de dispositivo informático e quebra de sigilo bancário  *436*
Invasão de dispositivo informático e violação de correspondência eletrônica  *436*
Invasão de estabelecimento industrial, comercial ou agrícola  *788, 789, 790*
Invasão e arbitrária posse de estabelecimento de trabalho  *772*
Invenção  *637*
Inventariante  *618*
Inventariante, testamenteiro  *617*
Inviolabilidade do advogado no exercício profissional  *404*
Irmãos siameses  *9, 10*
Isonomia  *752*
I.S.T. (Infecções sexualmente transmissíveis)  *177*
*Iter criminis*  *14, 97, 113, 180, 185, 236, 238, 251, 273, 347, 353, 401, 422, 499, 533, 534, 544, 551, 563, 573, 576, 589, 616, 637, 654, 677, 690, 710, 712, 713, 715, 721, 725, 735, 790, 803, 805, 806, 818, 825*

*Jocandi animo*  *594*
Jogo  *684, 685, 686*
Jogo da chapinha  *665*
Jogo de azar  *664, 665*
Jogo do bicho  *255, 276, 280*
Jogo do pinguim  *665*
Jornada exaustiva de trabalho  *357, 358*
Juízo de censura  *17, 194*
*Jus puniendi*  *503*
Justiça pelas próprias mãos  *317*
*Jus utendi, fruendi et abutendi*  *448*

Latrocínio  *34, 442, 443, 499, 514, 515, 516, 517, 518, 519, 524, 536, 554*

*Law and order*  *547*
Legítima defesa  *11, 18, 19, 151, 235, 246, 284, 330*
Legítima defesa de terceiros  *246*
Legítima defesa e o crime de ameaça  *330*
Legítima defesa no delito de rixa  *245*
Legítima defesa própria  *235*
Legítima defesa putativa  *323*
Lei ambiental  *258*
Lei áurea  *771*
Lei da Palmada  *226*
Lei das Contravenções Penais  *241*
Lei das Sociedades por Ações  *703*
Lei de Greve  *786*
Lei de Introdução ao Código Penal  *254*
Lei de sociedade por ações  *701, 709, 713*
Lei de transplantes  *826*
Lei em sentido estrito  *416*
Lei Maria da Penha  *154*
Lepra  *142*
Lesão
 Qualificada contra mulher  *132*
Lesão corporal  *131, 311, 312, 316*
Lesão corporal culposa  *131, 132, 145, 155*
Lesão corporal culposa na direção de veículo automotor  *42, 122, 145*
Lesão corporal de natureza grave  *131, 189, 193, 194, 195, 197, 199, 201, 211, 212, 215, 222, 224, 230, 231, 234, 239, 242, 243, 244*
Lesão corporal de natureza leve  *154*
Lesão corporal grave  *132, 155*
Lesão corporal gravíssima  *132, 155*
Lesão corporal leve  *132, 147, 154*
Lesão corporal qualificada  *140*
Lesão corporal qualificada pela aceleração de parto  *140*
Lesão corporal qualificada pelo perigo de vida  *138*
Lesão corporal qualificada pelo resultado aborto  *112, 123*
Lesão corporal seguida de morte  *131, 132, 144, 152, 154, 176, 177, 181, 187, 188*
Lesbicídio  *75*
Lesividade  *78*
Lesões corporais  *132*
Lesões corporais de natureza leve  *151*
Lesões corporais e vias de fato  *156*

Lesões corporais graves  136
Lesões corporais gravíssimas  140
Lesões corporais qualificadas  135
Lesões corporais recíprocas  245
Lesões recíprocas  151
Liberdade de associação  781
Liberdade desvigiada  614, 619, 620
Liberdade do trabalho  774, 778
Linchamento  40
Liquidação da sociedade por ações  716
Liquidante  700, 716, 717
Liquidatário  617
Liquidatário, inventariante  613
Livramento condicional  378
Livro de registro de duplicatas  675, 678
Local ermo  194
*Lockout*  774, 783, 784, 787
*Lucri faciendi animus*  572
Lucros líquidos  713
Lugar ermo  189, 193, 382, 388

Maior de 60 (sessenta) anos  546, 553, 557
Maioridade civil  228
Majorante  38, 39, 40, 49, 83, 114, 116, 186, 193, 194, 195, 507, 508, 509, 510
*Malware*  429, 471
Marco  567
Marco Civil da Internet  435
Materialidade do crime  13
Maus antecedentes  456
Maus-tratos  166, 224, 225, 228, 230, 231, 345, 349, 351
Maus-tratos à criança e ao adolescente  232
Maus-tratos contra idoso  231
Maus-tratos e Código Penal Militar  233
Maus-tratos e crime de tortura  232
Mecanismos de segurança  470
Mediação criminosa  730
Mediador criminoso  730
Meio ambiente  607
Meio cruel  25, 26
Meio de transporte  695
Meio fraudulento  462, 643, 644, 645, 646, 648
Meio insidioso  25
Meio insidioso ou cruel  24

Meios de correção  228
Meios de correção ou disciplina  224, 229, 230
Membros  139
Mendigo  465
Menor de 18 (dezoito) anos  546, 553, 557, 680, 791, 794, 804
Mensagem eletrônica  432
Milícia  45
Milícia privada  45
Milícias  44
Minorante  8, 15, 17, 20, 52
Moléstia grave  178, 179, 180, 181
Moléstia venérea  168, 172, 173, 174, 175, 176, 177
Momento da ação ou omissão  238
Momento do resultado  238
Monitoramento eletrônico  479
Morte da gestante  114
Morte do feto  112
Morte encefálica  11, 12, 15, 56
Motivo de relevante valor moral  20, 23, 51
Motivo de relevante valor social  294
Motivo de relevante valor social ou moral  15, 16, 131, 150, 151
Motivo egoístico  83, 587, 593, 594
Motivo fútil  6, 23, 51
Motivo insignificante  24
Motivo torpe  6, 21, 23, 28, 51, 295
Motivos determinantes  21, 53
Movimento dos sem-terra  578, 579
Mulher grávida  123
Mulher honesta  351
Mulher vítima de estupro  118
Múmia  824

Nacionalização do trabalho  797, 798
Nascente  12, 95, 97, 98
Necessidades inadiáveis da comunidade  783, 786
Necrofilia  21, 828, 829
Negociação de voto  719
*Nemo auditur propriam turpitudinem allegans*  660
Neonato  12, 95, 97, 98, 197
Nidação  108, 109, 134

Noite  388
*Nomen iuris*  384
*Nomen juris*  117, 132
Norma de extensão  98, 202, 203
Norma penal em branco  179, 416, 720, 761, 791, 797
Norma penal explicativa  390
Normas mandamentais  203
Normas proibitivas  203
Nota de venda  675, 676, 677
Nota fiscal  676
Nota por venda  676
Nota promissória  218, 219
*Novatio legis in melius*  403, 748
*Novatio legis in pejus*  355
*Nullum crimen nulla poena sine lege stricta*  453, 588, 752, 777

Obediência hierárquica  314
Obra intelectual  760, 764, 765, 766
Obra pública  785, 786, 787
Obras intelectuais  763
Obrigação de cuidado, proteção ou vigilância  98, 153, 202
Obstáculo  459, 460, 461, 484, 486
Obstáculo descontínuo  461
Obtenção  541
Ofensa irrogada contra o juiz da causa  297, 298, 299
Ofensa irrogada contra o Ministério Público  297, 299
Ofensa irrogada em juízo  295, 296
Ofensa irrogada pelo juiz da causa  298, 299
Ofensa irrogada pelo Ministério Público  298, 300
*Offendicula*  460
Oficinas de fundo de quintal  734
Ofício  613, 618
Omissão de socorro  39, 201, 202, 203, 205, 206, 207, 208, 209, 210, 211, 212, 213, 214, 215, 216, 217, 218
Omissão de socorro culposa  214
Omissão de socorro e Código Penal Militar  216
Omissão de socorro no Código de Trânsito Brasileiro  215

Omissão de socorro no Estatuto da Pessoa Idosa  215
Omissão imprópria  9, 79, 271
Omissões impróprias  201, 203
Omissões próprias  201, 203
Ordem econômica  772
Ordenamento urbano  610
Organismos geneticamente modificados  109
Organização do trabalho  771
Organização Internacional do Trabalho (OIT)  357, 358, 801
Ortotanásia  55
Ostracismo econômico  777
Outras fraudes  694
Outro meio insidioso ou cruel, ou de que possa resultar perigo comum  6, 24
Outro recurso que dificulte ou torne impossível a defesa do ofendido  26
Óvulo  107
Óvulo fecundado  111, 112

Pacto de morte  86, 87
Paga  6, 21, 22, 23, 265, 274, 294, 295
Paga ou a promessa de recompensa  294
Paixão  680
Paralisação de atividade econômica  773, 775
Paralisação de trabalho de interesse coletivo  785, 787
Paralisação de trabalho, seguida de violência ou perturbação da ordem  782, 783, 784, 785
Parecer  699, 700, 703, 714, 715
Parede  773, 775
Parentes consanguíneos  32
Parentes por afinidade  32
Parteira  120
Participação  94, 127, 213, 214, 353
Participação em sentido estrito  80
Participação material  80, 245
Participação moral  80, 245
Participação na rixa  234, 235, 236, 237, 239, 241, 242, 243, 245, 246
Participação no crime de aborto  126
Participação no crime de rixa  245
Participação sucessiva  353
Partícipe  213, 214
Parto  95
Parto cesariana  11, 96, 109

Parto normal *11*

Parturiente *93, 102, 103, 104*

Patrimônio cultural *607, 610*

Peculato *617, 618*

Peculato mediante erro de outrem *633*

Pedido de explicações *303, 304*

Pedido de sustação *252*

Pelatório *703*

Pena-base *53*

Pena de morte *11*

Pena de multa *151*

Penhor *447, 652, 711, 712, 720, 728, 731*

Penhora *724*

Pequeno prejuízo *456*

Pequeno valor *444, 456, 457, 480, 481, 484, 619, 641*

Pequeno valor a coisa furtada *455*

Pequeno valor a coisa receptada *740*

Pequeno valor da coisa furtada *456*

Pequeno valor da coisa receptada *740*

Pequeno valor da mercadoria *691*

Pequeno valor do prejuízo *649*

Pequeno valor o prejuízo *643, 649, 659*

Perdão judicial *36, 40, 41, 42, 43, 153, 283, 284, 630, 695, 697, 739, 740*

Perdão judicial no Código de Trânsito Brasileiro *42*

Perda ou inutilização de membro, sentido ou função *131, 142*

Perfil do agressor *146*

Perícia e destruição ou rompimento de obstáculo *487*

Periclitação da vida e da saúde *6, 162, 172, 178*

Perigo abstrato *164*

Perigo coletivo ou comum *166*

Perigo coletivo (ou transindividual) *166*

Perigo comum *24*

Perigo concreto *164, 169, 191*

Perigo de contágio de moléstia grave *178, 179, 180*

Perigo de contágio de moléstia venérea *173*

Perigo de contágio venéreo *166, 168, 169, 172*

Perigo de dano *164*

Perigo de lesão *162*

Perigo de vida *131, 137, 138, 154*

Perigo *ex ante* *165*

Perigo individual *166*

Perigo para a vida ou saúde de outrem *166, 182, 185, 186*

Período de prova *48*

Período de sossego noturno *454*

*Persecutio criminis* *754*

*Persecutio criminis in judicio* *47, 668*

Pessoa de condição servil *369*

Pessoa ferida *204*

Pessoa inválida *204*

Pessoa inválida ou ferida *201, 204, 206*

Pessoa portadora de deficiência *132, 152*

Pichação *596*

Plágio *761*

Poder familiar *60, 75, 618*

Política criminal *456, 457, 480, 521, 645, 663, 739, 753, 755*

Político criminal *547*

Pós-fato impunível *485, 651, 731*

Posse *613*

Posse desvigiada *620*

Posse tranquila *450, 451, 452, 503, 504, 505*

Possuidor *613*

Potencialidade *524*

Potencialidade ofensiva *524*

Prazo decadencial *272*

Prazo prescricional *273*

Preceito primário *234*

Preceito secundário *255*

Prefeito *708*

Prescrição *252*

Prestação de contas *622*

Prestadores de serviço de segurança privada *751*

Presunção de inocência *263, 264*

Presunção de perigo *165*

Prevaricação *506*

Previdência social *624, 625, 626, 627, 628, 630*

Previsibilidade *36, 37, 145*

Previsibilidade objetiva *36*

Previsibilidade subjetiva *36, 37, 38*

Princípio da ampla defesa *262, 404*

Princípio da consunção *651*

Princípio da culpabilidade *138, 211*

Princípio da disponibilidade da ação penal privada *261*

Princípio da especialidade *145, 184, 215, 231*

Princípio da excepcionalidade *35*

Princípio da insignificância  *134, 148, 156, 157, 158, 449, 488, 601, 614, 697*

Princípio da insignificância, lesões corporais e vias de fato  *156*

Princípio da isonomia  *24, 43, 195*

Princípio da legalidade  *29, 98, 195, 255, 446, 447, 453, 465, 503, 602, 752*

Princípio da lesividade  *78, 134, 163, 164, 165*

Princípio da proporcionalidade  *388, 735, 736*

Princípio da razoabilidade  *96, 257, 272, 347, 354, 621*

Princípio da subsidiariedade  *183, 184, 187*

Princípio da tipicidade  *349*

Princípio da tipicidade taxativa  *503*

Princípio de consunção  *414*

Princípios da isonomia  *538*

Princípios penais fundamentais  *3, 164*

Prisão em flagrante  *7, 38, 39, 40, 316*

Prisão simples  *158, 254*

Privação da liberdade  *538*

Privação de alimentação  *225, 230*

Privação dos cuidados indispensáveis  *225*

Procedimento criminal  *560, 561, 562, 563, 564*

Processo de execução  *723, 724*

Produto de contravenção penal  *728*

Produto de crime  *693, 727, 728, 730, 731, 732, 733, 734, 735, 736, 737, 738, 742, 743*

Produtor  *763, 764, 765*

Produtores fonográficos  *761*

Produtos falsos  *693*

Profissão  *420, 613, 618*

Programa de computador  *433*

Programas de computador  *764, 766*

Promessa de compra e venda  *651*

Promessa de recompensa  *6, 21, 22, 23, 265, 274, 294, 295*

Proporcionalidade  *538*

Proposta de suspensão condicional do processo  *49, 100, 116, 155, 186, 194, 200, 231, 265, 275*

Propriedade intelectual  *762*

Prospecto  *699, 700, 701, 703*

Prostituição  *79, 315*

Prova da vida  *11, 99*

Prova da vida do nascente  *99*

Prova ilícita  *404*

Prova testemunhal  *13*

Proveito  *680, 684*

Proveito do crime  *731*

Provocação  *19*

Puerperal  *102*

Puerpério  *93, 94, 96*

Punibilidade relativa  *751*

Quadrilha  *523, 557, 558*

Quadrilha ou bando  *553*

Qualificadoras  *114*

Qualificadoras objetivas  *52*

Qualificadoras subjetivas  *51*

Querelado  *263*

Querelante  *263*

Rapto  *351*

Razoabilidade  *538*

Reação vital  *99*

Recém-nascido  *197, 198, 199, 200*

Receptação  *693, 727, 728, 729, 730, 731, 733, 735, 737, 741, 742, 743*

Receptação culposa  *728, 738, 739, 741, 742*

Receptação de animais  *748*

Receptação de animal  *745*

Receptação de receptação  *693, 743*

Receptação e Código Penal Militar  *744*

Receptação em cadeia  *743*

Receptação imprópria  *730, 731, 732*

Receptação própria  *728, 732*

Receptação qualificada  *728, 732, 733, 735, 741*

Receptação simples  *728, 741, 742*

Receptador  *730*

Recompensa  *639*

Recurso que dificulte ou torne impossível a defesa do ofendido  *6, 27*

Rede de computadores  *428, 470*

Redução à condição análoga à de escravo  *4, 356, 360, 361*

Refeição em restaurante  *694, 695*

Reformas pontuais  *3, 5*

Regime de igualdade  *383, 384*

Regime de subordinação  *383*

Reincidente específico  *378*

Relação de autoridade  *376*

Relação de cuidado, guarda, vigilância e autoridade  *190*
Relação de parentesco  *375*
Relação de trabalho  *359*
Relação jurídico-processual  *723*
Relações domésticas  *376, 462*
Relações sexuais  *168, 174*
Relatório  *699, 703*
Relevante valor moral  *16*
Relevante valor social  *16*
Remissões já revogadas  *516*
Remoção de órgãos, tecidos ou partes do corpo  *367*
Repouso noturno  *444, 453, 454, 455, 457, 477*
Representação do ofendido  *154, 172, 249, 265, 275*
Reprodução  *763, 764*
Requisição do ministro da justiça  *249, 265, 275*
Res commune omnium  *446, 482*
Res derelicta  *446, 478, 482, 484, 588, 639, 822*
Res desperdicta  *446*
Res nullius  *446, 478, 482, 572, 588, 638*
Resistência  *520*
Respeito ao mortos  *811*
Responsabilidade de impedir o resultado  *153, 202*
Responsabilidade penal objetiva  *138, 230, 514*
Responsabilidade penal sem culpa  *514*
Restrição de liberdade da vítima  *538*
Resultado agravador  *112, 137, 140*
Resultado naturalístico  *36, 309, 346*
Resultado qualificador  *134, 140, 144*
Retenção  *348, 353, 355*
Reticência maliciosa  *647*
Retorsão imediata  *248, 279, 283*
Retratação  *302*
Revisão criminal  *262*
Rixa  *6, 166, 234, 235, 236, 237, 240, 241, 242*
Rixa e Código Penal Militar  *246*
Rixa e homicídio  *243*
Rixa e lesões corporais graves  *243*
Rixa e lesões corporais simples  *243*
Rixa *ex improviso*  *238*
Rixa *ex proposito*  *238, 239*
Rixa, por omissão  *239*
Rixa qualificada  *240, 243, 244, 246*
Rixa qualificada pelo resultado morte  *246*

Rixas *ex improviso* e *ex proposito*  *238*
Rixa simples  *240, 241, 243, 244*
Rixa simulada  *245*
Rompimento  *460*
Rompimento da membrana amniótica  *11, 96, 101, 109*
Rompimento de obstáculo  *486*
Roubo  *328, 353, 354, 496, 523*
   Contra instituições financeiras  *513*
Roubo de cargas  *729*
Roubo de uso  *521, 522*
Roubo e Código Penal Militar  *527*
Roubo e princípio da insignificância  *526*
Roubo impróprio  *500, 501, 502, 503, 504, 505, 506, 515, 520*
Roubo próprio  *500, 501, 502, 503, 505, 515*
Rubrica  *114*
Rufião  *315*

Sabotagem  *772, 788, 789, 790*
Sedução  *351*
Segredo de justiça  *420*
Segredo profissional  *396, 421*
Segredos comerciais ou industriais  *432*
Seguridade social  *626, 628*
Semi-imputabilidade da parturiente  *94*
Semovente  *745*
Semovente domesticável de produção  *445, 473, 488*
Sentença concessiva do perdão judicial  *41*
Sentença irrecorrível  *248, 254, 261, 262*
Sentidos  *139*
Sentimento de respeito aos mortos  *818, 821, 822, 825, 828*
Sentimento religioso  *811, 813*
Separação de corpos  *754*
Sepultura  *820, 821, 822*
Sequestrar  *552*
Sequestro  *345, 347, 351, 352, 354, 445, 510, 544, 548, 549, 551, 552, 553, 554, 555, 557*
Sequestro e cárcere privado  *345, 347, 348, 349, 351, 352, 353, 354*
Sequestro e cárcere privado e a *novatio legis in pejus*  *355*
Sequestro e cárcere privado e Código Penal Militar  *355*

Sequestro e cárcere privado no Estatuto da Criança e do Adolescente  354
Sequestro ou cárcere privado  346
Sequestro qualificado  351
Sequestro-relâmpago  509, 510, 536
Ser humano vivo  445
Serviço de interesse coletivo  785, 786, 787
Serviço de transporte de valores  508, 515
Serviço postal, telegráfico, radioelétrico ou telefônico  399
Serviços ou atividades essenciais  783, 786
Serviços postais  396, 400, 403
Servidão  369
Sífilis  142, 168
Sigilo da correspondência  395, 399, 408
Sigilo profissional  419, 420
Silvícola  795
Simulação de dívida  724
Sindicato  780, 781
Síndico  613, 617, 618
Sistema braille  762
Sistema de vigilância  479
Sistema Financeiro da Habitação (SFH)  580
Sistemas de informações ou banco de dados da administração pública  412, 416
Sociedade anônima estrangeira  700, 717, 718
Sociedade de economia mista  765
Sociedade por ações  699, 700, 703, 707, 708, 710, 711, 713, 715, 716, 717
Sociedades anônimas estrangeiras  717
Sócio que furta da pessoa jurídica  493
Socorro à vítima  7, 38, 39
Software  427
Sonegação ou destruição de correspondência  395, 396, 400, 403
Spyware  430
Stellio  647
Strepitus judicii  261
Subsidiariedade expressa  166, 183, 184
Subsidiariedade implícita  166
Subsidiariedade tácita ou implícita  184
Substâncias explosivas  475
Substituto tributário  626
Subtração de cadáver  486
Subtração de coisa comum  500
Subtração de uso  479, 621
Subtração do cadáver  487
Subtração insignificante  480
Subtração por arrebatamento  483, 484
Suicídio  78, 79, 80, 315
Suicídio conjunto  81
Summatum opus  696
Súmula nº 50  764
Superioridade hierárquica  376
Supressão ou alteração de marca em animais  581, 582, 583, 584
Suspensão condicional da pena  47
Suspensão condicional do processo  47, 48, 49
Suspensão ou abandono coletivo de trabalho  782, 783, 784, 785, 787
Sustação do processo  252

Tapume  567
Tentativa branca  183, 590
Tentativa de abandono de incapaz  192
Tentativa de aborto  113, 123, 127, 140
Tentativa de ameaça  327, 333, 334
Tentativa de homicídio  138
Tentativa de rixa  239
Tentativa de sequestro  347
Tentativa de suicídio  78, 88, 123
Tentativa de violação de domicílio  386
Tentativa no crime de difamação  273
Tentativa perfeita  327
Teoria da *ablatio*  450
Teoria da *amotio*  450
Teoria da *contrectatio*  450
Teoria da *illactio*  450
Teoria da imputação objetiva  12
Teoria diferenciadora  118
Teoria do domínio funcional sobre o fato  46
Teoria monista  107, 126
Teoria objetiva moderada  478
Teoria objetiva moderada (matizada ou temperada)  478
Teoria unitária  118
Terreno ou edifício alheio  576
Tesouro  636, 637, 641
Testamenteiro  613, 618
Testemunhas de Jeová  88
Tipicidade  157, 313
Tipicidade conglobante  157, 313, 481, 614, 697

Tipicidade formal  *157, 313*
Tipicidade formal ou legal  *157*
Tipicidade material  *157, 449, 481, 614, 697*
Tipicidade penal  *614*
Tipo conglobante  *157*
Tipo culposo fechado  *738*
Tipo derivado qualificado  *20*
Tipo legal  *157*
Tipo misto alternativo  *365*
Tipo penal  *157*
Tipo penal aberto  *145*
Tipo permissivo  *330*
Tipos abertos  *35*
Tipos derivados qualificados  *136*
Tipos fechados  *35*
Título de crédito  *675, 676*
Título judicial  *724*
Títulos executivos  *723*
Tombamento  *610*
Torpeza bilateral  *660, 661, 662, 664, 665*
Tortura  *6, 24, 26, 232, 314*
Tortura qualificada pelo resultado morte  *26*
Trabalho em condições análogas à de escravo  *368*
Trabalho em condições degradantes  *358, 359*
Trabalho escravo  *360*
Trabalho noturno  *792*
Trabalhos excessivos  *225, 226*
Trabalhos forçados  *356, 357, 358*
Trabalhos inadequados  *225*
*Traditio*  *540*
Tráfico de órgãos  *367*
Tráfico de pessoas  *362, 363, 364, 367, 371, 379*
Tráfico internacional de pessoas  *376*
Traição  *6, 26, 27*
Transação penal  *155, 313*
Transação processual  *48*
Transfusão de sangue  *88*
Transmissão de moléstia grave  *178, 180*
Transmissão dolosa do vírus HIV  *56*
Transmissão do vírus HIV  *181*
Transplante  *15*
Transplante de órgãos  *826*
Transporte de valores  *508*
Tribunal do Júri  *34, 54, 104, 115*
*Trojan horse*  *430*

Tuberculose  *142*
Tumor de parto  *99*
Turismo sexual  *372*
Tutor  *613, 617, 618*

*Ubi eadem ratio, ubi eadem dispositio*  *493, 494*
*Ubi eadem ratio, ubi eadem legis dispositio*  *752*
Ultraje a culto e impedimento ou perturbação de ato a ele relativo  *811, 812, 813, 814, 819*
União estável  *195, 405, 494, 752, 753*
Urgência  *219*
Urna cinerária  *828*
Urna funerária  *820, 821, 822*
Uso de gás tóxico ou asfixiante  *166*
Usurpação de águas  *566, 571, 572, 573*
Usurpação de limites  *568*
Usurpação de nome ou pseudônimo alheio  *760*

Vadio  *465*
Valor de troca  *449*
Valor de uso  *449*
Valor sentimental  *449*
Vantagem ilícita  *645, 646, 648, 649, 664, 666*
Vantagem indevida  *542*
Venda de CDs e DVDs piratas  *764*
Veneno  *6, 24, 25*
Veto presidencial  *42, 43*
Vias de fato  *134, 158, 234, 237, 241, 242, 248, 285, 316, 497, 591*
Vias de fato e lesão corporal de natureza leve  *241*
Vida  *108*
Vida intra-uterina  *12*
Vigilância  *224*
Vilipêndio a cadáver  *133, 811, 828, 829*
Violação de comunicação telegráfica, radioelétrica ou telefônica  *395, 400*
Violação de correspondência  *395, 396, 399, 402, 403*
Violação de correspondência e Código Penal Militar  *406*
Violação de correspondência entre marido e mulher  *405*
Violação de correspondência fechada  *396*
Violação de direito autoral  *760, 762, 763*

Violação de domicílio  *158, 159, 382, 383, 384, 385, 386, 387, 389, 391, 392, 485, 600, 651*
Violação de domicílio e Código Penal Militar  *393*
Violação de domicílio qualificada  *391*
Violação de segredo  *414, 417*
Violação de segredo profissional  *418, 419, 420, 421, 422*
Violação de segredo profissional e Código Penal Militar  *423*
Violação de sepultura  *811, 820, 821, 822*
Violência doméstica  *4, 132, 134, 145, 146, 147, 151, 196*
Violência doméstica e familiar contra a mulher  *4, 146, 147, 151, 152*
Violência entendida como imprópria  *497*
Violência imprópria  *497, 502, 503, 520*
Violência moral  *591*
Violência própria  *497*
Violência sexual  *120*

Violenta emoção  *9, 15, 17, 51, 131, 150, 151*
Vírus  *429*
Vírus HIV  *181*
*Vis absoluta*  *497*
*Vis compulsiva*  *308, 366, 388, 497, 498, 531, 574, 591, 792, 797*
*Vis corporalis*  *308, 366, 388, 497, 503, 514, 531, 574, 591, 792, 797*
Vítima com morte instantânea  *39, 215, 216*
Vitimologia  *283*
Vontade expressa  *383*
Vontade tácita  *383*

*Warrant*  *720, 721*
*Worm*  *430*

Xifópagos  *9, 10*